佛山年鉴

FOSHAN　YEARBOOK

2017

（总 25 期）

《佛山年鉴》编纂委员会　　佛山年鉴社　编

SPM

南方出版传媒

广东人民出版社

·广州·

图书在版编目（CIP）数据

佛山年鉴.2017／《佛山年鉴》编纂委员会，佛山年鉴社编. 一广州：广东人民出版社，2017.12

ISBN 978-7-218-12349-3

Ⅰ. ①佛… Ⅱ. ①佛…②佛… Ⅲ. ①佛山—2017—年鉴 Ⅳ. ①Z526.53

中国版本图书馆 CIP 数据核字（2017）第 285026 号

FOSHAN NIANJIAN. 2017

佛山年鉴. 2017

《佛山年鉴》编纂委员会 佛山年鉴社 编

佛山年鉴社

地 址：广东省佛山市禅城区卫国路 1号 10楼
邮政编码：528000
电 话：（0757）83329325 83805035
传 真：（0757）83329325
电子邮箱：fsnj@fsnj.net

出 版 人：肖风华

责任编辑：张贤明
特约编辑：陈 绍
装帧设计：卢 卫 陈志辉
责任技编：周 杰 易志华 吴彦斌

出版发行：广东人民出版社
地 址：广州市大沙头四马路 10 号（邮政编码：510102）
电 话：（020）83798714（总编室）
传 真：（020）83780199
网 址：http://www.gdpph.com
印 刷：佛山市金华彩印刷有限公司
开 本：850mm×1168mm 1/16
印 张：36.25 **插 页：**58 **字 数：**1300 千字
版 次：2017 年 12 月第 1 版 2017 年 12 月第 1 次印刷
定 价：380.00 元

编辑说明

一、《佛山年鉴》是由中共佛山市委员会、佛山市人民政府主持编纂出版的一部地方性综合年鉴。每年更新资料出版一次，国内外公开发行。

二、《佛山年鉴》旨在全面、系统、准确地反映每个年度佛山市政治、经济和社会各项事业的基本情况，为读者了解和研究佛山提供基本资料。

三、《佛山年鉴》采用分类编辑法。主体内容设篇目、类目、分目、条目4个结构层次，以条目为表现内容的基本形式。全书条目标题统一用黑体加【　】表示，少数包含多方面资料的条目则在文内用楷体标题标明段落资料的主题。

四、《佛山年鉴·2017》着重反映2016年佛山市的基本情况。全书设《特载》《大事记》《佛山概况》《政治》《经济》《文化》《社会生活》《市辖区》《统计资料》《文件·法规选编》等10个篇目，共51个类目，201个分目，1394个条目；设《2017新的一页》图片特辑1个。

五、本年鉴统计数据采用法定计量单位，主要统计数据，均经撰稿单位与统计部门核对。全书所载录内容均由各撰稿单位审定提供。由于统计口径不一，个别数据可能不一致，使用时以佛山市统计局提供的数据为准。

六、本年鉴配套双重检索系统：书前刊有目录，书后配有索引。索引采用主题分析法，款目按汉语拼音字母顺序排列。

七、本年鉴的编辑出版工作得到全市各级党委、政府的大力支持和各有关单位的通力合作，谨此致谢。疏漏之处，敬请批评指正。

《佛山年鉴》编纂委员会

佛山年鉴社

目　录

图片专辑

第一篇　特　载

第二篇　大事记

第三篇　佛山概况

第四篇　政　治

第五篇　经　济

第六篇　文　化

第七篇 社会生活

第八篇　市辖区

第九篇　统计资料

第十篇　文件 · 法规选编

2017新的一页

图　片　特　辑

FOSHAN YEARBOOK

大事要闻

加快转型升级　建设幸福佛山

为广东贯彻落实习近平总书记“四个坚持、三个支撑、两个走在前列”重要批示精神作出佛山应有的贡献

2016 年 11 月 29 — 30 日，中国共产党佛山市第十二次代表大会召开。会上，市委书记鲁毅向大会作题为《开放引领 创新驱动 阔步迈向率先基本实现社会主义现代化新征程》的报告

2017 年 1 月 10 — 12 日，佛山市第十五届人大第一次会议召开，会上，市长朱伟向大会作《政府工作报告》

2017 年 1 月 9 — 11 日，佛山市政协十二届一次会议召开

2016 年 9 月 29 日，中共中央政治局委员、广东省委书记胡春华（前右一）和省长朱小丹出席第二届珠江西岸先进装备制造业投资贸易洽谈会开幕式，并视察珠江西岸先进装备制造产业带建设成果展佛山展区

2016 年 10 月 20 日，第二届中国（广东）国际“互联网 +”博览会在佛山市顺德区潭州国际会展中心开幕。在佛山市委书记鲁毅、市长朱伟等陪同下，广东省省长朱小丹（前右二）、中国工程院院长周济（前右一）视察众陶联展位，并启动众陶联全球交易平台

2016 年 3 月 14 日，中共中央政治局委员、广东省委书记胡春华（右八），省长朱小丹（右七），省人大常委会主任黄龙云（右十），省政协主席王荣（右三）等领导，到佛山电视台设在北京的全国“两会”直播室，慰问佛山传媒集团全国“两会”全媒体联合报道组

2016 年 12 月 6 日，广东省人大常委会副主任刘悦伦（右三）在佛山市委书记鲁毅（右四）、市长朱伟（右二）等陪同下，考察在建设中的佛山科学技术学院新校区

2016年7月20日，佛山市召开副处级以上领导干部纪律教育学习班暨第五期“双集班”动员大会，市委书记鲁毅在会上强调，深入开展纪律教育，要在全面从严治党、推动“两学一做”学习教育上见真章，在守纪律讲规矩、营造良好政治生态上见行动，在真抓实干、推动改革发展稳定上见成效

2016年5月12日，中共佛山市委党的群团工作会议召开。会议深入贯彻落实中央党的群团工作会议精神和习近平总书记重要讲话精神，传达省委党的群团工作会议精神，研究部署当前和今后一个时期佛山群团工作。佛山市委书记鲁毅出席并讲话，佛山市委常委、组织部部长李雅林主持会议并部署工作

2016 年 12 月 13 日，为增强人大代表履职能力，佛山市第十五届人大代表培训班在市委党校开班

2016 年 6 月 28 日，佛山市市区镇三级人大换届选举工作会议召开。以市区镇领导班子换届为契机，选好干部、配强班子，为实现“十三五”发展新蓝图提供组织保证

2016年12月29日，佛山市政府召开佛山市深化国资国企改革工作会议。会议强调：切实推动国有企业重组，优化国有资本布局，不断加强国资监管机构改革，健全和完善国企法人治理结构，切实发挥国有资本作用

2016年1月26日，佛山市深化“一网式、一门式”政务服务改革任务部署会议召开。佛山市以行政审批“一门式”改革为突破口，探索简政放权新路径，在政府治理能力现代化方面取得积极经验

2017 年 2 月 9 日，2017 年佛山市环境保护工作会议在市机关大礼堂举行。会议以新发展理念特别是绿色发展理念贯穿于经济社会发展各方面和全过程，推动全市总体环境质量持续改善，走出具有佛山特色的生态文明新路径

2016 年 3 月 29 日，佛山市创建国家森林城市工作推进大会召开。会议提出共同创建国家森林城市，共建佛山美好家园。开展在生态景观林带、森林碳汇、森林进城围城和乡村绿化美化工程等四大重点生态工程建设

2016年3月2日，佛山市禅城区人民法院成立全省首个跨区域知识产权法庭，集中管辖全市一审知识产权案件

2016年10月14日，佛山市人民检察院第六届特约检察员聘任仪式举行

2016 年 5 月 11 日，佛山市人大常委会副主任熊志翔（左二）、秘书长钟美恃（右二）和市法学会、市律师协会负责人为佛山市地方立法研究评估与咨询服务基地揭牌

2016 年 12 月 6 日，佛山市第二届市长法律顾问聘任仪式举行，佛山市常务副市长蔡家华（左四）为市长法律顾问颁发聘书

2016 年 10 月 27 日，佛山市与四川凉山州签署《广东省佛山市、四川凉山州东西部扶贫协作框架协议》

2016 年 11 月 15 — 17 日，“佛山—凉山”东西部劳务协作精准输出昭觉专场招聘会在四川省昭觉县举行。劳务输出是促进贫困人口稳定就业和脱贫、打赢精准脱贫攻坚战的具体行动

2016 年 6 月 16 日，佛山市主要领导赴湛江市对接新时期精准扶贫对口帮扶工作。图为市委书记鲁毅（左一）在吴川市浅水镇龙首村慰问困难户

2016 年 6 月 16 日，佛山市主要领导赴湛江市对接新时期精准扶贫对口帮扶工作。图为佛山市市长朱伟（左）代表佛山市向湛江市捐赠帮扶启动资金，湛江市市长王中丙接受捐赠

2016 年 10 月 24 日，广东省人大常委会主任黄龙云（前左一）一行赴佛山市开展跨市域河流“河长制”实施情况专题调研

2016 年 12 月 9 日，佛山市委书记鲁毅（前右一），市委常委、南海区委书记黄志豪（前右二）、副市长赵海（前右三）一行，到南海区现场督导环保工作。

2017 年 1 月 24 日，春运期间佛山市委书记鲁毅到佛山市汽车站检查指导春运安全工作，指出要确保乘客与运营安全

2017 年 1 月 24 日，佛山市市长朱伟到禅城区文华路迎春花市检查安全工作

2016 年 11 月 4 日，中国佛山市·瓦努阿图维拉港市合作备忘录签字仪式举行。包括在政府间交往、文化交流、旅游交流、教育交流及经贸往来等五大方面开展务实合作

2016 年 6 月 30 日至 7 月 2 日，中德对话论坛 2016 年会议在佛山新城中德工业服务区中欧中心举行。会议讨论的一个重要议题是中国如何向德国学习城镇化方面经验

2016 年 12 月 23 日，佛山市顺德区政府与香港铁路有限公司签署顺德区城市轨道交通发展战略合作框架协议，确定双方将围绕“轨道 + 物业”综合运营、轨道规划建设等领域展开全方位合作，通过引进港铁具有国际知名度的“轨道 + 物业”综合营运经验，推动顺德地铁轨道建设

2016 年 11 月 24 — 27 日，“2016 香港 · 佛山节”在香港遮打花园举行。广东省委常委林雄（左五）、香港特区政府政务司司长林郑月娥（右五）、佛山市市长朱伟（左四）等领导和嘉宾出席开幕式

2016年12月30日，中国（广东）国际贸易“单一窗口”试点推广暨佛山国际贸易“单一窗口”上线试运行仪式在佛山市南海区港口三山港区举行

2017年2月14日，2017佛山市顺德区重大招商项目签约仪式在佛山迎宾馆举行，6个重点项目现场签约

2016 年 12 月 26 日至 2017 年 3 月 31 日，佛山市“两学一做”活动内容之一的“红星照耀中国——外国记者眼中的中国共产党人”主题展在佛山市档案中心开展。图为工作人员向参观者讲解展览史料

2017 年 1 月 4 日，“经济活力看广东·供给侧结构性改革”主题网络采风活动在佛山市启动。图为媒体记者们在市行政服务中心智慧新城大厅采访

2016年6月21日，为大力弘扬"佛山•大城工匠"所体现出的一丝不苟、精益求精、敢于创新、追求卓越的工匠精神。佛山市召开首届"佛山•大城工匠"命名大会，30名"佛山.大城工匠"在会上获得表彰

2016年10月18日，佛山市委书记鲁毅（右二）与广东省委宣传部巡视员、省文明办主任顾作义（左二），省文明办常务副主任林海华（左一），佛山市委常委、宣传部部长郭文海（右一）接见南粤楷模代表

2016 年 10 月 14 日，广东省文化厅厅长方健宏（前左）与佛山市市长朱伟（前右）分别代表广东省文化厅和佛山市政府，签署文化建设合作协议

2016 年 12 月 21 日，佛山市特色小镇工作推进会议在三水区举行，五区及多个市直部门领导参加会议。建设特色小镇，是在“小空间”上实施的“大战略”，是党中央、国务院着眼中国新型城镇化建设提出的战略思路，是适应和引领经济发展新常态、促进经济结构调整的重要举措

2016 年 8 月 18 日，中共佛山市委副书记、市长朱伟（右二），市委常委、军分区政委李玉林（左二）在广东省双拥模范城（县）命名暨双拥模范单位和个人表彰大会上，代表佛山市接受“全国双拥模范城”牌匾

2016 年 10 月 18 日，广东省道德模范与身边好人（佛山）现场交流活动在佛山新闻中心佛山电视台 1 号演播厅举行

2017新的一页

图　片　特　辑

FOSHAN YEARBOOK

经济发展特色鲜明的现代化制造业基地

加快转型升级　建设幸福佛山

为广东贯彻落实习近平总书记“四个坚持、三个支撑、两个走在前列”重要批示精神作出佛山应有的贡献

2016 年 11 月 15 日，中共广东省委副书记、省长朱小丹（前右一）在佛山市领导陪同下视察顺德高端人才公寓规划建设情况

2016 年 9 月 28 — 29 日，2016 Science 机器人国际联盟大会在佛山召开，省、市领导嘉宾共同启动 Science 机器人国际联盟大会落户佛山仪式

2016 年 10 月 20 日，在中国工程院院长周济（后左五）、佛山市委书记鲁毅（后右五）等领导见证下，支持机器人集成创新中心开展金融租赁合作协议、建设珠西装备制造按揭中心合作框架协议签约

2016 年，佛山市海天味业再次入榜“中国企业 500 强”榜单，在食品饮料行业排名稳居前 20 位。图为海天味业高明生产基地自动化包装生产线

2016 年 9 月 29 — 30 日，第二届珠江西岸先进装备制造业投资贸易洽谈会在广东（潭洲）国际会展中心举行。中铁华隧盾构机等项目落户佛山，图为中铁华隧公司将在佛山生产的盾构机

2016 年 9 月 29 — 30 日，佛山中车四方轨道车辆有限公司在第二届珠江西岸先进装备制造业投资贸易洽谈会上展出产品模型

2016 年 9 月 27 日，北汽福田汽车股份有限公司佛山汽车厂展示生产的 SUV 汽车

顺德区组织区内 14 家智能制造企业联合研发出的首条家电产品智能制造“无人生产线”，30 秒时间可以生产出一台电饭煲（2016 年摄）

2016 年 10 月 23 日，在第二届中国（广东）国际“互联网 +”博览会上，佛山本土企业丽湾今甲研制的新型服务型机器人，让小朋友和家长们玩得不亦乐乎

2016 年 10 月 23 日，在第二届中国（广东）国际“互联网 +”博览会上，上海发那科机器人有限公司研制的机器人吸引大量市民围观

2016 年 10 月 22 日，在第二届中国（广东）国际“互联网 +”博览会上，市民在体验 VR 游戏

2016 年 11 月 24 日，国家火炬计划重点高新技术企业——佛山市国星光电股份有限公司车间内工人们在认真工作

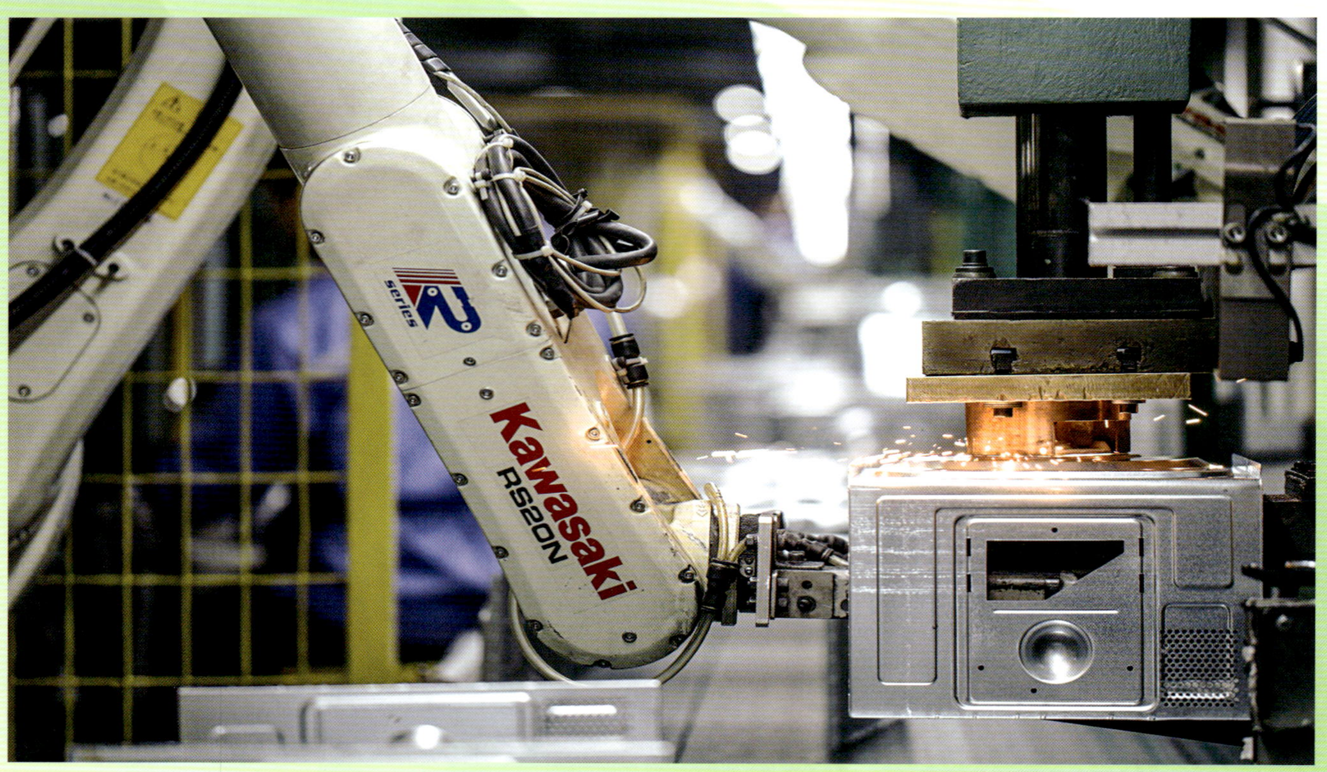

2016 年 2 月 26 日，佛山隆深机器人有限公司展示研发的国内首创的微波炉外罩自动装配生产线

2016 年 12 月 27 日，佛山市云米电器科技有限公司小米净水器滤芯超声波焊接车间

2016 年 12 月 23 日，广东星光传动股份有限公司内，工人在半自动生产线上作业

世界 500 强企业——顺德美的集团总部（2016 年摄）

2016 年 12 月 29 日，南海大沥铝型材生产基地

以创新激发内生动力的创新型城市

加快转型升级 建设幸福佛山

为广东贯彻落实习近平总书记"四个坚持、三个支撑、两个走在前列"重要批示精神作出佛山应有的贡献

2016 年 10 月 20 日，“中国（广东）机器人集成创新中心”建设启动活动在佛山市机器人创新产业园举行

2016 年 5 月 11 日，佛山市农业科技创新孵化平台暨院市合作项目对接会举行

广东省推广投贷联动促进创新驱动发展会议

2016 年 3 月 18 日，广东省推广投贷联动促进创新驱动发展会议在佛山市机关小礼堂召开。投贷联动是科技金融的重要抓手，具有推动科技企业发展和引领商业银行自身转型发展的双重意义

2016 年 9 月 20 日，国家智能制造示范试点项目暨维尚第五分厂投产启动仪式在佛山高新区举行。图为现场揭牌仪式

2016 年 10 月 25 日，由大良街道办联合顺德区经济和科技促进局举行的“大良街道产业发展暨新三板企业挂牌敲钟仪式”在顺德众创金融街举行。6 个产业项目现场签约，4 家企业敲钟上市

2016 年 7 月 19 日，佛山市第一家金融租赁公司——海晟金融租赁股份有限公司正式开业

2016 年 4 月 18 日，佛山市国税、地税联合办税服务厅揭牌。佛山市国税和地税以联合办税为突破口，整合服务资源，优化办税环节，缩短办税时限，解决纳税人“两头跑”的问题

2016 年，佛山市继续开展“科技支行”认证工作，获认证的科技支行最高可获 200 万元资金扶持。图为 2016 年 10 月 31 日，中国银行佛山古大路支行正式挂牌为佛山市科技支行

2016 年 6 月 29 日，一汽 - 大众佛山分公司德方总经理豪格奈思乐在总装车间检查技术资料

南海制造融入意大利式工匠基因。图为 2016 年 6 月 16 日，考迈托（佛山）挤压科技股份有限公司的掌门人 Mirko Turrina（右一）和质检部同事一起，用高度尺检测挤压机铲刀

2016 年 12 月 2 日，2017《佛山日报》品牌推介会暨“爱佛山媒体云”上线仪式在佛山新城中欧中心举行

2016 年 12 月 23 日，华南电源创新科技园被授予“广东省低碳创新试点园区”牌匾

2016 年 12 月 22 日，佛山市人民政府与珠江电影集团有限公司签署“共建广莱坞战略合作框架”协议。以推进文化产业供给侧结构性改革、打造国际一流影视产业基地的“广莱坞”南方影视中心落户佛山

2016 年 11 月 7 日，佛山民营企业以创新驱动发展，由制造走向智造，由大走向强，具有较强的持续发展能力。图为佛山市优秀民营企业先进事迹报告会暨颁发奖牌仪式

2016 年 3 月 28 日，知识资本、数据资本、金融资本、产业资本共创全球创新网络启动仪式暨佛山互联网＋创新创业产业园奠基礼启动仪式在佛山市中欧中心举行

2017 年 1 月 4 日，南海区高新技术产业协会举办“品牌南海・高新力量”高新技术产业协会会员大会暨迎新晚会。图为现场与会嘉宾正在进行科技金融合作协议签约

2016 年 11 月 22 日，佛山高新区举行科技创新小镇群建设启动仪式暨“2016 狮山论坛”，佛山市市长朱伟（右三）等领导共同揭开“珠江西岸装备制造按揭中心”牌匾

2016 年 10 月 8 日，佛山市南海区举行“广佛同城，便捷出行”南海交通品牌建设三年行动计划暨商务专线揭幕仪式

2016 年 9 月 25 日，总投资超 100 亿元、总用地面积 26.67 公顷的中国混合动力及传动系统总成技术平台——科力远混合动力技术有限公司年产 100 万台套节能与新能源汽车混合动力总成产业化项目，在佛山市禅城区南庄镇绿岛湖智造产业区动工

2016 年 10 月 21 日，顺德光电产业园奠基动工建设，顺德光电产业园“勒流商业照明产业升级孵化项目”同步揭牌、“中国商业照明基地”同步启动

天安国际创客中心（2016 年摄）

广东工业设计城（2016 年摄）

2017新的一页

图　片　特　辑

FOSHAN YEARBOOK

宜居宜游的魅力城市

加快转型升级　建设幸福佛山

为广东贯彻落实习近平总书记“四个坚持、三个支撑、两个走在前列”重要批示精神作出佛山应有的贡献

东平河两岸风光（2016 年摄）

南海区狮山大学城的朗下黄洞径水库数百亩库底“浮出水面”，逐渐形成湿地，长满青翠的水草，并引来成群结队的白鹭嬉戏觅食（2016 年摄）

禅城区祖庙商业圈（2016年摄）

禅西绿岛湖都市产业区（2016年摄）

禅城区文华公园电视塔广场（2016 年摄）

升级改造后的东华里片区（2016年摄）

禅城区祖庙门前铜像雕塑（2016年摄）

佛山梁园（2016年摄）

南海区千灯湖金融商务区（2016 年摄）

顺德区北滘广场（2016 年摄）

顺德区顺峰山公园（2016 年摄）

高明区西江新城体育公园（2016 年摄）

顺德区陈村镇碧桂花城片区（2016 年摄）

禅城区亚洲艺术公园的荷塘美景迎来众多市民观赏（2016 年摄）

绿意盎然的高明区灵龟公园（2016年摄）

三水森林公园（2016年摄）

西江河畔美丽荷城（2016 年摄）

南海区九江镇鸟瞰图（2016年摄）

佛山市第一批省级新农村示范片区——南海区里水镇“梦里水乡”片区（2016年摄）

蓝天碧水的三水西南涌（2016年摄）

南海区九江镇璜矶鹭鸟天堂。自清代道光年间（1821 — 1850 年），鹭鸟在此世代繁衍。至今，在四周鱼塘环绕、秀竹成林的近 3 公顷范围内，栖宿着 6 万多只鹭鸟（2016 年摄）

荣获“2016 中国最美村镇传承奖”称号的南海区西樵镇松塘古村（2016 年摄）

南海区紫南村村头村优美的村居环境（2016年摄）

南海区湖涌村鸟瞰图（2016年摄）

佛山祖庙圣域（2016 年摄）

南海区蟠岗山公园魁星阁（2016 年摄）

南海区罗村镇孝德湖公园（2016年摄）

顺德区杏坛镇逢简水乡（2016年摄）

三水荷花世界（2016 年摄）

顺德区清晖园（2016 年摄）

南海区西樵山听音湖公园（2016 年摄）

佛山南风古灶（2016年摄）

半月岛湿地公园（2016年摄）

南海区南国桃源（2016年摄）

三水区三江汇流美景（2016 年摄）

高明区西江新城

一环南庄立交

三水区云东海森林公园（2016年摄）

高明皂幕山美景（2016年摄）

2017新的一页

图片特辑

FOSHAN YEARBOOK

倡导开放包容合作共赢之城

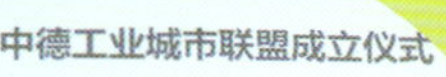

加快转型升级　建设幸福佛山

为广东贯彻落实习近平总书记“四个坚持、三个支撑、两个走在前列”重要批示精神作出佛山应有的贡献

2016 年 12 月 2 日，佛山市人民政府与清华大学在北京签订深化合作协议

2017 年 1 月 17 日，阿里巴巴华南大区轻创项目跨境电商创业者基地启动仪式在物联创智谷销售中心举行

2016 年 10 月 19 日，2016 中德企业投资与并购论坛在佛山市中德工业服务区中欧中心举行。来自中德两国的近 500 位政商人士、300 多家企业齐聚佛山，以中德合作为样本，共探全球创新一体化时代的跨国协作之道

2016 年 12 月 8 日，“创聚南海 • 商行全球”的全球产品跨界创新中心建设启动仪式在佛山市南海区举行。南海区将借力珠三角制造业基地产业基础，打造集产品制造、原材料采购、工业设计、技术合作、企业并购、金融创新、展览和商贸于一体的全球产品跨界创新中心

2016年4月25日，佛山市联合德国不莱梅、汉诺威等10个国内外城市组建“中德工业城市联盟”

2016年10月23日，美国马萨诸塞州机器人中心与华南机器人研究院座谈并签署战略合作协议

2016 年 10 月 15 日，在第 120 届广交会上，禅城获佛山陶瓷全球采购基地认证。图为授牌仪式

2017 年 1 月 15 日，德国媒体团在佛山新城中欧中心参观采访

2016 年 7 月 8 日，佛山市市长朱伟（前右一）视察佛江高速建设现场。佛江高速公路将与江珠高速一起，在珠江西岸地区形成一条新的南北高速通道，是珠海、江门来往顺德、禅城最为快捷的高速通道

贵广高铁是连接“一带一路”和实现珠江—西江经济带的高速通道。图为和谐号高速列车缓缓驶入佛山西站（2016 年摄）

2016 年 11 月 7 日，佛山地铁 2 号线首跨高架梁架设成功，标志着 2 号线一期工程建设进入高架施工阶段

2016 年 12 月 9 日，番海大桥签约仪式举行。番海大桥工程起点位于佛山市南海区，顺接已建成的魁奇路东延线，往东跨南海区港口路及陈村水道后，接番禺区规划南大干线与钟三路平交

2016 年 12 月 22 日，粤桂黔高铁经济带农业产业合作联盟工作会议在佛山市南海区举行

2016 年 12 月 22 日，粤桂黔高铁经济带旅游产业联盟工作会议推介会在佛山市南海区举行。图为推介活动文艺表演现场

广明高速与江肇高速交界的谭塱立交（2016 年摄）

2016 年 11 月 18 日，禅城区魁奇路东延线二期工程通车，从禅城经魁奇路到广州南站只需 20 分钟左右车程

佛山西站作为广州铁路客运枢纽“四主一辅”中的主站之一，是珠三角西南地区最重要的铁路客运枢纽，也是粤桂黔高铁经济带合作试验区（广东园）核心区，未来将建成集航空、高铁、地铁、公交、香港出入境大厅于一体的现代化综合交通枢纽。图为建设中的佛山西站（2016 年摄）

佛山一环三乐路段立交（2016 年摄）

政务营商环境优良的投资热土

加快转型升级 建设幸福佛山

为广东贯彻落实习近平总书记“四个坚持、三个支撑、两个走在前列”重要批示精神作出佛山应有的贡献

2016 年 2 月 2 日，广东省编办主任潘享清（左四）、佛山市市长鲁毅（左六）到市行政服务中心调研“一门式一网式”政务服务改革建设的试点推广

2016 年 7 月 15 日，佛山市人民政府与国家开发银行广东省分行举行开发性金融合作备忘录签约仪式。加强双方“十三五”时期的开发性金融合作

2016 年 5 月 10 日，佛山市人大常委会常务副主任杨建华（中）听取禅城区社会综合治理云平台管理工作人员汇报云平台建设及运行情况

2016 年 1 月 20 日，佛山市政协主席杨晓光（右一）带队视察禅城区社会综合治理云平台

2016年8月26日，广东省公安机关推进"一门式一网式"政府服务模式改革工作佛山现场会举行

2016年12月19日，禅城区行政服务中心魁奇路大厅，市民在办理各项事务并体验"一门式一网式"改革带来的便利

2016 年 10 月 11 日，佛山市“12345”平台举办第一期政务直播活动。佛山推进人民满意政府建设，推动网络问政、网络行政、网络监督“三网融合”，以“佛山 12345 热线”为载体和品牌构建佛山市政民互动大平台

佛山市“一门式一网式”政务服务创新体系展示区（2016 年摄）

禅城区季华路商务街区（2016 年摄）

南海万达广场（2016 年摄）

佛山创意产业园（2016 年摄）

顺德区的中国家电中心电商创业大厦（2016年摄）

万和电气生产基地（2016 年摄）

佛山国家火炬创新创业园（2016 年摄）

广东新光源产业基地（2016 年摄）

三水百威啤酒饮料基地（2016 年摄）

禅西智慧新城（2016 年摄）

佛山禅西陶瓷产业集群（2016 年摄）

2017新的一页

图片特辑

FOSHAN YEARBOOK

富裕和谐的幸福城市

加快转型升级　建设幸福佛山

为广东贯彻落实习近平总书记“四个坚持、三个支撑、两个走在前列”重要批示精神作出佛山应有的贡献

2016年9月23日，佛山市市长朱伟（右二）、副市长赵海（右一），广东省建筑工程集团有限公司董事长丘小广（前左二）、总经理方启超（前左一）共同为佛山市专业化住房租赁平台的运营公司——佛山市建鑫住房租赁有限公司揭幕

2017年1月5日，佛广出租车公司举行党员示范车暨春运志愿服务活动启动仪式

2016 年 12 月 5 日，中共佛山市委书记鲁毅（前左三）率队到禅城区部分大型超市、人员密集的餐饮服务单位开展节前食品安全检查

2016 年 12 月 23–25 日，佛山市举办第二届粤桂黔名优农产品食品展示博览会

2016 年 10 月 30 日，“智聚顺德 · 筑梦未来”高端创新人才（北京）洽谈会在北京举行。28 家区内知名企业和顺德区政府“抱团”进京招聘高层次人才，吸引大批高层次人才进场洽谈

2016 年 10 月 24 日，由南海区科协、广东省科学馆组织的“科普大篷车进校园”活动启动。图为学生们正在体验科学装置巧解九连环

2016 年 12 月 27 日，佛山市总工会开展 2017 年春节送异地务工人员平安返乡活动，佛山市汽车运输集团有限公司到中建五局国华新都项目部现场售票

2017 年 1 月 22 日，春运期间南海九江酒厂为异地务工人员举行“双蒸陪伴 送您回家——免费乘坐顺风车”活动

2016 年 3 月 3 日，南海区狮山镇罗村孝德文化节举行“千叟宴”活动

2016 年 10 月 9 日，高明区荷城街道阮埇村席开 85 围“千叟宴”，老人们畅享盛宴

2016 年 11 月 22 日，佛山市中医院联手中科院共建精准医学发展平台，创新精准医学与传统中医药相结合的跨界共赢运行模式。中科院生物物理研究所陈润生院士（前左二）、佛山市中医院院长刘效仿（前左一），分别代表中科院生物物理研究所与佛山市中医院，签订合作协议

2016 年 11 月 11 日，佛山市第一人民医院迎来建院 135 周年纪念日，当天，该院还进行佛山精准医学中心揭牌和卫生强市战略与精准医学专题学术论坛

2016 年 10 月 29 日，由中共佛山市禅城区委宣传部、佛山市禅城区文化体育局主办，佛山市禅城区博物馆（广东粤剧博物馆）承办的“粤韵传承 · 华光盛典”——2016 佛山粤剧华光诞活动在广东粤剧博物馆开幕

2016 年 11 月 3 日，广东省非遗活态展示汇聚佛山岭南天地。图为龙舟说唱传承人梁永昌即席表演龙舟说唱

2016 年 9 月 23 日，广东（佛山）“农业 + 旅游”文化节暨农村一二三产业融合产销博览会在佛山市岭南明珠体育馆举行

2016 年，禅城区祖庙街道多个社区公园全面升级改造。图为改造后的垂虹公园增设崭新的乒乓台、儿童游乐场和其他康乐设施，市民们可以在优美的环境下进行健身运动

2016年11月4日，2016广东（佛山）非遗周暨佛山秋色民俗文化活动的“佛山韵律·和风鸣畅”——2016佛山秋色巡游正式上演

2016年1月11日，佛山市总工会启动“情暖职工·友爱佛山”2016年新春送温暖系列活动

2016 年 11 月 12 日，2016 第三届世界咏春拳大赛在佛山市南海区狮山镇体育馆举行

2016 年 10 月 9 日，狮山镇罗村第十届“华兴之光”孝德文化节开幕式暨孝德湖二期 • 体育公园竣工剪彩仪式在罗村孝德湖开幕

2016 年 5 月 14 日，佛山市第二批国有、民办文化场馆签订对口帮扶合作协议

2016 年 6 月 18 日，“闻香识顺德”顺德美食巡展到云浮市开展。图为佛山电台主持人与听众互动

2016 年 8 月 6 日，“武动佛山 功夫天下”2016 年第六届世界太极拳健康大会在佛山岭南明珠体育馆开幕

2016 年是佛山鸿胜馆成立 165 周年。10 月 22 — 23 日，佛山举办首届国际（佛山）蔡李佛功夫赛

2016 年 12 月 27 日，佛山市公安局举办 2016 年佛山公安武警反恐处突汇报演练。图为中共佛山市委书记、市人大常委会主任鲁毅（前右三）等市领导视察反恐处突装备展示

2016 年 12 月 20 日，顺德区公安应急救援指挥中心内，公安民警正在工作

2017 年 1 月 24 日，佛山市市长朱伟（前左）在佛山市公安局智能交通指挥中心检查春节安保工作

佛山市公安局智能交通指挥中心（2016 年摄）

2017 年 1 月 9 日，佛山市禅城区公安局举行打击防范成果展。图为民警给市民介绍防盗知识

2016 年 11 月 9 日，佛山市举行“志愿服务进社区、消防四化保平安”119 消防安全宣传月活动启动仪式

2016 年 12 月 2 日，佛山市公安局在禅城区东方广场举办交通安全宣传活动

2016 年起，佛山市实现全市五区“110”统一接处警

2016 年 6 月 7 日，佛山市举行 2016 年防汛抢险演练

2016 年，佛山市完善城市风险点、危险源排查常态化治理体系，深化对交通运输、建筑施工、油气管道、消防等重点行业领域安全生产专项整治。图为佛山燃气公司工作人员对输送管道进行检查

2016 年 9 月 23 日，佛山市第三季度消防技术装备展览会在佛山消防特勤中队举行。图为消防无人机展示

2016 年 9 月 23 日，佛山市第三季度消防技术装备展览会在佛山消防特勤中队举行

2016 年 2 月 22 日，“温爱佛山 乐善之城——元宵慈善文化人人行”巡游活动拉开序幕。践行社会主义核心价值观，让佛山成为传递正能量的海洋

图 片 特 辑

FOSHAN YEARBOOK

五区风采

加快转型升级 建设幸福佛山

为广东贯彻落实习近平总书记“四个坚持、三个支撑、两个走在前列”重要批示精神作出佛山应有的贡献

禅城区

改革攻坚 创新驱动 融合发展

中共佛山市禅城区委员会 佛山市禅城区人民政府

2016年是实施“十三五”规划、率先建成小康社会决胜阶段的开局之年，也是推进供给侧结构性改革的攻坚之年。禅城区突出改革创新、转型升级、城市治理、民生改善等工作重点，务实担当、积极作为，全面完成各项目标任务。

存量优化增量优质并举，产业更加高端

将经济工作重点转到供给侧结构性改革，“植产兴业”“创新驱动”同向发力，经济结构战略性调整取得新突破。总投资1465亿元的固定资产投资三年行动计划“出炉”，全面发力能源、信息、水利等基础设施建设。政策“红包”掷地有声，“佛四十条”“禅十条”逐一落地，批复扶持资金1.2亿元，663家企业受惠。战略性新兴产业加速集聚，全年引进超亿元项目34个，总投资502.8亿元，科力远CHS项目、车世界汽车产业园等一批优质项目花落禅城。

中心城区空间格局优化，城市更具品质

坚持中心城区定位，引领城市更新，“城产人文”融合发展，“家·禅城”品牌深入人心，城市升级向城市升值转变。城市升级两年延伸计划基本完成，43个项目累计完成投资124.5亿元。魁奇路东延线等“大动脉”竣工通车，广佛地铁二期顺利通车。奇槎片区国际社区雏形显现，禅西新城成为聚集都市型产业和高层次人才的新热土。城市中轴线普君节点的改造更新启动，石湾西片区“一谷八园”成为创新创客新载体。

社会事业发展取得实效，民生更加温暖

坚持以改善民生为根本目的推动社会事业改革，提升中心城区幸福安全指数。一般公共预算支出超六成用于民生，达54.7亿元，把民生实事落到实处。推动“互联网+”教育创新，加快区管校聘改革，深化公立医院综合改革，突出“小综合大专科”、托管合作模式。创建食品安全示范城市十大重点工程扎实推进，60个菜市场升级成“互联网+智慧菜市场”。全区有效刑事治安总警情比上年下降17.2%，警情连续5年大幅下降，群众安全感位列全市第一、全省前列。城市风险点、危险源“一张图”管控有效，安全生产责任保险推进有力。

2016年4月7日，中共中央政治局委员、广东省委书记胡春华（左三）到佛山市禅城区调研视察经济稳增长工作

2016年4月21日，在禅城区食品及食用农产品质量安全保障工程暨“互联网+智慧菜市场”启动仪式上，区委书记刘东豪（左二）与食安菜妈负责人等共同为“互联网+智慧菜市场”揭牌

整治提升后的石湾奇槎涌水域

禅西绿岛湖都市产业区

亚艺公园春意盎然

加强自身改革与建设，政府更为高效

深化简政放权、放管结合、优化服务改革，依法全面履行政府职能，2016 年禅城区人民满意政府全域指数为 85.13。“一门式一网式”改革成为全国简政放权的鲜活样本。首创社会综合治理云平台，改革探索智慧城市管理模式。省试点改革项目“低碳城市和低碳县（区）试点”稳步推进。

2016 年，禅城区经济社会各项事业取得新成绩。实现地区生产总值 1585.26 亿元，比上年增长 8.1%；社会消费品零售总额 747.29 亿元，增长 13.3%；社会固定资产投资 600.00 亿元，增长 12.2%；辖区税收总额 212.2 亿元；区级一般公共预算收入 76.82 亿元，增长 11.5%；全年全区居民人均可支配收入增长 8.2%。2016 年，禅城区获评 2016 年全国中小城市最具投资潜力百强区第八名和新型城镇化质量百强区第十名，获评“全国社会工作服务综合示范区”“全国专利保险示范工作区”，获批创建广东省大数据综合实验区。禅城区社 会综合治理云平台获评第二届（2016）中国“互联网 + 政务”全国优秀实践案例 50 强。紫南村获评全省唯一的“中国十佳小康村”。

2016 年 9 月 22 日，禅城区举办中国 · 佛山石湾陶瓷创意谷启动仪式，区委副书记、区长孔海文（左四）等领导出席活动

2016 年 5 月 4 日，中共佛山市委书记鲁毅（右二）一行到禅城区祖庙街道“丰收街 · 菁创聚”社区视察。图为鲁毅与禅城区青年创业者代表座谈

南海区

传承品质 成就品牌

中共佛山市南海区委员会 佛山市南海区人民政府

2016年，南海区围绕“传承品质、成就品牌”工作主线，全领域建设品牌南海，打造全球创客新都市，壮大优质产业规模，激发创新创业活力，推动城乡面貌更新，破解社会治理难题，推动经济社会各项事业迈上新台阶，实现“十三五”良好开局，区域综合实力连续三年位居全国中小城市百强区第二名。

产业质量效益双提升

以智能装备、机器人、3D打印为代表的先进制造业规模日益壮大，智能制造、汽车制造两大省级产业集聚区实现产值近1500亿元。启动全国机器人集成创新中心建设，华中数控、登奇电机等龙头企业实现量产。实施“雄鹰计划”和“北斗星计划”，促进大型骨干企业发展，年主营业务收入超百亿元企业达6家；新增1家创业板上市企业、11家“新三板”挂牌企业。东方精工成功收购新能源汽车动力系统企业，维尚家具个性化定制项目入选工信部智能制造试点示范项目，坚美铝材获得中国质量奖提名奖。引进村上开明堂汽车后视镜、谷歌（佛山）体验中心等优质项目，全年引进投资超千万元项目386个，其中投资超亿元项目达125个。

创新驱动成为主旋律

激活各类创新要素，使创新驱动成为南海发展的主动力，位居2016全国中小城市创新创业百强区第二名。加强创新平台建设，新增2个省级新型研发机构，广顺电器获批首个国家地方联合工程研究中心，广工大数控研究院成为华南地区首个拥有双国家级创新创业平台的研发机构。启动科技创新小镇群建设，举办首届广佛国际创客节、“醒狮杯”国际工业设计大赛等创新创业活动，金融高新区成为全省首批双创示范基地。发挥企业创新主体作用，累计高新技术企业534家、国家级孵化器6个、国家级众创空间6个，数量继续领跑全市。搭建全方位的创新创业服务平台，设立股权交易中心人才板，新引进创新创业团队24个、“千人计划”专家6人，认定评定高层次人才90名。

2016年10月20日，全国机器人集成创新中心启动建设

2016年3月17日，“人才合作 荔南先行”荔湾南海区域人才合作框架协议签订暨广佛人才合作示范区建设启动仪式举行

南海千灯湖金融商务中心

2016 年 12 月 23 日，粤桂黔高铁经济带促进民间投资大会在南海区举办，农业产业合作联盟等 7 个联盟签约成立，粤桂黔旅游资讯 APP 等合作成果发布

城市新格局日渐成型

广佛同城化、粤桂黔高铁经济带合作试验区建设上升为国家战略，粤港科技中心落户粤港澳合作高端服务示范区，开放型城市格局基本成型。投入 135 亿元推进城市升级，佛山西站、新交通等重大项目建设全面提速，地铁 2 号线、3 号线工程推进顺利，广佛出口放射线二期、番海大桥等跨区域路网工程全面启动，实施“广佛同城，便捷出行”南海交通品牌建设三年行动计划，区域路网和公共交通不断拓展。推进百村升级行动计划，城市精细化管理向城中村和旧社区延伸，市容市貌持续改观。

公共服务更公平普惠

新建、扩建一批公办学校，成立“南商教育基金”奖教奖学，获评全国教育改革示范区。引入省级高端医疗资源，与广东省人民医院、南方医科大学开展合作办医，建立起全区危重孕产妇及新生儿急救网络。实施文化惠民工程，全年扶持、奖励文化发展项目 320 个，城乡一体化公共文化服务设施网络基本建成。提升城乡最低生活保障标准，完善灵活就业人员参保制度，有序开展“救急难”试点，底线民生保障更加有力。

2016 年 6 月，南海区在西樵山举办国内首场获 IAU（国际超级马拉松协会）认证的超级马拉松比赛

南海区西樵山听音湖

顺德区

把握新机遇 施展新作为 开创新局面

中共佛山市顺德区委员会 佛山市顺德区人民政府

2016年，顺德实施“开放引领、创新驱动”战略，应对新挑战，把握新机遇，施展新作为，推动顺德经济社会发展的质量和效益全面提升，开创新局面，奠定新格局。连续五年位居全国市辖区综合实力百强首位，第八次获评“中国全面小康十大示范县市”。

坚持开放引领，建机制、抓重点，城市竞争力逐步提升。

三大片区管理机制初步建立，片区一体化发展格局基本奠定。基础设施建设实现突破，顺德开始进入轨道交通时代。将教育和医疗卫生作为区域核心要素推进发展，城市环境质量显著提升。

坚持创新驱动，聚人才、重质量，转型步伐更加坚定。

自主创新更富活力，产业升级不断加快，智能制造产业快速发展。北滘“智造小镇”入选全国首批特色小镇。生物医药产业加速聚集，家电行业加快全产业链模式转型升级，工业设计、电子商务、现代农业等产业增势喜人。

坚持共建共享，提标准、促和谐，民生事业再上新台阶。

基础保障日益完善，稳定扩大就业和提高低保标准。连续九届获“广东省双拥模范城市”称号。超额完成省住房保障建设任务。文化事业繁荣发展，《寻味顺德》全国热播，进一步提升顺德知名度和美誉度。举办世界顺德联谊总会第十届恳亲大会。社会大局安定和谐，农村工作有序开展，公共法律服务体系不断完善，智慧城市建设有效推进，城市应急、食品药品安全工作不断加强。

坚持依法行政，促改革、优服务，政府职能转变取得新进展。

完善大部制改革，调整中德工业服务区（佛山新城）管理构架，企业服务科学高效，政府建设全面加强。

2016年11月24日，佛山市顺德区政府与北京科技大学签订战略合作框架协议。未来，双方将共建北京科技大学顺德研究生院，以深化校地合作推动创新顺德建设

广东（潭洲）国际会展中心

顺德区北滘文化中心

顺德史努比主题公园开业

顺德区勒流镇

走引领式差异化效益型发展的高明之路 奋力向第二个百年目标迈进

中共佛山市高明区委员会　佛山市高明区人民政府

2016年，中共佛山市高明区委以习近平总书记系列重要讲话精神为统领，全面落实党的十八大和十八届三中、四中、五中、六中全会精神，深入贯彻市第十二次党代会部署，团结带领全区干部群众，抓党建、谋改革、促发展、惠民生，全区转型升级步伐加快，区域价值明显提升。全年实现生产总值757.32亿元，连续四年进入全国科学发展百强区，排名上升到第43位。产业结构优化调整，中国中车等一批重点项目建成投产，高新技术企业增至66家，海天味业成为区首家产值超100亿元、税收超10亿元企业。城市发展提档升级，完成总投资272亿元的70个城市升级项目，高速公路通车里程增至90.8千米，西江新城获得“全国生态文明标杆城市”称号。发展体制机制不断优化，启动区级统筹改革，推动公有资产高效运营，“e门政务、e窗通办”成为全省推广典型。持续增进民生福祉，扎实推进“十大民生工程”，就业、医疗、教育等民生事业持续提升，平安建设“打防结合”模式成为省级样本。

2016年10月29日，高明区恢复建制35周年徒步活动

2016年9月29日至10月7日，高明区第十届万人濑粉节举行

绿嵌智湖

落霞美景

2017 年，是迎接党的十九大胜利召开之年，也是高明发展瓶颈逐步破除、发展优势不断积聚、发展潜力加速释放的一年。高明区将深入贯彻习近平总书记系列重要讲话精神以及省委、市委各项部署，抢抓珠三角新干线机场加快规划建设重大机遇，推进“珠西先进制造高地、岭南美丽田园新城”建设，加快探索走出一条引领式、差异化、效益型发展的高明之路。一是着力壮大提升实体经济。强化先进制造业和休闲旅游业核心带动作用，加快创建全域旅游示范区，打造珠三角绿色生态农业基地，推进产业结构优化升级。二是着力提升城市治理水平。突出绿色生态建设，推动中心城区扩容提质，打造各具特色的主题小镇，全面启动美丽乡村建设，融城镇建设和产业发展于秀美自然。三是着力打造面向未来的现代化交通基础设施。全力推进基础设施建设大会战，着力构筑立足广东、面向全国、连通世界的现代化综合交通体系，推动高明从节点城市向枢纽城市转变。四是着力建设民生幸福家园。突出抓好“十大民生实事”，创新共建共享社会治理模式，多措并举强化农村善治，着力打造珠三角最安全区域。五是着力推进全面从严治党。推动“两学一做”学习教育常态化制度化，打造忠诚干净担当的干部队伍，深入推进西江新城廉洁试验区建设，营造风清气正的发展环境。

西江新城体育中心

三水区

逐梦出发 实干当先

中共佛山市三水区委员会 佛山市三水区人民政府

2016年，佛山市三水区围绕“广佛创智之城，岭南水韵胜地”战略目标，带领全区人民锐意进取、攻坚克难，推动经济社会实现新发展、迈上新征程，实现“十三五”的良好开局。全区实现生产总值1083.21亿元，比上年增长8.4%；规模以上工业总产值3182.02亿元，增长7.9%；全社会固定资产投资667.37亿元，增长14.6%；地方一般公共预算收入48.33亿元，增长9.8%。2016年度中国市辖区综合实力百强排名第36位，2016年度中国最具投资潜力的中小城市百强区排名第37位。

一年来，三水区坚持以创新智造转换发展动力，经济综合实力稳步增强。突出项目引领，深入开展产业链招商，全年招商引资278.8亿元。深入推进创新驱动，全区高企数量实现翻番，新增各级工程中心87个。加大金融服务创新力度，成立三水首个上市企业孵化基地，“新三板”挂牌企业9家，7个工业产品获“广东省名牌”称号。城市品质显著提升，三水新城、北江新区建设扎实推进，水轴景观带示范段、西南涌北段综合整治工程完工，建成凤凰公园，新动力广场主体工程竣工，城市新核心加速成型。启动特色小镇规划建设，佛山一环、新汽车客运站等一批重大交通基础设施加快建设，广佛肇城轨通车，内连外通的立体化交通格局进一步形成。生态环境持续改善，加强环境综合治理，主干河涌水质有效改善。创建国家森林城市工作顺利推进，建成水庭景观带、西南公园、南丹山等“绿城飞花”主题绿化景观。改革创新全面深化，供给侧结构性改革成效明显，教育综合改革全面启动，完成农村土地承包经营权确权登记颁证工作，基层治理水平不断提升。民生福祉进一步改善，社保覆盖面逐步扩大，“银龄安康行动”成效显著，食品市场安全检测体系成为全省样板，创新推进社会治安综合治理，社会大局和谐稳定。政府建设有效加强，“两学一做”学习教育深入开展，依法行政全面推进，政府工作透明度不断提高。

2017年，三水区将坚持稳中求进总基调，以推进供给侧结构性改革为主线，坚定发展信心和战略定力，主动适应、把握、引领经济发展新常态，全力以赴抓落实，奋发有为开新局，以“弯道超车”的决心和魄力推动三水加快发展，奋力开创“广佛创智之城、岭南水韵胜地”建设新局面。

2016年8月8日，三水区政府与农发行佛山分行签署全面战略合作协议

2016年11月1日，三水区举办三水百亿投资签约暨企业服务项目推介活动

三水区凤凰公园

2016 年 12 月 8 日，大塘工业园佛山市华南纺织创新科技园动工

2016 年 12 月 2 日，佛山市三水区 2016 年度“感动三水”道德模范及命名仪式举行

2016 年 11 月 18 日，佛山三水万达广场开业

三水北站

龙腾虎跃显雄风
让世界了解佛山 让佛山走向世界
2017 FOSHAN YEARBOOK
聚賢堂
聚賢堂
聚賢堂
东胜
聚贤堂

第一篇

特　　载

开放引领　创新驱动
阔步迈向率先基本实现
社会主义现代化新征程

——在中国共产党佛山市第十二次代表大会上的报告

（2016 年 11 月 29 日）

中共佛山市委书记　鲁　毅

同志们：

中国共产党佛山市第十二次代表大会，是在全国上下掀起学习宣传贯彻党的十八届六中全会精神热潮，佛山改革发展进入新阶段、全面开启基本实现社会主义现代化建设新征程的关键时期，召开的一次重要会议。

下面，我代表中共佛山市第十一届委员会向大会作报告。

一、五年奋进为迈向第二个百年目标奠定坚实基础

过去五年，在省委的坚强领导下，市委团结带领全市广大党员、干部群众，攻坚克难，砥砺奋进，顺利完成市第十一次党代会提出的主要目标任务，各项事业实现新发展。

推动产业转型升级、创新驱动发展，综合实力迈上新台阶。2016 年，预计实现地区生产总值 8600 亿元左右，五年年均增长 8.5% 左右；实现全社会工业总产值 2.2 万亿元左右，年均增长 9.9%，综合经济竞争力位居全国大中城市前列。制造业提质增效，获批制造业转型升级综合改革试点，依托智能制造加快产业转型升级的经验做法获国务院通报表扬。成功举办两届中国（广东）国际“互联网+”博览会，承办第二届珠江西岸先进装备制造业投资贸易洽谈会。农业现代化进程加快，逐步向“五高一强”[1]迈进。第三产业发展加速，占地区生产总值比重逐步提升。民营经济稳健发展，全市有 7 家企业入围“2016 中国民营企业 500 强”[2]。国家创新型城市建设成效显著，成为国家知识产权示范城市，入选首批国家知识产权投融资试点，佛山国家高新区获批创建珠三角国家自主创新示范区。2016 年，预计全社会研发投入占地区生产总值 2.62%，高新技术企业超过 1300 家，国家级、省级孵化器达 21 家。佛科院创建高水平理工科大学取得阶段性成果。中德工业服务区列入省六大重点合作平台。牵头组建中德工业城市联盟。粤桂黔高铁经济带合作试验区（广东园）建设开局顺利。

实施城市升级战略、加速新型城镇化，城乡发展呈现新面貌。城市功能优化、品质提升，组团式现代化大城市格局基本成型。广佛同城不断深化，粤港澳合作交流全面加强。佛山新城成为首批中欧城镇化合作示范区。广珠城轨、广佛肇城轨，贵广、南广高铁，肇花高速、广明高速二期和广佛地铁南延线等项目建成，中心城区公共交通一体化建设加强，现代化综合交通体系进一步完善。“三旧”改造开创“佛山模式”，4 次荣获全省考核一等奖。大气和水环境质量持续改善，荣膺全国绿化模范城

市。市民文明素质不断提升，成功创建全国文明城市。文化导向型城市建设扎实推进，百村升级、古村落活化、省级新农村连片示范工程建设和历史文化街区保护成效明显，打造出“岭南新天地”等一批城市名片。

扭住关键精准发力、狠抓改革攻坚，体制机制迸发新活力。供给侧结构性改革成效明显，企业发展信心增强、效率提升。行政体制改革不断深化，编制完成政府权责清单，“三单”管理制度、商事登记制度、公共资源交易管理制度等重点改革向纵深推进。“一门式一网式”政府服务改革入选2015年全国创新社会治理最佳案例，在全省推广。农村综合改革稳步推进。打造不是自贸区的“自贸区”取得积极进展，探索建设国际贸易单一窗口，全面实施“互联网+易通关”，成为全省法治化国际化营商环境试点城市。

坚持党委总揽全局、协调各方，民主法治建设取得新进步。支持人大及其常委会依法行使立法、监督、决定、任免等职权，已制定实施3部地方性法规。法治政府建设全面加强，建立政府法律顾问制度，行政决策法治化科学化水平不断提升。支持政协开展政治协商、民主监督、参政议政。

爱国统一战线进一步巩固和发展，民族、宗教、港澳台、外事侨务、人民武装和国防动员工作取得新成绩，连续八届荣获“全国双拥模范城”称号。司法体制改革稳步推进。“三官一师”[3]直联村(居)实现全覆盖，法律服务共同体建设得到加强。

切实增进民生福祉、维护社会稳定，群众幸福感实现新提升。在“2016年中国地级市民生发展100强”[4]中排名第四。城乡居民收入稳步增长。城镇登记失业率控制在3%以内。成为全省首个推进教育现代化先进市，免费教育实现从义务教育向中等职业教育、特殊教育覆盖，新市民随迁子女就读公办学校比例保持在70%以上。医疗卫生服务能力持续提升，城乡居民基本养老、生育和大病保险制度进一步完善。安全生产监管全面加强，生产事故总量继续下降。成为国家食品安全示范城市创建试点。基层社会治理创新深入推进，初步构建“一体两翼”[5]基层治理新格局。立体化社会治安防控体系不断完善，社会矛盾得到有效预防和化解，2015年综治暨平安创建工作在全省考核中排名第一，信访总量处于近10年最低水平。对口帮扶清远、云浮任务圆满完成，佛山云浮产业共建取得实效，新一轮精准脱贫帮扶湛江、云浮工作开局良好。援藏援疆、对口支援四川省甘孜州和凉山州工作扎实推进。

严字当头实处着手、推进全面从严治党，党的建设取得新成效。党的群众路线教育实践活动、“三严三实”专题教育和“两学一做”学习教育成效显著。区、镇(街道)换届圆满完成。“堡垒型+服务型”基层党组织建设扎实推进，党群一体化建设不断加强，工青妇等群团组织作用有效发挥，“1 + N + X”[6]区域化大党建格局初步形成。探索镇（街道）领导干部驻点普遍直接联系群众制度，打通了联系服务群众“最后一公里”。探索建立狠刹“四风”网络监督、廉洁风险科技防控等平台，加大执纪审查力度，不敢腐的震慑作用不断强化。出台政商关系行为指引，构建“亲”“清”新型政商关系。落实省委“三个区分”[7]，倡导“为官有为”、整治“为官不为”，提振了干部干事创业精气神。落实意识形态工作责任制，牢牢把握正确舆论导向，社会主义核心价值观深入人心。

同志们，五年的艰苦奋斗和不懈努力，取得了令人振奋的成绩。这些成绩的取得，归功于中央和省委的正确领导，归功于历届市委打下的坚实基础，归功于全市各级党组织、广大党员、干部和人民群众的开拓进取、顽强拼搏，归功于驻佛山部队、武警官兵和中央、省驻佛山各单位的大力支持。在此，我们向所有关心、支持、参与佛山改革发展和现代化建设事业的同志们、朋友们，表示衷心的感谢！

五年来，我们坚持在传承中创新、在创新中发展，走出了一条既符合中央、省委精神，又切合佛山实际的发展道路，积累了一些弥足珍贵的经验，需要在今后工作中继续坚持并完善发展。

坚持把制造业作为立市之本、强市之基。牢牢扭住制造业转型升级主线，以技术改造为核心促进存量优化，以产业链招商为抓手促进增量优质，不断推动制造业迈向中高端。

坚持以城市升级引领现代化建设全局。把城市升级作为佛山转型发展的战略引领和突破口，统筹推进产业升级、民生改善、文明创建，以高水平规划引领城市现代化，以城市现代化促进产业高端化，促进“城产人”融合发展，提升城市发展质量和综合竞争力。

坚持以改革创新激发全社会发展活力。始终保持改革的勇气、锐气、朝气，坚持市级顶层设计与鼓励基层改革探索相结合，着力破除制约发展的体制机制障碍，不断释放改革红利。以创建国家创新型城市为目标，推动以技术创新为重点的全面创新，构建以制造业为基础、企业为主体、市场为导向、政府搭平台的创新发展格局。

坚持放心、放胆、放手发展民营经济。精准优质服务民营企业，切实解决民营企业发展难题，提振民营企业发展信心。坚持开放引领，构建高水平对外开放格局，引导民营企业走出去，做优做大做强。

坚持把人民满意作为最高价值追求。坚持人民主体地位，以人民满意为评价标准，努力建设人民满意政府，扎实办好各项民生实事，让发展有速度更有温度，让全体市民在共建共享中得到更多实惠。

坚持把全面从严治党作为改革发展的重要保障。始终同以习近平同志为核心的党中央保持高度一致，落实全面从严治党各项要求，大抓基层党建，锲而不舍改进作风，创新“制度+科技”反腐机制，建设一支忠诚、干净、担当的干部队伍，为改革发展提供坚强保障。

同时，我们也清醒地认识到，当前我市经济社会发展仍然面临不少问题和挑战，主要是：产业结构不够合理，产业层次整体偏低，自主创新能力不强，特别是掌握关键核心技术不多，新旧动能转换任务依然艰巨；资源环境约束趋紧，特别是土地开发强度偏高，村级工业园区升级改造压力大，大气、水污染治理任务繁重，统筹经济发展和生态建设难度加大；中心城区集聚辐射能力不强，城乡之间、区域之间发展不平衡、不协调问题比较突出；优质公共服务供给不足，民生保障还存在许多短板；一些领域社会矛盾易发多发高发，基层社会治理创新还有待加强；一些基层党组织软弱涣散，核心作用不强；少数党员干部改革攻坚锐气弱化，庸政懒政怠政问题仍然存在；部分领域不正之风和腐败现象时有发生，党风廉洁建设和反腐败斗争任重道远，等等。我们必须高度重视这些问题，采取切实有效措施，认真加以解决。

二、未来五年的发展形势和目标任务

经过改革开放30多年的发展，佛山实现了由农业文明向工业文明的历史性跨越，人均地区生产总值超10.9万元，达到世界中等发达国家水平。今天的佛山，已经站在了新的历史起点。面向未来，实现更高水平的发展，必须把佛山放到世界大格局和国家发展全局中进行前瞻思考和系统谋划。

放眼世界，战略机遇时不我待，我们有条件抢占先机、赢得主动。当前，世界经济仍处于深度调整期、重构期，复苏缓慢、增长脆弱；国际地缘政治风险进入高发期，不确定因素增多。同时，世界新一轮科技革命和产业变革蓄势待发，蕴含着重大历史机遇。美国再工业化、德国工业4.0和中国制造2025等国家战略的出台，显示世界主要战略力量，正在国际竞争和分工格局的深刻变化中，抢占先机、累积优势。风云变幻，最需要的是战略定力；竞争激烈，最重要的是急流勇进。面对机遇与挑战，佛山有雄厚的制造业基础、深厚的文化底蕴，完全具备抢占战略主动权的坚实基础和良好条件。我们要认真研究世界发展大势，时刻关注党中央、国务院重大战略和省委、省政府重大决策，牢牢抓住国家实施“一带一路”战略的重大机遇，推动佛山在更大范围、更宽领域和更高层次上参与国际分工、合作和竞争，引领佛山实现新一轮腾飞。

立足国内，时代使命重任在肩，我们有责任奋勇争先、多作贡献。党的十八大以后，习近平总书记到广东考察调研，对广东提出了“三个定位，两个率先”的殷切期望，勉励佛山要继续走在改革开放的前面，做改革开放的示范。今年4月12日，省委书记胡春华同志要求广州、深圳、佛山、东莞四个城市站在实现第二个百年目标的更高起点上，抢先谋划未来。我们要着眼大格局、秉持大胸怀，切实担负起中央和省委赋予我们的使命，把习近平总书记的殷切期望、省委的明确要求转化为发展的强大动力，更加主动融入国家和省发展全局，更好地为制造业转型升级、供给侧结构性改革，为广东实现“三个定位，两个率先”、建设国家科技产业创新中心、打造珠江西岸先进装备制造产业带、促进粤东西北振兴发展闯出新路，多作贡献。

展望未来，目标方向清晰明确，我们有信心承前启后、再创辉煌。当前，佛山既面临经济下行压力加大、新旧动能转换进程艰难的挑战，又面临“标兵渐行渐远、追兵越来越近”的考验。市委着眼于实现第二个百年目标，超前谋划编制《佛山2049远景发展战略规划》，提出以打造国家制造业创新中心为战略引领，建设中国制造业一线城市；以实现城市治理现代化为目标，建设宜居宜业宜创新的高品质现代化国际化大城市；以“佛山·大城工匠”为标杆，把工匠精神锻造提升为新时期佛山最鲜明的城市特质。我们要进一步增强危机意识、忧患意识、责任意识，承前启后、继往开来，和时代同行、和人民同行，在创新发展中迈向率先基本实现社会主义现代化新征程。

未来五年，全市工作的指导思想是：高举中国特色社会主义伟大旗帜，坚持以马克思列宁主义、毛泽东思想、邓小平理论、“三个代表”重要思想、科学发展观为指导，全面贯彻落实党的十八大和十八届三中、四中、五中、六中全会精神，深入贯彻习近平总书记系列重要讲话精神，按照“五位一体”总体布局和“四个全面”战略布局，践行创新、协调、绿色、开放、共享的发展理念，落实省委各项决策部署，统筹推进经济建设、政治建设、文化建设、社会建设、生态文明建设和党的建设，为打造国家制造业创新中心，建设宜居宜业宜创新的高品质现代化国际化大城市，迈向率先基本实现社会主义现代化新征程而努力奋斗。

主要目标任务是：

——建设面向全球的国家制造业创新中心。全面建成国家创新型城市，形成富有活力的创新创业体制机制，建成一批国内一流、国际先进的技术创新平台和科技载体，掌握一批事关制造业竞争力的关键核心技术，集聚一批国内外领先的创新科研团队和高端人才，科技进步贡献率进入全省前列，中国制造业一线城市地位进一步巩固。

——建设具有全国影响力的制造业转型升级示范城市。综合经济实力显著提升，发展方式实现重大转变，三次产业结构更趋合理，全面构建科技含量高、竞争力强、充满活力的现代产业体系。“中国制造2025”试点示范城市群建设取得实效，高端化、智能化、绿色化、服务化的制造体系基本形成，制造业整体素质显著提高，主要指标达到国内先进水平，勇当建设“制造强国”的先锋。

——建设宜居宜业宜创新的高品质现代化国际化大城市。城市功能定位更加清晰，空间布局更加合理，中心城区辐射带动力持续增强，城市基础设施承载力显著提升，城市管理和服务体系更加智慧化、标准化、精细化。人居环境显著优化，生态文明制度体系更加完善，形成绿色清洁生产方式和低碳健康生活方式，建成国家生态文明示范城市。

——建设更具品质的文化导向型城市。文化引领作用充分发挥，岭南优秀传统文化得到传承和弘扬，崇尚文化、尊重创新的社会氛围更加浓郁，建成创新创造活跃、岭南风韵突出、城乡服务均等、城市形象鲜明、人文素养丰厚的“文化佛山”。

——建设更高质量的民生幸福城市。全面建成更高水平、更加优质的公共服务体系、社会保障体系、生活服务体系，城乡居民收入增长与经济增长基本同步，人民生活和健康水平显著提高，人民群众的幸福感进一步增强。

做好未来五年的工作，必须把握好以下几点：

——必须坚持党建统领、干字当头。把抓好党建作为最大的政绩，全面落实管党治党责任，坚持抓思想从严、抓管党从严、抓执纪从严、抓作风从严、抓治吏从严、抓反腐从严，不断把党建优势转化为发展优势，把组织活力转化为发展活力，以实干再创佛山发展新辉煌。

——必须坚守制造业根基。未来，不管形势如何变幻，转型升级如何艰难曲折，我们都要以“咬定青山不放松”的战略定力，始终坚守制造业不动摇，不断厚植制造业优势，以智能制造为主攻方向，持续推进制造业转型升级，让佛山制造在推陈出新中代代相传，在千锤百炼中生生不息。

——必须坚持创新驱动核心战略。抢抓全球新一轮科技革命和产业变革的机遇，全面链接全球创新资源，开展全领域创新，突破和掌握一批重点领域关键核心技术，加快形成以创新为主要引领和支撑的经济体系和发展模式。

——必须坚定全方位开放引领。顺应“中国前所未有地靠近世界舞台中心”的发展趋势，以更加开放的胸怀和视野，充分利用好国际国内两个市场、两种资源，在产业、经贸、科技和文化等领域深化合作交流，加快形成空间更大、层次更高、内涵更深的对内对外开放合作新格局。

——必须聚焦补短板攻难点。瞄准经济社会发展的薄弱处、关键处和紧要处，集中力量攻坚克难、精准施策，补齐现代服务业、科技创新、人才、基础设施和公共服务等领域的短板，切实增强发展的全面性、协调性和可持续性。

——必须大力弘扬“工匠精神”。制造业是佛山之根，匠心是佛山制造业之魂。根要坚持坚守，魂要锻造提升。无论过去、现在还是未来，工匠精神永远是佛山工业文明的核心内涵。要始终坚持以“佛山·大城工匠”为标杆，让工匠精神成为佛山工业文明的灯塔，成为各行各业的行为准则，成为全体佛山人共同的精神家园。

三、全力推动经济社会发展始终走在前列

实现上述目标任务，我们要深入贯彻习近平总书记系列重要讲话精神，落实创新、协调、绿色、开放、共享的发展理念，抢抓机遇、积极作为，不断开创经济社会发展新局面。

（一）打造国家制造业创新中心引领经济发展实现“双中高”。紧紧围绕打造国家制造业创新中心“三步走”的战略目标[8]，落实“中国制造2025”战略，立足佛山产业基础，面向全球配置创新资源，加快形成“世界科技+佛山制造+全球市场”的创新发展模式，助力佛山经济增长保持中高速、产业加速迈向中高端。

以智能制造为主攻方向带头打造珠江西岸先进装备制造产业带。省委要求佛山在打造珠江西岸先进装备制造产业带中发挥带头作用，我们要以此为动力，突出发展智能制造装备、节能环保装备、新能源装备、汽车制造、生产性服务业等五大产业，积极发展卫星应用装备、海洋工程装备产业，加快形成先进装备制造产业集群。通过实施产业链招商、精准招商，着力引进、培育、壮大一批“工作母机”类先进装备制造业企业。到2020年，先进装备制造业力争达到万亿级规模。实施“互联网+智能制造”工程，加强与国内一流科研院所、龙头企业合作，将佛山打造成全国机器人自主创新集成中心。以“两化”深度融合和技术改造优化提升传统产业，推动传统产业向价值链两端延伸，促进佛山制造业加快实现“四个转变”[9]。

全力打造珠三角国家自主创新示范区。把提升企业自主创新能力放在更加突出位置，强化企业创新主体地位，构建富有佛山特色的创新创业生态系统，激发全社会创新活力。鼓励协同创新，支持企业与国内外知名高校和科研院所合作，建设产学研协同创新平台，组建技术创新战略联盟，开展重点产业关键核心技术攻关。高标准建设国家知识产权示范城市，支持禅城区打造华南知识产权交易中心。大力推动大众创业、万众创新，建设一批各具特色的“双创”园区。以“一环”沿线的佛山国家高新区、乐平智能创新示范区、佛山国家火炬创新创业园、顺德北部片区创新走廊等高端载体为节点，打造“一环创新圈”，到2020年，力争佛山国家高新区进入全国20强，顺德高新区成为我市第二个国家级高新区。以中德工业服务区、华南创谷、南海全球创客新都市等开放式平台为基础，推动全球产业资本、高端人才、先进技术等创新要素在佛山汇聚。深入实施“金科产”融合发展战略，促进资金链、创新链和产业链的无缝对接，不断提升金融服务实体经济的水平。聚集金融创新要素，推动广东金融高新区升级发展。打造珠江西岸创投中心和珠江西岸融资租赁区域中心，促进股权投资基金和融资租赁产业集聚发展。积极引进和发展法人金融机构，大力发展多层次资本市场，推动企业上市和债券融资，实现企业裂变式发展。

以佛科院打造高水平理工科大学带动多层次高校创新体系建设。高校是培养人才的重要基地，又是汇聚创新资源的重要载体。要全面落实省委、省政府建设高水平理工科大学的决策部署，集中优势力量和资源，加快将佛科院建设成为广东省高水平理工科大学。鼓励佛科院实施“高校+高端研究院所+龙头企业”发展模式，加速推动全球创新技术应用成果率先在佛山转化，打造创新技术应用转化中心和高新技术企业“大孵化器”。鼓励师生创新创业，将佛科院建设成为培养应用型工程师和企业家的“摇篮”。积极引进国内外一流高校来我市

合作办学，鼓励各区发展一批服务本地产业转型升级的科研院所。支持顺德区建设广州大学城卫星城，支持南海大学城及南方医科大学（顺德校区）、广东财经大学（三水校区）加快发展。支持佛山职业技术学院、顺德职业技术学院建设省一流高职院校，建成高技能人才培养基地。支持广东省职业技术学院扎根高明，加快发展。

加快发展以生产性服务业为重点的现代服务业。推动生产性服务业向专业化和价值链高端延伸，生活性服务业向精细化和高品质转变，制造业由生产型向生产服务型转变，实现服务业发展增量提质。重点发展产业金融、现代物流、科技服务、电子商务、服务外包等产业，培育壮大一批生产性服务业龙头企业。依托中德工业服务区、广东工业设计城等现代服务业集聚区，大力发展工业设计。以广东（潭洲）国际会展中心为龙头，统筹全市会展资源，打响会展经济品牌，办好珠江西岸先进装备制造业投资贸易洽谈会、中国（广东）国际“互联网+”博览会。以禅城区建设广东大数据综合试验区为示范，培育发展“四新经济”[10]和大数据产业，加速形成新的经济增长点。

坚定不移支持民营企业做优做大做强做成“百年老店”。进一步放宽和规范市场准入，降低民营企业投资门槛，营造激励民营企业创新发展的公平竞争环境。进一步破解企业发展中的瓶颈制约，全心全意做好企业服务，增强民营企业发展信心。支持行业协会（商会）发展壮大，增强服务企业能力。实施大型骨干企业培育工程，鼓励民营企业通过技术升级、主业扩张、兼并重组等方式成长壮大，形成一批具有国际影响力的旗舰企业。鼓励中小微企业向“专精尖新特”方向提升，让更多企业成为利基市场[11]的隐形冠军。大力弘扬新时期佛山企业家精神，依法保护民营企业和企业家合法权益，加强对企业家特别是新一代民营企业家的培养，推动民营企业稳健传承发展。

以“三个舍得”构筑创新型产业人才支撑体系。人才是支撑发展的第一资源。要以识才的慧眼、爱才的诚意、用才的胆略、容才的雅量、聚才的良方，舍得投入、舍得时间、舍得声誉，全力抓好人才工作。注重发挥产业优势，以协同创新方式柔性引才，“不求所有，但求所用”。对标先进城市，以企业为主体，以产业需求为导向，推动人才政策创新，形成更具竞争力和影响力的佛山人才品牌。建立股权激励机制，完善优先使用创新产品的采购政策，鼓励人才创新创业创富。探索设立市级人才发展专项基金，促进重点人才的培养、引进和激励，让各类人才各展所长、各得其所。

（二）坚持以人为核心建设宜居宜业宜创新的美好家园。把人的城市化放在更加突出位置，深化“城产人”融合发展战略，立足共建珠三角世界级城市群核心，全面推进城市治理现代化，促进城市形态实现“四个转变”[12]，建设人民群众更具自豪感、幸福感和归属感的美好家园。

以高水平规划引领城市发展全局，优化提升城市功能。坚持以高水平规划引领城市现代化，以城市现代化促进产业高端化，切实发挥城市规划的战略引领作用，推进“多规合一”，精心描绘城市未来的“成长坐标”。继续实施“强中心”战略，全力构筑和不断优化强中心、多组团、网络型城市组团空间格局，实现生产空间集约高效、生活空间宜居适度、生态空间山清水秀。加强城市设计，挖掘佛山地域环境、岭南文化特色、建筑风格等城市“基因”，彰显城市个性、民俗气质和山水风貌。强化规划实施管理，加大对违法建筑的查处力度。落实全市城市规划委员会对重大规划、重大项目、重大政策的审议制度，确保一张蓝图干到底。

以轨道交通和“一环”西拓为突破口，掀起新一轮城市基础设施建设高潮。高标准建设支撑新一轮发展的交通、水利、通信、电力等现代化基础设施，提升城市品质和综合承载力。紧紧把握我市轨道交通建设进入发展黄金期的机遇，以TOD模式[13]引领城市开发，促进城市轨道建设，力争在5年内建成运营佛山地铁1、2、3、4、9、11、13号线和广州地铁7号线西延线，推进轨道交通加速成网，总里程达到281千米；以“一环西拓”工程建设为重点，大力推进市域快速路和区域高速公路建设，构建覆盖市域、通达区域的高快速公路网，打开佛山西部片区发展新格局，加速佛山产业融合、城市融合；打通“断头路”，加密城区次干路和支路网，构建外通内畅的城市道路网络；完善公共交通设施，优化公交接驳设施布局，打造多层次公交服务网络；依托西江、北江、顺德水道黄金岸线资源，加快港口码头基础设施建设，发展临港经济；努力争取珠三角新干线机场落地佛山，构筑集轨道、水路、公路、航空于一体的现代化立体化综合交通体系。加强城市地下空间开发利用，统筹推进地下综合管廊的建设与改造，努力打造海绵城市。加快推进国际学校、国际医院、国际社区建设，构建与国际同步的宜居宜业环境。

以镇村现代化促进城市现代化，统筹城乡协调发展。大力推动“美丽文明村（居）”建设，按照“环境美、风尚美、人文美、服务优”的总要求，统筹推进宜居村（居）、“五好”新村（居）建设，推动城市基础设施向村（居）延伸、城市公共服务向村（居）覆盖、城市现代文明向村（居）辐射，促进镇村现代化。加大“三旧”改造力度，持续推进村级工业园区综合整治，实现镇村园区现代化。高品质发展都市型现代农业，高标准构建万亩桑基鱼塘生态系统，重塑岭南水乡风貌，提升镇村生态文明水平。全面深化农村综合改革，探索建立城乡统一的建设用地市场，促进城乡要素自由流动、平等交换、合理配置。进一步健全村（居）议事协商民主机制，促进基层社会民主协商、共建共治。支持南海区开展试点，深化“政经分离”，探索吸纳非户籍常住人口进入村（居）“两委”等基层组织，积极参与基层社会治理。着力推进农村居民市民化，促进有能力在城镇稳定就业和生活的常住人口有序市民化。

聚焦“城产人”深度融合，打造佛山特色小镇。充分发挥我市专业镇、工业园区、古村落等载体资源优势，探索培育发展佛山特色小镇。鼓励和支持各区、各镇（街道）因地制宜、先行先试，注重空间、产业、人才、创新四大集聚，融合产业、文化、旅游、居住四大功能，统筹生产、生活、生态三大布局，打造主题鲜明、功能突出的特色小镇，让特色小镇成为产业升级新载体、创新创业新平台、宜居宜业新家园。

以精细化、智能化管理改善生产生活生态环境，提升人民生活质量。加强市级统筹、建管并举，建立市级城市管理统筹协调机构，统筹推进城市管理和服务，统一智慧城市建设，提升城市管理和服务的精细化、智能化水平。积极探索城市管理综合执法，构建科学合理高效的城市管理新模式。严把建设质量关、管理安全关，统筹规划和建设全市人防工程，加强城市防灾避难场所建设，健全城市防台风、防洪、排涝、抗震、消防、交通等应急指挥体系。激发社会组织活力，积极探索物业管理与社区管理相融合，促进社区共治善管。

突出绿色富市、绿色惠民，创建国家生态文明示范城市。生态环境没有“替代品”，绿水青山就是金山银山。要坚持空间管控一张蓝图，严格落实主体功能区规划，严守农业空间和生态空间保护红线，严控土地开发强度。着力打好治气、治水、治土三大攻坚战，进一步提升生态环境质量。加强环境保护执法，对各类违法行为坚持零容忍、零弹性、零余地，切实解决群众身边突出的环境问题。创新环境管理制度，探索建立生态补偿机制，推进排污权有偿使用和交易。提高环保准入门槛，以产业结构优化带动环境质量改善。强化企业环保主体责任，开展企业节能低碳行动，发展节能环保产业，推广应用新能源汽车，推进绿色建筑和装配式建筑发展，努力建设低碳城市。大力开展植树造林行动，加快公园绿地建设，力争在2020年前创建成为国家森林城市。

（三）在全面深化改革中继续勇当先锋。贯彻落实中央、省委各项改革决策部署，紧扣佛山实际，大胆探索实践，积极构建更加成熟定型的制度体系，始终保持不竭的发展动力，推动实现更有质量效益的发展。

着力推进供给侧结构性改革。要在继续有效扩大内需的同时，全面落实去产能、去库存、去杠杆、降成本、补短板五项重点任务，增加有效供给，不断提高全要素生产率，打好供给侧结构性改革攻坚战。紧抓制造业转型升级综合改革试点的历史机遇，构建有利于制造业发展的体制机制，为广东和国家制造业转型升级探路。深化国有资产管理体制改革，积极发展混合所有制经济。大力实施标准化战略，支持鼓励龙头骨干企业、行业协会主导和参与制定国际、国家、行业和地方标准。深入实施品牌带动战略，创建国家质量强市，加快形成一批国际化程度高、竞争力强的自主品牌和区域品牌，推动佛山制造向佛山创造转变、佛山速度向佛山质量转变、佛山产品向佛山品牌转变，努力将佛山制造打造成为中国制造的最高品质。

努力实现有为政府与有效市场的有机统一。坚持市场化改革方向，深化“放管服”改革，用行政权力的减法换取市场活力的加法，充分发挥市场在资源配置中的决定性作用。同时，强化政府在重点领域、关键环节的超前引领，主动谋划，精准发力，实现有为政府与有效市场的有机统一、良性互动。特别要在推动“互联网+”政务服务，加快建设全市统一、互联共享的大数据统筹机构方面实现新突破；在进一步完善“一门式一网式”政府服务模式，更有效提高便企、便民服务水平，更有效激发社会创造活力方面取得新成效。探索政府和社会资本合作，积极推广运用 PPP 模式[14]，激发社会资本参与公共产品供给的热情。

真督实察全面推动改革举措落地生根。继续谋划好事关佛山发展的重点改革项目，提高改革精准化、精细化水平，在抓落实上出真招、用实力、见成效。完善改革督察机制，注重督察结果的运用，发现问题要列出清单、明确责任、限定时间、挂账整改，提升改革督察工作的权威性。加大改革评估工作力度，突出重点开展专项督察。健全改革绩效考核机制，加强对各级各单位和领导干部推进改革情况的考核。

（四）高水平、深层次、宽领域推进对内对外开放。顺应开放发展大趋势，秉持合作共赢理念，在全球、全国坐标中找准发展定位，走出一条经济边界不断拓展、发展空间持续扩大、比较优势充分释放的新时期佛山开放之路。

以“一带一路”战略引领佛山通达世界。立足佛山区位、产业和文化优势，统筹推进经贸、科技、人文交流合作，将佛山打造为落实“一带一路”战略的先行区，将佛山的区位优势转化为区位责任。支持优势行业企业到海外实施市场开拓、企业并购、项目建设，开展国际产能合作，让佛山制造、佛山品牌更具国际竞争力和影响力。深化中德工业城市联盟合作，打造广东国际合作区。以提升产业创新能力为核心，以智能制造为重点，实施精准引资引智，链接全球创新资源、科技要素为我所用。大力发展以“互联网+”为主要标志的外贸新形式、新业态，促进外贸向优质优价、优进优出转变。深化与国际友好城市交往，推动佛山文化品牌走向国际舞台，促进文化交流和民心相通。

广佛同心参与全球竞争。广州市委和佛山市委已经达成共识，广佛携手打造珠三角世界级城市群核心，共同参与全球要素配置、产业分工和竞争。要积极借助广州在交通、人才、对外平台等方面的优势，加强两地间基础设施联通、产业优势互补、生态环境共治、民生服务共享，重点将禅城、南海、顺德打造成为广佛都市圈核心区。抢抓深中通道、港珠澳大桥等重大基础设施建设的有利契机，深度融入粤港澳大湾区发展战略。主动对接深圳技术、资本、人才等创新要素，承接深圳创新溢出效应，推动产业合作，助力佛山制造品质提升。深化与港澳现代服务业合作，高水平建设粤港澳合作高端服务示范区。

加快粤桂黔高铁经济带合作试验区（广东园）建设，辐射带动大西南发展。充分发挥佛山承东启西的区位优势，搭乘高铁经济发展快车，与沿线城市共同谱写泛珠区域合作新篇章。依托粤桂黔高铁经济带“一区三园”[15]，共同申报国家级跨区域合作试验区。加快建设佛山西站枢纽新城，打造佛山经济新的增长极，辐射带动大西南发展。加强与珠江（西江）流域城市的合作，共建珠江—西江经济带。加快推进广佛肇一体化，构建广佛肇清云韶经济圈。

在推进对口支援、东西部扶贫协作和粤东西北振兴发展中更好体现佛山担当。以强烈的大局意识、担当意识，坚决落实中央和省的决策部署，认真做好对口支援西藏墨脱县、新疆伽师县，对口四川凉山州扶贫协作，支援联系四川甘孜州工作，构建以民生为龙头、以产业和智力为两翼、多领域援建相结合的工作格局。依托佛山（云浮）产业转移工业园等两园六区[16]和顺德清远（英德）经济合作区平台载体，走以产业共建为核心的帮扶新路，培育发展具有前瞻性、高成长性的产业集群。扎实开展湛江、云浮精准扶贫，全力打赢脱贫攻坚战。

坚持差异化发展，构建五区开放竞争、合作共赢的发展格局。五区是经济发展的主战场，只有协作并进，才能凝聚发展合力。五区既要依托各自禀赋，坚持走差异化发展之路，弘扬比学赶帮超、奋发有为的干事创业精神，找差距、补短板、争先进、创特色，努力塑造更多先发优势、实现更多后发赶超；更要主动融入全市“一盘棋”，由竞争走向竞合，以合作实现共赢。强化市级在重大发展规划、重大基础设施建设、重大生产力布局、重点领域和关键环节改革等方面的统筹力度，推动产业资源、基础设施适度向高明区、三水区倾斜，形成既激发基层改革活力、发展动力，又保证全市上下衔接、协同一致的发展格局，提升佛山整体竞争力。

（五）全面提升更具岭南文化特质的城市品位。 文化承载历史，文明昭示未来。要坚持文化导向型城市建设方向，促进文化与经济、文化与城市的共融共生，以文化的力量塑造城市形象、推动城市发展。

积极培育和践行社会主义核心价值观。着力打造“志愿者之城”“乐善之城”“敬业之城”，推动文明创建工作常态化、精细化。持续开展先进典型学习宣传，发挥道德楷模的力量，引导市民崇德向善、见贤思齐，促进市民整体素质和城市文明程度全面提升。把诚信建设摆在突出位置，健全守信激励和失信惩戒机制，构建覆盖全社会的信用体系。充分发挥哲学社会科学推动社会发展的理论先导作用，推动哲学社会科学繁荣发展。

加快构建现代公共文化服务体系。全面推进国家公共文化服务体系示范区建设，构建网络完善、运行高效、供给丰富、保障有力的现代公共文化服务体系。进一步完善覆盖城乡的公共文化设施网络，重点推进佛山国际体育文化演艺馆、佛山新城文化中心等文化基础设施建设。大力开展群众喜闻乐见、丰富多彩的文化活动，积极争取承办全国性、国际性文体赛事。引导文艺工作者挖掘佛山故事，融入时代元素，在传承中创作出无愧于时代、具有佛山特色的文艺精品。

着力打造特色文化品牌。佛山历史悠久，文化底蕴深厚，文化脉络绵延至今。要深入挖掘具有岭南文化特质的城市内涵，延续历史文脉，弘扬优秀传统文化，推进文化与城市融合发展。重点打造“世界功夫之城”“陶艺之都”“设计之都”“世界美食之都”“水韵之都”等系列文化名片。落实全省岭南特色街区复兴计划，分批开展历史文化街区、历史建筑、古村落的保护和活化工作。着力开展国家级文化产业示范园区、省级文化金融合作试验区创建，持续推进文产融合，大力发展旅游文化创意产业，催生一批具有较强竞争力、影响力的文化企业。

牢牢把握新闻宣传和舆论引导主动权。新闻舆论是思想文化传播的重要渠道，巩固壮大积极健康向上的主流舆论是社会主义文化建设的重要任务。要严格落实意识形态工作责任制，坚持新闻舆论工作的正确政治方向，牢牢掌握意识形态工作的领导权、管理权、话语权。大力推进传统媒体和新兴媒体深度融合发展，打造新型主流媒体，增强主流媒体的传播力、引导力、影响力和公信力。加强网上思想文化阵地建设，旗帜鲜明地把党管媒体原则落实到网络媒体的建设和管理中，唱响网络主旋律。

（六）努力让人民群众过上更加幸福美好的生活。 坚持以人民为中心的发展思想，始终将保障和改善民生放在首位，以高品质公共服务提升市民幸福感和城市竞争力。

着力保障和改善民生，推进基本公共服务优质化。坚持就业优先，突出抓好高校毕业生就业服务，实施“创业佛山”战略，激发全市创业热情，以创业促就业。深入创建国家教育综合改革示范区，推进学前教育公益普惠化、城乡义务教育优质均衡一体化发展，构建惠及全体市民的终身教育体系，加快建设更高水平的教育现代化。建立健全租购并举的住房制度，把符合条件的外来务工人员有序纳入城镇住房保障范围。全面推进卫生强市建设，打造健康佛山。着力在分级诊疗制度、公立医院改革等领域取得突破。推进基本医疗保险城乡一体化，实现城乡居民公平享有基本医疗保险权益。探索医养保联动新模式，构建多层次养老服务体系。落实全民参保计划，形成广覆盖、保基本、多层次、可持续的社会保障体系，让保障和关爱的阳光照亮、温暖每个人。

促进不同群体全面均衡发展，打造更高水平的“共享佛山”。在实现“两个一百年”目标路上，必须让各类群体得到更多实惠，确保一个不少、一个不落。重点做好低收入者和困难家庭增收工作，努力缩小城乡、区域、行业收入分配差距，扩大中等收入群体。加强对流动人口、特殊人群和农村留守妇女儿童、空巢老人等社会群体的服务和管理。深化户籍管理制度改革，加快建立与实际居住时间、工作年限和社会贡献等因素相挂钩的基本公共服务供给机制。

切实维护社会和谐稳定，打造更高水平“平安佛山”。健全社会矛盾纠纷化解和公共安全管理机制，完善群体性事件预警应急处置机制、重大决策社会稳定风险评估机制，确保社会大局和谐稳定。创新基层社会治理，统筹推进全市社会治理大数据云平台建设，不断提高社会综合治理法治化、智能化、专业化水平。强化安全生产“党政同责、一岗双责、齐抓共管、失职追责”制度，督促企业落实安全生产主体责任，坚决预防和遏制重特大事故发生。着力加强食品、药品、农产品安全监管，切实保障群众“舌尖上的安全”。

全面推进依法治市，打造更高品质“法治佛山”。各级党组织和党员领导干部要带头维护宪法法律权威，切实提高依法办事能力。扎实推进科学立法，加快重点领域立法，为改革创新和转型发展提供法治保障。健全以行政复议为主渠道的行政争议解决机制，优化整合政府法律服务资源，提升法律服务质量。以创建珠三角法治政府示范区为契机，深入建设法治政府。继续深化司法体制改革，支持司法机关依法独立公正行使职权，努力让人民群众在每一个司法案件中都感受到公平正义。扎实开展“七五”普法，弘扬法治文化，提升市民法治素养，使法治成为城市发展的竞争优势。

四、坚定不移推进全面从严治党

推进佛山各项事业健康发展，关键在党，关键在党要管党、从严治党。全市各级党组织要紧密团结在以习近平同志为核心的党中央周围，贯彻落实中央、省委对党的建设一系列决策部署，坚定不移推进全面从严治党，努力实现干部清正、政府清廉、政治清明，为迈向率先基本实现社会主义现代化新征程提供坚强保证。

（一）坚决维护以习近平同志为核心的党中央权威。全市各级党组织和广大党员、干部要认真学习贯彻党的十八届六中全会精神、习近平总书记系列重要讲话精神，进一步增强“四个意识”，特别是核心意识、看齐意识，自觉向党中央看齐，向党的理论和路线方针政策看齐，向党中央决策部署看齐，紧密团结在以习近平同志为核心的党中央周围，自觉服从党中央集中统一领导，做到党中央提倡的坚决响应、党中央决定的坚决执行、党中央禁止的坚决不做。要把习近平总书记治国理政的新理念新思想新战略贯穿到佛山工作全局，把中央和省委的决策部署具体细化为工作措施，确保中央、省委政令在佛山畅通，在佛山落地。

（二）加强和规范党内政治生活。党要管党必须从党内政治生活管起，从严治党必须从党内政治生活严起。全市各级党组织和全体党员要以党章为根本遵循，把坚定理想信念作为开展党内政治生活的首要任务，坚持不懈抓好理论武装，深入开展“两学一做”学习教育，任何时候都要做到政治信仰不变、政治立场不移、政治方向不偏。坚持“三会一课”制度，认真开展民主生活会和组织生活会。坚持民主集中制，既要充分发扬党内民主，更要善于集思广益，提高重大决策的民主化、规范化、科学化水平。始终严明纪律、坚守规矩，锻炼过硬党性，让遵规守纪成为自觉、成为习惯。认真贯彻落实“两个条例”[17]，完善党委议事规则和决策机制，统筹推进党的建设各项工作取得实效。

（三）全面加强党内监督。党内监督没有禁区、没有例外。要强化自上而下的组织监督，改进自下而上的民主监督，发挥同级相互监督作用，构建起上下贯通、条块结合的党内监督工作网络。坚持思想建党和制度治党相结合，严格落实党内各项制度，强化党内监督责任，加强对一把手的监督，压实党委（党组）书记党内监督第一责任人责任。运用好监督执纪“四种形态”[18]，把党内监督体现在平时，实现惩处极少数、教育大多数的政治效果和社会效果。市委要以上率下，始终为全市党员、干部和群众作出表率。

（四）建设团结和谐的民主政治。充分发挥党委总揽全局、协调各方的领导核心作用。支持人大及其常委会依法履职，发挥政协作为协商民主重要渠道作用。巩固和发展新时期爱国统一战线，坚持和完善中国共产党领导的多党合作和政治协商制度，提升政党协商质量和水平。发挥各民主党派、工商联和党外人士作用，拓宽各界人士参政议政渠道，做好民族、宗教、港澳台、外事侨务等工作。加强党管武装工作和国防后备力量建设，巩固和发展军政军民团结，扎实推进军民融合，为深化国防和军队改革提供有力保障。发展地方新型智库，提升党委决策科学化水平。

（五）更好发挥基层党组织战斗堡垒作用。牢固树立抓好党建是最大政绩的政治理念，落实全面从严治党的主体责任，完善书记抓基层党建专项述职评议制度，把全面从严治党的要求延伸落实到基层。稳妥推进基层组织重构，深化“双直联”[19]工作，积极推进群团组织改革，充分发挥工青妇等群团组织的重要作用，统筹推进高校、国企、“两新”组织等领域党建工作，不断完善党群一体的区域化大党建格局。大力整顿软弱涣散基层党组织，扎实推进基层党组织带头人、村（社区）后备干部和党员后备力量建设，全力打造“堡垒型+服务型”基层党组织。

（六）坚持不懈推进正风反腐。从严治党必须从严执纪。各级党委（党组）要严格履行党风廉洁建设主体责任，支持纪律检查机关履行监督责任，落实“一岗双责”[20]，把监督检查、目标考核、责任追究有机结合起来，有责必问、问责必严。全面落实中央八项规定精神，严格遵守六大纪律[21]，持之以恒改进作风。坚决以“零容忍”态度惩治腐败，完善“一案双查”工作机制，坚持标本兼治、以案治本，坚决惩治人民群众身边的腐败行为。鼓励各地开展微观制度创建，构建具有佛山特色的预防腐败制度体系。深化廉洁试验区建设，打造廉洁制度“孵化器”。加强党风廉洁大数据云平台建设，稳步推进电子化职权廉洁预防工作，绘制党风廉洁建设“基因图谱”[22]。

（七）锻造奋发有为的干部队伍。坚持好干部标准选人用人，注重在工作和实践中考察评价使用干部。加强干部队伍能力建设，努力打造一支对党忠诚、敢于担当、清正廉洁、奋发有为的高素质干部队伍。深入整治“为官不为”，稳步推进领导干部“能上能下”，让机关不养“懒人”“庸人”，让不想干事的人没有位置。深入落实省委“三个区分”，制定实施干部履职容误清单，给改革创新者撑腰鼓劲，给敢担当、善作为干部重用的机会，努力营造干事创业的良好政治生态。

同志们，率先实现第二个百年目标，是中央的要求、省委的重托、全市人民的期盼。让我们紧密团结在以习近平同志为核心的党中央周围，在省委的坚强领导下，弘扬伟大长征精神，不忘初心，继续前进，向着率先基本实现社会主义现代化的宏伟目标奋勇前进！

注释：

[1] 五高一强：土地产出率高、科技水平高、安全水平高、组织化程度高、一二三产业融合度高和生态功能强。

[2] 2016 中国民营企业 500 强：数据由全国工商联发布，广东入围企业数量 50 家，佛山市入围企业 7 家，紧随广州、深圳，位列全省第三。

[3] 三官一师：法官、检察官、警官和律师。

[4] 2016 年中国地级市民生发展 100 强：该指数由人民日报社《民生周刊》杂志组织发起，由北京师范大学民生发展课题组承担，对全国 27 个省下辖的 262 个地级市进行的区域民生发展指数的预算与比较，考核体系包括了民生基础、收入消费、居住出行、文化教育、安全健康等 5 个二级指标和 29 个三级指标。

[5] 一体两翼：“一体”即狠抓基层组织建设，“两翼”即化解社会突出矛盾和创新基层社会服务。

[6]“1 + N + X”区域化大党建：“1”是指在该区域中的龙头党组织，也是核心力量；“N”是区域内的党政机关、各类企事业单位等党组织；“X”是区域外各类党建和服务资源，包括群团、企事业等各种力量。

[7] 三个区分：把因缺乏经验、先行先试出现的失误与明知故犯区分开来；把国家尚无明确规定时的探索性试验与国家明令禁止后的有规不依行为区分开来；把为推动改革的无意过失与为谋取私利的故意行为区分开来。

[8] 国家制造业创新中心“三步走”战略目标：佛山市委十一届八次全会提出，分阶段分步骤建设国家制造业创新中心，到 2020 年，全面建成国家创新型城市，自主创新水平进入全国前列，中国制造业一线城市地位得以确立；到 2025 年，创新体系更加完备，创新文化氛围更加浓厚，制造业创新能力基本达到世界制造强国中等水平；到 2049 年，率先建成国内一流制造业创新体系，制造业综合实力达到国际制造业强国水平。

[9] 佛山制造业实现“四个转变”：市委十一届八次全会提出，佛山制造业要顺应工业 4.0，实现四个转变。内容是：由生产型制造向服务型制造转

变，由人工制造为主向智能制造为主转变，由低成本竞争优势向高质量竞争优势转变，由粗放制造向绿色制造转变。

[10] 四新经济：是指新技术、新产业、新业态、新模式的经济形态，是在新一轮信息技术革命、新工业革命以及制造业与服务业融合发展的背景下，以现代信息技术广泛嵌入和深化应用为基础，以市场需求为根本导向，以技术创新、应用创新、模式创新为内核并相互融合的新型经济形态。

[11] 利基市场：是指那些被市场中的统治者和有绝对优势的企业忽略的某些细分市场或者小众市场。

[12] 城市形态实现"四个转变"：市委十一届八次全会提出，在"十三五"期末，佛山将推动城市形态实现"四个转变"：推动高能耗、低产出的村级工业园区向高品质、高附加值的现代产业园区转变；推动产业园区向功能多样的城市社区转变；推动城市社区向广佛都市圈中心城区转变；推动一般的区域性城市向现代化国际化大城市转变。

[13] TOD 模式：即以公共交通为导向的开发，是指规划一个居民或者商业区时，使公共交通使用最大化的一种非汽车化规划设计方式。目前被广泛利用在城市开发中，尤其是在城市尚未成片开发的地区，通过先期对规划发展区的用地以较低的价格征用，导入公共交通形成开发地价的时间差，然后出售基础设施完善的"熟地"，政府从土地升值的回报中回收公共交通的先期投入。

[14] PPP 模式：是 Public-Private Partnership 的简称，在我国，PPP 是指政府和社会资本合作模式。国家财政部在《关于推广运用政府和社会资本合作模式有关问题的通知》(财金〔2014〕76 号)中指出，PPP 是指在基础设施及公共服务领域建立的一种长期合作关系。通常模式是由社会资本承担设计、建设、运营、维护基础设施的大部分工作，并通过"使用者付费"及必要的"政府付费"获得合理投资回报；政府部门负责基础设施及公共服务价格和质量监管，以保证公共利益最大化。

[15] 一区三园：粤桂黔高铁经济带合作试验区及其广东园、广西园、贵州园。

[16] 两园六区：佛山云浮合作两园六区为佛山（云浮）产业转移工业园（含思劳产业集聚地、都杨产业集聚地、云城区产业集聚地、云安区产业集聚地、罗定市产业集聚地、郁南县产业集聚地等 6 大片区）、佛山顺德（云浮新兴新成）产业转移工业园。

[17] 两个条例：《中国共产党党组工作条例（试行）》和《中国共产党地方委员会工作条例》。

[18] 监督执纪"四种形态"：经常开展批评和自我批评、约谈函询，让"红红脸""出出汗"成为常态；党纪轻处分、组织调整成为违纪处理的大多数；党纪重处分、重大职务调整的成为少数；严重违纪涉嫌违法立案审查的成为极少数。

[19] 双直联：指镇（街道）驻点普遍直接联系群众制度和"三官一师"直联村（居）制度。

[20]"一岗双责"："一岗"就是一个领导干部的职务所对应的岗位；"双责"就是一个领导干部既要对所在岗位应当承担的具体业务工作负责，又要对所在岗位应当承担的党风廉洁建设工作负责。

[21] 六大纪律：指党的政治纪律、组织纪律、廉洁纪律、群众纪律、工作纪律、生活纪律。

[22]"基因图谱"：整合现有和拟建监督监察信息系统，通过大数据分析，全方位对区域、单位和个人的廉情状态进行"画图描像"，生成廉情评估报告，最终形成单位和个人的多维度、立体式、动态式的党风廉洁建设"脉络线"和"基因库"，实现按图索廉，做到精准执纪监督。

政 府 工 作 报 告

——2017年1月10日在佛山市第十五届人民代表大会第一次会议上

佛山市市长　朱　伟

各位代表：

现在，我代表市人民政府，向大会报告政府工作，请予审议，并请各位政协委员和其他列席人员提出意见。

过去五年和2016年工作回顾

本届政府任期的五年，是佛山适应和引领经济发展新常态、转型发展开启新局面、城市综合竞争力不断提升的五年。面对复杂的经济形势和艰巨的改革发展任务，市政府在省委、省政府和市委的坚强领导下，在市人大、市政协的监督支持下，奋发有为、攻坚克难，扎实推进稳增长、调结构、促改革、惠民生、防风险各项工作，顺利完成各项目标任务，经济社会发展实现新跨越。

五年来，我们大力推进产业转型升级，经济综合实力不断迈上新台阶。地区生产总值从2011年6580.28亿元预计提高到2016年8600亿元，五年跨越两个千亿元台阶，年均增长8.5%；规模以上工业总产值从1.44万亿元提高到2.06万亿元，年均增长9.9%；全社会固定资产投资从1933.96亿元提高到3490.85亿元，年均增长12.5%；社会消费品零售总额从1810.27亿元提高到3024.43亿元，年均增长10.8%；地方一般公共预算收入从341.73亿元提高到602亿元，年均增长12%。经济结构持续优化，三次产业比重由2011年1.9∶62.1∶36调整为2016年1.8∶59.2∶39。抢抓珠江西岸先进装备制造产业带建设机遇，加快打造万亿规模先进装备制造业产业基地，引进一汽大众、北汽福田、中国中车、千山药机等一批重大项目。制造业提质升级，成为国家制造业转型升级综合改革试点，依托智能制造推动产业结构优化升级获国务院通报表扬。民营工业对全市工业增长贡献率从2011年65.5%提高到2016年78.7%，美的、碧桂园跻身福布斯世界企业500强。创建国家创新型城市成效突出，全社会研发经费支出占地区生产总值比重从2011年1.9%提高到2016年2.62%，成为国家知识产权示范城市，佛山国家高新区获批创建珠三角国家自主创新示范区。

五年来，我们深入实施城市升级战略，城市功能品质不断提升。基本完成城市升级三年行动计划和两年延伸计划，投入2400多亿元建设444个项目，建成岭南天地、千灯湖公园、东平河滨江景观带等一批亮点工程，城乡面貌焕然一新。“一老三新”[1]强中心战略有效实施，“1 + 2 + 5 + X”组团式现代化大城市格局初步形成。百村升级和历史文化街区保护成绩显著，全市村（居）基本实现“四整治一美化”[2]。“三旧”改造完成499个项目，用地面积2.61万亩，连续4次获得全省“三旧”改造考核一等奖。现代化综合交通体系逐步完善，“两环四纵五横”高速公路网[3]基本建成，轨道交通建设扎实推进，新增公路通车里程189千米，总里程达5387千米，中心城区公交分担率从2011年21%提升至2016年40.1%。水利、通信、能源等基础设施建设成效显著。城市精细化管理水平稳步提高，城市整洁度、美观度不断提升。成功创建全国文明城市。创建AAAAA级旅游景区2个、AAAA级旅游景区9个。生态环境持续优化，2016年二氧化硫年均浓度比2011年下降58.8%，$PM_{2.5}$[4]年均浓度比2013年下降28.3%，首批整治的42条重点河涌达标率69%，新增公园绿地693.97公顷，市域森林覆盖率达35.5%，成为全国绿化模范城市。

五年来，我们持续深化改革开放，发展动力活力不断增强。深化行政体制改革，在全省率先编制实施市区两级政府部门权责清单，“一门式一网式”政府服务模式、商事登记制度、企业投资“三单”管理体制等改革取得阶段性成果。社会信用体系和市场监管体系建设全面展开。农村综合改革不断深化，“政经分离”“政社分开”加快推进，“三大平台”[5]促进农村资产管理逐步规范。获得设区的市地方立法权，建设完善区、镇（街）、村（居）三级公共法律服务实体平台767家，“一体两翼”[6]基层治理新格局初步构建。打造不是自贸区的“自贸区”，在全省率先上线试运行中国（广东）国际贸易“单一窗口”，“互联网+易通关”全面实施，成为全省法治化国际化营商环境试点城市。广佛同城化成效显著，两市交通基础设施加快对接，合作示范区建设扎实推进，产业、环保、民生等协作不断深化。积极主动推进广佛肇清云韶经济圈建设，加强粤港澳高端服务业合作，发起推动粤桂黔高铁经济带建设，区域一体化水平全面提升。企业“引进来”和“走出去”步伐加快，发起成立中德工业城市联盟，对外合作交流日益密切。

五年来，我们着力发展社会事业，民生福祉不断改善。预计全市财政民生支出累计达1829亿元，占一般公共预算支出的63.7%。建设人民满意政府“1 + 11”行动计划[7]全面实施，每年确定的省、市民生实事圆满完成，市图书馆、青少年宫、残疾人职业康复服务中心等一批民生项目启用。预计2016年城镇和农村常住居民人均可支配收入分别达4.3万元和2.4万元，年均增长10%和10.8%。就业形势保持稳定，新增就业42.8万人。社会保障水平稳步提升，社保覆盖范围不断扩大，2016年企业退休人员基本养老金月人均2875元，比2011年增长48.2%；城乡居保基础养老金月人均170元，比2011年增长70%。新建保障性住房2.8万套。城乡低保标准每人每月630元，比2011年增长68.5%；农村五保供养标准月人均1535元，比2011年增长155.8%。教育累计投入815亿元，年均增长13.9%；成为全省首个推进教育现代化先进市，义务教育加快向均衡优质化发展，新市民随迁子女就读公办学校比例保持70%以上。医药卫生体制改革不断深化，2016年每千常住人口医疗卫生机构床位数4.75张，比2011年增长34.2%；每千常住人口执业（助理）医师2.16人，比2011年增长17.4%，国家级卫生镇达19个，基本公共卫生服务水平和综合医疗卫生服务能力居全省前列。现代公共文化服务体系初步形成，万人拥有公共文化设施面积达2055平方米。公共体育设施建设加快，基本实现村（居）户外体育设施全覆盖。平安佛山建设成效明显，2016年刑事警情比2011年下降54.1%。安全生产监管“三大体系”[8]不断完善，2016年生产安全事故起数、事故死亡人数比2011年分别下降20.1%、5.1%。未发生较大以上食品药品安全事故。妥善应对自然灾害、疫情等公共突发事件。圆满完成对口帮扶云浮、清远“双到”任务。

五年来，我们全面加强政府自身建设，治理能力不断提高。自觉接受人大法律监督和政协民主监督，办理人大代表建议538件、政协提案991件，办复率100%。坚持依法行政，建立市长法律顾问制度，政府决策法治化规范化水平不断提升，政务公开深入推进，行政复议机制逐步完善，在省政府2015年度依法行政考评中名列首位。认真落实中央“八项规定”精神和国务院“约法三章”要求，扎实开展党的群众路线教育实践活动、“三严三实”专题教育和“两学一做”学习教育，从严从实整治“四风”问题，作风建设和廉政建设进一步加强。老年人、妇女儿童事业，审计、粮食储备、民族宗教、双拥优抚、台湾事务、档案方志、社会科学、人防、气象等工作不断取得新成绩。

2016年是本届政府任期的最后一年。我们坚决贯彻落实党中央、国务院，省委、省政府和市委的决策部署，积极应对各种压力挑战，全力推动经济社会平稳健康发展，实现“十三五”良好开局。

一是经济结构调整取得新成效。出台稳增长工作方案，预计2016年地区生产总值同比增长8.3%左右。实施扩大固定资产投资引领科学稳健发展三年行动计划，安排亿元以上项目713个，投资总额超1.5万亿元。完成工业投资1407亿元，比房地产开发投资高110亿元；民间投资增长16%，占固定资产投资比重达72.9%。推动大型骨干企业跨越发展，新增年主营业务收入超100亿元企业4家，总数达16家；7家企业入围“2016中国民营企业500强”[9]。实施“百企智能制造提升工程”，带动近千家企业实施机器人及智能装备应用。开展“制造强国·佛山探路”活动[10]，成功举办2016 Science机器人国际联盟大会[11]。扶持发展“中国制造2025”试点示范企业，与珠江西岸五市共建“中国制造2025”试点示范城市群[12]。装备制造业完成增加值1470亿元，增长12%，其中“工作母机”增加值增长18%。圆满举办第二届珠江西岸先进装备制造业投资贸易洽谈会，引进科力远CHS、中铁华隧、美盈森[13]等一批优质项目。推动“两化”[14]深度融合，新增“两化”融合贯标试点企业46家，总数达103家，成功举办第二届中国（广东）国际“互联网+”博览会。召开特色小镇建设工作推进会，启动建设佛山国家高新区科技创新小镇群，北滘“智造小镇”入选全国首批特色小镇，张槎街道获批省级“互联网+”培育小镇。现代服务业发展提速，占第三产业增加值比重达58.5%。生产性服务业加快发展，佛山跨境电子商务公共服务平台上线试运行，广东金融高新区、广东省（佛山）软件产业园、广东工业设计城成为省级服务外包示范园区。旅游文化创意产业发展加快，罗浮宫国际家具博览中心成为首批国家工业旅游创新单位，南海影视城获评国家AAAA级旅游景区。

二是创新驱动发展实现新突破。把建设面向全球的国家制造业创新中心作为创新驱动发展的奋斗目标，出台创新驱动发展三年行动计划。狠抓高新技术企业培育，新增高新技术企业671家，总数达1388家，增长93.6%。科技创新平台数量稳步增长，建成新型研发机构30家，省级重点实验室17个、工程中心395家、技术中心150家；规模以上工业企业研发机构、规模以上高新技术企业工程中心建有率分别达20%、85%。实施科技企业孵化器倍增计划，新增国家级科技企业孵化器6家，总数达10家；新增国家级众创空间试点单位5家，总数达15家。完成工业技术改造投资550亿元，增长42.4%，总量稳居全省首位。深化产学研合作，启动近80项企业和产业关键核心技术攻关项目；与清华大学签订战略合作协议。佛山科学技术学院引进中国科学院院士、千人计划专家等高层次人才48人，录用博士109人，新校区建设进展顺利。实施重点产业人才引进培育暂行办法，全市新增市级以上创新团队19个，拥有国家“千人计划”专家41人。建设国家商标战略实施示范城市，拥有中国驰名商标157件，位居全国地级市首位。省、市共建引领型知识产权强市启动。科技型中小企业信贷风险补偿基金累计帮助企业获得贷款授信20.46亿元。新增新三板挂牌公司38家，总数达79家；新增私募股权投资基金55家，总数达334家。佛山海晟金融租赁股份有限公司获批运营，成为佛山首家金融租赁公司。广东金融高新区入驻金融机构和项目310家，总投资597.5亿元；股权交易中心注册登记企业2340家，帮助企业融资939.39亿元。

三是城市建设治理步入新阶段。召开城市治理大会，着力转变城市治理方式，加快城市治理体系和治理能力现代化建设。城市升级扩面提质，加快向城市升值转变。禅城区老城区活化成效显现，佛山古镇历史人文风貌逐步展现，绿岛湖片区水乡新城格局基本成型，南庄镇紫南村荣获“2016年中国十佳小康村”称号。南海区、狮山镇成为国家新型城镇化综合试点，里水镇艺术河畔、丹灶镇“一岛两湖”[15]建设成效明显，西樵镇松塘古村荣获“2016中国最美村镇传承奖”。顺德区北部片区一体化进程加快，广州大学城卫星城建设启动，市科学馆新馆、广东（潭洲）国际会展中心首期建成使用，东部片区总投资124亿元综合开发项目启动。高明区获评“最美中国·生态旅游目的地”，西江新城核心区一期基本建成。三水区北江新区建设加快，三水新城雏形初显。实施百村升级行动计划，完成30个古村落活化、30个城中村（旧社区）改造和48个“五好”新农村建设。广中江高速一期（荷塘至龙溪段）、魁奇路东延线二期通车，18条“断头路”[16]打通，“一环”西拓工程北环段和佛山地铁3号线开工。新建公共场所AP接入点1.5万个，总数达3万个，全市光纤入户率达80%。新建地下综合管廊9.56千米，总数达24.85千米。基本完成100项环保民生实事，淘汰黄标车及老旧车2.15万辆。启动第二批90条“一河一策”重点河涌综合整治。完成100个村级工业区[17]环境整治，关停企业1221家。落实中央环保督察整改，分别立案处罚、关停取缔污染企业254家、161家。新建森林公园、湿地公园8个[18]，累计建成“绿城飞花”主题绿化景观49个，乡村绿化美化示范村达395个。

四是体制机制改革取得新进展。在全省率先出台供给侧结构性改革“1 + 5”工作方案[19]，出清国有“僵尸企业”105家，化解房地产库存476.33万平方米，为企业降低各类成本超280亿元；美的成为全国供给侧结构性改革先进典型；搭建众陶联，促进传统产业与互联网、金融资本融合发展，为陶瓷行业企业提供供应链集成服务；创建全国质量强市示范城市，知名品牌示范区数量位居全国地级市首位[20]；弘扬工匠精神，命名30位“佛山·大城工匠”。深化“一门式一网式”政府服务模式改革，推进“两厅融合”[21]，全市“市民之窗”自助服务终端达1200台；清理规范68项行政审批中介服务事项，机动车跨区转移、抵押和注销登记等43项交管、车管业务实现同城通办。建立城乡社区建设工作联席会议制度，禅城区社会综合治理云平台入选2016年“互联网+政务”全国优秀实践案例。支持和培育各类社会组织发展，全市社会组织达6015个，数量位居全省地级市之首。深化国资国企改革，推动市属国有企业改革重组。南海区农村集体经营性建设用地入市改革试点工作有序开展。

五是区域开放合作迈出新步伐。与广州共同编制《广佛同城化“十三五”规划》，两市交通、产业等专项规划有效衔接。广州地铁7号线一期西延顺德段动工，广佛线二期通车。粤桂黔高铁经济带合作试验区纳入国务院《关于深化泛珠三角区域合作的指导意见》，上升为国家战略。落实粤港合作框架协议，成功举办2016香港·佛山节。对德合作进展顺利，成功举办2016中德对话论坛、中德企业投资与并购论坛、“中国制造2025”对话德国“工业4.0”大会等重大活动。帮助企业开拓国际市场，佛山泛家居品牌产品（伊朗）展示体验馆启动运营。鼓励企业参与“一带一路”建设，美的、东方精工等本土企业开展跨国并购，碧桂园开发马来西亚森林城市项目，联塑打造全球销售服务平台“领尚环球之家”。落实6.03亿元财政扶持资金，新时期精准扶贫对口帮扶湛江、云浮工作开局良好，援疆援藏、对口四川凉山州扶贫协作、支援联系四川甘孜州工作扎实推进。

六是社会民生事业取得新成绩。人民满意政府建设行动计划完成150个年度重点项目，根据第三方机构评估结果，2016年佛山市建设人民满意政府得分85.18分，比2015年提高1.37分，市民对政府公共服务满意度排名全省第一。全市人社系

佛山市城市发展日新月异。图为东平河一河两岸城市景观（2016）

统发放创业担保贷款2.4亿元，带动3.4万人就业。启动基本医疗保险城乡一体化改革，统一全民医保待遇。城乡低保对象和低保临界对象大病医疗救助比例达90%以上。成为国家学前教育改革发展实验区、国家特殊教育改革实验区，公益普惠性幼儿园占总数75%以上，普通高中优质学位达100%，城乡同步实施免费中等职业教育。启动卫生强市建设，成为公立医院综合改革省级联系试点，58.4万居民签订家庭医生服务协议，基本公共卫生服务均等化考核排名全省第一。中心城区“两横四纵”公交骨干线路开通运营，新增公交专用道39.4千米，总里程达141.2千米。创建“城乡十分钟文化圈”示范镇（街）5个、示范村（居）15个，建设提升150个行政村（社区）综合文化服务中心。成功举办2016广东非遗周暨佛山秋色民俗文化活动，市工人文化宫改造项目竣工。入选全省首批足球试点城市。连续8次荣获“全国双拥模范城”称号。成为创建国家食品安全示范城市试点，在全省地级市政府食品安全评议考核中名列首位，市级食品安全示范点达1400个，“明厨亮灶”[22]餐饮单位达4536家。严厉打击四类刑事犯罪[23]，在全省“飓风2016”专项行动综合考评中排名第一。安全生产标准化企业达2.35万家，达标总数和比例居全省首位，安全生产“五个重大突破”[24]经验在全省推广。制定全国首个新市民服务发展专项规划和全省首个《居住证实施办法》，在全省率先出台户籍制度改革方案，大幅拓宽新市民入户渠道，新增户籍人口11.21万人。

各位代表！过去五年，我们始终坚持在传承历届市委、市政府发展战略思路的基础上，结合新形势新要求不断改革创新，努力探索实践具有佛山特色的转型升级之路。我们深切体会到：做好佛山的工作，走好佛山的路，必须坚持以制造业为立市之本、强市之基，做优做强做大实体经济；必须坚持放心放胆放手发展民营经济，增强经济发展的内生性、根植性和稳定性；必须坚持创新驱动，推动发展方式从要素驱动向创新驱动转变，加快形成以创新为引领和支撑的经济体系和发展模式；必须坚持开放引领，全面扩大对内对外开放，加快形成空间更大、层次更高、内涵更深的开放合作新格局；必须坚持深化改革，着力破除制约发展的体制机制障碍，不断释放改革红利；必须坚持以高水平规划引领城市现代化，以城市现代化促进产业高端化，提升城市发展质量和综合竞争力；必须坚持以人为本，以人民满意为评价标准和发展导向，努力建设人民满意政府，不断增强人民群众的幸福感和获得感。

各位代表！我市过去五年改革发展成绩来之不易，这是在省委、省政府和市委正确领导下，在市人大、市政协监督支持下，全市人民团结拼搏、锐意进取的结果。在此，我代表市人民政府，向全市广大干部群众，中央、省驻佛山单位，驻佛山人民解放军指战员、武警官兵和社会各界人士表示崇高的敬意！向长期关心支持佛山发展建设的港澳台同胞、海外侨胞、国内外友好人士表示衷心的感谢！

我们也清醒地认识到，我市经济社会发展仍然存在不少困难和问题，主要是：有效需求增长乏力，有效投资强度偏低，新的经济增长点不多，经济增长面临较大下行压力；制造业总体效益和产业层次水平不高，自主创新能力不强，产业转型升级任重道远；资源环境约束加剧，土地开发强度较高，大气、水污染治理及生态建设压力较大、任务艰巨；城市管理科学化、精细化水平还有较大提升空间；民生社会事业存在不少短板，优质公共服务供给不足；一些政府工作人员主动作为、责任落实不够，使命意识、担当意识、法治意识有待增强。对此，我们必须高度重视，切实加以解决。

今后五年奋斗目标和主要任务

未来五年，是佛山站在新的历史起点上，抢先谋划第二个百年目标，开启率先基本实现社会主义现代化新征程的重要战略机遇期。放眼全球，世界经济处于深度调整期，新一轮科技革命和产业变革孕育兴起，国际竞争和分工格局正发生深刻变化。综观国内，经济下行压力依然较大，但总体呈现缓中趋稳、稳中向好态势，新旧发展动能加快转换，经济结构调整持续深化，我国经济发展长期向好的基本面没有变。立足佛山，我们虽然面临不少挑战和考验，但我市坚守实体经济，制造业基础好、民营经济实力强、市场环境优，经济平稳健康发展的根基牢固；同时，国家制造业转型升级综合改革试点扎实推进，珠三角国家自主创新示范区、珠江西岸先进装备制造产业带、粤桂黔高铁经济带加快建设，广佛携手打造珠三角湾区世界级城市群[25]核心，为我市经济社会又好又快发展增添了机遇和动力。我们必须坚定发展信心和战略定力，增强责任意识、机遇意识、使命意识，主动适应和引领经济发展新常态，为全省经济增长和结构调整发挥支撑作用，奋力开创佛山改革发展新局面。

今后五年政府工作的总体要求：全面贯彻党的十八大，十八届三中、四中、五中、六中全会精神，坚决维护以习近平同志为核心的党中央权威，深入贯彻落实习近平总书记系列重要讲话精神，按照“五位一体”总体布局和“四个全面”战略布局，牢固树立创新、协调、绿色、开放、共享发展理念，按照党中央、国务院，省委、省政府和市委的决策部署，以新发展理念为引领，以提高发展质量和效益为中心，以全面深化改革为根本动力，以创新驱动发展为核心战略，以推进供给侧结构性改革为主线，加快产业转型升级，提升城市功能品质，构建高水平开放型经济新格局，建设绿色生态美丽家园，全面增进民生福祉，在率先基本实现社会主义现代化新征程中走在前列。

今后五年经济社会发展主要奋斗目标：地区生产总值年均增长 7.5% 以上，人均地区生产总值年均增长 7%；居民人均可支配收入年均增长 7.5% 以上；全社会研发经费支出占地区生产总值比重达 3%；完成“十三五”规划发展目标，全面建成高水平小康社会和国家创新型城市，建设面向全球的国家制造业创新中心、具有全国影响力的制造业转型升级示范城市、宜居宜业宜创新的高品质现代化国际化大城市、更具品质的文化导向型城市、更高质量的民生幸福城市。

为实现上述目标，必须处理好以下五个关系：

——处理好稳增长与调结构的关系。以稳增长为调结构创造空间，以调结构为稳增长夯实基础，在着力保持经济中高速增长的同时，更加注重培育新的经济结构，增强新的发展动力，促进经济平稳健康可持续发展，努力推动产业结构迈向中高端。

——处理好存量优化与增量优质的关系。既要倍加珍惜、充分发挥传统制造业存量优势，以科技创新、技术改造等途径促进其优化提升；也要加快发展先进制造业、战略性新兴产业、现代服务业等优质增量，推动新产业、新业态尽快上规模、上档次。

——处理好需求侧与供给侧的关系。围绕破解经济结构性失衡问题，在充分发挥投资、消费、出口等需求侧对经济增长拉动作用的基础上，把经济工作的重心转移到供给侧上来，着力振兴实体经济，扩大有效供给，提升供给质量，强化供给结构对需求结构的适应性。

——处理好城市、产业、文化与人的关系。推进以人为核心的城镇化，全面优化城市功能，挖掘提升历史文化内涵，促进文化与城市、产业相融共生，努力实现生产空间集约高效、生活空间宜居适度、生态空间山清水秀，让市民在优美环境中安居乐业。

——处理好经济发展与社会建设的关系。牢固树立以人民为中心的发展理念，把满足人民群众物质文化需求、提高人民群众生活水平作为经济发展的最终目的，在坚持以经济建设为中心的同时，加快推进以改善民生为重点的社会建设，不断增加优质公共服务供给，让发展成果更多更公平惠及市民群众。

2017 年工作安排

2017 年是新一届政府开局之年，也是实施“十三五”规划的重要一年。我们将认真贯彻市第十二次党代会的决策部署，坚定信心、稳中求进，努力推动经济平稳健康发展与社会和谐进步。

今年经济社会发展主要预期目标：全市地区生产总值增长 8.0% ~ 8.5%，人均地区生产总值增长 7% 以上；地方一般公共预算收入增长 9.5%；全社会固定资产投资增长 15%；社会消费品零售总额增长 10%；进出口总额力争增长 1%；居民人均可支配收入增长与经济增长基本同步；城镇登记失业率控制在 3.5% 以内；居民消费价格涨幅控制在 3% 左右；单位地区生产总值能耗、主要污染物排放量下降幅度完成省下达任务。

为实现上述目标，重点做好以下八方面工作：

一、努力保持经济平稳健康发展，持续增强经济实力

坚持稳中求进工作总基调，内挖潜力，外拓市场，构建内外需协调拉动经济增长新格局，用心服务扶持企业发展，确保经济平稳较快增长。

着力扩大有效投资。落实扩大固定资产投资引领科学稳健发展三年行动计划，全年安排项目建设644个，计划投资2100亿元，持续抓好产业、交通、能源等重大项目建设，提高投资的有效性和精准性。加快推进省、市重点项目建设，完善项目督查服务机制，全年计划完成投资720亿元。实施新一轮技术改造，落实工业技改事后奖补政策，鼓励企业扩产增效和设备更新，力争全年实现工业技改投资增长20%。促进民间投资健康发展，放宽民间投资准入，引导社会资本通过PPP、BOT、委托运营[26]等方式，参与基础设施、生态环保、社会民生等项目建设。

积极培育消费需求。主动适应消费结构升级趋势，扩大优质商品和服务有效供给，加快培育养老、教育、文化、体育等新消费热点。挖掘住房、汽车、家电、餐饮等传统消费潜力，支持居民自住和改善型住房需求。加强商业街区和商贸中心规划建设，打造一批特色鲜明、错位发展、功能完备的区域性商圈。促进网络与信息消费，加快发展电子商务，培育一批综合性电商龙头企业和行业性电商平台。创建省放心消费试点城市，优化市民消费环境。

促进外贸回稳向好。稳步推进"互联网+易通关"改革，加快建设国际贸易"单一窗口"，提升贸易便利化水平。加快发展跨境电商等外贸新业态，扶持培育一批高水平外贸综合服务企业，力争成为国家泛家居市场采购贸易方式试点。发挥各级外贸扶持专项资金、中小微企业投保出口信用保险专项资金作用，探索推进国通保税物流中心（B型）升级综合保税区建设，支持企业积极应对国外反倾销反补贴等措施，推动外贸出口稳定增长。

支持民营经济做优做强做大做成"百年老店"。落实促进民营经济发展政策措施，常态化开展暖企行动，切实帮助企业解决实际困难。落实产权保护制度，依法维护民营企业合法财产和权益。积极培育大型骨干企业，引导民营企业通过技术升级、主业扩张、兼并重组、上市等方式实现跨越发展，力争全年新增主营业务收入超100亿元企业2家。鼓励中小企业向"专精尖"方向提升，培育更多细分行业"单打冠军"。支持行业协会（商会）发展，建设中小企业公共技术服务平台，增强服务企业能力。引导民营企业推广应用精益生产方式，走以质取胜、品牌强企之路。弘扬新时期佛山企业家精神，加强对企业家特别是新一代民营企业家的培养，推动民营企业稳健传承。

二、深化供给侧结构性改革，促进经济加快转型升级

坚持把供给侧结构性改革作为经济工作的主线，促进制造业提质增效和转型升级，不断提高供给体系质量和效率。

深化供给侧结构性改革。落实供给侧结构性改革"1+5"工作方案，深入推进"三去一降一补"。积极稳妥去产能。做好国有"僵尸企业"出清工作，着力清理整治"三高一低"[27]企业，有序推动产业梯度转移。因地制宜去库存。构建购租并举的住房保障制度，严格控制商业地产开发规模，引导商业办公项目用地功能调整，鼓励库存商业地产改造为创新创业孵化器、众创空间以及现代服务业载体，探索建立房地产平稳健康发展长效机制。坚守底线去杠杆。加快发展多层次资本市场，拓宽企业直接融资渠道，完善处置非法集资防控机制，加强金融风险防控。真金白银降成本。继续降低制度性交易成本，减轻企业税费、社保、物流等成本负担，鼓励传统行业发展供应链集成服务。注重实效补短板。加快推进补齐软硬基础设施短板14项重点工程[28]。积极创建全国质量强市示范城市，弘扬"匠心铸精品、质量强佛山"理念，全面提升佛山制造美誉度。实施品牌带动战略，打造一批有特色、有规模、有影响力的区域品牌。大力实施标准化战略，支持龙头骨干企业、行业协会、标准联盟参与和主导国内国际标准制定。深入推进农业供给侧结构性改革，增加绿色优质农产品供给，提高农产品标准化生产、品牌创建和质量安全监管水平。

推动制造业智能化高端化发展。以智能制造为主攻方向加快制造业转型升级，创建一批"中国制造2025"试点示范企业，力争先进制造业和高技术制造业增加值增长不低于10%。着力打造全国机器人自主创新集成中心，实施"机器引领"计划

和机器人及智能装备生产应用“百千万”工程[29]。探索制定智能产品技术标准，推进智能泛家居产业标准化建设，提升家电、陶瓷卫浴等智能产品竞争力。发挥珠江西岸先进装备制造产业带龙头作用，抓好科力远CHS、一汽大众二期、北汽福田二期等重大项目建设。强化“大招商、招大商”理念，优化招商引资体制机制，瞄准先进装备制造、“工作母机”、战略性新兴产业、现代服务业等领域开展精准招商，着力引进一批投资超10亿元，技术含量高、经济效益好、带动能力强的重大项目。

提高现代服务业发展水平。大力发展工业设计、现代物流、商贸会展等生产性服务业，引导制造业企业延伸发展产品设计、技术开发、系统控制等增值服务，加快由生产制造型向生产服务型企业转变。以广东（潭洲）国际会展中心为依托，办好珠江西岸先进装备制造业投资贸易洽谈会、中国（广东）国际“互联网+”博览会等重大展会，争取中国国际中小企业博览会落户，打造佛山会展品牌。发挥广东工业设计城等平台作用，加快工业设计产业集聚发展，打造“工业设计之都”。推进国家物流标准化试点城市建设，提升流通网络化、智能化、信息化水平。加快发展旅游休闲、文体娱乐、教育培训、健康养老等生活性服务业，让都市生活更加便利、更为宜居、更有品质。积极申报省文化金融合作试验区，推动中国·佛山石湾陶瓷创意谷创建国家级文化产业示范园区，禅城区、高明区创建省全域旅游示范区，加快华侨城文化旅游综合体、美的·鹭湖森林度假区、三水尼克文化生态海岸及大旗头广府文化基地等项目建设，培育一批具有较强影响力和竞争力的文化企业，促进旅游文化创意产业加快发展。

培育发展“四新经济”。大力发展新产业、新业态、新模式、新技术，积极培育经济新增长点。全面实施“互联网+”行动计划，推动新一代信息技术与各行业深度融合，培育发展线上线下体验式消费、共享式消费和个性化定制服务，规范发展网络购物、约车及订餐等新业态，构建分布式、扁平化、分享型产业生态链。顺应“万物互联、跨界融合”发展潮流，总结推广众陶联、维尚家具、林氏木业等企业发展模式经验，引导制造企业通过协同设计、协同制造、协同服务，加快产品、业态、模式和服务创新，增强产业链供应链上、下游协同响应能力。以禅城区建设广东大数据综合试验区为示范，培育发展云计算、大数据、物联网等产业，着力构建完整的大数据产业体系。

三、实施创新驱动发展战略，着力打造国家制造业创新中心

坚持把科技创新作为引领发展的第一动力，围绕打造国家制造业创新中心“三步走”战略[30]目标，不断聚集科学发展新动能。

加快推进珠三角国家自主创新示范区建设。实施创新驱动发展三年行动计划，全力创建国家创新型城市，着力打造以“一环”沿线佛山国家高新区、乐平智能创新示范园、佛山国家火炬创新创业园、顺德北部片区创新走廊等载体为节点的“一环创新圈”，构建区域自主创新发展新格局。推进佛山国家高新区跨越发展，力争2018年、2020年分别进入全国前30名、前20名，推动顺德高新区申报国家级高新区。加快国家知识产权示范城市建设，加强知识产权质押融资风险补偿资金管理，积极申报中国（佛山）先进装备制造业和建材知识产权保护中心，严厉打击知识产权侵权行为。

着力推动大众创业万众创新。加快“互联网+”创新创业示范市建设，高标准打造“丰收街·菁创聚”双创社区等平台，优化创新创业环境，激发创新创业活力。牢牢扭住高新技术企业这个“牛鼻子”，大力培育和引进高新技术企业，力争两年内高新技术企业达2000家，入库后备企业超过700家。实施科技企业孵化器倍增计划，完善孵化育成体系，力争2017年科技企业孵化器总数达50家，其中国家级孵化器13家。推动规模以上工业企业建立研发机构，支持企业建立研发准备金制度，力争规模以上高新技术企业、工业企业建有研发机构率分别达95%、25%。推动政产学研用协同创新，深化与中国科学院、中国工程院、清华大学、卡内基梅隆大学等国内外科研院校的战略合作，组织开展核心技术和关键共性技术攻关。加快推进佛山科学技术学院建设高水平理工科大学，鼓励开展“高校+高端研究院所+龙头企业”产学研合作，着力将其打造成为全球创新技术应用中心、高新技术企业的大孵化器，以及培养应用型工程师和企业家的“摇篮”。

深化金融科技产业融合发展。围绕产业链部署创新链，围绕创新链完善资金链，通过政策链实现系统融合，构建科技金融资源高效对接的体制机制。综合运用科技发展基金、创业投资基金、风险补偿基金、财政贴息贷款等方式，鼓励企业加大科技创新投入，引导社会资本参与科技创新。大力发展创业投资、风险投资、股权投资和金融租赁，设立市创业投资引导基金，支持上市公司、龙头企业参与设立创投、并购基金和产业基金，打造珠江西岸创投中心和融资租赁区域中心。积极申报国家产融合作试点城市，加强广东金融高新区和“互联网+”众创金融示范区建设，争取成为国家级金融改革创新平台。加快发展总部金融，支持组建民营银行，完善金融组织体系。用好100亿元创新创业产业引导基金、15亿元企业融资专项资金等扶持资金，大力推广“政银保”、政策性小额贷款保证保险，帮助企业缓解融资困难。

构筑创新人才支撑体系。以舍得投入、舍得时间、舍得声誉的气魄抓好人才工作，健全人才政策，创新扶持方式，引进培育一批科技领军人才、高水平创新团队、行业技能人才和管理人才。加快佛山科学技术学院新校区建设，确保秋季顺利招生。支持佛山职业技术学院、顺德职业技术学院建设一流职业院校。深化与省属驻地高校合作，支持南海大学城及南方医科大学（顺德校区）、广东财经大学（三水校区）等发展，推进国家和省研究生联合培养基地建设。加快建设广州大学城卫星城。

四、提高城市治理水平，建设宜居宜业宜创新的高品质现代化国际化大城市

将以人为本理念融入城市规划建设管理全过程，实施城市治理“1+8”三年行动计划[31]，加快实现从城市升级向城市升值，再向城市治理现代化的大跨越。

强化城市规划引领。健全城乡规划编制体系，建立以城市总体规划为统领、近期建设规划为抓手、控制性详细规划为核心的城乡规划体系。加快推进“三规合一”[32]编制工作，打破部门条块分割，建设国土规划管理平台和数据中心，构筑全市规划国土管理综合“一张图”。启动城乡规划条例立法工作，进一步理顺市、区、镇（街）三级规划管理体制，实行城乡规划统一编制年度计划制度，实现“一张蓝图干到底”。严格依法执行规划，加强规划审批后跟踪监督。

从容推进城市建设更新。遵循城市发展规律，以建设质量和安全为前提，有序开展城市建设和城市更新，提高城市综合承载能力。完善“两环四纵五横”高速公路网络，推进广佛肇高速佛山段、佛江高速北延线、佛清从高速佛山段等项目建设。实施“断头路”连通五年行动计划，年内打通20条“断头路”。加快“一环”西拓工程北环段建设，启动南环段建设。推动轨道交通“四网合一”[33]，加快佛山地铁2号线一期、3号线、南海新交通试验线、高明现代有轨电车示范线等项目建设，做好2号线二期、4号线一期、9号线一期、11号线、13号线一期等项目前期工作并力争年内动工，确保佛山西站主站场投入使用，推进轨道站点周边用地TOD综合开发。全力治理交通拥堵，深化TC公交[34]改革，推进中心城区“十纵十横”公交骨干线网[35]建设，推行一站式智能化辅助公交服务，提升中心城区公交分担率。加强城市充电桩和加氢站基础配套建设，年内各区建设1座加氢站、配套1条氢能源公交车示范运营线路。加强海绵城市建设，重点推进绿岛湖片区等7个区域试点[36]，新建项目全面落实海绵城市建设要求，加快地下综合管廊建设。实施城市更新三年行动计划，抓好省新一轮深化“三旧”改造综合试点。加强水利、通信、电力等基础设施建设，确保220千伏熙悦输变电等工程按期投产。

统筹城乡协调发展。以镇村现代化促进城市现代化，加快城市功能板块优化整合，完善提升“强中心、多组团、网络型”城镇空间格局，提高佛山新型城镇化水平。依托城市中轴线和东平河水轴线，打造城市发展脊梁和滨水生活长廊，推动“一老三新”融合发展，提升中心城区辐射带动能力和优质服务功能。建设提升狮山新城、顺德北部片区、西江新城、三水新城等片区，推动城市组团差异化联动发展。加快建设一批产业特色鲜明、生态环境优美、人文气息浓厚的美丽特色小（城）镇，力争全年创建15个市级特色小镇。着力推进“美丽文明村（居）”和省级新农村连片示范建设，实施古村落活化升级延伸计划，力争全年创建“五好”新村居112个，推动城市基础设施、公共服务和现代文明向村（居）辐射、延伸和覆盖。深入推进村级工业区综合整治，引导传统产业园区向现代产业社区转变。

实施精细化城市管理。统筹推进城市管理和服务，提高数字化管理水平，打造统一信息共享平台，创新城市精细化管理模式。推进智慧城市建设，加快实施智能交通、智能警务、智慧教育、智慧医疗等基础工程和民生服务智慧项目。建设光网城市和无线城市，推动光纤网络和新一代移动通信基站加快发展，新增公共场所AP接入点5000个，光纤入户率超83%。强化城市管理考评，加强对城市道路、市政设施、景观照明、园林绿化的维护管理，推进沿街景观提升，集中开展居民小区等重点区域违法建设专项整治。加快制定完善城市管理领域地方性法规和地方政府规章，确保城市管理有法可依。

五、加快推进基础性关键性改革，再创佛山改革发展新优势

勇于先行先试，进一步深化基础性关键性改革，努力实现有效市场和有为政府的有机统一，把改革红利转化为发展新动能。

深化经济领域改革。以国家制造业转型升级综合改革试点为契机，在财税体制改革、金融创新、土地制度改革、扶持企业发展等方面积极探索，着力构建有利于制造业发展的体制机制。积极主动对接广东自贸区，围绕投资便利化、贸易便利化、金融创新等重点领域，复制推广自贸区改革经验做法，营造与国际贸易规则体系相适应的制度环境。全面深化国有企业改革，完善国资监管体制，推动混合所有制改革和国有资产证券化，引导国有资本重点投向水电气、交通基础设施、金融、文化旅游等公共服务和战略性新兴产业领域，推动国有企业建立以董事会建设为核心的现代企业制度，激发国有经济活力和动力。

加大“放管服”改革力度。深化行政审批制度改革，推进行政审批标准化建设，着力精简创新创业、民生服务等重点领域行政许可事项。加快“互联网+政务服务”发展，完善全市统一的“一门式一网式”政府服务模式改革，提升网上、手机终端、自助终端办事深度和效率。健全企业投资“三单”管理制度，深化商事登记制度改革，推广跨部门并联审批联办机制，扩大法人“一门式”综合服务事项。加快建设政民互动大平台，提升12345平台综合服务水平。完善社会信用体系建设，推动市场监管体制创新。做好承担行政职能事业单位改革、公共资源交易平台整合等试点工作。

推进农村综合改革。深化农村产权制度改革，加快农村土地承包经营权确权登记颁证工作，逐步形成农村土地所有权、承包权、经营权分置格局。统筹协调推进农村土地征地制度改革与农村集体经营性建设用地入市改革试点，健全程序规范、补偿合理、多元安置的农村土地征收制度，探索建立城乡统一的建设用地市场。健全集体资产交易管理制度，完善农村集体资产交易、财务网上监控、股权管理等信息化平台，促进农村集体经济组织健康发展。深化村务、居务公开，健全村（居）议事协商民主机制，促进基层社会民主协商、共建共治。探索吸纳非户籍常住人口进入村（居）“两委”等基层组织，积极参与基层社会治理。做好村（居）“两委”换届选举工作。

深化社会体制改革。加快全国社区治理和服务创新实验区建设，优化社区服务设施布局，提升基层治理网格化服务管理水平。加强社会组织和社工人才队伍建设，引导社会组织在参与社会治理、提供社会服务、整合社会资源等方面发挥积极作用。抓好综治信访维稳，排查化解社会矛盾，健全落实“三官一师直联”[37]“一村居一专职调解”机制，推动基层治理法治化。加强社会事业重点领域改革创新，实施现代职业教育综合改革示范市、国家特殊教育改革实验区、国家学前教育改革发展实验区等教育综合改革；深化医药卫生体制改革，开展公立医院综合改革、基层医疗卫生机构综合改革，促进社会办医加快发展。

六、加强区域交流合作，推动高水平双向开放

以“一带一路”战略引领佛山通达世界，将区位优势转化为区位责任，争当珠三角湾区世界级城市群建设主力军，着力构建对内对外开放合作新格局。

提高对外开放合作水平。扎实推进“一带一路”建设，深化与沿线国家的经贸、科技、人文交流合作，着力打造“一带一路”战略先行区。鼓励支持优秀企业通过并购重组、股权置换、境外上市、项目建设等方式“走出去”。实施佛山泛家居品牌产品海外展示体验馆建设三年行动计划，力争年内在澳大利亚等地设立场馆，促进佛山品牌产品走向国际市场。积极吸引利用外资，引导外资更多投向高新技术制造业、高附加值服务业。深化友好城市交流合作，发挥中德工业服务区、广东国际合作区[38]、中德工业城市联盟等平台作用，推进中欧城镇化合作示范区建设，不断提升城市国际化水平。

加快广佛同城化建设步伐。以广佛同心携手打造珠三角湾区世界级城市群核心为引领，重点推进南海—荔湾、顺德—番禺、三水—花都等合作示范区建设。加强两地智能装备、汽车制造等产业协作，共同参与全球要素配置、产业分工和市场竞争。推动构建广佛轨道交通“一张网”，加快广州地铁7号线一期西延顺德段、珠江大桥放射线接广佛新干线等跨界交通基础设施建设，打造连接两市核心区的快速干道，推动佛山与广州白云国际机场、广州南站、广州南沙港等全面对接。以广佛跨界区域水环境整治为重点，加强生态环境共治，深化两地文化教育、社保医疗、社会治理、政务服务等领域合作，推动民生服务对接共享。

推动区域合作发展。积极融入粤港澳大湾区[39]发展战略，主动承接深圳创新溢出效应，加大技术、资本、人才等对接合作力度；深化与港澳地区在科技创新、先进制造业、现代服务业等领域合作，加快粤港澳合作高端服务示范区建设，继续办好香港·佛山节。积极参与广佛肇清云韶经济圈建设，加大佛山、云浮产业共建力度，推进佛山（云浮）产业转移工业园等“两园六区”[40]建设。加快粤桂黔高铁经济带合作试验区（广东园）建设，加强与高铁沿线城市合作发展。做好对口支援西藏墨脱和新疆伽师、对口四川凉山州扶贫协作、支援联系四川甘孜州工作，扎实开展湛江、云浮精准扶贫。强化重大发展规划、重大基础设施建设、重点产业布局、重点领域和关键环节等市级统筹力度，推动产业资源、基础设施适度向高明区、三水区倾斜，促进全市区域协调一体化发展。发挥各区比较优势，发扬比学赶帮超的干事创业精神，构建各区开放竞争、协作并进、合作共赢发展新格局。

七、注重生态环境保护，促进绿色可持续发展

坚持绿色低碳循环发展，突出绿色富市、绿色惠民，加快建设天蓝、地绿、水清的美丽佛山。

强化环境综合治理。构建“党政同责、一岗双责”环境保护责任体系，打好大气、水、土壤污染防治三大攻坚战。加快推进第二批90条重点河涌及建成区黑臭水体整治，全面推行河长制，实施全流域综合整治，确保广佛跨界河流水质达到省考核要求。着力加强细颗粒物、二氧化氮、臭氧等污染物控制，推动重点区域和行业污染综合治理，确保完成100家VOCs排放重点监管企业整治，提升扬尘污染和高排放车辆管控水平，加强汽车尾气治理，切实提高包括氢能源汽车在内的城市新能源汽车推广比例，稳步改善空气质量。实施农用地和建设用地土壤环境分级分类管理，推进土壤污染治理

禅城区文华公园和亚洲艺术公园连片发展，成为佛山中心城区经典城市绿色空间（2016）

和修复试点示范工作，启动南海绿色工业服务中心建设。推动环保行政执法与刑事司法相衔接，对各类环境违法行为零容忍、零弹性、零余地。

加大生态保护力度。积极创建国家森林城市，推动珠三角国家绿色发展示范区建设。持续实施新一轮绿化佛山大行动，开展“绿城飞花”景观、生态景观林带、森林进城围城、乡村绿化美化等绿化工程，确保建成森林公园3个、湿地公园4个，新造林绿化面积1900公顷以上。加快潭洲水道生态景观长廊（陈村段）、东平河北岸景观亮化等工程建设，构建开放舒适、生态宜人的滨水空间体系。开展土地利用总体规划调整和全域性永久基本农田划定，落实高标准基本农田建设任务。大力发展现代都市型农业，打造7个现代农业重点园区[41]，建设1000亩以上生态健康养殖示范小区，着力构建万亩桑基鱼塘生态系统，重塑岭南水乡风貌。

节约高效利用资源。实行能源和水资源、建设用地总量和强度双控行动，推动能源管理体系、企业能源管理中心、能效对标体系建设。建立覆盖所有固定源的排污许可证管理制度，开展排污权有偿使用和交易。探索绿色小区、绿色城区、绿色城镇建设，大力推广装配式建筑，推动绿色建筑规模化、产业化、标准化。加快分布式光伏、环保装备、环保服务等产业发展。开展节约型园林绿地建设，实施城市绿地分级养护管理。加快生活垃圾减量化、资源化。

八、着力保障和改善民生，共建和谐幸福家园

把保障和改善民生作为改革发展的出发点和落脚点，坚持守住底线、突出重点、加大投入，努力让市民群众拥有更多幸福感和获得感。

提高基本公共服务水平。加强创业带动就业，加快全市“1 + 5”创业孵化基地建设，完善高校毕业生、异地务工人员、就业困难人员就业服务体系，城镇新增就业7.8万人。加强养老服务设施规划，构建功能完善、覆盖城乡的养老服务体系，不断提升养老服务水平。继续提高企业退休人员基本养老金和城乡居保基础养老金标准，推动老年优待服务向常住佛山的外地户籍老人覆盖。完善低保、特困人员供养等特殊困难对象救助制度。提升优抚保障水平，完善复退军人服务体系。加强卫生强市和健康佛山建设，完善分级诊疗制度，家庭医生签约服务覆盖率不低于30%。加大公立医院基础设施和重大医疗设备投入，力争两年内建成6类重大医学科技创新平台、15所高水平医院、60个高水平医学重点专科，社区卫生服务机构建设达标率达100%。实施“全面两孩”生育政策，加强计划生育服务管理。推进义务教育优质均衡一体化发展，实施义务教育阶段学校基础设施五年提升行动计划，五年内新增义务教育阶段学位18万个，其中公办学位15万个。加大教育经费保障力度，幼儿园生均公用经费财政补助标准年内提高至每生每年不低于1000元。完善新市民积分制，推动外来常住人口市民化，促进新市民更好地融入佛山。

加快建设文化导向型城市。实施“文化佛山”三年行动计划，着力打造“世界美食之都”“世界功夫之城”“陶艺之都”等系列文化品牌。落实岭南特色街区复兴计划，加强对梁园、仁寿寺、康有为故居等历史文化街区和历史建筑的保护活化。注重传统文化保护与利用，促进非物质文化遗产传承与发展，继续办好佛山秋色巡游、佛山功夫嘉年华等重大活动。创建国家公共文化服务体系示范区，加快佛山国际体育文化演艺馆、佛山新城文化中心等文化基础设施建设，深入开展“佛山韵律·和风鸣畅”等艺术惠民活动，推动“文化惠民”向“文化悦民”升级。加强公共体育设施建设，开展“50公里徒步”等群众体育活动，办好第九届市运会、佛山国际功夫搏击赛、佛山国际龙舟赛、世界狮王争霸赛、欧洲高尔夫球挑战巡回赛佛山公开赛等赛事。

深入推进平安佛山建设。建立食品安全“党政同责、一岗双责”责任机制，全力创建国家食品安全示范城市，完善食用农产品质量安全快速检测体系，提升食品药品基层监管能力，加大食品药品违法犯罪打击力度。深化“中心+网格化+信息化”社会治安防控体系建设，推动刑事、交通、火灾等警情持续下降。坚决落实安全生产责任制，完善城市风险点、危险源排查常态化治理体系，深化对交通运输、建筑施工、油气管道、消防等重点行业领域安全生产专项整治，抓好村级工业区安全生产整治提升工作。加强流动人口及出租屋服务管理。强化三防管理工作，提高突发事件应急处置能力。

认真办好十件民生实事。一是建设义务教育学校34个，新增义务教育阶段学位2.7万个以上。二是实施基本医疗保险城乡一体化改革[42]。三是提高城乡居民最低生活保障标准，惠及2.8万困难群众。四是开展“健康细胞”工程建设，建成40个健康村（居）、社区、医院、学校等。五是完善公交配套设施建设，新建公交专用道30千米，新增、更新公交车300辆和公共自行车1000辆。六是全面实施100项环保民生实事。七是建设300千米污水管网、16项民生水务重点工程。八是新增、改造公园绿地面积193公顷。九是建设行政村（社区）综合文化服务中心300个。十是按时保质保量完成省下达的住房保障工作任务。

各位代表！做好今年经济社会发展各项工作，必须加强政府自身建设，不断提升政府治理能力。我们要进一步增强“四个意识”[43]，特别是核心意识、看齐意识，贯彻落实《中国共产党党组工作条例（试行）》等各项党内法规，坚持在市委领导下开展工作。一是坚持依法行政。以创建珠三角法治政府示范区为契机，强化法治政府建设，推进重点领域政府立法，完善政府立法程序和公众参与政府立法机制，确保2018年率先实现法治政府建设目标。加强政府法律顾问队伍建设，推动重大行政决策程序规范化。自觉接受人大及其常委会监督，积极支持政协履行政治协商、民主监督、参政议政职能，办理好人大代表建议和政协提案。推动执法体制机制改革创新，提高综合执法水平，加强行政复议规范化建设。深入开展“七五”普法工作，落实“谁执法谁普法”责任，在全社会形成浓厚的法治氛围。二是主动有效作为。深入开展“两学一做”学习教育，严格落实“三个区分”，研究建立容错免责机制，鼓励各级领导干部“为官有为”，从严整治不作为、慢作为、乱作为及庸政懒政怠政。认真落实领导干部挂钩联系工作机制。完善政府绩效管理和评价机制，强化年度目标任务考核。三是加强作风建设。强化对厉行节约、公务接待、职务消费等规定执行情况的常态化监督，坚决防止“四风”问题反弹。深入推进廉洁试验区建设，坚持惩治腐败“无禁区、全覆盖、零容忍”。完善党风廉洁建设大数据平台，健全监察、审计、司法联动监督机制，推进审计机关人财物管理改革，强化行政权力监督。

各位代表！站在新的历史起点上，面对跨越发展新机遇，我们责任重大、使命光荣！让我们紧密团结在以习近平同志为核心的党中央周围，在省委、省政府和市委的正确领导下，真抓实干，创新进取，为实现市十二次党代会确定的宏伟目标，开创我市改革开放和现代化建设新局面而努力奋斗！

注释：

[1]一老三新：“一老”指佛山老城区，即祖庙商圈及周边；“三新”分别指中德工业服务区板块、千灯湖板块、绿岛湖板块。

[2]四整治一美化：全市村（居）基本都实现整治农村生活垃圾、生活污水、畜禽污染、水体污染，美化村庄环境。

[3]“两环四纵五横”高速公路网：“两环”指珠二环、珠三角环线高速公路；“四纵”指广珠西线、佛江及北延线及佛开、佛清从高速公路；“五横”指广佛肇、广三、广肇、广明、广中江高速公路。

[4]$PM_{2.5}$：即细颗粒物，我市从2013年开始进行$PM_{2.5}$的全年监测。

[5]三大平台：农村集体资产管理交易、农村集体经济财务监管、农村集体经济组织成员股权（股份）管理交易平台。

[6]一体两翼：“一体”即狠抓基层组织建设，“两翼”即化解社会突出矛盾和创新基层社会服务。

[7]建设人民满意政府“1+11”行动计划：“1”是指《佛山市建设人民满意政府行动方案》，“11”是指基本公共服务均等化、宜居城市环境、异地务工人员融入、食品（农产品）安全、政民互动大平台、国际化营商环境、高效政务环境、法治政府、诚信政府、责任政府、廉洁政府等11个行动计划。

[8]安全生产监管“三大体系”：即安全生产责任体系、社会化保障体系及风险防控体系。

[9]7家企业入围“2016中国民营企业500强”：分别为美的、碧桂园、格兰仕、联塑、利泰、顺德农商银行、海天。

[10]“制造强国·佛山探路”活动：由佛山市人民政府与南方报业传媒集团主办，调研团队在德国、美国、日本、以色列、瑞士五个制造业强国进行考察，在全球视野下为佛山制造确立坐标、找寻路径。

[11] 2016 Science 机器人国际联盟大会：由佛山市人民政府、《Science（科学）》杂志、清华大学共同主办，20位代表机器人领域国际顶尖水平的国际院士级别科学家参会，开展学术交流和最新成果展示。

[12]“中国制造2025”试点示范城市群：2016年9月，经工信部批准，佛山、珠海、中山、江门、阳江、茂名、湛江等市及顺德区被划入“中国制造2025”试点示范城市群范围。

[13] 科力远CHS、中铁华隧、美盈森：科力远CHS项目是由科力远混合动力技术公司投资的节能与新能源汽车混合动力总成产业化项目，总投资约100亿元，于2016年10月开工，预计将于2017年12月投产，将具备年产100万台套总成系统的能力。中铁华隧项目即中铁华隧盾构掘进综合装备产业基地，总投资约10亿元，于2016年8月开工，一期工程预计于2017年6月投产。美盈森智慧包装工业4.0产业园项目总投资18.88亿元，建设美盈森集团技术研发中心、华南总部基地、国家级印刷包装检测检验中心、智能装备及军工装备系统集成制造基地。

[14] 两化：工业化与信息化。

[15] 丹灶镇“一岛两湖”：“一岛”指金沙休闲运动岛，“两湖”指翰林湖、仙湖。

[16]18条“断头路”：分别为岭南大道南延线（富华路—三乐路）、汾江路南延线、兴业路北延线、绿景路东延线（桂澜路—东平路）、魁奇路东延线二期、清峰路（张槎路—轻工路）、广中江高速公路一期（荷塘—龙溪段）、广佛高速沙涌互通立交、省道S269线界牌至大布沙路口段路面改造、新市良路、新基北路二期、学海路（广东财经大学三水校区—321国道段）、兴国路、明湖北路西段I标段、县道X503肇花高速公路连接线西河支线、锦江路改造提升、九江进港路改造、丹灶物流中心道路改善三期。

[17] 村级工业区：指以行政村（居）为管理单元的工业区，1个行政村（居）内的所有工业区域计作1个村级工业区。

[18] 新建森林公园、湿地公园8个：分别为华盖山、水口、显岗、山下森林公园，以及桂畔湖、大良智谷、玉带、海滨湿地公园。

[19] 供给侧结构性改革“1＋5”工作方案：“1”是指佛山市供给侧结构性改革总体方案，“5”是指去产能、去库存、去杠杆、降成本、补短板五个行动计划。

[20] 知名品牌示范区数量位居全国地级市首位：目前佛山已建成全国知名品牌创建示范区4个，分别为南海区铝合金型材产业、内衣产业、陶瓷产业和顺德区家电配套制造产业示范区；获批筹建3个，分别为禅城区现代电源产业、丝光棉针织服装和南海区半导体照明产业示范区；正在申报2个，分别为高明区人造革合成革、三水区陶瓷机械产业示范区。

[21] 两厅融合：即实体、网上办事大厅融合互补。

[22] 明厨亮灶：指餐饮服务单位采用隔断矮墙、透明玻璃幕墙、视频显示、网络展示等方式，将餐饮食品的加工制作过程公开展现给消费者，主动接受公众监督。

[23] 四类刑事犯罪：即涉毒、涉盗抢、涉电信网络诈骗、涉金融领域等四类刑事犯罪。

[24] 安全生产“五个重大突破”：分别指建立超亿元安全生产责任保险资金、以编委会名义明确安全生产部门职责、开展安全生产警示宣讲、整治村级工业区安全生产顽疾、编发佛山市安全生产风险分析报告。

[25] 珠三角湾区世界级城市群：根据2016年11月27日国家发改委《关于加快城市群规划编制工作的通知》，2017年拟启动珠三角湾区城市群、海峡西岸城市群等跨省域城市群规划编制。

[26] PPP、BOT、委托运营：分别指公共私营合作、建设—经营—转让、委托他人经营等提供公共服务的方式。

[27] 三高一低：指高投入、高能耗、高污染、低效益。

[28] 补齐软硬基础设施短板14项重点工程：包括中低压配电网建设、天然气管网和资源供应保障、无线宽带网络、光纤到户、新能源汽车充电基础设施、城市地下管网、轨道交通、高速公路、港航、普通公路、水利防灾治涝减灾、区域水资源配置及城镇供水、改善水环境、教育工程。

[29] 机器人及智能装备生产应用“百千万工程”：2017年年底前，全市建设100条智能化生产

示范线，生产1万台工业机器人，其中2000台在佛山实现推广应用。

[30] 国家制造业创新中心“三步走”战略：“第一步”，至2020年全面建成国家创新型城市，自主创新水平居全国前列；“第二步”，至2025年培育形成一批有较强国际竞争力的创新型企业和跨国大企业集团，制造业创新能力达到世界制造强国中等水平；“第三步”，至2049年率先建成国内一流制造业创新体系，制造业综合实力达到世界制造强国水平。

[31] 城市治理“1＋8”三年行动计划：“1”是指城市治理三年行动计划，“8”是指规划建设科学化、人居环境绿色化、城市形象特色化、基础设施一体化、镇村发展现代化、城市管理精细化、公共服务优质化、城市发展国际化八个子计划。

[32] 三规合一：即国民经济和社会发展规划、土地利用总体规划、城乡规划相互协调，相互衔接。

[33] 轨道交通“四网合一”：即国家铁路、城际铁路、城市轨道、有轨电车四个层面轨道交通叠加在一张网上。

[34] TC 公交：TC即transport community的缩写，指交通共同体模式，核心是实行“票运分离”，即由政府统一收取票款，对公交网络进行规划，对运营商提出服务质量要求，通过成本核算以政府购买服务的形式向企业购买公交服务。

[35]“十纵十横”公交骨干线网：“十纵”是指穿行新胜路—永安路、佛山一环东线、桂澜路、南海大道、文华路、岭南大道、汾江路、佛山大道、雾岗路、禅西大道的十条南北走向公交线路，“十横”是指穿行海八路、海五路、海三路、佛平路、南桂路、南新三路、季华路、魁奇路、东平路、裕和路的十条东西走向公交线路。

[36] 7个海绵城市区域试点：分别为绿岛湖、三山新城、佛山科学技术学院新校区、顺德区中心城区、佛山新城核心区、西江新城、云东海等7个片区。

[37] 三官一师直联：法官、检察官、警官、律师直联村（居）。

[38] 广东国际合作区：位于顺德北部片区，将在加强区域融合协作、创新投资促进模式、建设中欧会展基地、国际商务合作交流、组建省“一带一路”走出去城企联盟及“中德工业城市联盟”等领域开展合作。

[39] 粤港澳大湾区：根据2016年3月3日国务院《关于深化泛珠三角区域合作的指导意见》，优化区域经济发展格局，构建以粤港澳大湾区为龙头，以珠江—西江经济带为腹地，带动中南、西南地区发展，辐射东南亚、南亚的重要经济支撑带。

[40] 两园六区：“两园”是指佛山顺德（新兴新成）产业转移工业园、佛山（云浮）产业转移工业园，“六区”是指云城、云安、罗定、郁南、都杨、思劳等6大产业集聚区。

[41] 7个现代农业重点园区：分别是南海花卉博览园、南海渔耕粤韵农业园区、广东顺德菊花湾现代农业园、广东大峰鳗鱼生态园、乐从镇现代农业园区、广东盈香生态园、三水苹田现代农业园（三水鱼世界）。

[42] 基本医疗保险城乡一体化改革：按照“统一制度、基金合并”的原则，从2017年开始，整合职工医疗保险和居民医疗保险（含门诊），参保人享受“基础＋大病”的医疗保险待遇，建立由基本医疗保险一档、二档构成的基本医疗保险城乡一体化医保制度。

[43] 四个意识：政治意识、大局意识、核心意识和看齐意识。

第二篇

大事记

2016年佛山大事记

1月

△ 2日，由香港演员杜宇航主演的佛山首部功夫微电影《鸿胜功夫之武道医途》在佛山首映。

△ 5日，佛山市政府授予广东美的厨房电器制造有限公司、广东溢达纺织有限公司、蒙娜丽莎集团股份有限公司、广东兴发铝业有限公司和佛山市恒力泰机械有限公司2015年"佛山市政府质量奖"，各奖励100万元。

△ 11—12日，顺德区十五届人大六次会议召开。大会选举列海坚为顺德区人大常委会主任，彭聪恩为区长，万选才为区法院院长。（同年9月28日，顺德区十五届人大常委会六十次会议选出徐彪为区检察院代理检察长。）

△ 12日，佛山十大专利富豪榜、十大专利新秀榜揭晓。广东溢达纺织、广东美的制冷设备、广东科达洁能居富豪榜前三位，川东磁电、凯西欧照明、天安新材料为新秀榜前三名。

△ 14日，佛山市政府印发《佛山市旅游厕所建设管理三年行动计划实施方案》。提出至2017年年底前全市A级旅游景区厕所实现"数量充足、干净无味、实用免费、管理有效"目标。

△ 15日，禅城区公安机关被公安部授权受理签发外国人签证，成为全国首批签发外国人签证的县（区）级公安机关。

△ 18日，佛山市政府与广东移动通信有限公司签署《加快"十三五"信息化建设，推进"互联网+"战略合作协议》，投入63亿元推进信息基础设施建设。市长鲁毅、副市长黄喜忠出席签约仪式。

波兰驻穗总领事安娜·斯考柴克一行到佛山访问，佛山市委常委、常务副市长黄志豪会见客人。

△ 19日，中共佛山市委召开十一届七次全会，确立2018年为佛山率先全面建成小康社会目标年，提出到2020年全面建成高水平小康社会。

△ 20日，佛山市政府印发《佛山市促进企业上市三年行动计划（2016—2018年）》，提出打造数量更多、规模更大、质量更优的"佛山板块"，构建多层次资本市场，助推佛山经济转型升级。

佛山市政府授予陆剑西、王满雄、麦应发、吴虹、王维维、徐凌磊、马宏声、唐志权、叶建文、区文勇为"十佳人民警察"。

△ 21日，《佛山市历史文化街区和历史建筑保护条例》获省十二届人大常委会二十三次会议批准。3月21日起施行。

△ 22日，顺丰集团在佛山举行签约仪式，将在顺德伦教建设顺丰佛山电商供应链产业综合体，总投资超10亿元，计划2019年建成使用。佛山市市长鲁毅出席签约仪式。

△ 24日，佛山全市持续出现雨夹霰天气，当日11时起，转为雨夹雪天气，最低气温0.3℃。佛山市发布寒冷红色预警，并启动气象灾害（寒冷）II级应急响应。此为佛山1957年有气象记录以来首次降雪。

△ 25日，在广东省十二届人大四次会议上，佛山市委书记刘悦伦当选为省人大常委会副主任。

△ 26日，佛山市政府印发《佛山市反走私举报奖励实施办法》，规定举报走私最高可奖励20万元。

佛山市举行深化政务服务改革任务动员部署会议，要求各部门在3月底前形成"一门式一网式"政务服务。

第五届品牌佛山系列评选活动揭晓。碧桂园、九江酒厂等20个品牌获"中国令人骄傲的佛山品牌"；科达洁能、中南机械等10家企业获"佛山智造好榜样"；顺德农商行、凯西欧等5家企业获单项奖。

△ 29日，由佛山市委宣传部、佛山传媒集团和佛山电视台联合摄制的大型系列纪录片《我从佛山来》首映，该片记录10位活跃在世界各个领域的当代佛山人的事迹。

是月，佛山市档案局（馆）由禅城区岭南大道北12号（市政府大院）搬迁到位于佛山新城的佛山市档案中心。

△1日，菲律宾南甘马仁省的4城市市长、市（区）议员，以及索索贡大学等4所高校校长一行15人到佛山考察，副市长麦洁华会见客人。

佛山市南海区与广州市荔湾区实现行政审批服务事项在实体窗口“广佛跨城通办”。

△2日，中共佛山市纪委十一届六次全会召开。会议总结2015年全市党风廉政建设和反腐败工作经验，部署2016年党风廉政工作，提出营造干净干事的政治社会环境。

△4日，国务院通报2015年大督查情况，对落实有关政策措施成效明显的20个市（州）、20个县（市、区）予以表扬。佛山是广东唯一受表扬城市。

△5日，国务院批复《广州市城市总体规划》，明确广佛同城化重点推进十大领域合作。

△11日，中央电视台以“新市民的城市梦”为主题，对佛山外来新市民群体变化进行长达6分钟的专题报道，向全国推介佛山积分入户经验。

△15日，禅城、高明两区被中国科协命名为首批“2016—2020年度全国科普示范县（市、区）”。

△16日，在广州市召开的全省创新驱动发展大会上，佛山市21个科技创新项目获奖，位居全省第二。获奖项目涵盖装备制造、电子信息、新材料、新能源、社会民生等领域。

佛山市召开环境保护工作会议，总结2015年全市环保工作，并对2016年大气污染防治、水环境整治、固体废物处置、环境执法、生态文明示范市创建等工作进行部署。

△18日，广东省科技厅公布省科技企业孵化器运营评价结果，佛山新媒体产业科技企业孵化器等7家孵化器获A级评定，获省财政补助支持。

广西壮族自治区贺州市党政代表团一行45人到佛山，考察粤桂黔高铁经济带合作试验区（广东园）、珠江西岸先进装备制造产业基地及城市建设。

△19日，《佛山市人民政府办公室关于进一步加大博士后工作扶持力度的意见》印发，提出在佛山市设工作站的博士后最高可获40万元建站启动经费。

△22日，“温爱佛山　乐善之城——元宵慈善文化人人行”活动举行。广东省人大常委会副主任、佛山市委书记刘悦伦等为10个“佛山公益慈善项目大赛”优秀项目颁发荣誉证书。当晚，70多万人参加公益慈善“行通济”活动。

△23日，2015年度佛山市“三八红旗手”“三八红旗集体”评选活动揭晓，陈瑞冰等25人获评市“三八红旗手”，禅城区张槎街道妇女联合会等8个单位获评市“三八红旗集体”称号。

△25日，佛山市政府召开打造“不是自贸区的自贸区”工作会议，总结2015年自贸区改革创新经验，并部署2016年重点工作。

佛山市被教育部确定为国家学前教育改革发展实验区。

广东省委宣传部、省互联网信息办主办“经济活力看广东·转型升级”网上主题采访报道活动。来自新华社、新华网等20多家中央、地方媒体的40多名记者走进佛山采访东鹏陶瓷、维尚家具等企业。《人民日报》在“样本·观察地方经济新亮点”专栏发表《活力民营转型佛山》文章，报道佛山民营经济创新、转型升级路径。

△27日，佛山市召开领导干部大会，宣布省委决定：鲁毅任佛山市委书记。

△28日，广东省工艺美术协会公布第四届“广东省工艺美术大师”名单，佛山市的邓钜辉、范安琪、黄强华、温俊峰等14人获此称号，专业涵盖石湾陶艺、玉器、纸编等领域。

△29日，国际海绵城市低影响开发工程实践交流协会代表一行到佛山新城考察“海绵城市”建设。

△1日，中共佛山市委常委召开扩大会议，听取并研究党建、改革和社会稳定的相关工作。

佛山市委、市政府召开公安工作会议，表彰一批先进集体和优秀民警。

佛山陶瓷产业链整合服务平台——佛山众陶联产业平台签约。市委书记、市长鲁毅，副市长黄喜忠出席。

△ 3 日，佛山市政府召开全市城市污水整治工作会议，明确鄱阳环村涌、三圣河、五胜涌、大棉涌、围拳涌、英雄河等 6 条河涌为整治重点，2018 年年底前全面消除黑臭。

△ 4 日，蒙娜丽莎集团、广东美芝制冷设备公司、广东万和新电气公司被省政府授予“2015 年度广东省政府质量奖”，各获 100 万元奖励。

△ 7 — 11 日，德国因戈尔施塔特市政府及经贸代表团一行 36 人到佛山访问，在中欧中心举办投资经贸对接洽谈会，签订相关合作意向。

△ 9 日，《佛山市“一门式一网式”政府服务体系服务规范（试行）》开始实施。

△ 10 日，佛山市政府召开创新创业产业引导基金对接会，全面启动百亿“双创基金”运营。

印度古吉拉特邦代表团到佛山访问，与佛山企业交流对接，寻求合作商机。

△ 11 日，佛山市委书记、市长鲁毅与中国工程院院长周济座谈，就佛山推动智能制造、互联网+、促进传统产业转型升级，为佛山市打造中国一线制造业城市寻求智力支持与合作空间。

佛山市政府印发《佛山中德工业服务区管理委员会、佛山市佛山新城建设管理委员会主要职责内设机构和人员编制规定》，明确佛山中德工业服务区管理委员会与佛山市佛山新城建设管理委员会合署办公，为市政府派出的正处级机构，委托顺德区人民政府管理。

△ 12 日，由中国生产力促进中心协会、广东省科技企业孵化器协会、佛山新媒体产业园极客社区联合举办的“众创崛起——2016 中国制造生产力促进论坛”在佛山举行。会上，佛山新媒体产业园被授予“中国生产力众创空间”牌匾（为广东省首家）。

全球服务与外包领军者峰会在南海区举行。广东金融高新技术服务区入围“2015 年度全球最佳服务外包园区——中国十强”榜单。

△ 17 日，《2016 年度佛山市旅游文化创意产业发展专项（文化）扶持资金申报指南》向社会公布，计划安排 635 万元作为专项资金，推动文化创意产业发展。

△ 18 日，佛山市政府与中铁工程装备集团有限公司、广东华隧建设股份有限公司签署建设佛山盾构掘进综合装备产业基地合作协议。佛山市委书记、市长鲁毅，副市长黄喜忠出席签约仪式。

△ 21 日，中共佛山市委召开新任处级干部集体谈话会。市委书记、市长鲁毅勉励 33 名新任职干部“求真务实抓落实、正风正己尽责任”。

佛山市首部地方性法规——《佛山市历史文化街区和历史建筑保护条例》正式实施。

△ 23 日，中共佛山市委书记、市长鲁毅任佛山军分区党委书记。

△ 24 日，经广东省委批准，朱伟任佛山市委委员、常委和副书记。

△ 26 日，“‘美丽佛山　一路向前’——佛山 50 公里徒步”活动在佛山五区同时进行，20 万市民踊跃参加，中央电视台《新闻联播》对活动进行报道。

△ 29 日，佛山市召开创建国家森林城市工作推进大会，强调全力实施两年攻坚行动计划，确保 2017 年如期实现“创森”目标。4 月 7 日，16 家中央级媒体采访团，采访佛山绿化及景观建设情况。

佛山企业坚美铝材、美的制冷获第二届中国质量奖颁奖大会提名奖。

△ 29 — 30 日，在澳大利亚举行的第 12 届亚洲龙舟锦标赛上，顺德乐从家具城龙舟队代表国家参赛，共获 5 块金牌和 2 块银牌，为历史最好成绩。

△ 30 日，佛山市召开创新驱动发展大会暨供给侧结构性改革工作会议，对全市创新驱动发展、生产性服务业发展和供给侧结构性改革作出全面动员和部署，提出年内发展高新技术企业 1000 多家。

佛山市发改局召开降低制度性交易成本新闻发布会，宣布免征 34 项涉企行政事业性收费地方收入等五大举措，年度累计为企业减负 35 亿元。

广佛肇城际铁路开通运营。佛山设 5 个站点，分别为佛山西站（在建）、狮山站、狮山北站、三水北站、云东海站。

顺德美的集团与日本东芝株式会社联合宣布，东芝家电业务 80.1% 股权转让给美的，交易额为 4.73 亿美元。

是月，佛山市启动 2016 年“企业暖春行动”。到 4 月，市领导鲁毅、李子甫、李雅林、黄志豪、麦洁华、王玲、黄喜忠、赵海等分别带队，调研聆听企业意见、建议，着力解决企业发展过程中面临的各类问题。

4月

△ 1日，佛山市召开全市领导干部大会，宣布省委决定：批准朱伟任佛山市委委员、常委、副书记。同意提名朱伟为佛山市市长候选人，鲁毅不再担任佛山市市长职务。

中国篮球协会发布国奥男篮集训名单通知，佛山农商银行队的鞠明欣、赵率舟、张帆入选。

△ 3—10日，由佛山市体育局承办的“钜派杯”2016全国游泳冠军赛暨里约奥运会选拔赛在世纪莲体育中心举行，26个参赛代表队近600名运动员参加比赛。

△ 7日，广东省委书记胡春华到佛山调研稳增长和民营经济发展工作，参观百合医疗科技、美的全球创新中心等企业，强调推进“三去一降一补”重点工作，推动民营企业做大做强。

由佛山市经济和信息化局、中国社会科学院信息化研究中心和北京国脉互联信息顾问有限公司联合主办的“互联网+政务”创新趋势研讨会在佛山举行。全国各地相关政务人员、互联网企业家及行业主流媒体代表120多人参加。

△ 8日，佛山市十四届人大常委会三十四次会议决定朱伟为市政府副市长、代理市长。

△ 12日，广东省食品药品监督管理局、佛山市政府和佛山科学技术学院共建的华南食品安全研究发展中心成立，将围绕食品安全满意度调查、营养健康和安全职业培训等开展合作。

14时许，顺德区乐从镇受10级阵风吹袭，造成树木、厂房受损，23人受伤。

△ 13日，在北京举行的第二届中国酒业“仪狄奖”颁奖典礼上，广东石湾酒厂董事长范绍辉获“仪狄奖”卓越成就奖。

△ 14日，佛山市政府常务会议通过《关于加快发展养老服务业的实施意见》《佛山市创建现代职业教育综合改革示范市实施方案》等文件。

佛山市政府设立的百亿规模创新创业引导基金举办首场合作推介会，向来自全国86个投资机构发布优惠让利政策。

△ 14—15日，在全国经济体制改革工作会议上，佛山市代市长朱伟介绍佛山制造业转型升级综合改革有关情况。

△ 15日，119届广交会在广州开幕，佛山477家企业参展，展位数1519个，其中品牌展位475个，参展规模位于广东各地市前列。

△ 16日，佛山市召开党的建设暨市、区、镇领导班子换届工作会议，强调以换届为契机，建设一支有勇气、有锐气、有朝气的高素质干部队伍。

△ 25日，佛山市统一、规范的官方新闻发布平台——佛山市新闻发布厅启用。

中（国）德（国）工业城市联盟成立，中方成员包括佛山、江门、株洲等11个城市，德方成员包括亚琛、因戈尔施塔特等7个城市。

△ 26日，经广东省发展和改革委批复，广州市轨道交通7号线一期工程西延顺德段线路全长13.64千米，总投资约90亿元，设7座车站，其中顺德境内设6个站，计划2020年年底建成运营。

△ 26—28日，佛山市政协十一届四次会议通过各项决议。会议共收到提案342件。

△ 27—29日，佛山市十四届人大六次会议通过《政府工作报告》等6个报告，批准《关于佛山市国民经济和社会发展第十三个五年规划纲要的决议》和通过2部重要的地方性法规。选举鲁毅为佛山市人大常委会主任、朱伟为市人民政府市长。

△ 29日，南海区召开领导干部大会，宣布广东省委决定：黄志豪任南海区委书记。

△ 30日，由中央电视台和佛山电视台顺德分台联合制作的《寻味顺德》在中央电视台播出。

5月

△ 4—5日，广东省委常委、宣传部部长慎海雄到佛山调研，了解佛山媒体融合、先进制造服务业、文物保护以及文化产业发展情况。

△ 8日，佛山市妇联联合市委宣传部、市文明办主办的2016年佛山市“最美家庭”命名仪式在佛山电视台举行，雷浩家庭、李健芳家庭等30户家庭获佛山市“最美家庭”称号。

△ 9日，佛山市教育工作会议暨创建职业教育综合改革示范市推进会召开。市长朱伟代表市政府与五区政府代表签订创建职业教育综合改革示范市责任书。

△ 10 日，凌晨 3 时起，佛山全市连续 8 小时强降雨，伴随着强雷暴和 7 ~ 10 级阵风，顺德大良睡牛岗北侧山体崩塌；南海丹灶录得全市最大降雨量 164.7 毫米，狮山镇 28.67 公顷农田受浸、21.33 公顷鱼塘漫顶、直接经济损失 135.9 万元。

△ 11 日，中央党校原副校长李君如到佛山调研创新驱动发展情况，肯定佛山创新驱动成效。

△ 12 日，《佛山市扶持新型研发机构发展试行办法》印发。明确未来 3 年，市政府每年将安排不少于 3000 万元，支持新型研发机构建设。

△ 12 — 16 日，第 12 届中国（深圳）国际文化产业博览会举行。佛山 32 家单位参展，达成文化产品及服务项目成交意向 2780 万元，并获优秀组织奖和优秀展示奖。

△ 13 日，佛山市政府与教育部职业技术教育中心研究所签署合作协议，规划建设现代职业教育创新发展实验基地，共建佛山国际合作平台。

在北京揭晓的“中国十佳小康村”评选会上，禅城区南庄镇紫南村榜上有名，成为全省唯一获此称号的村。

△ 15 日，在北京召开的全国“最美家庭”揭晓暨第十届全国“五好文明家庭”表彰会上，佛山梁志豪家庭、李健芳家庭获全国“最美家庭”，吴主刚家庭获全国“五好文明家庭”。

△ 16 日，广东省重点流域污染整治暨黑臭水体治理工作现场会在佛山召开。副省长许瑞生率队巡查广佛跨界河涌水污染治理进展情况。

△ 17 日，历时 2 年编撰的《发现佛山》（30 万字）出版发行。该书被列入由佛山市委宣传部、市社科联主编的《佛山市人文和社科研究丛书》。

△ 18 日，中共佛山市委召开全市人大工作会议，强调准确把握全面建成小康社会、全面深化改革、全面依法治国、全面从严治党的深刻内涵，更好地引领和实现人大工作与时俱进。

佛山市政府常务会议通过《佛山市新市民服务管理发展规划（2016 — 2020 年）》。该规划文件提出新市民享受同等居住、社会保障服务等八大目标。佛山成为全国首个制定出台此类规划的城市。

佛山市政府与深圳华大基因科技有限公司举行签约仪式，双方将在基因存储产业化、基因人才培养等方面进行合作。

佛山市第一人民医院召开建设省高水平医院暨科技表彰大会。为获国家科技成果奖、国家自然科学基金奖、省重点项目奖的个人和科室颁发 450 万元奖励。

△ 19 日，肇庆市委书记、市长赖泽华率领党政代表团到佛山考察交流，商讨两地交通对接问题，共同构建一体化交通格局。

△ 20 日，中共佛山市委召开全面深化改革领导小组七次会议。部署 2016 年改革任务 204 项。

佛山市委书记鲁毅、市长朱伟率领党政代表团到东莞考察学习，提出双方加强交流合作，共同为珠三角创建国家自主创新示范区作努力。

△ 21 日，由澳门立法会议员、澳门佛山社团总会副理事长、青委会主任马志成带领的澳门佛山社团总会一行 80 人到佛山访问，双方就佛澳青年工作进行深入交流。

△ 21 — 22 日，第三届沙巴华堂国际龙舟赛在马来西亚举行，广东樱奥顺德杏坛龙舟队获 1 块金牌和 1 块银牌。

△ 25 日，《佛山市制定地方性法规条例》和《佛山市机动车和非道路移动机械排气污染防治条例》获广东省十二届人大常委会二十六次会议批准通过。至此，佛山市已有 3 部具有法律效力的地方性法规。

△ 28 日，香港立法会议员、新民党主席叶刘淑仪率领香港新民党代表团到佛山访问。佛山市委书记鲁毅表示，将在粤港澳合作的大框架下，发展先进装备制造业，推动佛港交流与合作。

是月，佛山市被列入第三批国家食品安全城市创建试点名单，是全省唯一被纳入该名单的地级市。

6月

△ 1 日，佛山市开始执行新的户口迁移政策：市外户口迁入政策进一步放宽，而市内户口迁移也拓宽了因房屋所有权转移后的户口迁移渠道。

△ 2 日，佛山市政府召开常务会议，通过《佛山市进一步推进学校体育设施向公众开放实施意见（试行）》等文件。

佛山市政府召开佛山市自然村落历史人文普查动员及培训会议，副市长王玲要求各级党委政府，狠抓落实，扎实做好自然村落历史人文普查工作。

△ 2—4 日，佛山市市长朱伟率领市政府代表团考察佛山对口支援的新疆维吾尔自治区伽师县，表示要在更高起点上，谋划好新一轮援疆工作。

第九届全球纺织服装供应链大会在南海区西樵镇举行。中国纺织工业联合会副会长孙瑞哲和来自美国、意大利等全球知名服装品牌企业负责人、国内主要纺织服装产业集群代表约 500 人参加。

△ 6 日，佛山市交通局网站公布《佛山市公路网和城市道路网一体化整合规划》，新增 24 条衔接肇庆、中山、江门等相邻 6 市公共汽车线路，同时打通佛山市中心城区 11 条城市主干道。

澳洲佛山总商会在澳大利亚悉尼成立，会长由澳洲佛山联谊总会荣誉顾问梁柏源担任。

△ 6—7 日，在第二届联合国教科文组织创意城市北京峰会上，顺德区以"世界美食之都"受邀参加。

△ 7 日，佛山市召开质量大会暨创建全国质量强市示范城市推进会，提出全力以赴打造"质量佛山"，全面推进创建全国质量强市示范城市。

△ 7—9 日，中华龙舟大赛在福州海峡河段举行，顺德乐从家具城龙舟队包揽所有项目冠军。

△ 13 日，2016 年广东省知识产权示范企业、优势企业名单公布，佛山川东磁电、恒洁卫浴和美的制冷 3 家公司入选示范企业名单；日丰企业和翼卡车联网等 8 家企业入选优势企业名单。

△ 14 日，湛江市委书记魏宏广率领代表团到佛山考察，佛山与湛江就"一带一路"、家电、旅游等领域搭建合作平台，推动资源要素互补。

△ 15 日，佛山市纪委全面完成派驻纪检机构调整，对全市党政机关、市直部门、人民团体、事业单位等 73 家单位实现派驻监督全覆盖。

△ 16 日，佛山市委书记鲁毅、市长朱伟率党政代表团到湛江市，了解对口帮扶工作进展情况。其时，佛山已派驻工作组和 214 名扶贫干部进村入户。

△ 20 日，广东省委常委、常务副省长徐少华调研佛山西站建设情况，提出要把佛山西站构筑成为珠江西岸乃至珠三角地区新的重要交通枢纽。

广州市攀森机械设备制造有限公司计划投资 10 亿元，在顺德均安建设新能源汽车配件及高端贴片机制造基地签约，佛山市市长朱伟出席。

△ 21 日，首届"佛山·大城工匠"命名大会举行。刘泽棉、李天成、何建城、宋岱瀛、陈水福、陈松林、黄兵等 30 人上榜。22 日，《人民日报》、中央电视台等媒体报道大会信息，新华网、中国网等网媒介绍探寻工匠背后的故事。

△ 22 日，佛山市政府常务会议通过《佛山市 2016 年锅炉淘汰整治实施方案》和《佛山市关于进一步加快推动大型骨干企业跨越发展工作方案》等文件。

△ 23 日，佛山市召开城市治理大会，提出立足高起点谋划城市未来，努力打造宜居宜业宜创新的高品质现代化国际化大城市。

第二届顺德国际投资年会在佛山新城中欧中心举行。会上发布《顺德区开放引领创新驱动三年行动计划（2016—2018 年）》，提出未来三年，顺德将落实 133 个项目并引入资金 1331 亿元。

△ 27 日，在广东省庆祝中国共产党成立 95 周年大会上，佛山市的广东中泰家具实业有限公司程祖彬等 6 人获省优秀共产党员、三水区西南总商会陈绍初等 3 人获省优秀党务工作者、顺德区高新区党工委等 7 个集体获表彰。

△ 28 日，顺德美的集团与德国库卡集团签署投资协议。7 月 16 日，美的集团宣布持有库卡集团股份 85.69%，成为库卡第一大股东。

△ 30 日，在广州举行的 2016 年广东扶贫济困日活动上，碧桂园集团董事局主席杨国强、副主席杨惠妍捐赠 5 亿元。自 2010 年以来，杨国强父女和碧桂园 6 年间捐赠超过 13 亿元用于广东扶贫济困事业。同日，佛山市举行活动仪式，现场募捐 458 万元。

△ 30 日—7 月 2 日，中德对话论坛 2016 年会议在佛山举行。来自中德两国政治、经济、文化、学术、新闻等领域 25 位代表围绕"中德在环保领域的合作以及德国发展低碳经济的经验""中德两国在城镇化领域的合作与相互借鉴""中德两国人口老龄化问题现状及经验交流""就业问题"等 4 个议题进行探讨。会议由论坛中方主席、全国政协副主席徐匡迪与德方主席、巴斯夫公司董事会副主席马丁·薄睦乐共同主持。

△是月 5 日、6 日，中央电视台《新闻联播》节目分别以《发力供给侧：佛山样本——破题"降

成本”》《发力供给侧：佛山样本——“加减”并行创环境》为题作报道，并于19日报道美的集团“供给侧结构性改革与工匠精神”，介绍佛山以降成本为突破口，全面推进供给侧结构性改革经验。

7月

△1日，梁婷、何仁军、赵宗祥等10人被佛山市委宣传部授予首届“佛山·名编名记名主持”称号。

禅城·宝安产业对接启动仪式暨2016年佛山禅城(深圳)营商环境推介会在深圳市宝安区举行。华南大数据研究院、创新创业引导基金等一批产业对接项目签约落户禅城，总投资额超100亿元。

△4日，顺德企业研制的机器人“小白豚”“大黄蜂”获德国工业设计顶级大奖——红点奖。

△6日，佛山市政府召开常务会议，传达省推进珠江西岸先进装备制造产业带建设工作会议精神，研究《关于进一步加强城市树木保护管理工作的实施意见》。

△9日，佛山市首个志愿者学院在佛山广播电视大学揭牌成立。

△12日，广州市人大常委会主任陈建华率领广州市有关负责人，到佛山市顺德区考察广州地铁7号线西延顺德段及广东（潭洲）国际会展中心两个重点项目建设。

△13日，佛山市委理论学习中心组邀请美的集团董事长方洪波授课。方洪波曾参加习近平总书记主持召开的经济形势专家座谈会，就供给侧结构性改革与民企发展作主题发言。

在北京举行的2016年中欧城镇化伙伴关系务实合作项目签约仪式上，佛山签约2个项目，涉及绿色工业服务和花卉交易等领域。

佛山市商务局与马来西亚成功集团旗下子公司在吉隆坡签署合作备忘录，促进佛山在当地的贸易和投资。

△14日，佛山市土地管理工作会议召开，要求落实最严格的耕地保护制度，抓好村级工业园的整治改造提升。

△15日，佛山市政府与国家开发银行广东省分行签订“十三五”时期开发性金融合作备忘录，国开行广东分行将为佛山的重大项目提供1500亿元融资支持。佛山市市长朱伟、副市长赵海出席仪式。

仁寿寺大雄宝殿举行升梁仪式。

△18日，佛山市政府召开常务会议，研究佛山一环西拓工作方案、《关于加快推动佛山大学科技园建设发展的实施意见》等事项。

清远市委书记葛长伟率领代表团到佛山考察，佛山、清远双方在加强佛清产业转型升级、交通基础设施合作上达成共识，并提出在广佛肇清云韶经济圈背景下推进两市全方位合作。

佛山(云浮)产业转移工业园与中国建设银行广东省分行签订协议，设立30亿元佛山（云浮）氢能源产业基金，为佛山对口帮扶云浮氢能产业发展建设提供投资。

△19日，《佛山市重点产业人才引进培育暂行办法》明确规定，重点产业人才可享受高达100万元安家补贴、配偶就业推荐、三甲医院就医绿色通道等政策优惠。

广东省副省长许瑞生率领省环保厅、省教育厅相关负责人，到南海区的广东环境保护工程职业学院调研，决定拨款300万元，加强该校师资培养。

佛山进出口、卫浴洁具、家居建材、家具、青商会、照明等六大商协会，在泰国成立中国—东盟自贸区“一带一路”合作联盟，并与泰中罗勇工业园签订合作备忘录。

△20日，2016年佛山全市副处级以上领导干部纪律教育学习班暨全市第五期“双集班”开班，市委书记鲁毅强调，全市各级领导干部要学习贯彻习近平总书记“七一”重要讲话精神，不断增强锤炼党性修养，争当讲党性、守纪律、敢担当的表率。

顺德区设立全省首个外国专家局。

2016年《财富》“世界500强”公布，顺德美的集团位列第481位，成为佛山首家“世界500强”企业，也是国内首家跻身世界500强的家电企业。

△21日，顺德区乐从镇、均安镇被省农业厅与省旅游局评为第三批广东省休闲农业与乡村旅游示范镇。

△22日，中共佛山市委召开常委会议，专题学习《中国共产党问责条例》，研究部署贯彻落实工作。要求全市各级党组织和领导干部充分认识该条例颁布的重要性：强化政治责任，失责必问，问

责必严。

佛山市科学技术局公布 2015 年度佛山市科学技术奖项目。93 个科技创新项目获奖，其中一等奖 10 个、二等奖 26 个、三等奖 32 个、专利金奖 5 个、专利优秀奖 20 个，资助经费总计 745 万元。

△ 23 日，中国工程院院长周济到佛山访问，希望佛山推进“百千万工程”，建设成为国内最大工业机器人生产应用基地。

△ 25 日，中共佛山市委召开十一届八次全会。提出站在实现第二个百年目标的高度，加快建设中国制造业一线城市，全力打造国家制造业创新中心。

△ 26 日，中共佛山市委召开全面深化改革加快实施创新驱动发展战略领导小组会议。要求坚定把创新驱动战略作为核心发展战略，并通过培育高新技术企业，强化企业自主创新地位，提出建设 1000 家高新技术企业目标。

△ 27 日，由南海区人才办与广东省金融高新区股权交易中心联合打造的人才板在股权交易中心挂牌，这是国内证券场外市场首个专门为创新创业人才设立的特色板块。

△ 28 日，由佛山市委书记鲁毅、市长朱伟率领的第九轮城市升级现场巡查结束。主要巡查禅城森林造城、南海高水平规划、顺德城市升级与产业升级、高明围绕生态文化建设、三水利用广佛肇城际轨道实现“山、水、城”结合等建设成果。

△ 29 日，广佛同城化党政联席会议在广州召开，明确加快推进广佛都市圈建设。广东省委常委、广州市委书记任学锋，广州市市长温国辉，佛山市委书记鲁毅，佛山市市长朱伟出席并讲话。

△ 29 — 30 日，在德国武术国际精英赛上，顺德陈华顺永春拳武术总会 5 名队员参赛，共获 7 块金牌和 5 块银牌。

△ 29 — 31 日，第 18 届全国机器人锦标赛暨第七届国际仿人机器人奥林匹克大赛在佛山新城中欧中心举行。来自清华大学、佛山科技学院等全国知名院校的 50 多支顶尖机器人创作队伍参赛。

8月

△ 2 日，佛山市首次启动防台风Ⅰ级应急响应，全市实施停工、停业、停市、停课、停运等防风应急措施。

中国陶瓷工业协会公布第三届中国陶瓷艺术大师评选结果，佛山何惠娟、霍然均、刘健芬、刘雪玲、苏锦伦、冼艳芬榜上有名。

△ 6 — 8 日，由国家体育总局武术运动管理中心、中国武术协会和佛山市政府举办的第六届世界太极拳健康大会在佛山岭南明珠体育馆举行。19 个国家和地区 1300 多名太极拳运动员参加比赛，其中佛山 77 支参赛队伍获 117 项一等奖。

△ 9 日，凌晨 6 时，历经 47 年的旧澜石大桥成功爆破拆除。

△ 11 日，广东省人大常委会副主任刘悦伦率队到佛山，实地调研城乡供水一体化及“村村通”自来水工程建设情况。

佛山仲裁委员会国际商事仲裁中心在佛山新城中欧中心成立。

△ 12 日，佛山市在南海区召开市委、区委书记重点工作推进会。市委书记鲁毅强调，要形成“书记抓，抓书记，一级抓一级，层层抓落实”的常态化工作机制，推动市、区两级主要领导深入工作一线抓落实。

△ 12 — 18 日，在上海举办的第 31 届全国青少年科技创新大赛上，佛山市第九小学的“物候意趣，立本生态——开展物候观测，构建生态校园实践活动”获一等奖，并夺“全国十佳科技实践活动”称号（佛山首个）。

△ 14 日，佛山市国土资源和城乡规划局公告，依法收回位于佛山大道东侧、城南山庄以南的“佛山车城”地块（政府储备部分）土地使用权。

△ 15 日，中共佛山市委召开常委会议，传达广东省委十一届七次全会精神，强调要突出开放引领，创新驱动，把经济工作重心切实转到供给侧结构性改革上来，全力打造国家制造业创新中心。

△ 16 日，佛山市召开创建国家食品安全城市工作动员大会。五区区委书记和区长、32 个镇（街）书记及镇长参加，市长朱伟对《佛山市创建国家食品安全城市工作实施方案》现场解读。

佛山市工业机器人产业标准联盟成立。

佛山公安区级特警大队挂牌仪式在五区同时举行，建立以特警支队为龙头、各区特警大队为辅助的反恐处突特警力量体系。

△ 18 日，佛山市获“全国双拥模范城”称号

（连续 8 年获此称号）。

△ 19—26 日，佛山市贸促会组织经贸代表团，前往约旦、以色列开展为期一周的系列对接交流活动。拜访多家商协会、科研机构、创新技术企业，探讨佛山智能制造。

△ 23 日，佛山泛家居电商创意园、顺德创客中心、北滘电子商务创业中心、佛山新媒体产业园、广东创业工场、广东工业设计城被佛山市人社局授予创业孵化（示范）基地牌匾。

△ 25 日，佛山四中新校区投入使用。新校区总投资 5.08 亿元，总建筑面积约 10 万平方米，招生人数 3000 人，开设初中、高中共 60 个教学班。

全国工商联发布“2016 中国民营企业 500 强”榜单，佛山 7 家企业上榜，其中美的集团位列第十四，碧桂园控股位列第十八。

△ 26 日，中共佛山市委常委会召开会议，传达做好全省市级领导班子换届工作、推进珠三角创新驱动发展培育高新技术企业工作现场会主要精神，通报 2016 年广佛同城化党政联席会议主要精神，提出贯彻落实意见。

佛山市全市供给侧结构性改革专项工作推进会在顺德区召开。市委书记鲁毅强调要以创新引领供给侧结构性改革，加快形成以创新为主要引领和支撑发展模式，突出区域品牌和行业标准，形成打造佛山质量的有力支撑。

△ 27 日，佛山科学馆新馆开放。新馆建筑面积 7 万平方米，总投资 1.8 亿元。

由中国企业家协会在湖南发布的“2016 中国企业 500 强”名单上，顺德美的集团和广东格兰仕上榜，分别位居 110 位和 485 位。

△ 29 日，佛山市十四届人大常委会三十七次会议召开。会议听取和审议市 2016 年上半年国民经济和社会发展计划执行情况等报告，任命蔡家华为副市长。

△ 29 — 30 日，九三学社广东省委副主委、省人大常委会副秘书长陈敏和广东省 30 多位全国人大代表，到佛山开展“增强制造业的创新能力和核心竞争力”专题调研。

△ 30 日，佛山市召开扩大固定资产投资及推进重点项目工作会议。会上发布扩大固定资产投资引领科学稳健发展三年行动计划，将推进重大项目 713 个（总投资超 1.52 万亿元），三年计划投资 6659 亿元。

9月

△ 1 日，在中国（广东）—埃塞俄比亚经贸合作交流会上，佛山市的广东科达洁能股份有限公司与其合作伙伴签署协议，投资 6350 万美元在埃塞俄比亚设立特福陶瓷厂。

△ 2 日，佛山市公安局举行一等功臣授奖仪式，为立“个人一等功”的民警曾明、马宏声、陈毅授奖。

刘茂英、唐君尧救治昏迷建筑工人新闻引起广泛关注，中央电视台进行报道。刘茂英、唐君尧被禅城区政法委授予“见义勇为”称号。

△ 5 日，中共佛山市委召开常委会，传达学习中央、广东省委关于党建工作精神及广东省委书记胡春华有关对口帮扶和扶贫讲话精神，并研究贯彻落实意见。

佛山市农业局公布宝苞农场、小农街（自然农园）、翰林湖农业公园、陈村花卉世界、万顷园艺世界、广东菊花湾农业公园、盈香生态园区、宝特贝儿农业公园、三水劲农生态农业公园和乐从蕴乡生态农业公园为首批佛山农业公园。

△ 6 日，佛山市政府召开常务会议，审议《佛山市社区配套公共服务用房建设和管理实施办法（试行）》等文件。

广东省委宣传部发布第六批“南粤楷模”，禅城区南庄镇紫南村党委书记潘柱升获此称号。

2016 年教师节前夕，佛山市政府表彰 300 名优秀教师、198 名优秀班主任和 100 名先进教育工作者，对从教 30 年的教师颁发荣誉证（章）。

△ 9 日，佛山市市长朱伟会见到访的埃塞俄比亚总理特别顾问阿尔卡贝博士一行。

非洲马拉维共和国驻华特命全权大使查尔斯·纳蒙德维到佛山考察，佛山市常务副市长蔡家华接待考察团。

△ 12 日，中共佛山市委召开区领导班子换届交流任职人选 24 名干部集体面谈会，强调牢记党性初心，以实干论英雄。

广东（潭洲）国际会展中心启用，成为佛山产品智造走向国际市场的重要交流展示平台。

△ 13 日，佛山市十四届人大常委会召开三十八次会议，毛永天当选为市政府秘书长。会议还明确市十五届人大会议代表名额为 403 名。

△ 13 — 14 日，佛山电视台制作的纪录片《香云纱》在中央电视台播出。这是继 8 月播出《我从佛山来》后，央视再次播出佛山独具岭南特色的历史人文风貌节目。

△ 18 日，佛山“宣传思想文化五进民企”推进会暨“敬业之城”行动启动，推动敬业精神融入各行各业，激励产业工人争当爱岗敬业的佛山工匠。

△ 20 日，佛山维尚家具制造有限公司第五分厂在佛山高新区投产。该公司“全屋家居大规模个性化定制试点示范项目”入选为工信部评选的“2016 国家智能制造示范试点项目”。

△ 23 日，佛山市建鑫住房租赁有限公司独立经营的佛山住房租赁平台揭幕。佛山建鑫是佛山市政府与广东省建筑工程集团有限公司合作成果，旨在为特定人群提供租金低于市场价的租住房源。

全国首条氢能源城市公交车示范线路开通仪式在三水区举行，标志着佛山绿色新能源公交发展迈上新台阶。

△ 27 日，禅城区委四届一次全会选举刘东豪为书记。

南海区委十三届一次全会选举黄志豪为书记。

高明区委十二届一次全会选举徐东涛为书记。

三水区委十三届一次全会选举黄福洪为书记。

△ 28 — 29 日，由佛山市政府、《Science》杂志、清华大学联合主办的 2016 Science 机器人国际联盟大会在佛山新城中欧中心举行，22 位全球顶尖机器人研究领域科学家与近千名企业家、行业协会人士出席，佛山市市长朱伟致开幕辞。大会就机器人科学研究与产业创新成果开展交流活动。

△ 29 日，广东省委书记胡春华、省长朱小丹到佛山科学技术学院调研。10 月 8 日，佛山市委召开常委会议，研究佛科院建设事宜，提出将佛科院建设成为全省一流理工科大学。

香港特别行政区大紫荆章获得者、香港新世界发展名誉主席、周大福集团创办人、佛山荣誉市民郑裕彤博士逝世，享年 91 岁。

△ 29 — 30 日，由佛山市政府和广东省经信委主办的第二届珠江西岸先进装备制造业投资贸易洽谈会在广东（潭洲）国际会展中心举办，签约项目 220 个，投资总额 2307.7 亿元。广东省委书记胡春华、省长朱小丹，佛山市委书记鲁毅、市长朱伟等领导出席开幕式有关活动。

是月，首批佛山对口援墨项目在西藏自治区墨脱县启动建设，项目包括达木珞巴民族乡卫生院、德兴村村级组织活动场所、佛墨共建基层党组织服务平台等。

10月

△ 1 日，佛山市首部地方政府规章《佛山市城市市容和环境卫生管理规定》开始施行。

△ 7 日，佛山市政府办公室发布《关于进一步促进我市房地产市场平稳健康发展若干措施的通知》，对禅城区，南海区桂城、大沥、里水，顺德区大良、陈村、北滘、乐从实行新建商品住房限购、差别化住房信贷政策。

△ 8 日，佛山市委书记鲁毅接受新华社、中央电视台等中央主流媒体及省、市媒体联合采访，提出：佛山要加大制造业投资，打造国家制造业创新中心。

△ 9 日，第二届粤桂黔高铁经济带合作联席会议暨广西园建设工作现场会在柳州市召开。佛山市市长朱伟发表主题演讲：提出借助高铁推动区域经济发展。

△ 10 日，顺德区委十三次全会选举区邦敏为书记。

△ 11 日，广东省政府办公厅公布《广东省建设大众创业万众创新示范基地实施方案》，顺德区和广东金融高新区列为首批省级“双创”示范基地。

△ 13 日，佛山市政府常务会议通过《佛山市加快推进供给侧结构性改革的若干政策措施》《佛山市法治政府建设“十三五”规划（2016 — 2020 年）》等文件。

佛山市人才工作推进会召开。市委书记鲁毅强调：要做好佛山的人才工作，必须突出舍得投入、舍得时间和舍得声誉这三个“舍得”。

佛山市召开发展民营经济和促进民间投资座谈会。

即日起，由佛山电视台创作的大型系列纪录片

《老佛山新天地》在中央电视台播出，报道佛山祖庙东华里片区的改造和经验。

△ 16 日，在北京举行的首届全国脱贫攻坚奖表彰大会上，碧桂园集团董事局主席杨国强获“全国脱贫攻坚奖奉献奖”。

△ 20 — 24 日，第二届中国（广东）国际“互联网+”博览会在广东（潭洲）国际会展中心举行。腾讯、阿里巴巴、百度、京东等 613 家国内外企业及 10 多个国家和地区的 500 多位海外代表参会，70 个项目在现场达成合作意向。

△ 21 日，佛山市市长朱伟署名文章《探索智能制造要抓住三个关键》在《经济日报》刊登，系统阐述佛山突出示范引领、创新驱动、跨界融合三个关键，探索智能制造引领制造业转型升级发展之路。

△ 24 日，佛山市和四川省凉山州签订《扶贫协作框架协议》，佛山对口凉山州，在住房及基础设施建设、人才教育、市场合作等领域展开帮扶。

广东省人大常委会主任黄龙云率队调研佛山实施河流“河长制”工作情况。

第二届“广金·千灯湖金融峰会”在广东金融高新技术服务区举行。来自国内外金融界重量级人物分别就“十三五”金融发展及金融业供给侧改革等主题进行深入探讨。

△ 27 日，在北京举行的第七届可持续发展教育国际论坛暨第四次亚太可持续发展教育专家会议上，禅城区获“中国可持续发展教育国家示范区”称号。

△ 31 日，中共佛山市委召开常委扩大会议，传达中共十八届六中全会精神，会议要求各级党组织以全会精神为指引，全面从严治党，为实现第二个百年目标努力奋斗。

11月

△ 1 日，《佛山市环境违法行为举报奖励办法》开始实施，规定举报环境违法最高奖励 20 万元。

△ 2 日，佛山首次赴深圳举行文化产业招商引智推介会，全市五区现场签约 20 个文创产业项目。

三水区举办百亿投资签约暨企业服务项目推介活动，18 个超亿元项目落户三水，投资总额 121 亿元。

△ 2 — 6 日，2016 年广东（佛山）非遗周暨佛山秋色民俗文化活动在禅城区举行。来自广东的 21 个地级市、佛山对口援建帮扶城市、“四大名镇”城市、粤桂黔高铁沿线城市及外国友好城市等的 55 支队伍参与相关活动。

△ 3 日，国务院侨务办公室“海外专家咨询委员东南行”代表团考察佛山。佛山市市长朱伟会见代表团。

国家开发银行控股子公司中非发展基金董事长迟建新一行到佛山，调研佛山企业“走出去”发展情况，并探讨加强国际业务合作事宜。

△ 4 日，瓦努阿图维拉港市、韩国抱川市、吉尔吉斯斯坦奥什市、俄罗斯纳罗福明斯克区等 4 个国家的佛山友好城市和友好交流城市政府代表团及表演团应邀访问佛山。佛山市市长朱伟分别会见各国代表团。

△ 4 — 5 日，在浙江丽水举行的中华龙舟大赛上，顺德乐从家具城龙舟队总成绩排列首位。

△ 7 日，佛山市召开城市轨道交通工程项目指挥部工作会议暨地铁 3 号线建设动员大会，宣布地铁 3 号线于 18 日开建；地铁 2 号线二期、4 号线一期及 11 号线 3 个跨区项目，9 号线一期和 13 号线一期顺德区内项目年底前动工建设。

2016 年中国中小城市科学发展指数研究成果发布，佛山各区均位列全国百强区行列，其中顺德区位居首位。

△ 11 日，佛山市国土规划局公布《佛山市普君片区控制性详细规划》，佛山乐园、金马剧院原址规划为居住和商业商务用地。

佛山市第一人民医院举行 135 周年纪念活动暨佛山精准医学中心揭牌。佛山市委常委、常务副市长蔡家华出席。

佛山市武术进校园启动仪式举行，禅城区 7 所、南海区 8 所、顺德区 11 所、高明区 7 所、三水区 4 所中小学被定为首批示范学校。

首届广佛国际创客节在南海区天安数码中心开幕，著名经济学家马光远发表演讲。

△ 15 日，广东省省长朱小丹率省有关部门负责人到顺德区调研科技创新工作情况，视察卫星城高端人才公寓，提出要总结美的转型发展经验，推动传统制造业转型升级。

顺德区政协十四届一次会议选举周文为主席。

高明区政协十届一次会议选举黄棋泰为主席。

△ 16 日，顺德区十六届人大一次会议选举彭聪恩为区长。

△ 17 日，禅城区政协四届一次会议选举殷辉为主席。

南海区政协十三届一次会议选举张辉明为主席。

△ 18 日，佛山地铁 3 号线开工建设，首批开建站点 13 个。全线起点为顺德学院站，终点为南海狮山科技学院站，全长 66.5 千米，36 座车站，总投资 401.7 亿元。计划 2022 年建成。

佛山一环西拓工程（北环段和南环段）动工。

魁奇路东延线二期工程全面通车。

禅城区四届人大一次会议选举孔海文为区长。

南海区十六届人大一次会议选举郑灿儒为区长。

高明区十五届人大一次会议选举梁耀斌为区长。

△ 23 日，中共佛山市委书记鲁毅率领党政代表团到广州，谋划广佛两市深度产业合作，打造超级城市，共同参与全球竞争。

三水区政协十届一次会议选举何绮红为主席。

△ 24 日，佛山军分区召开领导班子成员调整大会，宣布由市委常委、佛山军分区政委李玉林主持佛山军分区全面工作。

由广东省政府港澳事务办公室和佛山市政府联合主办的第二届粤港服务贸易自由化推介交流会在香港举行。150 多位香港政府官员及议员、商界知名人士、社团领袖、专业界团体领袖等出席，佛山市副市长麦洁华主持会议。

经 125 轮竞拍，位于佛山市禅城区奇槎片区绿景东路南侧的 4.2 万平方米地块以总价 14.89 亿元出让，楼面价为 9997.52 元 / 平方米，创佛山楼面价历史新高。

三水区十六届人大一次会议选举胡学骏为区长。

△ 24 — 28 日，由香港佛山社团总会、佛山海外联谊会主办的“2016 香港·佛山节”在香港举行，以佛山制造、佛山美食、佛山功夫、佛山非遗等特色元素，展现佛山城市升级、产业转型升级、文化繁荣发展成果。

△ 25 日，《佛山历史文化丛书》第一辑（共 10 本）首发，其中《佛山家训》与《佛山中医药文化》是佛山市地方志办组织开展的两项课题研究成果。

△ 26 日，2016 年“中国最美村镇”评选活动在江门市举行颁奖典礼，南海西樵镇松塘村获中国最美村镇传承奖。

△ 27 日，佛山名城重构和街区活化研讨会提出：重新评估佛山文化名城、历史街区和建筑的传统价值，挖掘历史街区、街巷空间、传统建筑等内涵的地方意义，重构佛山老城的历史文化风貌及综合文化。

顺德区启动建设“大学城卫星城——打造高端人才集聚区”，举行高端人才集聚区和人才扶持政策发布会以及企业与高层次人才对接会。广东省副省长蓝佛安出席会议并致辞。

△ 29 — 30 日，中共佛山市第十二次代表大会召开。提出建设面向全球的国家制造业创新中心、具有全国影响力的制造业转型升级示范城市、宜居宜业宜创新的高品质现代化国际化大城市、更具品质的文化导向型城市、更高质量的民生幸福城市。

△ 30 日，中共佛山市第十二届委员会第一次全体会议选举鲁毅为市委书记，朱伟、李雅林为副书记。

12月

△ 1 日，佛山市政府常务会议通过《佛山市排污权有偿使用和交易管理办法（试行）》《佛山市加快推进“互联网+政务服务”暨深化“一门式一网式”政府服务模式改革实施方案》等文件。

△ 2 日，佛山市政府与清华大学在北京签订战略合作协议，建立和完善政、产、学、研协同创新合作互动机制。

△ 4 日，2016 年南粤古驿道定向大赛第七站在西樵镇松塘村举行。来自广州、深圳、香港、澳门等地 600 多人参赛，广东省副省长蓝佛安、佛山市委书记鲁毅出席大赛启动仪式。

△ 5 日，广东金融学院发布《佛山市建设人民满意政府指数（2016）报告》，佛山市得分 85.18 分。

△ 6 日，佛山市政府聘任杨小菁、何万龙、吴兴印、张晓峰、陈达成、钟坚、曹建宇等 7 位律师为第二届市长法律顾问。

广东省人大常委会副主任刘悦伦率省人大常委

会专题调研组到佛山，开展城中村污水治理工作情况调研，视察佛山系列交通项目及佛科院新校区。

△ 7 日，第二届全国十佳最美家乡人评选结果公布，禅城区冯耀泉当选为全国十佳最美家乡人。

△ 9 日，佛山市召开全面深化改革加快实施创新驱动发展战略领导小组第二次工作会议，强调全市上下务必高度重视，严格按照行动计划抓好工作落实，努力开创创新驱动发展新局面。

△ 9 — 11 日，在深圳举行的 2016 中欧绿色和智慧城市峰会暨 2016 中欧绿色和智慧城市奖颁奖典礼上，佛山中德工业服务区参评的中欧中心项目被评为“中欧绿色和智慧城市技术创新奖”。

△ 10 日，禅城区丰收涌、南海区千灯湖、顺德区逢简水乡等 6 河 4 湖获“佛山十大最美河湖”称号。

△ 12 日，佛山市政府召开全市科技创新平台体系建设工作会议，提出多层次、高水平建设科技创新平台体系。

佛山市市长朱伟召集例会，听取市环保局局长及各区落实中央环保督察指示情况汇报。截至 11 日，全市关停企业 793 家、交办案件 147 件、办结 27 件、对 35 名责任人予以不同程度处分。

在北京召开的首届全国文明家庭表彰大会上，全国公安二级英模、佛山刑警吴主刚家庭获“全国文明家庭”称号。

△ 14 日，佛山市委、市政府组织召开研究推进供给侧结构性改革专题工作会议，部署下阶段重点工作，推动全市供给侧结构性改革向纵深推进。

△ 16 日，中共佛山市委召开常委会议，学习贯彻习近平总书记系列重要讲话精神，审议通过《中共佛山市委关于建立党委巡察制度的意见（审议稿）》《佛山市环境保护“党政同责、一岗双责”责任制实施办法（送审稿）》等文件。

△ 17 日，在北京举行的“2016 第十一届中国全面小康论坛”上，佛山市被评为“2016 中国全面小康特别贡献城市”，顺德区为“2016 中国全面小康十大示范县市”称号。

△ 18 日，佛山市政府常务会议通过《佛山市综合交通规划修编》《佛山市金融业发展三年（2016 — 2018）行动方案》等文件。

△ 19 日，国务院批准同意《佛山市城市总体规划（2011 — 2020 年）》，确定佛山 3797.72 平方千米城市规划区范围内，实行城乡统一规划管理，发挥佛山市在珠三角西翼中的带动作用，加强广（州）佛（山）肇（庆）的产业和生态安全合作，推进广佛同城化。

△ 20 日，《佛山市环境保护“党政同责、一岗双责”责任制实施办法》开始实施。

△ 21 日，佛山市政府常务会议通过《佛山市食品药品安全“十三五”规划》《公共法律体系“十三五”规划》《佛山市生产安全事故隐患排查治理办法》等文件。

佛山市特色小镇工作推进会在三水区举行。市委书记鲁毅强调，推进佛山特色小镇建设，既要借鉴浙江等地的有益经验，更要从佛山实际出发，走佛山特色小镇培育发展之路。

△ 22 日，佛山市政府与珠江电影集团签署共建“广莱坞”战略合作协议，打造国际一流影视产业基地。

粤桂黔高铁经济带合作联盟工作会议在南海区举行。广州、佛山、南宁、贵阳、柳州、黔东南州等高铁沿线 13 个市（州）的旅游部门推介旅游资源，标志着粤桂黔高铁经济带区域旅游合作迈入更高的发展阶段。

△ 27 日，中共佛山市委召开全面深化改革领导小组第八次会议。市委书记鲁毅强调深化重点领域改革攻坚，各区书记分别汇报改革工作。会议审议《佛山市 2017 年改革重点项目》。

△ 28 日，广佛线二期开通试运营。线路全长 6.68 千米，设澜石站、世纪莲站、东平站和新城东站 4 个站点。

△ 29 日，佛山市政府召开常务会议，研究部署进一步鼓励和引导民间投资加快发展、建设国家自主创新示范区等工作。

佛山市召开全市深化国资国企改革工作会议，公布佛山市属国有企业改革重组方案。

（张丽珍）

第三篇

佛山概况

基本情况

建置沿革

【概况】 佛山“肇迹于晋，得名于唐”。新石器时代，佛山先民就以渔耕和制陶开创原始文明。春秋战国时期，佛山属于百越地。秦、汉时期，现禅城、南海、顺德、三水属南海郡番禺县；高明属高要县。晋代，禅城称“季华乡”。隋开皇十年（590年），从番禺县分置南海县，因旧置南海郡得名。唐贞观二年（628年），乡民在塔坡岗掘得3尊铜佛像，人们把塔坡岗称为佛家之山，并捐款重建塔坡寺，将佛像供奉于寺内，立石榜，上刻“佛山”二字。佛山由此得名。后经1300多年社会变迁，逐渐演化成今日佛山市。

【五代十国至民国时期】 五代十国时，佛山禅城、顺德属咸宁县，宋初重新并入南海县。明景泰三年（1452年），敕封佛山为“忠义乡”，属南海县。同年，置顺德县，意为“顺天威德”。明成化十一年（1475年）置高明县，因原有高明巡检司而得名。明嘉靖五年（1526年）置三水县，意为“三江合流”。民国时期，佛山曾先后设佛山镇、佛山市、佛山镇。

【中华人民共和国成立后】 1949年10月15日，佛山解放；10月31日，佛山市人民政府成立。1950年3月，设广东省珠江专区专员公署，辖中山、顺德、南海、三水、花县、番禺、宝安、东莞8县和佛山市，专署驻地中山县石岐镇。

1952年11月，撤销珠江专员公署，设粤中行政公署，辖中山、顺德、南海、三水、番禺、东莞、宝安、增城、博罗、龙门、珠海、新会、高明、鹤山、封开、怀集、高要、广宁、四会、新兴、罗定、云浮、郁南、德庆24县和石岐市，并领导省辖佛山市、江门市。粤中行署驻地江门市。1954年6月，粤中行政公署由江门市迁入佛山市。

1956年撤销粤中行政公署，成立佛山专员公署，驻地佛山市。辖中山、珠海、番禺、顺德、南海、三水、新会、鹤山、高明、台山、开平、恩平、花县13县和石岐市，领导省辖的佛山市、江门市。1958年，佛山、江门改为县级市，由佛山专区领导。1966年，佛山市升为地级市，由广东省、佛山专区双重领导。1970年，佛山专区更名为佛山地区，佛山、江门改为县级市。佛山地区辖南海、顺德、三水、高鹤、台山、恩平、番禺、中山、珠海、新会、开平、斗门12县和佛山、江门两市。1974年，佛山、江门两市恢复为省辖市，实行省地双重领导。1980年，成立佛山地区行政公署，辖中山、斗门、顺德、南海、三水、高鹤、新会、台山、开平、恩平10县和佛山市、江门市。

1983年6月1日，撤销佛山地区建制，实行市领导县体制。佛山市辖中山、南海、顺德、高明、三水5县。同年，中山县改为中山市（县级）。1984年6月，佛山市辖汾江区（1986年易名为城区）和石湾区及南海、顺德、高明、三水4县，代管中山市。1988年1月，中山由县级市升为地级市，从佛山市划出。1992—1994年，南海、顺德、高明、三水先后撤县设市（县级），由佛山市代管。2002年12月，撤销佛山市城区、石湾区以及县级南海市、顺德市、三水市和高明市，设立佛山市禅城区、南海区、顺德区、三水区和高明区。自此佛山市辖禅城、南海、顺德、高明、三水五区。

历史人文

【千年古镇】 佛山历史悠久，文化底蕴深厚，是中国历史文化名城。据考证，佛山的历史起源于现禅城区石湾镇街道澜石区域。4500～5500年前，百越先民沿西江、北江到此繁衍生息，以渔耕和制陶开创原始文明。唐贞观二年（628年），因在城内塔坡岗上掘得3尊铜佛像，人们认为此地是佛家之地，遂立石榜改季华乡为“佛山”。

唐宋年间，佛山的手工业、商业和文化已十分繁荣。明清时期，更是发展成商贾云集、工商业发达的岭南重镇，与湖北汉口镇、江西景德镇、河南朱仙镇并称全国“四大名镇”，与北京、汉口、苏州并称天下“四大聚”，陶瓷、纺织、铸造、医药四大行业鼎盛南国。清末，佛山得风气之先，成为中国近代民族工业的发源地之一，先后诞生中国第一家新式缫丝厂和第一家火柴厂。

【传统文化】 佛山悠久的历史，孕育独具魅力的岭南传统文化。佛山素有陶艺之乡、粤剧之乡、武术之乡、广纱中心、岭南成药之乡、南方铸造中心、民间艺术之乡等美誉，并形成秋色、“行通济”等独具特色的民俗。

佛山是“南国陶都”“中国陶瓷名都”，制陶工艺源远流长，自古有“石湾瓦，甲天下”的美誉。建于明代正德年间的南风古灶，是世界现存最古老的柴烧龙窑，薪火相传至今500多年，被誉为“陶瓷活化石”。

佛山是“南国红豆”粤剧的发源地，诞生粤剧艺人的代称——“红船子弟”和粤剧最早的戏行组织——琼花会馆。2004年举办的琼花粤剧艺术节，使佛山呈现古人描绘的“红船泊晚沙，万人看琼花”的盛况。

佛山是“岭南成药之乡”，产品种类齐全的古方正药已有400余年历史，涌现“黄祥华”如意油、“冯了性”药酒、“源吉林”甘和茶等一批老字号名药。

佛山是“武术之乡”“武术之城”，是中国南派武术的主要发源地，现在世界上广泛流行的蔡李佛拳、洪拳、咏春拳等均发端于佛山，著名武术大师黄飞鸿，咏春宗师梁赞、叶问，影视武打明星李小龙等祖籍及师承亦在佛山。

佛山是“狮艺之乡”，是南狮的发源地，是首个“中国龙狮龙舟运动名城”。近年来，每年一度的“狮王争霸赛”吸引国内外广大武术和体育爱好者参与。禅城区是“中国龙狮运动之乡”，南海区西樵镇是全国唯一的“中国龙狮名镇”。

佛山的铸造业始于西汉，到明代，佛山的铸造技术已达相当高的水平，成为南中国冶炼中心，以至“佛山之冶遍天下”。张心泰在《粤中小识》中道：“盖天下产铁之区，莫良于粤，而冶铁之工，莫良于佛山。”

佛山是珠江三角洲民间艺术的摇篮，孕育并保留大量体现岭南文化精髓的民间艺术及民俗事象。狮舞、粤剧、龙舟说唱、佛山木版年画、广东剪纸、石湾陶塑技艺、佛山狮头、香云纱染整技艺、祖庙庙会、佛山秋色、十番、人龙舞和佛山彩灯等项目入选国家非物质文化遗产名录。正月十六“行通济”始于明末，盛于清乾隆年间，延续至今并逐渐被赋予慈善等现代色彩，每年吸引数十万群众参加，200多年来还流传着“行通济，无闭翳”的谚语。此外，全市各地还有各种不同的习俗，如官窑的“生菜会”、罗村的“乐安灯会”等。

2016年11月2—6日，2016广东(佛山)非遗周暨佛山秋色民俗文化活动举行。图为活动期间，艺人为市民演示佛山狮头扎作技艺佛山是珠三角“美食之乡”，是粤菜发源地之一，有“食在广东，厨出凤城”之说。一直以来，佛山以民间丰富食谱、茶楼食肆林立、烹饪技艺精良而蜚声海内外。2004年和2011年，顺德区和佛山市先后被中国烹饪协会命名为“中国厨师之乡”“中国粤菜美食名城”。2014年12月，顺德区被联合国教科文组织评为“世界美食之都”。每年举办的“佛山美食欢乐节”，成为集美食、旅游、文化艺术于一体的盛大旅游节庆活动。

【历史名人】 佛山市人文荟萃，人才辈出。

封建社会前期，广东出过九贤人，后人都尊他们为先贤，其中佛山占有四位：战国时南海人高固，东汉时南海人疏源，西晋南海人王范，晋代南海人黄恭。

从唐至清光绪三十年（1904年），佛山有文进士786人，武进士98人，举人近4000人。其中文状元5人、榜眼3人、探花3人、会元7人、解元25人。广东先后出过9位文状元，佛山占5位，澜石黎涌村的简文会，是南汉乾亨四年（920年）的状元；南海人张镇孙（今属顺德）是南宋咸淳七年（1271年）的状元；与简文会同村的伦文叙，是明弘治十二年（1499年）的状元；顺德人黄士俊，是明万历三十五年（1607年）的状元；顺德人梁耀枢，是清同治十年（1871年）的状元。

封建社会到朝廷做官的佛山人，很多都尽心为国出力、为民办事。广东先后出过6位宰相，佛山占3位，如南海人方献夫（明嘉靖年间宰相）和顺德人黄士俊（明崇祯九年宰相，后再任南明桂王宰相）等。另外，佛山人戴鸿慈是清宣统年间协办大学士，以“诤言”名世。佛山人庞尚鹏，历经明朝嘉靖、万历两朝，官居左副都御史，敢于与贪污腐败的官吏作斗争，民谣赞他“亮如水，猛如虎”，称他为“庞铁面”，当代人认为他是封建社会杰出的经济体制改革家。三水何维柏，生活于嘉靖、隆庆、万历三朝，官至尚书，敢于犯颜直谏，阻止皇帝几次劳民伤财的工程，坚决与奸臣严嵩作斗争。

在岭南文化形成、发展过程中，作出巨大贡献的佛山人如繁星闪烁。明朝诗坛“南园五子”，佛山占其二（孙蕡、王佐）；嘉靖年间“南园后五子”，佛山占其三（梁有誉、欧大任、吴旦）。万历年间的区大相，对岭南诗派的形成起到关键作用，被誉为“粤东诗派皆宗海目”。此后，有“岭南三大家”之陈邦彦、邝露；“岭南后三大家”之陈恭尹、梁佩兰；“岭南四家”之黎简、张锦芳、黄丹书，以及“岭南近代四家”之黄节、罗惇曧。绘画方面，有广东现存最早的古典绘画作品的作者、南海人颜宗，有明代开创水墨写意新派的林良，有“开启广东画坛新时代”的黎简，以及杰出画家苏仁山、苏六朋。近代则有被称为独树一帜的“新写实主义”画家黄少强。文学小说创作方面，有《粤讴》的创作者招子庸，有近代小说巨子吴趼人。佛山是粤剧的发祥地，著名的粤剧艺术家有开粤剧改良先声的黄鲁逸，有“广东梅兰芳”美誉的千里驹，粤剧五大流派薛（觉先）、马（师曾）、桂（名扬）、廖（侠怀）、白（驹荣）都是佛山人。佛山是著名的“武术之乡”，在海内外影响广泛的武术名家有梁赞、黄飞鸿、叶问和李小龙等。

教育科技方面，有撰写童蒙课本《三字经》的宋末区适子；在西樵山设书院读书讲学，使西樵山成为远近闻名理学名山的明代霍韬、方献夫以及新会人湛若水；与陈澧并称广东大儒的清代朱九江；被称为广东第一位科学家的邹伯奇；被称为“中国铁路之父”的詹天佑。

地处南海之滨的佛山，得风气之先，有一批最早“睁眼看世界”的广东名人。如南海人黄衷，于嘉靖十五年（1536年）写成《海语》一书，是广东第一部影响较大的记述海岛及关于海外的书籍。清嘉庆十四年（1809年）接种牛痘法传到澳门，南海人丘熹在澳门行医，亲身试种，鼓励亲友试种，效果甚佳。基督教由澳门传入内地后，高明人梁发在1823年成为第一位华人牧师。顺德人梁廷枏，1844年先后写成《夷氛闻记》《海国四说》，介绍欧美各国的情况。

鸦片战争后，一批爱国文人、华侨，学习西方工业革命的成功经验，办工厂，兴实业，使佛山成为近代中国民族资本主义工业的重要诞生地。他们之中，有创办中国近代首家民族资本新式企业——继昌隆缫丝厂的陈启沅；中国第一家民族资本机器造纸厂——宏远堂机器造纸公司的钟星溪；创办机器制造厂、生产出第一台国产柴油机的陈沛霖、陈拔庭、薛文森；创办南洋烟草公司、与英美烟草公司竞争的简照南、简玉阶兄弟。同时，还有一批高举爱国主义旗帜，以拯救中华民族为己任，寻找救国富民之路的仁人志士：较为突出的有合著《新政真铨》一书的何启、胡礼垣；发动和领导戊戌维新运动的康有为；与孙中山并称“四大寇”的尢列；追随孙中山，继承中山遗志，为革命作出杰出贡献的何香凝。此外，在黄花岗72位烈士中，佛山就有13位。

中国共产党成立后，每个历史时期，都有一批杰出的佛山儿女，为中华民族的解放和共产主义事业英勇奋斗。他们中有广东中共党组织的创建者之一“高明三谭”（谭平山、谭植棠、谭天度）、党的好女儿陈铁军、被彭湃誉为“红色花木兰”的区夏民、参加省港大罢工和广州起义的中国工农红军杰出指挥员黄甦、大革命时期就组织农民武装与反动势力斗争的吴勤。

此外，跌打名医李广海，能工巧匠黄炳、陈渭岩，陶瓷工艺美术大师刘传等佛山杰出人物，在国内外享有盛名。

（市地方志办）

自然理理

【地理位置、范围和面积】 佛山市位于广东省中南部，珠江三角洲腹地。东倚广州，邻近深港澳。全境于北纬22°38′～23°34′，东经112°22′～113°23′之间。佛山市域东距西、南距北均约103千米，大致呈“人”字形，总面积为3797.72平方千米，辖禅城、南海、顺德、高明、三水五区。

佛山市东傍广州，西接肇庆，南邻江门、中山，陆运、水运、空运交通基础设施齐备，交通便捷。佛山市距广州新白云国际机场、广州南沙港、广州新火车站车程均在1小时之内。佛山市毗邻港澳，与香港、澳门分别相距231千米和143千米，车程均在2小时左右。沈海高速、广昆高速等主要公路干线穿越境内，广佛、佛开、广明、广深珠高速公路等交通干线经佛山而过，佛山一环、珠二环等环城高速环绕穿越佛山市各区。广中江高速一期（荷塘至龙溪段）、魁奇路东延线二期通车。广佛地铁建成开通，贵广、南广铁路佛山段通车，广佛肇城际轨道佛肇段建成通车，佛山机场开通民用航线，佛山市民出行更加便捷。珠江水系中的西江、北江贯穿全境。佛山市现有通航河流70多条，可通航里程1000多千米，20多个口岸使水上运输四通八达，为经济发展提供良好条件。

【地质地貌】 佛山市地势总体有北高南低、西高东低的特征，大部分地区较为低平，地势起伏较小，以平原为主，为珠江水系之北江、西江三角洲平原，海拔一般小于5米，多在1.2～4.8米，河汊众多，桑基鱼塘密布，其间零星分布有丘陵残丘和残留台地，丘陵残丘海拔小于100米，坡度15度以下；残留台地海拔一般小于50米，浑圆低平；佛山市西部的高明、北部的三水地区有连绵的山体，为丘陵—低山地貌，地势陡峻，相对高差大，山谷纵横，植被茂密。佛山市最高山峰为高明区杨和镇的皂幕山，海拔805米，三水大塱涡地势低洼，高程-1.7米，为全市最低点。

在中国大地构造分区中，佛山市位于二级构造单元武夷—云开—台湾造山系，经历各构造旋回的地质演化，形成佛山市极具特征的地质背景。距今8亿至2300万年的岩石构成佛山市的坚硬基底，沉积岩、岩浆岩和变质岩三大岩类均有发育，但是以各地质时期的沉积岩为主体。各地质时代的地层发育较为齐全、分布广泛，发育的地层有南华系、寒武系、泥盆系、石炭系、二叠系、三叠系、侏罗系、白垩系、古近系和第四系，以古近系和第四系分布最广。佛山市位于珠江三角洲平原，属于浅覆盖区，基岩上覆盖着5万年以来形成的松散堆积层，即第四纪地层，厚度一般小于50米，最厚70米，是珠江水系与中国南海共同作用形成的，其沉积中心沿北东向和北西向呈现出有规律的展布，与区域断裂构造的展布较一致，显示断裂构造对第四纪沉积的控制作用。大约9000万年前开始发生火山活动，4800万年至3600万年前的火山活动，形成西樵山、王借岗、紫洞等地的火山岩，岩性主要为粗面岩、玄武岩等，经过后来的风化、剥蚀，造就今日的西樵山火山地貌景观和王借岗、紫洞等地的火山岩柱状节理地质遗迹。经历漫长的地质历史演化，佛山市范围内地质构造复杂，主要的构造形迹包括褶皱、断裂等，以一组多条断裂构成断裂构造带为特征。断裂构造总体以北东向广州—从化断裂带（南段）、北西向白坭—沙湾断裂带和西江断裂带为主，它们相互切割、复合，构成全区构造的基本格架。佛山市断裂构造具有多期活动的特征，主要形成期为加里东期至燕山期。佛山市新构造运动主要表现为基底断块的差异升降。

佛山市地下水资源较为丰富，地下水类型主要有松散岩类孔隙水、碳酸盐岩类裂隙溶洞水、红层孔隙裂隙水和基岩裂隙水等，以松散岩类孔隙水为主，不同地区含水量有所差异，总体含水量为中等至丰富。地下水位高，一般埋深1～2米，连续含水层分布有1～3层，以微承压至承压水为主，顺德区陈村、伦教、勒流、杏坛和均安一线的东南部为咸水区，佛山市其余地区为淡水区，过渡带为上淡下咸区。

佛山市地质灾害的发生与强降雨和人类工程活动密切相关，人为因素诱发的地质灾害比例也越来越大。截至2016年年底，全市有地质灾害或隐患点227处，其中崩塌183处、滑坡38处、地面塌陷2处、地面沉降1处、泥石流3处；2016年佛山市发生地质灾害16处，其中小型崩塌13处、滑坡3处。发出地质灾害气象风险预警分别为四级预警28次、三级预警6次，隐患排查76次。

（贝永辉）

【气候】 佛山属于亚热带季风海洋性气候，温暖、多雨、湿润，夏长冬短，夏季长达半年之久。四季气候可概括为：夏少酷热，冬无冰雪，春常阴雨，秋高气爽。年平均（统计年份为1980—2010年，下同）气温22.5℃，1月最冷，平均温度13.9℃，7月最热，平均温度29.2℃；年平均相对湿度为76%，月平均以4月的83%为最高；年平均风速为2.0米/秒；年日照时数达1619.4小时，年平均雾日数为14.5天，年平均雷暴日69.8天。佛山是华南地区龙卷风灾害多发、频发的地方，2006—2015年统计数据显示，影响佛山的龙卷风个数每年为1.7个，影响天数为每年1.3天。春夏季常出现雷雨大风、短时强降水、强雷电、冰雹、龙卷等灾害性天气，夏秋常有热带气旋影响。年降雨量1681.2毫米，6月最多，平均284.5毫米，汛期（4—9月）降水量占全年的80%；年平均雨日146.5天，6月最多，平均18.2天；夏季降水不均，旱涝无定，秋冬雨水明显减少。

由于地处低纬，海洋和陆地天气系统均对佛山有明显影响，冬夏季风的交替是佛山季风气候突出的特征：冬春多偏北风，夏季多偏南风。冬季的偏北风因极地大陆气团向南伸展而形成的，干燥寒冷；夏季偏南风因热带海洋气团向北扩张所形成的，温暖潮湿。

春季（3—5月） 春季白昼渐长，气温和降水量均处在上升时期，天气多变，常出现乍暖乍冷天气。佛山的春天常常是阴雨绵绵，春寒料峭，“连绵春雨湿红棉”，这个季节的雨水滋润万物、洁净空气，但也淹没了阳光的踪影，因此，春季又是日照最少的季节。由于缺乏阳光，气温日变化小，总让人感到寒意丝丝透骨。当然，有的年份也会出现春光明媚的景象。另外，春季是冬夏季的交替季节，天气过程复杂，变化迅速，中小尺度天气系统非常活跃，因此常出现强对流天气。通常从4月开始，佛山市进入前汛期，5月份到达前汛期的降雨高峰期，暴雨频发。

夏季（6—9月） 佛山的夏季盛行偏南风，丰沛的水汽随南风源源不断输送到上空，为夏季降雨提供有利条件。6月仍然是佛山前汛期的降雨高峰期，出现暴雨的机会甚多。同时，每年的6—8月又是热带气旋影响广东的主要时段，平均每年有1～2个热带气旋影响佛山市。全年中50%～60%的雨水集中在夏季，暴雨和热带气旋往往造成严重的灾害。然而夏季的雨又常常是人们翘首期盼的。佛山的夏季天气炎热，一年中最热的月份是7月，全市的月平均气温达29.2℃；极端的最高气温39.2℃（2005年7月18日，南海区测站）。盛夏季节气温高，加上相对湿度大，更显得暑气逼人。

秋季（9—11月） 秋天是一年中最舒适的季节。此时冷空气开始频繁南下，气温逐渐下降。秋天不是强对流天气和热带气旋活跃的季节，但仍有出现的可能。总的来说，秋季多以晴天为主，少降水。从9月下旬至11月月底平均降水量仅155.1毫米，约占全年降雨的10%，历史上还曾多次出现连续30天无雨的年份，秋燥的特点十分明显。

冬季（12月至次年2月） 冬季是北方蒙古冷高压的鼎盛时期，冬季风势力强大，佛山受蒙古冷高压边缘影响，盛行偏北风，受到冷空气的频繁影响，为全年最冷的时期。1月为最冷月份，月平均气温为13.9℃，极端最低气温曾达到-1.9℃，出现在1967年1月17日（南海区测站）。在两次冷空气之间也常有一段回暖过程，气温略有上升。佛山常受冷高压脊控制，处于干冷气流控制下，降水最少，有时整月无降水出现，晴好天气多，光照充足。

（吴　斌）

【水文】 佛山市多年平均径流量27.93亿立方米（统计年限1956—2000年，下同），多年本地水资源总量为29.45亿立方米。佛山有西江、北江丰富的过境客水，多年平均入境水量2770亿立方米，出境水量2800亿立方米。

2016年佛山市降水属丰水年，年平均降水量2206.4毫米，比多年平均偏多41.7%；地表水资源量40.96亿立方米，比多年平均多46.7%；地下水资源量8.82亿立方米，比多年平均多29.5%；水资源总量42.12亿立方米，比多年平均多43.0%。全市入境水量3229.3亿立方米，出境水量3262.3亿立方米。

2016年发生洪水场次较多，马口、三水水文站水位达到中洪水位（1.74米）的洪水有11场，达到中高洪水位（4.58米）的洪水有2场。马口站年平均流量8150立方米/秒，三水站年平均流量2330立方米/秒，年平均流量比常年值偏大13.6%、25.1%。

全年最大降水量发生在1月，是常年值的10倍，且受上游来水影响，年初马口、三水两站出现非汛期（1月底—2月上旬）洪水，洪峰流量均超过历史同期最大流量；三水站出现洪峰水位3.23米，洪峰流量6540立方米/秒；马口站出现洪峰水位2.99米，洪峰流量19000立方米/秒。入汛后，较大洪水主要集中在前汛期，4—6月出现历时较长的连续多场洪水过程。全年最大洪水出现在6月中旬，6月17日三水站出现洪峰水位5.54米，洪峰流量10600立方米/秒，达到5年一遇洪峰流量；马口站出现洪峰水位5.47米，洪峰流量30700立方米/秒。下半年主要出现潮洪混杂的小幅涨水，洪水量级较小。

2016年共有4个热带气旋影响佛山市，分别是1604号“妮妲”、1608号“电母”、1614号“莫兰蒂”、1622号“海马”。其中“妮妲”过境佛山市，带来了较强降水和风暴潮增水，受其影响，板沙尾出现最大增水75厘米。

全市12个水文站，年最高水位有8个站点出现在6月、2个站点出现在5月、2个站点出现在8月；11个站点的年最低水位都出现在12月。

（刘幼萍）

资源物产

【矿产资源】 佛山市地处华南褶皱系西南部之粤中凹陷，地层发育较齐全，岩浆活动频繁，地质构造复杂，成矿条件良好，银、铅、锌、岩盐、石膏、水泥用灰岩、建筑用花岗岩、砖瓦用页岩等矿产资源较丰富。截至2016年，佛山市发现矿产52种、矿床（点）319处，其中大型矿床11处、中型矿床23处、小型矿床52处、矿点233处。矿产种类有能源矿产、金属矿产、非金属矿产和水气矿产，已查明有储量的矿产40种。

（刘　杰）

【水资源】 佛山市地处珠江三角洲中部河网区，西江、北江分流的各水道贯穿其中，河流纵横交错，形成水网。除西江、北江及其主要分流河道外，集雨面积超过1000平方千米的河流只有高明河。

西江由肇庆高要市进入佛山市三水区境内后，由思贤滘与北江相通，主流折向南行至佛山市顺德区境内的甘竹溪，通过甘竹溪与北江相遇，再下至顺德南华，分为东海与西海两条水道出佛山境，部分经容桂水道汇合顺德支流后流入洪奇沥；西江主流在佛山境内长69.1千米，有支流河道11条。

北江经清远市流入佛山市三水区境内，在思贤滘上游马房附近有绥江汇入，流至思贤滘与西江相通，主流折向东南行，流经三水区西南街道至禅城区南庄镇三华村，再通过顺德水道，经广州市番禺区的沙湾水道由蕉门出海；北江主流在佛山市境内长114.3千米，主要支流河道有13条。

高明河又名沧江河，是西江下游右岸的一级支流，发源于佛山市高明区西部更合镇的托盘顶，流域面积1028平方千米，总长83千米；全河贯穿高明东西，在高明区荷城街道海口村附近注入西江。

佛山全市多年平均降水量1556.8毫米（统计年限1956—2000年，下同），折合年均降水总量59.36亿立方米。降水时空分布不均匀，降水主要集中在汛期4—9月，约占全年降雨量的80%。降水年际变化大，丰水年是枯水年的1.9倍。多年平均水资源总量为29.45亿立方米，其中地表水资源量27.93亿立方米、地下水资源量6.81亿立方米。

（刘幼萍）

【生物资源】 佛山市地处珠江流域中下游，珠江三角洲腹地，拥有江河渔业水域面积3.3万公顷，淡水鱼类46类，主要经济种类有青鱼、草鱼、赤眼鳟、鲢、鳙、鲮、鲤、鲫、鳊、鲂等。还有其他主要经济水产动物，如：软体动物有中国圆田螺、河蚬、蚌等；甲壳类动物有日沼虾等；爬行动物有鳖、黄喉拟水龟（石金钱）、中华草龟、三线闭壳龟（金钱龟）等。全市有林业用地面积67667公顷，市域森林覆盖率34.81%，活立木蓄积527.09万立方米。全市有位于高明区的合水桫椤自然保护区（县级）1个。

佛山物产品种主要有：粮食作物有水稻、玉米、马铃薯、红薯、大豆；特色作物有粉葛、雪梨瓜、黑皮冬瓜；特色水果有荔枝、龙眼、香蕉、番石榴、橘、柑、杨桃；油料作物以花生为主。

（许锦华）

【土特产品】 佛山土特产品丰富，全市各区都有各具特色的产品。其中出名的有：禅城的佛山盲公饼、酝扎猪蹄（佛山扎蹄）、佛山柱候鸡、石湾米酒、佛山应记云吞面、海天豉油、豉味玉冰烧等；南海的西樵大饼、平洲福肉饼、九江煎堆、南海麻奢狗肉、盐步秋茄、平洲金丝柚、平洲石硖龙眼、官窑石碣西瓜、九江双蒸酒、官窑马蹄、南海沙溪马蹄粉等；顺德的大良双皮奶、龙江煎堆、大良膏煎、伦教糕、顺德鱼生、大良硼砂、南乳肉等；高明的合水粉葛、对川红茶、三洲黑鹅、合水肉姜、更楼肉姜、杨梅金皇芒果、合水西瓜、山桔、青梅等；三水的大塘黑皮冬瓜、乐平雪梨瓜、乐平小宝西瓜、三水家乡米醋等。其中，大塘黑皮冬瓜、乐平雪梨瓜、合水粉葛、豉味玉冰烧、九江双蒸酒等获国家地理标志。特色旅游产品有石湾公仔、佛山香云纱（莨纱绸）、南海刺绣（粤绣的最重要组成部分）、大良鱼灯秋色等。其中，石湾公仔和佛山香云纱获国家地理标志。

（陈森平）

行政区划

【概况】 截至2016年年底，佛山市共辖5个区，即禅城区、南海区、顺德区、高明区、三水区。全市共有21个镇、11个街道。其中，禅城区辖南庄1个镇和祖庙、张槎、石湾镇3个街道；南海区辖大沥、里水、狮山、丹灶、九江、西樵6个镇和桂城1个街道；顺德区辖乐从、龙江、杏坛、均安、北滘、陈村6个镇和大良、容桂、伦教、勒流4个街道；高明区辖杨和、更合、明城3个镇和荷城1个街道；三水区辖芦苞、大塘、白坭、乐平、南山5个镇和西南、云东海2个街道。

【界线管理】 2016年，佛山市牵头与云浮市共同开展"佛山—云浮"线第三轮行政区域界线联检。4月，两市联合印发联检工作方案，并组织由"佛山—云浮"线沿线相关的区县和各镇（街道）区划地名业务负责人参加的联检工作协调会。6月起，两市开展外业检查工作。10月，对旧界桩进行统一更换和测量，并整理完成联检成果资料，形成联检报告后两市会签上报省政府。年内，完成更换"佛山—江门"线被损坏的3号、12号界桩。

是年，佛山市推进区级界线管理，落实界线签约委托管理制度，并继续开展"平安边界"创建工作。

（吕龙锋）

人口与语言

【人口】 2016年年末（根据公安部办公厅有关通知，从2016年起，年度人口统计时点为11月30

日24时），全市总户数为119.90万户，比上年增加3.10万户，增长2.65%；全市总人口为400.18万人（注：根据公安部调整统计口径后的标准，全市常住人口中城镇人口370.87万人、乡村人口29.31万人），比上年增长2.88%。全市总人口中，禅城区总人口为63.30万人、南海区总人口为132.91万人、顺德区总人口为132.12万人、高明区总人口为30.60万人、三水区总人口为41.25万人。全市总人口中，男性198.14万人、女性202.04万人。全年出生登记6.08万人、死亡注销2.16万人，人口自然增长率为9.93‰；迁入8.39万人、迁出1.03万人，人口机械增长率为18.65‰。

2016年年末，全市登记在册的外来人口435.49万人，比上年下降4.75%；禅城、南海、顺德、高明、三水五区的外来人口分别为63.79万人、181.47万人、148.13万人、16.83万人和25.27万人。

（杨建梅）

【语言】 佛山市推广使用普通话，境内主要为粤语。粤语（Cantonese），又叫作广东话、广府话，俗称白话，海外称唐话，是一种汉藏语系汉语族的声调语言，乃中国七大方言之一，也是汉族广府民系的母语。自秦朝至今，粤语有2200多年的历史。粤语发源于古代中原雅语，具有完整的九声六调，较完美地保留古汉语特征。以珠江三角洲为分布中心，在中国的广东、广西、海南、香港、澳门，北美洲、欧洲和英国、澳大利亚、新西兰、圣诞岛等国家和地区以及东南亚的新加坡、印度尼西亚、马来西亚、越南等华人社区中广泛使用。在粤语核心地区广东省近8000万本地人口中，粤语使用者近4000万人，全世界使用粤语人数约7000万人。

广州音是约定俗成的粤语标准音，大多粤语字典也是以广州音为准，但在佛山部分地区使用的粤语略有不同。佛山话有17声母、60韵母、9声调。佛山话与广州话在语汇、语法方面基本相同，语音十分接近，但在韵母和声调上略有差异。如："咩事呀？"中的"事"，石湾一带的老佛山人常读"树"（syu6），而广州人读"似"（si6）；又如：佛山人常把"这个"读成"阿个"，广州人常读成"果个"，等等。

佛山方言的类别与分布：佛山境内粤语处于强势，客家话属于弱势，主要通行于三水、高明、南海部分区域。禅城区域大致等于佛山原来的市区，区境内通用粤方言。南海区境内除和顺（属里水镇）、松岗（属狮山镇）个别村的极少数人操客家方言外，主要使用粤方言。按照特点的不同，南海粤语可分为五小片：一是位于南海中部桂城片；二是位于南海东部的大沥片；三是位于南海北部官窑片；四是位于南海南端的九江片；五是位于南海西南部的沙头片。以上粤方言属于珠三角片（南番顺小片），但在桂城西约的岐阳与健龙、桂城东二的新村、桂城叠南的乐庆有居民使用四邑片粤方言，但不足1000人。西樵镇的西岸为鹤山、高明所包围，语言较复杂，其中八村及六村的新地、下舍通行鹤山茶山话（茶山话归属暂不详）。顺德区境内通用粤方言，顺德粤方言主要分为五小片：一是大良片；二是陈村片；三是桂洲片；四是龙江片；五是均安片。其中龙江粤语接近四邑片方言。高明区境内主要使用粤方言，少数使用客家方言，主要是合水西部的官山、鹿田少数乡村使用客家话，使用人口三四千人。高明粤方言的内部分片则大致为三片：一是以明城话为代表的中、西部方言，使用范围包括明城、新墟、更合等区域；二是以西安话为代表的北部方言，通行地域包括西安、三洲、富湾；三是以人和、杨梅为主的南部方言。三水区境内绝大部分地区讲粤方言，大塘镇六和片多数村落讲客家方言，南山镇也是客家人聚居点，约占全区总人口的3%。这些客家大部分是清代从嘉应州等地迁来六和镇。三水区粤方言主要分为五片：一是西南片；二是芦（苞）塘（大塘）片；三是金（本）白（坭）片；四是迳口片；五是南（边）范（湖）片。

随着人口迁移不断推进，越来越多的外地人在佛山学习、生活、工作，成为新佛山人。佛山本地人也顺着外来人的口音，逐渐发生着细微的变化，真正地道的佛山民间俚语往往在田间或老人口中。

（淦述卫）

民族宗教

【概况】 据2010年第六次人口普查，佛山市有少数民族52个，常住人口25.97万人，占全市总人口3.6%，与第五次人口普查相比，少数民族人口增长75.5%，其中1000人以上的少数民族有14个，分别是壮族132263人、土家族37384人、苗族27688人、瑶族22111人、布依族9463人、侗族8946人、彝族3801人、回族2889人、白族1967人、土族1772人、满族1343人、黎族1275人、仫佬族1218人、仡佬族1006人。少数民族人口来自全国各地，分布在全市各镇（街道）。

2016年，佛山市有佛教、道教、天主教、基督教4个宗教。宗教团体中，市一级宗教团体有4个（按新的统计口径，天主教、基督教两会分别按1个算），分别是佛山市佛教协会、佛山市道教协会、佛山市天主教爱国会、佛山市基督教两会（三自会和协会）；区一级宗教团体有7个，分别是禅城区佛教协会、禅城区基督教三自会、南海区道教协会、顺德区佛教协会、顺德区天主教爱国会、顺德区基督教两会、三水区基督教三自会。全市有宗教活动场所56个（佛教寺院17个、道教宫观6个、天主教堂12个、基督教堂点21个），教职人员292人，信教群众15万多人。

2016年，佛山市少数民族人士担任市、区两级人大代表13人、政协委员8人；宗教人士担任市、区两级人大代表5人，政协委员18人。

2016年，佛山市学习贯彻全国、全省宗教工作会议，以及全省城市民族工作现场会精神和学习习近平总书记在全国宗教工作会议上的重要讲话精神，开展民族团结进步宣传、民族团结进步创建和对少数民族的服务引导工作，做好城市民族工作；以问题为导向，以规范为目标，依法加强和改进宗教事务管理；推进仁寿寺改造提升工作，弘扬宗教优秀传统文化，推动宗教界开展各项公益慈善活动，发挥宗教在促进佛山经济社会发展中的积极作用。宗教界全年开展扶贫慈善活动捐助合计320多万元。

【民族团结进步创建活动】 2016年，佛山市通过广泛开展民族团结进步宣传创建活动，促进民族团结。一是在各种媒体上开展民族团结进步宣传活动，印制民族团结宣传资料，发放到各镇（街道）、社区等基层单位宣传，营造民族团结、民族和谐的良好氛围。二是开展主题宣传活动，通过举办以“美美与共、和美大同”为主题的民族团结进步中秋游园会，“民族大团结幸福像花儿幸福嘉年华”“中华民族一家亲、同心共筑中国梦”民族绘图大赛，“亲子喜同乐民族睦新风”“民族连心情满社区”等活动，帮助少数民族融入社区、企业，促进社区各民族群众交往、交流、交融。三是推进民族团结进步创建工作。通过完善创建工作机构、制度，丰富创建内容，提升服务水平，南海区沙涌社区的创建工作得到国家民委的肯定，被评为“全国第四批全国民族团结进步创建活动示范单位”；佛山市安东尼针织有限公司、佛山市南海区里水镇沙涌社区、佛山市三水区乐平镇乐平社区、佛山市高明区荷城街道三洲社区、佛山市三水区西南街道木棉村、佛山市实验中学、佛山市高明区荷城街道泽英小学等被省民族宗教委评为“广东省民族团结进步创建活动示范单位”（第一批）。

【宗教团体建设】 2016年，佛山市道教协会和市佛教协会按照各自“章程”的规定，开展换届筹备工作，并分别于7月28日和8月12日召开佛山市道教协会第二次代表大会和佛山市佛教协会第三次代表大会，选举产生新一届领导班子，完成换届工作。方剑华道长当选为佛山市道教协会第二届理事会会长，明生法师当选为佛山市佛教协会第三届理事会会长。

【仁寿寺改造提升】 2016年，仁寿寺改造提升工程完成大雄宝殿的木构件安装，斋堂（综合楼）、功德堂进入装修阶段；灵鹫塔、方丈室和禅堂在建；地下室的装修完成工程量的80%。

（梁礼臻）

经济建设

【概况】 2016年，佛山市经济保持平稳增长，综合实力持续增强。

经济运行总体平稳　坚持把稳增长作为经济工作的首要任务，出台2016年稳增长工作方案，促进经济平稳健康可持续发展。全市地区生产总值达8630亿元，比上年增长8.3%，三次产业比重为1.7：59.2：39.1。地方一般公共预算收入604.29亿元，比上年增长12.3%，各项重点支出项目及民生领域支出得到保障。

投资实现较快增长　发挥投资的关键带动作用，实施扩大固定资产投资引领科学稳健发展三年行动计划，安排亿元以上项目713个，投资总额超1.5万亿元。全市完成固定资产投资3512.04亿元，比上年增长15.7%。民间投资完成2527.75亿元，比上年增长17.3%，占固定资产投资比重达72%。房地产开发投资保持平稳，全年完成投资1229.97亿元，比上年增长30.1%。省、市重点项目建设进展顺利，均超过年度投资计划。

消费保持稳定增长　稳步扩大消费需求，巩固提升住房、商贸等传统消费，大力发展电子商务、旅游文化等新兴消费。全市社会消费品零售额3017.76亿元，比上年增长11.6%。住房消费继续畅旺，全市商品房销售面积和销售额分别比上年增长40.9%和54.3%。

外贸形势较为严峻　创新国际市场开拓模式，加大"一带一路"经贸合作，培育泛家居等外贸新业态发展，推动外贸转型升级。全市实现外贸进出口总额4130.8亿元，比上年增长1.1%，其中出口总额3105.4亿元，比上年增长3.6%；进口总额1025.5亿元，下降5.8%。利用外资形势严峻，全市合同利用外资金额22.28亿美元，比上年下降23.1%；实际利用外资金额14.72亿美元，下降38.1%。

民营经济不断壮大　出台进一步加快推动大型骨干企业跨越发展工作方案，全市7家企业入围"2016年中国民营企业500强"。开展暖企行动，搭建政企通平台和12345暖企平台，助力解决企业实际问题。2016年全市主营业务收入超千亿元企业达到2家，超百亿元企业达到16家。

【智能制造】 2016年，佛山市着力打造国家制造业创新中心，与珠江西岸五市共建"中国制造2025"试点示范城市群，36家企业被定为试点示范企业。全市规模以上装备制造业完成工业增加值1471.3亿元，增长11.7%，其中"工作母机"类装备制造业完成增加值316.8亿元，比上年增长21.7%。实施"百企智能制造提升工程"，新引进科力远CHS、中铁华遂盾构掘进综合装备产业基地等一批先进装备制造项目。举办第二届珠江西岸先进装备制造业投资贸易洽谈会，"七市一区"签约项目220个，总投资额2307.7亿元，其中佛山市签约项目77个，投资总额达859.5亿元。印发《广东省佛山市制造业转型升级综合改革试点方案》，推进国家发展改革委制造业转型升级综合改革试点。启动特色小镇规划建设，北滘"智造小镇"入选全国首批特色小镇。推动工业技术改造，全市完成工业技术改造投资553.6亿元，比上年增长43.4%，总量稳居全省首位。

【现代服务业加快发展】 2016年，佛山市出台《加快发展生产性服务业的实施意见》，发展产业金融、现代物流、商贸会展、工业设计、文化创意、服务外包等生产性服务业。现代服务业发展提速，占第三产业增加值比重达58.5%。广东金融高新技术服务区新引进海晟金融租赁、毕马威华振会计师事务所佛山分所等58个项目，投资额超75亿元，累计吸引310家金融机构及知名企业落户，总投资额597.5亿元。金融高新区股权交易中心挂牌企业达2340家，实现融资939.39亿元。中德工业服务区

2016年签约项目39个，投资总额114.73亿元。中欧中心有74家企业（项目）进驻，潭州国际会展中心正式启用，首个中欧城镇化合作示范点落户，中德工业城市联盟队伍不断壮大。广东建筑卫生陶瓷国际采购中心、广东家具（乐从）国际采购中心成功申报成为省级商品国际采购中心。

【农业现代化】 2016年，佛山市促进农业跨界发展，发展民宿经济、农村养老服务、农村文化创意、森林康养等新业态。全市市级以上农业龙头企业104家，专业合作社201个，31个市级现代农业园区入驻企业1201家。在全省率先建立农业科技创新孵化平台，广东（佛山）现代农业科技园近10个院市合作项目落地，遴选出首批6个孵化项目。

【创新战略实施】 2016年，佛山市参与珠三角国家自主创新示范区建设，编制佛山国家自主创新示范区发展规划纲要及实施方案，佛山高新区核心区在建超500万元技改项目50多个，计划总投资超200亿元。实施“互联网+”行动计划，举办第二届中国（广东）国际“互联网+”博览会，20个重大项目现场签约，近30家企业、70个项目现场达成合作意向。孵化器建设卓有成效，新增国家级科技企业孵化器6个，总数达14个；新增国家级众创空间试点单位5家，总数达15家。实施人才强市战略，引进和培育省级创新团队6个，市级创新团队59个。推进“双创”建设，广东金融高新技术服务区成功入选广东省首批大众创业万众创新示范基地。

【企业自主创新能力建设】 2016年，佛山市大力培育高新技术企业，高新技术企业数量达1388家，培育库入库企业申报数达1066家，首批通过583家。加快推动科技创新平台建设，新增国家地方联合创新平台1个；新增省级新型研发机构5个；新增省级重点实验室2个，总数达17个；新增省级工程中心106个，总数达395个；新增市级研究院6所、市级企业技术中心30个、市级工程中心164个；规模以上工业企业研发机构、规模以上高新技术企业工程中心建有率分别达20%、85%。加强企业和产业关键核心技术攻关，发明专利申请量18273件，承担省重大科技项目7个，省级以上科技奖15项。

【科技金融融合发展】 2016年，佛山市优化金融服务创新，搭建百亿粤科南海并购基金平台，成立总规模100亿元并购基金支持企业上市并购。建立企业融资专项资金累计扶持817家企业，总金额达142.96亿元。发展科技信贷，科技型中小企业信贷风险补偿基金累计帮助企业获得贷款授信20.46亿元。开展知识产权质押融资，解决轻资产的科技型中小企业融资难问题。加快发展创投、风投，确定中科招商、招科招商等10个子基金管理机构为首批创新创业产业引导基金资金管理机构，子基金总规模29.1亿元。全市上市公司总数达44家，累计融资超760亿元；股权投资基金（创投公司）总数达334家，注册资本超458亿元。

【城市升级】 2016年，佛山市城市升级延伸项目建设顺利，累计完成128个市统筹项目建设，共完成投资577.61亿元。百村升级有序进行，完成30个古村落活化、30个城中村（旧社区）改造和48个“五好”新农村建设。禅城区紫南村被评为全国“十佳”小康村。“三旧”改造力度加大，累计启动“三旧”改造项目1291个，总用地面积7140公顷，项目改造预算投入资金2695亿元，其中，完成改造项目646个，占地面积2086.67公顷。

【基础设施建设】 2016年，佛山市广佛地铁南延线全线开通，地铁2号线一期进入主体施工阶段，地铁3号线动工。9个高速公路建设项目基本按计划推进，广中江高速公路一期建成通车，佛山一环西拓北环段工程动工建设，魁奇路东延线二期、岭南大道南延线等18条“断头路”打通。光网城市建设有序推进，全市光纤入户率达80%，新建公共场所WLAN无线访问接入点（AP）1.5万个，总数达3万个。

【城市管理】 2016年，佛山市实施城市管理精细化三年行动计划，落实“互联网+”和大数据战略，打造智慧城管。数字城管市、区统一平台投入运行，全市数字城管系统办理案件总数约113万件，按期结案率98.3%。加快公交全面提升，中心城区"两横四纵"公交骨干线路开通运营，中心城区公交分担率达40.1%。加快海绵城市建设，整治城市内涝点。推进地下综合管廊建设，佛山西站一期路网管廊项目开工建设。

【供给侧结构性改革】 2016年，佛山市去产能方面，全市出清国有"僵尸企业"106家，超额完成省下达101家的任务。去库存方面，全市累计净去化库存476.33万平方米，其中商品住房去化435.83万平方米，非商品住房去化40.5万平方米，均超额完成全年任务。去杠杆方面，全市不良贷款率比上年降低0.41个百分点；地方8个法人银行机构杠杆率均高于省均4%的监管标准。降成本方面，全市累计为企业减负超284亿元，超额完成年度目标任务。补短板方面，推进补齐软硬基础设施短板重大项目57个，全市新增建设城市地下综合管廊9.6千米，高速公路通车里程达478.5千米，高快速铁路运营里程289.28千米，城市污水处理率达96.5%。

【经济体制改革】 2016年，佛山市深化企业投资管理体制改革和企业登记联合审批改革，市、区两级全面开通"企业综合服务窗口"。全面推开"营改增"试点改革，"营改增"工作顺利过渡。打造不是"自贸区"的"自贸区"，出台《佛山市复制推广中国（广东）自由贸易试验区首批改革创新经验工作方案》，加快推进投资贸易便利化。深化"互联网+易通关"改革，提升通关便利化水平，改革一年来，为企业减免通关成本5197.8万元，进口、出口平均通关时间比2015年分别增长20%和8.3%。加快佛山国际贸易"单一窗口"建设，推动中国（广东）国际贸易"单一窗口"应用项目率先落地佛山。深化公共资源交易监管体制改革，抓好全省首批公共资源交易平台整合试点工作。

【农村综合改革】 2016年，佛山市土地承包经营权确权登记颁证试点工作进展顺利，三水区完成97.8%，南海区完成85.4%。加强农村"三个平台"应用管理，全市进入平台交易的农村集体资产累计达19.29万件（交易宗数98626宗），涉及合同标的总额810.86亿元，比2015年新增交易资产8.17万件，增长74%。

【区域合作】 2016年，佛山市区域合作不断深化，对外开放互利共赢。

《广佛同城化"十三五"规划》促进广佛携手打造珠三角湾区世界级城市群核心。广佛交界基础设施完善，广州地铁7号线西延顺德段开工建设，广佛环线佛山西站至广州南站段土建工程完成投资超48亿元；广佛肇高速公路佛山段先行标段动工建设；佛陈路东延线接番禺新桂路（海华大桥工程）桥梁桩基开始施工。推进广佛同城化合作示范区建设。启动大学城卫星城建设，与8所高校签订合作协议。广佛肇清云韶经济圈建设步伐加快，广佛肇（怀集）经济合作区起步区已开发693.33公顷，落实建设用地指标326.67公顷，累计投入约11亿元用于"三通一平"等主要基础设施建设，引入项目75个，总投资107亿元。

完成省对佛山2015年度实施《珠江三角洲地区改革发展规划纲要（2008—2020年）》考核，取得第三名的成绩。粤桂黔高铁经济带合作试验区上升为国家战略，试验区广东园建设进展顺利。参与第二届粤桂黔高铁经济带合作联席会议暨广西园建设工作现场会，举办粤桂黔高铁经济带促进民间投资大会。落实粤港澳合作框架协议，考核获优秀等级。举办中德对话论坛2016年会议，推进"引制、引智、引资"步伐。开展新一轮精准扶贫，共选派321名干部全面进驻云浮和湛江，划拨专项扶贫资金3.54亿元。启动对口四川省凉山州扶贫协作工作，每年安排援助扶贫资金1.1亿元。

支持企业参与"一带一路"经贸交流活动，加强与东盟、非洲等国家经贸交流，举办和组织企业参加"一带一路"建设投资推介会和研讨会。全市对"一带一路"国家新增直接投资企业12家，新增中方协议投资总额6.34亿美元，占同期全市新增中方对外投资总额的75.7%。

（周　敏）

政治建设

依法治市

【概况】 2016年，佛山市以法治创建活动为载体，以考评为抓手，推进依法治市工作。2016年度全省首次法治广东建设考评，佛山获得优秀等次。佛山市建设人民满意政府2016指数获市民打分85.18分（平均分），比2015年高1.37分，其中“法治政府”指数获得88.03的高分。市委明确将“全面推进依法治市”纳入市委常委会年度工作要点，推动法治建设与经济社会发展同步谋划、同步实施、同步推进。首次把“落实依法治市年度工作要点”纳入全市综合绩效考核，把法治建设成效纳入领导班子和领导干部年度考核内容。完成依法治市工作机构重组。出台《佛山市法治政府建设“十三五”规划》《佛山市公共法律服务体系“十三五”规划》。在全省率先出台首部地方性法规，全年审议通过地方性法规3部，数量位居全省之首。出台《佛山市权责清单监督管理办法》，在全省率先实现市、区、镇（街）三级权责清单“一盘棋”管理。推进审判权运行机制、司法责任制、法官员额制、财物统管等司法体制改革。健全行政机关依法出庭应诉制度，全市行政机关负责人出庭应诉率超过95.5%。法治化营商环境进一步提升，社会信用体系建设逐步完善，重视专利、版权、商标权保护，成立全国第二家、广东省首家跨区域集中管辖知识产权专业化审判法庭（佛山新城知识产权法庭）。加强法治社会建设，落实重点对象普法学法工作。法治区（镇街、村居）创建工作成效显著，完成6个省级创建示范点建设。

【法治建设组织领导】 2016年，佛山市切实加强组织领导，统筹推进法治建设。落实党政主要负责人履行法治建设第一责任人职责要求，各级“一把手”担任依法治市（区、镇、街道）工作领导小组组长，党委（党组）定期听取法治建设汇报，研究法治建设规划、年度工作要点、机构改革等重大事项。市委把“全面推进依法治市”纳入常委会年度工作要点，市委督查室进行重点督办。依法治市办每季度召开一次成员单位联席会议，加强检查指导。

把“落实依法治市年度工作要点”纳入全市综合绩效考核法治板块，建立“落实年度依法治市工作要点季报制度”，制定落实依法治市年度工作要点考评办法和考核标准。市委组织部把法治建设成效纳入领导班子和领导干部年度考核内容，提升各

2016年12月6日，佛山市第二届市长法律顾问聘任仪式举行

级领导干部的法治思维和依法办事能力。

制定法治建设中长期规划，出台《佛山市法治政府建设“十三五”规划》《佛山市公共法律服务体系“十三五”规划》《关于在全市公民中开展法治宣传教育第七个五年规划（2016 — 2020 年）》，并起草《法治佛山建设 2017 — 2020 年规划》。

【地方立法】 2016 年，佛山市加强地方立法工作，推进科学民主立法，为依法治市提供法律保障。坚持立法工作重大问题向市委报告制度，对立法指导思想、法规主要内容、审议中的重大问题等情况，由市人大常委会党组及时报请市委研究决定，在立法过程中凸显党委的统筹协调，确保立法政治方向正确。坚持问题导向立法和开门立法，佛山市制定的 3 部法规共收集到各方面修改意见 1700 余条，合并采纳 700 余条。严格程序立法，在法规起草、一审、二审阶段反复公开征求意见、修改和报省人大常委会法工委协助论证。

1 月 21 日，佛山市首部地方性法规《佛山市历史文化街区和历史建筑保护条例》获省人大常委会批准，3 月 21 日起施行。是年，《佛山市制定地方性法规条例》《佛山市机动车和非道路移动机械排气污染防治条例》《佛山市治理货物运输车辆超限超载条例》3 部地方性法规获市人大常委会审议通过。其中，《佛山市制定地方性法规条例》《佛山市机动车和非道路移动机械排气污染防治条例》经省人大常委会批准实施。

【司法体制改革】 2016 年，佛山市深化司法体制改革。市、区两级法院按照省法院和省委政法委统一部署，分两批试点稳步进行审判权运行机制、司法责任制、法官员额制、财物统管 4 项改革。健全行政机关依法出庭应诉、支持法院受理行政案件、尊重并执行法院生效裁判、司法建议办理及反馈制度，制定《关于进一步加强行政机关负责人出庭应诉工作意见》。审判公开全面推进，建立信息公开三大平台（裁判文书、审判流程、执行），其中裁判文书公开数量稳居全省法院前三位。

推进检察工作改革，实行主任检察官员额制，全市两级检察机关共选任员额内检察官 294 名，全面落实员额制改革试点任务。健全依法独立公正行使检察权和正确行使法律监督权的工作机制，市检察机关梳理并制定《检察官职权划分办法》，明确职权清单和责任清单，向有关单位发出检察建议并督促整改落实。打造阳光检务，邀请人大代表、政协委员、人民监督员、特约检察员、规范司法行为监督员参加全市检察长会议、宣誓仪式等重大活动，接受意见和建议。

创新公安执法考评新模式，全面落实执法资格等级考试机制，实行市局对全市派出所直接考评和排名的执法质量考评新机制。全面开展执法巡查制，对执法单位案件质量、内部执法监督等重要执法工作进行全方位巡查。推广主办侦查员制度，在省公安厅指导下，严格贯彻落实《主办侦查员制度试点工作方案》，将“谁主办、谁负责”的责任制度落到实处。建立健全重大执法事项合法性评估审查机制，对公安机关在依法履职活动中，涉及人民群众切身利益、牵涉面广、社会影响大，有可能影响社会稳定问题的重大决策、重点整治项目、重大案事件等事项，逐级评估、审查、座谈、论证，充分征集各方意见和建议。

依法开展强制隔离戒毒工作，市强制隔离戒毒所建立健全各项管理制度。规范开展社区矫正执法，各级司法行政部门严格规范执法，建立推行区级社矫报到和宣告制度，落实一人一档，社区服刑人员接收率、建档率达 100%。加强刑满释放人员安置帮教工作，全年核实预刑满释放人员信息 808 人。

【法治社会建设】 2016 年，佛山市全面深化法治宣传教育，印发佛山市法治宣传教育“七五规划”和《关于进一步完善国家机关“谁执法谁普法”工作机制的意见》；全面落实重点对象学法工作，建立政府常务会议学法、年度考试等制度，开展“法制进校园”各类主题活动，开展全市村（居）每月一次的法治讲座（法律咨询、法治宣传教育专题）活动，推进 500 人以上规模企业法治文化建设。

推进多层次多领域法治创建活动，全面推进法治市（区）、法治乡镇（街道）、民主法治村（社区）创建活动，全市法治创建工作框架基本成型；推进中小学校的依法治校工作，在 2015 年全市已有 20 所市级依法治校示范校、12 所省级依法治校

2016年3月29日，佛山市顺德区人民法院行政庭新址挂牌，集中管辖全市一审行政案件

示范校的基础上，择优推荐12所学校申报2016年广东省依法治校示范校。

健全公共法律服务体系，在全省率先实现区、镇（街）、村（社区）三级公共法律服务平台全覆盖，建成三级实体平台767个；推进“三官一师”直联村居工作，完善相关工作机制，整合法律服务资源，为基层群众提供更加便利的基本公共法律服务；加强法律援助，全年接待法援来电来访咨询22462人次，受理承办法援案件18698件。

健全依法维权化解矛盾纠纷机制，建立市、区、镇（街）矛盾纠纷三级台账和逐月滚动排查、维稳形势定期分析研判、社情动态排查预警等各项机制，完善诉访分离、涉法涉诉信访事项导入司法程序和依法终结等机制，形成人民调解、行政调解、司法调解有机衔接的“大调解”格局。

加强社会治安立体化防控体系建设和扁平化指挥体系建设，打造环佛护城河警务执勤点，推进云端警务建设、智能感知采集网建设、公路治安查控网建设、信息网络防控网建设、大情报建设、流动人口和出租屋“双实”管理等。

【法治化营商环境】 2016年，佛山市完善规范、便利的市场准入机制。深化商事制度改革，推进工商注册制度便利化；推进“多证合一、一照一码”登记制度改革。2016年10月1日起，在“三证合一”“一照一码”实施的基础上，在全市范围内实施“五证合一”登记模式。

优化创新、创业的商务环境。加强公共资源交易平台机制建设，基本完成全市公共资源交易平台整合工作，并与网上办事大厅互联互通；加强社会信用体系建设，做好“信用佛山网”与“信用广东网”的连接工作；加强专利、版权、商标保护，出台《佛山市促进知识产权服务业集聚发展资助试行办法》《佛山市知识产权质押融资风险补偿资金管理试行办法》《佛山市文化广电新闻出版作品著作权登记资助办法》等一系列知识产权扶持政策，成立全国第二家、广东省首家跨区域集中管辖一审知识产权民事案件专业化审判法庭（新城知识产权法庭）；健全市场监管体系，出台《佛山市全市工商系统双随机抽查工作细则》，建立双随机一公开抽查机制；加强商事纠纷解决工作，发布《佛山市创建佛山国际商事仲裁平台的工作方案（2016—2020年）》，修改完成“仲裁规则”及“金融仲裁规则”，调研及起草“商事调解规则”，完善商事调解与仲裁对接机制。

（陈　哲）

依法行政

【概况】 2016年，佛山市依法行政工作增强以立法引领和保障改革的意识，出台《佛山市人民政府拟定地方性法规草案和制定地方政府规章程序规定》；建立重大行政决策“7＋1＋1”模式，出台重大行政决策配套制度，聘任首批重大行政决策咨询论证专家55名；推进政府法律顾问专业化发展，市政府法律顾问室全年处理政府及部门重大涉法事务200多件，涉及金额600多亿元；行政执法全过程记录制度有新突破，市公安局、市环保局等在优化执法记录仪等科技信息手段在行政执法过程中的应用有新探索；开展全类别行政执法自由裁量权工作，出台《佛山市规范行政执法自由裁量权工作实施方案》；行政负责人出庭应诉行政诉讼案件65件82人次，行政负责人出庭应诉试点工作得到省政府肯定。在2016年的广东省依法行政考评中，佛山市2015年度依法行政工作获评优秀等次。

【依法行政考评获“优秀”等级】 2016年，佛山市在全省依法行政考评中被评为“优秀”等级，是佛山市参加省依法行政考评以来最好成绩。

佛山市依法行政工作领导小组在考评中注重加强统筹，压实工作责任，成立依法行政考评专责小组，对考核任务进行分解，层层分解落实；坚持问题导向，梳理形成各考评对象的问题清单；突破薄弱环节，针对佛山市依法行政工作在社会评议中的薄弱环节，引入第三方评估，对佛山市4个区、22个镇（街道）、29个市直部门依法行政工作社会满意度作全方位评估摸底。坚持抓关键，对考评对象进行分类，围绕考评重点板块，常见问题加强针对性培训，坚持以考促建，以考评为抓手统筹推进佛山市法治政府建设。

【地方立法程序规范化】 2016年，佛山市出台《佛山市人民政府拟定地方性法规草案和制定地方政府规章程序规定》，建立政府立法立项、起草、论证、协调、审议机制。推进开门立法，充分利用报纸、微信、微博、APP客户端和网站等媒体平台，畅通市民参与立法工作的渠道。探索科学立法，探索委托科研机构、律师事务所等第三方起草法规规章草案。注重听取基层部门的声音，加强调研听取一线执法部门以及镇（街）居（村）、行政管理相对人对立法工作的意见。

【重大行政决策模式建立】 2016年，佛山市建立重大行政决策“7＋1＋1”模式，出台7个重大行政决策配套制度，其中“目录管理办法”创新地将市、区政府及其部门的重大行政决策事项和听证事项纳入目录管理，实现政府、部门重大行政决策及早规划、做好统筹。建立一个重大行政决策专家库，为重大行政决策提供智囊服务，首批聘任重大行政决策咨询论证专家55名。建立一个重大行政决策信息互动平台，及时公开政府及其部门重大行政决策信息。

【政府法律顾问专业化】 2016年，佛山市政府法律顾问室全年处理政府及部门重大涉法事务200多件，涉及金额600多亿元。是年，佛山市完成第二届政府法律顾问聘任工作，聘任第二届政府法律顾问7人。推进政府法律顾问专业化发展，成立佛山市轨道交通建设法律顾问团，从法律上保障佛山市在建、筹建和已运营的城市轨道交通建设项目的顺利推进。

【行政执法全过程记录制度探索】 2016年，佛山市公安局、市环保局、市安监局、市食药监局和高明区在优化执法记录仪等科技信息手段在行政执法过程中的应用有新探索。市公安局创设基层派出所案管中心，案件受理、取证、立案、侦查、移送起诉各个环节归口案管中心信息化管理，同时，为民警配备执法记录仪及现场勘查平板电脑，并由案管中心录入整理，第一时间锁定现场证据。高明区创新综合执法模式，构建起全区综合执法网络应用平台，对全区行政执法案件实现统一录入、统一受理、统一分办、统一监督。高明区行政执法信息化管理系统建设在全省创建法治政府示范区工作推进会上作专题演示。

【全类别行政执法自由裁量权规范化】 2016年，《佛山市规范行政执法自由裁量权工作实施方案》出台，在原有规范行政处罚自由裁量权工作取得成果的基础上，对全市各级行政机关行使的行政许可、行政处罚、行政强制、行政征收等职权的裁量范围、幅度、标准细化量化进行梳理，从源头上防止滥用和乱用行政执法自由裁量权，促进行政权力规范行使，推进佛山市依法行政工作。

【行政负责人出庭应诉试点】 2016年，佛山市继续推进行政负责人出庭应诉试点工作，全年行政负责人出庭应诉行政诉讼案件65件，82人次。是年，佛山市行政负责人出庭应诉试点工作得到省政府肯定，并在全省推进会上作为地级市的唯一代表介绍经验。

（黄焯怡）

基层政权建设

【概况】 截至2016年年底，佛山市有村委会327个，其中禅城区54个、南海区66个、顺德区108个、高明区51个、三水区48个；共有社区居委会431个，其中禅城区91个、南海区200个、顺德区97个、高明区21个、三水区22个。

2016年，佛山市加强城乡社区治理政策创制，开展“全国社区治理和服务创新实验区”建设，健全社区协商机制，深化村（居）务公开，提高基层民主监督水平，推进社区公共服务综合信息平台建设，全市基层民主、社区服务等实现新发展。

【城乡社区治理政策创制】 2016年，佛山市探索出台系列加强基层社会治理方面的文件，印发《佛山市村（社区）行政事务准入管理工作实施方案》，成立社区行政事务准入审批机构，制定《佛山市村(居)民委员会工作职责指导目录》，依法明确村（社区）权责范围，制定村（社区）依法承担、依法协助、依法禁入和村（社区）印章禁止使用等工作清单，实现村（社区）自治功能的强化和村（社区）服务效能的提高，为解决村（社区）行政负担过重等问题提供政策保障；加强社区办公用房配备建设，出台《佛山市城乡社区配套公共服务用房建设和管理实施办法（试行）》，为解决部分地区社区公共服务用房配置不平衡、不达标的问题起到推动作用，促进基层公共管理服务的开展和居民生活质量的提高。

【基层治理体制机制创新】 2016年，佛山推进基层治理体制机制创新，开展“全国社区治理和服务创新实验区”工作，健全社区协商机制和“三社联动”机制。

“全国社区治理和服务创新实验区”工作　佛山市南海区作为民政部确定的“第二批全国社区治理和服务创新实验区”，围绕“政府主导推动、三社发展互动、志愿团体互动，创新城乡社区治理服务新机制”的主题，开展新型社区治理和服务模式创新，并形成具有南海区特色的“多元参与助推‘三社联动’”“熟人社区”“社区网格化治理建设”“社区参理事会”“社区学院”“社会服务洽谈会建设”等系列创新案例。11月，南海区“全国社区治理和服务创新实验区”工作通过民政部实地验收组的检查验收。

社区协商机制不断健全　佛山各区围绕“治以自治、协同共进”的目标，开展城乡社区协商实践，通过整合利用社区各类群体的资源和力量，多方协力迈向基层善治，完善基层群众自治制度，创新成立600余个名称不同，但功能类似的各类协商议事机构。南海区在村（社区）设立“社区参理事会”，顺德区在村（社区）建立“议事监事会”，三水区探索组建村、组两级“议事会”“家乡建设委员会”等。同时，搭建公众参与协商平台，拓宽群众参与渠道。建立市民议事厅、社区学院、社会政策观测体系和开发“手机村务通”等。

“三社联动”机制不断健全　夯实社区基础设施和社区人才队伍建设，以深化“政经分离”“政社分离”“选任分离”等

2016年3月2日，佛山市民政局组织人员实地考察三水区芦苞镇长岐村村民议事会实践情况及社区协商运行机制现状

社区治理改革为突破口，以创新社区服务管理为着力点，初步构建“政府引导、社区为服务平台、社会组织为服务载体、专业社会工作为服务手段”的“三社联动”模式。制订《关于进一步推进社区、社会组织和社会工作专业人才“三社联动”的工作方案》，初步建立以社区为平台、社会组织为载体、社工专业人才为支撑的“三社联动”工作机制。通过三者之间的联动，形成社区、社会组织和社工之间资源共享、优势互补、相互促进的良好局面，最大限度地满足人民群众的需求和促进城乡社区的和谐稳定。

【农村社区建设试点】 2016年，佛山市在总结三水区西南街道洲边村和芦苞镇西河村农村社区建设示范点建设工作经验的基础上，全面推进开展农村社区建设试点工作。

社区公共服务综合信息平台建设 是年，佛山市在禅城区“一门式”改革试点取得成效的基础上，全面推广“一门式”政务服务创新体系建设。到年末，社区公共服务综合信息平台建设纳入全市“一门式”政务服务创新体系建设一并推进，各区均完成镇（街道）级以上自然人“一门式”综合窗口建设，并初步建立村（社区）公共服务信息平台，对政务服务系统、村居组织运作系统（党组织运作、自治组织运作、经济组织运作）和生产生活服务系统等进行整合，打造集约共享、高效电子化的社区工作平台和公开互动、协商共建的社区公众平台功能。

镇（街道）和职能部门与村（居）委会双向考核试点 是年，佛山市南海区作为广东省镇（街道）和职能部门与村（居）委会双向考核试点区，继续在该区丹灶镇和里水镇开展镇（街道）与城乡社区双向考核试点工作，并于9月23日完成广东省考核组的考核验收。通过开展镇（街道）与城乡社区双向考核试点工作，让镇（街道）与城乡社区形成良性互动。一方面，促进基层管理传统模式的机制创新。开展双向考核试点工作，将传统的“自上而下”单向指令模式转变为“上下联动”的双向互动模式，社区对镇（街道）及其职能部门的考核形成一种倒逼机制，倒逼镇（街道）及其职能部门更加重视基层建设和服务工作，提高工作效率和质量。另一方面，促进镇（街）与社区之间的监督和沟通。“双向考核”试点工作，特别是在考核办法中引入第三方考评和群众的满意度调查，为各城乡社区及其居民群众提供发表意见和诉求的渠道，促进镇（街道）与城乡社区之间的有效监督和协调沟通，减少因沟通不畅而导致的工作失误。再一方面，提高城乡社区的工作能动性。双向考核直接推动城乡社区各项工作的规范化、标准化建设，明晰镇（街道）与城乡社区之间的权责界限，在保证城乡社区稳定财政供给渠道的同时，使城乡社区在承接镇（街道）及其职能部门工作时有规可依、有章可循，从而有利于激活社区工作，提高城乡社区的工作主动性和积极性。

【基层民主监督】 2016年，佛山市加强村（居）务公开工作，结合贯彻落实《广东省村务公开条例》《广东省村务监督委员会工作规则》，开展村（居）务公开“设施建设标准化、公开内容规范化、公开时间经常化、公开形式多样化、公开地点公众化”的“五化”创建活动，以规范村（居）务公开为目标，以财务公开为重点，提高村（居）务公开制度化、规范化水平。同时，加强村（居）务监督委员会能力建设，发挥村（居）务监督委员会作用，保障基层群众的知情权、决策权、参与权和监督权。此外，做好2017年村（社区）“两委”换届选举调查摸底、动员部署、工作培训、法规政策梳理、换届选举程序规范等前期准备工作。

（吕龙锋）

党风廉洁建设

【概况】 2016年，佛山市贯彻深入推进全面从严治党的要求，加强党风廉政建设和反腐败工作，推动落实党风廉政建设责任制，制定深化基层党风廉政建设综合治理若干意见，落实“一案双查”（即对于重大腐败案件或长期存在的不正之风，在追究当事人责任的同时，还要追究相关领导责任）制度，建立换届纪律专项核查机制、派驻机构联组和分片联系机制等；坚持以“零容忍”的态度惩治腐败，全市受理信访举报2818件次、处置线索956件、立案860件、结案794件；持续深入纠正“四风”，健全作风建设长效机制，查处违反中央八项规定精神问题29个62人；严肃查处群众身边的不正之风和腐败问题，全市排查线索2599条，立案783件，结案616件；探索实践监督执纪“四种形态”，出台实践“四种形态”实施办法，各区、各单位探索建立履职容误机制。

【党风廉政建设责任制】 2016年，佛山市落实党风廉政建设责任制，层层压实“两个责任”，把“六项纪律”作为管党治党和监督执纪问责的尺子。严肃政治纪律和政治规矩，教育引导党员领导干部牢记“五个必须”、防止“七个有之”，严肃查处违反政治纪律的行为。出台落实党风廉政建设党委主体责任和纪委监督责任的实施意见，市党政主要领导带头开展谈话提醒77人次，全市处级以上领导干部开展谈话提醒11870人次。制定深化基层党风廉政建设综合治理若干意见，推进全面从严治党向基层延伸。组织市经信局、市民政局、市商务局、市体育局、市民族宗教事务局等5个单位党委（党组）主要负责人向市纪委全会述责述廉述德。落实“一案双查”制度，严肃查处“两个责任”落实不力的行为，对11名党员领导干部进行责任追究。严明换届纪律，建立换届纪律专项核查机制，成立专项巡查督导组，组织开展7轮专项巡查督导。设置换届风气廉情“观察哨”，在全市32个镇（街）设立工作联络点和信息收集点，实时监测换届风气。严把“党风廉政意见回复关”，办理干部党风廉政情况回复19139人次。探索由派驻机构集中履行监督、执纪、巡察“三位一体”职能，建立派驻机构联组和分片联系机制，形成驻点监督、分片巡察、联合执纪审查的工作体系。认真组织开展巡察工作，对4个市直单位和1个镇开展巡察，发现各类问题101个、问题线索16条，立案10件，移送司法机关处理1人。

【纪律审查】 2016年，佛山市坚持以“零容忍”的态度惩治腐败，全市受理信访举报2818件次，处置线索956条；立案860件，比上年增长36.5%；结案794件，增长70.8%；给予党纪政纪处分784人，增长69.3%；移送司法机关处理44人；查处县处级干部25人、乡科级干部125人；通过执纪审查挽回直接经济损失2.36亿元。出台实践“四种形态”（第一种，党内关系要正常化，批评和自我批评要经常开展，让咬耳扯袖、红脸出汗成为常态化；第二种，党纪轻处分和组织处理要成为大多数；第三种，对严重违纪的重处分、作出重大职务调整应当是少数；第四种，严重违纪涉嫌违法立案审查的职能是极少数）实施办法，制定谈话提醒操作指引，对党员干部出现的苗头性、倾向性问题及时提醒、抓早抓小。合理把握“大多数”和“少数”，紧紧盯住“极少数”，运用后三种形态作出处理的人数分别占受处分人数的50.9%、37.3%和11.8%。在落实省委“三个区分”原则的基础上，指导各区各单位探索建立履职容误机制，把严格监督与关心保护干部结合起来，准确定性量纪，实事求是为受到错告、诬告的党员干部澄清问题724人

2016年3月17日，佛山市委书记、市长鲁毅到市纪委监察局调研，强调要推进全面从严治党，把握运用好监督执纪“四种形态”，落实“两个责任”，不断取得全市党风廉政建设和反腐败工作新成效

次，了结问题线索265条次。整治“为官不为”，查处失职渎职等问题36个83人，给予党纪政纪处分45人，公开曝光典型问题6个。

【“四风”整治】 2016年，佛山市坚持暗访、查处、追责、曝光“四管齐下”，整治收送“红包”礼金、公款吃喝、公款旅游、公车私用、违规发放津（补）贴等突出问题，严肃查处个别领导干部违规持卡和打高尔夫球问题。加强对党员领导干部“八小时以外”的监督，深挖细查隐形变异的“四风”问题，开展明察暗访103次，查处违反中央八项规定精神问题29个62人，给予党纪政纪处分47人，点名道姓通报典型问题17起32人。全市拍摄作风问题专题暗访片23期，在佛山电视台播出3期，释放越往后执纪越严的强烈信号。发挥狠刹“四风”网络监督平台作用，受理“四风”问题564个，对5个单位和142人进行责任追究；通过婚丧喜庆事宜信息管理系统登记受理278宗相关事项，预警并纠正苗头性问题26个。严查群众身边的不正之风和腐败问题，创新线索排查工作长效机制，制定排查工作规范化建设和绩效评价办法，落实包片包案、抽查、通报制度，全市排查线索2599条，立案783件，结案616件，给予党纪政纪处分611人，移送司法机关处理40人。完善村（社区）干部违规问题联合处置机制，探索建立违规问题快速查处机制、经济约束机制和村务监督机制等，强化对村（社区）干部的监管。加强对中央环保督察交办案件、扶持民企发展“四十条”、民生实事以及防御台风“妮妲”等事项的督查督办，督促落实整改，严格责任追究。

【源头治腐】 2016年，佛山市推进预防腐败体制机制创新，发挥粤桂黔高铁经济带合作试验区（广东园）等5个经济功能区廉洁制度“孵化器”的作用，组建网格化廉政监督机构和专家“智囊团队”，整合壮大监督力量。建立“一决策两清单”制度，改革中介组织和招投标监管机制，搭建廉情预警评估信息平台，强化对权力的制约监管。出台《重大工程廉洁风险同步预防工作指引》，在佛江高速、轨道交通3号线、佛科院北校园等重大工程项目开展廉洁风险同步预防工作。以市科技局、市住房公积金管理中心为试点，开展科技应用中的廉政风险防控。深化以案治本工作，制定《以案治本联动机制工作规程》。推进顺德区医疗卫生系统医院物资供应链改革，注重从源头上防控廉洁风险。出台政商关系行为守则和指引，制定政商交往正面、负面清单，鼓励正常交往，倡导主动服务企业，划清纪律边界。出台《在执纪审查工作中涉及民营企业应把握的若干意见》，促进企业健康发展。打造党风廉政建设大数据平台，绘制党风廉政建设“基因图谱”。推广廉政风险科技防控，在党政机关部署建设“权力运行”“三重一大”和“三公经费”风险防控子系统。完善政府投资工程廉情预警评估系统，对108个市一级的政府投资工程项目开展监测和监督。

【党风廉政宣传教育】 2016年，佛山市营造崇廉尚洁的社会氛围。推进全市纪律教育学习月活动，举办全市副处级以上领导干部纪律教育学习班及第五期“双集班”，开展第二届“廉洁火炬杯”党规党纪知识竞赛和“微考学”活动。创新廉政教育方式方法，组织450名新入职公务员进行体验式廉政教育培训。加大警示教育力度，拍摄警示教育片《异化的政商交往》，编印《忏悔警示录》。开展寻找“廉洁齐家、最美家庭”活动，编印《家风拂莲别样清》廉洁家庭教育读本。组织评选全市第二批廉洁文化建设示范点，拍摄制作电视纪录片《廉洁文化DNA》，弘扬本土廉洁文化。

（孙学良）

文化建设

文化导向型城市建设

【文化升级行动】 2016年，"佛山市文化升级两年行动计划（2015—2016年）"收官。全年139个子项目全部启动（含完工、开工、启动），共完成子项目124个（考核子项目95个、推进子项目29个），累计完成投资额62.86亿元。

编制《"文化佛山"三年行动计划（2017—2019年）》，把文化作为城市发展战略、作为党政"一把手"工程，以"文化导向型城市"为理念，建设"创新创造活跃、岭南风韵突出、城乡服务均等、城市形象鲜明、人文素养丰厚"的"文化佛山"。以"文城相融、文经相促、因文善治、因文立名"为发展路径，推出10大重点创新任务和65个示范项目，以点带面、创新示范，扩大佛山文化在全省乃至全国的影响力。

【国家公共文化服务体系示范区创建】 2016年，佛山市创建国家公共文化服务体系示范区，构建现代公共文化服务体系取得新成效。出台创建国家公共文化服务体系示范区过程管理实施意见，建立示范区创建巡查抽检机制，将示范区创建工作纳入市、区政府年度绩效考核。修订完善专项资金扶持办法，投入专项扶持资金1190万元，配套形成扶持政策12项，集中扶持项目17个，推进公共文化服务"九大工程"建设。打造"文化中枢"，成立佛山阅读联盟、佛山市文化馆站联盟、佛山文化遗产保护联盟和佛山美术馆联盟。推出"佛山文化e网通"公共数字文化服务平台。出台《关于加快推进基层综合性文化服务中心建设的实施意见》，年内建成村（社区）综合性文化服务中心150个以上。基本完成713间农家书屋数字化改造。市联合图书馆成员馆达140家，建成智能图书馆93家。移动智能图书馆行程19350千米。公益电影放映11645场。佛山大剧院委托运营招标成功，市文化馆新馆加紧专项建设，市博物馆初步设计完成，各区文化设施推进顺利。

【文化遗产资源活化利用】 2016年，佛山市活化利用文化遗产资源，推动文化与城市建设相融合。推进古村落活化升级，禅城区孔家村，南海区烟桥村，顺德区沙滘村、逢简村、马东村，三水区岗头村、长岐村，高明区深水村入选第四批中国传统村落名录。西樵松塘村获"2016中国最美村镇传承奖"。启动第二批17个古村落活化升级，修缮一批历史建筑、恢复一批传统民俗活动、建成一批村史馆、名人馆。开展古村讲解员评选活动，打造古村"十三叔（淑）""活招牌"。推进重点文化片区建设，佛山祖庙孔庙片区景观提升工程完工，禅城区水上关帝庙复建、李广海医馆纪念馆建设、南风古灶二窑映像和公仔三街改造工作完成，顺德区清晖园启明居等5处文物修缮工程完成。搭建经贸、旅游文化交流平台，组织本土非遗项目前往瓦努阿图、澳大利亚、香港等地进行展示互动。举办"2016年文化遗产保护宣传月活动"，开展非遗进校园、非遗体验等活动40余场。可移动文物普查完成，完成国有收藏单位30160件（套）藏品的信息录入、审核工作。评定第二批市级非遗传承基地（传习所）26个。落实非遗保护专项资金99万元。推动市非遗保护中心和澳门中华文化产业促进会签署非遗协同战略合作框架协议。出台扶持资金申报指南，投入100万元专项资金重点扶持18个民办文化场馆。第二批国办、民办文化场馆对口帮扶、合作场馆增至7对。至2016年，全市有登记注册并免费开放的民办博物馆、艺术馆、美术馆65家。其中，民办博物馆增加至9家。

【地方文艺繁荣发展】 2016年，佛山市繁荣发展地方文艺，塑造传播城市形象。开展2016“佛山韵律　和风鸣畅”系列文化艺术活动，含市、区合作重点活动项目5个，其他各类活动项目上百个。举办2016广东（佛山）非遗周暨佛山秋色民俗文化活动，搭建起全省非遗项目展示舞台、佛山国际城际交流平台，共有55个国内外项目、50个省内非遗项目参加巡展。各区区、镇联合推出“花开四季·文化惠民”“品质南海·文化周末”“龙腾四海·凤舞水乡”“粤韵高明”“魅力三水·文化五送”等品牌文化活动过万场次。推动话剧《康有为与梁启超》全国巡演，全年演出41场。开展长篇小说《闯广东》全国巡讲系列活动30场。制定原创文艺作品扶持办法，结合纪念红军长征胜利80周年、纪念中国共产党成立95周年等重大活动，开展主题创作，鼓励生产有代表性的文学艺术作品。市粤剧传习所新创排的话剧《铁血道钉》先后入选广东省舞台艺术重点剧目和省文艺精品创作扶持项目，并获得2016年度国家艺术基金专项扶持。禅城区实施《文艺精品资助办法》，调动和激励文艺工作者创作话剧《满庭芳》等精品佳作。南海区文艺创作展演全年获国家级奖项48个、省级115个。顺德区文艺精品获国际奖项3个、国家级29个、省级120个。三水区出品曲艺舞台剧《永恒的星光》。开展地方戏曲剧种普查，建立全市地方戏曲剧种名录。市政府颁布《佛山市促进戏曲传承发展的实施意见》。市粤剧传习所开拓港澳和海外演出市场。禅城区举办粤剧华光诞等大型区域文化交流活动。顺德区启动粤剧曲艺进校园活动，试点开展粤剧曲艺培训。

【文产融合发展】 2016年，佛山市推动文产融合发展，助力打造国家制造业创新中心。开展2016年度文化创意产业专项资金申报工作，共有59个单位获得603万元资金扶持资格。评审认定首批21个市级文化产业示范基地，引导文化企业规模化、集约化和专业化发展，中国陶谷、樵山文化中心、西江新城等文化产业集聚区逐步成型。首次启动佛山市文化产业招商引智工作，组织42个招商载体亮相深圳，共吸引170多家企业、300多人参加，达成意向签约项目20个，意向投资总额33亿元。组团参加第十二届深圳文博会，共达成文化产品及服务成交意向2780万元。禅城区以“中国陶谷”建设为载体，采取“政府扶持、企业运作”模式，少拆多改、连片开发，创建国家级文化产业示范园区。南海区启动《西樵山优化升级三年行动计划》，着力打造“理学名山”，涵盖项目92个，撬动资金超150亿元。举办第二届佛山市文化创意产业资本微路演，推出“文化创客”等活动，为文化企业提供展示、融资机会，并首次实现知识产权授信。组织开展创意产品开发，全市首家文化创意产品旗舰店“佛山有礼”落户祖庙博物馆新游客服务中心。版权护航行动深入开展，新增狮山、大沥和市设计企业协会3个基层版权服务站。辅导支持10家重点文创企业建立版权保护制度并资助其使用电子证据固化和二维码防伪认证标识。南海区支持本土文化企业推出国内首家组织限量知识产权单位许可权网上交易的互联网平台。

（张紫琳）

精神文明创建

【概况】 2016年，佛山市精神文明建设工作以创建“全国一流文明城市”为目标，坚持以培育和践行社会主义核心价值观为主线，推进公民思想道德建设和群众性精神文明创建，打造“志愿者之城”“敬业之城”“乐善之城”品牌，推动精神文明建设工作向乡村拓展、向基层延伸。

是年，佛山市培育和践行社会主义核心价值观，推动核心价值观深入基层、融入市民日常生活、融入企业生产，在全社会形成宣传和践行核心价值观的浓厚氛围。组织开展“我心中的文明村居大讨论”活动，提炼形成“三美一优”美丽文明村居建设标准，以“书记推进会”形式启动美丽文明村居建设；打造“敬业之城”，在全市组织开展“宣传思想文化五进民企”活动，全市命名30名“佛山·大城工匠”，弘扬“敬业精神”；推进社会主义核心价值观主题公园建设，把核心价值观主题公园打造成教育人、引导人的新载体；开展“最美佛山人”“美德少年”推荐命名和道德模范与身边好人交流活动，建设“大爱佛山”，弘扬和传播正能量；推进“乐善之城”建设，推动核心价值观融入乐善机关、乐善校园、乐善企业、乐善社区、乐善村居、乐善家庭建设；结合传统节日组织开展“我们的节日”系列主题活动，推进群众性精神文明创建；结合社会管理创新，加强志愿服务的组织制度、选树制度、品牌制度、宣传制度建设，以“四个制度化”促进志愿服务常态化开展。利用重要时间节点在全市中小学校开展“做一个有道德的人”“我的中国梦”主题活动，开展“扣好人生第一粒扣子”主题教育四季行系列活动，开展未成年人思想道德建设。

【美丽文明村居建设】 2016年年初，佛山市文明办组织开展“我心中的文明村居大讨论”活动，全市730多个村（社区）、13万人次参与，共征集意见和建议2万多条。经过群众讨论、学习考察、多部门反复论证，提炼形成“三美一优”美丽文明村居建设标准。市委、市政府以“书记推进会”的形式，启动佛山市美丽文明村居建设，印发《关于在全市开展美丽文明村居建设工作的意见》和《佛山市美丽文明村建设百村行动方案（2017—2018）》，规划未来两年全市重点打造110个特色示范村居，市财政按照每个村100万元的扶持标准投入1.1亿元作为引导资金，撬动区、镇（街）、村（社区）和社会资本以不低于1：20的比例加大投入，揭开美丽文明村居建设的新画面。佛山美丽文明村居建设坚持走“一村一特色，一村一品牌”发展之路。如：禅城区莲塘村将打造“醒狮文化村”；禅城的黎涌村、南海的松塘村将打造状元村、翰林村；禅城的塔坡社区将打造“初地文化社区”；顺德的登州村将打造“《三字经》文化村”；西樵山将充分利用落户佛山的“广莱坞”打造“电影部落”，发展影视旅游经济；等等。

【社会主义核心价值观主题公园建设】 2016年，佛山开展社会主义核心价值观主题公园建设，把社会主义核心价值观主题公园打造成教育人、引导人的新载体。至2016年年底，全市第一期建成市级示范点公园7个，第二期11个公园在建。在建设社会主义核心价值观主题公园的过程中，佛山市结合传统文化和本土元素，通过彰显革命先烈事迹和精神，有机融入佛山剪纸、石雕、陶瓷、彩灯、龙狮、龙舟、粤剧等传统文化艺术元素，突出社会主义核心价值观主题公园的特色和亮点。铁军公园围绕爱国主义教育基地“铁军纪念馆”，每年举办全市祭奠先烈活动，以丰富的史料展览和纪念活动激发干部群众的爱国情怀。文华公园以“水舞声光秀”形式生动展现社会主义核心价值观。千灯湖公园结合“关爱桂城”主题，运用传统的岭南窗花剪纸艺术，让社会主义核心价值观得到有效传播。罗村孝德湖公园添加文化石雕、孝德公约、名人铜像、岭南野趣小景等，与罗村历史文脉及孝德文化相互呼应。

【文明公交大讨论】 2016年9—12月，佛山市文明办、市创建办联合佛山日报社在全市组织开展“佛山市文明公交大讨论活动”。文明公交大讨论从文明驾驶、文明乘车、文明车厢、文明站场4个维度进行，采取线上、线下相互联动的方式，引导广大市民、公交行业从业者和社会各界代表参与，掀起文明公交标准讨论的热潮。其间，举办佛山市文明公交大讨论暨禅城区“核心价值观进车厢”系列活动启动仪式，并由佛山日报社建立“文明公交大讨论”发言平台，获得近3万人浏览关注，收集市民“文明公交标准”有效性建议上千条。组织市人大代表、政协委员、高校专家、志愿者代表、市民代表等深入五区各条公交路线，开展“文明公交情景式体验”活动，并线上同步网络直播情景式体验实况，获5.4万人浏览评论。组织市人大代表、政协委员、佛科院教授及媒体代表，围绕文明公交“四维度”深入探讨，提炼出文明公交标准及“三字经”，同时采取线上专题报道、评论文明公交标准。以“点赞公交正能量”为主题，组织媒体记者实地采访公交企业的正能量事迹，得到媒体同步推出《小车厢折射佛山大爱》《文明升级 城市升值》系列报道。发布《佛山市文明公交标准》及《文明公交标准三字经》，并在公交车内、公交公司、中小学校等阵地宣传，提高文明公交标准知晓率。

【大爱佛山】 2016年，佛山市推进美德人物典型的推荐与命名，加大加快好人选树的力度和频率，建立起“好人好事发现一件，即时点赞一件、宣传一件”的常态化机制，每季度开展“最美佛山人”推荐命名活动，每年推荐命名一批“佛山好人”，持续推进好人好事典型的推荐命名。至2016年年底，市、区和大部分镇（街）建立起“好人”品牌，如禅城区的“感动禅城”道德人物评选、南海区的“善美的星空”、顺德区的“顺德好人”评选、高明区的道德模范评选、三水区的“感动三水”道德模范评选等。出台《佛山市好人好事认定与激励工作方案》，加强对突发好人好事予以宣传、褒扬、慰问与帮扶等。建立佛山好人联盟，搭建起全市好人合作、交流与互助平台。以道德模范和“佛山好人”等先进人物为对象，深入机关、企事业单位、社区、农村、学校和军营，持续、常态开展好人事迹巡讲巡演活动，开展“模范人物进校园”活动400余场，进村（社区）活动120余场，基层好人事迹文艺巡演活动100多场。2016年8月，佛山“红衣女子”刘茂英当街跪地人工呼吸抢救建筑工人事迹得到中央电视台新闻宣传和新华网的专程采访报道，各类网站相继转发、评论和点赞，总转发量超2500次、评论超3000条、点赞44000次。2016年，全市入选“中国好人”7人，“广东好人”8人，吴主刚家庭当选“第一届全国文明家庭”和“全国五好文明家庭”，“永安警长”廖海飙荣登中国文明网《好人365》封面人物。

链接

刘茂英、唐君尧救人事迹

刘茂英是佛山市禅城区向阳医院的一名护师，唐君尧是佛山电信公司的一名员工，和许多佛山人一样，她们在工作岗位上默默耕耘，过着平凡的生活。

2016年8月31日清晨7时半许，在佛山市禅城区文沙路，建筑工人傅文满在推车过程中心脏骤停倒地。当时，在道路另一边的唐君尧恰好看到，马上跑过去查看情况。作为一名药学院毕业的医学生，唐君尧掌握一些急救知识，她发现建筑工人已经没有了心跳和呼吸，从围观路人处借来纸巾擦去傅文满口中的异物，然后按压他的人中。

经过两三分钟的急救，傅文满仍然没有反应。这时，路过的刘茂英挤进人群。经了解并见傅文满此时唇、脸紫绀，刘茂英初步判断患者缺氧，情况危急。于是，刘茂英双膝跪地为病人进行心肺复苏急救，然后嘴对嘴地进行人工呼吸。唐君尧则在一旁协助测量病人的脉搏，观察病人的情况，同时与病人家属沟通了解病史。几分钟后，救护车到场，傅文满被送往佛山市中医院救治。

经过多日的抢救和治疗，傅文满最终康复出院。

刘茂英和唐君尧的救人事迹被传开后，在社会引起强烈反响，甚至引起中央媒体的关注。9月11日，新华社以《嘴对嘴抢救输送“生命之氧”——佛山全城寻找救人“红衣女子”引网友点赞》为题，详细报道佛山“红衣女子”的救人事迹和网友对她的点赞。

链接

2016年度佛山市入选“中国好人”“广东好人”“佛山好人”者名单

中国好人（7人）	王亚科　王治勇　廖海飙　潘柱升　刘茂英　唐君尧　何信夫
广东好人（11人）	王亚科　王治勇　廖海飙　刘茂英　唐君尧　周燕芬　何信夫　刘振寰　徐学川　汤　琪　付新妹
佛山好人（36人）	陈达华　黎镜芬　李　娟　汤　琪　高益柱　关正生　马胜娥　区建英　陈洁姗　欧志峰　陆婉珊　张志强　黄家乐　黄景成　林文婷　李永然　区惠燕　许志会　谭志辉　付新妹　仇燕芬　陈开明　钱燕仪　石醒欣　夏秀群　程颖敏　邓秋红　李丽娟　黄国训　柯　欢　赵赣湘　杨佳佳　夏可庆　陈思蓉　徐学川　林伟光

【群众性精神文明创建】 2016年，佛山开展群众性精神文明创建工作，精神文明创建工作向基层延伸、覆盖。以“乐善365”行动为统领，在五区分别以“行善举、扬善言、传善文、明善礼、树善榜”为主题开展“乐善行动日”活动，推动乐善机关、乐善校园、乐善企业、乐善社区、乐善村居、乐善家庭建设。推进文明单位与村（社区）结对共建工作，涌现出市税务局、市检验检疫局和佛山汽运集团等一大批文明单位与村（社区）结对共建的先进典型。结合传统节日组织开展“传递价值观，春联送万家”、行通济慈善人人行、端午龙舟赛、

中秋古诗古乐品鉴会、重阳节“孝行佛山、大爱高明”敬老爱老全民行动等活动。开展道德风尚建设系列活动，开展“‘美丽佛山·一路向前’暨‘微文明·净静生活’2016年50公里徒步”“‘醉美水乡·快乐行走—文明旅游·与善同行’12公里公益徒步”“岭南之魅‘骑’共赏·文明旅游齐参与”等活动，倡导践行文明出游。开展文明交通宣讲、“警家校护畅”队伍护畅等活动，推动文明交通建设。印发《佛山市开展文明公厕创建活动实施方案》，推动文明公厕创建。发布企业产品质量“红黑榜”、举办“诚信兴商宣传月”等活动，推进诚信制度化建设。

【志愿服务制度化】 2016年，佛山市继续“志愿者之城”建设，加强志愿服务的组织制度、选树制度、品牌制度及宣传制度建设，以“四个制度化”建设促进志愿服务常态化开展。

2016年1月，市委办、市府办联合印发《佛山市建设“志愿者之城”三年行动计划（2016—2018年）》，完善志愿服务统筹协调机制。全市32个镇（街）建立志愿者协会，近200个社区建有志愿服务站（队），形成市、区、镇（街）和村（社区）四级志愿服务组织网络。完善回馈礼遇、政策保障、选树表彰等志愿者激励机制，提升志愿者的社会礼遇度，激励更多人参与志愿服务。截至2016年年底，全市注册志愿者超过71万人，志愿服务组织3000多个，服务时数累计超过140万小时。注重志愿服务品牌建设与引领，将成功实践并具有代表性的志愿服务品牌以制度形式加以固化和推广，形成各具特色的志愿服务品牌，如团市委的青年志愿者支援文莱项目、市文广新局的“筑梦佛山”文化艺术公益夏令营等。年内，三水区西南街道文峰社区、南海区桂城街道桂园社区获评“全国最美志愿服务社区”。至2016年，市内有92个机关单位党组织共组建110个团队，与全市115个村（社区）对接，5126名党员进村（社区）参与志愿服务。

【“敬业之城”建设】 2016年，佛山市围绕制造业大市、民营经济大市的实际，弘扬“敬业精神”，打造“敬业之城”。发起寻找和宣传“大城工匠”活动，召开首届“佛山·大城工匠”命名大会，命名30名“佛山·大城工匠”。以首次“佛山·大城工匠”评选命名活动为契机，出台《“佛山·大城工匠”评选和命名管理办法》，建立起弘扬工匠精神的制度化、常态化机制，坚持每两年举办一届，推进“大城工匠”推荐命名，推动工匠精神成为佛山人民共同的精神家园。组织开展“敬业之城”公益展播、“佛山敬业之星”推荐命名发布、“南闯精神”社会大讨论、“佛山好厂训”征集展示、“大城工匠”事迹巡回宣讲、“宣传思想文化五进民企”和“敬业之城”专题宣传等七大行动，倡导工匠精神、崇尚工匠精神、培育工匠精神，推进“敬业之城”建设。

【未成年人思想道德建设】 2016年，佛山市围绕培育践行社会主义核心价值观，引导青少年扣好人生第一粒扣子，培养未成年人良好的道德品质和文明行为，营造全社会关爱未成年人健康成长良好氛围。运用重要时间节点开展“中国梦”主题教育实践，在全市中小学生当中深入开展“做一个有道德的人”“我的中国梦”主题活动，增强未成年人的爱国情感。开展“扣好人生第一粒扣子”青少年主题教育四季行系列主题活动。其中，春种行动以“友善”为主题，举办四季行主题教育暨2016年向日葵爱心播种活动启动仪式；秋收以“法治”为主题，开展“精彩人生、与法同行”2016法治知识进课堂活动。新建2所获中央专项彩票公益金扶持的乡村学校少年宫，加强对城乡学校少年宫的日常管理，推动校外未成年人心理健康站建设工作常态开展。

（蒋继华）

社会建设

【概况】 2016年，佛山市加大民生投入，全市财政民生方面支出完成448.98亿元，占一般公共预算支出的64.5%。开展提升就业专项行动，城镇新增就业人数8.1万人，完成省下达的年度任务。本市生源应届高校毕业生就业率达96.5%。全市企业退休职工月平均养老金提高至2875元，城乡居民基本养老保险基础养老金增至170元/月，城乡低保标准提高至每人每月630元。启动医保城乡一体化改革，整合职工医疗保险和居民医疗保险（含门诊）。住房保障工作任务提前超额完成，完成城市棚户区改造1080套（户），完成率108%；完成国有工矿棚户区改造84套（户），完成率100%；公租房基本建成3368套，完成率134.7%。启动12次低收入群众临时价格补贴与物价上涨联动机制，共发放补贴1613.80万元，惠及48.41万人次。

加快创建国家教育综合改革试验区。盘活义务教育优质资源，各类新建、扩建项目超70个，新增学位超2.8万个。新市民随迁子女入读义务教育阶段学校人数达39.5万人，其中入读公办学校人数达27.9万人，占比70.6%。全市公益普惠性幼儿园639所，占比超75%。推进佛科院建设高水平理工科大学，引进48位高层次人才，9个专业纳入一本招生范围。推进职业教育综合改革示范市建设，首创全国“学校+公共实训中心+企业”的现代学徒制佛山模式。完善基层医疗卫生服务网络，新建改建标准化社区卫生服务机构6个，家庭医生式服务与73.7万名居民签订服务协议。创建国家公共文化服务体系示范区，文化升级两年行动计划139个子项目完成124个，21家企业被认定为首批佛山市文化产业示范基地，开展各类文化艺术系列活动。完成“一带一路”佛山国际龙舟赛等赛事活动，推进2019年男篮世界杯场馆建设。

推进社区减负和村（社区）行政事务准入，构建“三社联动”社区服务机制。扶持和规范社会组织发展，全市社会组织达6021个。加强社工人才队伍建设，全市持证社会工作专业人才8078人。建设卫生强市，启动公立医院综合改革，建立分级诊疗制度，加快发展社会办医，全市新注册医疗机构145个，其中非公立医疗机构135个。

获批成为第三批创建国家食品安全试点城市，建立“党政同责、一岗双责、失职追责”责任体系，规范“食品安全示范化工程”建设。推进“平安佛山”创建，实施安全生产“五大行动计划”（即安全发展指引计划、“四化融合”计划、互联网+安全生产以及“网格化”监管计划、保险与社会化服务计划、宣传教育与演练计划）。严厉打击各类突出犯罪，“飓风2016”专项打击行动绩效和社会治安防控体系建设均居全省首位，社会秩序保持和谐稳定。

（周　敏）

【社会救助】 2016年，佛山市提高城乡低保标准，从2016年1月1日起，全市城乡低保标准从每人每月590元提高到每人每月630元，低保补差标准从每人每月400元调整为不低于每人每月455元。完善医疗救助制度，将低保临界对象纳入政府全额资助参加医疗保险的范围，并明确低保对象、特困供养人员和低保临界对象在市内外医保定点医疗机构住院的医疗救助比例；新增门诊特定病种救助、住院二次医疗救助和按病种付费医疗救助。开展临时救助工作，2016年1—10月，全市支出临时救助资金1308.78万元、救助6300人次，向市城乡低保对象、特困供养人员和城乡低保临界对象发放临时生活补贴31.22万人次、1063.84万元。抓好社会救助工作统筹，组织召开全市社会救助工作联席会议，要求从推进社会救助体系建设、实现救助政策衔接互补、促进救助服务开拓创新、优化改进救助服务和提升救助工作执行力等方面入手，不断提升社会救助工作水平。

【社会福利】 2016年，佛山市推动养老事业发展，出台《佛山市人民政府关于加快发展养老服务业的实施意见》，明确全市居家养老、社区养老、机构养老、医养融合、队伍建设等五大指标计划，并加强农村养老服务、发展医养结合和培育养老服务社会组织等政策措施。抓好流浪乞讨人员救助，突出做好节日期间救助管理，开展主题为“在站寻亲，让爱回家”救助站开放日活动；印发《佛山市民政局关于进一步加强严重精神病障碍患者社会救助制度的工作意见》，建立对属于低保、五保、优抚或生活无着流浪乞讨的严重精神障碍患者的综合救助机制。加强孤儿基本生活保障，落实孤儿最低养育标准提标，各区将孤儿最低生活养育标准统一提高到每人每月1650元；建立事实无人抚养儿童生活保障制度，年内，全市按照每人每月1000元向事实无人抚养儿童发放基本生活补贴。

【老龄工作】 2016年，佛山市完善老年人信息管理平台建设，佛山市老年人信息管理平台于2016年1月1日投入使用，老年人优待证的办证时间从6个月缩短到2个月。推进实施“银龄安康行动”，召开2015年度佛山市“银龄安康行动”工作会议暨2016年启动会议，鼓励推动各区开展扩面提标；结合实际制订《“浓情系银龄　孝行暖天下”佛山社会组织倡议参与老年人意外伤害综合保险捐赠活动方案》，印发给各区和市直社会组织。优化高龄老人津贴发放，制定《佛山市高龄老人津贴发放管理指导意见》，对全市高龄津贴的发放标准、发放范围及补发和停发问题进行确定，为各区做好发放工作提供依据。

【城乡社区治理】 2016年，佛山市加强对城乡社区治理工作的统筹协调。市府办印发《关于建立佛山市城乡社区建设工作联席会议制度的通知》，通过联席会议制度加强佛山市城乡社区治理工作的组织领导，强化部门协作，共同推进城乡社区治理工作。启动社区减负工作，市府办印发《佛山市村（社区）行政事务准入管理工作实施方案的通知》，减轻村（社区）行政事务负担，理顺村（社区）工作关系。构建“三社联动”社区服务机制，出台《佛山市进一步推进社区、社会组织和社会工作专业人才“三社联动”工作方案》，加快形成以社区为平台、社会组织为载体、社会工作者为支撑的协调联动的社区服务机制。开展镇（街道）与城乡社区双向考核试点工作，在南海区里水镇、丹灶镇开展镇（街道）与城乡社区双向考核试点。

【社会组织规范发展】 2016年，佛山市加强社会组织党的建设工作力度，加强和改进社会组织党的建设工作和对党组织、党员的管理，理顺市级社会组织党委所属党员的组织关系，对下属34个党支部2015年的党建工作进行考评。深化社会组织登记管理体制改革，严把监督关，确保专项资金的安全和正确使用；实施社会组织登记“三证合一”，启动佛山市社会组织领域全面实施统一社会信用代码制度改革。加强社会组织监督管理，依法完成2015年社会组织年检工作，并制定社会组织综合监管工作意见，建立市级联席会议制度等综合管理机制，努力推动全市上下形成各部门齐抓共管的社会组织综合监管工作格局。

【社工人才队伍建设】 2016年，佛山市加强社工人才培养，做好社会工作者继续教育培训，聘请资深社会工作专家、学者为社会工作从业者提供免费考前培训，并组织佛山社工参加2016年全国社会工作者职业水平考试。出台《关于社会工作专业岗位设置及社会工作专业人才激励保障的指导意见》，明确社会工作专业岗位等级和名称，制定社会工作专业人员薪酬指导价，将社会工作专业人才纳入市急需紧缺和重点人才引进范围。开展2016年“岭南社工宣传周”系列宣传活动，全市及各区于宣传周期间，围绕“专业社工全民义工，助力扶贫济困”主题，集中开展内容丰富、形式多样的宣传活动。确定“专业社工　全民义工”工作试点，确定禅城、南海、顺德分别在社区服务、养老服务、青少年服务等不同社会工作领域方向开展试点工作。

（梁絮雪）

生态文明建设

【概况】 2016年，佛山市治理保护有机结合，生态文明显著进步。

环境治理力度加大　推进节能降耗，完成电厂“超洁净排放”改造，新建绿色建筑面积809.53万平方米。推进大气污染协同共治，基本完成全市高污染燃料小锅炉淘汰工作，整治150家挥发性有机物污染排放企业、淘汰黄标车和老旧车辆2.15万辆，2016年全市二氧化硫、二氧化氮、PM_{10}、$PM_{2.5}$平均浓度分别比2015年下降17.6%、17.6%、5.2%、2.6%，空气质量优良天数占有效天数的84.7%。推进水环境综合整治，第一、第二批“一河一策”的132条重点河涌有68条基本达到Ⅴ类水标准，达标率为51.2%。整治提升村级工业园区，清理淘汰企业1221家，整治提升2729家。

生态建设成效突出　创建国家森林城市，加快森林公园和湿地公园建设，全市新增公园面积260公顷，62项“绿城飞花”主题绿化景观亮点工程细化项目已完工49个，建成半月岛湿地公园、桂畔湖湿地公园、东平河石湾湿地公园、三山森林公园等一批观花主题公园。新增公园绿地面积177.06公顷，建成乡村绿化美化示范村100个，完成山上造林面积960公顷、各类新造林绿化面积2270.44公顷，道路绿化66千米、水系绿化84.76千米。

（周　敏）

【生态文明体制改革】

“党政同责、一岗双责”的环保责任体系构建　2016年，佛山市出台环境保护“党政同责、一岗双责”责任制实施办法，对各区党委、政府及41个党政相关部门建立“环保责任清单”。同时，对市环境保护委员会调整升格，原由市长任主任，调整为由市委书记和市长任主任，构建起权责一致的环保责任体系，形成分工明确、责任清晰、协同推进的环保工作格局。此外，落实环境质量“只能更好、不能变坏”环保责任红线，将环境质量改善作为环保责任制考核的要素，并探索实施环保责任制考核第三方测评工作。

环保立法　2016年，佛山市结合地方实际开展环保立法工作。首部环保法规《佛山市机动车和非道路移动机械排气污染防治条例》于2016年7月1日正式实施，启动对非道路移动机械的排气污染防治。出台《佛山市“十三五”环境保护立法工作计划》，探索扬尘污染防治、河流污染防治方面的立法工作。

环境市场化机制不断完善　2016年，佛山市启动排污权有偿使用和交易试点前期工作，编制印发相关政策文件。启动完成近1500家环统工业企业的排污核定与分配。对污染源排放总量和浓度实施“双监控”（佛山市是全省率先开展该项工作的城市），为总量执法、排污权交易提供硬件和数据基础。

【生态文明治理体系构建】

大气精细化治理和精准化防控体系的建立　2016年，佛山市完成电厂“超洁净排放”改造，累计投资10.8亿元，实施改造效果评估。完成150家挥发性有机物污染排放重点企业“一厂一策”全过程治理，完成346台10蒸吨/小时及以下高污染燃料锅炉淘汰及134家铝型材行业清洁能源全替代工作。淘汰黄标车及老旧车辆2.15万辆。建成60个黑烟车抓拍点，依法严厉打击黑烟车。加强对扬尘污染防治的日常监督检查，重点督查各级政府及相关部门履行扬尘污染防治责任情况。全面推进建成区内600家中型及以上餐饮企业的油烟治理工作，完成全市50%以上大型餐饮服务企业油烟废气排放在线监控仪器安装。根据不利气象条件的影响程度，通过“技防”和“人防”相结合，实施对各类大气污染源的分级管控。

河长制有效保障河流水环境持续改善　2016年，佛山市将全市划分为22个控制单元，设置46个市级考核断面及6个水质参照断面，搭建“流域—控制区—控制单元分区”管理体系，落实治水目标、任务、项目和措施。推进第二批“一河一策”90条重点河涌综合整治，涉及治理项目306个，各项目按计划推进中。全面铺开全市建成区6条属于黑臭水体的综合整治。完成污水管网建设301千米，投入建设资金22.78亿元。实施《佛山市分散式生活污水处理设施建设工作方案（2016—2018年）》。开展饮用水源保护区巡查，基本完成对南海第二水厂饮用水源一级保护区内违法项目的清理工作。完成全市省级及乡镇级集中式饮用水源地标准化建设工作。开展饮用水源保护区调整的前期工作。

土壤和固废污染防治工作实现新突破　2016年，佛山市贯彻落实国家“土十条”要求，在实现对全市830个点位开展监测的基础上，完成《佛山市土壤污染防治行动计划实施方案》编制。启动南海绿色工业服务中心项目建设工作，利用固体废物电子联单系统实现危险废物的信息化管理。

【环保执法】 2016年，佛山市强化环保数据分析、应用，提高执法的精准性，全年市环保局查处的案件中超过60%的案件，来源于主动数据分析。采取“网格化+双随机”环境执法抽查方式，实现从普查式执法到精细化执法的转变。镇、村重点开展网格化管理，及时解决信访问题；市、区环保部门重点开展随机抽查，对发现的问题严格依法处理，并将抽查结果纳入企业的社会信用纪录。出台行政处罚自由裁量权执行规定，创新性地采用“裁量幅度+调整系数”的模式。全市立案处理企业1440家，罚款金额6511.61万元。在原有“环保警察”的基础上，市环境保护局与市公安局升级执法协作机制，抽调专人组成环境污染犯罪案件侦查专业队。环保、法院、检察院、公安部门建立联席会议制度，合力打击环境污染犯罪行为，共移送行政拘留案件11件，移送涉嫌污染环境犯罪案件47件。扩大环境违法行为举报的适用条件和举报方式，并将最高奖励金额提高至20万元。实施工地扬尘污染和露天焚烧有奖举报，对审核属实的举报人，给予100元奖励。

【生态文明规划建设】 2016年，佛山市推进《佛山市加快推进生态文明建设的实施方案》《佛山市全方位的环境保护规划》《佛山市生态文明建设规划》等文件的编制工作，为环境保护和生态文明建设的协调发展定好站位、定好目标。编制《佛山市生态严格控制区修订》，开展生态红线划定工作。

（姚　瑾）

【国家森林城市创建】 2016年，佛山市推进创建“国家森林城市”攻坚计划，全市完成各类新造林绿化面积2090.5公顷，完成道路绿化79千米、水系绿化58千米，98%国家森林城市指标达标；森林公园和湿地公园建设加快推进，编制完成《佛山市湿地保护利用规划（2016—2020年）》，新建森林公园和湿地公园各4个；全市“绿城飞花”主题项目62个，已完工49个，建成半月岛湿地公园、桂畔湖湿地公园、东平河石湾湿地公园、三山森林公园、西樵山环山花海景观带等一批观花主题公园。三水区南山镇成功创建广东森林小镇示范镇。

【森林资源保护】 2016年，佛山市完成全市林业有害生物普查、湿地资源调查、野生动植物调查、林业生态红线划定和森林资源二类调查工作，组织开展全市森林生态监测，全市节假日期间无森林火灾发生；依法开展森林资源保护专项行动，查处案件41宗，查获各类野生动物4.6万只。

【高效生态农业】 2016年，佛山市加大池塘生态推水养殖、应用干清粪、雨污分流、沼气池等环保生产技术推广力度，完成5个水产生态健康养殖示范小区建设；提升病死畜禽无害化处理水平，累计建成病死畜禽无害化处理设施243个，集中处理中心2个。

【农业源污染综合整治】 2016年，佛山市突出化肥和农药零增长、水产生态健康养殖、秸秆综合利用等重点，推进种养结合和农业废弃物资源化综合利用，提高水资源集约化利用能力、农业绿色增产能力和农业废弃物循环利用能力。划定水产禁限养区域，加强水产养殖排放污染检测和治理，促进水环境的改善。加快农田基本建设，完善水利配套设施。调整广佛跨界区域畜禽养殖禁养区划分，推进广佛交界区域水产养殖业水体污染治理，高质量完成国家环保督察包案工作并通过中央环保督导组的检查，省环保督导组肯定佛山市农业源污染治理工作。

【农村人居环境】 2016年，佛山市在全面完成百村升级行动计划48个“五好”新农村建设的基础上，结合村级公益项目建设，实施“五好”新村居扩面三年行动计划，提升农村人居环境；推进省级新农村连片示范建设工程，第一批的南海区里水镇“梦里水乡”建设进入尾声，第二批的三水区南山镇片区基本完成第一期工程建设。

（许锦华）

【规划生态控制】 2016年，佛山市完成生态控制线划定工作，全市划定生态控制线面积占比超过全市域面积的50%，成果通过专家评审。《佛山市绿道规划建设评估及优化研究》完成验收。编制完成佛山市海绵城市建设序列下的《佛山市城市蓝线划定规划》和《佛山市绿地系统规划》。

（刘　杰）

【节能与循环经济】 2016年，佛山市完成区域能源管理中心平台基本架构建设，实现与广东省能源管理中心平台对接。全市完成电机能效提升23.17万千瓦。佛山市三水区大塘工业园区按照循环经济“减量化、再利用、资源化”理念，结合自身特点编制循环化改造实施方案，申报成为2016年广东省循环化改造试点园区。广东西樵纺织产业基地有限公司的“广东西樵纺织产业示范基地园区循环化改造项目”、佛山市海天（高明）调味食品有限公司的“一期酱油加热技术改造项目”和佛山市广成铝业有限公司的“粤港清洁生产伙伴计划项目”等14个项目共获2016年省级治污保洁和节能减排专项资金1346万元。出台《佛山市经济和信息化局关于重要电力用户管理办法（试行）》，开展电力大用户与发电企业直接交易。2016年佛山市单位GDP能耗比上年下降6.63%，超额完成省下达的目标任务，下降率排名全省第一。

（刘义超）

佛山市禅城区绿岛湖都市产业区（2016）

全面深化改革

【概况】 2016年，佛山市开展改革项目201个（由市党政领导班子成员和五区书记牵头的改革重点项目30个，承接国家级、省级改革试点项目45个，市直部门和五区自主开展项目126个），完成100个（改革重点项目9个，国家级和省级改革试点项目12个，市直部门和五区自主开展项目79个），一些具有“四梁八柱”性质的改革取得较好成绩，建设质量监管体系、全面推开“营改增”改革、构建现代服务业体制机制、深化教育领域综合改革、建立基本农田保护补贴机制等改革成效显著。先后召开2次全面深化改革领导小组会议，审议通过2016年度改革工作要点和重点改革项目等重要改革文件。各改革专责领导小组充分发挥统筹、协调职能，聚焦改革难点，推动改革有序开展。如，互联网+政务服务暨“一门式一网式”政府服务模式改革工作领导小组积极协调，推进“一门式一网式”改革进程；全面深化改革加快实施创新驱动发展战略领导小组紧抓创新重点和关键抓手，高企培育工作实现新突破；深化医药卫生体制改革（建设卫生强市）领导小组狠抓重点，推动医改工作等。同时，建立改革项目协调会议制度、改革重点项目督查工作机制、改革重点项目绩效考评制度。

2016年，佛山市注重加大改革舆论氛围正能量的营造。各级宣传部门及时把中央改革大政方针、省委和市委改革决策部署、基层改革经验做法、改革成果等，在社会进行广泛宣传报道，凝聚改革共识，形成改革合力。协调中央、省以及海外有影响力的媒体，加强对佛山改革的宣传报道，“‘一门式’行政服务体制改革”“佛山供给侧结构性改革”“一座工业城市的生态文明之路”等重大主题宣传报道，在中央电视台、《人民日报》、新华网、凤凰卫视等高端主流媒体刊播，传播佛山改革发展创新的良好形象。注重基层成功改革经验的总结和推广。通过《改革工作简报》，及时归纳、总结和提炼改革经验、成果，主动向上级报送改革工作成果。

2016年3月10日，广东省人社厅厅长林应武（前左二）所率广东省人社厅调研组一行到佛山市禅城区调研“一门式”政务服务改革工作。图为调研组一行在禅城区石湾街道行政服务中心听取工作介绍

【重点领域改革】 2016年，佛山市在行政审批制度、依法治市、农村综合改革、基层社会治理等重点领域和关键环节改革取得突破性进展，其中“一门式一网式”政府服务改革、司法体制改革、供给侧结构性改革、南海区农村集体经营性建设用地入市改革、打造不是“自贸区”的“自贸区”等改革探索和实践走在全省甚至全国前列。

【改革试点项目】 2016年，佛山市部分改革试点在全省乃至全国产生积极影响，为全省和全国改革创新提供示范和案例。如开展国家现代学徒制试点，“学校基本素质培养+公共实训中心岗位能力培养+企业顶岗实训”的现代学徒制佛山模式初具雏形，校企合作走在全省乃至全国的前列；南海区“多规合一”试点形成“五个一”的阶段性成果，国土资源部以此为基础，编写全国统一的《市（县）空间规划编制指南》；国务院农村综合改革示范试点、国家新型城镇化综合试点、综合行政执法体制改革试点、公路养护专项改革试点等国家和省改革试点项目进展顺利。

【基层改革探索】 2016年，佛山市鼓励和支持各区、各部门发挥主动性和创造性，从群众、企业需求和问题出发，大胆探索，推进符合佛山实际、具有佛山特点、广受群众欢迎的改革项目。市工商局会同市商务局、市旅游局等部门，推动深化质量监管体系改革，实施标准化战略，完善产品质量监管体系，推动检测平台建设，加大对制假售假行为的打击力度，完善公共服务领域和民生服务领域的服务业标准体系。禅城区借助信息化和云计算技术，构建区、镇（街道）、社区、网格四级涵盖城市管理、社会管理和应急处置的社会综合治理指挥中心，逐步建立统一、规范、快速的网格化社会治理服务体系。南海区探索开展“三社联动”，分别在社区建设、社会组织、社工人才队伍建设等领域出台相关文件，构建以社区党组织为核心、基层群众自治组织为主体、社区服务中心为平台、集体经济组织为支撑、群团组织为辅助、社会组织为补充、公众参与为路径的共建共享基层治理新机制。顺德区推进“简政强镇”事权、职能异构改革，向镇（街道）下放一批经济社会管理权限和事务，理顺区、镇两级政府的责权关系，增强镇（街道）管理服务能力，提升基层发展活力。高明区以中心城区和西江新城为试点，推动信息化、城镇化加快融合，推动城市逐步实现基础设施先进、信息网络畅通、科技应用普及、生产生活便利、城市管理高效、公共服务完备等目标。三水区探索出以村民自治为核心，以法治为保障，引导群众参与议事，从而形成多元议事、科学决策、有效监督的村、组两级村民议事机构。

【供给侧结构性改革】 2016年，佛山市以制造业转型升级综合改革试点为契机，纵深推进供给侧结构性改革。按照国家发改委要求，佛山市编制《广东省佛山市制造业转型升级综合改革试点方案》，并上报省委、省政府审阅，年内，省委、省政府将该方案转呈国家发改委审批。佛山市按照“先易后难”的原则，集中选取泛家居市场采购贸易方式试点、跨境电商综合试验、佛山农村金融机构改制为股份制商业银行3个事项为突破口，分步骤推进扶持政策落地，佛山市在全省率先出台供给侧结构性改革总体方案及“三去一降一补”（去产能、去库存、去杠杠、降成本、补短板）五个行动计划，将任务、责任分解落实到各区和市有关部门，形成职责明确、整体推进的工作格局。至2016年年底，供给侧结构性改革推进情况良好，部分领域成效逐步显现。在去产能方面，2016年全市出清关停企业106家，超额完成省下达的任务。在去库存方面，2016年全市净去化商品房库存476万平方米，提前超额完成省下达的3年160万平方米去化任务。在去杠杆方面，截至2016年年底，全市银行不良贷款率比上年下降0.41个百分点，各类金融机构杠杆率持续达到监管要求。在降成本方面，全年帮助企业减负284亿元，完成全年目标任务的101.43%。在补短板方面，推进补齐软硬基础设施短板重大项目57个，全市新增建设城市地下综合管廊9.6千米，高速公路通车里程478.5千米，高快速铁路运营里程289.28千米，城市污水处理率提高至96.5%。

【行政体制改革“佛山模式”】 2016年，佛山市在全面实施“一门式”政务服务体系改革的基础上，开展行政审批标准化，改进系统平台，拓展“一门式一网式”政府服务改革。一是推进行政审批标准化。在全省率先完成行政审批标准化试点任务，逐项编制形成办事指南和业务手册，按照统一格式规范经省编办审核后，作为模板供全省其他市、县参考使用。编制全市“一门式一网式”改革“数据规范”“绩效评价办法”等业务规范，建立和完善标准化管理、受审分离、电子档案、业务协同、服务规范、窗口建设等配套制度。开发市标准化管理系统，将标准化成果作为“唯一数据源”，统一应用

2016年11月23日，中央编办在佛山市召开依托互联网深化行政审批制度改革交流研讨会

到实体大厅、网上办事大厅等载体。二是完善全市统一系统平台。各区在原有系统基础上进行升级完善，嵌入统一的标准化管理系统，形成全市统一的界面风格、功能应用和数据标准。同时，打通数据壁垒，推进上下左右数据贯通，在前期与部分部门系统对接的基础上，采取机器人对接技术与市工商、规划、食药监、卫计等部门系统进行对接。三是深化法人“一门式一网式”改革。全面完成市级法人“一门式一网式”大厅升级改造，实施一表式申办、一站式并联审批。在企业登记实施“一门式一网式”综合服务的基础上，经营许可事项实行“综合窗口”一窗受理。推进法人“一门式一网式”线上线下融合互补的综合服务新模式，开通注册登记线下申办入口，开发完善经营许可和投资建设“一门式”网上入口。改革后，办事窗口比改革前下降15%，窗口人员比改革前下降30%，群众办事等候时间、办理时间比改革前缩短50%以上，30%的事项即来即办，即办事项平均15分钟办结；企业登记“两证一章”办理时间由28个工作日压缩到6个工作日；企业工程报建和竣工验收办理时间由近半年分别压减到平均49个工作日和13个工作日。

【创新驱动发展战略全面实施】 2016年，佛山市成立全面深化改革加快实施创新驱动发展战略领导小组，推进国家创新型城市建设各项工作。一是完善科技政策体系。制定《佛山市实施创新驱动发展战略2016年工作要点》，对全年工作进行全面部署。出台《佛山市建设互联网+创新创业示范市实施方案（2016—2020年）》《佛山市深入实施知识产权战略加快创新驱动发展行动计划》等文件，完善政策引导。二是加快培育高新技术企业。落实高新技术企业优惠政策，推动符合条件的科技型企业申报高新技术企业，鼓励各类园区、科技孵化器培育高新技术企业。2016年新增高新技术企业671家，总数达1388家。三是完善自主创新体系。出台《佛山市扶持新型研发机构发展试行办法》，支持新型研发机构的创建、研发投入和研发条件改善。实施科技企业孵化器倍增计划，全市建成各类综合孵化器38个，其中国家级科技企业孵化器10个，入孵科技企业1282家，累计毕业企业356家。推进企业建设研发机构，全市规模以上工业企业研发机构建有率达20%，规模以上高新技术企业建有工程中心率达85%。推动佛山科学技术学院创建高水平理工科大学，实施产教融合，与龙头企业共建产学研基地88个、联合实验室2个、工程技术中心1个、产业化示范基地1个、产学研协同创新基地4个。四是实施“互联网+”行动计划。引导1022家企业开展“互联网+”应用推广，带动近万家传统企业与互联网企业跨界融合。举办第二届中国（广东）国际“互联网+”博览会，促进互联网项目、技术、信息、人才等资源在佛山集聚。以“产业+互联网+金融资本”为核心路径，对传统优势产业进行全产业链整合，打造中国最大的陶瓷产业链服务平台“佛山众陶联”。五是推动产业链、创新链、资金链“三链融合”。联合深圳创新投资集团设立100亿元创新创业产业引导基金。设立规模2亿~3亿元的科技型中小企业信贷风险补偿基金，累计帮助企业获得贷款授信

20.46亿元。新增私募股权投资基金公司51家，总数330家。广东金融高新区入驻金融机构303个，总投资额590亿元；股权交易中心注册登记企业2067家，帮助企业融资927.41亿元。佛山海晟金融租赁公司获批运营，成为全市首家、全省第四家金融租赁公司。

【法治化国际化营商环境改善】 2016年，佛山市以复制推广自贸区政策措施为着力点，完善法治化国际化营商环境。设立全市自贸区工作联席会议制度，制订《佛山市复制推广中国（广东）自由贸易试验区首批改革创新经验工作方案》，提出2016年佛山市23项重点跟进的试点事项，明确任务内容、责任单位和完成时限，强化责任跟踪。制定加快落实不是自贸试验区的“自贸试验区”工作意见，重点围绕外商投资管理体制改革、进口业务发展、服务贸易创新发展、新业态、对外贸易、招商引资、口岸通关便利化等方面，明确多项可落地的改革创新事项，为各级各部门加快建设“仿真自贸试验区”提供具体指引。实施“互联网+易通关”模式，探索建设国际贸易单一窗口，促进投资便利化。公布首批行政审批中介服务项目目录，构建与国际标准对接的投资便利规则体系。制定商事主体行政违法行为提示清单，提示所有市场主体违法风险。发展跨境电商、泛家居市场采购、陶瓷全产业链等新兴业态，推动外贸转型升级。2016年，为企业节省直接和间接通关成本5198万元，平均通关成本比2015年降低60元/票；进、出口平均通关时间分别由19.7小时、0.6小时缩短为15.7小时、0.5小时。

【“一体两翼”基层治理新格局完善】 2016年，佛山市以化解社会矛盾纠纷为导向，完善“一体两翼”基层治理新格局。推进基层各类组织权责重构，以农村城镇化水平、集体经济发展和地方财政支撑为变量，厘清基层各类组织权责边界，推行“政经分离”“政社分开”。坚持以建设“堡垒型+服务型”基层党组织为主线，按照“突出主线，统筹推进，党群共建，重在基层”的思路，构建大党建工作格局。完善“1+N+X”区域化党建模式，推动自下而上反映群众诉求与自上而下解决群众问题有效衔接。至2016年，全市建立260个区域化党建试点，初步形成以基层党组织为核心、参与主体多元、公共服务多样、共驻共建共享的工作格局。针对整顿软弱涣散党组织发力不准的问题，在全省率先出台《关于精准整顿软弱涣散村（社区）党组织的意见》，实施“五个精准”（精准认定、精准分析、精准派驻、精准整治、精准扶持），推动软弱涣散基层党组织转化提升。探索实施镇（街道）党政领导干部直接联系群众制度全覆盖、常态化，将驻点联系作为基层党建述职评议考核重点内容。深化涉农社会矛盾的专项治理，推动解决征地补偿款清理、征地社保预存资金分配、历史留用地、农村土地“三乱”（乱占、乱卖、乱租）问题、“三资”（农村集体资金、资产、资源）管理、农村公共服务平台建设等基层治理源头性六大突出问题。

【“廉洁佛山”制度环境构筑】 2016年，佛山市以建立廉洁试验区为突破口，努力构筑“廉洁佛山”制度环境。制定出台《关于建立廉洁试验区的工作意见》，以粤桂黔高铁经济带合作试验区（广东园）、中德工业服务区等五个经济功能区为试点，建设廉洁试验区。鼓励五个试验区因地制宜各有侧重，进行廉洁制度差别化试验，努力成为廉洁制度“孵化器”，如禅城区实施开放式决策，建立腐败征兆清单和利益冲突清单，给可能发生的腐败行为装上“保险丝”；南海区建立干部履职容误机制，出台《关于在南海廉洁试验区推动落实干部履职容误机制建设的指导意见》，探索制定履职容误三类清单；顺德区对公私合营模式（PPP）项目实行廉洁风险同步预防，构建“联防风险、共建廉洁”的综合监督模式；高明区织牢同步预防“制度网”，全链条监管西江新城工程建设各环节，堵住腐败漏洞；三水区建设辐射区、镇、行政村、自然村四级的农村廉情预警系统，定期收集、实时处理农村廉情。同时，完善倡导“为官有为”、整治“为官不为”机制，细化落实省委“三个区分”的若干意见和工作规程，明确失误与腐败、为公与谋私的界线；制定出台国内首个城市“政商关系”交往守则和指引——《佛山市政商关系行为守则》和《佛山市政商交往若干具体问题行为指引（试行）》，构建既“亲”又“清”的良好政商关系；出台全省首个《重大工程廉洁风险同步预防工作指引（试行）》，为重大工程建设反腐提供“锦囊”。

【法治佛山建设】 2016年，佛山市以依法治市为目标，推进法治佛山建设。一是推进科学民主立法。利用获得设区的市地方立法权机会，锻造佛山特色立法，主动实现立法与改革相适应；推进科学立法，市人大常委会建立地方立法研究评估与咨询服务基地，成立立法专家顾问咨询组；探索民主立法，公开征集立法项目意见，拓宽立法渠道。《佛山市历史文化街区和历史建筑保护条例》《佛山市制定地方性法规条例》《佛山市机动车和非道路移动机械排气污染防治条例》等3部地方性法规和《佛山市城市市容和环境卫生管理规定》等1部地方政府规章获颁布实施。二是推动法治政府建设。印发《佛山市权责清单监督管理办法》和《佛山市进一步建立健全政府工作部门权责清单制度实施方案》，推行全省首个市、区、镇三级权责清单统一管理的制度；健全行政决策制度和评估监督机制，制定重大行政决策事项目录，建立重大行政决策咨询论证专家库，构建重大决策终身责任追究制度及责任倒查机制；推进以市场监管领域为重点的综合行政执法体制改革试点，完善执法方式和管理体制。三是加快司法体制改革。推动“两法衔接”，探索将“一门式”综合平台与“两法衔接”信息共享平台有效融合，促进行政执法和刑事司法的无缝对接。市中级人民法院和南海、顺德法院作为广东省首批司法体制改革试点法院，审判权运行机制、司法责任制、法官员额制3项基础改革基本完成。

【社会事业改革】 2016年，佛山市以公平共享为核心，推进社会事业改革，使全体市民在改革发展中有更多获得感。在教育方面，贯彻落实教育优先发展战略，加快国家教育综合改革示范区建设；制订出台《佛山市创建现代职业教育综合改革示范市实施方案》，明确从加快现代职业教育体系建设、加强产教融合、创新人才培养模式等6个着力点推进综合改革；协调推进国家现代学徒制试点工作，启动首期现代学徒制公共实训中心项目建设；印发《佛山市建设国家学前教育改革发展实验区工作方案（2016—2018年）》，推进国家学前教育改革发展实验区建设。在医疗卫生方面，研究制定《中共佛山市委市政府关于深化医药卫生体制改革建设卫生强市的决定》，深化医药卫生体制改革，激发医疗卫生事业发展活力，加快基本医疗卫生服务制度和现代医院管理制度建设，构建以居民健康为中心的整合型医疗卫生服务体系；编制《佛山市推进中医药强市实施方案（2016—2020年）》，统筹推进中医药能力建设。在文化建设方面，印发实施《佛山市关于加快推进基层综合性文化服务中心建设的实施意见》，明确全市建设任务和标准，强化公共文化服务“基底细胞”；推动《佛山市关于加快旅游文化创意产业发展的行动计划（2015—2020年）》等一系列政策措施落到实处，通过扶持文化创意产业、开展全市文化产业示范园区（基地）的认定和管理、扶持民办文化场馆等工作，提升文化产业发展实力。在促进就业创业方面，制定出台《佛山市关于构建和谐劳动关系的实施意见》，健全党委领导、政府负责、社会协同、企业和职工参与、法治保障的工作机制；基本建立信息化劳资纠纷预警平台、劳资纠纷应急指挥管理平台、劳资纠纷群体事件应急处置机制，逐步推进劳动保障监察综合执法改革；印发实施《关于进一步加强创业孵化基地建设的实施意见》，促进创业带动就业取得成效。在社会保障方面，整合职工医保和城乡居民医保，建立一体化医保制度；颁布实施《佛山市工伤保险浮动费率管理办法》，实施分类别管理；开展支付方式改革，在市内定点医疗机构推进基本医疗保险按病种付费工作。在新市民管理方面，印发实施《佛山市进一步推进户籍制度改革实施方案》，放宽入户条件，促进有能力在佛山市稳定就业和生活的常住人口有序实现市民化；印发《佛山市新市民积分制服务管理办法》，完善居住证积分管理制度，提高居住证持有人可享受的服务质量和水平。

（市委改革办）

第四篇

政　　治

党政机关

中共佛山市委员会

【概况】 2016年，中共佛山市委深入学习贯彻习近平总书记系列重要讲话精神，坚持“四个全面”战略布局，坚持发展是第一要务，牢固树立创新、协调、绿色、开放、共享发展理念，紧密围绕“三个定位、两个率先”的目标，站在第二个一百年的更高起点上，将创新驱动发展作为核心战略，将全面深化改革作为根本动力，将提质增效升级作为发展导向，团结带领全市广大党员和干部群众，加快以新理念、新定位统筹推进经济建设、政治建设、文化建设、社会建设、生态文明建设和党的建设，推进稳增长、调结构、促改革、惠民生、防风险各项工作，全面提升城市综合竞争力，建设面向全球的国家制造业创新中心、具有全国影响力的制造业转型升级示范城市、宜居宜业宜创新的高品质现代化国际化大城市、更具品质的文化导向型城市、更高质量的民生幸福城市。2016年，全市经济社会持续健康发展，实现“十三五”良好开局，为迈向第二个一百年目标奠定坚实基础。

【“两学一做”学习教育 】 2016年，佛山市全面部署和组织开展“两学一做”学习教育，在深刻把握中央精神的基础上，结合实际制订具有佛山特色的实施方案，提出“重思想、抓日常、促作为”的总体思路，出台《佛山市关于进一步严肃党的组织生活严格党员教育管理的指导意见》等一系列制度性文件，推进全市各级党组织深入开展学习教育活动。一是市委履行主体责任。市委常委班子率先垂范，围绕《中国共产党地方委员会工作条例》、习近平总书记系列重要讲话等内容，通过中心组专题理论学习会、组织宣讲团巡回宣讲等形式持续深化学习教育，市、区、镇（街）党政领导班子及机关事业单位党组织主要负责人全部完成讲党课。二是突出问题导向，夯实基层基础。统筹考虑“两学一做”学习教育和基层党建工作，深化“堡垒型+服务型”基层党组织建设，落实基层党建重点任务，加强社会组织、小微企业个体工商户和专业市场等重点领域和薄弱环节基层党建工作。三是坚持学做结合，以学促干。引导党员立足岗位发挥先锋模范作用，开展业务技能培训、业务竞赛、建言献策等系列岗位练兵活动，拓展整治“为官不为”，倡导“为官有为”。

【经济保持稳增长】 2016年，佛山市坚持稳中求进、稳中提质，全力打好稳增长促发展“组合拳”，全市综合经济竞争力位居全国大中城市前列。推进国家制造业转型升级综合改革试点，创建“中国制造2025”试点示范城市，扶持发展“中国制造2025”试点示范企业，与珠江西岸五市（珠海、中山、江门、阳江、肇庆）共建“中国制造2025”试点示范城市群。扩大固定资产投资，推进重大项目建设。促进外贸进出口平稳增长，扩大消费需求。加快产业结构优化升级，发展智能制造，建设中国“互联网+智能制造”试点城市，提高现代服务业发展水平。推进供给侧结构性改革，加大招商引资力度，开展国际优势产能合作，稳妥处置过剩产能，逐步化解现有房地产库存，推动金融去杠杆，开展降低实体经济企业成本行动，补齐软硬基础设施“短板”，促进财政收入稳步增长。加大金融扶持实体经济力度，强化金融服务创新，发展多层次资本市场。建设中德工业服务区、珠三角国家自主创新示范区、广东金融高新技术服务区、粤桂黔高铁经济带合作试验区（广东园）等一批重大发展平台，打造一批高质量产业园区和创新平台。支持推动民营企业做优做强做大做成“百年老店”，落实提振民营企业家信心促进创业创新40条措施，提出放心、放手、放胆发展民营经济，鼓励民营企业通过兼并重组、跨国并购等方式做强做大。

【创新驱动发展】 2016年，佛山市坚持突出制造业创新，推动创新驱动发展实现新突破。市委将实施创新驱动发展战略作为核心战略和总抓手，出台创新驱动发展三年行动计划，推进国家创新型城市建设。狠抓高新技术企业培育，加强科技创新平台建设，实施科技企业孵化器倍增计划，加大工业技术改造投资力度，实现技改投资总量稳居全省首位。深化产学研合作，加强企业和产业关键核心技术攻关。集中全市力量推进佛山科学技术学院建设高水平理工科大学，调整优化学院、学科、专业结构，确定学科专业改革发展规划，重点发展智能制造、新材料新能源、电子信息、生物工程与食品工程、节能环保、制造服务等六大学科领域；深化学校人事分配体制机制改革，建立校内人才遴选机制，面向海内外公开招聘高层次人才、二级学院院长、高水平博士三类人才，构建“高校+高端研究院所+龙头企业”合作创新模式，主动与高端科研院所和龙头企业开展实质性合作，形成“一园N院一中心”创新平台格局。实施金融、科技、产业融合创新发展，建立科技型中小企业信贷风险补偿基金，探索科技保险试点城市建设。构建多层次资本市场体系。建设国家商标战略实施示范城市。启动省、市共建引领型知识产权强市。始终坚持人才立市、人才兴市、人才强市，重点抓好创新人才政策体系建设，实施重点产业人才引进培育暂行办法，建立健全人才服务和激励机制，做强佛山高新区、广东金融高新区、广东工业设计城等产业园区和研发平台载体，形成人才汇聚的重要平台；发展智能制造业、装备制造业和高技术产业，集聚高端人才，提供“一站式”服务，在条件成熟的镇（街）设立人才服务站，放宽人才入户条件；创新人才引进方式，借助中德工业服务区等载体，开展“海外工程师”项目，同时加强与国内一流科研院所、大学合作，引进高层次人才和团队。弘扬工匠精神，以最高规格召开首届“佛山·大城工匠”命名大会，为首批30名“佛山·大城工匠”命名、颁发证书，并给予全市最高礼遇和荣誉。

【深化改革】 2016年，佛山市狠抓改革攻坚，实施供给侧结构性改革成效明显。深化行政体制改革，推行“一门式一网式”政府服务模式改革，编制完成政府权责清单，推进“三单”管理制度、商事登记制度、公共资源交易管理制度等重点改革。率先复制推广广东自贸区成熟政策，打造不是“自贸区”的“自贸区”，实施港澳服务提供者投资备案管理模式，探索建设保税展示中心和进口消费品集散中心，开展创建国家特色服务贸易出口基地，推进跨境电子商务行业发展，实施“互联网+易通关”。建立城乡社区建设工作联席会议制度。支持和培育各类社会组织发展，全市社会组织数量位居全省地级市首位。深化国资国企改革，推动市属国有企业改革重组。加强房地产市场调控工作，建立健全房地产市场调控协调机制，出台落实一系列房地产市场管理调控文件，采取“控制东部、稳住中部、扶持西部”的房地产调控政策，因地制宜执行限购和差别化住房信贷政策，加强对商品住房销售的监管，促进房地产市场平稳健康发展。推进农村综合改革，开展南海区农村集体经营性建设用地入市改革试点。

【城市升级】 2016年，佛山市加快城市治理体系和治理能力现代化建设，推动城市建设治理步入新阶段。召开全市城市治理大会，推动城市升级向城市升值再向城市治理现代化的转变，以高水平规划引领城市现代化，以城市现代化促进产业高端化，以城市管理精细化改善生产生活生态环境，以镇村现代化促进全市现代化，实现以产业为引领的“产城人”融合发展向更加注重以城市为引领的“城产人”融合发展转变。加速新型城镇化，基本完成“城市升级三年行动计划”和“两年延伸计划”，投入2400多亿元建设444个项目，城乡发展呈现新面貌。统筹推进百村升级、古村落活化、省级新农村连片示范工程建设、历史文化街区保护等工作，打造出“岭南新天地”等一批城市名片，延续历史文脉，使市民看得见山、望得见水、记得住乡愁。启动建设广州大学城卫星城，市科学馆新馆、广东（潭洲）国际会展中心首期建成使用。结合各镇（街）产业特点，依托区域产业聚集优势，推进特色小镇规划建设工作，形成各类特色小镇雏形，年内启动建设佛山国家高新区科技创新小镇群。加大交通基础设施建设力度，加快建设轨道交通，打通“断头路”。推进地下综合管廊建设。优化生态环境，改善大气和水环境质量，推动村级工业区环境整治，坚决关停取缔污染企业，引导传统产业园区向现代产业社区转变。加强城市绿化美化亮化，推进森林公园、湿地公园建设，建成“绿城飞花”主题绿化景观，建设乡村绿化美化示范村。

【宣传思想文化工作】 2016年，佛山市深化学习研究宣传习近平总书记系列重要讲话精神和治国理政新理念新思想新战略，深入基层开展分众化、对象化、互动化宣讲，推动中央精神深入基层、深入群众、深入人心。严格落实意识形态工作责任制，掌握意识形态工作主动权，维护意识形态安全。围绕佛山制造、生态佛山、文化佛山、佛山供给侧结构性改革、佛山好人等主题，坚持主动策划、精准设置议题、调研总结经验、沟通汇报对接媒体报道需求等，争取中央、省以及国外主流媒体的支持，推动佛山城市形象在国内国际的传播力、影响力取得大突破。掌握网络舆论工作主动权，强化网络舆情监督和处置。发挥全媒体传播优势，做优做强网络正面宣传。培育和践行社会主义核心价值观，推动文明创建向基层延伸。开展美丽文明村居示范点建设，创新开展“宣传思想文化进民营企业”活动，弘扬社会正能量。建设“志愿者之城”。推动文化文艺繁荣发展，彰显“文化佛山”魅力。

【区域开放合作】 2016年，佛山市坚持开放引领，提出以更加开放的胸怀、更加开放的视野、更加务实的举措，在推进更高水平开放发展中走在前列，推动区域开放合作迈出新步伐。推动广佛都市圈建设，主动对接广州重大发展战略，紧密对接广州铁路、航运、航空三大交通枢纽，实现产业错位发展，在建设珠三角世界级城市群中发挥主力军作用。与广州共同编制《广佛同城化“十三五”规划》，促进两市交通、产业等专项规划有效衔接。粤桂黔高铁经济带合作试验区纳入国务院《关于深化泛珠三角区域合作的指导意见》，上升为国家战略，建设开局顺利。落实粤港合作框架协议。加强对德合作，举办2016中德对话论坛等重大活动。支持企业开拓国际市场，鼓励企业参与“一带一路”建设，实行“走出去、引进来”，以泛家居产业基础为保障，整合线上线下资源，在“一带一路”沿线国家布点佛山泛家居品牌海外体验馆，为企业搭建深度拓展国际市场的平台。推进新时期精准扶贫对口帮扶湛江、云浮工作，推动佛山、云浮先进产业共建和产业高水平转移，统筹佛山（云浮）工业园、佛山顺德（云浮新兴）工业园以及云浮新区、思劳、云安、罗定、郁南等6大片区整合开发和联动发展，重点在氢能源装备制造业等战略性新兴产业进行全方位战略布局，推动整合构筑领先全国的氢能源产业体系和产业集群，超前推动建设全球最大商用规模的燃料电池国产化项目，较好地实现“四个更多一些”发展目标（项目更多一些、投资更多一些、产值更多一些、税收更多一些）。推进援疆援藏、对口四川凉山州扶贫协作、支援联系四川甘孜州工作并取得实效。

【民主法治建设】 2016年，佛山市各级党委将法治建设摆在全局工作的重要位置，与经济社会发展同步谋划、同步实施、同步推进，以《法治广东建设第二个五年规划（2016—2020）》为指导，以落实广东省《2016年度依法治省工作要点》为主线，以法治创建活动为载体，以法治建设考评为抓手，推进依法治市工作。加强党委依法决策工作，严格执行党委依法决策程序规定，建立党组（党委）报告重大事项制度。建立健全法治建设考评体系，强化法治建设保障。加强地方立法工作，坚持党对立法工作的领导，推进科学民主立法，提高立法质量。推进依法行政，健全政府依法决策机制，规范行政执法，推进政务公开，建设法治政府。深化司法体制改革，加强行政机关负责人出庭应诉工作，支持法院受理行政案件，尊重并执行法院生效裁判，提升司法公信力。深化法治宣传教育，推进法治市（区）、法治乡镇（街道）、民主法治村（社区）创建活动，开展中小学校的依法治校工作，加强社会组织综合监管，健全公共法律服务体系和依法维权化解矛盾纠纷机制，加强社会治安和风险防控工作，维护社会稳定。规范市场经济秩序，建立规范、便利的市场准入机制，打造法治化营商环境。

【社会民生事业】 2016年，佛山市保障和改善民生，市委将增进人民群众福祉作为最大责任担当，将人民对美好生活的向往，作为最大的奋斗目标。落实人民满意政府建设行动计划，提高城乡居民收入，促进创业就业。启动基本医疗保险城乡一体化改革，统一全民医保待遇。建设国家学前教育改革发展实验区、国家特殊教育改革实验区，城乡同步实施免费中等职业教育。启动卫生强市建设，成为公立医院综合改革省级联系试点。开通运营中心城区“两横四纵”公交骨干线路，增加公交车专用道。创建“城乡十分钟文化圈”示范镇（街）、示范村（社区），建设提升行政村（社区）综合文化服务中心。创建国家食品安全示范城市。打击涉毒、涉盗抢、涉电信网络诈骗、涉金融领域等四类刑事犯罪。加强安全生产监管，控制生产事故总量。

【党的建设事业】 2016年，佛山市推进全面从严治党，市委落实党建主业意识，坚持严字当头实处着手，落实全面从严管党治党新要求，把佛山市党建优势转化为发展优势，把组织活力转化为发展活力。加强和改进地方党委工作，贯彻落实《中国共产党地方委员会工作条例》《中国共产党党组工作条例（试行）》，坚持领导经济社会发展和履行全面从严治党政治责任相结合，坚持党委领导和支持保证国家机关依法履行职责相结合，发挥总揽全局、协调各方的领导核心作用，把方向、管大局、作决策、保落实。统筹推进基层治理重构和加强基层党建，深化“堡垒型+服务型”基层党组织建设，抓好基层党建重点任务，强化基层党组织政治功能与服务功能，特别是加强重点领域和薄弱环节基层党建，深化“精准整顿”软弱涣散基层党组织。构建“1＋N＋X”区域化党建，提升基层党组织统筹资源能力。推动驻点联系与“三官一师”直联村（居）“双融合”，密切党群、干群关系。从严从实抓好换届工作，推行廉情“观察哨”制度，实施重点区域“驻点观察”、巡查督导“移动观察”、特邀监察员“圈子观察”，构建换届风气监测网络，实时监测换届风气情况，确保换届风清气正。探索推进党风廉政建设，坚持“打”“建”结合，一方面在基层组织中查处一批矛盾突出、问题严重、群众反映强烈的问题，形成震慑力；另一方面开展廉洁试验区建设，从创新反腐败监督体制、腐败惩处机制、廉政监督机制和预防腐败机制四大方面推出18条试验任务清单。贯彻习近平总书记提出构建“亲”“清”新型政商关系的重要讲话精神，落实省委“三个区分”要求，在全省率先出台政商关系行为守则和指引，整治“为官不为”、倡导“为官有为”，促进佛山经济平稳健康发展。

【中共佛山市委十一届七次全会】 2016年1月19日召开。全会深入学习贯彻党的十八届五中全会、中央经济工作会议、中央城市工作会议和习近平总书记系列重要讲话精神，学习贯彻省委十一届五次、六次全会精神，听取中共佛山市委书记刘悦伦代表市委常委会所作的《以新理念新定位引领创新发展，奋力夺取全面建成高水平小康社会新胜利》报告，印发《中共佛山市委关于制定全市国民经济和社会发展第十三个五年规划的建议》。

全会强调，“十三五”时期将是佛山全面深化

2016年1月19日，中国共产党佛山市第十一届委员会第七次全体会议举行

改革的黄金期，推动创新发展的战略机遇期，培育发展新动能的窗口期，深化区域合作交流的关键期。佛山市的发展定位：从产业发展的角度，建设成为中国制造业一线城市、广东民营经济第一大市、珠西装备制造业龙头城市；从结构调整的角度，建设成为创新驱动先锋城市、传统产业转型升级典范城市、产业金融中心城市、制造业服务化领头城市；从区域发展的角度，建设成为区域一体化发展重要节点城市；从生态文明的角度，建设成为生态环境修复示范城市；从改革创新的角度，建设成为体制机制改革前沿城市。重点处理好“五种关系”：政府、市场和社会的关系，发展速度与效益质量的关系，重点发展与区域全面协调发展的关系，经济建设与生态文明建设的关系，市级统筹与激发基层活力的关系。围绕“三个定位、两个率先”总目标，突出改革和创新，以新理念、新定位统筹推进经济、政治、文化、社会、生态文明建设和党的建设，全面提升城市综合竞争力，确保全面建成高水平小康社会取得决定性胜利。综合考虑未来发展趋势和条件，提出未来五年全市经济社会发展的7项重大目标任务：全面建成高水平小康社会、基本建成国家创新型城市、建立具有核心竞争力的现代产业体系、建立绿色低碳生产生活体系、建设宜居宜业更美好的现代化大城市、基本建成市场化国际化法治化的营商制度体系、建设和谐稳定健康幸福佛山。

2016年是全面建成小康社会决胜阶段的开局之年，也是推进结构性改革的攻坚之年。一是坚持深化改革，紧抓综合改革试点重大机遇，再创体制机制新优势。推进适应佛山发展需要的供给侧结构性改革、国家制造业转型升级综合改革、行政体制改革，深化基层社会治理体系改革。二是坚持创新发展，以创建国家创新型城市为引领，加快构建有佛山特色的自主创新体系。培育以“小众领袖”为基础的创新主体，依托佛山国家高新区、广东金融高新区、中德工业服务区等由北到南的高端平台带，主动对接广州国际航空枢纽、国际科技创新枢纽、国际航运枢纽三大战略枢纽，打造佛山特色区域创新“走廊”。构建以现代制造业为核心的产业体系。打造以“工匠情怀”为内涵的“人才特区”。三是坚持协调发展，努力把佛山建设成更可持续、更美丽、更宜居的高品质现代化大城市。着力建设高品质中心城区，统筹推进城乡区域协调发展，加快文化导向型城市建设，推进城市管理精细化、信息化。四是坚持绿色发展，加快建设生产空间集约高效、生活空间宜居适度、生态空间山清水秀的国家生态文明示范市。加大生态环境修复力度，推进绿色生态建设，倡导低碳循环生产生活方式，完善生态文明体制机制建设。五是坚持开放发展，全方位推进区域合作，建设高水平开放型经济新格局。将广佛同城打造为中国城市同城化样板，打通大西南与珠三角区域合作“走廊”，推动佛港澳台现代服务业合作发展，促进国际贸易转型升级。六是坚持共享发展，加强和保障民生事业，建设健康幸福佛山。始终将保障和改善民生放在首要位置，促进新市民加快融入佛山，维护社会和谐稳定。七是全面从严治党，提高执政能力和领导水平，推动全市党建工作再上新台阶。坚持党建工作和中心工作同谋划、同部署、同考核，建设“堡垒型+服务型”基层党组织，与“一体两翼”基层治理新格局有机结合，完善提升“双直联”联系服务群众体系，加快构建“1+N+X”区域化大党建格局。推进依法治市、党风廉政建设和反腐败斗争，营造敢于担当、创业创新的良好政治生态。

【中共佛山市委十一届八次全会】 2016年7月25日召开。全会的主要任务是总结2016年上半年全市经济发展情况，部署下半年经济工作，站在实现第二个一百年目标的高度，谋划未来佛山经济发展思路。全会听取中共佛山市委书记鲁毅代表市委常委会所作的《开放引领，创新驱动，全力打造国家制造业创新中心》报告。

全会指出，2016年上半年，佛山推进供给侧结构性改革，推动经济运行稳中有进，促进各项主要经济指标保持在合理区间，经济发展取得新成效，为未来发展奠定坚实基础。全会强调，要正确认识佛山工业经济发展特征，准确把握佛山市经济社会发展在经济发展质量和效益、资源环境、社会建设等方面的关键问题，用国际视野和战略眼光，立足佛山发展新阶段、顺应世界发展新形势，朝着第二个一百年目标，前瞻谋划佛山未来创新发展战略，开启率先基本实现社会主义现代化新征程。要坚持“一张蓝图绘到底”，围绕建设“中国制造业一线城市”的城市定位进行顶层设计和前瞻布局，紧扣制造业创新这个核心关键，以打造“国家制造业创新中心”为重大战略，引领佛山未来发展，实现佛山全面腾飞。要深刻理解和把握好四个“更加注重”：更加注重经济增长与社会建设的平衡性、协调性；更加注重以开放引领更高水平的发展；更加注重培育新的经济增长点；更加注重加强市级统筹与激发基层活力。要顺应工业4.0发展趋势，瞄准科技前沿领域，抢占技术制高点，以创新推动佛山制造业加快实现“四个转变”：由生产型制造向服务型制造转变；由人工制造为主向智能制造为主转变；由低成本竞争优势向高质量竞争优势转变；由粗放制造向绿色制造转变。打造国家制造业创新中心，要坚持立足当前、着眼长远，分阶段分步骤推进实施。到2020年，全面建成国家创新型城市，自主创新水平进入全国前列；到2025年，创新体系更加完备，创新文化氛围更加浓厚；到2049年，率先建成国内一流制造业创新体系，主要领域建成全球领先的技术体系和产业体系，制造业综合实力达到世界制造强国水平。重点抓好五项工作：一是把发展智能制造作为提升佛山制造核心竞争力的主攻方向。二是加快发展现代服务业，坚持先进制造业与现代服务业“双轮驱动”，以创新驱动传统产业转型升级，强化重点领域产业链精准招商、专业招商，引进一批符合佛山产业发展需要的先进制造业和战略性新兴产业。三是推动“佛山制造+全球市场”向“世界科技+佛山制造+全球市场”迈进。四是促进民营经济发展，打造一批引领行业发展、具有国际竞争力的企业“航母”。五是以更加开放务实的举措引领发展，坚持对内开放与对外开放并举，主动融入经济全球化和区域一体化进程，加快构建开放型经济新格局。

【中共佛山市委十一届九次至十次全会】 中共佛山市委十一届九次全会于2016年9月5日召开，会议审议并通过《关于召开中国共产党佛山市第十二次代表大会的决议》。中共佛山市委十一届十次全会于2016年11月18日召开，会议听取关于中国共产党佛山市第十二次代表大会筹备工作情况报告，审议并通过十一届市委向市第十二次党代会的报告（审议稿）、市纪委向市第十二次党代会的工作报告（审议稿），以及市第十二次党代会主席团常务委员会委员建议名单、全会关于召开市第十二次党代会的决议（草案）。

【中共佛山市第十二次代表大会】 2016年11月29日召开。大会全面学习贯彻落实党的十八大和十八届三中、四中、五中、六中全会以及习近平总书记系列重要讲话精神，听取中共佛山市委书记鲁毅代表中共佛山市第十一届委员会所作的《开放引领，创新驱动，阔步迈向率先基本实现社会主义现代化新征程》报告。

大会肯定十一届市委的工作。一致认为，市第十一次党代会以来，在中央和省委坚强领导下，十一届市委团结带领全市人民，攻坚克难，砥砺奋进，完成市第十一次党代会提出的主要目标任务。综合实力迈上新台阶，城乡发展呈现新面貌，体制机制迸发新活力，民主法治建设取得新进步，群众幸福感实现新提升，党的建设取得新成效。总结过去五年佛山的工作经验：坚持把制造业作为立市之本、强市之基；坚持以城市升级引领现代化建设全局；坚持以改革创新激发全社会发展活力；坚持放心、放胆、放手发展民营经济；坚持把人民满意作为最高价值追求；坚持把全面从严治党作为改革发展的重要保障。大会强调，做好接下来五年的工作，必须坚持党建统领、干字当头，必须坚守制造业根基，必须坚持创新驱动核心战略，必须坚定全方位开放引领，必须聚焦补短板攻难点，必须大力弘扬“工匠精神”，把各项目标任务落到实处，创造经得起实践、历史、人民检验的崭新业绩。要打造国家制造业创新中心，引领经济发展实现“双中高”，落实“中国制造2025”战略，面向全球配置创新资源，加快形成“世界科技+佛山制造+全球市场”创新发展模式。要坚持以人为核心建设宜居宜业宜创新的美好家园，把人的城市化放在更加突出位置，深化“城产人”融合发展战略，立足共建珠三角世界级城市群核心，全面推进城市治理现代化。要在全面深化改革中继续勇当先锋，推动实现更有质量效益的发展。要高水平、深层次、宽领域推进对内对外开放，走出一条经济边界不断拓展、发展空间持续扩大、比较优势充分释放的新时期佛山开放之路。要全面提升更具岭南文化特质的城市品味，以文化的力量塑造城市形象、推动城市发展。要努力让人民群众过上更加幸福美好的生活，将保障和改善民生放在首位，以高品质公共服务提升市民幸福感和城市竞争力，打造更高水平的共享佛山、平安佛山、法治佛山。要始终坚持党要管党、从严治党，坚决维护以习近平为核心的党中央权威；加强和规范党内政治生活；全面加强党内监督；建设团结和谐的民主政治；更好发挥基层党组织战斗堡垒作用；坚持不懈推进正风反腐；锻造奋发有为的干部队伍，努力实现干部清正、政府清廉、政治清明，为迈向率先基本实现社会主义现代化新征程提供坚强保证。

【中共佛山市委十二届一次全会】 2016年11月30日召开。全会选举产生十二届市委常务委员会委员、市委书记、市委副书记，通过市纪委十二届一次全会的选举结果。

全会强调，全市上下要贯彻落实中共佛山市第十二次代表大会精神，将思想和行动统一到党代会确定的奋斗目标上来，把智慧和力量凝聚到党代会提出的各项任务上来。一是坚定信仰，对党忠诚。进一步增强“四个意识”特别是核心意识、看齐意识，坚定维护以习近平为核心的党中央的权威。二是牢记使命，勇于担当。更加主动融入国家和省发展战略全局，更好地为广东乃至全国制造业转型升级探路，为建设“制造强国”多作贡献；更好地为广东经济增长和结构调整提供“两个支撑”，为广东实现“三个定位，两个率先”多作贡献。三是稳健传承，矢志创新。传承好历届市委的好思路、好做法、好经验，传承好佛山敢为人先、干事创业的良好氛围和风清气正的政治生态，传承好制造业立市、城市升级、发展民营经济、把党建优势转化为发展优势等弥足珍贵的发展经验。同时，把创新的思维和实践贯穿改革发展的方方面面，推动全市各项事业在传承中创新，在创新中发展。四是带好班子，聚集合力。发挥总揽全局、协调各方的领导核心作用，以市委班子的坚强团结，示范带动全市各级班子、各个方面的坚强团结，形成同心同德谋发展、群策群力干事业的生动局面。五是清正廉洁，保持本色。贯彻落实好《关于新形势下党内政治生活的若干准则》和《中国共产党党内监督条例》，坚决落实中央八项规定精神，做到率先垂范、以上率下，树立起新一届市委为政清廉、干净干事的良好形象。

【《佛山市建设“志愿者之城”三年行动计划（2016—2018年）》印发】 2016年1月13日，中共佛山市委办公室、市人民政府办公室印发《佛山市建设“志愿者之城”三年行动计划（2016—2018年）》，部署全市倡导“奉献、友爱、互助、进步”的志愿服务精神，到2018年年底，全市志愿服务发展水平居于全国前列，初步建成“志愿者之城”。一是建立健全志愿服务组织统筹枢纽体系。二是完善志愿服务招募注册、培训提升、供需对接等运行机制，打造“志愿者公益银行”。三是加强大学生志愿服务队伍建设，建立党员志愿服务队伍、专业志愿服务队伍、企业志愿服务队伍等。四是打造“到你身边”系列志愿服务阵地和项目品牌，推行“志愿V站”模式。五是加强志愿服务激励保障，完善志愿服务星级认定制度，建立志愿服务风险评估机制。六是加强志愿服务文化建设，促进与国内外先进地区志愿者工作的交流合作。

【《佛山市防范和打击电信网络违法犯罪工作实施方案》印发】 2016年4月22日，中共佛山市委办公室、市人民政府办公室印发《佛山市防范和打击电信网络违法犯罪工作实施方案》，部署全市构建全社会防范和打击电信网络违法犯罪“一盘棋”工作格局，遏制该类案件发生。一是建立打击和防范电信网络违法犯罪7×24小时联络员机制。二是建立全国涉案账户资金快查快冻机制。三是建立涉案账户资金原路返还机制。四是建立公安机关与通信网络运营企业联动快速响应机制。五是建立全民防范宣传机制。

【《佛山市繁荣发展社会主义文艺的实施方案》出台】 2016年6月8日，《佛山市繁荣发展社会主义文艺的实施方案》出台，部署全市落实习近平总书记在文艺工作座谈会上的重要讲话精神，推动文艺事业繁荣发展，加快建设岭南文化高地。一是坚持文艺繁荣发展的正确方向，在文艺领域培育和践行

"佛山制造精神"，推动建设文化导向型城市。二是提高文艺原创能力，创作文质兼美、无愧于时代的文艺精品，加强文艺理论评论工作，引导和发展文艺新业态。三是丰富广大人民群众的文艺生活，高标准建设现代公共文化服务体系，培育地方特色文化品牌，加强设施、场所等文艺硬件建设，推进文艺教育和普及推广。四是完善文艺工作的体制机制，健全文艺作品评价体系，加强文艺平台整合。五是建设德艺双馨的文艺队伍，加强基层文艺人才队伍建设。六是加强和改进党对文艺工作的领导，发挥人民团体和社会组织的积极作用。

【《关于深化医药卫生体制改革建设卫生强市的决定》出台】 2016年6月23日，佛山市出台《关于深化医药卫生体制改革建设卫生强市的决定》，部署全市深化医药卫生体制改革，到2018年，率先建立基本医疗卫生制度，医疗卫生综合实力和主要健康指标居全省前列；到2020年，建立与佛山市经济社会发展水平相适应的健康服务体系，建成立足珠三角，辐射粤西粤北、西江流域的珠江西岸区域医疗卫生中心，全面建成卫生强市。一是构建多层次医疗服务体系。二是提升基层医疗卫生服务能力。三是强化公共卫生服务体系建设。四是发展健康服务业。五是加强中医药强市建设。六是深入开展爱国卫生运动和健康城市建设。七是建立健全城乡医疗保险机制。八是完善药品供应保障机制。九是加大医学科技创新和人才培养引进力度。十是创建医疗健康信息惠民服务新模式。十一是提升卫生计生综合管理服务水平。十二是加强对外交流合作。

【《关于构建和谐劳动关系的实施意见》出台】 2016年7月11日，佛山市出台《关于构建和谐劳动关系的实施意见》，部署全市建立规范有序、公正合理、互利共赢、和谐稳定的劳动关系，到2020年，构建起与全面建成小康社会相适应的和谐劳动关系的体制机制和工作格局。一是保障职工合法权益，重点规范工程建设领域的工资支付行为，依法维护和保障职工休息休假权利等，健全职工职业技能培训激励机制。二是健全劳动关系协调机制，落实劳动合同制度，推进集体协商和集体合同制度，完善协调劳动关系三方机制。三是加强企业民主管理制度建设。四是完善劳动关系矛盾纠纷预防调处体系。五是营造构建和谐劳动关系的良好环境，完善构建和谐劳动关系的政策体系，开展和谐劳动关系创建活动。

【《关于深化基层党风廉政建设综合治理的若干意见》出台】 2016年7月29日，中共佛山市委出台《关于深化基层党风廉政建设综合治理的若干意见》，部署全市各级党组织发挥主体关键作用，深化基层党风廉政建设，推动全面从严治党向基层延伸，营造基层风清气正、干事创业的良好氛围。一是落实"两个责任"，强化基层纪律规矩意识。二是建立健全决策和管理规则，强化基层廉政风险防控。三是培育民主监督力量，强化村（居）权力内部制约。四是把握运用好"三个区分""四种形态"，实行奖惩相济，强化基层干部履职担当。

【《关于加强社会组织党的建设工作的实施意见》出台】 2016年8月12日，中共佛山市委办公室出台《关于进一步加强我市社会组织党的建设工作的实施意见》，部署全市各级党组织做好社会组织党的建设工作，以建设"堡垒型+服务型"基层党组织建设为主线，推动全市社会组织党组织有效发挥政治核心作用，加强党员干部队伍建设，提高党的组织和工作覆盖率，提升社会组织党建工作水平。一是推进党的组织和党的工作"两个覆盖"，推行社会组织登记注册与党组织组建同步，社会组织年检与党建工作检查同步，社会组织等级评估和党建工作评估同步。二是坚持分类推进、示范带动提升社会组织党建工作整体水平，重点抓好行业协会商会、律师行业、民办医疗机构等6个行业和领域的党建工作。三是开展"强堡垒、强引领，重建设、重服务"社会组织党建专题活动，发挥党组织政治引领作用，优化党组织服务功能。四是建强社会组织党组织书记、负责人和党务工作者"三支队伍"。五是加强对社会组织党建的组织领导，落实党建工作责任，建立直接联系工作制度。

【《关于新时期精准扶贫精准脱贫三年攻坚对口帮扶的实施意见》出台】 2016年10月8日，佛山市出台《关于新时期精准扶贫精准脱贫三年攻坚对口帮扶的实施意见》，部署全市以建档立卡扶贫对象为核心，以精准扶贫、精准脱贫为根本，打好新时期对口帮扶“六大攻坚战”，确保到2018年佛山帮扶的相对贫困人口全部脱贫，与全省同步率先全面建成小康社会。一是着力加快增收步伐，打好产业扶贫攻坚战。二是着力增强内生动力，打好就业扶贫攻坚战。三是着力改善生活条件，打好安居扶贫攻坚战。四是着力阻断代际传递，打好教育扶贫攻坚战。五是着力补齐民生短板，打好保障扶贫攻坚战。六是着力构建长效机制，打好固本强基攻坚战。

【《关于深化农村综合改革加快提升城乡协调发展水平的指导意见》出台】 2016年10月24日，佛山市出台《关于深化农村综合改革加快提升城乡协调发展水平的指导意见》，部署全市推进农业供给侧结构性改革，推动第一、第二、第三产业融合发展，促进城乡一体化发展，到2018年，农村地区和农民群众全面迈入高水平小康社会；到2020年，现代农业发展和新农村建设水平位居全省前列，城乡居民收入差距继续缩小，农村居民获得感和幸福感显著增强。一是深化农村集体产权制度改革。二是深化农业经营制度改革。三是深化农业支持保护制度改革。四是深化城乡发展一体化体制机制改革。五是深化农村基层治理制度改革。

【《佛山市环境保护“党政同责、一岗双责”责任制的实施办法》印发】 2016年12月16日，中共佛山市委办公室、佛山市人民政府办公室印发《佛山市环境保护“党政同责、一岗双责”责任制实施办法》，明确全市各级党委、政府对本行政区域生态环境和资源保护负总责，党委、政府主要领导和市主要部门的主要负责人对环境保护工作负全面领导责任，细化责任清单，系统推进各级党委、政府对环境保护的“党政同责共管、决策权责相符”。一是责任主体扩展为各区区委、区府及41个市有关部门。二是对地方党委、政府履行环保职责的考核各有侧重。三是加强党委对环境保护的领导，调整升格由市委书记和市长任市环境保护委员会主任。四是实施考核成绩单向社会公开。五是强化考核结果运用，将考核结果作为单位或个人评定先进、优秀、劳模和干部选拔及职务晋升的重要依据。

（陈冬明）

附：2016年中共佛山市委领导名单

书　记：刘悦伦（任至2月）
　　　　鲁　毅（2月任职）
副书记：鲁　毅（任至2月）
　　　　朱　伟（3月任职）
　　　　李子甫（任至11月）
　　　　李雅林（11月任职）
常　委：李雅林（任至11月）
　　　　梁维东（任至3月）
　　　　黄　力　区邦敏
　　　　李玉林（任至11月）
　　　　许　国（任至11月）　黄志豪
　　　　蔡家华（7月任职）　郭文海
　　　　黄喜忠（11月任职）
　　　　杨朝晖（10月任职）

现任中共佛山市委领导名单

书　记：鲁　毅
副书记：朱　伟　李雅林
常　委：区邦敏　黄志豪　蔡家华　郭文海
　　　　黄喜忠　梅河清　杨朝晖

（2017年6月市委办供稿）

佛山市人民代表大会

【概况】 2016年，佛山市人大及其常委会以推进民主法治建设工作为主线，求真务实，开拓创新，依法履行法律赋予的各项职权，为佛山市新一轮改革发展提供强有力的法治保证。审议并通过《佛山市制定地方性法规条例》《佛山市机动车和非道路移动机械排气污染防治条例》《佛山市治理货物运输车辆超限超载条例》等3部地方性法规。听取和审议“一府两院”专项工作报告6项；审查批准决算和预算调整方案；听取和审议计划和预算执行情况报告、审计工作报告及佛山市地方政府债务限额报告等10项；开展执法检查3项；对40件规范性文件进行备案审查；任命国家机关工作人员83人次、免职42人次、撤职1人次，完成市第十四届人大第六次会议确定的工作任务。

【人大立法】（见266页《地方立法》）

【人大监督】 2016年，佛山市人大常委会发挥人大职能作用，结合佛山实际，围绕中心，服务大局，聚焦民生热点，狠抓监督实效，促进佛山市改革发展提质增效。

市委中心工作监督 市人大常委会贯彻市委的决策部署，加强对产业转型、城市升级、实施创新驱动战略、建设中国制造业一线城市等工作的监督力度，寓支持于监督之中，推动市政府加强政策引导、提振企业和市场信心，加快金融、科技、产业融合发展，推进佛山市经济平稳健康发展。

财政经济工作监督 市人大常委会依法加强对计划、预决算、预算调整和审计查出问题的监督，按照“收入一个笼子、预算一个盘子、支出一个口子”的要求，改造升级预算在线监督系统，实现对市级预算实施全过程、全覆盖在线监督。依法批准市级财政预算调整4次，听取和审议市人民政府关于2016年上半年经济社会发展计划执行情况的报告、关于2016年上半年预算执行情况、市级2016年度财政预算调整情况以及2015年市级财政决算、审计工作情况的报告，跟踪督促审计查出问题的整改，作出有关决议，要求市人民政府提高预算编制的科学性和合理性，督促各预算部门落实全口径预算管理，增强预算的统筹力和执行力。组织执法检查组对佛山市贯彻落实新预算法开展执法检查，重点检查完善政府预算体系，推进预算公开，优化支出结构，加强结余结转资金管理，提高预算执行力和支出绩效以及债务管理等情况，并在市第十四届人大常委会第三十六次会议上，通报各部门的预算执行率，促进和提升财政资金使用效率。

民生热点监督 市人大常委会围绕代表和群众关心的热点、难点问题，采用调研、视察等方式，重点加强对佛山西站及配套设施建设、基层医疗卫生服务、儿童医疗服务体系规划建设以及医养结合情况的监督。同时，开展关于佛山市农村生活垃圾及生活污水处理、公交场站建设和交通管理、推进佛科院加快建设成为广东高水平理工科大学等工作专题调研，对佛山市学前教育发展情况进行检查，继续跟踪居家养老工作，切实保障底线民生，促进民生不断改善，增进人民福祉。

“三农”工作监督 市人大常委会组织代表对佛山市农村土地确权工作情况进行视察，对市政府落实市人大常委会《关于促进我市现代农业发展的决议》情况开展跟踪调研，要求市人民政府要用新的理念引领发展现代农业，推进农业供给侧结构性改革，从根本上改变农业供给与人民群众日益增长的对高质量农业产品及农业多种功能需求不匹配的结构失衡局面。要大力发展休闲农业和乡村旅游，突出农业生态和人文特色，完善基础设施建设，促进休闲农业和乡村旅游的可持续发展。要加强现代农业的支持保护，推进佛山市农业现代化水平不断提升。

法律实施情况监督 市人大常委会开展关于佛山市“六五”普法决议执行情况的调研，听取和审议市政府有关工作报告，审议通过关于开展“七五”普法的决议。对佛山市实施预算法、土地管理法、《广东省华侨保护条例》等法律法规情况开展执法检查、调研，推动法律法规在佛山市的正确实施。

依法行政和公正司法工作监督 市人大常委会加强对依法行政、公正司法的监督，监督和支持“人民满意政府”建设，促进佛山市打造优质的政务环境。专题听取佛山市“两院”（人民法院、人民检察院）开展司法改革情况的报告，探索司法改革后依法开展监督的新方法，加强人大监督司法的机制建设。要求市中级人民法院、市人民检察院继续巩固改革的良好势头，再接再厉，推动佛山市司法体制改革工作不断取得新的成绩，发挥司法机关的职能作用，提升维护司法公正的能力。

【人大代表工作】 2016年，佛山市人大常委会注重发挥代表主体作用，为代表联系群众、执行职务搭建平台，做好服务保障工作。

“双联系”制度的完善和落实 市人大常委会密切常委会组成人员与代表、代表与群众的联系，加强代表联络站建设，提高代表联系群众的频率，完善意见收集、整理、反馈和跟踪办理机制，促进代表和群众意见落到实处。

2016 年 4 月 27 日，佛山市第十四届人民代表大会第六次会议开幕

人大代表换届选举工作　市人大常委会严格按照中央、省委和市委的部署，严守换届选举纪律，依法加强对区、镇（街道）人大换届选举工作的指导，召开市、区、镇（街道）三级人大换届选举工作会议，依法做好市人大代表换届选举工作，严格把好代表“入口关”，优化代表结构，确保选出高素质的人大代表。9 月 21 — 29 日，各区、各镇（街道）陆续开展选举投票工作，全市共划分选举区级人大代表选区 946 个，镇级人大代表选区 1005 个，共依法选出新一届区人大代表 1273 名、镇（街道）人大代表 2030 名；11 月，全市 6 个选举单位共选出出席佛山市第十五届人民代表大会代表 387 名。换届选举未发现任何拉票贿选现象，实现换届纪律“零容忍”、选举工作“零差错”要求。

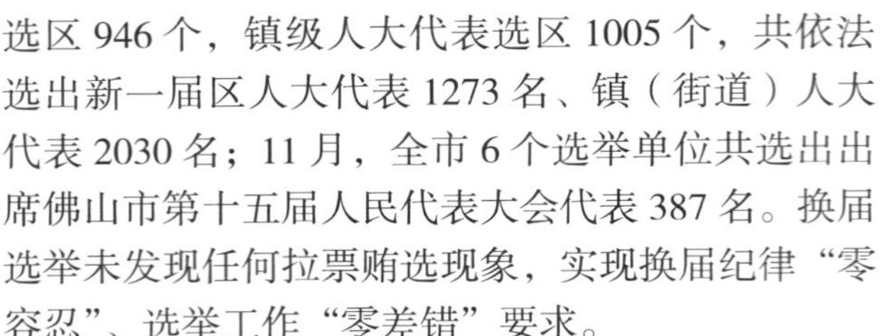

闭会期间人大代表工作　市人大常委会发挥代表专业特长，创新代表活动方式，增强代表闭会期间活动成效。组织代表集中视察，开展代表专业小组活动，鼓励代表结合活动内容，提出议案、建议和建言献策。注重提高代表履职能力，加强代表培训，举办市第十五届人大代表培训班，围绕宪法、代表法、组织法、选举法等法律法规基本内容，以及人民代表大会制度基本理论，对新当选的 387 名市人大代表进行培训，提升代表履职能力。制定《佛山市人大代表小组和代表专业小组活动办法》，依法规范代表小组活动，激发代表履职积极性。制定《佛山市人大代表闭会期间约见国家机关负责人暂行办法》，探索围绕代表关切的民生问题，约见市的国家机关负责人。

人大代表议案、建议办理工作　市人大常委会加大议案、建议督办工作力度，市人大代表在市第十四届人大第六次会议提出的 135 件议案、建议，全部办理完毕并由承办单位答复代表，议案、建议所提问题得到解决或者计划逐步解决的占议案、建议总数的 97.69%。常委会通过组织代表座谈、现场视察等方式，重点督办《关于加快我市儿童医疗服务体系规划建设，增加我市儿童医疗服务供给的议案》《关于加强污水收集与处理，改善佛山水环境质量的议案》《关于保基本、强基层，努力提高我市基层医疗卫生服务水平的议案》，其中，《关于加强污水收集与处理，改善佛山水环境质量的议案》《关于保基本、强基层，努力提高我市基层医疗卫生服务水平的议案》2 份议案由市政府主要领导领办，办理成效显著，代表普遍表示满意。

【佛山市第十四届人民代表大会第六次会议】 2016 年 4 月 27 — 29 日召开。会议听取和审议市人大常委会常务副主任杨建华所作的《佛山市人民代表大会常务委员会工作报告》、市人民政府代理市长朱伟所作的《政府工作报告》、市中级人民法院院长陈陟云所作的《佛山市中级人民法院工作报告》、市人民检察院代理检察长黄黎明所作的《佛山市人民检察院工作报告》，审议市发展和改革局局长万志康受市人民政府委托所作的《佛山市 2015 年国民经济和社会发展计划执行情况与 2016 年计划草案的报告》、市财政局局长黄福洪受市人民政府委托所作的《佛山市 2015 年预算执行情况和 2016 年预算草案的报告》及《佛山市国民经济和社会发展第十三个五年规划纲要》，并通过批准上述报告的决议。大会审议并通过《佛山市制定地方性法规条例》《佛山市机动车和非道路移动机械排气污染条例》。大会依法选举鲁毅为市人大常委会主任，朱伟为市人民政府市长，熊志翔为市人大常委会副主任，黄黎明为市人民检察院检察长，钟美恃为市人大常委会秘书长，马志强、叶雪青、列海坚、陈浩明、贾伟、黄远任、梁东华、蒋万伦等8人为市人大常委会委员，大会表决通过《关于接受黄建丰同志辞职请求的决定》。

【佛山市第十四届人大常委会第三十三次至第四十一次会议】 2016年，佛山市第十四届人大常委会召开第三十三次至第四十一次会议。听取和审议市人民政府《关于佛山市2015年地方政府债务限额的报告》《关于我市贯彻落实新预算法情况的报告》《关于佛山市2016年上半年国民经济和社会发展计划执行情况的报告》《关于佛山市2016年上半年财政预算收支执行情况的报告》《关于佛山市级2016年财政预算调整的报告》《关于佛山市本级2015年度财政决算草案的报告》《关于佛山市2015年度本级预算执行和其他财政收支情况的审计工作报告》《关于我市公安交通管理情况的报告》《关于落实〈市人大常委会关于促进我市现代农业发展的决议〉情况的报告》《关于市级2016年第二次财政预算调整的报告》《关于实施土地管理法情况的报告》《关于我市“六五”普法决议执行情况的报告》《关于市级2016年第三次财政（社会保险基金）预算调整的报告》《关于市第十四届人大第六次会议代表建议办理情况的报告》《关于佛山市2016年地方政府债务限额的报告》《关于市级2016年第四次财政预算调整的报告》等16项报告；作出《关于推迟召开佛山市第十四届人民代表大会第六次会议的决定》《关于接受刘悦伦同志辞去佛山市第十四届人民代表大会常务委员会主任职务请求的决定》《关于接受鲁毅同志辞去佛山市人民政府市长职务请求的决定》《关于朱伟同志为佛山市人民政府代理市长的决定》《关于接受周志坤、曹洪彬同志辞去佛山市第十四届人民代表大会常务委员会委员职务请求的决定》《关于增补陈香梅女士为佛山市第四批荣誉市民的决定》《关于调整佛山市第十四届人民代表大会第六次会议召开日期的决定》《关于市、区、镇三级人民代表大会换届选举时间安排的决定》《关于撤销李学昌职务的决定》《关于接受曾兆基辞去广东省第十二届人民代表大会代表职务请求的决定》《关于接受陈陟云同志辞去佛山市中级人民法院院长职务请求的决定》《关于赵菊花同志为佛山市中级人民法院代理院长的决定》《关于接受邝开华同志辞去佛山市第十四届人民代表大会常务委员会委员职务请求的决定》《关于佛山市第十五届人民代表大会代表名额分配和选举问题的决定》《关于接受吴协成同志辞去佛山市第十四届人民代表大会常务委员会委员职务请求的决定》《关于召开佛山市第十五届人民代表大会第一次会议的决定》《关于列席和邀请列席佛山市第十五届人民代表大会第一次会议人员的决定》《关于佛山市第十五届人民代表大会第一次会议设旁听席的决定》等18项决定，以及《关于批准佛山市2015年地方政府债务限额的决议》《关于批准佛山市2015年市本级决算的决议》《关于批准市级2016年财政预算调整的决议》《关于批准佛山市教育事业发展“十三五”规划的决议》《关于批准2016年市级第二次财政预算调整的决议》《关于批准佛山市文化事业发展“十三五”规划的决议》《关于开展第七个五年法治宣传教育的决议》《关于批准2016年市级第三次预算调整的决议》《关于〈佛山国家生态文明建设示范市规划（2016—2025）〉的决议》《关于批准佛山市2016年地方政府债务限额的决议》《关于批准2016年市级第四次财政预算调整的决议》《关于批准〈佛山市科技发展“十三五”规划〉的决议》《关于批准〈佛山市卫生计生事业发展“十三五”规划〉的决议》《关于批准〈佛山市体育事业发展“十三五”规划〉的决议》等14项决议；审议通过《佛山市第十四届人民代表大会常务委员会代表资格审查委员会关于部分代表的代表资格审查报告》《佛山市第十四届人民代表大会常务委员会代表资格审查委员会关于佛山市第十五届人民代表大会代表的代表资格审查报告》《佛山市第十四届人民代表大会常务委员会代表资格审查委员会成员调整名单》《佛山市人大常委会2016年工作要点》《佛山市人民代表大会常务委员会议事规则修正案》《佛山市人大常委会工作委员会工作制度修正案》《佛山市人大常委会督办代表议案、建议规定修正案》；审议通过《佛山市治理货物运输车辆超限超载条例》；依法补选朱伟为广东省第十二届人民代表大会代表。

【国家工作人员向宪法宣誓仪式首次举行】 2016年4月29日，佛山市第十四届人民代表大会第六次会议闭幕后，市人大常委会在市机关小礼堂举行集体向宪法宣誓仪式。新当选的市人大常委会主任鲁毅，市人民政府市长朱伟，市人大常委会副主任熊志翔，市人大常委会秘书长钟美恃，市人大常委会委员马志强、叶雪青、列海坚、陈浩明、贾伟、黄远任、梁东华、蒋万伦，以及市第十四届人大常委会第三十四次会议决定任命的市人大法制委员会副主任委员贾伟、市民族宗教事务局局长张冠锋、市监察局局长徐东涛、市旅游局局长曹洪彬参加宣誓。集体宣誓领誓人为市人大常委会主任鲁毅。市人大常委会常务副主任杨建华主持仪式并监誓。市人大常委会组成人员，市人民政府副市长，市中级人民法院院长、副院长，市人民检察院检察长当选人、副检察长见证宣誓仪式。

（龙福汉）

附：2016年佛山市人大常委会主任、副主任名单

主　任：刘悦伦（任至4月）
　　　　鲁　毅（4月任职）
副主任：杨建华（常务副主任）
　　　　熊志翔（4月任职）　徐海祥
　　　　黄建丰（女）（任至4月）
　　　　霍　伙　卢立湃　林　征

现任佛山市人大常委会主任、副主任名单

主　任：鲁　毅
副主任：李子甫　麦洁华　刘　珊　李　坚
　　　　叶　良　黄　坚

（2017年5月市人大办供稿）

佛山市人民政府

【市政府常务会议纪要】 2016年，佛山市政府共召开市政府常务会议19次，会议主要讨论研究以下事项：研究通过《佛山市反走私举报奖励办法》《佛山市促进知识产权服务业集聚发展资助计划（试行）》《佛山市科技企业孵化器产权分割管理暂行办法》《佛山市优质技改创新项目贷款风险补偿基金管理暂行办法》《佛山市科技企业孵化器倍增计划》《佛山市人民政府2016年度规章制定计划（建议稿）》《佛山市关于进一步加大博士后工作扶持力度的意见》《佛山市创建“全国质量强市示范城市”工作方案》《关于以高水平规划引领城市现代化推动城市升级向城市升值转变的若干意见》《佛山市地下空间开发利用管理办法》《佛山市城镇燃气发展规划纲要修编（2016—2020年）》《佛山市天然气高压输配系统规划修编（2016—2020年）》《关于加强佛山市公共资源品牌保护工作的意见》《关于加快发展养老服务业的实施意见》《佛山市扶持新型研发机构发展试行办法》《佛山市促进企业直接融资扶持办法》《佛山市上市后备企业管理暂行办法》《佛山市安全生产“十三五”规划》《佛山市高危行业推行安全生产责任保险工作指引》《佛山市创建现代职业教育综合改革示范市实施方案》《佛山市机关事业单位工作人员养老保险制度改革工作方案》《佛山市进一步推进户籍制度改革实施方案》《佛山市新市民积分制服务管理办法》《佛山市进一步改善环卫工人待遇实施细则》《关于佛山市和顺棠溪至料美公路（佛山“一环”北延线）项目移交事项》《关于优化商业、办公用地功能促进房地产市场平稳健康发展的意见》《关于取消车辆通行费年票制后续问题解决方案》《佛山市政策性农村住房保险实施方案（2016—2018年）》《佛山市关于“中国制造2025”试点示范企业扶持政策》《佛山市重大事项新闻发布实施意见（暂行）》《佛山市重点产业人才引进培育暂行办法》《关于调整我市2016年最低生活保障标准的通知》《关于提高我市2016年农村五保供养标准的通知》《关于进一步加强和改进医疗救助工作的通知》《佛山市水污染防治工作方案》《佛山市分散式生活污水处理设施建设工作方案（2016—2018年）》《佛山市新市民服务管理发展规划（2016—2020）》《关于深化医药卫生体制改革建设卫生强市的决定》《佛山市权责清单监督管理办法》《佛山市科技型中小微企业信用担保贷款风险补偿资金试行管理办法》《佛山市市级财政性资金投资建设项目工程概、预、结、决算审核管理办法》《佛山市教育事业发展“十三五”规划》《关于加强佛山市社会组织综合监管工作的意见》《中共佛山市委佛山

市人民政府关于构建和谐劳动关系的实施意见》《佛山市关于全面推进“五好”新村居建设三年（2016—2018年）行动方案》《关于加快培育新型职业农民工作的实施意见》《关于加快推进生态文明建设的实施意见》《佛山市2016年锅炉淘汰整治实施方案》《关于加快推进城市棚户区改造工作的实施意见》《佛山市城市市容和环境卫生管理规定（草案）》《佛山市市级企业技术中心管理办法》《佛山市进一步加快推动大型骨干企业跨越发展工作方案》《佛山市城市轨道交通系统规划》《关于加快建设城市地下综合管廊的工作意见》《佛山市文化事业发展“十三五”规划》《佛山市武术文化发展三年行动计划》《佛山市人民政府关于第一批清理规范33项市政府部门行政审批中介服务事项的决定》《佛山市创建国家食品安全城市工作实施方案》《市属国企出清重组“僵尸企业”促进国资结构优化的实施方案》《佛山“一环”西拓工程方案》《关于加快推动佛山大学科技园建设发展的实施意见》《关于佛山市级2016年预算调整的报告》《佛山市打造万亿规模先进装备制造业产业基地扶持试行办法》《佛山市行政执法机关查获所有人不明进口货物物品和运输工具协调处理办法》《佛山市城市中轴线北门户段绿化景观方案深化设计费用分摊方案》《佛山市2016年度绩效管理工作实施方案》《重大工程廉洁风险同步预防工作指引（试行）》《关于佛山市2016年社会保险基金预算调整报告》《政府向社会力量购买服务指导目录》《佛山市人民政府督查工作办法》《广佛地铁运营资金（亏损资金）分摊方案》《佛山市治理货物运输车辆超限超载条例（草案）》《佛山市城市轨道交通三号线特许经营模式建议方案》《佛山市城市轨道交通建设规划（2017—2022年）》《佛山市社区配套公共服务用房建设和管理实施办法（试行）》《中共佛山市委佛山市人民政府关于新时期精准扶贫精准脱贫三年攻坚对口帮扶实施意见（送审稿）》《中共佛山市委佛山市人民政府关于深化农村综合改革加快提升城乡协调发展水平的指导意见》《佛山市打造“中国制造业一线城市”实施方案》《佛山市进一步加强招商引资工作的若干政策措施》《关于进一步加强企业环境安全主体责任的实施意见》《佛山市开展承担行政职能事业单位改革试点工作方案》《佛山市对口支援及东西部扶贫协作工作方案》《关于调整我市城乡居民基本养老保险基础养老金水平的工作方案》《佛山市金融业发展“十三五”规划》《佛山市创新驱动发展三年行动计划（2016—2018年）》《佛山市住建管理局佛山市国资委关于成立佛山市建鑫住房租赁有限公司的请示》《佛山市旅游文化创意产业“十三五”规划》《佛山市促进戏曲传承发展的实施意见》《佛山市关于推进基本医疗保险城乡一体化改革方案》《关于进一步加强全市规划统筹管理的意见》《佛山市法治政府建设“十三五”规划》《佛山市2015年度实施〈珠三角规划纲要〉评估考核方案》《佛山市加快推进供给侧结构性改革的若干政策措施》《佛山市加氢站建设审批程序》《关于佛山市级2016年第二次财政预算调整的报告》《佛山市“十三五”科技发展规划》《佛山市简化优化公共服务流程方便基层群众办事创业工作方案》《关于2016年佛山市社会保险基金预算第二次调整的报告》《佛山市人民政府第二届市长法律顾问工作职责》《佛山市农业、林业与农村发展“十三五”规划纲要》《佛山市卫生计生事业发展“十三五”规划》《佛山市质量发展“十三五”规划》《佛山市体育事业发展“十三五”规划》《关于深化改革推进出租汽车行业健康发展的实施意见》《佛山市城市地下管线管理办法》《佛山市国有建设用地使用权网上交易其他指标竞价规则》《佛山市“十三五”交通发展规划》《佛山市供水系统专项规划修编（2014—2020）》《佛山泛家居品牌海外体验馆三年行动计划》《关于利用闲置地绿化工作方案》《加快推进生态文明建设的实施方案》《佛山国家生态文明示范市建设规划（2016—2025年）》《佛山市排污权有偿使用和交易管理办法（试行）》《佛山市国土规划信息化统筹整合总体方案》《加快推进“互联网+政务服务”暨深化“一门式一网式”政府服务模式改革实施方案》《佛山市中小微企业投保出口信用保险专项资金实施方案》《佛山市推进价格机制改革实施方案》《广佛同城化“十三五”发展规划（2016—2020年）》《佛山市义务教育阶段学校基础教育设施五年提升行动计划（2016—2020年）》《2017年社会保险基金预算》《佛山市级2017年财政预算（草案）》《佛山市综合交通规划修编》《佛山市金融业发展三年

（2016—2018年）行动方案》《佛山市基本医疗保险管理办法》《佛山市大病保险管理办法》《佛山市居住证实施办法》《关于加强城市轨道交通乘客运输安全检查的通告》《关于进一步完善城乡义务教育经费保障机制的通知》《佛山市公共法律体系"十三五"规划》《佛山市食品药品安全"十三五"规划（2016—2020年）》《佛山市民政事业发展"十三五"规划》《佛山市全方位的环境保护规划》《佛山市引进人才子女教育服务工作暂行实施细则》《佛山市电子政务项目管理办法》《佛山市电子政务统筹建设实施方案》《创建"中国制造2025"试点示范城市佛山市实施方案（2017—2019年）》《佛山市生产安全事故隐患排查治理办法》《佛山市人民政府2017年度立法工作计划（建议稿）》《佛山市公共信用信息管理暂行办法》《佛山市加快培育高新技术企业专项行动方案（2016—2020年）》《佛山市科技创新载体发展行动方案》。

【市政府工作会议纪要】 2016年，佛山市召开市政府工作会议224次，主要研究部署以下工作：佛科院北院新校区建设专项工作、建立市人民政府与市总工会联席会议制度、研究年票制车辆通行费征收工作、佛山市第二水源项目丹灶泵站征地拆迁金沙水厂关停置换供水工作和佛山市第二水源投资运营模式、全市2016年安全生产工作和企业责任保险工作、协调佛山市图书馆旧馆处置问题、全市招商引资项目及珠江西岸先进装备制造业项目落实推进情况、佛山市城市轨道交通3号线工程建设模式、推进市殡仪馆殡仪服务设施环境保护改造工作、部署第二届中国（广东）国际"互联网+"博览会筹备工作、促进金融发展和维护金融稳定工作、研究佛山"一环"西拓项目推进工作、研究佛山市建设珠三角国家自主创新示范区工作、研究佛山市城市轨道交通3号线工程建设模式及轨道发展专项资金问题、协调佛山市病残违法人员监管病区改建工作、协调成品油市场监管职能、研究佛山市燃气集团股份有限公司拟首次公开发行上市工作、调研三水区互联网+科技创新与金融创新工作、协调佛山市丹灶货场有关事项、督查仁寿寺和祖庙春节安全生产工作、推进贵（南）广高速铁路（佛山段）沿线景观整治工作、研究佛山市中心城区公交骨干线网实施方案、研究部署当前经济工作、研究2016年经济务虚工作、协调佛山市创新创业产业引导基金对接会相关工作、全市安全生产工作、研究佛山市城市轨道交通2号线一期工程有关问题、部署资本市场发展工作、协调佛山老城活化文化旅游线路有关问题、研究佛山市轨道交通系统规划及建设规划修编方案、协助香港佛山社团总会举办"赏心乐食Together"活动、研究佛山传媒集团资产管理职责移交有关问题、研究2016年第一季度经济稳增长工作、佛山市车辆通行费年票制工作、协调督导全市油气管道安全隐患整治工作、研究市机关事业单位养老保险制度改革工作、研究佛山市城市轨道交通3号线工程建设模式及城市轨道交通发展专项资金设立方案、推进国际贸易"单一窗口"建设工作、协调佛山国际体育文化演艺中心项目建设工作、研究部署佛山市城市展览馆（新馆）布展工作、对接中国农业发展银行最新信贷政策、协调佛山市粮食储备库项目建设工作、研究叶生生堂产权问题、全市防汛工作、部署加快推进金融重点工作、协调解决佛山市城市轨道交通2号线一期工程建设有关问题、研究广佛线二期工程有关问题、部署佛山市创新创业产业引导基金相关工作、研究贯彻落实胡春华对有关交通基础设施建设工作意见、协调建设佛山市加氢站建设工作、研究部署城市黑臭水体整治工作、研究佛山"一环"公路交通安全管理工作、研究佛山科学技术学院建设高水平理工科大学有关问题、推进征地留用地历史遗留问题专项治理工作、筹备第二届珠江西岸先进装备制造业投资贸易洽谈会、督办2016年"断头路"连通行动重点项目、研究佛山"一环"西拓工程方案、研究落实高新技术企业税收优惠政策、研究固定资产投资工作、全市经信商务工作、协调市粮食储备库项目建设工作、落实对接利用农发行政策性优惠贷款推进水环境整治工作、协调2015年度三水区企业纳税信用等级评定工作、研究部署佛山市2016年普通高考工作、部署2016第二届中国（广东）国际"互联网+"博览会筹备工作、协调佛科院北院新校区园林绿化投资规模和建设模式有关问题、研究佛山天马化纤有限公司退休人员量化问题、研究南海水泥厂逢涌地块处置问题、协调解决广佛环城际佛山段有关问题、研究成立佛山科学技术学院资产经营有限公司与建设佛山大学科技园等事宜、协调病残违法人员监管病区建设工作、研究部署中德对话论坛2016年会议筹备工作、研究部署佛山西站工程建设工作、部署政企通平台建设工作协调发挥行业协会商会作用、研究桑基鱼塘规划和发展工作、研究加强全市小型船舶安全管理工作、研究城乡生活垃圾分类处理工作、研究协调佛山市消防应急救援指挥中心二期工程建设问题、协调部署第二届对非投资论坛筹备工作、研究佛山市城市轨道交通3号线工程有关工作、推进佛山龙卷风预警工作、研究深圳市一达通企业服务有限公司在佛山设立子公司相关事宜、研究佛山市国土规划信息化统筹建设方案、部署广东互联网+众创金融示范区重点项目工作、全市2016年第三季度防范重特大生产安全事故工作、协调机器人及智能装备应用“百千万工程”落实推进工作、研究部署第六届世界太极拳健康大会筹备工作、研究北江（乌石至三水河口）航道扩能升级工程有关情况、研究部署全市污水管网建设工作、协调加氢站建设及氢能源公交车推广工作、研究部署促进佛山市公路水路货运业发展、部署第二届珠江西岸先进装备制造业投资贸易洽谈会及2016第二届中国（广东）国际“互联网+”博览会筹备工作、协调佛山（云浮）产业转移工业园氢能产业发展工作、研究解决银行业金融机构诉求、协调推进广东汽车检测中心有限公司建设工作、研究部署广东金融高新技术服务区和佛山高新技术产业开发区建设工作、研究部署推进佛山市城市轨道交通2号线一期工程及广佛环城际轨道工程建设、研究部署佛山市城市管理工作、研究部署佛山市城市治理工作实施方案制订工作、协调督办禅城区东海银湾小区违法建设信访积案化解工作、研究部署全市禁止使用童工专项执法检查和加强劳资纠纷预防化解处置工作、协调推进佛山民营银行筹建工作、营运车辆综合性能技术等级评定（检测）收费工作、研究中心城区公交骨干线网建设问题、关于部署促进民间投资工作、研究部署建立担保机制促进企业融资、协调解决叠滘路（佛山市第一中学至叠南市场路段）养护问题、研究部署全市劳资纠纷预防化解处置工作、与玉溪市对接建立友好合作城市工作、部署推进“一带一路”建设工作、协调佛山市分散式生活污水处理设施建设工作、协调高明苗村填埋场二期用地前期启动工作、研究与省建工集团战略合作框架协议及搭建佛山市专业化住房租赁平台工作、研究部署打通“断头路”工作、协调推进众陶联平台建设相关事项、研究组建佛山市环境保护投资有限公司有关工作、研究部署全市珠江西岸先进装备制造产业带建设目标任务及利用外资工作、筹备2016香港·佛山节工作、研究佛山市城市治理工作实施方案制订工作、研究佛山市养老养生健康产业园规划建设、部署全市餐饮行业油烟污染整治工作、研究部署涉众金融领域风险隐患防控工作、研究佛山市城市轨道交通3号线工程管理体制、研究推进全市科技金融工作、协调佛山市外贸大厦办证工作、部署利用外资工作、研究部署治理车辆超限超载工作、研究规范市级土地储备机构设置问题、部署网约车管理工作、研究协调高明区摩托车管理工作、研究部署广佛线二期工程运营工作、研究部署中轴线普君南节点实施方案、研究部署全市科技金融工作、协调佛山市水上交通（溢油）应急指挥中心升级改造、研究佛山市车辆通行费年票制取消相关后续工作、研究部署“断头路”五年行动计划和中心城区路网规划工作、“三旧”改造推进工作、协调佛山“一环”高速化改造相关工作。

【市政府主要工作】

稳增长取得明显成效　2016年，佛山市重点抓好稳增长工作。一是发挥投资拉动作用。实施扩大固定资产投资引领科学稳健发展三年行动计划，全年安排亿元以上项目713个，投资总额超1.5万亿元。完成工业投资1407亿元，比房地产开发投资高110亿元；民间投资比上年增长16%，占固定资产投资比重达72.9%。二是扶持企业做大做强。推动大型骨干企业跨越发展，新增年主营业务收入超100亿元企业4家，总数达16家；7家企业入围“2016中国民营企业500强”。实施“百企智能制造提升工程”，带动近千家企业实施机器人及智能装备应用。开展“制造强国·佛山探路”活动，举办2016 Science机器人国际联盟大会。扶持发展“中国制造2025”试点示范企业，与珠江西岸五市共建“中国制造2025”试点示范城市群。三是重点加快装备制造企业发展。2016年佛山市装备制造业完成增加值1470亿元，比上年增长12%，其中“工作母机”增加值增长18%。举办第二届珠江西岸先进装备制造业投资贸易洽谈会，引进科力远CHS、中铁华隧、美盈森等一批优质项目。推动“两化”深度融合，新增“两化”融合贯标试点企业46家，总数达103家，举办第二届中国（广东）国际“互联网+”博览会。四是推进特色小镇发展。召开特色小镇建设工作推进会，启动建设佛山国家高新区科技创新小镇群，北滘“智造小镇”入选全国首批特色小镇，张槎街道获批省级“互联网+”培育小镇。五是现代服务业发展提速。2016年佛山市现代服务业占第三产业增加值比重达58.5%。生产性服务业加快发展，佛山跨境电子商务公共服务平台上线试运行，广东金融高新区、广东省（佛山）软件产业园、广东工业设计城成为省级服务外包示范园区。旅游文化创意产业发展加快，罗浮宫国际家具博览中心成为首批国家工业旅游创新单位，南海影视城获评国家AAAA级旅游景区。

创新驱动发展实现新突破　2016年，佛山市把建设面向全球的国家制造业创新中心作为创新驱动发展的奋斗目标，出台创新驱动发展三年行动计划。一是狠抓高新技术企业培育。全年新增高新技术企业671家，总数达1388家，比上年增长93.6%。二是科技创新平台数量稳步增长。全年建成新型研发机构30个，省级重点实验室17个、工程中心395个、技术中心150个；规模以上工业企业研发机构、规模以上高新技术企业工程中心建有率分别达20%、85%。三是实施科技企业孵化器倍增计划。全年新增国家级科技企业孵化器6个，总数达10个；新增国家级众创空间试点单位5个，总数达15个。完成工业技术改造投资550亿元，比上年增长42.4%，总量稳居全省首位。四是深化产学研合作。全年新启动近80个企业和产业关键核心技术攻关项目；与清华大学签订战略合作协议。佛山科学技术学院引进中国科学院院士、千人计划专家等高层次人才48人，录用博士109人，新校区建设进展顺利。五是加快人才引进和培育工作。实施重点产业人才引进培育暂行办法，全市新增市级以上创新团队19个，拥有国家“千人计划”专家41人。六是建设国家商标战略实施示范城市，拥有中国驰名商标157件，位居全国地级市首位。省市共建引领型知识产权强市启动。七是科技型中小企业信贷风险补偿基金累计帮助企业获得贷款授信20.46亿元。新增“新三板”挂牌公司38家，总数达79家；新增私募股权投资基金公司55家，总数达334家。佛山海晟金融租赁股份有限公司获批运营，成为佛山首家金融租赁公司。广东金融高新区入驻金融机构和项目310个，总投资597.5亿元；股权交易中心注册登记企业2340家，帮助企业融资939.39亿元。全市人社系统发放创业担保贷款2.4亿元，带动3.4万人就业。

城市建设治理步入新阶段　2016年，佛山市召开城市治理大会，着力转变城市治理方式，加快城市治理体系和治理能力现代化建设。一是推动城市升级扩面提质，加快向城市升值转变。禅城区老

千灯湖（2016）

城区活化成效显现，佛山古镇历史人文风貌逐步展现，绿岛湖片区水乡新城格局基本成型，南庄镇紫南村获“2016年中国十佳小康村”称号。南海区、狮山镇成为国家新型城镇化综合试点，里水镇艺术河畔、丹灶镇“一岛两湖”建设成效明显，西樵镇松塘古村获“2016中国最美村镇传承奖”。顺德区北部片区一体化进程加快，广州大学城卫星城建设启动，市科学馆新馆、广东（潭洲）国际会展中心首期建成使用，东部片区总投资124亿元综合开发项目启动。高明区获评“最美中国·生态旅游目的地”，西江新城核心区一期基本建成。三水区北江新区建设加快，三水新城雏形初显。二是实施百村升级行动计划。全年完成30个古村落活化、30个城中村（旧社区）改造和48个“五好”新农村建设。三是加快交通基础设施建设。广中江高速一期（荷塘至龙溪段）、魁奇路东延线二期通车，18条“断头路”打通，“一环”西拓工程北环段和佛山地铁3号线开工。四是铁腕治水治气。启动第二批90条“一河一策”重点河涌综合整治。完成100个村级工业区环境整治，关停企业1221家。落实中央环保督察整改，分别立案处罚、关停取缔污染企业254家、161家。淘汰黄标车及老旧车2.15万辆。

体制机制改革取得新进展　2016年，佛山市在全省率先出台供给侧结构性改革“1＋5”工作方案。一是出清国有“僵尸企业”105家，化解房地产库存476.33万平方米，为企业降低各类成本超280亿元；美的成为全国供给侧结构性改革先进典型。二是搭建众陶联，促进传统产业与互联网、金融资本融合发展，为陶瓷行业企业提供供应链集成服务。三是创建全国质量强市示范城市，知名品牌示范区数量位居全国地级市首位；弘扬工匠精神，命名30位“佛山·大城工匠”。四是深化“一门式一网式”政府服务模式改革，推进“两厅融合”，至2016年年底全市设置“市民之窗”自助服务终端达1200台。五是清理规范68项行政审批中介服务事项，机动车跨区转移、抵押和注销登记等43项交管、车管业务实现同城通办。六是建立城乡社区建设工作联席会议制度，禅城区社会综合治理云平台入选2016年“互联网+政务”全国优秀实践案例。七是支持和培育各类社会组织发展，全市社会组织达6015个，数量位居全省地级市之首。八是深化国资国企改革，推动市属国有企业改革重组。

区域开放合作迈出新步伐　2016年，佛山市加快区域合作步伐。一是加快广佛两地融合。与广州市共同编制《广佛同城化“十三五”规划》，两市交通、产业等专项规划有效衔接。广州地铁7号线一期西延顺德段动工，广佛线二期通车。二是粤桂黔高铁经济带合作试验区纳入国务院《关于深化泛珠三角区域合作的指导意见》，上升为国家战略。三是落实粤港合作框架协议，举办2016香港·佛山节。对德合作进展顺利，举办2016中德对话论坛、中德企业投资与并购论坛、“中国制造2025”对话德国“工业4.0”大会等重大活动。四是帮助企业开拓国际市场，佛山泛家居品牌产品（伊朗）展示体验馆启动运营。鼓励企业参与“一带一路”建设，美的、东方精工等本土企业开展跨国并购，碧桂园开发马来西亚森林城市项目，联塑打造全球销售服务平台“领尚环球之家”。五是扶贫协作力度加大。落实6.03亿元财政扶持资金，新时期精准扶贫对口帮扶湛江、云浮工作开局良好，援疆援藏、对口四川凉山州扶贫协作、支援联系四川甘孜州工作扎实推进。

社会民生事业取得新成绩　佛山市建设人民满意政府行动计划完成150个年度重点项目，根据第三方机构评估结果，2016年佛山市建设人民满意政府得分85.18分，比2015年提高1.37分，市民对政府公共服务满意度排名全省第一。启动基本医疗保险城乡一体化改革，统一全民医保待遇。城乡低保对象和低保临界对象大病医疗救助比例90%以上。成为国家学前教育改革发展实验区、国家特殊教育改革实验区，公益普惠性幼儿园占总数75%以上，普通高中优质学位达100%，城乡同步实施免费中等职业教育。启动卫生强市建设，成为公立医院综合改革省级联系试点，58.4万名居民签订家庭医生服务协议，基本公共卫生服务均等化考核排名全省第一。新建公共场所AP接入点1.5万个，总数达3万个，全市光纤入户率达80%。新建地下综合管廊9.56千米，总数达24.85千米。新建森林公园、湿地公园8个，累计建成“绿城飞花”主题绿化景观49个，乡村绿化美化示范村达395个。中心城区“两横四纵”公交骨干线路开通运营，新增公交专用道39.4千米，总里程达141.2千米。创建“城乡十分钟文化圈”示范镇（街）5个、示范村（居）15个，建设提升150个行政村（社区）综合文化服务中心。举办2016广东非遗周暨佛山秋色民俗文化活动，市工人文化宫改造项目竣工。入选全省首批足球试点城市。连续第八次获“全国双拥模范城”称号。成为创建国家食品安全示范城市试点，在全省地级市政府食品安全评议考核中名列首位，市级食品安全示范点达1400个，“明厨亮灶”餐饮单位达4536个。严厉打击四类刑事犯罪，在全省“飓风2016”专项行动综合考评中排名第一。安全生产标准化企业2.35万家，达标总数和比例居全省首位，安全生产“五个重大突破”经验在全省推广。制定全国首个新市民服务发展专项规划和全省首个《居住证实施办法》，在全省率先出台户籍制度改革方案，拓宽新市民入户渠道，新增户籍人口11.21万人。

（梁志鸿）

附：2016年佛山市人民政府市长、副市长名单

市　　长：鲁　毅（任至4月）
朱　伟（4月任职）
常务副市长：黄志豪（任至8月）
蔡家华（8月任职）
副　市　长：麦洁华（女）　王　玲（女）
黄喜忠　江楷鑫　赵　海

现任佛山市人民政府市长、副市长名单

市　　长：朱　伟
常务副市长：蔡家华
副　市　长：许　国　江楷鑫　赵　海
俞　进（女）　乔　羽

（2017年6月市政府研究室供稿）

【佛山市人民政府行政服务中心】 2016年，佛山市人民政府行政服务中心围绕“简政放权、放管结合、优化服务”的改革思路，运用“互联网+”创新服务方式，加快实施行政审批和公共服务标准化建设，深化“一门式一网式”政府服务模式改革，搭建政民互动沟通桥梁。据广东省省情调查研究中心发布的《2016年广东省地方服务型政府建设系统调研报告》，佛山市政府公共服务和政务环境满意度分别得78.92分和81.02分，均位列全省第一。

“一门式一网式”政府服务模式改革　2月，佛山市“一门式”政务服务创新体系建设领导小组办公室印发《佛山市进一步深化“一门式一网式”政府服务改革实施方案》，方案进一步明确改革目标，细化改革任务，并提出佛山要形成全市统一的改革模式并总结经验，为全省提供标准化的、可推广可复制的改革模板的工作意见。截至年底，佛山市市、区、镇（街）三级行政服务中心初步完成“一门式一网式”政府服务体系改造。一是统一“一窗通办”服务模式。全市按自然人“社会民生类”，企业“注册登记类”“经营许可类”“投资建设类”“公安专项类”等5个主题分类建设综合服务窗口全面实行“受审分离”制度。二是统一政府服务标准。印发《佛山市“一门式一网式”政府服务体系服务规范（试行）》《佛山市政府服务绩效评价办法（试行）》《佛山市“一门式一网式”政府服务模式改革操作手册》，编制《佛山市“一门式一网式”政府服务体系数据规范（1.0版）》，推动“一门式一网式”政府服务制度化、规范化。开展行政审批标准化建设，全市1930项审批服务事项100%完成标准化工作，546项事项实现县域范围、市域范围或广佛跨市同城通办。三是基本实现跨部门审批“协同联办”。针对跨部门、跨层级服务事项和关联事项，建立“统一受理、抄告相关、联合审批、限时反馈、信息共享”的工作机制实行联审联办。推行企业登记联合审批，注册登记实现工商、国税、地税、质监、公安、社保“五证合一，证章同发”；推行经营许可“告知承诺制”，企业登记信息同步推送到经营许可部门；推行工程报建和竣工验收联合审批，建设投资立项、工程报建、施工管理、竣工验收等4个服务“集装箱”。四是推行“两厅融合、互联网+”。搭建统一的“一门式一网式”综合受理和申办流转平台。运营市民个人网页，建设企业专属网页，部分事项实现智能填单、材料复用、推送服务等创新。推进广东省网上办事大厅佛山分厅建设，全市100%的审批服务事项接入网厅，50%以上的事项可全流程网上办理，全年业务量约198万宗。全市布设“市民之窗”自助终端机1200台，实现62个便民服务事项和9个公安服务事项自助服务。4月上线“佛山行政服务”电视办事栏目，拓宽市民办事渠道。

行政审批标准化工作全面推广 5月，佛山市按照全市统筹、标准统一、试点先行、分步推广的原则，在全省率先完成行政审批标准化试点工作，涉及市、区两级55个部门1909项行政审批和公共服务事项。市政府统一编制公布《佛山市政务服务体系审批服务事项通用指导目录》，各级、各部门根据省统一的标准规范，结合地方实际，按照事项目录、审批要素、审批流程、审批服务、监督检查等5大类、14中类、356小类编制审批服务事项实施标准，逐项形成“办事指南”和“业务手册”，清除“兜底条款”和“模糊条款”256项，逐项绘制审批流程图，形成统一标准模板。上线佛山市行政审批标准管理系统，建立“唯一数据源”标准使用机制，统一应用到各审批服务业务操作和监管系统平台，确保标准编制、公布、实施、监督一体化管理，实现审批服务标准“一处配置，处处应用”。

企业投资管理体制改革 在总结高明区试运行经验的基础上，5月印发《佛山市行政审批制度改革工作领导小组办公室关于全面实施企业投资建设项目联合审批改革工作的通知》，明确改革时间表，分阶段分步骤在市级和各区推广企业投资建设联合审批改革。7月，建立佛山市企业投资建设项目联合审批改革工作联席会议制度。9月，佛山市一市五区企业投资建设综合服务窗口均正式启用，改革在全市全面铺开，同时以南海区为试点，推动改革向镇街延伸。完成市级法人“一门式一网式”服务大厅的升级改造，于5月对外服务。至年底，全市共办理企业投资类业务件9015件。

“佛山12345”统一服务平台建设 “佛山12345”全年电话及网络渠道处理群众政务咨询、政务诉求、行政投诉、建言献策229.7万人次，受理市民消费投诉23188件、经济违法行为举报案件21344件，群众对“12345”平台服务的满意度达98.86%。一是多措并举提升服务效能。申请人员扩容，加大服务容量，开展“职业培训”，推进网络转型。4月，实行网络在线交流24小时人工服务，全年网络服务量119.7万人次；10月，“佛山12345”微信上线“政务直播”栏目，市社保局应邀上线第一期“政务直播”节目。二是健全协调督促机制。6月，佛山市政府“12345”热线工作领导小组办公室印发《关于对12345成员单位办件效能实施黄牌警示和红牌督办工作措施的通知》，对各级成员单位在“12345 ”平台的工作组织、服务响应、办件效能、知识维护等方面情况开展监督检查，办件效率得到明显提升，市热线办全年发出的黄牌警示和红牌督办件分别仅占工单量的0.16%和0.01%。三是拓展业务功能。响应市委、市政府提出的“企业暖春行动”计划，4月，“佛山12345暖企服务平台”挂牌设立，开展各项搭建暖企服务平台；实现与政企通APP网络服务对接，保障企业反映的问题得到高效处理。全年收到企业对“民营40条”的咨询122条，汇总105家企业问题261条，均已有效解决。做好消费维权和社会监督工作，完成与省“12345”数据研判中心对接。

公共资源交易效率和效益有提高 一是依法依规做好公共资源交易业务工作。市交易中心全年公开各类公共资源交易信息1822条，完成各类公共资源交易业务670项，成交总金额534.73亿元，比上年增长13.50倍，群众满意度99%。二是按照省、市整合建立统一的公共资源交易平台实施方案与试点工作计划要求落实工作。以信息化建设为支撑，配合行业主管部门做好交易业务的“应进必进”，逐一落实各项电子化交易平台整合工作。5月，禅城、南海、高明、三水区设立的区级公共资源交易平台，成为市交易中心的分支机构，接受市的业务垂直管理。三是探索交易服务“一门式”窗口改革。1月，市公共资源交易“一门式”综合服务窗口对外运行，规范交易服务行为，提高办事效率和质量，全年办理（含咨询）业务17443件，成功办理率99.36%。

【禅城区行政服务中心】 2016年，禅城区行政服务中心提出“自助办、创新年、大数据”的工作思路，打造自然人“一门式”改革的“3.0版本”。一是拓展自助办理。公安24小时自助服务区延伸到各镇（街）行政服务中心。区级“综合大一门”（“大一门”指除税务和公安外，其他所有部门的禅城区级自然人政务服务集中一个门办理）163个事项221个表格实现自助填表。二是提高审批效率。全区18个事项实现电子章审批。推进电子材料复用，按无条件复用、有效期内可复用、经验证后可复用三类推行。三是深化审批制度改革。统一“一窗通办”服务事项，统一综合服务授权模式，全区1036项事项完成实施标准基本要素配置。推进企业投资建设项目联合审批改革，2月，推出包含联合验收相关业务在内的“企业投资建设项目联合审批”主题服务，全年受理业务4062宗。四是大数据应用有新进展。建成“一门式”自然人库，以“一门式”业务受理数据为基础，沉淀近3亿条数据，建立自然人库，实现214种表格自助填写、47种材料可以复用。构建数字禅城政务应用一张图，以国土1：500地图矢量图、卫星影像图、大比例尺地图和真三维等基础地图为依托，以图层形式叠加城市管理、三防、安监、应急、经济等领域数据资源，逐步实现“人、事、物”与社会综合治理云平台的联网。创建广东大数据综合试验区，并于9月30日通过广东省经信委组织的专家评审。五是推进政民互动大平台建设。全年开播“空中一门式”电台节目141期。推动预约服务持续发展，8月，魁奇路公安“小一门”（“小一门”指税务和公安的禅城区级自然人政务服务各集中一个门办理）推出周六、周日办证预约服务；9月，推出户籍等三大类业务的全预约办理服务。六是推进公共资源交易规范、高效。配合禅城区委、区政府实施“三旧”改造安排，祖庙街道的郊边村和扶西村2个关键旧改地块均成交，溢价均超过90%。

【南海区政务管理办公室】 2016年，南海区政务管理办公室推进“一门式一网式”政务服务改革，全面实施“一窗通办、一网通办、一线通办、一端通办、一格通办”的“五个一工程”。一是实施“一窗通办”。南海区在完成全省审批标准化试点的同时，推进4批20个部门246个全区通办事项，并与广州荔湾区率先实现85个审批服务事项在实体窗口的跨城通办，此举为全国首创。联合审批成效显著，12月，南海区各镇（街道）行政服务中心全面实施企业投资建设项目联合审批改革。压缩和精简办事流程及申办材料，审批时限缩短111天，申办材料减少133份。强化主体监管，印发《南海区企业经营许可事项及对应监管职责目录》，共涉及22个部门239个企业经营许可事项。推进交易平台改革，整合政府采购、建设工程、土地交易等公共资源交易业务，实施“一窗通办”改革，全年完成交易676项，交易总额352.36亿元。二是实施“一网通办”。3月，区、镇（街道）两级行政服务中心全面开通网上预约服务。全区网上办事大厅进驻率100%，三级深度事项（指实现全流程网上办理，办理进度可全流程网上跟踪、查询和全过程监督的事项）占比67.67%，服务时限平均缩短53.89%。三是实施“一线通办”。完善热线平台运行机制，构建全区统一的指挥调度平台，将区、镇（街道）数字城管指挥中心，南海区民生服务热线“81812345”和市“12345”热线整合到区智慧城市管理指挥（应急）中心。上线“南海政务百事通”，全年查询量超过7万人次。四是实施“一端通办”。南海区以“一次性补足医疗保险差额缴费年限”业务为突破口，实现“南海政务通”微信平台全流程办事，点击量109万次。拓展“市民之窗”服务功能，制定《南海区“市民之窗”管理规范》，全年使用量超过53万次。五是实施“一格通办”。4月，南海区在全区全面铺开网格化工作，全年全区划分1040个网格，构建起8068人的网格员队伍，网格化平台累计派发工单165万件，问题事件办结率达99.2%。

【顺德区行政服务中心】 2016年，顺德区行政服务中心根据自身职能，创新服务方式、深化政务服务改革、推进“互联网+政务服务”、实施政务数据共享。一是推进政务服务改革。“一门式一网式”政府服务改革全面铺开。区级开设主题式综合窗口，实行“一窗通办”的服务模式。行政审批中介服务项目实行清单管理。2月，顺德区府办印发《顺德区清理规范区政府部门行政审批中介服务工作方案》，明确中介服务事项清理的工作内容。10月，顺德区政府正式公布《佛山市顺德区人民政府关于第一批清理规范29项区政府部门行政审批中介服务事项的决定》。完善网上办事服务体系，在顺德区网上办事大厅推出网上预约办事的便民服务。二是推进政务大数据规划及整合。完成《顺德区实施政府大数据战略的若干意见》《顺德区实施政府大数战略三年规划》和《顺德区智慧城市发展规划》（电子政务“十三五”规划）的编制。制定《顺德区政务数据资源共享与开放管理办法（试行）》。对全区369个信息化项目进行统筹。做好智慧顺德启动建设的前期准备工作，拟订“云端联办，便捷服务智能城市，幸福顺德”的战略目标。启动政务数据开发开放项目建设，升级政务数据共享云平台为政务数据资源管理云平台。三是推行国税、地税联合办税服务模式，成为全省首个完成国税、地税深度融合探索的区（县），同时作为省试点单位推行实现电子营业执照。四是推进智慧化服务。建设智能行政服务大厅，对外实现事前全预约、事后重评价、全程可咨询一条龙服务；“顺德百事通”APP新增15项功能；全区布设377台“市民之窗”；10月上线“顺德企业服务直通车平台”；完成全区14个职能部门、56条热线、包括35项业务的整合工作。

【高明区行政服务中心】 2016年，高明区行政服务中心围绕“一门式一网式”政务服务体系建设，深化行政审批制度改革各项工作，完善“e门政务、e窗通办”政府服务模式。一是深化“一门式一网式”政务服务改革。印发实施《佛山市高明区关于进一步深化“一门式一网式”政务服务改革的实施方案》，初步完成对佛山市“一门式一网式”政务服务平台高明模块的升级。推行“一窗式”综合受理审批模式，按照服务主题设置综合服务窗口。实行跨部门协同办理创新机制，自然人板块审批事项实现区级88.7%即办、镇级99.1%即办。在全市率先推行投资建设联合审批改革，实现项目投资类200个事项“一窗通办”，同时加快系统平台建设，率先实现市、区、镇三级业务平台全面融合。二是推进行政审批标准化建设，对区内有关部门659个行政许可事项和796个公共服务事项完成办事指南及业务手册公示。三是深化村（社区）政务服务建设，开发基层公共服务平台的业务受理模块，重新梳理村（社区）服务事项清单。制定全区村（社区）公共服务中心建设指导意见和规范化建设指引。四是完善“门、网、端、线”建设。升级改造“一门式一网式”服务大厅，优化布局基础硬件设施。2016年，网上办事大厅进驻事项1324个，二级深度事项接入100%，三级深度事项占比63.75%；全区布设“市民之窗”60台，开通6个24小时服务区。高明区“12345”热线办全年共下派限时回复工单5728件。

【三水区行政服务中心】 2016年，三水区行政服务中心围绕“加快转型升级，完善城市功能，强化生态建设，着力改善民生，升级政务服务”的工作主题，深化行政审批制度改革，创新政务服务方式。一是推进“一门办理、全城通办”政务服务改革。率先探索区、镇（街）行政服务中心去层级化同城服务，全区312个自然人事项可实现任一网点就近办理，全面实现“全城通办”模式。1月11日，三水区行政服务中心中心城区大厅升级改造后正式对外开放。3月，全市最大的国税、地税全职能办税服务厅——三水区办税服务厅成立并投入使用。推进法人类“一门式”改革。统一标准，统一系统，扩大“24小时政务服务超市”的覆盖面，将“一门办理、全城通办”政务服务新模式延伸到全部的村（社区），各镇（街道）全年设立“24小时自助服务超市”7个。二是开展行政审批标准化编制。按照市级统筹编制设定标准，三水区全年完成38个部门1228项的标准化事项编制。三是推进工程报批和联合验收。全年对接重点项目18个，促成三水德力梅塞尔气体有限公司三水气体研究开发中心项目、苏宁易达物流投资有限公司项目、辛格林电梯（中国）有限公司项目等5个项目提早动工，报批审批时间缩减一半以上，企业落地动工比预计提前2～6个月。四是加强“12345”平台管理工作。搭建微信服务号；策划《彩虹政桥》刊物出版；规范三水区“12345”平台运行及管理，印发《佛山市三水区政府12345平台管理实施细则》和《关于建立健全三水区政府12345平台运行情况监督考评工作机制的通知》，加强对成员单位的考核。三水区“12345”热线全年处理群众服务请求11024件，比上年增长23%，热线答复率100%。

【佛山“一门式一网式”政府服务模式改革成为全国典型案例】 2016年4月27日，中央电视台《焦点访谈》节目以佛山禅城“一门式”改革为例，阐释国务院办公厅发出的《关于转发国家发展改革委等部门推进“互联网+政务服务”开展信息惠民试点实施方案的通知》将试点推行的“一窗受理”具体要求：通过数据共享交换和部门业务流程打通，变“来回跑”为“协同办”，实现“一窗口受理、一平台共享、一站式服务”，报道佛山市民在佛山市禅城区石湾镇街道行政服务中心一窗办结多件事的实例以及禅城区通过“一窗通办”“网上审批”提升办事效率的成果，并指出，福建、佛山等地改革案例证明，信息资源共享给公众带来实实在在的便利。

2016年，佛山市在总结汇聚五区政务服务创新改革成果的基础上，全面推进“一门式一网式”政府服务模式改革。一是统一“一门式一网式”政府服务标准，编制形成全市统一的“一门式一网式”政府服务规范、业务规范、数据规范、绩效评价规范。二是统一建设综合服务窗口，建立综合服务机制，实行“一窗通办”服务模式。三是统一建设网上办事大厅，全市100%的审批服务事项接入网厅，50%以上的事项可全流程网上办理。四是统一开展行政审批标准化建设，全市1930个审批服务事项100%完成标准化工作，546个事项实现县域范围或市域范围或广佛跨市同城通办。五是统一推进企业经营投资事项联办模式，全市48个部门407个事项实行联办。佛山“一门式一网式”改革运用互联网、大数据等手段，推进互联网与政务服务深度融合，实施行政审批和公共服务标准化建设，依托“一窗”“一网”“一号”等基础载体，推进政府服务流程简化、信息共享和数据应用，建设线上线下无缝衔接、上下左右协同联动、政务数据互通共享的“互联网+政务服务”体系。3月，以禅城改革为基础的佛山“一门式一网式”改革，被广东省作为“一门式一网式”政府服务改革的标准和蓝本，在全省推广实施。4月26日，国务院办公厅发出《关于转发国家发展改革委等部门推进“互联网+政务服务”开展信息惠民试点实施方案的通知》中肯定佛山“一门式一网式”改革经验。

（刘敏莹）

政协佛山市委员会

【概况】 2016年，政协第十一届佛山市委员会辞免委员职务17名，撤销委员资格8名，增补委员18名；辞免副主席职务2名，辞免常务委员职务4名，免去常务委员职务3人，补选常务委员7名。增减后，实有委员394名，其中常务委员会组成人员72名。委员中，中共党员146名、非中共人士248名；常务委员中，中共党员29名、非中共人士43名。

2016年，市政协围绕市委、市政府的中心任务和工作大局，履行政治协商、民主监督、参政议政职能，开展专题协商2项、调研议政活动2项、专题视察活动8项，组织委员参与各项监督评议检查活动和开展各种形式协商活动，合并交办提案210件，编报《佛山政协信息》221期，为各民主党派、工商联、人民团体参政议政搭建良好平台，密切与港澳台侨人士的联系，推进公共外交活动，做好委员履职管理工作，畅通网络议政渠道，开展文化交流、扶贫济困和公益慈善等活动，凝聚力量服务改革发展，发挥优势助推民生改善，协调关系促进社会和谐，为全面推动佛山市经济社会发展作贡献。

【调研议政】 2016年，佛山市政协把促进改革发展作为履职的第一要务，紧扣经济发展新常态下稳增长、调结构、促改革、惠民生、防风险的各项工作，广泛凝心聚智，积极建言献策。

专题议政　重点选择《佛山市交通发展白皮书》实施情况”“增强民营企业竞争力”两大课题开展调研，并分别召开常委会议和主席会议进行专题议政，形成常委会议建议案和主席会议建议案送市委、市政府，为促进佛山市产业升级和经济社会健康发展提供有益参考。市委、市政府对此十分重视，市委主要领导专门听取市政协开展这两项调研议政情况的汇报，采纳两份调研报告提出的有关思路和对策，并由市分管领导牵头跟进，市委办专门发出督办通知抓落实，推动调研议政成果“从纸上落到地上”。

网络议政　每两周精心选取1至2个议政专题在各微信群发布，组织引导群内委员互动讨论，委员参与网络议政的热情明显提高，积极发表意见建议，内容涉及交通建设管理、公共服务、城市规划、企业发展、人才培养、青少年教育、文化升级、妇女权益保护等方面。定期归纳整理委员在微信群发表的意见和建议，编报《网络议政信息专报》17 期，报市委、市政府和政府职能部门，推进相关问题解决。将微信议政中反映的情况和问题延伸，如组织委员开展残疾人就业情况专题视察，促进有关问题解决。

【民主监督】 2016 年，佛山市政协把履职为民的参政理念贯彻到政协各项工作中，体察民情、反映民意、集中民智、为民谋利，推动民生政策措施落到实处。

专题视察解决民生问题　组织委员围绕提振民营企业家信心促进创业创新“40 条”落实情况、社会养老服务体系建设、企业安全生产监管、住宅小区物业管理问题、非物质文化遗产保护等 8 个专题开展视察工作。针对视察中发现的问题，提出有分量、有价值的意见和建议，形成专题视察报告，提交市委、市政府。

政协信息反映社情民意　市政协全年收到各类信息 1900 多条，编报《佛山政协信息》普刊 208 期、专报 1 期、转送 12 期。其中，被全国政协、省政协采用 14 篇，省委、市委采用 48 篇，省市领导批示 6 篇，市有关部门办复 2 篇。由于信息工作成效显著，在省政协反映社情民意信息工作座谈会上，佛山市政协作为地级市代表作经验介绍，省政协还将佛山市政协经验材料下发至各地级以上市政协，要求各地政协组织学习研究。

委员监督促进社会管理　组织委员担任政府有关部门以及司法机关的特邀监督员，参加绩效评议、行风评议、法律监督等监督评议检查活动。推荐委员参加新闻媒体《民生直通车》等栏目，委员们大胆履行职责，为促进佛山市机关作风建设，推动社会和谐发展发挥积极作用。

【协商民主】 2016 年，佛山市政协围绕改革发展重大问题和涉及群众切身利益问题，开展民主协商，发挥人民政协作为协商民主重要渠道和专门协商机构作用。

提案办理协商　市政协全年收到提案 428 件，立案 291 件，实际交办 210 件。做好提案的征集、审查、重点提案筛选、交办、反馈等服务工作。通过市领导督办、制定落实工作制度、加强协调沟通、抓好宣传监督、不断追踪跟进，使提案的办理质量得到进一步提升，许多意见和建议得到政府部门采纳，对促进佛山市经济社会发展与和谐稳定起到较好的作用。此外，开展提案“回头看”工作，就 2013 年提案《关于加大力度扶持迳口华侨农场经济发展的建议》的实施情况开展回头看，促进相关部门加大扶持力度，推动迳口华侨农场长期可持续发展，致力于全面实施“同富裕工程”，增强提案办理实效。

协商活动多种形式　召开全体会议、常委会议、各界别委员代表座谈会，就加快产业转型升级、推进公共法律服务体系建设、推动大众创业万众创新、加强城市建设管理、推进生态文明建设、保障和改善民生、深化各领域改革等方面问题，深入协商议政，市委、市政府领导及有关部门负责人到会听取意见和建议，和委员们一起共商佛山市改革发展大计。组织委员开展“加快佛山市科技成果转化”“加强校企合作，大力培养适用人才”专题协商，邀请市职能部门负责人到会介绍情况并听取意见，委员们在协商中提出的许多意见和建议被吸

2016 年 4 月 28 日，佛山市政协十一届五次会议在市政协大礼堂闭幕

收采纳，推动佛山市经济社会可持续协调发展。组织委员对“十三五”发展规划等政策文件提出意见和建议，促进各项政策方案的完善。

【大团结大联合】 2016年，佛山市政协坚持把加强大团结、大联合作为工作重点，开展团结联谊活动，促进爱国统一战线的巩固和发展。

民主党派、工商联、人民团体参政议政平台搭建　巩固完善市政协党组成员与各民主党派负责人沟通联系制度；坚持市政协与各民主党派工商联秘书长（办公室主任）联席会议制度。支持各民主党派、工商联、人民团体以组织名义提出提案，进行大会发言，参与专题讨论，反映社情民意，为其参政议政创造有利条件，增进在共同政治基础上的团结，发挥其在市政协履行职能、开展工作中的作用。

市政协与港澳台侨人士联系交流　由市政协领导班子带队赴港澳地区拜访港澳委员和重要旅港澳社团，通报佛山经济社会发展情况，听取委员意见、建议。做好港澳青年工作，举办“香港未来之星国情教育佛山行”活动，促进佛港两地青年沟通联系。接待港澳台人士、海外侨胞到访，组织港澳委员考察内地经济发展情况、项目和投资环境，为港澳台地区与内地开展合作交流提供良好平台。在市政协领导带领下，走访港澳委员及委员投资的企业，关心、协助在佛山的港澳台侨企业解决发展中的实际困难。继续邀请海外华侨、华人及台湾地区人士列席市政协全会，推动海内外中华儿女的大团结大联合。

公共外交工作　组织策划公共外交出访活动，组织交流访问团赴泰国、马来西亚、印度尼西亚、俄罗斯、澳大利亚、新西兰等国家，开展经济文化交流合作；指导举办南美农产品网上展览会，协办首届“一带一路”泛家居产业发展与国际合作论坛，应邀出席2016公共外交温州论坛，并作经验介绍；配合全国、省、市的涉外活动，派员参加天津公共外交协会东北亚和平与发展滨海论坛等活动，加强交流合作；开通佛山公共外交微信订阅号，重新优化《佛山公共外交》刊物，彰显佛山公共外交品牌。

市政协与各级政协联系　协助全国政协开展“城镇化过程中的少数民族流动人口服务与管理”“加快高档数控机床和工业机器人产业发展”等专题调研。协助省政协开展“珠三角国家自主创新示范区建设的进展及对策措施”“加快发展珠江西岸装备制造业发展，建设装备强省”“关于依靠创新驱动、破解农村生活垃圾治理难题”“加强基层宗教团体建设”等专题调研，在全省各地级以上市政协工作交流会上，介绍加强委员履职管理服务工作。组织市、区两级政协主席工作会议、秘书长联系会议和提案、信息工作会议，定期召开座谈会交流和总结工作经验，促进市、区两级政协工作的互动和发展。

文化交流和基层党建　牵头举办佛山、香港、澳门、台湾桃园中小学生书法比赛，促进佛港澳台四地青少年文化交流，加强四地青少年的团结联谊，取得较好效果；举办“美丽佛山”手机摄影比赛活动，该活动历时近4个月，共征集到作品5000余幅，展现佛山改革发展、文明进步的成果；组织发动政协机关党员到党建共建联系点——南海区大沥镇沥西社区慰问困难党员，开展送医送药、送戏下乡等活动，与沥西社区党委对接党建工作，并将支持和参与沥西社区发展，共同做好基层党建工作。

【政协第十一届佛山市委员会第五次会议】 2016年4月26—28日，中国人民政治协商会议第十一次佛山市委员会第五次会议召开。代表佛山市各民主党派、人民团体、社会各界及港澳地区特邀人士等29个界别的委员365人出席会议。市党政军领导到会祝贺，市各民主党派主要负责人，在佛山市工作、居住的省政协委员，没有担任政协第十一届佛山市委员会委员的市政府有关部门和中央、省驻佛山部分单位的领导，市政协历届正副主席、秘书长，海外华侨华人代表人士，台湾地区代表人士，市政协历届港澳委员联谊会常务理事代表和市政协机关副处级以上干部等75人列席会议，另邀请20名市民代表旁听。会议按照中共佛山市委十一届七次全会的部署和要求，动员全市各级政协组织、各参加单位和广大政协委员，围绕佛山市“十三五”时期的新目标、新定位，履行政治协商、民主监督、参政议政职能，为佛山全面建成高水平小康社会作出新的贡献。会议审议通过政协佛山市委员会常务委员会工作报告和关于市政协十一届四次会议以来提案工作情况的报告；表彰市政协十一届四次会议以来的19件优秀提案，对182名2015年度履职考核优秀的委员、20名网络议政优秀委员和38名2015年度热心慈善公益、贡献突出的委员予以通报表扬；列席市十四届人大六次会议，听取并讨论《政府工作报告》及其他报告；会议补选刘坚明、刘建华、何绮红、张建辉、杨小晶、周文、曾峥7人为十一届市政协常委，辞免袁毅桦、杨锡基十一届市政协副主席职务，辞免贾伟、梁国章、邓国斌、吴志坚十一届市政协常委职务；通过市政协十一届五次会议决议。中共佛山市委书记鲁毅在开幕会上作重要讲话。市政协主席杨晓光在闭幕会上讲话。

【政协常务委员会会议】 2016年，佛山市政协召开第十一次、第十二次、第十三次、第十四次常委会议。第十一次常委会议讨论《政府工作报告（征求意见稿）》；听取市政府部门办理2015年政协提案情况通报；听取市纪委、市中级人民法院和市检察院的工作情况通报；审议讨论市政协《常委会议工作报告（草案）》和《提案工作情况报告（草案）》及报告人；审议通过召开市政协十一届五次会议的决定和议程（草案）、日程（草案）及有关决定（草案）；通过辞免和增补委员及有关人事任免。第十二次常委会议审议通过有关人事事项。第十三次常委会议就“《佛山市交通发展白皮书》实施情况”专题进行议政，同时，审议通过有关人事事项。第十四次常委会议讨论《政府工作报告（征求意见稿）》；听取市政府部门办理2016年政协提案情况通报；听取市纪委、市中级人民法院和市检察院的工作情况通报；审议讨论市政协《常委会议工作报告（草案）》和《提案工作情况报告（草案）》及报告人；审议通过召开市政协十二届一次会议的决定（草案）及邀请列席人员、旁听人员决定（草案）；审议市政协十二届一次会议议程（草案）和日程（草案）；审议通过十二届市政协委员名单。

【市委书记鲁毅专门听取市政协调研议政情况汇报】 2016年11月22日，中共佛山市委书记鲁毅主持召开座谈会，专门听取市政协开展的“《佛山市交通发展白皮书》实施情况”“增强民营企业竞争力”两项调研议政情况汇报。鲁毅在会上明确要求，分管领导要牵头跟进，汲取市政协两项专题议政中提出的好思路及对策建议，制订专项方案，将调研成果“从纸上落到地上”，推进佛山市民营经济、城市交通发展。

【南美农产品网上展览会】 2016年5月26日在广东国通物流城启动。该展览会由佛山公共外交协会指导，广东国通物流城有限公司、广东品珍电子商务有限公司、佛山健怡果投资有限公司主办，整合资源开辟线上线下交易平台，促使南美商家与佛山企业信息互通，并由佛山企业提供农产品贸易咨询。该成果既是佛山公共外交协会南美之行合作意向的成功落地，也是响应国家“一带一路”战略，运用“互联网+”思维，加强佛山与南美地区国家经贸往来的一项举措。

【粤沪津第三届公共外交工作座谈会】 2016年7月20日在佛山举行。座谈会以“公共外交实践与创新”为主题，总结交流公共外交工作经验，共同探讨公共外交事业发展新实践。来自广东、上海、天津以及相关城市公共外交协会的负责人，广东省21个地级以上市政协主席、秘书长参加会议。佛山市委书记鲁毅会见与会代表，并向与会代表通报佛山经济社会发展情况。佛山市政协主席、佛山公共外交协会会长杨晓光介绍佛山公共外交协会的工作经验，得到与会人员认同和肯定。

【全省各地级以上市政协工作交流会】 2016年7月21日在佛山召开。交流会学习贯彻习近平总书记在庆祝中国共产党成立95周年大会上的重要讲话精神，学习贯彻中央和省委关于加强社会主义协商民主建设和加强政协委员服务管理工作等文件精神，总结交流各市政协的工作经验，探讨新时期人民政协公共外交工作的实践与创新，推动人民政协事业不断向前发展。省政协主席王荣出席并讲话，省政协副主席林木声主持会议，佛山市政协主席杨晓光以“量化考核，创新平台，积极探索委员履职管理新机制”为题，介绍佛山市政协加强委员履职管理服务的经验做法，各地级以上市政协作关于2016年以来工作情况交流发言。省政协副主席王珣章、姚志彬、温兰子、唐豪、刘日知，秘书长吴伟鹏，全省21个地级以上市政协主席、秘书长，省政协各专门委员会主任，副秘书长等出席会议。佛山市政协有关领导及各区政协主席等列席会议。

【杨晓光应邀出席2016公共外交温州论坛】 2016年10月28日，佛山市政协主席、佛山公共外交协会会长杨晓光应邀出席在浙江省温州市举行的2016公共外交温州论坛。该论坛是围绕“中国公共外交的地方实践和创新”的全国性论坛，旨在通过地方实践方向与路径的探索，提升地方公共外交实践主动性和自觉性，使公共外交为促进中国地方城市的对外开放和国际化进程服务。杨晓光在论坛大会上作“佛山公共外交的实践与思考”主题演讲，得到与会人员一致认可。

【佛山、香港、澳门、桃园中小学生书法比赛】 2016年，佛山市政协牵头举办佛山、香港、澳门、桃园中小学生书法比赛。该活动是2015年举办的“佛港澳翰墨情中小学生书法比赛”的延续，并首次邀请台湾桃园地区的学生书法爱好者参赛。大会组委会共收到书法作品1000多幅，分四个赛区共评选特优奖37名、优秀奖100名和佳作奖130名，其中特优奖和优秀奖130多幅作品分别于8月在佛山，12月在桃园、澳门、香港等地展出。同时，该次活动还邀请四地获得特优奖及香港、澳门、桃园获得优等奖的100多位学生参加书法夏令营。该次活动促进佛港澳台四地青少年文化交流，加强四地青少年的团结联谊，取得较好效果，得到全国政协、中国书法家协会、省政协、省委统战部、省台办领导的肯定和社会各界的好评。中央电视台先后3次对四地书法比赛活动进行采访报道，其他各大媒体纷纷报道活动盛况。

（陈勃冲）

附：2016年佛山市政协主席、副主席名单

主　席：杨晓光
副主席：乔　平（女）
袁毅桦（女，任至4月）
谭家驹　杨锡基（任至4月）
马亮照　柳玉斌　唐冬生

现任佛山市政协主席、副主席名单

主　席：熊志翔
副主席：郑灿儒　唐冬生　葛承书　骆毓林
朱华仙（女）　万志康　杨小晶

（2017年5月市政协供稿）

中共佛山市纪律检查委员会

【概况】 2016年，佛山市纪检监察机关坚持以“廉洁佛山”建设为统领，聚焦主业主责，着力正风肃纪，坚决惩治腐败，坚持改革创新，强化标本兼治，制定《深化基层党风廉政建设综合治理若干意见》，落实“一案双查”等制度；持之以恒正风肃纪，健全作风建设长效机制，查处违反中央八项规定精神问题29个62人，严肃查处群众身边的不正之风和腐败问题，全市排查线索2599条、立案783件、结案616件；持续保持反腐高压态势，坚持以“零容忍”的态度惩治腐败，全市受理信访举报2818件次、处置线索956条、立案860件、结案794件；邀请内务监督委员会委员参与内部巡察和调研工作，全市收到反映纪检监察干部的问题线索30件，处置30件，核查率和查结率均为100%；做好党风廉洁宣传教育工作，突出纪律规矩教育，加强新闻舆论宣传，提高反腐倡廉宣传教育工作的主动性、针对性和实效性；按照“创新、精准、严格”的原则，加强风险防控微观制度创建，推动从源头上预防和治理腐败，出台政商交往守则及行为指引，印发重大工程廉洁风险同步预防工作指引；创新完成“三位一体”试点的组织建设工作，开展纪检监察机关能力建设年活动，建立关心关爱干部机制，推动组织人事工作制度化、规范化发展。党风廉政建设和反腐败工作取得了新成效，党风政风明显改善，民风社风为之一新。

【纪律审查】 （见178页《纪律审查》）

【“四风”整治】 （见179页《“四风”整治》）

【市纪委第十一届六次全会】 2016年2月2日，中共佛山市第十一届纪律检查委员会第六次全体会议召开。全会传达学习中共中央总书记习近平、广东省委书记胡春华重要讲话以及十八届中央纪委六次全会、广东省纪委十一届五次全会精神，听取市委书记刘悦伦的重要讲话。会议审议并通过市委常委、市纪委书记黄力代表市纪委常委会所作的“聚焦主业主责，深化标本兼治，坚定不移推进党风廉政建设和反腐败斗争”工作报告。市纪委委员、市直副局以上单位纪检组组长（纪工委书记）、各区纪委副书记、市纪委监察局机关及派驻（出）机构副处级以上干部和市纪委内务监督委员会委员、市监察局特邀监察员、市几套班子领导、全市副处级以上现职党员干部等参加会议。刘悦伦在讲话中充分肯定2015年全市党风廉政建设和反腐败工作取得的新成效，科学分析“四个越来越严”的新形势新要求，明确提出会议当前和会后一个时期的目标任务。强调要深入推进全面从严治党，认真履行管党治党责任，把纪律建设摆在更加突出位置；构建良性互动、合作共赢的新型政商关系，营造“为官有为”的干事创业环境，开创佛山经济社会发展新局面。全会从4个方面回顾总结2015年全市党风廉政建设和反腐败工作：一是弛而不息纠正“四风”，作风建设取得新成效；二是加大惩治腐败力度，纪律审查取得新突破；三是大力推进微观制度创建，预防腐败取得新进展；四是深入践行“三严三实”，队伍建设迈上新台阶。全会部署2016年6个方面工作任务：一是严明党的纪律，管住全体党员；二是持之以恒正风肃纪，坚决落实中央八项规定精神；三是力度不减、节奏不变，坚决遏制腐败蔓延势头；四是严厉查处损害群众利益的不正之风和腐败问题，推动全面从严治党向基层延伸；五是深入推进微观制度创建，提升源头防治腐败水平；六是从严监督管理，建设忠诚干净担当的纪检监察队伍。市农业局、市工商局、佛山传媒集团、市第一人民医院、市中医院、市公用事业控股有限公司（党组）主要负责人向市纪委全会作述责述廉述德报告。

【《关于深化基层党风廉政建设综合治理若干意见》的发布实施】 2016年，佛山市纪委监察局加强督促落实党风廉政建设主体责任，针对农村基层党员、干部违纪违法线索排查发现的问题，寻根溯源，紧盯镇（街）和村（社区），印发《关于深化基层党风廉政建设综合治理的若干意见》（下称“十二条”），从强化基层纪律规矩意识、强化基层廉政风险防控、强化村（社区）权力内部制约、强化基层干部履职担当四个方面，提出“十二条”针对性举措。10月，组织五区112名纪检监察干部参加全市基层党风廉政建设综合治理业务培训班，共同解读“十二条”，要求各级各单位把“十二条”作为一个时期内佛山市基层党风廉政建设的重要工作规划和行动指南。

【《佛山市政商关系行为守则》和《佛山市政商交往若干具体问题行为指引（试行）》出台】 2016年，佛山市纪委监察局加强风险防控微观制度创建，推动从源头上预防和治理腐败。为贯彻落实习近平总书记关于构建“亲”“清”新型政商关系的要求，营造佛山市亲商、重商、安商、扶商的良好氛围，出台《佛山市政商关系行为守则》和《佛山市政商交往若干具体问题行为指引（试行）》。制定政商交往正负面清单，鼓励正常交往，倡导主动服务企业，划清边界。佛山作为国内首个提出政商关系守则和指引的城市，得到《人民日报》《中国纪检监察报》以及新加坡《联合早报》关注报道，也得到中共中央办公厅调研室的关注了解。

【《佛山市重大工程廉洁风险同步预防工作指引》印发实施】 2016年，佛山市纪委监察局深化标本兼治、创新体制机制。为确保政府投资的重大工程权力行使安全、资金运用安全、项目建设安全和干部成长安全，成立课研工作小组，深入20余个单位开展调研，并先后邀请中铁五局等22名来自工程领域的专家开展座谈研讨，起草并出台全省首份重大工程廉洁风险同步预防工作指引《佛山市重大工程廉洁风险同步预防工作指引》（以下简称《指引》）。《指引》共包含总则和15个子篇章。其中，勘察设计等9个重点监督篇，统一按照工作流程、预防及监督要点、预防及监督措施、检查清单、工具（监督检查表）五大块结构编排，力求做到操作简单化、防控精准化、措施系统化，为同步预防工作提供系统性的制度规范设计。《指引》在全市范围内推广应用，对达到重大工程标准的43个项目开展同步预防工作。

【纪检监察内部监督】 2016年，佛山市纪委监察局强化自身监督，加强对问题线索的核查力度，全市收到反映纪检监察干部的问题线索30条，处置30条，核查率和查结率均为100%。实践“四种形态”，开展谈话提醒9人次、诫勉谈话1人次、立案查处1人、给予党内警告处分1人。3月，邀请内务监督委员会对三水区纪检监察系统开展内部巡察，专门安排两个组对三水区7个镇（街）纪（工）委进行延伸巡察，每个镇（街）巡察1天，重点检查了解各镇（街）纪（工）委队伍建设、落实“三转”和履行监督执纪问责职责的情况。该次巡察不仅是监督检查区纪检监察机关履行监督执纪问责主业情况、区纪委领导班子及其成员自身建设、干部队伍建设、机关作风建设等情况，还包括督办市纪委交办工作、调研纪检监察工作风险点和对策、了解班子成员在换届中个人去留的想法等内容。重点抽查区、镇（街）纪（工）委信访、审理档案，并根据查阅需要及时找相关人员进行谈话、询问，深入了解三水区各级纪检监察机关信访件办理和纪律审查工作情况，指出存在的问题。

【党风廉政宣传教育】 2016年，佛山市纪委监察局做好党风廉洁宣传教育工作，着力加强全市党风廉洁建设工作的重大成就和工作亮点的宣传策划，在《人民日报》、中央电视台、新华社、《中国纪检监察报》《中国纪检监察》杂志和《南方日报》等高端媒体发稿，树立佛山市坚持全面从严治党、党风廉洁建设勇于创新的良好形象。强化阵地意识和互联网思维，抢占新媒体“高点”，加强廉洁佛山刊物、网站、微信微博等宣传平台建设，形成全方位、立体化的自媒体宣传体系，掌握党风廉洁建设舆论工作主动权。举办全市副处级以上领导干部纪律教育学习班及第五期“双集班”，市委书记鲁毅围绕讲党性、守纪律、敢担当作辅导报告。在纪律教育学习班上，组织全市1000多名副处级以上领导干部集中观看警示教育片《异化的政商交往》。编印警示教育读本《忏悔警示录》，组织全市86名市直单位党政“一把手”到佛山监狱听取服刑人员“现身说法”，用活“身边案件”开展警示教育。

【纪检监察队伍建设】 2016年，佛山市纪委监察局践行忠诚干净担当，打造过硬纪检监察队伍。在维持派驻（出）机构总数不变的基础上，创新建立13个综合派驻和24个单独派驻相结合的监督模式，实现对73个市直机关和事业单位派驻监督全覆盖。开展“两学一做”学习教育，联合红旗渠干部学院和井冈山干部学院开展4期党史党性教育培训。举办派驻干部培训班，邀请专家学者开展证据学、问责条例、“四种形态”运用等专题讲座，选派73人次参加上级纪委组织的各类培训班。制定选调录用干部工作办法，加大干部交流轮岗力度，优化队伍结构。关爱纪检监察干部，举行应急处置能力培训，开展常态化心里调适140余人次，提升队伍素质和活力。

（孙学良）

附：2016年中共佛山市纪委书记、副书记名单

书　记： 黄　力

副书记： 徐东涛（任至7月）
朱娅丽（任至11月）
裴广明　宋会勇（9月任职）
龚嘉明（9月任职）

现任中共佛山市纪委书记、副书记名单

书　记： 黄　力（任至5月）
梅河清（5月任职）

副书记： 裴广明　宋会勇　龚嘉明

（2017年5月市纪律检查委员会供稿）

组织·宣传

组　织

【概况】 2016年，中共佛山市委组织部按照“重思想、抓日常、促作为”的总体思路推进“两学一做”学习教育，组织全市28万名党员开展学习，发放各类学习资料43万多册，设立党员先锋岗、示范岗、创优岗2231个。推进市、区、镇三级换届，通过市委书记座谈、组织部长面谈、组织部专题调研等形式掌握领导班子和领导干部情况，严把人选审核关防止“带病提拔”，推选产生党代表、选举产生市人大代表、协商产生市政协委员，做好市、区两级“三会”（党代会、人代会、政协会议）选举各项工作，严肃换届纪律对违规违纪问题立项专办。推动领导干部日常管理监督常态化规范化，深化整治“为官不为”，推进突出问题专项整治，强化教育培训推动干部能力素质提升。推进“堡垒型+服务型”基层党组织建设，精准整顿48个软弱涣散基层党组织，深化完善以驻点联系制度为核心的联系服务群众体系，推动解决涉及群众切身利益问题，分类推进各领域党建工作。实施人才工作清单管理，增强全市人才工作合力。

是年，佛山市委组织部坚持“重思想、抓日常、促作为”总体思路，组织全市28万名党员以多种形式开展学习。重思想，着力抓好党员思想教育，发放各类学习资料43万多册，制作电教课件44个、时长2000多分钟，录制发放1.35万份“精品党课”光盘，市、区、镇三级通过各类讲师团送党课到基层982次，组织学习收看省“两学一做”巡回宣讲团党课课件1500场次，组织24.4万名党员参加全省“两学一做”网上考学，各单位均开展3次以上集中学习讨论。抓日常，着力规范党员日常教育管理，出台《关于进一步严肃党的组织生活严格党员教育管理的指导意见》，举办培训示范班对5万多名党支部书记、党务工作者进行培训，推动排查失联党员、补缴党费、推进非公有制企业和社会组织“两个覆盖”（党组织覆盖、工作覆盖）等基层党建重点任务落实，组建10个市委督导组开展4轮集中督导，共抽查基层党组织635个。促作为，着力引导党员讲奉献、有作为，全面排查整治农村土地突出问题、选好配强镇、村两级班子等重点任务，印发《关于组织引导全市党员立足岗位作奉献的通知》，推动业务研讨、优化业务流程、加强培训、业务竞赛、建言献策等系列活动，全市共设立党员先锋岗、示范岗、创优岗2231个，2名党员分别被评为全国优秀共产党员、优秀党务工作者，9名党员和7个党组织获得省委表彰。

【市、区、镇三级换届】 2016年，佛山市委组织部坚持把严肃纪律、严格程序贯穿换届工作始终，确保换届风清气正、平稳开展。加强筹备部署，提请市委常委会3次专题研究换届工作，成立以市委书记为组长的换届工作领导小组，召开全市党建暨换届工作会议和全市区、镇领导班子换届工作业务培训班，制定镇、区、市3个工作流程图细化90项任务，制定《关于认真做好镇领导班子换届工作的通知》细化镇换届工作要求。严把人选审核关防止“带病提拔”，通过市委书记座谈、组织部长面谈、组织部专题调研等形式掌握领导班子和领导干部情况；通过组织部“4 + 6”核查（即“4必”：干部档案必审，个人有关事项报告必核，纪检监察机关意见必听，有关信访举报必查；“6排查”：《党政领导干部选拔任用工作条例》规定不得列为考察对象的6种情形），纪检部门廉情研判，共对900余名干部进行把关。突出正确用人导向，突出信念坚定、为民服务、勤政务实、敢于担当、清正廉洁“20字”好干部标准，注重基层一线导向，突出区域发展定位，突出全市干部“一盘棋”，2016年区、镇两级共新提拔干部144名。推选产生党代表500名，选举产生市人大代表387名，协商产生市政协委员366名，报请省委批复同意市委委员73名、候补委员14名，报请省委批准同意市纪委委员35名。做好市、区两级“三会”（党代会、人代会、政协会议）选举各项工作。严明换届纪律，建立组织部长“直通车”制度，组建5个巡查督导组开展7轮巡查督导，建立“12380”举报电话、信访、网络、短信“四位一体”综合举报平台，抓好换届舆情监测防控。

【领导干部日常管理监督】 2016年，佛山市委组织部注重领导干部的日常管理监督，扎紧制度笼子，努力破解“重选轻管”“一任了之”的问题。深化整治“为官不为”，把整治重点从“显性不为”拓展到“隐性不为”，把问题线索来源从以体制内为主拓展到内外并重，把整治对象从机关党员干部拓展到基层干部，收集全市干部“不作为”问题线索55条，均办理完结。推进突出问题专项整治，审核干部档案3万余卷，复审涉及换届提名人选档案，召开6场专题培训会对全市市管干部、各区及市直单位组工干部共1633人进行个人有关事项填报工作培训，按照10%随机抽查比例抽取领导干部进行核实，严格开展“带病提拔”倒查。强化教育培训，出台《关于开展领导干部“上讲台”的通知》推动527名领导干部上讲台授课，引导干部登陆“广东省干部培训网络学院”自主选修，选派45名市直单位年轻科级干部到区直部门和32个镇（街）进行为期1年的挂职锻炼，选派援助四川凉山干部8名、第八批援藏干部8名、第八批援疆干部26名，安置第七批援藏干部4名。

【基层党组织建设】 2016年，佛山市委组织部按照“突出主线，统筹推进，党群共建，重在基层”思路，推进“堡垒型+服务型”基层党组织建设，强化政治功能和服务功能。精准整顿软弱涣散基层党组织，出台《佛山市精准认定软弱涣散村（社区）党组织办法》，提出直接认定、综合认定、动态认定3种方式13条量化标准，精准认定48个软弱涣散党组织并全部完成转化。完善以驻点联系制度为核心的联系服务群众体系，印发《关于进一步深化完善镇（街道）领导干部驻点普遍直接联系群众制度的通知》，结合“1＋N＋X”区域化党建，建立驻点联系和越级上访问题处置联动机制，增强解决问题合力，全年收集问题30697个，96.7%的问题得以解决和回应，年内，到省集体上访继续下降15%。推动解决落实历史留用地、被征地农民征地补偿款、征地社保滞留资金分配、农村土地“三乱”（乱占、乱卖、乱租）问题、农村“三资”（资金、资产、资源）管理、基层公共服务平台建设等涉及群众切身利益问题。做好2017年村级组织换届各项筹备工作，形成村（社区）“两委”领导班子结构分析报告，探索属地非户籍党员参与村级组织换届选举，排查换届风险点和重点难点村（社区）纳入软弱涣散党组织进行整顿。分类谋划统筹推进各领域党建工作，以园区党建为抓手强化对非公有制企业的政治引领，实施“强堡垒、强引领，重建设、重服务”推进社会组织党建，推动国有企业党建，实施党员民营企业家培养系列工程，深化党代表参与党内决策和民主监督工作。

【人才工作】 2016年，佛山市发挥组织部门牵头抓总职责，深化人才体制机制改革和政策创新，构筑创新型产业人才支撑体系，全市人才资源总量达到132.6万人。制订人才工作清单任务30条，将工作落实情况纳入市对区领导班子年度考核内容，增强全市人才工作合力。发动全市高端人才申报人才工程，全市拥有国家“千人计划”专家41人，省“珠江人才计划”领军人才及团队9个、省“特支计划”人才11人。牵头制定涉及重点产业人才引育、金融英才激励等方面的人才新政策，完善产业人才扶持政策整体布局。举办中外高层次人才和项目洽谈会，组织60多个“千人计划”和高端人才项目与佛山企业洽谈对接，达成对接意向企业28家、项目70个，签约扶持16个新引进的科技创新团队。

【全市组织部长会议】 2016年3月4日，佛山市组织部长会议召开。会议学习贯彻全国、全省组织部长会议以及佛山市委十一届七次全会、3月1日佛山市委常委（扩大）会议精神，总结2015年组织工作，部署2016年工作。佛山市委常委、组织部部长李雅林出席会议并讲话，强调各级组织部门要主动把握“四个全面”战略布局对组织工作提出的新要求，找准工作的切入点和着力点，坚持问题导向，发扬钉子精神，推动全市党的建设和组织工作创新发展，为佛山奋力夺取全面建成高水平小康社会新胜利提供坚强组织保证。会议指出，要按照佛山市委“重思想、抓日常、促作为”主线抓好“两学一做”学习教育；要围绕集中换届，从严从实做好干部培养、选拔、管理、监督各项工作；要按照“突出主线，统筹推进，党群共建，重在基层”思路持之以恒大抓基层，发挥基层党组织战斗堡垒作用；要紧扣产业转型升级推进人才工作，激发市场创新创造创业活力；要坚持从严治部，深化模范部门建设。佛山市委组织部部务会成员、各科室负责人，市直各有关单位分管组织人事工作负责人、组织人事科室负责人，市“两新”组织（即新经济组织和新社会组织）党工委委员，各区委组织部长、综合科室负责人参加会议。

【党的建设暨市、区、镇领导班子换届工作会议】 2016年4月15日，佛山市党的建设暨市、区、镇领导班子换届工作会议召开。会议学习贯彻中央、广东省委“两学一做”学习教育工作座谈会和市、县、镇领导班子换届工作会议精神，研究部署佛山市党建工作。市委书记鲁毅出席并讲话，市委副书记李子甫主持会议并就贯彻落实会议精神提出要求，市委常委、组织部部长李雅林对全市“两学一做”学习教育、基层党建和市、区、镇领导班子换届工作作具体部署。会议要求，要坚持党建统领、突出重点，推动全市党的建设和经济社会发展上新台阶，以“两学一做”学习教育为龙头加强思想建设，将思想的力量转化为推动改革发展的强大动力；以集中换届为契机加强干部队伍建设，建设一支有勇气、有锐气、有朝气的高素质干部队伍；以构建大党建格局为保障加强基层组织建设，夯实改革发展稳定的基层基础。会议要求，各级党委要承担党建工作主体责任，党委书记要履行第一责任，班子成员要履行分管领域的责任；要统筹好党的建设与改革发展稳定各项任务，确保全市党的建设和经济社会发展“两促进、两提升”。市委常委、市政协主席、市人大常委会常务副主任、市政府副市长，市中级人民法院院长、市检察院检察长；市委党的建设工作领导小组成员；市直及省驻禅各单位主要负责人；各区、镇（街道）党委、政府、纪委、组织部门的主要负责人，以及组织系统相关负责人等约250人参加会议。

【党的群团工作会议】 2016年5月12日，佛山市召开党的群团工作会议，贯彻落实中央党的群团工作会议精神和总书记习近平重要讲话精神，传达省委党的群团工作会议精神，研究部署会议当前和以后一个时期佛山群团工作。市委书记鲁毅出席并讲话，市委常委、组织部部长李雅林主持会议并对工作作具体部署。会议指出，全市各级群团组织要切实保持和增强群团工作的政治性、先进性和群众性，坚持问题导向，勇于自我革新，正视和解决群团工作存在的突出问题；要把加强和改进群团工作作为做好党建工作和群众工作的重要内容和关键抓手，坚持党建与群建同向发力，加快形成“党建引领、党群共建”的党群一体化工作新格局。会议要求，各级党委要切实加强对群团工作的领导，使群团组织和群团工作真正成为夯实党的执政基础的重要抓手。市领导朱伟、杨晓光、杨建华、区邦敏、黄志豪、林征、麦洁华等出席会议。会上，市总工会、团市委、市妇联等单位负责人作了发言。

【全市人才工作推进会】 2016年10月13日，佛山市委召开全市人才工作推进会，总结全市人才工作情况，研究部署下一阶段工作。市委书记鲁毅出席会议并讲话，市长朱伟主持会议，市委常委、组织部部长李雅林对各区和佛科院人才工作情况进行总结点评，并对全市下一阶段人才工作作具体部署。会议要求以“三个舍得”加强人才工作，舍得投入，以前所未有的力度抓人才工作，在政策创新、高端平台建设和优化环境上舍得投入；舍得时间，以水滴石穿的韧劲抓人才工作，牢牢把握人才工作的发展规律，加速产业转型升级集聚高端人才，营造爱才惜才的社会风尚；舍得声誉，建立科学务实的人才工作导向，树立“功成不必在我”的政绩观，树立柔性引才理念。会议指出抓好下一阶段人才工作，要完善党管人才工作机制，落实工作协同制度、考核考评制度和创新评比制度，提升人才工作整体合力；要围绕“发挥企业主体作用”“城市·产业·人才融合发展”“金融·科技·人才融合发展”优化人才政策，促进产业与人才深度融合；要打造人才引进、扶持和荣誉“三大品牌”，增强人才集聚核心竞争力；要加强人才载体建设，拓展人才创新创业发展空间；要推动人才服务专业化、数据化和多元化，营造优才留才良好环境。市领导杨晓光、杨建华、区邦敏、黄志豪、蔡家华、郭文海、麦洁华、黄喜忠，五区党政主要领导及组织部长、佛科院党委书记以及市人才工作领导小组成员单位的主要负责人出席会议。

（董彦兵）

宣　传

【概况】 2016年，佛山市坚持围绕中心、服务大局，主动策划、创新有为，全市宣传思想文化工作取得新进展、新成效，为佛山经济社会发展提供强有力的思想保证、舆论氛围、精神动力和文化条件。全年组织开展市委理论学习中心组专题学习27次，其中专题报告会11次。开展十八届六中全会精神、治国理政新理念新思想新战略等重大主题宣讲，市讲师团安排“菜单式宣讲”500多场。推选、命名和表彰30名“佛山·大城工匠”。省级以上主流媒体报道佛山达4000余篇（条），其中中央主流媒体报道逾1410篇（条）。掌握网络舆论工作主动权，形成“1 + 10”网信工作制度体系，构建以“佛山发布”为龙头的政务新媒体矩阵，全市共有政务微信500多个，政务微博1200多个。“佛山：一座工业城市的生态文明之路”“粤建粤美”“经济活力看广东”等大型网络媒体采风活动纷至佛山。培育和践行社会主义核心价值观，打造“乐善之城”和“志愿者之城”，开展“宣传思想文化五进民企”活动，增强宣传思想文化工作在民营企业的覆盖面和影响力。建设美丽文明村居，推动文明创建向村居等基层延伸。实施重点项目带动，着力打造“文化佛山”。

【理论学习宣讲研究】 2016年，佛山市创新市委理论学习中心组学习形式，邀请美的集团董事长方洪波走上讲台。创新学习载体，编辑《学习》周刊，围绕中央和省的大政方针、各地发展先进经验、专家前沿理论观点等，为党员干部提供新鲜、权威、管用的学习资料和资政参考。深入开展治国理政新理念新思想新战略、十八届六中全会精神、“两学一做”学习教育等专题宣讲，成立专门宣讲团，深入基层开展分众化、对象化、互动化宣讲，推动中央精神深入基层、深入群众、深入人心。持续开展“菜单式宣讲”，设置236个宣讲课题，在全市机关、镇街、村居、学校、企业等开展宣讲500多场，受到各区、各部门的热烈欢迎。组织编撰《学习习近平总书记系列重要讲话精神100问》读本送进民营企业，帮助广大企业职工更好地学习和理解习近平总书记系列重要讲话精神。组织开展佛山全面建成高水平小康社会指标体系等重点课题研究，为市委、市政府中心工作提供理论支撑。开展社科理论规划项目立项131个，出版第三批佛山市人文社科丛书，编制佛山“十三五”社科发展规划。

【美的集团董事长方洪波为市委理论中心组讲课】 2016年7月13日，佛山市委理论中心组举行专题学习会，邀请美的集团董事长方洪波向全市领导干部和企业家等1000多人讲授美的集团的供给侧改革经验和体会。市委书记鲁毅在学习会上号召全市党政干部和企业家向美的学习，向以方洪波为代表的美的集团管理层学习。强调全市要坚持创新驱动，推动产业走向高端化；发展智能制造，为“中国制造2025”探路；推动企业做优做强做大，打造更多企业航母；营造关心企业、呵护企业家的氛围，为企业发展创造良好条件。中心组学习会传递佛山市委、市政府重视民营企业和实体经济发展，坚守佛山制造业之根，推进供给侧结构性改革的魄力与决心。《人民日报》《经济日报》、新浪网、网易、《南方日报》《南方都市报》等众多主流媒体关注和报道该次学习会，产生较大社会反响。

【城市形象宣传】 2016年，佛山市被省级以上主流媒体报道4000余篇（条）。包括中央主流媒体报道逾1410篇（条），其中中央电视台159条（《新闻联播》《焦点访谈》报道12条）、《人民日报》98

篇（头版头条1次）、新华社45篇、《经济日报》59篇；省级主流媒体报道逾2400篇（条）；境外主流媒体凤凰卫视、《联合早报》《金融时报》、英国BBC、彭博新闻社等报道逾130篇（条）。

《山水之城 佛山——一座工业城市的生态人文之路》专题节目连续2天在凤凰卫视《筑梦天下》栏目播出，引起热议。“佛山供给侧结构性改革”主题宣传亮点频出，央视《新闻联播》连续2天在头条后推出《发力供给侧：佛山样本》报道；央视《新闻直播间》连续推出6期“发力供给侧”佛山专题；央视《新闻联播》头条用4分多钟时长聚焦佛山让农民工变新市民的经验做法；央视二套《经济半小时》聚焦关注佛山降成本“组合拳”。在中央电视台纪录频道和发现之旅频道播出有关佛山的纪录片8部23集。佛山的南狮、武术、花车作为岭南文化的重要代表，亮相央视春晚和元宵晚会，彰显佛山传统文化魅力。承办“世界主流财经媒体看广东创新发展”联合采访活动，吸引《纽约时报》等30多家国内外媒体聚焦佛山创新发展。南航《空中之家》杂志推出“佛山文化”专题，向南航600条航线约1亿名国内外高端旅客推介佛山。与央视合作拍摄的《佛山制造·中国功夫》城市形象宣传片亮相央视及广东卫视。《南方日报》连刊10天专版，全方位宣传“佛山制造·问策全球”的思路和举措。在白云国际机场举办“非一般的佛山”城市主题展，集中展示佛山深厚的传统文化底蕴和历史发展、产业转型、城市升级等经济社会建设成果。“我爱佛山”微影像征集活动组织开展吸引佛山、广州、北京、天津和港澳地区近200个团队和个人参与。

【首届“佛山·大城工匠”评选和命名】 2016年6月21日，佛山市召开大会命名首批30名“佛山·大城工匠”。30名工匠中，有13年只为做好“一锅米饭”，用2吨米、试错成千上万次研发出一流电饭煲的美的集团工程师黄兵，有攻克8个世界难关、纺出全球最细纱线的溢达纺织有限公司高级工程师何小东，有六十年如一日追求极致精美的陶艺大师刘泽棉，等等。市委、市政府发文和市委书记鲁毅所作的讲话肯定“佛山·大城工匠”为推动经济社会发展作出的贡献，要求大力弘扬“佛山·大城工匠”所体现出的一丝不苟、精益求精、敢于创新、追求卓越的工匠精神，推动工匠精神成为佛山人共同的精神家园。制定出台《“佛山·大城工匠”评选和命名管理办法》，建立起弘扬“工匠精神”的制度化、常态化机制，推动全市涌现出更多“大城工匠”。“佛山·大城工匠”评选和命名活动引起巨大反响，中央等各级媒体发稿300多篇（条），转载20多万次。（参见253页《首届“佛山·大城工匠”评选和命名》）

【网络宣传】 2016年，佛山市成立市网信办并建立健全网信工作制度体系，成立市新闻舆情应急处置领导小组。构建以“佛山发布”为龙头的政务新媒体矩阵，全市有政务微信500多个，“粉丝”700多万人；有政务微博1200多个，“粉丝”2000多万人。“佛山发布”拥有微博“粉丝”近200万人；微信“粉丝”近70万人，年阅读量6000多万人次，点赞量60多万人次，居全省政务微信第一，综合影响力居全国副省级以下城市政务微信前三，并入选“全国微信500强”。佛山上榜《人民日报》首次发布的《中国移动政务影响力榜单》“2016移动政务影响力十佳城市”。

开展“佛山：一座工业城市的生态文明之路”网络媒体采风活动，人民网、新华网等30余家中央和省、市主流网络媒体聚焦、点赞佛山的生态文明之路，刊发原创稿件100多篇，国内外网站转发近1000条次，微博阅读量超4000万人次。省网信办组织的“粤建粤美”“经济活力看广东”等大型网络媒体采风活动纷至佛山，聚焦宣传佛山城市升级、环保治理、供给侧结构性改革等重点领域创新。“微家书”“微电影”等“微”系列和佛山网宣工作室等成为全国知名网宣品牌。“微家书·传家风”“微家书·传祝福”活动有近10万人参加，100万人点赞，1000万人浏览，获评中央网信办指导举办的“五个一百网络正能量”精品评选活动全国第二名。

【“宣传思想文化五进民企”活动】 2016年，佛山立足实体经济大市、制造业大市、民营经济大市的实际，面向全市数十万家民营企业和300多万名产业工人，创新开展“习近平总书记系列重要讲话精神”“党和政府声音”“社会主义核心价值观”“文

2016年3月20日，“宣传思想文化五进民企”活动启动仪式举行

化艺术”“新闻宣传培训”等“宣传思想文化五进民企”活动，努力扩大和增强宣传思想文化工作在民营企业的覆盖面和影响力。全市共建设市级示范点10个，区级示范点29个，推出重点活动项目171个。市、区两级宣传思想文化系统投入约700万元，组织开展进企业园区政策联合宣讲及理论宣讲约780场次，文化艺术进企业约860场次，图书服务进企业约430场次，送电影约300场，新闻宣传培训活动约50场次，各类文艺培训超过320场。组建300人的文艺家志愿者服务团进企业“结对子”“建圈子”。配齐职工书屋、免费无线宽带、文体活动室等基础文化设施，建立核心价值观主题景观（厂区、车间、花园、厂道）20余处。推动以“敬业、诚信”为重点的核心价值观融入企业生产和员工生活，鼓励企业做诚信企业、质量企业、建“百年老店”，通过设立“岗位之星”标兵岗、组织技能比武大赛等鼓励广大工人争当“工匠”，打造“敬业之城”。

【“美丽文明村居”建设】 2016年，佛山市组织开展“我心中的文明村居大讨论”活动，提炼形成佛山特色的文明村居建设标准。打造禅城区南庄镇紫南村等20个“美丽文明村居”示范点，以点带面引领“美丽文明村居”建设。全省文明村居建设工作会议在佛山召开。制订印发《佛山市文明镇街创建提升暨镇容街貌集中整治专项行动方案》《关于在全市开展美丽文明村居建设工作的意见》《佛山市美丽文明村居建设百村行动方案（2017—2018年）》，拉开全市镇容街貌整治和“美丽文明村居”建设的序幕。

【“文化佛山”建设】 2016年，佛山市召开全市文艺工作座谈会，为进一步繁荣发展佛山文化文艺事业指明前进方向。编制《“文化佛山”三年行动计划（2017—2019年）》，明确建设“创新创造活跃、岭南风韵突出、城乡服务均等、城市形象鲜明、人文素养丰厚”的“文化佛山”，推出十大重点创新工程和若干示范项目。涌现出广播剧《闯广东》、话剧《满庭芳》、雕塑《中国文化名人》系列、淮海戏《林道静》、粤剧《梦红船》等一批文艺精品力作。以詹天佑主持筑建京张铁路的历史故事为题材，创作大型话剧《铁血道钉》。在全省率先成立地市级网络作协，推出一大批知名网络作家和大量有影响力的网络文学作品。组织佛山文化德国行、友好城市行、长篇小说《闯广东》全国巡讲、话剧《康有为与梁启超》第二轮全国巡演等“文化走出去”活动。举办红军长征胜利80周年音乐会、“中国梦·我的梦”、佛山首届优秀原创歌曲征集发布等重大文艺活动。

【《佛山历史文化丛书》（第一辑）出版】 2016年，佛山将《佛山历史文化丛书》的编撰和出版作为一项重要的文化工程大力推进。丛书由市委书记鲁毅和市长朱伟同时担任编委会主任，并由鲁毅作序。丛书第一辑10卷（种）编撰完成并由广东人民出版社正式出版。丛书以佛山历史文化发展为脉络，从经济、人物、中医药、粤剧、状元文化、古建筑、风俗、铸造等多方面入手，系统、全方位、多角度展示佛山丰富的历史文化。

（雷郎才）

机构编制

【简政放权放管结合转变政府职能】 2016年，佛山市召开简政放权放管结合转变政府职能工作领导小组第二次全体会议，总结2015年佛山市简政放权放管结合转变政府职能工作，研究部署2016年工作。市政府印发《2016年佛山市推进简政放权放管结合优化服务转变政府职能工作要点》和《简化优化公共服务流程方便基层群众办事创业的工作方案》。通过国务院第三次大督查和全省推行“互联网+政务服务”改革2016年上半年工作进展情况专项督查，打通简政放权优化服务“最后一公里”做法得到国务院督查通报肯定。

【“一门式一网式”政府服务模式改革】 2016年，佛山市整合市“一门式”政务服务创新体系和网上办事大厅建设工作领导小组，成立佛山市互联网+政务服务暨“一门式一网式”政府服务模式改革工作领导小组，组织召开全市“一门式一网式”改革协调会。市政府印发《加快推进“互联网+政务服务”暨深化“一门式一网式”政府服务模式改革实施方案》。协助省政府做好全省推进“互联网+政务服务”改革工作电视电话会议相关工作，并在会上现场演示佛山“一门式一网式”政府服务模式改革的做法（省长朱小丹在会上肯定佛山经验并要求在全省推广佛山经验）。编制完成《佛山市“一门在基层”政府服务改革通用模式操作规范》。

【行政审批制度改革】 2016年，佛山市编办推进行政审批中介服务事项清理工作，制订《佛山市清理规范市政府行政审批中介服务工作方案》，完成两批清理规范的市政府部门行政审批中介服务事项目录，涉及9个审批部门共计68项。梳理报送《国务院印发关于第二批取消152项中央指定地方实施行政审批事项的决定》的落实情况，按照省政府对2012年以来省取消下放的8批219个事项检查评估的要求开展检查工作。做好市级标准化成果审查，对纳入“一门式一网式”综合窗口的事项进行审核和调整。开展2015年度行政许可监督评价。

【权责清单管理制度建设】 2016年，佛山市编办完成佛山市职能综合管理系统建设和权责清单公示网页开发，实现职能综合管理系统与公示网页的数据同步。对接机构编制决策分析系统、行政审批标准化管理系统、法规库，录入发展改革等10个部门2562条权责清单等数据，导入广东省行政许可通用目录共1695个事项，实现权责清单的设立依据、改革依据、通用目录的关联。制定《佛山市权责清单监督管理办法》。常态化开展权责清单动态管理工作，全年共审核21个部门267个权责清单事项。将权责清单事项应用于行政审批标准化、“一门式一网式”综合受理平台、网上办事大厅。开展2016年版权责清单编制工作，完成10124个权责事项的合法合规性审查。

【事中事后监管】 2016年，佛山市编办报请市政府印发《关于建立“双随机一公开”抽查机制加强事中事后监管的通知》，要求各部门在权责清单和市场监管清单基础上编制随机抽查事项清单，制定随机抽查工作细则，建立随机抽查对象库、执法检查人员名录库和统一的市场监管信息化平台。公布《市直部门第一批随机抽查事项清单》共计32个部门236个事项。

【机构编制保障党风廉政建设】 2016年，佛山市编办强化完善市党风廉政建设“监督责任”机制，在原有派驻机构总量不变的情况下，采用调剂划转编制的方法，实现市纪委派驻（出）机构市直机关事业单位派驻全覆盖。调研论证《中共佛山市委关于建立党委巡察制度的意见》，建立与佛山市实际相符的巡察工作机制，强化完善佛山市党风廉政建设“主体责任”机制。

【劳动保障监察综合行政执法体制改革】 2016年，佛山市编办配合市人力资源和社会保障局完成市劳动保障监察综合行政执法体制改革。将人力资源社会保障领域的监督检查和行政处罚职能归并交由劳保监察综合执法机构统一承担，明确市、区劳动保障监察执法权，规范市、区劳动保障监察综合执法机构设置和编制管理，按省相关标准核定市、区行政执法专项编制。

【机构编制保障教育建设】 2016年，佛山市编办配合佛山科学技术学院重新调整相关机构和职能，加强理工类教学机构设置，整合文科类教学机构，撤销农科类教学机构，优化调整该校教学机构和学科专业结构比例。同时还通过备案制的方式确认该校内设教学、教辅、科研机构设置。在全省率先探索通过二类法人登记方式在该校成立第一个新型研发机构，不纳入机构编制管理序列。此外，还结合佛山职业技术学院建设广东省示范性高职院校扩大办学规模和提升办学层次等需要，重新调整该校的内设党政管理机构职能和机构名称并增加内设机构和内设机构领导职数，适当增加佛山职业技术学院的事业编制。

【承担行政职能事业单位试点改革】 2016年6月，中央和省确定佛山市市本级及所辖顺德区、高明区为全国承担行政职能事业单位改革试点。市、区两级编办共同组建改革试点项目组，建立从合法性、合理性、可行性、可控性4个维度以及职权来源等15个指标、56个考量因子组成的改革决策社会稳定风险评估体系，按照“统一标准，分区施策”的总体思路，明确改革推进方式和时间表、路线图，清理出一批相关部门通过规范性文件等方式移交给事业单位承担的行政职权。在清理职能、规范管理基础上，区分情况、分类施策，推进职能整合和机构调整。佛山市改革方案经市编委会议讨论通过，待呈报省编办和中央编办审定后正式实施。

【市直公益三类事业单位类别调整基本完成】 2016年，佛山市编办按照“分业推进、分步实施、以点带面、稳步推进”的改革思路，将市直8所公立医院由公益三类调整为公益二类；将市人力资源和社会保障局下属6个事业单位进行有机整合，整合后的事业单位不再承担经营性工作；重新调整国土资源和城乡规划局下属公益三类事业单位性质定位，将市城市规划勘测设计研究院、市城市地理信息中心调整为经营服务类事业单位，将市国土资源信息中心更名为市国土规划编制研究中心，加挂市不动产登记中心和市规划信息中心牌子；将市体育局下属李宁体操学校和市残联下属市残疾人用品用具供应服务站、市新希望康复门诊部、市听觉语言康复中心等事业单位转为企业。截至2016年年底，市直28个公益三类事业单位26个完成类别调整工作。

【机关后勤体制改革】 2016年，佛山市编办推动机关后勤体制改革，理顺市直机关事务管理体制。一是撤销市政府财务结算中心，将其承担的职责和人员编制、领导职数整体划入市机关事务管理局。二是调整职责分工，明确由市机关事务管理局承担市级机关事务管理工作和指导各区政府有关机关事务管理工作，同时将市经信局公共机构节能工作职责、市人大机关和市委办有关机关事务管理职责、市府办有关安全保卫管理职责一并划入市机关事务管理局。三是在市机关事务管理局下设市机关后勤服务中心，承担市机关事务管理负责范围内的具体机关后勤服务工作。四是撤销原工商局下属机关后勤服务中心，收回事业编制用于消费者投诉举报等领域。

【公立医院公共服务岗位数评估】 2016年，为掌握佛山市市直公立医院公共服务岗位数执行情况，规范公共服务岗位数管理，佛山市编办创新开展公立医院公共服务岗位数评估工作。一是创新公共服务评估方式和方法，委托有资质的第三方机构对公立医院承担公共服务情况进行全面评估，并对履职和财政拨款资金使用等情况进行“回头看”。二是创新设计公共服务评估指标体系，设置组织管理、公共卫生工作完成情况及社会成效等三个大维度，从主管部门、医院员工、服务对象满意度三个维度综合检验公共服务质量，同时下设二级指标和三级指标共88项。三是创新“以费定岗”的公共服务岗位数量化测算方法，合理计算出医院提供公共服务岗位数。

【事业单位法人治理试点】 2016年，佛山市推进事业单位法人治理试点。成立市中心血站理事会，出台理事会章程。将市一中、市艺术创作院理事会的法人设为执行理事。推进市中医院、市图书馆的试点工作，召开市中医院法人治理试点座谈会，研究理顺试点单位、试点单位理事会、主管部门的权责关系，修改完善理事会章程。

【控编减编和机构编制资源盘活】 2016年，佛山市编办结合省巡视发现问题整改情况进行专项督查整改。利用机构编制管理系统对全市机构编制进行实时监控，通过省专项督查组的督查。严控编制规模，通过内部挖潜，盘活市公安局等部门编制资源。加强事业编制“供给侧”结构调整，收回部分公益三类、经营服务类等事业单位长期不使用的空编，重点加强佛山新城新建场馆、高水平理工科大学建设、妇幼保健、国土规划和不动产登记等全市重点领域和关键环节的力量。截至2016年年底，全市各类编制均在控编基数范围内。

【绩效管理】 2016年，佛山市编办调整市绩效办成员单位，建立绩效工作联络员队伍。申请建设新的绩效管理系统，在过程监管、满意度测评、目标任务申报考核等方面进行优化升级。组织被考核单位、专家、督查组、数源单位以及两代表一委员、市直机关领导班子、市领导等，通过过程监管、单位自评、专家评审、指标考评、满意度测评等多个环节的考核，完成2015年绩效考核工作。同时，优化2016年绩效方案和指标体系，调整绩效考核范围，包括取消法院、检察院作为市直单位考核；将五区领导班子增加作为基层满意度评价主体；重点加强对五区经济建设、城市建设和社会建设方面的考核；加强对落实市委、市政府重点工作和市直单位办事效率、部门协作方面的考核；增加政务服务满意度的考核。

【统一社会信用代码制度改革】 2016年，佛山市编办开展市直事业单位法人统一社会信用代码制度改革，做好登记与赋码程序、证照换发、信息公开与共享等工作，完成183个市直事业单位赋码换证工作，新码旧码转换率达100%。协助省编办在佛山市举办全省建设统一社会信用代码制度暨事业单位登记管理业务培训班。做好机关、群团统一社会信用代码赋码准备工作，截至2016年年底，完成42个市直机关、群团单位赋码换证工作。

【全国深化经济发达镇行政管理体制改革座谈会在佛山举行】 2016年6月20—21日，中央编办副主任何建中率领国家发展改革委、民政部、财政部等8部委相关业务司局负责人，以及江苏、浙江、山东等6省编办负责人，到佛山市考察调研经济发达镇行政管理体制改革，并召开全国深化经济发达镇行政管理体制改革座谈会，集中讨论修改改革指导意见稿。考察组分别赴佛山国家高新区展览馆、狮山镇行政服务中心、狮山镇智慧城市管理指挥中心、维尚集团进行实地考察，并分别在6月21日上、下午进行座谈。何建中对佛山市在南海区狮山镇开展“园镇融合”体制改革的做法、“一门式一网式”政务服务改革工作予以认可。广东省常务副省长徐少华参与座谈。

【全国“依托互联网深化行政审批制度改革”交流研讨会在佛山举行】 2016年11月23—24日，中央编办（国务院审改办）在佛山市召开“依托互联网深化行政审批制度改革”交流研讨会，中央编办主任张纪南出席并讲话，省委常委、常务副省长徐少华致辞，中央编办副主任何建中主持。23日上午，全国各省（区、市）机构编制部门（审改部门）120多名会议代表围绕会议主题共同交流。23日下午，与会代表到广东省地税局数据大集中平台听取经验介绍，随后到佛山市禅城区行政服务中心实地考察并听取中心有关负责人对中心运用大数据分析技术推进行政审批制度改革的经验介绍。24日上午，佛山市编办主任朱华仙代表佛山市以“依托互联网　狠抓放管服　系统推进改革建设整体服务型政府”为题，在大会研讨会上汇报佛山市系统推进改革建设整体服务型政府的经验做法。

（梅益嘉）

爱国统一战线

【概况】 2016年，佛山市贯彻落实《中国共产党统一战线工作条例（试行）》，推动各领域统战工作取得实效。成立党委统一战线工作领导小组，构建大统战工作格局；加强政党协商，市、区民主党派组织全部完成换届工作；构建"亲""清"政商关系，促进非公有制经济健康发展、非公有制经济人士健康成长；着力港澳乡亲社团建设和青年工作，拓展海外统战工作领域；推动对台经贸合作展现新亮点，深化佛台交流交往；加快仁寿寺改造提升建设，促进民族团结、宗教和谐；加强党外代表人士队伍建设，保持统战信息工作位于前列，强化统战部门自身建设。

【党对统战工作领导加强】 2016年，佛山市加强党对统战工作的领导，市委统一战线工作领导小组于7月成立，市委书记鲁毅任组长，市委副书记、市委政法委书记李子甫和市政协副主席、市委统战部部长马亮照任副组长，成员由相关部门负责人组成。领导小组召开第一次会议，审议通过《领导小组工作规则》《领导小组办公室工作细则》，明确统一战线阶段性重点工作。

规范各领域统战工作，贯彻落实《中国共产党统一战线工作条例（试行）》，市委出台佛山市学习贯彻条例的实施方案。各区也成立区委统一战线工作领导小组，部分区还结合当地实际出台实施方案。结合市、区领导班子换届，全面落实市、区两级统战部长由同级党委常委担任。

【民主党派工作】 2016年，佛山市委重视政党协商制度建设，市委书记鲁毅走访各民主党派市委会机关，并与市各民主党派、工商联负责人和无党派人士代表座谈交流。市委邀请市各民主党派等党外代表人士出席市第十二次党代会开幕式、参加企业"暖春行动"和城市升级巡查等活动，听取党外人士对市十二次党代会工作报告、《佛山2049远景发展战略规划》的意见和建议。组织举办各界代表人士迎春座谈会、佛山民主党派工作座谈会暨2016年佛山各民主党派负责人暑期座谈会等党外人士座谈会、协商会、通报会共22次，扩大民主党派知情明政渠道。民主党派积极参政议政，向市"两会"共提交提案259件、议案32件，获优秀提案17件（包括合并案），成为服务佛山经济社会发展的重要力量。以政治交接为主线，佛山市7个民主党派组织完成换届，新一届领导班子知识层次更高、更年轻，也更有活力。市各民主党派加强自身建设和组织发展，2016年度共有成员3564人。

【非公经济领域统战工作】 2016年，佛山市开展以"守法诚信、坚定信心"为重点的教育实践活动，构建"亲""清"政商关系，增强民营企业发展信心。召开佛山市优秀民营企业表彰大会，表彰佛山民营企业100强榜单企业和20家转型升级标杆民营企业。开展企业"暖春行动"，开展上规模民营企业调研，帮助民营企业解决实际困难。依托商协会平台，组织或参与各类经贸活动7场次，开展粤桂黔经济交流合作9批次，深化产业合作，推动佛山传统重点产业以供给侧结构性改革促转型升级。举办2期民营企业家专题培训班，推动新生代民营企业家后备队伍建设。市工商联（总商会）筹备召开换届大会，各区工商联（总商会）完成换届工作任务，加强领导班子建设。佛山民营企业参与各项公益事业捐款超过1亿元，3家民营企业获"广东省光彩事业"奖。有8位非公经济人士获得第四届"广东省非公有制经济人士优秀中国特色社会主义事业建设者"称号。

【佛山与港澳及海外联谊交流】 2016年，佛山市开展联谊活动，推动佛山与港澳以及海外社团组织及人士的合作与交流。市委书记鲁毅、市长朱伟等市领导会见香港新民党主席叶刘淑仪等乡亲代表、拜访乡亲社团，并与社团职首座谈交流；联合有关部门举办“2016香港·佛山节”、旅港澳佛山社团职首和知名人士代表新春团拜联谊座谈会等大型活动；组织举办第四届佛港澳青年菁英国情研修班、以“一带一路、机遇处处”为主题的佛港澳青年经济论坛等学习交流活动，凝聚佛港澳青年。策划组织港澳乡亲回乡考察交流共25批1800多人次，拜访港澳乡亲、佛山市荣誉市民80多人次，协助港澳两地佛山社团总会举办“赏心乐食 Together”等重要活动（会议）70多场次。市委统战部牵头组成佛山代表团专程赴美国向陈香梅颁发佛山市荣誉市民证书，拜会佛山籍旅外社团和侨领，拓展海外统战工作领域。

【佛台交流合作】 2016年，佛山加强与台湾的交流与合作，增强台商发展信心，开展企业“暖春行动”，深入台资企业开展专题调研，举办政策业务培训班、政策宣讲会、台商座谈会等，依法维护台商的合法权益。台资企业保持稳定发展，台商增资扩产有新提升，优质企业发展势头良好。拓展对台经贸合作领域，现代服务业成为对台经贸合作新亮点，云涌品牌孵化等一批服务业项目进驻佛山。举办“中华翰墨情”佛山香港澳门桃园中小学生书法比赛颁奖典礼暨优秀作品巡展活动，在中央电视台持续报道，社会影响广泛。组织赴台共142批557人次，接待台湾到访团组共22批382人次。举办青年台商培训班、台湾青年创业分享会、夏令营等活动，促进佛台青年交流。市台商投资企业协会、区台商联谊会完成换届工作，台商协会的桥梁纽带作用和凝聚力得到增强。

【民族宗教工作】 2016年，佛山市加快仁寿寺改造提升各项工程建设，推进大雄宝殿、斋堂、功德堂等建设工程施工进度，实行“一岗多责”，做到安全零事故，廉洁自律零违法、零违纪。策划民族团结宣传月活动，先后举办“美美与共、和美大同”民族文化嘉年华、中秋游园会、民族绘图大赛等活动，营造民族团结和谐的良好氛围。加强对少数民族的服务引导和爱国主义教育工作，尊重习俗，维护民族领域和谐稳定。组织举办各类宗教政策法规学习培训班24场次，增强宗教界人士和信教群众的法律意识。依法制止非法宗教活动，维护国家安全和社会稳定。发挥宗教界在促进佛山经济社会发展的积极作用，开展各项公益慈善活动捐款328.4万元。市佛教协会、市道教协会完成换届。

【党外代表人士队伍建设】 2016年，佛山市统战部门做好市政协换届人事安排工作，突出政治素质，明确程序标准，产生新一届市政协委员366名。做好党外人大代表的推荐提名工作，158名党外人士担任市人大代表。党外干部实职安排工作稳步推进，超过1/3的市政府部门配备领导班子党外副职，7名党外干部担任市有关单位和高校的正职。加强教育培训，市委统战部、组织部联合在中央社会主义学院无锡培训基地举办2016年党外干部培训班，40多名党外代表人士参加学习，还选送5位党外干部参加省中青年党外干部培训班、省县处级党外干部培训班的学习。加强无党派人士工作平台建设，市党外知识分子联谊会定期召开会长会议、常务理事会议和理事大会，增补5位理事，组织前往江西省南昌市、宜春市开展主题学习实践活动。

【统战信息与宣传】 2016年，佛山市统战信息工作保持全省先进行列，共编印《佛山统战信息》211期，被上级单位采用80多条次，其中1条信息得到两位省领导批示，有关部门专门反馈信息办理情况。围绕中心工作，组织新闻媒体对重点统战工作进行报道，并在《佛山日报》开设5个专版，开展统战工作领导小组、各民主党派和工商联换届等专题宣传，全年通过各类新媒体平台发布统战工作信息1000多条次。年内，形成统战理论政策研究论文26篇、统战实践创新论文1篇。

【市各民主党派、工商联和各界代表人士迎春座谈会】 2016年1月21日，佛山市委在市机关小礼堂召开市各民主党派、工商联和各界代表人士迎春座谈会。市委书记刘悦伦肯定全市统战工作取得的成绩，希望党外人士积极献策献计，凝心聚力，让佛山发展的宏伟蓝图一步步变成美好现实。市领导杨晓光、马亮照，有关单位领导，市各民主党派、工商联负责人，无党派人士、宗教、港澳台侨等40多名各界代表人士出席活动。

【鲁毅走访市各民主党派并与党外代表人士座谈】 2016年3月25日，新任佛山市委书记鲁毅走访市各民主党派，与市各民主党派、工商联和无党派人士代表座谈交流。鲁毅肯定统一战线为佛山改革、发展、稳定作出的重要贡献，并希望做好民主党派换届工作，加强民主党派组织和市党外知识分子联谊会自身建设，积极参政议政、献计出力，发挥工商联职能作用，服务企业、凝聚企业家力量，为促进民营经济发展作出新的更大的贡献。杨晓光、李子甫、马亮照等市领导陪同走访并出席座谈会。市委统战部领导，市各民主党派、市工商联、市知联会负责人参加座谈。

【全市统战部长会议】 2016年4月5日，佛山市召开全市统战部长会议，学习贯彻全国、全省统战部长会议精神，传达学习市委书记鲁毅关于统战工作的重要指示精神，总结2015年工作情况，部署2016年工作任务，会议还通报2015年全市统战信息工作和统战理论研究优秀成果。会议强调要继续贯彻实施《中国共产党统一战线工作条例（试行）》，找准工作关键点，形成全市统战工作新优势。南海区委统战部作大会交流发言。市、区统战部和佛山科学技术学院党委统战部、市有关单位80多人与会。

【陈香梅获授佛山市“荣誉市民”称号】 2016年4月，佛山市人大常委会审议通过关于授予陈香梅第四批“荣誉市民”称号的决定。9月7日，市委统战部牵头组成佛山代表团，专程在美国首都华盛顿为陈香梅举行授荣仪式，授予佛山“荣誉市民”证书、金锁匙和身份证，表达佛山人民对陈香梅的崇高敬意。中国驻美大使馆参赞徐敏、世界华人协会主席胡智荣和副主席林治平、陈香梅的女儿陈美丽、美国飞虎队研究院陈灿培、前飞虎队战士后代以及当地华人代表等40多人出席仪式。

【十二届市政协委员人选推荐提名】 2016年，佛山市统战部门根据佛山统一战线的新形势新任务新要求，按照人选推荐、提名汇总、党委审定、协商确定等程序要求，市委综合平衡各方面的结构需要，与各民主党派、工商联协商，开展严格的组织考察，多方征求意见，统筹兼顾、全面安排各领域代表人士，提出十二届市政协委员人选建议名单。12月26日，政协第十一届佛山市委员会常务委员会第十四次会议通过政协第十二届佛山市委员会委员名单。新一届市政协委员共366名（其中，中共党员148名占40%、非中共人士218名占60%），平均年龄48岁，大专以上学历345名（其中研究生以上137名），具有高级职称82名。新一届市政协委员更广泛吸纳现代新兴产业、高新技术产业、优势传统产业等领域的中青年人才和业务骨干，也安排经济、金融、法律、教育、新闻出版等专家、社会知名人士和管理行家，呈现出新老交替、结构合理、朝气蓬勃等特点。

（张畹芝）

港澳台事务和侨务

港澳事务

【概况】 2016年，佛山市港澳工作围绕“大港澳，深化佛港佛澳合作”工作主线，推进粤港澳合作重点项目建设，广东金融高新区完成总投资额近600亿元，三山新城完成投资额约130亿元，国际性金融后援中心、高端服务业后台基地、港澳青年创业社区的建设初具雏形；佛港高层实现多次互访，香港特区政府政务司司长林郑月娥到访佛山；佛港澳青少年交流实现品牌化、基地化建设目标，组织佛港澳青少年交流活动近50场次，吸引1800余名港澳青少年参与，三地青少年交流近3000人次；创新开展社团联谊活动，依托青年组织加强佛山籍港澳乡亲第二代、第三代的国情、乡情教育，并首次依靠社团力量，在香港举行“2016香港·佛山节”，共吸引近10万名香港市民和游客到场，宣传佛山城市形象，凝聚佛港两地乡亲力量。

【粤港澳合作重点项目建设】 2016年，佛山市推进“粤港澳合作高端服务示范区”与三山新城、广东金融高新区的招商引资与项目建设工作，在打造国际性金融后援中心、高端服务业后台基地、港澳青年创业社区和多领域专业合作上取得系列成果。

截至2016年年末，广东金融高新区完成总投资额近600亿元，建成载体面积超600万平方米，引入各类金融和现代高端服务业机构近300个，各类金融经济专业人才3万多人，粤港现代金融服务业“前店后厂”的发展模式日渐成型。三山新城引进项目42个，投资总额235亿元，累计完成投资额约130亿元。依托丰树国际创智园等产业载体打造“三山粤港澳青年创业社区”，吸引港澳地区高端技能人才，完善创新创业配套，打造创新创业乐园，并引入香港中文大学未来机器人项目创新团队，配套公寓——瀚天禾仰广场投入使用。

【佛港澳高层互访】 2016年，佛港高层互访促进深入合作。1月，佛山市副市长麦洁华率市有关部门代表，赴港拜访香港教育局、香港康乐及文化事务署，就姊妹学校、功夫文化推广等青少年工作进行友好交流。4月21日，佛山市委常委、市纪委书记黄力率考察组前往澳门廉政公署，学习港澳地区在防止利益冲突、公职人员财产及利益申报和公开的法律、制度体系等方面经验。5月，香港特区政府政务司司长林郑月娥到访佛山，与佛山市市长朱伟就如何推进佛港深度合作进行交流。7月14—15日，香港总商会中国委员会主席余鹏春率“香港总商会南沙、三山考察团”约30人到访佛山，与佛山市市长朱伟就佛港两地合作事宜进行探讨。12月20日，佛山市委书记鲁毅一行前往香港佛山社团总会慰问总会职首，了解总会会务发展情况，并举行交流座谈会，其间，拜访香港中联办，加强与香港乡亲的联系，促进交流合作。

【佛港澳青少年交流】 2016年，佛山市组织佛港澳青少年交流活动近50场次，吸引1800余名港澳青少年参与，三地青少年交流近3000人次，覆盖文化、体育、艺术等多个领域，佛港澳青少年交流实现品牌化、基地化建设目标。

6—7月，佛山举办为期一个月的“2016年粤港暑期实习（佛山）活动”，组织香港的99名准大学生分赴佛山12个金融机构、知名企业展开为期4周的实习，还利用周末举办“岭南文化体验营”活动，组织香港学生与250多名佛山大学生结伴考察交流，通过系列产业、文化参观之旅，让香港学生感受佛山城市内涵和企业文化，增进对祖国的了解和认同。该次活动是佛山组织的第二次香港学生

2016 年 7 月 3 日，2016 年粤港暑期实习（佛山）计划总结分享会举行

暑期实习活动。佛山市港澳事务部门还联合佛山电视台拍摄纪录片《经历》，深度报道活动中台前幕后的故事，提升粤港暑期实习计划的品牌影响力。

8 月，佛山举办“携手港澳·乐享佛山”2016 佛港青少年功夫夏令营，吸引 40 名香港爱好武术的青少年参与，促进佛港两地武术和传统文化的交流和合作，让香港青少年体验佛山传统文化魅力和历史底蕴。

同年，佛山市教育部门以姊妹学校为纽带，开展文化、体育、艺术等领域的联谊交流活动。接待香港凤溪廖万石堂中学、香港明爱马鞍山中学、香港基真小学到访佛山姊妹学校，开展参观考察、节目汇演、随堂观课等交流活动，架起两地学生相互学习、合作交流的桥梁。邀请香港基慈小学、凤溪第一小学教师到佛山观摩课堂、合作举办教师专业发展工作坊、举行教科研学术报告等，深入研讨教育合作发展课题，推动优质教育资源共享互补、相互借鉴、共同提高。推动禅城区、南海区学校参加香港教育局“视像中国计划”，通过网上实时授课、网上辩论比赛等方式，密切佛港两地学校联系、增进友谊，加强相互借鉴。

【佛港澳社团联谊】 2016 年，佛山市接待包括香港佛山社团总会、澳门佛山社团总会、香港佛山工商联会、澳门佛山联谊会及佛山五区、各镇（街）乡亲社团代表 30 批次 400 余人，加强与重点港澳社团和重点人物的联谊交往，调动港澳同胞热爱佛山、支持佛山、投资佛山的积极性。

5 月，佛山市港澳部门首次与香港新来港人士服务基金会展开合作，接待来自香港八大高校的 40 多位青年学生到佛山交流，向香港大学生推介佛山的城市面貌、传统文化及经济发展等情况，更为香港青年人才日后就业创业提供更多选择空间；7 月，佛山市市长朱伟会见到访的旅港南海商会访问团一行；8 月，佛山市港澳事务部门接待香港佛山社团总会主席邓祐才率青年部考察团一行 120 人到佛山参观考察，以港澳社团青委会为主阵地，重点加深佛山籍乡亲的第二代、第三代对家乡的了解。是年，佛山市副市长麦洁华多次赴港拜访港澳重点社团、乡亲，密切联系。

【2016 香港·佛山节】 2016 年 11 月 27 日，由香港佛山社团总会、佛山海外联谊会主办，佛山市府办、市委统战部、市港澳事务局、市旅游局等单位协办的“2016 香港·佛山节”在香港遮打花园举行。5 天的活动共吸引近 10 万名香港市民和游客到场，品佛山美食、看佛山武术、赏佛山非遗、识佛山制造。活动展示“佛山制造·中国功夫”的佛山城市品牌形象，促进佛港两地合作交流。广东省委常委、统战部部长林雄，中联办副主任林武，香港政务司司长林郑月娥等嘉宾应邀出席开幕式并致辞。

（周倩云）

台湾事务

【概况】 2016 年，佛山市贯彻中央对台方针政策，结合佛山特点和优势，通过开展“暖春行动”、举办政策业务培训班、开展“联合服务暖台企”品牌服务、加强台商协会建设、协调解决台企困难和问题等，服务台资企业；加强佛台经贸合作，组织赴台经贸考察6次，台湾经贸考察团组到访9批次，全市台资增资超过4000万美元，新增和增资项目13个；深化佛台文化交流，全市赴台交流126批523人次，台湾到访团组20批352人次；做好佛台青年交流，通过举办青年台商培训班、引导台青会与佛山青商会结对合作、开展“粤台学子中华情”佛山体验营参观活动等，凝聚青年台商。

【台资企业服务】 2016年，佛山市台湾事务部门开展“暖春行动”，坚持台企与民企“同样政策、同样待遇、同等优先”的原则，推进台企发展。市、区政府部门深入台资企业调研，收集企业反映的问题和困难，共同探讨解决办法。举办政策业务培训班、政策宣讲会，政府职能部门对产业政策进行解读，细化政策措施，编发相关配套落实政策文件等，帮助台商理解、落实、用好相关政策，促进政策落地。开展“联合服务暖台企”品牌服务，开展跨部门联合服务，主动协调，现场解难。提振台资企业信心，召开台商座谈会，客观分析国内外经济形势，解读当前国家发展的方针政策，说明佛山产业发展的方向和重点，支持和鼓励台商增资扩产、转型升级，促进台资企业继续发展。开展专题调研，分类走访佛山市台资企业，系统科学分析佛山市台资企业发展现状、存在问题，提出促进佛山市台资企业发展的办法措施和建议，给市决策参考。鼓励企业走出去。组织重点台商外出参观考察，鼓励台商主动了解国家发展战略，参与“一带一路”建设，寻找和发现合作项目。加强台商协会建设，凝聚台商力量。市台协、顺德区台协以及禅城、南海台商联谊会完成换届。支持市台协举办烧烤、爱心游园会、羽毛球比赛等活动，活跃台商组织，增进台商组织吸引力。开展节日慰问、扶贫救困、捐资助学、无偿献血等公益活动，回馈社会，展示台商社会责任意识。发挥台协沟通、联系、桥梁作用，配合政府部门开展佛台经贸合作和交流活动。市台协和区联谊会接待公务赴台考察团组近10批次，为促进佛台各领域交流合作作出积极贡献。协调解决台企的困难和问题，全年全市受理各类求助和投诉案件59件，办结52件，结案率88.1%。

【佛台经贸合作】 2016年，佛山市台资增资超过4000万美元，新增和增资项目13个。组织赴台经贸考察6次，台湾经贸考察团组到访9批次。台商增资扩产有新提升，部分企业成功创建自主品牌，部分企业增资幅度大。现代服务业成为对台经贸合作新亮点，2016年对台招商项目一半是服务业项目，一批服务业项目进驻，促进佛山第三产业发展。举办台湾连锁经营展览会、特许经营培训会、商业地产—台湾连锁品牌推介对接会等，促进合作。推动以佛山海峡两岸农业合作试验区为依托的现代农业交流合作。整合陈村花卉世界台资农业企业组织，优化台资农业企业合作渠道，规范台资农业内部关系，台资农业企业实现良性发展。开展对台农业交流，中国海峡两岸农业协会、台东农业考察团、台南农垦交流协会等到佛山开展农业考察，合作发展生态农业、精致农业。首次“粤港澳台盆景博览会”在台湾彰化举办，台资盆景产业聚集效应得到增强，进一步提高全市台资农业产业价值链。

【佛台交流】 2016年，佛山市赴台交流126批523人次，其中公务交流41批328人次。台湾到访团组20批352人次。举办“中华翰墨情——佛山香港澳门桃园四地中小学生书法比赛颁奖典礼暨优秀作品巡展”活动，该活动被国台办列入全国对台交流项目。“粤港澳台盆景博览会”在台湾彰化举办，是两岸盆栽艺术的首次交流。台湾黄氏恳亲会一行40多人到佛山参访交流，弘扬两岸同宗同源一家亲理念。基层、农业交流全面展开，先后与台南市基层、屏东县、花莲工商理事会进行交流。学生交流持续，103名佛山学生赴台湾高校就读，其中学历生32名、高校交换生71名。200多名台湾青少年到佛山市参访，并与佛山市青少年开展交流。举办赴台学生寒假辅导会、座谈讨论会，召开赴台学生家长座谈会、赴台学生交流会、赴台学生拓展交流分享会等，促进赴台学生健康成长。加强赴台学生管理，开展赴台学生联谊活动。加强档案管理，完成赴台学生档案统一收档、统一入档、统一保管工作，解决家长学生长期关心的问题。针对居民赴台旅游存在用语不规范、赴台旅游相关政策不了解、接待台湾客人用语不够规范等问题，市台湾事务部门主动与市旅游局沟通，加强对从业人员的培训管理。

【佛台青年交流】 2016年，佛山市台湾事务部门贯彻中央关于做好新形势下台湾青年一代工作的指示精神，做好佛台青年交流工作。指导市台协青年台商委员会（简称“台青会”）完成换届。组织青年台商赴吉林大学参加第六期青年台商培训班，系统学习大陆政策法规和产业政策、产业发展方向，提升台青创业能力。引导台青会与佛山青商会结为兄弟会，组织台青会成员到知名企业参访，与企业家交流，提升台青能力素质。南海区举办海峡两岸青年创智营，赴广西百色开展“创智之旅”活动，推动南海区台青商进入南海海外联谊会青年事务委员会并担任会务干部，让台青商融入大陆青年群体。联系佛山市企业接收台湾青年到佛山实习、工作。开展“粤台学子中华情”佛山体验营参观活动（体验营为期2天），体验营一行27人在佛山亲身体验现代前沿产业发展情况，增强他们对大陆的了解。参加“广东优秀台湾学子岭南行”活动的100多位台湾老师和学生到访佛山，其间，佛山优秀台青商代表在创业分享会上向到访的老师和学生讲述他们在大陆的创业经验。台湾桃园大园国际青商会一行20人到佛山开展为期4天的参访交流，重点探讨佛山和台湾桃园两地青年合作创业之路。顺德区举办台湾青少年顺德亲子夏令营活动，通过举办一系列青年交流活动，增强台湾青年对大陆的了解。市台湾事务部门年内还组织青年台商参与社会公益活动，开展献爱心、献血、“6·30”广东扶贫济困日捐款、爱心游园等活动，全年募集善款5万多元。

（高　电）

侨　务

【概况】 2016年，祖籍佛山市的海外华侨同胞约有68万人，分布在世界72个国家和地区，主要集中在北美的美国、加拿大；欧洲的英国、法国；亚洲的马来西亚、新加坡、泰国以及日本；大洋洲的澳大利亚；非洲的南非、毛里求斯；等等。市侨眷、港澳眷属近100万人。

2016年，佛山市侨务部门发挥侨务工作资源和渠道优势，汇侨力，扩展“海外招商顾问队伍”至29人，招商引资成效初显；聚侨心，全年接待来访侨领侨团66批次486人，密切联谊交流，助力佛山建设；育侨菁，全年组织海外侨胞参加研习班、文化体验营等活动131人次，培育海外侨力资源；护侨益，侨务扶贫济困工作全年发放专项资金20.97万元，并成立“为侨法律服务工作站”，侨务工作取得良好成绩。

【爱侨护侨】 2016年，佛山市坚持爱侨护侨，提升为侨服务效能。

侨务精准扶贫　全年发放华侨事业费中央补助资金15.76万元，发放省级贫困归侨扶贫补助资金4.01万元，为南侨机工杜荫遗孀李崧发放国侨办南侨机工遗孀补助款1.2万元。（南侨机工即“南洋华侨机工回国服务团”，是抗日战争时期积极投身抗日救国运动的最典型、最有组织、最具影响力的爱国华侨团体之一，为抗战胜利作出重要贡献。）

涉侨事务办理　全年开具报考普通高校“三侨生”（指归侨青年、归侨子女、华侨在国内的子女报考各类学校的考生）证明17份、报考高等中学“三侨生”证明5份；受理华侨回国定居事项2件，成功办理2件；接信接访接电63人次，为归侨侨眷、海外侨胞解决困难。

社区侨务工作获表彰　2016年12月，南海区九江镇儒林社区获国务院侨办授予“2016年度全国社区侨务工作示范社区”称号，成为继顺德大良北区、乐从鹭江社区及三水迳口华侨农场漫江社区后，佛山市第四个获国家级社区侨务工作表彰的基层单位。佛山侨务部门发挥全国社区侨务工作明星社区和示范单位的带动作用，推动基层侨务工作再上新台阶。

【“海外招商顾问”聘请】 2016年，佛山市聘请第四批“海外招商顾问”9人，“海外招商顾问”人数达29人。海外侨胞充分发挥行业和人脉优势，在重点区域和重点领域的招商推介工作取得初步成效，特别通过发展“佛山东盟建材城”项目，与马来西亚加强经贸合作。“佛山东盟建材城”项目建成后，将吸纳400家建材企业总部进驻，其中来自佛山的企业占据一半，对佛山企业开拓东盟市场，消化过剩产能发挥积极作用。

【侨胞联谊】 2016年，佛山市接待到访侨领侨团66批次486人，涉侨出访团组共17批次。通过加强与海外侨胞的交流联谊，凝聚侨心，助力佛山经济社会建设。

以佛山秋色欢乐节为平台，邀请来自7个国家的35名侨领到佛山观礼，集中展示佛山发展成就，吸引投资项目和促进对外合作。

组织海外侨胞参加研习班、文化体验营等活动131人次，促进侨务工作可持续发展。其中：8月，举办海外社团中青年负责人研习班，重点邀请新加坡、泰国、柬埔寨等“一带一路”沿线国家重点侨团骨干参加，加强与新生代侨领联系，引导侨胞参与“一带一路”建设；12月，举办“2016年中国寻根之旅——澳洲优秀华裔青年佛山文化交流营”，组织佛澳两地优秀大学生一对一结对联谊，让两地学生通过参观学习共同完成选定课题，加深两地青少年友谊和对中华文化、岭南文化、珠三角创新驱动发展的了解，为佛山的发展建言献策。

利用侨务优势资源，发挥海外乡亲熟悉当地文化习俗、法律制度和市场风险的优势，联合侨领举办“2016‘一带一路’战略下佛山企业走进非洲对接交流会”“‘一带一路’新兴市场卡塔尔南非市场推介会”“佛山—澳大利亚猎人谷旅游资源交流座谈会”，帮助佛山企业深入了解“一带一路”战略机遇，加强佛山与南非、澳大利亚在投资、贸易等方面的合作，力促佛山企业开拓海外新兴市场。

【澳洲佛山总商会成立】 2016年6月6日，澳洲佛山总商会在澳大利亚悉尼成立，澳洲佛山联谊总会荣誉顾问梁柏源担任商会会长。该会是佛山市首个以促进佛山与海外的科技合作、经贸往来为目的依法组建的海外社团组织、区域性投资联盟，为佛山澳大利亚两地商贸交往、招商引商搭建桥梁和平台，将在引导海外华商参与“一带一路”建设、助推佛澳两地经济发展上发挥积极作用。

【佛山市“为侨法律服务工作站”成立】 2016年10月27日，佛山市侨务部门与广东创誉律师事务所合作，成立佛山市“为侨法律服务工作站”。工作站设点于广东创誉律师事务所，主要为侨界群众提供法律咨询服务，接受侨界群众委托；代理诉讼业务，为侨界群众中的困难人员依法提供法律援助服务，协助侨务部门做好侨法宣传，侨益维护和侨务信访接待等工作。工作站的成立，创新为侨服务载体、拓展为侨服务范围，是构建和谐侨界、建设幸福佛山的具体实践。

【佛山市侨商会五周年庆典】 2016年12月9日，佛山市侨商投资企业协会举行“汇集侨商智·齐聚五载情”五周年庆典，200多家侨港澳资企业代表近600人出席庆典。佛山市副市长麦洁华出席活动并致辞，市人大常委会副主任霍伙、林征，市政协副主席乔平出席活动。市侨商会是佛山招侨引资的重要窗口，协会有会员企业203家，以大、中型及高新技术企业为主，涉及机械、机电、家电、交通工具、风力发电、家具、纺织等多个领域。2016年市侨商会开展企业互访、增进会员交流，帮助企业增强归属感，做好政企互动的桥梁。同时，热心公益慈善，成立“佛山侨商基金”，积极回馈社会。

（周倩云）

对外交往

【概况】 2016年，佛山市对外交往工作从服务国家总体大局、服务地区中心工作、服务社会民生出发，参与“一带一路”建设，加强与“一带一路”沿线国家交流合作；提升官方交往的广度与深度，全年接待外宾62批、860人次，其中副部级以上外宾10批、139人次；发挥友好城市资源优势，在文化、教育、经贸等领域的交流合作成效显著；举办“中德对话论坛”2016年会议；成立广东省首个预防性领事保护宣传教育基地；做好外国人来华邀请确认函办理，全年全市邀请确认函共送审1297份、1725人次；全面启动因公出国（境）网上申报审批系统，提高申报审批效率。

【外事接待】 2016年，佛山市做好国家、省安排的重要外事团组接待工作。全年接待外宾62批，860人次，其中副部级以上外宾10批、139人。高规格接待包括瓦努阿图总理、格林纳达总督、加拿大环境与气候变化部部长、吉尔吉斯斯坦奥什州副州长等在内的国家首脑及政要。把握南南合作、中非合作论坛的契机，推动对非合作交流，接待2016非洲大联欢活动联合考察团、南非非国大妇联代表团等多批次非洲国家考察团，同时配合广东省对非投资论坛举办，协助接待埃塞尔比亚总理顾问阿尔卡贝博士一行、马拉维驻华大使等高级别外宾。在接待活动中突出高层交往的带动作用，促进对外交流与合作，提高佛山国际化城市知名度。

【与“一带一路”沿线国家交流合作】 2016年，佛山市参与“一带一路”建设，加强与“一带一路”沿线国家的交流与合作。一是完成“一带一路”沿线沿岸国家的外事接待工作。接待斯里兰卡统一国民党干部考察团、印度尼西亚东爪哇省议会议长等36批“一带一路”沿线沿岸国家外宾，共计478人。二是探求与吉尔吉斯斯坦多领域合作共赢。吉尔吉斯斯坦地处中亚，是古代“丝绸之路”和“丝绸之路经济带”沿线的重要国家。4月19日，佛山市外事部门参与主办吉尔吉斯共和国（佛山）经贸投资交流会。双方政府代表、企业家100多人出席交流会，多家企业现场达成合作意向。三是以瓦努阿图为重点，推进与“21世纪海上丝绸之路”南线国家的友好交流合作。3月，佛山市副市长麦洁华访问瓦努阿图，增进相互了解，推进务实合作。8月，佛山外事部门再次访问瓦努阿图，开展文化交流活动并赠送图书和非遗礼品。

【友好城市交流合作】 2016年，佛山市发挥友城资源优势，创新开展各类友好交流活动，在文化、教育、经贸等领域的合作成效显著。一是邀请俄罗斯纳罗福明斯克区、韩国抱川市、吉尔吉斯斯坦奥什市、瓦努阿图维拉港市4个友好交流城市代表出席“佛山秋色城市形象展示活动”，其中俄罗斯纳罗福明斯克区还组织演出队伍参加秋色巡游，为“佛山秋色”增添丰富的国际元素，增强活动的国际影响力。二是与瓦努阿图首都维拉港市签署友好交流合作备忘录。三是与友好城市日本伊丹市开展师生团交流活动。3月，伊丹市教育委员会教育规划课长春名润一一行10人到访佛山，受到佛山市副市长麦洁华的会见，并与禅城区惠景中学和南海区石门实验学校代表进行教育友好交流。7月，佛山市第一中学、第三中学师生代表受邀对日本爱知县进行友好访问，体验当地文化教育、经济产业和历史文化。四是与友好城市德国因戈尔施塔特市保持良好互动。6月，佛山市校园足球队首次走出国门访问德国，与因戈尔施塔特市开展丰富多彩的足球及教学交流；11月，因戈尔施塔特市04足球俱乐部一行3人到访佛山，与佛山市体育局达成初步合作意向，在佛山组建青少年足球训练营；7月，佛山市民走进德国图片展在佛山伊丹友好交流中心举行，展示佛山与因戈尔施塔特两市结好以来友好交往、合作交流的精彩瞬间，增强佛山市民对德国友城的直观了解。五是与友好城市澳大利亚汤斯维尔市进行传统文化、经贸合作、媒体宣传交流，先后组织佛山舞狮队、武术队、企业媒体代表团赴澳交流。六是与美国罗得岛州克兰斯顿市、加利福尼亚州长滩市等外国城市建立联系，就开展友好交往，建立友城关系达成共识。

链接

佛山市友好城市一览表

地　区	友城名称	国家／地区	缔结时间
佛山市	伊丹市	日本	1985.5.8
	路易港市	毛里求斯	1989.1.27
	斯托克顿市	美国	1994.3.4
	波塞雄市	留尼汪（法属）	1997.4.11
	汤斯维尔市	澳大利亚	2006.7.28
	圣乔治	格林纳达	2010.4.23
	因戈尔施塔特市	德国	2014.1.22
	斯达洛加勒德	波兰	2014.6.10
南海区	雷诺市	美国	1994.7.18
	沃尔夫斯堡	德国	2016.8.27
禅城区	梅德韦	英国	2010.3.2
	福遍郡	美国	2012.11.28
顺德区	高嘉华市	澳大利亚	2012.12.11

【APEC商务旅行卡推介办理】 2016年，佛山市推进APEC卡服务点下移，开发APEC卡网上申报系统，探索运用商会平台设立APEC卡服务点，让更多企业在“走出去”过程中享受便利，更好地拓展海外市场。全年受理APEC卡申请40批57人次，总办卡量居全省前列。

【对外经济交流合作】 2016年，佛山市立足构建现代化国际化大城市的战略定位，拓展、盘活、整合优势资源，合力提升对外经济交流合作水平。一是深化对德合作。3月，邀请友好城市德国因戈尔施塔特市政府及经贸代表团访问佛山，两市共同举办佛山—因戈尔施塔特市投资经贸对接洽谈会。佛山中德工业服务区与德国巴伐利亚州中国中心签署友好合作意向书，双方将在双边投资、产业合作、技术引进等多个方面展开合作。二是盘活驻穗领馆资源。1月18日，接待波兰驻穗总领事一行，探讨以金融产业、人才政策、智能制造等发展契机促进企业转型升级等议题，寻求佛山与波兰在“互联网+”、信息技术、科技创新等领域的合作前景。5月26日，邀请厄瓜多尔、哥伦比亚等南美国家的5位驻穗领事官员出席“南美农产品网上展览会”开通仪式。9月17日，佛山外事部门与广州市外办在南海区共同举办“话中秋，促友谊”领团中秋活动，来自美国、德国、印度、阿联酋等10多国驻穗总领事馆官员及家属参加活动，加强佛山与各驻穗总领馆的沟通联系，宣传佛山良好城市形象。三是聚集国际国内高端智库资源，为佛山转型升级和人才引进建言献策。5月13日，佛山外事部门和中德工业服务区管委会联合举办中欧经济合作大讲堂“人才”专场活动。活动聚集国内外企业人才资源专家、学者，引导企业树立转型升级发展的人才观，促进企业在全球范围引进、培养所需的市场营销、技术研发、资本运营、管理决策等方面的人才。

【2016中德对话论坛在佛山举行】 2016年6月30日至7月2日，中德对话论坛2016年会议在佛山市举行。中德对话论坛是中国和德国两国间的高级别非官方交流平台。2016中德对话论坛在佛山市的举行，是中德对话论坛首次在中国华南地区举行，也是首次在中国国内的地级城市举办。论坛中方主席、第十届全国政协副主席徐匡迪与德方主席、巴斯夫公司董事会副主席薄睦乐共同主持会议。来自中德两国政治、经济、文化、学术、新闻等领域的25位代表围绕“中德在环保领域的合作以及德国发展低碳经济的经验”“中德两国在城镇化领域的合作与互相借鉴”“中德两国人口老龄化问题现状及经验交流”和“就业问题”等4个议题进行探讨，为加强中德全方位战略伙伴关系提出具体建议。其中，佛山市委书记鲁毅和佛山市民政局局长张敏良应邀以正式成员身份出席会议，分别就“就业”“老龄化”2个议题发言。佛山作为论坛承

办方，主要负责落实会议期间的会务、接待、宣传、安保及后勤等工作，确保论坛顺利召开。论坛期间，佛山组织媒体见面会，邀请中外媒体30余名记者在会议结束后采访论坛双方主席，聚焦佛山与德国的合作前景及机会；组织“德国媒体看佛山”大型采访活动，7家德国媒体走进佛山企业、文化街区，感知佛山工业发展、文化内涵，让更多德国民众认识、了解佛山。论坛中方主席徐匡迪、德方主席马丁·薄睦乐以及中国外交部、外交学会、广东省政府的有关领导对佛山会议筹备和组织协调工作表示肯定。

2016年4月28日，广东省预防性领事保护宣传教育基地（佛山）及“出国第一课”揭牌仪式举行

【广东省预防性领事保护宣传教育基地（佛山）成立】 2016年4月28日，广东省预防性领事保护宣传教育基地（佛山）揭牌仪式暨“出国第一课”启动仪式在佛山市伊丹友好交流中心举行。该基地是全省首个重点面向普通市民、留学生群体的预防性领事保护宣传基地。基地的建立和“出国第一课”活动的举办是增强佛山人员、企业出境旅游、留学、投资经商的风险意识和防范能力的新举措、新尝试。基地的建成有效推动预防性领事保护宣传工作常态化开展。年内，基地“出国第一课”活动共举办3场，分别邀请外交部领保中心、省外办涉外安全处领导和加拿大侨领作为主讲嘉宾，为佛山师生宣传预防性领事保护知识。

【“中国制造2025”对话德国工业4.0大会】 2016年10月20日在佛山市举行，中国工程院院长周济，工业和信息化部党组成员、办公厅主任莫玮，德国前总理洛塔尔·德梅齐埃，佛山市委常委、常务副市长蔡家华，佛山市委常委、顺德区委书记区邦敏，以及相关的中国两院院士、德方专家、企业高管等近千名嘉宾出席。大会以现场对话、演讲的形式，为与会嘉宾带来关于“中国制造2025”与德国工业4.0最权威的解读，并对两国智能制造产业最新的变化和发展趋势进行分析、研判。大会还进行中德智能制造灯塔园区、中德智能制造灯塔企业授牌仪式，中德工业服务区和美的集团分别获授“中国智能制造灯塔园区”和“中国智能制造灯塔企业”牌匾。大会作为第二届中国（广东）国际“互联网+”博览会的专场活动之一在潭州国际会展中心举行。

（周倩云）

民主党派·工商联

民主党派

【概况】 2016年，佛山市各民主党派共有成员3564人，平均年龄49.4岁。分布在教育、科技、医卫、文化出版界2244人，大学以上文化2752人，高级、中级职称2739人。

2016年，佛山市各民主党派履行参政议政职能，全年向市“两会”提交提案259件、议案32件，其中获优秀提案17件（包括合并案）。年内，市各民主党派完成换届和政治交接工作。

【中国国民党革命委员会佛山市委员会】 2016年，市民革发展党员15人，共有党员304人，平均年龄52岁，大学以上文化275人，高级、中级职称248人。设有6个总支和21个支部。

市民革全年向市政协提交提案75件，获优秀提案7件。民革佛山市委会被评为“民革全国机关工作先进集体”。民革市委会组织党员以坚持和发展中国特色社会主义学习实践活动为主线，开展“观故居，走多党合作之路”活动、创建组织工作先进支部、争做优秀基层组织工作者、伸出博爱之手——民革基层组织牵手困难群众等活动，学习宣传民革爱国、革命和不断进步的优良传统，加强自身建设，服务社会。

7月31日，市民革召开第十二次党员代表大会，选举产生第十二届市委会，唐冬生当选为主任委员，刘建华、渠铮、刘建萍当选为副主任委员。民革广东省委会副主委刘纪显，佛山市领导李雅林、霍伙、江楷鑫、乔平、马亮照、朱娅丽等出席会议，李雅林代表中共佛山市委致辞，佛山市各民主党派、工商联的代表出席大会并致贺词。

【中国民主同盟佛山市委员会】 2016年，市民盟发展盟员57人，共有盟员915人，其中分布在教育界505人。平均年龄54岁，大学以上文化760人，高级、中级职称781人。设有1个区委会（民盟顺德区委会）、7个总支和44个支部。

市民盟全年向市政协提交提案57件，获优秀提案5件。民盟佛山市委会获得民盟中央授予的“开展坚持和发展中国特色社会主义学习实践活动先进集体”称号；市委会组织盟员与中山大学盟员专家联合开展了“大力发展佛山民宿旅游，促进佛山生活性服务业发展”联合专题调研。盟员李耀茂、吴文硕分别当选为南海区、高明区政协副主席。

7月30日，市民盟召开第十四次盟员代表大会，选举产生第十四届市委会，赵新文当选为主任委员，谭光明、方小兵、张枫、李耀茂当选为副主任委员。民盟广东省委会副主委罗远芳，佛山市领导李子甫、熊志翔、赵海、乔平、马亮照等出席会议，李子甫代表中共佛山市委致辞，佛山市各民主党派、工商联的代表出席大会并致贺词。

【中国民主建国会佛山市委员会】 2016年，市民建发展会员26人，共有会员458人，其中有328人分布在经济界、新的社会阶层。平均年龄52岁，大学以上文化275人，高级、中级职称193人。设有4个总支和17个支部。

市民建全年向市政协提交提案18件，获优秀提案3件。《当前影响企业降成本成效的问题反映》《我国营改增的存在问题及对策》《我国农村低保政策执行中存在的问题及对策建议》《大力培育新型农业经营主体促进农村产业融合发展》等4篇信息被全国政协采用，《关于应对民间投资增速下滑的对策建议》等3篇信息被民建中央采用，《对加强珠三角国家自主创新示范区建设的有关意见建议》得到广东省领导批示。会员林树茂、张卫红分别当选为禅城区、三水区人大常委会副主任 。

7月28日，市民建召开第十三次会员代表大会，选举产生第十三届市委会，李应滔当选为主任委员，张卫红、梁永流当选为副主任委员。民建广东省委会主委李心，佛山市领导李子甫、熊志翔、黄喜忠、乔平、马亮照等出席会议。李子甫代表中共佛山市委致辞，佛山市各民主党派、工商联的代表出席大会并致贺词。

【中国民主促进会佛山市委员会】 2016年，市民进发展会员25人，共有会员437人，其中分布在教育、文化出版界292人。平均年龄42岁，大学以上文化375人，高级、中级职称342人。设有1个区委会（民进顺德区委会）、2个总支和28个支部。

市民进全年向市政协提交提案29件，获优秀提案2件。民进佛山市委会获“民进全国参政议政工作先进集体”和“民进广东省委2012—2016年参政议政工作突出贡献集体”。《“营改增”税制改革定位中应着重对金融隐性服务项目进行再次分配调整》《“营改增”对建筑行业的影响及对策措施》和《重视基层资源衔接是推进高效扶贫之路》3篇信息被全国政协采用。《关于建立统一的特殊组织登记制度完善“城市猎人”社会关系网的建议》和《提高珠三角国家自主创新示范区知名度应积极推行智能化“三来一补”定制产业发展》2篇信息被广东省领导批示，中共广东省委专门召开调研协商座谈会，反馈信息办理情况。会员武小文、舒悦、朱维礼分别当选为南海区、顺德区、高明区人大常委会副主任。

7月26日，市民进召开第八次会员代表大会，选举产生第八届市委会，武小文当选为主任委员，谭伟亮、陈东初、游斌当选为副主任委员。民进广东省委副主委李小琴，佛山市领导李子甫、林征、王玲、乔平、马亮照、朱娅丽等出席会议。李子甫代表中共佛山市委致辞，佛山市各民主党派、工商联的代表出席大会并致贺词。

【中国农工民主党佛山市委员会】 2016年，市农工党发展党员48人，共有党员570人，其中分布在医药卫生界259人。平均年龄51岁，大学以上文化475人，高级、中级职称468人。设有6个总支和28个支部。

市农工党全年向市政协提交提案32件，获优秀提案5件。信息《扩围后的营改增对生活服务业的影响及建议》和《“营改增”在房地产业方面的影响以及对策建议》被全国政协采用，并得到国家领导人的批示。全年市农工党各级组织举办或参与各种社会服务20次。党员贺友生、龙启分别当选为禅城区、高明区政协副主席。

7月29日，市农工党召开第十一次党员代表大会，选举产生第十一届市委会，杨小晶当选为主任委员，李薇、陈爱贞、苏锡波、陈忻当选为副主任委员。农工党中央委员、农工党广东省委会专职副主委刘启德，佛山市领导李子甫、卢立湃、王玲、柳玉斌、马亮照、朱娅丽等出席会议。李子甫代表中共佛山市委致辞，佛山市各民主党派、工商联的代表出席大会并致贺词。

【中国致公党佛山市委员会】 2016年，市致公党发展党员21人，共有党员320人。平均年龄48岁，高级、中级职称232人。设有4个总支和14个支部。

市致公党全年向市政协提交提案33件，获优秀提案2件。发挥与海外侨胞和华侨华人社团有广泛联系的优势，市致公党接待AEC澳洲文化教育集团董事长李卓琦，澳洲佛山联谊总会名誉顾问、高明分会秘书长金紫微，菲律宾中国洪门致公党秘书长、菲律宾各界联合总会常委兼秘书长蔡国聪等一批来自海外及港澳地区的华侨华人；接待300多名来自美国纽约、费城等地的美洲至孝笃亲总公所第33届恳亲代表大会的代表及嘉宾。党员严俊、彭蘅分别当选为禅城区、三水区政协副主席。

7月27日，市致公党召开第六次党员代表大会，选举产生第六届市委会，乔羽当选为主任委员，朱新进、陈小霞、严俊、李建丽当选为副主任委员。广东省政协副主席、致公党广东省委会主委王珣章，佛山市领导李子甫、霍伙、麦洁华、乔平、马亮照、朱娅丽等出席会议。李子甫代表中共佛山市委致辞，佛山市各民主党派、工商联的代表出席大会并致贺词。

【九三学社佛山市委员会】 2016年，市九三学社发展社员32人，共有社员560人，平均年龄52岁，大学以上文化484人，高级、中级职称524人。设有8个基层委员会和31个支社。

市九三学社全年向市政协提交提案34件，获优秀提案3件。8月，九三学社佛山市委会召开争当“南粤·工匠”动员大会暨专委会成立大会，表彰获得首届“佛山·大城工匠”荣誉称号的刘一军、饶宝莲两位社员，并分别由他们分享获奖心得和介绍创新工作的经验，会议向全体社员发出“弘扬民主科学精神　争当‘南粤工匠’”倡议书。社员章成国、金铎、谭振东、罗俊宇分别当选为禅城区、南海区、顺德区、三水区政协副主席。

7月27日，市九三学社召开第七次社员代表大会，选举产生第七届市委会，章成国当选为主任委员，李景明、王蕴波、陈建良、罗俊宇当选为副主任委员，九三学社广东省委会专职副主委黄惊雷，佛山市领导李子甫、霍伙、麦洁华、乔平、马亮照等出席会议。李子甫代表中共佛山市委致辞，佛山市各民主党派、工商联的代表出席大会并致贺词。

【民主党派负责人暑期座谈会】 2016年9月19日，中共佛山市委召开佛山市民主党派工作座谈会暨2016年佛山各民主党派负责人暑期座谈会。中共佛山市委书记鲁毅出席会议并讲话，市人大、市政府、市政协有关负责人，市各民主党派主委、副主委、秘书长（办公室主任）和换届卸任的正副主委，以及市委统战部、各区区委统战部的有关领导60多人出席了座谈会。座谈会由中共佛山市委副书记李子甫主持。各民主党派市委会负责人在会上就佛山社会经济发展、加强政党协商，巩固发展和谐政党关系，加强党派自身建设、组织发展，加大党派工作宣传力度等工作建言献策。在座谈会之前，受中共佛山市委委托，市政协副主席、市委统战部部长马亮照于8月22—26日带领佛山市各民主党派负责人约40人分两批次赴云南昆明、保山，河南开封、兰考、林州，河北石家庄西柏坡等地学习考察。考察组了解当地城市建设和文化建设成就，并与当地统战部、各党派市委会就民主党派、党外干部工作进行交流。

【2016年佛山市党外领导干部培训班】 2016年12月11—17日，中共佛山市委组织部、中共佛山市委统战部和市社会主义学院联合在无锡市举办2016年佛山市党外领导干部培训班。共有39名党外干部参加学习，其中民主党派领导29人。通过政策解读、专题讲座、现场教学、小组讨论和互动交流等形式，提高党外领导干部政治把握能力、参政议政能力、组织协调能力、合作共事能力和解决自身问题能力的水平。

附：各民主党派正、副主委名单

市民革（第十二届）

主　委：唐冬生

副主委：刘建华　渠　铮（女）
刘建萍（女）

市民盟（第十四届）

主　委：赵新文

副主委：谭光明　方小兵　张　枫（女）
李耀茂

市民建（第十三届）

主　委：李应滔

副主委：张卫红　梁永流

市民进（第八届）

主　委：武小文（女）

副主委：谭伟亮　陈东初　游　斌

市农工党（第十一届）

主　委：杨小晶

副主委：李　薇（女）　陈爱贞（女）
苏锡波　陈　忻（女）

市致公党（第六届）

主　委：乔　羽

副主委：朱新进　陈小霞（女）　严　俊
李建丽（女）

市九三学社（第七届）

主　委：章成国

副主委：李景明　王蕴波　陈建良　罗俊宇

（涂　勇）

工商联

【概况】 佛山市工商联于1953年4月20日成立。2016年，佛山市工商联（总商会）执行委员会共

246人，截至2016年年底，全市工商联（总商会）组织网络由5个区级工商联（总商会）、34个镇街（总）商会和126个行业商（协）会、47个综合商会、32个异地商会构成，共有会员53800个，覆盖家电、五金、建材、家具、涂料等支柱产业。

2016年，佛山市工商联系统履行参政议政主体职能，全年全市各级工商联、商会共提交提案、议案17份，向有关部门反映意见、建议44条。市工商联全面推动基层商会制度化、规范化建设，全年发展12家团体商会入会，指导佛山市化州商会等5个团体商会完成换届工作，协助佛山市农业产业商会等8家商会举办会员大会；帮助会员企业拓展合作空间，全年组织或参与各类经贸活动达16场次，促进产业合作金额达56亿元。市各级工商联、商会共组织开展粤桂黔经济交流合作9批次，促进产业合作资金达55.7亿元。年内，市工商联还在非公有制经济人士理想信念教育实践活动、企业家培训、构建新型政商服务环境等方面做出成绩，并组织上规模民营企业大调研活动、佛山优秀民营企业先进事迹报告会、粤桂黔暨珠三角商会合作交流会等重要活动和会议。

【参政议政】 2016年，佛山市工商联履行参政议政的主体职能，发挥民间智库作用。全年市各级工商联、商会共提交提案、议案17份，向有关部门反映意见、建议44条。佛山市工商联与佛山日报社、佛山科技学院组成联合调研组，重点做好佛山市上规模民营企业大调研活动，了解佛山民营企业生存状况、存在问题以及市委、市政府有关促进民营企业发展的40条政策措施的落实情况，形成《民营企业转型升级的佛山功夫》调研报告。

年内，佛山市工商联配合中央统战部、工信部、全国工商联开展非公有制经济人才培养模式联合调研，参与国务院督导组来佛山开展的促进民间投资专题调研工作，与佛山市“两新”党工委联合开展党建工作专项调研，进行《广东省环境保护条例》立法后评估实地调研等。通过一系列调研，为党委、政府提出许多较有价值的意见和建议，如通过开展青年民营企业家与导师结对子情况调研，提出以结对子形式，传承佛商传统，弘扬佛商精神的建议等。

【商（协）会建设】 2016年，佛山市工商联以指导商会改革发展为抓手，全面推动基层商会制度化规范化建设。共发展12家团体商会入会，指导佛山市化州商会等5个团体商会完成换届工作，协助佛山市农业产业商会等8家商会举办会员大会，使基层商会有序开展活动。按照全省工商联系统“优秀商会示范点”的推荐资格和标准，加强对基层商会的考核，指导其按标准进行规范化建设，推荐佛山市民营女企业家商会等6家商会参加全省工商联系统“优秀商会示范点”建设及评选工作，推动全市商会的规范化制度化发展。推进“五好工商联”建设，高标准建设工商联机关，至2016年年底，佛山市有南海区、顺德区、三水区工商联获“全国五好工商联”称号，禅城区工商联获“广东省五好工商联”称号。南海区工商联还在各镇（街）总商会中推进“企业·创享·家”的平台建设，参照“五好工商联”的标准和做法以及“五星商会”的服务模式，打造星级商会，取得良好效果，为全市工商联（商会）规范化制度化建设提供样板。

【工商联的经济服务】 2016年，佛山市工商联以行业商协会为载体，推动商协会整合行业或区域资源优势，开展上下游产业合作与交流，帮助会员企业拓展合作空间。推动成立陶瓷产业联盟发展，协助推动众陶联平台建设。市汽车行业协会举办汽车行业全产业链供需对接会，组织汽配、整车企业进行洽谈。市房地产行业商会联合南海区直属商会、桂城总商会举办“520互联网+千企乐购节”活动，搭建商会供需采购平台，组织房地产采购分会成员举办广佛肇经济商圈采购供需对接交流会，把广佛肇三地房地产商与建材供应商有效整合起来，扩大产业链对接链条，强化产业合作，打造共享经济。年内，佛山市工商联共组织或参与各类经贸活动达16场次，促进产业合作金额56亿元。

根据粤桂黔高铁经济带合作试验区建设的总体框架协议，佛山市工商联与南海区工商联共同推进设置“粤桂黔高铁经济带合作试验区（广东园）各市（州）商务联络处”，把粤桂黔高铁经济带试验区建设落到实处。同时组织五区工商联部分企业家赴广西3个城市考察，加强与沿线12个市工商联、商务部门的联系、沟通，在合作框架协议的基础上，推进沿线城市的产业合作。年内，市各级工商联、商会共组织开展粤桂黔经济交流合作9批次，促进产业合作资金达55.7亿元。

协调指导全市商会企业推进“互联网+”产业工作，组织系列“互联网+”产业活动。举办佛山市“互联网+地产”产业合作交流会，举行“佛联百度商汇天下”——佛山企业“互联网+”峰会，围绕互联网服务实业、服务产业链、服务创新等议题开展讨论，推动“互联网+”产业向全产业链方向整合延伸。组织召开“互联网+金融”产业联盟工作会议，企业家共同探讨“互联网+金融”产业未来合作发展方向。

为吸引高层次人才到佛山市创新创业，佛山市工商联与佛科院、广东金融城商会组成联合考察组，到武汉国际千人智库考察，并就千人智库与佛山的合作进行商讨，达成有关平台、载体建设的共识。邀请国家“千人计划”专家、千人智库创始人周怀北及其团队到佛山考察访问交流，推动高层次人才引进和储备的平台与项目建设。通过与佛山科学技术学院座谈，商定启动佛山科技学院应用科学研究院将作为千人计划高层次人才引进储备的载体，与佛山科技学院既有的南洋研究院、中科院研究院相衔接，与佛山市商会产业联盟相结合，打造产学研平台。

【非公有制经济人士理想信念教育实践活动】 2016年，佛山市工商联将“两学一做”学习教育实践活动作为非公有制经济人士理想信念教育实践活动的重要内容，在基层商会中开展，在非公有制经济人士中掀起一股“带头学党章党规、奉献爱心力量，争做时代楷模”的学习高潮。以“爱岗敬业、梦圆佛山”为主题，以培育和弘扬社会主义核心价值观为主线的“佛山敬业之星”活动，引导广大非公有制经济人士重视和支持构建和谐劳动关系，关心关爱员工。佛山市工商联推荐的广东美思内衣有限公司董事长吴艳芬等8名企业家获“广东省优秀中国特色社会主义事业建设者”称号。通过树立典型，形成标杆，打造一支听党话跟党走的中国特色社会主义事业建设者队伍。2016年，佛山市非公有制经济人士获推荐担任各级人大代表、政协委员共221名，获推荐进入各级工商联执委会班子成员有665名，获省级以上“优秀中国特色社会主义事业建设者”称号者21名。

【企业家培训】 2016年，佛山市工商联加大民营企业家，特别是产业领军人物的培训工作力度，并注重新生代民营企业家后备队伍的培养工作，全年举办专题培训班2期。加强青年企业家联合会班子建设，组织赴香港九龙总商会开展佛港青年企业家学习交流会，推荐叶永楷等6位新生代企业家参加广东省新生代非公有制经济代表人士的学习培训及文明使者的评选表彰。年内，佛山市各级工商联、商会共开展各类型培训、学习、讲座等1015场次，参与培训学习50970人次。

【新型政商服务环境的构建】 2016年，佛山市工商联宣传“亲”“清”政商关系，营造健康政商环境。组织召开民营企业家与工商联政府职能部门顾问工作交流会，探索新形势下构建“亲”“清”政商关系，并配合出台《佛山市政商关系行为守则》和《佛山市政商交往若干具体问题行为指引（试行）》，形成“‘亲’‘清’八条”“佛山样本”，对公职人员和民营企业的政商交往行为作出明确规范。将政商关系指引手册派送给各区、镇（街）工商联、总商会和有关商协会，宣传、引导民营企业正常的政商交往。

针对最高人民检察院出台的18条促进非公有制经济健康发展的具体保障措施，及时与省、市检察部门联合召开3次民营企业家和有关商协会代表座谈会，听取意见、反映情况，从市级层面进行政策措施的细化，形成佛山版的保障条文《检察机关服务民营企业指南》，发放给广大商协会企业。加强指导各级商会商事纠纷调解工作，发挥商协会参与创新基层治理体系建设，创新法律服务模式，启动法律体检进社区活动，了解小微企业法律方面存在的问题，有针对性地提供法律服务。至2016年年底，在市各级商（协）会中成立商会调解机构达50个。

【上规模民营企业大调研活动】 2016年，佛山市工商联与佛山日报社、佛山科技学院组成联合调研组，重点做好佛山市上规模民营企业大调研活动，活动深入5个区、32个镇（街），听取各区工商联、各镇（街）总商会、经促部门负责人所作的情况介绍，召开座谈会37场次，与200多家民营企业代表进行交流，并实地走访民营企业近40家，收集调查问卷200多份，了解佛山民营企业生存状况、存在问题，以及市委、市政府有关促进民营企业发展的40条政策措施的落实情况，梳理出问题清单近40条和建议清单30条，形成《民营企业转型升级的佛山功夫》调研报告。调研报告得到市委、市政府的重视，市长朱伟主持召开佛山市上规模民营企业调研情况汇报会，要求市直各部门就调研报告提出的问题逐条梳理并提出解决方案。

2016年11月1日，粤桂黔—珠三角（佛山）商会合作交流会举行

【佛山优秀民营企业先进事迹报告会】 2016年11月7日，佛山市工商联召开优秀民营企业先进事迹报告会，会议对美的集团、碧桂园集团等100家优秀民营企业和20家转型升级标杆民营企业进行授牌表彰。优秀的民营企业家代表以“佛山民营企业转型升级新探索”为主题，分享在经济新常态下转型升级的成功经验。

【粤桂黔暨珠三角商会合作交流会】 2016年11月1—2日，以“聚焦珠三角　携手粤桂黔”为主题的粤桂黔暨珠三角商会合作交流会在佛山市南海区举行，来自粤桂黔高铁经济带沿线及珠三角城市100多名商会企业代表参加会议。会上，南海区委统战部副部长、区工商联党组书记谭国洪向与会商会及企业代表汇报粤桂黔高铁经济带合作试验区（广东园）和商务联络处的建设情况，指出“广东园”以佛山高新区“南海园”为主要载体，与广西、贵州两省（区）在科研、人才、金融、旅游产业等方面开展深度合作，未来将发挥“广东园”作为桥头堡的作用，夯实广东、广西、贵州三省（区）合作的根基，以政府引导、企业主导的方式推动广东、广西、贵州三省（区）更多的产业合作。广东外语外贸大学经济贸易学院副院长许陈生在交流会上就“一带一路”与粤桂黔高铁经济带发展的机遇与挑战进行分析，并建议沿线城市要找准自己的定位，找出自己的优势，深挖自己的潜能，因地制宜错位发展，要优化软硬件条件，完善基础设施的互通互联，建设法制化国际化的营商环境。

（杨文婷）

人民团体

佛山市总工会

【概况】 佛山市总工会于1950年3月成立筹备会，1954年12月正式成立佛山市工会联合会，1983年地市合并，成立新的佛山市总工会。2016年，市总工会内设办公室、组织部、权益保障部、经济工作部、宣传教育部、财务事业部、教育工会等7个工作部门，另有市工人文化宫、市工会职业技术学校、市工人康复医院三个下属事业单位。至2016年年底，全市累计基层工会42220个，涵盖法人单位57467个，工会会员近261万人，其中农民工会员210万人。

2016年，市总工会履行工会维权服务职能，增强职工群众获得感，引领职工在率先基本实现社会主义现代化新征程上建功立业。在把握工会工作正确发展方向、开展群众性建功立业活动、构建和谐劳动关系、服务增强职工群众获得感、搭建线上线下工会工作平台、培育具有佛山特色的职工文化和工会组织改革迸发体制机制活力等方面取得新成果。

【劳动关系】 2016年，佛山市总工会突出主业主责，构建维权、服务、帮扶"三位一体"的工会工作体系，促进劳动关系和谐稳定。

职工诉求表达有新渠道 通过"互联网+"形式的微博、微信、网站等解疑释惑及投诉回馈，实现与信访职工的零距离对接。全年接待职工信访咨询2456件次，信访办结率近90%。

工会法律服务有新机制 对职工合法的劳动经济权益诉求建立零门槛援助服务制度，全市429名工会特约律师共为1825名合法权益受损的职工群众提供免费法律服务，受理承办法律服务个案378件，涉及金额1750万元。

工资集体协商有新成效 全年签订集体合同3974份，集体协商建制企业38594家，覆盖职工171.8万人，已建工会企业集体协商建制率85%以上。

厂务公开民主管理有新发展 推进非公有制企业职工各项权益得到落实，全市已建工会非公有制企业49729家（含覆盖），推行厂务公开民主管理22091家，公开率达91.9%，创建市级厂务公开民主管理示范单位13个。

职工普法教育有新实践 推进"七五"普法工作，全市各级工会共开展职工法制宣传教育讲座、培训班、知识竞赛等活动1000多场次，参与职工100多万人次。

【职工服务】 2016年，佛山市总工会构建服务职工工作体系，发挥各级工会组织服务职工的主阵地作用。推进精准帮扶解困，开展元旦春节送温暖、金秋助学、春风行动等系列帮扶活动，全年帮扶困难职工48060人次，帮扶资金1000多万元。开展职工互助保障计划，全年参加职工22.6万人次，2975人次共获得1055.5万元互助保障金。拓展"服务职工十件实事"，推进工会会员服务卡推广、免费健康体检计划、工友驿站建设、爱心妈妈小屋建设，市总工会全年为全市15000多名职工提供免费常规体检服务，并为1000多名女职工实施免费宫颈癌筛查项目。加强劳模关爱服务，向全市劳模发放"三金"（生活困难补助金、特殊困难帮扶金和慰问金）104.9万元，让劳模群体感受到党和政府的关怀及工会的温暖。

【线上线下工会服务融合发展】 2016年，佛山市总工会运用"互联网+"工作思维，在加快建设工会服务实体平台的同时，拓展网上功能，实现线上线下工会服务融合发展。一方面，强化工会线下实体服务平台建设。创建完善46个外来工维权中心、职工服务中心，按照“工会+社工+义工”模式，聘用专门的社工机构，提升工会服务职工的能力和水平。建设佛山新城职工服务中心，推进行业工会、区域工会、楼宇工会等工会组织建设，完成市政府“2016年佛山十件民生实事”之一的市工人文化宫建设项目。另一方面，搭建工会线上“职工家园”。运用“互联网+”和服务职工的各种要素，加大全市五区工会网站、微博和微信公众号的推广工作。至年底，市、区、镇（街道）三级总工会共开设工会网站38个、官方微博20个、微信公众号25个，打造形成富有社会影响力的工会新媒体群。“佛山工会”微信公众号获2016年度“佛山十大政务微信（市直）”称号。

【职工文化】 2016年，佛山市总工会围绕佛山创建国家公共文化服务体系示范区发展战略，以“匠心制造佛山·劳动创造幸福”为主题，举办2016年职工文化节（产业工人文化节）。以社会主义核心价值观为引领，以培育和弘扬工匠精神为主线，开展“寻最美”“竞风采”“乐佛山”三大系列活动，带动各级工会开展文体活动2000多场次，参与职工120多万人次。“寻找最美劳动者”“制造力量·唱响佛山”职工合唱大赛、“好声音·佛山造”职工歌手比赛、职工集体婚礼、“三进五送”工会文化服务、职工文化竞投、万名职工文化游等文化活动品牌凸显、深入人心。文化活动开展与职工文化阵地建设互相促进，发挥职工文化大舞台、职工教育培训平台、职工心灵驿站等作用，推进职工群众公共文化服务均等化发展。

【劳动模范和先进工作者】 2016年，佛山市总工会做好劳动模范和先进工作者的推荐评选工作，推荐评选全国五一劳动奖章5名，“工人先锋号”2个；全省五一劳动奖状5家，奖章9名，“工人先锋号”6个；创建市工人先锋号100家，职工创新标兵示范岗100个。同时，佛山市总工会搭建创新创造平台，推动劳模创新室和企业创新基地建设，截至2016年年底，创建达标劳模创新室112个，创新基地7个，培养凝聚创新型骨干人才3000多名。

链接

2016年佛山市工会系统获国家和广东省荣誉情况

全国五一劳动奖章获得者（5名）	陈志兴　刘忠华　王毅成 李剑芬　张海涛
广东省五一劳动奖章获得者（9名）	张小荣　梁　涛　潘　波 简景杰　姬俊锋　叶连章 黄先香　杜金彪　苏玉燕
广东省五一劳动奖状获奖单位（5个）	广东中鹏热能科技有限公司
	广东新润成陶瓷有限公司
	佛山市金银河智能装备股份有限公司
	佛山市顺安达运输有限公司
	佛山顺德矢崎汽车配件有限公司
广东工人先锋号获评单位（6个）	佛山市禅城区引排水调度中心管网清疏室
	广东雄塑科技集团股份有限公司制造部注塑成型科包装车间
	佛山市高明区安通运输站场有限公司客运班组
	青岛啤酒（三水）有限公司酿造部过滤班
	佛山市路桥建设有限公司佛山市一环高速公路路政大队
	中国联合网络通信有限公司佛山市分公司顺德龙江公众营服中心

【劳动竞赛活动】 2016年，佛山市总工会开展劳动竞赛、技能比赛、“安康杯”竞赛等活动190多项，参赛企业1.2万家，参赛职工近200万人次，通过技能比赛晋升技术等级480多人。重点开展“2016年职工科技节”，包含职工优秀发明创新创意大赛、职工创客论坛、机器人竞赛、互联网应用开发技能竞赛等11个子项目，带动全市100多万名职工参与其中。

【工会组织改革】 2016年，佛山市总工会落实中央和省委、市委党的群团工作会议精神，围绕党政中心工作大局，坚持强“三性”（政治性、先进性、群众性）、去“四化”（机关化、行政化、贵族化、娱乐化）。强化作风建设，突出建机制、强功能，在转职能、转方式、转作风上持续用力，强化改革创新，夯实基层基础，增强工会活力，着力建设“学习型、创新型、和谐型、服务型、法治型”工会。强化基层组织建设，按照市委“1 + N + X”区域化大党建格局的总体部署和要求，推动“堡垒型+服务型”基层工会组织建设，深化工会干部直接联系职工群众制度，打通服务职工群众“最后一公里”。至年底，全市有基层工会42220个，涵盖法人单位57467个，工会会员261万人。推动基层工会干部职业化、社会化和专业化发展，加快建设“专兼挂”结合的工会干部队伍。

链接

首届“佛山·大城工匠”名单

姓名	单位及职称
王志英	广东申菱环境系统股份有限公司高级焊工
邓嫣容	佛山市海天（高明）调味食品有限公司高级工程师
叶锦华	佛山市东成立亿纺织有限公司技师
刘新华	佛山市华燃能燃气工程有限公司技师
刘新益	广东省九江酒厂有限公司高级酿酒师
李白千	日丰企业集团有限公司高级工程师
何小东	广东溢达纺织有限公司高级工程师
刘泽棉	佛山市新石湾美术陶瓷厂有限公司高级工艺美术师
刘一军	蒙娜丽莎集团股份有限公司高级工程师
李天成	佛山欧神诺陶瓷股份有限公司高级技师
吴树鸿	广东电网有限责任公司佛山供电局工程师
何建城	广东联塑科技实业有限公司高级技师
宋岱瀛	广东天安新材料股份有限公司高级工程师
陈水福	广东科达洁能股份有限公司工程师
陈松林	广东华兴玻璃股份有限公司高级工、助理工程师
岑翠芹	青岛啤酒（三水）有限公司高级工、助理工程师
邱全发	广东志达家居实业有限公司技工
范红旗	一汽大众汽车有限公司佛山分公司技师
饶宝莲	佛山市南海区宝莲剪纸工艺品店高级工艺美术师
贺利明	佛山市顺德区乐华陶瓷洁具有限公司工程师
黄醒民	广东格兰仕集团有限公司工程师
胡建武	佛山市南海中南机械有限公司高级技师
黄　兵	美的集团工程师
谢海波	佛山市南海技师学院技师
郭玉山	中建三局第一建设工程有限责任公司佛山分公司高级技师
莫思永	广东肯富来泵业股份有限公司高级技师
梁文斌	佛山市南海区鼎国天元玉器行高级技师
黄宇奘	碧桂园控股有限公司高级工程师
蒋振发	广东伊之密精密机械股份有限公司技师
瞿孝武	广东新宝电器股份有限公司高级工程师

【首届“佛山·大城工匠”评选命名】 2016年6月21日，佛山市总工会召开首届“佛山·大城工匠”命名大会，推荐评选30名“佛山·大城工匠”，给予贡献突出、技能高超、专注制造的工匠人物最高礼遇，对全市各行各业能工巧匠致以最崇高的敬意，在全社会营造尊重工匠、崇尚工匠精神的良好风气。这30名“佛山·大城工匠”中，有六十年如一日创作精美绝伦的陶艺作品的陶艺大师刘泽棉；有13年只为做好“一锅米饭”，为研究电饭煲新技术耗费2吨大米的美的集团工程师黄兵；有参加世界技能大赛获铜牌，实现中国在世界技能大赛奖牌零的突破的南海技师学院教师谢海波；有攻克8个世界难关，纺出全球最细纱线的溢达纺织公司工程师何小东；有为测试微波炉数据2年烤炙6000多只鸡，获世界工业设计顶级大奖德国“红点奖”的格兰仕集团工程师黄醒民；有研制大型船用柴油机电控共轨单元项目，打破国外技术壁垒、填补国内空白的中南机械公司高级技师胡建武等。会上，市领导对30名“佛山·大城工匠”颁发证书，来自美的集团的工程师黄兵、溢达纺织公司的工程师何小东、中南机械公司的高级技师胡建武分别作事迹报告。

（陈欣然）

共青团佛山市委员会

【概况】 共青团佛山市委员会机关内设三部一室，包括办公室、组织部、宣传部和志愿者部，下属一个公益二类事业单位佛山市青少年文化宫。截至2016年年底，佛山市共有基层团委471个、基层团工委57个、团总支469个、团支部6156个；共青团员192063名、团干部9866名，其中专职团干241名。

2016年，佛山共青团加强团的基层组织建设，在全市实施“向心力工程”，至年底，全市有100余个优秀市级团青组织与村（社区）结对共建；在全省率先采用专、兼、挂、聘相结合方式配齐配强镇（街）团委班子，全市各镇（街）全部配备专职团干部，村（社区）全部设立团支部书记；拓展“青年坊、亲青家园、青年活动中心、青商之家”等基层阵地，至年底扩充至38个。促进青年创新创业，承办“创青春”广东青年创新创业大赛；推动中国青年大学生创业板首个项目示范区落户佛山；发起成立佛山创业联盟；帮助省青创赛获奖项目落户佛山；培育青年高新技术企业；等等。做好青年人才工作，实施青年民营企业家培养工程；在全省率先建立市、区、镇（街）三级架构的青年商会体系；承办全国海外学人回国创业周活动；继续实施圆梦计划。推动“志愿者之城”建设，联合发起成立“志愿服务发展基金”和社区志愿者培训基地等；至年底，全市实现在线注册志愿者74万余人，年均服务时长超过1400万小时。是年，佛山共青团工作在全省共青团工作考核中以全优成绩位列第一。

【基层团组织建设】 2016年，共青团佛山市委在全市实施“向心力工程”，整合市、区两级团青资源，对口全市60余个团建基础比较薄弱的村（社区）团组织，重点解决基层团组织在信息、项目、资金等方面资源匮乏的问题。至2016年年底，全市有100余个优秀市级团青组织与村（社区）结对共建，撬动社会资金80余万元。

结合“两学一做”“三严三实”主题民主生活会等党建工作要求，在全市团组织推动团干部直接联系青年“1＋100”（即一个团干部联系100名青年），推动团干部下基层“8＋4”和“4＋1”（即团的机关干部每年抽4个月下镇、街，每周抽一天下基层）。在全省率先采用专、兼、挂、聘相结合的方式，配齐配强镇（街）团委班子；采用委托社工、派遣志愿者、培训大学生“村官”等方式，补充基层团工作力量。至2016年年底，全市各镇（街）全部配备专职团干部，村（社区）全部设立团支部书记。佛山在强化基层团组织工作力量方面的探索，被团省委列为全省示范典型。

借助市青少宫新宫优秀师资及运营团队，与北滘、西樵等6个镇（街）政府合作，采用联合共建、委托承接、独立运营、逐年递减等方式，建立多个具有辐射功能的镇（街）和社区青少宫，服务覆盖10余万名青少年，盘活政府物业，减轻财政负担。拓展“青年坊、亲青家园、青年活动中心、青商之家”等基层阵地，至2016年年底扩充至38个，禅城、南海、顺德实现镇（街）全覆盖。建立“青媒俱乐部、青年之声、i志愿”等信息化平台，为基层提供“网上共青团”阵地。承接全省首批“青年之家”试点，探索将共青团服务窗口植入行政服务中心。

【青年创新创业】 2016年，共青团佛山市委聚焦青年创新创业，服务创新驱动发展。

青年创新创业大赛　承接“创青春”广东青年创新创业大赛（连续3年主动向团省委申请承办该赛事，累计吸引12000余个青创项目在佛山市参与培训、路演和考察，并由全省知名创投机构的数百名投资人担任赛事评委导师，累计引入风投资金近2亿元，初步形成佛山青创赛事品牌效应和资源聚集）。赛后，通过该赛事所选送的项目在全国青创赛获3金3银（全国共设金奖5个、银奖15个）的好成绩。

中国青年大学生创业板首个项目示范区落户佛山　主动向团中央申请，推动中国青年大学生创业板首个项目示范区落户佛山。该板集聚团中央、青少年发展基金会、全国青年企业家协会等方面青创人才、项目和资金资源，为青创项目落户佛山提供挂牌融资、配套支持等综合服务。

佛山创业联盟成立　发起成立佛山创业联盟，搭建优质项目常态化交流组织平台，并与政府部门、孵化机构、创业园区进行资源对接，提供项目落地配套服务。联合市经信部门，帮助优秀项目登陆佛山中小企业云服务平台，并搭建链接产业引导基金的渠道。

省青创赛获奖项目落户佛山　联合市人社、经信、科技等部门，促进场地资金、扶持政策等落实到位，帮助比逗网络科技、安齿科技等省青创赛获奖项目落户佛山。

青年高新技术企业培育　为市内准高新企业提

供培训调研等服务，其中，组织50余名青年企业家特别是符合申报高新技术企业条件的企业负责人开展专题培训，并联合佛山日报社对青年企业家申报高新技术企业的现状和意愿展开调研，走访近百家企业（其中55家正在申报高新技术企业认定、25家已获得高新技术企业认定），在培育青年高新技术企业上实现新突破。

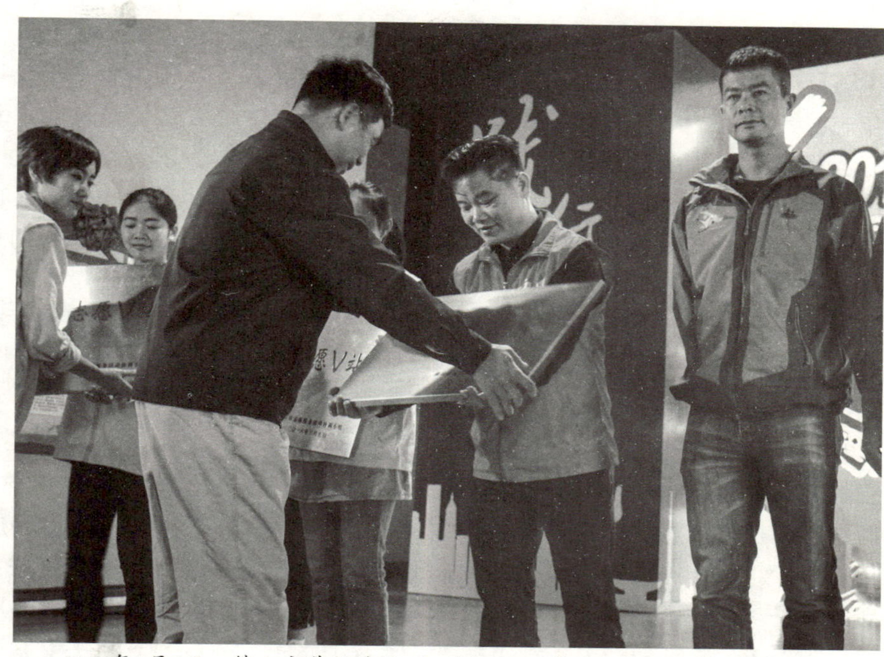

2016年3月5日，佛山市举行首批5个“志愿V站”和5个社区志愿服务示范点授牌仪式

【青年人才工作】 2016年，共青团佛山市委面向四类重点青年群体，做好青年人才工作。

联合市委组织部实施青年民营企业家培养工程（连续2年实施该工程，每年组织近百名青年企业家到国有企业、上市公司和大型民企挂职担任总经理助理或中层正职，组织156名青年企业家与社会各界成功人士结对子）。推进青年商会建设，把企业家组织联动起来，在全省率先建立市、区、镇（街）三级架构的青年商会体系，共建立青商会、精英促进会等组织31个，吸纳近4000名会员。

推动成立佛山市海外留学青年联谊会，承办全国海外学人回国创业周活动，吸引500余名海外留学人才、近百个海外留学团队携高新技术项目参展，推动“海外留学人员创业园”“欧美同学会留学报国基地”和“粤港澳青年创业社区”落户佛山。

开展广佛学生领袖交流培训、粤港澳大学生暑期交流营等活动，开办的返乡大学生夏令营，每年帮助数百名佛山籍在外大学生了解家乡发展成果。

实施圆梦计划（连续6年实施该计划，每年帮助1000名新生代佛山产业工人圆大学梦）。承办全国青年产业工人文学大奖评选活动，组织青年朗诵协会、青年作家协会等优质社团进厂区，开展南粤会亲关爱留守儿童、小候鸟夏令营、青春情暖关爱外来务工青年等专题服务活动。

【“志愿者之城”建设】 2016年，共青团佛山市委引导青年崇德向善，推动“志愿者之城”建设。

依托佛山市慈善会和市志愿者联合会共同发起成立“志愿服务发展基金”，向社会多方筹集资金。

推进志愿者学院建设，联合佛山电大成立社区志愿者培训基地，建立志愿者导师库，启动编写志愿者培训教材及志愿服务标准体系，整合市、区、镇（街）三级志愿者培训资源，构建一学院多中心的培训运作模式。

打造集注册登记、活动招募、时数统计、表彰激励等于一体的信息化平台，促进志愿服务规范化管理，搭建供需对接平台。至2016年，全市实现在线注册志愿者74万余人，年均服务时长超过1400万小时。佛山市信息化平台率先并入全省志愿服务信息系统，并成为全国志愿服务信息化试点及全国志愿服务信息大数据存储中心（地址设在佛山新城中欧中心）。

推动志愿服务信用体系建设，率先加入全国青年志愿者守信联合激励系统（由团中央联合国家发改委等单位于2016年建设，以信息平台注册志愿者数据为基础，与全国信用信息共享平台联通），推动志愿服务时长转换为信用加分，帮助志愿者在金融、就业等方面获得便利。

打造志愿服务品牌。举办“益苗计划”志愿服务项目系列大赛佛山赛，在全市5000个项目中筛选80余个优秀志愿服务项目推荐至省和中央，其中，11个佛山志愿服务项目获得省级扶持。承接青年志愿者海外服务支援文莱项目，10名青年志愿者完成任务返回佛山。开展暖冬志愿行动，向新疆、西藏等地捐赠衣物、玩具等物资40余万件（套）。

【团青工作服务社会治理】 2016年，共青团佛山市委围绕社会治理，引领青年展现佛山担当。

联合市司法部门开展青少年社区矫正教育帮扶工作，探索建立"向阳计划"社矫帮扶新模式，设立社矫督导专员，建设社矫志愿服务队，以个案追踪的方式，帮助180名青少年社区矫正对象。联合市法院、检察院开展"护航行动""彩虹计划"，对特殊青少年群体提供建档帮扶、庭前教育、心理疏导等服务。联合市禁毒办开展禁毒法制宣传教育活动，被授予全省唯一一个共青团系统"禁毒工作先进集体"。

联合云浮、湛江两地团委制订《共青团助力精准脱贫攻坚三年行动方案》，以服务青年致富带动青年脱贫和重点帮扶特困青少年群体为工作思路，开展"领头雁"青年农村电商人才服务计划，获得团省委重点项目资助。发动佛山青年企业家及志愿者募集数十万元资金、图书及电脑，设立爱心基金和爱心书屋，为当地贫困青少年成长提供帮助。

【团青工作改革探索】 2016年，共青团佛山市委贯彻中央和省委、市委党的群团工作会议精神，推进共青团改革攻坚，努力开创团青工作新局面。

共青团改革　为贯彻落实中央、省委和市委群团改革工作系列会议精神，团市委推动全市共青团工作改革，组织开展市委党的群团工作会议精神传达会，在全市20个镇（街）开展40场，覆盖基层青年7000余人；围绕"强三性、去四化"，指导各区完成市直团组织的换届，指导各区理清团组织架构、完善团干部、团员档案信息，夯实基层团建工作；推动全市开展团员统计和团费收缴，实施团员发展调控计划，控制团青比例，确保高质量完成发展团员工作，2016年度佛山市学校发展团员名额采取逐级分配的方式进行数量调控，学校新增团员控制在3000人以内，着力提升团员队伍先进性，各团区委也设定吸纳团员上限指标，严格把控团员人数；在中职、中学实施"强基固本"工程，成立佛山市中职校共青团工作联席会议制度，市、区两级团委及教育部门定期召开重点工作研讨、经验分享会议，形成长效沟通协作机制；在禅城区祖庙街道行政服务中心探索将共青团服务窗口植入政府行政服务中心的有效路径，促进服务青年的直接性、便利性。

团干部直接联系服务青年　团市委制定并实施《佛山市团干部直接联系青年制度》，号召团干部走进基层一线、直接联系青年；下发《"1 + 100"团干部直接联系青年制度十问》《团干部直接联系青年工作参考路径》《"1 + 100"数据库操作手册》等手册5万余册；在全市范围内开展活动2505场，团干部直接联系青年1.4万人，获得青年点赞2万次。其中，开展"学讲话，话改革，谋发展"团的领导机关专题开放日活动15场，参与基层青年1.6万人；以"走进青年、转变作风、改进工作"大宣传大调研为载体，在全市范围内开展"全市基层团组织建设调研""全市企业团干培训"等活动30余场，通过优秀团干和"五四"优秀青年代表带头开展"万名团干讲团课"等活动，参与干部120余人，平均授课时长达到35小时，覆盖5000余人；与"8 + 4""4 + 1"常态化下基层制度紧密结合，推动"驻校蹲班"活动制度化、常态化，全市范围内参与开展"驻校蹲班"的干部中处级干部1人、科级及以下干部8人，分别在全市中职、中学共7所学校驻校，利用开展主题团日活动、四点半课堂等活动契机，访谈近120名普通学生、20名学生干部和40名青年教师，与250名学生及青年教师建立经常性联系。

共青团和青联组织的代表性和广泛性　根据团省委改革文件的相关要求，落实市、区共青团代表大会、全委会、常委会中，除团市委、团区委机关干部外，其他全部人员来自村（社区）、医院、学校、企业等一线青年代表，增强各方面青年的代表性；各团区委探索从村（社区）、学校、企业等领域选拔优秀青年兼任团区委兼职副书记，拉近团组织与各战线青年的距离；落实上级青联改革的相关要求，经过调整，各项数据均达到上级青联改革有关要求。

（团市委）

佛山市妇女联合会

【概况】 1953年11月25—27日，第一次佛山市妇女代表大会在佛山大戏院举行，正式成立市民主妇女联合会。1973年11月10日启用“佛山市妇女联合会”印章。2016年，佛山市妇联内设办公室、维护妇女儿童合法权益部、组织宣传教育部、儿童少年工作部等4个科（室），另有一个工作机构佛山市妇女儿童工作委员会办公室挂靠市妇联，合署办公。下属事业单位有市儿童活动中心、市儿童活动中心幼儿园2个。2016年，全市有市、区妇女联合会6个，镇（街）妇女联合会32个，村、社区妇女联合会（妇代会）734个，市、区、镇（街道）、村（社区）妇女组织组建率达100%。

2016年，佛山市妇联继续强化妇女儿童服务阵地政治功能，全市共建立妇女儿童服务党群共建阵地7个。多措并举推进妇女创业就业服务，全年为145名妇女发放小额担保贷款1124万元，并完成第四批巾帼创业示范基地命名。在实现镇街家庭服务中心建设全覆盖的基础上，出台《佛山市妇联系统关于购买社会工作服务资金管理的工作指引》，推出家庭服务建设项目新举措。利用“三八”妇女节等重大节假日，开展“平安家庭”创建、寻找佛山“最美家庭”等活动，促进家庭文化建设。继续开展困境妇女儿童帮扶，“姐妹情深10元”行动募得善款14.88万元；“母亲健康快车”救助孕产妇71例、危重病婴64例；等等。妇女儿童权益保障工作多措并举，全市三级妇联维权工作站达38个、专职人员51人；开展广东广播电视台节目《和事佬》大讲堂2016年进佛山巡讲活动，举办系列活动37场；开展户外普法活动170多场；每月10日和20日分别举办人大代表、政协委员接访日活动和妇联主席接待日活动，全年处理信访2480件；等等。同时，佛山市妇联开展家庭教育发展、妇联改革、关爱儿童成长、“两纲”迎检、妇女儿童发展规划等工作。

【妇女儿童服务阵地建设】 2016年，佛山市各级妇联推动“妇女之家”、儿童活动园地（儿童友好社区）、社区家长学校、家庭服务中心与党员活动室、职工活动室等阵地和平台的建设和整合，实现阵地资源优化。在各区分别建立1～2个党群共建阵地，并将此项工作打造成为2016年“书记项目”，让各阵地在凝聚妇女群体力量、团结党群关系发挥重要作用。其中，三水区妇联主动联系区委组织部到区妇联各党建示范点中实地指导工作，对工作进行优化提升，促进党群工作在内容上相互衔接、步骤上相互协调、目标上相互统一。三水区妇联党建带妇建工作得到市委认同，并在全市大党建工作会议中作先进典型介绍。

【妇联改革探索】 2016年，佛山市各级妇联贯彻落实全国妇联改革动员大会精神，部署全市妇联改革工作。8月，市妇联主席曾颖带领各区妇联主要领导先后赴全国妇联改革工作试点重庆市、上海市，考察学习改革工作经验，从最基层开始，在优化组织设置、改进干部管理、健全管理模式、创新工作方式、加强综合保障等方面，触摸重庆、上海妇联改革的每个点和面。此外，市妇联启动7项课题研究工作，为下一步的妇联改革工作提供决策参考。

【妇女创业就业服务】 2016年，佛山市各级妇联多措并举推进妇女创业就业服务。支持高明区、三水区做好妇女小额担保贷款财政贴息工作，组织基层妇联干部赴茂名市交流学习，全年为145名妇女发放贷款1124万元。开展妇女创业创新及增收致富送课活动，全年送课10场，帮助妇女提高科学文化素质、种养技能和经营管理水平。与市农业局联合举办2016年佛山市妇女增收致富支持行动工作交流会暨参观学习活动，完成佛山市振如鱼苗养殖有限公司等佛山市第四批巾帼创业示范基地（种养类）命名。

【家庭服务建设】 2016年，在实现镇（街）家庭服务中心建设全覆盖的基础上，佛山市妇联出台《佛山市妇联系统关于购买社会工作服务资金管理的工作指引》，开展项目管理培训班，推出家庭服务建设项目新举措。先后组织市级家庭服务中心项目团队到全市27个家庭服务中心进行经验交流，并组织专家到各区输送督导服务；制定区级服务项目评估指标体系，明确职能定位；全年开展26个第三方项目评估，促进各家庭服务中心项目规范化、服务优质化；举办第二期创特色服务项目，指导4个具有妇联特色的优质服务项目落地实施；继续鼓励有条件的村（社区）建立家庭服务中心。2016年，全市由妇联主导的家庭服务中心及其同类社会服务机构共39个，其中包括禅城区3个（含张槎街道妇女儿童之家和张槎海口村家庭服务中心）、南海区24个（含小候鸟驿站6个）、高明区4个、三水区8个；服务覆盖317个社区（村），服务总人数230万人，其中常住人口134万人、流动人口96万人。至12月底，全市家庭服务中心共跟进个案169件，服务782人次；开展小组活动320个，服务1.75万人次；社区活动1793场，服务17.59万人次。此外，顺德区妇联深化“3861”公益服务项目，全年为34个优秀妇女儿童公益项目共提供资金支持185万元，并在往年短期（1年）的基础上，增设长期（2年）项目，为更多的妇女儿童提供优质服务。

链接

2016年佛山“最美家庭”（30户）

梁志豪家庭、伍来好家庭、崔植仪家庭、戴杏娥家庭、吕锦标家庭、钟土兴家庭、李健芳家庭、严伟生家庭、黄庆群家庭、许强家庭、黎娜卿家庭、张燕玉家庭、林晓萍家庭、沈敏峰家庭、邓少芳家庭、曹辛红家庭、邹书忠家庭、邓伟光家庭、麦灿光家庭、杜雄光家庭、黄金好家庭、李惠青家庭、陆贤昌家庭、李葵全家庭、蔡银屏家庭、李敏家庭、容三妹家庭、周兆富家庭、雷浩家庭、谢伟明家庭

【家庭文化建设】 2016年，佛山市各级妇联以家庭成员为主体，以社区为依托，利用“三八”妇女节、“6·26”国际禁毒日、“12·4”宪法日等重大节假日，开展“平安家庭”、寻找佛山“最美家庭”等系列活动。发动532个“妇女之家”组织开展“最美家庭”系列活动132次，约1万户家庭、3万多名群众参与各类“晒、讲、秀”活动；“晒出”家规家训216条、“最美家书”140多篇，参与活动的网民留言、互动1.3万次。征集到124户佛山“最美家庭”候选家庭，命名30户为2016年佛山市“最美家庭”。佛山市梁志豪家庭、李健芳家庭等2户家庭获2016全国“最美家庭”称号；吴主刚家庭等1户家庭获第十届全国“五好文明家庭”称号；梁志豪家庭等1户家庭被评为2016广东十大“最美家庭”；李健芳家庭、黎娜卿家庭、严伟生家庭、戴杏娥家庭、黄金好家庭、陆贤昌家庭等6户家庭被评为2016广东百户“最美家庭”；张喜洋家庭等1户家庭被评为第十一届广东“十大优秀书香之家”。与市文明办、佛山电视台联合开展“世界因你而有爱——2016漂亮妈妈”选拔活动，倡导广大女性发挥在家庭美德建设中的独特作用。南海区成立融爱婚俗文化馆，打造广东省妇联系统首个婚姻家庭文化教育阵地。

【困境妇女儿童帮扶】 2016年，佛山市各级妇联做好春节期间“情暖母亲 爱润孩子”援助单亲特困母亲家庭活动。响应2016年“广东（佛山）扶贫济困日”活动，召开共青团、妇联系统爱心人士座谈会，发出“姐妹情深10元捐”行动倡议，共募得善款14.88万元。2016年，“母亲健康快车”救助孕产妇71例，危重病婴64例；开展新婚夫妇围婚期保健和孕前保健知识培训22场，受益1566人；开展义诊咨询、保健知识宣传、二孩优生宣教指导等培训23场，培训1480人。开展困难儿童结对和重症儿童慰问活动，组织留守儿童庆“六一”活动，举办困难儿童、流动留守儿童夏（冬）令营，全年结对扶贫助学211名困难儿童、慰问重症儿童15名，支出善款共计67.51万元。开展“书香暖童心——关爱留守儿童捐赠图书”活动，收到捐赠图书30705册。常态化开展贫困妇女“两癌”救助工作，为佛山市2名特困妇女争取获得全国“贫困母亲两癌救助专项基金”项目救助，为每人提供1万元医疗救助。做好“助力援爱——佛山市女企业家协会救助乳腺癌、宫颈癌贫困妇女”项目、佛山市妇女“两癌”医疗救助项目，全市93名妇女成功向市慈善会申请医疗救助金共89万元。

【家庭教育发展】 2016年，佛山市妇联推进家庭教育发展工作。开展“幸福家动力”——2016年佛山市家庭教育公益行活动，完成巡回讲座18场次，上万名家长近距离聆听全国家庭教育专家的讲座。

在全市范围内开展“家庭教育大讲堂进社区（村）”工作，全年为基层免费送课30多场、举办户外现场咨询5场。开设家庭教育微信公众号服务平台，开展家庭教育普及宣传。举办“与孩子的心灵对话”论坛10期，“心手相牵　共同成长”家庭教育活动41场，提供家长Q群在线咨询服务，与儿童家长探讨、交流家庭教育问题。开展“爱在像一首歌”好妈妈成长小组和“生命教育　亲子沙游”家庭教育项目，探索面向社会提供低龄儿童家庭教育支持服务。编印首本《佛山社区家长学校参考教案》，为基层家庭教育工作提供优质教材。与市教育局联合编印《家庭教育好案例》《好指导个案》《好活动设计方案》丛书，为开展家庭教育提供指导教材和参考案例。开展家庭教育现状调查研究，完成《“新佛山人”家庭教育现状调查与服务指导策略》等6个课题调研。市家庭教育指导中心接待群众上门、现场、来电等咨询、求助186人次，开展家庭教育个案指导92件。

【妇女儿童权益保障】 2016年，佛山市妇联多措并举开展妇女权益保障工作。一是建立健全维权服务载体。至2016年，全市三级妇联维权工作站38个、专职人员51人，全市妇女儿童权益维护工作网络全面形成。二是健全队伍集聚普法维权资源。借助志愿者优势，打造“幸福沙龙”“从心关怀”等深入民心的服务品牌；链接主流媒体资源，携手广东广播电视台《和事佬》栏目组，开展《和事佬》大讲堂2016年进佛山巡讲活动，将服务送到社区、学校，送到妇女群众身边，全年举办系列活动37场次，服务群众6350人次。三是丰富载体促进普法维权成效。通过组织策划“三八”维权周暨无邪教家庭创建宣传活动、“6·26”禁毒暨反邪教宣传教育活动、“幸福佛山，向家庭暴力说不”反家庭暴力宣传活动等，共开展户外普法活动170多场，派发服务指南、反家暴、女职工权益保护、“12338”妇女维权热线、禁毒、反邪教等各类宣传单张91970份，受益群众约52700人次。四是拓展阵地强化普法维权服务。每月10日组织人大女代表、政协女委员接访日活动，每月20日举办主席接待日活动，全年处理信访2480件，服务2894人次，处理率达100%。此外，还首次引入专业社会工作机构服务，完成深度个案36个，跟进服务211次，服务209人次；开展3个小组活动15节，合计服务124人次，帮助求助妇儿解决困难。五是强化人民调解纠纷的维权实效，重新整合调解委员会成员，通过“社工+律师+心理专家+婚姻咨询师”组合开展调解服务和个案辅导，强化妇联在婚姻家庭纠纷调解工作方面的优势和实效，全年全市各级人民调解委员会共受理调解个案55件。举办市妇联系统家事调解小组成员和人民调解员培训班，提高三级维权站工作人员调解实操技能，维护妇女儿童的合法权益。

【“三八”妇女节纪念活动】 2016年“三八”妇女节期间，佛山市妇联多形式组织开展“三八”纪念活动。召开佛山市各界妇女代表纪念“三八”国际劳动妇女节106周年座谈会。举办2016年佛山女性创业创新风采展示活动，采用“图片+实物”形式，从不同行业、不同领域展示佛山市极具代表性的优秀女性在创业创新方面的成就。联合佛山电台推出“出彩人生·俏佳人”优秀女性系列专访，邀请2015年度省、市“三八红旗手（集体）”代表分享各自精彩故事，弘扬巾帼正能量。与市委组织部、市委党校联合举办佛山市2016年妇女干部培训班，市妇联主席曾颖为女干部们讲授“在党的引领下如何做好新时期妇女工作”。开展“巾帼心向党”群众性主题教育活动，向广大妇女群众传递性别平等意识。

【关爱儿童成长】 2016年，佛山市妇联关爱儿童工作创新发展。举办首届“佛山小当家”评选系列活动，组织捐赠图书、亲子植树手拉手、童眼看佛山、小当家集训营等活动，搭建儿童参与社会实践平台；通过综合竞赛的方式，从300多名选手中评选出10名“佛山小当家”。开展庆祝2016年“六一”国际儿童节系列活动，举办“童心·童梦·有爱佛山”2016年第二届佛山市儿童环保创意作品展，收集并展示来自全市五区69所幼儿园的3000多件作品，营造儿童健康成长良好氛围。市妇联、市儿童福利会共同启动“呵护花蕾”女童安全保护项目，开展关爱女童安全保护工作。

【国家“两纲”中期评估】 2016年，佛山市妇儿工委办做好“两纲”（《中国妇女发展纲要》《中国儿童发展纲要》）迎检准备工作，以2016年省妇儿工委工作电视电话会议为契机，协调部署各区、各成员单位开展迎检准备工作。先后组织市检、省检、回头看、国检备检等检查14次，协调20多个部门，检查教育、卫生、企业、福利机构、村（社区）等相关考察点80多个。7月6—7日，佛山市代表广东省接受国家“两纲”中期评估督导检查。南海星辉学校校长高凯健被评为全国实施妇女儿童发展纲要先进个人，并作为广东省唯一的先进个人代表赴京参加第六次全国妇女儿童工作会议。

【妇女儿童发展规划】 2016年，佛山市召开全市妇儿工委工作会议，总结佛山市妇女儿童发展规划中期评估工作情况和部署下一阶段的工作。开展2015年度妇女儿童发展规划监测评估工作，撰写2015年度《佛山市妇女儿童发展规划统计监测报告》。编印《佛山市妇女儿童工作委员会成员单位2015年工作总结和2016年工作计划汇编》。举办2016年佛山市妇儿工委成员单位联络员和“两个规划”统计监测组成员培训会议，研究解决佛山市在妇女儿童发展规划监测统计中发现的问题，解读妇女儿童发展规划监测评估系统，提高与会人员的相关业务能力。

【基层妇女组织建设】 2016年，佛山市妇联固基础，重培训，提升基层妇女组织服务能力。抓好全市村、社区“妇女之家”工作，评选2016年佛山市“妇女之家”特色活动。南海区桂城街道东区社区“凤凰之绣”合作社项目获选广东“基层妇联社会工作创新示范点”项目之一，并得到省妇联考察组肯定。开展送服务项目进偏远欠发达地区“妇女之家”工作中期评估，对高明区2个项目进行督促检查。完善市直单位妇工委组织管理，创新妇委会培训和交流方式，提升市直单位女性人才素质。做好社会组织妇女组织工作，先后举办2016年市社会组织妇工委工作交流会、“心手相传·健康同行”送服务进基层活动、“提升能量·联谊共融”妇女组织领袖培训班、“爱心相传·亲子同行”公益活动。组织市女企业家协会换届、“秋之韵”年会工作。开展2016年度市优秀儿童活动园地申报和考评工作，共评选市级优秀儿童活动园地23个，创建省儿童友好示范社区4个。

（莫宏谦）

佛山市残疾人联合会

【概况】 1989年12月，佛山市残疾人联合会经佛山市政府批准正式成立，是全市性残疾人事业团体，具有“代表、服务、管理”的职能：代表残疾人的共同利益，维护残疾人的合法权益；团结教育残疾人，为残疾人服务；履行政府委托的部分行政职能，管理和发展残疾人事业。2016年，佛山市残疾人联合会机关内设办公室和综合业务科2个科（室），直属事业单位有：佛山市残疾人综合服务中心、佛山市重度残疾儿童少年康复教养学校、佛山市新希望康复门诊部、佛山市听觉语言康复中心、佛山市残疾人用品用具供应服务站。据第二次全国残疾人抽样调查推算，佛山市有残疾人20.76万人，占全市总人口5.8%。2016年，全市持二代残疾人

2016年3月5日，“向家庭暴力说不”——2016年佛山市“三八”维权周暨无邪教家庭创建宣传活动举行。图为活动现场

证 6.2 万人。

2016 年，市残联推进残疾人康复、教育、就业、维权信访、组织联络、文化体育等各项工作，成绩显著。市残疾人职业康复服务中心项目落成启用；将残疾人专职委员纳入公益性岗位，落实人员待遇；开展康复救助 12 批，接受康复救助 955 人；做好严重精神障碍患者救治救助工作和举办自闭儿童康复机构师资培训班；做好适龄重度残疾儿童少年送教上门服务；残疾人职业能力评估系统得到优化改进，为 189 名残疾人提供评估服务；开展订单式职业培训，培训 1009 人次；唯健坊农村合作社获佛山市优秀创业项目，并获 20 万元扶持资金；编制《佛山市残疾人事业“十三五”发展规划（2016—2020 年）》；完成全国残疾人基本服务状况和需求专项调查；开展信息交流无障碍环境建设；开设“佛山残联”微信公众号；参加第九届全省残疾人艺术汇演，获组织奖、金奖各 1 次和银奖 2 次；在第 15 届残奥会上佛山残疾运动员取得 2 金、2 铜的优异成绩；成立“佛山市残疾人成长成才基金”。

【扶残助残】 2016 年，佛山市残联落实省政府民生实事，实施“将残疾人专职委员纳入公益性岗位，落实人员待遇”，会同市人社局制定出台政策，佛山市残疾人专职委员工资参照社会工作专业人员员级薪酬 3500 元标准进行发放，各区残疾人专职委员待遇达公益岗位待遇标准，并落实困难就业人员社会保险补贴、岗位补贴。

【残疾人康复】 2016 年，佛山市残联向社会购买残疾人康复服务，开展康复救助 12 批，接受康复救助残疾人 955 人。南海区抓好孤残、自闭症儿童“康教结合”项目的政府购买服务；高明区推进残疾人社区康园中心建设，引入社工机构提供专业服务。年内，市残联通过机构自查、实地检查相结合，组织全市 8 个孤独症（自闭症）儿童定点康复机构开展检查工作。组成督导组对高明区开展严重精神障碍患者救治救助工作检查督导，实现“走访排查对象的人口覆盖率、患者在卫计系统的建档管理率、三级以上重性患者在公安机关的列入管控率”3 个 100%；推进社区康复站建设，全市建成工疗站 37 个，除三水区云东海和顺德区乐从、均安、伦教等 4 个镇（街）外，其他各镇（街）都建成社区康园中心，顺德区精神残疾人机构托养服务中心建成揭牌，2016 年全市精神障碍患者在工疗站康复约 240 人；举办自闭儿童康复机构师资培训班，邀请南京特殊教育师范学院王辉、广东省残疾人康复中心张惠贤、唐木得等专家授课，两期累计培训 200 人。

【残疾人教育】 2016 年，佛山全市未入学适龄残疾儿童 6 岁以下的有 193 人，6 ~ 18 岁 173 人，根据佛山市残联提供的调查名单，市教育局按计划落实送教上门服务；集合多方面提供的残疾考生信息，做好“南粤扶残助学工程”助学金申请上报，对秋季学期入学的佛山市户籍残疾人大学生一次性发放助学金，符合条件的 19 人。

【残疾人就业服务】 2016 年，佛山市残联开拓创新就业形式，促进残疾人就业。残疾人职业能力评估系统得到优化改进，残疾人岗前能力得到提升，为 189 名残疾人提供评估服务，建立个案跟踪制度，掌握就业动向；采取市场、企业、残疾人“三结合”方式，开展岗前订单式培训，提供岗位技能晋升培训，开展针对性创业培训，全市培训 1377 人次，其中市本级 524 人次；举办多场就业援助月活动及助残日残疾人专场招聘会，根据用人单位需求适时举办专场洽谈会，全市新增残疾人就业 497 人；选拔项目参加“广东省众创杯残疾人公益赛”活动，获铜奖、优秀奖，推举唯健坊农民合作社参加市人社局主办的“优秀创业创新项目遴选”，获一等奖及扶持资金 20 万元。

【残疾人维权】 2016 年，佛山市残联委托佛山科学技术学院起草《佛山市残疾人事业“十三五”发展规划（2016—2020 年）》，征求各区政府、市直相关职能部门意见并作出修改；做好全国残疾人基本服务状况和需求专项调查佛山市数据的申请提取、查询分析、研究开发，开展信息数据动态更新工作。完成残疾人登记 59704 人，其中入户调查 56262 人、电话调查 3442 人，入户率 94.23%，是全省首个符合要求的数据上报市；做好全国、全省残疾人工作先进单位、先进个人推荐评选工作，报送7个集体和个人，其中受全国表彰个人1名、受全省表彰集体3个、受全省表彰个人3名；加强残疾人基础管理数据库建设，协调有关部门批准增加镇（街）办理残疾人证管理系统业务员，提高办证效率，全市核发残疾人证61937个，发证率28%；组织盲人参加省盲人歌手大赛、肢残人观摩省肢残人龙舟邀请赛和坐式排球邀请赛、智障人参加省"牵着蜗牛去散步"大型社会公益活动等活动，并结合"国际聋人节""国际盲人节"等节日举办活动；开展信息交流无障碍环境建设，协调交通部门开放公交GPS信息开发接口供公交导盲系统使用，配合省做好佛山市400辆公交车导盲系统运行评估督导；禅城区被评为"十二五全国无障碍建设示范市县"（在全省县级是第一个），南海、三水、高明、顺德区被评为"十二五全国无障碍建设市县"。

【残疾人文化艺术生活】 2016年，佛山市残联加大文化助残力度，增强对残疾人群体的人文关怀。举办"梦幻黄山·乐善佛山"山鹏慈善画展；成立"佛山市慈善会残疾人成长成才基金"；组队参加第九届全省残疾人艺术汇演，获金奖1个、银奖2个，市残联获组织奖；举办全市第四届盲人诗歌散文朗诵暨第二届盲人散文小说创作大赛，选拔选手参加省第六届盲人诗歌散文朗诵暨第二届盲人散文小说创作大赛，获一等奖1个、二等奖2个、三等奖3个，并获组织奖，是全省获奖最多的市；组织其他艺术作品参加全省各类比赛，获二等奖3个和三等奖2个；举办残疾人书画培训班。

【残疾人体育】 2016年，佛山市残联结合"全民助残健身工程"等项目推进残疾人体育工作。在第15届夏季残疾人奥林匹克运动会上，佛山市林福荣、林萍2名运动员取得金牌、铜牌各2枚，打破残奥会纪录1项和亚洲纪录1项；会后，南海区残联被省人民政府记集体一等功，游泳运动员林福荣、林萍被省人民政府记一等功，教练员李克华被省人民政府记二等功。2016年佛山市聋人篮球、聋人足球锦标赛在禅城区举行，来自禅城、南海、高明、三水等4个区的9支队伍共85名运动员参赛，提高残疾人体育工作水平，发现一批年轻有潜力的运动员。年内，市残联组队参加省残疾青少年田径锦标赛，佛山市残疾运动员梁燕芬夺得金牌2枚；加强"全民助残健身工程示范点"运作管理，佛山市祖庙街道永安康园中心等4个点被省残联、省体育局授予"广东省全民助残健身工程示范点"称号；注重推进"残疾人康复体育关爱家庭计划"。

【佛山市残疾人职业康复服务中心启用】 2016年12月10日，佛山市残疾人职业康复服务中心正式启用。该中心总投资1.09亿元，建筑面积3万平方米，建设规模地上12层，地下2层，从1层到11层都设有无障碍通道。该中心按计划将设重度残疾儿童少年康复教养学校、托养机构、文化体育培训基地及残疾人职业能力评估体系等多项功能场所（其中，文化体育培训基地及残疾人职业能力评估体系建成并试运行），是集残疾人康复、特殊教育、就业、托养、文体等于一体的综合性大楼。该工程建设项目是2014年市政府的重点民生工程，于2014年1月立项，2015年3月开工，2016年11月竣工。

【佛山市慈善会残疾人成长成才基金成立】 2016年7月28日，佛山市慈善会残疾人成长成才基金成立，并于12月10日成立基金理事会。该基金是佛山市残联在佛山市慈善会账户下设立的专项冠名基金，其中佛山市残联为运作主体，市慈善会为监管主体。该基金宗旨是发动热心残疾人事业的社会组织以及社会各界人士发扬人道主义精神，扶残济困，捐赠财产；受赠财产将主要用于帮助佛山市内在文化艺术才能、技术技能、发明创造等方面具有发展潜力但因资金不足而存在发展困难的残疾人，促进残疾人成长成才；保护捐赠人、受赠人或受益人的合法权益；开展残疾人文艺和技术才能方面的慈善公益活动，宣传弘扬慈善文化，塑造助残扶残的慈善理念，推动佛山市慈善福利事业发展，体现社会的文明进步和发展。

（吴新来）

法　治

政法工作综述

【概况】 2016年，佛山市建立健全“党委领导、政府负责、社会协同、公众参与、法治保障”的多元化矛盾纠纷化解体系，推进系统治理、依法治理、综合治理、源头治理、主动治理，提升矛盾纠纷化解的针对性、科学性、实效性，社会大局保持稳定。全市接报“110”刑事警情40877件，比上年下降24.1%；立刑事案件44012件，同比下降24.2%，命案破案率100%。突出矛盾纠纷化解率为98.98%。重大节日、重大活动安保工作实现“零差错”，社会治安防控体系建设全省第一，群众安全感稳步提升。佛山市在全省率先制定社会治安重点地区、突出问题排查整治工作制度和社会治安综合治理重点治理镇（街道）实施办法，建立一系列的重点整治长效机制。全面构建以中心为枢纽、以网格为基本单元、以综治维稳力量为主导、以综治信息系统为支撑，覆盖城乡社区、条块结合、横向到边、纵向到底的“中心+网格化+信息化”工作体系。“中心+网格化+信息化”工作经验在全省推广，综治暨平安创建工作在全省考核中被评为“优秀”。

【矛盾纠纷化解】 2016年，佛山市建立健全“党委领导、政府负责、社会协同、公众参与、法治保障”的多元化矛盾纠纷化解体系，推进系统治理、依法治理、综合治理、源头治理、主动治理，矛盾纠纷化解的针对性、科学性、实效性不断提升，社会大局保持稳定。

综治维稳　落实党委政法委维护社会稳定的牵头抓总责任，推动落实各地各部门“一把手”的第一责任，区、镇（街）的主体责任，职能部门的主管责任，做到守土有责、守土负责、守土尽责，确保社会大局平稳有序。健全社会稳定形势定期研判机制、风险源滚动排查管理机制等，中高风险源一案一策的做法得到省委政法委肯定，信访听证评议获首届“法治信访进步奖”入围奖，南海区被评为全国“无邪教创建示范县（区）”。

社会矛盾化解　开展突出社会矛盾专项治理，全市突出矛盾纠纷化解率为98.98%。推进农村党员和干部违法违纪线索排查、预防和查办涉农职务犯罪、扶贫领域职务犯罪、打击农村黑恶势力犯罪等四项治理，维护农村社会稳定。全年排查、处置农村党员和干部违法违纪线索2599条，受理涉农领域职务犯罪线索102条，受理扶贫线索1条。

大调解工作取得新成效　推动人民调解、司法调解、行政调解有效衔接，齐头并进。全市建立人民调解委员会1349家，全年调处案件10225件，成功调解9968件，协议金额近2.8亿元；建立诉前联调工作室19个、法官工作室36个，建立完善医疗纠纷、物业纠纷等行业性专业性人民调解组织建设。强化一村（社区）一专职调解员工作机制，开展矛盾纠纷排查20272次，预防矛盾纠纷2093件，防止民转刑19件、102人。

【社会治安防控体系建设】 2016年，佛山市坚持以打开路和源头防控相结合，始终保持高压态势。全市接报“110”刑事警情40877件，比上年下降24.1%；立刑事案件44012件，比上年下降24.2%，命案破案率100%。重大节日、重大活动安保工作实现“零差错”，社会治安防控体系建设全省第一，群众安全感稳步提升。

人防建设　健全“三警联动”（公安武警联勤、公安铁路联动、特警动中备勤）机制，最大限度地将警力摆上路面。全面整合警辅队伍，按照“五统一”要求整合各级治安联防队伍5.8万人。开展“红袖章”活动，发动退休干部、热心群众等5万多人，统一佩戴“红袖章”参与日常治安巡逻，编织159个“1、3、5分钟防控圈”。

物防建设　加强环佛山“护城河”建设，全市在主要交通路口设置公安检查站40个，在治安黑点设置巡逻执勤平台50个。加强“亮警灯”工程建设，在治安、交通复杂地点和敏感部位安装太阳能警灯2.1万盏，发挥治安震慑作用。加强社区警务室和警企联防建设，建成社区警务室663个，建成警企治安室3149个，织密防控网络。

技防建设　构建视频监控“天网”，全市建成联网一类点22826个，基本形成“全域覆盖、全网共享、全时可用、全程可控”的防控格局。加强重点行业场所防控，全市有2200家特种行业企业、98家危爆企业、101家物流企业纳入视频管控平台，筑起一张安全“过滤网”。全年新建出租屋“门禁+视频”系统4896套，安装“猫眼”探头32478个，安装行业场所监控探头2668个，与公共视频监控系统形成有效互补。

信息防建设　在全国率先建立市、区、派出所、社区四级联动的治安防控中心，打造立体化社会治安防控体系升级版。开发应用“一搜通”侦控平台，实现信息“一搜即通”，日检索量近10万次。建成社区“警务e超市”715个，全面采集治安要素等信息近131亿条。另外，推进新技术新应用，促进社会公共安全预警、防范和打击能力大幅提升。

制度防建设　在广东省首创“五校长”（法制、禁毒、交通、消防、安监）工作机制，选拔警官、律师等担任中小学“副校长”，入校宣讲覆盖率100%，受训师生600余万人次。建立健全重点行业、重点部位管控机制，确保不漏管、不失控。完善流动人口和出租屋专业化管理机制，出台《佛山市新市民积分制服务管理暂行办法》等制度，实现流动人口和出租屋纳管率双提升、流动人口违法犯罪和受侵害双下降，为非户籍常住人口融入佛山、参与治理创造条件。

【综治专项整治行动】　2016年，佛山市在广东省率先制定社会治安重点地区、突出问题排查整治工作制度和社会治安综合治理重点治理镇（街）实施办法，建立一系列的重点整治长效机制。挂牌整治市级重点治理镇（街）1个，治安突出问题7个。同时，坚持问题导向，围绕市民关切的突出问题，开展专项整治工作，取得较好成效。

严重精神障碍患者救治救助　围绕“八应八尽”工作目标，提高严重精神障碍患者救治救助工作水平。制订严重精神障碍患者救治救助工作实施方案，建立以分管副市长为组长的领导小组，建立健全联席会议制度、督导考核制度等工作制度。开展排查监测，通过组建工作专班、加强信息导排、探索网格化管理等措施，摸清严重精神障碍患者底数，对在册患者全部做到上门核查。落实患者管控，通过强化评估纳管、实行分级管理等举措，将高风险严重患者纳入治安防控系统平台加强管控。补齐工作短板，把重点工作细化为40个项目加以推进，至年底，完成项目25个。

打击电信网络新型违法犯罪　将打击电信网络新型违法犯罪

2016年6月，佛山市开展一系列青少年禁毒宣传活动。图为启动仪式

列为“飓风2016年”重点打击行动，全年全市破案499件，逮捕503人，实现发案数下降、打击数上升的良好势头。成立“反电诈中心”，打造全国首个打击治理电信网络新型违法犯罪“反诈神器”——“天盾平台”，通过APP、微信公众号和官方网站等多种途径，实现预防、预警、拦截、查证、举报等多种功能，屏蔽诈骗短信420万条，阻止正在发生的案件2100余件，受到中央媒体高度关注和社会普遍肯定。

寄递物流安全管理　制定广东省首部物流寄递安全管理的地方政府规章——《佛山市物流寄递业安全管理办法》，推动落实验视封箱、实名制、X光机安检等“三个100%”制度。开发物流寄递服务微信管控平台、视频管控平台，提升监管智能化、信息化水平。全市排查物流企业3000多家次、寄递企业1500多家次；查处违禁物品25件，发现整改安全隐患260处。

护路护线联防工作　以“创建平安铁路”为目标，协调路地双方，整治化解铁路沿线安全隐患和矛盾纠纷。针对全省电视电话会议通报的佛山市7处高铁沿线安全隐患，市综治办与市安委办联合印发专项整治通知，成立专项整治工作领导小组，制订专项整治方案，实行“一隐患一档案”，开展全面排查、分析研究、整治化解等工作。地方与铁路方沟通协商，解决影响行车安全隐患。

【基层法治建设】 2016年，佛山市坚持法治引领与优化服务相结合，以法治惠民为导向，以三级公共法律服务平台为阵地，营造全社会尊法学法守法用法的良好氛围。

公共法律服务体系进一步健全　以法治惠民为导向，将公共法律服务体系建设纳入《佛山市国民经济和社会发展第十三个五年规划》，纳入各区政府绩效考核项目。建立区、镇（街）、村（社区）三级公共法律服务实体平台共767个。建立健全法律顾问制度，由律师担任各级政府法律顾问。深化推进一村居一法律顾问、一村居一专职调解员建设，覆盖率均达100%。

基层法治文化阵地建设　在32个镇街建立法治文化公园，打造79个法治文化品牌。推进500人以上规模企业法治文化建设。市法学会与市人大联合成立佛山市地方立法研究评估与咨询服务基地，组织开展调研、征文、研讨等活动，为佛山市法治发展提供有力支持。佛山市“法治政府”指数获得88.03分的高分。

基层社会治理创新　南海区探索制定全国首份

链接

2016年佛山政法十大事件

1. 佛山“飓风2016年”专项打击行动，综合绩效全省第一。
2. 佛山大力加强综治暨平安创建机制建设，社会治安防控体系建设全省第一。
3. 佛山法院在全省率先启动破产案件网络拍卖，网络拍卖成交全额全省第一。
4. 佛山中级人民法院制定《关于规范院庭领导审判管理监督职责的若干规定（试行）》，进一步落实“让审理者裁判、由裁判者负责”。
5. 佛山市人民检察院出台《佛山市人民检察院关于充分发挥检察职能依法服务保障民营经济发展的若干措施》（简称“16条措施”），依法平等保护企业产权和企业家合法权益。
6. 佛山公安指挥中心、警保、交警、督察、技侦、科信、禁毒、宣传等业务警种在全省大比武中获一等奖。
7. 佛山公安参与“飓风1号”专案，成功打掉一个遍及全国18省市、涉案1.4亿元的特大跨国电信诈骗犯罪集团。
8. 禅城区社会综治治理云平台获评2016年中国“互联网+政务”全国优秀实践案例50强、2016年广东省宜居环境范例奖。
9. 佛山市人大常委会与市法学会合作成立“佛山市地方立法研究评估与咨询服务基地”，切实为地方立法提供咨询服务和智力支持。
10. 《市委宣传部、市司法局关于在全市公民中开展法治宣传教育的第七个五年规划（2016—2020年）》出台，全面部署启动“七五”普法工作，开展形式多样的法治宣传。

社会治理网格化事项标准。法院系统打造“一门式、综合性、立体化”诉讼服务中心，便民利民。公安机关“一门式一网式”便民警务模式在全省推广。禅城区社会综合治理云平台获评第二届中国“互联网+政务”优秀案例50强。

【司法体制改革】 2016年，佛山市坚持问题导向，围绕提升司法公信力，改革创新，努力为全省乃至全国司法体制改革做出有益探索。

司法体制改革试点 佛山市法院、检察院推进司法责任制等4项改革试点工作，将全市所有法院、检察院纳入改革试点。健全审判权运行机制，全市法院受理案件196628件，办结165103件，分别比上年增长23.2%和25.8%。检察机关批捕13646人，提起公诉18750人。完善检察官办案组织形式，市检察院将500多项处理决定权授予检察官行使，顺德区检察院推行“1 + 2 + 0.5”（1名入额检察官配2名检察官助理，与另一办案组共用1名书记员）组织办案形式，受到中央政法委肯定。同时，加强配套制度建设，市中级人民法院出台《关于规范院庭领导审判管理监督职责的若干意见（试行）》，市检察院制定《检察官职权划分办法》，完善行为规范，提升政法队伍正规化、专业化、职业化水平。

诉讼制度改革 推进知识产权、行政案件集中管辖改革，禅城法院成立全省首个跨区域知识产权专门法庭，集中管辖佛山市五区知识产权一审民事案件；顺德法院集中管辖全市基层法院行政诉讼案件。健全行政机关依法出庭应诉制度，行政机关负责人出庭应诉率超过95.5%，“民告官”后“能见官”成为一种新常态。探索将执行裁判权从执行权中分离，并在全省率先启动破产案件网络拍卖，“法院+社会机构+网络平台”涉诉资产处置模式被最高院司法解释吸纳。“两法衔接”案件办理做法得到省检察院肯定并推广。

【政法宣传】 2016年，佛山市政法部门依托电视、报纸、网络、简报等载体，及时展示政法工作亮点及成效，发出政法好声音，讲好政法好故事，传播社会正能量。加强平安创建宣传，优化设计“平安福”LOGO，在全市各类场所进行张贴宣传，并组织开展“平安佛山”主题系列巡展宣传活动，取得良好效果，市民的安全感、满意度、知晓率总体水平均稳步上升。“佛山市公安局”公众微信号聚焦指尖服务、警务权威信息发布、警民互动，获评“佛山市十大特色政务微信”。市委防范处理邪教办加强“佛山反邪”微信公众号的升级和推广，吸纳“粉丝”4.7万人，取得全国反邪类微信公众号综合排名稳居前列的好成绩。

【“中心+网格化+信息化”工作体系建设】 2016年，佛山市围绕“排查防控违法犯罪、排查化解矛盾纠纷、排除整治公共安全隐患”三大工作任务，构建以中心为枢纽、以网格为基本单元、以综治维稳力量为主导、以综治信息系统为支撑，覆盖城乡社区、条块结合、横向到边、纵向到底的“中心+网格化+信息化”工作体系，打造综治中心升级版。一是做强中心，打造实战指挥平台。发挥区、镇（街）、村（社区）三级综治中心作用，落实“六联”工作机制，强化中心的指挥调度和任务分流指派功能，筑牢基层平安稳定的防线。二是做实网格，强化责任落实。在全市范围内推行网格化管理新模式，全市划分网格8565个，配备网格长、网格员2万余人，配套完善相关机制，夯实平安建设的基层基础。三是做好信息化，提升处置效率。作为省的试点，佛山市建设社会治安综合治理信息系统，搭建市、区、镇（街）、村（社区）互联互通的四级综治网络平台。11月23日，省委政法委在佛山市召开全省推进“中心+网格化+信息化”建设现场会，向全省推介佛山经验；12月1日，省委政法委在中山市召开全省社会治安综合治理创新工作会议，佛山市通过《网格精细化　综治大升级》视频汇报片向大会作经验介绍。《南方日报》以专版宣传报道佛山市“中心+网格化+信息化”工作经验。

（伍建军）

地方立法

【概况】 2016年，佛山市人大及其常委会弘扬“工匠精神”，锻造佛山特色立法。年内，佛山首部地方性法规《佛山历史文化街区和历史建筑保护条例》经省人大常委会会议批准施行；审议并通过《佛山市制定地方性法规条例》《佛山市机动车和非道路移动机械排气污染防治条例》和《佛山市治理货物运输车辆超限超载条例》等3部地方性法规，其中，《佛山市制定地方性法规条例》和《佛山市机动车和非道路移动机械排气污染防治条例》经省人大常委会会议批准施行。

【佛山首部地方性法规正式施行】 2016年1月21日，《佛山市历史文化街区和历史建筑保护条例》经广东省第十二届人大常委会第二十三次会议批准，并于2016年3月21日起施行。该条例是佛山市首部地方性法规，亦是在全省新获得地方立法权的设区的市中，首部被批准通过的地方性法规。该条例从管理体制、经费保障、保护名录、预先保护、修缮利用、法律责任等方面作出具体规定，理顺佛山市历史文化街区和历史建筑保护的管理体制。同时，该条例对历史文化街区和历史建筑保护的一些难点和薄弱点加以明确规定，比如设置预先保护制度，明确补贴比例、健全补助补贴机制以及历史建筑活化利用等方面作出一定创设和详细要求。该条例的正式施行，对保护和利用历史文化遗产和资源，延续历史文脉，传承与弘扬优秀岭南传统文化，提供法治保障。

【《佛山市制定地方性法规条例》】 于2016年4月29日经佛山市第十四届人民代表大会第六次会议审议通过，于2016年5月25日经广东省第十二届人大常委会第二十六次会议批准，自2016年5月26日起施行。该条例对佛山市制定地方性法规的程序进行规范，为佛山市地方立法工作提供程序制度保障。

【《佛山市机动车和非道路移动机械排气污染防治条例》】 于2016年4月29日经佛山市第十四届人民代表大会第六次会议审议通过，于2016年5月25日经广东省第十二届人大常委会第二十六次会议批准，自2016年7月1日起施行。该条例是佛山市通过的首部环保法规，聚焦“黑烟车”和高排放非道路移动机械的治理，明确从预防控制、检验维护、监督检查等方面强化污染防治。

【《佛山市治理货物运输车辆超限超载条例》】 于2016年12月28日经佛山市第十四届人大常委会第四十一次会议审议通过，并报请广东省人大常委会批准。该条例明确政府与部门之间的职责，理顺行政管理措施实施程序，理清源头监管措施，完善对不诚信行为记录的管理，明晰非现场执法的流程。

【2016年立法工作会议】 2016年7月12日，佛山市人大常委会召开佛山市2016年立法工作会议。市人大常委会常务副主任杨建华主持会议并讲话。市人大常委会副主任熊志翔，市政府副市长江楷鑫分别在会上讲话。市人大常委会副主任霍伙、卢立湃、林征出席会议。市人大常委会法制工作委员会、市法制局在会上作工作汇报。会议总结自佛山市获得地方立法权以来取得的成绩，并对佛山市2016年的立法工作作动员部署。市人大常委会组成人员、市人大法制委员会部分委员、市人大常委会各工作委员会，市政府有关部门，市依法治市办，各区人大常委会，市地方立法研究评估与咨询服务基地及有关单位负责人参加会议。

【立法智库建设】 2016年，佛山市人大常委会与佛山市法学会、佛山市律师协会签订协议，成立佛山市地方立法研究评估与咨询服务基地，打造地方立法的人才智库，并制定《佛山市人民代表大会常务委员会地方立法研究评估与咨询服务基地工作规定》。

【法规宣讲】 2016年，佛山市人大常委会组织对已颁布的《佛山市历史文化街区和历史建筑保护条例》等3部法规开展宣讲工作，组织参与法规制定工作的相关人员组成讲师团，赴禅城、南海、顺德、高明、三水等五区开展法规宣讲工作，解读法规主要制度内容。

【法规审议论证活动】 2016年，佛山市人大常委会邀请立法咨询专家顾问和立法基地专家120人次，对提交审议的法规草案中的专业内容开展论证活动，保证法规草案相关制度设计符合专业要求。邀请省直相关部门和省人大常委会立法顾问专家等30人次，对相关法规草案进行研讨论证，明晰存在的问题，有针对性地进行审议修改。

【立法工作制度制定完善】 2016年，佛山市人大常委会建设和完善“互联网+立法”综合信息平台，收集民意，拓宽公民参与立法途径。完善地方立法工作制度，制定《佛山市人民代表大会常务委员会地方性法规立项办法》《佛山市人民代表大会常务委员会立法听证办法》《佛山市人民代表大会常务委员会立法论证办法》，审议通过《佛山市实施〈广东省各级人民代表大会常务委员会规范性文件备案审查工作程序规定〉办法（修订稿）》。

（龙福汉）

法治政府建设

【概况】 2016年，佛山法治政府示范区建设开局良好。编制《佛山市法治政府建设“十三五”规划》；出台《佛山市权责清单监督管理办法》，建立全省首个市、区、镇（街）三级权责清单统一管理的制度；出台《商事制度改革后续市场监管工作方案》，完善监管配套措施；出台《佛山市“互联网+政府”（电子政务4.0）行动计划》，打造具有佛山特色的全方位、常态化、便民化的“一厅五页”政民互动大平台；出台《佛山市创建佛山国际商事仲裁平台工作方案（2016—2020年）》，优化仲裁办案流程，提高仲裁办案质量；出台《佛山市清理规范市政府行政审批中介服务工作方案》，进一步深化行政审批制度改革，市政府印发两批中介服务清理目录共计68项；全面推行“一门式一网式”政务服务改革，构建整体服务型政府；建立以“双随机一公开”抽查为主要手段的新型市场监管机制；法治政府协同创新基地正式成立。

在2016年中国政法大学法治政府研究院组织的法治政府评估中，佛山在广东省全部参评城市中位列深圳、广州之后，名列第三位。佛山法治政府人民满意指数连续两年位居“六个满意政府”评价项目第二名。在依法行政考评工作中，佛山市在全省21个地级以上市排名第一，获评为优秀等次。

【《佛山市法治政府建设“十三五”规划》编制】 2016年，佛山市法制局牵头编制《佛山市法治政府建设“十三五”规划》，该规划对标国务院《法治政府建设实施纲要（2015—2020年）》所提出的法治政府建设7个方面的具体建设目标和举措，立足佛山市法治政府建设实际，明确建设法治政府的具体任务、阶段目标和责任单位，成为佛山市的法治政府建设行动纲领。该规划经十四届92次市政府常务会议审议通过。

【法治政府协同创新基地成立】 2017年3月29日，佛山市法制局与中国政法大学法治政府研究院举行战略合作协议签约暨法治政府协同创新基地揭牌仪式，法治政府协同创新基地正式成立。法治政府协同创新基地发挥中国政法大学在宪法和行政法学科领域的优势，为推进市法治政府建设，解决法治政府建设的重点、难点问题，提供帮助和指导。

【权责清单工作制度推进】 2016年，佛山市出台《佛山市权责清单监督管理办法》，建立全省首个市、区、镇（街）三级权责清单统一管理制度。明确政府权责清单的管理范围、管理部门、管理权限、管理流程。建立职能综合管理系统，该系统具备机构管理、目录管理、事项管理、综合查询、统计分析、事项改革等主要的功能。实现全市权责清单一个系统管理。加强权责清单动态调整。实现常态化开展权责清单动态管理工作，将审核通过的权责清单事项应用于行政审批标准化、“一门式一网式”综合受理平台、网上办事大厅，推动各级政府部门全面正确履行职能和依法行政。

【商事登记制度改革深化】 2016年，佛山市全面实施“五证合一”登记模式，减少登记环节，提高审批效率，降低设立成本。启动个体工商户营业执照和税务登记证“两证整合”的登记模式。至2016年9月底，全市有各类市场主体52.15万个，注册资本（金）9612.22亿元，分别比上年增长10.05%和21.79%，位居深圳、广州、东莞之后，排名全省第四。

【事中事后监管体制机制完善】 2016年，佛山市出台《商事制度改革后续市场监管工作方案》，完善监管配套措施。以信息云平台建设为重点，转变政府监管模式。“信用佛山网”上线试运行，该系统归集市、区 115 个单位共 1.6 亿条信用信息，基本覆盖全市 48 万家企业、383 万个户籍居民、422 万个流动人口、15 万个重点人群、600 个社会组织和 200 个事业单位的信用信息。夯实佛山市信用管理、协同管理、社会共治工作的数据基础。

【“双随机一公开”新型市场监管机制建立】 2016 年，佛山市建立以“双随机一公开”抽查为主要手段的新型市场监管机制。按照国务院推广随机抽查规范事中事后监管的要求，制订佛山市推广随机抽查规范事中事后监管工作方案，梳理市直部门第一批随机抽查事项清单共 199 项，建立健全市场主体名录库和执法检查人员名录库。推进综合市场监管平台建设工作，推动平台应用“双随机”机制。

【“一门式一网式”政务服务改革推行】 2016 年，佛山市全面推行“一门式一网式”政务服务改革，深入构建整体服务型政府。通过推行“一门式一网式”改革，实现进“一个门”可办各种事，上“一张网”可享受全程服务的办事新模式，提高企业和群众办事的获得感和满意度。一是前台“一窗通办”，打造“一门”政府。二是后台系统互联互通，打造协同政府。三是建设一个网厅，打造网上政府。全市网上办事大厅事项进驻率达 100%。建设佛山市统一身份认证平台，推进线上线下融合，形成服务互补新格局。四是整合应用大数据，打造智慧政府。建成数据共享平台，形成全市统一的政务数据库。

【大监管模式基层执法体系】 2016 年，佛山市探索建立大监管模式，完善基层执法体系。一是环保督查领导包案。佛山在广东省率先成立由市长担任负责人的市环保委员会，提升环保部门参与全市发展的综合决策能力。配合中央环保督察及案件查处工作。市委书记和市长现场督导重点、难点案件办理；对中央环保督察组交办的案件以投诉者满意作为评判的首要标准，实行领导包案制度，解决一批群众关心的突出环境问题。二是创建国家食品安全示范城市，设定食品安全监管“高压线”。出台《佛山市食品安全责任追究办法》，实行重大食品安全事故“一票否决”制，通过问责倒逼落实食品安全监管责任；逐级制定食品安全管理目标，将食品安全纳入地方政府绩效考核和领导干部综合考核评价体系。三是数字城管创新城市管理新模式。利用全市数字城管系统提升案件办结率。四是安全生产监管执法新态势。市安监局纵向整合市、区、镇三级执法资源和力量，横向聚拢各部门联合执法合力，形成执法打击强大声势。

【政府信息公开】 2016 年，佛山市做好城乡低保、特困人员救助供养、医疗救助、临时救助等政策、标准的信息公开，推进环境保护信息公开，完成高校信息公开和外来务工人员随迁子女参加中考报考条件的公开。通过微信公众号为公众提供医疗信息发布、预约挂号等便民服务。强化食品药品抽检信息、案件处罚信息、安全警示及“黑名单”信息公开力度。

【电子政务 4.0 建设】 2016 年，佛山市出台《佛山市“互联网+政府”（电子政务 4.0）行动计划》。全力打造具有佛山特色的全方位、常态化、便民化的“一厅五页”政民互动大平台。利用现代电子网络信息技术，创新政府治理方式，依托佛山“12345”热线以及市长专线、市领导“微访谈”、网络发言人平台、政务网站等资源，畅通民意表达、民情反映、咨询办事、监督投诉的渠道，提高政府响应效率。

【政府重大信息传播引导】 2016 年，佛山市统筹发布各类重大信息，保障重大信息传播到位。对涉及面广、社会关注度高或专业性较强的重要规范性文件及重大决策，同步制订解读方案，通过发布权威解读稿件、组织专家撰写解读文章等多种方式，统筹运用新闻发言人、政府网站、政府公报、政务微博微信、手机 APP 的全覆盖信息化渠道，及时做好科学解读，开展舆论引导，提高政策影响力。

【公共法律服务体系建设】 2016 年，佛山市坚持一张蓝图绘到底，推进公共法律服务体系建设。至年底，全市建立区、镇（街）、村（社区）三级公共法律服务实体平台共766个，覆盖率100%。其中，区级5个，镇（街）级32个，村（社区）级729个。建立“三官一师”直联村居工作机制。各区以村（社区）为网格，落实“三官一师”直联村居工作，参与法官348人、检察官372人、警官811人、律师592人。建立“半小时法律援助圈”机制和“纵到低，横到边”法律援助网络。建立25个联络点，提供更加便捷的法律援助服务。推动行业性人民调解组织建设，建立完善医疗纠纷、物业纠纷、妇女儿童权益等行业性、专业性人民调解组织。

【仲裁机制创新】 2016年，佛山市出台《佛山市创建佛山国际商事仲裁平台工作方案（2016—2020年）》，创新仲裁机制，打造国际商事平台，优化仲裁办案流程，提高仲裁办案质量。加快南海、顺德仲裁业务布局。全年全市仲裁立案880件，标的额达45.6亿元，受理费1908万元。

（黄焯怡）

公　安

【概况】 至2016年年底，佛山市设市级公安局1个、区级公安分局5个，设有公安派出所52个。

是年，佛山市公安局以公安部“四项建设”为主线，按照“五个统一”原则，坚持“六个第一”理念，全力提升“八化水平”，各项工作走在广东省前列，取得多个全省第一，佛山公安工作进入“起飞期”。全年全市刑事案件比上年下降24.2%，“110”接报刑事警情下降24.1%，其中“两抢”和诈骗警情分别下降57.1%和25.2%，日均刑事警情稳步下降，群众安全感稳步提升。开展公安“一门式一网式”服务建设，建成“一门式”综合服务大厅28个、24小时自助服务大厅24个，实现市、区、镇（街）三级全覆盖；完成全市公安交通管理业务整合，43项交管业务实现“一门通办”“同城通办”，得到市委、市政府的肯定和广大群众的一致好评。

“飓风2016”专项行动　开展“飓风2016”专项行动，实现常态打击、精准打击、高效打击。发起全省“飓风1号、4号、7号、10号”等系列专项打击行动。其中“飓风1号”专案抓获嫌疑人218人，从柬埔寨带回嫌疑人38人，打掉一个遍及全国18个省市、涉案1.4亿元的特大跨国电信网络诈骗集团，率先打响全省“飓风2016”第一仗。“飓风2016”专项行动综合绩效全省第一，其中涉诈骗、涉金融专项排名全省第一，涉毒、涉盗抢专项排名第二。

治安防控体系立体化建设　成立市反诈骗中心，组建治安防控中心，完善“护城河”勤务机制和重点关注人员管控平台，推进社区戒毒和社区康复“8·31”工程，加强人防、物防、技防、信息防、制度防“五防”措施，打造立体化社会治安防控体系升级版。统筹“大巡防”“护城河”、公安武警联勤、特警“动中备勤”和“红袖章”等巡防力量，编织107个“1、3、5分钟防控圈”，每天路面巡防警治力量1500多人次；开展出租屋“门禁+视频”系统建设，安装“猫眼”探头5.1万个；推进旅业实名制登记管理，提升旅馆业阵地管控能力，全市查处违反住宿登记规定的旅业400多间次；在广东省立体化治安防控体系建设效能考核中，佛山市稳居第一名；落实法制、禁毒、交通、消防“四校长”工作机制等，社会治安明显好转。

公安队伍建设　推进党建工作和“两学一做”学习教育，确保队伍绝对忠诚，组织开展“鞭策慵懒散　提升执行力”专项整治和警营规范化建设评比活动，研究实施队伍正规化“八项纪律”和执法规范化“八条规定”等制度，提升纪律作风；开展一馆（警史馆）、一室（荣誉室）、一墙（励警墙）、一站（文化驿站）、一报（手机报）、一刊（佛山警察）、一园（警校园区）、一队（文艺小分队）“八个一”和派出所一室（心理辅导室）、一站（文化驿站）、一课（邀请专家为民警讲授文化素质课）、一活动（开展各类文化活动）“四个一”警营文化活动，经验做法在全省公安文化会议上被推广。

荣誉奖励　2016年，佛山市公安局7名民警立个人一等功，17个集体和46名民警立二等功，122个集体和560名民警立三等功；举办“向人民报告——迎国庆·颂祖国”报告会和首届警察职业荣誉仪式，向全市1519名从警30周年以上的民警颁发“人民卫士”奖章。佛山百名民警破案数、逮捕数全省第一，“飓风2016”专项行动绩效全省第一，社会治安防控体系建设全省第一，公安执法质量综合考评全省第一，指挥中心、交警、督察等多个业务警种在全省大比武中勇夺一等奖。佛山市公安工作得到公安部和广东省公安厅的批示表扬。

【刑事犯罪侦查】 2016年，佛山市公安机关针对“涉毒”“涉电信网络诈骗”“涉盗抢”“金融领域犯罪”等4类突出犯罪开展专项打击行动，同时对命案、涉暴恐及严重暴力犯罪保持严厉打击态势。全年全市刑事案件立案数比上年下降24.2%；刑事案件破案率提升0.3个百分点。

命案侦办 坚持“命案必破”，牢固树立“命案可打、可防、可控”的理念，命案破案率100%。命案侦破综合绩效排名全省第一。

打击涉黑恶犯罪 以严打农村黑恶势力犯罪为重点，坚持“打早打小、露头就打”。共打掉涉恶犯罪团伙240个。

打击涉诈骗犯罪 创新“大数据驱动集群战役”打击盗抢骗犯罪，电信网络诈骗案件立案比上年下降25.8%。起诉跨区域团伙案件37件。

打击涉盗抢犯罪 抢劫案件比上年下降42.6%；盗窃案件下降24.6%。共逮捕涉盗抢犯罪嫌疑人5300多人。

【治安行政管理】 2016年，佛山市公安治安部门全面开展打击“黄赌”违法犯罪活动，保持对突出治安问题“零容忍”。全年全市查破黄赌案件6000余件，并先后侦破一批特大案件，其中“12·11”特大赌博游戏机案侦办经验被公安部全国推广。

大型活动安保零差错 按照“四个到位”和“四定”的工作部署，加强对各项大型活动安保的统筹，对各项活动提前介入，主动协调沟通，强化场所安全检查和风险评估，制订安保工作方案和应急处置预案，确保各项活动安全举行。全年全市举办大型活动334场次，投入安保力量约13万人次，成功确保近500万人次群众安全参与。完成行通济、秋色巡游、“互联网+”博览会等28场万人以上重大活动安保工作，实现“六个不发生”的工作目标，确保活动安全有序进行和治安大局平稳。

治安重点要素管控能力稳步提升 推进“政府统筹、公安主导”“标准统一、互联共通”“智能采集、动态管理”的流管模式，突破“双实”管理瓶颈，全年全市登记流动人口435万人、出租屋42.5万栋（套）。启动消防网格化、信息化、规范化、常态化“四化”管理工作，全市有各级管理员、网格巡查员6700多名，采集列管消防安全重点单位65.7万个；全市火灾形势呈现稳定可控的良好态势。推进物流寄递行业100%开箱验视、100%实名登记、100%过X光机检查“三个100%”安全管理，着力基础摸查，推进安全管理法规制定，组织开发信息化管理终端，全年全市各级公安机关共排查物流企业3000多家次、寄递企业1500多家次；查处违禁物品25件，发现整改安全隐患260多处。

【户政管理】 根据公安部办公厅《关于下发新修订的人口统计报表的通知》，从2016年1月1日起，至11月30日24时（年度人口统计时点为11月30日24时），佛山市有户籍人口119.90万户、400.18万人。全年核查疑似双重（虚假）户口数据1106条，注销双重（虚假）户口112个。制发居民身份证57.96万张，其中，佛山市55.83万张、广东省外市1.67万张、外省市0.46万张。至2016年年底，全市登记在册的外来人口共有435.49万人，比上年下降4.75%。

贯彻落实《国务院关于进一步推进户籍制度改革的实施意见》和《广东省人民政府关于进一步推进户籍制度改革的实施意见》，促进有能力在佛山市稳定就业和生活的常住人口有序实现市民化，推进基本公共服务常住人口全覆盖。同时，在2004年户籍制度改革的基础上，佛山市政府于2016年5月17日出台《佛山市人民政府进一步推进户籍制度改革的实施方案》，进一步放宽准入条件和入户渠道。市公安局于5月25日制定下发《关于印发〈佛山市公安局进一步推进户籍制度改革的实施细则〉的通知》，从2016年6月1日起执行。全年全市办理市外迁入8.39万人，是上年的3.12倍。

【道路交通管理】 2016年，佛山市共发生适用一般程序处理的交通事故、死亡、受伤、直接经济损失分别比上年下降11.03%、5.40%、15.34%和25.27%。全年全市发生1宗一次死亡3人的较大道路交通事故，比上年下降75%。佛山一环公路开通10年来首次实现春运“零死亡”。

智能交通指挥系统建成　完成智能交通指挥系统建设任务，实现警情采集主动化、指挥调度可视化、事故处理快捷化、交通诱导多元化、研判预警前置化、警务部署实战化，打造交通管理“最强大脑”，推动交通治理从被动应对处置向主动预警预防转变。

轻微道路交通事故在线直赔　在国内率先推出轻微交通事故在线直赔，由交警、物价、保险三方联合，在线为轻微事故当事人提供报案、定责、定损、赔付全流程手机处赔服务，突破以往快处快赔“定损理赔难、事后纠纷多”的困局，被省公安厅选为广东公安十五个优秀创新项目之一，并参加全国公安机关改革创新大赛。

交通管理业务完成整合　完成全市交通管理信息资源汇聚融合、互联互通，43项交管、车管业务全部实现“一门通办”“同城通办”，形成全市一体化大交管格局，为数据资源的分析挖掘和实战应用奠定基础，全面提升交警窗口服务水平。交警支队车管所获评2016年佛山口碑榜“市民满意服务单位”，三水区车管所连续4届获评“全国优秀县级车辆管理所”。

重点违法车辆缉查布控　创立重点违法车辆缉查布控“1＋3”工作法，综合运用“1个研判中心＋3种缉查模式”，对重点违法实施大数据驱动下的情报战、精确战、围歼战，突破以往缉查重点车辆犹如大海捞针的困局，在全省交管工作现场会上获介绍推广。

涉酒驾驶年度查处量破万宗　严格落实交通安全“四严”管理，对挑战秩序“底线”，突破事故“红线”的严重交通违法行为“零容忍”、严打击。全年全市查处涉酒交通违法犯罪、刑拘分别比上年增长1.24倍和1.96倍，排名全省第一；查处10件以上违法未处理的“霸王车”3609辆，增长62.35%；查处非法营运399件，执法力度、打击效能为历年之最。

【经济犯罪侦查】 2016年，佛山市公安经侦部门共破经济案件1100余件，挽回经济损失16.55亿元。年内共受到公安部、广东省公安厅贺电表彰9次。在“飓风2016”涉金融专项行动中，发起全国集群“战役”5起，抓获外逃人员9名，在全省专项绩效考核中获第一名。行动期间先后破获“飓风21号”专案、“飓风26号”旅游传销专案、涉案金额达20亿元的“3·05”特大地下钱庄案、涉及文化艺术品的非法吸存案、利用快递跨市邮寄假币案等一批大要案。

全市经侦部门在重点打击金融犯罪的基础上，推进打假专项行动，取得显著工作成效，绩效在全省排名第一。同时，从维护好本地经济发展出发，重拳打击票据诈骗、合同诈骗、职务侵占等多发性经济犯罪，以及食药假和环境污染等关系民生的犯罪，全年全市打掉危害群众健康的有毒有害食品和假药窝点178个。先后捣毁生产伪劣牛奶近3吨的地下工厂；捣毁工业盐生产假冒加碘食用盐近12吨的窝点；打掉1个利用“百度”搜索引擎进行推广，销售网络遍布全国24个省市的制售假药团伙；破获多件跨市走私烟案。

2016年8月26日，广东省公安厅举行全省公安机关推进“一门式一网式”政府服务模式改革工作佛山现场会

【公安禁毒】 2016年，佛山市公安禁毒部门打掉毒品犯罪团伙292个，缴获毒品2513.16千克。

全市公安禁毒部门坚持对毒品犯罪“零容忍”，保持严打高压态势，出重拳、下重手、用重典，依法严厉打击，坚决从严整治，加强与周边城市以及云南、广西、四川、重庆、湖南等地的缉毒协作，广辟线索来源，坚持对有价值的线索强化长期经营和“从小贩追大贩、破大案、挖团伙、摧网络、捣工厂、抓毒枭、缴毒资”的思路，提高对毒品犯罪的主动进攻能力和整体打击能效。先后破获一批公安部、广东省公安厅目标案件。加强涉毒娱乐场所的清查和易制毒化学品生产经营企业的管控，推进吸毒人员查控工作，从毒品生产源头和消费市场进行双向清理和打击，有效遏制毒品的蔓延态势。同时，坚持强化各项堵源截流措施，多警联动，加大力度打击网络涉毒、利用物流寄递渠道贩运毒品等犯罪活动，逐步形成全方位缉毒网络。

【出入境管理】 2016年，佛山市出入境管理部门以每所一专班、每日一巡查、每周一研判、每月一通报和每季一评比“五个一”外管模式为指引，以“一门式一网式”为服务导向，在清理整治非法入境、非法居留和非法就业“三非”外国人、便利群众办证和队伍建设等方面取得新成效、实现新发展。全年全市出入境管理部门共受理各类出入境证件申请266万余人次，比上年增长1.85%；审批签发各类出入境证件312万本（个），增长3.22%；查处“三非”外国人增长31.9%；办理偷越国（边）境案件、逮捕数分别比上年增长78.6%和48.2%。

打击“三非”犯罪　利用大数据分析，组织开展清理“三非”集群“战役”，成立外管工作专班，精准打击“三非”人员犯罪活动。全年组织清查、抓捕行动32次，打掉外国人涉毒团伙21个。

出入境服务　以“一门式一网式”、24小时自助办证区和出入境证件受理点为标志，创立佛山公安出入境工作品牌。至2016年年底，全市建成“一门式”综合服务大厅28个，24小时自助服务区24个，出入境证件受理点21个，“一网式”提供出入境业务网上服务14项，方便群众“家门口”办证。同时推出多项便民措施：全市出入境证件受理点全面放开受理出境（国）业务；实现出入境业务收费微信支付；支队全面放开出境业务受理范围；通过主动延长服务时间，增加中午、周末对外办公和非工作日预约办证等方式，进一步便利群众办证。

出入境管理创新　推进实施支持广东自贸区建设和创新驱动发展的16项出入境政策措施，为外籍高层次人才和创新创业人才提供出入境和停居留便利。简政放权，推动外国人签证证件办理下放。年内，禅城、南海、顺德共办理外国人签证证件3467人次，极大便利外国人办证申请。

【网络安全监管】 2016年，佛山公安网络安全部门开展“安网2016”“飓风2016”等各类专项行动，在网上维稳、互联网管控等方面发挥网安力量，维护网上政治安全和稳定。全年全市查处发布谣言信息网民60多人，罚款、教育训诫40人；通过各巡查执法账号与网民交流600余人次，警示发布各类谣言信息的网民近万人次，解救有自杀倾向网民2人；贯彻“安全是最大财富”的理念，开展重要信息系统安全监管，推动网络防控设施网格化建设，严防公共安全事故发生；发挥网侦资源和技术优势，加强犯罪线索的收集、串并，严厉打击涉网违法犯罪活动。

【技防管理】 2016年，佛山市公安技防管理部门秉承为人民服务的理念，做好佛山市技防管理工作，以依法依规行政为工作首要要求，为全市广大技防公司服务。按照法律法规规定的权限、范围、程序、条件实施佛山市技防管理与审批工作。在严格按照省公安厅技防管理有关规定的基础上，尽最大努力为辖区企业提供更好的服务。全年全市受理初审、审批市内单位安全技术防范系统设计、施工、维修单位资格证申请63份，受理安全技术防范工程设计方案的审批及验收64份，涉及工程款1329万元。

【消防安全管理】 2016年，佛山市消防部队接警出动10550次，救助和疏散被困人员1375人，抢救财产价值4125.7万元。全年未发生较大亡人火灾

链接

“6·15”南海居民楼火灾

2016年6月15日晚上9时许，南海区里水镇和顺社区文教一居民楼疑似一楼的电动车着火而引起火灾，导致楼上40人被困。南海区消防大队接到报警后，迅速派出5辆消防车、22名消防员在5分钟内赶赴现场。

消防员到达现场后，发现起火点位于该楼1楼楼梯口的停车房，楼内烟雾弥漫，楼内不少群众拿着毛巾捂住口鼻躲在阳台防盗网旁边。消防员在20分钟内迅速扑灭明火，并将被困人员全部救出，包括3名儿童、2名婴儿、3名老人，由于救援及时，4名身体不适人员被送往医院观察后均无生命危险。

事故。火灾起数、亡人数、伤人数、直接财产损失4项指数比上年全面下降，火灾形势为近年最好。2016年度绩效考核成绩名列全省第二。特勤一中队连续11年获评“全省基层建设标兵中队”。

承办广东省经费核算、装备物联网管理云平台开发和装备标识规范化建设等试点，完成“行通济”和“互联网+”博览会等消防安全保卫任务，扑救“6·15”南海居民楼火灾并勇救40人，处置南海铭通沥青混凝土有限公司爆炸、狮山液化天然气槽罐车泄漏、南海扶西蔬菜批发市场棚架坍塌等事故。

消防管理创新　推动市政府出台《消防工作“十三五”发展规划》等法规性文件5份。消防“四化”建设经验在2016中国工程防火技术与灭火救援大会和全省创新社会消防管理工作会议上推广。开展政府专职消防队“五个达标”创建试点工作，举办现场会，制定管理标准，完成29个政府专职消防队事业单位法人登记。各种体制队（站）建设齐头并进，微型消防站遍地开花。

消防后勤保障　全年全市各级消防部门地方消防经费首次突破3亿元。新批建中队3个（湖堤、河窖、丹灶），启动建设中队3个（大良、佛平、高明一中队新营房），完成建设中队2个（新城、夏西）。报请市政府出台关于消防装备建设的“十三五”专项规划（为全省唯一），为五年内装备建设提供依据和支撑。

（蔡妙玲）

检　察

【概况】 至2016年年底，佛山市市、区两级检察院共6个，其中市级检察院1个、区级检察院5个。全市遴选出员额内检察官341人。

全年全市检察机关立案侦查职务犯罪案件167件、182人；批准和决定逮捕各类刑事犯罪嫌疑人13646人；对各类刑事犯罪嫌疑人提起公诉17493人；受理民事行政申诉案件355件；提请减刑、假释、暂予监外执行案件5522件；批准逮捕侵犯知识产权案件396件、880人，起诉399件、895人；对侦查机关应当立案而不立案的，监督立案3件；对侦查机关不应当立案而立案的，监督撤案23件；对应当逮捕而未提请逮捕的，决定追加逮捕40人，追诉漏犯24人，追诉漏罪180人。全年接受群众来信来电836件，接待群众来访1239人次；受理民事行政监督类案件120件，办结刑事申诉案件70件。

【职务犯罪查办】 2016年，佛山市检察机关立案侦查职务犯罪案件167件、182人（其中贪污贿赂犯罪案件147件、160人，渎职侵权犯罪案件20件、22人）；立案查办行贿犯罪51人；立案侦查涉农职务犯罪54人。突出查办大案要案，立案侦查贪污、贿赂、挪用公款100万元以上案件56人，查处涉嫌犯罪的科级以上干部31人（其中厅级2人、处级10人）。办理广州市委原常委、政法委书记、社工委副主任吴某（正厅级）涉嫌受贿案和中国南方电网有限责任公司战略策划部原副主任陈某（副厅级）受贿案等大要案件。开展职务犯罪国际追逃追赃专项行动，加大力度劝返、抓捕在逃职务犯罪嫌疑人，通过建立市、区两级检察院一体化追逃工作机制，成功抓捕潜逃加拿大10年，被红色通缉的原高明区国土资源局局长仇某某等人。

【审查逮捕】 2016年，佛山市检察机关批准和决定逮捕各类刑事犯罪嫌疑人13646人，其中非法集资、金融诈骗等严重破坏社会主义市场经济秩序犯罪1353人，黑恶势力、严重暴力、涉枪涉爆、多发性侵财犯罪8781人，危害食品药品安全和破坏环境资源犯罪313人，侵犯知识产权犯罪290人。对不构成犯罪或事实不清、证据不足的，依法不批准逮捕1385人。依法办理“飓风1号”“飓风2号”“彩虹1号”等特大刑事案件的审查逮捕工作。

【审查起诉】 2016年，佛山市检察机关依法坚决惩治各类刑事犯罪，对各类刑事犯罪嫌疑人提起公诉17493人，其中起诉非法集资、金融诈骗等严重破坏社会主义市场经济秩序犯罪1112人，起诉黑恶势力、严重暴力、涉枪涉爆、多发性侵财犯罪8804人，起诉危害食品药品安全和破坏环境资源犯罪430人，起诉侵犯知识产权和制售假冒伪劣商品犯罪363人。依法起诉江门市委原副书记、政法委书记聂某某受贿案，南方医科大学原正厅级干部、广东医学院党委书记江某某受贿案，汕尾陆丰贪腐渎职犯罪系列案等案件。对犯罪情节轻微，不构成犯罪或事实不清、证据不足的，决定不起诉540人。

【侦查活动监督】 2016年，佛山市检察机关严把案件事实关、证据关、程序关和法律适用关，对侦查机关应当立案而不立案的，监督立案3件；对侦查机关不应当立案而立案的，监督撤案23件；对应当逮捕而未提请逮捕的，决定追加逮捕40人，追诉漏犯24人，追诉漏罪180人；对滥用强制措施、违法取证等侦查活动违法情形，提出书面纠正意见77件次。发挥“两法”衔接平台监督作用，审查行政执法单位备案1617件，立案98件，批准逮捕107件，移送起诉133件。

【刑罚执行和监管活动监督】 2016年，佛山市检察机关审查执行机关提请减刑、假释、暂予监外执行案件5522件，其中减刑5430件、假释75件、暂予监外执行案件17件，发现并纠正各类违法和不当情况84次。推进社区服刑人员脱管漏管专项检察、财产刑执行专项检察、集中清理判处实刑犯罪未执行刑罚专项检察等专项活动，全年全市监督纠正脱管漏管罪犯9人、未执行刑罚罪犯20人、对554名没有羁押必要性的嫌疑人建议变更强制措施。

【民事行政诉讼监督】 2016年，佛山市检察机关受理民事行政申诉案件355件，其中，民事申诉案件142件、行政申诉案件141件、执行监督案件40件、提请抗诉8件、抗诉1件、改判2件。探索环境公益诉讼工作，调查全市环境污染典型事件，提出公益诉讼诉前监督检察建议2件，督促相关部门依法采取措施，保护恢复受污染环境。加强审判、执行活动监督，针对怠于执行、执行违法、审判违法等问题发出规范、改进工作等检察建议9份。针对行政机关不作为、乱作为等问题，依法发出督促履职等检察建议6件，促进行政机关依法行政、公正执法。

【控告申诉监督】 2016年，佛山市检察机关开展建设多功能接访大厅、远程视频接访、“举报宣传周”等活动，提升群众对检察机关的满意度，落实深化阳光检务工作。全年接受群众来信来电836件，接待群众来访1239人次，受理民行监督类案件120件，办结刑事申诉案件70件。化解社会矛盾，加大依法受理、纠错、救助力度，受理国家赔偿案件3件。

【职务犯罪综合预防】 2016年，佛山市检察机关结合办案深化职务犯罪预防，围绕案件高发多发领域开展预防调查48次，发出预防检察建议51份，开展预防宣传和警示教育389次，进行行贿犯罪档案查询17437次。推进侦防一体化机制建设，对农业、科技等31个行业和部门开展系统预防。构建专业化、社会化的职务犯罪预防体系，借助移动互联网、微信、微博等新媒体播放廉政短片和微电影，营造氛围，普及预防文化；深入佛山各区、镇（街）及相关企业举办“奉法自正”预防职务犯罪廉洁书法巡展22场，受教育人次近8000人。全市检察机关深入参与基层社会治理，依托派驻镇（街）检察室，派出检察官直联村（居）1142人次，接待来访群众475人次，处理群众纠纷231人次。与职能部门密切配合，监督镇（街）和村（社区）换届选举依法、公正、有序进行。

【未成年人检察】 2016年，佛山市检察机关依法保障未成年人合法权益，全年办理各类案件1976件，为涉罪未成年人提供法律援助420人次，通知合适成年人到场825人次，封存423名未成年人的犯罪记录材料，对110名涉罪未成年人开展社会调查，对47名涉罪未成年人决定附条件不起诉，考察期满后决定不起诉22人。办理“顺德11岁女童失踪案”“陆丰毒品·一号专案”等群众关注的案件。佛山市人民检察院在全省“未检工作推进年”中被列为示范单位，禅城区人民检察院少检科被评为“全国检察机关未检工作先进集体”。

【预防未成年人犯罪机制】 2016年，佛山市检察机关创新推行对涉罪未成年人案件采取“捕诉监防一体化”工作模式，落实合适成年人到场、社会调查、法律援助、轻罪记录封存等未成年人特别诉讼程序。重视对涉罪未成年人的帮教挽救，先后与社会民营企业共同建立9个未成年人观护教育基地，开辟“彩虹计划”等4个涉罪未成年人帮教项目，对463人开展帮教，使47名涉罪未成年人重归学校。推行检校共建，开展“法治进校园”“平安校园”工作，为学校师生进行法治巡讲50场，受教育人数约6万人。

【检察职能服务保障民营经济发展】 2016年，佛山市检察机关贯彻市委、市政府出台的《佛山市2016年“企业暖春行动”工作方案》，制定发挥检察职能服务和保障民营经济发展的16项措施，依法平等保护企业产权和企业家合法权益。加强对民营企业知识产权的司法保护力度，依法惩治假冒专利、假冒注册商标、销售假冒注册商标商品、侵犯商业秘密等犯罪，保障佛山市创新驱动发展战略的深入实施。全年批准逮捕侵犯知识产权案件396件、880人，起诉399件、895人，其中禅城区人民检察院办理的唐某等4人假冒注册商标案被中国外商投资企业协会优质品牌保护委员会评为“十大知识产权保护最佳案例”。

【检察官办案责任制建设】 2016年，佛山市检察机关推行检察官为主体的检察工作运行机制，推进检察改革。经广东省人民检察院统一遴选，从全市择优选任341名员额内检察官，从事一线办案工作。通过制定《检察官职权划分办法》，明确内部层级职责权限，完善权责清单，突出检察官的办案主体地位，落实“谁办案谁负责，谁决定谁负责”的办案责任制度。根据检察权运行规律，实行专业化组织、精细化办案，办案质效明显提升。

【刑事执行检察局建立】 2016年11月，佛山市人民检察院在原监所检察一科、监所检察二科的基础上，整合建立刑事执行检察局。新设立的刑事执行检察局，主要任务是加强对刑罚执行、刑事强制措施执行、强制医疗执行的监督，围绕刑罚交付执行检察、刑罚变更执行检察、羁押必要性审查、社区矫正检察、强制医疗执行监督等5项重点工作，发挥检察建议、纠正违法以及查处刑事执行活动中职务犯罪案件等监督手段，强化法律监督权，实现对刑事执行活动的敢于监督、善于监督。全年全市刑事执行检察部门立案羁押必要性审查案件956人，建议变更强制措施554人，办案部门采纳建议505人，占全市执行逮捕人数的4.16%，立案数和采纳建议人数均居全省第三。

【科技强检】 2016年，佛山市检察机关实施电子检务工程，推广统一业务系统、云桌面和电子卷宗系统，运用信息化手段不断加强案件的流程监控和质量管理。构建智慧侦查模式，整合外部力量建设侦查信息化平台，建立侦查大数据情报信息系统，应用侦查技术装备，提高职务犯罪侦查信息化、智能化水平。加强协作配合，建成“两法”衔接信息共享平台、司法公正信息交流平台等，提升法律监督能力。顺德区人民检察院被评为“全国科技强检示范院”。

【阳光检务活动】 2016年，佛山市检察机关加强与人大代表、政协委员的经常性联系，全年走访人大代表、政协委员152人次，邀请90人次参加检察开放日、庭审观摩、公开听证等活动。办理代表委员提案、建议6份，做到事事有落实、件件有反馈。配合市人大常委会的专题监督，向市、区两级人大常委会专题报告检察工作11次，逐条落实审议意见。邀请特约检察员参与检察长接访等活动，组织人民监督员评议职务犯罪案件23件。

（蒋芳沅）

法　院

【概况】 2016年，佛山有市、区两级法院6个，其中，市级法院1个、区级法院5个。全市基层人民法院派出人民法庭29个。全市法院共受理案件19.66万件，办结16.51万件，分别比上年增长23.2%和25.8%；法官人均办案207件，增长26.2%。其中，佛山市中级人民法院共受理案件24448件，办结22402件，分别比上年增长8.26%和8.58%。

思想政治建设　坚持以党建带队建促审判，开展党的群众路线教育实践活动、“三严三实”专题教育、“两学一做”学习教育，增强队伍“四个意识”。完善《党组工作规则》，整合业务庭党支部，支部书记专门负责党建队建工作，落实支部学习、组织生活等制度，增强基层党组织在法院工作中的凝聚力和领导力。

司法能力建设　健全分层分类培训机制，组织审判长、法官、书记员等差别化培训55期次，搭建专题讲座、法官论坛平台，提高队伍业务素质。推动青年法官导师、交流锻炼制度，提高做群众工作、化解矛盾纠纷的能力，助推法院青年人才有序成长。

司法廉洁建设　健全机制，压实党风廉政建设主体责任和监督责任，强化干部日常监督管理。适应新形势，找准联动监督着力点，实施监察室与审管办“人案双管”联动监督机制。加大对评估拍卖、招标采购、执行款清退、“三公”经费等重点岗位的抽查监督力度。协调相关部门定期召开信访举报分析会，突出对重点线索的专题分析和对苗头性问题的全面排查，有效预防和化解廉政问题。

司法信息公开　完善审判流程公开、裁判文书公开和执行信息公开三大平台，探索推行庭审直播，裁判文书公开数量居全省前列。丰富公开形式，针对群众对司法公开的多元需求，开展“法官进校园”等主题活动。拓展公开内容，打造由门户网站、微博、微信等组成的媒体群，向社会传播法律知识、公布司法案例、讲好法治故事，其中佛山市中级人民法院、禅城区法院官方微信公众号影响力居全国法院前20位。

司法监督　搭建与人大、政协的沟通联络平台，定期向人大代表、政协委员报送《法院工作通报》专刊，做好10件人大代表、政协委员的建议、提案及关注案件的办理工作，邀请人大代表、政协委员参加旁听庭审、见证执行、评查案件、实地体验诉讼服务中心等活动14场、1756人次。依法接

链接

典型案例：林威雄、张学贤正当防卫案

2015年7月12日19时许，林威雄、张学贤在佛山市南海区里水镇大冲迎丰农庄的大厅吃饭。张练辉来到大厅发现林威雄，遂走到林威雄吃饭的桌子旁边，随即殴打林威雄的脸部。后林威雄与张练辉扭打起来。张学贤上前劝架，张练辉打了张学贤两拳，张学贤随即打了张练辉脸部一拳。林威雄举起一张椅子砸向张练辉，后又伙同张学贤与张练辉打斗。打斗过程中，张练辉和林威雄受伤。经鉴定，张练辉系受钝性暴力作用致全身多处软组织损伤，鼻骨骨折、右手第五掌骨骨折，属轻伤二级；林威雄系受钝性暴力作用致面部、颈部及肢体软组织损伤，属轻微伤。

一审法院经审理认为：林威雄、张学贤故意伤害他人身体，致一人轻伤，其行为均已构成故意伤害罪。但两被告人均有自首情节，且被害人张练辉在公共场所随意殴打被告人林威雄，对引发本案存在严重过错；被告人张学贤在劝架过程中遭遇张练辉殴打，其犯罪主观恶性较小，犯罪情节轻微。故对被告人林威雄从轻处罚，判处有期徒刑九个月；对被告人张学贤免予刑事处罚。案件宣判后，林威雄、张学贤不服判决向佛山中院提起上诉。

二审法院经审理认为：张练辉在林威雄吃饭时，走到其身边率先动手殴打林威雄，实施不法侵害，挑起本案事端，林威雄在不法侵害正在进行的过程中，使用拳头和身边的椅子进行反击，致张练辉轻伤，其行为属于防卫行为，且防卫程度适当，对此不应承担刑事责任。张学贤看到张练辉对林威雄实施不法侵害，在劝架过程中遭到张练辉殴打后的反击行为，亦属于正当防卫，不应承担刑事责任。为此，二审法院依法改判上诉人林威雄、张学贤无罪。

链接

典型案例：腾讯科技（深圳）有限公司诉广东微信互联网服务有限公司、广东微启动力互联网服务有限公司、岑伟涵侵害商标权及不正当竞争纠纷案

腾讯科技（深圳）有限公司（以下简称腾讯科技公司）是第9085979号“微信及图”商标的权利人，该商标核定使用商品／服务项目为第九类的计算机、计算机外围设备、计算机软件（已录制）、计算机程序（可下载软件）等。广东微信互联网服务有限公司（以下简称广东微信公司）登记经营范围为软件和信息技术服务业。广东微信公司以“广东微信互联网服务有限公司”的全称对外开展业务，广东微信公司还在其办公场所、公司网站上使用“广东微信”字样。广东微信公司还开设有公司网站和微信公众号“双创平台”。腾讯科技公司认为广东微信公司突出使用“广东微信”字样的行为构成商标侵权；广东微信公司在公司名称中使用“微信”字样，在其公司网站中使用“微信”“微商会”“腾讯唯一认证社群泰研汇社联盟共同打造的平台”，自称“双创平台”是“大众创业万众创新”的领导平台等行为构成不正当竞争，向法院提起诉讼。

一审法院经审理后认为：广东微信公司将与腾讯科技公司注册商标近似的“广东微信”文字作为企业字号在其办公场所、官方网站上突出使用，容易使相关公众产生误认，侵害了腾讯科技公司对第9085979号注册商标享有的专用权。“微信”构成知名商品（服务）特有名称，广东微信公司使用的企业字号与腾讯科技公司的知名商品（服务）特有名称“微信”相同，主观上具有攀附该商品（服务）知名度的目的，违反了诚实信用原则，易使相关消费者误认为广东微信公司与腾讯科技公司存在关联，违反了公平竞争原则，构成不正当竞争。一审法院同时还认定广东微信公司使用“腾讯唯一认证社群泰研汇社联盟共同打造的平台”等宣传用语构成虚假宣传。存在被控侵权行为的 http://www.mamaweb.cn 网站的主办单位为广东微启动力互联网服务有限公司（以下简称微启动力公司），微启动力公司与广东微信公司具有部分共同的股东，法定代表人亦相同，登记办公场所地址相同，两者存在关联，微启动力公司对广东微信公司因上述侵权行为而应向腾讯科技公司赔偿损失的债务承担连带清偿责任。一审法院判决广东微信公司、微启动力公司承担停止相关侵权行为，广东微信公司停止在其企业名称中使用“广东微信”字样，广东微信公司与微启动力公司承担连带赔偿责任。

广东微信公司不服，提起上诉，认为腾讯科技公司未在技术研究、计算机编程、计算软件设计等服务类别上注册商标，广东微信公司正常使用企业名称不构成不正当竞争。

二审法院经审理后认为：腾讯科技公司在第九类计算机软件等商品上注册了第9085979号“微信及图”商标，并将该商标用于其“微信”软件上，“微信及图”注册商标在计算机软件商品上已具有较高的知名度。广东微信公司作为从事计算机软件相关行业的企业，在登记成立时应当知悉“微信”商标的知名度，其将“微信”注册为其企业字号，其主观上明显具有攀附腾讯科技公司商标商誉的故意。广东微信公司工商登记的经营范围显示其从事的是软件和信息技术服务业，其经营范围与计算机软件存在一定的关联关系，而且广东微信公司实际所提供的服务与腾讯科技公司使用“微信”注册商标的软件也存在密切关系。考虑到腾讯科技公司在计算机软件等商品上注册的“微信及图”商标具有较高的知名度，广东微信公司在从事软件和信息技术服务相关的经营活动过程中，尤其是在提供与腾讯科技公司“微信”软件相关服务的过程中，使用带“微信”二字的企业名称，容易使相关公众认为其所提供的服务与腾讯科技公司存在特定的关联关系，造成相关公众混淆或误认，其行为违反了经营者在市场竞争过程中所应遵循诚实信用原则，构成不正当竞争。二审法院遂驳回广东微信公司的上诉，维持原判。

受检察机关法律监督，审结检察机关抗诉案件28件，依法改判、发回重审6件。

【刑事审判】 2016年，佛山法院依法履行刑事审判职责，共审结刑事案件15520件。维护国家安全和社会稳定，审结危害国家和公共安全、涉黑恶等严重刑事案件376件。保护公民人身和财产安全，参与“飓风2016”等专项行动，审结食品药品制假售假、环境污染、信用卡诈骗、电信网络诈骗等案件2023件。

【民商事审判】 2016年，佛山法院依法履行民商事审判职责，共审结民商事案件79377件，比上年增长18.4%。保障国家创新型城市建设，审结“盲公饼”“广东微信”商标权及不正当竞争等社会热点案件，发布金融、知识产权、房地产、家事等审判

白皮书和司法审查报告，延伸司法职能，发挥司法引导作用。服务金融产业发展，成立专业金融法庭和合议庭，审结金融案件10878件，涉案标的额211.3亿元。

【行政审判】 2016年，佛山法院依法履行行政审判职责，共审结行政案件1869件。化解农村集体经济组织成员资格确认、劳动和社会保障以及土地、房屋征收等矛盾突出的行政纠纷535件，撤销或变更行政行为108个。延伸行政审判职能，参与5部地方性法规和政府规章的制定。推动行政首长出庭应诉，佛山市政府和佛山中院在广东省行政机关负责人出庭应诉工作推进会上就行政首长出庭应诉作经验介绍。

【审判执行】 2016年，佛山法院依法加强执行工作，共办结执行案件53213件，比上年增长50%。以信息化为突破口，以规范化为着力点，促使执行模式发生根本性变化。查控手段“路上”“网上”并用，佛山财产查控网覆盖全市67个关联单位。财产变现“线下”“线上”并举，网络司法拍卖成交金额51.4亿元，约占全省法院的49.8%。通过“执行失信曝光屏”滚动播出失信人信息7期84人，拘留32人次，移送公安机关追究刑事责任7人次，迫使45人主动履行义务。

【法院服务保障供给侧结构性改革】 2016年，佛山法院全力服务保障供给侧结构性改革。一方面依法处置“僵尸企业”，淘汰落后产能。另一方面运用破产和解与重整程序，帮助挽救一批具有品牌、市场、产能价值的困难企业，助力市场出清和产业转型升级。佛山中院经批准设立专门审理破产案件的民五庭，成为广东省6家设有破产审判部门的中级法院之一。佛山中院在广东省率先制定《关于执行移送破产程序的实施办法》，规范执行程序和破产程序之间的衔接机制，发挥执行与破产制度的功能优势，解决“僵尸企业”破产出清与“执行难”问题。

【法院服务保障法治佛山建设】 2016年，佛山法院服务保障法治佛山建设。支持市人大立法工作，参与立法调研，对公共政策调整、土地利益分配、行政处罚执法规范化等佛山市相关立法项目提出意见和建议。以“维护行政相对人合法权益”“支持行政机关依法行政”为行政审判工作的两大基点，延伸司法职能，组织佛山市市、区政府法制部门和有关行政机关召开行政案件集中管辖座谈会，先后发布行政案件司法审查报告和行政案件集中管辖实施情况报告，助推佛山法治化建设水平走上新台阶。

【法院司法体制改革】 2016年，佛山法院建立高素质入额法官队伍，采取“领导干部与普通干部同一标准”“第三方专业评审”“重点考核实际办案”等做法，在全市法官中选任573名入额法官。院长、庭长回归审判一线，院长、庭长办案数占案件总量的十分之一。佛山法院推动审判业务监督管理由微观向宏观转变，以“审判放权不放任，监督到位不越位”为原则，制定出台《关于规范院庭领导审判管理监督职责的若干规定（试行）》及《关于建立监察室与审判管理办公室联动监督工作机制的意见》。通过制定权责清单，明确院庭领导必须在权责清单范围内履行管理监督职责，并且依程序做到全程留痕，确保院庭领导履行管理监督职责到位不越位，保障审判权依法独立、公正行使，监察室与审管办实施“人案双管”联动监督。建立审判委员会议、专业法官会议机制，发布指导性案例70篇，推动裁判标准统一。探索建立审判辅助人员队伍，增强审判队伍力量。

【法院系统综合改革】 2016年，佛山法院推动各项综合改革。发挥集中管辖优势，推进跨行政区域案件集中管辖改革，成立广东省首个跨区域知识产权法庭，禅城法院、顺德法院分别集中管辖全市一审知识产权、行政案件。探索审执分离改革，佛山中院成立民五庭负责执行裁决和破产审判工作，实现审判权与执行权、执行与破产工作相互监督、制约、衔接配合。完善过问案件登记制度，为依法独立公正行使审判权建立“隔离带”和“防护墙”。

【诉讼服务中心建设】 2016年，佛山中院推进诉讼服务中心转型升级，明确“突出服务、分区管理”的工作思路，强化诉讼服务中心的应用功能，将诉讼服务中心划分为司法服务大厅、立案大厅、信访大厅、网上诉讼服务区、法院文化展示大厅、便民服务区、诉调对接区等七大区域。同时拓展网上诉讼、案件查询、诉调对接、“12368”诉讼服务热线等功能，并率先研发启用远程视频审判（调解）APP，努力打造“一门式、综合性、立体化”的诉讼服务新平台，实现诉讼服务的“三个转变”和“三个创新”，构建开放、透明、动态、便民的阳光司法机制，提升法院诉讼服务能力和工作水平。11月，人大代表和媒体代表实地体验升级改造后的诉讼服务中心。

【多元化纠纷解决机制建设】 2016年，佛山法院探索多元化解矛盾纠纷新模式。注重源头防范，开办“成长新净界”APP栏目，向青少年传播法治理念，举办“国家宪法日”和“4·26”知识产权宣传周活动等系列普法活动。深化诉调对接工作，使3000多件纠纷化解在诉前、解决在当地。佛山中院被团中央命名为全国“青少年维权岗”。

（吕慧敏）

司法行政

【概况】 2016年，佛山市有地市级司法局1个，区级司法局5个，镇（街道）司法所32个，监狱1个（佛山监狱），强制隔离戒毒所1个（佛山市强制隔离戒毒所）。全市有律师执业机构265个，公证处6个，司法鉴定机构16个，各类人民调解组织1349个，基层法律服务所30个。全市司法行政机关工作人员1300人；共有律师2353人，其中社会执业律师2179人，公职、法律援助律师168人，公司律师6人；公证员58人；司法鉴定人员127人；人民调解员12853人，基层法律服务工作者91人。

2016年，全市司法行政机关围绕党委政府中心工作，推进“两学一做”学习教育，发挥司法行政职能作用，丰富构建公共法律服务体系内涵，各项工作取得较好成效。推进公共法律服务体系建设，夯实基层社会治理法治化基础。在广东省率先建立健全区、镇（街）、村（社区）三级公共法律服务平台。启动“七五”普法，多种形式开展法治宣传。提升法律服务水平，促进社会经济发展。加强社会矛盾纠纷化解，实现特殊人群安全稳控。市法律援助处获“全国老年法律维权工作先进集体”称号，顺德区法律援助处、三水区乐平司法所获“全国法律援助工作先进集体”称号。高明区被表彰为“全国法治宣传教育先进区”，全市1个单位和4人获全国法治宣传教育先进表彰。

【公共法律服务体系构建】 2016年，佛山市有区、镇（街）、村（社区）三级公共法律服务实体平台共766个，覆盖率100%，接待群众来电来访来信13.4万人次，提供各类法律服务21.4万件（场、次）。市委、市政府将公共法律服务体系建设纳入《佛山市国民经济和社会发展第十三个五年规划纲》和对五个区政府绩效考核项目予以督办落实。市委政法委、市司法局联合印发《佛山市丰富构建公共法律服务体系推进基层社会治理法治化工作方案》。改版升级“佛山司法”微信，新增“法治地图”“公证预约”等功能，关注群众切身的法律需求，聚焦时下法律热点、发布佛山市法治动态，获得市民广泛关注。

【社区矫正和安置帮教】 2016年，佛山市在册社区服刑人员2517人，累计接收社区服刑人员10711人，累计解除社区服刑人员8194人。社区服刑人员的接收率、建档率达100%，完成“两个8小时”工作，巩固重点服刑人员“一对一”帮教工作，开展青少年社区服刑人员帮教志愿者服务工作。在全省首创，由市司法局、市公安局联合下发《关于选派公安干警协助开展社区矫正及重点人员管理工作方案的通知》，全市共选派68名民警（辅警）到32个镇（街）司法所协助开展社区矫正工作，加强基层社区矫正执法力量，实现社区矫正人群的安全稳控。

【人民调解】 2016年，佛山市有人民调解组织1349个，在册人民调解员12853人，村（社区）专职调解员804人。全年调处案件10255件，成功调解9968件，协议金额27914万多元。开展矛盾纠纷排查20272次，预防矛盾纠纷2093件，防止民转刑19件102人，大量基层矛盾化解在萌芽状态。

佛山市"一村(居)一专职调解员"工作在全省处于领先地位，村(社区)专职调解员成为司法行政工作向村(社区)基层一线延伸的重要抓手和载体，不仅承担人民调解工作，还参与普法宣传、法律援助、社矫安帮、法律服务等多项工作。

【基层法律服务】 2016年，佛山市司法局完成30个基层法律服务所年度检查，以及91名基层法律服务工作者执业证年度注册工作(其中顺德区有基层法律服务所10个，基层法律工作者32名)，办理3名法律服务工作者注销执业证的手续。

【"一村(居)一法律顾问"工作】 2016年，佛山市有521名专职律师进驻村(社区)开展法律顾问工作，738个村(社区)均与律师事务所签订律师服务协议，每个村(社区)落实配备1名法律顾问助理，推进"一村(居)一法律顾问"工作。市司法局先后4次对各区、镇(街)开展督导检查，指导工作规范开展。各区统一制作便民服务卡方便联系群众。全市"一村(居)一法律顾问"服务对象60831人次，提供服务22031件次，其中诉讼149件次；非诉讼21882件次(接访咨询14045件次、审查合同516件次、法律意见书429件次、代书253件次、谈判77件次、调解纠纷482件次、参与法援68件次、处理敏感案件89件次、协助选举115件次、上法制课或法律培训3295件次、其他2513件次)。

【法律援助】 2016年，佛山市法律援助机构共接待来电来访咨询22462人次，受理承办法援案件18698件。全市均按标准在临街一层设立法律援助服务窗口，并在各区人民法院、劳动仲裁委和看守所建立法律援助联络点，安排律师进驻值班，在"半小时法律援助圈"基础上，对重点机构和场所进行强化。开展新市民服务进企业、进村居、进家庭"三进"工作，开展形式多样的宣传服务活动，法律援助社会知晓率显著提升。

【普法宣传】 2016年，佛山市普法办启动"七五"普法工作，提请市委、市政府转发《关于在全市公民中开展法治宣传教育的第七个五年规划(2016—2020年)》。市人大常务委员会出台《关于开展第七个五年法治宣传教育的决议》，市普法办召开"六五"普法总结暨"七五"普法动员大会；推动建立佛山市普法工作联席会议制度，出台《关于进一步完善国家机关"谁执法谁普法"工作机制的意见》，并将"谁执法谁普法"工作纳入全市绩效考核体系；出台《关于在全市建立以案释法制度的意见》，组建普法讲师团、"以案释法"专家库，在全市启动"以案释法百千万公益行工程"；指导交通、消防、法制、禁毒、安监"五校长"开展青少年普法教育；发动职能部门在电台、报纸开设法治宣传专栏，利用公交、楼宇等平台播放公益法治宣传广告，推动社会媒体开展公益普法宣传，在全社会营造出浓厚的法治宣传氛围。

【公证服务】 2016年，佛山市开通公证微信平台，为群众提供公证咨询、公证预约、办证进度查询等服务，推动公证服务便民利民。全年共办结公证案件12.05万件，其中，国内公证案件99248件、涉外公证案件18289件、涉港澳台公证案件2949件。从11月1日起至年底，共为本地70周岁以上的老年人办理免费遗嘱公证1054件。开展免费永久保管公证遗嘱活动。推行简化办理小额遗产继承的公证程序，提高小额遗产继承的办证效率。简化办证手续和程序，优化办理流程。落实首问负责制、一次告知制，实现接待、咨询、申请、受理、审批、出证"一条龙"服务。

【司法考试】 2016年国家司法考试于9月24—25日举行。佛山市考区设3个考点，分别是荣山中学、汾江中学、第三中学(初中部)。共有2552人报名参加司法考试。实际参考人数1928人。通过司法考试284人，合格率14.73%。在通过考试的人员当中，取得A证的276人、C证的8人，其中有81名在校大学生通过考试。

【司法鉴定】 2016年，佛山市司法局加强与市法院、检察院、公安、保险行业协会、律师协会等部门的沟通联系，向社会征求意见建议，强化司法鉴定机构规范化建设，服务质量得到有效提升。强化司法鉴定资格管理和质量监管。严格依法依规开展司法鉴定审批业务，全市无司法鉴定机构和人员受到行政处罚，有2个鉴定机构收到市司法局责令整改通知书。

【监狱管理】 2016年，佛山监狱坚持以提升教育改造质量为中心，坚守安全稳定底线和法治红线，成立监狱指挥中心，打造狱情搜集研判处理及应急处突的监狱综合治理中枢。强化监狱企业的劳动改造功能，夯实服刑人员劳动改造和技能培训基础。推进心理矫治工作，与佛山市第三人民医院联合开展服刑人员精神疾病诊治、远程心理咨询、大型心理矫治、心理危机干预等活动，有效提升服刑人员的心理健康水平。实现连续18年监管安全、连续20年生产安全，为"平安佛山""法治佛山"建设及社会的和谐稳定作出应有贡献。

【强制隔离戒毒管理】 2016年，佛山市强制隔离戒毒所牢固树立安全首位意识，坚持推进场所规范化管理和规范化建设，落实好各项安全防控工作机制和安全管理制度，全年全市收治戒毒人员1013人，排查整改安全隐患70项次。着力做好患病人员管理，实现场所连续16年安全"六无"目标和连续23年生产安全无事故。完成戒毒管理局赋予的"三三六"戒毒模式试点工作任务。全年接待15批次共1500人次的中小学生来所进行禁毒、戒毒教育。

【公共法律志愿者服务】 2016年，南粤春雨公共法律志愿者服务项目组在佛山南海区范围内开展公共法律志愿者服务的需求调查。志愿者参与值班和志愿活动时，使用手机APP实时拍照、LBS实时位置定位以及手机签到记录出勤情况。通过多种渠道发布招募公告，及时收集来自司法系统、律师事务所、高校等的志愿者信息，新招录公共法律服务志愿者81人，其中参与公共法律志愿服务42人次，累计服务时数82小时。

【佛山市国家安全教育巡回展】 2016年4月15日，佛山市国家安全工作领导小组办公室在佛山市新图书馆举行首个"全民国家安全教育日"暨国家安全教育巡回展启动仪式。该巡回展是佛山市国家安全工作领导小组办公室、市司法局、市图书馆为迎接首个法定的"全民国家安全教育日"而联合举办的系列活动之一，共分为"国家安全重于泰山""无名英雄""反渗透反颠覆斗争""反恐怖反分裂斗争""反间谍反窃密斗争"和"众志成城"等6个部分。佛山市委政法委、市国家安全局、市司法局等相关领导和数千市民参加展览活动。其中，佛山市新图书馆的展期为4月15—20日，之后到各区的机关单位、大中学校、大型医院、大型企业以及重点公共场所巡回展出，持续至国庆期间。此外，在市广电网络有线电视、公交视频、楼宇视频播放国家安全公益宣传广告；"佛山普法"公众微信号也举办国家安全知识主题宣传，并进行有奖问答等活动。

【佛山监狱服刑人员远程视频会见平台】 2016年6月30日，佛山监狱服刑人员远程视频会见平台正式启用。该新开设的服刑人员远程视频会见平台，是佛山监狱借助"互联网+"战略思维对传统亲情会见工作的升级改造，也是监狱帮教工作社会化的有益探索，是监狱践行"两学一做"学习教育的具体体现。平台目的是帮助服刑人员安心改造，同时也方便路途遥远、家庭困难和行动不便的服刑人员家属会见亲人。平台的端口设在佛山监狱网站，服刑人员家属只要登陆网站，并按照要求提交申请，待监狱狱政管理部门批准后，在规定的时间上线即可与服刑人员进行网上会见。该会见每月不超过一次，且每次参加会见的亲属不超过3人，会见时间控制在30分钟内。

（王　松）

仲　裁

【概况】 2016年，佛山仲裁委员会有工作人员24人，其中办案秘书10人。8月11日，第六届佛山仲裁委员会召开第一次全体委员会议，依法增聘40名仲裁员，至年底，在册仲裁员290人。全年全市受理案件880件，案件标的额45.6亿元。其中，银行借款合同案件470件，民间借贷合同案件145件，买卖合同案件88件，建设工程合同案

链接

二手房买卖合同纠纷仲裁典型案例

2016年3月13日，申请人陈某某、黄某某与吕某某签订《房地产买卖合同》，双方约定吕某某将其所有的位于佛山市禅城区鸿翔北二街12号410房以人民币91万元价格转让给申请人，申请人当日向吕某某支付定金人民币5万元，拟于4月份办理按揭、过户等手续，但吕某某并未依约履行。被申请人姚某冰（吕某某的妻子）、吕某嘉（吕某某的女儿、继承人）告知申请人称吕某某受伤住院，故不能办理相应手续，5月中旬吕某某去世，申请人随后多次催促被申请人继续履行合同，但被申请人拒绝履行合同。被申请人以涉案房屋是未成年人即第二被申请人的唯一居所、也是第二被申请人对父亲吕某某的思念和精神寄托为答辩理由，希望该房屋日后留给第二被申请人所有和使用，以免损害未成年人即第二被申请人的合法权益。

本案依法组成独任仲裁庭，由一名退休的资深法官担任独任仲裁员。本案经过独任仲裁员耐心细致的调解，双方当事人达成调解协议：（一）申请人陈某某、黄某某与吕某某于2016年3月13日签订的《房地产买卖合同》终止履行；（二）被申请人姚某冰、吕某嘉于调解书生效后十日内向申请人陈某某、黄某某支付买卖房屋赔偿款人民币33.5万元（含定金人民币5万元、仲裁费人民币4255元、保全费人民币5000元）；如被申请人逾期付款，除应支付第一项赔偿款外，还应向申请人支付违约金人民币10万元。

件33件，担保服务合同案件26件，租赁合同案件24件，物业服务合同43件，其他类型案件51件。全年佛山仲裁委员会协助当事人办理财产保全175件。受理的案件数量、标的额分别比上年增长41.9%和13%，均创历史新高。全年结案767件，其中裁决结案625件、调解结案41件、当事人达成和解后撤诉96件。驳回仲裁申请2件。调解撤诉率为17.8%。

【佛山仲裁委员会国际商事仲裁中心成立】 2016年8月11日，佛山仲裁委员会国际商事仲裁中心揭牌仪式在佛山国际会议中心举行，国际商事仲裁中心正式成立。国际商事仲裁中心的成立，并在与国际商事仲裁惯例接轨、软硬件建设、业务发展布局、塑造佛山仲裁服务品牌、建立仲裁工作机制等方面制定明确的工作任务，对提升佛山涉外暨国际商事仲裁服务能力，促进佛山市法治化、国际化营商环境建设发展起积极作用。11月18日，《佛山市关于创建佛山国际商事仲裁平台的工作方案（2016—2020年）》正式发布实施。至年底，在国际商事仲裁中心的促进和推动下，佛山涉外案件数量大幅提升，受理的涉外案件28件，比上年增长1.15倍。

【仲裁信息化建设】 2016年年初，佛山仲裁委员会就仲裁办案流程系统与相关电脑公司先后两次召开专门会议，对仲裁办案流程系统提出详细的需求意见。此后召开近10次专门的座谈会（协调会），至12月，仲裁办案流程系统得到修改完善。佛山仲裁委员会完成金融仲裁院2个数字仲裁庭的建设方案，通过公开招标方式确定中标单位，并于11月完成2个数字仲裁庭安装调试，至12月，完成数字仲裁庭审系统的验收工作。

【仲裁业务网点建设】 2016年，佛山仲裁委员会顺应珠三角地区仲裁机构日益激烈的竞争需要，推进仲裁业务网点布局和建设。一方面优化佛山仲裁委员会金融仲裁院的办案场地，与友邦金融中心的物业管理公司签订相关租赁合同和物业服务合同，准备搬迁到广东金融高新区友邦金融中心；另一方面在顺德区大良街道挂牌成立佛山仲裁委员会顺德仲裁院。10月18日，向佛山市政府上报《关于进一步加强在南海、顺德拓展仲裁业务的请示》，并得到佛山市政府的支持和批准。

（陈彩霞）

地方军事

中国人民解放军佛山军分区

【概况】 2016年，佛山军分区全面贯彻落实国防动员部和省军区的决策部署，围绕“着力固本培元、聚力应急应战、强力正风塑形、奋力开新图强”的工作思路，聚焦主题主业，聚力强军实践，主动转换“新频道”，适应新常态，平稳推进，主动作为，各项建设取得明显成效。

年内，佛山军分区着力思想政治建设，加强党风廉政建设，开展改革强军主题教育活动和“五个当好”调研活动，做好军事斗争准备，开展军事战备、军事训练和完善军事设施，加强部队安全管理，加强国防动员工作，开展“双拥”共建活动，做好军队综合保障等工作。年内，佛山军分区还注重整合军地资源抓兵役，参照“佛冈试点”和征兵“正规化”现场会做法，实施全程监督、全时监控的“阳光征兵”措施，圆满完成夏秋季新兵征集任务。

【思想政治建设】 2016年3月23日，佛山军分区召开党委第一书记任职大会，佛山市委书记、市长鲁毅被任命为佛山军分区第一书记。广东省委常委、省军区政委黄善春与会并宣读《中共广东省军区委员会关于增补鲁毅同志为佛山军分区党委第一书记的决定》并颁发《任职证书》。在书记鲁毅带领下，佛山军分区全面加强思想政治建设。

党风廉政建设 定期组织党员干部学习贯彻《中国共产党党员领导干部廉洁从政若干准则》《中国共产党纪律处分条例》《关于新形势下党内政治生活的若干准则》《中国共产党党内监督条例》《关于加强省军区部队师团主官权力监督措施》等廉政法规制度，紧抓反腐倡廉警示教育，严格落实党组织生活制度，14个党支部召开专题组织生活会，284名党员人人承诺践诺，党员执行六项纪律更加严格正规。

改革强军主题教育活动和“学党章党规、学系列讲话，做合格党员”学习教育 军分区部队统筹推进“两项教育”，成立专门领导小组，4月开展为期一周的集中教育，规范学习笔记，督导党支部活动，严格抓好学习教育“四落实”。“两项教育”围绕4个步骤21个环节12项配合活动，编印学习资料5册，应知必会知识点考核1次，组织官兵职工集中讨论4次，师、团两级授课14次，其中2篇优秀授课提纲被广东省军区评为优质党课。组织“廓清思想迷雾、明辨是非标准”讨论和民主评议党员活动，全面彻底肃清郭徐流毒影响。“七一”期间开展重温入党誓词、缅怀革命先烈、观看红色影视作品、参观现代工业园区、党的知识竞赛和全区性文化体育比赛等系列活动，丰富官兵生活，活跃官兵思想，提升部队的凝聚力。

“五个当好”调研活动 3—9月，各级党委机关分别围绕“如何转观念、破瓶颈，建设‘四铁’参谋机关执行机关服务机关”“如何当好应急应战指挥部”“如何当好地方党委的军事部”“如何当好同级党委的兵役部”“如何当好后备力量建设部”“如何当好军民融合发展协调部”“如何提升老干部生活品质”等7个课题组织调研。10月，军分区组织各单位交流调研成果。调研活动为军分区系统调整改革、转型升级奠定思想政治和建设理论基础。

【军事斗争准备】 2016年，佛山军分区通过抓好战备工作，强化军事训练及完善各项军事设施，做好军事斗争准备。

军事战备工作 3—5月，围绕所担负的任务，深化、细化重难点问题研究，修订完善作战、应急处突、日常战备三类方案，组织开展重要目标现地勘察活动，召开动员部署会暨业务知识培训，及时

更新作战数据库，修订防卫作战计划，提升遂行作战任务能力。4—5月，抓好全市民兵整组工作，在抓好人武部正规化建设的基础上，将标准规范向基层武装部和民兵营（连）延伸，形成军分区帮、带、抓、建基层武装部，人武部帮、带、抓、建民兵营的格局。

2016年1月4日，佛山军分区组织机关人员进行反恐演练

军事训练　各区人武部组织民兵营连长、专武干部集训和民兵轻舟分队训练，提高各级各类人员的军事技能。4月，组织全区参谋人员进行为期一周的军事技能集训，并挑选4名优秀参谋进行强化训练，在省军区比武竞赛中取得较好成绩。此外，组织进行值班执勤专项培训，对各级作战值班秩序、各类情况的掌握和处置进行规范和要求，规定每天2次不定时查岗、每周1次战备值班讲评、值班缺岗人员大交班会上作检查等3项制度，规范战备值班秩序。

军事设施完善　抓好电视会议系统和通信机房标准化整治以及地方应急平台、社会治安监控、交通道路监控等地方信息的协调接引。贯彻落实省军区反恐工作会议精神，抓好方案计划、安防设施、器材配备、指挥通联、情况处置的完善落实。

【部队安全管理】 2016年，佛山军分区以“学法规、严法纪、正秩序、促稳定”为抓手，着重整治“灯下黑”，着力规范“四个秩序”，非军事化倾向得到有效治理。坚持安全知识常学、安全形势常议、安全工作常抓。全年围绕营院正规化管理、车辆派遣审批制度落实情况、保密工作、消防安全检查、民兵武器装备仓库安全管理等问题和“四个秩序”的落实情况等，先后开展4次拉网式排查，共清理整治问题50余个，确保部队的安全稳定。

【国防动员】 2016年，佛山军分区组织全市国防动员潜力调查，完成上万条动员潜力数据，在解决动员法规难落实、力量建设难统筹、潜力调查难更新等问题上取得突破。推动佛山市各区、镇（街）把武装工作纳入地方绩效考评体系，促进党管武装工作的抓实落地。整合军地教育资源优势，加大国防教育力度，军分区、人武部领导和机关干部进党政机关、社区、院校、企业、乡村讲国防教育课形成新风尚。

【“双拥”共建】 2016年，佛山军分区协助地方党委和政府开展“双拥模范城区”创建活动，佛山市再次被评为全国“双拥模范城市”，实现全国“双拥模范城”八连冠。其中，禅城、南海、顺德、三水被评为广东省“双拥模范区”。

军转安置　加强军地协调，落实中央新的转业安置政策，下发《佛山市军队转业干部安置工作领导小组关于部分正营级和技术级别计划分配军转干部职务安排的通知》，改变营以下转业干部“一刀切”安排普通科员的局面。重新修订正团职军转干部评分办法，正团职干部安排实职率达47％。

精准扶贫　军分区与佛山市民政局、市残联共同挂钩帮扶云浮市郁南县千官镇旺玖村，人武部与各区政府相关部门共同帮扶5个扶贫村，先后投入100多万元，20余次走村入户开展精准扶贫、兴教助学和送医送药等活动，赢得群众好评。

【军队综合保障】 2016年，佛山军分区拓展物资采购制度改革，完善物资采购工作实施细则，落实被装、油料、药品和物资集中采购规定。做好经济适用住房收尾工作，抓好住户统一整修工作，制订专项方案，聘请地方物业管理公司。财务开支、固定资产管理和违规住房清理清查工作得力，开展清理整治公务用车、报废超编自购车辆、收回违规占用住房、收回不合理出租房、停止有偿服务项目、清理不合理开支等专项活动。对机关公寓房进行维修改造，改善官兵生活条件。

（曾玉勇）

武警佛山市支队

【概况】 2016年，武警佛山市支队按照抓部队先强班子的思路，以能力建设、先进性和纯洁性建设为主线，加强党委班子自身建设，科学统筹部队各项建设，推进重点工作落实，部队建设呈现出稳步发展的良好态势。

政治工作 围绕“四个牢固立起来”，用改革强军主题锤炼官兵，推进“红色基因代代传工程”，建设实体警史馆和网上警史馆，开展“读书铸魂、投身强军”读书活动、“投身改革强军实践”主题演讲、“点赞改革强军先锋”故事会、强军书法美术作品展、“禅城卫士杯”篮球联赛等活动，自主创作微动漫《突击》参加武警总部评比获三等奖，树立15名“平凡岗位铸忠诚”强军典型人物，激发官兵强军兴军的政治热情。

年度任务完成 坚持中心居中，推进“五防一体化”和五区看守所AB门建设，组织勤务，固定执勤目标安全稳定，三水区中队、三中队先后成功处置有碍目标安全事件受总部、总队通报表扬。组织新兵、预提指挥士官、教练员集训，开展“大练基本功”活动，增强遂行任务能力。完成“互联网+”国际博览会、西樵半程马拉松赛、春运执勤、武装巡逻、等级警卫、迎春花市和“行通济”安保等任务。

基层建设 始终把抓基层打基础当日子过，加强基层干部力量，减轻基层工作压力。采取参观见学、比武竞赛、以会代训、结对帮带等形式，提高基层干部按纲抓建能力。组织南海区中队开展士官队伍“因事设岗、以岗促能”试点活动，探索提高士官队伍履职尽责能力建设经验，落实股队挂钩机制，基层建设内涵有所提升。一中队被评为“标兵中队”，二中队、三水区中队、南海区中队被评为“先进中队”。

后勤保障 落实“后勤变前勤”要求，优化战备物资储备结构，建立后勤战备物资储备专库，与地方单位签订各类保障协议，抓好野战食品、油材被装和药品器械调整补充。协调地方政府建设战备车库、基层训练场配套设施，拓展深化双重保障效益。开展农副业生产，开展“伙食精细管理年”活动，开通远程医疗会诊系统，实现基层卫生室网上巡诊，综合保障作用发挥明显。

党委凝聚力增强 坚持把“两学一做”专项教育和作风纪律整顿活动作为正风气、刹邪气、提士气的重要途径，贯彻落实民主集中制，公平公正公开处理各类敏感事务，部队上下普遍满意。狠抓党风廉政建设，组织“读书思廉”活动，组织党员干部参观红色教育基地和到反腐教育基地接受警示教育，完善规章制度措施，实施干部“暖心工程”，帮助各中队解决大龄官兵婚恋、整治执勤隐患等难题，部队政治生态环境持续优化。

【“春运”执勤】 2016年1月26日至2月7日，武警佛山市支队官兵完成佛山火车站“春运”执勤任务。执勤中，支队领导靠前指挥，执勤官兵依法文明执勤，先后协助火车站工作人员疏导旅客20万余人，化解危机17次；协助公安机关抓获盗抢人员4人，收缴违禁物品13件，救助旅客106人次，为旅客扛行李、扶老携幼等446人次。

【“迎春花市”安全保卫】 2016年2月7日19时至2月8日凌晨1时，武警佛山市支队官兵完成佛山市2016年“迎春花市”现场安全保卫任务，帮助群众化解危机7次，执勤官兵良好形象受到市民好评。

【“行通济”安全保卫】 2016年2月22日19时至2月23日凌晨1时，武警佛山市支队官兵完成佛山市2016年“行通济”安全保卫任务。执勤中官兵发扬不怕苦不怕累的精神，连续8个小时战斗在执勤第一线，以过硬的素质、文明的语言和优良的作风赢得佛山市委、市政府和人民群众好评。

【第二届中国（广东）国际“互联网+”博览会安全保卫】 2016年10月20—23日，2016年第二届中国（广东）国际“互联网+”博览会在佛山市广东（潭州）国际会展中心举行，武警佛山市支队完成博览会安全保卫任务。全体执勤官兵恪尽职守，高标准、高质量完成该次安保任务，展示武警部队威武之师、文明之师的良好形象，受到地方领导及现场观众的赞扬。

【“四有”革命军人主题演讲比赛】 2016年7月19日，武警佛山市支队组织开展“投身改革强军实践、争做‘四有’革命军人”主题演讲比赛活动，基层选派10名选手参加。勤务中队、禅城区中队和二中队选手分别获前三名。

【国家烈士纪念日系列活动】 2016年9月30日，在国家烈士纪念日来临之际，武警佛山市支队官兵与驻地党政机关、人民群众和在校中小学生代表一起，分别到高明区“三潭”革命纪念碑、禅城区铁军公园等地，举行敬献花篮和宣誓仪式，瞻仰革命烈士纪念碑，重温革命英雄历史和传统，缅怀革命烈士。

（杨　军）

人民防空

【概况】 2016年，佛山市人民防空办公室推进各项人防建设，完成佛山市人防建设“十三五”规划的报批和印发程序，成为全省率先完成“十三五”人防规划编制工作的地级市；出台《佛山市人民防空工程建设质量检测管理规定（试行）》，率先在全省人防系统引入第三方检测机构在人防工程防护设备生产、隐蔽验收、竣工验收等关键环节进行检测；开展“关于人防工作服务地方经济、促进改革发展、走融合发展道路”专题调研和撰写调研报告等。多项工作走在广东省前列并被推广，树立人防工作与佛山社会经济发展地位相适应的良好形象。2月，被广东省人民防空办公室评为“人防目标考核达标先进单位”和“年度工作创新单位”；9月，被广东省国防动员委员会评为“广东省人民防空先进单位”，佛山市被评为“广东省人民防空先进城市”。

【人防行政审批】 2016年，佛山市人防办从目录标准、要件标准、流程标准、裁量标准、制度规范等5个方面进行梳理明晰和流程再造，编制办事指南和业务手册，完成全市15个人防行政审批事项标准的设定编制、上报审核和录入市行政审批标准化管理系统。按《佛山市人防工程业务集体审核例会制度》组织召开12项人防工程审核例会及形成会议纪要，发挥集体审核把关作用。

【人防质量抽查考评】 2016年，佛山市人防办按《佛山市人防工程建设质量抽查（抽检）制度》成立专项检查组，通过随机抽样、交叉检查、属地回避的方式，抽查（抽检）21个人防工程报建审批项目、8个竣工结建防空地下室工程和32个样品；按《佛山市人防工程防护设备生产安装质量考评暂行办法》成立专项考核组，对在佛山市人防办登记和本市行政区域承接业务的11家人防防护设备生产安装企业进行专项考评。将检查（考评）结果书面通报给各区政府、各区人防办、市人防协会和各相关单位，并在佛山市人防办门户网站公布。

【人防基层服务】 2016年，佛山市人防办在《佛山市人民防空办公室关于进一步加强人防工程建设管理的指导意见》基础上，补充出台《佛山市人民防空办公室关于人防工程建设管理若干问题的指导意见》，明确和规范相关人防事项，指导基层开展工作。同时，从统一标准、简化流程和业务指导、督促检查等方面去服务基层和群众，通过“走下去”或“请上来”方式，对市职能部门或区政府过问的市、区重点项目，及时组织业务人员研究讨论，提供咨询指导。

【人防服务地方经济】 2016年，佛山市人防办会同佛山市经信局联合下发《佛山市经济和信息化局 佛山市人民防空办公室关于招商引资过程中涉及人防相关事项的通知》，明确和规范招商引资工作，并协助区政府和有关市职能部门处理好苏宁等项目的“瓶颈”问题；经与审计部门协商后，专门下发《佛山市人民防空办公室关于城镇保障性安居工程涉及人防易地建设费事项的通知》，明确并落实城镇保障性安居工程人防易地建设费的减免政策。

【人防训练和演练】 2016年，佛山市人防办制订2016年佛山市人民防空训练工作计划，组织“人民防空训练规定”和“人民防空训练与考核大纲”专题讲座，召开专题会议研究落实措施，举办训练骨干培训班。成立由市政府分管领导为组长、各区分管领导和市相关职能部门分管领导为成员的佛山人防训练领导小组。在做好省下达的短波、视频会议、卫星等常规科目训练任务的同时，分别组织开展全市警报控制系统、超短波通讯系统、4G通讯系统配合单兵作战以及全省第一组协同等5项训练演练。

【人防警报试鸣】 2016年，佛山市人防办组织市、区两级联动的“9·18”防空警报试鸣，全市警报器以及电台、电视台同步播报警报试鸣音响信号，中心城区音响覆盖率和鸣响率均为100%。同时，结合警报试鸣开展系列宣传教育活动，如在佛山电视台连续8天播放《居安思危备战人防》科教片；在《佛山日报》及其官方微信、佛山电台、佛山在线、广佛都市网、《珠江时报》等媒体连续2周同步播放警报试鸣公告；召开警报试鸣新闻通气会；通过佛山市突发事件预警信息发布中心发布警报试鸣手机短信600多万条；等等。

【人防宣传教育】 2016年，佛山市人防办继续落实人防知识进“党校（行政学院）”长效机制，人防办机关党委书记张启平、主任赖洪健先后为佛山市2016年初任公务员培训班、第二期正处领导干部进修班的学员作人防知识专题讲座；召开全市人防宣传教育与信息工作会议，建立通报“倒逼”机制；结合“9·18”警报试鸣、“5·12”防灾减灾日，市、区人防部门联动开展人防知识宣传教育和防空疏散演练等系列活动，强化人防宣传教育进学校、进社区的常态化。全年共有2篇文章在国家级、7篇在省级、23篇在市级媒体公开发表；刊发《佛山人防信息》18期、《佛山人防简报》7期，佛山人防办门户网站发布信息、公告、通报等408篇（条）。

【人防试点工作】 2016年，佛山市开展一系列试点等探索性人防工作。一是完成省下达的“智慧人防”试点任务。9月，完成人防工程业务管理系统、人防基础地理信息支撑平台以及数据机房等项目的建设；制订佛山市人防办2016年度人防信息化工作计划，并被省人防办在全省推广。二是在南海区实施村村通喇叭工程，利用人防电声警报发放灾害预警信息的做法，被省人防办以“积极拓展防空警报应用　主动融入政府应急管理”为题在全省推广。三是推进承接的探索人防工程维护管理试点任务，制定有效的维护管理办法（送审稿）。该工作在全省人防工程维护管理试点工作座谈会被给予高度评价。四是完成省人防办交办编制《广东省防空地下室施工图设计文件审查技术指南》的任务，并通过专家论证评审和按时上报，走在全省10个专题的前列。

2016年9月18日，佛山市人防办组织一年一度的防空警报试鸣，并在佛山市南海区大镇小学开展人防知识教育暨疏散演练活动。图为演练活动现场

【人防工程业务网上管理系统上线运行】 2016年5月1日，佛山市人防工程业务网上管理系统正式上线运行。该系统对接市和各区行政服务中心的报建窗口，是落实以“科技+制度”监管人防工程的重要载体，把监管防控工作前移到事前、事中环节上来，实现对全市人防工程审批的实时监控和规范管理，被省人防办在全省推广。全年市本级通过系统受理并完成办结的审批事项共18项，各区通过系统受理并完成办结的审批事项共255项。

【佛山市人民防空协会成立】 2016年1月，佛山市人防办牵头指导成立人防行业自律组织——佛山市人民防空协会。协会主要业务范围：开展人防调查研究、对会员组织交流培训、开展行业管理以及为会员服务等。6月，协会抽取专家库专家配合市人防办2016年上半年人防工程建设质量抽查（抽检）工作；8月，抽取专家库专家参加市人防开展的人防工程防护设备生产安装质量考评专项检查。

【人防知识（技能）进校园】 2016年，佛山市人防办联合印发《佛山市人民防空办公室 佛山市教育局 佛山军分区司令部关于加强中小学生人防宣传教育工作的通知》和《佛山市人民防空办公室 佛山市青少年军校关于在“佛山市青少年军校”设立“佛山市人防教育基地”的通知》，率先在广东省将人防知识（技能）教育纳入中小学生军训必修科目。组织开展“五个一”规定动作（即上一堂人防知识课、举办一次人防实操演示、组织一次疏散逃生演练、观看一部人防专题片、发放一册人防知识读本），全市发放《广东省人防知识读本》11万册、防化器材15套、宣传短片6套。同时，举办全市人防知识教育师资培训班，并组织印发《人防知识普及教育教案与讲义》示范教材发至各中小学。

（郑　铭）

国防教育

【概况】 2016年，佛山市印发《2016年佛山市国防教育工作要点》的通知，落实联席会议和检查督促等制度，坚持以《中华人民共和国国防教育法》和《关于加强新形势下国防教育工作的意见》为依据，国防教育工作紧贴国家安全形势，创新方法手段，狠抓工作落实，着力形成新机制、打造新平台、开创新路子。利用“国防教育日”等有利时机，由市国防教育办牵头，联合各国防教育委员会成员单位，定期组织国防教育学习、广泛开展各种形式的国防宣传教育活动，利用报刊、广播、电视等各类大众媒体和电子屏幕、公共交通设施、建筑围挡等公共传媒，开辟国防教育专题栏目，开展国防教育宣传普及工作，增强干部群众的国防观念，为促进经济建设和国防建设协调发展提供思想保证和精神动力。

【“关注国防安全共筑钢铁长城”国家安全专题学习会】 2016年9月15日，佛山市国防教育办组织举办“关注国防安全共筑钢铁长城”国家安全专题学习会，邀请市委常委、佛山军分区政委李玉林作辅导报告，剖析当前国内外安全形势，增强佛山市领导干部的国家忧患意识，增强关心国防、支持国防的思想自觉和行动自觉。来自市委理论学习中心组成员及学习秘书、市人大、市政协、市国防教育委员会成员单位、市委各部委、市直副局以上单位、市各人民团体、中央和省驻禅等单位的领导干部以及驻禅部队250余人参加专题学习会。

【青少年国防教育普及】 2016年，佛山市结合自身实际，组织开展各种形式的国防教育活动，培养青少年的国防观念。3月27日至4月10日，在全市未成年人中开展“我们的节日·清明”网上祭英烈活动，组织网上签名寄语，引导未成年人铭记历史，缅怀先烈，推进未成年人国防意识的提高。各区根据实际，分别举办征文演讲、诗歌朗诵、主题班会、团日活动，组织学生慰问帮扶困难复退军人和烈士家属，到烈士陵园、烈士墓地祭扫、献花和宣誓等线下教育活动，表达对先烈先辈的感恩怀念，培养爱国情感。在国庆节期间，组织全市中小学生开展“向国旗敬礼”活动，组织网上签名寄语以及网下教育实践活动，宣传弘扬爱国主义、集体主义、社会主义思想，引导未成年人积极培育和践行社会主义核心价值观。10—11月，市国防办联合市司法局、市中级人民法院、市教育局、团市委、市少工委在全市范围内共同举办“精彩人生　与法同行”2016法治知识课堂系列活动，运用中小学生喜闻乐见的形式在全市中小学宣传法律知识，理解国家法治的意义，使青少年理解法治的道德底蕴，尊崇公序良俗，牢固树立规则意识和契约精神，提高公民责任感，提升法治意识、国防意识。

【清明节祭英烈活动】 2016年清明节期间，佛山市国防教育办利用各类烈士纪念建筑物和革命战争中重要战役、战斗纪念设施等爱国主义教育基地，组织广大干部群众为革命先烈扫墓，开展各类祭奠活动，引导人们不忘传统、开拓进取。各区按照全市统一部署组织开展网上签名寄语活动，同时组织网下祭奠活动，培育和践行社会主义核心价值观，引导干部群众增进爱党、爱国、爱社会主义情感。

【“国防教育日”系列活动】 2016年，佛山市开展形式多样的全民国防教育系列活动。一是以纪念红军长征胜利80周年为主题，开展系列主题宣传教育活动。禅城区开展美术家协会会员纪念长征胜利主题作品展、南海区开展纪念红军长征胜利文艺晚会、顺德区组织长征主题书画名家作品邀请展、高明区开展大型国防教育宣讲和“革命初心，矢志不渝”——纪念谭平山诞辰130周年座谈会、三水区组织纪念长征胜利80周年暨全国绿色长征公益健走冲关赛等，精彩纷呈。二是国防教育日前后组织机关、企业、社区、学生观看系列国防教育电影。各区根据全市统一安排开展电影放映活动，结合实际，自主开展红色电影放映计划，使广大群众、青少年学生接受爱国主义教育，培育爱国主义情操，增强忧患意识和国防观念。三是组织开展“南粤长城杯”系列活动。以“弘扬长征精神，决胜全面小康”为主题，在全市中小学组织第四届“南粤长城杯”演讲比赛，选拔优秀选手参加由省举办的“南粤长城杯”青少年电视演讲总决赛。在总决赛中，佛山选手获得一等奖2个、二等奖1个，佛山市成为该届比赛中获奖最多的地级市，在活动中有效激发青少年学生和干部群众爱党、爱国热情。

【红军长征胜利纪念日主题宣传活动】 2016年8—11月，佛山市各地以纪念红军长征胜利80周年为契机，开展诗歌朗诵、画展、摄影展、文艺晚会等各类主题宣传活动。市委宣传部、市文联、市国防教育办在琼花大剧院联合举办“共圆中国梦——佛山市纪念红军长征胜利80周年”音乐会，市领导干部和1000多名群众一起观看演出，共同回望红色光辉岁月，学习新时代下的长征精神。市国防教育办联合各区国防教育办，组织纪念红军长征胜利80周年“电影进企业”活动，将红色经典带进“车间里的价值观”主题实践活动市级示范点企业，活跃企业员工的文化生活，和企业员工一同回顾红色峥嵘岁月，深化企业员工的爱国主义、集体主义教育，提高企业员工的国防安全意识。

【国防教育宣传】 2016年，佛山市加强国防教育宣传力度，利用报刊、广播、电视等各类大众媒体，开辟国防教育专题栏目，抓好国防教育宣传和舆论引导；发挥户外公益广告作用，利用电子屏幕、公共交通设施、建筑围挡等公共传媒宣传和普及国防知识，扩大国防教育的覆盖面和影响力，营造有利于国防教育的良好环境。

（何伟军）

第五篇

经　济

综合经济管理

经济规划管理

【经济规划编制】 2016年，佛山市结合发展改革实际，加强统筹谋划，编制“十三五”规划纲要、全市国民经济和社会发展等纲领性规划，推进经济平稳增长。

“十三五”规划纲要编制　编制完成《佛山市国民经济和社会发展第十三个五年规划纲要》，以佛府〔2016〕33号文印发实施；拟订《关于落实〈佛山市国民经济和社会发展第十三个五年规划纲要〉主要目标和任务工作分工的通知》，以市府办名义印发实施，分解落实目标任务。

全市国民经济和社会发展计划编制　8月，佛山市发展和改革局完成2016年上半年国民经济和社会发展计划执行情况报告，在调研分析基础上，提出全市下半年经济社会发展主要任务和2017年主要指标增长预期目标。2017年佛山市经济社会发展主要预期目标为：全市地区生产总值增长8.0%—8.5%，人均地区生产总值增长7%以上；地方一般公共预算收入增长9.5%；全社会固定资产投资增长15%；社会消费品零售总额增长10%；进出口总额力争增长1%；居民人均可支配收入增长与经济增长基本同步；城镇登记失业率控制在3.5%以内；居民消费价格涨幅控制在3%左右；单位地区生产总值能耗、主要污染物排放量下降幅度完成省下达任务。

经济运行监测和稳增长工作　落实各项稳增长工作任务，起草《佛山市2016年稳增长工作方案》，提出47条“干货”举措。2月25日，佛山稳增长工作得到国务院发文表扬。加强宏观经济运行监测，月度撰写经济运行简析，季度起草全市经济运行分析材料。

佛山第二个百年目标谋划　是年，佛山发改局站在新的历史起点上提前谋划佛山第二个百年目标，组织编制《佛山2049远景发展战略规划》，于12月月底形成规划送审稿。是年12月15日，由来自中国科学院、国家发改委等单位的8位院士和专家，组成专家咨询论证组，对规划进行咨询论证，并通过规划论证。

特色小镇规划建设工作启动　先后赴杭州、绍兴等地调研学习先进经验，起草《佛山市推进特色小镇规划建设工作指导意见》和《佛山市特色小镇建设工作方案》，推进特色小镇规划建设工作。

【重大项目投资建设】 2016年，佛山市狠抓项目投资，加快推进建设，夯实经济发展基础。

有效投资力度加大　发挥投资的关键带动作用，出台《佛山市扩大固定资产投资引领科学稳健发展三年行动计划》，安排亿元以上项目713个，投资总额超1.5万亿元。全年全市完成固定资产投资3512.04亿元，比上年增长15.7%。

重点项目建设　建立“互联网+项目管理”系统，对重点项目和固定资产投资三年行动计划项目实施动态化监管。全年安排省、市重点项目242个，年度投资计划585.3亿元，全年完成投资686.4亿元，达年度投资计划的117.3%。

民间投资回稳向好　市发改局牵头起草《关于进一步鼓励和引导民间投资加快发展的若干措施》，参加广东省“十三五”重大项目暨2016年面向民间投资项目推介会，共推出9个重大项目面向全省民营资本“招亲”。全年民间投资完成2527.75亿元，比上年增长17.3%。

【产业转型升级】 2016年，佛山市通过落实创新驱动发展战略、提升现代服务业发展水平等改革措施，加快产业转型升级，提升经济发展质量。

创新驱动发展战略的落实　组织召开全市创新

驱动发展大会暨供给侧结构性改革工作会议，研究出台《佛山市实施创新驱动发展战略2016年工作要点》。推动高水平创新平台建设，新增国家地方联合创新平台1个。组织推动大众创业、万众创新，广东金融高新区获批成为省“双创”示范基地。

现代服务业发展水平提升　编制《佛山市服务业发展“十三五”规划》，出台《佛山市关于加快发展生产性服务业的实施意见》，服务业增加值占地区生产总值比重达39.1%。重点抓好服务业重大项目和14个省级现代服务业集聚区建设，是年佛山14个省级现代服务业集聚区共有企业和项目超过45000家（个），吸纳就业人数超过24万人。广东金融高新区新引进毕马威华振会计师事务所佛山分所等58个项目，中德工业服务区新签约项目39个，中欧中心进驻企业达74家，首个中欧城镇化示范合作点落户。

科技金融融合发展　研究起草《佛山市进一步促进金融科技产业融合创新发展的实施意见》《佛山市打造珠江西岸创投中心工作方案》《佛山市创业投资引导基金设立方案》等系列政策性文件，筹备召开全市科技金融工作会议进行部署。做好企业债券发行工作，禅城区城建公司6亿元“双创”孵化债和南海区能兴集团5亿元停车场专项债券上报国家发展改革委审批。

【区域合作发展】　2016年，佛山市通过推进广佛同城化、广佛肇经济圈和粤桂黔高铁经济带合作试验区等建设，区域合作发展实现共赢。

广佛同城化、广佛肇经济圈建设　佛山市与广州市共同编制《广佛同城化发展“十三五”规划》，携手打造珠三角湾区世界级城市群核心。完善交界基础设施，广佛地铁南延线全线开通，广佛线二期通车，广州地铁7号线西延顺德段、广佛肇高速公路佛山段、佛陈路东延线接番禺新桂路（海华大桥工程）桥梁桩基动工建设。启动广佛同城化合作示范区建设，印发《广佛肇清云韶经济圈建设2016年度重点工作计划》，涉及广佛同城化工作43项。广佛肇（怀集）经济合作区起步区开发693.33公顷，引入项目75个，总投资107亿元。

粤桂黔高铁经济带合作试验区建设　粤桂黔高铁经济带合作试验区纳入国务院《关于深化泛珠三角区域合作的指导意见》，上升为国家战略。粤桂黔高铁经济带合作项目共43个，投资总额904.65亿元，43个项目推进顺利。举办粤桂黔高铁经济带促进民间投资大会暨2016年第二届粤桂黔名优农产品食品展示博览会，粤桂黔高铁经济带农业产业合作联盟等7大联盟成立。

“珠三角规划纲要”的实施　实施《珠江三角洲地区改革发展规划纲要（2008—2020年）》，完成省对佛山市2015年度实施珠三角规划纲要考核，取得第三名的成绩。完成对五区和市直部门2015年实施珠三角规划纲要工作的评估考核，将2016年省下达指标任务分配到各区。

扶贫援建工作　完成第七批对口支援墨脱县工作，2014—2016年共计安排援建资金2亿元，实施农牧居民住房等7大类援助项目。对口支援伽师县工作三年共实施安居富民、产业发展、劳动就业、基层基础等9大类55个项目，助推当地经济发展。开展新一轮精准扶贫，共选派321名干部全面进驻云浮和湛江，划拨专项扶贫资金3.54亿元。对口四川省凉山州扶贫协作工作启动，每年安排援助扶贫资金1.1亿元，用于11个贫困县的贫困群众住房和配套公共设施建设。

（周　敏）

经济体制改革

【供给侧结构性改革】　2016年，佛山市以制造业转型升级综合改革试点为契机，纵深推进供给侧结构性改革，改革试点工作不断取得突破。8月，建立向国家、省发展改革委改革试点工作信息平台报送信息的信息报送机制；9月，建立佛山市制造业转型升级综合改革试点工作联席会议制度；10月，印发《广东省佛山市制造业转型升级综合改革试点方案》，启动各项试点工作，为广东和国家在推动制造业转型升级方面积累经验、提供示范。在全省率先出台供给侧结构性改革总体方案（2016—2018年）及“三去一降一补”五个行动计划，将任务、责任分解落实到各区和市有关部门，形成职责明确、整体推进的工作格局。是年，全市“僵尸企业”出清106家，完成年度任务的

104.95%；净去化商品房库存476.33万平方米，超额完成省下达任务，去化周期降至7.93个月；全市银行不良贷款率比上年下降0.41个百分点，各类金融机构杠杆率达到监管要求；全年帮助企业减负284亿元，完成全年目标任务的101.43%；推进补短板各项计划和57个补齐软硬基础设施短板重大项目。

【创新驱动发展战略】 2016年，佛山市成立全面深化改革加快实施创新驱动发展战略领导小组，推进国家创新型城市建设各项工作。

科技政策体系的完善 制定《佛山市实施创新驱动发展战略2016年工作要点》，对全年工作进行全面部署。出台《佛山市建设互联网+创新创业示范市实施方案（2016—2020年）》《佛山市深入实施知识产权战略加快创新驱动发展行动计划》等文件，完善政策引导。

高新技术企业培育 落实高新技术企业优惠政策，推动符合条件的科技型企业申报高新技术企业，鼓励各类园区、科技孵化器培育高新技术企业。是年，全市高新技术企业达1388家，比上年增长93.6%。

自主创新体系不断完善 加快新型研发机构建设，出台《佛山市扶持新型研发机构发展试行办法》，每年安排不少于3000万元，支持新型研发机构的创建、研发投入和研发条件改善。实施科技企业孵化器倍增计划，新增国家级孵化器6个、国家级众创空间试点单位5个，全市各类综合孵化器总数达到38个，数量位列珠三角第三位。推动佛山科学技术学院创建高水平理工科大学，实施产教融合，与龙头企业共建产学研基地88个、联合实验室2个、工程技术中心1个、产业化示范基地1个、产学研协同创新基地4个。

“互联网+”行动计划的实施 引导1022家企业开展“互联网+”应用推广，带动近万家传统企业与互联网企业跨界融合。举办第二届中国（广东）国际“互联网+”博览会，促进互联网项目、技术、信息、人才等资源在佛山集聚。以“产业+互联网+金融资本”为核心路径，对传统优势产业进行全产业链整合，打造中国最大的陶瓷产业链服务平台“佛山众陶联”。

金融科技产业融合力度加大 实施《佛山市科技型中小企业信贷风险补偿基金设立方案》和《佛山市科技型中小企业信贷风险补偿基金管理办法》，鼓励和促进中小民营企业创新发展。先后发起成立总规模达15亿元的融资专项资金、总规模达1亿元的产业金融引导基金等，与深创投合作设立100亿元规模的创新创业产业引导基金，与粤财集团合作成立100亿元的产业发展股权投资基金，提升金融对产业的支撑作用。

【自贸区政策措施的复制推广】 2016年，佛山市设立全市自贸区工作联席会议制度，制订《佛山市复制推广中国（广东）自由贸易试验区首批改革创新经验工作方案》，提出23项2016年佛山市重点跟进的试点事项，明确任务内容、责任单位和完成时限，强化责任跟踪。制定加快落实不是自贸试验区的“自贸试验区”工作意见，重点围绕外商投资管理体制改革、进口业务发展、服务贸易创新发展、新业态、对外贸易、招商引资、口岸通关便利化等方面，明确多项可落地的改革创新事项，为各级各部门加快建设“仿真自贸试验区”提供具体指引。实施“互联网+易通关”模式，探索建设国际贸易单一窗口，促进投资便利化。公布首批行政审批中介服务项目目录，构建与国际标准对接的投资便利规则体系。制定商事主体行政违法行为提示清单，提示所有市场主体违法风险。发展跨境电商、泛家居市场采购、陶瓷全产业链等新兴业态，推动外贸转型升级。

（任富欢）

工商行政管理

【概况】 2016年，佛山市工商行政管理部门推进工商注册登记制度便利化，落实“五证合一”（营业执照、组织机构代码证、税务登记证、社会保险登记证和统计登记证）和“两证整合”（个体工商户营业执照和税务登记证）改革，实行外商投资审批制度改革，服务民营经济做大做强。至年底，佛山市实有各类市场主体53.56万个，注册资本（金）10167.03亿元，市场主体比上年增长10.84%。其中企业总数22.42万家（包括内资企业17830家，私营企业20.03万家，外商投资企业6112家），比上年增长16.47%。

【商事登记制度改革】 2016年，佛山市工商系统实施商事登记制度改革。继在2015年8月19日发出全国首张符合国家“三证合一”（工商营业执照、组织机构代码证和税务登记证）“一照一码”（一个部门核发加载统一社会信用代码的营业执照）18位编码标准的营业执照后，从2016年10月1日起，整合工商、质监、税务、社保、统计等相关业务，在全市范围内实施“五证合一”登记模式；推行注册资本认缴登记制；简化经营场所使用证明审查程序；实现先证后照，明确37项前置审批事项及383项后置审批事项；10月1日起，实行外商投资审批制度改革，将不涉及外商投资的国家规定实施准入特别管理措施的外商投资企业的设立和变更，由审批改为备案管理，由工商部门直接审批；在“两证整合”方面，从11月1日起全面启动个体工商户“两证整合”登记制度改革。至年底，共为2193户个体工商户换发或新发“两证整合”营业执照，为14.76万家企业换发或新发“五证合一”营业执照。

3月1日起，申请冠市级以上（含市级）行政区划名称的有限责任公司的设立、变更、注销业务可以直接由其公司住所所在辖区的市场监督管理局（工商）办理相关业务，不需受注册资本的限制。

【商事制度事中事后改革】 2016年，佛山市工商行政管理部门牵头制定佛山市各部门行政违法行为提示清单，建立查询系统，对企业经营行为进行法律指导；强化商事制度改革监管的信息技术支撑，加快构建以企业信息公示制度为核心的信用监管模式，完善“信用佛山网”市场主体信用信息公示平台建设；推进“双随机、一公开”（即在监管过程中随机抽取检查对象，随机选派执法检查人员，抽查情况及查处结果及时向社会公开）重点工作，健全检查对象名录库和执法检查人员名录库，建立随机抽查事项清单，规范随机抽查行为，把存在“未按规定公示信息”“通过经营场所无法联系”“公示信息隐瞒真实情况、弄虚作假”等问题的791家企业列入经营异常名录，通过全国企业信用信息公示系统及时向社会公示。

【社会信用体系和市场监管体系建设】 2016年，佛山市工商行政管理局发挥全市“两建”工作总牵头部门职能，牵头完成2015年度省市场监管体系建设考核迎检，取得全省第二的历史最好成绩。统筹推进两个体系年度66个工作要点和39个重点项目，推进落实年度“两建”十大重点任务，5项建设成果被省“两建”办编入《广东省“两建”工作成果荟萃》一书，数量位居广东省地级市第一。

【权责清单】 2016年，佛山市工商行政管理局完成对市工商和市场监管系统直接行使、接受下放或者接受委托行政职权的全面梳理，编制出佛山市工商行政管理局权责清单通用目录。梳理出行政职权1046项，其中行政审批69项、行政征收23项、行政检查21项、行政处罚867项、行政强制29项、行政指导5项、行政奖励6项、行政裁决1项、其他类25项，提出多部门职权交叉分散事项1项。

【大商标战略】 2016年，佛山市工商行政管理部门加大商标孵化、保护、宣传力度，邀请世界知识产权组织中国办事处到佛山举办企业品牌国际注册与保护研讨会，助力企业通过马德里体系进行商标国际注册，提升佛山市企业知识产权海外保护能力，推动优质产能稳步“走出去”，全市的马德里商标年均保持2位数增长。

4月22日，佛山市工商行政管理局推动市政府出台《关于加强公共资源品牌保护工作的意见》。保护“行通济”等商标，其中“叶问”商标抢注异议成功案例被评为2015—2016年全国优秀商标案例。面向全国出版发行实用书籍《商标攻略3.0》，举办佛山市“十二五”期间商标战略成果巡展，与佛山电视台合作拍摄《文化传承与商标保护》专题片。至年底，佛山全市注册商标突破18万件，排名全国大中城市第11位。其中，全市拥有省著名商标471件，排名广东省第三；中国驰名商标157件，排名广东省第二，全国地级市首位；马德里国际注册商标581件，位居广东省第三位。

12月1日，佛山市商标战略办联合市工商行政管理局编印的《商标品牌战略之佛山功夫》作为广东省工商系统唯一的工商部门提供材料亮相南方商标品牌论坛,《佛山功夫》一书以中英文两种语言，展现佛山城市形象和品牌形象，让更多的人认识佛山、了解佛山、读懂佛山。

【驰名商标】 2016 年，佛山市工商行政管理局以文化传承为主线，着眼商标意识的宣传普及，举办老字号商标保护活动，唤起全社会尤其是公共资源权属单位重视公共品牌保护的意识，以知识产权法律保护的角度维护文化根脉。

8 月 15 日，从国家工商总局商标评审委员会《关于认定广东银洋树脂有限公司等企业 14 件商标为驰名商标的通报》获悉，佛山市广东银洋树脂有限公司“银洋树脂 YINYANG RESIN 及图”、佛山克莱汽车照明股份有限公司“EAGLEYE 及图”、广东德冠薄膜新材料股份有限公司“德冠”、广东安基装饰砖集团有限公司“安基”等 4 件商标被认定为中国驰名商标。此为 2016 年第二批驰名商标认定通报。至 2016 年 8 月底，佛山市的中国驰名商标数量已达 157 件，位列广东省第二位，保持全国地级市首位。

10 月 27 — 30 日，中国国际商标品牌节在江苏省昆山市举办。为深化佛山市商标战略，在全国性专业展会展示佛山品牌形象，佛山市商标战略办、市工商行政管理局组织知名企业组团参展，并独立设置“有家就有佛山品牌”展位作为全场唯一的“政府展馆”，集中展示商标战略工作成果和佛山品牌形象，吸引全国各地同行到佛山展位参观交流。

【佛山市商标国际注册资助办法】 2016 年 1 月 12 日，佛山市人民政府印发《佛山市商标国际注册资助办法》，该办法是佛山市工商行政管理局推动出台的首部商标方面的资助政策，是实施商标战略示范城市工作的又一重大成果。办法的实施，对鼓励企业注册、运用和保护国际商标有推动作用，对提升佛山市企业品牌的国际竞争力，促进外贸经济发展有重要意义。

【佛山商标及品牌专著出版】 2016 年 12 月，佛山市商标战略办公室联合佛山市工商行政管理局与佛山日报社，历时 8 个月编纂出版佛山商标及品牌专著《镇兴佛山》和《品牌之路》。

《镇兴佛山》 《镇兴佛山》主要分为“佛山路径”“佛山理念”“佛山经验”“佛山模式”“佛山探索”“互联网+时代的区域品牌”等部分，书中以大量专业镇区域品牌建设中的生动案例，展示近年来，以佛山市委、市政府为提升区域品牌影响力而开展的工作，力图全面、深入展示佛山区域品牌发展特色，并提炼可供参考和复制的经验。

《品牌之路》 《品牌之路——佛山知名企业商标及品牌发展案例精选》采编大量案例，对典型企业的商标品牌建设经验进行梳理和总结，为致力于创造品牌推动转型升级的企业提供经验借鉴，为更多“成长型企业”提供参考和借鉴，以商标和品牌的力量大力推动佛山经济的转型升级，助推中国产品向中国品牌转变。

【消费维权】 2016 年，佛山市工商行政管理部门推进消费维权和社会监督体系建设，完善消费投诉举报处理和商品质量抽检，依法调解消费纠纷，保护消费者的合法权益。市工商和市场监管部门累计处理消费投诉 16050 件，为消费者挽回经济损失 1077 万元；建立完善定点监管对象制度，全市共建立流通领域商品定点监管对象 2012 家；按照“抽检一个品种，规范一个行业”的目标，共抽检水泥、床上用品等商品 49 批次，经检验不合格 23 批次；开展九类重点产品和手机销售服务领域专项执法行动，共立案查处 117 件，做好缺陷商品全面退市。

2 月 29 日,《中国消费者报》专版报道，向全国推荐佛山消费维权新模式；6 月 17 日在浙江、广东两省消费者权益保护工作交流会上，佛山市作消费维权体系建设经验介绍。

是年，佛山市在广东省率先出台《佛山市政府 12345 平台运行管理办法》，在全省率先实现“12345”平台与省数据研判中心的对接联调和数据推送，在广东省“两建”办 11 月底的稽查通报中实现数据对接零偏差。在全国率先发布“适宜消费城市指标体系”，佛山市消委会连续两年获全国消协组织消费维权“双先”称号。

【制造业创新】 2016年，佛山市工商行政管理局贯彻市委、市政府关于“十三五”的发展蓝图和城市治理现代化的决策部署，围绕打造“国家制造业创新中心”、打造万亿规模先进装备制造业产业基地、加快培育大型骨干企业等中心工作，统筹“两建”（建设社会信用体系和建设市场监管体系）工作、完善市场准入体系、深化维护市场秩序、完善消费维权体系建设，打造高效便捷的营商环境、规范有序的市场环境和安全放心的消费环境。

是年，佛山规模以上工业总产值位列全国第五、广东第二。

【工商监管执法】 2016年，佛山市工商和市场监管部门共办结经济违法案件1885件，比上年增长54.51%，维护市场经济秩序。各级工商和市场监管部门针对社会关注高、群众意见大的热点问题，以房地产、医疗、药品、保健食品、化妆品和美容广告为重点，组织开展查处公用企业限制竞争行为、打击房地产虚假违法广告和网络市场监管等专项行动，共查办不正当竞争案件140件、违法广告案件87件、虚假刷单案16件；开展格式条款专项整治行动，共检查供水、供电、供气、旅游、房地产、电信、快递、汽车销售和保险等相关经营单位310个，纠正供水、供气、旅游和房地产类涉嫌违法违规格式条款24条，立案查处旅游、房地产类格式条款案件2件，其中立案查处公用企业限制竞争3件，案件立案数和查处行业数在广东省工商系统排名第一。在广东省工商行政管理局2015年虚假违法广告整治考评工作中，佛山市以97.5分，高出平均分6.7分在全省21个地级以上市中名列第一。公用企业限制竞争案的查办经验在2016年3月30日的《中国工商报》作为典型推广，佛山市工商行政管理局查办广东省首宗物业服务类型限制竞争案和禅城区市场监管局查办的网络“刷单”案入选2016年广东省工商行政管理局典型案例。佛山市工商行政管理局以查促改推动公用企业清退违规收费2.36亿元。

【守合同重信用公示活动】 2016年，佛山市工商行政管理部门开展守合同重信用企业公示活动。通过微信、微博、网站宣传，扩大守合同重信用企业社会影响面。发动行业协会参与接受委托开展守合同重信用企业公示活动宣传和推荐工作，全年新授权佛山市高新技术产业协会等4家行业协会开展“守合同重信用”企业公示活动。指引企业申报工作，严把申报企业质量关，落实申报企业征信工作。经统计，佛山市共有1764家企业申报通过2015年度广东省守合同重信用企业公示活动，同时推荐27家企业参加国家工商总局2014—2015年度守合同重信用公示活动。

【网络监管】 2016年，佛山市工商行政管理局设立网络交易监督管理科，负责网络商品交易及有关服务行为的监督管理工作。组织网络商品交易信用体系建设，用“互联网+”的思维创新监管思路和方式方法，以网络商标侵权、违法广告、销售假冒伪劣商品、虚假宣传、刷单炒信、侵犯消费者合法权益等突出违法问题为整治重点，组织开展网络市场监管专项行动，全年在网上检查网站、网店4134个次，实地检查网站经营者797个次，提请关闭网站48个次，查处网络违法案件188件，处理网络消费投诉举报747件。

11月25日，佛山市工商行政管理局举行网络交易监管服务直接联系点启动仪式，与佛山市拿货去网电子商务有限公司等4家首批直联点企业签订网络交易监管服务直接联系点确认书，标志佛山市工商行政管理局正式启动网络交易监管服务直联点工作机制。此举是佛山市工商行政管理局在构建网络交易监管服务社会共治机制方面的一项创新举措，在广东省内尚属首创。

（卢泰山）

国家统计

【概况】 2016年，佛山居民消费价格总水平（CPI）稳中有涨。全年居民消费价格总水平累计上涨2.3%，涨幅比上年扩大0.7个百分点。其中：服务价格上涨1.9%，消费品价格上涨2.5%。分类别看：食品烟酒大类上涨5.0%；涨幅较大的衣着、居住、其他用品和服务大类，分别累计上涨3.2%、2.2%、2.9%；教育文化和娱乐、医疗保健两大类涨幅较低，分别为0.8%和0.7%；而生活用品及服务、交通和通信两大类则累计下降，降幅分别为1.3%和1.0%。工业生产者出厂价格下降0.8%，其中轻工业上涨0.6%，重工业下降1.7%。佛山全体常住居民人均可支配收入41941元，比上年增长8.9%。其中，城镇常住居民人均可支配收入比上年增长8.5%，达43120元；农村常住居民人均可支配收入增长9.5%，达24159元。城乡居民收入倍差由上年的1.80缩小为1.78，城乡收入差距缩小。佛山全体居民人均生活消费支出首次突破3万元大关，达30562元，比上年增长10.3%。其中，城镇、农村居民人均生活消费支出分别为31303元、16736元，分别比上年增长10.2%、11.2%，城镇和农村居民消费支出增速均比收入增速高1.7个百分点，消费增长快于收入增长。

【统计调查】 2016年，国家统计局佛山调查队通过各种形式改革调查方式、规范调查管理、提升调查质量。

电子化数据采集　在“三农普”遥感测量、农民工市民化进程动态监测等调查工作中，运用PDA及无人机等新型调查手段，实现100%PDA数据采集、审核、上报、验收，基本实现无纸化调查。至年底，分省城镇电子记账户数302户，比例达到62%，超额完成国家统计局广东调查总队年初下达的任务要求（60%），提高数据质量。企业类调查网上直报率基本达到100%。

常态化走访　通过现场访谈、电话询问、电子邮件等方式进行定期回访，及时帮助基层解决报表过程中遇到的困难并收集反映其诉求和意见，并将回访情况形成鲜活调研记录材料，丰富和深化统计服务成果。全年实地走访、检查企业和调查点326家；走访、调研、电话访问住户达1000户次以上，辅调员每月访户至少1次以上，基本实现走访回访全覆盖；农民工市民化监测现场调查315户全部实现入户调查。

长效化质量监管　建立健全审核评估制度，完善市、区、镇三级联审工作机制，依法依规搞好调查数据审核评估工作，全面监测企业数据上报情况，并发动各区通过拍照、扫描传输等方式，探索推进样本企业台账检查方法，及时发现并解决企业填报错误问题。

规范化样本管理　面对样本量多、变化快的特点，通过多种渠道和方式，加大对调查样本的核查力度。其中，“非四上”抽样调查样本单位超80个；规下工业目录和非目录有效企业超330家，样本村（居）21个、个体工业近3000户；小微跟踪有效企业和个体户超430家；采购经理调查样本企业60家。其余各专业也通过定期开展核查，进一步提高调查样本的有效性和代表性。

【统计服务】 2016年，国家统计局佛山调查队加强统计服务。

快速调研　围绕省级约稿要点和社会公众关心的热点、难点问题，组织完成企业接受政府部门各类检查情况、医养结合机构及入住老人情况、市民对医患矛盾的认知、肉菜价格上涨对佛山低收入群体的影响、制造业企业应用“互联网+”的情况等调查。

分析研究　完成《佛山农村居民贫困的代际传递研究》和《佛山市扩大中等收入群体研究》等课题研究。组织开展企业对第二届“互联网+”博览会需求的调研，所撰写的调研报告获市领导批示。

链接

“非四上”单位

在中国政府统计工作中，以主营业务收入、年销售额和是否具备《资质等级证书》作为企业规模的标准，对工业、建筑业和房地产业、批发零售住宿餐饮业、服务业等行业的法人企业进行划分。达到一定规模、额度和具备资质等级证书的法人企业统称“四上单位”，具体包括：规模以上工业企业、资质等级建筑业和房地产业企业、限额以上批发零售住宿餐饮业企业和规模以上服务业企业。“四上单位”统计可以全面客观地反映某地的国民经济发展数据和经济发展程度，因而被视为是国民经济普查的主要方式，并对各级政府相关的经济政策调控提供必要的决策依据。反过来，未达到一定规模、额度和不具备资质等级证书的法人企业就是“非四上”单位。非四上单位（也称四下单位）指的是：规模以下工业企业、资质等级以外建筑业、限额以下批发零售住宿餐饮业企业、规模以下服务业企业。

此外，还组织撰写《佛山“互联网+政务服务”亮点多　瓶颈仍待突破》《“十二五”时期佛山居民消费价格走势分析》《“十二五”期间佛山城镇低保居民收支情况分析》等一批专题研究报告。

统计资料编发　联合市统计局发布《2015年统计公报》《佛山统计年鉴》等资料；独立编印《2015年佛山市社会经济调查报告》《佛山调查与监测》等资料；全年发布媒体稿50多篇，撰写统计调查信息45篇，被中央两办、国家统计局、广东调查总队、省两办、市两办采用48篇次，获中央领导、国家统计局领导、市领导批示7篇次。

【统计宣传】 2016年，国家统计局佛山调查队通过多种形式开展统计宣传活动。利用各类培训会议、数据质量检查、走访慰问、专项调查等机会，向基层统计人员、辅助调查员和调查对象派发《统计法宣传漫画》折页、各专业系列动漫宣传折页、《统计调查　与您同行》小册子等各类宣传资料3915份和各类宣传品1256份。围绕一体化住户调查，在全市五区选取市民群众出行密集的公交路线投放公交站台橱窗广告1个月，覆盖客流量累计15万人次，并在广佛地铁全线的站点、列车车厢投放动漫广告，覆盖客流量累计150万人次。以“农业普查福到农家”为主题开展第七届中国统计开放日系列活动，邀请市主流媒体对“三农普”无人机遥感测量、手机采价、电子记账等进行实地采访，结合CPI月度数据发布，以统计调查方式变革为主线进行开放日系列报道；联合三水调查队开展以统计调查方式改革为主题的社区展览和走基层访户宣传活动。同时向全市统计调查人员、调查对象和社会公众发送各类宣传短信约10万条。

【重大专项调查】 2016年，国家统计局佛山调查队完成国家统计局广东调查总队布置的基本公共服务均等化公众满意度调查。并自行开展佛山市城镇低收入居民家庭生活状况问卷调查和佛山农村居民贫困代际传递问卷调查等专项调查。协助市委组织部完成“领导干部专业化能力评估调查”的数据录入和处理工作，协助市纪委完成“党政机关人员履职状况调查”的方案制订、问卷设计、样本抽选等工作，协助市综治办完成“佛山市‘平安创建’知晓率、群众安全感、满意度调查”实地调查技巧和注意事项的专题培训工作。

【统计法制】 2016年，国家统计局佛山调查队发挥统计法制对统计调查的规范和支撑作用。

执法方面　围绕样本轮换和企业统计人员变动情况增发补发统计法律事务告知书，累计发放593份。将全年一次性集中执法检查转变为分季度针对性执法检查，保证执法的及时性，全年检查19家，其中立案并结案1家（迟报），另催报4家、约谈查询2家，保障执法立案的延续性。参加广东省全系统跨地市“双随机统计执法检查”，积累执法工作经验。通过“信用佛山网”首次公示3家统计上失信企业信息。

普法方面　通过统计执法专题培训交流会、年报会、专业培训会等契机，利用动漫教学、案例分析和有奖竞答等多种形式，提高普法培训实效性，全年累计培训人员490人次。举办佛山调查系统统计法治培训会议，在会上开展统计法治培训和知识竞赛。联合广东调查总队法规制度处及禅城区金子苑社区举办“12·8”《中华人民共和国统计法》颁布纪念日进社区普法宣传活动，通过“猜灯谜”形式，开展法治知识竞答和入户普法等方式，与社会公众展开互动交流。

（许雁雁）

地方统计

【概况】 2016年，佛山市国内生产总值8630亿元，比上年增长8.3%。其中第一产业145.31亿元，增长2.2%；第二产业5146.02亿元，增长7.6%；第三产业3338.68亿元，增长9.7%。人均国内生产总值115891元，增长7.5%。规模以上工业总产值21187.32亿元，增长7.7%。其中轻工业9699.67亿元，增长5.6%；重工业11487.66亿元，增长9.2%。固定资产投资总额3512.04亿元，增长15.7亿元。社会消费品零售总额3017.76亿元，增长11.6%。地方公共财政预算收入604.50亿元，增长8.4%。

【统计调查】 2016年，佛山市统计局抓好常规统计监测和各项专项调查工作。

常规统计监测　严格按照国家统计报表制度要求，组织工业、投资、建筑业、房地产、贸易、农村、能源、人口、科技、文化产业、劳动工资、服务业等各专业2015年统计年报和2016年统计月报、季报，完成地区生产总值以及各专业行业相关数据的统计、审核和发布。

第三次全国农业普查　佛山市各级农普机构贯彻落实国家、省农普工作部署安排，推进各项前期工作，先后完成物资筹备、普查试点、遥感测量、试点培训、宣传发动、清查摸底等一系列工作。6月13日，市农普办召开佛山市第三次全国农业普查试点工作新闻通气会，向各新闻媒体介绍农业普查试点工作的主要内容、普查对象的范围、流程安排、重要意义和目的。6月21日，佛山市第三次全国农业普查综合试点工作现场会议在高明区召开。11月8—10日，市农普办举办普查方案培训班，全市区、镇两级农业普查业务骨干共130人参加培训。11—12月，全市组织普查员、普查指导员7600多人，对5个区、32个镇（街）、600多个普查区、6000多个普查小区开展清查摸底。

全国1%人口抽样调查　完成数据的开发利用、公报发布等工作。2016年7月13日，佛山市2015年全国1%人口抽样调查工作协调小组办公室召开佛山市2015年全国1%人口抽样调查技术业务总结工作会议，回顾前期工作情况，总结经验，部署下阶段工作。2016年7月19日，佛山市统计局通过《佛山日报》发布《佛山市2015年全国1%人口抽样调查主要数据公报》，向社会公布调查主要数据。

“互联网+”统计调查　3月3日，佛山市统计局和华南理工大学“互联网+”课题组到顺德区调研和部署“互联网+”企业统计填报工作。组织对全市1000家“互联网+”示范企业进行专项调查，完成数据采集、整理、审核、上报，开展“互联网+”课题研究，并通过《佛山日报》向社会进行发布。

月度劳动力调查　5月24—25日，召开全市月度劳动力调查培训班，对各区发展规划和统计局、镇（街）、村（居）从事劳动力调查工作的业务骨干进行培训。2—6月，组织人员在全市40个小区调查1万余人。

【统计改革创新】

“三新”统计工作　2016年，为反映和揭示佛山市新产业、新业态、新商业模式等“新经济”的进展和成效，加强对“三新”统计报表制度的分析研究，对全市5个区的“三新”经济活动情况开展调查，完成数据收集、审核、汇总、上报。6月底，完成“三新”统计报表16份，其中，年度报表12份、季度报表1份、月度报表3份。

统计“三员”建设　2016年4月23日，佛山市市长朱伟到市统计局调研，提出统计“三员”（即：记录员、预警员、分析员）新要求。5月27日，市统计局召开专题研讨会议，对落实统计“三员”要求、统计数据信息化建设进行研讨。6月开始，组织部分专业针对近几年的专业数据进行整理、收集、汇总，建立内部信息共享平台，在与有关城市的对比中加强对数据的分析利用。

固定资产投资统计制度改革　2016年，佛山市重点抓好镇街亿元以上投资项目的入库审核。定期对亿元项目进行梳理，查漏补缺，加强与发改、经信、财税等部门的协调互动，建立部门项目和投资工作联络机制，促进投资统计数据交换共享，确保数据应统尽统。

【统计服务保障】　2016年，佛山市统计局坚持每季编发经济运行情况分析，加强对每月主要经济指标情况监测报告工作，全年编发《佛山统计月报》11期。围绕领导关注的焦点、经济发展的难点，研判经济形势、分析变化特点、找准问题原因。推出“对标国内标兵，寻找他山之石”系列统计分析材料，加强与长沙、宁波、无锡等地区的对比分析，全年提交统计分析报告及专题调研报告50余篇。做好人大和政协提案回复工作和“两会”统计咨询服务工作。及时发布经济运行情况，解读统计数据，让社会全面了解经济社会发展状况。4月5日，在《佛山日报》公开发布《2015年佛山市国民经济和社会发展统计公报》。10月，完成《佛山统计年鉴》的编印。

【统计基础建设】　2016年，佛山市统计局结合全年工作任务，多次赴基层调研，与各区就加强基层统计工作、队伍建设、统计数据等工作进行及时沟通，强化对基层的督导。加大教育培训力度。组织开展以提升基层统计人员业务水平和专业技能为主的业务培训，选派多人到北京、武汉、成都、西安、南昌、宁波等地进行学习交流。组织各区统计部门专业人员就固定资产投资、工业、财贸和农村统计、月度劳动力调查、农业普查、统计法制教育、科技、能源等开展专业培训，全年全市统计系统累计组织培训500余人次。推进干部职工素质教育。开展“立足岗位作贡献、业务骨干上讲台”等活动。组织干部职工参加各类教育培训和干部在线网络培训考学活动。

【统计执法检查】 2016年3月，佛山市统计局成立开展“数据造假、以数谋私”专项整治工作领导小组，同时召开专题会议，对“数据造假、以数谋私”专项整治工作进行部署，组织全市统计系统开展专项整治和自查自纠，并通过省统计局对佛山的督查验收。是年，建立统计“双随机一公开”抽查机制，于12月开展“统计执法月”活动，成立市级统计执法组，对全市50家企业进行执法检查，对全市122家规模以上工业企业进行财务月报数据质量检查。

（严国恒）

审　计

【概况】 2016年，佛山市审计机关开展审计和专项审计调查项目84个（不含顺德，下同），查出违规金额32767万元、侵害群众利益问题金额715万元、损失浪费金额3848万元、管理不规范金额100.09亿元，为国家增收节支9999万元，其中上缴财政金额4894万元、减少财政拨款或补贴1259万元、归还原渠道资金3844万元，审计后挽回或避免损失1359万元。向纪检监察机关移送处理事件29项，涉及金额75403万元。出具审计报告113份，提交专题、综合性报告及信息简报132篇。审计信息被党政领导和有关部门批示采用15篇次。向被审计单位或有关单位提出审计建议262条，推动被审计单位健全规章制度30项。向社会发布审计结果公告7篇。

佛山市审计局组织开展的禅城区区长任期经济责任审计项目被国家审计署评为表彰项目，禅城区审计局开展的水环境整治工程跟踪审计项目入选国家审计署审计教学案例库，高明区审计局开展的公共自行车管理系统建设及运营情况专项审计调查AO审计实例获广东省审计厅计算机应用实例一等奖。《中国审计报》报道佛山市审计机关推进审计全覆盖的经验做法。

【政策措施落实情况跟踪审计】 2016年，佛山市审计局组织全市审计机关对佛山市2016年落实国家和省重大政策措施情况进行跟踪审计。重点审计城镇保障性安居工程建设推进、财政存量资金清理盘活、小额贷款公司运营风险、工业转型升级三年行动计划政策落实、降成本专项行动落实、房地产库存化解、重大建设项目推进、去产能专项行动计划落实、补短板行动计划落实、去杠杆行动计划落实、地方金融机构运营风险、创新驱动发展战略落实等12个专题内容。通过审计，推动国家和省、市重大政策措施落实到位和发挥实效，并健全和完善制度规定。

【财政审计】 2016年，佛山市审计机关完成36个单位预决算审计，延伸审计单位193个，查处主要问题金额97.39亿元。对市本级2015年度财政预算执行和高明区2015年度财政决算等进行审计。从新修订的《中华人民共和国预算法》的角度着眼，关注从预算编制、批复、分配、执行到决算（草案）编报、批复的整条“业务链”，重点审查部分重要产业政策的落实情况和重大项目资金的支出和管理情况，发现财政资金绩效不佳等问题。推动管理部门建立健全财政扶持资金使用等制度，促进提高资金使用效果。对18个部门单位预算执行情况进行审计，查出主要问题金额47.18亿元。通过审计，发现部门预算编制不够完整、项目资金发挥效益不够理想、内部监督约束机制不健全、资产存在安全风险等问题。

【经济责任审计】 2016年，佛山市审计机关对22

个单位、32名领导干部进行经济责任审计，其中县处级9人、乡科级23人。通过对上述单位和领导干部的审计，查出违规金额24190.44万元、损失浪费金额1468.21万元、管理不规范金额11.28亿元。开展8个镇（街）主要领导干部经济责任异地同步交叉审计。佛山市审计局出台《佛山市镇（街）党政主要领导干部经济责任审计工作指引（试行）》，提交审计专报，得到市委书记的重要批示，促进市委出台《关于深化基层党风廉政建设综合治理的若干意见》。在5月佛山市委召开的全市换届及基层治理工作推进会上，通报全市开展镇（街）党政主要领导干部经济责任审计情况和发现的普遍性、倾向性问题。禅城区审计局重点抓经济责任审计整改工作，提请区政府出台《关于进一步加强审计整改工作的意见》。高明区审计局力促经济责任审计制度建设，区政府出台《关于进一步加强经济责任审计工作的实施意见》。佛山市审计局向市纪检监察机关移送涉嫌违纪违规问题和线索6条。

【民生资金和项目审计】 2016年，佛山市审计机关对14个单位项目资金进行审计，延伸审计单位44个。佛山市审计局对住宅专项维修金进行专项审计调查，高明区审计局开展提前淘汰黄标车奖励补贴资金、基本农田及高标准农田保护资金、新能源汽车推广应用财政补贴资金等专项审计，三水区审计局对重大和基本公共卫生服务专项资金进行专项审计调查。通过审计，从体制机制上提出审计建议，促进落实惠民政策。佛山市审计局协助省审计厅完成佛山市医疗保险基金、城镇保障性安居工程审计工作。

【政府重大投资项目审计】 2016年，佛山市审计机关重点对道路交通、旧城改造，以及新校园、新医院和粮食储备库等12个重大投资项目进行审计。查出主要问题金额15047万元。发现1个项目结算送审虚高1477万元，结算金额核减率44.32%；1个项目出现违法分包等问题。南海区审计局在工程项目征地拆迁补偿资金专项审计调查中，揭露征地拆迁补偿中存在的问题，保障重点建设项目资金安全。

【企业审计】 2016年，佛山市审计局主要完成市属国有企业佛山市路桥建设有限公司的审计，重点披露工程招标、下属企业经营管理、大额资金运用等环节存在的问题，提出完善企业还贷机制等审计建议4条。

【审计制度改革】 2016年是审计管理体制改革试点启动之年。佛山市政府成立审计制度改革试点工作领导小组，市委副书记、市长朱伟任组长，市委常委、常务副市长蔡家华和市审计局局长任副组长，市委组织部、市编办、市财政局、市人社局等的主要领导为成员，共同推进审计制度改革试点工作。佛山市审计局成立省以下地方审计机关人财物统一管理试点工作领导小组及办公室，代市委、市政府草拟《佛山市关于完善审计制度若干重大问题的实施意见》及相关的配套文件，确保落实审计制度改革各项工作。

（沈淑珍）

质量技术监督

【概况】 2016年，佛山市有省名牌产品500个，占全省总数的25.5%，连续多年位居全省第一（超广州、深圳）；建成或在建“全国知名品牌创建示范区”9个，数量位居全国地级市第一；全市有3家企业获得“中国质量奖提名奖”、9家企业获得“广东省政府质量奖”、10家企业获得“佛山市政府质量奖”，数量均居全省前列；全市工业产品在国家、省、市三级产品质量抽检中综合不合格发现率8%，比上年降低4.4个百分点；全年佛山市企事业单位参与制订、修订国家标准39项、行业标准36项、地方标准6项，制定、发布《水冷电磁浆料磁选机》《小家电塑料注射模具》《家用和类似用途破壁搅拌机》等联盟标准20项，创建“标准化良好行为企业”21家，创建标准化各级试点示范区1个，推动91个工业产品通过采用国际和国外先进标准认可。

【质量强市】 2016年，佛山市开展质量强市建设，构建“政府推动、部门联动、企业主动、诚信拉动”的大质量工作格局，促进产品、工程、服务、环境质量总体水平提升。召开全市质量大会暨创建全国质量强市示范城市推进会，制订印发《佛山市创建全国质量强市示范城市工作方案》，并将示范市创建工作纳入市政府重点工作，多次召开联席会议督促落实各项任务。推动各区积极开展示范市创建工作，其中禅城区、三水区、高明区争创广东省质量强市（县、区）示范城市，形成市、区同创，稳步推进创建工作。10—11月，通过举办佛山城市质量文化精神口号有奖征集活动，举行佛山城市质量文化精神口号研讨评选会，邀请专家学者、“佛山大城工匠”、企业家、公务员、媒体记者、文化名人、市民代表参加讨论，评选佛山城市质量文化精神口号，营造全民参与创建全国质量强市示范城市良好氛围。其中，“匠心铸精品 质量强佛山”作为佛山城市质量文化的主口号，“优质缔造美好生活”“共创质量强市共享优质生活”“匠心智造品质佛山”“有家就有佛山质造”作为子口号。

【质量提升措施】 2016年，佛山市质监局选取68家在质量管理、品牌战略、标准化水平、生产装备水平、计量管理、产品检验和研发、特种设备安全管理等方面有突出亮点的企业作为第一批质量标杆企业，通过树立质量标杆企业，打造企业交流平台，引导广大企业以优秀企业为标杆开展质量提升活动。开展质量专家义诊活动，到50家企业生产现场实施义诊，帮助企业解决产品质量问题，提升产品质量水平。组织召开智能坐便器、儿童服装、服装、家电产品质量分析会，对154家企业的217名质量管理人员进行培训。积极实施民生产品质量比对研究提升工程，印发《佛山市质监局民生产品质量比对研究提升工程实施方案》，以智能马

佛山市全国知名品牌创建示范区表

序号	示范区名称	示范区域
1	全国现代电源（不间断电源）产业知名品牌创建示范区	禅城区
2	全国丝光棉针织服装产业知名品牌创建示范区	禅城区
3	全国铝合金型材产业知名品牌创建示范区	南海区
4	全国内衣产业知名品牌创建示范区	南海区
5	全国陶瓷产业知名品牌创建示范区	南海区
6	全国半导体照明产业知名品牌创建示范区	南海区
7	全国家电配套制造产业知名品牌创建示范区	顺德区
8	全国人造革合成革产业知名品牌创建示范区	高明区
9	全国陶瓷机械产业知名品牌创建示范区	三水区

佛山市获国家、省、市政府质量奖企业表

荣誉称号	获奖企业	获奖年份
中国质量奖提名奖（3家）	广东格兰仕集团有限公司	2013年
	广东坚美铝型材厂（集团）有限公司	2015年
	广东美的制冷设备有限公司	2015年
广东省政府质量奖（9家）	广东格兰仕集团有限公司	2009年
	美的集团有限公司	2009年
	广东联塑科技实业有限公司	2011年
	广东美的生活电器制造有限公司	2013年
	广东科达机电股份有限公司	2013年
	广东坚美铝型材厂（集团）有限公司	2013年
	广东美芝制冷设备有限公司	2015年
	广东万和新电气股份有限公司	2015年
	蒙娜丽莎集团股份有限公司	2015年
佛山市政府质量奖（10家）	广东万和新电气股份有限公司	2013年
	佛山市三水凤铝铝业有限公司	2013年
	佛山市海天调味食品股份有限公司	2013年
	佛山高富中石油燃料沥青有限责任公司	2013年
	广东美芝制冷设备有限公司	2013年
	广东美的厨房电器制造有限公司	2015年
	广东溢达纺织有限公司	2015年
	蒙娜丽莎集团股份有限公司	2015年
	广东兴发铝业有限公司	2015年
	佛山市恒力泰机械有限公司	2015年

桶盖为重点，制订工作计划，通过实物研究、标准比对、综合分析、环境质量、典型示范、品牌打造等措施，发布全国首个中外智能马桶盖实物质量和标准比对报告，找出佛山市智能马桶盖等重点消费品的优势与劣势，获中央电视台等国内各大媒体报道。开展企业培育和帮扶，以微观产品质量提升促进佛山质量整体提升，推动供给侧结构性改革，助推佛山制造业创新发展、转型升级。

【技术标准战略】 2016年，佛山市面向社会公开征集2016年度佛山市技术标准战略资金项目，共有76个项目获批950.9万元的经费奖励（资助）。推动何氏水产创建国家级农业标准化示范区，通过建立和完善综合标准体系，实现农业增效及农民增收。佛山推进泛家居产业标准体系建设，抢占制造业制高点，佛山市质量技术监督局与佛山市经济和信息化局联合印发《佛山市泛家居产业标准化工作实施方案（2016—2018年）》，完成陶瓷卫浴、家具、家电、铝型材等四大产业标准体系规划路线图及《干压陶瓷砖》《小家电塑料注射模具》《实木类家具通用技术条件》等9项高端联盟标准的编制工作。佛山探索制定区域智能产品技术标准，推动佛山智能产品兼容互通，打造“佛山智造”品牌。推动成立佛山市工业机器人产业标准联盟，指导开展《打磨抛光用工业机器人系统》《工业机器人维护保养通用技术规范》等3项联盟标准研制。以承办第二届珠江西岸先进装备制造业投资贸易洽谈会暨技术标准交流会及广东省2016年世界标准日宣传活动为契机，向外展示佛山利用标准化在提升产品质量、促进企业转型升级、推动经济又好又快发展所发挥的重要作用。

【法制计量】 2016年，佛山市质监部门为市内265个集贸市场、263个基层医疗卫生单位提供强检计量器具免费检定，共检计量器具1.89万台（件），免收检定费用76.4万元。全年对34.84万台（件）计量器具进行强制检定，依法对8家存在计量违法行为的酒楼进行立案查处。全年全市出动74人次对28个机动车安检机构进行日常检查，处理群众投诉6起，查处违法违规的安检机构1个。对38家企业进行能源计量器具配备审核。完成重点用能单位能源计量管理人员培训与佛山市公共机构能源计量管理培训各1期，两期共293人参加培训。组织对160台在用锅炉进行能效测试。对26家12类132个获证产品开展制造计量器具许可企业产品专项监督检查，对全市生产、销售领域定量包装商品进行抽查共220批次。对电风扇、电饭锅、吸油烟机生产企业产品能效标识进行专项监督抽查，共抽查产品20批次。是年，新增计量标准30项，全市法定检定机构累计共建有计量标准406项，数量位居全省前列。

【特种设备安全监管】 截至2016年年底，佛山市累计完成使用管理权者确认电梯4.1万台，占全市在用电梯的99%以上，新投入使用电梯的确认率达100%；在用电梯60%以上投电梯责任保险。全年全市共排查管控特种设备风险点危险源98处，发现并消除特种设备安全隐患1827处，其中重大事故隐患224处。推动社会化服务行动计划，采用政府购买服务方式对1136台（套）高风险和公众聚集场所使用的特种设备实施监督抽查检验，对4428

2016年6月14日，佛山市质量技术监督局到市质量计器中心市质安职业资格培训中心开展消防安全检查工作

个特种设备使用单位落实安全主体责任情况开展监督抽查，对15个液化石油气气瓶充装单位的气体质量进行监督抽查，共发现209台设备存在安全风险隐患（其中41台设备存在严重事故隐患）、443家企业存在未落实安全主体责任问题，隐患问题全部完成治理整改，夯实特种设备安全基础。

【质监行政执法】 2016年，佛山市质监局共出动执法人员860人次，立案查处违法案件78件，查获货值900多万元。全年受理举报投诉94件，处理“12345”行政服务热线转办工单145宗，全部依法依规妥善处理，做到“事事有回音、件件有落实”。

【检验检测平台建设】 2016年，佛山市质监局组织举办监督抽查质量分析会、企业计量检定员培训、压力表新规程宣贯、“5·20企业计量管理知识”等培训、宣贯、学习班45期次，参加企业670多家次。为企业提供科研试验服务60多家次，向44家企业开放EMC试验室，为企业完成出口认证检测450多批次，使企业足不出户便享受到高规格、低成本的出口认证检测服务。推进国家铝材中心建设，国家汽车中心新增的新能源汽车电池、电机等测试能力通过CNAS实验室能力认证。风光电新能源产品省站通过省质监局组织的验收并获批准成立；高分子材料省站获批筹建。

【全国知名品牌示范区创建】 2016年6月29日，国家质检总局同意命名佛山市“全国内衣产业知名品牌创建示范区”“全国陶瓷产业知名品牌创建示范区”“全国家电配套制造产业知名品牌创建示范区”为“全国知名品牌创建示范区”，示范期为2016年6月至2019年6月。2016年12月28日，佛山市“全国人造革合成革产业知名品牌创建示范区”“全国陶瓷机械产业知名品牌创建示范区”通过国家质检总局组织的文审论证和专家审核，获批筹建。

（何建聪）

安全生产

【概况】 2016年，佛山市发生各类安全生产事故3330起、死亡678人、受伤2088人、直接经济损失10774.6万元。发生较大事故2起，比上年降低75%，占全省总数（41宗）的4.88%，比上年占全省的比例（9.41%）降低4.53个百分点，较大事故防控工作取得好成效。其中，各类生产经营性事故867起、死亡234人、受伤211人、直接经济损失10109.7万元。全市发生的2起较大事故为南海区“4·23”较大爆炸火灾事故（死亡4人）和三水区“11·15”较大道路交通事故（死亡3人）。

工业商贸企业职工伤亡事故　全年全市工业商贸企业发生职工伤亡事故107起、死亡107人、直接经济损失5653万元。

道路交通事故　全年全市发生道路交通事故2056起、死亡561人、受伤2075人、直接经济损失461.37万元。其中，生产经营性道路交通事故245起、死亡122人、受伤202人、直接经济损失101.78万元。

火灾事故　全年全市发生火灾事故1165起、死亡8人、受伤8人、直接经济损失4590.24万元。其中，生产经营性火灾事故513起、死亡3人、受伤4人、直接经济损失4284.95万元。

水上交通事故　全年全市发生2起水上交通事故，死亡2人。

渔业船舶事故　全市没有发生渔业船舶事故。

其他行业或领域生产安全事故　教育、水利、公用事业、民爆行业或领域没有发生重伤以上生产安全事故。

【安全生产责任体系建设】 2016年4月11日，《佛山市人民政府办公室关于印发佛山市村级工业区安全生产综合整治总体工作方案的通知》出台，明确8个部门的工作职责和整治任务，建立和完善联席会议制度，明确了整治提升目标任务。11月1日，佛山市制定并出台《佛山市较大生产安全事故调查和处理工作指引》。依法追究4名人员刑事责任，追究16名政府人员责任；对发生较大事故的责任单位，提请落实“一票否决”，强化对安全生产不作为、乱作为的震慑力度。11月9日，《佛山市机构编制委员会关于进一步明确市有关单位安全生产工作职责的通知》出台，对佛山市35个部门的安全生产职责进行明确，在广东省地级市中率先将监管职责纳入“三定方案”。

【生产安全风险和事故防控】

安全生产培训工作　2016年3月3日，佛山市首场节后复工安全教育专题培训在张槎举行。是年，佛山市安全监管部门共举办23场节后复产教员专题培训班，培训节后复产教员4万余名，并以政府购买服务方式按“一镇街一园区”的标准进行全覆盖的节后复产安全生产宣讲，完成对42万余名一线务工人员的安全宣讲，为全年事故防控工作奠定坚实基础。是年4月13日，佛山市安全生产监督管理局针对佛山市关于分类分级管理政策要求、危险化学品监管和隐患排查、事故应急预案和风险管理规定、安全生产信用管理及隐患排查治理指引、安全生产执法主要处罚条款以及安全生产责任险等一系列重要政策，在狮山质安培训中心举办2016年全市安全监管人员培训班，全市各区安全监管局中层以下550名监管人员参加学习。

现代风险分析管控制度　2016年，佛山市全面深入开展城市风险点、危险源排查治理，辨识、排查、分析评估出的风险点危险源共6087处，其中红色等级风险点危险源87处、橙色等级风险点危险源405处。依托重点风险源管理系统，初步建立全市风险点危险源电子动态分布图。

安全生产责任保险制度　2016年，佛山市设立1.18亿元的专项扶持资金并出台《佛山市人民政府办公室关于印发佛山市高危行业推行安全生产责任保险工作指引的通知》。以减轻企业负担为目标，市安监、财政、保险协会等部门联合制定专项资金管理办法、风险防范服务标准、联席会议制度、宣传教育实施意见。全年安全生产责任保险参保企业达到346家，保费367.47万元，累计保障限额34亿余元。

职业安全健康分类分级监管　2016年，佛山市完成职业病危害项目申报企业19028家、“一企一档”企业13802家、基础建设企业13996家，职业卫生监管工作综合评价在广东省排名第一。

安全生产“打非治违”　2016年，佛山市监督检查各类生产经营单位47985个，查处隐患84406项，实施行政处罚1686次，实施经济处罚总额3320余万元。佛山市的安全生产行政执法处罚各项指标排名广东省第三。

【安全生产保障】

安全生产标准化　2016年，佛山市完成标准化创建和延期换证7335家，累计创建23494家，达标总数和达标比例位居广东省第一。佛山市共有一级标准化达标企业2家、二级标准化达标企业245家、三级标准化达标企业23499家，标准化创建数量和比例排名广东省第一。

安全生产信用体系建设　2016年，佛山市安全生产监督管理局推动落实由市发改局等12个部门共同制定的《佛山市关于完善安全生产激励约束措施的意见》，并建设安全生产信用分类分级管理系统，实现智能化评级、动态化管理、流程化审核、信息化统计等功能。A、B、C三级信用等级企业分别达到9841家、8831家和87家，“红名单”企业227家，“黑名单”企业29家，其中4家受到市场严格限制。

安全生产宣教工作　2016年6月2日，佛山市安全生产委员会、南海区政府联合召开佛山市2016年“安全生产月”启动大会暨南海区安全生产宣讲会。6月16—19日，市安监局在其微信平台举办第二届安全微知识大赛，共有6000多名市民参与知识竞赛。6月28日，市安监局在佛山新城中欧中心举办“守护生命”安全生产知识竞赛。8月20—21日，市安监局举办佛山市第二届安全夏令营，分为成长营和亲子营，约140名家长与小朋友参加。在夏令营中，学员们学习创伤及践踏事故的自救技能，到佛山市公安消防大队特勤中队学习消防安全知识，在广佛轨道交通有限公司实地观摩地铁车厢应急逃生装置和路径，学习地铁车厢应急逃生知识和文明乘车文化，还进行国防安全教育。此外，挑选出优秀营员到佛山电台分享安全体验和感受，让更多的人知道安全夏令营的乐趣与意义。9月18—21日，市安监局局长魏钰带领里水镇国际安全社区代表团（2016年1月25日，里水镇获评为“国际安全社区”，为广东首个）和佛山市职业健康安全管理代表团，应邀赴芬兰坦佩雷市参加由世界卫生组织举办的第十二届全球伤害预防和安全促进大会。是年，市安监局联合佛山传媒集团，在佛山电台开设《安全生产知多D》访谈栏目

（播出8期），并在佛山电视台开展“谁在威胁我们的安全”大型宣传活动40期，播放安全生产公益宣传广告380次，发布安全生产宣传评论文章及相关信息60余篇；联合市总工会实施“百万职工安全技能提升三大工程”，向各区安监局、区总工会和市有关单位下发《佛山市安全监管局　佛山市总工会关于印发佛山市百万职工安全生产技能提升三大工程方案的通知》，并举办第一届“佛山市职工大讲堂”；“佛山安监”政务微信发布信息639条，10次在“全国市、县、乡安监局微信公众号影响力排行榜”排名第一，并长期稳居全省第一。

专家队伍建设　2016年，佛山市强化安全生产专家管理和队伍建设，组建由80位专家组成的佛山市第二届安全生产专家组，并出台管理办法；投入专项资金60万元，强化应急救援骨干队伍培训。

“智能安监”平台企业应急演练　2016年，佛山市安监局加强应急演练，推动“智能安监”平台1.8万家重点企业开展应急演练“全覆盖”。

（周结华）

食品药品监督管理

【概况】　2016年，佛山市共有食品生产企业952家、食品小作坊372家、食品经营企业（含酒类经营企业）51714家、农贸市场538个、餐饮服务单位25632个。有药品生产企业45家、药品批发连锁企业86家、药品流通企业4119家。有保健食品生产企业10家、零售企业6111家。有化妆品生产企业74家，企业数量居全省前列。有医疗器械生产企业203家、医疗器械经营企业4348家，医疗器械行业集中度高、产业优势明显，牙科综合治疗椅、中心静脉导管、义齿加工等主导品种在全省乃至全国处于优势地位，牙科综合治疗设备约占全国总产量的一半。

【国家食品安全示范城市创建】　2016年，佛山市推进国家食品安全示范城市的创建工作。一是制定食品安全“党政同责、一岗双责”实施办法，确立“管行业必须管食品安全、管业务必须管食品安全、管生产经营必须管食品安全”的基本原则，并将市政府对各区政府绩效考核中食品药品安全工作所占比重由原来的1.12%提高到3.5%。二是研究制订《佛山市关于强化食品药品基层监管能力建设的指导意见》，加强镇街基层食品药品安全监管能力建设，在人员配备、经费保障、装备水平等方面持续发力。三是结合“两图两档两公开”制度全面推行食品药品安全网格化监管，编制监管对象分布图和监管人员责任图，完成二级、三级、四级网格化监管权责划分和网格员配置，明确责任人和目标任务；建立企业信息档案、政府监管档案并向社会公开。四是各区工作亮点纷呈。禅城区试点“互联网+智慧菜市场”模式，将“放心肉菜”保障工程和食品安全信息化工程进行融合，在全区农贸市场推行“食安菜妈”项目；南海区在全区所有村（社区）设置食品安全主任，负责辖区的食品安全社会监督工作；顺德区打造食品安全宣传电视栏目《食安顺德》，向公众介绍食品安全示范城市创建情况和食品安全科普知识；三水区将食品市场安全检测体系建设纳入区“十件民生实事”，通过强化检测室基础性建设、食品快检数据平台建设，搭建起一个快速检测、实时上传、高度信息化的食品安全市场安全检验体系。

【食品药品监管技术支撑】　2016年，佛山市食品药品监督管理局整合和完善技术手段，强化食品药品监管技术。

食品药品检验检测资源整合　高标准建设市食品药品检验检测中心，市财政投入2000万元用于新实验室一期工程建设；加强对各区检验检测资源的有效整合，全市总计投入食品快速检测车15辆，为市民免费提供蔬菜水果农药残留、猪肉“瘦肉精”含量等快检服务。

食品药品抽检和不良反应监测　实施抽检计划、抽样品种、抽验结果发布“三统筹”和结果运用、信息报送、检监结合、考核督查“四规范”的抽检工作机制，全年全市抽检食品药品20839批次（食品19319批次、药品1520批次）；不良反应监测数据超过省考核标准，其中药品不良反应报告共上报2224例（新的一般的有455例、严重的有155例、新的严重的有118例，所有严重的报告占报告总数的12.27%、新的严重的报告占报告总数的32.73%）、医疗器械不良事件共上报857例（严重的报告占报告总数的11.27%）；化妆品不良反应共上报84例。

智慧食药监　制订“互联网+食品药品监管”行动计划（2016—2020年），推进广东省食品药品监督管理局“智慧食药监”平台及执法移动终端在佛山全市的普遍应用。完成二级、三级、四级监管网格的划分，做到有责、有痕，有制度、有评价，覆盖率实现100%。

食品安全电子追溯体系建设　推进全市婴幼儿配方乳粉、婴幼儿配方谷粉（米粉）、食用油、酒类生产经营企业应用食品追溯系统。全年全市摸查确定重点品种食品生产经营企业达2688家，加入溯源系统企业达2203家，加入率92.4%，溯源覆盖率和成功率均达100%。

【食品药品生产与流通事中事后监管】　2016年，佛山市食品药品监督管理局坚持预防为主、风险导向原则，落实食品药品生产经营企业主体责任。一是建立以质量授权人管理为核心的企业主体责任制，出台《佛山市药品生产质量受权人不称职记分管理制度（试行）》和《佛山市食品生产企业实施质量安全受权人制度实施方案》，开展药品生产质量受权人不称职记分管理试点工作。二是强化食品药品生产经营过程风险防控，整合实施食品生产企业风险分级管理、农贸市场积分管理和餐饮服务量化分级管理三大风险管理制度；召开药品生产质量安全风险研判“沙龙”，组织药品监管相关部门及行业协会，共同开展风险研判，及时发现问题或风险，提前消除风险隐患。三是制定和实施“双随机一公开”抽查机制，确定随机抽查人员名录库和检查事项清单。四是将高风险食品安全环节纳入规范管理，制定强化高风险食品安全环节监管措施，研究出台食品展销会食品安全管理规定、建筑工地食堂联合监管机制等措施。五是以严把市场准入为导向，抓好药品生产流通环节质量认证工作。推进新版药品GMP（药品生产质量管理规范）和新版药品GSP（药品经营质量管理规范）认证，完成辖区内全部在产药品生产企业新版GMP认证和全市药品批发、零售连锁企业GSP认证任务，规范药品生产流通市场秩序。

【食品药品监督新手段】　2016年，佛山市食品药品监督管理局探索创新监管模式，构建食用农产品快检追溯体系，完成千家农贸市场食用农产品快速检测试点任务，全年全市五区130个试点农贸市场食用农产品快检总数22.95万批次，完成率116.4%、合格率99.8%，销毁372批次共3324.03千克不合格食用农产品。食品小作坊集中加工模式日趋完善，至年底，全市建成集中加工中心11个，在建入驻经营户达276户，占全市小作坊数量的80%；开展小作坊集中加工管理地方立法工作，经市政府常委会审议通过小作坊集中加工管理办法。将全市80%以上的农贸市场的电子公示屏、食品安全信息公示栏设置列入农贸市场升级改造内容，打好农贸市场规范化管理的硬件基础。探索网络销售食品监管新机制，在全国率先实施“平台+监管”模式强化网络订餐食品安全，与“百度外卖”等网络订餐平台签订合作协议，协助第三方网络平台完善食品安全管理制度和开展从业人员培训，聘用送餐员为食品安全义务协管员，助力对在线商户的食品安全监督。实施药品批发零售数字监管，药品批发连锁企业按时将药品购销存数据上传到广东省食药监局监管平台；搭建药品零售企业药品追溯管理系统，实时掌控2600个药品零售环节药品购销情况；实施药品储存温湿度在线监管，对全市55家药品批发连锁企业库房温湿度数据进行远程监管。

【食品药品稽查打假】　2016年，佛山市食品药品监督管理局保持食品药品执法高压态势，加强食品“四小”单位的综合治理，全面梳理底数，制订“疏堵结合”的整治方案，引导食品小作坊、小餐饮、小摊贩进入集中加工中心、美食街和划定区域经营，对于无证无照、乱摆乱买等经营行为坚决予以打击。加强“两法”衔接，联合公安部门重点开展省食药监局部署的“三大专项行动”（清源行动、雷霆行动、蓝剑行动）和佛山市自主开展的“百日行动”专项行动，全年全市立案2571件（一般程序案件），涉案货值2245.64万元，罚没款1217.46万元，移送公安案件105件，刑事拘留333人，提交批捕284人。集中力量开展专项整治，查处一批

2016年4月20日，全国人大常委会食品安全执法检查组到佛山检查

大案要案。佛山市食药监局联合市公安局食药侦支队对位于南海区及周边地区的假洋酒生产、仓储、销售共8个窝点进行查处，抓获犯罪嫌疑人10名，查获涉嫌假冒“马爹利蓝带”“轩尼诗”“人头马”等多个品牌洋酒成品4000多支，各类灌装用空瓶2000多个以及大量封装用瓶盖及标识，涉案价值超过300万元。

【食品药品产业转型升级】 2016年，佛山市食品监督管理局制定佛山市首个食品药品安全五年规划，促进中医药产业发展，重点推进市政府与国药集团关于将佛山建成“中药百亿产业基地”的框架合作协议，协助广东一方制药有限公司向省食品药品监管局申请建设跨省厂外车间项目，扶持地方中医药规模企业发展。对于食品生产环节，运用国际通行的危害分析与关键控制点体系（HACCP）或食品安全管理体系（ISO 22000）的相关标准实施有效管理；鼓励企业制定实施严于国家标准的食品安全标准，支持食品行业制定联盟标准，组织拟制均安蒸猪、石湾鱼腐、南庄大包、高明濑粉、顺德陈村粉、中小学生营养配餐管理规范等9个行业联盟标准，擦亮传统地方特色食品品牌。打造食品安全“千家示范工程”，建成1400个市级食品安全示范点、8个省级餐饮服务食品安全示范街、4516个“明厨亮灶”餐饮单位，占全市餐饮服务单位总数的14%。

【食品药品安全宣传和社会共治】 2016年，佛山市食品药品监督管理局共投入851万元宣传经费，携手《南方日报》《佛山日报》、佛山电台、广佛都市网、《食品安全报》等15个媒体搭建宣传平台，共发布各类信息、报道468条，投放电梯广告、公交车身广告、停车场闸口广告等地面广告1200多个；依托“互联网+宣传”的新传播方式，加强自媒体宣传力度，市局官方微信共发布信息818条，“粉丝”量9458人。成立佛山市药品安全宣传进基层志愿者宣传服务队，开展药品安全宣传进基层“双百工程”。建立基层食品安全群防群治体系，在全市759个村（社区）组建由1323名食品安全协管员，以及4200名流动人口和出租屋管理员组成的食品安全社会监督队伍，织密织细基层食品安全监管网。市政府与省食品药品监管局、佛山科学技术学院三方共建华南食品安全研究发展中心，为保障市民“舌尖上的安全”提供更加有力的技术支撑和智库保障。探索食品安全责任保险，率先在风险等级高的集体用餐配送单位、中央厨房、学校和托幼机构食堂以及食品展览会、展销会试点推行食品安全责任保险，强化多方参与的风险防控机制和风险共担机制。

（傅江岚）

工　业

综　述

【概况】 2016年，佛山市应对经济下行压力，贯彻“中国制造2025”，实施工业转型升级攻坚战，推进供给侧结构性改革。

工业经济运行平稳　全年全市完成规模以上工业总产值21263.98亿元，比上年增长7.7%。完成规模以上工业增加值4718.72亿元，比上年增长7.7%，增幅在珠三角九市中居第二位。

工业投资保持较快增长　完成工业投资1463.59亿元，比上年增长20.1%，增幅高于全省工业投资增幅（8.9%）。工业投资约占广东省工业投资总额的13.2%，位居全省第一位。完成工业技术改造投资553.6亿元，比上年增长43.4%，高出全省工业技改投资增速10.6个百分点，总量稳居全省首位。

民营经济加快发展壮大　主营业务收入超千亿元企业有2家，主营业务收入超百亿元企业达到16家，超百亿元企业数量比上年增加4家。共有7家企业入围“2016中国民营企业500强”，美的集团、碧桂园集团跻身福布斯“世界企业500强”。民营工业企业完成工业总产值15058.24亿元，比上年增长8.3%，占全市工业总产值的比重达70.8%，对全市工业增长的贡献率达75.9%。

工业经济效益明显趋好　2016年12月，佛山市工业经济效益综合指数为311.98%，比全省高58.22个百分点，比上年同期提高14.5个百分点。是年，佛山市总资产贡献率、流动资产周转率、成本费用利润率等指标排在珠三角第二位。全市工业企业实现主营业务收入20033.06亿元，比上年增长7.6%；工业企业实现利润总额1532.82亿元，增长10.3%，工业企业利润总额占全省工业企业利润总额的比重达19.1%，位居全省第二位。

工业产品销售渐有起色　全年全市工业销售产值为20533.84亿元，比上年增长7.8%；工业产品销售率为96.6%。工业产品出口总体呈上升趋势，工业企业出口交货值为2417.52亿元，比上年增长1.2%。内销占当年工业销售产值的88.2%，比上年提高0.8个百分点。

工业品牌建设成效显著　至年底，获批创建“全国知名品牌示范区”共计9个。佛山陶瓷、南海铝材、南海半导体照明等品牌入选全国区域品牌，入选区域品牌数量位居全国地级市第一位，其中佛山陶瓷以430亿元品牌价值位居“2016年区域品牌价值百强榜”第七名。全年新增广东省名牌产品177个，总数累计达500个，占全省总数（1960个）的25.51%，连续多年位居全省之首。

重点行业发展势头良好　优势传统工业实现工业总产值8369.33亿元，比上年增长5.1%。先进制造业实现工业总产值8329.84亿元，比上年增长10.8%。先进制造业中，装备制造业实现工业总产值6628.79亿元，比上年增长11.7%，是拉动先进制造业增长的主要力量。高技术制造业实现工业总产值1588.18亿元，比上年增长10.3%。

各区工业经济持续增长　禅城区实现工业总产值2688.19亿元，比上年增长6.8%，占全市工业总产值的12.64%。南海区实现工业总产值5686.30亿元，比上年增长7.7%，占全市工业总产值的26.74%。顺德区实现工业总产值6825.64亿元，比上年增长7.9%，占全市工业总产值的32.10%。高明区实现工业总产值2881.84亿元，比上年增长7.2%，占全市工业总产值的13.55%。三水区实现工业总产值3182.02亿元，比上年增长7.9%，占全市工业总产值的14.96%。

【产业结构调整】 2016年，佛山市实现先进制造业总产值8329.84亿元，比上年增长10.8%，增幅比全市工业总产值增幅（7.7%）高3.1个百分点。先进制造业占规模以上工业总产值的比重达39.2%。优势传统工业共实现工业总产值8369.33亿元，比上年增长5.1%。高技术制造业实现工业总产值1588.18亿元，比上年增长10.3%。

优势传统工业加快改造提升　坚持以技术改造为重要抓手，推动优势传统工业转型升级，出台《佛山市工业企业技术改造事后奖补实施细则》，明确奖励标准和办理程序。扩充佛山市优质技改创新项目贷款风险补偿基金规模到5500万元，引导金融机构向优质技改创新项目提供资金支持。举办工业机器人应用创新对接会、工业机器人创新驱动研讨会等，贯彻各级扶持企业技术改造的政策措施，调动企业技术改造的积极性。全年全市完成规模以上工业投资1463.59亿元，比上年增长20.1%。其中工业技术改造投资553.6亿元，比上年增长43.4%。佛山市工业投资和工业技术改造投资额保持在全省首位。广东富华工程机械制造有限公司通过技术改造，应用机器人及智能装备19台，劳动生产率提高三成。佛山海尔滚筒洗衣机有限公司通过技术改造，应用机器人及智能装备22台，劳动生产率提高25%，单位产品成本下降20%。

供给侧结构性改革“去产能”行动　以提高供给质量为方向，制订和实施供给侧结构性改革去产能行动计划，摸查“僵尸企业”情况并建立数据库，推动106家“僵尸企业”实现市场出清，其中工商注销43家、法院受理破产63家。加强对口帮扶云浮工作，落实佛山市对口帮扶云浮产业转移资金，引导和鼓励佛山市工业企业转移到佛山（云浮）产业转移工业园。引导企业增品种、提品质、创品牌，佛山市获工信部首批消费品工业“三品”战略示范试点城市。

先进装备制造业规模　全市完成装备制造业增加值1471.3亿元，比上年增长11.7%，比全市工业增加值增幅（7.7%）高4.0个百分点。完成装备制造业投资611.6亿元，比上年增长28.7%，比全市工业投资增幅（20.1%）高8.6个百分点。工作母机类制造业完成增加值316.8亿元，比上年增长21.7%。以构建全产业链为目标，开展市、区联动招商，引进一批优质项目，部分项目产品填补国内空白或处于国际、国内领先水平。科力远混合动力及传动系统总成项目总投资约100亿元，填补佛山市混合动力汽车产业的空白，并将带动一批大型新能源汽车制造商落户。中铁华隧盾构掘进综合装备产业基地项目总投资约10亿元，于8月开工。美盈森智慧包装工业4.0产业园项目总投资18.88亿元，建设美盈森集团技术研发中心、华南总部基地、国家级印刷包装检测检验中心等。千山药机大健康产业基地项目动工建设，主要生产超导核磁共振仪和可穿戴医疗设备，多项核心技术处于国际领先水平。

【自主创新能力】　2016年，佛山市以建设面向全球的国家制造业创新中心为目标，制订出台创新驱动发展三年行动计划。全年全市新增高新技术企业671家，总数达1388家，比上年增长93.6%。建成新型研发机构30个，省级重点实验室17个、工程中心395个、技术中心150个。规模以上工业企业研发机构、规模以上高新技术企业工程中心建有率分别达20%、85%。新增国家级科技企业孵化器6个，总数达10个。新增国家级众创空间试点单位5个，总数达15个。启动近80个企业和产业关键核心技术攻关项目。佛山科学技术学院引进中国科学院院士、千人计划专家等高层次人才48人，录用博士109人，新校区建设进展顺利。全市新增市级以上创新团队19个，拥有国家“千人计划”专家41人。科技型中小企业信贷风险补偿基金累计帮助企业获得贷款授信20.46亿元。

【“中国制造2025”规划落实】　2016年，佛山市出台创建“中国制造2025”试点示范企业的工作方案、评定标准和扶持政策措施，率先开展“中国制造2025”试点示范企业创建工作，全年评审出试点示范企业36家。珠江西岸“六市一区”被工信部认定为创建“中国制造2025”试点示范城市群。实施“百企智能制造提升工程”，引导企业应用工业机器人和智能装备，年内全市有125家规模以上工业企业开展“机器换人”，Science机器人国际联盟大会落户佛山。佛山东鹏洁具股份有限公司的高度智能化卫浴整厂建设项目和佛山登奇机电技术有限公司的高端装备用伺服电机数字化车间项目入选工信部2016年智能制造综合标准化与新模式应用项目。佛山维尚家具制造有限公司的全屋家居大规模个性化定制试点示范项目入选工信部2016年智能制造试点示范项目。

【制造业与互联网融合】 2016年，佛山市贯彻落实《国务院关于深化制造业与互联网融合发展的指导意见》，举办中国制造业与互联网融合发展高峰论坛暨2016制造业与互联网融合发展深度行（佛山站）活动。全市新增46家省级以上“两化融合”贯标试点企业，总数达103家。顺德区北滘镇入选广东省首批“互联网+”创建小镇，禅城区张槎街道入选广东省首批“互联网+”培育小镇。

【制造业转型升级综合改革试点方案出台】 继2015年年底成为制造业专项升级综合改革试点之后，佛山市于2016年11月印发《广东省佛山市制造业转型升级综合改革试点方案》，旨在贯彻落实《国家发展改革委关于同意中关村南通市台州市新乡市佛山市列为我委综合改革试点的复函》，推进佛山市制造业综合改革试点。该方案提出佛山的三大战略定位，即制造业体制机制改革先行区、“中国制造2025”区域示范试点，以及民营经济创新发展试验田。

【佛山市入选2016年消费品工业“三品”战略示范试点城市】 2016年12月，工业和信息化部发布关于2016年消费品工业“三品”战略示范试点城市名单的通告，佛山市入选2016年消费品工业“三品”战略示范试点城市。

【佛山市入选国家产融合作试点城市】 2016年12月，工业和信息化部、财政部、中国人民银行、中国银行业监督管理委员会联合发布关于同意北京市海淀区等城市（区）列为国家产融合作试点城市的通知，佛山市入选国家产融合作试点城市。

（刘义超）

装备制造业

【概况】 2016年，佛山市装备制造业完成工业总产值6628.79亿元，比上年增长11.7%，占全市工业总产值的比重为31.2%。全年装备制造业完成工业增加值1471.3亿元，占珠江西岸装备制造业增加值的50.4%，位居珠江西岸珠海、佛山、中山、江门、阳江、肇庆和顺德等“六市一区”第一位，其中工作母机类制造业增加值316.8亿元，占珠江西岸工作母机类制造业增加值的59.9%，位居珠江西岸“六市一区”第一位。

【智能制造装备】 2016年，佛山市依托国家（南海）高端装备产业园、顺德精密智能装备制造产业创业园等载体，推动珠江西岸先进装备制造产业带建设，通过实施“百企智能制造工程”和“机器引领”计划、开展机器人及智能装备生产应用“百千万工程”等措施，带动近千家企业实施机器人及智能装备应用。2016年全市年产值超亿元智能制造骨干企业24家，开展“机器换人”的规模以上工业企业125家，初步形成以智能测控设备、关键智能基础装备、重大智能制造成套设备等为主导的智能制造装备产业基地。佛山维尚家具制造有限公司的全屋家居大规模个性化定制试点示范项目入选2016年工信部智能制造试点示范项目。佛山东鹏洁具股份有限公司的“以自主品牌工业机器人为核心的高度智能化卫浴整厂建设”项目和佛山登奇机电技术有限公司的“机器人等高端装备用伺服电机数字化车间”项目入选工信部2016年智能制造综合标准化与新模式应用项目。

【第二届珠江西岸先进装备制造业投资贸易洽谈会】 于2016年9月29—30日在佛山市的广东（潭州）国际会展中心举办。第二届珠洽会在展馆规模、参与企业、客商数量以及规格层次方面皆创新高。展会共设5个展馆，总面积达5万平方米，其中展览面积达3万平方米，比首届增长20%。共有参展企业（单位）278家，观展人数3.5万人，参会客商3100余人。“七市一区”（含韶关市）签约项目220个，总投资额2307.7亿元，其中佛山市签约项目77个，投资总额达859.5亿元，签约项目数及投资总额均位居七市之首。

【顺德区战略性产业项目联合动工现场会】 2016年7月22日，顺德区战略性产业项目联合动工现场会暨千山医疗器械装备大健康产业基地（一期）奠基仪式在顺德高新区举行，涉及项目13个，涵盖先进装备、生物医药等产业领域，总投资额达124.38亿元。其中产业类项目7个（先进装备制造项目5个），计划总投资87.68亿元，预计达产后年产值171.17亿元；平台类项目6个（其中先进装备制造平台项目2个），计划总投资36.7亿元。举行奠基仪式的千山医疗器械装备大健康产业基地项目计划投资50亿元，将于2018年底建成投产。

【科力远混合动力及传动系统总成项目落户佛山】 2016年9月25日，科力远混合动力技术有限公司年产100万台（套）节能与新能源汽车混合动力总成产业化项目在佛山市禅城区举行动工仪式。该项目总投资超100亿元，总用地面积26.67公顷，项目建成后将具备年产100万台（套）总成系统的能力。

【盾构掘进综合装备产业基地项目签约】 2016年3月18日，佛山市人民政府与广东华隧建设股份有限公司、中铁工程装备集团有限公司签订《盾构掘进综合装备产业基地战略合作协议》，三方将共建佛山盾构掘进综合装备产业基地。中铁华隧盾构机生产基地项目总投资10亿元，生产制造盾构机及其关键结构件、其他地下工程装备、特种掘进装备及衍生品等高端装备。

（刘义超）

汽车及零部件制造业

【概况】 2016年，佛山市汽配制造业实现总产值718.07亿元，比上年增长13.1%，约占全市先进制造业总产值的8.6%。至2016年，在“广州整车、佛山汽配”的产业布局下，本田、丰田、日产三大日系汽车零部件供应商汇聚佛山高新区，形成以南海区、禅城区、顺德区大良片区、三水区为主要集聚区，高明区起步发展的空间格局，初步形成涵盖整车、发动机、底盘、车身及附件、汽车电子、通用件、汽车磨具等相对完善的汽车及零部件产业链。

【佛山汽车保有量突破200万辆】 2016年，佛山市汽车上牌量为28.2万辆，佛山市2016年机动车保有量为202万辆，成为广东第四个“两百万汽车城”，佛山全市汽车4S店数量超过250家。

【新能源汽车】 2016年，佛山市新能源汽车产业发展取得一定进展。至年底，全市建成或在建的新能源汽车整车生产企业共计5家，其中佛山市路之友机械制造有限公司新能源车项目投产，北汽福田欧辉新能源客车广东公司、佛山市飞驰汽车制造有限公司等4个项目在建。全年新签约新能源汽车核心零部件生产项目共计6个，总投资达270亿元，预计达产后年产值可达339.7亿元。

（刘义超）

家用电器制造业

【概况】 2016年，佛山市家用电力器具制造业完成工业总产值2683.24亿元，比上年增长4.1%。佛山市家用电器业主要产品包括微波炉、空调、电冰箱、热水器、洗衣机等。2016年全市家用电器产品产量不断增长，市场份额不断扩大，其中微波炉产量6073.91万台，比上年增长3.7%；空调产量2170.14万台，增长6.5%，占广东省空调产量比重达38.5%；电冰箱产量992.39万台，增长21.1%，占广东省电冰箱产量的46.5%；热水器产量814.87万台，增长8.7%；洗衣机产量347.61万台，增长10.3%。

【美的集团收购德国库卡】 2016年7月20日，美的集团首次进入《财富》“世界500强”名单。至年底，美的集团完成对全球领先智能自动化解决方案供应商德国库卡集团的要约收购。收购交割完成后，美的集团通过境外全资子公司MECCA合计持有库卡集团3760.57万股股份，约占库卡集团已发行股本的94.55%，这是近年中国公司规模最大的海外收购交易之一。

【慧聪家电城建成营业】 2016年4月17日，慧聪家电城在顺德区北滘镇开业，该家电城历时三年建成，是由B2B上市公司慧聪网打造的中国家用电器行业线上、线下批发交易平台。同日，中国首届家电采购节及亚洲最大家电展在慧聪家电城开幕。

（刘义超）

建筑材料业

【概况】 2016年，佛山市建筑材料行业实现工业总产值1805.93亿元，比上年增长7.7%。其中非金属矿物制品业实现工业总产值1402.12亿元，比上年增长4.6%。佛山市是“中国建筑卫生陶瓷特色产业基地”“中国陶瓷名都”。佛山市禅城区是“中国建筑卫生陶瓷出口基地”和“中国陶瓷产业总部基地”，禅城区石湾镇街道是“中国陶瓷名镇”和“中国陶瓷之都”；禅城区南庄镇和石湾镇街道是广东省陶瓷专业镇。佛山陶瓷在产品质量、生产装备、市场营销、出口贸易、品牌建设、企业管理、环境保护、清洁生产、技术创新、产品设计、人才素质等位居全国前列，拥有佛陶集团、蒙娜丽莎、东鹏等大批龙头企业，抛光砖、仿古砖、微晶砖、内墙砖、外墙砖、广场砖、马路砖等品种一应俱全，出口100多个国家和地区，在国内的一级经销商达数万家。

【佛山众陶联平台成立】 2016年3月1日，佛山众陶联产业服务平台在佛山市政府小礼堂举行签约仪式。该平台由广东东鹏陶瓷股份有限公司、广东新明珠陶瓷集团有限公司、佛山陶瓷产业联盟投资有限公司、中国陶瓷城集团有限公司、蓝源资本投资集团等15家企业共同发起。该平台以互联网平台为支撑，将陶瓷企业的采购集中到一个公共的服务平台上，构建一个以“产业+互联网+金融资本”为核心的“B2B + O2O”陶瓷产业链的全球性的平台，消除中间环节，实现采购方与源头供应方的直接对接。

【中国（佛山）艺术及日用陶瓷博览会】 2016年11月18—23日，由中国陶瓷工业协会、南庄镇陶瓷产业促进会主办的2016中国（佛山）艺术及日用陶瓷博览会暨第三届生肖陶瓷大赛在佛山市禅城区南庄镇华夏陶瓷国际会议展览中心举行，吸引来自河北唐山、山东淄博、浙江龙泉、江西景德镇、河南宝丰等全国各地的近200家企业参展，展出种类丰富、风格各异的艺术陶瓷作品。

（刘义超）

食品饮料业

【概况】 2016年，佛山市食品饮料业实现工业总产值903.4亿元，比上年增长10.3%，占全市优势传统工业总产值的10.8%。佛山市食品制造业主要分布在高明区、禅城区和顺德区，其中高明区海天调味品生产基地是全国最大的酱油、调味品生产基地；顺德区水产品加工基地是国内重要的鱼类罐头生产基地。饮料制造业主要分布在三水区、南海区和顺德区，佛山市是“中国豉香型白酒产业基地”，三水区及其西南街道分别是“中国饮料之都”和“中国饮料名镇”。

【食品饮料主要产品产量】 2016年，佛山市食品饮料业主要产品包括酱油、啤酒和饮料。其中，酱油产量达307.26万吨，比上年增长15.7%；啤酒产量16.36亿升；软饮料产量196.57万吨。海天味业再次入榜“中国企业500强”榜单，在食品饮料行业排名中稳居前20位。在2016年中国品牌力指数排行榜中，海天酱油品类和海天食醋品类均为全国第一（分别连续6年、连续5年居全国第一位）。

【佛山成为第三批国家食品安全城市创建试点城市】 2016年5月，佛山市被列为第三批国家食品安全城市创建试点城市，成为广东省唯一一个纳入创建国家食品安全城市的地级市（广东省的国家级食品安全城市创建试点城市还有广州、深圳）。佛山市以创建工作为契机，出台《佛山市创建国家食品安全城市工作实施方案》，提出党政同责、市区同创、健全机制等要求，全面加强食品安全工作。

（刘义超）

生物医药业

【概况】 2016年，佛山市加快生物医药业发展，其中医药制造业保持高位增长、医疗仪器设备及仪器仪表制造业总产值不断扩大。全年医药制造业实现工业总产值113.58亿元，比上年增长18.6%；医疗仪器设备及仪器仪表制造业工业总产值达 145.45 亿元，增长 4.4%。佛山市生物医药业初步形成以顺德区、三水区为主要集聚区，以南海区为新兴增长极的发展态势。广东生物医药产业基地核心园区孵化项目近 50 个，覆盖生物制药、化学制药、医疗器械、诊断试剂、中药提取以及保健品领域。10 个产业化项目涵盖单抗药物、动物模型、新型药物制剂、生物材料、医疗器械等领域。依托各类基地等载体，佛山医药制造业涌现一批具有强劲竞争力的生物医药企业。

【佛山市与深圳华大基因签订战略合作协议】 2016 年 5 月 18 日，佛山市政府与深圳华大基因科技有限公司签订战略合作协议，双方在基因存储产业化、精准医学、精准扶贫、基因人才培养等方面深化合作，推动经济、民生与科学探索融合发展。根据协议内容，佛山市将与华大基因合作建设国家基因库佛山分中心，对佛山珍稀物种进行基因研究和优良品种的定向选育及产业推广；共建精准医学佛山分中心，打造精准医学应用平台、健康民生工程及疾病基因诊断中心。另外，协议内容还包括华大基因学院与佛山科学技术学院在基因人才方面开展联合培养，打造基因产业人才高地等。

【广东（顺德）国际生命健康创新创业示范区启动】 2016 年 6 月 15 日，广东（顺德）国际生命健康创新创业示范区启动仪式在北滘镇广东工业设计城多功能厅举行。广东（顺德）国际生命健康创新创业示范区由顺德区人民政府和广东千聚生物科技有限公司共同合作建设，是国内首个以生命健康产权交易为特色的创新创业示范园，其交易项目以政府为主导、专业化管理和市场化方式相结合运营。园区建设将面向生命健康国际市场，重点引进国内外的创新研发项目，并以产业基金为引导，以生命健康产业投融资平台为抓手，以产权交易为核心，通过搭建生命健康产业公共服务平台和建设“千人计划”生命健康联合研究院等，为在孵企业提供集技术、金融、人才、检测、评审和交易于一体的全链条孵化服务。

（刘义超）

家具制造业

【概况】 2016 年，佛山市家具制造业实现工业总产值 504.4 亿元，比上年增长 5%。佛山市家具制造业主要分布在顺德区、南海区、三水区和高明区，其中顺德区乐从镇有“中国家具商贸之都”称号；顺德区龙江镇有“中国家具材料之都”和“中国家具制造重镇”称号，龙江家具产业集群升级示范区是广东省产业集群升级示范区。佛山家具制造业主要产品包括板式家具、实木家具、软体家具、玻璃金属家具、现代竹藤家具、绿色环保家具以及新型高分子塑料家具等多类产品，2016 年全市家具产量达 2226.2 万件，占广东省家具产量的 15.3%。

【第 32 届国际龙家具展览会】 2016 年 8 月 12 日，第 32 届国际龙家具展览会、第 22 届亚洲国际家具材料博览会及顺德·龙江首届家居设计展同时开幕。来自国内和全球各地的家具业参展商、经销商、采购商齐赴盛会。第 32 届国际龙家具展览会分设民用展区、办公展区、材料展区、电商代工企业专区四大专区，共有参展企业 430 家。同期举办的第 22 届亚洲国际家具材料博览会，开设五大展馆、八大展区，展览范围涉及 3D 打印家具、家具包覆材料、家具五金及配饰、办公家具及配件、家具填充及包装材料等。首届顺德·龙江家居设计展是龙江探索“家具+材料+设计”的产业模式的尝试，推动设计与制造对接，促进龙江家具产业转型升级。

【维尚入选国家 2016 年智能制造试点示范项目】 2016 年 6 月 17—23 日，工业和信息化部对“2016 年智能制造试点示范项目名单”进行公示，佛山市维尚家具是全国家具行业唯一入选的企业。维尚成立于 2006 年，创立伊始便依托 IT 技术创新实现“大规模定制”先进模式。近年来又通过打造新居网在线设计服务平台、基于图形图像数据的虚拟现实云计算以及移动互联云设计技术，开始践行工业 4.0 思维及技术应用，实现个性化营销、柔性化生产、社会化物流的“C2B + O2O”业务运作模式，迅速从传统家具制造企业转型为高速发展的现代家居服务企业。

（刘义超）

石化及精细化工业

【概况】 2016年，佛山市石油及化学制造业实现工业总产值1098.27亿元，比上年增长6.7%，占全市先进制造业总产值比重的13.2%，其中化学原料及化学制品制造业总产值892.96亿元，增长9.5%。佛山市石油加工、炼焦和核燃料加工业主要分布在三水区、高明区和顺德区；化学原料和化学制品制造业主要分布在南海区和顺德区。佛山市石油及化学制造业具有多家业内知名企业，其中佛山市天安塑料有限公司聚合物新材料创新产业化基地是广东省民营企业（中小企业）创新产业化示范基地、广东联塑科技事业有限公司是中国最大的塑料管道及塑料挤出生产设备的制造企业之一、广东德美精细化工股份有限公司产品产销量历年来一直居于同行业前列且产品的质量达到国际先进水平、广东德美精细化工股份有限公司技术中心与广东联塑科技事业有限公司技术中心为国家级企业技术中心。

【成品油市场管理】 2016年6月，由佛山市安全生产委员会办公室牵头，组织市工商、经信、质监、消防等多个部门开展存储成品油行业专项执法监察联合行动，共抽查5个加油站，1家成品油存储企业。同年，根据广东省经济和信息化委的通知要求，佛山市组织对2015年度在佛山市从事成品油零售、批发和仓储经营的企业进行年检换证工作，116家成品油经营企业参加并通过年检，2015年后领（换）证的311家企业不参加该次年检。

（刘义超）

新一代信息技术业

【概况】 2016年，佛山市新一代信息技术产业快速发展，电子及通信设备制造业工业总产值达1200.54亿元，比上年增长9.6%。佛山市形成以集成电路、新型传感器、新型显示、新光源、高端软件、高端服务器等一批高端电子主导产品的研制能力。佛山群志光电有限公司是国内供应全球尖端信息与消费电子的主要客户，是世界TFT-LCD（薄膜晶体管液晶显示器）领导厂商，成为全球前三大液晶电视面板供货商。广东盛路通信科技股份有限公司是国内规模最大、技术最先进的（民用通信）天线和微波（通信天线）设备制造商之一。

【佛企组团参加中国电子信息博览会】 2016年4月8—10日，由工业和信息化部、深圳市人民政府共同举办的第四届中国电子信息博览会在深圳会展中心举行，佛山市21家电子信息先进企业参展，参展企业涉及智能制造与信息技术、北斗应用与无人机、云计算大数据等高精科技领域。在佛山专场电子信息新产品与新技术发布会上，广东峰华卓立、广东希获微、广东科立盈及佛山新芯微等佛企发布企业最潮产品、最新科技，引起关注。

（刘义超）

新材料产业

【概况】 2016年，佛山市加快新材料产业发展，扩大产业规模，全市新材料企业共计150家，占全省新材料企业数量比重为7.5%。产品以玻璃材料、化工涂料、塑胶材料、建筑铝型材等为主。佛山形成以铝合金、不锈钢等金属结构为龙头，以电子信息材料、化工新材料、先进高分子材料等为代表，特色明显、优势突出的材料产业体系。拥有国家火炬计划佛山新材料产业基地、广东新材料产业基地等国家级、省级特色产业基地。

【超材料技术产业研讨会】 2016年12月17日，2016年度“超材料电磁调制技术国家重点实验室”学术委员会暨超材料技术产业研讨会在佛山市召开，国家发改委、工信部和深圳市、佛山市专家、领导出席会议。该次会议旨在加快推进国家创新驱动战略实施，加强国内超材料及相关领域的学术交流，促进超材料技术从科学研究走向大规模应用。

（刘义超）

2016年佛山市入选“中国企业500强”企业

【概况】 2016年8月27日，中国企业联合会、中国企业家协会在长沙发布2016“中国企业500强”榜单，佛山市企业有美的集团股份有限公司和广东格兰仕集团有限公司上榜，分别位居第110位和第485位。

【美的集团股份有限公司】 美的集团股份有限公司（简称“美的集团”）成立于1968年，是一家消费电器、暖通空调、机器人及工业自动化系统的科技企业集团，提供多元化的产品和服务，包括厨房家电、冰箱、洗衣机及各类小家电的消费电器业务和家用空调、中央空调、供暖及通风系统的暖通空调业务，业务平台遍布全球。美的集团在世界范围内拥有约200家子公司、60多个海外分支机构及10个战略业务单位，是德国库卡集团最主要股东。

2016年，美的集团首登《财富》世界500强，成为中国家电行业首个跻身世界500强的品牌。美的集团供给侧结构性改革成效显著，通过“产品领先、效率驱动以及全球经营”三大战略主轴，稳步推进“三去一降一补”，生产效率和供给质量显著提升。同时，以合作并购培育发展新增长点，与产业巨头开展合资合作，拓展业务成长空间。同年，美的集团收购日本东芝白电80.1%股权，获得东芝品牌40年的全球授权，超过5000项白色家电相关专利，以及东芝白电在日本、中国、东南亚的市场、渠道和制造基地。进军机器人产业领域，与日本安川电机合资设立工业、服务机器人公司，成功跨国并购全球四大机器人公司之一的德国库卡，持有库卡94.55%股权，持有国内工业机器人领域领先企业安徽埃夫特公司17.8%股权。

【广东格兰仕集团有限公司】 广东格兰仕集团有限公司（简称“格兰仕”）创建于1978年，前身是一家乡镇羽绒制品厂。1992年，格兰仕大胆闯入家电业。在过去10多年里，格兰仕微波炉从零开始，迅猛从中国第一发展到世界第一：1993年，格兰仕试产微波炉1万台；1995年，以25.1%的市场占有率登上中国市场第一席位；1999年，产销突破600万台，跃升为全球最大专业化微波炉制造商；2001年，全球产销量飙升到1200万台，并让国人又开始从“光波炉普及风暴”中全面领略“高档高质不高价”的新消费主义。至2006年，格兰仕已经连续12年蝉联中国微波炉市场销量及占有率第一的双项桂冠，连续9年蝉联微波炉出口销量和创汇双冠。格兰仕集团是一家定位于“百年企业 世界品牌”的世界级企业，在佛山顺德、中山拥有国际领先的微波炉、空调及小家电研究和制造中心，在中国总部拥有13家子公司，在全国各地共设立60多家销售分公司和营销中心，在香港、首尔、北美等地都设有分支机构。2016年格兰仕携手机器人巨头日本发那科，加快自动化、智能化工厂布局，推进工业机器人在微波炉、电蒸炉等行业的深入应用。2016年年中投产的全球首条微波炉自动化装配生产线，生产效率比之前提高38.89%，产品直通率超过99%。

（市经信局供稿）

2016年，格兰仕引进全球第一条自动化微波炉生产线

2016年认定的佛山市“中国驰名商标”名单（4件）

序号	商　标	商标注册人/使用人	类别	认定商品/服务项目	地　区
1	银洋树脂 YINYANG RESIN	广东银洋树脂有限公司	1	未加工丙烯酸树脂	三水
2	EAGLEYE	佛山克莱汽车照明股份有限公司	11	汽车照明设备	南海
3	德冠 DECRO	广东德冠薄膜新材料股份有限公司	16	包装用塑料膜	顺德
4	安　基	广东安基装饰砖集团有限公司	19	瓷砖	南海

（市工商局）

2016年佛山市申报获认定的广东省著名商标名单（44件）

序号	商标注册证　　号	商　标	申请人	认定商品或服务项目	类别	地区
1	5711367	興發鋁材 Aluminium Profiles	广东兴发铝业有限公司	铝合金型材	6	禅城区
2	3169691	永YONG DA达	佛山市永盛达机械有限公司	陶瓷工业用机器设备（包括建筑用陶瓷机械）（超高压水切割机）	7	禅城区

（续表）

序号	商标注册证　　号	商　标	申请人	认定商品或服务项目	类别	地区
3	1274077 1274054	康思达	佛山市康思达液压机械有限公司	液压机，液压元件，制食品用电动机械	7	禅城区
4	8910827	指定颜色	广东天安新材料股份有限公司	非包装用塑料膜，装饰用塑料片材（薄膜）	17	禅城区
5	10018811	简一	佛山市简一陶瓷有限公司	瓷砖（大理石瓷砖）	19	禅城区
6	9451291	指定颜色	广东华特气体股份有限公司	氩，甲烷，焊接用化学品	1	南海区
7	9347768	CATECH 指定颜色	佛山市中研非晶科技股份有限公司	普通金属合金（铁基非晶合金带材、铁基非晶合金铁芯）	6	南海区
8	8812608	RUIZHOU	广东瑞洲科技有限公司	制革机	7	南海区
9	345551	金刚	佛山市南海金刚新材料有限公司，佛山金刚企业集团有限公司	陶瓷辊棒	7	南海区
10	4252105	SHICHENG 仕　诚	广东仕诚塑料机械有限公司	流延膜机（塑料工业用机器）	7	南海区
11	6157290	豹王	佛山市豹王滤芯制造有限公司	机油滤清器，空气滤清器，柴油滤清器	7	南海区
12	3812500	Guangte 广特电气	广东广特电气股份有限公司	变压器，变压器（电）	9	南海区
13	9979075	利升	佛山市利升光电有限公司	灯（LED智能阅读灯）	11	南海区

（续表）

序号	商标注册证号	商标	申请人	认定商品或服务项目	类别	地区
14	6354750	JINHAO 金豪陶瓷 JINHAO CERAMICS	广东金巴利陶瓷有限公司	瓷砖，建筑用嵌砖	19	南海区
15	4236832	stek索戴	佛山市南海新兴利合成纤维有限公司	塑料打包带	22	南海区
16	3477203	骆驼	广东骆驼服饰有限公司	服装	25	南海区
17	4405640	NOI NOI	佛山市南海NO.1实业有限公司	制服	25	南海区
18	1319190	JINXIONG 金熊	广东成泰米业有限公司	米	30	南海区
19	3889738	ZHAO PIN 兆品	佛山市南海蓝科饲料有限公司	饲料	31	南海区
20	8118742		广东博媒广告传播有限公司	户外广告	35	南海区
21	1784905	兴奇 HKM	陈传奇	废物和可再回收材料的分类	40	南海区
22	7667999	炜林纳 WINNER	广东炜林纳新材料科技股份有限公司	塑料助剂，改性塑料	1	高明区
23	5543475	川东磁电 指定颜色	佛山市川东磁电股份有限公司	磁性材料和器件	9	高明区
24	3206665	南亮	广东南亮玻璃科技有限公司	镀膜玻璃	19	高明区

（续表）

序号	商标注册证号	商标	申请人	认定商品或服务项目	类别	地区
25	7250415		佛山市高明区新广农牧有限公司	种家禽	31	高明区
26	4784982	盈香生态果园 YINGXIANG	广东盈香生态园有限公司	娱乐，提供娱乐设施，假日野营服务（娱乐）	41	高明区
27	7698627		广东迪生电力钢构器材有限公司	镀锌铁塔，电线金属杆	6	三水区
28	8008066	盛华德	广东盛华德通讯科技股份有限公司	天线（美化天线）	9	三水区
29	3129995	GRISTA 指定颜色	广东星星制冷设备有限公司	冰柜，冰箱，冷冻设备和机器	11	三水区
30	6334115	ricai日彩	佛山市三水日彩电器有限公司	风扇（空气调节）	11	三水区
31	7327570		佛山市三水恒利达针织有限公司	服装（校服）	25	三水区
32	7609335	TCR TCSOL	台昌树脂（佛山）有限公司	合成树脂（半成品）	17	三水区
33	8589715	阳特 Youngplants	佛山市三水阳特园艺有限公司	新鲜的园艺草木植物，植物，藤本植物	31	三水区
34	4185413	PMORE	广东盈峰材料技术股份有限公司	粉末冶金，金属环，金属止动环	6	顺德区
35	9289675	悍高HIGOLD	佛山市顺德区悍高五金制品有限公司	五金器具（拉篮、挂架）	6	顺德区

（续表）

序号	商标注册证号	商标	申请人	认定商品或服务项目	类别	地区
36	1481846	赛特莱特 SATE·LITE	赛特莱特（佛山）塑胶制品有限公司	折射镜，夜明标志牌，防交通事故用反射盘	9	顺德区
37	5364916	Kaihua	广东凯华电器股份有限公司	电源材料（电线、电缆）	9	顺德区
38	1598533	骏达 JUNDA	佛山市顺德区骏达电子有限公司	印刷电路	9	顺德区
39	3149062	FUTIWA福田	广东福田电器有限公司	电开关	9	顺德区
40	1368606		广东顺容电气有限公司	电容器	9	顺德区
41	3506132	ANHE	广东顺德安和磁性制品有限公司	密封胶条，密封环，橡胶或塑料制（填充或衬垫用）包装材料	17	顺德区
42	9356017	罗浮宫	广东罗浮宫国际家具博览中心有限公司	替他人推销，组织商业或广告交易会，组织商业或广告展览	35	顺德区
43	7139293	Y·HSTEEL	广东烨辉钢铁有限公司	货运，运输，货物发运	39	顺德区
44	7139292	Y·HSTEEL	广东烨辉钢铁有限公司	焊接，镀锌，金属电镀	40	顺德区

（市工商局）

2016年佛山市申请延续成功的广东省著名商标名单（120件）

序号	商标注册证号	商标	申请人	认定商品或服务项目	类别	地区
1	3390527	正大制釉 ZHENGDA GLAZE	佛山市正大科技有限公司	陶瓷釉料，工业增亮化学制品（颜料），烧结用陶瓷合成物（颗粒和粉末）	1	禅城区
2	3263415	A'Gensn 安安金纯	佛山市安安美容保健品有限公司	化妆品，洗发液，浴液	3	禅城区
3	1568399	馮了性	国药集团冯了性（佛山）药业有限公司	药酒，中药成药	5	禅城区
4	7118350	FPA	佛山通宝精密合金股份有限公司	金属片和金属板，金属铆钉，粉末冶金	6	禅城区
5	3169692		佛山市永盛达机械有限公司	陶瓷工业用机器设备（包括建筑用陶瓷机械）（超高压水切割机）	7	禅城区
6	522838 522841	KENFLO 肯富来	广东肯富来泵业股份有限公司	泵（真空泵、离心泵、混流泵）	7	禅城区
7	625596		佛山佛塑科技集团股份有限公司	双向拉伸聚酯薄膜	17	禅城区
8	1632808	SHIMANLI 诗曼丽	罗永祖	建筑用瓷砖	19	禅城区
9	1504775	新 粤	广东新中源陶瓷有限公司	砖，非金属砖瓦，瓷砖	19	禅城区
10	3446991	金朝阳陶瓷 GOLDEN SUN CERAMICS	广东新明珠陶瓷集团有限公司	建筑用非金属墙砖，非金属地板砖，瓷砖	19	禅城区

（续表）

序号	商标注册证号	商标	申请人	认定商品或服务项目	类别	地区
11	5313635		广东新明珠陶瓷集团有限公司	建筑用非金属墙砖，非金属地板砖，瓷砖	19	禅城区
12	1250051	華鵬	佛山石湾鹰牌陶瓷有限公司	墙地砖	19	禅城区
13	3680730	来德利	广东强辉陶瓷有限公司	瓷砖，非金属地板砖，建筑用非金属墙砖	19	禅城区
14	4073850	SHUANGXIANG 双象	佛山佛塑科技集团股份有限公司	编织织物，聚丙烯编织布，聚乙烯编织布	24	禅城区
15	1155428	威極	佛山市海天调味食品股份有限公司	食用油	29	禅城区
16	679197	威極	佛山市海天调味食品股份有限公司	醋，调味品	30	禅城区
17	1171889	禅之旅	佛山市禅之旅国际旅行社有限公司	观光旅游，旅行社（不包括预定旅馆），旅行安排	39	禅城区
18	4989786	德联 DELIAN	广东德联集团股份有限公司	防冻剂，液压系统用液	1	南海区
19	4549788	瑞龍	广东瑞安科技实业有限公司	混凝土凝结剂（减水剂）	1	南海区
20	846517		佛山市华鸿铜管有限公司	铜管，铜型材	6	南海区
21	1055295	兴创 XINGCHUANG	佛山市南海桃园铝业有限公司	铝型材	6	南海区

（续表）

序号	商标注册证号	商标	申请人	认定商品或服务项目	类别	地区
22	1049364	廣亞	广亚铝业有限公司	各种型材，普通金属合金，金属板	6	南海区
23	4889573		佛山市南海宏钢金属制品有限公司	钢管	6	南海区
24	6672423	合阁 HEGE	佛山市合阁钢构集成房屋有限公司	可移动金属建筑物	6	南海区
25	4926650	东亚吉祥 DONG YA JI XIANG	佛山市东亚钢门有限公司	金属门，金属门板，金属门框	6	南海区
26	5056898 5286623	MODENA	广东摩德娜科技股份有限公司	制砖机，制瓦机	7	南海区
27	136070		佛山市云雀振动器有限公司	混凝土振动器	7	南海区
28	1546851		南方风机股份有限公司	除尘等用的鼓风机，离心机，气体压缩、排放、输送用鼓风机	7	南海区
29	7018018	强珠 QIANGZHU	佛山市南海珠江减速机有限公司	机器传动装置	7	南海区
30	1717720	Wynn's	广东威力狮五金有限公司	手工操作的手工具	8	南海区
31	3940107		广东天波信息技术股份有限公司	程控电话交换设备（IC卡公用电话终端、无线终端、IP融合通信系统）	9	南海区
32	926616	VL	广东中联电缆集团有限公司	电线，电缆	9	南海区

（续表）

序号	商标注册证号	商标	申请人	认定商品或服务项目	类别	地区
33	6882937	GCA 吉熙安	广东吉熙安电缆附件有限公司	电缆接头套，电线连接物，电器接插件	9	南海区
34	4261660	GCA	广东吉熙安电缆附件有限公司	电缆接头套，电器接插件，电线连接物	9	南海区
35	3401021	ST.WIN ZHUOSHI	卓道杰，卓道民	体育用风镜，安全头盔，体育用保护头盔	9	南海区
36	1073367	昭信	广东昭信企业集团有限公司	照明器械及装置	11	南海区
37	4904433	NYW 南洋有爲	佛山市南海南洋电机电器有限公司	通风设备和装置（空气调节）（风幕机）	11	南海区
38	6490354	桢英 ZHEN YING	佛山市南海区西樵桢英木业有限公司	胶合板	19	南海区
39	3576306	裕成陶瓷	广东新润成陶瓷有限公司	瓷砖，非金属地板砖	19	南海区
40	5455488	QIANGPAI	佛山市天纬陶瓷有限公司	瓷砖	19	南海区
41	1480856	T.W	佛山市天纬陶瓷有限公司	瓷砖，建筑用非金属墙砖	19	南海区
42	1600875	金巴利	广东金巴利陶瓷有限公司	瓷砖	19	南海区
43	697723		佛山市利华陶瓷有限公司	墙地砖	19	南海区

（续表）

序号	商标注册证号	商标	申请人	认定商品或服务项目	类别	地区
44	3606749	RCCZ 润成创展	广东润成创展木业有限公司	非金属门，非金属门板，非金属门框	19	南海区
45	3862929	新元素	广东新元素板业有限公司	非金属天花板，非金属护壁板	19	南海区
46	881279	聯邦	广东联邦家私集团有限公司	家具	20	南海区
47	4140575	维意 WAYES	佛山维尚家具制造有限公司	家具	20	南海区
48	1465078		广东华兴玻璃股份有限公司	玻璃瓶（容器），调味品套瓶，细颈圆酒瓶	21	南海区
49	8215431	Shaply 莎莲妮	广东新怡内衣集团有限公司	内衣	25	南海区
50	1333444	meisee 美思	广东美思内衣有限公司	胸衣，内衣裤	25	南海区
51	101337	骆驼牌	广东骆驼服饰有限公司	皮鞋	25	南海区
52	8945716	KURHN	广东可儿玩具有限公司	玩具娃娃（时装娃娃）	28	南海区
53	1059702		佛山市金城速冻食品有限公司	包子，饺子	30	南海区
54	354944	SHISHANPAI 狮山牌	佛山市南海种禽有限公司	鸡苗	31	南海区

（续表）

序号	商标注册证　　号	商　标	申请人	认定商品或服务项目	类别	地区
55	1619545	远航九江	广东省九江酒厂有限公司	酒（饮料），米酒	33	南海区
56	1968335	九江雙蒸	广东省九江酒厂有限公司	酒（饮料），米酒	33	南海区
57	3450264 3450265 5722224	CENTURYSTAR 世纪达	广东世纪达装饰工程有限公司	室内装潢，建筑	37	南海区
58	788413	CHANG SHI	佛山市高明协进不锈钢制品有限公司	不锈钢型材	6	高明区
59	1669619	藍塔	佛山市业和不锈钢有限公司	钢管（装饰用）	6	高明区
60	3664104	相の宝	佛山美林数码影像材料有限公司	不干胶纸（冷裱膜）	16	高明区
61	1443621	顺　辉 SH	佛山高明顺成陶瓷有限公司	砖，瓷砖，建筑用非金属墙砖	19	高明区
62	6179017	合水粉葛	佛山市粉葛种植协会	粉葛（新鲜蔬菜）	31	高明区
63	733235		广东三水大鸿制釉有限公司	陶瓷釉，陶瓷上釉料	1	三水区
64	3934321	GAO JU	佛山市三水科鑫化工有限公司	靴和鞋粘接剂	1	三水区
65	1496224	蓝洋Blue Sea 指定颜色	广东蓝洋科技有限公司	木材涂料（油漆）	2	三水区

（续表）

序号	商标注册证号	商标	申请人	认定商品或服务项目	类别	地区
66	3104054 1584402 1616476	正典 STANDARD	佛山市正典生物技术有限公司	兽医用生物制剂，兽医用化学制剂	5	三水区
67	1091434		广东合和建筑五金制品有限公司	窗户金属器材，窗用小滑轮，金属铰链	6	三水区
68	3226135	KAI MING	广东佳明机器有限公司	注塑机	7	三水区
69	3253509	G.M.K	佛山市金银河智能装备股份有限公司	炼胶机	7	三水区
70	4245248	卡仕达	广东好帮手电子科技股份有限公司	车辆用导航仪器（随车计算机），车辆用收音机，电视荧光屏	9	三水区
71	5483510	Shenglu	广东盛路通信科技股份有限公司	天线，电子信号发射器	9	三水区
72	5955204	NRE	广东新昇电业科技股份有限公司	变压器（电子变压器）	9	三水区
73	4533708	WOMA	广东欧威斯科技有限公司	浴室装置	11	三水区
74	1461611	OCEANO 欧神诺	佛山欧神诺陶瓷股份有限公司	瓷砖，建筑用非金属墙砖，非金属地板砖	19	三水区
75	4843870	三水黑皮冬瓜	佛山市三水区农林技术推广中心	黑皮冬瓜	31	三水区
76	6007523	Dymatic 德美	广东德美精细化工股份有限公司	染料助剂	1	顺德区

（续表）

序号	商标注册证号	商标	申请人	认定商品或服务项目	类别	地区
77	1374381	BOREER 宝丽雅	广东宝丽雅金属建材有限公司	建筑用金属板（金属装饰保温板）	6	顺德区
78	1403294	TWM	广东东荣金属制品有限公司	家具用金属附件	6	顺德区
79	3209660	AGER	广东鸿丽金属制品有限公司	金属二节走珠滑轨，金属三节走珠滑轨，金属抽屉导轨	6	顺德区
80	1737590	LAYA 莱雅	广东莱雅化工有限公司	压缩气体和液态空气用金属容器	6	顺德区
81	965992 1253445	金德 KINGTEX	广东丰凯机械股份有限公司	剑杆式无梭织布机	7	顺德区
82	7408184	YIZUMI伊之密	广东伊之密精密机械股份有限公司	注塑机	7	顺德区
83	1356944 6233678	震德	佛山市顺德区震德塑料机械有限公司	注塑机	7	顺德区
84	818458		广东乐善机械有限公司	塑料吹瓶机	7	顺德区
85	3035921 1421094	KEDA	广东科达洁能股份有限公司	陶瓷工业用机器设备（包括建筑用陶瓷机械），玻璃工业用机器设备（包括日用玻璃机械）	7	顺德区
86	1577967	Monte-Bianco	广东奔朗新材料股份有限公司	切削工具（包括机械刀片），刀具（机器零件），机械加工装置	7	顺德区
87	1083849	Welling	广东威灵电机制造有限公司	铁壳电机，塑封电机	7	顺德区

（续表）

序号	商标注册证号	商标	申请人	认定商品或服务项目	类别	地区
88	5498902	HDM	广东海川智能机器股份有限公司	衡量器具	9	顺德区
89	6785459	PRETTY SUN	广东日美光电科技有限公司	灯箱，霓虹灯广告牌，电子公告牌	9	顺德区
90	1713913	顺特电气 SUNTEN “电气”放弃专用权	顺特电气设备有限公司	变压器，电抗器，组合式变电站	9	顺德区
91	5826157	BM	广东丰明电子科技有限公司	电容器	9	顺德区
92	6528345	MCOSU美加顺	佛山市顺德区勒流镇百顺电器有限公司	电开关，光电开关（电器）	9	顺德区
93	8251697		广东本邦电器有限公司	灯	11	顺德区
94	3634918	WINJET	广东威捷极光汽车灯具有限公司	车辆灯，车辆前灯，车辆转向指示灯	11	顺德区
95	670458 670457	Galanz 格兰仕	广东格兰仕集团有限公司	空调机，电饭锅	11	顺德区
96	6152920	Vanward万和	广东万和新电气股份有限公司	煤气灶，电热水器	11	顺德区
97	3381643	DONLIM	广东新宝电器股份有限公司	电力煮咖啡机，烤面包器，电炊具	11	顺德区
98	1979494	Weber	广东威博电器有限公司	电热水器	11	顺德区

（续表）

序号	商标注册证号	商标	申请人	认定商品或服务项目	类别	地区
99	6412094	小熊	广东小熊电器有限公司	电热制酸奶器	11	顺德区
100	3803459		广东长菱空调冷气机制造有限公司	热水器（热泵热水器）	11	顺德区
101	3792153 3792154	Ronshen容声	海信科龙电器股份有限公司	电冰箱，冰柜	11	顺德区
102	1767967	科龙	海信科龙电器股份有限公司	空气调节器，电冰箱	11	顺德区
103	1523735	美的 Midea	美的集团股份有限公司	空调，电风扇	11	顺德区
104	1321729 1299132	HUI ZHONG 汇众	广东汇众环境科技股份有限公司	污水处理设备，水净化装置，水软化器	11	顺德区
105	5353922 4121675 4950839	锐搏 WINBO	广东东箭汽车用品制造有限公司	车辆行李架，汽车两侧脚踏板，车辆保险杆	12	顺德区
106	1467110	Powerful	广东华钿勇士汽车用品有限公司	车辆保险杆，车辆行李架	12	顺德区
107	663501	ACCEL	广东亚新汽车传动有限公司	陆地车辆离合器	12	顺德区
108	6967255	COBOL高宝	佛山市顺德区高宝实业发展有限公司	色带，墨水	16	顺德区
109	6440822		万峰石材科技股份有限公司	石板，大理石，人造石	19	顺德区

（续表）

序号	商标注册证号	商标	申请人	认定商品或服务项目	类别	地区
110	4195730	APF	科顺防水科技股份有限公司	防水卷材	19	顺德区
111	1305333	联塑	广东联塑科技实业有限公司	非金属水管	19	顺德区
112	1756027	虹桥 HONG QIAO	佛山市虹桥家具有限公司	椅子（座椅）	20	顺德区
113	3135855	WIRE KING	广东伟经日用五金制品有限公司	非贵重金属架，厨房用刀叉架，家用非贵重金属篮	21	顺德区
114	1933835	Dong Yuan 东原	广东省东原厨具实业有限公司	非贵重金属厨房用具（不锈钢水槽）	21	顺德区
115	3149135	Qian Jin	广东前进牛仔布有限公司	布（牛仔布）	24	顺德区
116	767829	Zhida	广东志达纺织装饰有限公司	印花棉布，装饰织品	24	顺德区
117	1573257		佛山市顺德区和亨袜业有限公司	袜	25	顺德区
118	286604	白燕 BAIYAN	广东白燕粮油实业有限公司	面粉，大米	30	顺德区
119	3964254	欧浦	欧浦智网股份有限公司	（钢铁）货物贮存、运输、仓库出租	39	顺德区
120	3290427	萬昌	广东万昌印刷包装股份有限公司	印刷	40	顺德区

（市工商局）

农　业

综　述

【概况】 2016年，佛山市农业总产值超过280亿元，农产品流通销售（交易）额超过1000亿元，农地产出率为全省最高，达36万元/公顷以上；农村集体经济总收入176亿元以上，农村集体资产856亿元以上，人均分红3600元以上；农村常住居民人均可支配纯收入超过2.2万元。全年全市排查出列入三级台账的涉农突出矛盾17件、化解16件、稳控1件，涉农信访数量总体呈平稳下降态势。

【"三农"统筹谋划】 2016年，佛山市农业局先后推动市委、市政府出台《关于深化农村综合改革加快提升城乡协调发展水平的指导意见》《佛山市镇村发展现代化三年（2017—2019年）行动计划》《佛山市创建国家森林城市两年攻坚行动计划（2016—2017年）》《新时期精准扶贫精准脱贫三年攻坚对口帮扶的实施意见》《佛山市农业、林业与农村发展"十三五"规划（2016—2020年）》等重要政策文件。同时，先后制定推进农业公园建设、培育新型职业农民、促进农村电子商务发展、加快建设病死畜禽无害化处理设施、落实创建国家食品安全示范城市、全面推广"政银保"合作农业贷款、"五好"新村居建设、城市树木保护、闲置地绿化等一系列工作方案，推动中央和省系列决策部署在佛山市落地生根、开花结果。

【农业科技创新平台建设】 2016年，佛山市在引入省农科院在佛山设立全省首个分院的基础上，在全省率先建立农业科技创新孵化平台，建设广东（佛山）现代农业科技园，落地院市合作项目10个，同时加大农业科技招才引智力度，成立佛山市农业科学领域首个院士工作站。

【农业金融服务】 2016年，佛山市在全市范围推广"政银保"合作农业贷款模式，发放贷款超过2.2亿元，新设立政策性家禽、生猪、岭南特色水果3个险种；为推动农业企业上市融资，发展高端农业，5月17日举办全省首场农业资本微路演活动；探索"商业银行+农产商会+会员"形式，推出全省首款免抵押贷款产品。

【农产品质量安全保障】 2016年，佛山市新增市级"菜篮子"基地12个，至年底，共有市级"菜篮子"基地57个、省级11个。是年，佛山市在全省率先推进"菜篮子"基地直销点亮标经营建设，建成全省首个集检测和视频监控于一体的"菜篮子"产品监测信息系统；结合国家食品安全示范城市创建工作，严抓农产品风险监测和监督抽查工作，部、省、市农产品的抽检合格率稳定在98%以上，高明区成功创建"国家农产品质量安全县"；开展"双随机一公开"抽查，农产品质量安全、农资、农业环境、渔政、农机监督等专项执法工作常抓不懈；全市重特大农产品质量安全和农业安全生产事故保持"零发生"，动物疫病防控绩效延伸考评、打击电鱼非法捕捞行动、落实产地水产品"双随机"抽检机制等工作得到省的表彰。

【农业社会化服务】 2016年，佛山市新型职业农民培训基地扩充到34个，培训农户1.5万人次，其中农业职业技能鉴定近1500人。种植业、水产业、畜禽业产值占农业总产值比重约为34∶41∶19，产业结构优化成效明显。推进农村土地确权工作，各区基本进入实操阶段，其中三水区作为全省的整县（区）试点单位，率先进入颁证阶段，97.8%的集体经济组织完成确权工作流程。

【农业生态修复】 2016年，佛山市加大池塘生态推水养殖、应用干清粪、雨污分流、沼气池等环保生产技术推广力度，完成5个水产生态健康养殖示范小区建设；稳步提升病死畜禽无害化处理水平，累计建成病死畜禽无害化处理设施243个，集中处理中心2个；推进广佛交界区域水产养殖业水体污染治理，完成国家环保督察包案工作。

【农村集体经济管理】 2016年，佛山市在摸清村（社区）集体经济发展特点、收入结构、农民分红、历史债务情况的基础上，推动"四个全面上平台"（集体资产台账信息全面上平台、村组两级交易事项全面上平台、手续不全资产交易全面上平台、集体经济收支事项全面上平台），促进财务管理和资产交易规范化水平全面提升。至年底，佛山五区进入平台交易的农村集体资产有19.3万件，涉及合同标的总额810.9亿元，交易资产数量比上年增长74%。

【村镇现代化建设】 2016年，佛山市在完成百村升级行动计划48个"五好"新农村建设的基础上，实施"五好"新村居扩面三年行动计划，提升农村人居环境；省级新农村连片示范建设工程第一批南海区里水镇"梦里水乡"建设进入尾声阶段，第二批三水区南山镇片区基本完成第一期工程建设。农村综合改革方面，南海区做好发展农民股份合作赋予农民对集体资产股份权能改革的国家级试验区工作，探索完善"政经分离"的农村管理工作体制机制，并举办首届中国（佛山）农村改革南庄论坛。

【林业绿化建设】 2016年，佛山市完成各类新造林绿化2090.5公顷，完成道路绿化79千米、水系绿化58千米，98%国家森林城市指标已达标；编制完成《佛山市湿地保护利用规划（2016—2020年）》，新建森林公园和湿地公园各4个；全市62个"绿城飞花"主题项目，49个完工，建成半月岛湿地公园、桂畔湖湿地公园、东平河石湾湿地公园、三山森林公园、西樵山环山花海景观带等一批观花主题公园。三水区南山镇成功创建广东森林小镇示范镇。完成全市林业有害生物普查、湿地资源调查、野生动植物调查、林业生态红线划定和森林资源二类调查工作，组织开展全市森林生态监测，全市节假日期间无森林火灾发生。依法开展森林资源保护专项行动，查处案件41件，查获各类野生动物4.6万只。

【精准扶贫】 2016年，佛山市组建1个驻市、8个驻县工作组，选派321名优秀干部全面进驻云浮市和湛江市帮扶；干部组建培训进驻、政策制度建设完善、帮扶对象精准识别、帮扶资金落实使用、市领导挂钩联系等工作均有序推进；全面划拨帮扶资金3.54亿元，实施到村项目762个，实施到户项目67357个，转移就业7983人，完成危房改造1654户，助学8577人。

【高端农业产业发展】 2016年，佛山市新增市级农业龙头企业10家，省级农业龙头企业15家，新增农民专业合作社25家。至年底，全市有市级龙头企业104家、省级41家、国家级2家；农民专业合作社达到201个，其中市级示范社56个、省级示范社17个、国家级示范社1个。

【佛山农业公园评比】 2016年9月5日，经过两个多月的申报、评选，首批佛山农业公园认定评审结果出炉。评选活动经过专家评委、市民评委、公众投票评分形成推荐名单，经市农业局局长办公会议研究和网上公示等程序，确定10个农业公园为首批佛山农业公园，分别为宝苞现代农业综合示范区——宝苞农场、小农街（自然农国）、翰林湖农业公园、陈村花卉世界、万顷园艺世界、广东菊花湾农业公园、盈香生态园区、宝特贝儿农业公园、三水劲农生态农业公园和乐从蕴乡生态农业公园。10个农业公园面积共1106.66公顷。

除此之外，市农业局还公布经网友票选出来的农业公园统一标识。标识以莫比思环"∞"（表无穷或无限）作为设计蓝本，整体以"种子的生长"作为载体，通过种子生根发芽的过程演变，将科普、教育、休闲等融入其中。新标识（LOGO）色彩缤纷多变，代表农业公园融入各方不同元素，将建设成为一二三产业和"城产人"融合发展的无限可能的城市生态绿洲。

【广东（佛山）首届"农业+旅游"文化节】 2016

年9月23—25日，以“一二三产业融合，拓展农业新空间”为主题的广东（佛山）首届“农业+旅游”文化节暨农村一二三产业融合产销博览会在佛山市岭南明珠体育馆举行。展会期间，佛山市举行“佛山十佳新型职业农民”命名仪式和首批“佛山十大公园”授牌仪式，启动全省首个市级农业公园创建评价体系建设，推动农业产业与生态修复、休闲、文化、旅游、养生等功能叠加。该次博览会也是农业类展会首次在市中心地带举行，3天销售额超过200万元，客流量近10万人次。

（许锦华）

种植业

【概况】 2016年，佛山市落实各项扶持农业生产的政策，及时部署台风、暴雨等重大气象灾害的防灾减灾工作，推动种植业生产保持稳定增长、产业结构优化、种植效率提升。全年农作物总播种面积95141.12公顷，其中谷物13939.65公顷，产量71280吨；豆类355.87公顷，产量920吨；薯类6337.19公顷，产量130038吨；经济作物13800.25公顷；其他作物60708.07公顷。至年底，全市有市级农业龙头企业104家，其中省级41家、国家级2家；全市星级园区31家，面积8000公顷；市级“菜篮子”基地57个、省级11个。

【“三项补贴”改革】 2016年，佛山市根据省的部署和要求，实行农作物良种补贴、种粮农民直接补贴和农资综合补贴“三项补贴”改革。佛山市农业局制订《佛山市全面推行农业“三项补贴”改革实施方案》，将“三项补贴”调整合并为农业支持保护补贴，补贴对象从以前的种粮农民调整为拥有耕地承包权的种地农民（含农场职工）。

【农业经营主体发展壮大】 2016年，佛山市新增省级农业龙头企业15家，省级农业龙头企业数量达41家。组织开展2016年市级农业龙头企业认定和监测工作，新增市级农业龙头企业10家，全市市级农业龙头企业达104家。市级以上农业龙头企业中，年产值超亿元的40家，农业企业“新三板”上市企业2家，OTC挂牌6家，吸纳就业人数2.1万人，带动农户数1.2万人。新认定星级现代农业园区5个，全市星级园区达31个，面积8000公顷，入驻企业1211家，产值44.4亿元，带动就业超过2万人。重点建设7个现代农业园区项目，开展项目建设和资金使用检查。省级粤台农业合作园区建设项目顺利通过省级评审检查。

【“菜篮子”基地建设】 2016年，佛山市农业局继续推进“菜篮子”基地有标识（LOGO）、有二维码追溯、有品牌、有产销对接、有无公害认定和有农产品质量安全检测室的“六有”建设。推进全市99个直销店（点）按照统一标准改造门店形象，实施亮标经营，提升“菜篮子”品牌形象。佛山市新认定市级基地12个，市级“菜篮子”基地发展到57个，省级“菜篮子”基地11个。推动配送车工程建设，累计享受补贴的配送车60辆，办理鲜活农产品货车进城证车辆367辆。建成全省首个集安全检测、实时监控、汇总分析等功能于一体的现代农业生产基地农产品质量安全监测信息化系统。开展种植业农产品产地准出试行工作，探索逐步建立并推行种植业农产品产地准出制度。举办2场“佛山市‘菜篮子’基地考察体验之旅”活动，近100名市民参与。

【农业产业对外合作交流】 2016年，佛山市在对口帮扶云浮市、湛江市前期14个项目的基础上，推动一批合作项目落地，其中，鸿丽蔬菜公司在新兴择地新建占地约20公顷的蔬菜基地、南海洪盛公司在云安区建设蔬菜生产示范基地13.33公顷并牵头组建农民专业合作社、佛山绿趣农业公司新建以发财树种植为主的小盆栽绿化苗木产业园区。推动设立粤桂黔农产品流通中心，成立粤桂黔农业产业合作联盟，与高铁沿线13个市的主要涉农协会代表签订联盟成立协议和发布合作宣言；举办第二届粤桂黔名优农产品食品展示博览会，客流量达26.2万人次，现场交易额5176万元；推动成立粤桂黔农业产业信息发布中心，收集三地农产品食品生产信息、价格信息、政策信息等；落实粤桂黔农业合作项目16个，协议交易额16.71亿元。多次组织佛山农业生产、加工流通、电商等方面的龙头企业赴凉山考察农业产业，促成8家企业达成投资意向，两地签订《农业产业合作框架协议书》。在佛山举办一场佛凉农业产业对接会暨凉山农业投资促进项目推介会，150多家企业参加推介会。

（许锦华）

林 业

【概况】 2016年，佛山市有林业用地面积66056.1公顷，市域森林覆盖率35.58%，活立木蓄积479.52万立方米。建有西樵山国家森林公园、广东云勇森林公园、广东海景森林公园以及三水九道谷森林公园等国家、省和县级森林公园35个。

【国家森林城市创建】 2016年，国家林业局和广东省委、省政府、省林业厅的领导多次到佛山市进行“创森”专题调研，肯定佛山市的“创森”成效。佛山市出台《佛山市创建国家森林城市两年攻坚行动计划（2016—2017年）》和细化方案，明确31项重点任务、150个重点建设项目，制定《进一步加强城市树木保护管理工作的实施意见》《关于利用闲置地绿化的工作方案》，保障“补绿增绿护绿”。

【林业重点生态工程】 2016年，佛山市结合生态公益林扩面、桉树退改等项目，推进林分改造，完成山上造林面积897.33公顷，其中完成碳汇工程面积325.33公顷。森林公园和湿地公园建设方面，编制完成佛山首部湿地保护利用规划，推进建设全国首个以桑基鱼塘为特色的湿地公园——广东佛山西樵国家湿地公园，并启动云东海湖和丹灶金沙岛申报省级湿地公园、国家级湿地公园工作。新建完成4个区、镇级森林公园、4个区级湿地公园，完成100个乡村绿化美化工程。全市组织303.47万人次参加植树活动，种植各类树木折算数量343.97万株。

【新春植树活动】 2016年2月15日，广东省人大常委会副主任、佛山市委书记刘悦伦和市长鲁毅等市几套领导班子带领市直机关以及南海区机关干部约500人在西樵山环山湖旁开展新春义务植树活动，栽下亮叶木莲、刺桐、黄花风铃木等观花树种1000多株。禅城、顺德、高明、三水区也同步开展新春植树活动，实现市、区联动，共同为佛山开年“增绿”。全市有3000人参与新春植树活动，种植树木1.2万株，新增绿化面积近30公顷。

【“绿城飞花”主题绿化景观建设】 2016年，佛山市62个花色主题绿化景观亮点工程逐渐推进，城市主要道路、滨水绿地和乡村的绿化景观得到升级，彩化花化的效果逐步显现。截至12月，46项完工，13项进入工程施工阶段，3项在开展规划设计、立项、招投标工作。建成半月岛湿地公园、桂畔湖湿地公园、东平河石湾湿地公园、三山森林公园、西樵山环山花海景观带等一批观花主题公园。

【森林资源保护管理】 2016年，佛山市启动全市森林生态监测和野生动植物本底调查项目，推进新一轮古树名木资源普查建档工作，强化森林资源保护管理。按照省林业厅要求，市林业部门与市公安局森林分局联合开展严厉打击非法破坏林地的专项行动，对2016年经审批的使用林地情况进行检查。举办全市森林防火业务培训班，各区、镇近110名防火骨干人员参加培训和演练。市农业主管部门带

2016年11月14日，国家林业局副局长彭有冬（前左四）一行调研佛山市“森林城市”建设

队赴各区督导检查防火工作，全市节假日期间无森林火灾发生。

（许锦华）

畜牧业

【概况】 2016年，佛山市家禽价格稳定，肉猪价格持续上涨，带动全市养殖规模小幅反弹，但总体仍保持良性发展。全年全市生猪饲养量235.9万头，比上年增长7.6%；出栏145.4万头，增长6.5%；家禽饲养量9688万只，增长13.8%；家禽上市量7408万只，增长15.7%。

【畜禽种业管理】 2016年，佛山市引进畜禽优良品种，推广特色养殖技术，开展标准化示范创建，实施养殖标准化，推广改造栏舍，建设沼气池和治污设施，强化养殖污染治理，加强禁养区内非法养殖场的清理力度。全市规模化养猪场90%以上配备建设沼气池，基本实现养殖污水达标排放。

【畜牧业投入品监管】 2016年，佛山市加强饲料生产企业监管，推进饲料质量安全管理规范示范创建活动，全市共有3家企业分别获得农业部、省级、市级“饲料质量安全管理规范示范企业”称号。加强兽药抗菌药管理，推动兽药二维码溯源，加强兽用疫苗和抗菌药质量检查。开展饲料产品及生鲜乳质量安全监测，监测范围涵盖全市饲料生产企业、饲料经营店、畜禽规模养殖场、奶牛养殖场及生鲜乳收购站，实现监管全覆盖。

【重大动物疫病防控】 2016年，佛山市重大动物疫病免疫率100%。全市组织购买口蹄疫疫苗408.55万毫升，禽流感疫苗8197万毫升，猪蓝耳病灭活苗21.8万毫升、弱毒苗244万头份，猪瘟疫苗581.6万头份。全市检测牲畜血清样品1419份、家禽血清样品2312份、家禽病原学样品3737份，抗体效价总体达到合格标准，病原学检测均为阴性。通过开展全市动物防疫“消毒灭原日”活动，组织全市养殖场落实消毒灭原工作，佛山市平稳度过人感H7N9流感疫情高发期，全市动物疫情稳定。

【病死畜禽无害化处理】 2016年，佛山市发布《佛山市病死畜禽无害化处理机制建设方案》《佛山市病死畜禽无害化处理设施建设项目市级奖励和补助资金管理办法》，对辖区内规模畜禽养殖场、屠宰企业、批发市场的无害化处理设施建设情况进行摸底调查、检查督导，各区无害化处理设施建设工程顺利，至年底，全市累计建成病死畜禽无害化处理设施243个（化尸池201个、高温生物发酵13个、其他29个）、集中处理中心2个。

【兽医队伍建设】 2016年，佛山市加强兽医队伍建设，严格审核全市429名从事动物、动物产品检疫及卫生监督工作的执法人员的资格条件。组织开展兽医从业人员轮训，补充一批新进入岗位的新鲜力量。组织畜禽生产防疫技术专题培训，共轮训兽医从业人员500多名。

（许锦华）

水产业

【概况】 2016年，佛山市水产养殖面积36666.63公顷，其中鱼塘养殖面积35866.63公顷。优质鱼养殖面积14666.65公顷，占鱼塘面积的40.9%。水产品总产量62万吨，比上年增长1.6%；水产品总产值117.5亿元，增长2%。

【水产良种体系建设】 2016年，佛山市提升水产良种体系建设水平，全市共有1个省级良种场、23个市级良种场、31个区级良种场。水产良种选育和新品种人工孵化取得新突破，佛山市三水白金水产种苗有限公司上报广东省海洋与渔业厅核准省级鲫鱼良种场资格，“白金丰产鲫”新品种经全国水产原种和良种审定委员会鉴定为水产新品种。南海百容水产良种有限公司的“斑鳜”新品种初步通过现场鉴定。中华刺鳅、苏丹鱼、匙吻鲟等新品种突破人工繁育技术难关，成功繁育出批量鱼苗。

【生态健康养殖示范小区建设】 2016年，佛山市公布《2016年佛山市水产生态健康养殖示范小区建设项目申报指南》，并启动3个10公顷以上以微电解水处理、生物絮团、底排污、水质监控等综合技术为特色的生态健康养殖示范小区和2个生态推水循环养殖示范点的建设工作。

【水产品产地标识管理】 2016年，佛山市印发《佛山市淡水鲜活水产品标识管理试点工作推进方案》，增加鳖、大口黑鲈和长吻鮠3种鲜活水产品作为试点品种，凭产地标识进入“市场环节”销售，并利用水产品标识溯源数据中心平台，逐步推行机打标识。全年全市机打标识4311份，可溯源水产品总交易量1.8万吨。推进水产品质量安全示范点建设，择优选取14个单位作为水产品质量安全项目建设示范点，配备水产品质量安全快速检测设备，推开水产品质量安全快检工作，从源头上增强产地自检能力。

【水产疫病监测与防疫检疫】 2016年，佛山市提高水产疫病防控技术水平，向珠江水产研究所购买社会化服务，开展水产疫病普查，编印佛山市鱼病防治技术手册1万册。开展乡村渔医和水产病害测报员技术培训，组织科技下乡、培训活动，提高养殖户的生态健康养殖技术水平和科学防治能力。全年全市举办技术培训班62期，参与人数达4500人，发放（送）宣传材料1.5万份。

【渔业投入品监管】 2016年，佛山市全面加强饲料和饲料添加剂管理，强化水产品质量安全执法，逐步推行随机抽查机制，随机抽取40家苗种场和35家养殖场（户）作为市级2016年水产品质量安全监督抽查对象。建立监督巡查制度，对辖区内水产品养殖企业（户）以每年抽查比例20%左右进行巡查。

（许锦华）

农业科技

【概况】 2016年，佛山市建设广东省农科院佛山分院，分院依托广东省农业科学院雄厚的技术力量，有机整合佛山市农业科学研究所资源，深化合作，促进佛山高端农业发展。出台《佛山市农业科技创新孵化平台建设方案》，同时举办佛山市农业科技合作需求对接会，蕴乡农业等10多家公司的17个项目分别与省农科院相关处所进行对接。重点推广新型鱼塘增氧机、蔬菜移栽机、无人植保机、水肥一体化设施等农业机械累计100余台（套），开展新型农机技术培训2次，开展新型农机展示会1次，为佛山市农村和农业园区建设提供有效的农机技术保障。

【农业科研】 2016年，佛山市农业科研部门与企业、农业专业合作社等开展项目合作，先后在高明、三水、南海等区域开展联合研发项目4个。中央农业技术推广与服务补助资金项目——农业物联网建设、农业部公益性行业项目菜田面源污染防控、大顶苦瓜品种纯化与高效栽培技术研究均取得阶段性成果。广东省农科院派出首批6位驻点工作人员，推动项目的具体落实。在前期项目良好合作的基础上，取得较好的科研推广业绩，选育出水稻新品种2个（农晶丝苗、莉苗占），蔬菜新品种1个（绿源3号丝瓜），先后获得广东省农业技术推广三等奖3项、佛山市科技进步三等奖1项、获得授权专利1项。

【农业生产标准化建设】 2016年，佛山市组织发动企业申报2015年、2016年省级农业标准化项目，由专家评选出“广东省加州鲈鱼标准化养殖示范区”等6个项目，经市政府审批同意后组织实施。推荐高明合朝、三水兆利丰和市林科所等单位申报2017年农业标准化项目计划，以项目建设提高佛山现代农业标准化水平。

【职业农民培训】 2016年，佛山市申报为省内第一批新型职业农民培育整市推进市，评定第三批佛山市新型职业农民培训基地13个，全市培训基地扩充到34个。对聘期即满的佛山市职业农民技术培训讲师团专家服务情况进行调查，发动各区组织推荐符合条件的农业专家，评审委员会通过共68名专家资格审定。组织举办首届佛山十佳新型职业农民命名活动，树立佛山新型职业农民先进典型。实施新型职业农民证书网上打印；组织系统操作员举办操作应用培训，以现代化的手段助推佛山市新型职业农民培训工作走上新台阶。全年全市举办新型职业农民培训班180多期，培育新型职业农民15000多人次，其中农业职业技能鉴定近1500人、科技下乡咨询活动培训农民15300多人次。

【农产品品牌建设】 2016年，佛山市获批准无公害农产品生产基地8个、产品33个。全市14个（其中4个复审）广东省名牌产品通过专家评审，三水区梅花土猪获有机产品认证，三水黑皮冬瓜申报国家地理标志保护产品已通过农业部专家评审，南海区九江镇“中国淡水鱼苗之乡”通过复审，三水区“白金丰产鲫”获农业部水产新品种认定。至年底，全市共有“三品一标一名牌”认证产品170个，其中无公害农产品113个、绿色食品4个、有机产品10个、地理标志农产品5件、省级名牌产品（农业类）38个。

【农村电子商务发展】 2016年，佛山市出台《佛山市促进农村电子商务发展实施方案》，统筹推进全市农村电子商务发展，探索实施互联网+农村、互联网+现代农业战略，将农村电子商务纳入市商务局的电商发展扶持资金，共有3家农业农村电子商务企业成功通过申报。培育1家省级农村电子商务示范企业，通过电子商务示范企业带动本地农业生产经营，向电子商务转型发展。

【农业信息化建设】 2016年，佛山市开展农业信息化第三期项目的立项和实施工作。第三期项目的重点工作是系统整合和数据共享，建设统一的平台和数据中心，实现各个业务系统统一登录、数据共享。建设农业APP，整合信息发布、数据查询和各业务系统的服务性功能，推进移动执法系统、畜禽屠宰管理系统、企业信用评价系统、五好新农村管理系统、农产品网上博览会及佛山农林信息网手机版等信息化系统建设。

【农业科技推广】 2016年，佛山市发动企业申报科技进步奖、省级农业技术推广奖、农业应用技术研发与成果转化项目、省级农作物良种良法示范基地建设项目、省级电子商务示范企业和农业物联网生产示范基地项目等多个省级以上项目。健全和完善市、区、镇（街道）、村四级农技推广网络，提高农业科技水平和服务“三农”的能力。开展农业信息进村入户工作。发动12家公司作为省级惠农信息社试点，利用佛山农林信息网平台开展农业科技推广服务工作。在佛山农林信息网“农林知识”栏目中开设种植、水产养殖、科技信息等12个子栏目，推广宣传农业科技知识资料。全年累计派技术专家、技术员科技下乡20多场次，派发各式资料2万余份，为农户培育种苗250万株，辐射推广良种良法面积13333.32公顷。

【农业科普教育】 2016年，佛山市以“生态、安全、有机、环保”等为主题，精心安排形式多样的农业科普体验活动。全年累计接待佛科院、华农大等大学本科生300多人次，接待中小学生400多人次，接待旅行社组织的旅客2000多人次。举办冬瓜良种良法展示会暨冬瓜王大赛活动，展出冬瓜新品种26个、实用配套栽培技术8项。举办乐平镇第二届雪梨瓜文化节，将传统农业与文化旅游有机结合，入园体验人数突破10万人次。举办粉葛良种良法展示暨合水粉葛美食节，推广合水粉葛标准化种植及其贮运技术，逐步解决黑心病等影响粉葛产业化发展的技术难题，提升佛山市合水粉葛品牌效力与商品价值。举办2016年佛山市农业良种良法展示推广月活动，以“力促农业迈向高端，共享绿色发展成果”为主题，设置大田良种展示区、新型农机展示区、创意农业展示区，集中展示包括茄果类、甘蓝类、叶菜类、瓜类、玉米类等八大类蔬菜新品种近500个；集中展示工厂化育苗技术、植物工厂栽培技术、阳台蔬菜种植技术、鱼菜共生养殖技术、菜田面源环境污染综合防控技术等实用技术10项；现场还演示无人植保机、蔬菜移栽机等新型农机具。

（许锦华）

农村经营管理

【概况】 2016年，佛山市农村集体经济总收入176亿元以上，农村集体资产856亿元以上，人均分红3600元以上；农村常住居民人均可支配纯收入超过 2.2 万元。涉农维稳专项治理方面，全年接到信访共 21 宗，其中受理 13 宗、指导到相关层次部门受理 8 宗。

【农村土地承包经营权确权登记颁证工作】 2016 年，佛山市加强督导，推进各区农村土地承包经营权确权工作。三水区作为全省的整县（区）试点单位，率先进入颁证阶段，至年底，97.8% 的集体经济组织完成确权工作流程；南海区确权完成率近 85%；顺德区有 35 个股份社表决并通过确权方案，占股份社的 20%；高明区有 210 个经济社完成方案表决，占总数的 39%，149 个经济社完成外业指界工作，完成率为 27.59%；禅城区成立确权工作领导小组，制订确权工作方案。

【农村“三资”管理】 2016 年，佛山市启动《佛山市农村集体资产管理交易办法》修订工作，全面规范集体资产交易。强化农村集体资产管理交易、财务网上监控“两个平台”应用和管理，以“应上尽上”为原则，在规定时间内确保实现“四个全面上平台”（即集体资产台账信息全面上平台、村组两级交易事项全面上平台、手续不全资产交易全面上平台、集体经济收支事项全面上平台）。全市进入平台交易的农村集体资产累计达 19.29 万件（交易 98626 宗），涉及合同标的总额 810.86 亿元，比上年底新增交易资产 8.17 万件，增长 74%。增幅最显著的顺德区，比上年底资产交易数增加近 8 倍。

【“一事一议”村级公益建设】 2016 年，佛山市推进村级公益项目建设。全年全市申报“一事一议”建设项目 74 个，涉及 13 个镇、54 个村委，受益人口达 5 万人。省批复佛山市 2016 年“一事一议”项目奖补资金 914 万元，市、区财政按要求分别配套奖补资金 685.5 万元。完成 2015 年奖补项目市级重点考评工作，聘请会计师事务所，对投资总额 200 万元以上的重点项目进行考评验收。

【“五好”新农村建设】 2016 年，佛山市全面完成百村升级行动计划 48 个“规划建设好、绿化美化好、空气水质好、公共服务好、社会风尚好”的“五好”新农村建设。部署“五好”新村居扩面提质工作。出台《佛山市全面推进“五好”新村居建设三年（2016—2018 年）行动方案》，按照“一年建示范、两年见成效、三年大变样”三步走战略，各区迅速制定工作方案，制定《佛山市“五好”新村居建设三年（2016—2018 年）工作计划表》。加快第四批名村示范村项目建设，第四批 9 个名村、26 个示范村基本完成预定工程项目建设。省级新农村连片示范工程初见成效。南海区“梦里水乡”片区项目完成率 73.68%，剩余 5 个项目的建设进入尾声阶段。三水区南山镇片区工程有序推进。禅城区张槎片区、顺德区均安镇南沙片区作为佛山市第三批创建省级新农村连片示范片区，已报省委农办、省财政厅备案。

【农村普惠金融体系】 2016 年，佛山市举办全省首场农业资本微路演活动，有 5 家企业进入路演。探索农业金融服务新模式，市农产商会与平安银行合作推出平安银行全省首款免抵押、随借随还的纯信用贷款产品。推进“政银保 ”合作农业贷款工作。推广“政银保”试点经验，扩大“政银保”优惠政策的覆盖面，高明区、三水区已完善试点方案，南海区根据自身实际，研究制订该区“政银保”合作农业贷款方案。出台《佛山市市级“政银保”专项资金使用和管理办法》，加强市级“政银保”资金监管。拓宽政策性农业保险覆盖范围，全年佛山市新增政策性家禽、生猪、岭南特色水果两类 3 个险种，并通过竞争性谈判的方式，依法合规确定家禽、生猪养殖、岭南特色水果等新增险种的承保机构。

（许锦华）

财政·税务

财　政

【概况】 2016年，佛山市地方一般公共预算收入完成604.29亿元，同比增长8.41%，可比增长12.32%，是自2013年以来第三次跨越百亿大关，其中南海区、顺德区一般公共预算收入双双破200亿元，对全市拉动作用明显；全市地方一般公共预算支出完成695.86亿元，为年初各级人大通过预算的109.28%。全市财政收支运行总体平稳有序，为经济和社会事业的发展提供了稳固的财力保障。

【财政收支及资产管理】 2016年，佛山市财政部门加强收入和支出管理，提升财政工作效能。

收入端管理　一是发挥财政部门组织收入的牵头作用，加强统筹协调，努力形成各区、各部门齐抓共管的增收态势。二是密切关注宏观经济和财税政策变化，增强组织收入的主动性和风险防范的预见性。三是加强非税收入征管，强化土地收储与出让管理，健全非税收入征管网络系统，创新非税收入征缴渠道，深入挖掘非税收入潜力。是年，全市地方一般公共预算收入完成604.29亿元。

支出端管理　一方面，加强日常预算指标核算，落实通报约谈机制，加快重点区域、重大项目支出，合理控制库款规模，并建立抓支出的长效管理机制，将部门支出进度考核纳入市政府绩效考核体系，增强部门抓支出进度的积极性和紧迫感，提升财政支出的均衡性和时效性。另一方面，调整优化支出，贯彻落实中央八项规定，严控一般性支出，健全公务支出制度体系和管理机制，执行佛山市党政机关和事业单位各项经费管理办法，开展公务用车专项整治，压缩政府行政成本。是年，全市地方一般公共预算支出完成695.86亿元。

资产端管理　一是盘活财政存量资金，继续清理不需使用的项目资金，提高财政资金使用效益。二是探索盘活公共资源。研究国资系统政府性债务优化工作新机制，促进国有资产保值增值。三是加强行政事业资产管理。全面开展行政事业单位国有资产清查，努力摸清政府资产状况，夯实政府资产管理基础。

【财政支持经济发展】 2016年，佛山市财政突出支持重点，对全市经济建设提供后盾保障。

支持产业转型升级　一是推进供给侧结构性改革降成本行动。在支持实施供给侧结构性改革去产能、去库存、去杠杆和补短板行动的同时，重点推进供给侧结构性改革降成本行动。二是实施创新驱动发展战略。全市安排国家创新型城市建设资金23.42亿元，其中市级安排国家创新型城市建设资金5.56亿元，助力打造制造业创新中心和推动珠江西岸装备制造业发展。三是推动企业技术改造。全年全市安排技改专项资金8亿元，并采用风险补偿基金、事后奖补等多种方式支持企业技术改造，促进“佛山制造”强筋健骨、提质增效。四是支持外贸稳定增长。全市外贸稳增长方面支出2.2亿元，保持扶持政策延续性，推动加工贸易企业提高技术创新能力、加强自主品牌建设，稳定外贸进出口。

推进城市升级战略　一是推进城市升级提质。是年，全市重点工程项目建设方面支出120.95亿元，支持城市升级两年延伸计划，推进地铁轨道交通重点工程建设，打通城市“断头路”等，提升城市载体功能。二是优化城市环境。全市节能环保方面支出13.75亿元，加大城市环境整治、美化绿化和节能减排投入，打造宜居宜业的高品质佛山。三是利用置换债、新增债支持推进重大项目建设。利用好省下达佛山的置换债和新增债，支持推进高速公路、国铁干线和城际轨道项目等公共基础设施项

目建设，扩宽渠道筹集资金支持城市升级。四是推行政府与社会资本合作（PPP）模式。推进PPP模式运用，多渠道筹措资金支持推进城市建设项目。至年底，佛山全市有8个PPP项目，主要涉及交通运输、市政工程等方面。

【财政牵头开展供给侧结构性改革降成本行动计划】 2016年，佛山市财政局牵头开展全市供给侧结构性改革降成本行动计划，落实全面清理规范涉企行政事业性收费措施，部分国家规定涉企行政事业性收费地方收入减免工作，省定涉企行政事业性收费“零收费”，停征价格调节基金，“营改增”全面扩围，降低部分社会保险的缴费比例，取消车辆通行费年票制以及降低企业用电、用气成本等多项政策措施，降负成效逐步显现。是年佛山市通过贯彻落实降成本行动为企业减负284亿元，其中，降低制度性交易成本33.14亿元、降低税负成本157.09亿元、降低运营成本32.93亿元、降低财务成本60.84亿元。

【财政民生支出】 2016年，佛山市全市民生支出448.98亿元，占一般公共预算支出的比重为64.52%；同时，省十件民生实事完成40.77亿元，完成年初计划的112.41%，促进了社会民生各项事业的发展。促进教育事业均衡发展。全市教育方面支出125.23亿元，促进教育资源优化整合和合理配置，深化教育综合改革，促进各阶段教育均衡、综合发展。完善社会保障和就业体系。全市社会保障方面支出58.24亿元，研究推进社保险种结构优化，加强养老机构和居家养老服务体系建设，落实机关事业单位工作人员养老保险制度改革，提升社会保障水平。全市就业方面支出0.95亿元，加大就业支持力度，落实促进创业带动就业。支持医疗卫生事业发展。全市医疗卫生和计划生育方面支出61.77亿元，其中安排基层医疗卫生机构经费4亿元，支持基本医疗保险城乡一体化、公立医院改革工作，完善大病医疗救助制度，支持全市医疗卫生工作。推进住房保障工作。全市住房保障方面支出22.87亿元，加快推进以公租房、廉租房为主的保障性住房建设，全年全市基本建成公共租赁住房3368套，满足低收入群体住房需求。发展文化体育事业。全市文化体育与传媒方面支出15.62亿元，推进城乡公共文化体育设施建设，为市民提供覆盖城乡、便捷高效的公共文化服务。推进农业及扶贫工作。全市农业方面支出26.08亿元，重点落实各项惠农补贴政策，加快基层公共服务综合平台建设。全市扶贫和援藏援疆援川方面支出6.61亿元，贯彻落实精准扶贫政策，加大援藏、援疆、援川和对湛江、云浮的扶贫开发扶持力度，打好打赢扶贫攻坚战。

【财政管理制度创新】 2016年，佛山市财政部门通过制度创新，促进财政管理机制建设。

一是深化预算制度改革。细化完善预算编制，建立完善滚动式项目库管理机制；推进预决算信息公开，建立起预决算信息公开的常态化机制；推进中期财政规划管理，出台佛山市实行中期财政规划管理的实施意见，建立完善跨年度预算平衡机制；推进权责发生制政府综合财务报告试编工作提质扩面，提升政府财务管理水平。二是加强财政信息化建设。深化公共财政综合管理平台建设，重点完成财政综合管理平台决策分析系统（二期）、系统安全体系以及“三重一大”和“三公经费”监督系统建设。三是推进国库集中支付制度改革。推进资金清算业务电子化，迈向财政支出业务全流程电子化；在镇（街）级全面推进实施国库集中支付制度改革，全市五区33个镇（街）均铺开国库集中支付制度改革。四是深化绩效管理改革。改革完善第三方机构参与绩效评审的方式，扩大绩效评价的项目范围，将绩效管理全面贯穿于财政预算编制、执行、监督全过程。是年，全市共对5774个预算项目进行绩效评审评价。

【财政监督】 2016年，佛山市财政加强内、外监督管理，确保财务健康、规范运行。

一是完善财政内控制度建设。出台加强内部控制工作方案、内部控制基本制度和法律风险、政策制定风险、预算编制风险、预算执行风险等专项风险管理办法，推进内部控制关口前移，提高财政内部管理和依法理财水平。二是加强财政监督检查。开展专项资金常态化监督检查和重点抽查，编印行政事业单位财务与预算管理规范及操作手册，加强行政事业单位预算管理监督。三是主动接受外部监督。配合完善人大预算支出联网在线监督系统，打造“透明钱柜”；健全财政信息公开制度，加大财政预决算信息公开力度，梳理行政审批事项，制定权责清单，推进政务公开。四是加强政府债务管理。强化财政风险意识，建立完善规范的地方政府举债融资机制；加大存量债务化解力度，争取、合理分配地方政府债券置换额度，优化债务结构。五是依法依规开展基建评审。完善财政性资金投资建设项目工程审核办法，实行工程预、结算委托中介机构双审制度，确保建设项目资金安全。是年，全市完成审核工程概、预、结算项目2460个，完成评审金额224.24亿元，核减不合理工程费用12亿元，核减率5.35%。六是推进政府投资项目跟进监督工作。建立规范、高效的政府投资项目监督管理体系，向18个建设单位派驻财务总监，对22个在建政府投资重点项目实施跟进监督，监管资金额度达77.09亿元。

（上官蔚云）

国家税务

【概况】 2016年，佛山市国税系统完成税收收入815.02亿元，比上年增长14.0%，增收100.09亿元，税收总量首次突破800亿元大关。其中：中央级收入539.59亿元，比上年下降1.3%；省级收入123.86亿元，增长209.4%；市、区级收入151.57亿元，增长18.2%。剔除海关代征税后，共组织国内税收收入709.45亿元，比上年增长16.1%。共办理出口退税（不含免抵调库）201.50亿元，下降6.8%。全市各区国税税收均实现增长，南海、禅城、顺德区增长相对较快，分别比上年增长19.2%、13.4%、13.1%。

【国税税收优惠政策】 2016年，佛山市国税落实各项税收优惠政策，全年为27.56万家增值税小微企业减免增值税9.08亿元；根据2016年第四季度预缴情况，共为6.3万家所得税小微企业减免所得税4.7亿元；为114户（次）纳税人办理固定资产加速折旧额3132.16万元，折合所得税783.04万元；落实高新技术企业税收优惠，为273家企业减税15.89亿元；全年落实车辆购置税优惠政策减免税收8.05亿元。

【国税纳税服务】 至2016年，佛山市国税系统连续三年开展“便民办税春风行动”。在2016年的行动中，市国税系统落实10类31个便民办税事项。推广应用电子税务局，推行小规模纳税人按季申报，推进出口退（免）税无纸化管理，推广电子发票，节约纳税人办税成本。升级“国税法宝”，推出移动定制政策服务，使纳税人有更多获得感。创新方式帮扶企业发展，面向高新技术企业推出“培育式”服务，面向“众陶联”旗下企业、“走出去”企业提供“顾问式”服务，面向大型企业提供事前合议、内控体检、预警提醒等“全景式”服务。

【营改增】 2016年5月1日，佛山市全面推开营改增试点，全市金融业、房地产业、建筑业和生活服务业纳税人纳入“营改增”试点范围。截至2016年12月31日，佛山市“营改增”试点纳税人达到13.85万户。所属期2016年1—12月，不为零的纳税申报业户10.7万户，共申报增值税销售收入10865.50亿元（其中金融业、房地产业、建筑业和生活服务业“四大行业”申报增值税销售收入3218.26亿元），实现应纳增值税额202.98亿元。

【国税征管】 2016年，佛山市国税强化增值税发票管理新系统应用，落实消费税政策调整。完善企业所得税行业税负预警管理，建立“平台+指引”的后续管理新模式。统筹税收风险管理，将纳税评估、疑点核查、提示提醒等六大类22个项目纳入风险管理系统，全年查补税款46.36亿元，比上年增长超过三倍。深化分级分类管理，构建全市税源三分类与风险三分级管理体系。推进税收风险共治，创设大企业双向选户模式，促使企业内控管理不断完善。

【国税征管体制改革】 2016年，佛山市国税承接上级改革试点任务及市、区级层面开展的改革任务全部完成，由市、区级税务机关实施的国税、地税合作事项也全部落实到位。打造全国首个企业端税务风险防御（TRD）系统、全省首家“一门式”办税

2016年5月1日凌晨，佛山市国税局开出首张“营改增”普通发票

厅、全省首个国税地税“党员先锋队”和“联合党支部”等具有佛山特色的首创性改革品牌。佛山市各区均被列为“广东省国税地税合作县级示范区”，南海区获评为“全国百佳国税地税合作县级示范区”，改革成效获得肯定。

【税收共治】 2016年，佛山市税收业务融入“互联网+政务服务”改革，线上推动涉税服务上线“市民之窗”，线下全市共建国税、地税互设窗口办税厅35个、联合办税厅7个、共驻政务服务中心办税厅7个。推进商事制度改革，推行“五证合一、一照一码”。联合地税部门与62家商业银行拓展“税融通”服务，全年帮助361家企业获得贷款45.2亿元。开启“税保银”合作，携手21家保险公司推出授信贷款和保险服务。建立市发改委等18个政府部门和机构参与的重大税收违法案件联合惩戒工作协调机制，推动失信联合惩戒。

【税收大数据建设】 2016年，佛山市国税上线佛山税收大数据平台，集成税务端、第三方、互联网、企业端“四位一体”的大数据源，覆盖29个政府部门，记录数据达174亿条。率先推进大数据在经济税源管理、税收征管、纳税服务等三方面的应用，开发“佛山经济税收分析管理电子地图”“纳税人全息扫描”“纳税人体检”等模块，初步打造数据资产、数据地图、数据征管、数据纳服等四大数据品牌。

【国税体系建设】 2016年，佛山市国税系统体系制度更加完善，全年修订管理制度25项，新增制度68项，维护流程207个（次）。体系平台更加优化，建成企业所得税后续管理平台，上线“e政务”二期。体系机制更加完备，健全市、区两级“1＋5”税收分析联动和稽查、征收、退税各部门之间信息交换等机制，强化跨部门、跨层级、跨系统工作的协作联动。

【国税法治建设】 2016年，佛山市国税局编印《税务行政审批改革后续管理工作指引》，在全省国税系统率先统一“需要进一步改革和规范的其他权力事项”表证单书的填写模板。建立市发改局等18个政府部门和机构参与的重大税收违法案件联合惩戒工作协调机制，成立市公安局派驻市国税局联络机制办公室，实行稽查法律顾问制度，规范随机抽查机制和案源管理制度，重拳打击出口骗税、虚开增值税发票等违法行为，全年稽查立案检查788户，查补入库税额11.63亿元。

（谭威球　刘　华）

地方税务

【概况】 2016年，佛山市地税部门贯彻落实组织收入原则，组织税费收入852.4亿元（按照地税系统征收入库口径，下同），创历史新高，可比（剔除“营改增”影响，下同）增长15.2%，增收112.8亿元，按入库额计算同比增长1.5%，增收12.8亿元。其中：组织税收收入500.5亿元，可比增长17.9%，增收76.0亿元，按入库额计算同比下降4.6%，减收23.9亿元。各级次税收收入中：中央级收入103.8亿元，同比增长9.0%；省级收入117.1亿元，可比增长17.5%，按入库额计算同比下降25.4%；市县级收入279.6亿元，可比增长21.7%，按入库额计算同比增长2.7%。组织其他收入合计351.9亿元，同比增长11.7%，增收36.7

亿元，其中：社保费收入305.1亿元，同比增长17.2%，增收44.8亿元。

【地方税收特点】 2016年，佛山市地方税收收入总体上呈现“税收增速高于全省平均水平、市县级收入增长较快、市县级固定税种增量贡献度加大、重点行业税收贡献突出、各区增长不平衡、税源集中度高”等特点。

分级次看，市县级收入增速快于中央级和省级收入。中央级收入同比增长9.0%；省级收入可比增长17.5%；市县级收入可比增长21.7%，拉动总收入可比增长11.8%，占总收入的55.9%，比重较上年提高4个百分点，占全市一般公共预算收入的46.3%，为全市经济社会发展提供坚实财力保障。

分税种看，市县级固定税种增量贡献度加大。是年，营业税累计入库87.3亿元，受5月起“营改增”全面实施影响，同比下降49.2%；企业所得税入库86.1亿元，受汇算清缴收入下降30.9%影响，增幅收窄，同比增长3.8%，其中房地产业企业所得税增长21.1%；个人所得税入库83.1亿元，同比增长11.9%，其中受人力资源成本持续提高影响，工资薪金所得、劳务报酬所得个人所得税分别增长13.1%和47.0%；土地增值税入库59.4亿元，受房地产市场升温拉动同比增长29.3%；市县级固定税种入库179.8亿元，同比增长20.4%，增收30.4亿元，贡献总收入可比增量的39.9%，较上年增量贡献度大幅提升23.9个百分点，其中契税入库74.2亿元，同比增长63.5%。

分产业行业看，重点行业税收贡献突出。是年，佛山市第三产业持续发挥税收主力作用，入库税收382.6亿元，占税收总收入比重75.4%，可比增长27.1%，其中房地产业及公共管理、社会保障和社会组织两个行业贡献税收272.0亿元，可比增收76.0亿元，拉动税收总收入可比增加17.9个百分点。相比之下，其他行业税收增长趋缓，部分出现可比下降。制造业、金融业税收入库可比分别增长0.9%、7.9%，住宿餐饮、交通业等传统服务业税收可比分别下降13.9%、6.0%。

【地方税收优惠政策】 2016年，佛山市各级地税部门（不含顺德区）共减免各项税收98.21亿元，同比增长145.5%，其中：落实去库存工作，减免契税等房地产交易税收79.32亿元；享受高新技术企业、研发费用加计扣除等企业所得税优惠分别为94家、52家，减免税收2.68亿元、0.66亿元；享受小微企业营业税优惠91782家次、减免税收1383万元，享受小型微利企业所得税优惠8734家、减免税收6305万元。同时，按照国家及省、市有关政策，与相关费种主管部门沟通，承接系列规费改革，多渠道开展政策宣传，推动建筑业按项目参加工伤保险、灵活就业人员一次性补缴企业职工基本养老保险、机关事业单位养老保险征收等工作；依法执行工伤、生育、失业等保险费率下调，以及价格调节基金、堤围费等费金停征、免征等政策，持续加码减负红利，全年比上年减免各项规费13.16亿元，比上年增长97.9%。其中落实生育、失业和工伤保险费率下调政策优惠4.89亿元，免征堤围费6.16亿元，切实降低企业和个人缴费负担。

【“营改增”改革】 2016年，佛山市地方税务局成立“营改增”领导小组，出台扩围方案和任务分解表，配套建立督导、应急、问题反馈机制，做到政策宣传到户、解读准确、办理简便、享受及时。佛山各级地税部门全面摸排“营改增”企业底数，做好管户校验对碰、发票和税款清理、资料移交等工作，全市68916户营业税纳税人改征增值税。同时，做好税控安装、系统调整测试、业务培训和模拟开票，“两代”（“两代”：“营改增”后，国税部门委托地税部门继续受理纳税人销售其取得的不动产和其他个人出租不动产的申报缴税和代开增值税发票业务）工作全省率先落地，2016年5月1日零时，佛山市南海区地方税务局开出全省首张个人出租住房增值税发票。5—12月，全市受理“两代”业务12万宗，入库税费13.01亿元，其中代征增值税2.66亿元。全市各办税厅、代征点运行平稳，未发生“营改增”舆情、投诉事件。此外，配合省地税局开展资源税征收改革摸底调查和税收测算工作。

【纳税服务】 2016年，佛山市税收部门推进“互联网+”智能应用，整合国税、地税微信，推出“佛山税务”公众号，开通车船税申报、电子缴费凭

2016年9月8日，广东省地税局局长吴紫骊（前中）一行到佛山市禅城区绿岛湖国税、地税联合办税服务厅调研

证下载等功能，提供掌上办税便利；打造全省首个国地税网络实时咨询平台，实时解答涉税问题5万条；整合“12366”热线与门户网站、网络平台、微信、QQ群等渠道，实施咨询联动，“12366”热线在广东省地方税务局服务质量抽测中排名首位，门户网站获佛山市政府网站评比第一（六连冠）；打造从线上到线下的“O2O”模式纳税人学校，培训纳税人4万人次；禅城区地方税务局升级“智能办税一体化系统”，实现纳税人19类137项涉税业务无纸化自助办理。

因房产交易大幅增长，地税部门推进与住建部门网签信息实时共享，攻关房地产预审平台，简并房产交易涉税流程。9月起，全市房产交易涉税业务由10个工作日缩短至有9成以上业务可以即时办结，平均办税时间缩短至20分钟，最快5分钟，其中三水区地方税务局率先实现房产交易网上预申报和预审，纳税人实现现场办税“零等候”。

【国税与地税合作】 2016年，佛山地税部门联合国税部门成立深化征管体制改革工作领导小组，完善国税、地税合作机制，落实国税、地税合作规范，全年须由市县级落实的43项合作事项均已到位。联合办税在广东省率先实现全市覆盖。以纳税人为中心，整合国税、地税服务资源，建设“一门式”办税厅和“1＋N”共建办税厅两种模式，推进联合办税全市覆盖。从3月25日首个联合办税厅投用到4月20日全市覆盖，用时27天。全市建立联合办税厅4个、共驻政务服务中心办税厅4个、互派互设窗口办税厅23个。加强“一机双系统”技术攻关，实现“一人一机一屏”真正意义的“一窗通办”，全市6个联合办税厅开设“一窗通办”窗口60个，通办事项最高达266项。6月，在南海区试点上线广东省电子税务局，11月全面推广，实现纳税人“一网通办”国税、地税业务。

协管共治互促共进　市国税、地税部门推动数据共享、联合执法、携手服务和队伍共建等方面取得新进展。其中：创新搭建共享数据库，开通技术人员互访权限，初步实现国税、地税所有税收数据全实时、全方位共享共用；联合办理设立、变更、注销登记16.1万家，联合开展定额核定12.6万家；联合重点检查企业63家、查处发票违法企业5家，联合发布欠税公告2期866家次；联合共建“党员先锋队”21个，互派挂职交流干部26名。

县级示范区全市铺开　佛山市各区均被列为广东省国税、地税合作县级示范区创建单位，合作优势领先全省。其中：南海区作为全省首批示范单位，率先实现全部合作事项落地，被省地税局推荐参加全国百佳国税、地税合作县级示范区评选；禅城区打造全省首家“一门式”联合办税厅，获省地税局、市政府领导高度肯定，接受第十届泛珠地税合作会议代表的视察；高明区联合实施“以票控税”，通过国税限供或停供发票，有效开展欠税管理；三水区率先开展个体工商户联合定期定额征收工作，消除核定差异。

（周　鹏）

交通·邮政

交通综述

【概况】 2016年，佛山市各级交通运输部门以“持续基建、公交优先、建管协调、变革服务”为主线，高质量、高标准推进“新佛山、新交通”建设，支持佛山融入泛珠三角区域和湾区发展，拓展佛山对粤西沿海、西江流域及大西南地区的辐射力。是年，佛山市境内公路通车总里程5282.9千米，在册营运货车7.01万辆；内河航道通航里程115条1006千米，全年全市水路完成货运量4269万吨；佛山机场航班起降2816架次，旅客吞吐量36.06万人次；公交专用道里程达215.2千米，日均客运量260万人次；广佛地铁二期工程于12月28日通车试运行，地铁2号线一期工程、3号线工程、广州7号线顺德段加快推进。《佛山市交通发展“十三五”规划》于2016年12月30日印发实施。

【广佛交通一体化建设】 2016年，《广佛两市轨道交通衔接规划》编制完成，为广佛轨道交通同城化提供保障和指引，以构建同城化交通网络为目标，“十三五”时期的广佛交通对接重点转入城市轨道和交通枢纽衔接，广佛两市于2015年2月签署《轨道交通衔接工作备忘录》。根据广佛两市轨道衔接规划，广佛两市城市轨道共规划衔接通道9个。广佛两市有衔接通道1个、在建通道2个、规划通道6个；此外还预留2个衔接通道。至2016年年底，广佛之间已建成主要道路通道25条（其中，高速公路9条、普通公路16条），共150车道（其中高速公路58车道、普通公路92车道）。

是年，广佛两市推进广佛接壤地区公路客运公交化改造，至年底，有74条广佛城巴、快巴连接两市主要客运枢纽、67条广佛公交线路覆盖两市各大出行组团，广佛出租车在客流集中地段实现异地上客。

【智能交通系统建设】 2016年，佛山市以智能化促进交通运输行业的转型升级，按照“政府主动引导，社会共同投入”的原则，引领交通运输领域智能化发展。推进出租车服务与管理信息系统、运输车辆综合管理系统、危险品运输监管平台、一体化科技治超系统、公交专用道监管平台、智能公交系统、网约车审批服务系统、交通综合电子执法平台、交通基础设施管理系统等智能化相关项目建设。一体化治超管理平台建成并接入14个路面监控点，治超电子执法具备技术基础。开展公交专用道和公交车载视频抓拍项目建设，利用公交专用道电子抓拍设备处罚公交专用道违法行为，保障中心城区公交专用道的路权专用。

【电子监测和数据应用】 2016年，佛山市利用信息化建设成果，推进综合交通运输系统和路网交通流运行电子监测工作。依托于交通决策支持系统，佛山市交通运行监测中心定期发布对城市道路运行、常规公交运行和出租车运行的分析与评价，为中心城区治理交通拥堵和交通行业监管提供数据支持。是年，佛山全市道路交通轻度拥堵，通勤日高峰拥堵指数为4.51，平均行驶速度为32.08千米/小时，比2015年路网拥堵加重5.1%。

【佛山机场】 2016年，佛山机场新增舟山、合肥航线。佛山机场公司全年安全保障航班起降2816架次；旅客吞吐量36.06万人次，比上年增长18.9%；保障进出港货物601吨。各项安全指标均在民航行业标准范围之内。为完善机场服务，佛山机场先后购置5辆电瓶车、2辆大巴车用于机场旅客往返市区地面接驳，并新建200多平方米的旅客临时接待站供出港旅客临时休息。随着机场硬件的完善，解决原候机楼出发大厅面积有限的瓶颈，改善旅客的乘机体验。11月18日开航8周年之际，佛山机场微信公众平台投入使用。

（李丹心）

公路交通基础设施

【概况】 2016年，佛山市境内公路通车总里程5282.9千米，其中高速公路486.66千米，一级公路1428.8千米，二级公路408.1千米，三级公路911.61千米，四级公路2047.73千米。全市公路密度达139.1千米/百平方千米，其中高速公路为12.8千米/百平方千米。

【高速公路】 2016年，佛山市高速公路建设项目共9个，其中续建项目6个、计划开工3个。6个续建项目中，高恩高速、广中江高速一期和广中江高速二期3个项目由佛山市负责配合征地拆迁工作；推进佛清从高速公路南段一期、佛江高速佛山段、广佛肇高速公路广州石井至肇庆大旺段（佛山路段）3个在建项目。3个计划开工项目为佛江高速和顺至陈村段、佛清从高速公路南段二期、广明高速公路陈村至西樵段二期。12月28日，广中江高速公路一期建成通车。佛江高速公路和顺至陈村段、广佛肇高速公路佛山段动工建设。佛山市高速公路建设工作在广东省考核中，由2015年全省第八名提升至2016年的第五名，在珠三角城市排名中由第三名提升至第一名。

【重点路桥工程】 2016年，佛山市交通运输部门从跨市、跨区、区内三个层面制订"断头路"实施计划。至年底，广中江高速公路一期、魁奇路东延线二期、顺德区新市良路、顺德区新基北路二期、高明区荷城街道兴国路、兴业路北延线、三水区县道X503肇花高速公路连接线西河支线等18项工程实现完工，新增公路里程16.2千米。一环西拓工程、魁奇路东延线三期工程如期启动，一环西拓工程北环段于11月18日动工建设。

【综合交通枢纽】 2016年，佛山市与广州共建空港、海港、铁路、公路等综合交通枢纽体系。推进禅西大道北延、罗村大道北延、兴业路改造、季华北路北延以及佛山西站对外衔接道路等佛山西站枢纽配套道路工程建设工作，推进三水南站枢纽、佛山新城枢纽配套道路、公交、慢行接驳设施建设，强化枢纽服务功能。推进官窑、丹灶货运枢纽站建设，促进公铁联运发展。

2016年7月8日，佛山市政府召开全市高速公路建设推进现场会。图为佛山市市长朱伟（中）在佛江高速公路佛山段项目现场

【城市道路和桥梁项目】 2016年，佛山市（以下数据不含顺德区）共有城市道路1032条，总里程1114.3千米。全年修复路面68.9万平方米，新划标线64.29万米，更换、维修各种井盖5920个，整治修复人行道、盲道9.2万平方米，维修、新装护栏18万米，维修、增设示警桩、石柱6250件（套），更换路灯（罩）12000盏，主干路亮灯率保持99%以上。

至年底，佛山市五区（含顺德）在册城市桥梁736座，其中人行天桥59座、E类桥暂未发现、D类桥有17座。针对D级桥，南海区黄狼涌桥等3座完成维修加固，高明区更合镇合水旧桥等2座处于施工阶段，南海区机场涌桥等3座完成招投标，剩余D级桥均采取安全措施并计划实施加固改造，全年全市城市桥梁整体处于安全运行状态。

【农村公路】 2016年，佛山市实施“路况提升、路网优化”工作，完成养护工程项目里程40千米，其中将县道次差等路提升为优良等路里程18.5千米，“优良中路率”达80%。运用全路网、全寿命周期成本最低化理念，与华南理工大学合作编制完成《佛山市县道路面养护修复三年行动计划》，推动以往的被动型应急式养护模式向科学的主动型预防性养护模式转变。

（李丹心）

城市公共交通

【概况】 2016年3月25日，佛山市政府印发实施《佛山市2016年公交提升计划》，重点推进中心城区公交骨干线网建设、公交专用道建设管理、公交站点安全防护等工作。是年，佛山市公共交通日均客运量达260万人次，新增公交线路21条，新增公交车153辆、公共自行车3388辆，新增公交站场32个。中心城区机动化公交分担率提高至40.1%。

【公交基础设施】 2016年，佛山市实施岭南大道公交枢纽站提升工程，改造提升绿景二路等一批公交站点。完成39.4千米公交专用道的拓展建设，公交专用道路网的通勤日平均运行速度为23.2千米/小时，比上年提速22.1%。公交专用道标识标线更趋规范，专用道监控系统形成交通与交警协同、固定监控与移动监控结合、市与区联动的完整链条，有效保障公交路权优先。开展公交站亭安全防护项目建设，完成220个公交站点、2263根防撞杆的安装工作。

【新能源公交车推广】 2016年，佛山市加大新能源公交车推广力度，在公交枢纽站、首末站、停保场加快新能源汽车充电设施配套建设。结合佛山、云浮氢能源产业一体化发展工作，推动氢燃料电池公交车项目。9月28日，全国首条氢能源城市公交车示范线路在三水区开通，12辆氢能源公交车投入使用。

【智能公交建设】 2016年，佛山市完成智能公交平台项目一期建设，初步形成以“一套终端、三大平台、十六大应用系统”为主要内容的智能公交平台，满足市、区、公交企业及公众的不同应用需求，推进公交管理和服务的转型升级。继2015年“佛山车来了”APP建成投入使用后，继续优化数据质量和完善APP功能，用户量突破260万，日活量超过32万。

【公交线网布局】 2016年，佛山市在中心城区分阶段逐步构建“十横十纵”公交骨干线网，建设公交骨干线网、支撑线网和接驳线网的三层网络体系。首期“两横四纵”公交骨干线路正式开通运营，骨干线路非直线系数降低至1.32，达到国家理想水平（国家标准为1.2—1.4），客流效率提高10%以上，运行速度相比中心城区公交路网提高3%。各区基本构建起镇内、镇间和镇到中心城区的三层次公交体系。推进广佛、佛肇、佛江等跨市公交线路，开通了广佛首批市际商务线。

【出租车服务】 2016年，佛山市规范网络“专车”发展，根据交通运输部网约车相关规定，研究制定佛山对网约车管理的实施细则，实现与传统出租车之间的错位发展，满足不同层次的个性化需求。稳妥推进传统出租车行业结构改革，通过建立经营期内服务质量信誉考核结果、落实行业稳定健康发展政策情况与出租车经营权续期相挂钩机制，建立健全行业诚信体系，强化退出机制，推动新业态下的出租车行业服务质量持续提升。

（李丹心）

轨道交通

【概况】 2016年，佛山市加快推进广佛线二期、地铁2号线一期工程、3号线工程等轨道交通建设，围绕城市发展空间布局，优化轨道交通网络。实施TOD战略，支撑“强中心、多组团”城市空间结构，促进土地集约利用。

【广佛地铁二期工程】 2016年9月，广佛地铁二期工程实现“洞通、轨通、电通”，隧道工程和轨道工程通过验收，“三权”（指挥权、使用权、管理权）移交工作完成，进入综合联调联试的不载客试运行阶段。12月6—9日，广佛线二期在试运营评审会中获得省交通运输厅初审通过，完成相关问题整改后，广佛二期工程具备试运营基本条件，于12月28日起通车试运营。广佛地铁二期工程自魁奇路地铁站延伸至佛山新城交通枢纽，线路长度6.67千米，均为地下线路，共设4座车站，由南向北分别为新城东站、东平站、世纪莲站、澜石站，其中东平站与规划中的佛山地铁3号线、广佛环线、广佛江珠城际线可实现换乘。

【轨道交通2号线一期工程】 2016年，佛山城市轨道交通2号线一期工程进展顺利。该工程起于西端的南庄站，终于广州南站。全长32.4千米。其中高架段6.4千米、地下段25.3千米、过渡段0.7千米。全线设车站17座（地下14座、高架3座），其中换乘站7座。至年底，开工车站15个、盾构下井9台、明挖区间3个、中间风井1个、高架区间2.5个，其中登洲站主体结构封顶。至年底，项目累计完成投资80.75亿元，约占总投资的38%。

【轨道交通3号线工程】 2016年11月8日，以佛山市铁投集团为主的11家投资人组成的联合体，中标成为佛山市轨道交通3号线工程特许经营项目投资人。11月18日，3号线工程全线动工建设，狮山站、罗村站、大良站、顺德医院站、美旗站、水口站率先进场围蔽施工。至12月底，项目累计完成投资17.2亿元，约占总投资的4%。佛山城市轨道交通3号线工程原规划71.3千米，南起容桂站，北到狮山。根据《佛山市城市轨道交通系统规划》，3号线起点由容桂站调整至顺德学院站，终点由狮山站调整至科技学院站，调整后的线路长度为66.5千米，共设36座车站，其中高架车站3座、地下车站33座。

【轨道运营】 2016年，广佛地铁上线列车26列，全年客流量达8736万人次，列车正点率达99.99%，日均客运量23.87万人次。广佛地铁开通运营总长度达26.7千米，设18座车站，平均站间距1570米，搭乘全程约42分钟。其中，佛山市境内14.8千米，设11座车站；广州市境内11.9千米，设7座车站。

（李丹心）

公路运输与服务

【概况】 2016年，佛山市在册营运货车7.01万辆，总计40.94万吨位。在册营运客车1817辆，8.26万客位，其中，客运班车776辆，3.49万客位；包车客车1031辆，4.71万客位。城市公交车辆6790辆，运营线路总长度15606千米，年客运量64084万人次；出租汽车4014辆，年客运量9558万人次。

至年底，佛山市在册经营道路客运业户46户，从业人员0.91万人；道路货运业户48913户，从业人员8.98万人；道路运输相关业务经营业户6831户，从业人员3.89万人，相关业务经营业户中机动车维修业户6532户，其中汽车维修业户4747户（一类115户、二类667户、三类3965户），摩托车维修业户1785户。

【道路客运】 2016年，佛山市客运线路396条，年平均日发2018班次。其中跨省线路91条，年平均日发114班次；跨地（市）客运线路305条，年平均日发1904班次。

【客货运输量】 2016年，佛山市道路运输客运量完成5246万人次，比上年增长2.12%；旅客周转量完成627169万人千米，增长15.48%；道路货运量完成25102万吨，增长5.08%；货物周转量完成1933963万吨千米，增长8.85%。

【客货运站场】 2016年，佛山市有客、货运站场43个，其中等级客运站场25个，简易站及招呼站7个，平均日发6179班次；货运站场11个，平均日换算货物吞吐量8.9万吨。

【汽车综合性能检测站及检测量】 2016年，佛山市有汽车综合性能检测站11个，年完成检测量约10.72万辆次。其中维修竣工检测1.61万辆次，等级评定检测8.92万辆次。

【机动车驾驶员培训】 2016年，佛山市共有机动车驾驶员培训业户43户，教练员人数7123人，教学车辆合计5771辆，全年培训27.93万人次。

【运输行业监管】 2016年，佛山市交通运输部门组织完成2016年春运工作，春运期间全市共发送旅客流量1092万人次，同比增长21.35%。

加大对货运规模企业、货运运力新增的补助扶持力度。制订《佛山市2016—2017年促进公路水路货运业发展工作方案》，重点围绕“增运力、延运距、调结构、提效率”，促使货运业逐步从传统生产性服务业向现代综合性服务业转变。推进城市配送工作，引导开展公路、水路多种方式联合运输。是年，全市公路货运规模以上企业（自有佛山籍货车30辆以上，总载重250吨位以上）新增14家。

重拳整治道路运输市场秩序，打击非法营运假出租、蓝牌车，规范配客站场、营运客车的运营行为。强化治超工作制度建设，开展“固定检测”与“流动巡查”有机结合的弹性治超模式。开展辖区高速公路路政管理，组织高速入口劝返超限车辆，维护好路产路权。佛山市驾培机构提前完成国家有关“计时培训计时收费、先培训后付费”服务模式100%覆盖率目标任务。推动机动车维修业向质量效益型和服务品质型转变。

（李丹心）

水路运输

【概况】 2016年，佛山市有生产用码头泊位278个，码头岸线18161米，泊位年通过能力10260万吨。内河航道通航里程115条1006千米。全年全市水路完成货运量4269万吨，比上年增长6.97%，货运周转量784096万吨千米，增长14.15%；水路客运量完成61.18万人次，下降6.84%。客运周转量7770.53万人千米，比上年下降7.05%。

【船舶保有量】 2016年，佛山市拥有水路运输机动船舶425艘，总载重量59.86万吨位，功率19.5万千瓦。其中，客船4艘，载客量1358客位；货船410艘，总载重量59.77万吨（包括集装箱船46艘、载重量8.22万吨位、6073个国际标准集装箱位）。

【港口吞吐量】 2016年，佛山港完成货物吞吐量6610万吨，比上年增长7.5%。进出港货物主要为矿建材料、煤炭、钢铁、油品；外贸货物吞吐量2353.8万吨，其中出口主要货物为陶瓷、机械电器设备，进口主要货物为工业原材料、废五金塑料、木材等；集装箱吞吐量321.7万TEU，比上年增长6.6%；旅客吞吐量57.4万人次，下降7.9%，旅客吞吐量呈逐年下降趋势。

【港口航道建设维护】 2016年，佛山市在建港口项目中，顺德了哥山港区主体工程完工，北江飞鹿货运码头工程进行桩基施工。了哥山港区通用码头工程项目（顺德新港）位于佛山市顺德区杏坛镇容桂水道入口段南华水闸下游左岸水域，岸线长度438米，陆域用地面积18.40公顷。工程建设规模为4个3000吨级（水工结构兼顾5000吨级）多用途泊位，设计年通过能力件杂货160万吨，集装箱9.6万TEU，计划建成具有二类口岸功能的通用码头，建成后将成为顺德最大的对外货运港口之一。佛山港大塘港区北江飞鹿货运码头工程位于佛山市三水区大塘镇北江右岸油金大桥下游328米处，项目拟建3个1千吨级通用泊位及相关配套工程设施，可满足3艘1千吨级干货船同时靠泊和作业，泊位总长度为214米，陆域总面积为7.36万平方米，设计年通过能力210万吨。飞鹿码头项目将加快内河水运发展，完善佛山市综合交通运输体系布局，提升佛山港服务水平。

新建码头项目中，三水港扩建工程、高明珠江货运码头扩建工程等新建码头项目在开展前期工作。

航道升级改造方面，纳入广东省航道整治重点项目的北江扩能升级（一期）工程和西伶通道航道工程相继动工，总投资42.3亿元（北江40.9亿元、西伶通道1.4亿元）。横跨东平水大道的旧澜石大桥于8月9日爆破拆除，破除东平水道的通航瓶颈。是年，全市航道维护通航保证率、航标维护正常率、船舶优秀率均达100%。

【港航管理】 2016年，佛山市港口水运发展的关键是补齐航运基础设施短板，抓住国家实施珠江—西江经济带发展战略的重大机遇，重点建设北江下游扩能升级工程、西伶通道整治工程和西江干线江海联运港口，提升东平水道通航能力。引导水运企业规模化发展，鼓励水运企业新增江海直达、大型船舶。推广内河船型标准化工作，鼓励企业进行船舶改造升级。全市新增船舶12艘，其中港澳航线船舶5艘（1.7万载重吨），江海直达船舶1艘（0.7万载重吨）。加强港口行业的安全监管，开展危险货物码头及港区仓储设施安全整治行动，启用码头视频监控系统，提升港区码头安全运营保障能力。加强水路航道执法和轨道巡查保护工作。

（李丹心）

邮　政

【概况】 2016年，佛山市邮政管理局设办公室、普遍服务科（机要通信科）、市场监管科、顺德邮政管理办公室4个科室，负责全市五区的邮政快递行业监管工作。

是年，佛山全市邮政行业业务总量65.80亿元，比上年增长40.09%；业务收入（不含邮政储蓄银行直营业务收入）45.53亿元，增长31.80%。其中，快递业务量达2.97亿件，比上年增长45.99%；业务收入37.39亿元，增长36.81%。佛山市快递业务量和业务收入分别位列全国重点城市第22名和第19名。按照佛山市常住人口大约800万人估算，全年人均快递量达到37件。以单件快件货值160元计算，佛山快递业全年承载超过475亿元的商品流通。全年受理邮务消费者申诉5685份，其中有效申诉2392份，均全部妥善处理，为消费者挽回经济损失27万元。

【邮政基础建设】 至2016年年底，佛山市邮政普通服务营业场所规模数量稳定在合理水平，邮政营业场所总量188处，其中邮政企业自营网点84个、邮储网点（含代理金融网点72个、一类网点33个）105个、邮政代办所107个、EMS专营网点36个。另外有306个邮政服务亭（报刊亭）。营业场所区域密度49.7个/千平方千米、城市营业场所密度37.8个/千平方千米、农村营业场所密度64.4个/千平方千米、营业场所人口密度2.35个/十万人。全市设投递部46个、投递道段1284条，其中城市投递段道350条、农村投递道段224条、速递投递道段710段。邮路总里程单程5635千米，速递总里程为2933千米/天，普邮总里程为26488.6千米/天。全市安装信报箱群5.3万个（格口107.46万个），全市城区信报箱平均覆盖率达85.7%；投放便民信包箱164个。

【邮政发展环境】 2016年8月，《佛山市邮政业发展“十三五”规划》印发，明确以加快转变邮政业发展方式为主线，向生产性服务领域拓展，加快与电子商务、制造业等相关产业融合；促进邮政业转型升级，建设“普惠邮政”“智慧邮政”“安全邮政”“诚信邮政”“绿色邮政”的总体发展思路，并重点推进邮政基本公共服务均等化、快递服务制造业、快递服务能力升级、安全发展体系建设等方面工作。

是年，佛山市邮政业共获省财政专项资金770万元，其中邮政业发展专项资金386万元，快递企业X光机配置补贴资金384万元、用于邮政普遍服务网点建设、快递下乡、智能快件箱建设、实名制信息系统开发、100%过机安检等项目。

用好快递车辆通行政策，加强特种行业摩托车管理。是年，全市有邮政快递特种行业摩托车2000余辆在禁限行区域内使用。

【邮政普遍服务】 2016年，佛山市开展新建住宅信报箱验收工作，实地核查住宅项目182个，检查住宅97615户。推动社区、村（社区）末端通邮服务网点建设布局，以市邮政公司自主研发的邮政信包箱为载体的“社区（村居）e点通”智能便民服务在全市的古村落和部分社区得到市住建部门的支持和发文推广，启动首轮60个社区、30个村末端普邮服务网点建设布局。

是年，佛山市邮政管理局共开展邮政普遍服务各项监督检查1029人次，检查邮政营业场所115个，下发检查通报8份、责令整改通知书2份。

【邮政网络运行及投递能力】 2016年，佛山市邮政业务开通禅城自主转趟邮路，实现佛山全市五区转趟邮路全自主运作和调度，并首次开办市趟夜班邮路，把快包邮件下行至投递部，加快进口快递包裹的处理时限；推行“三个一点工程”，整合便民信包箱、代投点、信包箱群的投递方式，优化投递作业，便民信包箱累计投件3.6万件，建设完成自提点1998个、新增激活信报箱4832个、接转点656个，全年投快递包裹178.36万件。

【快递市场发展】 2016年，佛山市快递行业保持良好发展势头，全市有快递网点620个，其中151个为取得经营许可证的快递法人企业，其余469个为经备案的快递分支机构（网点）。面积在5000平方米以上的大型分拨中心共8个，其中3个分拨中心面积超过10000平方米。全市快递从业人员约2万人，全年有1171名快递员参加快递业务员职业技能鉴定考试。年内为全市近6000家企业提供优质的速递物流服务，全年出口业务量超过850万件，速递物流业务收入超过2.2亿元。

佛山市邮政管理局推动“收寄验视＋实名收寄＋过机安检”三项制度落实，确保寄递渠道安全。加大执法检查力度，查处不执行收寄验视制度的行为。落实384万元财政专项补贴资金促进企业配备安检设备，至年底，全市邮政、快递企业配置的X光机数量超90台，其中享受财政补贴的78台。推广应用实名寄递信息系统，全市80余家中小品牌快递企业开设系统账号。

是年，佛山市邮政管理局加大快递企业监督检查力度。全年下达书面责令改正通知书46份，作出行政处罚9起，其中停业整顿2起，罚款合计8.4万元。

【邮务类业务】 邮务类业务包括函件、集邮、报刊发行、包裹、机要通信等业务种类。2016年佛山市函件量4632.54万件，其中，国内函件2910.07万件、国际函件1722.46万件；国内包裹765.73万件；盲人读物及义务兵信件0.01万件；机要件2.76万件。全市有集邮预订户19912户、集邮协会会员23150人；成立8个青少年集邮组织、6个青少年邮局、3个全国青少年集邮示范基地。全市有报刊预订户15.91万户。

【邮政金融业务】 2016年，中国邮政储蓄银行成功登陆国际资本市场，成为两年来全球最大和香港联交所有史以来第七大IPO项目。

是年，中国邮政储蓄银行佛山市分行融入地方经济，加大对民生、“三农”和实体经济等领域的支持力度，累计投放贷款933亿元，其中涉农、小微企业贷款占比超过70%。与佛山市农业局合作发放政银类贷款超过3亿元；与佛山市人力资源和社会保障局合作发放“再就业担保贷款”，带动超过1.8万人就业；重点支持基础设施建设，广佛地铁1号线延长线、佛山地铁2号等累计签约9亿元；为佛山上市公司、龙头企业、房地产类企业提供综合授信超过300亿元。在加大信贷投放力度的同时妥善应对风险挑战，资产质量保持优良水平。12月8日，邮政储蓄银行佛山市分行承办邮储银行成立以来的首次资本市场开放日活动，赢得国内外股评家、分析师、投资者的好评。

（邓　雯　顾丽冰）

信 息 化

信息化建设

【概况】 2016年，佛山市光纤覆盖用户累计超1100万户，光纤接入户累计超过180万户，公共区域无线局域网AP接入点累计建成3万个，4G基站累计建成6.18万座。达到省级以上“两化整合”贯标试点企业累计103家，全年全市电子商务交易额约5050亿元。电子政务“一窗通办”累计实行6460个事项。根据《中国互联网+指数（2016）》，佛山市多项指标位居前列，其中“互联网+智慧城市”分指数位居全国第四，并先后获“中国城市信息化50强”“2016中国智慧城市建设50强”等称号。

【信息基础设施建设】 2016年，根据广东省宽带普及提速工程领导小组办公室的通报，佛山市宽带网络建设发展综合排名历史性跃居全省第一。全市光纤覆盖用户累计超1100万户，光纤接入用户累计超过180万户，光纤入户率超80%，位居全省第三。光缆线路长度14.1万皮长千米，基本形成覆盖全市的高速光纤网络。公共区域无线局域网AP接入点累计建成3万个，基本实现政府机构、商业广场、酒店、高校、机场及候机楼等公共区域的热点全覆盖，公众能够随时随地享受便捷的无线网络服务。4G基站累计建设61836座，站址8076个，基本实现4G信号覆盖全市95%以上的区域。“三网融合”推进良好，全市高清交互业务试点用户数达110.36万户，宽带数据业务用户数达52.74万户，广电数字电视用户数达165.49万户。

【两化融合】 2016年，佛山市新增省级以上“两化融合”贯标试点企业46家，累计达到103家，数量位居全省第三。其中19家企业通过国家“两化融合”管理体系贯标评定。是年，顺德区北滘镇入选广东省首批“互联网+”创建小镇，禅城区张槎街道入选广东省首批“互联网+”培育小镇。在2016第二届中国（广东）国际“互联网+”博览会期间，举办“中国制造业与互联网融合发展高峰论坛暨2016制造业与互联网融合发展深度行（佛山站）”，为国内外产业界和学术界探究互联网与制造业融合创新发展提供交流合作的平台。参加人员有来自国内、省内的经信部门领导和企业信息化主管等，参加人数500多人。

【电子商务】 2016年，佛山市顺应制造业与互联网融合发展趋势，致力提升传统产业的竞争力，推动本地企业“上网触电”。全年全市电子商务交易额约5050亿元，比上年增长31.6%。其中应用电子商务年交易额超亿元的企业8家、超千万元的企业90家、超百万元的企业5000家。全市传统企业转型电商新增1340家，电子商务服务企业新增100家。是年“双十一”当天，佛山市企业在天猫的交易额约42亿元，占广东省交易额的28.4%。

【电子政务】 2016年，佛山市推进“一门式一网式”改革，创新政务服务建设。推行“综合服务、受审分离”，实现政务服务“一窗通办”，全市累计实行“一窗通办”事项6460项，群众平均等待时间压减15%。推行“标准运行、电子流转”，搭建统一的“一门式一网式”综合受理和申办流转平台，实现跨部门、跨区域、跨行业的政务服务资源共享、数据交换、业务协同，部分事项试点实现政务服务“同城通办”。推行“两厅融合、同城通办”，实现政务服务“一网通办”，市、区100%的事项接入网厅，38.6%的事项可实现全流程网上办理，基本实现进一个网厅可以办理所有审批服务事项。

【信息惠民】 2016年，佛山市推进信息消费示范城市建设，提高公共服务智能化水平。全市“市民之窗”自助服务终端数达到1179台，实现52个便民服务事项和9个公安服务事项自助服务。发布“佛山车来了”APP，市民掐点等公交，节省出行时间。截至2016年12月，“佛山车来了”用户量突破260万，日活量超过32万。商事登记改革初见成效，实现“三证合一（营业执照、组织机构代码证、税务登记证）、两证一章（营业执照、社保登记证明、公章）”同发。打造不是自贸区的自贸区。推进投资审批便利化，企业经营许可实现“一窗进，一窗出”综合服务模式。深化“互联网+易通关”改革，提升通关便利化水平。建成佛山市数字城管统一平台，初步形成全市“一盘棋”格局，并实现城市管理问题“一键上报”。

【“互联网+”融合创新】 2016年，佛山市推进“互联网+”领域的交流与合作，推动互联网融合创新，激发“互联网+”大众创业、万众创新活力，发展新业态新技术新经济，打造全国互联网经济发展重要基地、网络民生应用服务示范区、网络创业创新集聚地。10月20—23日，第二届中国（广东）国际“互联网+”博览会在佛山举行，博览会设置智能家居生活展、“互联网+”前沿技术展、智慧城市展、互联网金融展、电子商务展、创新创业展和智能制造展等七大展区，以“世界互联，智造未来”为主题，打造展示、交易、交流、招商、合作五大平台，既为互联网企业提供创新解决方案的展示推广平台，也为制造业各行业联接互联网、实现转型升级拓展交流合作渠道，推动互联网与制造业融合创新，促进互联网与实体经济深度融合发展，推进供给侧结构性改革。

（刘义超）

信息产业

【概况】 2016年，佛山市信息产业保持平稳发展。全市电子及通信设备制造业实现工业总产值1200.54亿元，比上年增长9.6%。其中电子器件制造业总产值635.40亿元，比上年增长14.7%。广东省（佛山）软件产业园及佛山创意产业园获“国家级科技企业孵化器”称号，广东福能大数据产业园（禅城区大数据产业园）入选省级大数据产业园。

【大数据】 2016年，佛山市出台《佛山市大数据发展“十三五”规划》，建设全市统一的人口、法人、空间地理等公共信息资源库，为各区、各部门建设一个共建共享的大数据库，开展数据银行的构建工作。根据《公共数据资源共享（数据银行）规划方案》的工作部署，完成目录管理、数据可视化、数据质量分析和数据总线等关键子系统的开发工作，并对各子系统进行整合和定制化改造，突出以数据可视化为切入点。佛山数据银行在中国智慧政府发展年会上入选获第二届（2016）中国“互联网+政务”优秀实践案例50强。11月，禅城区社会综合治理云平台入选（2016年）“互联网+政务”全国优秀实践案例50强。

（刘义超）

无线电事业

【公共场所无线局域网建设】 2016年，佛山市落实《佛山市2016年公共场所无线局域网（WLAN）建设实施方案》，推动公共场所无线局域网建设，提升网络覆盖能力和上网服务质量，实现WLAN建设惠及民生。至年底，公共区域无线局域网AP接入点累计建成3万个，基本实现政府机构、商业广场、酒店、高校、机场及候机楼等公共区域的热点全覆盖，使公众能够随时随地享受便捷的无线网络服务；广佛地铁内三大通信运营公司4G网络信号实现全覆盖。

【移动通信网络建设】 2016年，佛山市支持通信运营商实施4G移动通信网络建设，加快4G业务的全面部署和应用，推进3G/4G基站建设。至年底，4G基站累计建设61836座，站址8076个，基本实现4G信号覆盖全市95%以上的区域。

（刘义超）

商贸流通

综　述

【概况】 2016年，佛山市累计实现社会消费品零售总额3017.76亿元，比上年增长11.6%，平均增速比广东省平均增速高1.4个百分点，在珠三角九市中排名第五位。从城乡地域来看，城镇市场实现零售额2393.69亿元，比上年增长11.6%；乡村市场实现零售额624.07亿元，增长11.4%。从行业分类来看，批发和零售业零售额2707.41亿元，比上年增长11.9%，占全市社会消费品零售总额的89.7%，拉动社消零总额增长10.6个百分点，增长贡献率为92.2%；住宿和餐饮业零售额310.35亿元，增长8.9%。

【佛山市五区商贸情况】 2016年，佛山市禅城区累计实现社会消费品零售总额747.29亿元，比上年增长13.3%，增速比工作任务高出3.3个百分点，排在佛山市各区之首；南海区和顺德区在高基数的前提下分别保持10.7%和11.2%的增速，分别累计实现967.88亿元、975.45亿元，此两区为佛山市的消费品市场运行工作作出较大贡献；高明区和三水区分别累计实现社会消费品零售总额117.65亿元、209.49亿元，分别比上年增长10.9%和11.1%，都较好地完成全年任务。

（吴晓荧）

拍卖业

【概况】 2016年，佛山市拍卖成交额44.08亿元，比上年增长83.67%；拍卖场次853场，下降42.80%。从拍卖标的分类来看，土地使用权拍卖成交额最高、增幅最大、占比最多，成交额30.26亿元，比上年增长609.58%，占总成交额的68.65%。从拍卖委托部门来分，法院委托拍卖为拍卖业务主要来源，拍卖场次632场，占全年拍卖场次的74.09%，成交额39.05亿元，占总成交额的88.59%。从拍卖标的来看，房地产拍卖仍占据主导地位，共拍卖607场次，占全年拍卖场次的71.16%，成交额10.13亿元，占总成交额的22.99%。

【土地使用权成交额】 2016年，佛山市土地使用权拍卖虽然仅18场次，占全年拍卖场次的2.11%，但其成交额为30.26亿元，占总成交额的68.65%。并且，年度最大单项标的佛山市南海区狮山镇华涌村土名“苦草岗”地段土地使用权，成交额14.25亿元，单项标的成交额突破14亿元大关。

（吴晓荧）

会展业

【概况】 2016年，佛山市依托广东（潭洲）国际会展中心、佛山国际会议展览中心、中国陶瓷城、龙江前进汇展中心等，举办陶瓷、家电、家具、机械、花卉、钢铁等26个大型知名展会。

会展场馆建设主要为广东（潭洲）国际会展中心，至年底，该中心总计建筑面积约20万平方米，其中一期工程总用地面积9.8万平方米，已投入使用。

【第二届中国（广东）国际“互联网+”博览会】 2016年10月20—23日，在佛山市潭洲国际会展中心举办。博览会设有七大展区，总展示面积4.5万平方米，613家企业参展。不仅有“BAT”巨头，还有海外知名组团，以及智能机器人展、VR互动体验区等，现场展示互联网与传统产业跨界融合发展领域的前沿、先进技术和成果。为期 4 天的展会，34 个系列主题及论坛活动、20 个重大项目现场签约。其中，中国制造业与互联网融合发展论坛、2016 中德企业投资与并购论坛、第二届中国制造 2025 对话德国工业 4.0 大会、“互联网+”新动能新经济高峰论坛、中外高层次人才和项目洽谈会、中德工业城市联盟第二次全体会议、第七届国际仿人机器人奥林匹克大赛、2016 中德职业教育国际合作论坛等系列主题及论坛活动，深受广大企业及市民的关注；同时，增加 2016 佛山新城中欧文化嘉年华、武术文化节、亚洲龙舟赛等“接地气”的活动。展会期间吸引国际国内专业观众 31.9 万人次。

（吴晓荧）

现代物流业

【概况】 2016 年，佛山市社会消费品零售总额 3017.76 亿元，比上年增长 11.6%，与社会消费品相关的商贸物流需求呈现平稳增长态势。全年全市货运量达 2.94 亿吨，比上年增长 5.4%；货物周转量达 271.81 亿吨千米，增长 10.3%；公路运输占 71.2%、水路占 28.8%。

【物流龙头企业培育】 2016 年，佛山市出台《佛山市智慧物流腾飞计划工作方案（2016—2020 年）》，扩大智慧物流试点范围和规模，推动佛山市物流行业向信息化、专业化、标准化、智能化发展。至年底，全市有 A 级物流企业 14 家，其中 AAAAA 级 1 家、AAAA 级 7 家、AAA 级 5 家、AA 级 1 家。2011 — 2016 年间，智慧物流腾飞试点企业中有 32 家共 50 个项目分别获得省、市两级财政 3159.59 万元资金的扶持，试点企业的综合竞争力明显增强，共新增获国家驰名商标企业 1 家，广东省著名商标 2 家，高新技术企业 1 家；新增国家 A 级物流企业共 9 家，其中 AAAA 级企业 6 家、AAA 级企业 2 家、AA 级企业 1 家。

【冷链物流发展】 2016 年，佛山市培育一批颇具佛山特色的冷链物流项目，涌现一批设施先进的冷库，建设一套管理规范、标准健全的服务体系，形成冷链物流加速发展、创新发展的新格局。至年底，全市有冷库 54 个，登记在册的冷链运输车 670 辆，从事农产品冷链物流的企业 55 家，年运输量上万吨的企业有 20 家，以广东何氏水产有限公司、粤泰冷库物业投资有限公司等企业为代表，佛山市冷链物流龙头企业实力不断增强。

（吴晓荧）

电子商务

【概况】 2016 年，佛山市电子商务数据统计系统显示，全市电子商务交易额约 5050 亿元（其中第一季度约 1080 亿元、第二季度约 1134 亿元、第三季度 1168 亿元、第四季度 1668 亿元），比上年增长 31.6%；B2B 交易额约 3788 亿元，约占总交易额的 75%；网络零售市场交易额 960 亿元，约占总交易额的 19%。顺德区电子商务交易总额 1565.5 亿元，占全市电子商务交易总额的 31%；南海区为 1414 亿元，占全市 28%；禅城区为 1262.5 亿元，占全市 25%；三水区为 505 亿元，占全市 10%；高明区为 303 亿元，占全市 6%。全年全市以跨境电商贸易方式进出口货物总值达 34.16 亿元，比上年增长 55.49%。

【佛山市跨境电子商务发展白皮书发布】 2016 年 6 月 14 日，佛山市跨境电商发展办公室发布《2016 年度佛山市跨境电子商务发展白皮书》。白皮书内容包括佛山跨境电子商务发展工作建议、构建完整强大的产业链、培养壮大市场主体、树立示范标杆、推动传统企业跨境电子商务化改造、加快跨境电子商务公共服务平台建设、培育跨境电子商务园区、完善物流体系建设、建立高效便捷的监管体系、完善跨境电子商务扶持政策、落实国家进出口税收政策、构建跨境电子商务合作与交流圈、推进跨境电子商务通关建设、加快跨境电子商务金融支付体系建设、完善产业支撑服务体系、培养和引进跨境电子商务人才、加强信用体系建设、建立跨境电子商务统计监测体系、发展跨境 B2B 业务、多方合作推进跨境B2B建设、推动跨境电子商务平台建设、加快建设跨境电子商务海外仓、尝试政企协作发展模式等 。按白皮书计划，至2016年年底，佛山市力争实现跨境电子商务交易额年增长额30%以上，跨境电子商务企业数量增长30%以上。

【电商嘉年华】 2016年12月16—18日，2016华南电商博览会暨佛山第三届电商嘉年华（简称电商嘉年华）在禅城区绿岛湖广场举办，来自佛山本土和全国各地的近百家企业参与。活动包括电商展示专区、智能生活体验、电商名人堂、乐购嘉年华和电商交友嘉年华等五大部分。百度、东鹏、华耐家居等电商界专家到现场进行专题演讲和经验分享。与以往两届不同的是，该届嘉年华活动新增设跨境电子商务展区和农村电子商务展区，水果和蔬菜纷纷“上线”。

（吴晓荧）

粮食流通

【粮食安全责任制考核】 2016年是国家开展粮食安全省长责任制考核的第一年，省考核办法印发以后，佛山市主要领导多次指示，要求有关单位开展粮食考核各项工作。佛山市市长朱伟要求全市做好“迎考”准备，抓紧补短板工作。副市长蔡家华明确要求市发改局（粮食局）确保佛山市粮食安全责任考核工作成绩优异。同时，按照国家和省的任务安排，佛山市及时把粮食考核6项指标任务分解到各个成员单位和各区，将粮食安全责任层层分解，层层落实。经过全市各有关单位的共同努力，是年佛山市粮食安全责任考核的自评总分为99分（满分100）。

【粮食流通基础设施建设】 2016年，佛山市按照“合理布点、分类推进、分步建设、多渠道投入”的原则，对粮食仓储资源进行整合升级，制订粮库建设规划及实施方案，各区建成1个或以上集粮油储备、加工、物流、质检等于一体的粮油储备加工物流中心（或园区），作为佛山市粮食安全保障的重要载体。佛山市纳入中央投资补助仓储项目共有3个，分别是佛山市粮食储备库项目、高明区粮食储备库项目和泰五丰粮油有限公司仓储项目。至年底，市级粮食储备库项目累计完成投资60.6%；高明区粮食储备库项目累计完成投资73.3%，主体工程基本完工；泰五丰仓储设施项目第一期工程总有效仓容3万吨的粮库基本建成，第二期工程通过争取，已纳入2015年第二批中央预算内投资计划，并获得国家建库资金补贴553万元，工程累计完成投资93.1%，工程建成后总仓容将达7.9万吨。

【粮油质量安全监管保障】 2016年，佛山市按照“省级指导、市级组建、共同使用”的原则，依托粮油库存检查专业人才库，在全市粮食系统择优选取精干力量，于6月组建成立佛山市粮食流通监督检查应急队伍。该队伍由领队、副领队和粮油库存实物检查、会计账检查、统计账检查、仓储管理检查、质量安全检查等专业检查人员组成，为粮食流通检查提供人员保障。佛山市各级粮食部门按照国家、省粮食局关于做好粮食安全质量重点工作的要求，开展粮食收购、储存环节及政策性粮食购销活动中的质量安全监管工作，并通过加大检验设施投入，提升粮油检测能力、加强质量抽检排查、严把粮油出入库质量关等措施，保证储备粮油质量安全。是年，佛山市共抽检政策性粮食样品1197份，其中稻谷387份、小麦212份、大米598份。检测结果表明，储备粮均符合国家食品安全标准的要求。

【粮食产销合作】 2016年，佛山市市、区两级粮食部门以及企业代表赴江西省宜春市开展粮食产销合作活动，市、区两级粮食部门分别与当地粮食部门签订“粮食产销合作协议书”，构建起佛山市与产区粮食部门长期、全面、稳定的产销合作关系，建设畅通的粮食购销渠道和稳定的对接模式，实现粮食产销地区优势互补，为佛山市粮食供给提供一份坚实的保障，保障辖区粮食安全。

（梁汝钰）

对外经济贸易

对外贸易

【概况】 2016年，佛山市实现外贸进出口总额4130.8亿元，比上年增长1.1%。实现出口总额3105.4亿元，比上年增长3.6%；实现进口总额1025.4亿元，下降5.8%。

一般贸易进出口 佛山市一般贸易进出口2147.1亿元，比上年下降3.5%，占全市进出口总值的52%。其中：出口1638.5亿元，比上年下降6%；进口508.6亿元，增长5.9%。

出口商品结构优化 佛山市机电产品出口1660.6亿元，比上年增长5.5%，占全市出口总值的53.5%。其中，机械设备出口541.8亿元，增长4.8%；电器及电子产品出口540.7亿元，比上年增长0.4%；金属制品出口185.7亿元，增长4.6%；仪器仪表出口117.4亿元，增长7.3%。高新技术产品（与机电产品有交叉）出口228.9亿元，比上年增长9.5%，占全市出口总值的7.4%。

【"一带一路"市场开拓】 2016年，佛山市开拓"一带一路"沿线市场成效显著，依托佛山市在伊朗设立佛山泛家居品牌产品体验馆契机，拓展佛山市与伊朗及中东贸易合作。组织企业参加俄罗斯建材展，德国汉诺威工业展，俄罗斯、保加利亚、罗马利亚经贸活动，以及美国、加拿大的展会和经贸活动等国际知名展会及重点经贸活动，组织千家企业参加119届、120届广交会。全年与"21世纪海上丝绸之路"沿线国家实现进出口总额1125.9亿元，比上年增长15.9%；与"丝绸之路经济带"沿线国家实现进出口总额583.9亿元，增长9.7%。

【众陶联平台成立运营】 2016年，佛山市以陶瓷行业为试点，由广东东鹏控股股份有限公司、蓝源投资集团等16家发起人企业，构建起以"产业+互联网+金融资本"为核心的B2B + O2O陶瓷产业链的全球性平台——众陶联，推动陶瓷行业在降成本、降能耗、降污染、助融资等方面取得突破性进展。平台于3月1日成立，10月20日启动运营全球交易平台。至年底，该平台上的企业产值达1200亿元，销售总流量达113亿元。

【第六届中国服务贸易年会】 2016年12月15—17日在佛山市召开。年会首次对国际开放，吸引韩国、日本等国家代表，中国香港、中国台湾等地区代表，以及15个国家的服务贸易创新试点城市负责人和13家跨境电商综试区负责人等1000余人参加。年会期间举行"服务贸易如何实现2030可持续发展目标任务""我国服务贸易再评估"等主旨演讲和"服务贸易创新试点城市峰会""中国跨境电商50人论坛供应链管理""国际服务贸易研究""服务贸易企业创新发展论坛""服务业双向开放与服务贸易"等专题论坛。举办"第六届服务贸易年会暨中外对接会"，大韩贸易投资振兴公社、HiCross跨境电商供应链服务平台、如水商事株式会社等37家国外知名企业（机构）在现场设立项目对接洽谈区，与佛山市零售商场和跨境电商企业进行对接。

（吴晓荧）

利用外资

【概况】 2016年，佛山市新批外商直接投资项目229个，比上年下降3.78%；合同外资金额22.28亿美元，下降23.13%，完成全年任务的74.63%；实际吸收外资金额14.72亿美元，下降38.09%，完成全年任务的 61.91%。是年，共引进 6 个世界 500 强项目，其中新批 1 个、增资 5 个；累计共有 60 个世界 500 强企业在佛山市投资 115 个项目，涉及投资总额 94.8 亿美元，合同外资 38.9 亿美元。

【超千万大项目引资】 2016 年，佛山市签约投资额超千万美元的外资项目 67 个，比上年下降 5.63%；投资总额 41.66 亿美元，下降 13.78%。2016 年完成商务部门备案的 39 个，投资总额 25.49 亿美元，比上年下降 15.63%。

【招商引资重点活动】 2016 年，佛山市组织企业参加国内外招商活动。4 月，组织 18 家企业参加在东莞市举办的 2016 年中国加工贸易产品博览会。7 月，组织佛山市代表团赴日本、韩国进行系列经贸活动，并参加第六届韩国—广东发展交流会、广东—韩国先进装备制造业对接洽谈会、广东—日本先进装备制造业对接洽谈会等；同月，佛山市还组织市代表团参加 2016 粤港经济技术贸易合作交流会。9 月，在第二届珠江西岸先进装备制造业投资贸易洽谈会上，举办佛山市投资环境推介会。10 月，组织 15 个参展企业参加 2016 广东 21 世纪海上丝绸之路国际博览会。

【服务外包产业】 2016 年，佛山市承接服务外包合同金额 6.2 亿美元，比上年增长 30.81%；执行金额 4.9 亿美元，增长 31.16%。其中：承接离岸服务外包合同金额 4.7 亿美元，比上年增长 36.78%；离岸执行金额 4 亿美元，增长 33.64%，完成全年目标任务的 102.93%。至年底，佛山市在商务部服务外包系统中登陆的企业新增 132 家，总量达到 552 家。

（吴晓荧）

对外经济合作

【概况】 2016 年，佛山市新增对外直接投资企业（含机构）52 家，比上年增长 24.4%；新增中方协议投资总额 8.37 亿美元，增长 79.5%。是年，佛山市共签订对外并购项目 17 个，累计中方协议投资额 5.32 亿美元。如美的集团收购日本东芝白色家电业务、广东东方精工收购意大利 EDF 有限责任公司等。

2016年9月25日，佛山泛家居品牌（伊朗）体验馆启动仪式暨中国（佛山）—伊朗经贸合作对接会在德黑兰举行。图为佛山市委常委、宣传部部长郭文海（左）与伊朗格什姆自贸区管委会副主席法瑞兹·哈格代尔（右）在洽谈

【超千万美元对外投资项目】 2016 年，佛山市企业在对外投资中，新增（含增资后）中方协议投资额超千万美元的项目 11 个，累计中方协议投资总额 9.85 亿美元，占佛山市新增（含增资）中方协议投资总额的 93.28%。

【投资区域多元化】 2016 年，佛山市企业"走出去"的重要国家是美国、地区是中国香港，分别有 9 家和 22 家企业，占新增对外投资企业总数的 17.6% 和 43.1%。其他项目分布在印度、印度尼西亚、马来西亚、加纳、肯尼亚、塞内加尔、南非、英国、安道尔、澳大利亚等国家和地区。

【对外经济交流合作平台多样化】 2016年1月12日，佛山市商务局组织举行2016年外商投资企业新年恳谈会。恳谈会特别安排城市升级成果参观环节，邀请外资企业代表、外国驻穗商协会、香港驻穗机构及与佛山市合作的招商中介机构负责人等参观广东金融高新区、岭南天地、佛山新城滨河景观带等城市升级的代表性地点，感受佛山日新月异的变化，共享城市升级成果。

同月，马来西亚成功集团投资的中国—东南亚海丝路物流商贸城在佛山市商务局举行招商推介会。佛山市商务局组织佛山机械装备行业协会、佛山家具行业协会、佛山福建商会、佛山亚洲国际家具材料商务中心、佛山中国陶瓷城、佛山瓷海陶瓷市场、顺联国际机械城、罗浮宫家居集团、佛山家博城等商（协）会和企业的代表参加推介会。

同月，泰国投资促进委员会广州办事处举办“泰国投资环境与机遇”研讨会，佛山30多家行业协会及企业参加研讨会，促进佛山企业与泰国企业之间开展经贸投资合作。

（吴晓荧）

对外贸易促进

【概况】 2016年，佛山市贸促会加强“一带一路”沿线国家工商机构联系，带领外贸企业稳份额、增订单，服务企业“走出去”。至年底，佛山市贸促会累计与境外160多个商务机构建立联系网络。是年，全市贸促系统组织和参加境外各类展会67次，参展观展企业达535家次，参展摊位面积3079平方米；全市贸促系统出证认证业务总量达118925份。

【对外经贸联络网络】 2016年，佛山市贸促会以接待商务团组、境内外经贸交流对接活动为切入点，强化对外联络工作，为开展对外交流合作建立良好沟通基础。全年接待印度古吉拉特邦、吉尔吉斯、卡塔尔、南非、“发展中国家机械行业主管部门官员”研修班等的工商及政府代表团共9批117人次，建立起良好的对接交往渠道。与古吉拉特邦工商会，伊朗、厄瓜多尔等多国广州总领事馆，中国机电产品进出口商会、中以交流中心等合作举办多场的推介交流活动，参与活动企业人数超1000人次，推动企业“走出去”和“引进来”，加强国际经贸合作。组织老挝—韩国—日本、肯尼亚—南非、新西兰—斐济—汤加、约旦—以色列等4个境外经贸交流系列活动，组织101家企业出访“21世纪海上丝绸之路”沿线国家及太平洋诸岛国，举办6场佛山投资营商环境推介会及双边企业商务配对洽谈活动，宣传佛山整体形象和第二届“互联网+”博览会，推介佛山名优产品、优势产业和优质产业载体。与韩国安养创新产业振兴院、新西兰广东总商会等4个境外机构签订友好合作协议。

【国内外市场开拓】 2016年，佛山市贸促会组织企业赴境外参展观展6批次，参加企业305家次，参展摊位面积513平方米。范围涵盖机械装备、建材、纺织、家具、金属制品、照明等行业，涉及非洲、南太平洋等“一带一路”新兴市场及港澳等地区的知名展会。

在探索境内办展方面，配合完成市政府承办的第二届中国（广东）国际“互联网+”博览会的组织工作，组织以色列、香港展团共9家企业设立专区参展，展示智能产品和先进技术。展会期间，与中（中国）以（以色列）交流中心联合举办“以色列创新生态系统和先进制造技术发展趋势论坛”，向300多名企业代表和科技人员分享最新技术和创新发展模式，并促成以色列创新技术发布中心和中以交流中心代表处落户佛山。此外，与省不锈钢材料与制品协会联合主办第10届华南不锈钢、金属材料展览会。

【出证认证服务】 2016年，佛山市贸促系统贯彻“存量业务提质增效、增量业务全面拓展”的要求，巩固传统业务优势，全面提升业务水平，出证认证业务与佛山市外贸发展趋势基本保持一致。其中，佛山市贸促会签证点出证认证业务量为49229份，具体为：一般原产地证31795份、FOB货值178356万美元；单据认证97份；国际商事证明书14318份；代办领事认证906份；ATA单证册5份；优惠原产地证2108份，有业务发生的注册企业1242家，新增注册企业78家。针对新政策宣讲和实操讲解，定期组织培训，推动ECO和ATA业务开展。优惠原产地签证工作助享减税优惠，为企业减免关税249万美元。落实国家减负政策，免除企业申办原产地证书和ATA单证册手续费金额118万元，减轻企业贸易成本负担。

【商事法律及经贸信息服务】 2016年，佛山市贸促会带领出证认证、法律咨询等服务团队，走访联系佛山多家进出口企业，宣讲推介优惠新政；开展对原产地证书的数据分析工作；组织政企双方举行出口退税、非洲市场“走出去”等座谈会，收集企业意见，搭建沟通桥梁。市贸促会还开展商事法律服务工作，举办培训班，邀请香港与佛山本地知名专家、法律工作者为企业授课，增强企业在海外贸易中的法律意识、风险防范和应对能力。对市贸促会政务网站进行全新改版，为企业传递实效经贸信息。全年通过网站、信息平台累计发布资讯150篇、商贸信息91条，并结合佛山市产业特点编辑出版《佛山市贸促会2016年展览计划》《国际贸易投资动态》，丰富企业掌握国际市场信息的渠道，方便企业及时捕捉商机，规避贸易风险。

（关立涛）

口岸管理

【概况】 2016年，佛山市有经国务院批准对外开放的一类口岸4个，分别是：佛山铁路客运口岸、南海港口岸三山港区、顺德港客运口岸、高明港客运口岸。有经省政府批准对外开放的二类口岸11个，分别是：禅城区的新港装卸点、澜石装卸点、滘口装卸点，南海区的九江装卸点、平洲装卸点、北村装卸点，顺德区的容奇装卸点、北滘装卸点（含勒流作业码头），高明区的高明装卸点（含食出作业码头），三水区的三水港装卸点、西南装卸点。是年，全市口岸进出境人员71.83万人次，比上年下降17%。其中：入境人员36.62万人次，比上年下降16%；出境人员35.2万人次，下降18%。进出口货运量2357万吨，比上年增长4%。其中：进口939.5万吨，比上年增长7%；出口1417.5万吨，比上年增长2%。

【中国（广东）国际贸易“单一窗口”率先在佛山上线试运行】 2016年12月28日，中国（广东）国际贸易“单一窗口”试点推广暨佛山国际贸易“单一窗口”上线试运行启动仪式在佛山市南海港口岸三山港区举行。中国（广东）国际贸易“单一窗口”首期率先在佛山试点推广项目包括“电子口岸数据交换平台”“统一用户管理平台”“进出口货物申报系统”“广东保税加工管理辅助系统”“广东海关查验配套交互服务系统”“信息查询”等应用项目。

【“互联网+易通关”改革实施一周年】 2016年，是“互联网+易通关”改革在佛山市复制推广一周年，为企业降低通关成本、提升通关效率、优化了通关环境。据海关统计，企业因此项改革受惠的报关单综合平均通关成本，2016年每票通关费用比上年降低59.6元；佛山海关进口平均通关时间由改革前的19.7小时缩短为改革后的15.7小时，进口通关效率提升20%；出口平均通关时间由改革前的0.6小时缩短为0.5小时，出口通关效率提升8.3%。

【口岸安全联防】 2016年，佛山口岸坚持落实口岸安全长效机制，贯彻“安全第一、预防为主”的方针，督促各级口岸单位建立和完善安全生产管理机制；加强节假日期间的口岸现场值班报告制度，做好节假日期间口岸的通关服务；做好寨卡病毒疫情口岸防控工作，协调有关口岸部门配合检验检疫部门做好口岸联防联控工作，严把国门关；深入口岸现场开展口岸通关检查，确保各项措施落到实处。

（黄海欣）

海　关

【概况】 2016年，佛山海关关区监管进出口货物2357万吨，货值427.2亿美元，报关单77.4万份；监管进出境人员85.8万人次，运输工具14.7万辆（艘、节），进出境快件113.7万票；制作加工贸易手册1231份，加工贸易实际进出口1284亿元。佛山关区共有注册企业11516家，其中高级认证企业80家、一般认证企业308家、一般信用企业11067

家，全年共实施稽查作业114宗。

【海关口岸贸易便利化改革】 2016年，佛山海关以“互联网+易通关”和口岸查验配套服务费改革为抓手，深入佛山“板块”区域通关一体化区区联动，打破区域壁垒，实现佛山企业在全国各口岸进口货物的通关均可在佛山申报。是年，佛山关区查验报关单9923票，其中查验正常报关单8670票，为企业免除查验费482.8万元，受惠企业5374家。同时做好参与全国通关一体化改革准备，特别是做好广州税收征管中心启动后的对接研究；推进“单一窗口”“三互”大通关，通过打改革“组合拳”“攻坚战”，为外贸企业降成本、减负担、增效能，提升佛山口岸贸易便利化水平。是年，共有49万多票货物通过“互联网+易通关”方式实现网上报关，3万多票货物在企业不用到场的情况下实现查验放行，全年为佛山企业直接节省通关成本约4704万元，受惠企业4502家，还争取到“互联网+易通关”改革专项补助经费，并纳入地方年度预算形成长效机制。

【海关工作推动新型贸易业态发展和促进外贸动能转换】 2016年，佛山海关引导“旅游购物”规范管理，构建企业守法准入准出机制，旅游购物出口对佛山外贸稳增长起到关键作用，全年佛山旅购出口664.4亿元，直接推动佛山外贸进出口增长8%，对佛山外贸贡献度达753.5%。鼓励跨境电商发展，将广州跨境电商综合试验区政策延伸到佛山，全年佛山跨境电商贸易方式进出口总值154.1万元，比上年下降87%；支持佛山申请开展泛家居市场采购试点，加强对佛山市泛家居市场采购贸易方式运行实施方案的研究，提出建设性建议意见；促进“佛货回流”，全年异地企业代理佛山货物出口162亿元，比上年下降9.1%，遏制佛货外流扩大，佛货回流明显。支持培育佛山外贸综合服务企业，配合地方引入“一达通”等全国龙头集团落户佛山。

是年，佛山市进出口结构有所变化，机电产品出口增长，稳占出口半壁江山，劳动密集型产品出口增幅明显。机电产品出口1660.6亿元，比上年增长5.5%，占全市出口总值的53.5%。其中，机械设备出口541.8亿元，比上年增长4.8%；电器及电子产品出口540.7亿元，增长0.4%；金属制品出口185.7亿元，增长4.6%；仪器仪表出口117.4亿元，增长7.3%。高新技术产品（与机电产品有交叉，下同）出口228.9亿元，比上年增长9.5%，占全市出口总值的7.4%。陶瓷产品出口163.7亿元，比上年下降9.9%，占全市出口总值的5.3%。劳动密集型产品出口736.8亿元，比上年增长17.6%，占全市出口总值的23.7%。其中，服装及衣着附件出口254.9亿元，比上年增长22.7%；家具及其零件出口188.5亿元，增长11.8%；纺织纱线、织物及制品出口96.4亿元，增长10%。贵金属及包贵金属首饰出口214.8亿元，比上年下降22.5%。

是年，佛山市外贸进出口总值为4130.8亿元，比上年增长1.1%，占全省外贸进出口比重从2015年的6.4%上升到6.6%。其中，出口3105.4亿元，比上年增长3.6%；进口1025.5亿元，下降5.8%。为广东外贸发展作出积极贡献。此外，佛山海关完善企业信用管理体系建设，实施AEO企业认证，培育85家高级认证企业，以及提供定制的海关监测预警个性化服务。

【海关助推民营企业“走出去”】 2016年，佛山海关配合佛山市政府实施的提振民营企业家信心、促进创业创新的若干措施，通过开展政策宣讲、推广便利措施等多种渠道，让利企业，提振民营企业信心。是年，佛山市民营企业进出口2421亿元，比上年增长6%，占全市进出口总值的58.6%；外商投资企业进出口1681亿元，下降4.7%，占全市进出口总值的40.7%；国有企业进出口28.6亿元，下降24.2%，占全市进出口总值的0.7%。单12月，佛山市民营企业进出口增长4.3%，外商投资企业进出口增长10.2%，国有企业进出口下降0.9%。

【海关履职能力提升】 2016年，佛山海关围绕海关职能定位，促进外贸稳增长，在促进发展中发挥作用，巩固区位优势、提高整体效能。

政策研究水平提升 倡导崇学尚研，注重年轻干部的培养，落实学习和基层跟班制度，办好“业务大讲堂”。年内，针对保税领域扶持外贸发展、防范“旅游购物”虚假贸易、车检场整合、“互联网+制造”以及关区人力资源调研等课题开展研

究，尤其是佛山关提交的《口岸查验配套服务费及“互联网+易通关”改革调研情况报告》，得到肯定。为上级和地方科学决策建言献策，全年报送《佛山海关专报》25篇。

监管通关　创新职能实现方式，通过职能优化、搭建平台、建立载体、规范流程等确保职能发挥到位。年内，先后专项跟进“跨境电商新系统上线后续工作”“跨境电子商务税收新政策”“新快件通关系统切换”“口岸查验配套服务费免除范围问题”“进出口货物报关单填制规范修订后的宣传和培训”等事项，以及专项跟进滘口码头口岸搬迁到顺德新港、国通公司拟设立快件监管场所、禅城车场开展跨境电商BC进口等工作。

【海关稽查业务改革】 2016年，佛山关区实施稽查作业114宗，办结稽查作业127宗，稽查部门补税入库8527.41万元（包括稽查补税和其他补税），稽查作业移交缉私部门案件线索30条，保税中后期核查作业215宗。优化整合资源，提升稽查合力，推动关区常规稽查“双随机”改革，常规稽查随机率达60%；统筹推进专项稽查，开展关区汽车零配件、电子产品生产企业特许权使用费专项稽查行动，办结关区专项稽查作业34宗，专项稽查作业有效率达85%；建立佛山海关稽查作业随机调审工作机制，加强稽查审核业务职能管理，提高稽查业务执法水平；统一绩效考核，完善关区企业稽查绩效考核工作机制，每月对绩效考核指标进行评估、通报，强化对“稽查部门作业管理系统”进行运行监控，发挥绩效考核在改革中的监督引导和质量控制作用。

【海关助力打造“不是自贸区的自贸区”】 2016年，佛山海关统筹各办事处开展“互联网+加工贸易”，实现所有加贸企业和加贸业务环节的“双覆盖”，节省企业费用、提升办事效率；支持佛山市建设“全国制造业转型升级综合改革示范城市”，全程跟进国通保税物流中心运作发展和升级为综合保税区，制订《佛山海关复制推广自贸试验区海关监管创新制度工作实施计划》，在佛山地区全面复制推广14项自贸区创新制度，支持地方打造“不是自贸区的自贸区”和促进产业转型升级。

【海关税收和打私】 2016年，佛山海关强化税收征管动态监控，坚持“日监控、旬统计、月分析和季评估”制度，统筹推进关区综合治税，全面推行“汇总征税”，共编发税收分析简报12篇，实现税收正增长，全年佛山关区税收入库125.6亿元，比上年增长1.7%，超进度5.4亿元。建立常态化联动机制，实现缉私、监管、稽查、风险等部门的“互联互通”，对“两废”、农产品等重点高风险商品，以及虚假贸易、出口骗退税等重点渠道进行严厉打击；规范“两简”案件办理，以开展统计、分析和监控为抓手，协调、督促3个分局，提升缉私业务指标，落实“狠打、稳打、联打、协同打”要求，推进“国门利剑2016”专项行动。

（王　庆）

检验检疫

【概况】 2016年，佛山出入境检验检疫局受理报检37127批次，货值16.5亿美元。其中出口货物10974批次，货值3.6亿美元；进口货物25607批次，货值12.9亿美元。签发各类原产地证书28569份。

【检验检疫业务综合改革】 2016年，佛山检验检疫局参与佛山市“单一窗口”建设，提出“单一窗口”建设意见和建议11条；佛山检验检疫局快件办事处被列为佛山市“单一窗口”试点单位。结合自身实际探索完善无纸化申报，先后组织多次内部专题研究及对辖区企业的无纸化报检培训，根据企业信用状况和货物风险分析，改变原来核验纸质单证受理报检的方式，直接对企业申报的电子报检数据进行无纸化审核。至年底，无纸化报检覆盖率为95.29%。

建立进口摩托车闭环监管制度。以企业分类评定、第三方检测采信、实施动态监管等环节形成一条可追踪、可溯源的闭环监管链条，并在闭环监管各环节收集进口摩托车质量安全风险信息，评估进口摩托车的风险程度，从而对存在质量安全隐患的进口摩托车启动包括风险警示、主动召回等在内的快速反应措施。

【检验检疫质量监管】

质量监管针对性　2016年，佛山检验检疫局组织开展2015年重点商品质量分析，综合得分位居广东检验检疫局所有分支机构第一名。组织开展目录外进出口商品抽查检验70批次，其中发现不合格商品27批次，均实施有效处理。对危险化学品、涂料、刹车片等重点敏感商品开展专项抽查，并针对发现的问题刹车片，对丰田汽车公司及其销售商启动约谈程序，要求其停止进口、销售，同时对已销售问题刹车片采取措施，防止出现质量事故。

质量监管权威性　2016年，佛山检验检疫局推进进口注册类和进口有机产品认证监管工作，全年检出不合格有机产品3批次，均实施销毁处理。引入技术评估和核查方式两大元素，减免现场技术审核流程，采信工作质量和效率得以提升。帮扶指导辖区4家符合“同线同标同质”条件的企业上线国家认监委信息公共服务平台，上线率为100%。

质量监管完整性　2016年，佛山检验检疫局通过检企合作，建立“广东进出口汽车质量安全风险监测中心佛山分中心”，成为全国首个在地级市和第一个在汽车销售服务企业设立的进出口汽车质量安全风险监测和数据处理分中心，搭建起检验检疫部门与企业、消费者之间的进口汽车质量安全风险信息通道。针对监管过程中发现的进口摩托车存在可能导致液压回路故障的质量安全隐患，及时上报广东检验检疫局及国家质检总局确认，发布风险预警，并实现全国首次召回进口摩托车。

【检验检疫法制稽查】 2016年，佛山检验检疫局开创“定期核查+专项督察+在线纠正”的模式，并将CIQ异常数据核查与业务专项督察相结合、督察结果与强化职责相结合、业务督察与综合改革相结合，推动全局业务质量的提升。严惩违法违规行为，强化法律尊严，全年办理行政处罚案件18件，其中简易程序15件、一般程序2件、移送涉刑案件1件。及时处理举报投诉和司法协助调查工作，全年处理举报投诉案件1件、司法协助调查案件3件。

【重点商品检验监管】 2016年，佛山检验检疫局落实进出口危险化学品及其包装检验监管要求，突出抓好安全、环保、反欺诈等项目监管。严格落实废物原料检验监管要求，运用“互联网+”技术，开发“进口废物原料现场检验平台系统”，使现场检验功能与后台汇总、统计、查询及分析功能对接，提升检验的效率和精确度。同时，依托“移动互联”技术，率先实现对进口重点敏感商品“双随机”检验模式。全年查出环保项目不合格废物原料20批，均移交海关处理。对重点敏感进口食品采取加强验证、口岸查验、抽检、监控的“四加强”措施，引导进口企业采购符合国家食品安全标准的进口食品，督促进口企业及时完整地做好进口食品的进口记录和销售记录，确保进口食品质量的可追溯性。全年检出不合格进口食品594批，其中对4批法国牛奶因包装破损作销毁处理、对3批来自日本核泄漏污染地区麦片作退运处理。

【进出境动植物检疫】 2016年，佛山检验检疫对照口岸动植检规范化建设验收标准开展口岸建设，加强入境动植物检验检疫力度，全年截获进境有害生物5060种次，其中检疫性有害生物54批次。起草《出境中药材检疫工作规范》，统一、规范中药材检疫措施；帮助中药材出口企业建立自检、协检的质量安全控制体系，严格控制出口中药材品质，全年办理出口中药材17972吨，未发生被国外通报等质量安全事件。快速反应，上下联动，在口岸成功退运处理500吨泰国进口不合格碎米，国家检验检疫总局据此发布了警示通报。

【口岸疫情疫病监控防控】 2016年，佛山检验检疫部门从火车站入境大厅中央空调检出嗜肺军团菌7型，并责令口岸经营单位整改，消除安全卫生隐患。多次从装载废旧物品的集装箱中截获医学媒介生物及排泄物，并从中检出16种致病菌，其中8种为首次检出；另从口岸捕获的老鼠样本中检出汉坦病毒，为佛山检验检疫局首次从病媒生物检出汉坦病毒。开展水源水监测工作，在辖区河道采集的水样中检出非O1/O139群霍乱弧菌、铜绿假单胞菌、赫氏埃希菌，后两者为佛山检验检疫局首次在口岸水源水中检出的致病菌。

【检验检疫政策促进地方发展】 2016年，佛山检验检疫局出台16项检验检疫创新措施，率先复制和推广国内各个自贸区政策，被写入《佛山市人民政府关于率先复制推广自由贸易试验区改革创新试点经验的实施意见》，进行推广。报送的《关于促进外贸回稳向好工作措施的报告》《关于推进佛山市进口维修再制造产业发展的报告》《关于支持佛山市创建国家食品安全卫生城市工作措施的报告》等报告均得到佛山市政府主要领导批示。同时，建设国际贸易“单一窗口”、检验检疫业务综合改革等多项检验检疫重点工作首次列入佛山市“十三五”规划。扶持辖区内冷链查验和储存一体化设施的建设，促成《佛山市禅城区人民政府办公室关于张槎大江冷库建设项目协调会议备忘录》签订，保障佛山口岸进口肉类业务健康发展。

【检验检疫助力佛山制造业转型升级】 2016年，佛山检验检疫局为佛山制造业转型升级综合改革试点城市建设提供4条意见，汇总编入《佛山市转型升级行动计划材料》上报广东省及国家发改委。通过对不同类型的企业进行帮扶，帮助2家辖区内企业开展机械设备的进口维修再制造业务，积累监管经验，探索进口维修再制造产业发展的管理办法，并加强与地方政府沟通，建议佛山市推进进口维修再制造产业发展，建立产业示范区，引起市、区两级政府的高度关注。

【检验检疫促进出口经济发展】 2016年，佛山检验检疫局建立以地方政府为主导的“佛山出口陶瓷（省级）质量安全示范区”，助推佛山的优质产能走出去，初步形成进出口商品质量安全共治的格局；向地方农业部门推荐农产品出口示范基地企业，并指导企业准备申报材料，辖区内2家出口企业获“广东省农产品出口示范基地”称号。

检验检疫部门依托评议基地，加强佛山陶瓷产品技术性贸易措施研究评议基地和陶瓷自平台的建设。开展TBT/SPS通报评议，先后组织开展对沙特921号、澳大利亚PS363Add6和印度SPS135通报进行评议；组织专门应对小组跟进应对埃及贸工部发布第43号令，携手法国必维国际（广州）检验集团召开出口埃及陶瓷产品政策宣贯及质量培训会。

佛山检验检疫局开展原产地签证业务改革，推出签证敏感清单，增设签证工作点，在降低风险的同时，最大程度简化企业办事流程；向辖区企业宣传输墨（墨西哥）瓷砖价格承诺原产地证书的签发办法，并签发全国首份输墨瓷砖价格承诺原产地证书。

【进出口汽车检验监管】 2016年，佛山市通过检企合作，建立“广东进出口汽车质量安全风险监测中心佛山分中心”，成为全国首个在地级市汽车销售服务企业设立的进出口汽车质量安全风险监测和数据处理分中心。中心将负责进口汽车质量安全风险信息的采集、汇总、分析、研判、建议、预警等工作，并运用好风险监测结果，为及时调整进口汽车检验监管措施提供有力依据。对存在质量安全隐患的进口摩托车建立闭环监管制度，启动包括风险警示、主动召回等在内的快速反应措施，实现全国首次召回进口摩托车。

【进口肉类指定口岸的查验设施建设】 2016年，佛山检验检疫局针对辖区内进口肉类定点监管冷库的现状，向地方政府反映情况，争取支持，指导禅城区重新建设一个具冷链物流配套业务的综合性现代化大型冷库，并派专家全程参与规划、选址、设计、技术支持、制度建设等工作，确保冷库符合建设要求，保障佛山口岸进口肉类业务持续发展。

（杨　珊）

金　融

综　述

【概况】 2016年，佛山市金融业增加值365.49亿元，比上年增长5.6%，占地区生产总值比重4.24%。金融总量在省内排名第三位，仅次于广州和深圳。佛山市已经形成银行、证券期货、保险等传统金融机构和融资担保、小额贷款、股权投资基金、融资租赁等泛金融机构相结合的较为完备的金融体系，机构总数近700个。至年底，全市银行业机构数量45个，全市金融机构本外币各项存款余额13281.61亿元，比上年增长11.91%（1413.94亿元）；证券期货业机构111个，证券交易成交总额（不含权证）37631.59亿元；保险机构65个，完成保费收入346.8亿元。

【金融改革创新与发展】

投贷联动业务创新　2016年3月18日，广东省推广投贷联动促进创新驱动发展会议在佛山市召开。会上，省金融办、佛山市政府、建设银行广东省分行、粤财信托建立"四方联动"平台，现场签署合作备忘录，推出投贷联动产品"投融通"。好帮手、峰华卓立、科源电气、金叶雅邦、健怡果等5家佛山企业现场与建行广东省分行、粤财信托签订战略合作协议。投贷联动是科技金融的重要抓手，具有推动科技企业发展和引领商业银行自身转型发展的双重意义。同时，广东省政府重视投贷联动业务创新及推广工作，经过省金融办、省科技厅、佛山市人民政府、建设银行广东省分行、广东粤财信托有限公司以及部分高新技术企业等多方努力，最终确定搭建"四方联动平台"模式开展业务创新工作。

融资租赁　2016年，在金融、科技、产业创新融合特色探索的基础上，佛山市开始发力制造业金融。7月，佛山市第一家金融租赁公司——海晟金融租赁股份有限公司开业。海晟金融租赁公司和佛山市机械装备制造业协会、粤科融资租赁公司联合牵头发起的珠西装备制造按揭中心，计划3年内新引入金融租赁、融资租赁机构30个，致力将佛山南海打造成为整个珠江西岸，乃至全国装备制造业按揭信贷机构的集聚区。

金融"信用"与"跨界"　2016年11月22日，"信用为本·跨界共享"——广东金融高新技术服务区金融创新发展大会在南海举行，来自广东省省、市、区政府部门，金融机构以及企业代表700多人参加。会议围绕"信用"与"跨界"两大主题，启动南海区"政银企"征信云等多个项目，签订百亿元粤科南海并购母基金等一系列协议，企业融资从"抵押为主"升级为"信用为本"，着力打破中小企业融资困局。同时，发布《广东金融高新技术服务区跨界创新行动计划》。根据行动计划，围绕推进金融创新和规范金融发展双主线，金融高新区将打造全国金融创新示范区、全国"互联网+"众创金融示范区核心区、国家制造业创新中心核心区，以及广佛都市圈核心区。

农村集体经营性建设用地入市改革试点　2016年，佛山市在全省率先出台农村集体经营性建设用地使用权抵押贷款试点工作指导意见——《关于做好佛山市南海区农村集体经营性建设用地使用权抵押贷款试点工作的指导意见》，指导金融机构探索有关产品制度及审批流程的设计及创新，推动南海农村集体经营性建设用地入市改革试点工作取得突破。截至2016年年末，南海区农村集体经营性建设用地规划涉及7个乡镇，总面积1.87万公顷，辖区金融机构发放农村经营性建设用地抵押贷款余额合计1.64亿元。

【金融服务质量】 2016年，佛山银监分局通过召开座谈会、高管谈话等形式，向辖内银行业传达支持小微企业政策导向，提升中小企业服务水平，至年底，辖内银行业小微企业贷款余额为2481.19亿元，比上年增长6.83%。是年，辖内有10个小微支行、34家社区支行，提升小微企业和市民办理金融业务的便捷程度。通过推广"银税互动"、主动对接开展"企业暖春行动"等，帮助企业解决"融资难"，至年底，辖内银行业通过银税合作发放贷款1030笔，金额21.68亿元。

【金融机构营改增专题税务培训】 2016年，为配合"营改增"税务新政实施，佛山市证券期货协会联合禅城区金融办、禅城区国家税务局进行多次金融机构专题培训，重点解决"营改增"以来遇到的各种问题，如发票鉴定、发票直观识别、抵扣界定、哪些项目可以抵扣、视同销售的费用处理办法，等等，旨在服务会员单位更好地进行新旧政策无缝衔接。

【地方金融机构】

融资性担保业　截至2016年年底，佛山市有融资性担保机构35个，其中法人机构28个（比上年减少1个）、分支机构7个。全市本地注册融资性担保机构注册资本48.2亿元，吸纳就业人员380人，担保业务合计在保余额134亿元。佛山市担保行业发挥对中小微企业及个人的融资担保作用，全市28家本地注册公司自2010年起累计为中小企业融资659亿元，累计担保户数9708户。

小额贷款业　2016年，佛山市小额贷款公司投放7626笔、101.85亿元贷款，其中涉农贷款3.8亿元。截至2016年年底，佛山市核准设立39家小额贷款公司，注册资本合计58.35亿元，从业人员693人，规模在全省位居第二（仅次于广州），累计为本地中小企业和"三农"提供贷款逾5.08万笔、768.53亿元，成为佛山中小微企业和"三农"发展的助推器和传统金融机构的重要补充。

佛山第一家金融租赁公司成立　2016年6月23日，佛山海晟金融租赁股份有限公司取得广东银监局的开业批复，并于6月28日完成工商注册、税务登记等工作。佛山海晟金融租赁股份有限公司注册资本20亿元，由南海农商银行、广东广晟资产作为主要发起人，联合5家在行业内实力雄厚的企业（伊之密、御银股份、佛山金控、承业公司、中南机械）共同发起设立，是广东省第四家、佛山第一家金融租赁公司。

（徐轶奕　姚迪腾　刘添豪）

【多层次资本市场】 2016年，佛山市先后印发《佛山市促进企业上市三年行动计划（2016—2018年）》《佛山市促进企业上市扶持办法》《佛山市上市后备企业管理暂行办法》和《佛山市促进企业上市工作实施方案（2016—2018年）》，从提高扶持资金额度、扩大扶持主体和范围、提高政务服务的水平和效率、构建完善的后备企业梯队等方面，加大对企业上市的支持力度。是年，广东普福斯节能元件有限公司登陆港交所，雄塑科技、金银河先后通过IPO审核，佛山市上市公司总数达到44家，累计融资超过760亿元，并形成上百家拟上市企业梯队。同时，上市公司利用资本市场进行产业链上下游及跨行业的并购重组，年内，佛山市美的集团、星期六、东方精工等16家上市及"新三板"挂牌公司先后开展21项并购重组业务，涉及金额约43亿元。

"新三板"挂牌　新增"新三板"挂牌公司39家，全市挂牌"新三板"企业达到79家，其中有7家企业入围创新层。

债券市场　佛山企业在全国性债券市场共发行各类债券204期、融资金额1018.49亿元，分别比上年增长2.29倍和2.03倍。其中非金融类企业发行各类债券35期、融资金额226.28亿元，分别比上年增长94.44%和3.04倍。

股权投资行业　佛山打造华南地区股权投资行业集聚区，全年全市新增股权投资公司55家、新增注册资本63亿元。至年底，全市股权投资基金（创投公司）总数达334家，注册资本458亿多元。其中，广东金融高新区私募创投机构达158个，募集资金规模达308亿元。此外，佛山与深交所联合举办中国高新科技企业投融资巡回路演广东站活动，在全省属于首例，取得良好效果。截至2016年年底，广东金融高新区股权交易中心共有注册挂牌企业2340家（注册企业有1691家、主板挂牌企业123家、科技板企业71家、华侨板企业455家），实现融资939.39亿元；在江门、肇庆、云浮、韶关、揭阳、茂名、粤桂合作特别试验区等地设立运营中心或服务基地，并设立知识产权交易平台、科技板、国资板、青创板等特色板块。

（徐轶奕）

金融监督管理

【货币信贷管理情况】

存款准备金率调整　2016年，中国人民银行佛山市中心支行指导辖区法人金融机构下调存款准备金率1次，辖区各法人金融机构均下调0.5个百分点，下调后的存款准备金率为7.0%至15.0%不等，共释放辖区法人金融机构资金超过17亿元，夯实辖区金融机构支持企业发展的基础。开展定向降准动态考核，符合信贷政策导向要求的地方法人金融机构可以继续执行较低的存款准备金率。

利率市场化发展　2016年，中国人民银行佛山市中心支行指导辖区金融机构将利率市场化改革推向深入。全年辖区金融机构人民币贷款（不含贴现、个人住房贷款、透支及各项垫款）加权平均利率为5.65%，比上年降低84个基点，信贷融资成本不断降低。

支小再贷款投放　2016年，中国人民银行佛山市中心支行向金融机构发放支小再贷款12亿元，至年末，支小再贷款余额12亿元，余额比上年增长20%。金融机构将支小再贷款资金全部用于发放小微企业贷款，惠及小微企业超过170家，贷款加权平均利率5.21%，比辖区同期小微企业人民币贷款加权平均利率低31个基点，有效缓解小微企业“融资难、融资贵”的问题。

再贴现　2016年，中国人民银行佛山市中心支行灵活运用再贴现工具，累计办理再贴现9.5亿元。其中：中小微企业票据再贴现9.2亿元，惠及中小微企业669家次；涉农企业票据再贴现1.2亿元，惠及涉农企业25家次。至年末，再贴现余额4.9亿元，余额比上年增长7倍。再贴现的持续发放，有效地支持了佛山市中小微企业及涉农企业的发展。

住房信贷政策调整　2016年，中国人民银行佛山市中心支行适时调整住房信贷政策，支持房地产去库存。年初，下调佛山市居民家庭首次购买普通商品住房贷款的最低首付比例至20%，10月，根据限购政策对佛山10个镇（街道）实施限购地区差别化住房信贷政策。

金融支持供给侧结构性改革　2016年，为支持供给侧结构性改革，中国人民银行佛山市中心支行组织出台《金融支持佛山市供给侧结构性改革实施方案》，引导佛山金融业加大对佛山供给侧结构性改革的支持。

重点领域金融支持　2016年，中国人民银行佛山市中心支行贯彻落实《关于加大对新消费领域金融支持的指导意见》等文件，深化落实《佛山市金融科技产业融合指导意见》，建立科技信贷政策导向效果评估机制，引导金融机构加大对辖区重点项目、先进制造业、现代服务业等重点领域的金融支持。

【金融服务管理】　2016年，佛山市以“新技术、新标准、新支付”引领金融科技促信息消费试点纵深发展，以“公共交通、文化教育”等重点领域为突破口，高效推进试点工作，助推智慧城市和金融强

2016年5月23日，广东省副省长蓝佛安（前左三）在佛山市市长朱伟（前左二）陪同下，到广东省金融高新区调研

市建设。在生活服务领域，快闪支付涵盖全市20余个菜市场、约1100户商户；公共交通领域，发卡约8万张，234辆公交车安装银行卡闪付机具；社会保障领域，社保卡完成制卡近500万张；文化教育领域，广东省财经职业技术学校“校园一卡通”项目累计发卡2500多张。同时，深化银行卡助农取款服务点功能建设，叠加惠农补贴发放、水电费代缴等服务；推广“村财通”，减少现金收缴，提高农村财务监管透明度。

【外汇管理】 2016年，佛山市加强外汇管理。一是率先复制自贸区金改经验，外币资金池、资本金意愿结汇及直接投资简化、金融IC卡推广应用、金融消费权益保护等方面共10条金改措施取得显著成效，打造“不是自贸区的自贸区”。二是支持对外向型企业融资，简化企业出口收汇业务、境外融资资金结汇手续，推广广东省贸易单证公示平台，便利辖区企业对外贸易融资。三是扭转跨境人民币结算下滑趋势，支持银行及企业根据新政策拓展跨境人民币业务，指导解决业务办理过程中存在的困难和问题，佛山跨境人民币结算实现企稳发展。

【银行业监管】 2016年，佛山市加强对银行业的监管。佛山银监分局联合地方政府在辖区开展供给侧结构性改革“降成本”试点工作，联合佛山市金融局制订《佛山辖区银行业促进供给侧结构性改革“降成本”实施工作方案》，提出多项措施帮助企业降低融资成本。同时，督促银行机构稳步处置风险事件，促进银行业稳健运行。配合地方政府开展互联网金融风险专项整治工作，配合对P2P网络借贷领域进行摸底调查和排查。为提升监管效能，佛山银监分局通过组建检查专家组、探索“监审联动”新模式、运用“检查加科技”工作理念，提升现场检查有效性。通过一揽子访查，推进辖内银行机构严格落实理财和代销产品销售录音、录像工作。

【地方金融机构管理】 2016年，佛山市根据《关于进一步促进融资性担保行业规范发展的意见》《关于加快融资租赁业发展的实施意见》《关于印发佛山市促进融资租赁业发展扶持暂行办法的通知》《佛山市小额贷款公司投诉处理工作指引》等文件，开展全市融资性担保公司、小额贷款公司现场检查，支持地方类金融机构健康发展。

融资性担保行业监管 市金融局建立佛山市融资性担保行业监管联席会议制度，组织召开全市融资性担保行业监管工作会议。开展现场检查，加强监管、严防风险。市金融局联合各区监管部门、会计师事务所到辖区内各融资担保公司进行现场检查；不定期与高管团队进行面谈，加强政策法规的现场宣传；检查内控和风险管理机制，要求公司建立严密规范的内部业务管理、财务管理和风险监控制度；重点开展融资担保公司换证工作，并对一年内没有开展业务的公司进行劝退；发挥行业协会的自律作用，加强对担保公司相关信息的掌握，有效防范违法违规行为的发生。

小额贷款行业监管 市金融局组织各区金融办会同相关监管部门和第三方机构，开展2次全市小额贷款公司的风险排查工作，防范区域性风险。3月，佛山启动2015年度小额贷款公司分类评级工作，最终评出A类4家、B类11家、C类11家、D类1家。日常监管工作中，市、区金融监管部门通过小额贷款公司每月经营数据等信息，分析排查公司经营过程中的风险隐患。同时，监管部门通过电话、网站等多种渠道，及时处理有关投诉。

（姚迪腾　刘添豪　徐轶奕）

银行业

【概况】 2016年，佛山市新增金融租赁公司1家，全市银行业机构数量达到45个，其中政策性银行1家、国有银行9家、股份制银行10家、城商行5家、邮储1家、外资银行8家（渣打、汇丰、东亚、恒生、永亨、南洋、大新、创兴8家港资银行共开设15个分行、支行机构）、农村金融9家、非银机构2个。银行业机构网点数1904个、银行业从业人员数31680名。至年底，全市金融机构本外币各项存款余额13281.61亿元，比上年增长11.91%；各项贷款余额8717.81亿元，增长9.65%。境内住户存款余额6736.22亿元，比上年增长8.09%。

【存贷款业务】 2016年末，佛山市中外资银行机构本外币各项存款余额13282亿元，比上年增长12%，较年初增加1414亿元，多增956亿元。其中，人民币各项存款余额12790亿元，比上年增长11%，比年初增加1311亿元；外币各项存款余额71亿美元，增长19%，比年初增加11亿美元。

是年末，佛山市中外资银行机构本外币各项贷款余额8718亿元，比上年增长10%。其中，人民币贷款余额8516亿元，比上年增长9%，比年初增加706亿元；外币各项贷款余额29亿美元，增长34%，比年初增加7亿美元。

【银行业体制机制改革创新】 2016年，佛山市银行业致力打造全国制造业转型升级综合改革试点、产融结合示范区政策平台，推动广东金融高新技术服务区向国家级金改创新平台方向升级发展，打造应收账款服务平台、股权交易中心等综合金融服务体系。南海农商行牵头发起设立全省第三家金融租赁公司，为珠江西岸先进装备制造业产业带提供专业化金融服务。推动商业银行申请设立4个科技支行，为佛山打造国家制造业创新中心提供金融支撑。

人民银行佛山市中心支行推动佛山市中小微企业信用信息和融资对接平台上线（佛山为省内率先上线该类平台的城市）；在广东省中小微企业融资推进会上签署《建设小票贴现中心框架协议》，省内首批开展中小微企业小额票据贴现中心试点工作；依托佛山市应收账款融资服务平台推广示范区，促成美的集团与人民银行征信中心、人民银行广州分行签署合作备忘录，引导美的集团作为核心企业进入服务平台，加快应收账款融资服务平台推广应用。8月，人民银行佛山市中心支行率先复制推广广东自贸区香港电子支票的跨境托收业务，办理佛山首笔香港电子支票托收业务。

【银行业金融服务创新】 2016年，佛山市各大银行配合佛山市经济社会发展需要，推进金融服务改革与创新。

8月31日，顺德农商银行参加Huawei Pay、MI Pay在北京举办的产品发布会，分别成为Huawei Pay首批25家、MI Pay首批20家合作银行之一；9月28日，顺德农商银行“现代医院一医程通”在顺德妇幼保健院上线。9月初，广发银行佛山分行上线市民社保卡业务，成为佛山市内第五家具备办理社保卡发卡条件的商业银行。是年，南海农商银行派员参加《银行家》杂志举办的2016中国银行家论坛暨“中国商业银行竞争力排名”发布会，南海农商银行获2015年度资产规模1000亿元以上农村金融机构竞争力评价第一名。三水农村信用联社成为全国市场利率定价自律机制基础成员，具备发行同业存单资格。

是年，在中国人民银行佛山市中心支行的推动下，佛山在全国率先出台中小学金融知识专题教育课程纲要——《佛山市中小学金融知识专题教育课程纲要》，编印《金融知识专题教育普及读本》，在全市15所中小学开设学期制金融知识课堂，开课106次共147课时，学生4500多名；与佛山电大共建征信文化教育基地，打造诚信教育新平台。

此外，人民银行佛山支行推动顺德农商行发行小微企业专项金融债，南海农商行申请发行绿色金融债，三水农村信用社获得发行同业存单等业务资格。

（徐轶奕　姚迪腾）

证券期货业

【概况】 2016年，佛山新增证券营业部11个，全市证券期货业机构达到111个，其中证券分公司及营业部97个（包括5家地区分公司、59个综合类证券营业部、22个轻型营业部）、期货营业部14个。全市证券交易成交总额（不含权证）37631.59亿元，占全省总成交份额12.55%，在全省（含深圳）排第三位。全年全市期货交易量9694.94亿元，占全省的12.62%。

【证券行业调研会】 2016年6月1日，广东证券期货业协会在佛山市举行证券机构调研座谈会，传达“证券公司一定要树立团队概念，其服务、风控、创新全部围绕服务展开，要把投资者服务放在首位”。并就《广东辖区证券经营机构片区管理工作指引》《广东辖区投资者服务先进证券营业部评选活动方案》征求意见及如何提升行业文化进行交流。

【资本市场专题讲座】 2016年，佛山市证券期货协会联合佛山市农业局、佛山市金融局多次举办资本市场专题讲座，激励引导业绩突出、发展良好、经营规范的农业企业加快上市步伐，加快产业资本和金融资本融合发展，提高直接融资比重，助推佛山经济转型升级。

【“新三板”挂牌】 2016年，佛山市人民政府出台《佛山市“十三五”金融业发展规划》《佛山市金融业发展三年行动方案（2016—2018）》，佛山市证券期货行业推进金融业发展创新和加快推动金融服务实体经济等工作。是年，佛山市新增“新三板”挂牌企业39家，其中禅城区4家、南海区10家、顺德区20家、三水区5家，挂牌企业数量比上年增长34.5%。至年底，全市共有挂牌“新三板”企业79家（含7家创新层企业）。

（徐轶奕　张晶晶）

保险业

【概况】 2016年，佛山市新增产险公司、寿险公司各1家，全市保险机构达到65个，其中产险公司28家、寿险公司37家。全市有535个保险服务网点，覆盖五区，其中产险公司网点326个、寿险公司网点209个。全市保险行业完成保费收入346.8亿元（占全省12%）、比上年增长35%，其中：产险保费收入96.7亿元、增长3%；寿险保费收入250.1亿元、增长54%。全市保险公司赔付支出90.19亿元、比上年增长10.4%，其中：财产险赔付支出46.6亿元、增长4.3%；人身险赔付支出43.59亿元、增长17.8%。全市的保险密度（即人均保费）4647元/人，比上年增长44.95%；保险深度（即保费占地区生产总值比例）4.02%，增加0.82个百分点。

【保险投诉调处机制建设】 2016年，佛山市坚持把帮助消费者维权作为重点工作。年内，佛山市保险行业协会保险纠纷调解处置专业委员会受理保险合同纠纷调解案件810件，成功调解486件，达成调解金额3217万元，共收到消费者赠送的锦旗和表扬信5次，调解工作赢得广大保险消费者的信任和各会员公司的肯定。

【保险行业参与公益活动】 2016年，佛山市保险行业参与公益活动、承担社会责任。5月，市保险协会组织行业多家公司参与“2016步行母亲河”公益活动，帮扶单亲特困家庭，共募集12000多元，作为“关爱（单亲）特困母亲”活动的善款。6月，市保险行业协会又与佛山市中心血站联合举办“血液连接你我　保险呵护万家”佛山保险业无偿献血系列公益活动，共234名保险从业人员、保险客户成功献血，采集血液总量达70700毫升，有效地补充佛山市血库血量。

【保险服务社会实体经济】 2016年，佛山市保险业发挥功能作用，推行和试办一系列政策性保险，如与“三农”对口的农村住房、能繁母猪、水稻、山林、养殖，以及“政银保”模式的小额贷款保险等支农惠农保险业务均正常运作；参与社会医疗改革，服务医改，主动配合政府有关部门建立社会救助基金机制；运用保险经济补偿功能为道路交通和市政建设大项目提供巨额风险保障；争取政府出台《佛山市政策性小额贷款项目实施方案》，广泛运用保险工具，缓解困扰佛山中小微企业生存和发展的“融资难、融资贵”问题；发挥风险管理技术和网点人员等优势，为政府和人民群众提供大病保险经办服务，提升管理效率，提高医保资金使用效率和城乡居民的医疗保障水平；推动市政府制定《佛山市高危行业推行安全生产责任保险工作指引》（这是佛山市首次在安全监管领域引入商业保险机构，佛山市成为全省首个制定政府性文件推广安全生产责任保险的城市）。

（徐轶奕　刘莹莹）

2016年佛山市“新三板”挂牌企业一览表

序号	证券代码	证券简称	挂牌日期	企业所处区域
1	834453	顺炎新材	2015.12.1	顺德区
2	838096	锦美股份	2016.8.2	顺德区
3	836292	动易软件	2016.3.31	顺德区
4	838961	吉邦士	2016.8.9	顺德区
5	834726	公信会议	2015.12.7	顺德区
6	835751	华天成	2016.1.9	顺德区
7	837887	九曲生物	2016.7.11	顺德区
8	839955	美的物业	2016.12.2	顺德区
9	836134	京华新材	2016.3.16	顺德区
10	833524	光晟电器	2015.9.23	顺德区
11	833136	世创科技	2015.10.26	顺德区
12	836608	帝通新材	2016.3.31	顺德区
13	838263	盈通黑金	2016.8.3	顺德区
14	837705	盈峰材料	2016.11.1	顺德区
15	838020	科德科技	2016.7.27	顺德区
16	838512	成德科技	2016.8.11	顺德区
17	832176	三扬股份	2015.3.30	顺德区
18	838033	佳邦信息	2016.8.8	顺德区
19	835943	凯华股份	2016.2.24	顺德区
20	838617	威林股份	2016.4.15	顺德区
21	832014	绿之彩	2016.1.27	顺德区
22	837478	小冰火人	2016.6.24	顺德区
23	833635	瑞德智能	2015.10.12	顺德区
24	831371	美涂士	2014.11.27	顺德区
25	836807	奔朗新材	2016.4.20	顺德区
26	833761	科顺防水	2015.10.15	顺德区
27	836242	顺控发展	2016.3.25	顺德区
28	839920	联佳股份	2016.11.17	顺德区
29	838213	金万达	2016.8.15	三水区
30	831650	盛华德	2015.1.12	三水区
31	837313	欣涛科技	2016.5.18	三水区
32	839512	天元汇邦	2016.11.10	三水区
33	870004	金大田	2016.12.22	三水区
34	836771	科立工业	2016.3.31	三水区
35	834760	华凯科技	2015.12.7	三水区
36	430707	欧神诺	2014.4	三水区
37	833323	好帮手	2015.8.19	三水区
38	833886	万达业	2015.10.27	南海区
39	838026	沃顿装备	2016.8.4	南海区
40	831197	雅洁源	2014.10.15	南海区
41	870073	力美照明	2016.12.13	南海区
42	832173	凯林科技	2015.3.26	南海区
43	831992	嘉得力	2015.2.5	南海区
44	836751	科谷电源	2016.4.15	南海区
45	839449	华电建设	2016.11.4	南海区
46	833165	智科股份	2015.7.28	南海区
47	837035	宏乾科技	2016.4.26	南海区
48	832546	方德博纳	2015.6.1	南海区
49	839229	欣源股份	2016.9.22	南海区
50	833927	宁宇科技	2015.10.29	南海区
51	834029	中筑天佑	2015.11.4	南海区
52	839146	盈博莱	2016.9.28	南海区
53	831745	考迈拓	2015.12.11	南海区
54	831640	碧沃丰	2015.1.16	南海区
55	834813	佛山青松	2015.12.8	南海区
56	833202	佳科股份	2015.8.11	南海区
57	834914	峰华卓立	2015.12.16	南海区
58	830842	长天思源	2016.7.11	南海区
59	839749	炬申物流	2016.11.15	南海区
60	830841	长牛股份	2014.7.13	南海区
61	831025	万兴隆	2014.8.14	南海区
62	835619	中研非晶	2016.1.14	南海区
63	831202	摩德娜	2014.11.7	南海区
64	832495	精钢海工	2015.4.30	南海区
65	830949	中窑股份	2014.8.1	南海区
66	833839	天波信息	2015.11.17	南海区
67	532154	文灿股份	2015.3.18	南海区
68	833441	斯派力	2015.9.1	高明区
69	831433	川东磁电	2014.12.9	高明区
70	831171	海纳生物	2014.10.8	高明区
71	837455	竣智文化	2016.5.16	禅城区
72	832750	合璟环保	2015.7.21	禅城区
73	838925	玉玄宫	2016.8.26	禅城区
74	837042	赛诺科技	2016.4.22	禅城区
75	833279	三求光固	2015.8.18	禅城区
76	838038	东承汇	2016.7.28	禅城区
77	830781	精鹰传媒	2014	禅城区
78	838920	南湖国旅	2016.8.10	禅城区
79	831958	健博通	2015.2.13	禅城区

（佛山市证券协会）

城乡建设

城乡规划管理

【概况】 2016年，佛山市根据城乡建设需要，编制《佛山市中心城区“三合一”规划》《佛山市“十三五”城市近期建设规划（2016—2020年）》《佛山市城市轨道交通建设规划（2017—2022）》等规划；12月27日，《佛山市城市总体规划2011—2022》获国务院批准；至年底，佛山市128个城市升级两年延伸行动计划项目投资765.32亿元；30个特色古村落活化、30个城中村（旧社区）改造和48个“五好”新农村建设完成，并完成30个特色古村落历史建筑普查工作；打通19项“断头路”建设；全年实施“三旧”改造项目1291个，总用地面积7140公顷。

【城乡规划编制】 2016年，佛山市加强规划统筹能力。《佛山市中心城区“三规合一”规划》编制工作完成初步成果；《佛山市“十三五”城市近期建设规划（2016—2020年）》编制工作完成初步成果，并通过专家评审；12月27日，《佛山市城市总体规划2011—2020》获国务院批准；佛山市海绵城市建设序列下的《佛山市城市蓝线划定规划》和《佛山市绿地系统规划》编制工作完成初稿；完成《佛山市综合交通规划修编》工作；按照将国铁、城际轨道、城市轨道、新型交通规划“四网合一”的要求，完成《佛山市轨道交通系统规划》和《广佛两市轨道衔接规划》，报市政府印发实施；完成《佛山市城市轨道交通建设规划（2017—2022）》并已上报省发改委审批；开展《佛山市轨道交通线网2030年规划方案控制性规划》编制；开展《2016年度佛山市交通模型维护及交通年报编制》的编制工作，项目成果已上报市政府审批；《佛山市交通规划数据整合及决策支持研究》编制工作完成交通规划数据的整合和平台化建设；启动《佛山市城市地下管线综合管廊专项规划修编》编制工作；完成《佛山市海绵城市规划导则》《佛山市海绵城市建设管理暂行办法》等海绵城市建设配套文件的编制和制定工作。

【城市升级】 2016年，佛山市城市升级两年延伸行动计划收官，城市升级实现从硬件建设向软硬件提升延伸，从物质建设向文化内涵转变，从中心城区向乡村和基层覆盖，城市升级在高度、广度、深度等维度都有拓展。市统一部署的128个城市升级两年延伸行动计划项目，两年投资765.32亿元。实施百村升级行动计划，30个特色古村落活化、30个城中村（旧社区）升级改造和48个“五好”新农村建设顺利完成，其中南海松塘村获“2016年中国最美村镇传承奖”，顺德逢简村、三水长岐村等古村落活化成效显著，成为市民休闲旅游新热点。推进“绿城飞花”主题绿化景观工程，48项完工，文华公园玫瑰园、亚洲艺术公园荷花岛、西樵山环山花海、佛山植物园茶花世界等新建的特色主题花景，逐渐成为广受市民欢迎的休闲新热点。全市交通“断头路”逐步打通，全年完成19条“断头路”建设。

【特色古村落历史建筑普查】 2016年，佛山市完成30个特色古村落历史建筑普查工作。针对五区30个特色古村落范围进行历史建筑摸查，调查古村落的历史沿革和建筑特色，对历史建筑的艺术特征、历史特征及价值进行评估，并推荐历史建筑295处、传统风貌建筑2123处。

【城市交通规划建设】 2016年，佛山市国土规划部门组织编制《佛山市综合交通规划修编》，推进《佛山市轨道交通线网2030年规划方案控制性规划》编制工作。至年底，《佛山市轨道交通系统规划》《广佛两市轨道交通衔接规划》最终成果上报市政府待批复，《佛山市城市轨道交通建设规划（2017—2022）》上报市政府审查。

城市地铁　推进广佛地铁二期、地铁2号线一期工程和地铁3号线工程建设。广佛线二期建设完成，于12月28日开通。

城际铁路　开展广佛环线征拆收尾工作，协调做好广佛肇城际市政配套建设。广佛肇城际于3月30日开通运营。

国家铁路　协调解决贵广（南广）、广珠铁路历史遗留问题及广茂铁路安全隐患整治工作。推进广佛地铁二期（南延线）各项工作；开展3号线建设方案研究，明确3号线建设模式、资金筹集方式等前期工作。

现代有轨电车　10月31日，佛山市人民政府办公室印发由市国土规划部门组织编制的《佛山市现代有轨电车建设技术管理规定（试行）》。

【"三旧"改造】 2016年，佛山市实施"三旧"改造项目1291个，总用地面积7140公顷，占全部应改造面积的19.52%，项目改造预算投入资金2695.25亿元。至年底，在建改造项目588个，占地面积4673.33公顷；已竣工项目646个，占地面积2086.67公顷；完成前期筹备改造项目57个，占地面积380公顷。同时，启动城市更新整体策略研究工作，完成佛山市城市更新普查及策略研究报告成果，并着手开展编制城市更新专项规划和配套政策的研究工作。

（刘　杰）

国土资源管理

【概况】 2016年，佛山市国土规划部门保障经济发展用地需求，提高土地利用率，保障重点产业项目、基础设施、历史留用地，佛山市指标使用进度排名位于全省各地市第三。是年，全市国土规划部门获得国家和省的奖励10项，获"三旧"改造全省考核一等奖。南海区农村土地制度改革试点取得实质性进展，至年底完成入市交易42宗，面积111.33公顷，总成交金额达36亿元，并实现抵押融资。另外，12月南海区获征地制度改革试点资格。

【土地规划】 2016年，佛山市开展永久基本农田划定和土地利用总体规划调整完善工作。市级、区级城市周边永久基本农田划定成果通过部、省的审核，市级、区级中心城区（镇）周边共新划入521.93公顷（含顺德区146.33公顷）基本农田；将省下达土地利用规划各项指标分解至各区。根据省制订的方案，到2020年，全市（含顺德区）耕地保有量46340公顷，基本农田39433.33公顷，建设用地总规模为13.99万公顷。至年底，市全域性永久基本农田划定方案已通过省审核论证，区级方案论证审核完成。

【耕地保护】 2016年，佛山市国土资源管理部门落实耕地保护责任制。至年底，2014年度佛山市"高标田"建设已通过验收，2015年度高标准基本农田建设的2066.67公顷任务量已动工。市、区、镇政府逐级签订耕地保护责任书，做好耕地占补平衡工作和发放基本农田保护补贴，全面通过省政府耕地保护责任制年度考核。《佛山市"十三五"土地整治规划》通过专家评审，着手编制佛山市耕地提质改造专项行动工作方案。

【地籍管理】 2016年，佛山市国土规划局根据《关于加快推进广东省农村地籍调查工作实施方案》要求，开展农村地籍调查工作。各区国土部门经区政府同意印发工作方案，获政府批准预算经费10375万元，并落实经费9405万元。是年，做好耕地质量等别调查评价与监测工作，按照《广东省国土资源厅关于做好2016年全省耕地质量等级调查评价与监测工作的通知》要求，佛山市各区全面推进耕地质量等别年度更新及监测评价项目工作。

【不动产统一登记】 2016年，佛山市实现五区不动产统一登记全覆盖。从2015年11月开始，禅城区、顺德区、三水区、高明区分别颁发新版不动产权证书。南海区于2016年6月17日正式实施不动产统一登记工作，统一颁发不动产权证书和不动产登记证明。至此，佛山实现全市不动产统一登记发证全覆盖，并完成省国土资源厅要求2016年6月底前全市各区“停旧发新”的任务，实现全市颁发不动产权证书和不动产登记证明的工作目标。全市（含顺德区）累计颁发不动产权证书32.68万本，不动产登记证明22.11万份。

【土地利用】 2016年，佛山市将省下达2016年用地计划指标共1454.53公顷（含顺德区），全部分解下达到各区并基本使用完毕，保障重点产业项目、基础设施、历史留用地等用地。佛山市指标使用进度排名位于全省各地市第三。完成一环西拓、佛江高速公路和顺至陈村段、高恩高速公路等10个项目用地预审，城际轨道TOD综合开发项目张槎站、高明监狱、狮山镇全域等5个土地规划修改和7个项目核减基本农田工作，新报备案2个面积43.33公顷城乡建设用地增减挂项目。

【土地市场】

节约集约用地　2016年，佛山市国土资源管理部门通过优化管理模式，提升管理效率，紧抓机遇推进试点改革等方法，全市土地利用率大幅提升，市及各区获得国家和省的奖励10项，共获奖励建设用地指标240公顷，为历年最多。

土地出让计划　2016年佛山市全市成交国有建设用地使用权共计149宗，成交面积614.23公顷，成交价款608.58亿元（按成交数为统计口径）。成交面积比上年下降19.96%、成交价款增长69.14%，为政府和民生提供充足的资金保障。

【矿产管理】 2016年，佛山市国土规划局部署开展2015年度矿山企业年检工作，全市检查矿山14个，年检率100%，全市矿产资源开发利用秩序良好，年检工作得到省国土资源厅检查组的肯定。按照“管行业、管业务必须管安全”要求，牵头做好安全生产工作，配合安监部门进行矿山安全检查，部署开展安全生产联合检查，累计检查近300人次，发现问题及时整改。组织安全生产月宣传活动，举办1期全体干部职工“安全生产形势分析和落实‘一岗双责’”培训讲座。开展矿产资源总体规划环境影响评价篇章的编制，并组织开展佛山市第三轮矿产资源总体规划（2016—2020）编制工作。

【地灾防治】 2016年，佛山市国土规划局累计发布三级预警预报（注意级）6次、四级预报预警（提醒级）28次，专业技术人员监测2960人次，排查新增隐患15处，及时处置达到标准的地质灾害2起，出色应对“妮妲”等强台风吹袭。全年完成搬迁治理消减地质灾害点31处，市、区联动地质灾害应急演练成功，南海区通过国土资源部2016年地质灾害防治高标准“十有县”验收。是年，佛山市实现连续十年地质灾害“零伤亡”。

【国土测绘管理】 2016年，佛山市国土规划工作按照规划统筹、顶层设计、数据共享利用和监督管理等原则，开展信息化统筹工作，启动22个重点项目计划，编制《佛山市国土规划信息化统筹整合总体方案》。

组织开展对全市30家丙级、丁级测绘资质单位和外省到佛山市从事测绘活动的单位全面实施质量监督检查。完成测绘单位信息变更5个、资质申请2个、资质升级2个、补充和修改数据17个；核发测绘作业证110本。

【土地执法监察】 2016年，佛山市土地卫片执法发现违法用地450件。其中：非立案处理32件，应立案查处418件；立案418件，结案418件；落实罚款1178.3万元，没收面积12.57万平方米，拆除违法建筑物面积17.62万平方米，复耕14453.4平方米，复绿95847.15平方米，完善用地手续3宗2253.34平方米。住建部下发佛山规划图斑202个，其中疑似违反总规强制性内容图斑11个。经规划执法部门核查，确定违法图斑共67个，其中2个图斑涉嫌违法用地，移送属地国土部门调查处理。其余65个涉嫌违法建设的图斑由区规划部门移送城管执法部门进行查处。

（刘　杰）

城镇村庄建设

【建制镇建设】 2016年，佛山市禅城、南海、高明和三水区共设建制镇15个、行政村293个。编制村庄规划的行政村229个，占全部行政村比例

78.16%。建制镇镇域面积18.38万公顷，镇域户籍人口162.40万人、暂住人口149.30万人。建制镇建成区面积1.59万公顷，建成区户籍人口48.42万人，暂住人口48.68万人；村镇建设管理人员717人，专职人员524人；建制镇市政公用设施方面（含暂住人口），燃气普及率96.69%、人均道路面积12.4平方米、污水处理率96.55%、人均公园绿地面积12.74平方米、绿化覆盖率18.9%。

【中心镇建设】 2016年，佛山市禅城、南海、高明和三水区共设中心镇7个，分别是南海区里水、西樵镇，高明区明城、更合、杨和镇，三水区乐平、芦苞镇。中心镇镇域总面积1412.2平方千米，镇域总人口107.57万人，镇域暂住人口48.45万人；中心镇建成区面积88.45平方千米，建成区户籍人口13.69万人，建成区暂住人口14.31万人。村镇建设管理人员225人，其中专职人员129人。中心镇建成区公共绿地面积855.09万平方米，公园绿地面积195.7万平方米，镇区道路长度399.71千米，镇域道路长度1170.07千米。（此为2016年初步审核数据）

【宜居城乡建设】 2016年是佛山市开展创建宜居城乡工作的第七个年头。年内，佛山市共有5个项目申报“广东省宜居环境范例奖”，4个项目获得通过；15个社区申报“广东省宜居社区”，全部获得通过；11个村庄申报“绿色村庄”，9个村庄获得住建部第一批绿色村庄认定。全市有2个城镇、53个村庄和47个社区申报佛山市宜居城镇、宜居村庄和宜居社区，经专家评审、市创宜办审核，公布第九批市级宜居城镇、宜居村庄和第八批市级宜居社区名单，2个城镇、36个村庄、41个社区获得佛山市“宜居城镇”“宜居村庄”“宜居社区”称号。

截至2016年年底，佛山市累计有11个城镇、78个村庄、173个社区分别获得广东省“宜居示范城镇”“宜居示范村庄”“宜居社区”称号，10个项目获得广东省宜居环境范例奖；18个城镇、263个村庄和236个社区分别获得佛山市“宜居城镇”“宜居村庄”“宜居社区”称号。

（张　弋）

【古村落活化升级】 2016年，佛山市实施百村升级行动计划，特色古村落活化升级第二批17个古村落遵循“规划先行、环境再造、文化引领、村居营造”路径有序推进。活化升级项目311个，投资46858万元。根据《佛山市特色古村落活化升级初见成效验收评分标准》，经考评验收，至年底，第二批17个古村落活化升级工作全部达到初见成效（80分以上），有8个成效显著（90分以上）。

至2016年年底，佛山市百村升级行动30个古村落活化升级、30个城中村（旧社区）改造和48个“五好”新农村建设完成。佛山市首批、第二批合计30个古村落活化项目共523个，投资85765万元（其中各级财政52377万元，村集体投入23254万元，引入社会资金10134万元）。全部达到初见成效（80分以上），有13个达到成效显著（90分以上）。南海区松塘村、烟桥村登上央视大型纪录片《记住乡愁》；顺德区逢简村、南海区松塘村分别获得“2015年中国最美村镇榜样奖”“2016年中国最美村镇传承奖”；高明区深水村、三水区长岐村等12个古村落入选住建部“中国传统村落”名录；禅城区紫南村和顺德区逢简村入选住建部“美丽宜居村庄示范”名单。

（郑炎鹏）

链接

古村落活化升级

2014年11月，佛山市政府出台《佛山市百村升级行动计划建设方案》，其中30个特色古村落活化升级由佛山市住建管理局牵头，联合佛山市文广新局、旅游局等部门共同推进，按照“差异化、大格局、可持续活化”的工作思路，遵循“筑巢、引凤、谋发展”的工作路径，通过“市级统筹指导、区级协调督促、镇街组织实施、村庄主体建设”的四级联动工作机制全面推进，2015—2016年两年时间分两批以点带面活化升级30个各具特色，融“宜居乡村示范、公共服务完善、环境生态优美、岭南文化传承、乡村休闲旅游”五位一体的古村落示范点。

建筑业

【概况】 2016年，佛山市建筑企业436家，建筑业总产值497.22亿元，建筑企业期末从业人员1.03万人，建筑企业劳动生产率2.20万元／人；监理企业48家，监理工程项目1059个，监理面积1854.23万平方米，监理工程造价374.35亿元。是年，佛山各区查处未取得施工许可证擅自施工违法行为22宗，处罚企业34家，罚款金额170.94万元，处罚个人31人，罚款金额10.91万元。是年，佛山市（不含顺德）新报建项目1425个，建筑面积2049.80万平方米，工程合计造价339.30亿元。

在2016年佛山市建筑业相关评选中，评出2015年度佛山市优秀施工企业14家、2015年度佛山市建筑业企业优秀项目经理12人；评出2015年度佛山市先进工程监理企业12家、2015年度佛山市优秀总监理工程师16人、2015年度佛山市优秀监理工程师29人；评出2015年度佛山市混凝土行业优秀企业3家。

（区　灿）

【勘察设计管理】 2016年，佛山市完成禅城区澜石中学校园重建工程等26项大中型建设工程初步设计审查，办理佛山万科广场（三期）等15项超限高层建筑工程抗震设防审批工作。做好勘察设计企业违反强制性条文网上公示制度和通报工作，全年公示4批共21个项目违反强制性条文情况。

组织开展2016年全市房屋建筑工程勘察设计质量专项检查，佛山市与惠州市住建部门采取交叉检查的方式开展检查，佛山市抽查房屋建筑工程15项。开展勘察设计变更管理规范性文件修改工作，修改后的《佛山市住房和城乡建设管理局房屋建筑工程勘察设计变更管理办法》于8月15日印发实施。

（吴燕婷）

【建筑工程质量安全管理】 2016年，佛山市住建管理局共开展房屋建筑工程质量安全检查191次，对308个建筑工地、39个混凝土搅拌站和18个检查机构进行检查，检查发出质量安全整改通知书58份。通过开展全市建筑施工安全大检查，消除一大批生产安全隐患，确保建筑施工安全生产形势的稳定。此外，还利用创优活动以及微信、短信等进行专题宣传。举办建筑行业砌筑工职业技能竞赛和混凝土工职业技能竞赛、全市建筑工程质量安全监管人员培训班等活动。提高全市一线工人质量安全意识和工程质量安全监管人员监管水平，从而保证佛山市房屋建筑质量水平提升和安全生产形势稳定可控。

佛山市住建管理局根据国家、省、市有关文件要求，结合百日集中严整专项行动，全市住建系统共出动600余人，检查344个在建房屋建筑工地，重点对“三类企业、五类工程、十二种行为”进行重点检查，发出整改通知书169份，暂时停工整改通知书21份，安全生产责任扣分通知书146份。

（关晔华）

【绿色建筑】 2016年，佛山市完成绿色建筑标识项目99个，建筑面积809.53万平方米。其中，设计标识787.26万平方米，完成省下达的建设任务指标率157.45%；运行标识22.27万平方米，完成省下达的建设任务指标率为111.4%。印发实施《佛山市绿色建筑发展“十三五”规划》，明确佛山市绿色建筑发展思路、总体目标、措施保障等。开展一星级绿色建筑评价标识管理实施工作，办理4批共37个项目的评价标识申请。在全省范围内率先开展绿色建筑认定管理工作，制定《佛山市绿色建筑认定工作实施细则（试行）》，建立全市绿色建筑专家库，负责绿色建筑认定技术审查，填补绿色建筑认定评价空白。指导行业协会组织举办“2016年绿色建筑论坛——多元发展和生态建造”论坛。

【新型墙体材料推广】 2016年，佛山市建筑工程预收墙改基金2.47亿元，返退2.08亿元。完成24项新型墙体材料、3项建筑节能材料的新增目录登记工作。

【新技术推广应用】 2016年，佛山市重点推广应用建筑工程新技术。佛科院北院新校区等2个项目组织申报2016年度省建筑业新技术应用示范工程（立项），南海区坚美展贸大厦等2个项目通过省住建厅组织的新技术应用示范工程专项验收。

（吴燕婷）

【散装水泥推广】 2016年，佛山市散装水泥供应量为339万吨，预拌混凝土使用量为1070万立方米，预拌砂浆（普通）使用量为126万吨，完成广东省散装水泥办公室下达的目标任务。

（关晔华）

住房与房地产业

【概况】 2016年，佛山市完成固定资产投资3512.04亿元，比上年增长15.70%。其中，房地产开发投资1229.97亿元，占固定资产投资35.02%，比上年增长30.10%，房地产开发投资增速明显。是年，佛山市商品房当期上市面积1993.30万平方米，比上年增长17.89%，其中商品住房当期上市面积1484.75万平方米，增长17.98%。全市商品房销售面积2327.16万平方米，比上年增长40.93%；成交金额2175.98亿元，增长54.25%；成交套数269627套，增长45.65%；成交均价9120.97元/平方米，增长9.45%。其中，商品住房销售面积1918.56万平方米，比上年增长35.66%；成交金额1835.31亿元，增长51.31%；成交套数174328套，增长34.14%；成交均价9566.06元/平方米，增长11.35%。商品房销售面积、商品住房销售面积均为全省第一，房价均价及涨幅低于全省平均水平，佛山房地产市场总体呈现量增价稳的态势。

全年全市二手房成交面积1023.83万平方米，比上年增长40.11%；成交金额489.83亿元，增长66.00%。其中，二手住房成交面积856.63万平方米，比上年增长53.17%；成交套数72356套，增长54.48%；成交金额439.62亿元，增长78.69%。

（雷发娟）

【房屋租赁管理】 2016年9月23日，佛山市贯彻国务院关于培育和发展住房租赁市场的若干意见，为构建购租并举住房制度改革，成立佛山市建鑫住房租赁有限公司。该公司是佛山市国有专业化住房租赁平台，是佛山市政府和广东省建筑工程集团有限公司合作的成果。同年，佛山市成立市专业化住房租赁平台指导委员会，起草指导意见和工作方案等相关配套文件，以引导和规范租赁市场发展。

【房屋征收管理】 2016年，佛山市强化对国有土地上房屋征收与补偿的监管，开展房屋征收与补偿工作，全市发出征收决定项目9个，涉及征收户数255户。办理拆迁许可延期5宗、拆迁行政裁决1宗。开展佛山市国有土地上房屋征收与补偿系统二期项目建设，完善门户网站的征拆信息公开，做好房屋征收、拆迁信访及咨询指引工作。

（李启林）

【物业管理】 2016年，佛山市住宅专项维修资金年末归集总额为111.66亿元，其中商品住宅维修资金归集总额为110.05亿元。年末维修资金使用总额8075.54万元，年末商品住宅维修资金使用总额7231.02万元。

（江　飞）

【危房改造】 2016年，佛山市开工棚户区改造1095套（户），完成率101%，超额完成省政府下达佛山市棚户区改造开工1084套（户）的目标任务。制定并出台《关于加快推进城市棚户区改造工作的实施意见》，明确佛山市棚户区改造的范围和对象、改造方式、优惠政策、配套基础设施建设及绿色建筑标准等，指导各区加快推进城市棚户区的改造工作。

【保障性住房建设】 2016年，佛山市公租房基本建成3368套，完成率134.7%；发放租赁补贴285户，完成率114%，超额完成省政府下达的公租房基本建成2500套、新增发放租赁补贴250户的住房保障工作目标任务。佛山市还完善住房保障信息系统，创建统计工作信息平台；完善保障性住房相关管理制度，编制《佛山市住房保障体系建设“十三五”规划》，为各区未来五年开展住房保障工作提供指引。

（仇国强）

【住房公积金管理运作情况】

住房公积金缴存人数　2016年，佛山市新增住房公积金缴存职工15.96万人，减去退休注销等职工2.61万人、转移外地职工0.37万人，净增长12.98万人，净增长率12.54%。至2016年年底，佛山市建立住房公积金制度的职工累计 141.02 万人，实缴职工 116.48 万人，其中，各类企业职工占 80.78%。

住房公积金缴存 2016 年，佛山市住房公积金缴存额 112.20 亿元，比上年增长 15.03%；至年底，累计缴存总额 674.73 亿元，资金余额 212.09 亿元。

住房公积金提取 2016 年，佛山市职工提取住房公积金 79.78 亿元，累计提取住房公积金 462.64 亿元。至年底，职工提取住房公积金购建住房累计 30.80 万套、面积 3506.19 万平方米，其中，2016 年新增职工提取住房公积金购建住房 3.59 万套、面积 396.13 万平方米。职工无房提取住房公积金和租房提取住房公积金共 2.64 万人。

住房公积金贷款 2016 年，佛山市发放住房公积金贷款 1.61 万笔、金额 64.32 亿元，比上年增长 2.15%；职工住房公积金贷款购建房面积 167.98 万平方米。至年底，累计发放住房公积金贷款 12.28 万笔、金额 327.87 亿元，贷款余额 223.38 亿元；职工住房公积金贷款购建房面积 1260 万平方米。住房公积金贷款依时收回，贷款资金安全，逾期率 0.02%。

住房公积金业务收支 2016 年，佛山市住房公积金业务收入 7.07 亿元，业务支出 4.61 亿元，其中支付职工住房公积金利息 2.39 亿元、支付年结转后的职工住房公积金存款补贴 1.55 亿元。至年底，累计支付职工住房公积金利息和存款补贴共 20.18 亿元。是年，实现住房公积金增值收益 2.45 亿元，比上年增长 7.45%；扣减贷款风险准备金和管理经费后，2.17 亿元可作廉租住房建设补充资金；累计上划廉租房建设补充资金 12.56 亿元。

住房公积金证券化 2016 年，为解决资金流动性紧张问题，满足职工住房公积金贷款需求，佛山市根据国家规定试行住房公积金证券化，发行债券融资 13 亿元，盘活住房公积金存量资金，释放流动性风险。债券融资全部用于住房公积金贷款发放。探索试行住房公积金证券化，开启广东省住房公积金贷款直接融资的先河。

住房公积金缴存比例调整 2016 年，佛山市住房公积金缴存比例适当降低，以降低企业成本，推进落实供给侧结构性改革工作。一是规范住房公积金缴存比例。按照《关于规范和阶段性适当降低住房公积金缴存比例的通知》要求，全市缴存单位和职工住房公积金最高缴存比例均不得超过 12%。二是对缴存住房公积金确有困难的企业，依法定程序申请降低缴存比例。是年，共 14 家企业经职工代表大会或企业工会审议通过，申请降低住房公积金缴存比例，涉及职工人数共 52745 人。

利用公积金贷款支持保障房建设试点项目 至 2016 年年底，三水区西南中心城区（西南对外经济开发区）公租房建设试点项目已安排入住，入住率 96%；试点项目贷款余额 958 万元，本息归还正常，没有发生过逾期偿还现象，没有发现其他可能造成贷款资金风险的情况。

住房公积金执法工作 2016 年，佛山市住房公积金管理部门依法行政，维护职工权益、化解劳资矛盾。全年受理职工实名执法申告，立案执法 414 件，涉及职工人数 5.73 万人。作出行政处理决定 203 件，申请法院强制执行办结 43 件，作出行政处罚决定 14 件。

（耿亚兰）

城市管理

【概况】 2016 年，佛山市以建设宜居宜业宜创新的高品质现代化国际化大城市为目标，真抓实干，城市管理精细化管理水平不断提升。全年全市对乱摆卖行为教育劝导 31 万宗，对占道经营行为教育劝导 21 万宗，对违规户外广告责令整改 1.5 万宗。全年查处住建部下发规划遥感督察图斑 2 期 73 个，面积 123.55 万平方米，其中立案 48 件，面积 68.85 万平方米；拆除违法图斑 22 个，面积 17.32 万平方米。全年全市城管执法系统受（处）理案件 488164 件，其中教育纠正 476820 件、立案 11344 件、罚款 1029.5 万元。

（卢兆华）

【市容市貌整治】 2016 年，佛山市开展市容环境卫生、道路排水设施维护、道路（车道、人行道）及道路分隔栏清洗、小街小巷等周边“六乱一占”（乱摆卖、乱搭建、乱堆放、乱张贴、乱拉挂、乱

2016年9月21—22日，佛山市住建局组织专家检查园林绿化工程。图为检查组对台阶石板铺设细节提出建议

涂写、占道及出店经营）、园林树木病虫害防治、公共设施修复维护及道路交通标线等专项整治工作。将城市管理考评范围由各区中心城区扩展至全市32个镇街，实现市级城管考评工作全覆盖。将城市管理考评工作向深度和广度推进，向城中村、城乡结合区域、主干道两旁纵深延伸，促进各考评对象加强道路卫生、绿化管养、污染源头管控、户外广告管理、市容整治等工作，提升城市管理精细化水平。全年全市对乱摆卖行为教育劝导31万宗，处罚8913宗；对占道经营行为教育劝导21万宗，处罚5334宗；对违规户外广告责令整改1.5万宗（面积15万平方米），拆除2.7万宗（面积21万平方米）；对乱丢倒行为教育劝导9000多宗，处罚986宗；对乱张贴行为教育劝导4.1万宗，处罚691宗。

2016年10月1日，《佛山市城市市容和环境卫生管理规定》实施，是佛山市获得地方立法权后的第一部政府规章，是创新城市治理方式，稳步推进依法治理城市的重要举措。

（黄伟鸿）

【建筑废弃物排放运输秩序整治】 2016年，佛山市根据省、市工作部署，市、区相关部门在住建领域开展了建筑余泥渣土堆放场安全隐患排查专项整治工作和明晰界定城市建筑垃圾管理工作。按照《佛山市人民政府办公室关于印发佛山市城市建筑垃圾管理办法的通知》规定，要求市、区各部门对照规定，明晰界定职责部门、职责事项、分管领导及联系人，切实将城市建筑垃圾管理工作真正管起来、严起来。

（黄伟鸿）

【数字化城市管理信息系统建设】 2016年，佛山市数字城管系统办理案件113万件，按期结案率98%，实现较高的办结率，为提升城市管理，解决城管问题作出积极贡献。完成全市数字城管统一平台建设，构建起全市数字城管“一盘棋”格局，实现数字城管信息系统“一个平台管理”“四个统一”（统一运行模式、统一办理程序、统一信息数据、统一监督考核）的目标。佛山市数字化城市管理信息系统获2016年度广东省电子政务“创新应用奖”并入选广东十大智慧民生项目。推进渣土运输、环卫作业、生活垃圾车辆车载GPS数据接入及日常监管，实现已领准运证渣土运输车辆车载GPS全面接入市数字城管系统，GPS在线监控1501辆；实现区级环卫作业车辆、生活垃圾车辆GPS在线监控平台1159辆。通过举行线上抽奖活动、投放公益宣传广告等，宣传推广“佛山数字城管”微信公众号、“佛山城管随手拍”APP，取得较好的宣传推广效果；通过重新开发、改版，优化“佛山数字城管”微信公众号、“佛山城管随手拍”APP界面和功能，实现城市管理问题“一键上报”。全年处理微信、随手拍案件约1万件，按期结案率98%。该途径已成为公众反映城市管理问题的重要渠道之一。

（蔡广炎）

水务建设和管理

【概况】 2016年，佛山市投入25.63亿元建设281项民生水务工程，完成全年各项水务工程建设任务，纳入2016年市政府重点工作任务的15项重点民生水务工程如期完成。在广东省2015—2016年度水利建设质量工作评价中，佛山市获得质量评价等级A级荣誉。是年，全市审批生产建设项目水土保持方案129个，水土保持总投资8.62亿元，防治责任范围1150.4公顷。

【水利工程管理改革】 2016年，佛山市水务部门施行《佛山市水利建设市场主体信用管理办法》，开发建设水利工程建设管理系统，实现市公共资源交易网无缝对接和数据交换，公开项目信用信息，推动水利建设市场阳光化。全市35个招标代理机构、25个勘察单位、29个设计单位、27个监理单位、320个施工单位、27个重要设备供应商及全部从业人员，均在系统上办理登记备案，形成完善的水利建设市场主体信用信息基础数据库。全市有39个单位因存在不良行为而被扣信用分，有5个单位被暂停投标资格，对25家企业给予信用加分奖励。佛山的水利市场诚信建设已形成独具特色的“佛山经验”，受水利部邀请，在云南省昆明市举办的水利建设市场信用体系建设及信用评价工作培训班上作典型交流发言；受省水利厅邀请，在全省深化水利改革工作座谈会上，就佛山水利工程建管体制改革情况作大会交流发言。严格执行《佛山市水利建设管理巡查制度（试行）》，市、区两级水务主管部门会同水利工程质量监督部门、项目法人、行业协会等有关部门采取“工程项目随机、巡查专家随机”的方式对全市水利工程进行巡查，全年市、区两级水务主管部门共组织专家1000多人次对281项水利工程开展建设管理巡查。

【排涝建设管理】 2016年，佛山市各级水务部门推进市内重要水浸点的疏导治理工作。禅城区实施排水设施管养改造和管网建设提升，辖区内涝隐患大大减少，中国陶瓷城、季华二路佛开高速桥底、佛山大道东海国际段、五峰路、港口路一带等5个严重积水点治理取得成效。南海区实施“一点一策”，采取应急整治措施与永久整治措施相结合的方式，落实水浸点整治，投入资金开展佛山大道乐安段雨水管网改造。顺德区对各镇（街）内涝隐患点进行摸底排查，对排水设施构件破损、破旧、老化等问题进行处理，效果明显。高明区完成中心城区主排水管渠清疏工作，提高排水能力，内涝情况初步改善。三水区重点推进旧党校片区水浸改造工程和一环东路片区水浸改造工程，有效解决水浸难点。同时加强排水监管，五区共审批发放排水许可证179个，其中排水许可证173宗，临时排水许可证6宗。佛山市水务部门联合市水文部门开展内涝防治工作，在佛山各区主要街道隧道新建内涝站点26个，提高内涝监测站点的覆盖密度。《佛山市城区内涝预警系统更新升级开发》工作正式开展，通过收集城市内涝灾害现象的基础资料，优化佛山市城区内涝模拟模型和内涝模型展示效果，探索水务、水文、交警、公路、交通等多部门的合作，摸索涝情预警的科学方法，为城市防汛预警和应急响应提供支持。

【海绵城市建设】 2016年，佛山市政府组织召开全市海绵城市建设工作协调会议，强调各区要抓好佛山海绵城市建设各项工作的落实。市、区两级财政落实专项资金，用于开展海绵城市专项规划编制、相关规划修编、技术标准制定。至年底，《关于推进海绵城市建设的实施意见》《佛山市海绵城市专项规划》《佛山市推进海绵城市建设实施方案》《佛山市海绵城市规划建设管理暂行办法》《佛山市海绵城市规划导则》《佛山市海绵城市建设园林绿化技术指引》《佛山市海绵城市建设水务技术指引》《佛山市海绵城市建设交通基础设施技术指引》《佛山市海绵城市建设项目采取政府和社会资本合作模式操作指南》《佛山市气象条件及典型雨型研究》等相关的规划、技术标准、指引印发实施。佛山五区亦相应出台海绵城市建设相关文件。佛山市海绵城市建设领导小组办公室出台海绵城市建设绩效评价与考核办法（试行），涉及的海绵城市建设项目总投资128亿元，完成投资52亿元，共纳入61个建设项目，通过实施海绵城市建设项目库管理，推动海绵城市建设走上规范化发展轨道。

【最美河湖评选】 2016年10月至12月，2016佛山最美河湖评选暨“水美佛山”市民体验活动举行。评选活动于10月29日在佛山新城龙舟广场启动，佛山五区共有26个河湖参与评选，21天投票期间

16万多人次的市民投出166万多票，评选出禅城区丰收涌、南海区千灯湖、顺德区逢简水乡等6河4湖为“2016佛山十大最美河湖”。这是佛山首次以河湖“选美”的方式，系统展示全市河湖治理、水生态文明建设成效，获奖河湖都具备景美、水清、岸绿、河畅，市民认可度高，截污工作结合岸线整治，达到“固化、净化、美化、绿化”建设要求的特点。评选期间先后组织3期体验活动，300位市民走进参选河湖亲身体验整治成效，形成全民关注水环境治理工作的浓厚氛围，推动水系岸线生态治理和修复，打造“水美佛山”的宜居宜业宜创新的岭南水乡。

（罗惠栅）

公用事业

【供水】 2016年，佛山全市供水、用水量32.19亿立方米，其中火核电冷却水用量9.47亿立方米。在供水量中，地表水源占99.96%。在用水量中，以工业用水（含火核电冷却用水）为主，占45.6%，农业用水占23.4%，生活用水占27.2%，生态环境补水占3.8%。全市人均综合用水量432立方米，万元GDP用水量37立方米，万元工业增加值用水量30立方米，农田灌溉亩均用水量717立方米，居民人均生活用水量246升/天。

是年，佛山市有供水龙头企业3家，其中市水业集团有限公司负责禅城区、高明区和三水区3个区域的供水服务，瀚蓝环境股份有限公司（原南海发展股份有限公司）负责南海区的供水服务，顺德水业控股有限公司负责顺德区的供水服务。市内有1间采用“活性炭+浸没式超滤膜”深度水处理工艺的优质水厂（佛山新城优质水厂，规模为0.5万立方米/天），其余城乡自来水厂均是采用常规净水工艺。市内有国家级水质监测站1个，省级监测站2个，均具备《生活饮用水卫生标准》出厂水106项指标的检测能力，并通过计量认证；区级的供水企业均具备超过42项指标的检测能力。至年底，全市有水厂33间（含顺德区），总设计供水规模496万立方米/天，供水管道10403千米（管径75毫米以上）。

是年，佛山市水务部门继续对14间主要水厂的出厂水和管网水的42项水质常规指标进行检测，并实行月度公布42项、年度公布106项水质检测数据。实施水质月度公告监测的水厂监测指标合格率为100%。

（罗惠栅）

【供电】 2016年，佛山电网运行正常，电力供应基本充裕。全年供电量575.8亿千瓦时，比上年增长4.47%。全市最高负荷1051万千瓦（8月8日），比上年增长6.35%。全年售电量565.23亿千瓦时，比上年增长6.03%。全年全社会用电量完成620.82亿千瓦时，比上年增长5.61%。全年全社会用电量中，第一产业14.65亿千瓦时，第二产业440.05亿千瓦时，第三产业88.30亿千瓦时，第一、第二、第三产业分别比上年增长2.08%、4.76%、8.35%，第一、第二、第三产业所占总电量比重分别是2.36%、70.88%、14.22%。第二产业电量占比最大，比上年增长4.76%，是全社会用电量增长的主要决定因素。居民用电量77.82亿千瓦时，比上年增长8.16%。

是年，佛山供电服务在省社情民意调查中，名列全市公共服务行业第一（已连续8年名列第一）。推广应用电子发票，6月15日率先开出南方电网面向客户的第一张电子发票；10月1日，取消传统纸质普通发票，全年开出电子发票12万份，有效减少支出100万元/年。细化30项大客户个性化服务策略，为政府重点项目、集团客户、专用变电站客户及用电大户共约100家企业提供差异化服务。为珠江西岸装备制造业等104个重点项目配置客户经理，开通绿色通道，建立信息报送机制，协调解决用电问题，促使提前投产项目47个，拉动电量增长约2亿千瓦时。落实客户资产评估工作，全年完成资产接收14.46亿元，惠及39个小区客户。

是年，佛山市有并网运行光伏发电项目664个，并网容量达到268兆瓦，全年累积光伏发电量19563万千瓦时，上网电量4946万千瓦时。

（赵　岚）

【供气】 2016年，佛山市禅城、南海、顺德、高明、三水区天然气供气总量达12.3亿立方米，液化石油气供气量35万吨。天然气供应主要来源为：广东大鹏一期合同气，占18%；中石油西气，占35%；中海油气电海，占34%；及其他零星供应商占13%。城市燃气普及率100%，液化气供应总量35万吨，天然气供应总量12.3亿立方米。城镇天然气市政管道总长2540千米，高压（次高压）输气管道160千米；新增天然气管网182.2千米，包括禅城区17.4千米、南海区77.2千米、顺德区37千米、高明区28.3千米、三水区22.3千米。建成运行的储配站有4座，调压站有8座，门站有3座（包括南庄门站、明城LNG门站、芦苞门站）；天然气通气居民用户数63万户。禅城、南海、高明、三水区瓶装液化石油气企业共15家，顺德区瓶装液化石油气企业共9家。全市五区液化石油气储配站共24座，瓶装液化石油气供应站共223座。

至年底，全市累计投产使用的汽车加气站达27座，其中，禅城区10座、南海区7座、顺德区5座、高明区2座、三水区3座。

（伦泳霞）

【市政环卫】

环卫设施建设　2016年，佛山市出台《佛山市城乡生活垃圾处理“十三五”规划》，明确“十三五”期间佛山市城乡生活垃圾处理的工作目标、主要任务、实施计划以及保障措施；完成南海区餐厨垃圾收运处理一体化项目及高明苗村填埋场渗滤液处理厂二期工程建设。对生活垃圾收集站、中转站进行升级改造提升。推进顺德区顺控环投热电项目建设，完成环评、稳评、土建招标、主要设备采购等环节，进入全面施工阶段。

市容保洁　2016年，佛山市加强城市道路保洁、洒水等道路扬尘污染防治工作；推进生活垃圾减量化、资源化，开展课题研究，联合教育部门在中小学校开展“校园资源回收日”系列活动，达到“试点在学校，影响在社会”的效果。

生活垃圾处理　2016年，佛山全市4座生活垃圾无害化处理场（厂）共处理生活垃圾338.9万吨，平均日处理量9259吨。全市城镇生活垃圾无害化处理率达100%，村庄保洁覆盖面保持100%，农村生活垃圾有效处理率达99%，在2016年省人大组织的农村生活垃圾收运处理第三方评估工作中位列珠三角九市第三名。

（彭　杰）

【园林绿化】

城市园林建设　2016年，佛山市完成绿化建设356.41万平方米，其中新增绿地249.36万平方米，新增公园绿地177.06万平方米，改造公园绿地82.86万平方米；新增和改造道路绿化69.71万平方米，水系绿化19.85万平方米，其他绿化6.93万平方米。出台《佛山市海绵城市园林绿化技术指引》，为佛山市海绵型园林绿地建设提供技术支持。海绵型园林绿地建设试点项目龙舟广场二期动工建设，总面积12.2万平方米，通过绿色屋顶、下沉绿地、雨水花园、透水铺装、多功能蓄水池等海绵城市建设措施，以实现年径流量控制率85%的要求。

绿化工程　2016年，佛山市新建绿道6.6千米。建成南浦涌街头公园、千灯湖三期、顺德区德胜河北岸澄海路东延线段绿化景观工程、德民路东延线景观绿化工程、北江凤凰公园，以及一批社区公园。开展新一轮古树名木普查工作，包括外业普查、建立台账、数据整理等，全市古树名木普查建档2171株。并将普查信息数据录入佛山市古树名木系统和广东省古树名木管理系统。

（黄丽英）

【污水处理】2016年，佛山加强污水处理厂的建设和管理，投入运营的污水处理厂共54间，设计污水处理规模为239万吨/日，配套管网约2200千米，污水处理量达到7.35亿吨，全市城镇污水处理率达到96.7%。污水处理厂产生污泥21.33万吨，采用填埋、堆肥、制砖、焚烧等方法实现无害化处理处置。推进佛山污水处理厂提标改造相关工作，至年底，全市有39间污水处理厂COD、氨氮进出水浓度差达到环境保护“一岗双责”考核要求，达标率72.22%。2016年纳入市政府民生实事建设的300千米污水管网建设任务全部完成，全市投入建设资金22.78亿元，完成污水管网建设共307千米，其中禅城35千米、南海125.6千米、顺德80.7千米、高明36千米、三水30千米。

（罗惠栅）

气象事业

【概况】 2016年，佛山市政府印发《佛山市气象发展“十三五”规划》，重点建设龙卷风监测预警工程、智慧气象服务工程及生态气象工程。《佛山市气象灾害防御条例》列入市人大常委会立法项目库，作为项目库的二级项目。市、区两级气象行政审批事项全部纳入“一门式”管理体系。完善综合气象观测体系，增设生物舒适度测量仪、降水现象仪、雨滴谱仪、灾害性天气实景观测和冠层观测等监测设施，布设全国首个微压计探索开展大气重力波观测。完成南海区、顺德区、高明区、三水区4部X波段雷达建设，组建雷达观测网。中国气象科学研究院的相控阵气象雷达在南海区同步观测。市民政、国土、环保等13个部门接入国家突发事件预警信息发布系统，统一对外发布预警信息，全年完成7次突发预警信息全网发送，覆盖达到4603万人次。市气象部门与市教育部门联合推广“停课铃”APP以及“校讯通”传播气象预警信号；与市国土、水务部门联合修订暴雨公式，开展典型雨型研究工作，为建设“海绵城市”规划提供气象保障；联合市经信、安监部门开展危险化学品、易燃易爆场所等重点单位气象灾害防御暨防雷安全生产专项检查；联合市民政、农业部门组织开展农村雷电灾害隐患排查，对学校、避难场所等进行重点排查；与市环保部门建立联席工作会议制度和日常会商制度，共同发布空气质量预报。中国气象局将佛山列为龙卷等致灾性雷暴大风的群策群防预警服务和联防机制试点地区。

【气候特征】 2016年，佛山市气候主要特点是：首降雪、开汛早、初台晚，短时强降水、冰雹、雷雨大风等强对流天气频发。

是年，佛山市平均气温23.1℃，比常年偏高0.6℃。夏季高温日数为39.3天，比常年偏多18.7天；年极端最高气温38.6℃（7月30日顺德区观测站录得），年极端最低气温2.4℃（1月24日南海区观测站录得）；开汛日为3月21日，较常年平均开汛日（4月6日）偏早16天；年降水量2374.8毫米，为有气象纪录以来最多，与常年年平均雨量相比偏多4成；龙舟水属于偏重年景；日照时数比常年略偏少。是年，有6个台风进入佛山市防区，其中“妮妲”造成比较严重的风雨影响，“莎莉嘉”“海马”也造成一定的影响。1月24日全市自北向南先后出现了罕见的降雪现象（降雪时间集中在11—13时），这是佛山自1958年有气象观测记录以来录得的第一场雪。

【主要天气气候事件】

初雷 2016年1月4日夜间，佛山响起2016年的第一声雷声，因此1月4日为2016年初雷出现的时间。每年4月起，伴随着前汛期的到来，佛山雷暴明显增多，6—8月最多发，10月后雷暴天数急剧下降，1月和12月较为少见。

佛山飞雪 2016年1月24日，受寒潮影响，佛山迎来中华人民共和国成立以来首场降雪。1月23—26日佛山市遭遇近年最强的寒潮天气，南海观测站24日早晨录得最低气温2.4℃，山顶气温在零度以下，其中24日全市自北向南先后出现罕见的降雪现象（降雪时间集中在11—13时）。南海区大沥镇出现霜冻，皂幕山、大南山、西樵山出现冰冻。

寒冷、暴雨、回南天扎堆 2016年1月27—29日，佛山市出现持续性强降雨，其中28日南海区、三水区、顺德区和高明区均录得24小时雨量100毫米以上的大暴雨天气（24小时累积最大雨量：顺德区勒流镇127.9毫米，高明区更合镇125.4毫米，南海区西樵镇119.2毫米，三水区芦苞镇108.9毫米），暴雨的同时伴回南天和大雾现象，全市罕见寒冷、大雾、暴雨三大预警同时生效。寒冷、暴雨、回南天扎堆到访，冷、湿、雨三大模式同时开启。

浓雾、冰雹 2016年3月19日，佛山市出现上午浓雾，下午冰雹“一天两季”现象。19日上午，佛山五区浓雾笼罩，似空中楼阁，其中禅城区南庄镇最低能见度仅有37米，下午出现强对流天气，全市各区均下起冰雹，冰雹直径达2—3厘米。

开汛 2016年3月20日夜间到21日白天，佛山市出现大到暴雨，南海区、三水区和顺德区国家地面气象观测站24小时累积雨量达开汛标准

（三水区 55.6 毫米、南海区 56.4 毫米、顺德区 36.5 毫米），3 月 21 日为佛山市 2016 年开汛日，较常年平均开汛日（4 月 6 日）偏早达 16 天之多。

高温日　2016 年，佛山市气温偏高，全市年平均气温 23.1℃。全市夏季高温日数为 39.3 天，比常年偏多 18.3 天；其中北部 37 天、中部 37 天、南部 44 天，分别比常年偏多 15.5 天、15.9 天、25.1 天。2016 年年极端最高气温 38.6℃（顺德，7 月 30 日）。受到副热带高压影响，5 月 31 日到 6 月 3 日佛山市出现持续性高温天气。6 月 1 日成为佛山市历史以来的最热“儿童节”，其中顺德区、南海区、三水区观测站录得最高气温分别为 36.5℃、36.4℃、36.3℃。

强对流天气　2016 年，佛山的强对流天气频发，其中，4 月全市就先后经历 4 次飑线过程，分别是 4 月 10 日、12 日、13 日、22 日。受飑线影响，全市出现大风，其中录得的最大阵风：10 日南海区里水镇 28.7 米 / 秒（11 级），12 日南海区丹灶镇 30.0 米 / 秒（11 级），13 日南海区里水镇 42.1 米 / 秒（14 级）。5 月 9 日 16 — 20 时，三水区出现强对流天气，南山择善小学 16 点 54 分录得最大阵风 23.3 米 / 秒（9 级），南山镇南丹山受到不同程度的风灾影响，18 时左右白坭镇出现冰雹。6 月 4 — 5 日，受高空槽和强盛的西南气流影响，佛山市出现暴雨、局部大暴雨，伴有短时强降水和 9 级以上、局部 13 级阵风，6 成自动站（125 个站点）录得 8 级以上大风。各区累积最大雨量（毫米）：禅城区石湾街道 146.4、南海区九江镇 125.2、顺德区勒流镇 156.5、三水区乐平镇 141.0、高明区杨和镇 146.4。各区录得最大阵风（米 / 秒）：顺德区乐从镇 37.4（13 级）、三水区白坭 镇 31.8（11 级）、南海区西樵镇 27.3（10 级）、高明区荷城街道 26.9（10 级）、禅城区南庄镇 26.0（10 级），大风范围主要位于佛山市中部，禅城区、顺德区乐从镇等地，造成一间待租仓库 300 多平方米的顶棚被大风吹到马路上，未造成人员伤亡。6月 8 — 11 日，佛山市多次受强降水袭击，8 — 11 日全市共有 11 个自动站录得累积雨量超过 200 毫米的降雨量，三水区芦苞镇录得最大累积雨量 301.3 毫米，其中 8 日三水区芦苞镇上塘最大时雨量达 106.3 毫米（22 — 23 时），为三水区有完整气象记录以来录得的最大时雨量；西南街道多路段水浸严重，水浸最深处达 80 厘米。

台风　2016 年，佛山市前汛期无台风进入防区；后汛期有 6 个台风（“银河”“妮妲”“电母”“艾利”“莎莉嘉”“海马”）进入防区，其中“妮妲”造成较严重的风雨影响，“莎莉嘉”给佛山市带来明显降水。2016 年的第一个台风“尼伯特”于 7 月 8 日在台湾台东第一次登陆，于 7 月 9 日在福建泉州第二次登陆，给台湾、福建造成重大灾害。“尼伯特”登陆点虽远离佛山市，但受其强盛的外围下沉气流控制，佛山市连续 4 天出现“高烧天”天气，其中 9 日顺德区、南海区分别录得最高气温 38.1℃，南海区为年度最高气温。第 4 号台风“妮妲”于 8 月 2 日 3 时 35 分以强台风级别在深圳市大鹏半岛登陆，登陆时中心附近最大风力 14 级（42 米 / 秒），成为近 30 多年来正面登陆珠三角的最强台风。“妮妲”登陆后从广州进入佛山境内，穿过桂城、狮山、丹灶、乐平镇，最后在广西境内减弱消失，“妮妲”虽离开佛山，不过受其残留云系的影响，佛山仍有暴雨，其中顺德区大良街道 24 小时累积雨量达 152.1 毫米，顺德区发布暴雨红色预警信号，南海区、禅城区发布暴雨橙色预警信号。“妮妲”影响期间，全市过程平均雨量 108.4 毫米，6 成自动站录得超过 100 毫米的累积雨量；全市平均风力 7 到 8 级，其中 3 成自动站录得 8 级以上阵风，高明荷城录得全市最大阵风 25.7 米 / 秒（10 级）。台风“莎莉嘉”于 10 月 18 日以强台风级别在海南省万宁市和乐镇登陆，受其外围云系影响，18 — 19 日，佛山市出现暴雨到大暴雨天气，其中顺德区、高明区 19 日录得 24 小时累积最大雨量分别为 117.7 毫米、96.5 毫米。

（吴　斌）

防汛防旱防风

【概况】 2016 年，佛山市累计发布雷雨大风预警 242 次，暴雨预警 164 次（其中暴雨红色预警 9 次），台风预警信号 8 次，共遭遇 54 场雷雨大风和台风“妮妲”“海马”的影响。汛期，佛山市三防指挥部共启动应急响应 6 次，尤其是台风“妮妲”

来临前夕，市政府发出防台风紧急动员令，市三防指挥部首次启动防台风Ⅰ级响应，全市按照防台风"五个百分百"要求落实防御措施。

是年，受雷雨大风和台风影响，佛山有10个镇（街）受灾，受灾人口200人，水产养殖损失面积22.2公顷，直接经济损失565万元。

【水雨风情特点】 2016年，佛山市开汛日为3月21日，较常年偏早16天。开汛后佛山市降水量2124.8毫米，较常年偏多约4成，雨量在历史同期排行第二位，其中5月和7月降雨较历史同期偏少，6月、8月和9月降雨明显偏多，月雨量都比常年偏多2—4成；一小时最大降雨量出现在6月8日22—23时，三水芦苞上塘村106.3毫米。有2个台风影响佛山，台风"妮妲"给佛山带来7—8级阵风、9—10级大风天气和局部大暴雨，台风"海马"给佛山带来8级的大风天气。受西江、北江上游来水影响，6月17日23时55分马口站出现洪峰水位5.47米（31400立方米/米），6月17日22时10分三水站出现洪峰水位5.54米（对应洪峰流量10300立方米/米），17日18时佛山水文分局发布北江洪水蓝色预警。

【三防能力标准化建设】 2016年，佛山市在基层三防体系建设基础上，加强镇（街）三防标准化建设，落实镇（街）三防值班室22个、三防工作人员70名、三防工作制度120套，配置计算机、固定电话、备用发电机、传真机和打印机各类办公设备共239台。完善村（社区）应急通讯和预警设备，购置手摇报警器467个、铜锣1776个，编制一页纸应急预案1197个，落实防灾减灾宣传栏目588个，加强三防气象知识的普及和宣传。南海区在镇（街）选取12个村（社区）单位作为试点，安装三防信息接收应急保障系统，解决"信息传送最后一千米"。

【三防风险防控管理体系建设】 2016年，佛山市通过印发《佛山市三防风险防控管理体系工作实施意见》，明确三防风险防控的工作范围和建设任务。同时，加紧编制佛山市三防风险识别及登记的技术指引、佛山市三防风险分析评估标准及技术指引和佛山市三防风险图制作规范及技术指引，指导各区完成建设任务。

【山洪灾害防治非工程措施建设】 2016年，为发挥防灾减灾效益，高明区、三水区完成118个自然村山洪灾害调查、山洪灾害分析评价，建设简易水位站23个，将三水区南山镇元石三村等11个自然村列入山洪灾害易涝区，选取5个历史易涝村落设置简易水位计和转移路线指示牌，划分警戒水位、危险水位和转移水位，通过自动警报装置发布预警信号，群众可以根据不同的预警信号进行避险自救，有效保障危险区域人民群众生命财产安全。

【暴雨台风防御】 2016年，佛山市三防部门做好暴雨台风防御工作。汛期内，各级三防部门坚持24小时值班及领导带班制度；市三防办加强与市气象、水文部门会商分析，落实雷雨大风和台风信息实时滚动预报机制，通过三防信息接收系统、三防预警信息发布平台发布预报预警信息200余条；市三防指挥部先后启动防汛Ⅳ级、防台风Ⅳ级、防台风Ⅲ级、防台风Ⅰ级应急响应共6次。尤其是防御台风"妮妲"期间，市三防指挥部首次启动防风Ⅰ级响应和实施全体成员单位24小时联合值守，累计派出1130个排查小组16407人次，重点排查建筑工地、简易工厂、危房等1万多处，拆除大型广告牌50块、关停霓虹灯600处，排查危化品企业300多家、低洼易涝点500多处，落实各类抢险队伍5744人，启动排水泵807台次，提前转移危险区域群众9万余人。各成员单位部门各司其职，密切配合，确保各项防御措施落实到位，成功抗御台风"妮妲"，将灾害损失降到最低。

（董欣欣）

爱国卫生运动

【概况】 2016年，佛山市开展爱国卫生运动，落实《佛山市防蚊灭蚊行动方案》，开展以防蚊灭蚊为主的病媒生物防制工作，建立重点监控区域，引入健康村（居）蚊媒量化监控工作机制，开展蚊媒监测工作，全市蚊媒监测哨点增加到1500个。推进健

2016年12月13日，杭州市健康城市建设指导中心研究部主任李金涛（右三）到佛山市五星级健康村禅城区南庄镇紫南村考察

康城市建设，印发《佛山市建设健康细胞工程实施方案（2016—2020年）》，开展健康素养促进行动、健康中国行活动、控烟活动、健康素养知识竞赛等一系列活动。开展各类卫生（健康）创建工作，至年底，全市有国家卫生镇19个、省卫生镇3个、省卫生村1213个（其中行政村451个）、市级三星级以上健康村（居）131个。

组织开展迎新春爱国卫生运动，确定1月29日为“全市统一行动日”，并抓好病媒孳生地清理及密度控制工作。组织开展第28个爱国卫生月活动，制订印发《佛山市第28个爱国卫生月活动方案》，确定活动主题为“灭蚊防病　健康你我”。在禅城区东方广场开展以“清积水　清杂物，除四害保健康”为主题的秋季爱国卫生运动统一行动日专项宣传活动，开展以防蚊灭蚊为重点的秋季爱国卫生运动。

【环境卫生综合整治】 2016年，佛山市爱国卫生运动委员会办公室按照《2016年佛山市爱国卫生工作要点》，组织协调各有关成员单位开展以清理病媒生物孳生地和卫生死角为主要内容的环境卫生整治。佛山市住房和城乡建设管理局开展农村生活垃圾专项治理工作，重点做好2016年省农村生活垃圾收运处理工作第三方评估的迎评工作，并重点加强建筑工地防蚊灭蚊工作。佛山市教育局召开学校卫生工作会议，对防控寨卡病毒病、登革热和爱国卫生工作进行部署，并于4月18—22日在全市中小学、托幼机构开展校园卫生整治活动。佛山市旅游局落实市内旅游景区防蚊灭蚊工作，并加强旅游企业管理，指导旅游企业做好防控工作，强化寨卡病毒病和登革热防控的责任意识和风险意识，做好出境旅游人员的宣传教育。佛山市工商行政管理局重点开展辖区内市场卫生保洁和蚊媒控制督导工作。佛山市环境保护局开展黑臭水体整治、饮用水源保护区域违法项目清理以及生活垃圾、污水处理等专项监督检查工作。佛山市食品药品监督管理局开展直管餐饮单位病媒生物防控及除“四害”工作专项检查。

【卫生（健康）创建】 2016年，佛山市三水区、高明区共44个自然村成功创建为广东省卫生村。推进“广东省卫生镇”全覆盖工作。佛山爱卫办组织专家到高明区更合镇、三水区南山镇和大塘镇督导检查爱国卫生工作。是年，高明区明城镇通过“广东省卫生镇”复审，更合镇成功创建为广东省卫生镇。禅城区南庄镇、南海区狮山镇再次通过“国家卫生镇”复审。6月，国家卫生与计划生育委员会副主任王国强到佛山市调研爱国卫生工作，考察佛山市五星级健康村——紫南村，并对佛山市“健康”创建工作给予高度评价。是年，佛山市加大健康村（居）督导检查力度，并按照《佛山市健康村（居）指标体系》组织开展市级健康村（居）创建工作。

（李永适）

环境保护

综　述

【概况】 2016年，佛山市打造“环境质量年”，健全环境保护“党政同责、一岗双责”机制，推进生态环境治理体系和治理能力现代化。

大气环境质量　二氧化硫（SO_2）、二氧化氮（NO_2）、可吸入颗粒物（PM_{10}）、细颗粒物（$PM_{2.5}$）年均浓度分别为14微克/立方米、41微克/立方米、55微克/立方米、38微克/立方米，一氧化碳（CO）浓度的第95百分位数为1.3毫克/立方米，臭氧（O_3）日最大8小时滑动平均浓度的第90百分位数为160微克/立方米。空气质量指数（AQI）优良天数310天，占有效天数比例为84.7%，影响空气质量的主要污染物为臭氧（O_3）、二氧化氮（NO_2）和细颗粒物（$PM_{2.5}$）。全市降水pH值为5.10，比上年上升0.26个pH单位；全年酸雨频率为50.4%，比上年降低2.8个百分点。酸雨污染较上年略有缓和。

水环境质量　佛山市饮用水源地水质均达到《地表水环境质量标准》（GB3838—2002）Ⅲ类水质标准，水质状况总体保持优良。饮用水源地水质达标率为100%。主要江河水质状况总体优良，平洲水道符合《地表水环境质量标准》（GB3838—2002）Ⅲ类水质，容桂水道、潭洲水道、西江干流水道、东平水道、顺德水道、东海水道符合《地表水环境质量标准》（GB3838—2002）Ⅱ类水质，与上年相比水质保持稳定。7条主要内河涌中，桂畔海和高明河达到Ⅲ类水质，佛山水道达到Ⅴ类水质，其余的西南涌、大棉涌、大良河、水口水道为劣Ⅴ类水质。影响水质的主要污染物为氨氮、总磷、化学需氧量、五日生化需氧量等。

声环境质量　全市声环境质量基本稳定。全市区域环境噪声昼间平均等效声级为57.6dB（A），总体水平为“一般”；道路交通噪声昼间平均等效声级为68.2dB（A），总体水平为“好”；功能区昼间和夜间噪声未能全面达标。

【100项环保民生实事】 2016年是佛山市的“环保质量年”，年初，佛山市推出新一轮100项环保民生实事。其中大气污染防治任务22项，水环境整治任务31项，废物管理任务10项，环境管理任务37项。为完成100项环保民生实事，佛山市环保执法力度进一步加强，全年全市出动环境监察人员16.41万人次，现场检查企业63727家次，立案处理企业1440家，罚款金额6511.61万元。至年底，100项环保民生实事中已完成80项、基本完成14项、未完成6项，完成率达94%，整体进度良好。完成事项中，大气污染防治任务全部按时完成22项，水环境整治任务中完成16项，环境管理任务完成34项。对于未完成的项目，市环保局要求，各区各相关部门要继续推进，尽快完成。

【环境保护“一岗双责”】 2016年12月20日，佛山市印发实施《佛山市环境保护“党政同责、一岗双责”责任制实施办法》（简称《实施办法》），在广东省首创打造环境保护“一岗双责”大环保格局，全面进入环境保护“党政同责、一岗双责”新阶段，党政同责加快补齐佛山环保短板。

《实施办法》明确责任主体为各区区委、政府及41个市有关部门。党委责任重点是考核制度体系健全、总体决策部署、环保队伍建设、环保意识培育、严格考核问责等；政府责任重点是考核环境质量改善和环境管理具体任务的落实。《实施办法》对原市环境保护委员会调整升格，原由市长任主任，调整为由市委书记、市长任主任，顶格创设环境保护责任机制。“党政同责、一岗双责”考核采取资料审核、现场检查和邀请人大代表、政协委员、市民代表、第三方参与评价等方式进行。

【排污权交易试点】 2016年，佛山市印《佛山市排污权有偿使用和交易管理试行办法》，其他配套文件也编制完成。完成1500家环统工业企业的排污核定与分配。规范排污许可证管理，将排污权有偿使用和交易试点工作与排污许可管理体制改革结合起来，统一许可证的核发管理，全市发放且仍在有效期内的排污许可证合计3574个。对污染源排放总量和浓度实施“双监控”，佛山市是全省唯一开展该项工作的城市，为总量执法、排污权交易提供硬件和数据基础。

（姚　瑾）

环境综合整治

【环保违规建设项目清理整治】 2016年，佛山市出台《佛山市深化环保违规建设项目清理整治工作机制改革工作方案》，理顺环保违规建设项目清理整治工作办法、措施、程序、职责分工等，成立实施环保违规建设项目清理整治工作领导小组，负责对环保违规建设项目清理整治工作的领导、协调和监督。全年全市排查发现的违法违规建设项目总数为7529个，已按要求完成清理整顿任务。

【大气污染防治】

重点行业大气污染整治　2016年，佛山市出台2016年度大气污染防治行动方案、环境空气质量赶超行动方案、重点区域大气污染精准防治实施方案及铝型材、锅炉淘汰等专项配套整治方案，市领导多次召开现场会，全面部署重点工业企业大气治理工作。完成电厂“超洁净排放”改造，累计投资10.8亿元。150家企业完成挥发性有机物污染排放“一厂一策”精细化整治工作，淘汰346台10蒸吨/小时及以下高污染燃料锅炉，134家铝型材企业完成清洁能源全替代工作，600家餐饮企业完成油烟整治任务。

移动源污染防治　2016年，佛山市严格把关新车入户环保审核，强化源头控制；推进省下达的黄标车和老旧车淘汰任务，全市淘汰黄标车及老旧车辆2.16万辆；通过路检及智能监控识别抓拍等手段，专项整治黑烟车，建成60个黑烟车抓拍点，累计共抓拍尾气冒黑烟车辆8104辆。开展对建设工地、码头的非道路移动机械、船舶、路检点或大型物流公司的机动车，以及加油站油品质量的专项抽查。联合市海事局、交通运输局、国土规划局等单位开展对工地、码头等非道路移动机械废气排放的督查。

不利气象条件的大气污染精准防治　2016年，佛山市出台《佛山市重点区域大气污染精准防治实施方案》和《佛山市大气污染防治督查工作方案》，根据不利气象条件的影响程度，在环境质量数据达到重污染天气防范预警的条件前增设三级“重污染天气防火墙”，通过“技防”和“人防”相结合，明确落实监管责任，做好日常管控、轻度污染管控、中度污染管控和重度污染管控等管控措施，实施对各类大气污染源的分级管控。从10月下旬开始，佛山市环境保护委员会办公室牵头落实日常督查、巡视督查、应急督查三级督查机制，各级部门通力合作，对工业企业、工地、机动车尾气、露天焚烧等污染源严防死守，实施拉网式清查，精准打击环境污染黑点。市委督查室牵头组织市环境保护局、住建管理局、交通运输局、国土规划局每日组成3个专项督查组开展为期半个月的扬尘污染防治专项督查，重点督查各级政府及相关部门履行扬尘污染防治责任情况。10月至年底，全市各级各部门共派出81586人次，检查工业污染源25648个次、餐饮油烟污染源5179个次、扬尘污染源30285个次，扑灭露天焚烧污染源1487个，尾气抽检15607车次。其中问题污染源6342个，责令停工停产1739个，完成整改4918个。至年底，共建成113个大气微型站，有利于进一步实施大气污染精准防治。

【水污染防治】

治水计划的制订　2016年，佛山市整合优化“一河一策”方案，铺排落实新一轮水环境整治工作，编制水污染防治工作方案、城市建成区黑臭水体综合整治方案、广佛跨界流域水环境“四源共治”工作方案等系列文件，推进水环境质量目标管理与流域综合治水相结合，将全市划分为22个控制单元，设置46个市级考核断面及6个水质参照断面，搭建“流域—控制区—控制单元分区”管理体系，落实治水目标、任务、项目和措施。

“一河一策”及黑臭水体整治　2016年，佛山市推进第一批42条“一河一策”重点河涌整治效果的第三方评估工作（第一批重点河涌整治于2013年启动），以水质改善目标复核整治项目成效。推进第二批“一河一策”90条重点河涌综合整治，因地制宜推进截污、清淤、疏浚、引水活水等多项治水措施，涉及治理项目306个。在重点河涌整治过程中，继续落实“涌长”责任制。全面铺开全市建成区6条属于黑臭水体的综合整治，按季度将进展情况报住建部“城市黑臭水体整治监管平台”。6条黑臭河涌中，顺德区英雄河已消除黑臭，另外，除高明区围拳涌前期启动有些拖后外，禅城区鄱阳环村涌，南海区三圣河、五胜涌，三水区大棉涌等4条河涌基本消除黑臭，水质感观明显改善。

农村分散式污水处理设施建设　2016年，佛山市印发实施《佛山市分散式生活污水处理设施建设工作方案（2016—2018）》，对未能纳入城镇污水收集管网纳污范围的村（社区），在原已建成172个、合计日处理能力5.16万吨的农村分散式生活污水处理设施的基础上，完成新增日处理能力5.3万吨的建设任务。探索利用政策性优惠贷款解决水环境整治工作及分散式生活污水处理设施建设等所需资金投入大、融资难的问题。

饮用水源安全保障　2016年，佛山市环保部门以不定期抽查、汛期突击巡查和联合水务部门联合巡查等方式，对佛山市饮用水源保护区保护情况进行检查，基本完成对南海第二水厂饮用水源一级保护区内违法项目的清理工作。开展饮用水源保护区调整工作，完成全市省级及乡镇级集中式饮用水源地标准化建设工作。

【土壤和固废污染防治】

土壤污染防治　2016年，佛山市以改善土壤环境质量为核心，以保障农产品质量和人居环境安全为出发点，贯彻落实国家“土十条”的要求，编制《佛山市土壤污染防治行动计划实施方案》。开展污染场地修复试点研究，为后续开展污染场地修复提供工作依据。

危险废物及严控废物的处理处置　2016年，佛山市加大危险废物处理处置工作的统筹协调力度，启动南海绿色工业服务中心项目建设工作。制定危险废物规范化监管服务评估体系，利用固体废物电子联单系统实现危险废物的信息化管理，强化监管，全年共现场检查严控废物产生单位44个、危险废物产生单位173个、危险废物处置单位5个。

【农村环境连片治理】　2016年年初，佛山市开始实施2016年村级工业区环境整治提升工作，完成第二批100个村级工业区的“一村一策”环境整治提升方案编制。至年底，共计完成清理淘汰企业1221家，整治提升企业2729家，并对2209家企业纳入强化监管，其中1670家企业开展或完善相关环保手续审批。

（姚　瑾）

环境监督和管理

【环境保护执法】　2016年，佛山市采取“网格化+双随机”环境执法抽查方式，实现从普查式执法到精细化执法的转变，实现抽查留痕。开展专项执法行动及交界区域联合执法，开展对重点区域、重点行业、重点环境问题针对性执法，重点解决校园周边环境问题、三水军区农场环境问题和范湖工业区环境问题等突出环境问题，打造精准执法体系。构建公开透明的行政处罚体系，规范环境行政处罚流程，出台行政处罚自由裁量权执行规定，创新性地采用“裁量幅度+调整系数”模式。全年全市共立案处理企业1440件，罚款金额达6511.61万元。开展环境执法大练兵活动，全面提高全市环境执法水平。

是年，市环境保护局与市公安局继续升级执法协作机制，抽调专人组成环境污染犯罪案件侦查专业队。与法院、检察院、公安部门联合出台《关于办理环境污染犯罪案件若干问题的意见》，建立联席会议制度，合力打击环境污染犯罪行为。全年移送行政拘留案件11件，移送涉嫌污染环境犯罪案件47件。

加强对重难点项目推进情况的督查，重点对部分污水处理厂长期超标排放问题、建设工地扬尘污染和道路遗撒的处罚问题、顺能环投热电项目、广佛跨界河流佛山部分水质恶化、南海中南铝车轮信访事件等突出环境问题进行专项督办。开展对三水区大气环境专项巡视督查行动，全力打击违法行为，共巡视督查工业企业62家，其中建议立案查处20家，三水区第三季度空气质量有明显改善。

【环境信访和有奖举报】 截至2016年年底，佛山市环境信访总数14813件，已处理14589件，处理率98.5%。出台《佛山市环境违法行为举报奖励办法》，扩大举报的适用条件和举报方式，并将最高奖励金额提高至20万元。印发《佛山市工地扬尘污染和露天焚烧有奖举报方案的通知》，对审核属实的举报人，给予100元奖励。

【环境风险防控】 2016年，佛山市出台《佛山市企业事业单位突发环境事件应急预案备案管理实施办法（试行）》《企业落实环境安全主体责任工作指引》《进一步加强我市环境安全化解环境风险工作实施意见》等纲领性文件，强化完善环境风险防控体系建设。开展环境安全隐患排查整治，督促企业实施应急预案备案，完成900多家企业的预案备案。实施突发环境事件应急演练，提高环保部门应对突发环境事件应急处置能力。

【中央环保督察组督察佛山】 2016年11月，中央环境保护督察组进驻广东省开展督察。佛山市主动接受督察，全力配合督察，成立协调联络组，建立自上而下的市、区、镇快速处理机制以及畅顺的横向工作联动机制。建立铁心督查、铁腕处理、铁面问责的“三铁”机制，做好重点环境问题边督边改工作，借机借势把环保“老大难”问题、积重难返问题集中解决好。至12月31日，全市立案处罚、关停取缔污染企业分别达254家、161家。

【环保立法】 2016年7月1日，佛山市首部环保地方法规《佛山市机动车和非道路移动机械排气污染防治条例》正式实施。该条例吸纳全市治理“黑烟车”的思路和实践，创设具地方特色的“黑烟车”查处制度。该条例还对机动车、非道路移动机械销售及其燃油、发动机油生产、销售都提出相关规定。是年，按照市人大的工作部署，完成《佛山市扬尘污染防治条例》（草案）的起草工作。

【环保规划】 2016年，佛山市推进《佛山市加快推进生态文明建设的实施方案》《佛山市全方位的环境保护规划》《佛山市生态文明建设规划》《佛山市生态严格控制区修订》等规划编制工作，以规划引领生态文明建设。开展“互联网+”环保建设，完成污染源在线监控系统改造升级，提升监管执法能力。出台《佛山市“互联网+”环境保护工作方案》，完善建设佛山“互联网+”环境保护体系，基本完成整体规划设计，启动建设模式及服务购买方案设计工作。

【环评审批】 2016年，佛山市严格实施差别化环保准入管理，加强环保准入管控，严格环境审批管理制度。印发《佛山市深化环评审批制度改革实施意见》，强化规划环评，加强规划环评与项目环评联动，落实国家关于环评登记表备案制改革工作，提高建设项目环评效能和环评审批服务效率，建立健全环评市场监管制度。支持省、市重点项目建设，做好环评审批服务，全力支持项目建设。

【企业环保自律的督促】 2016年，佛山市落实《企业事业单位环境信息公开办法》，发布重点排污单位名录，督促企业落实信息公开。建立环保违法企业“黑名单”，对发现违反环境保护法律、法规的企业，通过市环保局网站、企业信用信息系统公示相关信息。开展“黑色物业”定期公布工作，对出租给无牌无证污染、违法排污及有严重环境违法行为的物业通过环保局网站、佛山微信公众号对外公示。

（姚　瑾）

旅　　游

综　述

【概况】 2016年，佛山市接待国内外游客4570万人次，比上年增长8.09%；接待国内外过夜游客1351.04万人次，增长7.81%；景区接待国内外游客4066万人次，增长1.77%；旅游总收入624.73亿元，增长14.36%，其中国内旅游收入528.81亿元，增长14.62%；实现旅游外汇收入14.44亿美元，增长5.02%。旅游总收入占地区生产总值比例7.24%；旅游增加值281.13亿元，占地区生产总值比例3.26%，占地区第三产业增加值比例8.33%。推动2015广东国际旅游文化节佛山签约项目17个，完成投资额82.11亿元，占总投资额比例39.08%。全市拥有对外开放旅游景区（点）73个，其中国家AAAAA级旅游景区2个、国家AAAA级旅游景区15个、国家AAA级旅游景区4个。旅游星级饭店57家，其中五星级旅游饭店10家、四星级旅游饭店15家。旅行社115家。持证导游员4441人，其中中级导游141人、高级导游16人。

2016年佛山市旅游经济发展情况统计表

类　别	接待过夜旅游者（万人次）	旅游总收入（亿元）	旅游外汇收入（万美元）	一日游人数（万人次）	旅游从业人员（人次）
全市合计	1351.04	624.73	144446.49	3219	61154
禅城区	378.73	206.98	57834.45	839.46	4275
南海区	359.62	167.35	20525.91	893	31713
顺德区	369	175.4	59021.08	754.62	10269
高明区	54.01	35.5	2506	407	1706
三水区	189.68	39.5	4559.05	324	13191

【“黄金周”旅游】 2016年，春节“黄金周”、国庆“黄金周”期间，佛山市五区各旅游单位（景区）结合自身特点，各自推出与节日特点相应的旅游产品。

春节“黄金周”　春节“黄金周”期间，佛山的旅游以喜庆特色为主，景区活动丰富多彩。如佛山祖庙博物馆举办万福粤韵贺新年，南风古灶举办走“龙窑”祈福，长鹿旅游休博园上演环保主题舞台剧《地球村》，盈香生态园“油菜花节”盛大开幕，三水荷花世界上演金猴闹新春大型文艺汇演，等等。春节“黄金周”佛山市接待国内外游客327.62万人次，比上年同期增长19.78%。景区接待国内外游客313.12万人次，增长19.67%。旅游总收入17.90亿元，比上年同期增长10.02%。

国庆“黄金周”　国庆“黄金周”期间，佛山的旅游突出游玩等特点，如西樵山举办2016黄飞鸿杯第12届世界华人狮王争霸赛暨水上双狮挑战赛，中央电视台南海影视城举行国家AAAA级旅游景区挂牌仪式，逢简水乡举办2016顺德水乡民俗文化节，三水温泉推出泡长寿水、品长寿家宴活动，等等。国庆“黄金周”佛山市接待国内外游客434.51万人次，比上年同期增长22.92%。景区接待国内外游客386.76万人次，比上年同期增长26.38%。旅游总收入23.37亿元，比上年同期增长13.96%。

【旅游界走进广宁探访贫困儿童】 2016年6月5日，佛山市旅游协会“快乐6＋1”旅游联盟联同佛山至尚行同行中心，共同组织佛山市多家旅行社企业代表共30多人奔赴肇庆市广宁县，举行“旅游界大爱无疆，小爱众志成城”走进广宁探访贫困儿童献爱心活动，帮扶救助当地贫困儿童。该次探访活动给当地儿童带去学习资料、生活用品及帮扶资金一批，表达佛山旅游人对贫困儿童的热爱和关心，同时宣扬“快乐旅游，让旅游把快乐带给大家”的精神。

【文明旅游+公益骑行】 2016年11月15日，佛山市"为中国加分——岭南之魅'骑'共赏　文明旅游齐参与"活动，吸引领导嘉宾、文明旅游公益大使、旅游志愿者、省市主流媒体记者以及市民代表共100多人参与。活动调动和发挥文明旅游公益大使及旅游志愿者队伍的先锋力量，营造全社会自觉践行文明旅游的浓厚氛围。来自社会各界、经过遴选脱颖而出的8位市民获颁"佛山市文明旅游公益大使"。佛山市旅游局在活动开始举办"岭南之魅'骑'共赏　文明旅游齐参与"随手拍摄影大赛，制作文明旅游专题宣传片，并在活动现场公布文明旅游随手拍摄影大赛评选结果。

【西樵山景区赴长鹿旅游休博园学习交流】 2016年12月22日，佛山市旅游局组织西樵山景区管理人员共20人到长鹿旅游休博园进行学习交流，共同探讨旅游服务质量及旅游安全监管提升工作。交流团实地了解景区在服务指示标识、消费投诉引导、客流疏导、安全指引等方面的经验做法。在交流会上，长鹿负责人介绍景区在服务标准化建议方面取得的成功经验。西樵山负责人在会上交流西樵山智慧旅游的经验做法，并着重介绍景区如何利用智慧旅游视频安全监控系统，为景区实现现代化安全监管提供技术保障与支持。交流活动促进佛山两家国家AAAAA级旅游景区相互沟通和学习。

（陈森平）

旅游市场开拓

【概况】 2016年，佛山市旅游主管部门与广州铁路部门、佛山市旅游协会、佛山市旅行社协会等联手开拓高铁旅游业务，开出"传奇佛山号"高铁旅游专列。组织参加广州国际旅游展、上海国际旅游展、香港国际旅游展、韩国首尔旅游展，广东旅游产业博览会、台北两岸观光博览会，组织策划粤桂黔高铁经济带旅游产业联盟成立、广佛肇清云韶联合促销、佛山旅游专场推介会、旅行商及新闻媒体踩线等活动，开拓境内外客源市场。强化城市旅游形象推广，推进目的地品牌建设。主动参与香港特区政府"欣赏香港"之"赏心乐食Together"活动，举办2016香港·佛山节，加强佛港两地旅游、美食、文化交流。开展"闻香识顺德"顺德美食巡展活动，彰显"世界美食之都"品牌。强化节事营销和新媒体营销，推进佛山旅游品牌建设。以佛山秋色民俗文化活动为契机，邀请粤桂黔及高铁经济带省、市旅游主管部门、旅游业界齐聚佛山，加强沟通协商，增进旅游交流与合作。

【佛山市参展2016广州国际旅游展览会】 2016年2月25—27日，2016年广州国际旅游展览会在广州市中国进出口商品交易会琶洲展览馆举行，佛山市联合广州、肇庆以广佛肇旅游联盟名义共同参展，设立广佛肇旅游展位，三市携手，加强区域旅游合作，齐推广佛肇联线旅游产品。南海区、顺德区和番禺区整合三地旅游资源，设立南番顺旅游展位，抱团出击，共同推广三地旅游精品线路。该展会佛山逾60家企业参展，比上届增加两成。

【"闻香识顺德"美食巡展】 2016年3月26日，"闻香识顺德"美食巡展活动在碧桂园广州凤凰城酒店启动。随后，活动以"闻香识顺德"为主题，以"全民最爱十大顺德菜"为主推菜色，分别在广州、江门、惠州、肇庆、佛山等珠三角城市和江苏南京等地举办顺德美食品鉴活动，通过美食现场推介、美食制作品尝、名厨现场表演等，配合推出美食宣传资料、顺德特色产业展示以及播放美食宣传片，邀请各地电台深度报道，开展媒体联动宣传，集中展示推介顺德美食、顺德文化。顺德美食巡展活动吸引珠三角广播美食联盟电台众多明星主持参与，通过节目、个人公众微博、节目公众微信等平台，宣传推介顺德美食。

【佛山市参展香港"赏心乐食Together"】 2016年4月16日，香港特区大型户外活动"赏心乐食Together"在香港维多利亚公园开幕。该活动是香港特区政府"欣赏香港"十大亮点项目之一，以欣赏中国传统特色及品尝家乡美食为主题，展现来自广东、广西、福建及东南亚等多个地区的独特文化。佛山市是该次活动广东社团重点邀请城市之一，佛山市政府组织演职人员、企业代表共70多人参加。在香港广东社团总会美食文化展示专区

20个参展摊位中，佛山参展摊位占18个。佛山市得心斋食品有限公司、佛山市南海奇峰调味食品有限公司、顺德梁桂欢伦教糕食品有限公司等知名企业参展，佛山国家级非遗项目如剪纸、狮头扎作和香云纱工艺传承人等到现场展演。活动中，佛山特产如酝扎猪蹄、盲公饼、九江煎堆、桃花饼、双皮奶、均安蒸猪、烧猪、鱼饼、伦教糕、崩砂、鸡仔饼、蛋散以及各类佛山特色工艺品大受香港市民欢迎。

【佛山市首届厨王技能争霸赛】 2016年5月28日，佛山市首届厨王技能争霸赛在高明区美的·鹭湖森林度假区开赛。该项赛事旨在培育和弘扬佛山餐饮服务行业的“工匠精神”，提升佛山市旅游饭店厨师烹饪技艺水平，有近50名选手参与竞技角逐，分别来自于全市各大星级饭店和餐饮企业。赛事诞生的“厨王”获得1万元奖金，在佛山同类比赛中尚属首次。名列前茅的获胜选手不仅奖金丰厚，还获得佛山市人力资源和社会保障局授予“佛山市技术能手”称号。经过竞争较量，顺德万豪酒店的黄镜财获得“厨王”称号。整个赛事融合佛山工艺展内容，展示佛山制造特色工艺和民俗文化。

【“佛山传媒号”高铁开进大上海】 2016年6月1日，2016“佛山传媒号”高铁走进大上海主题活动启动。该活动由佛山电台六套频率滚动播出传媒号高铁之旅系列宣传，佛山五家旅行社接受市民报名，招募市民体验上海独有的历史与现代的文化交融，在当地以互动形式宣传推广佛山旅游、饮食文化及制造业。报名市民于7月18日启程，乘坐高铁前往上海，品繁华都市独特滋味，游精品水乡乌镇，玩转上海迪士尼，与佛山电台名DJ在横店梦工厂拍电影，开启专属定制的欢乐旅程。

【首趟“传奇佛山号”广西高铁旅游专列开进佛山】 2016年7月22日，首趟“传奇佛山号”广西高铁旅游专列抵达佛山，来自南宁、贵港、桂林、柳州等地600多名游客开始为期三天的休闲度假旅游，这是佛山旅游历史上首次一次性组织外省大型旅行团到访佛山观光游览。三天时间，“传奇佛山号”广西高铁旅游专列游客先后游览南风古灶、逢简水乡等佛山多个著名旅游景区，品味负有盛名的佛山美食。

【佛山参展2016中国（广东）国际旅游产业博览会】 2016年9月8—11日，2016中国（广东）国际旅游产业博览会在广州举行。佛山市在中华馆设立佛山旅游展馆，共组织40多个单位参展，涉及景区、旅行社、酒店等产业。佛山旅游展馆以“魅力古村落”为主题，首次在广东旅博会推介佛山古村落旅游。

【2016香港·佛山节】 见238页《2016香港·佛山节》

【粤桂黔高铁经济带旅游产业联盟成立】 2016年11月4日，粤桂黔高铁经济带旅游产业联盟在佛山市禅城区召开筹备会，12月23日，在南海区举行成立仪式。成立仪式上，粤桂黔高铁经济带旅游合作成果《粤桂黔高铁旅游手册》《粤桂黔高铁旅游地图》首发，粤桂黔高铁旅游资讯APP正式上线，同时还举办粤桂黔高铁经济带13市（州）旅游推介会。旅游产业联盟以广州、佛山、肇庆、云浮、南宁、桂林、梧州、贵港、贺州、柳州、贵阳、黔东南、黔南等13个城市旅游主管部门为主导，以旅游行业协会为载体，发动旅游企业积极参与，设计和推广粤桂黔高铁经济带旅游线路产品，策划和研究粤桂黔高铁经济带旅游优惠套票，组织和开展各城市间客源互换、游客互动等系列活动。《粤桂黔高铁旅游手册》《粤桂黔高铁旅游地图》标示南广高铁、贵广高铁线路以及各城市列车到站时刻表，囊括粤桂黔高铁经济带13个城市的文化习俗、旅游资源、人文历史、餐饮住宿等内容。粤桂黔高铁旅游资讯APP设有地图、商城、达人等板块，集合手绘地图导览、图文导览、语音导览、定位导航、门票购买、酒店预订、纪念品商城、手信商城、活动报名、名人导购等30多项创新功能，有效提升游客“智慧旅游”应用体验。旅游产业联盟的成立及其一揽子措施，将有利13个城市资源共享、优势互补、互联互通，从而做强旅游产业。

【旅游推介活动】 2016年，佛山市既有向外地城市推介旅游的活动，又有迎来外市推介旅游资源的活动。

佛山到南宁推介活动 6月2—3日，由佛山市旅游业界、家装（家具、建材、家纺等）行业协会代表组成的佛山旅游（经贸）推介团，赴南宁市举办佛山旅游（经贸）推介活动，向南宁市民展现岭南风情和家居产业风采。佛山、南宁两地旅行社代表签订《客源互送合作协议》，佛山家装（家具、建材、家纺）行业协会与南宁市房地产业协会签订《南宁·佛山家装旅游和经贸合作框架协议》。

茂名到佛山旅游推介会 5月25日，茂名市到佛山举行茂名佛山旅游推介会，佛山市旅游协会组织全市旅行社、星级饭店和旅游景区等会员单位负责人共50多人参加。佛山市旅游局与茂名市旅游局分别代表两市签署旅游合作协议。茂名放鸡岛、浪漫海岸、御水古温泉和森林公园等旅游企业分别进行旅游推介，佛山、茂名两地旅游企业开展交流与工作对接。

鼎湖旅游专场推介会在佛山举行 7月23日，肇庆市鼎湖区以"大鼎湖·深呼吸"为主题的鼎湖旅游专场推介会在佛山市禅城区举行。佛山市旅游协会和市旅游协会自驾车游分会作为该次活动支持单位，发动并组织佛山市内旅行社会员单位积极参加推介会，为佛山与肇庆、鼎湖旅游资源共享、客源合作、紧密融合、互补发展创造条件。佛山、鼎湖两地的康辉国旅签订合作协议，佛山市旅游协会与肇庆市鼎湖区旅游发展协会签署战略合作协议，打造全域旅游联盟，携手推介鼎湖和佛山两地旅游资源。

（陈森平）

旅游开发建设

【概况】 2016年，佛山市坚持规划引领，推进旅游重点项目开发建设。编制完成《佛山市旅游业发展"十三五"规划》《佛山市旅游文化创意产业"十三五"（2016—2020年）规划》，旅游产业近期、中期、远期发展框架初步搭建成型。健全重点项目联系制度，加强服务指导和跟踪督促，广东国际旅游文化节佛山市17个签约项目全部开工建设，累计完成投资82.11亿元，占总投资的39.08%。其中，华艺（国际）装饰博览城、安纳西小镇、鹭湖首期体育旅游项目、爱丽丝仙境花海等项目竣工营业。创新旅游项目集聚平台，举办2016西樵山·岭南文旅投资洽谈会。扩大旅游景点、星级饭店无线覆盖范围，"智慧旅游"建设提速。旅游与各产业融合，培育工业游、武术游、美食游、古村游，佛山旅游新业态日渐丰富，旅游消费热点持续增多。罗浮宫国际家具博览中心入选首批国家工业旅游创新单位。西樵山、盈香生态园申报为广东省游学旅游示范基地。冯了性国医馆创建中医药游示范基地和示范点。房车、露营、越野、拓展、路亚、木屋等高端旅游产品走俏。佛山历史文化街区、罗浮宫家居乐活苑创建国家AAAAA级旅游景区步入启动阶段。推动佛山西站旅游集散中心建设。推进旅游厕所建设，全市奖励新建、改（扩）建旅游厕所400多万元。

【国家级旅游景区建设】 2016年，佛山市创建一批国家级的旅游景区景点。5月25日，柏林艺术馆举行国家AAA级旅游景区揭牌仪式。柏林艺术馆位于佛山市禅城区石湾陶醉文化街区北纬23度艺术空间，是中国工艺美术大师潘柏林一手建立的艺术殿堂，是广东省唯一一个陶瓷类私人艺术馆国家AAA级旅游景区，占地4000平方米，是石湾陶瓷走向全国、走向世界的重要窗口。8月10日，中央电视台南海影视城被正式授予国家AAAA级旅游景区，10月1日，举行挂牌仪式。11月28日，国家旅游局组织推选出22家单位为首批国家工业旅游创新单位，并进行授牌仪式，佛山的罗浮宫国际家具博览中心成为佛山唯一一个入选单位。罗浮宫国际家具博览中心整体卖场面积45万平方米，2012年成为国家AAAA级旅游景区，每年接待来自105个国家和地区180万人次参观旅游。

【佛山与外地旅游界交流互动】 2016年，佛山市旅游业不仅开拓本地资源市场，还积极参与外地的旅游交流。4月12—15日，佛山市旅游协会、佛山市旅游协会导游分会随广东旅行社协会一同前往上海，与上海金棕榈企业机构、上海市旅游行业协会、上海众信国际旅行社有限公司等进行交

2016年8月19日，“探寻古村落，领略佛山味”佛山古村游启动仪式在三水区长岐古村举行

流学习。8月10日，贵州省举行黔南州第九届旅游产业发展大会时，佛山旅行社协会组织佛山禅之旅、佛山南湖国旅及佛山广之旅等3家单位参加了会议。8月13—14日，广东省“美丽乡村·全域自驾”活动（惠州龙门）暨粤港澳湘闽琼桂赣“六省二区互动自驾”启动仪式在惠州市龙门县举行，佛山市旅游协会、佛山市旅游协会自驾车游分会会长单位——佛山市和平国际旅行社有限公司相关负责人参加了活动。8月29日，佛山市旅游局赴清远市考察乡村民宿发展工作，并与清远市旅游局进行交流，双方就乡村旅游、乡村民宿规划编制、政策扶持、宣传推广、行业监管等领域内容展开深入探讨。9月3日，佛山市旅游协会组织全市旅行社、酒店和景区会员单位共30多人参加“禅行四会、玉润人生”15千米徒步旅游活动。9月28日，20多家佛山市旅行社企业代表参加中山泉林四季花海踩线考察。10月12日，佛山市旅游主管部门和4家旅行社主要负责人拜访凉山州旅游局，并与当地旅行社代表进行座谈，共同探讨两地客源互送、合作事宜，两地旅游主管部门就旅游规划建设、客源组织、宣传营销等多方面交流合作交换意见和看法；对接结束后，佛山市各旅行社迅速行动，整合梳理凉山的旅游资源和彝族风情，结合佛山市民的需求喜好，设计多条特色旅游产品线路，主动向凉山输送旅游客源。

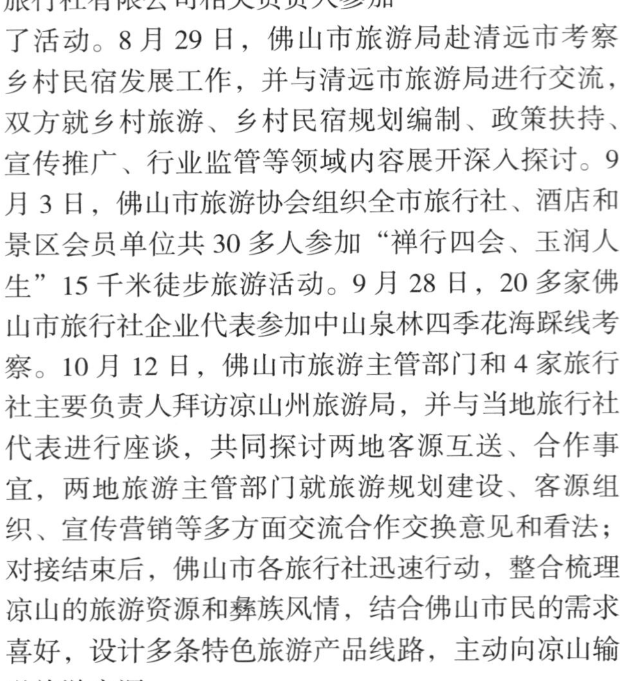

【“探寻古村落　领略佛山味”佛山古村游启动】 2016年8月19日，“探寻古村落　领略佛山味”佛山古村游启动仪式在三水区长岐古村举行。活动以旅游基础条件较为成熟的隆庆村、松塘村、烟桥村、碧江村、逢简古村、深水村、长岐村、大旗头村等8个传统古村落为重点，整合周边旅游资源，打造特色旅游线路，致力打响佛山古村落旅游品牌。同程旅游线上平台对8条佛山古村游线路进行宣传推广，同时利用线下直营门店，在广州、佛山、深圳、珠海、中山等地直接收客发车，活动启动当天有近千名游客参加。借古村游启动仪式，佛山鼓励和支持更多有条件的古村落发展旅游业，通过“旅游+古村”，展示佛山古村落独特的自然资源及人文风采，让更多游客领略佛山古村落文化的独特魅力。

【第三届佛山名菜评选暨“一店一品”全城美食联动推广】 2016年9月20日，佛山市旅游协会联合佛山日报社、佛山市饮食同业商会共同举办第三届佛山名菜评选暨“一店一品”全城美食联动推广活动。佛山市旅游协会、佛山市饮食同业商会分别发动会员企业报名申报佛山名菜，申报过程遵循佛山名菜品牌需要，坚持动态更新补充、对外保持品质的原则。在征集过程中，往届获奖菜式也可加入本次评选当中，并接受同行企业的挑战，优中拔尖。活动旨在突破常规，与佛山的旅游、文化、历史联动，突出寻找景点、酒店、食肆内或周边让人“食过返寻味”的佛山味道，将佛山美食与佛山旅游紧密结合，丰富美食内涵。另外，佛山市旅游协会将该届及过往两届总共数十道佛山名菜进行整体对外推介。

【传奇佛山游——千人自驾游佛山活动】 2016年12月2—4日，为贯彻落实国家全域旅游发展战略，推动广东乡村旅游、自驾旅游发展，佛山市旅游局和佛山市旅游协会共同举办传奇佛山游——千人自驾游佛山活动。活动精心设计三天二晚行程，涵盖禅城、南海、顺德三地多个景区及特色古村落，组织1000多名来自广州、深圳、珠海、江门、中山、肇庆、清远、汕头、潮州、河源以及广西南宁、柳州、桂林、湖南长沙等地游客，以自驾车和高铁等形式走进佛山，体验佛山的历史文化、武术文化、美食文化和粤剧文化。

（陈森平）

旅游行业管理

【概况】 2016年，佛山市拥有对外开放旅游景区（点）73个，其中国家AAAAA级旅游景区2个、国家AAAA级旅游景区15个、国家AAA级旅游景区4个。星级旅游饭店57家，其中五星级旅游饭店10家、四星级旅游饭店15家。旅行社115家。持证导游员4441人，其中中级导游141人、高级导游16人。

2016年，佛山市推荐4名省级星评员，选拔15名市级星评员；完成13家星级饭店评定性复核；审核完成7家旅行社出境游组团社申请、11家旅行社变更备案、5家旅行社设立、2家旅行社注销。6家旅行社进入全国“百强”旅行社。佛山市旅游协会会长单位佛山中旅获颁“2015年度佛山市禅城区连锁十强”牌匾。吕超获全国第十四批援藏导游西藏自治区先进个人。推荐10名志愿者参与全省旅游质量监督工作。征集300名旅游志愿者加入佛山市旅游志愿者总队。成立佛山科学技术学院、佛山职业技术学院、顺德职业技术学院旅游志愿者分队。开展“为中国加分”文明旅游公益行动暨2016年万名文明游客征集活动。

【省级星评员换届培训】 2016年6月15—16日，佛山市推选15名市级星评员候选人参加广东省星评委在河源市举办的省级星评员换届培训，与省级星评员、监督员一起进行旅游饭店星级评定、复核业务培训，学习饭店星级标准及星评工作规程。主要学习《中国星级饭店评定报告书》《酒店如何在标准化过程中保持可持续竞争优势》《酒店员工的情绪劳动——基于学术研究结论对管理的启示》专业课程。此外，星评员在7位广东省国家级星评员带领指导下，按照真实星级评定线路，开展一场“模拟星评”实操培训。该次培训对于提升佛山市星级饭店评定工作水平，准确把握星评标准，推动全市星级酒店服务质量和水平提高起到很好的促进作用。

【旅行社责任保险统保示范项目续保工作会议】 2016年11月24日，佛山市旅游局组织召开旅行社责任保险统保示范项目续保工作会议。佛山市旅游局、五区旅游局负责人，佛山市旅行社协会及全市60家旅行社有关负责人参加会议。会议介绍旅行社责任保险统保示范项目有关情况，分析旅游行业的前景和风险，用生动案例告诫旅行社要做到安全第一、救援第二、保险第三；要选择优质合作伙伴、减少风险高的线路出团等。会议要求全市旅行社对照《广东省旅行社旅游安全检查规范》检查要求进行自查并评分，对不合格的地方进行整改，确保符合安全生产规范，保障旅行社经营安全。会议还通报“诚信经营旅行社”及“全国旅游团队服务管理系统”等相关情况，鼓励经营信誉好的旅行社积极申报“诚信经营旅行社”，并督促全市旅行社认真按照考核要求登录使用“全国旅游团队服务管理系统”。

【旅行风险及防范教育】 2016年，佛山市加强旅行风险及防范教育。4月28日，佛山市外事侨务局在伊丹友好中心举行广东省预防性领事保护宣传教育基地（佛山）揭牌仪式暨“出国第一课”讲座活动。佛山市6家主要出境游组团社负责人参加活动，并以此为契机，在出境游活动中加强出国人员文明出行教育，做好客人出国前后的特别提醒，宣传公民出国文明礼仪、文明旅游知识，尊重当地风俗习惯，遵守当地法律规定，注意交通安全，防盗、防骗、防诈、防抢、防打。6月6日，佛山市旅游局和佛山市旅行社协会在佛山电大举办旅行社风险及防范专题报告会，邀请旅游法学专家对旅行社、导游和游客们如何处理旅游纠纷、旅游安全和风险防范等话题进行专题讲解，来自佛山和云浮两市旅游主管部门、佛山市旅行社协会和旅行社业界近200人参加报告会。

【导游管理】 2016年，佛山市审核办理320名导游证（IC 卡）和 123 名出境游领队证。3 月 16 日，佛山市旅游局举办全市导游人员专题培训，邀请专家进行“旅游新常态下的导游服务”及“佛山名片，文明导游”专题讲座。佛山市、各区旅游主管部门、市旅游协会、市旅行社协会、顺德区旅游协会相关负责人以及全市导游人员、景区导赏员等 200 多人参加培训。7 月 21 日，“传奇佛山，游我来说”2016 佛山市职业技能大赛导游职业技能竞赛总决赛落下帷幕。导游职业技能竞赛过程中，来自顺德中旅等 7 家旅行社的 10 名选手从 29 名初赛选手中脱颖而出成功进入总决赛，并在总决赛中经过模拟导游讲解、知识问答、才艺表演、情景挑错等环节的重重考验和激烈角逐，10 名选手分获一等、二等、三等奖及优胜奖，10 名进入总决赛选手还获得“佛山市明星导游”称号。9 月 5 日，2016 广东省“红海湾杯”导游职业技能大赛在广州举行，佛山市队、顺德区队 3 个选手获个人项目二等奖及“广东旅游推广大使”称号、2 个选手获得最佳导游词创作奖、6 个选手获“广东省明星导游”称号，佛山队、顺德队均获得团体二等奖和优秀组织奖。10 月 30 日，在 2016 援藏工作总结大会上，佛山导游吕超因出色完成援藏工作，被评为全国第 14 批援藏导游西藏自治区先进个人。11 月 5 日，2016 年全国导游资格考试佛山考点笔试在广东轻工职业技术学院（南海校区）进行，全市共有 499 名考生参加笔试考试。

（陈森平）

旅游市场监督

【概况】 2016 年，佛山市出台《佛山市人民政府办公室关于进一步加强旅游市场综合监管工作方案》，建立权责明确、执法有力、行为规范、保障有效的旅游市场综合监管机制。全年出动检查组 133 个，出动检查人员 978 人次，检查旅游企业 553 家次。全年受理旅游投诉 171 件，法定期内办结率 100%。理赔金额 20.31 万元。推广导游征信系统，建立旅行社、导游服务质量征信数据库和执法人员数据库，定时推送旅游安全提示、气象预警、通知公告、外交部旅行提示等各类信息 1560 条。建立旅游经营服务不良信息记录和“双公示”等制度，公布旅游诚信红黑名单，推动旅游行业诚信氛围形成。

【旅游企业约谈】 2016 年 1 月起，佛山市市、区旅游主管部门根据《广东省旅游局关于对部分旅游企业开展约谈工作的通知》，分别对 2015 年存在旅游安全管理问题、旅游市场违规操作问题、严重倾向性问题、多次故意侵害旅游者权益问题和被投诉举报数量较多的旅游企业开展约谈工作。旅游主管部门针对旅行社存在的导游管理、合同管理、投诉处理、内部风险管理、拖欠游客团款、不及时办理旅行社营业部注销业务等问题，及时向旅行社提出严重警告，责令旅行社提出整改方案，限期整改。同时，要求旅行社强化安全生产和责任监管，提高法律意识，严格履行合同，不断完善管理制度，加强员工业务培训，提升企业服务品质。通过约谈教育，各旅游企业认识到企业内部管理存在问题，承诺将严格落实安全生产主体责任制、加大安全隐患排查力度，遵纪守法，恪守合同，加强管理，诚信服务，提高旅游服务质量，减少旅游投诉和安全事故的发生。

【旅游督导安全检查】 2016 年，佛山市旅游安全生产工作毫不放松，对景区、酒店等旅游设施实施层层督查。

春节旅游安全检查　1 月 18 日，广东省安全督导检查组到佛山开展春节假期旅游安全和旅游市场秩序督导检查，通过查阅台账、实地检查、与旅游企业管理人员座谈等方式，对西樵山、西樵山大酒店、禅之旅西樵门市部等旅游企业进行抽查。1 月 22 日，佛山市副市长麦洁华带领旅游、安监、消防和食药监等部门负责人到禅城区开展旅游安全生产大检查，先后到南风古灶、恒安瑞士大酒店等旅游企业，着重检查旅游景点的道路交通、消防、最大承载量和应急预案制定情况以及星级酒店的消防、食品卫生等情况。同日，佛山市安全生产委员会办公室带领民族宗教、旅游、住建、国土规划、公安消防、安全监管等相关单位业务负责人和专家学者，赴杨梅观音禅寺现场进行安全隐患排查，检查组现场查看杨梅观音禅寺的隐患点，询问建筑施工情况，并在杨和镇政府召开专题研讨会，分析隐患原因、研究整改对策，布置整改事项。春节假期期间，佛山市旅游局兵分4路，分赴禅城区、南海区、高明区、三水区旅游企业和景区（点）进行督导检查，督促各区排除一批安全隐患。

国庆旅游安全检查　9月21日，广东省第七督查组到佛山开展国庆假期旅游安全生产督查，深入盈香生态园、西樵山等景区进行现场督查，重点检查盈香生态园的游乐设施设备和西樵山的缆车、客运索道等特种设施设备情况；佛山市旅游、安监、质监等部门汇报旅游安全生产工作情况。9月23日，佛山市副市长麦洁华带领旅游、公安、安监、交通、卫计、消防等部门负责人赴禅城区检查旅游安全暨旅游市场秩序工作，检查梁园景区和佛山市龙巴旅游客运有限公司等单位。9月29日，佛山市市、区的旅游、安监、质监主管部门及相关镇街组成联合监察组，赴三水区开展国庆假期旅游安全执法监察联合行动。监察组一行检查三水荷花世界、南丹山、宝苞农场游乐设施使用及运营情况。

汛期旅游安全检查　6月2日，广东省旅游局第四检查组赴南海区开展汛期旅游安全检查。在西樵山，检查组深入检查西樵山索道缆车的安全情况；在中央电视台南海影视城，检查组检查桃花湖游船、江南水乡观光游船及景区餐厅大棚三大部分。针对检查中发现的问题，佛山市各职能部门按各自职责提出相应整改意见，受检企业表示将及时落实整改，确保旅游市场健康、平安、有序。

旅游安全交叉检查　4月，国家、省、市发布五一节日期间及汛期安全生产工作通知精神，在广东省旅游局统一部署下，佛山市旅游局与汕头市旅游局开展为期4天的旅游安全交叉检查。18—19日，汕头市交叉检查小组对佛山市天下游国际旅行社有限公司、三水恒福星际酒店、三水森林公园等旅游企业进行了安全检查；25—26日，佛山市交叉检查小组对汕头市天驰国际旅行社、汕头市金海湾嘉柏大酒店、汕头礐石风景名胜管理区等旅游企业进行安全检查。

导游专座督查　9月6日，广东省旅游局督查组到佛山开展导游专座督查。督查组一行对佛山国旅旅游运输公司、佛山禅龙旅行社有限公司、佛山市禅之旅国际旅行社有限公司等旅游企业旅游车队进行抽查，重点检查车辆是否在规定位置设置导游专座，是否配备导游专座座套等相关安全保护配套。

【旅游安全生产事故防范】　2016年，佛山市旅游行业根据《佛山市旅游行业2016年应急演练全覆盖工作方案》，开展安全生产应急演练活动。

应急疏散救援演练　3月28日，三水区旅游局在三水温泉度假村举行佛山市旅游行业安全生产应急疏散救援演练活动，模拟在酒店餐厅厨房区域以及别墅客房区域发生火灾，对火灾进行扑灭、对现场人员进行疏散、对受伤人员进行救援的场景。全市各星级饭店、旅游景区、旅行社等旅游企业安全生产负责人参与活动。

联合应急救援演练　6月7日，佛山市旅游行业2016年安全生产联合应急救援演练活动在高明碧桂园凤凰酒店举行，200多名来自佛山各区旅游行业代表参加演练。演练分为两个项目：一是消防演练，模拟酒店火灾，酒店迅速启动消防安全应急预案，疏散组引导被困客人安全疏散，灭火战斗组快速有序组织灭火；二是泳池救生演练，模拟不同情况下游客溺水，救生员分别实施岸上施救、器材施救、徒手施救、心肺复苏等环节。

全市旅游安全工作会议　6月8日，佛山市政府在西樵山举行全市旅游安全工作会议，并实地检查西樵山地质灾害风险防控工作情况和缆车索道安全运行情况。市旅游、安监、质监、国土规划等部门就安全生产、景区特种设备安全监管和地质灾害风险防控工作等问题发言。

应对重大气象灾害应急演练　12月13日，佛山市市、区、镇相关部门和旅游企业等100多人参加在西樵镇举办的西樵山应对重大气象灾害应急演练。演练运用大量智慧旅游技术，展现智慧旅游现代科技在提升旅游景区预警和救援方面的能力。

【旅游执法】　2016年，佛山市旅游业坚决打击扰乱市场秩序行为，严格执行旅游质监执法，确保旅游安全和消费者权益。佛山市旅游局草拟《关于进一步加强旅游市场综合监管工作方案》，要求各区旅游局按属地管理原则，主动联合相关部门，开展旅游市场专项整治。

旅游质监执法视频工作会 7月21日，佛山市旅游局组织全市各区旅游质监执法人员、行业管理工作人员约20人参加全省旅游质监执法工作视频会议，并对全市旅游质监执法相关工作进行协商探讨。

旅游消费维权暨行政执法培训班 8月5日，佛山市旅游局牵头在高明区举办旅游消费维权暨行政执法培训班，全市旅游行业消费维权工作人员、各区旅游企业代表共120人参加培训。参训人员实地考察盈香生态园，详细了解服务站的便民服务设置、消费纠纷机制建设、投诉台账、园内各项活动设施的管理、安全设置和提示等内容。

旅游市场秩序专项检查暨执法案例探讨 8月31日，广东省旅游局质量监督管理所率领广东省旅游局法律顾问和省质监所相关负责人，到佛山开展旅游市场秩序专项检查暨执法案例探讨工作。检查组一行对长鹿旅游休博园、太子国旅等旅游企业进行检查。在旅游行政执法案例专题研讨会上，与会人员针对一宗涉及广州和佛山禅城、顺德的违规案件进行研究分析，对旅游行政处罚的主体和管辖权、对旅游行政处罚适用的法律和条款等内容进行探讨交流。会议还对行政处罚工作作出部署安排。

旅游质监执法学习交流 9月19日，佛山市旅游局组织全市基层旅游质监执法人员赴湖北开展旅游质监执法学习交流。在交流会上，武汉市旅游局介绍以“秩序”“治黑”“清网”“督查”“规范”等5个专项治理为中心目标的旅游市场监管经验做法，以及如何做好“两法衔接”工作，建立旅游与公安案情通报机制等情况。双方旅游质监执法人员还就旅游市场综合治理、旅游安全监管、社会监督、行业自律等方面内容展开了深入探讨。

【旅游消费维权】 2016年，佛山市强化旅游消费维权宣传，先后在佛山旅游政务网、佛山旅游微信平台、《佛山日报》等媒体开展旅游安全和消费维权宣传，增强游客维权意识。通过电话、网络、微信、微博等，为旅游消费维权提供便捷服务，快速回应游客维权诉求。针对“3·15”消费者权益日，通过媒体、网络、微信推送等形式，及时发布2016年“3·15”旅游消费提示。加强旅游市场监管。针对游客投诉反映较集中问题，旅游主管部门及时加强监管，规范市场秩序。结合2015年旅游企业被投诉举报情况，及时约谈一批旅游企业，敦促其抓好整改落实工作。全市旅游主管部门深化消费维权模式，协同工商主管部门在全市A级旅游景区建立健全消费维权服务站。

【旅行社规范经营行为培训班】 2016年9月14日，佛山市禅城区旅游局在佛山电大举办规范旅行社经营行为培训班，佛山市市、区旅游质监工作人员、各区旅行社负责人共100多人参加培训。培训前，禅城区旅游局通报禅城区旅游市场秩序和旅游安全工作落实情况，要求旅行社强化安全生产，健全应急预案，依法诚信经营，自觉抵制“不合理低价”、强迫消费、欺客宰客、擅自变更行程安排等违法违规行为，提高旅游服务质量和水平。培训班邀请广东省旅游局法律顾问虞国华律师授课。虞国华围绕旅行社经营的法律红线、各类违法行为的判定、处罚的幅度和依据、常见的旅游纠纷、旅行社如何风险防范等问题进行深入讲解，并与培训人员展开互动交流。

（陈森平）

2016年佛山市国家A级旅游景区名录

序号	旅游景区	级别
1	西樵山	国家 AAAAA 级旅游景区
2	长鹿旅游休博园	国家 AAAAA 级旅游景区
3	祖庙博物馆	国家 AAAA 级旅游景区
4	南风古灶	国家 AAAA 级旅游景区
5	佛山国际家居博览城	国家 AAAA 级旅游景区
6	南海湾森林生态园	国家 AAAA 级旅游景区
7	平洲玉器街	国家 AAAA 级旅游景区
8	清晖园	国家 AAAA 级旅游景区
9	陈村花卉世界	国家 AAAA 级旅游景区
10	罗浮宫国际家具博览中心	国家 AAAA 级旅游景区
11	乐从国际会展中心	国家 AAAA 级旅游景区
12	皂幕山	国家 AAAA 级旅游景区
13	盈香生态园	国家 AAAA 级旅游景区
14	三水荷花世界	国家 AAAA 级旅游景区
15	三水森林公园	国家 AAAA 级旅游景区
16	三水温泉度假村	国家 AAAA 级旅游景区
17	中央电视台南海影视城	国家 AAAA 级旅游景区
18	周大福珠宝文化中心	国家 AAA 级旅游景区
19	逢简水乡	国家 AAA 级旅游景区
20	柏林艺术馆	国家 AAA 级旅游景区
21	南国丝都丝绸博物馆	国家 AAA 级旅游景区

（市旅游局）

2016年佛山市星级旅游饭店名录

序号	旅游饭店	星级
1	皇冠假日酒店	五星级
2	保利洲际酒店	五星级
3	金太阳酒店	五星级
4	三水花园酒店	五星级
5	高明碧桂园凤凰城酒店	五星级
6	绿湖温泉度假酒店	五星级
7	恒安瑞士酒店	五星级

（续表）

序号	旅游饭店	星级
8	哥顿酒店	五星级
9	财神酒店	五星级
10	金茂华美达广场酒店	五星级
11	中恒金都大酒店	四星级
12	金城大酒店	四星级
13	佳宁娜大酒店	四星级
14	凯迪威酒店	四星级
15	仙泉酒店	四星级
16	新世界万怡酒店	四星级
17	碧桂园度假村	四星级
18	碧桂花城大酒店	四星级
19	鹿茵酒店	四星级
20	新君悦酒店	四星级
21	福盈酒店	四星级
22	君豪酒店	四星级
23	君莱酒店	四星级
24	骏景酒店	四星级
25	皇帝酒店	四星级
26	容莲宾馆	三星级
27	高陞酒店	三星级
28	时代大厦酒店	三星级
29	长鹿度假酒店	三星级
30	西樵山大酒店	三星级
31	中旅华厦酒店	三星级
32	金湖酒店	三星级
33	南海迎宾馆	三星级
34	旋宫酒店	三星级
35	石湾宾馆	三星级
36	君悦酒店	三星级
37	恒威大酒店	三星级
38	南海君悦大酒店	三星级
39	柏安大酒店	三星级
40	恒福星际酒店	三星级
41	辉利大酒店	三星级
42	鸿运酒店	三星级
43	金懋大酒店	三星级
44	金银酒店	三星级
45	世纪星酒店	三星级
46	明苑迎宾馆	三星级
47	百盛达商务酒店	三星级
48	天豪酒店	三星级
49	阳光假日酒店	三星级
50	登喜来大酒店	三星级
51	金帝豪大酒店	三星级
52	联昌大酒店	二星级
53	小蓬莱宾馆	二星级
54	豪泉酒店	二星级
55	顺德凯逸	二星级
56	大绅酒店	二星级
57	雅苑酒店	二星级

（市旅游局）

2016年佛山市旅行社名录（排名不分先后）

序号	旅行社
1	佛山市禅之旅国际旅行社有限公司
2	佛山市南海中旅假日国际旅行社有限公司
3	佛山国旅国际旅行社有限公司
4	佛山市中旅国际旅行社有限公司
5	佛山市三水中旅集团有限公司
6	佛山海外国际旅行社有限公司

（续表）

序号	旅行社
7	佛山市天宁国际旅行社有限公司
8	佛山明媚假期国际旅行社有限公司
9	佛山市南之旅国际旅行社有限公司
10	佛山市名家假期国际旅行社有限公司
11	佛山市明之旅国际旅行社有限公司
12	佛山市富盈假期国际旅行社有限公司
13	佛山广之旅旅行社有限公司
14	佛山市南湖国际旅行社有限责任公司
15	佛山市浩兴国际旅行社有限公司
16	佛山市青年国际旅行社有限公司
17	佛山市天下游国际旅行社有限公司
18	佛山市纵横天地国际旅行社有限公司
19	佛山市高明区旅游公司
20	佛山市高明区中国旅行社
21	佛山市三水之旅国际旅行社有限公司
22	佛山市华银国际旅行社有限公司
23	佛山市中宇假期旅行社有限公司
24	佛山永安假期国际旅行社有限公司
25	佛山市金华国际旅行社有限公司
26	佛山市凤凰国际旅行社有限公司
27	佛山市喜之旅国际旅行社有限公司
28	佛山市学旅假期旅行社有限公司
29	佛山市逍遥天下国际旅行社有限公司
30	佛山东方假日旅行社有限公司
31	佛山市三水区畅游天下旅行社有限公司
32	佛山三人行国际旅行社有限责任公司
33	佛山市和平国际旅行社有限公司
34	佛山市三水区美丽华旅行社有限公司
35	佛山市高明沧江旅行社有限公司
36	佛山开心假期旅行社有限公司

序号	旅行社
37	佛山市新之旅旅行社有限公司
38	佛山凤腾旅行社有限公司
39	佛山市华之旅旅行社有限公司
40	佛山市美之旅国际旅行社有限公司
41	佛山市金之旅国际旅行社有限公司
42	佛山市星辰旅行社有限公司
43	佛山市康怡假期旅行社有限公司
44	佛山卓越旅程旅行社有限公司
45	佛山市禅龙旅行社有限公司
46	佛山市美好假期旅行社有限公司
47	佛山尚旅国际旅行社有限公司
48	佛山禅一国际旅行社有限公司
49	佛山市九鼎国际旅行社有限公司
50	佛山市顺安达旅行社有限公司
51	佛山市完美假期国际旅行社有限公司
52	佛山市悠游假期国际旅行社有限公司
53	佛山市遨游假期国际旅行社有限公司
54	中国国旅（广东佛山）国际旅行社有限公司
55	佛山市新中源旅行社有限公司
56	佛山市三水区欢悦假期旅行社有限公司
57	佛山骅南旅行社有限公司
58	佛山市豪程旅行社有限公司
59	佛山康辉国际旅行社有限公司
60	佛山市金马国际旅行社有限公司
61	佛山市华旅假期国际旅行社有限公司
62	佛山市行至美国际旅行社有限公司
63	佛山市灏华假期旅行社有限公司
64	佛山贵之旅旅行社有限公司
65	佛山市环球之旅国际旅行社有限公司
66	佛山天天假期国际旅行社有限公司

（续表）

序号	旅行社
67	佛山市奔富国际旅行社有限公司
68	佛山市畅行旅行社有限公司
69	广东星旅假期国际旅行社有限公司
70	佛山市爱度假旅行社有限公司
71	佛山市皇冠假期国际旅行社有限公司
72	佛山市南海禅之旅国际旅行社有限公司
73	佛山市奇景旅游有限公司
74	佛山市信旅国际旅行社有限公司
75	佛山市暴走团旅行社有限公司
76	佛山妙趣旅行社有限公司
77	广东国汇海岛旅行社有限公司
78	广东顺之旅国际旅行社有限公司
79	佛山市顺德区中旅国际旅行社有限公司
80	佛山市口岸国际旅行社有限公司
81	佛山市凤诚国际旅行社有限公司
82	佛山市顺德广之旅国际旅行社有限公司
83	佛山市上游国际旅行社有限公司
84	广东中旅（佛山）旅行社有限公司
85	佛山市顺德区太子国际旅行社有限公司
86	佛山市活力假日国际旅行社有限公司
87	佛山市顺德区英特商务旅行社有限公司
88	佛山市顺德区星光假期旅行社有限公司
89	佛山市顺德康之旅旅行社有限公司
90	佛山市顺德区企发旅行社有限公司
91	捷旅假期旅行社有限公司

序号	旅行社
92	佛山市京城风景线旅行社
93	佛山市顺德区同乐国际旅行社有限公司
94	佛山市顺德区泰诚旅行社有限公司
95	佛山市万顺国际旅行社有限公司
96	佛山菊城假期旅行社有限公司
97	佛山市顺德区玛旁雍措文化商务旅行社有限公司
98	广东国旅（顺德）旅行社有限责任公司
99	佛山市顺德区胜景游国际旅行社有限公司
100	佛山市假日通青年国际旅行社有限公司
101	港中旅（佛山）国际旅行社有限公司
102	佛山市汇丰旅行社有限公司
103	广东顺德宇定旅行社有限公司
104	佛山市缤纷畅悦旅行社有限公司
105	佛山市阳光之旅旅行社有限公司
106	广东凤怡假期国际旅行社有限公司
107	佛山市欢畅旅行社有限公司
108	佛山市顺德区顺汽国际旅行社有限公司
109	佛山市心怡旅行社有限公司
110	佛山市美途国际旅行社有限公司
111	佛山市诚之旅旅行社有限公司
112	佛山市拔萃旅行社有限公司
113	佛山市畅快旅行社有限公司
114	佛山市方行国际旅行社有限公司
115	佛山市天外天国际旅行社有限公司

（市旅游局）

国有资产经营管理

国有资产监督管理

【概况】 2016年，佛山市国资委深化国企改革，推进一批新产业项目落地。至年底，纳入佛山市统计的正常经营的国有企业共174家，其中市属企业141家、区属企业33家。全市国有企业资产总额1787.8亿元，所有者权益总额480.3亿元，实现营业收入115.2亿元，利润总额15.5亿元。国资委完善党风廉政建设工作机制，印发《佛山市国资委2016年党风廉政建设和反腐败工作要点》《关于开展谈话提醒构建抓早抓小工作机制实施办法（试行）》《佛山市国资委巡察工作制度（试行）》等文件；推进国企上市、轨道交通3号线和房地产开发建设等重大项目过程中廉洁风险同步预防工作，对投资总额1329.9亿元的22个工程项目实施同步预防。全年市属国资系统共召开安全生产月动员会16场次，举办安全生产应急演练58场，参加人数1089人次。

【国资国企改革】

国资国企改革发展规划　2016年12月20日，佛山市政府印发《佛山市属国有企业改革重组方案》，谋划市属国企改革发展大局。12月29日，市政府召开佛山市深化国资国企改革工作会议，部署国资国企改革工作。

国企供给侧结构性改革　2016年，佛山市推进国企供给侧结构性改革。一是推进国有“僵尸企业”出清重组。至年底，全市除纳入省考核的101家关停企业已全部出清外，还超额出清5家。已出清的106家“僵尸企业”均实现市场彻底出清，其中工商注销43家、法院受理破产63家。同时，全市特困企业脱困4家、出清4家。全市国有关停企业出清考核任务完成率名列全省第一，佛山出清经验向全省推广，省国资委组织对佛山经验进行专题报道。二是组建住房租赁平台推动房地产去库存。为加快推进房地产供给侧结构性改革去库存工作，9月23日，市国资委与省建工集团、省建鑫公司合资组建的佛山市建鑫住房租赁有限公司揭牌成立。该公司作为佛山市国有专业化住房租赁平台企业，将重点解决全市“夹心层”和各类人才等群体的住房问题。

布局全方位金融业务　2016年，佛山市政府设立规模100亿元的创新创业产业基金并有序运营。市国资委牵头成立融资租赁公司，参与设立金融租赁公司，筹建政策性融资担保机构。多只政府基金运作良好，支持地方经济转型发展。

国资重点项目　2016年，佛山市国资系统根据佛山市实际情况，发展“社会基础型、公益民生型、产业引领型”产业，推进和落实一批重点项目，助力佛山经济社会发展。一是推进互联网+创新创业园项目。3月27—28日，举办“知识资本、数据资本、金融资本、产业资本共创全球创新网络”活动，佛山互联网+创新创业产业园（南园）顺利奠基，首批21个重点项目率先签约进驻产业园，佛山跨境电商公共服务平台现场进行上线试运行。二是推进国通物流城项目，打造多业态综合园区。三是布局大健康产业。四是推动教育产业项目。五是推进文化旅游产业项目。六是组建佛山市环境保护投资有限公司。七是设立佛山市电子政务科技有限公司。八是推动电子口岸项目建设。九是解决第二水源项目整体投资运营问题。十是推动东亚公司“三旧”改造项目。十一是组建资产管理公司。

科技创新实现降本增效　2016年，佛山市属国企加大科技创新力度，以科技推动生产和经营再上新台阶。一是福能电厂成为全省首家完成9E燃气机组核准及电力业务许可证手续的电厂，并通过降低成本、争抢发电实现全年减亏78.4%；恒益电厂争取到3000万元超洁净排放电价补贴以及每度增加0.01元的完全环保电价。二是市水业集团联合各高校、科研院所和相关企业成功申报科研项目9个，并完成3个科研项目验收。三是市环保建材公司获“广东省资源综合利用企业”称号。四是市路桥公司下属预制构建公司完成佛山市技术改造项目和省高新技术企业认定申报工作。

【国有资产监管】

国有资产行政审批改革　2016年，佛山市国资委系统对行政职权进行重新梳理，取消、转移权责事项25项，新增权责事项6项，最终保留权责事项81项。简政放权，草拟《佛山市国资委行政审批及监管事项权限改革目录清单》，将现有权责清单中的14项行政审批事项的权限下放至一级企业。印发《佛山市市属国有企业投资项目后评价管理暂行办法》《佛山市属国有企业投资管理暂行办法》。

国有资产审计和财务监督　2016年，佛山市国资委监督19家重点企业做好2015年度审计工作，做好内部审计和经济责任审计及其他专项审核工作。外派财务总监加强对企业的监管工作力度。探索建立完善的市属国有企业监事会管理体制。

【国资系统队伍建设】

国有企业领导班子建设　2016年，佛山市国资委印发《佛山市属国有企业领导人员选拔任用管理办法》《佛山市属国有企业负责人薪酬和业绩考核管理办法》《佛山市市属国有试点企业外部董事管理办法（试行）》《佛山市国资系统企业专业人才库管理办法（试行）》《佛山市属企业负责人履职待遇和业务支出管理意见》等，从制度方面规范国企领导班子建设。同时，补齐配优配强市属企业领导人员，并做好企业到期换届工作。

党风廉政建设　2016年，佛山市国资系统优化ERP廉洁风险科技防控信息系统，抓好日常党风廉政教育，印发《佛山市国资委2016年党风廉政建设和反腐败工作要点》《关于开展谈话提醒构建抓早抓小工作机制实施办法（试行）》《佛山市国资委巡察工作制度（试行）》等文件，严格依法依纪办案。推进国企上市、轨道交通3号线和房地产开发建设等重大项目过程中廉洁风险同步预防工作，对投资总额共1329.9亿元的22个工程项目实施同步预防。首次组织对企业开展巡察，对被巡察企业的党组织管理建设、党风廉政建设和反腐败、执行财务管理制度等进行全面检查。

教育培训　2016年，佛山市国资系统在中山大学举办为期一周的市属国企领导人员更新知识培训班共2期，轮训人数达280人；举办推动国企升级发展专题研讨班，市国资系统投资管理相关人员70余人参加培训；邀请国家一级注册建筑师讲授“三旧”改造实例分析，参加人数60余人；邀请专业中介机构开展企业财税人员业务培训，培训人数450人次。

（蔡洁萍）

市属国有企业介绍

【佛山市公用事业控股有限公司】 2016年，佛山市公用事业控股有限公司（简称“公控公司”）利用大资产平台的优势，带领属下各子公司推进供给侧结构性改革，做强做优各项业务。是年，公控公司实现营业收入约75亿元，按照国资委合并口径，资产总额约277亿元。

主营业务迈上新台阶　市水业集团通过多种措施，把年内平均资金成本降至历史新低；电建集团下属福能电厂成为全省首家完成9E燃气机组核准及电力业务许可证手续的电厂，并通过争抢发电、优惠政策补贴、相关税收优惠政策等措施降低成本、增加效益；燃气集团通过主动谈判、灵活采购，优化气源结构，降低气源成本。

拓宽产业新战线　成立环投公司，推进农村污水处理、建筑淤泥处理、餐厨生活垃圾处理以及互联网+环保监测等四大项目；成立电力销售有限公司，并于9月签订月度竞价代理合同，在广东电力交易系统上完成首次网上竞价交易。

推进企业股改上市　5月底，市燃气集团将上市申报材料报至中国证监会，并取得证监会出具的受理通知书，确定发行方案、与众成及港华签署协议以及确定募投项目等上市前期工作按计划完成；

市水业集团股份制改制建议方案上报至市国资委，完成第二水源剥离、禅城供水有限公司成立等资产重组，其他各项资产重组等工作也在稳步推进；开展市电建集团股改上市的前期准备工作。

科研项目技术创新　市水业集团联合各高校、科研院所和相关企业，申报科研项目9个，并完成省战略新兴产业项目、2012年粤港佛山专项和2012禅城区产学研3个科研项目验收。其中，省战略新兴产业核心技术“污泥源减量”还吸引中央电视台科教频道《科技之光》栏目作专题采访和报道，赢得良好的社会口碑。此外，环保建材公司结合市场需求研发出的高精砌块，成功打入省外及香港市场。

重点项目统筹推进　9月，市水业集团和瀚蓝环境签订增资扩股协议书；完成佛山电建集团有限公司优化重组工作；被列为佛山市建设人民满意政府100项环保民生实事的西南水都集中供热管网工程项目完成施工招标工作，收购高顿泰公司股权的清产核资、资产评估及收购协议谈判等工作完成；福能大数据产业园项目被广东省经信委评为第一批省级大数据产业园；新国通公司重组工作完成。

（徐新辉）

【佛山市公盈投资控股有限公司】 2016年，佛山市公盈投资控股有限公司（简称公盈公司）以“2 + N”的总体思路推进企业转型发展，以推进重点项目和产业平台建设为抓手，推动公盈公司各项工作保持总体平稳发展态势。

转型发展　在佛山“十三五”规划指引下，编制《公盈公司五年（2017—2021年）战略发展规划》，布局未来五年发展战略，通过改革推动企业转型发展。年底，佛山市人民政府将公盈公司定位为竞争类企业平台，以现有土地、物业资源为基础，通过市场化手段盘活现有资产，引导城市产业机构调整，促进城市消费升级，提升城市福利事业，进行城市区域的综合更新，成为佛山市的“城市综合运营商”，为佛山市的产业转型和升级提供支持。

重点项目建设　明确以大健康、教育、文化旅游、互联网+创新创业产业、电子口岸通关服务平台为转型发展方向，推动产权主体多元化改革，通过引入战略投资者和参股发展混合所有制经济，促进国有企业做大做强做优。3月，举办“知识资本、数据资本、金融资本、产业资本共创全球创新网络”活动，佛山互联网+创新创业产业园（南园）顺利奠基，首批21个重点项目率先签约进驻产业园。互联网+创新创业产业园项目大雾岗一期于12月9日开工；大健康产业“天子公”山泉水项目上市；跨境电商公共服务平台项目顺利上线试运行，并取得软件著作权证书；“单一窗口”平台项目被纳入省“单一窗口”试点项目并于12月30日启动上线试运行。白燕街功夫文博园、禅文化特色街区、幸福颐养院、中医中药等项目推进。同时，市政府督办事项佛山市火车站外立面改造工程、外贸大厦确权办证等顺利开展。

国有资产管理工作　一是超额完成“僵尸企业”出清工作任务。根据市政府、市国资委供给侧结构性改革部署，公盈公司按照先易后难、多兼并重组、少破产清算的原则，一企一策，推进“僵尸企业”出清工作。全年完成出清“僵尸企业”49家（其中，关停企业出清47家，特困企业出清2家），完成率达104%。二是提高资产管理水平，通过拓宽方式提高物业出租率，加大力度化解债权债务、整合有效资源盘活存量资产等促进国有资产保值增值，提升国有资产价值。同时依法依规推进清拆工作，基本完成市工艺美术工业公司五峰三路南侧地块拆迁、原协华公司澜石鄱阳村东平河北侧地块地上建筑物清拆等工作；佛山酒厂宿舍拆迁问题、耐酸厂地块动迁工作获得突破性进展。

历史遗留问题化解　妥善处理信访和群众来访，有效化解信访积案11件；引导4件信访案件的当事人通过司法途径解决诉求问题；解决企业退休军转干部个案诉求8件，稳控企业退休军转干部群体4次。有序推进企业退休人员移交社区，全年移交退休人员244人；推进退休军转干部服务管理，实现全年“零进京、零上省、少到市”的信访维稳工作目标。

（钱素萍）

【佛山市路桥建设有限公司】 2016年，佛山市路桥建设有限公司重点推进高速公路建设及一环高速化改造，投入一环西拓项目建设和跨市、跨区

"断头路"项目建设准备工作，做好佛山一环等公路项目养护管理，落实政府关于年次票收费的相关政策，因地制宜提升投融资能力，初步形成"投资+建设+运营"的发展模式，推进公司企业化转型发展。

高速公路建设　至年底，广明高速一期工程项目全部完成，二期前期工作开展，征地拆迁达成初步协议。佛清从高速至2016年年底累计完成投资20.2亿元，完成投资比例72.9%；一期征拆工作基本完成。广佛肇高速先行段累计完成投资10.5亿元，全线于12月28日动工。佛江高速累计完成投资9.77亿元，占批复概算的40.4%；征地拆迁工作基本完成，管线拆迁尚在推进中。佛江北高速累计完成投资1.06亿元，先行段于12月28日动工。

一环西拓项目建设　一环西拓北环段塘西大道跨线桥、水都路跨线桥及白金线改造工程，G321线三水区云东海跨线桥工程，桂花岛至仙湖段改造工程3个项目于11月18日动工建设；金港路至桂丹路公路工程、三水二桥至进港大道匝道工程至年底尚在开展各项前期工作。南环段高明大桥至富龙大桥公路工程，龙翔大桥及引道工程，富龙西江特大桥工程3个项目完成工可研究，各项目建议书均批复，其他专项评估正同步推进。此外，季华路西延线工程基本完成工可研究工作。

城市升级及"断头路"等项目建设　魁奇路东延线二期工程（南海、顺德段）于11月18日建成通车，从此，禅城经魁奇路前往广州南站，只需20分钟左右车程。同时，西龙互通立交桥实现与佛山一环的无缝对接，方便市民出行，促进广佛同城化。广佛高速公路佛山一环沙涌互通立交改造工程累计完成产值1.17亿元，完成形象进度90%；旧澜石大桥经过精密设计和研究论证，于8月9日爆破拆除，未对周边建筑和桥梁产生不良影响。12月9日，路桥公司与南海区政府、广州市番禺区政府联合签署番海大桥建设合作协议，项目工可研究报告基本完成。

公路养护管理　完成佛山一环等公路项目养护产值8054万元。重点完成江湾立交桥、一环沿线桥梁定期检查、一环高速独柱墩匝道桥桥面限行改造、罗南特大桥主桥加固等桥梁维修工程；完成照明修复专项工程，提高佛山一环全线亮灯率；此外，还完成沿线部分居民和学校路段隔音屏工程、西线高边坡加固工程、交通警示灯及交通设施完善工程，以及一环景观提升工程等。8月，佛山路桥养护有限公司获得"公路工程施工总承包三级、公路路基工程专业承包三级、公路路面工程专业承包三级"三项资质，增强了企业核心竞争力。

年次票及高速公路收费管理　年票征收4.68亿元，次票征收0.91亿元，完成年度收费目标。按最新规定，佛山市将于2017年停止年票收费，路桥公司将按要求做好各项后续工作。高速公路收费工作走上正轨，广明高速在广东省高速公路运营服务质量评价中取得第18名的可喜成绩（97个单位109条高速公路参评）。全年收费额达0.95亿元，比上年增长1.16倍。

（邹靓涛）

【佛山市铁路投资建设集团有限公司】　2016年，佛山市铁路投资建设集团有限公司（简称"铁投集团"）做强地铁建设主业，实现广佛地铁二期开通试运营和佛山地铁3号线首批站点全面开工的年度目标。截至年底，铁投集团资产总额217.71亿元，负债总额158.01亿元，所有者权益59.7亿元。全年引进人才74人，其中博士2人。

2016年11月18日，佛山地铁3号线工程全线动工

广佛地铁二期工程顺利实现开通试运营　12月28日，佛山市首个自主投资建设的广佛地铁二期工程开通试运营，该工程从2012年9月28日开工，历时四年零三个月。2016年全年按照重大节点工期计划，节节推进，按期实现轨道、电通目标，确保7月18日完成"三权移交"。10月，广佛地铁二期工程信号系统接入一期，实现全线贯通试运行。12月23日获得省交通厅试运营批文，是全国首个开通试运营前通过"消防专项验收"的轨道交通工程项目。广佛地铁二期的通车，促进了佛山新城发展和广佛同城化深度融合。

佛山地铁2号线一期工程土建进入全面施工阶段　项目公司中交佛山投资发展有限公司依托央企中交集团的建设实力，2号线一期土建进入全面施工阶段。至年底，有24个站（点）开展主体施工，盾构始发4台，明挖区间3个，其中登洲站主体结构封顶；全线除林岳西站、广州南站和沙岗站外，其余车站已经施工。铁投集团探索运营管理模式，稳定《二号线运营筹备方案》，签订《二号线运营框架协议》，为未来承担佛山城市轨道交通运营工作奠定基础。

佛山地铁3号线首批站点全面开工　3号线南北走向，是佛山最长的地铁线，投资巨大，由铁投集团牵头主导特许经营项目模式开展建设。上半年，配合上级职能部门，铁投集团对建设模式进行研讨，提交相关方案。8月经市政府常务会议确定BOT建设管理模式后，即全面推进联合体筹备、项目招投标、征地拆迁等前期工作，并完成联合体招标工作。11月18日，稳定段首批6个站点实现全面动工。

城市轨道交通建设规划新一轮修编　5月，佛山市城市轨道交通建设规划《2017—2022年建设规划修编》确定，经层层把关审批，于年底报送至环境保护部专家评审。新规划总规模长达193.9千米，涵盖8条新线。新规划基本确立佛山未来五年的轨道交通发展目标。

广佛地铁运营安全高效　是年，广佛地铁开行列车143678列，安全运送旅客8735.92万人次，日均客运量达23.87万人次，全年列车正点率99.99%，未发生行车安全事故、乘客人身伤亡事故、治安及消防事故。广佛地铁二期（魁奇路站至新城东站）于12月28日通车后，广佛地铁总运营里程达到33.47千米。

佛山（高明）中车基地生产线投产　2016年是佛山中车基地从建设期向运营投产期过渡的关键年，公司以基地建设和投产工作为两大中心任务，狠抓制度整改、人才建设和运营管理，促进投产工作。12月9日，车体生产线正式投产。年底实现"佛山车佛山造"目标。

高明现代有轨电车示范线项目首期工程　项目公司于3月21日取得初步设计（不含加氢站）的批复。12月底，首期工程EPC招标完成，项目建设取得实质性进展。

佛山轨道交通设计研究院有限公司开业　该公司于上半年建立起法人治理结构。6月15日挂牌开业后，业务经营有序。至年底，公司全员60人，合同保有量达3.3亿元。公司的良好运作促进佛山轨道交通设计自主能力建设和专业人才储备。

TC管理中心工作　完成佛山市智能公交平台一期项目11个子系统的初验工作，接入三水区、高明区车辆系统试运行。公交车载监控系统、广佛地铁二期公交接驳实施规划方案等多个项目通过验收，促进公交一体化建设。

佛铁出租车公司运营　该公司拥有出租车350多辆，员工450多名，建成2座大型新能源充电站。全年总客运量542万人次，总运营里程3059万千米，车辆总营业额5980万元。应对社会网约车挑战，拓展租车新业务；成立"爱心车队"，组织参加多项公益活动，公司被评为2016年度广东省交通运输诚信示范企业。

佛山地铁2号、3号线重大工程廉洁风险同步预防工作　铁投集团于2016年成立"2号线一期工程特许权项目监管工作小组"，建立起常态化审核管理机制，履行好政府授予的监管权。抓好3号线同步预防工作，明确防控重点及对应措施。8月印发同步预防工作方案；10月成立工作专责小组，加强工作统筹力度，落实责任人、信息化建设和资金保障等工作。

（刘国玲）

【佛山市金融投资控股有限公司】 2016年，佛山市金融投资控股有限公司（简称"金控公司"）围绕

"着力扩张、精耕细作、稳步退出"的工作思路，以资本运作和改革创新为动力，突出金融主业，同步多元发展资产经营业务，整体形成金融板块为主、资产板块为有力支撑的主辅发展态势。

金融扩张业务 金控公司启动并购项目，推动公司上市进程；成立佛山市禅本德资产管理有限公司，发挥市级金融平台的扶持作用。同时，拓展金融服务链，促进融资租赁、金融租赁、产权交易业务发展。广东耀达融资租赁有限公司在开展应收账款保理业务的同时，推动融资租赁抵押登记业务、不动产标的物融资租赁业务落地；佛山南方产权交易所有限公司开拓产权交易业务新模式，提出"涉诉资产产权化交易模式"新理念。参与设立的佛山海晟金融租赁股份有限公司获批开业，并取得金融许可证。佛山市科技小额贷款有限公司于3月在广东省小贷协会举办的微小金融产品评选中获"最具社会责任奖"和"最佳风控奖"，获佛山市南海区"2016年度纳税超1000万企业"称号。

政策性基金（资金） 金控公司发挥金融平台优势，助力佛山市产业转型升级。佛山市创新创业产业引导基金、佛山市产业发展股权投资基金分别完成11支子基金募集设立、二级母基金设立工作。佛山市产业金融引导基金在联合社会投资者投资成功的同时，退出已投项目，实现收益率21%。同时，配合政府部门完成佛山市科技型中小企业信贷风险补偿基金贴息操作细则的制定和佛山市优质技改创新项目贷款风险补偿基金实施细则（2016年版）的修改完善工作，增强债权类基金服务中小企业的能力。至年底，金控公司共管理政府基金8支，其中新增管理佛山市2015—2017年省级财政资金及佛山市政策性小额贷款保证保险资金2支政府基金（资金）。2016年度金控公司管理资金总量新增2.68亿元，新增投资企业272家，新增投入资金总量16.6亿元，带动社会资本投入资金量108亿元，年度基金业务收入2743万元（含佛山市创新创业产业引导基金利息收入）。

资产经营类企业运作 2016年，金控公司属下企业佛山口岸发展有限公司提出拟在原有车检场的基础上，建设跨境电子商务物流园，该项目得到广州海关、佛山海关及禅城区经济和科技促进局支持并获海关许可和上级公司审批。佛山市交通仓储实业公司合作开发农副产品干货批发市场，利用物业增加收益；佛钢气体有限公司结合市场需求，推进技术创新，研发3个新产品系列。

退出弱势业务 金控公司完成佛山市电影发行放映中心关闭注销工作；并使佛山市联合航空公司提前一年脱困，"僵尸企业"出清任务提前超额完成。金控公司将佛山东亚股份有限公司52%股权划转给佛山市建设开发投资有限公司；完成佛山旺棉兴纺织经销有限公司、佛山市现代物流有限公司清算工作。

（张晓云）

【佛山市建设开发投资有限公司】 2016年年底，根据佛山市属国有企业改革重组方案，佛山市建设开发投资有限公司（简称"建投公司"）进行改革重组，由原来的重点二级企业升级为市国资委直管的一级企业，定位为城市建设平台，打造成为集土地整理、规划设计、建设开发和物业经营于一体的全产业链公司，并重点建设土地整理、"三旧"改造、物业经营和城市建设四大专业平台。土地整理业务是要发挥企业的市场主体作用，协助各级政府整理和储备更多的土地资源，为佛山的产业发展和城市建设提供土地支持。"三旧"改造业务是要利用"旧城镇、旧厂房、旧村居"的存量建设用地，按照城市发展规划，改造提升为新的功能区域，提升城市形象。物业经营业务一方面是要通过专业化的运营，挖掘物业经营的附加值，提升物业资产的总体收益；另一方面是要按照市委、市政府的要求，创新住房消费观念，做大做强佛山建鑫住房租赁公司，培育佛山的住房租赁专业化市场，引导住房消费意识向购租并举转变，应对不断攀升的房价，为佛山的制造业发展吸引人才、留住人才提供支持。城市建设业务除路桥建设和轨道交通建设以外的城市建设业务，包括城市综合地下管廊、人才公寓和其他公建设施的投资建设。同时，投资建设装配式建筑研发和生产基地，推广应用新型建筑技术和产品，引领佛山建筑业的转型升级。

是年，建投公司实现营业收入1.18亿元，利润总额1848万元，分别完成全年预算目标的102.1%、122.2%。

重点项目推进顺利。原彩管厂地块项目（璀璨天城）2015 年经市国资委、建投公司及绿地集团各方推进，工作获突破，特别是销售业绩骄人，开局良好。项目全年实现签约面积 16.77 万平方米，签约套数 1477 套，签约金额 23.78 亿元，超额完成 2016 年 15 亿元的销售目标，完成率达 157%。香树花城项目延续 2015 年的良好势头，整体推进顺利，销售业绩突出，项目全年实现签售面积达 16 万平方米，累计签约金额 17.19 亿元。另外，新建项目国通外贸产业城项目进展顺利。

东亚公司地块项目（该项目是在东亚股份有限公司地块开展的“三旧”改造项目）东区土地平整工作基本完成，并取得东区建设用地规划许可证和国有土地使用权证；东区规划总平面基本确定；完成东区地质勘察（初勘）、全过程造价咨询单位的招标、临电施工招标等工作。

此外，南海水泥厂地块项目、港口路 19 号地块项目、塑料四厂地块项目、鄱阳地块项目等有关项目的前期拓展工作也按计划进行。

（吕超明）

【佛山火炬创新创业园有限公司】 2016 年，佛山火炬创新创业园有限公司（简称“火炬园公司”）以“服务提升价值，经营创新突破”为工作方针，提出“大服务”的战略理念，力求通过“创新创业服务和科技金融服务两大体系”的建设，探索增值服务，寻求新的利润增长点。

创新创业服务体系建设　在全市科技企业孵化器专家考察评审当中，专家组对火炬园公司进行现场考察，对创新创业服务体系发展情况给予高度肯定。火炬园公司在全市科技企业孵化器当中突围而出，获得专项补助资金的顶格扶持，为全市科技企业孵化器当中最高的一个。4 月，华南知识产权交易服务中心物理空间在火炬园落成。作为华南知识产权交易服务中心的创设单位之一，火炬园公司依托交易服务中心的资源聚集优势，为园区企业开展知识产权培训、维权、投资撮合等服务。至年底，交易中心进行 10 场培训，吸引近 500 家企业参加；点对点地服务 3 家园区企业，协助其进行专利申请和维权行动。至年底，园区签约引进新材料、互联网+等产业领域的项目 90 多个，签约总面积 25758.4 平方米。其中，与佛科院进行建设佛山大学科技园的战略合作洽谈，更多的高校创业导师和毕业生创业企业将进驻园区。同时，为充实火炬园品牌内涵，探索新的利润增长点，园区寻求与科研院校、知名孵化器的交流合作，汇集资源，建设“园中园”，相关合作依计划进行。

园区科技金融服务体系建设　火炬园公司所属科技金融综合服务中心为 216 家企业提供信贷风险补偿基金的登记备案服务。至此，公司累计为 421 家企业提供信贷风险补偿基金的登记备案服务，并出具佛山市科技型中小企业信贷风险补偿基金扶持对象资格证明函。

上市孵化培育服务　组织上市孵化基地内的企业参与“新三板”挂牌上市、投融资等相关培训及活动。其中，有 3 家企业挂牌“新三板”、4 家企业在广东金融高新区股权交易中心挂牌以及 3 家企业在深圳前海股权交易中心挂牌。至 2016 年年底，科技金融中心已将 34 家企业列为上市孵化基地重点孵化企业。

投融资服务平台　火炬园公司与中科招商集团、穗银安信等投行机构达成共建投融资服务平台的合作意向。旨在通过基金的引领，吸引更多优质项目入驻园区，并共同促进项目快速上市，把火炬园打造成为广东省“双创”示范园区。

全国创新创业大赛　火炬园公司支持所属科技金融中心成功承办第五届创新创业大赛，并通过创新创业大赛成功打造《创新创业之路》栏目专门宣传板块。《创新创业之路》栏目的推出，创造“佛山模式”，不仅营造和推高“双创”氛围，还让广大群众正确认识企业和团队、正确理解和投入到“双创”的时代大潮中来，形成理解创业者、尊重创业者、敢想敢创作的“双创”文化氛围。

（路　静　黄德权）

民营经济

综　述

【概况】 截至2016年年底，佛山市有私营企业和个体工商户51.14万户，占全市各类市场主体的95.5%。是年，全市规模以上民营工业企业完成工业总产值15058.24亿元，比上年增长8.3%。民营工业占全市工业总产值的比重为70.8%，对全市工业增长的贡献率达75.9%。

【全省民营经济工作现场会在佛山召开】 2016年6月28日，广东省政府在佛山召开全省民营经济工作现场会，贯彻落实中央和广东省委、省政府关于促进民营经济发展的决策部署，总结推广佛山、江门、深圳等市经验，分析当前民营经济发展面临的新形势、新要求，对促进民营经济更好、更快发展进行再动员、再部署。会上通报《广东省促进民营经济大发展的若干政策措施》。会议强调，要牢固树立发展新理念，适应和引领经济发展新常态，着力加强供给侧结构性改革，以提高发展质量和效益为中心，以促创新、降成本、活融资、拓市场、优服务为工作重点，推动各项政策落地见效，引导民营经济加快转型升级、创新发展。

【广东省委书记调研佛山民营经济】 2016年4月7日，广东省委书记胡春华赴佛山调研稳增长和民营经济发展工作，深入百合医疗科技、广特电气、精达里亚特种漆包线、柏克新能科技、众陶联产业平台及东鹏集团、慧聪家电城、美的全球创新中心开展调研，并召开调研座谈会，听取佛山市工作情况汇报和美的集团、南方增材科技、东方精工科技、中盈盛达融资担保投资、德冠薄膜新材料、欧神诺陶瓷等民营企业代表的意见、建议。胡春华肯定佛山市稳增长和民营经济发展各项工作取得成效。胡春华强调，要着力推动民营企业做优做强做大，抓住创新发展这个关键，支持企业掌握自主核心技术，培育壮大更多大型民营骨干企业，打造具有深厚技术人才文化积累和持续发展能力的“百年老店”。要切实保护民营企业合法权益，推动各项扶持政策落地、落细、落实，营造民营企业发展的良好环境。

【2016年佛山民营企业发展调研报告发布】 2016年10月12日，佛山召开全市发展民营经济和促进民间投资座谈会，会上发布《2016年佛山民营企业发展调研报告》。该报告首次系统梳理发掘佛山民营企业转型的八大特点和五大问题，并总结提炼出民营企业转型升级的“佛山功夫”，共有“六招十二式”。

（刘义超）

民营骨干企业

【概况】 2016年，佛山市民营骨干企业发展态势良好。全年全市规模以上民营工业完成工业总产值15058.24亿元，比上年增长8.3%。民营工业占全市工业总产值的比重为70.8%，对全市工业增长的贡献率达75.9%。全市超100亿元企业16家，比上年增加了4家。全市年主营业务收入10亿—50亿元（不含50亿元）企业97家，比上年增加15家。全市共有17家企业入选2016广东省百强民营企业。

【大型骨干企业跨越发展工作方案出台】 2016年6月24日，佛山市印发《佛山市进一步加快推动大型骨干企业跨越发展工作方案》，在原有《佛山市推动民营企业跨越发展实施方案》和《佛山市推动民营企业跨越发展扶持办法》的基础上，提出推动骨干企业发展的目标、主要路径、扶持政策及工作措施，实施“一企、一策、一方案、一机制”，推动骨干企业发展壮大。

【制造业2025发展战略专题研修班】 2016年，为贯彻落实“中国制造2025”战略部署，推动佛山市大型骨干企业转型升级和提质增效，佛山市经信局联合相关部门，分别于6月26日至7月1日、11月12—17日在清华大学举办两期2016年制造业2025发展战略专题研修班。学员来自市有关部门、各区政府及经科局、相关行业协会和重点企业，学习“中国制造2025”战略概念、“工业4.0”概念及国内外制造业发展现状、重点领域发展方向及发展路径、“互联网+”、大数据与未来社会发展、工业设计先进理念融入智能制造等相关课程。

【美的集团首登《财富》“世界500强”】 2016年，美的集团首登《财富》“世界500强”榜单，成为中国家电行业首个跻身世界500强的品牌。是年，美的集团收购日本东芝白电80.1%股权，与日本安川电机合资设立工业、服务机器人公司；跨国并购全球四大机器人公司之一德国库卡；持有国内工业机器人领域领先企业安徽埃夫特公司17.8%股权。美的集团供给侧结构性改革成效显著，通过“产品领先、效率驱动以及全球经营”三大战略主轴，推进“三去一降一补”，生产效率和供给质量显著提升。

【碧桂园跻身《福布斯》“世界500强”】 2016年5月26日，美国《福布斯》杂志发布2016“全球上市公司2000强”榜单，中国有172家企业上榜，其中碧桂园排第444名，跻身500强。碧桂园2016年业绩报告显示，截至2016年12月31日，碧桂园集团连同联营公司实现合同销售3088.4亿元，合同销售面积3747万平方米，分别比上年增长1.20倍和74%。集团总收入1530.9亿元，毛利322.4亿元，核心净利润119.8亿元，分别比上年增长35.2%、41.0%和22.3%。

（刘义超）

中小微企业

【概况】 截至2016年年底，佛山市有规模以上中型企业1033家，规模以上小型企业4479家，合计占全市规模以上工业企业数量的97.2%。是年，全市规模以上中型企业完成工业总产值6035.55亿元，比上年增长7.2%；规模以上小型企业完成工业总产值7413.54亿元，比上年增长7.7%。中小企业工业总产值占全市规模以上工业总产值的比重达63.2%。

【“佛山政企通”APP上线】 2016年4月26日，专门为中小微企业服务的“佛山政企通”APP举行上线仪式。“佛山政企通”是佛山市经济和信息化局等部门根据企业发展需求开发的公共服务平台，能够及时将政府的扶持政策精准地推送到企业家手里。该APP主要有政策精选、热点关注、企业心声、服务机构、企业地图五个模块。其中的企业政策“精准送”功能，可以有针对性地加工形成政策精华版、解读版、申报版，按企业规模、行业类别精准推送给企业的法人、董事长、总经理、办公室主任以及人事、财务、技术、销售总监等8类不同岗位人员。该APP还可以通过“企业心声”模块收集企业诉求，对接“12345”暖企热线，实现简单问题直接回答，复杂问题立即响应，疑难问题限时回复。至年底，全市有5万多个用户下载使用政企通APP，共有1.3万家企业（其中9700家为规模以上企业）注册在线和共享信息。

2016中国民企500强佛山上榜企业

序号	企业名称	排名
1	美的集团股份有限公司	14
2	碧桂园控股有限公司	18
3	广东格兰仕集团有限公司	174
4	中国联塑集团控股有限公司	314
5	利泰集团有限公司	344
6	广东顺德农村商业银行股份有限公司	414
7	佛山市海天调味食品有限公司	443

（市经信局）

【2016年“企业暖春行动”】 2016年，由佛山市委、市政府领导带队组成10个工作组，深入企业了解企业经营状况和困难，倾听企业政策诉求和相关政策建议，并努力帮助企业解决，收集企业诉求和问题261个，企业问题的答复归档率为98%。在已表态的企业中，对处理结果持满意态度的占98%。

（刘义超）

2016中国民企制造业500强佛山企业

序号	企业名称	排名
1	美的集团股份有限公司	9
2	广东格兰仕集团有限公司	106
3	中国联塑集团控股有限公司	190
4	佛山市海天调味食品有限公司	253
5	广东新明珠陶瓷集团有限公司	349
6	广东志高空调有限公司	364
7	广东兴发铝业有限公司	498

（市经信局）

2016广东省百强民营企业佛山上榜企业

序号	企业名称	排名
1	美的集团股份有限公司	4
2	碧桂园控股有限公司	6
3	广东格兰仕集团有限公司	24
4	中国联塑集团控股有限公司	38
5	利泰集团有限公司	42
6	广东顺德农村商业银行股份有限公司	48
7	佛山市海天调味食品股份有限公司	52
8	佛山市顺德区乐从供销集团有限公司	60
9	广东新明珠陶瓷集团有限公司	65
10	广东志高空调有限公司	69
11	广东合诚集团有限公司	70
12	广东新宝电器股份有限公司	81
13	广东中锯金属资源有限公司	84
14	佛山市南海区轩鹏有色金属有限公司	92
15	广东兴发铝业有限公司	94
16	盈峰投资控股集团有限公司	95
17	广东万和新电气股份有限公司	99

（市经信局）

个体私营经济

【概况】 2016年，佛山市民营主体整体平稳增长，民营主体51.25万户，其中民营企业20.11万家、个体工商户31.11万户、农民专业合作社292个，占佛山全市市场主体的95.69%。全年新登记企业3.87万户，比上年增长18.78%。新登记民营企业36350户，比上年增长18.48%。

【个体经济】 2016年，佛山市个体工商户共有31.11万户，比上年增长7.11%。个体工商户行业分布为：批发零售业196867户，制造业41141户，住宿餐饮业28430户，居民服务、修理和其他服务业25725户。

推进个体工商户转型升级，2014—2016年共督促18个单位落实42条扶持政策，核发政府补贴经费634.6万元，引导6432户个体户升级为企业。

【私营经济】 2016年，佛山市私营企业共有20.03万家，比上年增长17.63%，注册资本（金）4687.74亿元，增长29.40%。

修订《佛山市企业及个体工商户登记程序暂行规定》，从3月1日起，申请冠市级以上（含市级）行政区划名称的有限责任公司的设立、变更、注销业务，可以直接由其公司所在辖区的区市场监督管理局办理相关业务，且不受注册资本的限制。

【政策服务民营企业】 2016年，佛山市工商行政管理部门推进个体工商户转型升级工作。在市场准入、动产抵押、商标培育、送法服务、行政指导、执法维权等多方面提供“绿色通道”服务，扶持骨干企业不断做大做强。

2014—2016年共核发政府补贴经费634.6万元，引导6432户个体户升级为企业，超额完成三年帮扶计划任务，并指导民营企业学会用活扶持政策。佛山市个体劳动者协会、佛山市民营企业协会获评全国个私协会系统先进单位。2016年佛山全市新设立个体企业36350户（占各类新设立企业38684户的93.97%），增长21.14%；注册资本（金）689.15亿元，比上年增长68.91%。

（卢泰山）

区域合作·扶贫开发

佛港澳经贸合作

【概况】 2016年，佛山市落实粤港、粤澳合作框架协议，以“粤港澳合作高端服务示范区”为重点，加强与港澳地区的经贸合作。是年，佛山企业赴港总投资额1.84亿美元，在佛山直接投资的港澳企业合同外资金额14.8亿美元；1—10月，佛山对港澳进出口总额374.8亿元；1—11月，佛山承接香港、澳门的离岸服务外包执行金额分别为23570万美元和649万美元，分别占全市59.56%和1.64%，香港是主要的发包市场；重点合作项目三山新城和广东金融高新区累计完成投资额730亿元；引进国家千人计划专家刘云辉博士带头的“视觉导航移动机器人”港澳人才团队。佛港澳合作在科技与产业共建、金融、专业服务业、商务物流、会展贸易等领域取得系列成果。

【佛港澳贸易与投资】

贸易　2016年1—10月，佛山市对香港进出口总额371.5亿元，其中出口311.5亿元、进口60亿元；对澳门进出口总额3.3亿元，其中出口2.8亿元、进口0.5亿元。

投资　2016年，佛山企业赴港直接投资企业（机构）22家，总投资额18435.35万美元，中方投资额16366.35万美元。是年，在佛山直接投资的香港企业120家，合同外资金额12.43亿美元，实际外资金额7.73亿美元；在佛山直接投资的澳门企业9家，合同外资金额2.37亿美元，实际外资金额841万美元。

【佛港澳技术进出口】 2016年，佛山市登记技术进口合同中属于从香港进口的合同实际执行额243.94万美元，占全市的1.61%；佛山登记技术出口合同中出口香港的合同实际执行金额92.26万美元，占全市的7.35%。

【佛港澳重点合作项目】 2016年，佛山市以打造“粤港澳合作高端服务示范区”为重点，推进三山新城和广东金融高新区的招商引资与项目建设工作。

至2016年，广东金融高新区引入汇丰、东亚、恒生、大新等4家港资银行及友邦保险集团亚太区后援中心、毕马威共享服务中心、AIA亚太区后援中心、汇丰环球运营中心等港资金融后台及服务外包机构。完成总投资额近600亿元，建成载体面积超600万平方米，引入各类金融和现代高端服务业机构近300个，各类金融经济专业人才3万多人，粤港现代金融服务业“前店后厂”的发展模式日渐成型。

至2016年，三山新城园区引进中国联通总部南方信息产业基地、三山美伦国际学校等优质项目42个，合计投资总额235亿元，累计完成投资额130亿元，优化园区产业布局。三山新城通过打造“三山粤港澳青年创业社区”，吸引港澳地区高端技能人才，引入香港中文大学未来机器人项目创新团队，配套公寓——瀚天禾仰广场投入使用。南海区政府与香港慧科资本签署《粤港科技中心项目合作备忘录》，在三山新城选址共同建设“粤港科技中心”，力争在三年内为三山新城引进50～100家企业，将三山新城打造成为连接香港及海外、幅射珠三角及内地、科技研发资源集聚的区域性功能枢纽，助力佛山建设国家科创中心和国家制造业创新中心，推动广东产业转型升级和支持香港科技创新服务业发展。

【佛港澳合作成果】 2016年，佛港澳在科技、金融、服务、商务等领域进行多方位合作，推动三地间的经贸发展。

2017年7月25日，佛山市政协港澳台侨委员实地视察南海三山粤港澳合作高端服务示范区

科技与产业平台建设合作　2016年，佛山引进由香港中文大学机械与自动化工程系终身教授、长江学者特聘教授、国家千人计划专家刘云辉博士带头的“视觉导航移动机器人”港澳人才团队。该团队将研发一套智能移动机器人搬运系统，项目核心技术达到国际先进水平，将推动佛山机器人产业发展，提升工业和服务业的智能化水平。随着新人才团队的引入，2013—2016年间，佛山引入港澳创新团队3个，并以“创享蓝海”粤港联合孵化器为核心，推动科技孵化和产业平台建设取得新成果。其间，孵化器已吸引20多家（其中8家港资企业）孵化企业和3个中介机构进驻，涵盖电子信息、医疗技术、机器人、投融资等多个领域。

金融合作　佛山对企业上市加大扶持力度，引导大批优质企业到香港交易所上市融资，2016年有2家企业向港交所提交上市申请。

专业服务业合作　佛山“粤港清洁生产伙伴计划”3个实地评估项目及17个示范项目获得香港政府517.5万元港币资助，并联合香港生产力促进局在顺德区举行清洁生产技术推广会，吸引两地60多名企业代表参加。全年组织4批次59名会计专业人士开展CEPA专题学习活动，推进佛港澳三地会计行业的交流合作；组织开展港澳社工督导培训班，全年有18个社工机构引进32名港澳督导到佛山开展社会工作，督导服务500人次。

商务物流合作　依托国通保税物流中心，探索“境内关外”海外仓模式，开展网购保税出口业务试点工作。推进在香港指定口岸与境内特殊监管区域之间开展海、陆、空多式联运，实现一站式物流集中配送，将香港机场货站、葵冲码头货站延伸至佛山国通保税物流中心，推动跨境电商发展。佛山边检站为企业免费提供往来港澳小型船舶监管服务系统U-KEY，结合公安部便民利民措施，取消航行港澳船舶证明书、航行港澳船舶查验簿和随船工作证等三项行政收费，在政策允许情况下尽最大可能为企业节省成本、简化出入境手续。

会展贸易合作　佛山通过举办国际展览会，如第28届中国（佛山）国际陶瓷及卫浴博览交易会、第16届中国顺德国际家电博览会等展会，邀请香港的企业及代表参展参会。佛山各区或行业协会亦发动企业，特别是港澳资企业，参加港澳地区举办的亚洲物流及航运会议、粤澳名优商品展销会、香港国际秋季灯饰展、香港国际建筑及五金展等专业展会，以及中国国际中小企博览会、澳门国际贸易投资展览会等多个综合性展会及活动，并通过港澳的贸易推广活动、电子商务平台以及专业杂志等途径，以特装形式宣传佛山概况、佛山制造、现代服务、产业载体等投资营商环境，推动佛企“引进来”和“走出去”。

（周倩云）

珠三角区域合作

【概况】 2016年3月，广州、佛山两市联合肇庆、清远、云浮、韶关印发《广佛肇清云韶经济圈建设2016年度重点工作计划》。其中，涉及广佛同城化工作43项，至年底，43个项目总体进展顺利；广佛肇（怀集）经济合作区起步区开发面积693.33公顷，引入项目75个，总投资107亿元。

【广佛同城化规划衔接】 2016年，广州、佛山两市的国民经济和社会发展“十三五”规划均印发实施，广佛同城化作为区域合作的重点明确写入两市“十三五”规划。专门编制广佛同城化“十三五”发展规划和产业专项规划，广佛同城化“十三五”发展规划由两市发展改革部门分别报两市政府审定，拟在2017年度广佛肇清云韶经济圈市长联席会议上审议，广佛同城化产业专项规划已由两市经信部门联合印发实施。落实2015年年初签署的《广佛两市轨道交通衔接工作备忘录》，完成《广佛两市轨道交通衔接规划》编制并获两市政府批准通过。广佛南部地区过江通道衔接规划及实施策划完成项目建议书，并开展前期立项工作。广佛同城化合作示范区规划衔接总体顺利，三个同城化合作示范区均编制年度重点工作计划。

【广佛交通基础设施同城化】 2016年，广佛地铁魁奇路至佛山新城、西朗至燕岗段先后开通，燕岗至沥滘段完成土建工程68%；广州地铁7号线西延顺德段（启动段）土建工程于6月底动工；明确佛山轨道交通2号线引入广州南站项目的广州南站站点前期工作主体，两市加快对接相关征地拆迁、交通疏解等工作；广佛环线佛山西站至广州南站段土建工程完成投资超50亿元，占概算的50%以上；佛山西站至广州北站段完成预可行性研究评审；广佛江珠城际、肇顺南城际分别编制工可报告和预可研报告；广佛肇高速公路广州段完成核准，佛山段先行标段动工建设；榄核镇西线公路延长段工程顺利复工建设；佛陈路东延线接番禺新桂路（海华大桥工程）的桥梁桩基开始施工，其中顺德岸桩基完成施工；珠江大桥放射线接广佛新干线（广佛出口放射线二期）广州段已开工建设，佛山段完成施工前期准备；番禺区、南海区交通部门就魁奇路东延线接南大路工程拟订合作协议，并完成项目建议书编制工作；容桂东出口道路（顺德容桂横十四路接南沙谭灵路）、碧江大桥系统工程、大沥北环东路接芳村沿江路等均开展项目建议书编制及规划对接等工作。

【广佛肇产业协作】 截至2016年年底，广佛肇（怀集）经济合作区起步区累计投入约11亿元用于“三通一平”等主要基础设施建设，共引入项目75个，总投资107亿元。广佛肇（怀集）经济合作区起步区开发面积693.33公顷，落实建设用地指标面积326.67公顷。2016年，广佛港航合作不断深入，广州航运交易所上半年新增设佛山代理点，为佛山港航企业提供方便快捷的船舶评估、交易等服务。南沙港“穿梭巴士”新开辟三水支线，“穿梭巴士”在佛山境内共开设有容奇、勒流、高明、北滘、三水等五条支线。广佛肇旅游合作更加紧密，在2016年年初举办的广州国际旅游展览会上，广佛肇专门设置区域合作展区。

【广佛同城生态环保协作】 2016年，广州、佛山两市开展交界河涌整治，印发《广州市水污染防治行动计划实施方案》。10月，纳入整治的首批42条“一河一策”河涌（2013年启动）有34条河涌达到Ⅴ类水标准。“一河一策”整治项目共258个，至年底全部完成。加快推动广佛西江饮用水源保护区企业搬迁工作，完成对企业搬迁费用的评估报告，正研究分担比例问题。推动大气污染联防联治，广州市在2016年前完成21台总装机容量为463万千瓦的燃煤机组超洁净排放改造的基础上，2016年又完成广州发电厂等3台燃煤机组超洁净排放改造工作，佛山市同时开展铝型材企业主要燃用设备的清洁能源替代、150家VOCs排放企业整治、10蒸吨/小时及以下高污染燃料锅炉淘汰等工作，促进企业清洁生产。开展黄标车整治，两市通过严格营运车辆年审、落实营运黄标车“只出不进”、站场监管、提前报废奖励、异地黄标车电子警察抓拍执法等措施，有力推动黄标车整治。

【广佛同城社会民生】 2016年，广佛政务同城办理取得新突破。2月1日起，荔湾、南海通过“窗口收件、快递送件、两地互通、限时办结”的模式，实现两区行政审批事项在两地政务服务实体大厅“广佛跨城通办”。“广佛跨城通办”首批上线涉及财政局会计类业务、工商局企业注册类业务等共计14项。第二批“广佛跨城通办”事项在11月正式实施，该批事项共71项，涵盖工商登记、食品经营许可、投资项目核准、房屋施工许可等。2016年“广佛肇人才一体化大学生专场招聘会”在广州举行，广佛两市参会企业达200多家。体育赛事亮点纷呈，两市先后互派代表队参加佛山市第四届南狮锦标赛、广州国际龙舟邀请赛、横渡珠江等体育赛事。社会治安合作加强，针对居住在佛山、活动在广州的“三非”外国人，两市出入境管理部门通过在地铁滘口站、广佛公交站等主要出入口加强摸查和堵截，有效打击在两地流窜的“三非”外国人。

（梁志鸿）

粤桂黔经济协作

【粤桂黔高铁经济带合作试验区建设】 2016年3月，国务院《关于深化泛珠三角区域合作的指导意见》提出：“大力推进粤桂黔高铁经济带合作试验区建设”，粤桂黔高铁经济带合作试验区正式纳入国家级发展战略。4月，省编办发文同意在佛山高新区管委会加挂粤桂黔高铁经济带合作试验区（广东园）管理委员会牌子。6月，佛山市增设高铁经济带工作局。为加快高铁沿线城市合作发展，佛山市增设高铁沿线城市驻试验区（广东园）商务联络处，作为各市（州）开展商贸合作和对接交流的平台。7月，各市（州）商务联络处揭牌。为扩展合作领域，佛山市规划建设试验区广东会展中心，将其打造成为核心区一个地标式建筑和粤桂黔地区区域经济、文化交流以及建设成果展示的中心，推动高铁经济带展览、旅游及商务经济发展。

【粤桂黔多领域双向交流合作】 2016年，粤桂黔三地加强科研、人才、金融、产业等双向交流合作。佛山市南海区与中山大学、广西大学、贵州大学签订合作意向书，共建粤桂黔高铁经济带研究院，该研究院于12月挂牌成立；3月，佛山市启动粤桂黔人才合作年，促成系列校企交流合作；佛山市举办佛山旅游（经贸）南宁推介活动，粤桂黔“南宁—佛山”旅游专列首发团600名游客到佛山旅游。广东金融高新区股权交易中心联合粤桂黔金融服务机构，为百家粤桂黔企业实现融资120亿元；经贸往来日趋紧密，南海与广西、贵州、云南铝棒铝锭年交易额近300亿元。9月，佛山市参加第二届粤桂黔高铁经济带合作联席会议，加强与沿线城市的沟通对接。

【粤桂黔高铁经济带促进民间投资大会】 2016年12月22—23日，粤桂黔高铁经济带促进民间投资大会在南海召开。来自国家层面和粤桂黔三省（区），13市（州）政府、部门领导，商会协会和企业代表共聚一堂，商讨深化区域合作，共促民间投资。大会期间，成立4个综合联盟、3个专业联盟，多个合作项目签约，3个平台展示，粤桂黔农业产业信息发布中心、粤桂黔高铁经济带中小企业综合征信中心启动建设、4项合作成果发布；同期举办粤桂黔三省（区）旅游资源推介会、第二届粤桂黔名优农产品食品展示博览会，实现“政府搭台，企业唱戏”，推动粤桂黔高铁经济带开创新型合作模式。

（梁志鸿）

对口支援

【对口支援西藏墨脱县】 2016年，佛山市财政向广东省财政上解对口支援西藏资金4116万元，由省统筹安排。是年，广东对口支援墨脱财政投入7185万元，主要支援墨脱县安居工程补助、小康示范村建设、市政道路建设、旅游基础设施建设、小集镇基础设施配套建设、茶叶种植、农牧民种养示范补贴以及人才培训等。

项目建设　佛山市全年对口支援墨脱县项目建设15个，且全部完成工程建设，包括6个小康示范村建设、县城道路建设、县中学运动场改扩建、县小集镇基础设施及敬老院等配套工程、县民俗文化古街建设、县城基础设施及莲花湖景区建设、县网络信息及网站运营管理等，涉及资金7100余万元。

民生事业　佛山市全年对口支援墨脱县民生事业项目建设共6个，包括墨脱县安居工程安居房补助、墨脱县困难家庭及子女就读就业帮扶工程、墨脱县基层便民窗口建设等，涉及资金近2400万元。在教育援助方面，筹资300万元设立门珞贫困家庭学生助学金，帮助354名贫困家庭的子女读书。实施墨脱县中小学校舍和运动设施改建等项目，改善办学条件。在医疗援助方面，佛山组织3批援墨医疗队共14人先后进驻墨脱开展医疗援助。援藏医生为墨脱各族群众开展手术600多台、救助病患者6000多人次。广东援墨医疗队每周组织下乡开展义诊活动，走村入户，为门珞农牧民送医送药。在技术援助方面，邀请广东的专业技术人才到墨脱开展茶叶、水稻、香蕉等技术培训，为墨脱县脱贫致富提供坚实的技术保障。从佛山电视台选派2名业务骨干帮扶墨脱电视台建设和营运，对墨脱电视台节目质量和工作人员业务水平的提高发挥作用。

产业发展 佛山市全年对口支援墨脱县产业发展项目建设6个，分别为：墨脱县游客服务中心建设、墨脱县民俗文化古街建设、墨脱县广东（墨脱）高山有机茶示范基地建设、墨脱县农牧民种养示范补贴、墨脱县景区配套项目建设、墨脱县城基础设施及莲花湖景区建设。

民族交往 多次组织佛山和墨脱两地进行民间文化交往，其中组织广东赴墨脱考察团17批98人次，组织墨脱党政代表团1批15人次到佛山考察，组织墨脱民间门珞表演方队55人参加广东（佛山）非遗周暨佛山秋色民俗文化活动（佛山秋色巡游）并参加表演。

（邓宏照　陈传明）

【对口支援新疆伽师县】 2016年，佛山市对口支援伽师县投入援疆资金52035万元，其中省财政安排32329万元，佛山市财政安排16271万元，净结余资金和利息3435万元，以交支票形式实施21个援疆项目。21个项目中，基建类项目11个，安排援疆资金35885万元，占年度援疆资金69.0%；非基建类项目10个，安排援疆资金16150万元，占年度援疆资金31.0%。援建资金100%到位，项目100%开工建设或实施。

帮扶促进民生事业 是年，佛山援疆工作投入39035万元用于安居富民、城乡基础设施、精准扶贫、双语教育、医疗卫生等民生项目，约占年度资金总额的75%。1万户富民安居房建成入住，广场南路西延段扩建和佛伽大道全部投入使用，3座总库容6500吨的粮库基本建设完毕；扶持伽师瓜良种繁育基地建设33.33公顷，西梅标准化示范基地2000公顷，新建养殖场27座，面积9641平方米，养殖小区8030平方米，以贷款利息促成3000万元畜牧业贷款发放，使伽师县养殖规模大幅度扩展；完成34所农村小学面积32782.24平方米的标准化改造，双语教育全覆盖工程引进双语教师600余名，培训在职双语教师近3000人；投入800万元建设伽师县人民医院分院；维稳建设方面，投入1000万元为伽师县建设公安警用应急无线通信台，以及公安网络巡防盲点区域视频监控补点。

产业带动就业 是年，佛山援疆继续夯实伽师产业发展基础，以产业带动就业，巩固发展中小企业孵化基地“以商招商”模式以及校企合作和县、乡、村三级就业模式，加大伽师工业园区基础设施建设力度以及援疆企业产业扶持力度，园区产业发展势头喜人。投入援疆资金1.3亿元用于园区基础设施建设，投入8000万元用于援疆企业补贴，引进广东企业21家，到位资金12亿元，园区连接县城总长7.8千米的佛伽大道落成通车。在援疆推动下，伽师工业园落户企业数从2014年年初的30家增加到84家，到2016年年底稳定就业人数接近1万人，工业产值超过20亿元。

援受双方共谱援疆新篇 是年，佛山市援疆深入推进“三年千人育人”工程，投入1000万元，培训两期600名村级后备干部，培训政法干警、医生、职业教师、“去极端化”宣传骨干、部门骨干155人，420名乡镇党政领导班子成员、村（社区）“两委”班子成员赴广东轮训。投入300万元安排200名伽师县小学生到佛山市开展“手拉手、心连心”青少年交流活动。依托广交会、西洽会、喀交会、亚欧博览会、佛山商博会等平台，加强佛伽两地间的商贸合作，在佛山举办的投资推介会取得成功。

第七批援疆工作圆满收官 2016年年底，佛山市第七批援疆工作圆满收官，援疆干部人才载誉返粤。在新疆维吾尔自治区第八批省市援疆工作总结表彰会上，佛山市援疆队员张可、胡大强、黄汉云3人获二等功勋章，何莒安、计勇、冼志赛、赵庆顺等被评为优秀援疆干部人才。

（黎婉颖　陈传明）

【对口四川凉山州扶贫协作】 2016年8月31日，广东（佛山）对口凉山扶贫协作工作组入驻凉山，佛山—凉山东西扶贫协作工作进展顺利，开局良好。截至12月31日，广东省、佛山市和中广核集团向凉山州提供财政资金1.20亿元，其中，广东省财政3300万元、佛山市财政7700万元、中广核集团资金982.1万元；援建安全住房1869户，建设面积19.2万平方米；佛山社会各界捐款48.3万元，捐物折款6.8万元；两地签订产业合作协议2个。

对口凉山扶贫协作工作座谈会　2016年8月9日，对口凉山扶贫协作工作座谈会在西昌召开，会议决定调整由佛山市对口凉山州开展扶贫协作工作，扩大帮扶范围，由原来的4个贫困县调整到11个，并加大帮扶力度，每个贫困县每年1000万元，共1.1亿元。要求佛山市在2016年8月底前将人力和资金调度到位，按照四川省委、省政府提出的让贫困群众住上好房子、过上好日子、养成好习惯、形成好风气的脱贫攻坚目标开展工作。佛山市委书记鲁毅在座谈会上表示：调整佛山对口扶贫协作凉山，是新时期的“彝海结盟”，要专题研究部署对口帮扶凉山工作，按照8月底到位的要求做好人员、机制、资金的落实。会后，根据座谈会上的要求，佛山立即加强对扶贫协作工作的组织领导，建立相应工作机制。佛山市委、市政府于当月就从全市范围内组织挑选7名工作人员组成广东（佛山）对口凉山扶贫协作工作组，由市政府秘书长葛承书任工作组组长，并于2016年8月31日如期到达凉山开展对口扶贫协作工作。

协作框架协议　2016年10月27日，凉山州委书记、时任州长罗凉清率领党政代表团一行近50人至佛山开展东西扶贫协作考察及招商引资活动，并签署《广东省佛山市—四川省凉山州东西部扶贫协作框架协议》，确定双方将在住房及配套公共设施、教育卫生、劳务开发、人才培养等9个（1＋8）方面开展全面合作，推动两地扶贫协作向深层次战略合作发展。

住房建设　2016年8月，佛山扶贫协作工作组进驻凉山后，按照广东—四川两省扶贫协作座谈会上提出“将广东援助资金原则上全部用于少数民族贫困群众的住房建设”的要求，以推进援建安全住房建设为首要目标来开展。截至2016年12月31日，共投入资金1.20亿元（含中广核集团982.1万元），实施住房建设项目36个，建设面积19.2万平方米，惠及贫困户1869户、贫困人口7758人。

产业合作　2016年8月起，佛山市在推进对口凉山扶贫协作工作中，注重加强产业帮扶力度，推动各类产业合作，增强凉山自身发展能力。两地部门签订农业产业合作框架协议，并于2016年12月23日共同举办“佛山凉山农业产业对接会暨凉山农业投资促进项目推介会”，两地50余家企业代表近130人参加推介会；5家佛山农业龙头企业与凉山农业企业签订合作意向书。两地的旅游部门签订旅游合作协议，推动佛山旅行社组团到凉山旅游，策划“爱不停步　五彩凉山之旅”活动，发动大批佛山市民前往凉山旅游。组织各类商会和行业协会4批次到凉山开展投资考察。

2016年11月15日，佛山市、凉山州签订劳务合作协议

经贸合作　2016年11月11日，组织佛山农业企业前往成都参加“大凉山特色农产品产销对接会”，佛山、凉山两地企业达成针对性强的苹果、脐橙、石榴、花卉、蛋类等农产品产

销对接合作项目，现场签约额达1.5亿元；2016年12月23—25日，以“味力粤桂黔　绿色新生活”为主题的第二届粤桂黔名优农产品食品展示博览会在佛山举行。佛山协调凉山州作为特别区域加入“粤桂黔农业产业联盟”，并参加该届粤桂黔名优农产品食品展示博览会。凉山州19个农民合作组织、农业产业化龙头企业参加农博会，特色农、牧、林、水产等67种类系列农产品参展。

人才培养　2016年11月15日，佛山市人社局与凉山州农劳办共同签订“佛山—凉山”东西部劳务协作框架协议，并举行“佛山—凉山”东西部劳务协作启动仪式，在昭觉、越西两县分别举行现场招聘会。11月17日，佛山市人力资源公共服务中心与西昌学院签定合作框架协议，加强佛山—凉山两地在市场信息共享、高校毕业生就业、协助建设实践教学基地、人才交流、理论研究、人才租赁、人才测评等领域的合作，推进佛山、凉山两地人才开发的资源共享、服务的相互贯通。

社会帮扶　2016年8月，佛山市对口扶贫凉山州后，发动社会力量参与对口凉山扶贫协作工作。截至2016年12月31日，共有佛山市教育局、市红十字会、市律师协会、市女企业家协会、市房地产协会、广东国鸿氢能源科技有限公司、禅城区部分民营企业等到凉山开展慈善活动，捐款48.3万元，捐赠价值6.8万元物品。同时，打造社会各界共同参与扶贫协作工作的工作机制，一些社会组织和个人也参与对凉山的扶贫协作。

（杨常青　陈传明）

扶贫开发

【概况】 2016年，佛山市按照广东省委、省政府部署，对口帮扶湛江市、云浮市所属12个县（市、区）的254个相对贫困村、26943户、88797人。其中，帮扶湛江市163个村、16380户、54845人；帮扶云浮市91个村、10563户、33952人。2016年是新时期精准扶贫精准脱贫三年攻坚的开局之年，全市共组建1个驻市、8个驻县工作组，选派321名优秀干部全面进驻云浮和湛江帮扶，并完成贫困人口精准识别工作和民生兜底保障任务，一批民生、基建、产业项目陆续落地。划拨帮扶资金3.54亿元，实施到村项目762个，实施到户项目67357个，转移就业7983人，完成危房改造1654户，助学8577人，完成30%贫困人口脱贫的年度任务。

【新时期精准扶贫启动】 2016年，佛山市委常委会议和市政府常务会议多次专题研究，分解落实帮扶任务，动员部署和推动对口帮扶工作，市委书记鲁毅、市长朱伟率领党政代表团赴湛江市、云浮市对接。全市统筹安排403个单位结对帮扶到村，4月底前到村对接完毕；安排2万多名干部直接挂扶到户，11月底前全部完成入户对接。各级党政领导和帮扶单位领导到村调研指导2000多人次，干部职工到村到户帮扶、慰问近3万人次。市委、市政府领导，市人大、市政协主要领导全部挂扶到村。印发《中共佛山市委、佛山市人民政府关于新时期精准扶贫精准脱贫三年攻坚对口帮扶的实施意见》《佛山市人民政府办公室关于印发佛山市新时期精准扶贫对口帮扶专项资金管理办法的通知》等规范性文件，推动对口帮扶工作的制度化和规范化。建立“微信、QQ实时发布，单位简报、扶贫部门月报定期发布，与媒体全面互动”的多层次全方位的扶贫宣传体系，营造良好的社会舆论氛围。组织开展全市脱贫攻坚督查巡查，了解帮扶工作进展和存在问题，全面督导各项帮扶政策措施落地见效。

【扶贫干部队伍组建培训】 2016年，佛山市组建1个驻湛江市工作组和8个驻县工作组，选派321名优秀干部进驻云浮（112人）和湛江（209人），其中驻市驻县34人、驻镇27人、驻村260人。进驻前，举办新时期精准扶贫对口帮扶专题培训班，进行扶贫业务、农村基层党建知识、预防扶贫领域职务犯罪知识培训，市委书记鲁毅出席产业和就业扶贫业务专题培训班并作动员讲话。此外，分别在湛江市和云浮市组织召开精准扶贫现场会，组织扶贫业务管理骨干和驻村干部相互交流学习，提升帮扶工作水平。

【精准扶贫资金落实到位】 2016年，佛山市落实精准扶贫启动资金。赠送湛江市、云浮市启动资金各

2016年6月16日，佛山市委书记鲁毅（左一）在湛江吴川市慰问困难户

300万元，合计600万元，推进相关工作。落实省级统筹资金。按省要求，对有劳力贫困家庭人口3年内按人均2万元安排财政扶贫投入，对口帮扶市承担30%（即人均6000元），湛江市、云浮市有26.11万名有劳力贫困家庭人口，佛山市需承担资金15.67亿元。在省未明确资金额度的前提下，预拨湛江7000万元、云浮3000万元，共1亿元。落实财政补助引导专项资金。按全市部署，每村每年另安排100万元财政补助引导资金，254个村3年共需7.62亿元。2016年每村100万元共2.54亿元已全部落实到位。各帮扶单位筹集落实帮扶资金2120.34万元。2016年全市投入精准扶贫专项资金共3.81亿元，全部划拨到帮扶地，并陆续投入使用且产生效益。

【重点扶贫项目】 2016年，佛山市对云浮市、湛江市的扶贫工作突出抓好贫困劳动力就业、贫困户危房改造、建立助医助学互助资金等3项重点工作。围绕贯彻落实好广东省委书记胡春华“切实解决好贫困人口就业、泥砖房改造、子女教育等关键问题”的重要指示精神，集中抓好劳动力实用技能培训和转移就业，最大限度挖掘贫困劳动力转移就业潜力，共培训劳动力1.97万人次，组织10场佛山企业专场招聘会，转移劳动力8577人。抓好危房改造工作，对建档立卡贫困户实施危房改造的，在省补助和当地市、县配套的基础上，佛山市每户再补助2万元，2016年完成危房改造2160户。推动建立助医助学互助资金，每村帮扶10万元启动资金，并通过发动爱心企业、热心人士和乡贤募捐，帮扶每村成立助医助学互助资金，构建长效化救扶机制。在帮扶的85个村成立助医助学互助专项资金，落实助学资金4141.2万元帮扶13804名学生。

【民生扶贫项目】 2016年，佛山市在云浮、湛江两市的扶贫工作中，实施一批群众反映强烈、急需的民生项目。从当地群众反映最强烈、受益最直接、需求最迫切的方面入手，实施一批立竿见影的项目，如道路、农田水利、饮水、卫生、文体场所、路灯修建改造等项目，修建硬底化道路200.5千米、农田水利三面光水渠86.25千米、文体设施97处，实施饮水工程81项，修缮卫生站21座，安装高标准路灯1918盏，有效提升贫困村的生活条件和发展环境。

【产业扶贫】 至2016年年底，佛山市对“吴川市浅水镇龙首村、郁南县宝珠镇宝珠村光伏扶贫项目”“郁南县平台镇平台村观赏鱼养殖项目”“郁南县通门镇玉堂村珍珠番石榴电商项目”“云城区连片蔬菜种植项目”等一批产业项目落地或在实施当中。培育发展56个农民专业合作社，引入25家农业企业，建设产业基地32个，投资总额达3000多万元，带动农户1万多户（其中贫困户5000多户）参加基地生产，人均每年增收2000多元。

（许锦华）

第六篇

文　　化

教　育

综　述

【概况】 截至2016年年底，佛山市有各级各类学校1546所，其中普通高校3所、成人高校6所、省属高校8所、市属中职学校41所（含技工学校12所）、省属中职学校7所、普通高中59所、初中139所、小学408所、幼儿园877所、特殊学校6所。各级各类学校在校生约125万人，其中基础教育在校生119万人，占全市在校生总数的95%。在各级各类学校中，民办学校636所，其中幼儿园526所、小学45所、初中40所、普通高中14所、中职11所，民办学校在校生超过36万人，约占全市在校生总数的28%。

2016年，佛山市教育取得长足发展。开展《特殊教育提升计划（2014—2016）》及国家特殊教育实验区建设工作中期评估；教育部批准佛山市为国家学前教育改革发展实验区；市政府印发创建现代职业教育综合改革示范市实施方案，并在全市教育工作会议签订工作责任书；市政府颁布《关于进一步推进学校体育设施向公众开放的实施意见（试行）》；通过国务院教育督导办组织开展的全国义务教育发展基本均衡县（市、区）督导复查，其中南海区、顺德区被选定为"义务教育均衡发展特色"实地观摩点，禅城区、高明区被抽取为国检复查的区，接受专家组的督导检查；市政府与全国工程专业学位研究生教育指导委员会签署"全国示范性工程专业学位研究生联合培养基地"合作备忘录，并颁布佛山教育事业发展"十三五"规划；颁布《佛山市义务教育阶段学校基础教育设施五年提升行动计划（2016—2020年）》。

是年，广东省教育关工委召开的广东省学校家庭教育工作推进会和全省实施学前教育第二期三年行动计划工作现场会、第四届全国中小学STEAM教育大会等重要教育会议在佛山举行。

【教育改革成果】 2016年，佛山市推进创建国家教育综合试验区工作。率先承担和深入实施国家、省12个重点改革项目，推进中高职应用本科衔接贯通高技能人才培养试点、中小学教育质量综合评价改革、考试招生制度改革、全国首批职业教育现代学徒制试点、教育管办评分离、学区化集团化办学、国家"县管校聘"改革试点等20多项重大改革。教育领域重大改革为全省乃至全国树立样板。制定颁布《佛山市义务教育阶段学校基础教育设施五年提升行动计划》，明确全市中小学建设的路线图、时间表和任务书，并建立市级财政奖补机制。联合国开发计划署组织专家团队通过实地调研，撰写的佛山职业教育案例《全民教育：职业教育体系》，入选联合国开发计划署编制的《2016年中国城市可持续发展报告——衡量生态投入与人类发展》一书，肯定佛山职业教育对佛山城市可持续发展所作的贡献。

【区域教育改革】 2016年，佛山市五区教育改革各有特点。禅城区创建国家教师"县管校聘"人事改革试点区，提升政府对教育资源的统筹能力和管理水平，全面盘活教师资源。南海区启动新一轮学校配套布局与专项建设工程，扩增优质教育资源，满足南海城市化进程中的学位需求。顺德区秉承开放办学理念，引入省内外优质教育资源，通过"高位嫁接"、名校引领，整体提升基础教育办学水平；深化校地合作，引入全国重点高校资源，促进高等教育发展。高明区加大学前教育的投入，提高幼儿园补贴标准，促进学前教育向公益普惠性发展。三水区推动高中在教育科研、新课程改革、艺术教育、班级管理等方面形成各自的办学特色，提升办学质量。

【教育公共服务】 2016年，佛山市制定《佛山市义务教育阶段学校基础教育设施五年提升行动计划（2016—2020年）》，明确到2020年全市新建、改建、扩建义务教育阶段学校176所，新增学位约18万个。

是年，全市幼儿园、中小学校分别新增学位1.3万个和2.9万个。全市随迁子女入读义务教育学校39.5万人，占义务教育在校生的55.73%，其中入读公办学校27.9万人，占比70.61%，综合工作成效居全省第一位。对家庭经济困难的在园幼儿、中小学生和大学生分别进行资助，全年受助学生达40546人次，资助金额6298万元。

（薛新坡）

各类教育

【学前教育】 2016年3月，佛山市颁布《佛山市建设国家学前教育改革发展实验区工作方案》，首期安排启动67个改革项目建设工作。引导支持国有企事业单位、村集体举办普惠性幼儿园。明确规定城镇新建住宅区配套建设幼儿园一律办成公办幼儿园或委托办成普惠性幼儿园，全年新建住宅区配建幼儿园22所，新增学位1.2万个。提高教师学历水平，上岗持证率达100%。实施“名园帮扶”计划，推动公益普惠性幼儿园建立3个省级《3～6岁儿童学习与发展指南》实验区，成功举办全国学前教育宣传月，加大科学保教力度。加强幼儿园安全、卫生等设施达标管理，确保公益普惠性幼儿园厨房全部达到B级以上标准。9月，广东省实施学前教育第二期三年行动计划工作现场会在佛山市召开，佛山建设国家学前教育改革发展实验区所取得成果，得到省的肯定。

【义务教育】 2016年，佛山市推进义务教育基本均衡区建设，顺德、南海作为全国先进典型接受全国义务教育均衡发展推进会代表实地观摩，高明、禅城通过全国义务教育发展均衡区督导复检抽查，佛山市义务教育完成国家复检任务。完善义务教育优质资源共建共享机制，建立一批学校联盟，开展学区制改革。出台《佛山市引进人才子女教育服务保障工作实施办法》，规范随迁子女积分入学工作。做好义务教育招生进企业、进村（社区）、进家庭“三进”工作，主动为企业员工子女提供教育服务。推进“幼小衔接月”改革，强化小学对学前教育的衔接工作。

【普通高中教育】 2016年，佛山市普通高中在全省率先实现优质学位100%的基础上，继续呈现优质化、特色化、多元化、国际化发展态势，全市涌现出一批教育方式独特、学科优势明显、文化内涵丰富的特色高中，特色教育有民族教育、岭南文化教育、国际化教育、艺术教育、科技教育、舞狮教育、武术教育等。是年，佛山高考各项指标全省领先，佛山市普通高考人数只占全省的5.46%，总分600分以上高分层考生却占全省9.53%；一本上线率首次突破20%，达到22.60%，二本以上上线率67.15%，分别比省一本、二本平均上线率高出11.40%和27.80%。佛山市高职院校毕业生就业率超过99%。

【职业教育】 2016年，佛山市启动创建广东省现代职业教育综合改革示范市工作，颁布《创建现代职业教育综合改革示范市实施方案》等多份政策文件，组织开展创建工作，启动现代学徒制公共实训中心等中职引领性项目建设，加强以产业急需及工业机器人为重点的智能制造专业示范点建设，重点建设5个现代学徒制公共实训中心（教学平台）、9个对接产业专业示范点、9个专业带头人工作室和专业教育指导委员会、2个“互联网+”数字化实习实训中心和制定5类专业第三方评价考核标准。在全省率先实施“工业机器人技术”专业中高职贯通分段培养，创建中职机器人应用与维护专业示范点7个。实施《佛山市职业学校管理水平提升行动计划（2016—2018）工作方案》，开展中职学校教师技能大赛和学生技能竞赛，实施职业教育年度质量报告制度。举办2016年职业教育活动周。

【高等教育】 2016年，佛山市以超常规措施，推动佛山科学技术学院建设高水平理工科大学。加快新校园建设的各项工作，首期工程将于2017年9月竣工并交付使用；优化学院、学科、专业结构，调整后理工科专业达30个，占比62.5%，其中9个工科专业调整到一本招生；学校管理体制改革、重点学科群建设、人才队伍建设、产学研一体化打造“一园N院”工程等进展顺利，充实从综合性大学向理工科大学转型的主体框架。

佛山职业技术学院、顺德职业技术学院被确定为广东一流高职院校建设计划立项建设院校。佛山电大向开放大学转型步伐加快。顺德与省签约共建大学城卫星城，打造高端人才集聚区。

推进省和国家研究生联合培养基地、全国示范性工程专业学位研究生联合培养基地建设。佛山市20家企业（研究院）联合省11所高校招收硕士研究生68名，博士研究生2名。推动建设广东首个地级市“浙江大学博士生社会实践基地”，首批博士生入驻佛山企业提供科研服务。

【特殊教育】 2016年，佛山市推进国家特殊教育改革实验区建设，扩大特殊教育资源，特殊教育学校实现市及五区全覆盖，全市随班就读学校231所、随园保教幼儿园96所。高标准建设特殊教育资源教室，全年增建特殊教育资源教室14间。建立市、区两级“特殊教育支援服务中心”6个，承担区内随班就读和送教上门教师的培训和指导。抓好特殊教育学校规范化建设，推动普通学校随班就读和重度残疾儿童少年送教上门工作，做好未入学适龄残疾儿童少年实名制资料调查和入学安置工作，义务教育阶段适龄残疾儿童少年入学率达100%。发展非义务教育阶段特殊教育，佛山市启聪学校增设学前班2个，并扩大中职班招生规模，招收听障生和智障生中职班12个，强化高中阶段残疾学生技能培训。佛山市顺德区机关幼儿园和容桂幼儿园开展残疾儿童随园试点工作，探索早期救治、康复与教育紧密结合的残疾儿童学前教育模式。

【民办教育】 2016年，佛山市加大硬件设施和师资队伍建设的投入，探索普惠性国有民办学校建设，丰富民办学校办学层次。开设80多人参加的民办学校校长素质发展培训班，获得省级民办教育发展竞争性专项资金奖补490万元，开展2017年省级民办教育专项资金竞争性分配申报工作，提高民办学校办学质量。出台《2016年佛山市民办学校义务教育阶段初中招生工作意见》，规范民办初中面谈招生，加强事前、事中、事后监管，确保招生工作顺利有序进行。

【社区教育】 2016年，佛山市成功举办全民终身学习活动周，依托四级社区教育网络，为市民免费提供学习资源1000多项。首次举办第三年龄教育培训，开展青少年教育、新市民教育、新型职业农民教育。推动学习共同体、学习型组织建设，获评全国农村优秀学习型组织4个，终身教育品牌初步形成。

（薛新坡）

教育发展

【道德教育】 2016年，佛山市开展社会主义核心价值观教育，坚持把德育贯穿于学校教育教学的各个环节，培育中小学生的家国情怀、文明教养、公民责任和理想志向。推进学校德育品牌创建和规范化家长学校建设。出台《关于进一步加强中小学幼儿园家长委员会建设的实施意见》，承办全省学校家庭教育工作推进会。创建12所广东省心理健康教育特色学校，举办10场中小学社会主义核心价值观年度主题系列教育活动，评选20名佛山市“美德少年”学生。

【体育教育】 2016年，佛山市颁布《佛山市青少年校园足球工作实施意见》《佛山市教育局关于推进中小学校园武术特色发展实施方案》，推进校园武术特色学校、省级校园足球推广学校和试点区创建工作，首创全国校园足球特色学校（小学组）联赛。落实每天一小时校园体育活动，提升学生体质健康水平。实施《国家学生体质健康标准》测试与上报工作，全市2016年国家体质健康上报率达100%。

【语言文字教育】 2016年，佛山市加强学校语言文字规范化教育，有5所学校获评为省级语言文字规范化示范校、9所学校获评为省规范汉字书写教育特色校。参加广东省第一届“中国汉字听写大会”

并获得一等奖。做好普通话水平测试工作。

2016年12月16日，2016中小学生冬季长跑启动仪式暨阳光体育大课间展示现场

【课程改革】 2016年，佛山市以名师示范、专家引领和学科教研组互助等形式引领课堂建设、课程开发和教师专业成长，初步形成包括安全教育、环保教育、剪纸、陶艺、佛山音乐、佛山武术等在内的生命教育课程和佛山非物质文化遗产的地方特色系列课程。引入第三方开展教育质量综合评价改革探索。禅城区开展“创建自主高效课堂”教学改革，选定义务教育课改试点学校15所、普通高中课改试点项目10个。南海区出台《基于核心素养的学科教学实施方案》，开展新基础教育实验项目，将国家课程和校本课程有机融合，形成多元课程体系。顺德区引导学校大胆探索分层教学、小组合作、导师制等教学改革，成效明显。

【教育科研】 2016年，佛山市实施“科研强师、科研促教、科研兴校”策略，首批推出24个市级教育科研协作共同体为实地考察对象，推动省教育学会学前教育专业委员会在佛山设立特殊教育工作部。举办中小学课堂改革观摩研讨活动，参加人数近2000人次，录制教育公益大讲堂10期，推广最新教育科研成果。省、市教育科学“十二五”规划项目中，课题开题通过15项、中期检查12项、结题鉴定通过12项、面向全省推广成果4项；省教育科学“十三五”规划下拨佛山申报国家课题3项，全市另申报国家4项；推荐25个项目（其中重点项目5个）申报2017年度省级课题；推荐申报第五届教育科研成果奖项目3个，提高科研强师能力。

【教育交流合作】 2016年，佛山市教育工作加强与国内外的交流合作。参加香港“2016教育及职业博览·中国馆”展览，通过香港办学机构联合名校联盟、姐妹结对学校等形式，加深佛山和香港、澳门教育的交流合作。佛山市和日本伊丹市通过派遣师生团互访，协办中日健美操交流大赛。参与中国美国“千校携手”项目。佛山校园青少年足球队首次出访德国，加强青少年国际交流工作。

加大与海内外高校交流合作力度。佛山市调研组前往深圳、汕头等地学习中外合作办学经验和做法；佛山市政府代表团赴德国、法国推动境外高水平大学进驻佛山，启动建设中外合作办学的理工类、应用研究特色学院3所，中大卡大研究院、佛科院中德工程学院实现招生；顺德启动建设大学城卫星城，广州、佛山14所高校协同共建，打造高端人才集聚区，推动教育交流合作向更大范围、更高层次发展。

（薛新坡）

教育保障

【概况】 2016年，佛山市为保障教育发展，教育经费总投入达205亿元，比上年增长1.75%，其中公共财政教育经费达128亿元，占公共财政预算支出的18.42%，提高2.2个百分点。健全政府和幼儿家庭合理分担办园成本机制，完善向普惠性民办幼儿园购买服务制度。投入1.17亿元，提高学前教育生均公用经费财政拨款标准，每生达700元/年，覆盖公益普惠性幼儿园所有在园幼儿。提高市属普通高校佛科院、佛职院生均综合拨款标准，每生每年达14900元和7000元，标准居于全省前列。

【师资队伍】 2016年，佛山市"强师工程"推进师德建设和教师管理改革，完善教师资格认证、岗位管理与聘用等制度，加强教师培训，弘扬高尚师德师风。隆重庆祝2016年教师节，市政府表彰先进教育工作者、优秀教师、优秀班主任598名，对从教30年的教师颁发证书和证章；评选"最感动教师"10名，举办佛山市优秀教师事迹巡回报告会；组织师德师风建设大型宣传教育活动35场。出台《佛山市基础教育系统名师工程建设意见》，加强名师、名班主任、名校长等高水平和专业化人才队伍建设。培训7个学科骨干教师。做好义务教育学校校长教师交流工作，全市交流教师1942人、校长140人，校长教师交流人数占总数的6.48%，校长教师交流比例、优质学校交流比例和骨干教师交流比例均超过省规定的比例。制定《佛山市教育局中小学教师继续教育学时登记实施细则（暂行）》，做好继续教育学时申报审核工作。

【教育信息化】 2016年，佛山市实施《佛山市教育信息化"十三五"规划》《佛山市"互联网+"教育行动计划》，各项工作取得突破性进展，学校网络教学环境大幅改善，中小学100%班级多媒体进教室，100%学校与教育城域网连接，全市中小学生用机13.8万台，中学生机比4.5∶1、小学生机比6.2∶1、中小学师机比1∶1。信息技术与教育教学实现深度融合。全年全市师生参加省级以上各类信息化比赛，获奖数量与级别位居全省前三名。通过教育部教育信息化试点市验收工作，专家组对佛山市试点项目给予肯定。

【教育装备】 2016年，佛山市中小学校教育装备各项建设指标全面达标，工作经验在全省基础教育装备工作会议、第六届城市教育装备合作与发展论坛上作专题介绍。全市初中物理、化学、生物实验操作考查实现全覆盖，在全省率先探索"互联网+实验考查"应用模式。承办第四届全国中小学STEAM教育大会并推介佛山市创客教育成果。培训教育创客导师50名、教育创客150名，举办首届佛山市中小学生创客大赛。佛山市师生团队分别获得第八届广东省自制教具大赛和省首届中小学生创客大赛的冠军。

【依法治校】 2016年，佛山市创建依法治校示范校，认定市级依法治校示范校20所，推荐申报广东省依法治校示范校8所。全市100%中小学完成"一校一章程"工作，100%中小学完成聘请法律顾问工作。市教育局全年受理上级部门转交信访件8件，全面回应和治理群众信访举报的教育收费问题。完成45所规范化幼儿园、10所市一级幼儿园督导评估，对10所省一级幼儿园、510所标准化学校进行复评。加强对义务教育学校美育工作和体育三年行动计划等7大项目专项督导，促进学校规范提质。

【平安校园】 2016年，佛山市推进"平安校园"创建工作，形成五级校园安全工作管理体系和"三位一体"校园安全责任体系，100%中小学建立"五校长"工作机制，建设"五防""五道防火墙"校园安防工程。安装一键报警装置508套，建立治安岗亭593个、"护校岗"503个、校园警务室167个，每日巡逻警力4095人次；开展各类安全教育和演练共约4800场次，发布安全教育警示信息180多万条，受教育学生近300万人次，培训安全管理人员11375人；学生溺水事故数、死亡或失踪人数明显下降，校园学生连续13年无涉毒问题，杜绝群体伤亡事故发生。新增省级"安全文明校园"10所，全市学校安全综合治理达标率达到99%。佛山市"平安校园创建"工作成绩较为显著，"五校长"工作机制得到省教育厅通报表扬和抄送中央综治委校园安全专项组办公室。

（薛新坡）

科学技术

综　述

【概况】 2016年，佛山市把创新驱动发展作为核心战略和总抓手，提高自主创新能力，完善区域创新体系，构建适应创新驱动发展的制度环境和政策体系。是年，全市有国家高新企业1388家；全市省级新型研发机构总数达30个，居全省第二；省级新型研发机构孵化企业358家；省级新型研发机构成果转化和技术服务收入85亿元，居全省前列；省级以上创新平台396个，居全省第二；PCT国际专利申请量470件，每百万人发明专利授权451件，比上年增长54.45%；新增省级重点实验室2个。截至2016年年底，佛山市建有科技企业孵化器52个，其中国家级科技企业孵化器14个、国家级众创空间15个、省级众创空间16个。

【政产学研合作】 2016年，佛山市推进与高校和科研院所的合作，以智能制造为切入点，加快推进佛山智能装备技术研究院建设，全年政产学研成绩显著。

佛山市与高校科研院所合作　与哈尔滨工业大学、中国航天系统科学与工程研究院，以及深圳光启高等理工研究院建立合作关系。至年底，全市与中国科学院等全国50多所科研院校签订长期合作协议，有32所科研院校和研发机构在佛山市组建研究院，累计建成院士工作室39个、博士后工作站59个、产学研结合示范基地35个，引进科技企业特派员超过800人次，累计开展产学研合作项目2000多项。

产学研多种合作形式并存　以智能制造发展趋势为切入点，加快推进佛山智能装备技术研究院建设，实施机器人及智能装备应用“百千万工程”。通过“一院两司”，引进100多个科研人员进场研发，为20多家传统生产企业研究制订机器人应用整体解决方案，实现年产量超过2000台工业机器人的生产能力。同时，与国家数控系统工程技术研究中心、国家CAD支撑软件工程技术研究中心、新型电机技术国家地方联合工程研究中心合作建立3个国家重点实验室佛山分中心，获得国家“机器人等高端装备用伺服电机数字化车间”的立项。

产学研新型研发机构建设　引导传统产学研创新平台向新型研发机构转变，至年底，全市建有各类新型研发机构50多个，获认定省级新型研发机构的30个（全省排名第二），参与新型研发机构建设的科研院校达40所。广工大数控装备协同创新研究院经过近3年发展，引进国内外高端人才160多人，孵化高端创业团队60多个，研发创新产品30多项，申请专利近300件，先后获批为国家级众创空间、广东省首批新型研发机构、广东省首批前孵化器试点单位、广东省众创空间试点单位。华南智能机器人创新研究院成功引进新加坡南洋理工大学、哈尔滨工业大学、华南理工大学等6个机械装备和新材料创新科研团队近50人。中科院产业技术研究院充分整合中科院在佛山资源，引进德国史太白技术转移转化与双元制教育体系，着力打造中科院佛山育成中心创新创业生态圈。

【知识产权工作】 2016年，佛山市完善知识产权领域政策。出台《佛山市知识产权质押融资风险补偿资金管理试行办法》和《佛山市促进知识产权服务业集聚发展资助试行办法》，通过知识产权质押融资风险补偿资金推动科技型中小企业知识产权融资困难的问题，并支持知识产权服务机构集聚发展，发展知识产权人才教育，推动知识产权金融融合。同时，推进华南知识产权交易服务中心建设。重点建设创课中心、路演（展示）中心、孵化中心、培训中心、交易中心和传播中心等，为社会提供从知识产权创造到创业全过程的知识产权生态链上的专业服务。其中，创课中心于4月26日开设“创课讲堂”，以企业为核心，组织企业研发人员、专家等开展研讨交流，举办讲堂次数13次，累计近1000人次参与。全年全市专利申请总量56456件，比上年增长41.9%。其中，发明专利申请18273件，比上年增长58.84%；发明专利授权3348件，比上年增长55.72%；PCT国际专利申请470件，比上年增长53.59%。

【佛山科学馆新馆建成开放】 2016年8月29日，佛山科学馆新馆正式对外开放。佛山科学馆新馆2009年立项，2011年正式动工建设，总建筑面积2.8万平方米，馆内设有“生命奥秘”、“儿童天地”“科技与未来”“探索与发现”四大常设主题展厅，每天容纳观众4000人次。截至2016年12月31日，佛山科学馆共接待游客30余万人次，接待团体近60批次，成为全市普及科学知识、弘扬科学精神、传播科学思想和科学方法的重要阵地。

（冯科湛）

科技创新

【高新技术企业培育】 2016年，佛山市高新技术企业培育工作取得较大进展，高新技术企业总数达1388家，比上年增长93.6%；推进高新技术企业培育入库工作，全年培育库入库企业898家；全市国、地税系统共有875家企业享受高新技术企业优惠。

【自主创新能力提升】 2016年，佛山市通过推进企业研发机构全覆盖工程、组织实施核心技术攻关项目以及落实研发费用加计扣除、科技创新券等优惠政策等一系列措施，提高企业自主创新能力。

规模以上工业企业研发机构全覆盖工程 新增省级企业重点实验室2个，累计建有省重点实验室17个、省工程实验室3个。新增省级工程中心106个，累计建有省级工程中心394个，全省排名第二。新增市级企业研究院6所，累计建有市级企业研究院25所。新增市级工程中心164个，累计建有市级工程中心627个。同时，佛山市开展企业自建研发机构备案工作，共收到备案项目212个。全市规模以上工业企业建有研发机构率达23.93%，规模以上高新技术企业建有工程中心率达85%，主营业务收入5亿元以上工业企业研发机构覆盖率达52.62%。

核心技术攻关项目的组织实施 面向智能装备、高端新型电子信息、新材料、新能源、生物医药、节能环保等新兴产业领域启动核心技术攻关项目的申报工作，全年核心技术攻关项目入库209个、批准立项100个。

政、企科技经费持续投入 地方财政科技投入总额达34.96亿元，占本级财政支出的5.02%。市科技局面向企业发放科技创新券，安排创新券资金1000万元，支持科技型中小微企业向科技服务机构购买研发设计、科技金融、知识产权、检验检测等科技创新服务。鼓励全市企事业单位有计划、持续地增加创新投入。全市承担省重大科技专项7项。获省级以上科技奖15项，其中，国家科技进步奖二等奖1项、国家技术发明奖二等奖2项；省科学技术奖12项，其中一等奖1项。此外，2016年佛山市还获得中国专利优秀奖25项、省专利金奖1项、省专利优秀奖11项。

【珠三角国家自主创新示范区建设】 2016年，为响应广东省建设珠三角国家自主创新示范区（下称“自创区”）战略部署，佛山市建立“自创区”工作协调机制，成立由市主要领导担任组长的领导小组，并将“自创区”办公室设在佛山国家高新区。同时，编制完成《佛山国家自主创新示范区发展规划纲要（2016—2025）》及《佛山市建设珠三角国家自主创新示范区实施方案》。作为“自创区”核心项目，中国（广东）机器人集成创新中心启动建设。项目引进中国工程院高端创新资源，共同建设国产机器人行业内最大的研发中心、生产中心、应用示范中心，并通过机器人产业的带动，提升一批珠江西岸装备制造业龙头企业，把佛山高新区打造成为大型骨干企业成长区、高新技术企业培育区、机器人生产应用先行区。另外，“自创区”推进机器人及智能装备生产应用“百千万工程”，并于11月启动科技创新小镇群建设，依托自身特色和优势，构建产业创新生态，建设智造小镇、IT 小镇、生命健康小镇、星光小镇和制造业创新小镇等 5 个特色小镇，致力将科技创新小镇群打造为水环绿绕的国家制造业创新中心核心区、“产城人”融合的科技创新小镇群、珠三角国家自主创新示范区的创新样板。

【大众创业万众创新】 2016 年，佛山市推动大众创业万众创新工作，推进“互联网+创新创业”示范市建设。10 月 20 — 23 日，第二届中国（广东）国际“互联网+”博览会在佛山顺德的广东（潭洲）国际会展中心举办，博览会展览面积达 4.5 万平方米、参展企业达 613 家、入场观众达 31.9 万人次；博览会的品牌效应逐步显现，期间举办高水平专题活动 34 场，包括“中国制造 2025”对话德国“工业 4.0”大会、中国制造业与互联网融合发展高峰论坛、中外高层次人才和项目洽谈会等七 大重点活动，为国内外产业界和学术界探究互联网与产业融合，特别是与制造业融合提供交流合作平台，并促成 20 个优秀项目在开幕式现场签约。

南海区桂城街道被认定为广东省“互联网+创新创业”示范镇，成为全省第二个示范镇。全省被评定为国家特色小镇的 6 个镇中，顺德区北滘镇排名第一，也是佛山市唯一入选的镇。广东金融高新技术服务区、顺德区等成为全省首批“大众创业、万众创新”示范基地。佛山“互联网+”创新创业产业园挂牌，21 个项目进驻。华南创谷、祖庙丰收街、佛山石湾陶瓷创意谷等吸引一大批优质项目进驻。市级财政立项支持 6 个“互联网+”专业园区培育项目、7 个“互联网+”平台，支持金额 1160 万元。推动实施科技企业孵化器倍增计划，全市有各类综合孵化器 52 个，其中国家级科技企业孵化器 10 个、国家级孵化器培育单位 21 个、国家级众创空间 15 个、省级众创空间 16 个，孵化场地面积 180 万多平方米，在孵科技企业 1823 家，毕业企业 208 家，累计毕业企业达 356 家。 通过扶持“互联网+”应用示范企业推动“互联网+创新创业”示范市建设工作，全年市级财政立项支持互联网+示范企业 9 家。

各项创新创业活动精彩纷呈。7 月，第五届中国创新创业大赛（佛山赛区）暨第三届佛山创新创业大赛启动。167 家企业（团队）报名，20 家进入复赛，25 家进入市总决赛，5 家企业（团队）冲进全国总决赛。在 25 个进入市总决赛的项目中，最终评选出企业组一等奖 1 名、二等奖 2 名、三等奖 3 名，团队组一等奖 1 名、二等奖 1 名、三等奖 2 名。年内，佛山市还举办以“培育新动能、发展新经济”为主题的 2016“大众创业万众创新活动周”，在华南创谷、新媒体产业园等地举办 8 场不同主题、各具特色的“双创”活动。

【高层次创新人才引进培养】 2016 年，佛山市以建设高水平理工科大学和引进各级创新创业团队为抓手，促进人才载体多元发展。探索“理工大学+龙头企业+科研院所”发展模式，推进佛科院高水平理工科大学建设。南海区开展“柔性”引才引智工作，形成科技镇长团、高校博士进企业、海外工程师等特色人才项目。佛山高新区、广东金融高新区、广东工业设计城等产业园区人才集聚效应明显。 至 2016 年年底，全市拥有国家“千人计划”专家 41 人、省“珠江人才计划”领军人才及团队 9 个、省“特支计划”人才 11 人、市科技创新团队 59 个，市创新创业领军人才 177 人、博士 2100 多人。

（冯科湛）

科技推广与服务

【概况】 2016 年，佛山市科学技术协会（简称“佛山市科协”）及其属下学会贯彻落实《中共佛山市委办公室　佛山市人民政府办公室关于加强新时期我市科协工作的实施意见》，完成《借鉴泉州先行区经验　加快佛山“海上丝路”建设》《将佛山建设为世界“一带一路”陶瓷冶铁丝绸“大港”“名城”和“自贸区”》和《创建世界“一带一路”丝绸文化立体博览园》等调研成果；评出 2014 — 2015 年获奖论文（著作）335 篇（部）；全年完成中级、初级职称申报材料评审 301 份；举办第 32 届佛山市青少年科技创新大赛暨第九届动漫赛等科技比赛活动；2 个社区申报为全国科普示范社区，获得 2016 年项目奖补；全年新增市级科普教育基地10个，3所学校通过第三批广东省青少年科学教育特色学校复查。至年底，佛山市科协所属学会中，获得5A等级的3个、4A等级的7个、3A等级的6个、2A等级的1个。2016年落实市财政扶持社会组织专项资金50万元，对护理学会、土木建筑学会、工程师协会等5个学会给予专项资金扶持。

【科技智库为决策服务】 2016年，佛山市科协建设科技智库，为市委、市政府决策服务。

佛山市科协系统贯彻《佛山市互联网+行动计划》，市科协成立专门工作团队，与广东省商业经济学会联合开展课题调研，邀请商务部流通领域专家和本地学会专家，先后调研禅城区新媒体产业园和顺德区龙江、乐从家具企业以及东莞虎门服装产业，召开2次互联网+传统产业研讨会，形成调研报告《佛山市互联网+家具产业实施方案》，报送市政府决策，得到市主要领导和分管领导的批示。后来，市经信局根据此项成果制订《佛山市运用互联网改造传统产业工作方案》，并具体实施。顺德区科协开展“2016年顺德企业互联网应用普及工程”系列活动。

7月，佛山市科协联合市商务局、市发展改革局等单位，赴泉州考察交流“一带一路”建设工作。根据有关调研情况，佛山市科协完成调研报告《借鉴泉州先行区经验　加快佛山“海上丝路”建设》，提出“将海上丝绸之路和陆上丝绸之路及自贸区战略结合起来，提高佛山外经贸总量和水平”等多项建议，由市委办公室报市党政主要领导，得到市主要领导和分管领导的重要批示，要求市商务、发改、经信等部门跟进。该报告同时在市政府工作建议第29期上刊登。

佛山市科协会同广东省珠江文化研究会、市文广新局等单位，联合开展“海上丝绸之路佛山定位”项目的实地考察和文献搜集等工作，并于2016年3月、6月举办2场以佛山陶瓷冶炼产业和丝绸产业为主题的高端论坛，树立佛山作为陶瓷冶炼、丝绸“第一港”的品牌，提升佛山在国家“一带一路”发展战略尤其是“21世纪海上丝绸之路”中的文化品牌和历史地位，得到市委、市政府的重视。在此基础上形成《将佛山建设为世界“一带一路”陶瓷冶铁丝绸“大港”“名城”和“自贸区”》和《创建世界“一带一路”丝绸文化立体博览园》两个调研成果，得到省委常委、常务副省长徐少华的2次批示。根据省领导和市政府的批示，佛山市科协会同各区政府及相关市直部门进行研究，征求意见，并形成工作方案报市政府。

【科协工作为实施创新驱动发展战略服务】 2016年，佛山市科协面向经济建设主战场，为佛山市实施创新驱动发展战略服务。

申报中国科协创新驱动助力工程示范市　2月，佛山市科协联合市政府研究室，到福州、杭州、苏州、济南和青岛等地调研，力求掌握中国科协实施创新驱动助力工程的第一手资料，了解这些城市的基本做法、主要成效及有关经验。3月，佛山市科协领导与广东省科协领导一起赴中国科协作专题汇报，得到中国科协的认可。之后，佛山市科协代拟申报中国科协创新驱动助力工程示范市的报告，得到市领导的肯定和支持。

“海智计划”工作　佛山市科协依托中国科协和省科协“海智计划”工作平台开展一系列工作，调研佛山高新区、中德工业服务区、广东金融高新区等三大园区，了解科技园区对海智人才的需求；参加省科协的海外科技交流活动，与日本、韩国等国家科技社团建立合作联系；推荐佛山中德工业服务区、佛山高新区力合科技园为广东省“海智计划”工作站，对接广东省“海智计划”资源等，为企业发展提供智力支撑。顺德区南方智谷智能智造孵化器及双创城等海智计划孵化器基地的建设有新进展。

院士专家企业工作站建设　佛山市科协联合广东省科技工作者服务中心开展有关调研，并于11月组织各工作站负责人召开调研座谈会，听取有关意见和建议。全年新申报省级院士专家企业工作站5个，至年底，全市院士专家企业工作站达19个，数量居全省前列。

大众创业万众创新氛围的营造　11月，佛山市科协联合中德工业服务区、市外事侨务局举办中欧经济合作大讲堂第三期——企业“双创”微故事专题活动。该次活动以“互联网+”、智能制造、“一带一路”建设为主题，让企业以讲故事的生动形式宣传创新创业，并着重通过新媒体实现互联网传播。佛山市科协通过公开征集、学会推荐、甄选润色等工作，最后确定众陶联、圣理华、瀚蓝环境、华太投资等10个优秀企业为演讲单位。活动邀请央视网、《广州日报》、广佛都市网等众多媒体及有关学会和企业，聆听10位企业家的双创微故事，其中包括通过“互联网+”整合各类优势资源、促进转型升级的故事，还有响应国家“一带一路”战略的国际合作故事。除现场演讲外，还通过“网易直播”实现互联网直播，受众2.6万人，从而在更广范围内传播企业创新创业的精神风貌和成功经验。顺德区科协组织“创业顺德”大赛、顺德青年创新创业节、南方智谷创新论坛等活动。

【科技工作者培养】

优秀科技工作者推荐　2016年，佛山市科协利用各种渠道推荐优秀科技工作者。其中，向市人才办推荐学会干部成为佛山市第三届创新领军人才，向市政协推荐多名学会干部和科技人员为新一届市政协委员候选人。佛山市科协还接受禅城区人社局的委托，做好《佛山市禅城区创新驱动发展优秀科研团队（人才）评选奖励暂行办法》的制定工作，并负责主持禅城区优秀科研团队和人才的评审工作。

优秀学术论文评选表彰　2016年，佛山市科协根据《佛山市自然科学优秀学术论文评选奖励办法》，组织对2014—2015年度佛山市优秀学术论文（著作）进行严格评审，经过论文申报、学会初评和专业评审等各个环节，共评出获奖论文（著作）335篇（部）。其中优秀论文330篇，包括特等奖5篇、一等奖28篇、二等奖75篇、三等奖222篇；优秀著作5部，包括特等奖1部、一等奖2部、二等奖2部，在全市形成鼓励原始创新和学术交流的浓厚氛围。

职称评审　2016年，佛山市科协及所属学会承接市人社局的职称评审职能，做好机械、纺织、陶瓷、化工等9个专业的职称评审工作。共完成对301份中级、初级职称申报材料评审，做到客观、独立、公正，保持零投诉的良好纪录。

科技领域继续教育培训　2016年，佛山市科协提出的“互联网+传统产业培训”纳入2016年市委组织部、市委党校主体培训项目，并对全市政府机关、学会、行业协会、企业等单位的学员近100人进行为期5天的集中培训。该培训安排互联网政策、大数据、电商平台、云计算、中国制造2025等课程，并组织参观广州超算中心、佛山林氏木业等先进单位。同年，佛山市科协及所属学会举办5期技术创新暨职称公需课培训和150多场继续教育专业课培训，受众2万多人次。另外，佛山市科协联合市家具设计与制造学会举办家具电商培训班；机械工程学会、工程师协会、质量管理协会等多个学会开展本专业领域的继续教育培训。

【全民科普服务】 2016年，佛山市推进全民科普服务，各种活动蓬勃开展。先后订购《公民应急灾难逃生指南》科普口袋书2000册、科普折页2000张、《危险来了快自救》（青少年版）1000本、科普剧图书175版，并刻录《科普大篷车电视栏目》DVD光盘60套1560张，免费配放给各区镇（街）、学校、社区、市级科普教育基地等单位开展科普活动使用。

开展重点人群科学素质行动。根据中国科普研究所2016年年初公布的结果，佛山市公民具备

2016年9月20日，2016年广东省“全国科普日”活动在佛山举行

基本科学素质的人口比例达9.4%，远远超过广东省6.91%、全国6.2%的平均水平。

组织“2016年佛山市大手拉小手——科普报告希望行活动”，12位中科院老科学家科普演讲团专家和佛山市科普讲师团专家深入佛山市五区83个学校和单位，开展为期1周的科普巡讲，共完成科普报告86场，受众7.5万人次。佛山市科协被授予中科院“科普教育基地”称号（全国第11个，广东首个）。此外，长年开展“佛山科普快车”进校园活动，全年累计完成科普报告30多场次。

在“广东科技进步活动月”期间，佛山市举行各个主题的科普教育活动。市、区两级科协结合佛山市生态文明建设和《佛山市创建国家森林城市工作方案》总体要求，联合举办多场以“创建国家森林城市，共享生态文明家园”为主题的群众性科普活动；在“全国科普日”期间的9月20日，佛山市科协、南海区科协承办在南海千灯湖市民广场举办的“2016年广东省全国科普日主场活动”；全市各科普教育基地开展多种形式科普活动，免费向市民开放；全市17所青少年科学调查体验活动示范学校开展青少年在线航天知识竞赛、北斗导航卫星青少年应用体验、青少年科学调查体验和全国青少年科学影像节、“家书载梦”航天科普教育主题实践等一系列科普活动。禅城区科协联合区文联举办“工匠精神·科普先行”禅城区第二届科普文学创作大赛。南海区科协委托佛山日报社开展了全区科普工作调研，举办“知识产权主题月”系列普法活动。高明区科协召开农村科技示范户经验交流暨种养技术辅导会，对优秀农村科技示范户进行奖励。

举办第32届佛山市青少年科技创新大赛暨第九届动漫赛。全市200多所学校、5000多个项目参加各区选拔，择优选出200多个项目、近千名师生参加大赛；组织佛山市选手参加第31届全国、广东省青少年科技创新大赛并获得优异成绩：获得全国一等奖1项、二等奖4项、三等奖1项，获得省赛一等奖7项、二等奖14项、三等奖7项，成绩名列前茅。其中，市九小项目获得“全国十佳科技实践活动”称号。此外，组织参加广东省青少年机器人（实体和虚拟）竞赛，共获二等奖1个、三等奖10个、专项奖2个。南海区狮山石门高中1名学生的创新项目代表中国参加第九届国际可持续发展项目奥林匹克竞赛，获环境污染与治理类最佳荣誉奖（大赛最高奖），选手获得奖金以及莱斯大学、得州农工大学等大学的入学邀请，实现广东在该项目参赛奖项零的突破。

全年举办“佛山市科技辅导员创新沙龙”8期，指导市青少年科技创新实验室开展多期面向全市中小学科技辅导员的培训活动，受众600多人次。举办“2016年佛山市青少年科技教育教师培训班”，对近百名来自全市中小学的科技教师参加培训。组织全市青少年科技教师和青少年科技活动组织工作者参加广东省、国家的各种培训班，全年累计30多人次。联合团市委、市教育局、市体育局共同举办2016年佛山市青少年航空模型、航海模型、车辆模型和建筑模型4项科技体育竞赛活动。

组织佛山市33名师生参加中国科协、教育部主办的2016年全国青少年高校科学营活动。组织全市15所学校5197名学生参与“家书载梦”航天科普教育主题实践活动。组织参加第三届广东省科普剧大赛，获剧本赛一等奖1个。作为全省唯一地级市参加实施2016年广东省英才计划，佛山一中2名学生经过严格的笔试、面试，加入由中国科协举办的英才计划培养项目。禅城区、南海区科协联合广东科学馆举办“科普大篷车进校园”活动。南海区科协组织“走读佛山”南海青基金·科普夏令营活动和青少年3D打印创新设计竞赛。三水区科协组织科普巡展系列活动。

实施中国科协“基层科普行动计划”和广东省“科普惠农兴村计划”，2个社区申报为全国科普示范社区，获得2016年项目奖补。组织开展第六批广东省科普示范社区创建活动，4个社区获得“广东省科普示范社区”命名，2个社区通过第二批“广东省科普示范社区”复评。

举办全市科普教育基地经验交流会，全年新增市级科普教育基地10个。开展佛山市生态科普示范基地创建活动，年内认定命名20多个，助力佛山市创建国家森林城市。培育创建佛山市青少年科学教育特色学校，推荐符合条件的学校申报广东省青少年科学教育特色学校，3所学校通过第三批广东省青少年科学教育特色学校复查。

（王月新）

社会科学

综　述

【概况】 2016年，佛山市社会科学界联合会有团体会员43个，有省级社科普及基地2个、市级社科普及示范基地10个。此外，还与佛山市委党校联合主办《佛山研究》刊物。2016年5月，市社科联第七届三次全委会暨主席团第四次会议召开。会议听取、审议市社科联工作报告，并按照市社科联章程进行选举。选举产生市社科联第七届委员会专职副主席及增补第七届委员会主席团成员。年内，在全国大中城市社科联第27次工作会上，佛山市国学研究会、市演讲与口才学会、市孔子学说研究会3个单位获"2016年度全国社科工作先进单位"称号。市社科联郑文静、市国学研究会会长陈宪年、广东东软学院教授陈万里3人获"2016年度全国社科工作先进个人"称号。在全国第18次社会科学普及工作经验交流会上，顺德区社科联主席沈涌获"全国优秀社会科学普及专家名单"称号。

【社科普及】 2016年9月，佛山市社科联根据基层单位对图书的实际需求，由市新华书店提供书目清单后，选择基层党建、农业科技、卫生健康、文学艺术、种植、养殖、经济、政治、历史等类型的图书1200余册，在三水区大塘镇连滘村开展送社科图书下基层活动。组织市及各区图书馆、博物馆等单位，开展向中小学校、农家书屋、社区书屋捐赠科普图书、发放科普读物、举办读书交流会及图片展览等活动共计21场。围绕习近平总书记系列讲话，根据《广东省社会科学普及条例》、党章党规、佛山地方历史文化等展开社科知识竞赛活动，使市民更科学地认识世界和了解地方文化。在禅城区铂顿城广场举行主题为"爱党　爱国　爱社会主义"的社科普及周启动仪式暨社科咨询活动，市社科联所属20多个学会（协会、研究会）在现场摆摊设点，为市民提供社科知识普及宣传等服务。举办社科普及系列讲座，组织市内各高校、市社科联下属各学会、协会、研究会和社科普及示范基地在社科普及周活动期间举办多种形式的报告会、基层巡讲及社科活动，其中社科普及讲座活动15场，扩大社科普及周活动的社会影响。10月25日，由佛山市社科联和广东省社科联、广州市社科联联合编撰的《社会科学普及读本》，在全国第18次社会科学普及工作经验交流会上，获"全国优秀社会科学普及作品"称号。

【社科类社会组织建设】 2016年3月，佛山市社科联对市心理辅导协会、市小记者协会、市家庭教育研究会等13个社会组织开展调研。调研主要通过实地考察、召开座谈会和收集相关资料等方式进行，加强与各社会组织之间的交流和沟通。11月，根据《佛山市社科联社会组织资助实施方案》的要求，完成2016年市社科联社会组织资助资金申报、评审工作。经专家评审，市家庭教育研究会、市老年学学会、市长寿学会、市国学研究会、市演讲与口才学会等5个社会组织成为2016年佛山市社科联社会组织资助资金的资助对象，扶持社会组织的发展与壮大，调动社会组织参与社会服务的积极性，发挥社会组织在创新社会管理中的积极作用，引导社会组织围绕市委、市政府的中心工作履行社会责任。完成2016年市级社科类社会组织发展专项扶持资金绩效考核工作。组织专家考评组围绕各考核项目的工作内容、达到预期目标情况、财务决算等考评指标，经过材料审阅、集中评审、独立评分等环节，最终确定5个资助项目的绩效考评等级均为优等。开展2017年市级社科类社会组织发展专项扶持资金的申报工作。经过资格审查、材料初审，市社科联组织专家对申报材料进行评审，并将

2016 年 9 月 13 日，佛山市社科联在三水区大塘镇连滘村举行送书下乡捐赠仪式

评审结果报送市民政局。12 月，加强与社科类社会组织的互动，推进社会组织开展活动。与市青年联合会主办，由市演讲与口才学会协办的佛山市首届“魅力演说家”演讲大赛举办。大赛以社会主义核心价值观建设为根本，以理想信念教育为核心，以爱党、爱国、爱社会主义为主题，旨在唱响主旋律，传播正能量，推进社会主义核心价值体系建设，传播佛山好声音。与市教育局、市国学研究会一起，在佛山市民俗博物馆举办市中学国学教育现状与对策研讨会，共同探讨中国传统文化在当下的教育问题。与市外语学会一起在顺德区伦教街道翁祐中学举办首届佛山市小学英语教育论坛。

【社会科学普及示范基地建设】 2016 年 7 月，为做好第一批“佛山市社会科学普及示范基地”的宣传和管理工作，佛山市社科联联合佛山电台等宣传媒体，举办社科普及节目上线活动。通过节目宣传、组织市民体验团参观社科普及示范基地、新闻报道等方式宣传介绍第一批社科普及示范基地。同时向第一批佛山市社科普及示范基地收集年度总结及工作计划，加强对社科普及示范基地管理。10 月，组织完成第二批“佛山市社会科学普及示范基地”评选工作。通过组织专家组赴实地调研、考察，经专家组综合评审、独立评分、网上公示，并得到市委宣传部和市社科联研究同意，认定佛山市图书馆、广东石湾陶瓷博物馆、三谭革命事迹展览馆、三水区博物馆等 4 个单位为市第二批“佛山市社会科学普及示范基地”。

【新型智库建设】 2016 年，佛山市社科联完成对佛山市多所高校和社会组织的智库建设的情况调研，通过实地考察、召开座谈会和收集相关资料等方式，基本摸清佛山理论研究和决策咨询等机构的基本情况，并撰写《关于加快佛山中国特色新型智库建设的构想》。与市委党校、佛山科学技术学院就建设佛山中国特色新型智库达成初步意向。

【“佛山社科”微信公众号开通】 2016 年，为促进社科宣传普及，佛山市社科联和广佛都市网共建“佛山社科”微信公众号。利用移动互联网和社会化媒体平台，构建以佛山市社科联工作信息发布为重点，集活动预告、社科普及、互动交流于一体的平台化公众微信，展现佛山社会科学工作成果，助力佛山社会科学研究和普及事业的发展，扩大市社科联的社会影响力。

（涂述卫）

社科研究

【概况】 2016 年，佛山市哲学社会科学规划项目收到申报的课题材料 359 份，比上年增长 13.2%；正式立项共计 131 项，增长 2.3%。推进第四辑人文社科丛书的编撰工作，完成第五辑 7 本人文社科丛书的立项工作。改变社科丛书的编撰形式，采用图文并茂的形式编撰《佛山地理》系列丛书。全年编撰社科类书籍共计 13 本。在市首批社科专家库的基础上成立“佛山市社科专家委员会”。以《佛山科技学院学报（增刊）》上、下册的形式，推进社科成果转化。

【社科规划立项】 2016年2月，佛山市社科联向全市征集选题并征求有关部门的意见和建议，结合佛山实际确定2016年社科规划课题重点项目和一般项目的选题。4月，佛山市哲学社会科学规划项目向社会公开招标，收到申报的课题材料359份，比上年申报项目增加42个。其中，顺德职业技术学院申报项目达107个、佛山科学技术学院申报项目达78个，均创历史新高。此外，还吸引包括中山大学、华南理工大学等在内的市外高校社科工作者的参与。按“项目选题内容及意义”“研究基础及能力”“研究思路及提纲”等指标，并按“经济”“社会管理”“教育文化”3个学科小组由市内外9名专家进行评审，经公示后，正式立项共计131项，比上年增加3项。其中《佛山武术文化传承发展的机制与路径研究》等10个项目（比上年增加2个）以“重点项目”进行立项，《金融科技融合推动佛山制造业升级的影响机制研究》等19个项目（比上年减少1个）以“一般项目”进行立项，《佛山市流动人口心理状况和社会融合问题研究》等22个项目（比上年增加2个）以“青年项目”进行立项，《佛山市农业现代化发展的财政支持体系优化研究》等80个项目（与上年持平）以“共建项目”进行立项。立项项目经费共计81.1万元，比上年增长33.4%，其中重点项目每项3.5万元、一般项目每项1.5万元、青年项目每项0.8万元、共建项目不予资助。

【人文社科研究丛书】 2016年，佛山市社科联推进佛山市人文社科丛书的研究工作，《佛山北帝崇拜习俗研究》《佛山诗歌三百首评注》《佛山私伙局研究》等第三批5本专著于2016年年初完成出版并与各有关单位和个人进行交流。2015年年底立项的《佛山历史村落》《佛商文化研究》《佛山家风家教研究》《佛山木版年画研究》和《佛山养生文化溯源》等第四批人文社科丛书进入收尾阶段。6月，为扶持佛山人文社科研究，擦亮佛山岭南文化名城品牌，启动第五辑“佛山市人文社科丛书”的编撰工作。经书目征集、专家评审和公示，确定对《佛山粤剧发展史》《佛山文苑传辑注》《佛山冶铸文化研究》《陈启沅评传》《佛山幼儿教育实践与探索》《佛山政府互联网+社区治理与服务》和《烟草大王简照南研究》等7部作品进行立项。

【《佛山地理》系列丛书编撰】 2016年，佛山市社科联与佛山日报社联合制作出版《佛山地理》系列丛书，分别为《佛山地理·古村落》《佛山地理·古建筑》《佛山地理·博物馆》《佛山地理·非遗》《佛山地理·美景》，并于10月正式出版。该丛书图文并茂、评叙结合，不仅具有社科普及的现实作用，还具有岭南特色文化传承的历史价值。11月，该丛书被省社科联评为2016年“广东省优秀社会科学普及作品”。

【社科专家委员会成立】 2016年12月，佛山市社科联在市首批社科专家库的基础上成立“佛山市社科专家委员会”。该委员会首批专家委员共23人，由市内外社科界有一定影响的代表组成。其主要职能是为全市社科事业的繁荣发展出谋划策，对全市社科工作规划、重大活动项目进行论证、咨询和指导，组织开展对经济、社会、文化等热点问题的调研，接受党政部门等单位委托，开展课题研究，提供研究成果。

【社科成果转化新平台建立】 2016年7月，佛山市社科联加强与佛山科技学院联系，借力《佛山科技学院学报》平台，建立社科转化新平台，将2015年社科规划项目结项成果的重点项目、一般项目、青年项目及部分优秀的立项不资助项目成果，以《佛山科技学院学报（增刊）》的形式推进社科成果转化。成果分为上、下两册，共计107万余字，出版后分发给相关课题负责人及有关单位和部门，供交流使用。

（淦述卫）

党校教育科研

【概况】 2016年，中共佛山市委党校举办各类培训班252期，培训学员58900人次（含公务员全员培训29000人次）。其中，计划内主体班81期，培训学员35410人次；计划外办班171期，培训学员23490人次。全年开展“两学一做”学习教育宣讲290场次，参与听讲学员33255人次；党的十八届六中全会精神宣讲93场次，参与听讲学员17350人次。全年全校形成科研成果248项，公开发表学术论文和调研报告81篇；全年申请立项课题34项，在研课题37项。

【干部教育培训】 2016年，佛山市委党校通过学员“一课一评”评教制度、“一班一评”评价制度、班委汇报会制度和召开学员学习成果交流座谈会，以及不定期召开各区组织部干部培训科负责人座谈会等形式，了解培训效果及需求，做好需求调研，提高培训精准度。突出主业主课，重点抓好教学内容。2016年新开发《马克思主义的思想魅力》《习近平总书记治国理政新理念新思想新战略》《不忘初心，继续前行》《学习贯彻“四个全面”战略》《全面从严治党迈向新时代——学习贯彻党的十八届六中全会精神》等5个理论课程；组织开发《守纪律，讲规矩，做政治上的明白人》《为全面从严治党立德立规》《解读问责条例和党组工作条例》等5个党内法规的解读新专题；探索党性教育规律，挖掘和用好包括红色教育资源在内的地方特色教学资源；在“两学一做”学习教育和党的十八届六中全会精神宣讲工作上，成立宣讲团，及时研发课题，做到早布置早准备早宣讲。创新完善培训方式，培训组织形式灵活多样。落实《关于开展领导干部上讲台工作的通知》要求，全年领导干部到校授课79人次；在条件成熟的禅城区南庄镇、南海区丹灶镇、顺德区陈村镇、高明区明城镇和三水区白坭镇建立首批5个基层党员干部培训基地，推动优质培训资源向基层倾斜，扩大干部教育培训的覆盖面；全年围绕五大发展理念和佛山发展实际，共开展专题类培训52个班次；用好现代培训方式，开辟教学双向互动新途径，使体验式教学成为党校党史党建理论学习、党建专题调研和开展党性分析活动“三位一体”的党性锻炼教学法。完善培训管理方式，优化学员管理服务，突出升华实践经验，把行之有效的做法固化为常规工作；严格学员考核，营造良好的学风校风；加强对外沟通协调，与各区和委托单位形成培训合力；加强对内计划协调，落实市委关于各类班次尽可能在党校举办的要求。

【党校科研咨政成果】 2016年，佛山市委形成科研成果248项，其中咨政研究类180项，占72.6%；理论学术类14项，占5.6%；教学研究类13项，5.2%；媒体宣传类41项，占16.6%。公开发表学术论文和调研报告共81篇，其中在省级以上刊物发表40篇、市级报刊41篇。全年入选省级以上研讨会论文18篇，其中国家级研讨会入选论文3篇。全年申请立项课题34项，在研课题共37项，农业部立项课题1项，教育部结项课题1项。在科研工作中，通过重点推进咨政研究，学校的党委政府思想库作用显现；推动科研开放合作，学术活动规范有活力；全年编辑出版《佛山研究》6期，共发表文章124篇；《调研快报》突出服务市委、市政府决策的宗旨，全年出版8期；图书情报为教学科研提供良好服务，承担省委党校“中共广东地方党史与人物研究专题数据库”和“广东省情研究专题数据库”建设，获全省“党校图书馆工作进步奖”。

（谭文锋）

2016年6月28日，顺德区陈村镇挂牌成立基层党员干部培训基地

党史研究

【概况】 2016年，佛山市党史研究室组织《佛山改革开放实录》专题和《中国共产党佛山历史大事记2011—2016》《中国共产党佛山市第十一次代表大会及全会文献汇编》两书的编撰工作。

5月，召开全市党史工作会议，传达学习全国、全省党史研究室主任会议精神以及习近平关于党史工作的一系列重要讲话精神、栗战书在中央党史研究室调研时的讲话精神。落实向市委常委会会议汇报工作制度。年内，对《中共佛山市委党史研究室2016—2020年工作规划》（讨论稿）做多次修改和完善，定稿后，以佛山市党史研究室文件形式印发至各区党史部门，为各区开展制订2016—2020年党史工作规划提供参考和指导。

【党史专题编撰】 2016年，佛山市党史研究室开展改革开放实录专题编撰工作。组织指导市直有关单位和五区党史部门撰写《佛山改革开放实录》专题，经过反复审稿、修改，完成18篇，共23万多字。同时，完成省委党史研究室《广东改革开放实录》撰稿任务，撰写《高新技术在佛山工业中的发展》（1.8万字）、《佛山在全国率先推行社会保险一体化改革》（约1万字）2篇专题，报送省委党史研究室。禅城区、南海区、三水区分别完成《佛山改革开放实录》专题1篇。南海区启动《南海改革开放实录》专题撰写工作，指导区直有关单位开展专题编写工作。

【党史书籍编纂】 2016年，佛山市党史工作围绕《中国共产党佛山历史大事记2011—2016》《中国共产党佛山市第十一次代表大会及全会文献汇编》两书的编纂工作，共征集文件、报刊资料90多万字。写出《中国共产党佛山历史大事记2011—2016》征求意见稿，并送市直各有关单位征求意见，进行修改、补充，形成送审稿（共43万字）；完成《中国共产党佛山市第十一次代表大会及全会文献汇编》（共33万字）一书的整理、编辑工作。上述两书书稿已送中共党史出版社审核，并提出审核意见。禅城区征集2016年党史大事记、中共佛山市禅城区历次党代会及全会的原始材料共60万字。三水区征集2015年党史大事记、中共佛山市三水区历次代表大会的原始材料共46万字。高明区编撰出版《革命“世纪松”——谭天度传》。

【党史三卷编纂】 2016年，佛山市在禅城、顺德两区在2015年启动党史三卷的编纂工作的基础上，继续推进该项工作。禅城区写出第三章初稿共5万字，并征集第四章的历史资料；南海区制定党史三卷编写大纲，并征集历史资料7.5万字，拟出24篇专题稿；顺德区对党史三卷初稿进行修改补充完善，形成修改稿；高明写出第一章初稿3万多字。

【党史宣传教育】 2016年，佛山市党史研究室部门做好党史宣传教育工作。一是在纪念中国共产党成立95周年、红军长征胜利80周年活动中加强党史宣传工作。向《佛山日报》提供党史资料文章4篇，向《佛山市直机关党建》杂志供稿并刊登佛山党史人物文章共2篇。二是做好《中国共产党的九十年》的宣讲工作。9月，与市委组织部、市委宣传部、市教育局党组联合发文，把对《中国共产党的九十年》的宣讲与市委“两学一做”宣讲教育活动、市委党校干部培训有机结合起来，并对市各有关单位开展学习《中国共产党的九十年》作出部署和安排；10月，与市直属机关工委联合举办《中国共产党的九十年》专题辅导报告会，邀请省委党史研究室专家向市直机关单位党员干部共100多人作专题辅导。同时，派员参加省党史研究室组织的《中国共产党的九十年》宣讲培训。三是做好红色军事文化遗产的普查登记工作。组织各区党史研究室做好普查登记工作，按时按质完成普查材料的填报工作，全市13处红色军事文化遗产均通过省委党史研究室的审核。四是做好党史咨询服务工作。为有关单位拍摄的文献纪录片《破冰——习仲勋在广东》和《理想照耀中国之周文雍陈铁军》介绍有关情况，提供史料或线索，并为有关单位讲授部门大事记的编写方法，查找、提供党史资料。

（何燕玲）

文化艺术

综　述

【概况】 2016年，佛山市文化工作围绕建设“文化导向型城市”的总体目标，实施文化升级行动计划和创建国家公共文化服务体系示范区，《佛山文化升级两年行动计划（2015—2016年）》收官。全年139个文化事业子项目全部启动（含完工、开工、启动），共完成子项目124个（考核子项目95个、推进子项目29个），累计完成投资额62.86亿元。创建国家公共文化服务体系示范区，推进全市公共文化供给侧结构性改革，投入1190万元专项扶持资金，集中扶持17个项目。启动第二批17个古村落活化升级，开展非遗进校园、非遗体验等活动40余场，推动文化与城市建设相融合。地方文艺繁荣发展，2016“佛山韵律　和风鸣畅”系列文化艺术活动共开展市、区合作重点项目5个，民俗文化活动和文学、戏剧展示佛山地方文化的独特魅力。文产融合发展得到有力推动，全年全市有59个单位获得603万元资金扶持资格。全年出动文化执法人员27855人次，检查文化经营场所9738个次，推进文化市场持续稳定繁荣。

【“文化佛山”城市战略】 2016年，佛山市坚定“大文化”发展方向，围绕将“文化佛山”上升为城市战略，以实施文化升级行动计划打牢基底，以新抓手、新蓝图引领新发展，努力树立佛山文化在全省乃至全国的先锋形象。

两年文化升级行动计划顺利收官　通过落实项目化推动、例会协调、定期通报、督查巡检和评估考核“五项机制”，确保项目落地执行。全年139个子项目全部启动（含完工、开工、启动），共完成子项目124个（考核子项目95个、推进子项目29个），累计完成投资额62.86亿元。

印发《佛山市文化事业发展“十三五”规划（2016—2020）》　提出以建设“文化导向型城市”为总目标，力争到2020年，全市文化事业发展主要指标、整体实力处于珠三角领先水平，部分领域和项目居全国前列，打造“文化佛山”系统工程并在国内形成影响。

组织编制《“文化佛山”三年行动计划（2017—2019年）》　提出立足把文化作为城市发展战略、作为党政“一把手”工程，以“文化导向型城市”为理念，明确建设“创新创造活跃、岭南风韵突出、城乡服务均等、城市形象鲜明、人文素养丰厚”的“文化佛山”；通过设计“文城相融、文经相促、因文善治、因文立名”四个发展路径，推出10大重点创新任务和65个示范项目，以达到创新示范、以点带面，迅速扩大佛山文化在全省乃至全国影响力的目的。

市政府与省文化厅签订文化建设合作协议　协议通过共同推进文化中枢建设、创建公共文化服务体系示范区、建设“佛山文化e网通”公共数字文化服务平台、打造佛山题材文艺精品、创建国家级文化产业示范园区、创建广东省文化金融合作示范区、推进重点文物保护单位保护利用、举办广东（佛山）非物质文化遗产周等八大重点项目，加快佛山市“文化导向型城市”建设步伐，树立“文化佛山”形象，为全省文化改革发展创造经验。

【文化与城市建设相融合】 2016年，佛山市深挖散落在城乡的文化遗产资源，通过修复、重建、传承、活化和展示来焕发佛山的岭南风采，唤醒广大市民的乡愁记忆，塑造独特的城市品质。禅城区孔家村，南海区烟桥村，顺德区沙滘村、逢简村、马东村，三水区岗头村、长岐村，高明区深水村入选第四批中国传统村落名录。西樵松塘村获2016中国最美村镇传承奖。搭建经贸、旅游文化交流平台，组织本土非遗项目前往瓦努阿图、澳大利亚、香港等地进行展示互动。举办“2016年文化遗产保护宣传月活动”，开展非遗进校园、非遗体验等活动40余场。出台扶持资金申报指南，投入100万元专项资金重点扶持18个民办文化场馆。

2016年10月14日，佛山文化e网通上线试运行

【地方文艺发展】 2016年，佛山市发展地方文艺，塑造传播城市形象，提高城市文化软实力。2016“佛山韵律　和风鸣畅”系列文化艺术活动共开展市、区合作重点项目5个，其他各类活动项目上百个。推动话剧《康有为与梁启超》全国巡演，全年走进20省29市，共演出41场（该剧两年来累计走进30省45市，演出117场次）。开展长篇小说《闯广东》全国巡讲系列活动30场。制定原创文艺作品扶持办法，结合纪念红军长征胜利80周年、中国共产党成立95周年等重大活动，开展主题创作，鼓励生产有代表性的文学艺术作品。市粤剧传习所新创排的话剧《铁血道钉》先后入选广东省舞台艺术重点剧目和省文艺精品创作扶持项目，并获得2016年度国家艺术基金专项扶持。开展地方戏曲剧种普查，建立全市地方戏曲剧种名录。市政府颁布《佛山市促进戏曲传承发展的实施意见》。

【文产融合发展】 2016年，佛山市推动文产融合发展，助力打造国家制造业创新中心。开展2016年度文化创意产业专项资金申报工作，经筛选、评审，有59个单位获得603万元资金扶持资格。评审认定首批21个市级文化产业示范基地，引导文化企业规模化、集约化和专业化发展，中国陶谷、樵山文化中心、西江新城等文化产业集聚区逐步成型。首次启动佛山市文化产业招商引智工作，组织42个招商载体亮相深圳，共吸引170多家企业、300多人参加，达成意向签约项目20个，意向投资总额33亿元。组团参加第12届深圳文博会，共达成文化产品及服务成交意向2780万元。禅城区以“中国陶谷”建设为载体，采取“政府扶持、企业运作”模式，少拆多改、连片开发，创建国家级文化产业示范园区。南海区启动《西樵山优化升级三年行动计划》，着力打造“理学名山”，涵盖项目92个，撬动资金超150亿元。通过举办第二届佛山市文化创意产业资本微路演，推出“文化创客”等活动，为文化企业提供展示、融资机会，并首次实现知识产权授信。组织开展创意产品开发，全市首家文化创意产品旗舰店“佛山有礼”落户祖庙博物馆新游客服务中心。版权护航行动深入开展，新增狮山、大沥和市设计企业协会等3个基层版权服务站。辅导支持10家重点文创企业建立版权保护制度并资助其使用电子证据固化和二维码防伪认证标识。南海区支持本土文化企业推出国内首家组织限量知识产权单位许可权网上交易的互联网平台。全年安排各级各类培训40余班次，培训142人次。

【农家书屋工程建设】 2016年，佛山市在全市范围内新建园区书屋12家，至年底，全市有园区书屋51家。全市713家农家（社区）书屋完成数字化改造，并选取10家农家书屋和5家园区书屋打造先进典型，纳入当地公共图书馆服务体系，实现图书的快速流转和规范管理，推动资源共享。在暑期期间，开展农家书屋暑期课堂活动，由选定的7个村（社区）通过“点单”的方式，设置科技制作、非遗文化、避险安全、歌舞教学等内容，在暑假期间安排活动28场，吸引逾1600名中小学生参加，既丰富暑期学生的文化生活，也有效提升农家书屋的利用率。

（张紫琳）

公共文化服务体系

【概况】 2016年，佛山市有区级以上公共图书馆6家，文化馆6家，公办博物馆9个，镇（街道）文化站32个，市、区、镇（街道）、社区（村）四级公共文化设施总面积约130万平方米，万人均公共文化设施建筑面积超过1800平方米。此外，依托历史文化和传统产业的优势，集聚社会力量，加快推进民办博物馆、艺术馆、美术馆等民办文化场馆建设，全市免费开放的民办文化场馆达60家。至年底，佛山大剧院委托运营招标成功，市文化馆新馆加紧专项建设，市博物馆初步设计完成。各区文化设施推进顺利，其中，禅城区完成区图书馆少儿分馆建设、南海区广东书法园暨盐步文化中心竣工验收、三水区南山镇文化中心落成使用。

【国家公共文化服务体系示范区创建】 见180页《国家公共文化服务体系示范区创建》。

【公共文化服务方式和内容创新】 2016年，佛山市打造“文化中枢”，成立佛山阅读联盟、佛山市文化馆站联盟、佛山文化遗产保护联盟和佛山美术馆联盟，吸纳来自公办或民间的成员126家，并联合举办活动1000多场。推出“佛山文化e网通”公共数字文化服务平台并于10月上线运行，禅城区努力构建政府主导、社会参与、市场运作、多方投资的公共文化发展格局，辖区参与公共文化服务的社会组织达52个，并启动建设“互联网+公共文化”大数据服务平台，实现对各项公共文化服务的科学预测。南海区持续推进社区文化发展委员会建设，至年底，已成立22个，全年举办梦工场培训班500课时。高明区实现公共文化服务“菜单化”供给和“订单式”采购，全年可供选择的文化服务共4类、58项。

【基层公共文化服务】 2016年6月22日，佛山市人民政府办公室出台《关于加快推进基层综合性文化服务中心建设的实施意见》，明确佛山市建设任务和标准。年内，建成村居综合性文化服务中心150个以上，完成市政府民生实事相关建设任务。基本完成713家农家书屋数字化改造。南海区升级改造69个智慧图书馆（读书驿站）。顺德区96个居委会互联网+社区图书室项目启动建设。评审命名佛山市第二批城乡十分钟文化圈建设示范镇街5个、示范村居15个。市联合图书馆成员馆达140个，建成智能图书馆93个。移动智能图书馆行程19350千米，为厂区、企业员工村、乡镇社区等外来务工人员密集区域上门服务349场次。7—8月，2016“筑梦佛山”文化艺术公益夏令营开设营地42个，招收异地务工子女和低保家庭子女5530名。全年公益电影放映11645场，观众144.3万人次。

（张紫琳）

文化活动和艺术创作

【概况】 2016年，佛山市通过打造2016“佛山韵律　和风鸣畅”系列文化艺术活动、2016广东（佛山）非遗周暨佛山秋色民俗文化活动等文化艺术活动品牌，推动《康有为与梁启超》第二轮全国巡演、长篇小说《闯广东》全国巡讲系列活动、新创排演话剧《铁血道钉》等文艺精品创作和输出，夯实地方戏曲传承发展基础等方式，扩大本土文化影响力，繁荣地方文艺。

【文化艺术活动品牌打造】 2016年，佛山市重要文化艺术活动品牌“佛山韵律　和风鸣畅”系列文化艺术活动共开展市、区合作重点项目5个，其他各类活动项目上百个。其中，“2016美在佛山艺术创作系列活动”成为艺术家与本土古村落对话的主要渠道之一。各区区、镇联合推出“花开四季·文化惠民”“品质南海·文化周末”“龙腾四海·凤舞水乡”“粤韵高明”“魅力三水·文化五送”等品牌文化活动过万场次，服务群众近750万人次。南海区大沥镇依托“一镇一品”持续扩大影响，被授予“广东省口哨音乐之乡”“广东曲艺传承基地”称号。

【2016 广东（佛山）非遗周暨佛山秋色民俗文化活动】 2016 年 11 月 2—6 日，由广东省文化厅、佛山市人民政府主办，广东省非物质文化遗产保护中心、佛山市文广新局、禅城区人民政府共同承办的“2016 广东（佛山）非遗周暨佛山秋色民俗文化活动”在佛山举行。搭建起全省非遗项目展示舞台、佛山国际城际交流平台，共有 55 个国内外项目、50 个省内非遗项目参加巡展。活动期间，秋色巡游共吸引 63 万人次观看，全省非遗活态展示吸引超过 13 万人次参观、超 3000 人次参加“非遗寻宝”。

【文艺精品创作和输出】 2016 年，话剧《康有为与梁启超》全国巡演共走进 20 省 29 市，共演出 41 场，该剧 2015—2016 年累计走进 30 省 45 市，演出 117 场次；长篇小说《闯广东》全国巡讲系列活动 30 场。是年，佛山市制定原创文艺作品扶持办法，结合纪念红军长征胜利 80 周年、中国共产党成立 95 周年等重大活动，开展主题创作，鼓励生产有代表性的文学艺术作品。市粤剧传习所新创排的话剧《铁血道钉》先后入选广东省舞台艺术重点剧目和省文艺精品创作扶持项目，并获得 2016 年度国家艺术基金专项扶持。禅城区实施《文艺精品资助办法》，调动和激励文艺工作者创作了话剧《满庭芳》等深受群众喜爱的精品佳作。南海区文艺创作展演全年共国家级奖项 48 个 、省级 115 个，其中少儿舞蹈《狮道》获“广东省少儿艺术花会”金奖。顺德区文艺精品获国际奖项 3 个、国家级奖项 29 个、省级奖项 120 个，其中原创咸水歌《对花》、龙舟新唱《顺德正嘢逐个数》、原创民乐合奏《珠江源》3 个节目在首届广东省民歌民乐大赛中获得金奖。三水区出品曲艺舞台剧《永恒的星光》，擦亮粤曲星腔品牌。

【地方戏曲传承发展】 2016 年，佛山市开展地方戏曲剧种普查，建立全市地方戏曲剧种名录。佛山市人民政府办公室于 2016 年 10 月 19 日颁布《佛山市促进戏曲传承发展的实施意见》。市粤剧传习所开拓港澳和海外演出市场，传播优秀的粤剧艺术。禅城区举办粤剧华光诞等大型区域文化交流活动，扩大粤剧影响力和覆盖面。顺德区从氛围营造和教育引导着手，启动粤剧曲艺进校园活动，试点开展粤剧曲艺培训，吸引广大学生热爱并学习地方戏曲，并组织前往广州、深圳、江门等珠三角城市开展戏曲巡演，推动保护传承和合作交流。

【首届广东省民歌民乐大赛】 2016年12月6—8日，首届广东省民歌民乐大赛决赛在顺德演艺中心举行，从汕头、顺德、茂名、清远四大赛区脱颖而出的 50 个民歌民乐节目参加比赛，演出选手逾 600 名，最终决出金奖 10 个、银奖 16 个、铜奖 24 个。比赛中，佛山市所选送节目取得优异成绩，原创民乐合奏《珠江源》、原创咸水歌《对花》及原创男女声重唱《顺德正嘢逐个数》3 个节目获得金奖，此外，还获得银奖 1 个、铜奖 1 个。该次赛事依托全省 21 个地市各级文化部门、文化广场、农村小戏台等阵地开展活动，整合山歌、水歌等省内民歌以及具有岭南特色的民间乐器所演奏的乐曲，致力打造广东省音乐盛事。

（张紫琳）

文化名城建设和文化遗产保护

【概况】 2016 年，佛山市有国有博物馆 9 个，非国有博物馆 9 个；国家级非遗项目 14 个，省级非遗项目 43 个，市级非遗项目 79 个。佛山市通过活化利用文化遗产资源，推动文化与城市建设相融合。启动第二批 17 个古村落活化升级，修缮一批历史建筑、恢复一批传统民俗活动、建成一批村史馆和名人馆。共计开工项目 311 个，完工项目 304 个，完工率达 97.7%（未完工的属跨年项目），合计投资 4.69 亿元。实施民办文化场馆资金扶持，投入 100 万元专项资金重点扶持 18 个民办文化场馆。第二批国办、民办文化场馆对口帮扶、合作场馆增至 7 对。至年底，全市有登记注册并免费开放的民办博物馆、艺术馆、美术馆 65 个。其中，民办博物馆增加至 9 个，占全市博物馆一半。

【岭南特色街区复兴】 2016 年，佛山市推进古村落活化升级，禅城区孔家村，南海区烟桥村，顺德区沙滘村、逢简村、马东村，三水区岗头村、长岐村，高明区深水村入选第四批中国传统村落名录。西樵松塘村获2016中国最美村镇传承奖。南海区借力央视大型纪录片《记住乡愁之烟桥村——恪守本分走正道》，顺德区拍摄纪录片《寻古顺德》，扩大古村落社会影响力。推进重点文化片区建设，佛山祖庙孔庙片区景观提升工程顺利完工，“佛山祖庙历史文化陈列展”对外开放，禅城区完成水上关帝庙复建、李广海医馆纪念馆建设和南风古灶二窑映像、公仔三街的改造工作，老城活化文化旅游沿线修缮、景观提升进展有序。顺德区完成清晖园启明居等5处文物修缮工程。

【古村讲解员评选活动】 2016年8—12月，佛山市“醉美古村之出彩十三叔（淑）”古村讲解员评选活动顺利开展。活动由参赛者拍摄视频进行讲解，经过网上投票、专家评审等环节，评选出13名极具个人魅力的古村讲解员（即“十三叔（淑）”），并将其打造为古村落“活招牌”，吸引广大公众关注、了解佛山古村文化，并参与古村落保护活化工作。活动共有200多名村民以及热爱古村文化的人士参与，他们当中有年近古稀的长者、在校大学生、企业骨干精英等。参与者以实际行动为佛山古村落代言，宣传古村落的特色文化和美丽景色。12月30日，“醉美古村之出彩十三叔（淑）”优秀古村讲解员颁奖典礼在禅城区张槎街道莲塘村文化广场举行。

【文化遗产活化保护】 2016年5—6月，佛山市举办“2016年文化遗产保护宣传月活动”，开展非遗进校园、非遗体验等活动40余场。评定第二批市级非遗传承基地（传习所）26个。落实非遗保护专项资金99万元。推动市非遗保护中心和澳门中华文化产业促进会签署非遗协同战略合作框架协议。搭建经贸、旅游文化交流平台，组织本土非遗项目前往瓦努阿图、澳大利亚、中国香港等地进行展示互动。

【可移动文物普查】 2016年10月，佛山市完成第一次全国可移动文物普查。该普查自2013年8月启动，历时两年多。全市完成国有收藏单位30160件（套）藏品的信息录入、审核工作，并以94.61分（总分95）的成绩通过省普查办的数据审核验收，数据优良率达97.5%。经普查，全市国家一级、二级、三级珍贵文物数量9000多件（套），位居全省第二位。8—12月，“佛山市第一次全国可移动文物普查成果展”举办，展览首站于8月19日至9月25日在南海区博物馆展出，第二站于10月28日至11月17日在顺德区博物馆展出。共展出书画、陶瓷、玉杂器等文物精品126件。

（张紫琳）

文化产业

【概况】 2016年，佛山市立足将文化产业打造为全市战略性支柱产业的目标，在实施扶持旅游文化创意产业发展等系列政策基础上，通过开展2016年度文化创意产业专项资金申报、组团参加第12届深圳文博会、举办佛山首次文化产业招商引智推介会、推进佛山市文化创意产业资本微路演、佛山市政府与珠江电影集团有限公司签署共建“广莱坞——南方影视中心”协议等，增强工作主动性，并通过提质、增效、补短，扩展本土文化企业发展空间，提升文化产业发展水平。

【文化创意产业扶持引导】 2016年，佛山市开展2016年度文化创意产业专项资金申报，深入五区举办扶持政策宣讲活动。经筛选、评审，共有59个单位获得603万元资金扶持资格。各区参与宣传、发动、初审、推荐，配套完善激励机制。如南海区制定《关于扶持文体旅游产业发展的实施意见》和3个实施细则，年内扶持文化企业57家合计312.14万元。高明区出台《文化产业发展专项资金管理暂行办法》，为15个机构提供文化产业扶持资金100万元。评审认定首批21个市级文化产业示范基地，引导文化企业规模化、集约化和专业化发展，中国陶谷、樵山文化中心、西江新城等文化产业集聚区逐步成型。

【文化产业发展格局】 2016年5月，佛山市组团参加第12届深圳文博会，达成文化产品及服务成交意向2780万元，比上年增长4.6倍。佛山市获优秀组织奖和优秀展示奖。禅城区以“中国陶谷”建设为载体，采取“政府扶持、企业运作”模式，少拆多改、连片开发，创建国家级文化产业示范园区。10月形成创建方案并以佛山市政府名义向广东省文化厅提出申报申请；同月举行2016佛山陶瓷艺术周活动，以带动石湾西片区产业升级，增加申报含金量。南海区启动《西樵山优化升级三年行动计划》，打造“理学名山”，涵盖项目92个，撬动资金150多亿元。

【佛山首次文化产业招商引智推介会】 2016年11月1日，佛山市委宣传部、佛山市文化广电新闻出版局在深圳五洲宾馆举办佛山首次文化产业招商引智推介会。活动组织42个招商载体亮相深圳，共吸引170多家企业、300多人参加。达成意向签约项目20个，意向投资总额33亿元。方所书店、酷狗音乐线下体验基地将落户佛山。

【文化产业发展路径】 2016年9—11月，佛山市通过举办第二届文化创意产业资本微路演，推出“文化创客”等活动，为文化企业提供展示、融资机会，并首次实现知识产权授信。组织开展创意产品开发，全市首家文化创意产品旗舰店“佛山有礼”于9月27日落户祖庙博物馆新游客服务中心。开展版权护航行动，新增狮山、大沥和市设计企业协会等3个基层版权服务站。辅导支持10家重点“文创”企业建立版权保护制度并资助其使用电子证据固化和二维码防伪认证标识。南海区支持本土文化企业推出国内首家组织限量知识产权单位许可权网上交易的互联网平台。

【“广莱坞——南方影视中心”落户佛山】 2016年12月22日，佛山市政府与珠江电影集团有限公司签署共建“广莱坞——南方影视中心”协议。协议将佛山打造成集影视制作、技术研发、版权交易、成果展映、人才培养、影视旅游于一体的电影城市，推动包括打造电影产业集聚园区、拍摄一批佛山题材电影、建设电影取景地标城市、打造世界规模的文武秀场、活化改造古村建设电影部落群、筹建一所电影学院、举办独具特色的电影嘉年华等九大项目。

（张紫琳）

文化行业监管

【概况】 2016年，佛山市以效能化、规范化建设为着力点，推进文化市场持续稳定繁荣。全年出动文化执法人员27855人次，检查文化经营场所9738个次，取缔销售非法出版物的游商地摊109个，受理各类举报投诉121件，立案查处106件，吊销许可证2件，移送公安机关5件，处罚金额78.55万元，取缔“黑网吧”73间，打掉“黑电台”30余个，收缴非法出版物（印刷品、盗版光盘等）9万余份（张、册）。

【文化事项审批服务】 2016年，佛山市文化事项办理推进“一窗式”审批服务改革优化。2015年12月1日起，佛山市文化广电新闻出版局12项审批服务事项全部进驻市行政服务中心综合服务窗口，由市行政服务中心统一接件，至2016年年底，市文广新系统（含区）的50个审批服务事项设定标准和实施标准完成。禅城区“营业性演出内容核准”列入区“一门式”后台创优项目。南海区编制行政审批事项业务手册，出台《行政审批规范》《游艺娱乐场所游戏游艺设备核查工作规范》等文件，规范操作流程。

【文化市场监管执法】 2016年，佛山市针对文化市场管理，联合开展“护苗2016”“清源2016”“固边2016”“净网2016”“秋风2016”“剑网2016”以及禁毒等专项行动，形成高压态势，打击不法行为。组织实施广播电视播出和传播机构安全播出监管和业务演练，开展出版物审读、鉴定和新闻单位驻地方机构清理整顿工作，确保节日、重要和敏感时段、重大政治活动期间安全播出、安全出版无事故和零报告。各级文化部门突出以网格化监管为基础，采取联合执法形式，提高日常监管执法的针对性和覆盖率。履行环境保护职责，依法取缔擅自从事娱乐场所经营行为，查处文化娱乐场所超时营业行为，避免噪声扰民。全年共受理涉嫌超时经营、噪音扰民的举报和投诉2件，处置率100%。

【文化安全生产“一岗双责”】 2016年，佛山市围绕“安全生产月”“风险源排查”“岁末年初安全生产大检查”等主题面向文化市场、文物保护单位、直属事业单位和公共文化场所开展各类专项行动近20次，共排查整治风险源553处。举办各类安全生产培训、应急演练活动近40次，培训人员近2000人次。

（张紫琳）

2016年佛山市市级以上非物质文化遗产名录项目

级　别	批　次	项　目　名　称
国家级（14项）	第一批（6项）	粤剧、剪纸（广东剪纸）、佛山木版年画、石湾陶塑技艺、狮舞（广东醒狮）、龙舟说唱
	第二批（7项）	彩扎（佛山狮头）、香云纱染整技艺、庙会（佛山祖庙庙会）、十番音乐（佛山十番）、龙舞（人龙舞）、灯彩（佛山彩灯）、中秋节（佛山秋色）
	第四批（1项）	锣鼓艺术（八音锣鼓）
省级（43项）	第一批（8项）	粤剧、剪纸（广东剪纸）、佛山木版年画、石湾陶塑技艺、狮舞（广东醒狮）、龙舟说唱、中秋节（佛山秋色）、庙会（佛山祖庙庙会）
	第二批（11项）	十番音乐（佛山十番）、龙舞（人龙舞）、灯彩（佛山彩灯）、彩扎（佛山狮头）、香云纱染整技艺、八音锣鼓、粤曲星腔、佛山木雕、佛山春节习俗、行通济、乐安花灯会
	第三批（4项）	石湾玉冰烧酒酿制技艺、九江双蒸酒酿制技艺、官窑生菜会、陈村花会
	第四批（11项）	高明花鼓调、藤编（大沥、里水）、石湾龙窑营造与烧制技艺、金箔锻造技艺、中医养生（源吉林甘和茶）、蔡李佛拳、咏春拳、赛龙舟（九江传统龙舟）、中医传统制剂方法（冯了性风湿跌打药酒）、端午节（盐步老龙礼俗）、粤绣（广绣）
	第五批（4项）	粤曲（市直）、庙会（大仙诞庙会）、真步堂天文历算、民间信俗（观音信俗）
	第六批（5项）	粤曲（南海、顺德）、糕点制作技艺（九江煎堆制作技艺）、民间信俗（关帝侯王出游）、端午节（龙眼点睛习俗）
市级（79项）	第一批（29项）	木鱼书、三字经、广东音乐、佛山十番、八音锣鼓柜、岗雕乐（高明花鼓调）、广东醒狮、人龙舞、粤剧、龙舟说唱、南音、粤讴、粤曲星腔、赛龙舟、佛山木版年画、佛山剪纸、石湾陶塑技艺、佛山木雕、佛山狮头、佛山彩灯、佛山海天酱料制作技艺、刺绣、佛山铸造技艺、香云纱、佛山秋色、行通济、祖庙北帝诞、官窑生菜会、乐安花灯会
	第二批（18项）	佛山水乡农谚、花鼓调、大头佛、蔡李佛拳、龙形拳、白眉拳、南海灰塑、石湾玉冰烧酒酿制技艺、佛山盲公饼制作技艺、九江双蒸酒酿制技艺、民间竹编、冯了性风湿跌打药酒、源吉林甘和茶、佛山春节习俗、大仙诞庙会、陈村花卉习俗、高明濑粉节、龙舟说唱（南海、扩展项目）
	第三批（13项）	三山咸水歌、岭南古琴艺术、咏春拳、九江传统龙舟、石湾龙窑技艺、佛山饼印、九江煎堆制作技艺、南海藤编、西樵传统缫丝技艺、金箔锻造技艺、上元舞火龙习俗、盐步老龙礼俗、广东醒狮（禅城、扩展项目）
	第四批（9项）	麦边舞龙、粤曲、南海竹编、三水龙舟制作、三水玉雕、蔡李佛鸿胜功夫推拿、华光诞、胥江祖庙庙会、广东醒狮（市直、扩展项目）
	第五批（10项）	佛山少临南家拳、佛山鹰爪拳、佛山酝扎猪蹄制作技艺、佛山砖雕、香云纱（坯纱）织造技艺、西樵大饼制作技艺、佛山伤科正骨、佛山伤科制药技艺、佛山祖庙春秋谕祭、大江龙舟习俗

（市文广新局）

2016 年佛山市省级以上文物保护单位名录

级别	序号	名　称	地　址	年　代	类　别
全国重点文物保护单位（7处）	1	佛山祖庙	禅城区祖庙街道恩光社区居委祖庙路21号	明、清	古建筑
	2	南风古灶、高灶陶窑	禅城区石湾镇街道办事处忠信社区居委会高庙路6号	明	其他
	3	东华里古建筑群	禅城区祖庙街道福贤社区居委会福贤路	清－民国	古建筑
	4	康有为故居	南海区丹灶镇银河村委会苏村敦仁里	清咸丰八年	近现代重要史迹及代表性建筑
	5	古椰贝丘遗址	高明区荷城古椰村鲤鱼岗侧	新石器	古遗址
	6	清晖园	顺德区大良清晖路23号	清代	古建筑
	7	顺德糖厂	广东省佛山市顺德区大良街道顺峰居委沙头村广东顺德糖厂有限公司内	中华民国二十四年（1935）投产	近现代重要史迹及代表性建筑
省级重点文物保护单位（50处）	1	河宕贝丘遗址	禅城区石湾镇街道办事处河宕村民委员会雾岗路	新石器时代	古遗址
	2	梁园	禅城区祖庙街道培德社区居委先锋古道93号	清	古建筑
	3	简氏别墅	禅城区祖庙街道恩光社区居委会臣总理17号	清－民国	近现代重要史迹及代表性建筑
	4	兆祥黄公祠	禅城区塔坡社区居委会福宁路95号兆祥公园内	民国	近现代重要史迹及代表性建筑
	5	林家厅及古民居群	禅城区石湾镇街道办事处忠信社区居委会高庙路6号	清	古建筑
	6	霍氏古祠建筑群	禅城区石湾镇街道办事处石头西便村东街三巷13号南侧	明－清	古建筑
	7	文会里嫁娶屋	禅城区祖庙街道兰桂社区居委会祖庙大街文会里36、38、40号	清	古建筑
	8	西樵山遗址	南海区西樵镇西樵山	新石器时代	古遗址
	9	北涌亭	南海区里水镇新联村委会沿江公园东	明弘治十八年	古建筑
	10	鱿鱼岗遗址	南海区西樵镇百西村委会水边村鱿鱼岗	新石器时代	古遗址
	11	崔氏大宗祠	南海区九江镇万安社区民康路3号对面	明嘉靖四十四年	古建筑
	12	石燕岩采石遗址	南海区西樵镇西樵山碧云村石燕岩	明清	古遗址
	13	绮亭陈公祠	南海区西樵镇简村村委会幼儿园东侧	清光绪十三年	古建筑

（续表）

级别	序号	名称	地址	年代	类别
省级重点文物保护单位（50处）	14	曹氏大宗祠	南海区大沥镇曹边村委会滘北村一巷6号	明崇祯九年	古建筑
	15	慈悲宫牌坊	南海区九江镇下西村委会翘南村新龙路探花公园旁	明万历年间	古建筑
	16	良二千石牌坊	南海区九江镇下西村委会大稔村北边	明万历二十六年	古建筑
	17	云泉仙馆	南海区西樵镇樵园居委会西樵山白云洞风景区白云峰西北麓	清乾隆丁酉年	古建筑
	18	平地黄氏大宗祠	南海区大沥镇平地村委会平地村新市大街3号	清乾隆乙亥年迁建	古建筑
	19	象林塔	南海区西樵镇樵园居委会西樵山白云洞风景区	清康熙五年	古建筑
	20	九江吴家大院	九江镇儒林社区人民路40号	清光绪十三年（1887）至1927年	近现代重要史迹及代表性建筑
	21	方献夫墓	南海区丹灶镇良登村委会孔边村孔边岗	明	古墓葬
	22	钟边村钟氏大宗祠	南海区大沥镇钟边村委会钟边村钟边大道11号侧	清	古建筑
	23	西华寺遗址	南海区里水镇草场社区石门山南麓西华村西华街13号	五代至清	古遗址
	24	金楼及古建筑群	顺德区北滘镇碧江居委泰宁路6号	明－清	古建筑
	25	右滩黄氏大宗祠	顺德区杏坛镇右滩村新村社五巷1号	始建于明代，清代咸丰、同治年间，1931年，2005年重修	古建筑
	26	明远桥	顺德区杏坛镇逢简村潭头坊	宋	古建筑
	27	尢列故居	顺德区杏坛镇北水村新基大街2号	建于清道光十七年	近现代重要史迹及代表性建筑
	28	沙滘陈氏大宗祠	顺德区乐从镇沙滘南村沙滘小学旁	清光绪二十一年	古建筑
	29	沙边何氏大宗祠	顺德区乐从镇沙边村沙边大街28号	清康熙四十九年	古建筑
	30	西山庙	顺德区大良街道文秀居委文秀路西山山麓	始建于明嘉靖二十年，清光绪二十一年、1985年重修	古建筑
	31	青云塔	顺德区大良街道苏岗居委神步岗上	明万历三十年建，道光十一年、光绪十四年重修	古建筑
	32	贞女桥	顺德区龙江镇世埠居委会长路村	宋嘉定四年至八年建桥，明嘉靖二十八年建牌坊	古建筑

（续表）

级别	序号	名 称	地 址	年 代	类 别
省级重点文物保护单位（50处）	33	尊明苏公祠	顺德区北滘镇碧江村泰兴大街	明嘉靖，清代重修	古建筑
	34	报功祠	顺德区北滘镇桃村桃源大道 22 号	始建于宋末，明天顺四年、清康熙四十年、道光十九年、光绪八年仲夏、民国三十六年季冬重修	古建筑
	35	冯氏贞节坊	顺德区北滘镇林头居委始平巷牌坊街 7 号前	康熙三十七年	古建筑
	36	逢简刘氏大宗祠	顺德区杏坛镇逢简村根大街 9 号	明永乐十三年（1415）建，明天启年间、清嘉庆年间、2002 年均有重修	古建筑
	37	七乡蟠龙水闸	顺德区乐从镇良村村河涌口的河道上	清道光二十八年	古建筑
	38	真武庙	顺德区容桂街道红星居委狮山东路大神庙街 6 号	万历九年重建，清乾隆十四年重修	古建筑
	39	聚奎阁	顺德区容桂街道振华居委文塔公园内	清乾隆五十九年	古建筑
	40	梅庄欧阳公祠	顺德区均安镇仓门村华庙街	清光绪八年重建	古建筑
	41	冰玉堂	顺德区均安镇沙头村鹤岭大街 29－2	1950—1951 年	近现代重要史迹及代表性建筑
	42	察院陈公祠	顺德区龙江镇新华西村北华村华楼路	清	古建筑
	43	大街苏氏大宗祠	顺德区杏坛镇杏坛居委大街 24 号右侧	明	古建筑
	44	胥江祖庙	三水区芦苞镇	始建于南宋嘉定年间，历经元、明、清各代多次修葺	古建筑
	45	白坭银洲贝丘遗址	三水区白坭镇银洲村	新石器晚期	古文化遗址
	46	大旗头村古建筑群	三水区乐平镇大旗头村	清光绪	古建筑（群）
	47	梁士诒墓	三水区白坭镇岗头村九亩墩	1933 年	近现代重要史迹及代表性建筑
	48	魁岗文塔	三水区河口魁岗村	建于明万历三十年	古建筑（塔）
	49	大岗山窑址	高明区荷城街道沿江路 283 号	唐	古遗址
	50	灵龟塔	高明区荷城街道沿江路 283 号	明	古建筑

（市文广新局）

文联工作

【概况】 2016年，佛山市文联有属下文艺家协会11个、文艺社团13个，全市市、区、镇（街）文联系统有文艺协会339个。全市5个区均有文联组织，但都没有独立建制。全市五区33个镇（街）中，有25个镇（街）成立文联组织。截至2016年12月，市文联所属文艺家协会共有市级会员3826人，其中省级会员1459人、国家级会员390人。

【文学创作】 2016年，佛山市文联继续实施“佛山市重点文学创作项目”，尹洪波的《釉变》、蔡玉燕的《岭南人物志》、王虎的《竞争不怕脸红》等3部作品入选佛山市2015—2016年度重点文学创作项目（长篇小说），由市文联资助出版。举办“脊梁——佛山产业工人文学创作大赛”，编印《脊梁——佛山产业工作主题征文优秀作品选粹》。讲述佛山状元文化的著作《人文之邦——佛山状元文化》作为《佛山历史文化丛书》之一出版发行。同时，举办2016岭南诗会，以及多场盛慧《闯广东》研讨会和分享会。一批作品集纷纷出版，包括张况的《张况的五种抒情》、尹洪波的《七巧环》、吕啸天的《筑梦佛山奋斗写传奇》、张创辉的《关门开窗集》、李剑平的《亦思亦教说语文》、方羡洲的《穿越雨季》、冷先桥的《灵埃——冷先桥诗选》。

何百源以《彭站长挡驾》获第二届“光辉奖”法治微型小说征文大赛优秀奖，其《爱无过》入选《现代阅读》2016年第三期推荐图书榜，其三篇小小说入选作家出版社出版的《小小说文库》。《闯广东》入选《2016年农家书屋重点图书目录》。张晓雷获“春蕾杯”全国首届“写给幼儿的寓言童话”大赛百叶奖，6篇作品入选《中国当代寓言》。张喜洋《坐歌堂》被八年级语文下册（人教版）选入阅读理解。方羡洲成为中诗网首届签约作家。网络作家李逸轩的作品《邓家铺子》入选2016年北京市优秀网络文学原创作品。

【造型艺术】 2016年，由市文联和各文艺家协会举办的美术、书法、摄影、民间工艺等造型艺术展览近百场，丰富群众文化生活。岭南美术出版社主编的《画说佛山》制作电子画册，反响热烈。举办“守望故土——佛山历史街区及古村落摄影作品展”。西樵山摄影创作基地挂牌。书画摄影创作捷报频传：钟汝荣、刘扬标、李紫玉、江显蛟等24人次在中国美协或文化部举办的第二届中国当代陶瓷艺术大展、2016年全国中国画作品展、第11届中国艺术节全国优秀美术作品展览等国家级展览入选或获奖，李耀忠、钟长春、汤垚等26人次在第六届广东当代油画艺术展、第三届广东岭南美术大展（中国画）、2016广东体育美术作品展等省级展览入选或获奖。佛山梁润枝、黄强华、麦洁冰等14人获“广东省工艺美术大师”称号。在第26届广东省摄影展中，佛山市共获得1幅金奖作品、5幅银奖作品、1幅铜奖作品、57幅优秀作品的优异成绩，在广东摄影界名列前茅。何志斌作品获首届“容庚奖”全国书法大展特等奖。纪录片《行通济》获得视频类“山花奖”提名奖，这是该门类全省获得的唯一奖项。麦洁冰的纸编艺术《盛放》获2016年广东工艺美术精品展金奖。麦洁冰《丝绸远航》、夏少丽《二十四孝》获2016深圳文化博览会展金奖。陈永才、陈嘉彦的作品《岭南天地》，夏少丽的《五十六个民族》，黎伟的《佛山狮头》，以及黄志伟、梁灿尧等获得多项金、银等奖项的好成绩。关宏主编《陈永才剪纸艺术》、余婉韶编著《佛山醒狮》分别被评为广东省第七届民间文艺著作奖三等奖和优秀奖。

【舞台艺术】 2016年，佛山市推进本土题材文艺创作工程，举办“守望故土——佛山题材原创歌曲征集出版活动”，优秀作品结集出版发行CD专辑。举办“‘共圆中国梦’——佛山市音乐家协会纪念长征胜利80周年音乐会”。2016年中国舞蹈家协会教学成果展演在南海影剧院上演，推动少儿舞蹈的创作发展。大型粤语话剧《少年冼星海》举行基层巡演。尹洪波编剧的淮海戏《林道静》在淮安人民大礼堂首演。《康有为和梁启超》第二轮全国巡演举行，张琳获第26届上海白玉兰戏剧表演艺术“主角奖”、徐经纬获“配角奖”；尹洪波戏曲作品《三剂药》获第三届广东戏剧文学奖剧本类唯一一等奖，吴海榕戏曲作品《典官记》获入围奖；佛山市流行音乐协会获省2015年度先进集体。曾志祥创作的合唱作品《粽叶香》《龙头祭》《赛龙舟》走出国门，参加第九届世界合唱比赛；邓耀邦创作的歌曲《盛南情》获广东省文艺作品评选一等奖；蒋陆安创作的女声合唱作品《啊 咸水歌》获珠三角民歌（中山）邀请赛金奖；佛山少儿快板节目《小广东买灯泡》在广东省少儿艺术花会获得金奖，少儿粤曲弹唱节目《珠水长歌中国梦》获银奖；许媛、李明阳获广东省曲艺“明日之星”称号。

2016年1月30日，“我们的节目·春节”书法家送万福、进万家活动在禅城区东方广场举办

【文艺公益展演活动】 2016年，佛山市文联团结广大文艺家开展“我们的中国梦”“我们的节日”“到人民中去”主题文艺活动。举办“‘我们的中国梦’素履之往——杨佩璇工笔人物画展”；举办“‘同一首诗·同一个梦’2016腊八诗会”；举办“‘我们的节日·春节’佛山文艺志愿者写春联送祝福活动走进勒流光大社区”“2016年佛山书法名家送挥春活动走进铂顿城广场”“通济天下·幸福家园——行通济歌曲戏文汇活动”“‘久久丰色’佛山诗书画研究院2016迎春书画作品展”；等等。举行“到人民中去”民间文艺家走进强戒所、送文艺作品到平沙村等活动。市舞协组织会员及骨干赴清远市连山壮族瑶族自治县太保镇旺洞小学开展“大手拉小手·爱心与艺术同行”联谊之行活动，筹集大批学校教具及学生文具用品，还有一批棉被、毛毯、保温瓶、保温杯等家庭用品，价值近2万元。

【佛山市纪念红军长征胜利80周年音乐会】 2016年10月29日晚，佛山市委宣传部、市文联、市国防办在琼花大剧院联合主办“共圆中国梦——佛山市纪念红军长征胜利80周年音乐会”。省委宣传部宣教处处长吴祖清、调研员王丽华，佛山市领导李雅林、李玉林、郭文海等出席，与1000多名群众一起观看演出，共同回望那段光辉岁月。音乐会由佛山市音乐家协会和佛山市文艺志愿服务团优秀艺术家义务演出，融合合唱、男女声独唱、五重唱、混声合唱、组合等多种演唱形式，既有反映红军长征的历史歌曲重新演绎，也有佛山本土音乐人富含激情的原创歌曲。

【文艺进企业】 2016年，佛山市文艺家配合佛山市“宣传思想文化进企业”专项行动，多次组织文艺家志愿者深入工地一线和各类企业（园区），开展创作、展览、演出、培训、互动等多场活动：一是举办“脊梁——佛山市产业工人征文大赛”，编印优秀征文作品选集。二是举办“脊梁——佛山市产业工人主题摄影作品征集活动”，编印优秀摄影作品选集。“脊梁——佛山市产业工人主题摄影展”在南海狮山广东燕京啤酒有限公司、三水青岛啤酒厂、南海九江酒厂等多个企业展出。三是围绕“四季情韵”主题，每季度举办1场文艺进企业大型演出。3月20日走进佛山市智星铝合金制品实业有限公司，举行“拥抱春天——佛山市文艺志愿者进企业慰问演出”，为数百名企业员工送上一台精彩的综艺晚会。5月25日走进广东万和电气有限公司，举行“孟夏飞歌——佛山市文艺志愿者进企业慰问演出”，近30位表演艺术家的精彩演出，受到在场企业员工的热烈欢迎。9月7日，由佛山市文艺志愿者带来的“金秋韵律”慰问演出在广东福田电器有限公司上演。

【文艺大讲堂活动】 2016年，佛山市文艺志愿者服务团结合省“百家千场艺术讲座下基层”活动，组织一批各艺术门类的市文艺志愿服务者送讲座下基层，以基层“点菜”的形式，由各地根据自身需求选取讲座内容和场次，实现“供需对接”。活动贯穿全年，得到各区的响应和支持，申报单位涵盖文艺协会、文化馆、文化站、村（居）委会、学校、图书馆等。佛山文艺志愿者共提供各艺术讲座课题备选项目66个，供企业选择，全年在顺德美的集团总部、高明区供电局、中国移动顺德分公司、广东新宝电器股份有限公司等先后举办文艺讲座近40场。

【文艺人才培养】 2016年，佛山文联主办的季刊《佛山艺术》宣传推介中青年艺术家44人次。是年，佛山文艺家在每个领域都取得优异成绩：吴彪华被评为广东省优秀文艺志愿者，包悦、李淑勤、郑艳芬、潘湘惠被评为广东省文艺志愿者先进个人；邹莉获得第二届国际书画节金奖；刘泽棉、饶宝莲获首届“佛山·大城工匠”；邓钜辉、范安琪等14人获第四届省“工艺美术大师”称号；钟汝荣被景德镇陶瓷大学聘为该校“艺术设计”专业兼职硕士研究生导师；关宏、梁根祥获评广东省优秀民间文艺家。

举办第二届佛山市中青年美术骨干提高班（包括陶艺、西画、中国画）、佛山市中青年书法骨干提高班等；举办首届“佛山市民间艺术大师”评选工作，分为民间表演艺术大师和民间工艺大师2类，评选出首届佛山市民间艺术大师30名。其中，民间表演艺术大师6名，涉及古琴、粤曲和醒狮类；民间工艺大师24名，涉及彩灯类、剪纸类、陶塑类、广绣类、玉雕刻类、编织类、藤编类、工艺家具类以及木刻类。

【全省文学组织负责人学习班在佛山举行】 2016年8月5—7日，由广东省作家协会主办的全省文学组织负责人学习班暨作协工作会议在佛山举行。中国作协副主席、书记处书记何建明在学习班上进行主题为“学习习近平总书记在文艺工作座谈会上的重要讲话精神”的专题授课。学习班由省作协主席蒋述卓主持。省委宣传部常务副部长郑雁雄作辅导报告时说，选择在佛山办班对全省文学工作者来说意义重大。出席会议的佛山市委常委、宣传部部长郭文海表示，一直以来，佛山市委、市政府对文艺工作都很重视。

【文艺交流】 2016年，佛山文联举办“风起岭南”系列交流展，让岭南文化与兄弟城市文化交流碰撞，宣传推广岭南文化，传播佛山城市文艺形象。4月7日，“风起岭南——庞国钟、叶其青、崔勇强、杜宁书画作品展”在洛阳市美术馆举行；4月15日，“风起岭南——梁国荣、陈玉莲、梁建华、李紫玉中国画作品展”在重庆市群众艺术馆举行；7月23日，“风起岭南——何次联、罗礼文、邱健彬、袁晓娜中国画展”在贵阳美术馆开幕；9月24日，“风起岭南——李小如、钟汝荣、江显蛟、王志敏、黄汝祥、封伟民、何志斌、郭文钊八人书画作品展”在乌鲁木齐市天山书画院举行；11月5日，“风起岭南——陈长生、刘勇、冯肇友、王永才画展”在北京水立方E美术馆开幕。另外支持艺术家到各地开个展，包括2月15日，“花语——佛山杨锡祐梅花摄影展”到无锡展出；3月10日，“李紫玉工笔画精品展”到中山大涌美术馆展出；6月8日，“南风——陈玉莲国画展”在北京水立方E美术馆展出；7月16日，“邹莉历史女性绘画作品展暨研讨会”在珠海画院美术馆举行。

3月27日，佛山市文联邀请“墨韵——贵州当代书画作品展”来佛山展出，为佛山市民带来贵阳艺术家70幅书画作品；4月28日，邀请“岭南行——山东淄博李波花鸟画展”到佛山开展，60余幅大写意花鸟作品与佛山市民见面；5月20日，举办“太湖风·挥写同心——无锡十人书法作品展”，加强无锡书法骨干与佛山书法同道的切磋、互动。

（霍锦莹）

传播媒体

新闻出版和版权

【概况】 2016年，佛山市新闻出版主管单位将新闻记者纳入全市个人信用体系建设，严把新闻采编人员考试资格和新闻记者证发放的审核关。开展查堵政治性有害出版物、“清源”“净网”、出版物市场及印刷企业集中整治、“剑网2016”五大专项行动，持续保持高压态势，严密封堵政治性非法出版物和网上有害信息，打击各类非法出版活动及侵权盗版行为。年内，查办国家新闻出版广电总局督办的“12·23”盗版图书批销案，涉案图书合计19.37万册，总码洋达1098.56万元。

2016年第一季度，佛山市新闻出版管理部门在全市开展报（刊）社、印刷企业和出版物发行单位的年度核验工作，组织企业开展自查自纠，对发现违规经营行为及时整改。对在年度核验中发现的不符合设立条件、存在违法情况的企业进行整顿，确保新闻出版单位守法经营，并将新闻出版产业统计工作与年度核验工作相结合，提高上报率和准确性，全面了解新闻出版产业的发展状况，促进新闻出版产业的健康发展。据2016年第一季度进行的核验统计，佛山市共2951个新闻出版单位（含出版、印刷、发行）2015年实现产值约315亿元。

【版权兴业工程】 2016年，佛山市对文化产业版权的资助和保护进行具体的部署和行动，佛山版权产业快速发展。

文化产业版权护航行动 针对佛山版权产业从业人员多、产业产值高、产业发展迅速、涉及行业广泛等特点，为促进佛山市文创产业快速发展，实施文化产业版权护航行动。3月，修订《佛山市文化广电新闻出版局作品著作权登记资助办法》，作品版权登记实现全额资助。全年全市作品版权登记申请达3375件，比上年增长1.4倍，位居全省第四，其中玩具、陶瓷艺术、酒文化等行业增长趋势较为明显，登记单位更呈多元化、行业分布更广泛。辅导支持10家重点“文创”企业建立科学的版权保护制度，资助其使用融合可信时间戳技术和二维码数字反盗版技术，增加版权留痕，为企业产品的市场化做好准备。

开拓版权保护新维度 4月26日，市文广新局与市知识产权局、市工商局签订《佛山市专利、商标、版权框架合作协议》，实现有关单位在宣传培训、打击侵权、展会知识产权保护、信息发布、知识产权企业贯标等方面形成全面合作。探索版权服务向基层延伸，分两批在产业发达镇（街）和版权作品密集行业共设立6个版权工作服务站，探索解决版权基层服务“最后一公里”问题。搭建版权服务信息化平台，建设佛山市版权数据公共服务平台，对接省版权登记中心大数据库以及国家TSA时间戳认证中心，并于11月上线运行，逐步实现佛山市版权作品查询、统计、分析、辅助交易等功能，推动作品的版权应用与交易。推动版权成果“走出去”，市内15家企业单位参加12月4—7日举办的中国国家版权博览会，向海内外和社会各界集中展示佛山市在传统工艺和现代工业方面的版权发展成果。其中，佛山市版权局获得组委会颁发的“最佳组织奖”，佛山民间艺术研究社、广东可儿玩具有限公司等7家单位获得“优秀企业”“优秀创意”等奖项。

版权保护宣传 4月，“版权大讲堂”活动正式启动，以重点“文创”企业和版权相关从业人员为重点宣传对象，结合“版权兴业”专题调研，通过走访企业上门服务和举办专题培训方式相结合，对重点行业、重点企业、重点人群进行精准宣传。全年走访“文创”企业30家，为企业的经营者和管理团队进行细致的版权知识宣传。全年举办市内知

识产权中介机构专题培训、工艺美术行业专题培训、国有企业软件正版化培训、佛山电视台版权资产管理培训等培训班10多个。

【软件正版化】 2016年，佛山市巩固政府软件正版化成果，推进企业使用正版软件。落实政府机关软件正版化工作责任，建立市、区、镇机关软件正版化责任人数据库，明确各单位软件正版化第一责任人和主要负责人，及时更新、完善责任人信息。佛山市版权局组织全市机关再次开展软件使用情况自查，完善软件资产管理制度，加强软件资产管理，建立健全软件资产管理办法，建立软件资产台账。

重点推进国有企业使用正版软件。根据《佛山市版权局 佛山市人民政府国有资产监督管理委员会转发做好推进地方国有企业使用正版软件工作有关事项的通知》，按照“先易后难、分步推进”的原则，督促国资委（公资办）所监管的企业、集团（股份有限公司、上市企业总部）实现软件正版化。

（张紫琳）

【新闻工作者协会】 2016年，佛山市新闻工作者协会从加强思想理论学习和业务培训交流等方面着手，团结全市新闻工作者，提升新闻工作者思想理论水平和专业水平。

全年全市新闻工作者参加学习习近平总书记关于新闻舆论工作系列重要讲话精神的培训20多场。

市新闻工作者协会配合佛山传媒集团选派60名骨干分2期参加市委宣传部在浙江大学举办的“学习习近平总书记在党的新闻舆论工作座谈会重要讲话精神暨名记者名编辑名主持人业务提升培训班”。全市新闻工作者顺利完成全国、省、市“两会”以及佛山市第十二次党代会等重大会议报道，在重大宣传实践中提升传媒队伍思想理论水平。

市新闻工作者协会与佛山传媒集团一起加强业务培训交流，既有上派骨干至主管部门互动学习，也有各单位分批走出去，到北京、上海、广州、深圳、江苏、浙江、山东等地同行处观摩取经，更有深入一线研讨、“头脑风暴”、读书会等多种形式的碰撞交流，提高新闻工作者业务素质和独立思考能力。佛山传媒集团各媒体单位2016年组织内外培训300多次，培训内容包括业务素质、道德素质、职业操守等各方面。7月，市新闻工作者协会配合佛山传媒集团积极落实“百名记者编辑主持人”培养工程，举行首届“佛山·名记者名编辑名主持”命名大会，首批选出10名“名编辑名记者名主持”。

市新闻工作者协会会同佛山传媒集团人力资源部主动协调培训资源，发动、组织各新闻单位新闻工作者共享培训资源。同时，与传媒集团总部一起，组织在各媒体之间进行业务交流，并开展新闻宣传舆情风险点排查，协同各媒体重新梳理完善把关流程，堵塞漏洞；开展“暖心工程”，以实际行动关心新闻工作者的身心健康，鼓舞新闻队伍的士气。11月22日，由广东省新闻工作者协会主办的第三届全省新闻战线“好记者讲好故事”十佳演讲人全省巡回演讲首场活动在佛山开讲，市新闻工作者协会配合佛山传媒集团、佛山电视台承办，组织150余位记者、编辑前往观摩、聆听。

（曾永雄）

传媒集团

【概况】 2016年，是佛山传媒集团新媒体蓬勃发展的一年。广佛都市网完成改版上线，成为佛山外宣的重要门户网站；《佛山日报》在市委宣传部的支持下，与各政府部门和机构合作打造“佛山在线”APP“一门式”新闻+服务平台，在中国新媒体门户大会上入选中国新媒体地方门户百强；佛山电台加大新媒体发展转型升级步伐，将《民生直通车》从以往的热线电话为主改进为音、视、图、文并举的全媒体直播间，成为全方位政民互动平台；佛山电视台推进美食、民生等线上品牌节目与新媒体嵌入式发展；《珠江时报》《珠江商报》则以全媒体产品为支撑，使纸媒逐渐实现可视化、互动化、入口化，在报业新媒体影响力排行榜中，《珠江商报》跻身中国新媒体县市20强。

2016年，佛山传媒集团五大媒体开展贯彻习近平总书记系列重要讲话特别是在党的新闻舆论工作座谈会上的重要讲话精神、“两学一做”、建党95

周年、长征胜利80周年、十八届六中全会精神等宣传活动，完成全国、省、市“两会”以及佛山市第十二次党代会等重大会议报道。特别是全国“两会”期间，传媒集团连续第十年派出融媒报道组赴北京，刊播稿件1800多篇，并结合佛山实际策划推出“工匠精神”“机器人中心”“一线制造城市”等10多个贴近本土、关注佛山发展的前沿话题。

【传媒集团事业单位分类改革】 2016年，佛山传媒集团改革被列为佛山市改革重点项目之一。集团及下属单位相关领导、骨干到湖南、湖北和华东等地的先进媒体单位学习交流，分别形成关于深化改革的汇报材料。在充分了解省级媒体及深圳、珠海等兄弟城市媒体改革发展现状的基础上，市委宣传部与市委组织部、市编办、市人社局、市财政局、市国资委进行沟通，决定以事业单位分类改革为契机，开展传媒集团新一轮体制机制创新、全面深化改革工作。12月月底，市编委会会议研究，同意佛山传媒集团及其下属佛山日报社、佛山人民广播电台、佛山电视台、珠江时报社和珠江商报社等六大单位，由公益三类调整为公益二类事业单位，加强媒体单位新闻舆论宣传的公益职能。

【专栏专题主题宣传】 2016年，佛山传媒在“大城工匠”“一座工业城市的生态文明之路”“一路一带”等重大主题宣传中，开设《寻找佛山工匠　弘扬工匠精神》《工业城市的生态修复》《打造高品质现代化国际大城市》《建设人民满意政府》等专栏，刊发专栏专版近百个，掀起一个个宣传高潮。结合宣传文化进企业、“一门式、一网式”政务服务改革等主题，与市纪委、市委组织部和市安监、环保等多个部门以及五区沟通，掌握信息，确保宣传任务落实。围绕广东省第二届珠江西岸先进装备制造业投资贸易洽谈会及第二届中国（广东）国际互联网+博览会等重大活动，组织集团各媒体（含新媒体）刊播稿件1000多篇，通过全媒体手段，创新报道视角，展示佛山市装备制造企业以及“互联网+”战略发展成果，对内对外推介佛山，为佛山创新驱动发展寻求各方支持。

【新闻宣传“供给侧结构性改革”】 2016年年初，《小强热线》设立《点赞》特别节目，从身边好人说起，讲好身边善事，栏目转型升级。各媒体也纷纷升级、创办《正能量》栏目和品牌活动：《佛山日报》《建设人民满意政府》《文明佛山》等栏目以及评论版、五区观察版面；佛山电台各频率《政风行风热线》系列节目，以及FM924《自在畅行》、FM946《讲东讲西讲东西》；佛山电视台《630新闻》《经历》；《珠江时报》《珠江商报》的《都市》《梁心帮办》《民生》栏目；广佛都市网网络问政微访谈；等等。对广佛都市网进行改版，打造成为城市外宣的重要平台。同时传媒集团下属各媒体主动向中央、省级媒体上送稿件，月均送稿（或被央媒省媒转发）超150条。

组织各媒体的重要板块、时段、热点频道传播正能量，使正能量在全社会“同频共振”。五大媒体及其新媒体平台积极刊发正能量报道1000多篇，聚焦凡人善举，及时传递城市温情及社会大爱，厚植城市的温度。如《微笑姐：车厢传递温暖》《创业青春丰收未来》等专题报道。

【新闻宣传队伍建设】 2016年，佛山传媒集团落实“百名记者编辑主持人”培养工程，举行首届“佛山·名记者名编辑名主持”命名大会，首批选出10名“名编辑名记者名主持”。组织宣传队伍全员参加学习习近平总书记关于新闻舆论工作系列重要讲话精神培训20多场，实现集团宣传口全覆盖。组织60名骨干分2期参加市委宣传部在浙江大学举办的“学习习近平总书记在党的新闻舆论工作座谈会重要讲话精神暨名记者名编辑名主持人业务提升培训班”。

实施融媒人才发展计划，建设融媒管理服务中心，以广佛都市网打造“新媒体梦工厂”融媒发展平台为突破口，推进集团化融媒集群。

【新闻精品】 2016年，佛山传媒以“工匠精神”打造出一批新闻宣传业务精品。在2015年度广东新闻奖评选中，《佛山日报》共有6件作品分获二等、三等奖；佛山电台共有8篇作品获奖，其中一等奖1篇、二等奖4篇、三等奖3篇，获奖数量排名全省第二。佛山电台946频率《空中一门式》节目获2015年度广东省广播电视创新创优“十佳”栏目。佛山电视台在2015年度广东省广播影视奖评选中，共有21件电视作品获奖，获奖数排名全省地级市台榜首。其中，《2015“一路向前　美丽佛山”50公里徒步直播》、电视新闻栏目《小强热线》获得新闻类一等奖，电视文艺栏目《大师傅》获得文艺类一等奖，《新常态下新思维　闯出发展新局面——佛山电视台顺德分台进入“全国20强市县电视台”的启示》获电视社科文作品一等奖。珠江时报社主办的南海新闻网被授予“中国新媒体地方门户最具影响力奖”。《珠江商报》获金长城传媒奖之“2015中国最具融合创新商报”称号。广佛都市网负责运营的“佛山发布”长期稳居十大政务微博微信行列，《筑梦佛山》《佛山微访谈》等栏目被广东省网络文化协会评为岭南特色及优秀品牌栏目。

【传媒广告管理】 2016年，佛山传媒各单位落实各级各类公益广告宣传要求，配合市委、市政府中心工作及全市性重要公益宣传任务，加大公益广告制作刊播力度，发挥本地主流媒体引领社会风尚、传播精神文明的积极作用。新《广告法》正式实施后，集团属下各媒体对标新《广告法》修改内部审核制度，落实责任、规范监管，以实际行动维护佛山广告市场秩序。

【传媒安全生产】 2016年，佛山传媒集团配合市政建设施工改迁工程等，就停水停电、佛山新闻中心楼宇险情等与有关部门沟通协调，保障佛山新闻中心及各驻区媒体安全生产、安全刊播；遇节假日、重点安全保障期、极端气象等重要安全节点时，及时预警，加强信息通报；组织开展年度消防演练和冬季安全生产大检查，确保各设备系统运作正常，为安全刊播提供强有力支撑。2016年佛山传媒集团及各媒体单位实现全年安全生产无事故。

（黄海颜）

报　刊

【《佛山日报》】 2016年，中共佛山市委机关报《佛山日报》日均24版。佛山“两会”期间，《佛山日报》累计推出44个版面，以微博、微信及政务APP客户端为主体的“两微一端”发稿数300多条，多条新媒体作品的阅读量突破10万。年内，《佛山日报》策划推出《寻找佛山制造的根与魂》系列报道，站在“十三五”新的历史起点回望历史，寻找佛山制造的文化基因；策划推出《寻找佛山工匠，弘扬工匠精神》专栏报道和《大城工匠·佛山脊梁》专题报道，深化对工匠精神的解读，明晰工匠精神对佛山这座制造业强市的特殊意义；策划组织“佛山制造海上丝路万里行”大型采访宣传活动，为佛山与澳大利亚、东南亚、中东、非洲、欧洲等21世纪海上丝路沿线国家和产业合作、经贸合作提供前沿资讯与深度观察，吸引沿线高端人才、先进企业关注佛山、投资佛山。此外，还策划推出《大城之道》佛山一环开通10周年特刊、《五区观察》区域新闻周刊等完成党委政府中心工作的新闻报道。

媒体融合平台建设　佛山日报社在做好传统平台的同时，以移动端为战略主平台，以一体化协同为路径，快速推动媒体融合发展。其中，加快建设媒体融合平台发展新传播体系，全面布局网易、腾讯、新浪、今日头条等客户端，形成以“佛山在线”移动客户端为核心，覆盖粉丝超220万人的全媒体传播渠道体系。12月，“佛山在线”APP全面升级，变身“爱佛山媒体云”，以“新闻+、政务+、服务+、用户+、客户+”媒体云服务，成为佛山市民随时随地掌控佛山、连接佛山的智慧移动平台。

媒体经营　佛山日报社务实转型，从以版面广告为主的模式，向以活动项目为代表的整合传播转型，努力成为经营资源的链接者和整合者。此外，新媒体平台的经营助力效果初现。随着报社新媒体平台和产品的不断拓展、成熟，新媒体产品也逐渐吸引客户的目光。下半年开始，手机电视视频产品、线上直播、H5产品、无人机航拍、360°全景图等产品，开始多次在大型活动项目中亮相，为报社的经营项目开拓更广阔的空间，收获良好的市场评价。

媒体担当与荣誉　佛山日报社举办的“公益慈善盛典”“温爱佛山——慈善人人行”、公益市集等系列活动，将温爱佛山系列公益活动，打造成展现佛山慈善传统和城市形象的一张名片。承担起《佛山历史文化丛书》首辑10种书编辑出版工作。丛书以全新的文化视角充分挖掘佛山历史进程中的亮点，形象地书写佛山在岭南文明史上的地位和贡献，打造既有厚重历史年轮、又充满时代精神的佛山百科全书。年内,《佛山日报》获“金长城传媒奖2015中国十大地市党报”，“佛山在线APP”获得“中国新媒体地方门户百强”，“佛山在线”网站获得“中国新媒体地方门户最具品牌价值门户奖”。在“2016中国传媒融合发展年会暨第三届中国报业新媒体大会”上,《佛山日报》跻身全国地市党报新媒体影响力前四强，佛山日报社《新型党报移动互联平台建设》中的融合发展案例，也跻身中国报业融合发展项目及实战案例“双十佳”案例榜单，获2016年中国报业融合发展项目创新奖。在2016年度广东新闻奖评选中,《佛山日报》共有8件作品获奖，其中一等奖1件、二等奖2件、三等奖4件、新闻好标题1件。

（唐岭梅）

2016年1月9日，佛山举行城市升级环佛山120千米绿岛骑行。图为骑行者玩自拍

【《珠江时报》】 2016年，珠江时报社投入近500万元建设瀚天融媒创意传播中心和全媒体协同指挥中心两大平台，融媒转型迈出关键一步；采编工作围绕市、区党委政府的中心工作，唱响佛山好声音，传播佛山正能量；经营工作以“服务创造价值”为核心理念，全年完成经营收入6848万元，实现利润841万元；1月起，系列社区报从《珠江时报》正式剥离，由佛山市南海区家南海文化发展促进会承接。5月20日，在2016中国新媒体门户大会上,《珠江时报》获得“中国新媒体地方门户最具影响力奖”；8月30日，在2016传媒中国年度盛典上,《珠江时报》获“十大品牌创新力地市区域报”称号。

全媒体报道　在佛山党代会、市委全会和市、区“两会”期间,《珠江时报》推出多个可视化版面和多种融媒产品，全方位宣传报道会议精神。《珠江时报》新浪微博主持的话题“2016佛山两会”成为会议期间的热门话题，阅读量超过300万人次；航拍“VR下的全景佛山”、图解“一张图带你读懂政府工作报告”、H5解读“十三五规划”、视频《政协委员提案聚焦智能制造》等在微信朋友圈刷屏；“十三五规划”H5被“佛山发布”直接采用。《今日南海》和《今日禅城》作为珠江时报社立足南海和服务禅城的两个平台，主动创新方式方法做好两区中心工作的宣传。在南海“全会”期间,《今日南海》推出“八个南海”主题策划，还制作8组H5页面在新媒体平台传播，网络专题和微信阅读量超过10万。在南海“两会”期间,《珠江时报》用“专版+特刊+展板+视频+航拍+直播+动漫”等全媒体手段予以呈现，最大化传播效果。在禅城区第四次党代会,《今日禅城》通过纸媒、微博、微信、H5页面，以及《珠江时报》头条号等全媒体终端，协同联动，立体传播，满足受众多终端接收和实时互动等体验要求。

融媒转型　珠江时报社制订迈向融媒2.0时代改革方案以及珠江时报社融媒转型三年行动计划，推动珠江时报社的改革转型。重点建设瀚天融媒创意传播中心、南海新闻中心的全媒体协同指挥中心和视频直播平台、舆情监控平台、信息数据采集挖掘平台、对外传播平台等“两中心四平台”，实体推进融媒转型。在9月南海区党代会期间，珠江时报社融媒平台首次对党代会进行直播。在11月南海“两会”上，珠江时报社媒体融合进行一次全面集中展示：出版近50个专版报道；会场制作30块展板，图文并茂展示南海区政府、人大、政协五年发展成就；16台显示屏滚动播出为“两会”专门拍摄的视频以及南海各种航拍图景；通过网易客户端对“两会”进行视频直播。

融媒产品和项目　9月，《珠江时报》启动改版提质工作，通过对报纸融媒化、杂志化、视觉化等的改造，提升报纸质量，同时研发特色新闻产品。开设“佛山正能量”专栏，传递佛山正能量。3月30日“佛山正能量”推出的“衣点爱心”，在“珠江时报”微信公众号当天的阅读量就达到2万多。策划推出全媒体融合新闻产品“南海企业家精神40年40人”，以“报纸+视频+微信+微博+头条号推广”的形式进行传播，多渠道对南海企业家创新、实干精神进行宣传，其中林氏木业、尚品宅配等企业家的专访微信+视频阅读量破10万。同年，珠江时报社还全面承接南海的舆情监控工作，每日三报作出舆情研判，深度服务党委政府；组建南海政务服务社会监督员队伍，为南海政务改革做好满意度调查；组建南海区通讯员队伍，强化基层堡垒；为禅城区策划并运营“禅城安监”项目，逐渐转型为媒体型服务业。

新媒体矩阵　6月，西樵山国际超级马拉松举行期间，珠江时报社通过网络直播和航拍视频等形式在新浪微博、腾讯视频上，对活动进行全程现场报道。推出“VR下的全景佛山”“全景漫游南海”“全景禅城”“一环十年　脉动佛山”等全景视频，阅读量超过10万。南海新闻网、微信矩阵、微博矩阵、今日头条号客户端等多个平台在内的新媒体传播矩阵粉丝量已经突破300万，其中南海新闻网的大量内容被“今日头条”新闻客户端、大粤网、搜狐、新浪等平台转载，在“今日头条”客户端上累计阅读量4000多万。

搭建外宣平台　在2016年市“两会”期间，珠江时报社特邀国务院发展研究中心学术委员会副秘书长刘守英撰写长文《寻找佛山制造的中国新坐标》；在全国“两会”期间，邀请国资委商业科技质量中心研究员罗天昊撰写的《佛山：“制造业一线城市”的大势与担当》取得热烈反响。作品《佛山：“制造业一线城市”的大势与担当》《寻找佛山制造的中国新坐标》被新华网、人民网等全国20多个门户网站刊发，提升了佛山的城市形象。

（戴满香）

【《珠江商报》】 2016年，珠江商报社围绕全媒体转型目标，对采编架构进行改革：将原来的采访中心、编辑中心、融媒中心、视觉中心，整合为全媒体采集中心和全媒体发布中心，推行扁平化管理和一次采集、分类加工、多元发布生产模式。11月11日，由中国报业协会主办的2016中国传媒融合发展年会暨第三届中国报业新媒体大会上，珠江商报社的《直播顺德》项目在2016中国报业融合发展实战案例评选中获得优秀奖。

重大时政宣传　1月7日，顺德区委全会召开，珠江商报社派出精干力量加强报道力度，一方面利用版面优势，推出8个版的报道，以文字、图解等多种形式全方位报道全会情况，将全会形成的思想向全社会传达；另一方面利用《珠江商报》微博、微信、APP等全媒体矩阵，采用现场直播的形式，及时多渠道传达全会情况。3月，顺德党政考察团考察苏州、杭州、重庆、深圳、广州等城市期间，珠江商报社派记者跟队采访；各镇街、部门等组织考察期间，《珠江商报》在重要版面开设《金融+科技给力产业化——顺德区党政考察团考察纪行》专栏，不断关注考察动态，对考察心得体会进行深度报道。第二季度顺德恳亲大会召开时，珠江商报社延续一贯做法，提前与外事侨务局展开合作，策划《回家——世界顺联第十届恳亲大会》特刊，近60个版面的规模全方面回顾前九届盛况，展示该届亮点，总结顺德在侨务方面的成就。围绕顺德区第十三次党代会，从9月12日开始，开设专门栏目，推出《喜迎党代会　聚力新跨越——迎接顺德区第十三次党代会》系列报道，为党代会的召开营造出良好的舆论氛围。会议召开前一天，《珠江商报》出版一个小型特刊，分别从产业、城市、民生、党建等4个方面，用制图的形式，展现过去五年顺德的成就，并在一版配发《在梦想的道路上阔步前行》长篇通讯。10月，推出互联网+博览会报道，进行会前、会中和会后宣传。11月，围绕顺德建设大学城卫星城，策划和编辑一个特刊《智高点》，对如何建如何办卫星城作深入报道。

活动策划　7月，探索演艺市场，举办《寻梦西游》大型人偶剧演出。8月，配合全市“百万高清、百兆宽带、百日服务”活动，联合广东省广播电视网络股份有限公司佛山顺德分公司冠名报道奥运盛事，为中国奥运健儿加油。9月26日，联合顺德青年企业家协会、顺德慈善会举办“行走顺德”公益之旅，得到社会的广泛好评。10月，成功举办2016顺德美食节活动、承办互联网+美食节等线下活动、联合广东广电网络佛山顺德分公司举办“广电网络连接你我他——关爱身边的快递哥”活动、在《珠江商报》官微上开展“关爱快递哥、合影赢大奖”等一系列活动。11月26日，联合大良街道宣传文体办公室、大门社区党委、大门居委会联合主办“凤城讲古·大门有段古”活动。

新媒体矩阵发展　上半年，《珠江商报》官微运行质量平稳，基本位居广东省纸媒公众号前15位，最高一条微信的点击超过40万人次。强调本土和原创已成为商报官微的鲜明特色，逐渐得到粉丝的认可，粉丝总量超过13万人。5月，“德食”公众号上线，并举行最美吃货评选活动，经过大半年的运营，成为珠江商报社新媒体阵营“新宠”。

年内，珠江商报社整合微信、APP、直播、H5等多种形式的产品，为客户推出全媒体报道产品，丰富报道内容和形式，在顺德美食节、顺德“两会”、顺德公交周等活动报道中，都取得良好的传播效果，达到社会和经济效益双丰收。

（黄　晨）

广播电视

【佛山电视台】 2016年，佛山电视台在佛山党代会、“两会”、首届“大城工匠”命名大会、重点工作推进会议、“两学一做”等重点宣传工作中，全媒体、立体式、持续化展开宣传。在报道防御台风“妮妲”的过程中，创新性推出“电视打断式直播+网络视频直播+图文滚动直播”等报道模式，全天候、全媒体报道和发布权威信息。

1月起，创办13年的王牌栏目《小强热线》，创新推出“点赞”特别节目，从身边好人说起，讲好身边善事。节目开辟第二直播现场与演播室联动，通过新媒体互动，用众筹、公益行动的方式，将观众从“看客”转变成为“善客”。“点赞”特别节目积极推动正能量传播，培育向善向上的社会氛围，整体收视良好。

整合全台资源，打造市、区、镇联动，微信公众号为主的传播矩阵，抢占新媒体高地，新闻宣传从传统电视到新媒体，实现全网覆盖、多屏分发、互动传播。例如全媒体手段报道“两会”，将融媒资源、渠道与内容打通；快速及时对央媒等对佛山的重点报道进行新媒体二次传播；重点活动全媒体直播，并打通腾讯、网易、今日头条、映客等多方直播平台，打造电视特色的融合传播体系。在腾讯公布的华南“十佳自媒体”中，“小强热线”微信公众号成为佛山唯一入围的自媒体。

通过主办品牌活动，助力塑造城市形象，提升城市文化。其中“美丽佛山　一路向前——佛山五十公里徒步”展现城市升级、升值成果，成为政媒企联合打造全民参与的城市运动名片。市政府对组织徒步活动的佛山电视台等20个单位予以通报表扬。“‘中国梦·我的梦’——佛山首届优秀原创歌曲发布会”，在佛山文艺界掀起“佛山制造”的正能量音乐风潮；“‘制造力量　唱响佛山’——佛山职工合唱大赛”，展现佛山产业工人精气神，唱响佛山工匠最强音，唱出佛山产业繁荣好声音。“‘囍爱佛山·圆梦新城’——佛山市职工集体婚礼”是佛山电视台与市总工会共同打造的职工服务品牌，让职工增强归属感、认同感和凝聚力；“‘我爱佛山’微影像征集评选活动”，塑造城市精神，呈现城市温情，征集参赛作品近300部，入围作品在佛山公共频道展播。此外，承办广东省道德模范与身边好人（佛山）现场交流活动、全省新闻战线“好记者讲好故事”巡回演讲活动、佛山“最美家庭”命名仪式等党委政府主推的主题活动。

借助央视和省台，推动佛山城市形象的传播，央视各频道采用佛山台稿件比上年增长两倍以上，省台采用稿件增长约20%，用稿量居全省城市电视台之首。在佛山首届“佛山·大城工匠”命名大会中，邀请央视、省台记者到会采访报道，央视《第一时间》、省台《广东新闻联播》等播出长消息。在央视《新闻联播》《供给侧结构性改革佛山样本》的报道工作中，配合前期拍摄和城市航拍等镜头提供。在节庆和重大活动外宣中，联合央视《新闻联播》在除夕夜播出佛山人徒步迎新的报道，央视经济频道首次在跨年大直播中与佛山迎新晚会现场连线；“行通济”活动被《东方时空》现场直播连线；佛山“50公里徒步”吸引央视《新闻联播》《东方时空》等多档栏目聚焦；“红衣女子人工呼吸抢救外来工”“灰衣女子冰上救人”“孕妇当街产女众人争相帮助”等新闻，曾在两个月内13次登上央视多档新闻栏目。

《老佛山新天地》《我从佛山来》《寻味顺德》《美丽西江》等纪录片，相继在央视综合频道、纪录频道、发现之旅频道和广东国际频道等播出。《寻味顺德》“五一”期间在央视纪录片频道首播，又在央视综合频道、纪录频道和广东国际频道等多次播出。

佛山广播电视工作在2015年度广东省广播影视奖评选中共有21件电视作品获奖，其中一等奖4件，位列全省电视媒体第二，获奖作品总数量排名全省地级市台榜首。《小强热线》《顺商传奇》获得2015年度广东省广播电视创新创优“十佳”栏目。在年度广东省广播电视公益广告扶持项目评选中，佛山电视台获评省优秀传播机构，并被推荐参加国家级评审，选送的3件作品全部入围，数量位居全省电视台之首。《我从佛山来》《美丽西江》《考验》被国家新闻出版广电总局推荐为2016年优秀国产纪录片，前两部作品获得金熊猫国际纪录片节大奖；《寻味顺德》《美丽西江》在第22届中国纪录片学术盛典中获评为系列纪录片十佳作品；《我从佛山来》等6部作品参加2016中国（广州）国际纪录片节获得南派纪录片奖项。佛山电视台新闻报道《天然气管道70米变30公里，代表向省长直陈不合理》获得第25届广东人大新闻奖一等奖和中国人大新闻奖三等奖；纪录片《寻味顺德》同名丛书及光碟出版发行并被省委宣传部确定为“广东省原创精品出版项目”；《佛山周报》获“全国优秀广播电视报”称号，其三件作品获全国城市报优秀新闻一等奖。

（丁红兵）

【佛山电台】 2016年，佛山电台高质量完成全国、省、市“两会”和新春走基层、“两学一做”学习教育、佛山城市治理大会、珠西装洽会、互联网+博览会、市十二次党代会等多项重大宣传报道任务。在完成各项重大新闻时政宣传报道的同时，大力抓好全市各地的文化活动项目的宣传工作。

重大时政报道　在全国、省、市“两会”和市十二次党代会、互联网+博览会、“佛山·大城工匠”命名大会、长征胜利80周年、孙中山诞辰150周年等重大时政活动中，佛山电台主动增强策划意识、整体意识、强化新媒体思维和传播意识，让传统广播再放光彩，新媒体更好听、好看、好玩。全方位、深入宣传报道佛山综合改革的做法、困惑与探索；把准导向，从多角度做好佛山供给侧结构性改革等重大主题报道；针对城市治理工作会议，利用全媒体融合报道手段，在重点时段、重点栏目，组织多项专题报道。4月，围绕佛山市“工匠标兵”评选活动，佛山电台通过新闻报道、系列专题访谈节目、新媒体报道等方式展开多重宣传报道，对30名“大城工匠”中的部分代表进行系列访谈，讲述他们自己的故事，弘扬佛山工匠精神。

文化活动的策划与报道　元宵节期间，佛山电台FM94.6频率与市红会合作，推出全民参与的慈善型的“行通济”民俗文化活动项目。活动期间，佛山电台将直播车开到“行通济”现场，进行12小时的大型融媒直播报道。与此同时，该频率还推出《聚焦主城区》《禅城空中一门式》等互动性很强的节目，有效提升广大市民群众对社会经济发展和民生改善的关注度和参与度。其中，《聚焦主城区》增加《阿SIR开咪》环节，听众人气大升;《禅城空中一门式》则形成“市民发现问题与节目组主导策划”相结合的模式，有效促进政府管理部门、社会各阶层和市民群众三者之间的良性互动。该节目获2016年“广东省十佳创新栏目”。佛山电台FM92.4频率以南海区西樵镇松塘村为基地，连续五年策划组织“翰林文化

2016年6月30日，由佛山人民广播电台、江门广播电视台、肇庆市广播电视台、清远广播电视台四台共同发起的“声动岭南—首届珠三角粤语主播大赛”正式启动

节”，以及开笔礼、大仙诞、重阳登高等一系列与书香文化有关的活动，增加和扩大这些节庆项目的内涵和范围，助力南海西部片区成功打造文化旅游高地，助力松塘村获得“2016中国最美村镇最佳传承奖”称号。佛山电台FM90.1频率围绕顺德对外宣传“世界美食之都”及“顺德美食”区域名片的需求，以“闻香识顺德”美食活动为抓手，通过对顺德传统美食挖掘和创新的深入宣传，将美食文化和广播旅游活动项目有机结合起来，做到“镇镇有好味，村村有佳景”，使顺德区的美食文化作为一种地方特色广为传播，人人都知道顺德是一个全民皆厨、旅游资源同样丰富的“世界美食之都”和旅游之城。2016年，佛山电台FM90.6频率通过组织“爱心传递日”的无偿献血宣传，吸引佛山市五区市民群众踊跃无偿献血表爱心。全市五区市民无偿献血46900毫升，1500个出租车司机进行爱心传递。佛山电台FM94.6频率的《946商学院》节目，加强与国内互联网机构、本地金融机构的合作，建成“线上音频服务加线下创新服务”两大板块，全年举办8场“南商营+互联网+特训营”以及“操盘手特训营”，邀请中国工程院院士李培根等做演讲嘉宾。以《946商学院》节目为基础建立的微信公众号“佛山智造者”及相关微信群，吸引1万名业主关注，成为本土有影响力的财经交流平台。佛山电台FM90.1频率融合顺德区文体局等的资源，搭建一个由媒体主导、政府支持、企业投资的创业企业和社会资本对接的平台——《文化创客》。

传统广播与新媒体融合发展　佛山电台FM94.6打造全媒体直播室，结合视频直播，使《946民生直通车》《禅城面对面》2档重点新闻时政节目得到全方位的展示，听众踊跃参与互动。在2016年“互联网+博览会”大型直播活动中，佛山电台FM94.6频率通过充分融合电台直播、网络直播等方式，使3天的视频直播关注人数达到55万人次，为上线嘉宾私人定制的录音剪辑H5网页转载1万次，为微信公众号“佛山智造者”吸纳“粉丝”4000人。佛山电台FM92.4频率作为佛山市政府的应急广播，则通过利用手机客户端“畅驾”即时发布图、文和视频，以全媒体方式全天候滚动更新灾害天气的最新情况，使佛山市民从容应对2016年1月广东百年一遇的冰冻雨雪天气，以及广东2场最强台风“妮妲”和“海马”的侵袭。并通过手机客户端“畅驾”创新服务形式，传统广播加上“畅驾”新媒体平台的可视化展现，使得“924”的交通路况服务更加立体、直观，也更加专业、权威。

（钟　毅）

图书·博物·档案·地方志

图　书

【佛山市图书馆】 2016年，佛山市图书馆完成新馆专项项目建设的立项、招投标工作；报告厅、录音室、音乐馆、电影馆、电教室、专题活动室等多个场馆建设完毕；祖庙路分馆改造工程竣工验收；"新馆应用软件系统"项目完成"分包二"的招标工作；小额支付平台完成开发并于9月15日上线。全年的工作重点是建设"文化中枢"。一个体系是佛山市联合图书馆；另一个体系是佛山阅读联盟，即联合佛山市各类具备阅读推介功能的社会组织合作开展阅读活动，发动社会力量参与公共文化服务供给，共同推广全民阅读。自2016年"世界读书日"起，佛山市联合图书馆借阅证由每次最多可以借3本书升到10本，业务数据迎来暴发式增长。全年全馆办证量达5.7万个，流通量达255万册次，比上年增长54%。是年，佛山市图书馆图书购置经费共计1000万元，佛山市联合图书馆办证量达69万个，少儿文献外借册次占据全馆借阅量的54.9%。全年开展活动1361场、提供咨询服务39359人次、拥有文化志愿者1138人、获媒体报道共计531篇。

读者活动 全年开展活动1361场，线上活动113场，阵地活动1248场，总参与达61万人次。"蜂蜂故事会"基本达到每周一场的新高度，并将活动带进校园、社区、联合图书馆；"南风讲坛"举办各类讲座31场；"南风学堂"开展摄影圈、养生堂、理财经、书法课、陶艺体验、亲子编程等系列主题活动近30场；"佛图群'英'会"举办个性化英语沙龙活动超过70场，逐渐由"佛图群'英'会"迈向"联合馆群'英'会"新格局；"阅读·温暖"品牌开展面对面朗读、流动无障碍影院等各种文化活动，并针对社会受助人员开展"阅读·温暖，关爱救助"行动；关注地方特色文化活动，开展"民国前后的房契地契展"、李鸿定师生写生作品展、世界粮食日·梁子虾专题粮票藏品展等展览，还携读书会共同参与地方文化保护——活化古村落活动，让市民亲临古村落现场检验活化成果。

另外，"斑比探索学园""馆园合作"系列活动、"玩具馆"系列活动、"慢生活俱乐部""皓首游新馆""耆英畅游数字乐园活动""科普小达人"系列活动、"暑期青少年电脑编程培训班"、古籍推广等活动深化与馆外社会资源的合作，"引进来""走出去"相结合，拓展活动的深度与广度。

图书服务平台建设 全年佛山市图书馆数据库采购经费总额高达278.17万元，采购数据库和相关产品设备26个。佛山市联合图书馆数字资源共建共享平台建成38个外购商业数据库、34个试用数据库、13个自建数据库，资源容量高达100TB，年访问量近100万人次，比上年增长2.15倍。佛山市联合图书馆成员馆发展至140家，馆藏总量达482万余册；佛山市图书馆与顺德图书馆共同推进"顺德图书馆集群加盟佛山市联合图书馆"项目；汽车图书馆升级为移动智能图书馆并正式投入使用，成为国内首个RFID移动智能图书馆。推动文化信息共享工程，建成市支中心1个、区支中心5个、基层服务点862个，比上年增加338个，实现城乡100%全覆盖。全馆公共电子阅览室有上网机239台，全年上机13033人，上机次数达35462次。在佛图微信公众号推出"数字悦读"固定栏目，提供电子图书、期刊、古典音乐的在线阅读、在线收听等服务，全年浏览量达40万人次。电视图书馆发挥平台优势，深化服务能力，全年页面总访问量超过57万，覆盖超过108万广电网络电视用户家庭。

项目管理 "导师制"项目作为佛山市图书馆一项长期性的学术发展战略，旨在打造一支德才兼

备、富有创新精神和实践能力的科研团队。至2016年，聘请全国知名专家12人，学员数量达54人，共同开展研究工作，从实践中提升理论，以理论促进实践。“导师制”的推进采取项目的方式运作，并制定项目定级标准。项目管理方法在阅读联盟、导师制项目的推进方面起着重要作用，全年全馆立项147个项目，累计立项486个，总参与8576人次，平均每人参与60次，参与率100%，成为推动全馆重大工作的动力，被佛山市文化广电新闻出版局评为“2016年度佛山市公共文化服务创新项目”。在行业协调、业务发展上，佛山市图书馆学会不断增进各成员馆的沟通、协调与合作。对内，组织举办5场专题学术讲座，繁荣佛山图书馆界的学术研究氛围；对外，开展跨区域合作，与广州、肇庆、清远、云浮、韶关等5市共同主办“2016年广佛肇清云韶六市图书馆联合年会”，承办中国图书馆学会阅读推广委员会图书馆讲坛与培训专业委员会工作会议，增强业内交流。是年，佛山市图书馆被授予“佛山市社会科学普及示范基地”称号，并获广东省中心图书馆委员会颁发的“2015年度广东省文献资源共建共享服务贡献奖三等奖”。

2016年4月23日，佛山阅读联盟成立。图为首批19个佛山阅读联盟主题读书会授牌仪式

2016年，佛山市图书馆被授予“佛山市社会科学普及示范基地”称号。佛山市智能图书馆被广东省文化厅评为“2016年广东省公共文化研讨会优秀案例”；在广东图书馆学会、广东省立中山图书馆等单位联合主办的“第六届图书馆杯广东全民英语口语大赛”“第五届广东省英语电影配音大赛”中均获得“最佳组织奖”；在“佛山市第四届盲人诗歌散文朗诵暨第二届盲人散文小说创作比赛”“首届全省图书馆阅读推广案例大赛”中获得“优秀组织奖”；在中国图书馆学会阅读推广委员会、广东图书馆学会主办的2016年“阅读推广青年论坛”上，佛山图书馆推送的《“阅读报告第二发——最美的时光在佛图”佛山市图书馆2015年阅读报告》获评“最佳微文案”，《阅·历》系列海报获评“最佳海报”，视频作品《城市的善意》获评“优秀音视频”。另外，佛山市图书馆还获得广东省中心图书馆委员会颁发的“2015年度广东省文献资源共建共享服务贡献奖三等奖”。

（柯　静）

【佛山市新华书店】 2016年，佛山市新华书店坚守图书主业，以采购供应宣传党的理论和路线方针政策、弘扬社会主义核心价值观的重点出版物，以及有利于提高人民群众知识文化水平、满足人民群众精神文化需求的优秀出版物为主。全店全年总销售6572.5万元，比上年增长5.3％，其中一般图书（不含教材）销售173.8万册、2781.6万元，比上年增加241.1万元，增长9.5％。图书销售比例中哲学社科类为20%，文化教育类为39.1%，文学艺术类为21.5%，科学技术类为8.4%，少儿读物类为11.3%。非图书的文创产品的销售额为746万元，比上年增加12.7%。全年上缴税金29万元，并被佛山市禅城区文化产业协会评为2016年优秀单位。

政治读物、重点出版物发行　配合上级党委部门，通过印发征订通知，利用网站、微信公众号等信息平台宣传推介，以及根据各时段热点在书城卖场设立各类党政、时政、重点读物专架专柜，扩大销售和影响。全年该类读物共发行1917个品种。其中零售433种，7479册、13.17万元；批销1484种，10.67万册、197.56万元。销量排前二十的书籍分别是：《2016习近平总书记系列重要讲话读本》

（小字本）50960册、81.54万元；《中国共产党章程》13756册、48145元；《中国共产党廉洁自律准则中国共产党纪律处分条例》7109册、42654元；《2016习近平总书记系列重要讲话读本》（大字本）4070册、15.47万元；《总体国家安全观干部读本》4012册、27.28万元；《在庆祝中国共产党成立95周年大会上的讲话》2292册、6876元；《中国共产党问责条例》1799册、4497.5元；《中国共产党第十八届中央委员会第五次全体会议公报》1376册、4816元；《中国共产党第十八届中央委员会第五次全体会议文件汇编》1164册、9312元；《胡锦涛文选》（第一、第二、第三卷）1190套、16.54万元；《中国共产党的九十年》（全3册）985套、14.78万元；《中国共产党问责条例》951册、2377.5元；《中国共产党党员权利保障条例》859册、2577元；《中国共产党章程、廉洁自律准则、纪律处分条例、党员权利保障条例》816册、9792元；《"两学一做"学习教育手册》770册、21560元；《习近平总书记在文艺工作座谈会上的重要讲话学习读本》723册、26028元；《习近平谈治国理政》679册、54320元；《习近平关于党风廉政建设和反腐败斗争论述摘编》586册、8379.8元；《政府工作报告：在第十二届全国人民代表大会第4次会议上》580册、1740元；《做合格共产党员》574册、17220元。

中小学教材、教辅图书供应　抓住教材、教辅销售这个龙头，每学期开课前主动密切与学校、教育部门的联系沟通，通过快捷的网络传送、核对书目订单，加快征订效率；坚持免费送书上门，提高配送质量，做好例行的一年两季的中小学课本发行工作，完成"课前到书，人手一册"这项政治任务。全年为区内115所中小学校征订、配送教材、教学辅导用书238万册，2123.46万元。出动汽车376辆次、电动单车82辆次，快递12批，出动人力724人次。同时，配合学校做好教材余缺调剂工作，及时解决学校因学生增减而产生的课本余缺，想方设法满足学校补订或追加课本的要求，保证学校正常的教学不受影响。此外，做好与教材配套的教辅图书的零售供应。在该店所属的书城和门店都设有教辅图书零售专柜，按小学、初中、高中分年级陈列，其中惠景书城陈列3546个品种、40550册、92.53万元，石湾书店陈列892个品种、4411册、8.04万元。

书香社会、全民阅读活动推广　配合佛山的书香社会和全民阅读活动，先后组织作家签售暨读者见面讲座3场，作家进校园活动10场，少儿创意手工、粘土、涂画、绘画比赛的现场互动活动4场，主题图书展销促销活动54场并与其他单位联合举办文化宣传活动3场次。这些活动主要有：3月26日，"世界记忆大师""最强大脑"选手郑才千携新书《最强大脑："魔方墙找茬王"郑才千的学神秘笈》来惠景书城演讲签售；5月28日，《发现佛山》首发式暨读者见面签售会在惠景书城举行；7月3日，《舌尖上的中国·寻味顺德》在惠景书城与读者分享签售。同时，儿童文学作家"诺米姐姐"许诺晨的"书香点亮人生、阅读温暖心灵"阅读分享会也很引人注目。此外，还有各类主题图书展销促销活动，如"两学一做"、纪念中国共产党成立95周年、《胡锦涛文选》出版发行、红军长征胜利80周年、贯彻落实十八届六中全会、纪念孙中山诞辰150周年、中小学暑假"读一本好书"、曹文轩获2016年国际安徒生奖、著名作家陈忠实逝世、杨绛先生逝世、中国科幻作家郝景芳获第74届雨果奖等主题图书以及各主要出版社专场专柜的图书优惠供应促销活动；"我读一本好书"中小学生暑期征文比赛活动；等等。上述一系列读书宣传和文化推广活动，满足了市民日益增长的多样性文化需求，拉动了文化消费，促进了佛山市"全民阅读"活动和书香社会的文化建设。

（梁金旺）

博物馆

【佛山市祖庙博物馆】 2016年，佛山市祖庙博物馆完成孔庙片区景观提升、市图书馆旧馆改造等重要项目，并全面恢复庆真楼父母殿的原有格局和展示内容，完成自备电房的整改工程。

完成祖庙史上的第一个基本陈列——"佛山祖庙历史文化陈列"。完成展馆建筑工程、陈列大纲撰写和展品征集、整理等各项筹备工作。该陈列共分五大部分：真武崇信、圣域春秋、祖庙仪典、古建华章、艺宫寻珍，民众可从中全面了解祖庙乃至佛山的传统历史文化。

庆真楼父母殿的复原和重新开放，不仅成为宣扬孝道文化的重要场所，也让博物馆功能与北帝文化相互融合、共同体现。

“佛山文化”创意产品开发项目是根据文化部和省文化厅相关文件要求推出，分创意产品设计、评审、组织生产和开设文创产品旗舰店四个阶段推进。9月，佛山市首家文化创意产品旗舰店“佛山有礼”在新游客服务中心大厅向公众开放。

参与市文广新局“佛山一网通”文化平台建设，配合做好文化信息宣传工作；完成官方网站和电子票务系统的等级保护项目申报工作及新办公楼的网络建设，包括机房与无线WIFI的启用；建立微信平台发布小组，通过公众微信订阅号等多种方式，向更广泛的社会受众推送最新信息。

通过创新活动形式、丰富活动内容，使“三月三”北帝诞、“春秋谕祭”、孔诞等民俗活动品牌成为佛山乃至岭南地区极具影响力的历史文化品牌，成为佛山对外宣传的名片。在动态文化展示方面，继续为游客提供精彩纷呈的武术、醒狮及粤剧演出，全年组织黄飞鸿功夫展演781场、醒狮表演1127场次以及粤剧演出140场，并为7155位入学儿童完成学童开笔礼。全年推出“粤西木偶艺术展”“泽润天成——古代玉器精品展”等8个独具特色的临时展览。其中根据“古代玉器精品展”内容举办“粤桂两地藏友藏品交流会”，增加现场讲解，组织大、中、小学生参观展览，在广东省博物馆协会组织的“广东省开放服务最佳做法博物馆”评选活动中获“最佳展示推广奖”。

全年为市民及收藏爱好者鉴定文物艺术品504件（套），为其他博物馆征集、修缮文物藏品92件（套）。完成文物流通业务门市部搬迁并扩大经营范围，除原有的古旧陶瓷、玉器、木器等主项外，新增旧家具、古钱币及现代书画等门类商品以满足多元化的市场需求。

新游客服务中心启用后，为游客提供讲解、智能语音导览器租借、咨询、投诉等服务。全年讲解592批，导览器租用506台。祖庙博物馆获由佛山日报社组织评选的“2015年佛山口碑榜——旅游服务最佳口碑单位”称号。全年购票参观人数115万人次。

（邹文平）

【佛山市博物馆】 2016年，佛山市博物馆新馆建设有序推进，土建完成桩基工程；编制新馆建设三年计划，基本确定二装各专项及其预算与采购施工计划。各项重难点问题基本解决，降振减噪研究项目通过专家评审，新馆外立面设计明确方向，新馆陈列大纲编制有序推进。

文化遗产保护联盟成立　11月25日，在佛山市博物馆学会的基础上，新组建“守望乡愁·佛山文化遗产保护联盟”，首批52个成员单位加入，范围覆盖佛山全市国有或民办博物馆、非物质文化遗产保护传承基地（传习所）、非遗生产性保护示范基地等机构、团体、组织和个人，以及佛山市热心于文化遗产保护的其他单位、组织（例如学校等），并通过举办专题讲座和业务培训，落实与民办博物馆挂钩帮扶工作，提升行业整体服务水平。

文物普查　承担市普查办的职责，负责统筹全市文物普查工作，组织市内文物收藏单位完成佛山市第一次全国可移动文物普查。5月，佛山市普查数据接受省普查办验收，获94.61的高分（总分95），数据优良率97.5%。联合各区博物馆，启动普查成果展览策划工作，其中“汾水遗珍——佛山市第一次全国可移动文物普查成果展”于8—11月在南海区博物馆和顺德区博物馆展出。

文化遗产保护宣传月　牵头举办2016年佛山市文化遗产保护宣传月活动。该活动作为全市文化行业全年的重点活动之一，从“5·18”国际博物馆日至6月初中国文化遗产日期间，开展文博讲座、展览展演、古村落导赏、非遗体验等一系列主题活动共42场，包括“‘百年刘传’陶艺珍品回顾展”“承先启后——纪念刘传大师诞辰100周年研讨会”、文博讲座“西汉王侯的地下奢华——南昌西汉海昏侯墓考古取得重大收获”、佛山市非物质文化遗产图片展、佛山古村落图片展、非遗项目体验、传统文化进校园等。

文博展演　在市内，举办“森城春韵——佛山木版年画精品展”“迎春接福贺新年——佛山木版年画展”“佛山纪念抗日战争胜利70周年图片展”“佛山市民办博物馆建设成果展”“佛山市非物质文化遗产展”“保护城市根脉·推动文化繁荣——佛山市非物质文化遗产图片展”“守望祥和家园——佛山木版年画图片展”等，深入基层社区、学校及厂区，参观人数20万人。在省内，“佛山传统木版年画展”在从化博物馆、高要博物馆展出，参观人数达10万人；“石湾是个美陶湾”石湾陶展览还远赴浙江，3—5月在温州市、8—9月在湖州市，展出明代至民国的石湾陶人物塑像、动物造型、艺术器皿、瓦脊、微塑等共130件，有代表性地反映石湾陶塑的艺术风格和成就，参观观众达20万人。

青少年文博活动 打造“博物坊”品牌活动，“小手拉大手 大城小工匠”活动结合佛山秋色巡游和非遗传承，面向社会和小学招收学员，组织学员接受传承人手把手的技艺传授，并组织评选活动，获奖作品及部分获奖人员参加11月举办的佛山秋色巡游。“成长体验营”则是利用寒暑假等时间节点邀请佛山狮头、石湾陶塑等非遗项目参与，通过体验营的方式，向中小学生介绍佛山非物质文化遗产等相关传统文化知识，丰富学生的假期生活，创造亲子互动空间。另外，组织“乐享中秋节”等节日活动和与市民间文艺家协会共同承办绿荫工程之“六一儿童节 快乐校园行”“传统文化进校园”活动等。

（邝倩华）

档 案

【概况】 2016年，佛山市有档案行政管理部门6个，国家综合档案馆6个，一市五区综合档案总馆藏335万卷、118万件，纸质照片档案12万张，数码照片57万张，底图6500张。2016年度，佛山市各级档案部门接收档案24万卷15.2万件；接待档案利用者11.55万人次，电话查档2878人次；全年办展10个。市档案局全年拍摄政务活动374项，共拍摄数码照片5.5万张。至2016年年底，佛山市各级档案部门累计接收文书类电子档案311万件，完成馆藏档案数字化处理超过5700万页。

【档案服务与利用】 2016年，佛山市各级档案部门编写《资政参考》18期，主要编研内容涉及产业升级、党组织建设等方面，为党委、政府科学决策提供参考。各级档案部门较好地完成市、区两级重大活动拍摄工作，市档案局全年拍摄政务活动374项、共拍摄数码照片5.5万张，政务活动视频24小时，政务摄影照片被利用31次共2599张。围绕“百村升级”行动开展古村拍摄工作，其中市档案局重点记录30个古村落的村容村貌。

市档案局编制全市档案事业发展“十三五”规划。组织做好“规划”起草、修订和完善工作，并经市政府批准后由市政府办公室正式印发。各级档案部门加强对市各级重大建设项目档案工作监督指导，对省重点项目“佛山市天然气高压管网一期工程”“佛山500千伏东坡输变电工程”“广佛线二期”等工程建设项目档案进行指导验收。各级档案部门贯彻实施《佛山市食品安全档案管理办法》，对15家医院、24所学校、幼儿园食品安全档案的建档工作进行指导，禅城区档案局对39个区直单位、90个居委会和7个食品安全档案建档试点单位进行实物补贴。各级档案部门参与农村承包地确权工作全过程，实现档案工作与承包地确权工作的“四同步”管理；高明区档案局与区农林渔业局共同印发《关于加强农村土地承包经营权确权登记颁证工作资料收集与归档的意见》；三水区土地确权档案通过市专家组验收，在全省土地确权工作会议上受到通报表彰。

全年全市各级档案部门接待来馆查阅利用档案11.55万人次，利用19.93万卷次、2.62万件次，电话查档2878人次、复（打）印28.56万张。

【档案馆库建设】 截至2016年年底，佛山市在建或计划新建的馆库面积达61635平方米。市档案馆建筑面积3.5万平方米，建筑设计先进，库房容量能满足将来相当长一段时期档案保管的需要，已投入使用；禅城区档案馆新馆坐落于南庄绿岛湖畔区行政服务中心大楼，面积为4435平方米，馆库建筑部分投入使用；顺德区档案馆新馆建筑面积3万平方米，主体工程完工；高明区推进区城市综合信息中心项目（即区国家综合档案馆、党史馆、方志馆、城建档案馆、国土档案馆、图书馆、科技馆和城市规划展馆构成的“八馆合一”）筹建前期工作，完成项目前期概念设计，设计规模18300平方米；三水区档案馆新馆位于三水新城核心区，采取“五馆合一”建设，包括区综合档案馆、城建档案馆、房产档案馆、地籍档案馆和城市展览馆，其中档案馆部分建筑面积8900平方米，该新馆项目处于主体工程建设阶段。

2016年12月28日，由市委“两学一做”学习教育协调小组和市档案馆承办的“红星照耀中国——外国记者眼中的共产党人”图片展开展，展览期间，吸引大量市民观看

【档案资源体系建设】 2016年，佛山市各级档案部门加强档案资源接收力度，全年全市接收档案24万卷15.2万件。佛山市档案馆接收市直原国有转制企业职工档案5600卷，以寄存方式接收禅城区法院诉讼档案2.5万盒，创新建立人名索引数据库并录入人名数据信息35万条；开展民生档案资源专题调研，先后走访市内各大医院、机动车辆管理等部门，了解全市涉民档案的现状、保管条件以及利用等情况，并以佛山市妇幼保健院病历档案为民生档案进馆试点，探索民生档案进馆及开发利用工作。禅城区档案馆在全区各单位开展《全宗卷》接收工作，2016年接收全宗卷55个；高明区档案馆大幅度接收包括高明区人民政府法制办行政复议档案、企业职工退休档案、人社局、社保基金局业务档案、婚姻档案等多种民生档案。市档案馆拓宽档案征集渠道，征集到画作、石器、陶瓷艺术作品、摄影作品等不同种类档案近200件；与佛山摄影家协会合作开展“佛山制造”照片征集活动，并组织广大摄影爱好者深入“福田汽车”等知名企业开展2次摄影采风活动，共征集各类照片134张；开展“寄存梦想”活动，收集600多份梦想寄存档案。禅城区档案局以购买服务的方式，与服务单位签订摄制佛山（禅城）醒狮纪录片影视购买服务，把民俗活动“佛山（禅城）醒狮”纳入档案征集范围。

【档案信息化建设】 截至2016年年底，佛山市累计接收各级单位移交的文书类电子档案311万件，完成馆藏档案数字化处理超过5700万页。全市累计接收电子文件15.7万件。市档案馆累计公开文件达12万份，利用现行文件36.7万次。

2016年，市档案馆全年审核并接收市直单位电子政务文件3.2万份，上网公开电子文件7000余份；检查修改已储存的电子政务文件1.6万份，公开筛选电子政务文件4535份，备份电子政务文件数据19.9万份。市档案馆在线采集佛山新闻等节目360个共180小时，声像库年增数据931.29GB。禅城区档案馆实现馆藏档案文件目录百分之百数字化；南海区档案馆对婚姻档案、公证档案等16种、150万页利用频繁的民生档案进行数字化处理；顺德区档案馆对新接收的文书档案、产权档案100%完成数字化；三水区档案馆聘请具有保密资质的公司对重点档案进行数字化处理。

【档案安全体系建设】 2016年，佛山市各级档案部门把“档案安全”作为第一要务，以预防为原则，建立健全集“人防、物防、技防”于一体的档案安全体系，加强馆库消防安全、智能安保系统建设，加强安保队伍培训，举办消防演练，加大安全隐患排查力度，落实早晚登记并调控库房温湿度制度和档案、人员出入库房登记制度等。禅城区35个区直部门成立档案安全领导小组，签订档案保密安全责任书。高明区档案局投入重点档案抢救专项经费18万元，完成抢救档案225卷。三水区档案局将民国档案分批送汕头（粤东）档案修裱中心和广东省（肇庆）修裱中心进行抢救性修裱。各级档案部门开展涉密档案清查和档案行政执法检查，其中市档案馆组织市府办、市公路局等41个单位开展涉密档案清查，共完成12393卷12716件档案的清查工作。市、区两级档案部门组织开展专项或综合的档案执法检查活动，加大《档案管理违法违纪行为处分规定》执行力度，查处各类档案管理违法违纪案件，发现违法行为及时制发“档案执法监督检查通知书”，提升依法治档和档案规范化水平。

【档案文化宣传】 2016年，佛山市各级档案部门打造档案政务微博、档案公众微信与档案政务网站相结合的“三位一体”宣传平台，传播档案事业“好声音”。市档案局政务微信推送图文信息46期，政务微博发布520篇图文信息，转发144篇，局政务网站发布信息1249篇。“佛山档案”微信公众号连续数月在全国同类平台中排名进入前20。南海区档案局建立“南海大观”微信公众平台，发布信息200多条，吸引粉丝2000多人。顺德档案史志官网、官博每日更新，官网新增《兰台悦读》等栏目。全市以“国际档案日”为契机开展内容丰富的宣传活动。市档案局深入扶贫对口联系村湛江市陈渔村陈渔小学开展“梦想寄存”活动，组织《南方日报》《南方都市报》40多名小记者到市档案馆参观采访。禅城区举办家庭档案讲座，30多名社区居民参加；南海区档案局主办“南海历史文化展”，宣传南海文化；三水区档案局开展以“爱国爱家，乡土文化宣传”为主题的爱国主义教育活动。全市各级档案部门组织动员干部职工在《中国档案报》《中国档案》《广东档案》《佛山日报》和市委办《信息与交流》等报刊上发表文章100多篇（条）。市档案局创新定制“名城佛山”版票和“佛山档案”四方联2种特色邮折，展现佛山档案事业风采。禅城区档案局通过佛山电视台、《佛山日报》、微博“禅城发布”、局网站等媒体对家庭档案进行专题报道。顺德区档案局在《珠江商报》开设“顺德档案”专版，打造顺德档案史志文化名片。高明区档案局在“今日高明”报纸上刊登档案工作宣传专栏，宣传档案法等相关法律法规。市规划城建档案馆与佛山市文联、佛山日报社联合主办《静观大千·随形赋彩》梅劲旅与毕惠华油画展。

【档案员培训】 2016年，佛山市在全市范围举办“文件材料归档整理”技能竞赛、“档案人风采”摄影大赛和档案业务培训活动。市档案局组织“档案人员岗位培训班”“协作组档案员短训班”等培训共10期，培训人数达2000余人次。禅城区档案局在中山大学珠海分校举办为期2天的档案业务提升班培训，培训约390人次。南海区档案局举办食品安全档案工作培训班等5期培训班。

（刘绮平　王　娟）

地方志

【地方志资料年报】 2016年，佛山市需完成2015年度资料年报工作任务。3月10日，市地方志办举办业务培训班，参加学员达120人；3月14日，市地方志办印发《关于做好2016年佛山市地方志资料年报工作的通知》；8—9月，组织市直部分承报单位赴江门、清远、韶关交流年报工作经验；10—12月，各承报单位相继报送资料，各区也基本完成资料年报工作任务。

是年，市地方志办创新启动《佛山图志——建设人民满意政府》一书的编辑出版工作，将年报资料中的图片进行筛选和编辑，并按栏目适当添加年报资料以外的图片资源。

【自然村落历史人文普查】 2016年4月21日，佛山市地方志办印发《佛山市自然村落历史人文普查工作实施办法》；5月24日，市政府办发文正式成立佛山市自然村落历史人文普查工作领导小组；6月2日，佛山市人民政府召开全市自然村落历史人文普查工作会议，动员部署全市自然村落历史人文普查工作，约120人参会；8—9月，市地方志办赴全市五区调研，开展督查调研工作；根据工作推进程度，10月27日，对全市普查工作人员开展审查验收培训。

市地方志办开展自然村落历史人文普查工作的重要意义及进展情况受到市内外众多媒体的关注。6月2日，市内媒体对普查工作动员会议进行报道；6月9日，佛山电台专访了普查工作的意义与要求；12月9日，市内外多家媒体到市地方志办进行采访，佛山电视台当日的采访录制片段于“六点半新闻”播出，总时长约1分40秒；12月，多家报纸媒体刊登自然村落历史人文普查工作的相关报道文章。

至年底，佛山五区镇（街）普查工作进展顺利。其中，南海区运用航拍技术，在全市率先组织并于11月完成区内全部1294个自然村落的航拍工作；高明区完成《美丽高明百村行》书籍出版及电视栏目制作工作。

【资政材料编研】 2016年，佛山市地方志办围绕市委、市政府中心工作，积极搜集资料，编好《资政参考》，全年共印发12篇，主要内容涉及党组织建设、产业转型升级等方面。年底前，市地方志办将近年编写印发的《资政参考》进行汇编，制作《资政参考合集》（第一卷）。

【地情资料工作】 2016年，佛山市市、区两级地方志机构做好地情资料的搜集和开发利用，并做好以前年度广东省地方志资源开发利用立项项目的后续工作和已完成项目的结项工作。

是年，市地方志办完成《中国工艺美术大师潘柏林资料专集》的编印任务，共计500本。《魏碑名家庞国钟资料专集》进入二次编辑环节。此外，《佛山史志》作为宣传地方志事业和宣传佛山悠久历史文化的平台，印发量达5000册，全年共编印出版2期。通过购买社会服务形式，完成《佛山武术历史文化研究》《佛山中医药历史文化》《佛山家训》3个课题项目初稿撰写。其中，《佛山中医药历史文化》和《佛山家训》项目被纳入市委宣传部规划项目，11月25日，两书出版。

禅城区地方志办组织人员搜集整理区内的民俗资料，编辑出版《禅城民风民俗辑录》；南海区地志办与佛山电视台南海频道联合打造《岭南印记》电视微纪录栏目，至2016年年底，已制作播出30多期；12月，《顺德风情》出版，主要介绍顺德地情文化；高明区地方志办指导区文化体育局开展编修专业志、部门志工作，12月，《高明区体育志》（续志）完成初稿；《英国人眼中的三水——1897—1938年三水海关税务司纪事》出版，全书约15万字，图片30张，对当时三水县政治、经济、文化、社会等相关情况做详细记述或统计。

【年鉴编纂与出版】 2016年，佛山市及各区年鉴编纂工作稳步进行。3月25日，佛山年鉴社召开《佛山年鉴·2016》组稿大会暨年鉴撰稿人培训班，100多个供稿单位参加。此外，《佛山年鉴》还突破“年鉴只记载上一年度资讯”的传统，增设跨年度“图片专辑”，全书共120万字，400多幅图片。《佛山年鉴》获2015—2016年度全国年鉴编校质量检查评比一等奖。

《禅城年鉴》全书约62万字，图片180幅，获2015—2016年度全国年鉴编校质量检查评比三等奖；《南海年鉴》获2015—2016年度年鉴编校质量检查评比特等奖；《顺德年鉴》于年底出版，为使年鉴方便携带和充分利用，顺德年鉴社还编辑《顺德年鉴·2015简本》；《高明年鉴·2016》于11月出版发行，内容主要反映高明区“十二五”期间的成果及新农村建设面貌；《三水年鉴·2016》共80万字，获2015—2016年度全国年鉴编校质量检查评比二等奖。

【地方志信息化】 2016年，佛山市市、区两级地方志机构加快对各类志书、年鉴、地情书的数字化处理和数据上传，定期更新信息。

至年底，禅城区共上传文章3734篇、图片3416张、地方志书2本、《禅城年鉴》3本及地情书籍4本，访问量69万人次。南海区按要求做好23本已出版年鉴数据的上传工作。顺德区结合工作实际，定期在相关栏目发布工作动态和村镇修志工作简报。12月，高明区完成《高明年鉴》（2003年、2008年、2015年、2016年）及《高明县志》的上传工作。三水区对“三水区地情网”进行全面升级改版，至12月，三水区地情网更新信息189条、文章107篇、图片90幅。

（李泳欣）

卫生·体育

卫生·计划生育

【概况】 2016年，佛山市有医疗卫生机构1469个，其中医院105家。全市医疗卫生机构在岗职工56230人，其中执业（助理）医师16534人，每千常住人口执业（助理）医师数为2.22人；注册护士21425人，每千常住人口注册护士数为2.87人；全市医疗卫生机构拥有病床34798张，每千常住人口床位数为4.66张。总诊疗人次数8360.85万人次，入院人数121.26万人次。全市医疗机构总收入246.72亿元。孕产妇死亡率为8.33/10万、婴儿死亡率为2.28‰。常住人口出生95108人，自然增长率9.16‰。

【医药卫生体制改革】

城市公立医院综合试点改革　2016年6月，佛山市获批成为公立医院综合改革广东省级联系试点。佛山市深化医药卫生体制改革（建设卫生强市）领导小组办公室起草《佛山市公立医院综合改革实施方案》，并制定包括构建协同发展的医疗服务体系、取消药品和医用耗材加成、调整医疗服务价格、深化医保支付制度改革等15项工作措施和计划。

卫生强市　2016年6月1日，中共佛山市委、佛山市人民政府召开建设卫生强市工作会议，启动建设卫生强市工作。会后印发《关于深化医药卫生体制改革 建设卫生强市的决定》《佛山市构建医疗卫生高地行动计划（2016—2018年）》和《佛山市医疗卫生强基创优行动计划（2016—2018年）》文件，提出继续深化医药卫生体制改革、建设卫生强市、打造健康佛山的目标任务。各区区委、区政府相继出台建设卫生强区实施意见，明确目标、任务和措施。为加强规划引领，市政府印发《佛山市医疗机构设置规划（2016—2020年）》《佛山市区域卫生规划（2016—2020年）》。

分级诊疗　2016年，佛山市印发实施《佛山市推进分级诊疗制度建设的实施方案》，完善家庭医生签约制等相关配套政策。制定《佛山市推进医疗联合体建设指导意见》，引导优质资源下沉，提升基层医疗机构的服务能力。引入省级优质医疗资源到佛山市合作办医，南海区政府与广东省人民医院共建广东省人民医院南海分院和广东省心血管病医院，南海区里水医院与南方医科大学共建南方医科大学南海分院；高明区政府与广东省第二人民医院合作，共同帮扶高明区中医院提升服务能力。

社会办医　2016年，佛山市出台《佛山市促进社会办医加快发展实施方案》，优化社会办医相关政策，鼓励和引导社会资本举办医疗机构，鼓励和规范公私合作办医。全年全市新注册医疗机构145个，其中非公立医疗机构135个，新增床位223张。推进执业医师多点执业，实行执业医师省域注册制、第一执业地点知情报备制、多点执业网络备案制，截至2016年年底，全市共有771名执业医师办理多点执业，其中2016年新增481人。

基本公共卫生服务　2016年，佛山市继续推进家庭医生式服务，截至2016年底，全市有57个市级示范点，组建家庭医生团队645个，居民签约覆盖率达19%，重点人群签约率达55%。全年全市疾病应急救助基金支付1039.8万元，补助医疗机构32个次，救助患者902人次。2016年佛山市基本公共卫生服务考核成绩在全省排名第一。

【医政管理】 2016年，佛山市卫生和计划生育部门加强医政管理，持续推动全市医疗卫生事业健康发展。

基本药物制度　政府办基层医疗卫生机构全部按照规定配备并零差率销售基本药物。全市二级、三级公立医院基本药物使用比例全部达到省规定指标要求。医疗卫生机构规范执行药物、医疗耗材集中采购制度。推进阳光用药制度建设，加强对医疗机构临床合理用药监督。

医疗质量管理　加强医疗质量控制和管理体系建设，组织市级、区级医疗质量控制中心对辖区内医疗机构进行医疗质量专科检查和专业培训，提高诊疗行为规范化、标准化。组织开展孕产妇评估及助产技能竞赛、医疗急救技能竞赛、护理岗位技能竞赛等活动，佛山市代表队获全省医疗急救技能竞赛团队二等奖。

基层能力建设　落实《佛山市社区卫生服务提升工程实施方案》，推进社区卫生服务机构建设和能力提升。全年新建、改建社区卫生服务机构6个，全市社区卫生服务机构100%达到标准化建设；加强基层医疗机构岗位练兵和技能竞赛，佛山市代表队在全省基层卫生技能竞赛中获得团体和个人项目二等、三等奖。

妇幼保健服务　全面启动助产技术服务分级管理工作，建立区域危重孕产妇、新生儿救治中心。对全市产科、儿科建设与发展进行专项督查，提升产科和儿科医疗资源配置和服务能力。实施重大妇幼公共卫生服务项目，全市56个助产医疗机构全部对艾滋病、梅毒和乙肝感染孕产妇及所生婴儿开展免费检测和追踪随访服务，检测率均达95%。全年共为1.8万名妇女免费提供宫颈癌、乳腺癌筛查，为7.1万名育龄对象提供免费孕前优生健康检查。

平安医院建设　发挥医疗纠纷第三方调解组织的作用，依法、及时、妥善处置医疗纠纷；建立警医联动机制，强化医院安全防范措施，开展严厉打击涉医违法犯罪专项行动，维护正常的医疗秩序。

群众就医满意度　实施改善医疗服务行动，推动预约诊疗、优质护理服务、临床路径管理、完善医疗纠纷调解机制等工作。年内，广东省卫生和计划生育委员会公布全省130家二级以上公立医院群众满意度第三方测评结果，佛山市第一人民医院在全省综合医院满意度排名第一，禅城区中心医院、顺德区第一人民医院、佛山市第二人民医院分列第3名、第13名、第19名；在全省中医医院满意度排名中，广东省中西医结合医院（南海区中医院）位列第7名，佛山市中医院位列第12名；在全省妇幼保健院满意度排名中，南海区妇幼保健院、佛山市妇幼保健院、顺德区妇幼保健院分列第6名、第7名和第11名。

【公共卫生】

重点传染病防控　2016年，佛山市开展疫情监测、措施督导、知识宣传和防控培训等工作，登革热、H7N9流感、手足口病、艾滋病、结核病、寨卡病毒病等传染病疫情得到有效应对，禅城区成为省登革热防控示范区。2016年6月，经广东省卫生和计划生育委员会专家组考核评估，佛山市通过广东省消除疟疾考评。

慢性非传染性疾病防控　做好慢性非传染性疾病、职业病、地方病防控工作，全市继续保持消除碘缺乏病的防治目标。加强严重精神障碍患者管治，建立严重精神障碍救治救助多部门协作机制。完善免疫规划信息化建设，推进预防接种规范化管理。

卫生应急　编制佛山市卫生应急“十三五”发展规划，调整卫生应急组织机构和队伍，完善应急处置队伍体系，推进卫生应急指挥和决策信息及视频会商系统建设，加强应急队伍的培训演练，举办综合卫生应急双盲演练和野外生存综合技能培训，完成各类突发事件医疗救援和重大活动卫生保障任务。佛山市代表队获得全省突发中毒事件卫生应急处置技能竞赛第二名。

【爱国卫生运动】 2016年，佛山市卫生系统开展爱国卫生运动，全市春夏季爱国卫生运动中共清除四害孳生地9927处、清除卫生死角8390处、清理垃圾1253.5吨。制订《佛山市防蚊灭蚊行动方案》，开展防蚊灭蚊为主的病媒生物防治工作。启动蚊媒监测工作，蚊媒监测哨点由2015年的700个增加到1500个。加强卫生创建工作，截至2016年年底，全市共创国家级卫生镇19个、省级卫生镇3个、省卫生村1213个、市级健康村（社区）131个。推进健康城市建设，印发《佛山市建设健康细胞工程实施方案（2016—2020年）》，开展健康素养促进行动、健康中国行活动、控烟活动、健康素养知识竞赛等一系列活动，申请成为省级健康城市建设试点。

【中医药工作】 2016年，佛山市健全中医药管理和服务机构。佛山市卫生和计划生育局独立设置中医科，加强全市中医药工作统筹管理，起草编制《佛山市推进中医药强市实施方案》；禅城区将澜石医院升格为禅城区中医院，按照二级中医医院标准选址新建。完善中医医疗和“治未病”预防保健服务体系，南海区中医院被授予国家重点中西医结合医院。实施基层中医药服务能力提升工程，推进基层中医药综合服务区（中医馆）建设。推进中医临床重点专科、名中医师承、治未病预防保健服务示范区等中医药强省重点项目，拓宽中医药在疑难疾病治疗、养生保健、康复护理等服务领域。

【卫生信息化与统计】 2016年，佛山市完成佛山区域卫生信息平台（三期）建设，完善社区卫生信息系统和卫生监督信息系统功能，促进医院、社区、公共卫生机构资源的融合。建成佛山市全员人口与健康档案共享平台，实现全员人口库与电子健康档案库、电子病历库的深度整合。完成妇幼保健信息系统建设，实现出生医学证明信息与公安户籍信息的共享。推进“互联网+健康服务”建设，延伸“健康佛山”微信惠民应用，实现移动端的预约挂号、健康档案查询、新生儿疾病筛查结果查询、医疗机构及医护人员资质查询等服务，获2016年度佛山（市直）十大政务微信。推广应用全市统一的佛山市医疗机构双向转诊管理系统，覆盖全市103家医院及社区服务中心。完成佛山市智能卫生信息化“十二五”评估，编制人口健康信息化“十三五”发展规划。

【卫生科研教育】 2016年，佛山市共获国家级科研立项5项、省科技厅科研立项8项、省卫计委科研立项26项、省中医药局科研立项25项、市科技局科研立项386项。获得市级科技进步奖一等奖2项、二等奖6项、三等奖9项。

印发《佛山市十三五医学重点专科和特色专科建设方案》。经评审认定150个佛山市“十三五”医学重点专科和特色专科。

印发《佛山市住院医师规范化培训实施暂行办法》、制订《佛山市全科医生转岗培训实施方案》和《佛山市全科医生定向规范化培训实施方案》。依托佛山市基层卫生人才培训中心（设在佛山市第一人民医院），开展4批基层医务人员培训，共培训131人。2016年获立项的国家级、省级、市级继续医学教育项目分别为42个、195个和440个。

【卫生监督】 2016年，佛山市上线应用佛山市医疗服务信息平台，公示、公开医疗机构和医护人员执业许可、行政处罚、不良执业行为记分等信息，群众可以通过扫描医疗机构二维码或直接登录网站等方式查询。开展打击买卖出租出借医疗牌照、打击代孕、打击“非医学需要的胎儿性别鉴定和选择性别的人工终止妊娠”等专项工作，保持打击非法行医高压态势。推进学校卫生综合评价、医疗机构不良执业行为记分、公共场所监督抽检等工作，加大放射诊疗卫生、公共场所卫生和学校卫生的监督执法力度。

【计划生育】 2016年，佛山市推进计划生育服务管理方式改革创新，落实计划生育宣传教育、家庭发展、外来常住人口基本公共服务均等化等工作。人口出生数、自然增长率等计划生育工作指标符合省的要求。高明区创建为国家级计划生育优质服务先进单位，高明区计划生育服务站是全省唯一获得“全国优秀计生机构”称号的单位。

全面两孩政策　做好政策解读、舆论引导和措施落实等工作，稳妥实施全面两孩政策。改革生育服务管理制度，对符合政策生育两个以内（含两个）孩子的，不实行审批，由家庭自主选择安排生育。对于再婚家庭等特殊情形的再生育条件，实行再生育审批制度。实行生育登记服务制度，推行网上办事，优化办事流程，简化办理手续，进一步简政便民。

人口计生信息统计　开展“人口计生统计数据质量信得过”活动，被广东省卫生和计划生育委员会评为“十二五”人口计生阳光统计四星级示范单位，成为全省唯一获奖的地级市。

人口计生利益导向　落实奖励扶助制度，按时足额发放各项奖励扶助金。全年发放计划生育奖励扶助金1.32亿元。通过出台政策和购买社工服务等形式，为计划生育特殊家庭提供免费体检、购买保险、慰问救助、养老照料、精神慰藉、再生育指导等服务，并探索构建失独家庭的社会支持体系。

流动人口卫生计生服务管理　开展流动人口卫生计生服务管理专项活动和动态监测、区域协作等工作。推进流动人口卫生计生基本公共服务均等化试点工作，南海区和顺德区作为省级试点单位，探索开展一批有特色的均等化项目。

家庭发展　推进"创建幸福家庭"、新家庭计划、科学育儿等项目，开展家庭文化、科学育儿、生殖健康、优生优育、健康保健等宣传服务和培训。举行家庭发展促进月活动、"敬老文明号"和"幸福家庭"推选等活动，全年全市有2个家庭发展项目入围全省十佳创新项目，共有8户家庭入选全省100户幸福家庭。

【卫计行风建设】 2016年，佛山市卫计系统开展"两学一做"学习教育，推进党风廉政建设，完善谈话机制。完成对佛山市健康教育与促进中心、佛山市卫生计生统计信息中心、佛山市第三人民医院和佛山市第四人民医院的巡察工作，对市直卫生计生单位督导检查实现全覆盖。开展市直卫生计生单位"纪律教育学习月"活动，开展政风行风评议回头看，开展行业作风专项治理。推进"制度+科技"廉政风险防控，上线运行廉政风险防控科技信息系统。开展行业自律活动，部署开展收受"红包"、回扣专项治理工作。弘扬职业道德风尚，涌现出禅城区向阳医院刘茂英等一批先进典型。

（何敏宏）

【基本公共卫生服务均等化全省排名第一】 2016年4月，在全省基本公共卫生服务均等化评估考核中，广东省基本公共卫生服务项目绩效评估小组对佛山市进行绩效评估，佛山市以83.7分的成绩排名全省第一。

是年，佛山市基本公共卫生服务补助人均标准达到59.31元，超过国家45元的标准。设立"卫生强市指数"，将电子建档率、适龄儿童免疫规划疫苗接种率、高血压和糖尿病规范管理率、严重精神障碍患者规范管理率、产妇产前检查率等基本公共卫生重点难点指标纳入对各区政府的绩效考评，将开展基本公共卫生服务技术培训和督导纳入对市直有关医疗卫生单位的年终考核。组织基层医务人员定期参加脱产培训，对基层护士定期开展社区康复护理培训，同步试点推广社区康复护理。推进基层卫生信息化建设，推动"健康佛山"移动健康服务平台上线，方便居民可查阅健康档案和在线咨询医生。推进妇幼保健系统升级改造，试点推进全员人口库、健康档案库和电子病历库系统融合，推动信息互联互通。加强基本公共卫生服务政策宣传，在佛山电视台新闻时段循环播放基本公共卫生服务公益广告，依托"健康佛山"微信公众号开展"健康公开课"微访谈并发布微视频，设立"健康情报站"推送健康保健咨询，举办健康素养知识竞赛。全年派发基本公共卫生服务宣传单10万份。

（李振源）

体　育

【概况】 2016年，佛山市编制印发《佛山市体育事业发展"十三五"规划》《佛山市人民政府关于加快发展体育产业促进体育消费的实施意见》，完善全民健身体系，提升青少年体育工作质量和提高竞技体育水平，推进体育产业联系点城市建设，打造"武术之城"。

是年，全市群众体育赛事活动达500多项次，直接参与人数达350多万人次；建设社区体育公园64个，新建3个体育社团，全年市级主要公共体育场馆免费开放天数达到112天以上，区主要公共体育场馆免费开放天数达到60天以上；编制《佛山市武术发展三年行动计划（2016—2018年）》，启动"佛山功夫角"。全年参加世界大赛共获得第一名4个、第二名1个、第三名1个、第五名1个。成功申报为"广东省足球试点城市"。全年承办欧洲高尔夫挑战巡回赛佛山公开赛、武战世界功夫争霸赛、全国游泳冠军赛等20多项国际性、全国性体育赛事，其中西樵山狮王争霸赛被评为"2016中国体育旅游十佳精品赛事"、西樵山风景名胜区被评为"2016中国体育旅游精品景区"、西樵山国际超级马拉松夺得2016亚洲体育行业大奖（SPIA）

年度最佳大型赛事金奖。全年销售体育彩票12.68亿元。

【《佛山市全民健身实施计划（2016—2020年）》】2016年，佛山市根据《全民健身条例》《全民健身计划（2016—2020年）》和《广东省全民健身实施计划（2016—2020年）》，编制《佛山市全民健身实施计划（2016—2020年）》，实施全民健身国家战略，建设更加完善的全民健身公共体育服务体系，提高市民群众的身体素质和健康水平。按照计划，到2020年，佛山市城乡居民的体育健身意识进一步增强，体育健身成为市民的基本生活方式，人民群众身体素质和健康水平不断提高，全民健身各项指标位居全省前列，基本建成健身场地设施完善、体育社会组织网络健全、健身活动品牌效应显著、科学健身指导常态化等与全面建成小康社会相适应的全民健身公共服务体系。

【全民健身活动】2016年，佛山市举办“全民健身日”系列活动、南粤幸福周、村际篮球赛、陶企篮球联赛、镇（街）男篮超级联赛、50千米徒步、U互动广东省五人足球争霸赛（佛山赛区）、广佛肇南狮锦标赛、省广佛肇清莞网球邀请赛，以及佛山足球联盟超级、甲级、乙级足球联赛等赛事和活动；组队参加了全国城市篮球赛、广东省足球联赛、广东省篮球联赛、广州市国际龙舟邀请赛、广东省龙舟锦标赛等赛事和活动。全年全市（含区、镇街）组织群众体育赛事和活动达500多项次，直接参与人数350多万人次。全市体育人口60.5%。

【公共体育设施建设】2016年，佛山市发展公共体育设施建设。全年全市建设社区体育公园64个，总面积约65万平方米，总投资1.7亿元，建设篮球场43个、乒乓球台67张、羽毛球场44个、健身路径97条、足球场20个、全民健身广场22个、儿童游乐场3个，超额完成2016年度建设34个社区体育公园的目标任务。全市人均体育场地面积2.18平方米。推进学校体育设施向公众开放工作，由市政府印发《关于进一步推进学校体育设施向公众开放的实施意见（试行）》，有16所学校被命名为“广东省学校体育场馆向社会开放示范单位”。8月，市政府常务会议决定在禅城区新风路建设市全民健身中心，建筑面积约3700平方米；至年底，完成项目规划设计、招投标等工作，进入实质施工阶段。年内，世纪莲体育中心户外游泳池建成并投入使用。

【体育社会组织建设】2016年，佛山市发展体育社会组织，全年组建体操、搏击武术、足球裁判等3个体育社团，全市市级体育社团达到41个、区级体育社团达60多个、镇（街）级体育社团达90多个，全市全民健身服务点、晨晚练点达1180个（包括定人、定点、定时、定项目的“四定”全民健身服务点51个）。通过创新体育社会组织管理制度，加快推进足球协会等体育社团与行政机关脱钩运行。按照《佛山市级体育类社会组织发展专项扶持资金评审细则》，通过竞争性分配方式投入100万元资金扶持体育社会组织发展，支持市级体育社团全年共组织各类比赛和活动60多项，直接参与人数达5万多人次。

【体育公共服务】2016年，佛山市开展全民健身宣传推广，组建全民健身知识宣传推广团深入农村、学校、社区、机关、企事业单位开展全民健身大讲堂活动，全年开讲20多场次，听课人数2万多人次，其间，派发《佛山市全民健身指引手册》2万多册。加大市、区两级政府购买服务体育场馆免费开放力度，全年市级主要公共体育场馆免费开放天数112天以上、区主要公共体育场馆免费开放天数60天以上。开展国民体质监测工作，全年共监测7300多人。开展社会体育指导员培训，全年培训二级社会体育指导员130多人。

【武术文化发展】2016年，佛山市编制《佛山市武术发展三年行动计划（2016—2018年）》，编印《佛山功夫地图》，设计并注册佛山功夫商标。全市五区启动“佛山功夫角”，全年表演150多场次，参演人数达1.5万人次，观看表演人数10多万人次。举办世界太极拳健康大会、佛山功夫嘉年华、佛山功夫音乐节、国际（佛山）蔡李佛功夫赛、佛山传统武术锦标赛、中国南海国际武术赛、世界咏春拳大赛，组建佛山功夫表演队参加香港·佛山节。大力推进武术进校园工作，印发《佛山市关于推进中小学校园武术特色发展的实施方案》，全市共有37所学校与武术团队结对子开展武术培训。市政府与国家体育总局武术研究院签署《国家武术院岭南武术研究中心合作备忘录》，以科技开发为先导，以人才培养为根本，以市场需求为导向，建立武术产学研基地。

【青少年体育基础建设】 2016年，佛山市通过加强市、区两级业余体校和体育俱乐部等的建设，夯实青少年体育基础。市体校和南海区、顺德区、三水区体校申报成为新周期国家高水平后备人才基地；市体校等3个单位共7个项目被认定为省高水平后备人才重点基地，佛山市实验中学等4个单位共13个项目被认定为省高水平后备人才重点班。2个青少年体育俱乐部成为省级青少年俱乐部。加强传统校、网点校建设，28所学校被认定命名为省级传统校，80所学校被认定命名为市级传统校、11所学校为市级网点校。积极推进足球运动改革和发展，佛山市成功申报为“广东省足球试点城市”，顺德、三水区申报为“广东省足球试点县(区)”，18所学校被认定为全国青少年校园足球特色学校，全市全国青少年校园足球特色学校达70所。

【青少年体育运动】 2016年，佛山市普及和开展青少年体育运动。承办广东省“省长杯”青少年足球联赛(竞技组)决赛、省体操冠军赛、省游泳冠军赛(高明)、省青少年水球锦标赛(顺德)等高水平青少年体育赛事。组队参加省青少年锦标赛和冠军赛的田径、击剑等20个项目。组织田径、游泳等16项全市性青少年锦标赛和乒乓球等6项小学生体育赛事，举办校园足球联赛(小学组)和青少年足球俱乐部联赛，各类赛事参赛人数4500多人次，推动青少年运动发展。

【竞技体育】 2016年，佛山市筹备2017年举办的第九届佛山市运动会，完成《佛山市第九届运动会竞赛规程总则》和《佛山市第九届运动会运动员资格审查及处理办法》编制工作，确定市运会年龄组和小项。开展2018年广东省运会备战工作，做好青少年竞技体育组6个训练单位、20个备战项目、672名运动员、162名教练员的注册工作，优化和充实备战运动员结构，同时，引进80多名优秀体育后备苗子增强备战实力。

是年，佛山市运动员参加世界大赛共获得第一名4个、第二名1个、第三名1个、第五名1个。参加全国锦标赛、冠军赛等共获得第一名21个、第二名13个、第三名13个。参加省青少年锦标赛获得金牌29枚、银牌54枚、铜牌68枚，总分3260分，列全省第六名(不含顺德)。年内，佛山市有18名运动员上送到省体工队、8名上送到省体校；7名达到一级运动员水平、135名达到二级运动员水平。

【体育产业发展规划和扶持】 2016年，佛山市编制《佛山市人民政府关于加快发展体育产业促进体育消费的实施意见》。按照规划，至2025年，基本建

2016年8月6—8日，第六届世界太极拳健康大会在佛山市举行。图为一外国太极拳弟子在表演

成与佛山经济社会发展相协调、布局合理、功能完善、门类齐全的体育产业体系，促使市场机制相对完善，体育产品和服务更加丰富，消费需求旺盛；实现体育产业年增加值占GDP的比重达到2.2%，体育产业总规模350多亿元，体育产业在优化产业结构和提升经济发展质量方面的贡献明显提升，形成政府指导、市场驱动、社会参与、协同推进的发展格局，成为广东省以体育产业引领三产加速发展的示范城市。按照规划，佛山市将加快国家体育产业联系点城市建设并积极创建1个国家体育产业示范基地，3～4个省体育产业示范基地、8个以上省级体育旅游示范基地、创造条件发展1～2个职业体育俱乐部，打造3～4个一流体育赛事（活动）品牌，每个区形成2个以上体育赛事品牌或优势体育产业集群；体育用品、体育饮料等制造规模大幅扩大，篮球、足球、田径、游泳、体操、龙舟、龙狮、武术等基础项目和传统优势项目产业发展实力明显增强。

是年，佛山市体育局根据《佛山市人民政府关于扶持旅游文化创意产业发展的意见》，编印《2016年度佛山市旅游文化创意产业发展专项（体育）扶持资金申报指南》。全年全市共有19个单位申请扶持资金，经单位申请、各区初审和市体育局材料审核、申报单位陈述和专家评审，最终确定扶持单位12个（其中竞赛表演类8个、体育训练中心类4个），支出扶持资金505万元。

【体育竞赛表演业】 2016年，佛山市利用城市资源发展竞赛表演业，培育体育产业新增长点。承办欧洲高尔夫挑战巡回赛佛山公开赛、武战世界功夫争霸赛、全国游泳冠军赛、全国羽毛球团体锦标赛、“一带一路”国际龙舟邀请赛、2016年中德国际足球邀请赛（广州恒大VS德国沙尔克04）、西樵山国际超级马拉松、世界咏春拳大赛、南粤古驿道定向大赛（南海·西樵松塘村站）等20多项国际性、全国性体育赛事。其中西樵山狮王争霸赛被评为“2016中国体育旅游十佳精品赛事”、西樵山风景名胜区被评选为“2016中国体育旅游精品景区”、西樵山国际超级马拉松夺得2016亚洲体育行业大奖（SPIA）年度最佳大型赛事金奖。

【体育休闲产业】 2016年，佛山市整合区域资源，以群体品牌和体育休闲旅游为主线，推进一批符合市场规律、富有特色的体育旅游休闲产业基地建设，包括佛山新城滨河体育公园、南庄绿岛湖体育运动训练休闲基地、西樵武术影视基地、千灯湖运动休闲中心、九江龙舟运动基地、中联黄飞鸿龙狮基地、顺德区美的体育公园、皂幕山生态户外运动休闲基地、美的鹭湖森林度假区、泰康山生态旅游度假区、南丹山体育旅游示范基地、三水云东海体育休闲区等大型多功能体育休闲区，推动体育休闲产业不断加快发展。

【体育产业重点项目建设】 2016年，佛山市推进2019年男篮世界杯（佛山赛区）主场馆——佛山国际体育文化演艺馆建设，项目建设按计划推进，计划于2018年8月建成并投入使用。启动佛山新城国家级体育产业基地申报工作，对佛山新城区域的世纪莲体育中心、亚洲龙舟联合会总部、洲际龙舟广场、佛山新城体育休闲娱乐区、东平滨河体育休闲带等区域进行整合，形成规模集聚效应。

【体育场馆运营多元发展】 2016年，佛山市体育场馆中心秉承“把握场馆公益属性，臻于优化公共体育服务”宗旨，承接各类文艺演出、比赛活动70多场次，接待活动市民超过90万人次。岭南明珠体育馆以“专注体育产业，引领健康生活”为指导思想，全年举办的政府大型公益活动、大型体育赛事、文艺演出、会议展览共计56场次，服务市民观众逾80万人次；由“提供体育场地硬件服务”向“提供体育专业技术服务”转型，全年培训超过3万人。

【体育彩票销售】 2016年，佛山市体育彩票销售点898个，从业人员近1400人。全年销售体育彩票12.68亿元（禅城2.28亿元、南海4.387亿元、顺德4.65亿元、高明0.67亿元、三水0.69亿元），超额完成省下达的10.55亿元的销售任务，销售额排全省第四，比上年增加1.93亿元（增长17.99%）。全年筹集公益金8036万元（市本级1680万元），代扣个人所得税2114万元。

（孔祥胜）

第七篇

社会生活

人力资源和社会保障

人力资源

【概况】 2016年，佛山市人社系统主动适应供给侧结构性改革新形势，贯彻落实国家、省、市各项改革决策部署，各项工作取得新的进展。出台《佛山市重点产业人才引进培育暂行办法》，为重点产业人才提供住房安居、子女入学、配偶就业、医疗保健和培养提升等优惠政策。至年底，佛山市各类人才总量达到132.6万人，其中专业技术人才39万人、技能人才63万人。全市设有博士后科研工作站59个、博士后科研工作站分站和博士后创新实践基地40多个、设站总数在全国地级市中位居第一。全年计划招录公务员663名，完成录用638人，公务员招录面试环节实行异地交流，实现面试工作零投诉。组织开展市直事业单位公开招聘2次，参加公开招聘的单位60个，招聘岗位164个，公开招聘283人。完成接收军转干部190人，比上年增长56%，安置进度和质量获省通报表彰。

【公务员管理】 2016年，佛山市成功报考佛山公务员职位考试人数19944人，经过公务员笔试后，2007名考生进资格审核、体能测试环节，1766名考生进入公务员考录面试，651名考生入围体检，录用638人。按照广东省人社厅和公安厅年度招警计划和工作方案要求，佛山市另行向公安院校公安专业毕业生录用公务员70人。

公务员制度改革　探索对部分专业技术性较强的职位，增加专业技能测试。开展分类设考试点工作，将招录职位分为专业技术类职位和其他职位2类，其中专业技术类职位在面试前增加专业技能测试。推进法检系统工作人员分类考录，加快建立符合职业特点的司法人员管理制度。将法检系统分法检官助理、司法行政和司法警察等3类职位招录，3类职位对应设置不同的数量比例、招录条件。探索分类招警，推进公安队伍正规化、专业化和职业化。将职位分为综合管理、执法勤务和警务技术等3类进行分类招录，3类职位中专业性较强的职位在面试前增加专业技能测试。

公务员任免　提请人大审议任免22人次，办理政府部门领导任免49人次，科级任职274人次，调任转任162人次，公务员登记498人次。

公务员培训　以佛山市行政学院为培训主阵地，推动各类常规培训有序进行。全年全市举办初任培训班5期，培训新录用公务员365人；任职培训班3期，360人参加培训；学习提高班1期，47人参加培训；军转干部培训班1期，113名安置在佛山市（含中央和省驻禅单位）的军队转业干部参加；举办《关于开展行政机关公务员五大发展理念专题全员培训的通知》的全员培训，以“创新、协调、绿色、开放、共享”为主要内容的公务员五大发展理念专题培训，推动全体公务员牢固树立和践行“五大发展理念”，以新理念引领新常态，全市共有23200人参加培训和考试。此外，开办专门业务培训54期，在职培训59期。完成年度廉政教育培训395人次。对云浮市城镇和乡镇公务员开展培训2期，共250人参训；接洽来自吉林、广西、四川等相关对口培训班250人在佛山市的实地教学培训安排。

【事业单位管理】 2016年，佛山市组织开展市直事业单位公开招聘2次，参加公开招聘的单位60个，招聘岗位164个，公开招聘283人。调整岗位设置14个，办理岗位变动1789人次，办结人员调动249人次，办理住房补助金申领人员职级审核1644人次。

事业单位业务审批　办理岗位变动市第一人民医院892人次、妇幼保健院276人次、中医院51

人次。按照佛山市中小学教师职称制度改革评聘结合的工作要求，做好全市空缺岗位的审核工作。全年全市获评审通过的中小学高级教师632人，经省核准后及时聘用到相应专技岗位。

机关事业单位收入分配　严格按照国家和省的规定，做好调整机关事业单位基本工资标准和增加离休人员离休费工作；全面治理违规发放津贴补贴问题；配合省推进司法体制改革及“两院”省管后的相关工作，做好工商、质监行政体制调整后工资管理工作。

人事考试　制定《佛山市事业单位公开招聘人员和市直机关单位公开招聘雇员笔试和面试考务操作指引》，细化严格公开招聘程序，强化对招考单位监督。试点开展第一次市直机关雇员笔试统考，雇员招考进一步规范化。全年组织专业技术人员资格考试等六大项考试工作，设置考场82场次，参加考试人数8.6万人次，组织工作井然有序，确保各项考试零差错。

【高校服务】 2016年，佛山市支持佛山科学技术学院建设一流工科大学，为佛科院高层次人才引进开辟绿色通道。按照佛山市全面加快建设高水平理工科大学的工作要求，满足佛山科学技术学院引进、培养高层次人才及团队需求，不断优化业务审批流程，简化办事程序，为佛科院建立引才体系提供优质的配套服务。对佛科院引进高级人才打开绿色通道，对获得博士学位人员，在通过单位考核后，直接办理入编手续，进入单位工作。全年引进博士92人，进入公示阶段12人；免笔试、直接进入面试入编的硕士39人。

【军转干部安置】 2016年，佛山市把军转安置工作作为一项重大的政治任务摆在突出位置，领导高度重视、部门间协同配合、职能部门狠抓工作落实，增强责任感和紧迫感，加大工作力度，保证全市安置任务完成，安置进度和质量获省通报表彰。全年全市接收安置军队转业干部190人，其中计划分配军转干部174人、自主择业军转干部16人。全市接收的计划分配军转干部比上年增长56%，其中团职干部61人（正团满3年的干部17人）、营职干部51人、连排职干部24人、技术干部38人。

【人才引进与交流】 2016年，佛山市人才政策资金投入量历年最大。出台《佛山市重点产业人才引进培育暂行办法》，为重点产业人才提供住房安居、子女入学、配偶就业、医疗保健和培养提升等优惠政策，其中住房补贴最高可达100万元。禅城区出台“通济才智”人才工程等6项政策，顺德区出台多项含金量高的人才扶持政策，全市投入资金创历史新高。

人才激励　开展第三届创新创业领军人才选拔认定工作，评选出创业领军人才10人、创新领军人才50人。发放第三届创新领军人才工资外津贴240万元；发放第三届创业领军人才工作经费以及创业场地补贴110万元；发放市直引进高层次人才补贴104人73万元。

国际人才引进　组织企业参加第八届高层次人才创新创业大会，参加第14届中国国际人才交流大会，在大会现场设佛山专区，开展人才交流，众多海外高层次人才到佛山市展位了解人才需求情况和寻求合作。

外国专家证件办理　从2016年7月起，佛山全面落实国务院和省审改办关于整合外国专家来华工作许可事项意见，实行外国专家来华工作许可证、外国专家证双证合一改革工作。全年全市办理外国专家来华工作许可证148个、外国专家证184个、外国专家证延期123个。

博士后工作　印发《佛山市关于进一步加大博士后工作扶持力度的意见》，加大对博士后项目和博士后扶持力度。至年底，全市设有博士后科研工作站59个、博士后科研工作站分站和博士后创新实践基地40多个，设站总数在全国地级市中位居第一。开展博士后宣传工作，发动组织全市企事业单位开展设立博士后创新实践基地申报，全年全市有14家企事业单位获省人社厅批准设立博士后创新实践基地。

【人才服务】 2016年，佛山市提高人才服务质量和办事效率，对“一门式”服务大厅和自助服务区进行优化提升，配合“信息惠民”工程建设要求，增加自助一体机、高拍仪等设备，方便群众在业务高峰期现场自助办理业务。全年办理高校毕业生、人才交流、人事代理等相关业务2万人次。

“一网式”公共服务平台建设　实现全市统一规范业务标准，简化办事流程，为群众提供便捷服务。在市人力资源和社会保障局公共服务平台和业务审批系统，上线高校毕业生报到、就业、失业登记和《就业创业证》申领等业务模块，改变以往简单粗放的服务方式，将人才就业服务做到精细化、智能化，切实为用人单位和劳动者带来便利，获得各方好评。

“佛山人才网招聘频道”功能优化　将“互联网+”思维融入招聘求职服务当中，持续优化佛山人才网招聘频道，创新性地推出人才信息大数据、招聘会职位搜索、企业年审等新功能，实现精准就业，节约招聘成本，提升服务水平和效率。2016年招聘频道求职用户96320人，企业用户23427家。

【人事档案管理】 2016年，佛山市实行“一门式一网式”人才服务。整合档案管理服务、高校毕业生就业服务、人才交流服务、人事代理服务等，从“为民、便民、利民”的服务理念出发，打造统一的人才服务公共平台，简化办事环节。取消人事关系及档案保管的收费，为流动人员提供免费的人事档案基本公共服务。全年提供人事档案基本公共服务4.2万人次。

制定《佛山市流动人员人事档案管理服务操作指南》。明确流动人员人事档案管理服务范围、基本公共服务内容、档案接收、转出、查（借）阅服务、出具相关证明等业务流程，为全市流动人员人事档案管理服务工作提供统一规范、操作性强的服务指南和管理标准。通过简化流动人员人事档案管理服务流程，让流动人员不办理人事关系，也可以享受相关人事档案保管服务，实现人才柔性流动，解决流动人员后顾之忧，尤其是为出境出国人员、专业技术人员报考等提供档案管理服务，得到办事群众的好评。

印发《关于规范流动人员办理退休手续时档案转递做法的通知》。将借阅档案联系函通过无纸化转递，堵塞查、借档案过程中的漏洞，简化档案转递流程。对档案管理工作场所进行升级改造，完善后台处理办公区域，提高业务处理效率；扩容提升档案库房，新增空间可存放档案2.5万册；优化提升服务专区，装置视频监控系统、服务电话录音系统，为办事群众提供良好舒适的服务环境，进一步提高服务质量和服务水平。

【第二届中国（广东）国际“互联网+”博览会中外高层次人才和项目洽谈会】 2016年10月20日，由佛山市委组织部、佛山市人力资源和社会保障局和佛山市科学技术局联合承办的第二届中国（广东）国际“互联网+”博览会中外高层次人才和项目洽谈会在佛山中欧中心举行。来自海内外的近100名院士、千人计划专家、海外高层次人才，以及100多家企事业单位的300多名代表、人力资源工作者参加洽谈会。洽谈会上，16个新引进的科技创新团队签约落地；佛山市人力资源和社会保障局与上海浦东新区归国留学人员联合会签订合作协议，双方将共建“中国佛山引才联络站”；美的集团、海信科龙、佛山广工大数控装备技术发展有限公司等有初步对接意向的企业与专家进行现场对接。洽谈会达成对接意向企业近30家，项目70个。

（李根成）

劳动就业

【概况】 2016年，佛山市城镇新增就业80852人、失业人员实现再就业34573人、就业困难人员实现再就业6960人，均超额完成广东省人社厅下达的指标任务；城镇登记失业率为2.36%，与上年基本持平，控制在3.0%的目标以内，就业形势总体稳定；促进创业8387人，带动就业3.4万人；审核发放创业担保贷款1414笔（比上年增加797笔），发放金额2.4亿元（是上年的2.6倍，再创历史新高，居全省首位）。

全年全市各级公共就业服务机构举办招聘会888场，提供岗位49.8万个次，48.04万人次求职。佛山市人力资源公共服务中心招聘大厅共举办现场招聘会276场次，有1.3万家企业进场招聘，提供就业岗位8.2万个，超10万人次进场求职；有针对性地开展11场次网络专场招聘活动，参会单位约4万个，提供岗位数约2万个。广东省2015年度就业工作目标责任制考核中，佛山获得优秀等次，排名全省前列。

【高校毕业生就业创业】 2016 年，佛山市生源高校毕业生 37942 人，其中理科生占比 48.89%、文科生占比 51.11%，高校毕业生人数趋稳，结构性矛盾依然突出。贯彻落实促进高校毕业生就业的各项政策措施，开展针对性的就业政策宣传、就业形势分析、就业咨询等活动，促进本市生源应届高校毕业生就业。是年，本市生源应届高校毕业生就业率为 96.5%，“双困生”就业率为 100%。

2016 年 11 月 17 日，“佛山—凉山”东西部劳务协作专场招聘会在四川省凉山州昭觉县举办

高校毕业生招聘服务　开展高校毕业生专场系列招聘会，为高校毕业生搭建线上线下、优质高效的招聘服务平台。全年全市举办高校毕业生招聘会 443 场，有 1.2 万家企业进场招聘，提供就业岗位 13.5 万个，达成就业意向 9450 人。

政校企合作　着重“引进来”和“走出去”并举，与 73 所省内外高等院校、高中职院校和佛山市 300 多家知名企业建立长效的服务合作机制。搭建校企合作服务平台，组织企事业单位赴兰州、武汉、景德镇、吉林等地的高校招才揽智，精准对接各类优秀人才。

高校毕业生创业　全年全市促进创业 8387 人，其中在校及毕业 5 年内高校毕业生 1374 人；全年发放创业担保贷款 1414 笔，其中在校及毕业 5 年内高校毕业生发放 132 笔、合计 1996 万元；全市高等学校应届毕业生参加创业培训 1829 人。

【异地务工人员和就业困难人员就业】 2016 年，佛山市促进异地务工人员和就业困难人员就业，共帮助 490 名就业困难人员实现再就业；帮助 617 名就业困难人员享受相关扶持政策。分别到广东郁南和湛江、湖南湘西、湖北郧西、四川凉山等地共开展劳务对接招聘会 6 场，参会企业 114 家，提供岗位 6096 个，初步达成意向人数 2095 人。贫困人口劳务输出对接工作进展顺利。

重点群体就业服务　一是为异地务工人员开展多样就业专项活动。在“春运期间组织异地务工人员有序流动”“春风行动”“南粤春暖就业服务”等活动中，提供现场招聘、网络招聘、微信公众号扫描招聘信息、手机推送招聘信息、人社政策咨询等服务。春节期间组织开展形式多样、内容丰富的慰问和文娱活动，营造全社会关爱尊重异地务工人员的良好氛围。二是援助就业困难人员实现再就业。各级公共就业服务机构对就业困难人员开展“一对一”就业援助服务，运用就业扶持政策和公益性岗位安置政策等，从职业指导、技能培训指引、岗位推荐、跟踪服务 4 个层面引领，切实提升就业困难人员的就业能力。

劳务对接招聘　按照国家和省的部署安排，佛山市与湖南省花垣县和龙山县、湖北省郧西县、四川省凉山州对接，共同开展贫困人口劳务输出对接工作。一是与四地分别签订劳务输出对接合作协议，明确责任分工。二是组织佛山市优质企业到当地举办劳务协作专场招聘会，帮助建档立卡贫困劳动力实现“一人务工，脱贫一户”的目标。三是对新接收的贫困劳动力一路护送入厂，协调企业做好岗位、住宿、伙食、人文关怀等安排，帮助贫困劳动力尽快适应在佛山的工作生活，并由企业所在地基层公共就业服务机构及时跟进劳动合同、就业登记、社会保险等后续服务。

【创业带动就业】 2016 年，佛山市促进创业人数

8387人，带动就业人数33983人；发放创业担保贷款1414笔，发放金额24045.5万元（是上年的2.6倍，居广东省首位）。

创业孵化基地建设　6月，佛山市组织专家组进行“佛山市2016年首批市级创业孵化示范基地”评审，评出3个“佛山市2016年市级创业孵化示范基地”并分别发放30万元一次性奖补，另外还评审3个“佛山市2016年市级创业孵化基地”。是年，广东省省级示范性创业孵化基地评审中，全省共评出10个省级示范性创业孵化基地，其中佛山市有2个基地获此称号，分别获得50万元一次性奖补。至年底，全市由人社部门主导建设或认定的孵化基地42个，比上年增加22个，累计进驻企业3011个，累计带动就业31560人。

创业项目库　首次组织开展2016年优秀创业项目遴选，遴选出优秀创业项目25个，并发放一次性奖补合共250万元。在省人社厅举行的“2016年度广东省创业项目征集”活动中，佛山市有20个创业项目纳入省级创业项目库，数量占全省总数的20%，仅次于广州。至年底，创业项目库建设初具规模，入库项目约260个。发布佛山市首张创业地图——佛山创业地图，该地图汇聚全市35个创业孵化基地，6个风投机构和创业社区，以及全市46个创业担保贷款申请点（包括各区及下辖镇街的行政服务中心、各区人社局指定银行受理点）的信息，为创业者创业提供详细指引。

“互联网+”公共就业服务　佛山市建立市、区、镇（街道）、村（社区）四级公共就业服务信息网络，求职者可以就近到公共就业服务机构查询，也可通过手机客户端和微信公众号等渠道，随时随地查询岗位信息和就业服务信息。4月，新修订的《佛山市就业和失业登记管理实施细则》正式施行，市人力资源和社会保障局综合应用平台和公共服务平台也同步上线，用人单位和劳动者在全市任何镇（街）的行政服务中心，均可办理就业失业登记、申领就业创业证等业务，也可通过互联网登陆到“佛山市人力资源和社会保障局公共服务平台”办理相关业务，打破只能在劳动者就业所在地或常住地所属区、镇办理的限制。这个新举措，优化全市就业失业登记和管理流程，为用人单位和劳动者带来便利，提高工作效率，获得各方面的好评。

【家庭服务业促进就业】 2016年，佛山市家庭服务业企业179家，其中养老服务企业37家；全市家庭服务业从业人员20064人，全市参加职业技能培训的家庭服务业从业人员15760人，取得中级及以上职业技能资格证书2299人，发放扶持政策专项资金1395.14万元，享受政策人数10185人。

家庭服务业人力资源输送基地建设　市人社部门加强与连州、连南等家政从业人员重要输出地的沟通联系，解决家政从业人员不足的问题，推进家庭服务业发展。10月，组织五区人社部门及佛山市家庭服务业协会前往连州、连南开展家政劳务合作交流。通过交流、考察后，在连州、连南建立佛山市家庭服务业人力资源输送基地，对佛山市家庭服务行业的发展起到推动作用。

家庭服务职业技能大赛　组织开展家庭服务职业技能大赛，发挥以赛促训作用，提高家庭服务业从业人员的技能素质，展示家庭服务业从业人员的技能和风采，让更多人了解家庭服务业。9月，由佛山市人社局主办，佛山市家庭服务业协会承办，举办“2016年佛山市育婴员（高级）职业技能竞赛”，60位参赛选手同台竞技，比赛活动取得成功。其中前八名选手获得由佛山市人社局颁发的“佛山市技术能手”证书。

家庭服务业企业星级评定　为规范佛山市家庭服务业行业行为和服务标准，提高家庭服务业服务水平，更好地发挥促进就业的积极作用，市人社部门与佛山市家庭服务业协会联合开展佛山市2016年家庭服务业企业星级评定工作。该次活动评出优秀星级家庭服务业企业10家。

【职业技能培训】 2016年，佛山市组织劳动力技能培训43984人，补贴30746人，发放技能晋升培训补贴6199.27万元，比上年增长12%。南海区对自主开发但暂未纳入省补贴工种项目目录的职业工种，以区级资金实行补贴政策全覆盖，技能晋升补贴人数和金额均比上年增长近2倍。

技能晋升培训补贴政策　8月，市人社局联合市财政局印发《佛山市人力资源和社会保障局　佛山市财政局关于进一步落实劳动力技能晋升培训政策的补充通知》，对培训协议的签订、异地培训的鉴定、申请补贴时的签名等问题进一步明确。全年全市与人社部门签订培训协议的机构90家，数量居全省第二，仅次于广州。培训职业（工种）包括工业设计师、加工中心操作工、可编程序控制系统设计师、汽车修理工、维修电工、电焊工等近100个。

高技能人才培训　开展高技能人才培养市级财政资金竞争性分配，对年培训高技能人才500人以上的机构，分别给予15万元的培训补助，2016年全市共4家机构获得补助。

2016年10月20日，第二届中国（广东）国际“互联网+”博览会中外高层次人才和项目洽谈会在佛山中欧中心举行。来自海内外的300多名代表参加了会议

行业紧缺人才培训　禅城区针对电商行业、工业制造、家庭服务业等行业从业人员短缺、技能素质急需提升的状况，开展保育员、养老护理、工业机器人等8个项目的在岗技能培训。顺德区组织“机电一体化”高级培训班（机电“工匠班”）和“电子商务”高级培训班（电商“工匠班”），创新性地建立“政府牵头、协会实施、院校参与”的合作模式，解决紧缺职业（工种）高技能人才的培养问题。三水区引导区内家政职业培训学校开展家庭服务职业培训，全年组织家庭服务业培训2590人，主要培训工种包括育婴员、养老护理员、营养配餐员等，为家庭服务业培养大批专业技能人才。

“佛山·大城工匠”培育　选出30名由市委、市政府命名的“佛山·大城工匠”，为“大城工匠”每人发放工资外津贴2万元，并扶持“大城工匠”建设技能大师工作室，对获评国家、省级技能大师工作室的，分别给予20万元和10万元的创办补贴。南海区中南机械有限公司依托“大城工匠”胡建武申报省级技师工作站。12月，《佛山市推荐命名“佛山·大城工匠”实施意见》印发，“大城工匠”推荐命名活动形成制度。

【职业技能鉴定】 2016年，佛山市严格按照人社部、广东省关于减少职业资格许可和认定的工作部署，做好技能类职业资格清理规范工作，对日常鉴定职业（工种）开考范围进行明晰，建立日常鉴定职业（工种）目录动态报送机制，统筹组织好目录以外职业（工种）的补考工作。佛山市停止（暂停）公共营养师、营养配餐员、服装制作工等多个职业（工种）技能鉴定工作。

推进和规范企业技能人才评价工作，重点加强企业技能人才评价的宣传发动，主动走访大型企业，推广企业技能人才评价及技能人才队伍建设各项政策措施。在玻璃分析检验员（外观和化学）、玻璃自动机成型工、玻璃熔化工、玻璃配料工、工具钳工、玻璃自动成型工、机修钳工等7个工种开展企业评价工作，全年全市参评人数共206人。

根据省、市有关职业技能竞赛工作要求，全年全市组织开展职业技能竞赛35项，其中包括“福田杯”汽车制造行业的省级二类竞赛和钢琴调律师、可编程序控制系统设计师等14个职业（工种）的市级一类、二类竞赛。竞赛项目吸引4000多人参赛，1000多人获得相应级别的职业资格证书，其中6名选手获省人社厅颁发“广东省技术能手”称号、70名选手获市人社局颁发的“佛山市技术能手”证书。

【技工教育】 2016年，佛山市推进技工院校招生工作，全市9所技工院校共招生4627人。5月30日，组织召开全市技工教育工作现场研讨会，明确技工院校要结合产业发展和技能人才培养的需求，找准办学定位，实施错位发展、特色发展，注重办学质量，并开展技能扶贫工作，面向扶贫地区开展招生，提升佛山市技工教育的水平。南海技师学院和高明区技工学校新开设工业机器人应用与维护专业。

【劳动关系调整】 2016年，佛山市建立和谐劳动关系示范点47个，其中镇（街）4个、工业园区34个、行业6个、社区1个、其他2个；达标的示范点38个，其中优秀示范点5个，符合和谐劳动关系示范区创建标准的示范点达到80.9%，完成省人社厅下达的指标。发布《构建和谐劳动关系实施意见》。6月，举行佛山市开展构建和谐劳动关系系列宣传活动启动仪式，和谐劳动关系系列宣传活动共有18项。10月，召开全市和谐劳动关系示范点企业培训班，通过解读最新女职工保护规定、医保一体化改革及典型案例，及时帮助企业了解最新劳动法律法规，规范用工管理，提升和谐劳动关系示范点创建质量。

依法做好劳务派遣行政审批工作。全市共有获得劳务派遣经营许可证单位159个。开展企业薪酬调查工作，首次在工资指导价位中增加行业人工成本信息。

严格规范劳务派遣用工行为。依法做好劳务派遣经营行政许可，全年累计发放劳务派遣经营许可证159份，依法对38个劳务派遣单位分支机构进行备案，共涉及劳务派遣工30900人。

【劳动监察】 2016年，佛山市处理劳资纠纷突发事件494宗，比上年下降22.4%；其中30人以上群体性劳资纠纷事件64宗，下降18.9%。全年全市劳动监察机构对1.7万家用人单位依法进行检查，调解劳动监察案件7965件，立案处置3272件，为3.31万名劳动者追讨工资等待遇合计4.3亿元，向公安机关移送涉嫌恶意欠薪案件109件。在全市范围开展“异地务工人员工资支付”“用人单位遵守《广东省高温天气劳动保护办法》”“禁止使用童工和未成年工保护”等9个专项执法检查行动，维护广大劳动者的合法权益。完成市劳动保障监察指挥中心建设，获人社部肯定。高明区落实建设领域工人工资支付分账管理制度，全区93%在建工地设立工人工资专用账户。

【劳动争议仲裁】 2016年，佛山市各级劳动人事争议仲裁机构立案受理劳动人事争议案件11371件，法定审限内结案率99%，累积结案率达95.4%，劳动人事争议仲裁办案效能得到提升。

仲裁案件处理　规范案件处理流程，提升案件审理质量，完善案件登记、受理、处理、信息汇总统计，在原有的表格基础上增加数据分析，用于案件分析和梳理，制定本市劳动人事争议案件受理、处理流程，力争法定审限内结案率100%、累积结案率达92%。搭建信息沟通平台，推进各项工作落实。加强市劳动人事争议仲裁院和区人社局的联系，确保案件处理在全市的一致性。开设《仲裁动态》，每季度一期，重点报道各区的仲裁工作以及仲裁疑难问题分析，以此加强各仲裁部门的沟通。

仲裁员注册培训　组织全市205名专、兼职仲裁员开展业务培训，对新的法律法规、司法解释、新类型案件，由仲裁机构负责人或法院法官进行授课并开展专题讨论，提升仲裁员业务水平，提高办案质量，降低上诉率和改判率。

仲裁要素式办案　针对传统诉讼化办案模式程序繁杂、庭审冗长、裁决书制作耗时、复杂难懂等问题，创新要素式办案模式。举办佛山市南海区劳动人事争议仲裁要素式办案培训班，160人参加培训、观摩。

裁审对接　市劳动人事争议仲裁院和市中级人民法院于2016年10月25日在市中院新闻中心召开2016年度裁审对接会议，对办案过程中的问题进行沟通交流，与会人员对案件裁审过程中出现的具有新颖性、典型性、指导性的案例及裁审标准和理念的法律问题进行讨论。

【人社行政审批规范和人社普法】 2016年，佛山市各级人社部门有129项事项纳入《佛山市政务服务体系审批服务事项通用指导目录》，其中市人社局具体实施的42项事项完成实施标准的编制工作，明确全市调整流程和审查程序，确保事项调整规范、有序。在审批服务标准化建设的基础上，结合国家、省有关审批制度改革成果，根据法律法规变化情况，开展2016年版的权责清单编制工作，对2014年以来的权责清单进行清理和完善。该次编制工作共涉及市、区两级人社部门权责事项325项，其中行政许可20项、行政处罚127项、行政给付49项、行政检查20项、行政确认15项、行政奖励4项、其他事项88项。

制订《加强职工人力资源社会保障法治宣传教育工作方案》及《佛山市人社系统“七五”普法规划》，利用宣讲会、培训会、户外普法活动等平台，发布工伤认定、劳动争议、劳动监察等相关案例，为普法对象解释法律规定，提升普法效果。通过集中投放电视、电台、公交、地铁广告扩大宣传效果，加强人力资源社会保障法规政策的宣传力度，全年制作普法广告25条，累计播放3.4万次。

2016年10月18日，佛山市发布首份创业地图

【佛山市第二届大众创业交流会暨2016优秀创业项目展示活动】 2016年10月18日，由佛山市人力资源和社会保障局、共青团佛山市委员会、佛山科学技术学院联合主办的佛山市第二届大众创业交流会暨2016优秀创业项目展示活动在祖庙街道丰收街举行。广东省人社厅副厅长葛国兴、省人社厅就业处处长高良锋、佛山市相关部门领导和佛山创业导师、投融资机构、创业孵化基地代表等参加活动。活动以“汇集新动能　成就新梦想”为主题，响应全国“双创周”活动号召，总结佛山市创业成果，促进沟通交流，展示优秀创业项目，营造良好创业氛围，推动佛山市大众创业的发展。活动上，佛山市人社局发布佛山市第一份地图式创业指南——佛山创业地图；40多个优质创业项目在活动现场进行展示和路演，经专家组评分和现场投票，遴选出一批佛山市2016拟订优秀创业项目。

【“佛山—凉山”东西部劳务协作启动】 2016年11月15日，佛山市人力资源和社会保障局与四川省凉山州农劳办在凉山州共同举行“佛山—凉山”东西部劳务协作启动仪式，正式搭建起两地的劳务合作平台，推动凉山州建档立卡贫困劳动力转移输出，帮助凉山州贫困劳动力实现“一人务工，脱贫一户”的目标。佛山市人社部门加大对企业的宣传发动和就业岗位筛选，并做好贫困劳动力的组织接收工作，安排贫困劳动力及时到岗，妥善解决生活问题。落实扶持政策，加强技能培训，强化跟踪服务和人文关怀，并制定针对公共就业服务机构、企业和劳动者的服务指引，让来佛山就业的凉山州劳动力尽快实现稳定就业。

【佛山市首份创业项目调研报告发布】 2016年11月23日，佛山市首份创业项目调研报告——《2016年佛山市创业项目调研报告》发布。该报告由佛山市人力资源和社会保障局委托佛山科学技术学院副教授、创业学院副院长李丽芳博士组成课题组，以分析创业项目为切入点，选取近年来获得创业担保贷款、参加各类创业大赛和入驻各孵化基地的1561个创业项目的基本信息和基础数据为研究对象，重点研究分析佛山市创业者基本情况、初创企业的产业行业分布、创业担保贷款和创业带动就业情况、创业环境评价和创业政策认知、创业服务需求等大众创业情况，指出在推进大众创业工作中存在的困难和问题，提出解决问题的意见和建议，为政府决策提供参考和依据，为创业者提供指引和方向。该报告被称为首份政府部门发布的“佛山创业白皮书”。

（李根成）

社会保障

【概况】 2016年，佛山市社保部门配合供给侧结构性改革，扩大参保覆盖面并强化保障，多项工作取得突破性进展，实现“十三五”良好开局。机关事业单位养老保险改革启动，医疗保险一体化改革任务按时保质完成，全市建筑业按项目参保工作进展顺利，实现全市新开工项目100%参保、在建项目90%以上参保的目标。佛山市社保局在2016年《佛山日报》“口碑榜”评选中获评特色榜“市民满意服务单位”，“佛山社保”微信公众号获“2016年佛山十大优秀政务微信（市直）”称号。

至2016年12月底，全市职工养老、医疗、失业、工伤和生育保险实际缴费人数分别达250万人、246万人、230万人、231万人和230万人，养老、医疗参保人数分别达到428万人和289万人。城乡居民养老保险参保人数59万人，居民住院医保参保人数211.37万人。2016年，全市社会保险基金收入366.16亿元，支出304.60亿元，当期结余61.55亿元，滚存结余687.42亿元。

2016年，佛山市社保部门贯彻落实中央和省委、市委全面从严治党要求，履行抓基层党建主体责任，组织“学党章党规、学系列讲话，做合格党员”学习教育，坚持问题导向，引导党员做“四讲四有”合格党员。抓好干部职工的廉洁从政教育和警示教育；健全党组议事、党风廉政建设责任、政府采购、投诉反馈及内部管理和控制等制度。运用多种监督模式对四大领域进行有效监督；严格落实中央“八项规定”精神，纠正“四风”；及时开展党风廉政巡察工作。学习保密法及其实施条例和新出台的保密法规规章，定期开展保密检查工作。严把选人用人关，做好干部选拔任用工作，注重干部能力提升，采取请进来、走出去、网上考学相结合的形式，提高干部的理论素养、政策水平和业务水平。推动机关党员参与志愿服务，全年分6批次组织在职党员进社区开展活动，主要内容有送党课进社区、节日走访慰问社区党员和困难群众、送音像制品进社区、送电影进社区、举办健康义诊讲座等。

【养老保险】 至2016年年底，佛山市职工养老保险参保人数428万人，比上年增长12.6%，全年职工基本养老保险基金收入332亿元，支出269亿元；城乡居民养老保险参保人数59万人，全年城乡居民基金收入10.76亿元，支出13.97亿元。

养老保险待遇提升 全市按计划完成51万名企业退休人员、31万名居民养老保险退休人员、市直机关事业单位退休人员和离休人员的年度调资工作，并对27万名2006年7月至2014年9月退休的人员视同缴费账户待遇进行重核并补发，补发金额约7亿元。调整后，佛山市企业退休人员月平均基本养老金达2875元，比上年增加182元，增长6.75%；城乡居保退休人员基础养老金调升至170元，居民月人均养老金达到277元。

养老保险覆盖范围扩大 开展灵活就业人员参加企业职工基本养老保险，以及全征地居民基本养老补贴制度衔接等工作。全年办理灵活就业人员养老保险一次性缴费8.4万人，全征地居民一次性缴费8588人，提高佛山市居民的社保覆盖范围。

【医疗保险】 至2016年年底，佛山市职工医疗保险参保人数289万人，比上年增长4%，全年职工医保基金总收入88亿元、总支出74亿元；居民医疗保险参保人数211万人，全年居民医保基金总收入21.33亿元、总支出21.24亿元。

省内异地就医结算平台上线 至年底，佛山市有18个医疗机构成为省内异地联网结算医疗机构，同时实现与省内异地的336个医疗机构实现异地就医联网结算，方便参保人异地就医现场结算。

医疗费用信息监管系统正式启用 2016年1月，佛山市医疗费用信息监管系统启用，对医院违反报销规则产生的费用进行扣款，避免不必要的基金损失。同时，运用部分临床统计规则进行核查，对医院“大处方”“大检查”等行为起到警示作用，规范医疗服务行为。6月，佛山市应邀在人力资源和社会保障部社保中心召开的全国医疗生育保险运行分析会上作专题报告。

大病保险监督 通过组织开展“不定期查房”“结算单查阅”“就诊频次异常情况联合稽核”等主题月活动，纠正冒名顶替25例、挂床住院2例及医院多收费或串换检查、治疗、药品等相关问题。重点跟踪、分析民营、新增定点医疗机构的就诊数据，加强监管。组织医学专家对67个医疗机构575份住院病历进行评审，并将专家评审意见作为年度考核依据。成立稽核小组，不定期对医管员经办业务、医疗机构履行服务协议情况开展检查。

【失业保险】 至2016年年底，佛山市参加失业保险人数230万人，比上年增长3.6%；全年失业保险基金收入6.5亿元、支出5亿元。3月起，全市失业保险费率由1%降为0.7%，其中，单位费率0.5%不变、个人费率由0.5%下调为0.2%。有序推进企业稳岗补贴申报发放工作。稳岗补贴申领对象为在本市依法参加失业保险并足额缴纳失业保险费，且上年度未裁员或裁员率低于该年度本市城镇登记失业率，财务制度健全、管理运行规范的企业；发放标准按该企业及其职工上年度实际缴纳失业保险费总额的50%给予稳岗补贴，所需资金从失业保险基金中列支；主要用于职工生活补助、缴纳社会保险费、转岗培训、技能提升培训等相关支出。截至9月30日，共为804家企业发放年度稳岗补贴5799万多元。

【工伤保险】 至2016年年底，佛山市参加工伤保险人数231万人，比上年增长2.5%；全年工伤保险基金收入7.07亿元、支出4.36亿元。

工伤保险待遇上调 佛山市一次性工亡补助金调升为62.39万元，比上年增长8.15%；工伤职工住院治疗伙食费标准由每人每天35元调整为每人每天70元；护理费、供养亲属抚恤金月均金额分别调整为2067元、994元，月均分别增加209元、97元。

建筑业工伤保险 市社保局会同市人社、地税及住建等部门，研究出台佛山市建筑业参加工伤保险实施办法，明确建筑业参加工伤保险的相关流程和做法。至年底，全市建筑业按项目参保工作进展顺利，实现全市新开工项目100%参保、在建项目90%以上参保的目标。

工伤保险费率下调 2016年1月起，佛山市工伤保险费率同步下调20%，调整为一类0.35%、二类A0.6%、二类B0.9%、三类1.2%；7月起实施工伤保险行业浮动费率，单位行业分类由原来的3类4档调到8类96档。一类至八类工伤保险行业基准费率分别为该行业用人单位职工工资总额的0.2%、0.4%、0.6%、0.9%、1.0%、1.1%、1.2%、1.3%，并在2016年7月至2018年12月期间实施阶段性下调费率措施，即适用八类工伤保险行业风险政策调整后，用人单位缴费费率高于调整前的，按其调整前的缴费费率标准收费。

【生育保险】 至2016年年底，佛山市参加生育保险人数231万人，比上年增长3.1%；全年全市生育保险基金收入5.88亿元、支出7.22亿元。从1月起，生育保险费率从0.9%下调到0.5%；全年全市享受生育保险待遇94191人次，生育的医疗费用4831.63元/人次、生育津贴12401.27元/人次，计划生育津贴2048.59元/人次。

【社保卡发行及应用】 2016年，佛山市的社保卡发行从大批量发卡转变为日常零星制卡，至年底，累计完成制卡526万张，发卡并激活467万张，激活率88.7%。根据群众诉求和实际情况，新增7家发卡合作银行，使全市发卡合作银行达11家，方便市民申领和使用社保卡。完成广东省人社厅要求的社保卡在人社部门的94项应用，并利用社保卡的联机身份识别、医保个人账户和金融支付功能，实现医疗费用的自助结算。

【社保基金管理】 2016年，佛山市加强社会保险基金管理和监督，多措并举开展稽核检查，加强社保经办风险管理。制订《佛山市社会保险经办风险管理三年专项行动方案》；开展异地稽核，全年共计核查在本市或异地同时存在社保缴费或待遇享受的疑点信息2.5万人次；对居住省外领取长期工伤待遇的职工进行生存认证，并对异地就医零星报销业务数据及保险关系跨省转移数据进行实地稽核；严格落实社保业务自查制度，全年抽查业务资料25.2万份，对自查中发现的问题进行整改；完成省局下发的核查数据24491人次。出台《关于追还多支出的社会保险基金的通知》，对社保待遇的追还工作制定详细的操作规定。建立社保业务服务银行考评制度，加强基金监管。建立佛山市社会保险业务服务银行考评制度及服务银行资金存量与银行考评结果、社保业务参与度挂钩机制，引入服务银行准入准出机制，提高银行服务质量与基金保值增值能力，强化银行内部控制管理，规范银行行为，做好资金存放全过程的风险防范，确保社保基金安全。开展全民参保登记工作，加强基础管理。按照省人社厅和省社保局关于开展全省全民参保登记计划的工作部署，制订佛山市全民参保登记工作方案，开展全民参保登记数据清理，结合省社保局反馈的存疑数据，及时开展数据核查，并指导各区开展派发调查函、入户问卷调查等多种形式的信息核查，共登记入库户籍人口383万人，按时保质完成佛山市户籍及参保人员的登记入库工作，入库率居全省第二，得到省社保局的肯定和表扬。

【社保依法行政】 2016年，佛山市社保部门制定规范性文件管理规定，对是年12月前颁布的全部规范性文件，进行清理评估。完善权责清单和审批服务事项标准管理，实现与政策变化同步动态调整，规范全市社保行政执法和社会服务职权，方便群众办事和接受社会监督。全面梳理并及时调整“12345”系统的知识采编，围绕“门、网、线、端”平台进行标准化建设和管理，降低热线工单及信访案件数量。建立与法院的沟通机制，加强与市中级人民法院的研讨交流，解决经办工作遇到的难题；主动应对行政诉讼案，降低败诉风险。

【社保信息公开】 2016年，佛山市社保部门探索代运营方式，建立网站、微博、微信、APP等自媒体统一的信息发布机制；通过各大主流媒体主动宣传社保动态，联合电台、《佛山日报》开展《民生社保》《社保热线》专题专栏，与本地门户网站联合开展网络5D直播；针对不同群体，在社保、地税、行政服务大厅等单位前台张贴宣传海报和派发单张，推出候车亭海报，并推出医院、商用和居民楼宇LED视频和公交车车载视频；组织开展“名医进社区　医保惠万家”等宣传活动。各种形式的宣传成效显著，自媒体影响力增强，社会各界口碑良好。在2016年《佛山日报》“口碑榜”评选中佛山市社会保险基金管理局获评特色榜“市民满意服务单位”；“佛山社保”微信公众号开通一年“粉丝”量达11.5万人，单篇推文阅读量最高达3.5万人次，获“2016年佛山十大优秀政务微信（市直）”称号。

【医疗保险一体化改革完成】 2016年11月，佛山市出台医疗保险一体化改革方案，整合职工医疗保险和居民医疗保险以及门诊医保制度，建立由基本医疗保险一档、二档构成的基本医疗保险城乡一体化医保制度。随后，佛山市基本医疗保险管理办法、大病保险管理办法以及申办管理规定、经办指南、服务协议等相关配套文件相继出台。市社保局根据方案和配套文件做好系统改造和业务流程规范等实施准备，医保一体化改革于2017年1月1日实施。该次改革涉及全市约500万基本医疗保险参保人，整体提高居民的医保待遇，实现居民和职工参保人待遇平等；将部分靶向药物纳入大病保险支付范围，提高大病医保待遇。此外，开展医保支付方式改革，遴选26个病种实行按病种付费。

【机关事业单位养老保险改革全省率先启动】 2016年7月，佛山市在全省率先启动市直机关事业单位工作人员养老保险制度，并实现机关养老保险费和职业年金同步征收。制度启动后，陆续完成市直机关事业单位退休人员退休补贴的发放、“中人”个人账户清退、纳入范围人员2014年10月至2016年6月机关养老保险费和职业年金补缴、不纳入范围的单位和个人转企衔接、厘清省属单位离休人员的待遇、市属单位退休人员供养遗属待遇发放渠道等各环节工作。至年底，市直改革工作运行顺畅，各区改革工作稳步推进中。

（邹花妍）

民　政

社会组织管理

【概况】 2016年，佛山市围绕社会组织制度改革的中心工作，贯彻落实中央关于改革社会组织管理制度促进社会组织健康有序发展的意见，以党的建设贯穿社会组织登记管理工作全过程，推动社会组织从培育发展和监督管理并重改为监督管理和发挥作用并重，强化政策引导、加大投入力度、提升能力建设，全市社会组织数量稳步增长、质量整体提升、功能逐步发挥。至年底，全市有社会组织6021个，其中，社会团体3668个、民办非企业单位2347个、基金会6个；经民政部门注册登记的社会组织4369个，备案1752个。社会组织总数比上年增长8%，并保持全省地级市首位。

【社会组织党建】 2016年，佛山市社会组织党建工作以《关于加强社会组织党的建设工作的意见（试行）》和《关于改革社会组织管理制度促进社会组织健康有序发展的意见》等文件为总指引，以市委把社会组织党建工作列为全市党建重点工作之一为契机，以社会组织党建工作上升为佛山市“两新”组织党建工作“亮点项目”为抓手，探索创新社会组织党的建设工作新模式、新方法，全面深化完善社会组织登记管理制度改革。强化党建引领，推动社会组织登记管理和党的建设工作同步。

社会组织登记管理和党建工作“三同步”机制 推行社会组织审批与党组织组建同步，凡符合成立党组织条件的同步成立党组织，完成党员信息登记，指导其将党建工作写入社会组织《章程》；推行社会组织年检与党建工作检查同步，将党组织建设情况和党组织开展活动情况列为必检内容。推行社会组织等级评估和党建工作评估同步，并提高党建工作分值，设定一票否决条件，没有单独设立党组织的，原则上不能评为5A等级，党建工作考核不及格的，不能评为3A以上等级。

社会组织负责人审核制度 率先在社会服务机构领域试点探索推进社会组织负责人审核制度，自6月起，在社会服务机构的《民办非企业单位负责人备案表》中备注一栏修改为“机构所在党组织审查意见”，并要求申请人在提交成立资料、变更法人代表或换届改选时，在该处获得相关意见并盖章。在此基础上，将借鉴社会服务机构领域的试点经验，配合党建网格化管理工作的实施进度理顺党组织隶属关系，探索推进不同类型社会组织的负责人审核制度。

社会组织党建工作承诺制 从2016年起，凡向登记管理机关提交社会组织申请成立登记材料时，须同步提交《社会组织党员情况调查表》和《社会组织党建工作承诺书》。登记管理机关根据实际情况，将接收的党建材料分别移交相关部门，由其指导社会组织开展党建工作，即直接登记的社会组织，移交给市社会组织党委；双重管理的社会组织，移交给业务主管单位，确保社会组织党建工作底数清、情况明。

社会组织基层党建 开展“强堡垒、强引领、重建设、重服务”社会组织党建专题活动和“两学一做”学习教育；全面摸清情况，推进党的组织和党的工作有效覆盖，做好党员发展和管理工作；等等。至年底，市社会组织党委组建党组织39个，其中党委1个、党总支1个、党支部37个；单独建立党组织29个、联合组建党组织10个，党的工作覆盖率达97%，社会组织党建工作面貌焕然一新。

【社会组织登记管理改革】 2016年，佛山市民政局印发《佛山市民政局关于对社会组织登记管理有关问题的通知》，明确重点培育、优先发展行业协会商会类、科技类、公益慈善类、城乡社区服务类社会组织。成立此4类社会组织，可按有关规定直接向民政部门依法申请登记。对直接登记范围以外的其他社会组织，实行登记管理机关和业务主管单位双重负责的登记管理体制，完善业务主管单位的前置审批。

行业协会商会与行政机关脱钩进一步推进　贯彻落实中办、国办《行业协会商会与行政机关脱钩总体方案》要求，印发《中共佛山市委办公室　佛山市人民政府办公室关于成立市行业协会商会与行政机关脱钩联合工作组的通知》，成立由市领导为组长的联合工作组，对脱钩工作统筹推进。印发《佛山市民政局关于做好市级行业协会商会与行政机关脱钩试点摸底工作的通知》，确定149个市级行业协会商会为脱钩单位。印发《关于深化行业协会商会与行政机关脱钩试点方案》，选取50个市级行业协会商会开展脱钩试点工作。起草《佛山市行业协会商会与行政机关脱钩实施方案（代拟稿）》，征求各区、各市直单位的修改意见。

社会组织登记“三证合一”　2016年起，佛山市社会组织领域全面实施统一社会信用代码制度改革，将原来成立社会组织必须办理的法人登记证书、组织机构代码证、税务登记证合并为加载有统一社会信用代码的法人登记证书。改革后，通过“一窗受理、互联互通、信息共享”方式，将原来由民政、质监、税务部门核发的三本登记证，整合为民政部门核发的一本登记证。新版的社会组织法人登记证书，在醒目位置标注18位的统一社会信用代码，取代原来的登记证号和组织机构代码。统一社会信用代码是社会组织在全国范围内唯一的身份识别码，社会组织变更或注销，统一社会信用代码保持不变，保留回溯查询功能。至年底，全市办理“三证合一”的社会组织共2500个。

【社会组织发展培育规范】　2016年，佛山市始终将社会组织培育发展和规范监督，引导社会组织发挥作用作为促进佛山经济发展转型、政府职能转变以及社会治理的重要抓手，采取有效措施为社会组织发展营造良好的政策环境。

加强政府购买服务，推动社会组织参与社会治理和经济建设。市民政局编制2016年具备承接政府职能转移和购买服务资质的市级社会组织目录，继续实施社会组织发展专项扶持资金和社会建设创新专项资金项目，各级政府加大对社工机构等基层社区社会组织购买服务力度，如南海区政府部门通过举办社会服务洽谈会，公布购买社会服务项目416个，投入金额超1.6亿元。融合行政合力、基层动力和社会活力，推动社会组织在经济社会建设中发挥积极作用。出台《佛山市民政局关于大力发展城乡社区社会组织的实施意见》，推进城乡社区社会组织管理体制和培育机制的改革创新，加强扶持力度，鼓励城乡社区社会组织立足城乡实际，开展邻里互助、居民融入、平安创建等社区活动，重点发挥城乡社区社会组织在社区民主自治、提供社区服务、维护社区和谐等社区公共事务方面的协同作用。以社区为平台、社会组织为载体、社会工作为支撑的“三社联动”机制初步形成。

社会组织综合监管体制　出台《佛山市人民政府办公室关于加强佛山市社会组织综合监管工作的意见》，明确各相关职能部门对社会组织的管理职责以及对社会组织承担相应的管理责任，建立市级联席会议制度等综合管理机制，建立健全行业自我监管机制，推动全市上下形成各部门各司其职、各负其责、信息共享、协同监督、齐抓共管的社会组织综合监管工作格局；形成社会组织有效自治、依法开展活动、发挥作用明显的社会组织发展格局。

社会组织专项扶持　用好、用活各级政府对社会组织的扶持专项资金，并严把监督关，确保专项资金安全和正确使用。经过发动宣传，全市有21个社会组织申报2016年中央财政支持社会组织参与社会服务项目；有161个社会组织申报2016年广东省省级培育发展社会组织专项资金，其中19个市级社会组织获得合计490万元的省级培育发展社会组织专项资金。审核通过38个社会组织开展的2016年市级社会组织发展专项扶持资金项目，并在年底组织专家对各项目绩效评价结果进行抽查。此外，按规定向各级社会组织下拨2015年度省级培育发展社会组织专项资金1730万元。

社会组织管理信息化　坚持将信息化作为提升服务效率的有效手段。继续实行社会组织网上业务办理，完成2015年社会组织年检工作，市级合格率99%；推广使用“粤社通”平台，引导社会组织通过该平台建设统一的社会组织数据库，实现精细化管理。全面实行行政许可、行政处罚事项“双公示”，加强公众监督。2016年，通过网站、媒体向社会公示市级社会组织成立、变更、注销登记审批事项66例。建立社会组织“黑名单”，对年检不及格、不参加年检以及存在失信、违法违规等情形的社会组织的名单通过佛山市社会组织信息网定期向社会公布，实行信息化动态管理。

社会组织等级评估　市民政局结合实际修改完善各类社会组织等级评估评分细则，着重提高党建工作分值，突出党建工作的引领作用。通过职能转移，由第三方机构按照要求对申报等级评估的21个市级社会组织进行公开、公正的评估，共评出5A级社会组织4个、4A级社会组织4个、3A级社会组织11个。其间，委托财会机构对参评社会组织进行财务专项审计，组织专家组针对申报材料进行现场评审，形成评审意见，达到以评促建的目的。

社会组织自律体系建设　落实社会组织信用评价、失信行为公示和守信奖励与失信惩戒等制度，推动社会组织健全及完善章程，建立社会组织预防腐败办法，完善社会组织信息平台建设。推动市级行业性社会组织按要求完成会员信用信息档案的建设工作。通过登记准入和日常监管，加大对社会组织信用记录的审查力度，严厉查处从事营利性经营性活动、获取非法所得等违规行为。采取网上年检方式，在年检指标中增加诚信信用方面的内容，督促社会组织不断健全内部管理制度，诚信服务社会。此外，将社会组织信用记录作为公共财政扶持、服务购买和经费资助审批等方面的参考依据。

社会组织培育孵化　在市社会组织孵化基地常驻服务增设党建和信息化建设咨询服务，构成六大常驻服务：财税、心理咨询、融资、党建、法律、信息化建设相关服务。举办“粤社通”应用、年检主题、社工培训、公益传播及媒体创新等15场系列培训课程，合计培训社会组织人员1000余人次。开展佛山市社会组织免税工作坊，帮助5个社会组织进行免税资格认定指导，并出具免税资格认定审计报告。推出“进驻组织能力秀”系列活动，共开展9次公益活动。全年“孵化出壳”4个社会组织。

社会组织宣传　宣传全市社会组织工作，提升社会组织从业人员荣誉感，2016年，全市推荐评选出5个规范化建设单位、5个优秀党建工作项目、6个市级社会组织发展专项扶持资金精品项目、十大社会组织“风尚人物”和十大“社工之星”，一并在全市社会组织建设成果展示会上展示和褒扬，以点带面，带动全市社会组织创先争优，扩大社会影响。同时，加强对社会组织抽查审计，开展系列能力培训班，加大新慈善法宣传工作，向社会组织发出加强职业道德建设倡议书等，推动社会组织健康有序发展。

（吕龙锋）

专业社会工作

【概况】 2016年，佛山市专业社会工作稳步发展。至年底，全市民办社工机构共153个，持证社会工作专业人才8093人，其中，通过全国社会工作者职业水平考试6268人（社工师1249人、助理社工师5019人）、市社工员1825人。按2015年年底佛山常住人口743.06万人计算，每万人持证社工数达10.9人。全年全市各级财政资金投入社会工作购买服务超1.8亿元。禅城区被评为“第二批全国社会工作服务示范地区”；南海区桂城街道桂园社区、南海区狮山镇罗湖社区、南海区大沥镇沥兴社区、顺德区乐从镇沙边村被评为“第二批全国社会工作服务示范社区”。

【社工人才队伍建设】 2016年，佛山市做好社会工作者继续教育培训，培训课程为期8天，累计1300多人次参加培训。开展社工督导人员培训，培养高层次社工人才，带动社工行业发展。通过政府采购委托广州市穗协社会工作资源中心，于2016年10月至2017年7月开展为期10个月的督导培训，共40名社会工作者参加。发动符合条件的社会工作从业人员报名参加全国社会工作者职业水平考试，聘请资深社会工作专家、学者为社会工作从业者提供免费考前培训。组织开展2016年全国社会工作者职业水平考试。全年全市报考全国社会工作者职业水平考试5393人，通过1812人，其中社工师327人、助理社工师1485人，通过率33.6%，通过人数和通过率创历年最高纪录。

【社工人才激励政策】 2016年，佛山市出台《关于社会工作专业岗位设置及社会工作专业人才激励保障的指导意见》，明确社会工作专业岗位等级和名称，制订社会工作专业人员薪酬指导价，将社会工作专业人才纳入佛山急需紧缺和重点人才引进范围，按规定享受积分入户、子女积分入学、申请保障房等相关政策。以党建引领规范社工机构管理，逐步将党建工作融入到社工机构的运行与发展过程中，引领社工机构正确发展方向。在社工机构登记成立核名环节增加机构负责人所在党组织审核意见内容，对《佛山市社工机构评估评分细则》进行修改完善，增加党建工作分数权重。加大党组织组建力度，做到应建尽建，推动社会工作服务机构实现党的组织和党的工作“两个覆盖”。

【专业社会工作宣传】 2016年3月15日，佛山市组织开展第五届“岭南社工宣传周”活动，省、市相关部门负责人、各界代表以及社工服务机构代表等近500人参加活动。7—8月，市民政局和佛山日报社合作，依托“关爱大学生公益行动”平台，开展“激扬青春·社工初体验”活动，来自佛山等地高校的17名社工专业学生分成4个小组进入4家社工机构，在不同社会工作服务领域进行实践。11—12月，开展“发现身边暖心社工”创作活动，通过组织社会人员深入社工机构和服务点，进行作品创作活动，发现更多社会工作者的先进典型，让更多人了解佛山社工，提升社会工作专业人才的职业声望和社会地位，增强工作热情和职业归属感，营造理解、关心、支持社会工作专业人才的良好社会氛围。此外，组织开展佛山市“社工之星”推荐活动。

（吕龙锋）

双拥与优抚安置

【概况】 2016年，佛山双拥优抚和安置工作坚决贯彻落实党中央、国务院、中央军委和习近平总书记关于加强军政军民团结的决策指示，适应强国强军时代要求，开展创建活动，实现全国双拥模范城“八连冠”的创建目标，推动双拥工作的发展，密切“同呼吸、共命运、心连心”的军政军民关系。全年全市接收2015年退役士兵1075人，接收随军家属148人，发放退役士兵安置补助金6286.39万元，各级政府支持部队建设的投入达2.62亿元，促进全市经济社会与国防军队建设的共同发展。

【双拥工作】 2016年，佛山市做好新时期的双拥工作，以双拥模范城（县）命名表彰活动为契机，总结创建经验、表扬先进典型、讴歌双拥模范、激励广大军民，提高双拥工作整体水平。

双拥模范命名表彰 2016年，佛山市被命名为“全国双拥模范城”，禅城区、南海区、顺德区、三水区被命名为“广东省双拥模范区”；42个模范单位和83个模范个人受到表彰。其中，禅城区民政局被命名为“广东省爱国拥军模范单位”；禅城区残疾人就业服务所办事员黎超文、南海区广东凯仕乐科技发展有限公司董事长潘成森、高明区财政局社会保障科科长吴玉彩被表彰为“广东省爱国拥军模范”个人。

双拥模范典型宣传 全市围绕新一轮全国双拥模范命名表彰活动，开展双拥模范典型宣传活动。“八一”期间，市双拥办在《佛山周刊》连续开展5期双拥先进典型宣传报道，宣传爱国拥军和退役士兵创业的先进典型事迹。电视台滚动播放“庆祝中国人民解放军建军89周年”的公益广告，营造拥军优属的浓厚氛围。市内多家媒体开展“退役不退色、奉献立新功”系列报道，宣传返乡后为佛山经济社会建设作出重大贡献的退伍军人。各镇（街道）也开展双拥宣传教育，制作部分先进双拥模范典型的宣传短片、公益广告、新闻短篇等在镇（街道）电视台播放。

双拥走访慰问活动 春节和“八一”期间，市委书记、市长等市领导分别率领市拥军慰问团前往省军区和驻禅部队进行拜访和慰问，并向部队赠送慰问金。市双拥办组成慰问团分别前往佛山机场和佛山边检站进行慰问，并参加部队迎春座谈会和双拥共建迎春联欢会，与官兵共度新春佳节。在《佛山日报》刊发《致全市驻军官兵和优抚对象的佛山市春节慰问信》以及《八一慰问信》。在市政府网站和网络、微信和社区军营宣传栏等平台上刊登《致全国双拥模范的慰问信》和《致广大官兵和

优抚对象的慰问信》，表达对全国双拥模范城（县）各单位、个人和广大官兵、优抚对象的节日问候。在春节和“八一”期间及时向上级军事机关及驻佛山各部队拨付节日慰问金。开展社会化拥军活动。调动和激发社会组织、企事业单位、街道、社区和志愿者队伍热情，把基层群众性拥军优属活动搞得有声有色。依托市复退军人服务中心为平台，发动社会组织开展多种形式的送温暖、献爱心活动。

纪念建军89周年大会　2016年7月29日，佛山市委、市政府在琼花大剧院举行“佛山市纪念中国人民解放军建军89周年大会”，隆重庆祝中国人民解放军建军89周年，慰问驻军部队全体官兵和优抚对象。市几套班子领导和驻军部队领导以及军队离退休老同志、驻军官兵、优抚对象代表和军地双拥先进单位代表等上千人出席大会。市长朱伟代表市委、市政府向驻军部队赠送慰问金。与会军民一同观看电影《终极胜利》。

军地青年联谊活动　2016年7月16日，市双拥办联合禅城区双拥办在佛山机场场站文化广场召开“情定佛山　玫瑰友约”2016年佛山市、禅城区军地青年联谊会。约200名本地驻军男军官及本地女青年来到活动现场参加相亲联谊。活动中，多对军地男女青年在现场成功牵手，还组建军地青年交流微信群，活动取得成功。

【优抚工作】 2016年，佛山市多措并举做好优抚安置工作，解决部队后顾之忧。4月，以市委、市政府名义向飞赴境外执行训练任务的部队赠送慰问金。出台军人子女入学政策，其中南海区教育局和南海区人武部联合印发《南海区军人子女入托入学安置办法》，妥善解决军人子女入学入托问题。扶持复退军人就业，依托市爱国拥军促进会平台，开展复退军人创业创新经验现场会、凯仕乐千店计划扶持退伍军人创业大赛等活动，提升复退军人创业创新意识和自主创业能力。

优抚送医送药活动　全市把老烈属、老复员军人、残疾军人、带病回乡退伍军人和老党员等重点优抚对象，列入送医送药活动的重点人员。市民政局于8月初向各区下发通知，组织各区开展对重点优抚对象情况的调查摸底工作，并根据当地实际与卫生部门联合制订巡回医疗队送医送药活动的方案以及实施办法，结合“八一”拥军优属慰问，迅速开展活动。市民政局联合省第二荣军医院和华夏眼科医院组成巡回医疗队前往各区开展为优抚对象送药上门、入户诊治等活动，给部分高龄和困难优抚对象送上家庭常备药品、血压计、拐杖等医疗保健用品，还为部分患白内障的优抚对象进行复明手术，获得优抚对象及其家属的一致好评。

随军家属安置　全年全市接收随军家属148人，全部得到妥善安置。按照“先进后出、自然减员”的办法，抓好2016年度正团职领导和飞行员随军家属的接收安置工作。根据佛山市军人随军家属就业安置实施方案，做好随军前身份是公务员和事业单位在编人员的人员的调动及招聘工作。根据自然增长机制，从2016年7月1日起，按照11.01%的增长幅度调整随军家属一次性安置补助金标准。调整后，全市随军家属一次性安置补助金标准由原来的83501元调高至92694元。

【退役士兵安置】 2016年，佛山市抓好退役士兵接收安置工作。全年全市接收2015年退役士兵1075人，其中，选择自主就业的退役士兵1058人、由政府安排工作的退役士兵14人、复员干部3人。各区继续推进安置补助标准城乡一体化，为退役士兵发放安置补助金6286.39万元。

针对由政府安排工作的退役士兵，出台《佛山市人民政府关于做好2016年由政府安排工作条件退役士兵安置工作的通知》，采取档案考核办法，根据退役士兵的服役年限和德才表现情况确定选岗顺序，由各区将符合条件的退役士兵安置到区或下辖镇（街道）的党政机关或人民团体雇用人员、事业单位工作人员、国有以及国有控股和国有资本占主导地位企业的正式员工三类岗位。在全省率先印发实施《关于进一步做好市属国有企业接收安置符合政府安排工作条件退役士兵工作的通知》，对市属国有企业接收安置退役士兵的工作程序、实施办法及确保退役士兵的安置待遇进行详细规定。抓好退役士兵教育培训。2015年自主就业退役士兵教育培训政策知晓率100%，共有386名有参训意愿的退役士兵参加免费培训，参训率达100%。

复退军人服务管理创新　结合佛山实际，创新探索，发动社会参与，整合社会资源，逐步建立起“寓管理于服务”的“政社互动”型关爱复退军人服务体系。采取政府购买服务的方式成立市、区复退军人服务中心，由承接服务的社会组织开展系列服务活动，形成“政社互动、共同关注”的服务体系，探索购买社工服务机制，根据实际需要，及时购买社工服务为部分重点复退军人和重病复退军人家庭进行个案帮扶，使社工经常性、长期性介入复退军人群体，开展心理辅导、康复治疗等帮扶工作，通过面对面、专业化、人性化的服务推进帮扶解困。

（吕龙锋）

救助救灾

【概况】 2016年，佛山市提升社会救助工作水平，提高城乡低保标准、农村五保供养标准，完善医疗救助工作政策，健全临时救助工作，扩大保障覆盖面和增加投入。开展防灾减灾救灾工作，防御寒潮、台风等引起的自然灾害发生，做好风险排查、预警通知、救灾准备等工作。开展“防灾减灾日”宣传活动，举办灾害信息员培训，开展全国综合减灾示范社区建设等，增强全市防灾减灾救灾能力。全年全市发放低保救助金15366.72万元，发放五保供养金3801.25万元，医疗救助3.55万人次、2766.03万元，发放临时救助生活补贴37.2万人次、1243.28万元。

【城乡低保】 从2016年1月1日起，佛山市城乡低保标准从每人每月590元调整为每人每月630元，城乡低保补差水平从不低于每人每月400元调整为不低于每人每月455元。至年底，全市有城乡低保对象13029户、22441人，城镇低保补差水平为每人每月744.84元、农村低保补差水平为每人每月460.24元，全年全市发放低保救助金15366.72万元。

【农村五保供养】 从2016年1月1日起，佛山市禅城区农村五保供养标准由区政府按照不低于当地上年度城镇常住居民人均可支配收入的60%确定；南海、顺德、高明、三水区农村五保供养标准由区政府按照不低于当地上年度农村常住居民人均可支配收入的75%确定。各区五保供养标准为禅城区每人每月1925元、南海区每人每月1619元、顺德区每人每月1679元、高明区每人每月1149元、三水区每人每月1305元。至年底，全市有五保供养对象2252户、2255人，全年全市发放五保供养金3801.25万元。

【医疗救助】 2016年，佛山市将低保临界对象纳入医疗救助范围，提高住院医疗救助报销比例，并新增门诊特定病种救助、住院二次医疗救助和按病种付费医疗救助。全年全市救助3.55万人次，支付医疗救助金2766.03万元。其中，门诊救助2.28万人次，支付救助金200.69万元；大病医疗救助1.26万人次，支付救助金2565.34万元。

低保临界对象纳入资助参保范围　在全额资助低保对象、特困供养人员和低收入四类对象参加居民基本医疗保险的基础上，从2016年7月1日起，将低保临界对象纳入资助范围，全额资助低保临界对象参加居民基本医疗保险。

住院医疗救助报销比例提高　从2016年7月1日起，低保对象、特困供养人员和低保临界对象的住院总费用在扣除基本医疗保险、大病保险等报销金额后，剩余住院费用中纳入医保用药范围、医疗服务项目使用范围以及支付标准相关规定的费用按相应比例予以报销。其中，全市低保对象和低保临界对象在市内医保定点医疗机构住院的医疗救助比例从不低于80%调整为不低于90%，在市外医保定点医疗机构住院的医疗救助比例从不低于45%调整为不低于60%。住院的医疗救助年度报销最高限额从6万元调整为10万元。特困供养人员住院的医疗救助比例为100%。

新增门诊特定病种医疗救助、住院二次医疗救助和按病种付费医疗救助　从2016年7月1日起，低保对象、特困供养人员和低保临界对象因患“职工、居民医保门诊特定病种”疾病到市内医保定点医疗机构就诊发生的医疗费用，经职工、居民基本医疗保险、大病保险报销后，剩余个人需要支付的门诊特定病种医疗费用按80%的救助比例予以报销，年度报销最高限额10000元。低保对象、特困供养人员和低保临界对象单次个人住院总费用，经基本医疗保险报销、大病保险报销、住院医疗救助报销后，个人需要支付的住院医疗费用超过2000元（含2000元）的，给予不低于80%的住院二次医疗救助，年度报销最高限额3万元，有条件的区可适当提高年度报销最高限额。低保对象、特困供养人员和低保临界对象因患“按病种付费的病种”疾病到市内医保定点医疗机构住院的，救助金额计算公式与住院医疗救助相同，年度报销最高限额包含在住院医疗救助的年度最高限额中。按病种付费医疗救助与全市医疗保险按病种付费同步施行。

【临时救助】 2016年，佛山市支出临时救助资金1619.24万元，救助0.85万人次。根据《佛山市临时救助暂行办法》，对遭遇突发事件、意外伤害、重大疾病或其他特殊原因导致基本生活陷入困境，其他社会救助制度暂时无法覆盖或救助之后基本生活暂时仍有困难的家庭和个人给予的应急性、过渡性救助。按照全市物价上涨情况，启动低收入群众临时价格补贴与物价上涨联动机制。全年全市向城乡低保对象、特困供养人员和城乡低保临界对象发放临时生活补贴37.2万人次、1243.28万元。

【防灾减灾】 2016年，佛山市做好防寒、防台风工作。年初寒潮期间，各区开放所有应急避护场所，启动24小时值班制度和灾情统计制度，全市御寒保暖工作到位。强台风“妮妲”和“海马”登陆期间，启动应急响应，各项防灾减灾准备工作有序，没有因灾导致人员伤亡和重大财产损失。加强汛期安全检查，开展2016年汛期减灾救灾工作检查，重点检查各区汛期准备工作情况，包括应急预案、值班制度、灾害信息员配备，以及救灾物资储备、应急避护场所和综合减灾示范社区建设情况，并就存在的问题督促改进。汛期期间，市、区、镇各级救灾业务部门加强应急值守，确保通讯畅通。组织开展减灾救灾志愿服务队培训。加大灾害风险排查，结合地质灾害、台风灾害的多发风险地方，对困难群众、易灾地群众进行风险排查。做好备灾工作，更新应急避护场所宣传栏，在市、区的公园安装防灾减灾宣传栏，加大应急避护场所的宣传，在市级避护场所仓库还添置应急物资折叠床、毛巾被、运动衣、毛巾、洗漱用品等生活用品，提高应急救助能力。

【“防灾减灾日”宣传周暨防灾减灾宣传主场活动】 2016年5月12日，佛山市减灾委联合禅城区减灾委在禅城区季华公园举行2016年佛山市（禅城）“防灾减灾日”宣传周活动启动仪式暨防灾减灾宣传主场活动。市减灾委、禅城区减灾委领导及减灾委成员单位代表、有关社区代表、社会织织及志愿者代表等300多人参与活动。活动内容包括进行佛山电视台《热线面对面》防灾减灾知识问答，通过专家讨论，现场市民互动的形式提高市民防灾减灾知识；进行医疗急救体验，志愿者及市民通过医疗急救体验，提高市民自救互救能力；开展消防互动体验，体验消防器材的使用、模拟火灾现场逃生，强化群众消防避险和自救意识，增强应对灾害和突发事故的综合能力；对志愿者进行搭帐篷培训，提高志愿者的灾后救助能力；通过宣传展板展示，展示防灾减灾工作开展情况及常见灾害的防灾、避险、自救互救技能；进行灾害宣传资料派发及防灾减灾知识咨询；在活动现场还有地震灾害宣传大篷车，对模拟地震及与地震相关现象进行体验及避险宣传。

【灾害信息员培训】 2016年5月5日，2016年度佛山市灾害信息员培训班在佛山市广播电视大学开班，各区、镇（街道）灾害信息员参加。该次灾害信息员培训班是继村（居）换届后的第三期培训，也是2016版自然灾害灾情报送系统启用和2016版《自然灾害情况统计制度》后的首次培训，培训主要内容为气象灾害及灾情管理、2016版自然灾害情况统计概述、自然灾害灾情报送系统上机操作等，以此提高灾害信息员的报灾能力。

【综合减灾示范社区创建】 2016年7月，佛山市减灾委办公室印发《佛山市创建全国综合减灾示范社区工作方案（2016—2020年）》，推动各区加大力度、加大资金投入，完成“十三五”的“全国综合减灾示范社区”创建任务。全年全市推荐上报“全国综合减灾示范社区”10个，完成创建任务。至年底，全市完成年度综合减灾示范社区的社区143个，数量居广东省第二、地级市首位。

（吕龙锋）

地名管理

【概况】 2016年，佛山市按照《广东省地名管理条例》和《广东省建筑物住宅区名称管理规定》办理地名申报许可，落实全市地名统一审核制，依法审批地名命名。全年审批建筑物、住宅区地名命名、更名共120宗，道路地名命名、更名共195条。

【地名普查】 2016年，佛山市推进全国第二次地名普查工作。在全市市域采用大比例尺地图进行地名普查，组织市直相关单位及各区、镇（街道）分管地名普查工作的民政业务骨干开展佛山市第二次全国地名普查工作业务培训，开展地名普查宣传工作。完善路街牌设置维护，及时对丢失、损坏的路街牌进行修复和重新设置。至年底，全市32个镇（街道）有85%已完成外业实地调查，编制地名调查目录51835条，采集地名79231条，地名标志照片6528张，填写地名登记表37708张。南海区、三水区基本完成普查任务。

（吕龙锋）

婚姻登记

【概况】 2016年，佛山市民政部门贯彻民政部《婚姻登记工作规范》，加强对各区婚姻登记工作的日常指导和监督，确保全市婚姻登记工作开展有序、规范。重点指导做好涉港澳台和涉外婚姻登记工作，以及如“2·14”“5·20”等特殊日子的高峰期婚姻登记工作。

全年全市办理结婚登记35444对，其中，国内居民35159对，涉外、华侨、港澳台285对；离婚登记10180对，其中，国内居民10094对，涉外、华侨、港澳台86对；补领结婚证7760对，其中，国内居民7705对，涉外、华侨、港澳台55对；补领离婚证623份，其中，国内居民616宗，涉外、华侨、港澳台7宗。

【等级婚姻登记机关创建】 2016年，佛山市以创建国家等级婚姻登记机关为抓手，推进婚姻登记机关标准化建设。开展婚姻登记工作专项检查，重点查找婚姻档案管理工作规范中存在的问题并督促全面整改。三水区婚姻登记处创建国家3A级机关申报工作全面展开。

【婚姻家庭辅导】 2016年，佛山市通过政府购买服务开展婚姻家庭辅导工作，引进社工、婚姻心理辅导专家，为有需求的当事人免费提供法律咨询、情感辅导、危机处理、离婚辅导等服务。禅城区婚姻登记处建立“婚姻家庭辅导室”，通过政府购买服务的方式，聘请专业人士，区别各种不同对象和情况，为离婚服务对象提供心理疏导、法律咨询等服务。三水区婚姻登记处通过与社会组织合作，拉开婚姻家庭辅导的全面工作。

（吕龙锋）

殡葬工作

【概况】 2016年，佛山市推进殡葬改革与管理。佛山市巩固100%火化率和“无坟化”清坟成果，落实低收入群体殡葬基本服务免除费用政策，规范殡葬服务单位建设和管理。开展殡改宣传月活动，妥善做好清明安保工作。开展骨灰植树活动，推进绿色生态殡葬。抓好“十二五”殡葬事业发展目标考核工作，在广东省人民政府印发关于“十二五”期间殡葬事业发展目标考核情况的通报中，佛山市位列全省第二，顺德区第四，并得到省人民政府的通报表扬。

【殡改宣传月】 2016年3月，佛山市利用各种渠道，开展形式多样的殡改宣传月活动。通过《佛山日报》、佛山电视台、佛山电台、《佛山广播电视周报》等多家新闻媒体以及横幅、宣传标语、宣传单张、海报、宣传车、公益短信等多种宣传方式，宣传佛山殡葬管理“十二五”规划，以及安全、文明、有序的祭拜方式。

【清明节安全保卫】 2016年，佛山市民政局组织收看民政部清明节工作视频会议并传达广东省民政厅清明节工作会议精神；主动联系新闻媒体宣传全市殡改成绩、“十二五”目标任务，并解答热点难点问题；分管副市长召集市殡改领导联席会议成员单位、各区政府副秘书长、各区民政局召开全市民政工作暨清明保障工作会议。清明节期间，全市殡仪服务单位共接待祭扫群众近400万人次，各种类型车辆100万多辆次，未发生交通事故、人员踩踏等安全责任事故。

【殡仪馆“开放日”活动】 2016年3月27日，佛山市及各区殡仪馆举办殡仪馆“开放日”活动。活动通过市民说法、殡仪馆直面回应以及通过相关政策等剖析和纵深报道等方式，营造殡葬服务行业透明服务、阳光殡葬的良好氛围，使社会各界对殡葬行业进一步了解，减少误解。南海区殡仪馆通过设置创意话剧环节，用艺术方式展示生命意义，并邀请全国殡葬专业创始人王夫子教授作《殡葬那些事》专题讲座。顺德、高明、三水区殡仪馆通过积极主动向新闻单位提供宣传线索和素材，传递正能量，营造良好舆论宣传氛围。全市各殡仪馆“开放日”活动吸引广大市民和《佛山日报》《珠江时报》《南方都市报》《广州日报》《羊城晚报》及电台、电视台等媒体的关注；活动吸引200多位市民参加。

【骨灰植树活动】 2016年4月23—24日，佛山市民政局组织开展骨灰植树活动，共500多名群众携带383份先人骨灰在高明区更合镇“长青林”参加活动。这是佛山市连续11年，第12次开展此项活动，群众反映良好。骨灰植树活动结束后，市民政局为参与活动的群众发放骨灰植树补贴。同年，南海区民政局完成南海“青松园”的重建工作，并出台南海区骨灰植树补贴办法，全年全区有48份骨灰的亲属报名参加植树活动，29名家属符合条件并领取活动补贴。

【殡葬基本服务费用免除】 2016年，佛山市落实殡葬基本服务费用免除政策，为佛山市户籍或在佛山市办理居住证半年以上，在本行政区域内死亡且遗体在佛山市内殡仪馆实行火化的群众免除7项殡葬基本服务费用。全年全市为2100名群众免除费用约1800万元。

（吕龙锋）

社会福利

【概况】 2016年，佛山市各级民政部门完善社会福利体系。推进养老服务事业发展，出台《佛山市人民政府关于加快发展养老服务业的实施意见》，制订《佛山市民政局养老专项扶持资金竞争性分配工作方案》，开展丰富多彩的群众性老年人文体活动，加强以养老机构管理人员、养老护理员为主体的养老服务队伍建设，提升老年人优待服务工作水平，提高老年人生活质量，促进“老有所乐”目标实现。加大孤残儿童财政供养保障力度，建立事实无人抚养儿童生活保障制度，全市统一将孤儿生活保障标准提高至每人每月1650元。

【养老服务发展政策出台】 2016年4月26日，佛山市出台《佛山市人民政府关于加快发展养老服务业的实施意见》，明确至2020年，全面建成以居家为基础、社区为依托、机构为支撑的，功能完善、规模适度、覆盖城乡的养老服务体系。完善养老服务信息管理系统，居家呼叫服务和服务信息网络覆盖率100%。建立居家养老服务工作政策框架，包括居家养老服务对象需求评估、居家养老服务提供机构准入标准、居家养老服务工作规范和指引。各种具有为老年人服务功能的社区设施向老年人100%开放。

【“银龄安康行动”】 2016年，佛山市推进“银龄安康行动”（“银龄安康行动”是由省老龄办、中国人寿广东省分公司联合推动，将“老年人意外伤害保险”引入为老服务事业的保障工程、民心工程，旨在提高老年人抵御风险的能力）。年内，提高佛山“银龄安康行动”统保覆盖率，扩大受惠老年人群体。禅城区和顺德区相继将统保范围覆盖60周岁以上户籍老人。全年全市投保费2342.97万元，受惠老年人54.6万人，覆盖率达80%，各项指标均超越上年同期水平，发展势头良好。

【老年人信息管理平台启用】 2016年1月1日，佛山市老年人信息管理平台启用，系统集成老年人优待证办理、老年人优待证年审、老年人档案管理、

2016 年 6 月 8 日，“丝路传歌——2016 广东老年群众文艺展演（佛山专场）”在佛山市金马影剧院举办

老年人服务信息统计、高龄津贴管理、“银龄安康行动”管理等 7 个功能模块，旨在善用政务大数据，推动社会管理服务向“无盲点、无死角、无缝隙”的精细化服务模式转型。平台投入使用后，市民办理老年人优待证只需通过电子终端用身份证识别或直接输入提交相关信息即可办理，办证手续也完全实现无纸化，优待证“申请—审批—制卡”时限由原来的三个月缩短到一个半月。全年通过佛山市老年人信息管理平台办理的老年人优待证达 6 万张，占全市办理总数的 80%。

【敬老月活动】 2016 年 10 月，全国“敬老月”期间，佛山市老龄委办公室调动各老龄委成员单位的积极性，开展慰问百岁老人、免费为老人体检、组织学校和企业慰问敬老院、组织义工到敬老院开展“义工服务日”等一系列活动，为老年人办实事、办好事，将党和政府的关怀送进千家万户。同时，加大敬老宣传力度，利用电台、报纸、微信等媒体开展敬老爱老宣传，营造尊老爱老助老的良好社会氛围。年内，佛山市创建“第二届全国敬老文明号”活动再获佳绩，禅城区石湾敬老院、南海区罗村孝德文化促进会、三水区老干部大学等 3 个单位获评第二届“全国敬老文明号”；莫悦明、刘奕等 5 人获评“全国敬老助老爱老模范人物”。

【老年人文体活动】 2016 年，佛山市开展丰富多彩的群众性老年人文体活动，推动普及健康生活方式，提高老年人生活质量，促进“老有所乐”目标实现。6 月 8 日，由佛山承办的“丝路传歌——2016 广东省老年群众文艺汇演（佛山专场）”在佛山市金马影剧院举行。来自佛山五区的老年文艺骨干共 400 人参加该次演出，现场观众超过 500 人。6 月 24 — 27 日，广东省老年人太极拳剑比赛在肇庆市怀集县举办，佛山市高明区 11 位老年人代表参加比赛，获得个人 21 金、11 银和团体银奖的佳绩。10 月 10 — 12 日，2016 年广东省健身广场舞联赛（广州赛区）、广东省老年人广场舞比赛暨省直机关老年人广场舞邀请赛在广州伟伦体育学院举行，佛山市南海区金秋艺术团代表佛山市参赛并获得老年组规定套路第二名和自选套路第七名的优异成绩。10 月 27 日，2016 年佛山市老年人广场舞比赛在禅城区金马影剧院举行，来自五区及市直单位的 15 支代表队共 300 余人参加比赛。11 月 17 日，由广东省老年文化协会和玖玖国际共同主办的“玖玖·阳光 e 家——2016 广东省老年文艺汇演总决赛”在广州市广联礼堂举行，佛山市禅城区张槎老协和顺德区凤岭老年大学参加比赛并获得银奖，佛山市老龄办获优秀组织奖。

【事实无人抚养儿童生活保障制度建立】 2016 年 10 月 17 日，佛山市民政局、市财政局联合出台政策文件，建立事实无人抚养儿童生活保障制度，并确定 2016 年度全市事实无人抚养儿童基本生活补贴发放标准按照每月每月 1000 元执行，有条件的区可适当提高发放标准。

（吕龙锋）

慈善事业

【概况】 2016 年，佛山市贯彻《中华人民共和国慈善法》，各级慈善会等慈善组织加强募捐管理，推进“互联网+”公益，宣传慈善文化，打造品牌慈善项目，全年全市筹集善款1746.47万元。在2016年发布的“中国城市公益慈善指数”排名中，佛山市位列全国第23名、广东省第4名。

【《中华人民共和国慈善法》学习宣传】 2016年3月16日，《中华人民共和国慈善法》（简称《慈善法》）出台并于9月1日实施，佛山市市、区开展《慈善法》学习、宣传系列活动，营造依法治善、行善守法的良好社会氛围。全市共组织《慈善法》专题学习报告会、专题讲座8次，专题论坛3次，主要针对各级民政业务的公职人员、公益慈善组织的工作人员进行培训，解读《慈善法》条文。同时，展开全媒体报道，在《佛山日报》上开设专题解读《慈善法》中市民最关心的9个焦点问题；在佛山电台上线《民生直通车》，解读《慈善法》重点章节；通过网易新闻端口直播《慈善法》报告会及论坛；通过佛山电视台，结合全国海选的珠江形象大使评选活动，拍摄《慈善法》公益宣传片，并结合新闻报道全市各类优秀的慈善项目。

【慈善公益活动】 2016年，佛山市慈善会组织举办慈善公益活动，开展专项慈善救助，全年筹集善款1746.47万元。2月22日，开展电视直播元宵慈善晚会筹款；清明期间开展鲜花义卖；3月26日，市慈善会和佛山电视台主办的“2016‘美丽佛山，一路向前’50公里徒步”活动在佛山五区同时启动，市慈善会创新参与方式，发动市民通过设立微基金形式参与报名，100支慈善队伍成立冠名微基金，并在慈善徒步中设置义卖摊点和宣传摊位传播慈善，筹集善款用于帮助患病儿童；10月28日，市慈善会携手澳门乡亲、粤剧名伶霍艳玲、梁玉嵘等人在佛山琼花大剧院举行省港澳粤剧名伶慈善晚会，筹集善款55万元，用于帮助贫困大学生。年内，佛山市开展异地务工人员大病救助、儿童大病医疗救助、妇女两癌救助、小强热线爱心基金救助、爱心助学救助及临时救助等466人次，支出资金402万元。

（吕龙锋）

福利彩票

【概况】 2016年，佛山市福利彩票工作坚持“安全运行，健康发展”的工作方针，以“规范管理、深化服务、创新发展”为基点，创新发展思路和手段，加强队伍建设，提高管理服务质效，打造“阳光福彩”，提升公益形象，实现了安全、健康、稳步发展。全年全市销售福利彩票20.52亿元，比上年增长2.1%。

【投注站公开征召】 2016年4月，佛山市按照公开公正、规范透明、从优选择、兼顾公益的原则，向社会公开征召设立55个投注站。专门成立站点公开征召领导小组，制订详细的方案与实施办法，纪检监察部门全程参与，新闻媒体全程跟踪。通过开设站点公示、申请人资格审核、公开摇号等程序，最终确定55个投注站开设名额。整个过程公开透明，反响热烈，得到社会的普遍认同。这是佛山首次利用公开征召的办法开设投注站，为全市投注站的发展探索出一条阳光之路。

2016年8月23日，佛山市举行学习宣传《中华人民共和国慈善法》报告会

【福利彩票信息公开】 2016年，佛山市加大福利彩票信息公开力度。着重完善信息定期发布机制，与媒体的沟通交流机制；建立福利彩票社会责任报告制度，主动接受社会监督；及时向社会发布福彩有关政策规定、游戏信息、以及福彩公益金使用等情况；建立奖励补贴公示制度，及时将中心对投注站、负责人、销售员等的各种奖励、补贴以及相关的评选办法等向社会公布，提高透明度。另外，在对投注站进行补贴的过程中，主动请有资质的第三方专业评估公司参与价格评估，使补贴更加科学、规范、公平。

【投注站点管理】 2016年，佛山市实施“投注站的问题及时在投注站解决”服务准则，帮助投注站增量减负。市福利彩票发行中心全体人员工作重心下移，为站点提供设备维修维护、彩票配送、消耗品领取、海报张贴、人员培训、合同签订、站点改造设计等日常“一站式”服务。开展“分片负责制”的“一对一”服务。利用海报和废票为所有站点进行展示装饰，并将站点展示的效果制作成PPT，作为新销售员培训或投注站之间交流培训的内容，提升站点的宣传展示水平。升级投注站视频报警监控。提高站点信息化管理水平，准确掌握站点信息和需求，更好服务站点。

【投注站点扶持】 2016年，佛山市通过提供形象再升级补贴、专项补贴，提高奖励范围和幅度等措施，加大投注站点扶持力度。

投注站形象再升级补贴　推行站点形象再升级改造工作，在站点形象建设方面不断总结经验，按照“实用、耐用、好用”的原则，改进站点的装修标准，使得站点装修更加合理规范。全年完成形象再升级站点76个，发放改造补助资金303万元。

投注站专项补贴　利用投注站显示屏智能联网进行统一公益宣传，站点与社会反映良好。为减轻站点的负担，对已安装监控、显示屏智能联网与WiFi的站点给予信息建设补助资金，全市提供补贴资金约80万元；对高频游戏电子走势图显示设备进行补助，全市387个站点符合要求获得补助资金。

福利彩票奖励　按照站点的专业程度、形象建设、彩票销量及即开票销售情况等因素，评比出2015年度优秀投注站88个，同时设立电脑福利彩票年度总销量奖、电脑型彩票销量奖等奖项。通过奖励，调动投注站的销售积极性。

（吕龙锋）

老龄工作

【概况】 至2016年年底，佛山市60岁以上老年人口71.10万人，比上年增长4.23%，其中，80岁以上老年人9.52万人，比上年增长4.2%，占老年人口的13.39%。全年全市发放高龄津贴1.74亿元，人数达241万人次。全面实现70周岁以上老年人意外伤害险财政统保。全年全市老人投保人数52.7万人，覆盖率超过80%，老年人商业保险覆盖率居全省第二，超额完成年度预期目标。佛山市民政局获2016年度“银铃安康行动”优秀组织奖，佛山市老龄办获2016年度“银铃安康行动”突出贡献奖、关爱突破奖。

落实2016年度全市企业退休人员基本养老金调整工作，并同步完成部分企业退休人员视同缴费账户利息重核和补发工作，提高企业退休人员的养老金水平。调整后，全市企业退休人员月平均养老金由2693元调增至2875元，增幅6.75%。从1月起，继续调升城乡居民保险基础养老金15元/月，调整后的佛山市基础养老金水平达170元/月，实现佛山市城乡居保养老待遇的六连调。至年底，佛山市城乡居保退休人员的养老待遇达人均276.56元/月（含2014年佛山市实施的个人账户养老金补缴）。至年底，全市城镇职工基本养老保险参保缴费人数243.29万人，享受基本养老保险待遇人数为54.69万人。全市城乡居民基本养老保险参保缴费人数20.5万人，享受城乡居民基本养老保险待遇人数31万人，覆盖率达100%。

【养老设施布局】 2016年，佛山市开展养老服务公共设施配套研究，加强全市养老设施布局规划。构建全市完善的养老服务公共设施服务体系，给居民提供宜居的生活环境，推进公共服务均等化，研究分析现有配置标准在规划实施中存在的问题和不足，增设托老所、老年公寓等设施；在新的配置标准中明确社会福利设施的用地面积、建筑面积，增加绿化覆盖率、室外运动设施设置等要求。加快养老设施布局规划编制，由市民政、国土部门组织开展《佛山市养老设施布局规划》编制工作，明确养老设施发展规模和布局，确定佛山市养老结构体系及老年人设施建设标准，提出实施建议与保障措施。

【养老服务专项扶持】 2016年，佛山市制订《佛山市民政局养老专项扶持资金竞争性分配工作方案》。通过竞争性分配、专家评审的方式，确定市级居家养老服务中心示范点8个、居家养老服务中心2个、市级幸福院项目示范点8个，投入财政扶持资金270万元。

【养老服务专业化队伍建设】 2016年，佛山市加强以养老机构管理人员、养老护理员为主体的养老服务队伍建设，鼓励有条件的养老护理员参加技能升级考核，提高护理员高级、中级持证比例。全年全市有143人参加省民政厅组织的初级养老护理员培训。

【老年医疗保障】 2016年，佛山市提高老年医疗保障水平。全市有28个医疗机构（其中二级以上医院24家）设立老年病科，91.7%的综合医院开设康复医学专科。全市建有57个家庭医生式服务市级示范点，组建家庭医生团队645个，有家庭医生718人，共有58.4万名居民签订服务协议，签约覆盖率达15%，重点人群签约率达55%。全年全市共有11个定点医疗机构开设家庭病床业务，平均每年建床约3000张。

【养老服务体系建设】 2016年，佛山市优化为老年服务质量。一是老年人优待证办理更便捷。为简化市民办事程序，提高政府行政效率，规范老年人信息管理，2016年1月1日起，佛山市启用佛山市老年人信息管理平台，至年底已为6万名老人办理优待证，办证周期从以往的半年压缩到3个月。全年全市办理老年人优待证94519张，其中本地老人证82933张、外埠老人证11586张。二是公共设施建设更贴心。出台《佛山市公共设施配套标准》，明确养老院、老年公寓、居家养老服务中心、托老所等机构在建设规模、配置级别、配置要求等方面的标准，规范福利机构的建设；根据《佛山市既有住宅加装电梯管理暂行办法》，市、区规划部门做好审批管理工作。三是法律保障体系更完善。佛山市建立以市（区）法律援助处老年人权益部、镇（街道）法律援助工作站为主体的老年维权机构网络。市（区）法律援助处具体指导和管理辖区内老年人法律援助工作；法律援助处老年人权益部和镇（街道）法律援助工作站配备专（兼）职法律援助工作人员，在市（区）法律援助处指导下，开展社区老年人法律咨询、依法调处涉老纠纷等法律援助服务；三级法律援助机构相互配合，利用各自资源优势，共同构筑起老年人维权的平台。全年全市法律援助机构为97名老龄人提供民事法律援助，为6名老龄人提供刑事法律援助，为3名老龄人提供行政法律援助。

【老年人精神文化生活】 2016年，佛山市丰富老年人的精神文化生活。一是组织老年人参加省老年人体育协会的各项比赛。其中，佛山市老年人代表队分别参加广东省老年人太极拳剑比赛、广东省老年人广场舞比赛暨省直机关老年人广场舞邀请赛、广东省老年人柔力球比赛等，并且都取得不错的成绩。二是“敬老月”期间举办佛山市老年人广场舞比赛。来自市直单位和全市五区16支队伍共300余人参加比赛，到场观看观众800多人。三是承办2016年广东省老年人文艺巡演（佛山专场）活动。该次文艺汇演由省老龄办主办，共有来自佛山市五区的老年文艺骨干400人参加演出，现场观众500多人。

（老龄办）

物　价

物价改革与管理

【概况】 2016年，佛山市价格工作按照年初制定的“抓好价格调控、深化价费改革、规范价费行为、强化价费监管、优化价格服务、实施稳价惠民，充分发挥价格杠杆作用，确保群众基本生活稳定”的总体思路和目标，各项工作进展顺利，成效显著。全年全市接到价格举报投诉、政策咨询3302件，较好地解决停车收费、医疗收费、网络购物价格和物业服务收费等投诉热点问题。2016年佛山市居民消费价格指数（CPI）比上年增长2.3%（低于预期调控目标0.7个百分点，与全省平均水平持平），保持平稳上涨态势。

【价格收费改革】 2016年，佛山市研究出台《佛山市推进价格机制改革实施方案》，提出落实农业支持保护政策等31项改革任务和加强组织领导等5项保障措施。推进价格收费改革。

重点领域价费改革　一是加大收费事中事后监管和清理力度。做好《广东省收费许可证》的注销工作；编制《佛山市市级政府定价的涉企经营服务收费目录清单》和《佛山市市直部门行政审批中介服务收费目录清单（第一批）》，梳理出234个涉及全市的行政事业收费项目；强化取消收费许可证后的收费公示牌监制抓手，为46个市直收费单位办理收费公示牌监制。二是推进医疗服务价格改革。重新制定4994项公立医疗机构基本医疗服务价格，清理不符合规定的165份医疗服务价格管理文件；拟订《佛山市公立医院取消药品和医用耗材加成调整基本医疗服务价格实施方案（试行）》，为促进全市公立医院综合改革奠定良好基础。三是落实教育收费改革措施。深化高等学校教育教学和人才培养模式改革，完善公办高等教育成本分担机制和收费管理制度；从2016年10月11日起取消民办高校、民办中职学校学费备案制度和住宿费核准制度。四是落实环保价格政策。对符合超低排放限值要求的燃煤发电企业给予上网电价支持；实行水泥企业用电阶梯电价政策；病死畜禽无害化处理设施执行农业生产电价；完善佛山市两部制电价用户基本电价的执行方式；落实光伏发电上网电价政策，向省发改委申报佛山市致兴纺织服装有限公司分布式光伏发电项目、华南电源创新科技园光伏屋顶项目、广东溢达纺织有限公司分布式光伏发电项目、广东保威新能源光电建筑一体化微电网应用示范项目上网电价，合理引导新能源产业健康有序发展。

定调价和价格改革调研　一是合理调整价费标准。进行12次成品油价格调整；制定广佛地铁佛山段二期票价标准；合理调整菜牛屠宰收费标准；废止市社会福利院原自费老人托养服务收费标准；考察核定佛山职业技术学院调整住宿费标准；督导落实污水处理收费标准达到国家规定标准。二是组织价费改革调研。先后组织停车收费政策、出租汽车的运价政策及燃油附加费联动机制执行情况、公租房等保障性住房的租金价格管理情况、景区门票及调价情况、港口码头经营收费情况、生活垃圾处理成本收费情况、水资源费标准执行情况、地下综合管廊建设情况、民办小学分段收费执行情况、企业缴纳税费情况等的摸底调研，为制定相关政策提供参考。

【清费减负降低企业成本】 2016年，佛山市通过加大行政事业性收费免征力度、减免取消部分经营服务性收费、停征价格调节基金的全部项目、降低工商业用电价格、天然气工商业用气实行最高限价管理等措施，实施清费减负降低企业成本。

行政事业性收费免征力度加大　从2016年4月1日起，对23项国家设定和11项省定的涉企行

政事业性收费项目，全部免征省级及市、区级收入，其中堤围防护费在全市全面免征；从2016年5月1日起，对国内植物检疫费、林权勘察费等18项行政事业性收费免征范围从小微企业扩大到所有企业和个人。行政事业性收费此项全年为企业减负26.3亿元。

部分经营服务性收费减免或取消　对海关查验没有问题的外贸企业，在查验环节发生的吊装、移位、仓储费用给予免除，为企业减负0.07亿元。从2016年2月1日起，取消利用城建档案收费，为企业减负0.03亿元。从2016年3月15日起，取消港航行政管理部门（交通）征收的货物港务费，为企业减负0.08亿元。

价格调节基金项目全部停征　在停征汽车销售、汽车安全性能检测、依法计征水资源费取水户等3个价格调节基金项目的基础上，从2016年2月起，停征新建商品房销售征收项目，实现价格调节基金征收项目全部停征，减轻企业负担1.8亿元。

工商业用电价格连续两次降低　从2016年1月1日起，降低一般工商业用电价格0.58分／千瓦时；从2016年6月1日起，降低大工业和一般工商业用电价格1.68分／千瓦时。全年减轻工商业用户电费负担约1亿元。

天然气工商业用气实行最高限价　从2016年1月1日起，佛山市天然气工商业用气价格由过去供需双方协商定价，改为实行最高限价管理，最高限价标准为4.60元／立方米，比改革前的议价标准5.20元／立方米明显降低；从2016年8月1日起工商业用气最高限价进一步下调，降低至4.30元／立方米。全年减轻企业气费负担1.1亿元。

【价格综合调控】　2016年，佛山市制定并落实《佛山市价格监测绩效评价制度》，督促全市162个价格监测点采价、报价，对全市1119种商品和服务价格进行跟踪监测；发布《佛山市发展和改革局关于印发佛山市加强和改进价格监测分析工作的实施措施的通知》，从强化监测分析保障能力、突出价格监测工作重点、改进价格分析工作方式等3个方面提出17项具体实施措施。在省价格监测质量考核中，佛山市四个季度得分均为100分，在广东省21个地级市排名中位列第一。

平价商店　优化和完善佛山市的平价商店网络，全年先后注销和淘汰25家平价商店。至年底，全市五区平价商店共有310家，全年平价商品销售总额为1.5亿元，优惠让利总额为0.18亿元。制定落实平价商店绩效评价措施，为平价商店建设监管提供制度保障。

价格调控项目库管理　2016年春节期间，组织全市187个纳入省农副产品价格调控项目库的项目单位开展农副产品价格调控工作，保障肉菜正常供应，40多种农副产品以低于市场价格5%～15%的幅度销售；发布《佛山市发展和改革局关于印发广东省（佛山市）农副产品价格调控项目库入库项目单位联络人制度的通知》，明确入库项目单位联络人及其义务，实行动态管理，保证入库单位能够按照上级要求完成各项调控稳价任务。

【价格惠民政策】　2016年，佛山市落实临时价格补贴联动机制。落实广东省新修订的联动机制，根据低收入居民基本生活费用价格指数（SCPI）的涨幅情况，全年全市启动联动机制12次，并按规定标准对低收入群众实施临时价格补贴，全市发放补贴1613.80万元，惠及群众48.41万人次，确保低收入群众生活不因物价上涨受影响。实施管道天然气居民气价阶梯价格制度。计量气价由原来的3.65元／立方米统一降低为第一档气价3.40元／立方米，容量气价全市统一降低为500元／户，为全省最低，超过40万户居民家庭可享受降价优惠。至年底，佛山市居民生活用水、用电、用气价格全部实行阶梯价格制度。

【价格监管】　2016年，佛山市物价部门突出价格执法重点，开展各类价格专项检查。全年全市查处价格违法案件13件，查处价格违法所得2.03万元，实现经济制裁35.26万元。其中，没收违法所得1.84万元、罚款33.22万元。

价格行为监管　开展春运客运票价专项检查，告诫并要求客运站场对个别明码标价不够规范的商店进行整改，完善标价行为；联合市商务、工商部门开展餐饮行业市场行为检查，召开“2016年餐饮行业价格行为提醒告诫会”，对检查中发现的部分餐饮企业明码标价不够规范的情况进行登记并责令整改；联合市住建、工商部门对全市在售楼盘开展联合执法检查，建立佛山市房地产市场消费维权协作工作机制，出台《关于规范新建商品房销售环节律师服务费和网络营销等收费行为的通知》《关于整顿新建商品房交易收费问题的工作指引》《关于加强商品房销售管理　严惩违规销售行为的通知》《关于开展商品房销售明码标价专项检查的通知》等一系列政策，严厉查处违法违规行为，违规收费现象得到了遏制。

价格收费秩序整顿　加强收费监管力度，对市直28个执收单位76项行政事业性收费开展专项检查，对落实免征政策的市直执收单位、各区涉企收费情况进行专项检查，对18个部门38个单位的经营服务性收费情况进行专项检查，降成本成果得以巩固。重点对17个港口（码头）、3个海关监管仓、5个进出境货运车辆检查场进行出口环节收费专项检查；对营运车辆综合性能技术等级评定（检测）收费的历史遗留问题召开市交通、发改、财政、质监等4个部门协调会并形成解决方案；对4个殡仪馆和14个墓园的殡葬服务收费开展专项检查，保障群众祭扫活动的正常进行；对落实各项免征政策专项检查中发现的主要问题提出处理意见并要求整改落实。运用电子检查手段开展全市医疗服务项目价格和药品价格专项检查，收集市一医院等9个医疗机构的电子数据，督导社保定点药店明码标价巡查。随机抽取高明供电局和南海供电局作为下查一级单位，开展全市电力价格专项检查，确保佛山市电力价格政策执行到位。

【价格服务】 2016年，佛山市制定下发《佛山市发展和改革局关于加强成本调查工作的通知》，做好常规、周报、半月报、直报、预测和专项调查等各项农产品成本调查工作；组织开展菜牛定点屠宰服务收费标准定价、华英学校调整学生收费标准和机动车安全性能检测收费等3项成本监审工作；统计全市二级及以上公立医院2013—2015年度的医疗收入情况，推进全市医疗服务价格调整和理顺工作。

抓好价格认证工作。组织全市学习贯彻国家发改委印发的《价格认定规定》，加快推进价格认定工作法制化、规范化建设；联合东莞等八市开展价格认定互查活动，提高业务档案管理水平；在升级涉案财产价格认定管理系统基础上，强化价格认证业务，全年全市办理行政执法机关委托的价格鉴定9401宗，鉴定标的总额为22.77亿元；完成涉纪案件价格鉴定4宗，案值764.4万元；完成海关委托鉴定业务45宗，鉴定标的总额为938.67万元；完成工商、税局、法院、财政等部门委托的行政罚没案件价格鉴定234宗，鉴定标的总额为653.95万元；完成价格咨询服务12199宗。各项优质高效的工作赢得各部门和广大群众的认可和好评。

（梁　思）

市场物价

【概况】 2016年，佛山市居民消费价格总水平（CPI）累计上涨2.3%，涨幅比上年扩大0.7个百分点。其中，食品烟酒价格上涨5.0%、非食品烟酒价格上涨1.0%；服务价格上涨1.9%、消费品价格上涨2.5%。

价格环比上涨月份较多，同比两头高中间低　从各月环比看，全年有7个月份呈现上涨态势（其中2月受春节因素影响大幅上涨2.6%，其他6个月份涨幅均低于0.8%），另外分别有3个月份环比下降，2个月份持平。从各月同比看，多数月份涨幅在2%附近，走势较为平稳温和。涨幅为2%及以上的月份主要分布在年初和年末，5—8月均在2%以下，总体呈现两头高中间低的运行态势。其中2月涨幅突出，达到3.5%，为全年最高点；6月则为最低点，涨幅为1.5%。

八大类商品及服务价格“六升二降”　从累计同比看，2016年八大类商品和服务价格“六升二降”。其中，食品烟酒大类涨幅最大，达5.0%，影响总指数上涨1.56个百分点；涨幅较大的衣着、居住、其他用品和服务大类，分别累计上涨3.2%、2.2%、2.9%；教育文化和娱乐、医疗保健两大类涨幅较小，分别为0.8%和0.7%；而生活用品及服务、交通和通信两大类则累计下降，降幅分别为1.3%和1.0%。

佛山市CPI涨幅位列珠三角城市中第四　与全省平均水平比，2016年佛山CPI涨幅与全省持平；在珠三角9个城市中，佛山位列第四名，低于最高位的广州和东莞 0.4 个百分点。

2016 年佛山市与珠三角城市 CPI 涨跌幅对比

单位：%

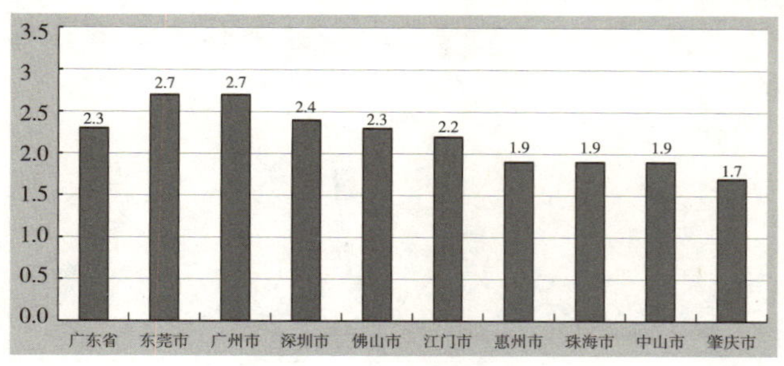

【食品烟酒大类是 CPI 上行首要动力】 2016 年，佛山市食品烟酒大类价格累计上涨 5.0%，拉动居民消费价格总水平上涨 1.56 个百分点，贡献率达 68.6%，成为 CPI 上行的首要动力。

鲜菜价格领涨。在年初的强寒潮侵袭、强降水等极端天气的影响下，鲜菜生产和运输受到较大的影响，鲜菜输入减少，导致鲜菜价格波动幅度异于往年；鲜菜价格全年累计上涨 16.2%，在食品分类价格中涨幅最大，拉动总指数上涨 0.41 个百分点。猪肉价格涨势强劲。猪肉价格全年累计上涨 16.0%，拉动总指数上涨 0.44 个百分点。禽肉、水产品价格明显上扬。禽肉价格全年累计上涨 7.2%，水产品价格上涨 5.0%，共拉动总指数上涨 0.28 个百分点。受极端天气频发、饲养成本上升和猪肉涨价促使消费者购买需求转移等因素影响，带动禽肉、水产品价格上涨明显。在外餐饮价格水涨船高。受食材价格上升、人工成本增加和店铺租金上涨等因素叠加影响，全年在外餐饮价格累计上涨 2.7%，拉动总指数上涨 0.24 个百分点。其中，正餐价格上涨 4.5%、快餐价格上涨 2.5%。

【居住类价格助力 CPI 上行】 2016 年，佛山市居住类价格累计上涨 2.2%，影响总指数上涨 0.50 个百分点。主要由于国家出台多项房地产去库存政策、广佛同城化发展等因素影响，促进房产市场升温，带动私房房租价格上涨 3.2%；房屋成交量增加拉动了装潢维修的需求，加上人工成本不断增加，影响装潢维修费价格上涨 6.7%。

【需求带动服务项目价格继续上行】 2016 年，佛山市服务项目价格继续保持上行态势，比上年上涨 1.9%。其中教育类服务价格同比上涨 1.8%，主要受办学成本增加影响，部分私立中小学和大学上调收费，学前教育、小学初中教育、高等教育价格分别上涨 3.3%、3.1% 和 3.3%。随着居民收入增长和对生活品质要求的提升，家政服务需求日益增多，加上“全面放开二孩”之后第一波生育高峰期到来，保姆和月嫂服务供不应求，需求推动家政服务价格上涨。家政服务价格全年累计上涨 5.6%。随着劳动力成本的刚性上涨，车辆修理与保养价格上涨 3.5%、鞋类加工服务费上涨 1.9%、衣着加工服务费上涨 0.3%、美发价格上涨 5.6%、养老服务价格上涨 6.7%。

【工业品价格转降为涨】 2016 年，随着国家工业去产能措施的推进，佛山市大宗商品价格回升，带动部分工业消费品价格回升，全年工业品价格摆脱上年的下降态势，累计微涨 0.1%。其中，服装、饰品及部分用品呈涨势，如女式外套上涨 4.9%、生活小家电上涨 4.8%、金饰品上涨 11.7%。但耐用工业消费品依然以降势为主，如小型汽车价格下降 0.6%、电视机价格下降 8.0%、移动电话机价格下降 5.6%、空调器价格下降 8.0%。

2016 年佛山八大类商品及服务项目价格累计同比涨跌幅度

名称	价格涨跌幅（%）	对总指数影响（百分点）
居民消费价格总指数	2.3	
一、食品烟酒	5.0	1.56
二、衣着	3.2	0.20
三、居住	2.2	0.50
四、生活用品及服务	–1.3	–0.09
五、交通和通信	–1.0	–0.13
六、教育文化和娱乐	0.8	0.09
七、医疗保健	0.7	0.05
八、其他用品和服务	2.9	0.10

（许雁雁）

主要商品价格

【概况】 2016年，佛山市经济社会平稳发展，产业创新加速，城市管理不断完善，市场供应充足，物价稳定，人民收入和消费水平稳步提高。2016年佛山市居民消费价格（CPI）除2月受极端寒潮天气和春节因素双重影响同比涨幅“破3”外，其他各月运行稳定。全市监测的主要商品市场价格总体运行平稳。其中：蔬菜和生猪仔猪价格出现较大震荡起伏和上涨，玉米价格逐月走低，有色金属、化工产品和建材价格逐月走高，成品油价格成交“U”形走势，商品房价格一路上涨后回探企稳，其余商品价格平稳运行。

2016年佛山市CPI同比走势图

单位：%

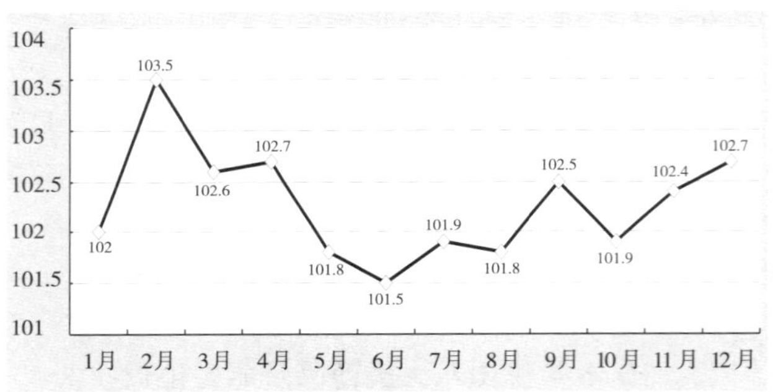

【蔬菜】 2016年，佛山市蔬菜价格受天气和季节因素影响总体波动上行，监测的市场均价为3.99元/500克，比上年3.55元/500克上涨12.32%，并呈较强的季节性波动走势。年初全国大范围罕见寒潮天气令多地蔬菜生产供应遭受不同程度的破坏，外地货源补充受阻，全市蔬菜供应一度偏紧，加上春节消费需求旺盛，推动全市蔬菜均价从1月3.73元/500克迅速大幅攀升至2月5.7元/500克罕见高位，月涨幅达44%。节后两个月有所回落，但受生产恢复滞后影响，价格仍保持高位运行。直至5月夏令瓜菜大量上市，菜价才迅速回落至接近上年同期的水平。8、9月则由于蔬菜换季期，部分品种蔬菜供应减少，加上台风阴雨天气影响蔬菜生长，菜价有所上升。入冬后多地寒冷天气影响蔬菜种植和调运，导致年底蔬菜价格波动上行。

2015—2016年佛山市30种蔬菜月均价走势图

单位：元/500克

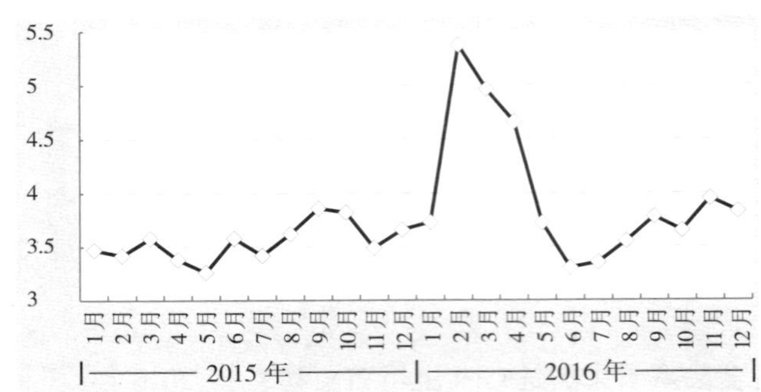

【粮食】 2016年，佛山市粮食价格稳中微升，全年零售均价3.1元/500克，比上年3.04元/500克上涨2.11%。在全国粮食产量十二连增、储备充足和国际粮食价格下跌等的背景下，佛山市粮食价格平稳运行。但受市场供求关系及粮食生产成本上涨等因素影响，监测的5种粮食每500克零售均价在3.07元至3.13元之间小幅波动上行。

2015—2016年佛山市5种主要粮食月均价走势图

单位：元/500克

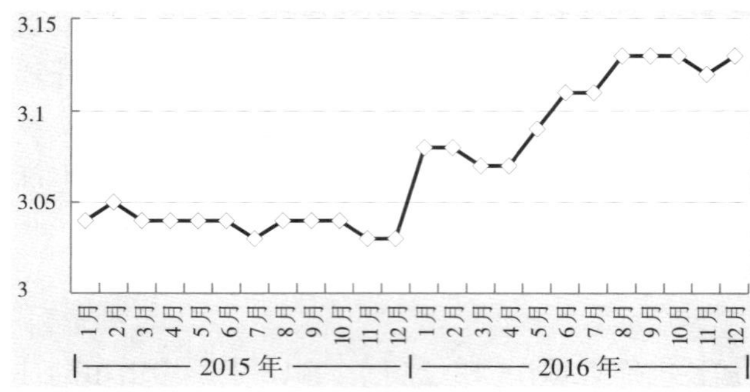

【食用油】 2016年，佛山市食用油价格低位弱势运行。全市监测的2种食用油（5L桶装，下同）均价82.27元/桶，比上年85.06元/桶下降3.28%。面对国际油脂原料价格大幅下行及国内市场供过于求的市场，佛山市食用油市场价格延续2014年以来

的低迷行情，持续低位弱势运行，月均价在 81.44 元／桶至 82.96 元／桶之间徘徊。食用油的产能过剩、库存高企、市场饱和、社团购买力下降等因素的综合影响，即使在春节、中秋、国庆等传统消费旺季，市场价格依然低迷。

2015—2016 年佛山市 2 种食用油月均价走势图

单位：元／桶

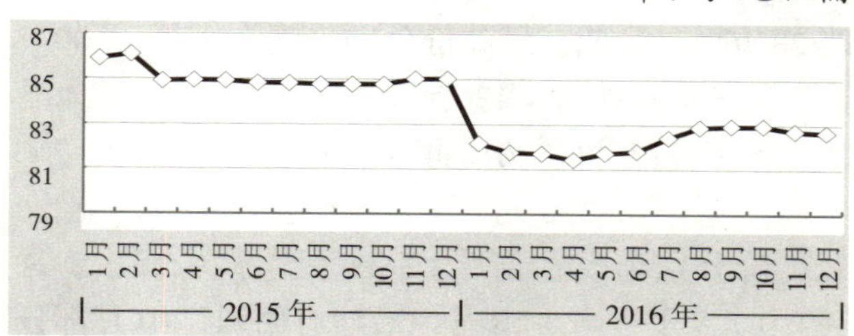

【生猪和猪肉】 2016 年，佛山市生猪仔、猪母、猪出栏价涨幅较大，白条猪肉批发价、猪肉零售价波动上行。生猪出栏均价 9.22 元/500 克，比上年 7.66 元/500 克上涨 20.52%；仔猪出栏均价 26.29 元/500 克，比上年 16.3 元/500 克上涨 61.29%；母猪出栏均价 20.38 元/500 克，比上年 16.07 元/500 克上涨 26.82%；白条猪肉批发均价 11.57 元/500 克，比上年 9.89 元/500 克上涨 17.05%；4 种猪肉零售均价 18.52 元/500 克，比上年 16.23 元/500 克上涨 14.11%。白条猪肉批发价和猪肉零售价因受年内进口猪肉大量增加和其他替代肉类价格相对稳定的影响，涨幅较生猪出栏价涨幅要小。

受猪周期和国内生猪产能深度下降影响，佛山市生猪出栏价格从 2015 年 4 月触底回升，进入上涨通道。2016 年上半年延续上涨行情，在春节、清明、端午等传统节日消费增长和生猪供应偏紧的双重作用下连涨 4 个月。下半年生猪出栏量增加，而夏季消费偏淡，出栏价格从 6 月开始连续 6 个月回落，至 12 月冬季来临，市民腌制腊肠腊肉推动猪肉消费增长，生猪价格扭转弱势下行的局面，震荡回升。仔猪因年初持续寒冷天气降低仔猪成活率，导致后期供应持续偏紧，加上受生猪价格高位和补栏需求增加的推动，1—5 月仔猪出栏价格持续上涨，2 月涨幅达 28.6%，促使 2016 年均价比上年高六成。

2015—2016 年佛山市生猪、仔猪、母猪等出栏均价以及白条猪肉批发均价、猪肉零售均价走势图

单位：元/500 克

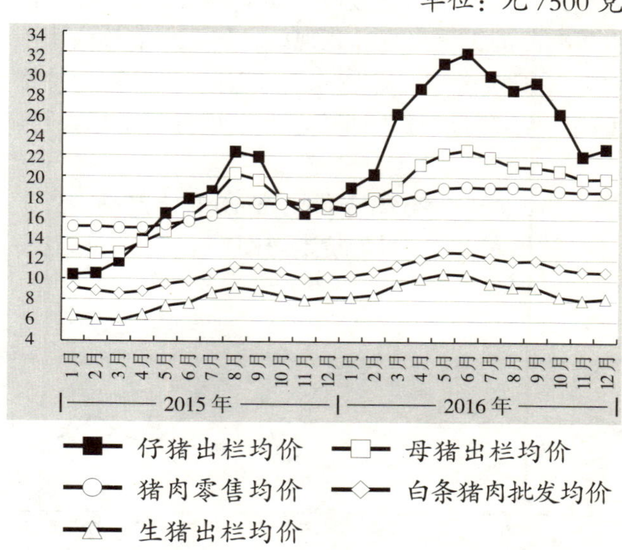

【鸡肉和蛋】 2016 年，佛山市鸡肉价格稳中有升，鸡蛋价格下降。受“集中屠宰、冷链运输、生鲜上市”政策影响，白条鸡销售成本有所上升，在猪肉价格持续上涨的带动下，鸡肉价格稳中有升，佛山市鸡肉（白条鸡）均价 16.68 元/500 克，比上年 16.14 元/500 克上升 3.31%。鸡蛋因年内市场供应充足，销售正常，价格弱势下行。除 2、9 月因春节、中秋国庆假日需求增长出现小幅上涨外，其他月份鸡蛋价格均稳中有降，2016 年红壳鸡蛋均价 5.31 元/500 克，比上年 6.12 元/500 克下降 13.17%。

2015—2016 年佛山市鸡肉、红壳鸡蛋月均价走势图

单位：元/500 克

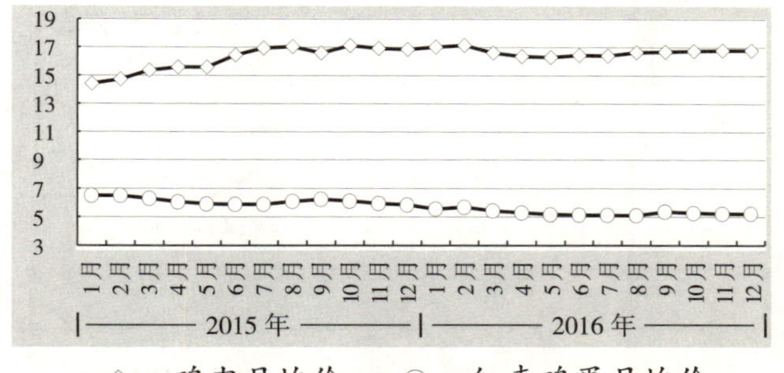

【水产品】 2016年，佛山市水产品价格平稳运行。全年水产品均价23.78元/500克，比上年23.35元/500克上升1.84%，整体呈先升后平稳回落走势。2、3月春节节日效应带动水产品需求旺盛，但由于寒冷的天气出现冻死现象，加上春节放假用工短缺等因素影响，造成水产供应一度偏紧，价格走高，至4月后逐步回落，下半年价格平稳运行。

2015—2016年佛山市10种水产品月均价走势图

单位：元/500克

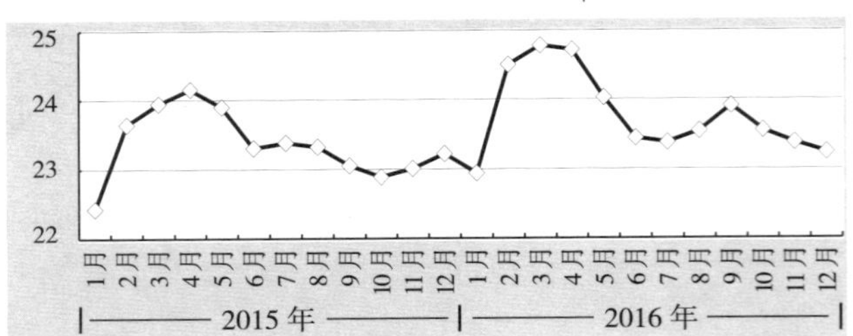

【饲料】 2016年，佛山市饲料价格2.15元/千克，比上年2.22元/千克下降3.21%，其中，玉米、麦皮、豆粕、米糠价格分别比上年下降14.57%、下降1.31%、上升4.24%、上升0.24%。玉米价格比上年降幅较大的主要原因，一是近年玉米产量大、库存高企；二是国际玉米价格低迷的冲击；三是2016年全国将玉米临时收储政策调整为市场化收购加补贴的新机制，大量原来收储的玉米进入市场消化。受此影响，玉米价格持续弱势下行，导致佛山市饲料均价低于2015年的价格水平。

2015—2016年佛山市玉米、4种饲料月均价走势图

单位：元/千克

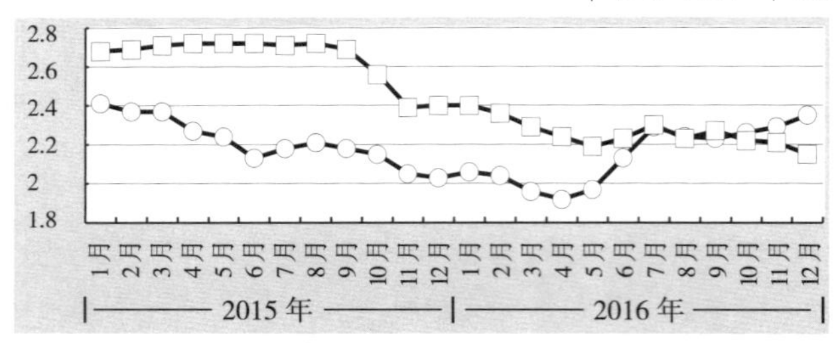

【商品住宅】 2016年，自取消住房限购政策后，佛山市房地产市场全面回暖，加上首付契税方面的优惠政策、购房入户政策、广佛同城交通网络不断完善、广佛两地房价的较大差价等利好的刺激，本地购房需求得到释放，周边城市特别是广州客户大量涌入佛山市购房，推动佛山市商品住宅价格上升。尤其是与广州交接的南海、禅城和顺德区的北滘、陈村等地，新建住宅放量成交，价格快速上涨。禅城区一类地段新建普通商品住宅2016年中位成交价11671元/平方米，比上年9453元/平方米上涨23.46%，最低、最高价分别出现在1月（10097元/平方米）、7月（13676元/平方米）；一类地段二手普通商品住宅2016年中位成交价9198元/平方米，比上年8290元/平方米上涨10.94%，最低、最高价分别出现在1月（8686元/平方米）、7月（9910元/平方米），8月以后略有回调，10月部分区域重启限购政策后价格小幅回落。

2015—2016年佛山市禅城区一类地段普通商品住宅月均价走势图

单位：元/平方米

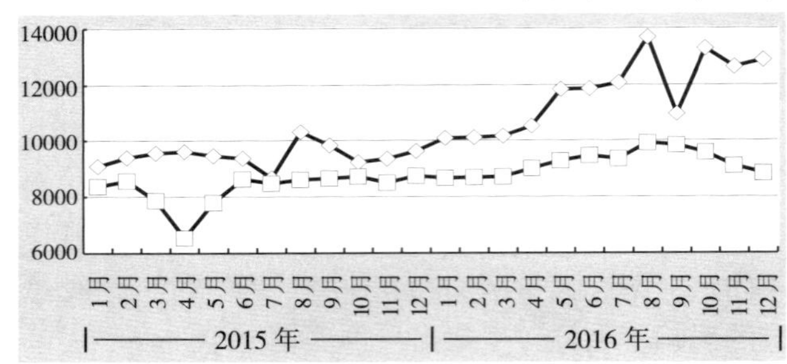

一类地段新建普通商品住宅
一类地段二手普通商品住宅

【瓶装液化气】 2016年，佛山市居民瓶装液化石油气（14.5千克，不含送气费）每瓶均价83.16元，比上年均价84.63元下降1.74%。国际原油价格因市场处于供大于求状态而低位运行，同时，佛山市的瓶装液化石油气市场放开，管道天然气及各种电热替代品的增多，受此影响，全市瓶装液化气零售价格处于近五年价格低位，并弱势运行，直到年底10月后市场季节性消费需求逐渐增加，瓶装液化气零售价格才止跌回升。

2015—2016年佛山市瓶装液化石油气月均价走势图

单位：元／瓶

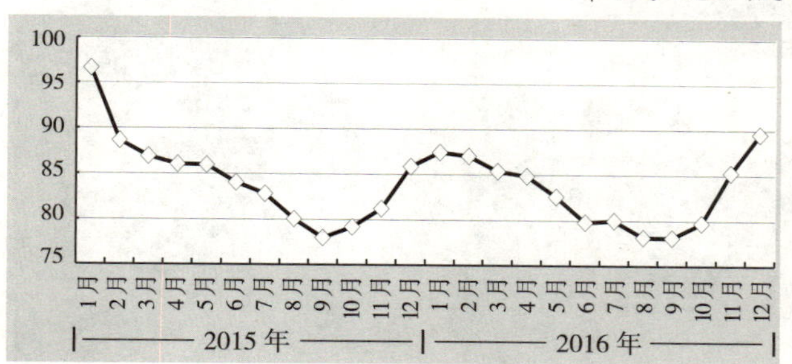

【成品油】 2016年，佛山市成品油价格低开高走，年均价比上年低一成多。监测的三种成品油购进均价为5518元／吨，比上年均价6531元／吨下降15.52%。

全市成品油购进价格呈低开高走格局。第一季度成品油购进均价以低位下行走势开局，随后国家发改委制定"40美元／桶的地板价"，即使国际原油价格（以布伦特原油价格走势为例）从1月初27美元／桶的历史低位至4月初40美元／桶的"地板价"之间震荡上行，在此期间国内成品油价格连续6次不作调整，1—4月价格保持相对稳定。受此影响，上半年佛山市成品油购进价保持在5400元／吨左右小幅波动下行。8月上旬跌至4800元／吨的年内最低位。随后受主要产油国减产协议的利好消息推动，国际原油期货价格低位反弹，震荡上行，国内和佛山市成品油批发价格也随之触底反弹，持续走高，12月均价6478元／吨创下全年最高位。

2015—2016年佛山市3种成品油月均价走势图

单位：元／吨

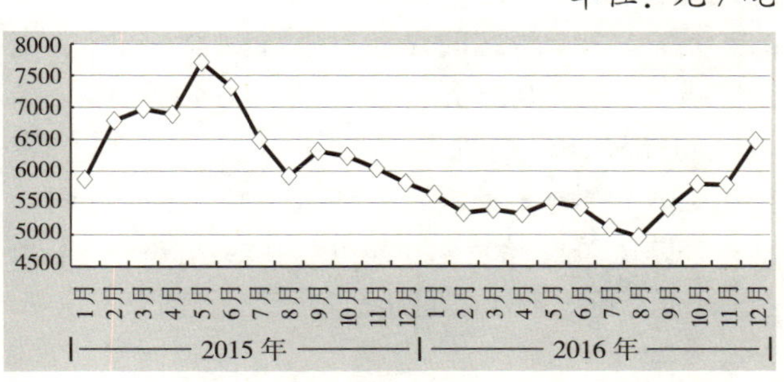

【有色金属】 2016年，受国际市场大宗商品价格震荡走高，部分有色金属供应偏紧以及国内供给侧结构性改革不断深入等因素的影响，佛山市有色金属价格整体呈稳步回升态势，但年均价仍比上年略低。监测的6种有色金属2016年均价48002元／吨，比上年49568元／吨下降3.16%，1月降至41058元／吨的最低位后开始反弹，逐步上涨至12月58650元／吨的年内最高点。

2015—2016年佛山市有色金属月均价走势图

单位：元／吨

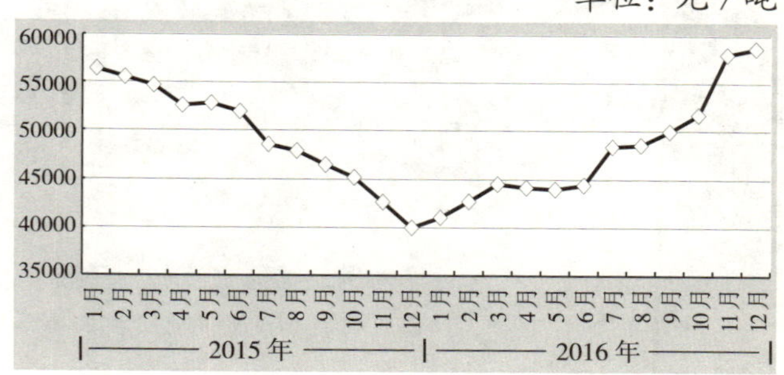

【化工产品】 2016年，佛山市的化工产品价格逐月回升，但年均价仍略低于上年。监测的2种化工产品年均价3825元／吨，比上年的3850元／吨下降0.65%。从各月价格走势来看，除5月均价微降外，其他月份均稳中小幅上行，从1月3192元／吨低位涨至12月5188元／吨的年内最高点。

2015—2016年佛山市化工产品月均价走势图

单位：元／吨

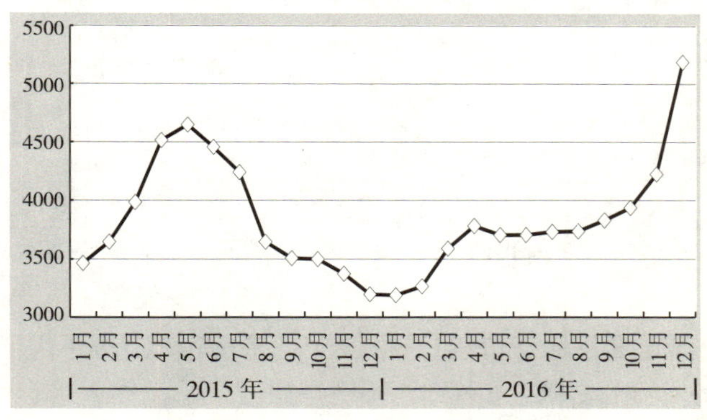

2016 年 3 月 30 日，佛山市发展和改革局召开佛山市降低制度性交易成本新闻发布会

【建材】 受基础设施建设项目持续启动、房地产市场回暖和钢铁煤炭等大宗商品价格上涨等因素影响，2016 年佛山市建材价格稳中有升，监测的 5 种建材年均价比上年上升 10.83%。从各月价格走势来看，除 8 月均价微降外，其他月份均稳中小幅上行。

2015—2016 年佛山市水泥月均价走势图

单位：元／吨

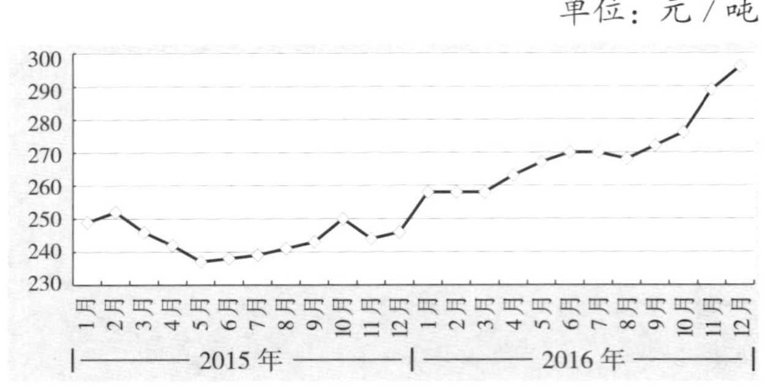

【城市居民服务价格】 2016 年，佛山市城市居民服务价格总体较为平稳，特别是旅游娱乐类并未受春节、五一、中秋、国庆等节日消费旺季的到来而大幅涨价，其价格均保持在合理的价格区间运行。如：景点门票（当地著名旅游景点）的价格始终维持在 70 元／次的价位；宾馆住宿（市区三星级标间）的价格在每日 238 元／间至 298 元／间区间波动；旅游包车（33 座）的价格在 1060 元／日至 1280 元／日区间浮动。

汽运票价及公路货运价格方面，受国际原油和国内成品油价格相对低位运行，市民自驾车出行的增多和高铁的发展，经济疲乏和出口低迷等因素的影响而弱势运行。如：道路班车客运票价（省内线路、中型高一级车）0.32 元／人·千米至 0.4 元／人·千米区间浮动；道路班车客运票价（跨省线路、大型高二级班车）0.23 元／人·千米至 0.34 元／人·千米区间浮动；公路货运（省际、定期定线、整车）0.25 元/吨·千米至 0.49 元/吨·千米区间浮动；公路货运（省内、定区不定线、零担）0.36 元／吨·千米至 0.55 元／吨·千米区间浮动；公路生鲜产品货运（整车）0.29 元／吨·千米至 0.4 元／吨·千米区间浮动。

（梁　思）

收入与消费

【概况】 2016年，佛山市在保持经济平稳增长的基础上，出台一系列促就业、惠民生的政策，社会民生事业不断发展、居民收入稳步提高，实现“十三五”规划的平稳开局，为全面建成高水平小康社会奠定良好的基础。佛山城乡一体化住户调查数据显示，2016年佛山全体常住居民人均可支配收入和生活消费支出分别突破4万元、3万元大关，城乡居民实现收支双增长，民生福祉不断改善。佛山全体常住居民人均可支配收入41941元，比上年增长8.9%。其中，城镇常住居民人均可支配收入达43120元，比上年增长8.5%；农村常住居民人均可支配收入达24159元，增长9.5%。佛山全体居民人均生活消费支出首次突破3万元大关，达30562元，比上年增长10.3%。其中，城镇、农村居民人均生活消费支出分别为31303元、16736元，分别比上年增长10.2%、11.2%，城镇和农村居民消费支出增速均比收入增速高1.7个百分点，消费增长快于收入增长。

【常住居民人均可支配收入平稳增长】 2016年，佛山全体常住居民人均可支配收入41941元，比上年增长8.9%。其中，城镇常住居民人均可支配收入比上年增长8.5%，达43120元；农村常住居民人均可支配收入增长9.5%，达24159元。全体常住居民人均可支配收入、城镇常住居民人均可支配收入、农村常住居民人均可支配收入的绝对值和增长速度均高于全国和全省平均水平。佛山农村居民人均可支配收入增速比城镇高1个百分点，城乡居民收入倍差由上年的1.80缩小为1.78，城乡收入差距继续缩小。从收入四大类构成来看，一系列实实在在的惠民政策，如城市升级、“古村落活化”、“降成本”各项举措、社会保障和社会救助力度提升等，均有效促进城乡居民的工资性收入、经营净收入、财产净收入和转移净收入平稳增长。

2016年佛山常住居民人均可支配收入与全国、广东省对比表

地区	全体常住居民		城镇常住居民		农村常住居民	
	实绩（元）	比上年增长（%）	实绩（元）	比上年增长（%）	实绩（元）	比上年增长（%）
佛山	41941	8.9	43120	8.5	24159	9.5
广东	30296	8.7	37684	8.4	14512	8.6
全国	23821	8.4	33616	7.8	12363	8.2

工资性收入平稳增长　就业形势平稳向好，全市人社系统发放创业担保贷款2.4亿元，带动3.4万人就业，全年登记失业率大大低于3.5%的控制目标。全体居民人均工资性收入达27381元，比上年增长7.5%，占可支配收入的比重为65.3%，其中农村居民人均工资性收入增长快于城镇，表明农村转移劳动力就业态势较好。

经营净收入较快增长　各级政府出台多项“降成本”的举措，效果明显，全年为各类企业减负超过280亿元，促进居民经营净收入稳定增加。全体居民人均经营净收入达5760元，比上年增长11.5%，占可支配收入的比重为13.7%，其中城镇居民人均经营净收入增幅达12.0%，二次、三次产业降成本效果比较显著。

财产净收入快速增长　城市升级继续推进，并推动“古村落活化”工作，促进城乡同步“升级升值”，城乡集体经济分红增加、房屋出租价格上涨，带动居民财产收入快速增长。全年全体居民人均财产净收入达6192元，比上年增长12.5%，占可支配收入的比重为14.8%，城镇和农村居民的人均财产净收入均保持两位数的增长。

转移净收入稳步增长　社会保障和社会救助力度提升，其中企业职工退休金待遇实现“十二连涨”，城乡低保标准上调，平均涨幅均超过6.5%；

大病医保范围扩大，门诊和住院报销比例整体上升。2016年全体居民人均转移净收入为2608元，比上年增长9.9%，占可支配收入的比重为6.2%，城镇居民和农村居民的人均转移净收入增幅分别为9.9%和9.7%，城乡居民收入的二次分配得到合理增长。

【常住居民人均消费支出平稳增长】 2016年，佛山市全体居民人均生活消费支出首次突破3万元大关，达30562元，比上年增长10.3%。其中，城镇、农村居民人均生活消费支出分别为31303元、16736元，分别比上年增长10.2%、11.2%，城镇居民和农村居民消费支出增速均比收入增速高1.7个百分点，消费增长快于收入增长。从消费结构变化看，城镇和农村居民消费增长趋势整体相似，呈现出物质刚需类消费增速平缓、生活品质提升类消费较快增长、个人健康和个性化消费类快速增长态势，表明城乡居民生活水平不断提升。

以物质刚需为主的“衣食住用”消费增速平缓 全体居民人均食品烟酒、衣着支出分别为10169元、1331元，均比上年增长8.7%；人均居住（含虚拟房租）、生活用品及服务支出分别为6163元、1418元，分别增长2.4%、4.7%。这4类消费支出的增速均低于人均生活消费支出整体增速，但合计占人均消费支出总额的62.4%，大部分是居民的刚性消费支出。

以生活品质提升为主的交通通信和教育文化娱乐支出较快增长 成为国内第18个步入200万辆汽车保有量的城市，4G网络发展迅猛，全体居民每百户家庭拥有家用汽车70.8辆、接入互联网的移动电话201.6部，分别比上年增加5.1辆、33.4部，带动全体居民人均交通通信消费支出增长18.3%，达5562元，占人均消费支出总额的18.2%。居民子女教育投入增加，外出旅游持续火爆，人均教育文化娱乐类消费3985元，增长15.3%，占人均消费支出总额的13.0%。在刚需类消费得到较充分满足的前提下，这两大类消费支出成为居民提升生活品质的热点项目，持续保持较快增长。

以个人健康和个性化消费为主的医疗保健和其他用品服务消费支出快速增长 由于医疗报销比例提高，城乡居民更注重身体健康，患病能及时就医，人均医疗保健支出（包含社保报销的医疗费）1210元，比上年增长20.6%，医疗支出占人均消费支出比重为4.0%；人均其他用品和服务支出724元，增长20.1%，主要以珠宝首饰、美容美发等个性化消费支出为主，占人均消费支出的比重为2.4%。

2016年佛山市常住居民收入和支出数据表

	全体常住居民		城镇常住居民		农村常住居民	
	实绩（元）	比上年增长（%）	实绩（元）	比上年增长（%）	实绩（元）	比上年增长（%）
人均可支配收入	41940.7	8.9	43120.3	8.5	24159.2	9.5
一、工资性收入	27381.2	7.5	28205.1	7.0	15405.6	9.2
二、经营净收入	5759.7	11.5	5765.0	12.0	4107.0	7.7
三、财产净收入	6191.8	12.5	6435.5	11.3	3160.0	13.6
四、转移净收入	2608.0	9.9	2714.7	9.9	1486.6	9.7
人均消费支出	30561.6	10.3	31303.2	10.2	16735.9	11.2
一、食品烟酒	10169.0	8.7	10365.5	8.7	5804.0	11.1
二、衣着	1330.8	8.7	1374.1	5.7	592.0	8.9
三、居住	6162.6	2.4	6315.4	2.7	3722.0	1.6
四、生活用品及服务	1417.7	4.7	1527.6	9.4	887.0	1.8
五、交通通信	5562.0	18.3	5600.7	17.0	2826.3	20.6
六、教育文化娱乐	3985.3	15.3	4032.6	14.3	1674.1	21.1
七、医疗保健	1210.0	20.6	1236.3	20.5	858.5	21.6
八、其他用品和服务	724.2	20.1	851.0	26.0	372.0	18.4

（许雁雁）

第八篇

市　辖　区

禅　城　区

基本情况

【概况】 禅城区位于珠江三角洲腹地，广州市西南，佛山市中部。地处东经 113° 0′ 41″ ~ 113° 05′ 40″，北纬 22° 35′ 01″ ~ 23° 02′ 24″ 之间。辖区东、西、北面与南海区接壤，东南、南面与顺德区毗邻，南北长 15 千米，东西宽 19 千米，辖域面积 154.09 平方千米。禅城区境内有东平水道、佛山水道、吉利水道、顺德水道等 4 条水道，辖区岸线 95 千米，码头 25 个，二类口岸港口 2 个（澜石港和佛山新港）。广佛、佛开高速公路及广湛铁路穿境而过，客运火车直通香港九龙，广佛地铁贯穿市区。全区有公交线路 120 条。

禅城区是佛山市人民政府驻地，辖南庄镇、石湾镇街道、张槎街道和祖庙街道，下设 54 个村和 91 个社区。2016 年年末，禅城区户籍人口 63.30 万人，常住人口 113.43 万人，人口自然增长率 8.02‰。

【历史文化】 禅城区是佛山市传统中心城区，是著名的陶瓷艺术之乡、民间艺术之乡、武术之乡、成药之乡和龙狮运动之乡。全区有国家级文物保护单位 3 处、省级 7 处、市级 67 处，市级历史文化保护区 1 个，市级历史文化街区 1 个。列入非物质文化遗产名录共 78 项，其中石湾陶塑技艺、佛山木版年画、佛山剪纸、粤剧、佛山狮头、佛山彩灯、佛山秋色、佛山十番、佛山祖庙庙会被列入国家级非物质文化遗产代表作名录。拥有南风古灶、佛山祖庙博物馆、梁园、广东粤剧博物馆、仁寿寺、佛山岭南天地、南庄绿岛湖、中国（佛山）国际家居博览城等旅游景区。辖区内陶文化资源丰富，以南风古灶片区、1506 创意城、公仔街、广东石湾陶瓷博物馆、佛山陶都工艺美术馆、北纬 23 度艺术空间、新石湾美术陶瓷厂、岭南酒文化博物馆为节点的"陶醉文化街区"成为旅游热点。正月十六行通济、三月三北帝诞、粤剧华光诞、佛山秋色欢乐节、中国（禅城）岭南年俗欢乐节等民俗节庆活动成为当地旅游品牌。

【经济社会发展】 2016 年，禅城区实施供给侧结构性改革，"植产兴业""创新驱动"同向发力，经济结构战略性调整取得新突破；坚持中心城区定位，引领城市更新，"城产人文"融合发展；"家・禅城"品牌深入人心，城市升级向城市升值转变；坚持以改善民生为根本目的推动社会事业改革，提升中心城区幸福安全指数。是年，禅城区实现地区生产总值 1585.26 亿元，比 2015 年增长 8.1%。其中，第一产业增加值 0.62 亿元，增长 16.0%；第二产业增加值 732.98 亿元，增长 6.8%；第三产业增加值 851.66 亿元，增长 9.3%。人均地区生产总值 140600 元，按当年平均汇率折算 21167 美元，增长 6.9%。规模以上工业总产值 2674.78 亿元，增长 7.0%。全年农业总产值 1.38 亿元，比上年增长 18.1%。社会固定资产投资 600 亿元，增长 12.2%。社会消费品零售总额 747.29 亿元，增长 13.3%。外贸出口额 697.10 亿元，上升 0.6%；实际利用外资金额 2.50 亿美元，下降 47.8%。区级一般公共预算收入 76.82 亿元，增长 11.5%。全年全区居民人均可支配收入 41658 元，比上年增长 8.2%。扣除价格因素，实际增长 6.0%。年末，全区金融机构各项本外币存款余额 3586.07 亿元，比年初增加 413.60 亿元。

是年，禅城区获评 2016 年"全国社会工作服务综合示范区"、获评 2016 年全国中小城市最具投资潜力百强区第 8 名和新型城镇化质量百强区第 10 名，被授予"国土资源节约集约模范区"称号，获批"全国专利保险示范工作区"。禅城区社会综合治理云平台获评全国“互联网＋政务”优秀实践案例50强。海天味业、利泰集团入选2016中国民营企业500强。

（蒋中平　张群群）

经济建设

【工业】 2016年，禅城区实现工业总产值2830.90亿元，比上年增长6.5%，其中规模以上工业总产值2674.78亿元，增长7.0%。规模以上工业发展呈现四大特点：一是轻工业发展后劲加强，重工业仍然领跑轻工业。全区规模以上轻工业与重工业分别实现总产值995.51亿元和1692.67亿元，分别比上年增长6.5%和7.0%。二是民营经济迸发活力。全年民营工业产值1905.25亿元，比上年增长8.9%，增幅比全区工业高2.2个百分点，分别快于“三资”工业和国有工业3.9个百分点和6.9个百分点。三是支柱行业带动工业稳步增长。在30个规模以上工业行业中，共有22个行业实现增长。其中专用设备制造业、汽车制造业、化学原料和化学制品制造业按增速排名分列前三，分别实现21.9%、20.5%和20.5%的较高增势。四是先进制造业呈现结构性增长，实现产值796.31亿元，比上年增长10.2%；增速比传统产业工业总产值高出3.2个百分点。

【装备制造业】 2016年，禅城区有装备制造业企业157家，其中工作母机企业41家。是年，装备制造业完成工业总产值697.75亿元，比上年增长9.83%；装备制造业增加值完成163.19亿元，增长7.52%；装备制造业投资额完成37.01亿元，增长1.98%；工作母机增加值完成43.77亿元，增长15.6%。

9月29—30日，广东省第二届珠江西岸先进装备制造业投资贸易洽谈会在广东（潭洲）国际会展中心举办。禅城区签约项目6个，总投资额约104亿元。分别是：中国混合动力及传动系统总成技术平台项目（CHS）、北大数研院地合作示范基地暨北大数研科技园（佛山）基地项目、今程光一智能电网项目、管网工程机械项目、汽车零部件生产项目、南方数据研究院机器人智造平台与机器人智造培训中心项目。6个项目均开工。其中CHS项目总投资约100亿元，达产后年产值约350亿元，是2016年全省引进的投资额最大的工业项目。

【商贸发展】 2016年，禅城区祖庙、季华等商圈利用“五一”“十一”等假期以及岭南民俗活动资源，打造“色彩祖庙商圈欢乐季”等品牌活动，展会规模和品牌数量有较大提升，消费品市场增速稳定上升。2016年禅城区社会消费品零售总额实现747.29亿元，比2015年增长13.3%，整体上呈高位走缓趋势。从商品销售额看，在纺织、家具、装修等行业良好增长的带动下，批发业实现销售额3197.40亿元，比上年增长24.6%。从行业结构看，批发零售业引领全区消费品市场，实现零售额699.10亿元，比上年增长13.6%。年底受喜事婚宴拉动，住宿和餐饮业保持良好增势，实现零售额48.19亿元，比上年增长10.1%。

【主题产业园建设】 2016年，禅城区在每个镇（街）选取一个园区作为众创空间建设示范点，支持每个园区1000万元专项扶持资金，打造“创业苗圃＋孵化器＋加速器＋产业园”的全孵化链条。其中，祖庙“丰收街青年创新创业社区”、张槎“华南创谷”、石湾“陶瓷创意谷”和南庄“绿岛湖·智荟”是禅城区打造的四大“双创”（创新创业）园区。是年，“华南创谷”（含华南电源创新科技园）新增入园企业68家，累计入园170家，吸引包括盛世方舟孵化器、广东鸭梨新媒体等大批互联网及相关配套企业；南庄“绿岛湖·智荟”阿里巴巴佛山产业带进驻的线上企业超过1.45万家，佛山全球电商生态科技城签约企业共有101家；佛山市泛家居电商创意园招商进驻率达92%，大部分为互联网相关企业，囊括电商、设计、家居、智能硬件、创业服务等多种业态。

【中国首个青创板项目示范区落户禅城】 2016年5月9日，全国首个青年创业板项目落地示范区落户禅城区。中国青创板是共青团中央与广东省人民政府共建的中国首个对接青年创新创业的综合金融服务平台，主要服务于在读及毕业5年内的青年创新创业项目和企业。示范区的落地，可链接全国各地创新资源，助力构建创新创业生态圈。禅城区建立“一个示范区，多个配套园区”的格局，把祖庙“丰收街·菁创聚”创新创业社区、石湾泛家居电商创意园、张槎“华南创谷”、张槎新媒体园、南庄绿岛湖打造成为五个配套园区，设立补贴、奖励、创新创业投资引导基金、安家补助、小额担保贷款等配套政策。截至2016年年末，创新创客之城初具规模，新增众创空间6个、国家级科技企业孵化器2个（佛山软件产业园、创意产业园）、国家小型微型企业创新创业示范基地1个（广东新媒体产业园），集聚省认定创新型企业15家、“双创”人才2.5万人。

【招商引资】 2016年7月4日，禅城·宝安产业对接启动仪式暨2016年佛山禅城（深圳）营商环境推介会在深圳市宝安区举行，对接项目签约落户禅城，总投资额超百亿元。12月13日，禅城区在深圳南山区科兴科学园举办“2017佛山禅城（深圳）高新技术产业对接合作洽谈会”，并挂牌成立佛山（禅城）——深圳产业对接联络处。是年，全区新增意向、签约项目（不含房地产项目）44个，涉及投资总额372.48亿元，科力远CHS项目、车世界汽车产业园等一批优质项目落户禅城，北大数研科技园基地等项目动工投产。超亿元项目30个（不含房地产项目），投资金额366.63亿元（其中外资项目2个，涉及投资额16.27亿元），主要分布于智能、节能、健康、高端装备制造业以及现代服务业等重点产业领域。

2016年，禅城区合同利用外资43864万美元，比上年下降48.55%。其中新批项目61个，新批合同外资额38366万美元，比上年下降50.9%；增资项目10个，增加合同外资额7667万美元，下降61.77%；减资项目3个，减少合同外资额2169万美元，下降83.24%。实际利用外资25018万美元，比上年下降47.84%。

【进出口贸易】 2016年，禅城区出台《2016年禅城区促进外贸调结构稳增长专项资金安排实施方案》和《2016年禅城区促进加工贸易转型升级专项资金实施方案》。禅城经济开发区获得20万元省级加工贸易专项资金，是2016年佛山市唯一获得该项扶持资金的开发区。是年，禅城区外贸进出口总值845.8亿元，比2015年同期（下同）下降5.7%，占全市外贸总值的20.5%。其中出口697.1亿元，增长0.6%，占全市出口总值22.4%；进口148.7亿元，下降27%，占全市进口总值的14.5%。

2016年，禅城区口岸（包括佛山快件）进出口货运量484.24万吨，比上年增长9%，其中出口货运量432.66万吨，增长12%；进口货运量51.58万吨，下降13%;水路运输货运量478.53万吨，增长9%；陆路运输货运量5.71万吨，下降27%。进出口集装箱数量为25.33万个标箱（TEU），比上年增长4%。

【企业扶持“禅十条”】 2016年3月30日，禅城区召开促进企业振兴发展大会，推出的《禅城区支持企业家创业创新的若干措施》（简称“禅十条”），涉及企业创新、发展、人才等层面，覆盖个体户、小微企业、规模以上企业、龙头企业从初创、成长、稳定到持续发展的四个不同阶段，共10大类19个扶持政策，产业扶持资金总额达8亿元。8月9日，禅城区“固二优三”创新发展经验交流大会召开，回顾“禅十条”的执行效果，为出台“禅十条”政策后创新创业的159家优秀企业授予荣誉称号。是年，“禅十条”落地，全年批复扶持资金1.2亿元，提供转贷资金16.6亿元，发放创业小额贷款6500万元，663家企业受惠。小微企业上规模支持政策认定小微企业67家，其中小型企业29家，微型企业38家，奖励22家企业共计142万元。

【企业挂牌上市】 2016年，禅城区出台《佛山市禅城区促进企业利用资本市场发展扶持办法》，建立集“新三板”挂牌、企业上市、发债、增资扩股于一体的利用资本市场扶持政策体系，构筑企业挂牌上市扶持政策高地。此外，还建立禅城区挂牌上市后备企业库，推出“上市直通车”系列活动，配套“一门式”上市服务机制，加快后备企业挂牌上市进程。是年，禅城区有上市企业10家，“新三板”挂牌企业11家，全年累计给予扶持资金近3000万元，扶持力度创历年之最；打造3个上市孵化基地，推动7家企业挂牌“新三板”，挂牌企业数量比 2015 年增长 1.8 倍。

【"互联网＋"应用发展】 2016 年 3 月，禅城区颁布新修订的《禅城区促进电子商务产业发展扶持办法》及其实施细则，加大对电商企业、电商园区、电商人才优惠力度，降低税收、销售额等硬性门槛。是年，禅城区在册的电子商务企业 1.63 万家，电子商务年度交易额 1381 亿元，比上年增长 31%，涌现众陶联、鸭梨等一批优质电商服务平台，万美陶瓷、西伍服饰等一批新型跨界企业飞速成长。

【张槎入选广东省首批"互联网＋"培育小镇】 2016 年，张槎"互联网＋"小镇在广东省首批"互联网＋"创建和培育小镇评选中，被评为"互联网＋"培育小镇，也是佛山市唯一一个培育型小镇。"互联网＋"小镇是一种新型工业化、城镇化、信息化和绿色化融合发展的产业新形态，既不同于行政建制镇，也与各类产业园有明显区别，是以互联网产业为依托，集"产、城、人、文"于一体的创新型空间平台。张槎"互联网＋"小镇核心区由华南创谷、佛山新媒体园、佛山创意产业园组成，简称"一谷两园"，占地面积 33.33 公顷。小镇拥有"互联网＋"企业 1000 多家，互联网企业 300 多家，业务辐射范围涉及多个行业，包括云计算、软件产品、家居、信息服务、建材、陶瓷、工业设计、影视动漫、服装等。

【旅游产业】 2016 年，禅城区提出创建广东省全域旅游示范区，拟通过实施三年行动计划（2017 — 2019 年），实现将旅游业对禅城区 GDP 的综合贡献比重提高到 15%，旅游新增就业占禅城区新增就业的 20% 以上，提高旅游业对财政税收的综合贡献水平。11 月 22 日，禅城区等 32 个县（市、区）率先纳入广东省全域旅游示范区创建名单。是年，禅城辖区的佛山祖庙、南风古灶、梁园、家博城、柏林艺术馆等 5 个主要统计景区（点），全年接待游客 641.12 万人次，比上年增长 47.69%。禅城区全年接待旅游人数（含星级酒店、其他住宿设施以及一日游）达 1348.19 万人次，比上年增长 25.18%，其中接待境内外过夜游客 378.71 万人次，增长 20.31%。实现旅游收入 206.98 亿元，比上年增长 23.75%。

【国家级文化产业示范园区创建】 2016 年 9 月 22 日，中国·佛山石湾"陶瓷创意谷"（简称"中国陶谷"）建设启动仪式在石湾公园举行，拉开创建国家级文化产业示范园区的序幕，预计经过 3 年时间的创建，初步构建完整的"陶文化"创意产业生态链条，文化要素与实体产业结合更加充分，基本建成若干重大产业载体和文化设施，改造完成基础设施，基本达到"国家级文化产业示范园区"的各项申报条件。是日，南风古灶工业设计创客中心等 11 个产业项目宣布落户"中国陶谷"，累计投资金额超过 3 亿元。

【低碳试点区建设】 2016 年，禅城区围绕"绿色组织、绿色产业、绿色能源、绿色交通、绿色建筑、绿色园区、绿色社区、绿色消费"八大绿色工程建设，重点以华南电源创新科技园为载体，建立低碳发展的创新模式，推动城产人融合发展。12 月 23 日，华南电源创新科技园举行"广东省低碳创新试点园区授牌仪式"，成为全省首个低碳创新试点园区，并计划再通过 2 ～ 3 年的时间深化园区低碳建设，争取申报国家低碳示范园区。在授牌仪式上，发布"华南电源创新科技园低碳发展指标评价体系"，为全省范围率先发布的低碳示范园区建设的评价体系。该评价体系围绕产业园区的"低碳经济与碳排放""规划建设""能源系统""交通减排""环境资源""运营管理"等方面，进行定性与定量相结合的评价。是年，禅城区推广各类新能源汽车 243 辆，其中纯电动公交客运车 110 辆、纯电动客车 2 辆、新能源社会车辆 131 辆。新建成出租车充电站 1 座、充电桩 84 个，其中私人充电桩 39 个，社会充电桩 2 个，商业办公区（公共单位）43 个。岭南大道"光伏、充电桩一体化公交枢纽站"完成主体建筑建设。推进光伏发电应用，加快镇街光伏示范项目建设，全年完成分布式光伏发电项目共 192 户，其中私人住宅光伏发电项目 183 个（2.2 兆瓦），非居民项目 9 个（5.19 兆瓦）。

【固定资产投资】 2016 年，禅城区完成固定资产投资立项 268 个，投资额 414.48 亿元。其中，政府投资固定资产投资项目137个，总投资25.65亿元。政府投资项目概算审核93项，涉及的送审金额22.48亿元，核定金额20.71亿元，核减1.77亿元，核减率达7.9%。全年完成全社会固定资产投资项目节能评估审查共245份，总能耗控制在45300吨标准煤内，符合国家节能规定。固定资产投资管理系统二期工程试运行，全区固定资产投资实现全流程互联网在线管理。

【社会信用体系建设】 2016年，禅城区组织制订“2016年禅城区社会信用体系建设工作要点”，推进18个重点项目，完成涵盖31个相关部门的区级“双公示”目录的汇总编制。在全国联网的诚信信息系统，公布失信被执行人6691人，公开法律文书873份，公布重要案件信息64条，联动曝光惩戒“老赖”276人。建成并运行科技型企业信用信息在线服务平台，帮助22家企业融资2.6亿元，有35家企业在该平台提交评级申请，其中31家完成评级工作并出具信用评级报告。开展诚信示范园区建设工作，打造“张槎华南电源创新科技诚信示范园区”“南庄吉利购物广场诚信示范园区”“祖庙岭南天地诚信示范园区”以及“石湾美居国际建材中心诚信示范园区”。

【质量强区建设】 2016年，禅城区开展区域质量建设，打造区域品牌，获广东省质量强省工作领导小组办公室批复，同意创建“广东省质量强区示范城市”。推进“全国电源产业知名品牌创建示范区”和“全国针织棉产业知名品牌创建示范区”创建工作，示范区于2015年启动创建，经过2年时间的培育与建设，达到创建标准和验收要求，已向国家质检总局申报验收。6月6日，禅城区人民政府与武汉大学质量发展战略研究院签订战略合作备忘录，促进禅城深入实施品牌发展和质量提升工程。12月30日，《佛山市禅城区政府质量奖评审管理办法》印发实施，禅城区政府质量奖是区政府设立的最高质量荣誉奖，授予在禅城区行政区域内登记注册，在行业内质量领先、技术创新、品牌优秀、效益突出，对禅城区社会经济发展作出突出贡献的组织。禅城区政府质量奖每两年评选一次，每届获奖组织不超过4个，获奖组织将一次性奖励100万元。

【公共资源交易管理】 2016年，禅城区推进公共资源交易平台整合，提高公共资源配置的效率和效益。5月，禅城区公共资源交易中心正式整合到佛山市公共资源交易中心，更名为佛山市公共资源交易中心禅城分中心。是年，禅城区完成建设工程招标项目审查备案235个，完成评标报告审查备案190份，交易金额40.7亿元；完成政府采购项目计划备案321个，完成政府采购项目合同备案310份，预算金额10.5亿元。全年共节约项目资金3.8亿元。

【商事制度改革】 2016年，禅城区在实行“先照后证”“同城通办”的基础上，进一步实施企业登记“五证合一、一照一码”、个体工商户“两证整合”制度。11月1日，禅城区发出首张“两证整合”个体户营业执照。是年，全区有市场主体106229户，比2015年年末增长11.93%；全区新设各类市场主体17402户，比2015年增长37.28%。禅城区内内资有限公司、个人独资企业、合伙企业的工商业务实现100%通办。

【个体工商户转型升级】 2016年3月29日，禅城区修订并印发《佛山市禅城区个体工商户转型升级专项资金使用管理办法（修订）》。该办法与《佛山市禅城区个体工商户转型升级专项资金使用管理办法》相比，补贴对象由部分行业或具备特定资质的个体户，拓宽到所有行业转为企业的个体户；补贴额度由原来的4000元至1万元，提高到4000元至8万元，并对不同行业不同规模企业设立了分档补贴标准；由原来的一次性补贴改为连续三年补贴。是年，全区共有352户个体工商户转型升级为企业，共有294家企业申报并符合专项资金补贴，可获得322.8万元补贴资金。

【安全生产监管】 2016年，禅城区强化事故风险管控，实施“互联网+安全生产”行动计划，在全市率先启用城市风险点、危险源管控“一张图”，率先实施安全生产责任保险统保示范项目，提高风险管控能力。开展风险点、危险源隐患排查整治工作，全年检查督查生产经营单位14621个，发现并督促整改隐患21621处，责令“三停”34家，临时查封25家，行政拘留82人，发现新的风险点危险源46处已登记造册加强管控。全年查处经营单位（个人）违法违规生产589起，立案41件，行政经济处罚421.12万元。是年，全区发生工商贸企业生产安全事故11起，造成11人死亡。

【“互联网+智慧菜市场”建设】 2016年4月，禅城区选取张槎弼北市场、石湾惠景市场作为全市首批引入“食安菜妈”项目的样板农贸市场，在全市率先打造“互联网+智慧菜市场”，构建“食品安全、智能支付、送货上门”的服务体系。是年，食安菜妈公司成功签约73个市场，正式建成运营60个。禅城区“互联网+智慧菜市场”项目受到极大关注，市、区两级党委政府主要领导对“智慧菜市场”项目给予高度评价，中央和省市各级新闻媒体进行广泛报道，全国范围的多个政府部门前来考察，社会影响力不断扩大。

【食品市场安全监管】 2016年，禅城区完成“全省1000个农贸市场开展食用农产品快速检测”的工作目标。开展“放心粮油”“五个一”示范提升工程：通过印发一批专题宣传单张，制作一批食品安全经营信息及制度，遴选一批信誉良好的粮油品牌经营店统一上墙公示，评选一批“放心粮油”示范店，构建放心粮油销售体系，共评定4个“佛山市放心粮油示范店”。开展冻肉四个100%专项整治提升工程，针对祖庙街道东升“冻肉一条街”食品冷库多、杂、乱等突出问题，开展专项整治提升工程，确保冻肉经营单位100%在册建档，100%证照齐全，100%签订承诺，100%向社会公示食品安全信息。推行智慧食药监电子追溯标注，完成标注婴配食品、婴配乳粉、食用油、酒类等重点食品企业200多家，其中婴幼儿配方乳粉182家，婴配食品94家，食用油62家，酒类28家。

【消费维权】 2016年，禅城区加强网络商品交易监管，主动前移网络市场监管关口，针对“双十一”等热点开展网络消费预警工作，引入信用监管机制、净化网络消费环境。协同举办2016华南电商博览会·佛山第三届电商嘉年华活动，逾5万人次参会。是年，全区新增消费维权服务站5个，站点总数共84个。全区共受理和办结消费咨询投诉举报案件6505件，为消费者挽回经济损失542.85万元。

（蒋中平　张群群）

城市建设与管理

【城市升级两年延伸计划情况】 2016年，禅城区实施城市升级两年延伸行动计划（2015—2016年），提升城市发展质量和水平。纳入城市升级两年延伸行动计划共43个项目（小项目97个），总投资额约为393亿元。2015年完成大项目13个、小项目46个，2016年继续推进大项目30个、小项目51个，共完成大项目10个、小项目21个。2016年，完成投入54.24亿元，占年度计划的119%（超额完成目标任务）。全年完成“三旧”改造95.73万平方米，建成面积237万平方米，节约用地面积54.97万平方米，被国土资源部评为“国土资源节约集约模范区”。城市中轴线普君节点启动改造，石湾西片区“一谷八园”成为创新创客新载体，奇槎片区显现国际社区雏形，禅西新城聚集都市型产业。交通格局更加成熟，全年投入16亿元，推进43个道路建设项目，魁奇路东延线等“大动脉”竣工通车，推进季华北路北延线等20条道路的改造建设。广佛地铁二期通车，地铁2号线（禅城段）10个站点动工，广佛环线（禅城段）征拆任务完成。推进18条河涌35个整治项目，新铺设截污管网35.1千米。创建森林城市，新增绿化面积57.7万平方米，新建道路绿化11.5千米、水系绿化3.5千米，新增公园绿地面积25.4万平方米，改建公园18个，其中改造后的亚艺公园的“禅荷·花岛”、文华公园的水舞声光秀和“玫瑰情园”成为禅城甚至佛山热门景点。15个百村升级示范村（社区）环境得到改善，新增湾华村、隆庆村为古村落活化典范，紫南村获评全省唯一的“中国十佳小康村”。

【公共交通与轨道交通建设】 2016年，禅城区打造3条“两纵一横”骨干线路，调整公交线路19条，公交线路120条。整体公交分担率40%，比2015年增长12.7%；常规公交出行量提升至70万人／天；万人拥有公交车15.5标台（按照常住人口测算）。新增（改建）岭南天地公交首末站、岭南大道公交枢纽站（主体竣工）共2个公交枢纽（首末）站。全区公共自行车站点保有量212个。

禅城区轨道交通事业快速发展。广佛地铁线二期工程（魁奇路站—新城东站段）于12月28日开通试运营。轨道交通2号线一期禅城段的10个站点全部围闭施工，轨道交通3号线启动开工前准备工作，轨道交通4号线开展工程可行性方案的研究。湖涌TOD（以公共交通为导向的发展模式）地块完成拆迁补偿交地工作，概念性方案基本完成。广佛环城际轨道禅城区属地负责的征地拆迁完成。

【城市环境】 至2016年年底，禅城区建成区面积101.83平方千米；建成区绿化覆盖率38.2%；公园绿地面积905.8万平方米，比上年增长3.3%；人均公共绿地面积9.36平方米／人，增长1.2%；建成绿道147.1千米。全年总降水量2570.7毫米，比上年增加302.1毫米，增长13.3%，属降水较多年份。平均日气温为22.9℃，下降0.3℃；总日照时数为1572.3小时，增加168.5小时。全区城市生活污水处理能力60.4万吨／日，城市生活污水处理率达到98.02%。全年空气优良天数301天，比上年增加3天；平均灰霾天气46天，减少49天，下降51.6%；酸雨频率43.8%，降低11.3个百分点。城市环境空气主要污染物可吸入颗粒（PM_{10}）年日均值0.057毫克／立方米，比上年下降1.7%。其中二氧化硫0.014毫克／立方米，比上年下降6.7%；二氧化氮0.05毫克／立方米，增长2%。可吸入肺细颗粒（$PM_{2.5}$）年日均值0.038毫克／立方米，比上年下降2.6%。饮用水源水质达标率为100%，城市水环境功能区水质达标率62.5%。工业固体废物处置利用率、医疗危险废物处置率、生活垃圾无害化处理率均达100%。

【房地产市场】 2016年，禅城区新建商品房销售套数39105套，比上年增长33.10%；销售面积317.83万平方米，增长41.74%；销售金额332.93亿元，增长57.15%；销售均价10475元／平方米，增长10.87%。2015年年底，中央提出房地产去库存任务，禅城区2016年商品房去库存任务为6.25万平方米。2016年4月29日至5月2日，在广州市荔湾区西城都荟广场举办2016佛山（禅城）第二届O2O网上房博会，线上活动时间为4月29日至7月31日。10月8日，佛山市场重新实施住房限购政策，禅城区房价保持在10月份均价水平。至12月底，禅城区商品房库存总面积271.85万平方米，对比2015年年底库存减少65.51万平方米。是年，禅城区核发商品房预售许可证135宗，建筑面积227.41万平方米；核发商品房现售备案证109宗，建筑面积21.66万平方米。两项合计，共新增上市供应面积249.07万平方米。

【土地市场管理】 2016年，禅城区出台《关于优化国有土地使用权出让收入分配方案加快推进城市更新工作的通知》，将村集体以及企业用地的分成比例由原来的30%，分别提高到60%和50%，提高土地权属人的收益，刺激权属人的供地积极性。2016年全区土地收储计划93.33公顷，实际实施收储95.06公顷。公开交易土地10宗，成交面积64.58公顷，成交金额116.07亿元。其中，一级市场出让40.11公顷，二级市场转让24.47公顷；其中住宅用地51.77公顷、商服用地1.03公顷。

【城管执法】 2016年9月，禅城区出台《禅城区严查严控违法用地违法建设工作实施方案（试行）》，采取“一门式”联合整治“两违”（违法建设和违法用地），建立快速查违工作机制，依法实施暂停不动产登记、限制混凝土供应、断水、断电、断网等强制措施，以南庄镇探索成立联合执法大队为示范，推动各镇（街）建立专门的查违队伍，落实属地主体责任。创新市容管理机制，推行全天候市容管控模式，在网格化日常巡查的基础上，采取错峰整治及守点、夜间整治、周末整治等多种模式进行全方位管控。2016年，拆除违法建设190宗，比上年增长41%；拆除面积6万多平方米，增长20%。开展市容环境专项整治1100余次，拆除违法广告招牌2617块，比上年增长14.3%；拆除面积 3.9 万平方米，增长 11%。处理各类市容违法行为 14 万余宗，全年立案 2117 件。受理行政诉讼、复议案件 11 件，比上年下降 39%；受理各类信访投诉 2136 件；办理人大议案（建议）和政协提案 16 件，办结率和满意率均为 100%。

（蒋中平　张群群）

社会民生事业

【科技成果】 2016 年，禅城区 17 项成果获得 2015 年度省、市科技进步奖，其中省科学技术奖 2 项，市科技进步奖 15 项。全年新认定国家高新技术企业 82 家，累计有市级以上科技企业孵化器 13 家。全年发明专利申请量 4190 件，比上年增长 83.77%，居全市五区第二。5 项专利获 18 届中国专利优秀奖，2 项获中国外观设计优秀奖，1 项专利入围 2016 年广东省专利金奖。全区国家高新技术企业数 153 家，省级工程中心 55 家。

【教育】 2016 年，禅城区有各级各类学校（含民办学校、幼儿园）239 所，在校教职工 13806 人，在校学生及幼儿 157051 人。其中职业学校 3 所，教职工 396 人，学生 6064 人；中小学 96 所，教职工 7326 人，学生 108734 人；特殊学校 1 所，教职工 28 人，学生 104 人；幼儿园 139 所（公办性质 41 所，民办 98 所），教职工 6056 人，幼儿 42149 人。高中阶段教育毛入学率 120.64%。义务教育招生自 2016 年起，采取“一门式”行政服务中心窗口办理的措施，实现公办小学入学报名业务全城通办；小升初对口直升范围扩大；推进可持续发展教育，禅城区在第七届北京可持续发展教育国际论坛上获评“中国可持续发展教育国家示范区”。是年，禅城区参加普通高考 5405 人，其中，重点本科上线人数 1798 人，比上年增加 318 人；禅城区重点本科上线率 33.3%，增长 21.5%。

职业教育　贴近企业需求合作培养人才，校企抱团发展实现优势互补；加强专业建设、拓展中高衔接。华材职校新开工业机器人应用与维护专业，与顺德职院、佛山职院、广东省职院、广东女子职业技术学院实现三二分段（在中职学校和高职院校选取对应专业，制订三年中职学段和二年高职学段一体化的人才培养方案，分段教学）或五年一贯制中高职衔接。加强面向社区的培训，年培训量约 7000 人次，全民终身学习活动周受益群众约 3 万人次。华材职校连续 5 年被省教厅授予省中等职业学校技能大赛特殊贡献奖。

科技教育　张槎中心小学等 10 所学校的学生科技创新项目获省科技创新大赛一、二、三等奖，张槎中心小学、佛山市第九小学科技创新项目在全国青少年科技创新大赛中夺得 1 金 2 银。3 月，禅城区学生在第 31 届广东省青少年科技创新大赛中获 3 金 6 银 3 铜的成绩，获奖数居佛山市之首，其中 4 个项目获全国赛参赛资格。4 月，禅城区教师陆慧仪获全国中小学机器人教学展评一等奖。5 月，禅城区学生在全国中学生水科技发明比赛总决赛中获得 2 项一等奖；8 月，获得第 31 届全国青少年科技创新大赛 1 金 2 银，在第 17 届全国中小学生电脑制作活动中获得 4 项一等奖；10 月，在 2016 德国纽伦堡国际发明展上获世界创新奖金奖及国际发明铜奖。

【社会文化活动】 2016 年，禅城区推进“花开四季，文化禅城”文化惠民工程。开展文化进园区、文化进村居、文化进校园等 200 多场文化惠民活动，全年开展各类文体活动近 1000 场，受惠群众 120 多万人次。较为大型的活动有佛山祖庙庙会（三月三北帝诞）民俗活动（4 月 7 — 18 日）、佛山粤剧华光诞活动（10 月 28 — 29 日）、禅城区第五届禅城区少儿读书节（4 — 9 月）、“筑梦佛山”文化艺术公益夏令营（7 — 8 月）、2016 年禅城区第 12 届“东方杯”暑期青少年文化系列活动（7 月 10 — 23 日）和禅城区非遗进校园活动（10 月 8 日— 12 月 1 日）等。开展汽车图书馆流动服务，举行“四送四进”（送书籍、送关爱、送信息、送便捷，进校园、进社区、进企业、进机关）全民阅读推广活动，全年开展服务 322 次，接待 7.17 万人次，行驶里程 4638 千米。截至 2016 年年底，禅城区文艺精品获省、市各类奖项 200 多项，有文艺社团 400 多个，其中《我爱你的蓝飘带》代表佛山市参加第三届广佛肇清原创音乐作品展演获银奖。禅城区博物馆引进云南丽江玉龙文物保护管理所、广西柳州博物馆的系列文物展览，全年举办20次展览活动。

【旅游文化创意产业】 2016年，禅城区完成《禅城区旅游文化产业规划》的编制，实施以文促商、文旅商融合发展的战略。举办佛山陶瓷艺术周等42项活动，囊括陶艺交流、大型展览、音乐会等内容，推动"城产人文"融合发展。引进包括方所书店、酷狗音乐、国科机器人等7个优质文化产业项目落户禅城，指导甲骨文艺术建材等7家企业获得首批市级文化产业示范基地称号，指导华盛昌陶艺文化等18个项目获得佛山市旅游文化专项扶持资金。是年，石湾南风古灶获得广东省首批文化旅游融合发展示范区称号。至年底，禅城区列入佛山市重点文化企业名录的企业有17家，广东省文化产业园1个，国家级文化产业园2个。

【全民健身运动】 2016年，禅城区开展"全民健身，活力禅城"群众体育活动，举办武术龙狮大汇演（1月1日）、蔡李佛功夫大汇演（3月5日）、棋牌公开赛（3月12—13日）、职工乒乓球混合团体赛（5月21—22日）、空手道锦标赛（6月25日）、第14届全国青少年体育舞蹈锦标赛（7月15—17日）、职工羽毛球混合团体赛（7月16—17日）、全民健身系列活动（8月）、青少年游泳公开赛（8月27—28日）、首届国际（佛山）蔡李佛功夫赛（10月22—23日）等系列活动。是年，举办竞赛项38项（次），直接参赛人数超过10万人次，在机关、企业、镇（街道）、村（社区）中掀起全民健身运动热潮。全区新建成社区体育公园10个，总面积20.39万平方米，向社会购买体育场场馆15个，免费向市民开放，受益人数30多万人次。

【医疗卫生】 2016年，禅城区有各类医疗卫生机构（含市直）250个。其中医院28家，卫生院4家，社区卫生服务中心5个，社区卫生服务站46个，专科防治所3个，门诊部（所）、医务室、卫生所127个，农村卫生站21个，健康教育所1个，妇幼保健院（所）2个，采供血机构1个，卫生监督所2个，疾病预防控制中心2个，其他卫生机构8个。有医院床位11650张（其中，市直医院7464张）。是年，联合区公资办启动建设"互联网+医疗"项目，开发建立以服务市民为中心并应用到社区的互联网健康交互平台。鼓励高层次人才和特殊紧缺医疗卫生人才落户禅城并留在基层。优化社会办医，落实多点执业政策，新增的14个医疗机构经验收注册批准开业。加强医疗机构监管，打击非法行医和违规诊疗行为，取缔无证行医窝点8个。加强对传染病防控，建立疫情联防机制的报告制度，有效地防控寨卡、登革热、H7N9禽流感等传染病。

【民生实事落到实处】 2016年，禅城区一般公共预算支出超六成用于民生，达54.7亿元。全区公办小学生免费托管，15个校外学生托管示范点备受好评。身份证换（补）领自助办理，建成121个居住证免费办理点。食品和食用农产品快速检测网络全覆盖，建成515个监测点。关怀超高龄孕产，惠及2216个家庭。搭建"圆梦平台"，建立妇女儿童服务联盟，为200多位特困母亲困境儿童实现318个微心愿。建成区图书馆石湾镇街道分馆、区少儿图书馆。推行"银龄安康行动"计划，为全区12.5万名60岁以上户籍老人购买意外伤害综合保险，完成5家公办养老院"阳光厨房"改造。完成80户残疾人家庭无障碍改造。打造8条样板河涌。新增2533个无线访问接入点。新增2000个停车位。

【人才事业】 2016年，禅城区实施"万千英才"战略，相继出台"通济才智"人才工程（含6个配套细则）、优秀科研团队（高层次人才）评选等人才政策，起草《禅城区争创创新人才集聚示范区工作意见》（人才工作"禅十条"）。实现"3+5"人才战略布局，分别在美国、日本和爱尔兰，以及长沙、武汉、西安、柳州和景德镇等地，建立8个引才揽智合作平台。先后组织210多家禅城名企前往吉林、柳州、景德镇、武汉、兰州和广州大学城等地开展跨省跨市引才揽智活动，现场达成就业意向800多人。组建"禅城区人才服务团"，为145家重点企业提供量身定制的人才服务。全区建立企业研究生联合培养基地25个，人才服务工作联合工作站10个，高层次和专业人才社会组织3个，为

10个单位发放扶持资金近70万元。推进佛山人力资源服务产业园建设，签约进驻的人力资源服务机构21个（其中全国行业龙头品牌1个，国家高新技术企业1家），待进驻的世界500强品牌1个；产业园累计开展线上线下招聘活动50多场、为企业培训人数近3万人、人力测评2.3万人次。加强博士后科研工作站建设，禅城区博士后科研工作站（分站、基地）增至21个，先后有20名博士后进站开展研究工作。至年底，全区有各类人才21.6万人，其中国家“千人计划”专家2人，享受国务院特殊津贴专家71人，外国专家96人，市创新创业领军人才72人，“市区两级大工匠”22人，博士403人，高级职称专业技术人才7610人，高技能人才3.3万人。

【创业就业】 2016年，禅城区落实2015年底颁布的《禅城区加强技能人才队伍建设实施办法》，由财政给予来禅就业和在岗技能晋升的高技能人才个人社保补贴，中介机构和职业院校成功引进和推荐技能人才来禅就业的，给予引进和推荐单位财政补贴奖励，在全国均属首创。出台《禅城区促进失业人员再就业扶持办法》，填补扶持失业人员再就业系统性政策的空白，为佛山市五区首创。完善“一门式大数据”就业培训和援助体系，推行“就业经理人”模式，实现“失业进门、就业出门”的一门式精准帮扶就业。建立佛山泛家居、瓷海国际等6个各具特色的创业孵化基地，进驻创业团队1262个。举办“我的导师我的创业合伙人系列活动”和创业大赛等系列活动，形成“大众创业、万众创新”社会氛围，全区成功创业1629人，带动就业7201人。是年，全区累计新增就业岗位4.33万个，新增就业2.12万人，失业人员实现再就业1.25万人；城镇登记失业率2.15%，低于全省平均水平。

【社会保障与社区服务】 2016年，禅城区累计建成并对外开放家庭综合服务中心17个，家庭综合服务覆盖城市社区83个、农村46个，服务覆盖率89%，基本构建起社区“15分钟服务圈”。全年为70周岁以上户籍老人发放高龄津贴共3520.68万元，惠及老人55182人；办理佛山市老年人优待证19334张；政府统保范围扩大至60周岁，纳入投保老人12.27万人，投保金额122.7万元，实现户籍老人保险全覆盖。出台《禅城区民办社会福利机构资助办法》，全年共划拨资助扶持资金273万元，扶持民办养老机构8个。提高禅城区低保标准，城乡最低生活标准统一由每月590元／人提高到每月630元／人；大幅提高特困供养人员（“三无”人员、“五保”对象）供养标准，由每月1773元／人调整至每月1925元／人，为全市最高；低保对象大病医疗救助报销比例由原来不低于80%提高至不低于90%。全区残疾人生活救助及社会保障方面共投入经费2000多万元，主要用于重性精神病、重度残疾人生活护理、一户多残、老残户、居家安养等补贴；为80户残疾人家庭需要进行无障碍改造；举办残疾人再就业等培训，累计全区已就业残疾人2330人，就业率83%。至年底，禅城区参保单位（不含机关单位）总数35842个，参加企业职工养老保险参保人数40.24万人。城乡居民社会养老保险总人数为4.87万人；职工医疗保险参保人数41.87万人；居民住院参保人数21.18万人；居民门诊参保人数21.17万人；失业保险参保人数39.52万人；工伤保险参保人数39.17万人；生育保险参保人数38.39万人；按建筑项目参加工伤保险的工程达98个，参保金额合计超699万元；全区办理一次性缴费业务4215人共2.08亿元。企业养老金待遇调升比例为6.5%，人均月增资182元，达到2875元／月；城乡居民基础养老金从155元／月调升至170元／月；工伤保险供养亲属抚恤金和生活护理费调升比例为11%，调整后人均供养亲属抚恤金为1154元，生活护理费为2372元／月；失业人员死亡丧葬费抚恤金由41760元调升至46359元。实际完成城市棚户改造518套（户）；基本建成公租房1354套；新增发放租赁补贴135户，完成2016年度住房保障工作目标任务。共分配安置公租房1895套，其中面向外来务工人员公租房570套，人才公寓1072套，面向城镇户籍中低收入家庭公租房187套，面向环卫工人公租房66套。清退公租房449套，清退直管公房163套。

【社工服务】 2016年3月，禅城区公开招标确定广州市汉达社会工作服务中心负责区内社会组织实践基地（社工行业枢纽平台）运营服务。该基地定位为社会组织的综合型服务平台，为在禅城区服务的社会组织提供人才培养、组织培育、行业统筹、交流展示等支持服务，为政府各部门在社会工作服务方面提供政策建议、咨询规划等服务。6月，基地启动，民政、司法、社工委、工会、团委、妇联、残联等部门、各镇（街）及约40家社会组织接受服务，受益人员600多人次。7月29日，禅城区政府印发《禅城区社会工作者职业水平证书补助办法》，一次性补助社会工作师2000元、助理社会工作师1000元。至年底，全区持有国家社会工作职业水平证书人数842人，其中，助理社会工作师648人，社会工作师194人；每万人拥有持证社工数11.7人。

【全国社会工作服务示范区创建】 2016年，禅城区投入购买社会工作服务经费1500多万元，开展多领域服务项目60多个，备案社会工作服务项目42个，发布佛山市禅城区社会工作服务项目绩效评估结果35个，服务市民30多万人次。8月，禅城区完成申报全国社会工作服务示范区（综合示范）创建工作。11月3日，禅城区获民政部命名为全国社会工作服务综合示范区。

【社会大局稳定】 2016年，禅城区社会矛盾专项治理阶段性成效明显，重大事项社会稳定风险评估备案率100%，社会矛盾化解率97.9%。“飓风2016”专项行动整治立竿见影，全区有效刑事治安总警情比上年下降17.2%，警情连续5年大幅下降，群众安全感位列全市第一、全省前列。完善“人防+物防+技防”立体化防控体系，创新“物联网”群防群治新模式，张槎大沙村、青柯村列为流动人口和出租屋服务管理试点。城市风险点、危险源“一张图”管控有效，安全生产责任保险推进有力，全区风险管控能力不断提高。全年未发生影响重大的群体性事件、暴力恐怖事件、个人极端恶性事件和较大以上生产安全事故。

【获评“互联网+政务”优秀案例】 2016年11月24日，中国智慧政府发展年会在北京召开，禅城区社会综合治理云平台获评第二届（2016）中国“互联网+政务”全国优秀实践案例50强。该云平台以问题和需求为导向，以云计算、大数据等重点核心技术突破政府运作传统流程模式瓶颈，探索“第一时间发现问题、第一时间交办问题、第一时间解决问题”的快速处置流程，初步构建成综合管理、主动防控、智慧应用的现代化社会治理3.0模式。云平台于2015年12月10日启用，整合区内18个职能部门数据信息及视频监控等资源，实现对社会事件的实时处置。2016年3月10日正式对外开放，市民可通过微信公众号和电话热线（“12345”行政服务热线等）反映各类问题。是年，云平台共受理各类案件28.98万件，已结案28.64万件，办结率98.8%，内容涵盖城市管理、治安防范、消防安全、安全生产等相关事项。

【涉罪未成年人矫治工作】 2016年，禅城区依法审查未成年人犯罪案件41件84人，不捕25人，附条件不起诉10人。完善“彩虹计划”涉罪未成年人特色帮教项目，对16名涉罪未成年人开展全方位帮教，截至2016年年底，累计帮教111人，帮教后作不起诉处理的涉罪未成年人无一再犯罪。联合相关部门整治校园内外环境，联手学校推进家长学堂活动，把预防青少年犯罪工作做深做实，禅城区未成年人犯罪呈持续下降良好趋势。是年，禅城区检察院少年刑事检察科被最高人民检察院评为先进集体并通报表扬，被共青团广东省委评为“青少年维权岗”标兵。在2016年“全国未成年人检察工作推进年”活动中，向全省、全国各地检察机关输出禅城特色的未成年人检察工作模式。

【新市民积分制落实】 2016年，禅城区受理申请积分入学3307人。经评分、复核、排名、公示等环节，最终取得入学资格的新市民2181名，其中小学1371名，入学率55%；初中810名，入学率100%。全年受理积分入户申请117份，有116份符合积分申请入户禅城资格，随迁人员103人，符合率99%。

【“志愿者之城”建设】 2016年3月，禅城区深化志愿服务工作，响应佛山市“志愿者之城”三年行动计划。打造志愿服务品牌项目，开展“通济慈善行”志愿募捐活动，总共募集到13.83万元，全部纳入2017年“微志愿慈善金”中；开展以残疾人、空巢老人、留守儿童、困难群众、帮教对象、异地务工人员等弱势群体为主要服务对象的志愿服务，形成爱心学堂、“430课堂”“彩虹计划”等社区志愿服务品牌，全年累计参加的志愿者6500多人次，志愿服务时数5万多个小时。建设志愿服务V站，设立鸿业园站和中医院站，集文明城市的宣传窗口、便民利民的服务阵地、社会参与的爱心平台等三大功能于一体，提供义剪、义卖、义诊和社区探访等多种便民服务，服务群众6000人次。实施志愿者服务时间储蓄和激励制度，全年有185名志愿者通过审核并获得相应入学或入户积分。梁丽娟等53名志愿者被区志愿者联合会认证为二星、三星志愿者，推荐四星志愿者4人，五星志愿者22人。

【自然人“一门式”改革3.0版本推出】 2016年，禅城区打造自然人“一门式”改革的3.0版本。推进行政审批标准化，统一“一窗通办”服务事项，全区1036项事项完成实施标准基本要素配置。自2月1日起，推出包含联合验收相关业务在内的“企业投资建设项目联合审批”主题服务，建立完善并联审批、会审会商等工作机制，优化审批流程，提高审批效率，全年受理业务4062宗。

制度创新　3月，在行政服务中心魁奇路大厅设置应急窗口，通过信任审批、公示审批、容错免责、联动机制等制度创新，专门解决证明资料不全、历史遗留问题、政策边界模糊等不符合常规业务办理标准的“疑难杂症”，全年累计受理业务134件，日常咨询1200多件。4月，召开全区自然人“一门式”改革创新工作会议，明确18个部门和各镇（街）在2016年底前完成至少一项自然人后台创新项目，涉及11大类31个项目。

自助服务推广　公安24小时自助服务区延伸到各镇（街）行政服务中心，区级综合“大一门”163个事项221个表格全部实现自助填表，并向各镇（街）推广。探索实施自助发证，实现行政审批办事结果物查询、自助发放、单据类结果物自助打印等功能。

电子章应用　18个事项可通过电子章替代物理章进行电子化审批，提高审批效率。推进材料复用，将电子材料复用分为无条件复用、有效期内可复用、经验证后可复用三类，第一批和第二批共47类材料实现可复用。是年，自然人“一门式”业务量达380余万件，接待来访累计达604批次，新闻报道累计达529篇。

【大数据应用】

建成“一门式”自然人库　2016年，禅城区以“一门式”业务受理数据为基础，将计生、流管、人社等部门700多万条数据和600多万份材料清洗入库，并以身份证为索引，实现对自然人库进行可视化展现。自然人库已支撑自助填表、材料复用、自然人信用建设、中小学入学审核、残疾人康复救助、人社就业服务和祖庙街道“大数据·微服务”等重点应用。

构建数字禅城政务应用一张图　2016年，禅城区以国土1：500地图矢量图、卫星影像图、大比例尺地图和真三维等基础地图为依托，以图层形式叠加城市管理、三防、安监、应急、经济等领域数据资源，逐步实现“人、事、物”与社会综合治理云平台的联网，提高各类城市管理资源的共享，有效支撑政府的精准决策。

【广东省大数据综合试验区创建】 2016年7月25日，禅城区举办佛山（禅城）大数据及信息产业推介会，宣布启动创建广东省大数据综合试验区，提出力争用3年左右的时间，建设“大数据池、大系统和大机房”等基础设施，推动大数据的共享、共建和共用，形成大数据资产；建立“用数据决策、用数据监管、用数据创业”运行机制，提升全区经济管理和社会治理能力，促进产业创新发展。是日，禅城区大数据应用服务中心、禅城区数据统筹局、华南大数据研究院等八大项目同步揭牌。9月30日，广东省大数据管理局组织相关领域专家进行评审，同意推荐禅城区创建广东大数据综合试验区。

【“一按灵”服务平台功能拓展】 2016年，禅城区结合“一门式”服务，拓展“一按灵”平台功能。创新策划“空中一门式”节目，根据民生政策热点，挖掘梳理自然人、法人事项，整合推出“小学初中入学”“再婚生育”“教你开公司”等系列节目话题，共计播出141期，实现业务讲解零差错。扩展预约服务，在魁奇路公安“小一门”推出8月的周六、日办证预约服务，于9月1日起推出户籍等三大类业务的全预约办理服务，在魁奇路公证服务大厅推广办事预约服务。紧贴民生热点和最新政策指引，先后策划推出“公办小学和初中入学”“居民医保年度申报参保”“青年创客人才公寓”等6个热点服务专题，依托区政府门户网站、“禅城发布”公共微信号发布，使市民快速、精准地获取到相关服务指引。是年，禅城区“一按灵”平台业务受理总量为166.02万件，其中热线渠道业务量42.70万件，网站渠道业务量11.51万件，自助查询渠道111.81万件。

（蒋中平　张群群）

各镇（街道）介绍

【南庄镇】 南庄镇位于佛山市禅城区西部，面积76.03平方千米，2016年下辖18个行政村和5个社区，户籍人口8.9万人，外来人口约11万人。南庄镇自古以“桑基鱼塘”著称，水系发达，河网交错，是典型的岭南水乡。镇内拥有国家级生态村1个，“全国十佳小康村”1个，省宜居示范村2个，市级生态村18个。拥有湖体面积66.67公顷、附属河网面积33.33公顷的绿岛湖休闲生态片区。

南庄镇是全国知名品牌较集中的镇区之一。2016年，拥有“中国驰名商标”21件、“广东省著名商标”38件、“广东省名牌产品”27个。陶瓷研发、总部经济、会展营销发展迅速，拥有世界级的陶瓷国际会展中心、国家级的华夏建陶研发中心、中国陶瓷产业总部基地、瓷海国际陶瓷交易中心等。拥有国家级孵化器培育单位2个、市级孵化器2个、市级众创空间2个、市级以上工程技术研究开发中心32个、高新技术企业22家。

2016年，南庄镇引进科力远、三智头网络、卡姆南控、航天信息、东键飞等重点项目19个，总投资188亿元，其中投资100亿元的科力远CHS项目落户绿岛湖智造产业区并动工建设。广东大数据综合试验区等5大创新平台引进项目22个，投资额约23亿元，呈现使用面积少、产出大、效益高的楼宇经济新形态。推动产业加快升级，引进众陶联平台，全年实现平台流量112亿元，为加盟企业平均降低成本12%。12月，启动中国建陶小镇建设，打造全球陶瓷服务中心。搭建陶瓷产业促进会、青年商会等新平台，创建知名陶瓷品牌聚集展示贸易区，组建陶瓷知识产权快维中心、企业服务中心。引导企业申请各类扶助资金2000多万元，提振企业发展信心。新明珠、兴发铝业入选“中国民企制造业500强”。新增国家级守合同重信用企业4家、省级守合同重信用企业15家，广东省著名商标4件。全年完成地区生产总值（GDP）203.58亿元，比上年增长8.1%；工业总产值498.42亿元，增长7.5%；固定资产投资125.55亿元，增长13.0%；税收收入22.15亿元，增长10.8%。

佛山国际陶瓷卫浴城是佛山市首批信用体系建设示范园区之一，进驻企业145家，产值超亿元的企业58家，年纳税额超1000万元的企业30家。绿岛湖都市产业区获得“广东省现代服务业集聚区”“国家知识产权服务业集聚发展试验区（禅城园）”，有中国建筑装饰设计创新基地、佛山人力资源服务产业园、佛山全球电子商务生态科技城、广东南方数据科学研究院和新浪网佛山门户总代理等项目落户该片区。中国建筑装饰设计创新基地落户，进驻企业11家。阿里巴巴佛山产业带进驻的线上企业1.45万家，新明珠陶瓷集团、佛山电器照明股份有限公司进驻。佛山全球电子商务生态科技城引入佛山市金意陶陶瓷有限公司（电商总部）、佛山市运德物流有限公司、佛山十全九美网络科技有限公司、佛山联通呼叫中心、广州乐福文化传播有限公司等95家企业进驻。佛山人力资源服务产业园引入智联招聘、北大创业培训营、任仕达集团、中智、锐士方达、北京四达人效等21家重点企业。

南庄镇推进农村升级，活化美化村居建设。2016年，罗南隆庆村完成古村活化项目25个，下沙城中村改造通过市、区验收。罗格高标农田项目启动第一期建设，孔家村入选中国传统村落保护名录。上元村成为全市首批“五好”新农村之一，罗南、南庄、紫南、湖涌、吉利、龙津等6个村被列为2017年市“五好”新村居建设创建单位。吉利海桥片区城中村改造，推进利华员工村“三旧”改造。龙津村完成廖锦涛公园主体、环村涌（二期）建设，"和美龙津"魅力呈现。出台农村集体经济合同管理办法，梳理并规范农村经济合同1026份。出台《南庄镇农村集体资产交易办法（修订）》，全年完成农村集体资产交易2435宗，交易金额12028.97万元，溢价537.69万元。推动村组资产交易、工程招标和大宗采购上农村集体资产管理交易平台，全年南庄镇农村集体资产上平台交易206宗，增值230.78万元，村级工程招标及大宗采购26宗，节约资金4560.27万元。

2016年，南庄镇举办"为有梦的日子""南庄水乡美食""凤艇赛""草艇赛""文昌诞""2016年南庄镇10公里徒步""我们的节日·中秋"文艺晚会、"我们的节日·端午"暨爱心送福粽志愿服务等活动，龙津村举办首届和美文化节，相关民俗、文体活动取得良好社会效果。

民生社会事业持续发展。2016年，佛山地铁2号线南庄段、广佛环城际轨道等轨道交通和禅港西路（季华路至紫洞路段）、富兴路（二期）河滘大道扩建、南庄大道提升改造工程等项目加快建设。吉利、罗南等村增设公交站，方便市民出行。完成城镇新增就业人数5138人、城镇失业人员再就业1550人、就业困难人员再就业233人，促进创业378人，城镇登记失业率控制在3%以内。镇、龙津、湖涌、紫南4个家庭综合服务中心和吉利日托中心运营，完成危房改造2例。全年区、镇财政支出1545.93万元，惠及低保、临界低保、优抚、残疾人、高龄老人等11.16万人次。在全区率先实现村（社区）"五个有"全覆盖，建成镇内首家智能化自助图书馆，获评"佛山市城乡十分钟文化圈示范镇街"，建成"十分钟文化圈"各类站点323个。是年，紫南村获评"中国十佳小康村"，龙津村获"广东省家庭文明建设示范点"称号。

【石湾镇街道】 石湾镇街道位于禅城区东南部，为禅城区委、区政府所在地，是佛山市中心城区的重要组成部分。辖区面积28.32平方千米，2016年下辖12个行政村和27个社区，常住人口32.3万人，户籍人口17.7万人。石湾交通发达，季华路、魁奇路、佛山大道、汾江路、文华路、南海大道等主干道都经过石湾，在营、在建、规划中的地铁1～6号线均覆盖石湾。魁奇路东延线2016年建成通车，距广州南站15分钟车程，是禅城到广州南站最近的区域。

石湾有5000年的制陶史，是佛山存有历史文化遗产最为丰富的地区之一，是"中国十大魅力名镇"，享有"南国陶都""中国陶瓷文化名城""中国陶瓷艺术之乡""中国民间文化艺术（陶艺）之乡"等称号，辖区内有全国重点保护文物单位——500年薪火不断的南风古灶，以及石湾陶瓷博物馆、莲峰书院、丰宁寺、公仔街和众多艺术馆、大师工作室等文化旅游资源。

石湾经济发达，是中国现代建筑陶瓷的发源地，世界著名的建陶产销区，享有"中国陶瓷之都""南国陶都"等美誉。石湾也是全国唯一的不锈钢名镇、全国最大的不锈钢制品和材料集散地，被授予"中国不锈钢商城""品牌中国不锈钢（国际）产业示范基地"等称号。2016年，石湾的陶瓷、不锈钢等传统产业逐步转型升级成以陶瓷为核心的泛家居产业集群。有一定规模的泛家居专业市场15个，涵盖家具、陶瓷、卫浴、马赛克、陶艺、建材等，建筑面积300多万平方米，进驻商铺4000多个，批发零售企业6000多家，年交易额400多亿元。石湾的总部经济也比较发达，佛山市移动、电信、联通三大电信运营商以及电信服务提供商铁塔公司，市、区两级的电力总部，集成金融、交通银行等一大批金融保险区域总部都在石湾。有佛山最大的汽车交易市场——佛山车城、佛山（国际）车城。是年，石湾实现地区生产总值（GDP）417.90亿元，比上年增长8.1%；规模以上工业总产值571.36亿元，增长6.0%；固定资产投资187.53亿元，增长11.4%；社会消费品零售总额255.27亿元，增长13.8%；税收总收入46.29亿元。

实施"三大片区"发展战略，东、中、西"三大片区"的城市发展格局雏形显现。推进东部奇槎国际社区（桂澜路以东）建设，完成土地征收收储任务；片区7条道路全部按照海绵城市的标准和要求开工建设；成功出让国际教育用地，引进英国埃莉诺·霍利斯夫人学校，打造国际教育街区；高溢价出让两宗商住用地（共9.13公顷），引进绿城集团、五矿地产、九龙仓等国内知名房地产企业进驻。中部澜石片区改造取得突破，8、10、11号3

宗地块交付，12号地块交付使用；安置房建设和分配提速，A1区、B1区和B2区基本竣工，B2区住宅部分选房工作完成。石湾西片区加快建设。9月22日，“中国陶谷”正式启动建设，以建设世界级陶瓷创新中心和国家级文化产业示范园区为目标，打造“文化+产业+旅游”相互融合的特色小镇。是年，完成该片区控制性规划重新修编。佛山泛家居电商创意园改造建设基本完成，吸引200多家电商、设计、家居、智能硬件企业进驻。南风古灶周边停车场、道路、景观等完成改造提升。推进石湾古镇文创园、佛山互联网+创业创新产业园等园区的改造建设，以及丰宁寺、莲峰书院修缮工程。

2016年，重点围绕“泛家居、陶文商旅、大汽贸、大健康、大数据、泛金融”六大产业进行精准招商，引入超亿元项目12个，投资额150多亿元。其中泛家居产业新增4个共60多万平方米产业载体投入运营，佛山（国际）家居博览城引入中国联塑集团领尚环球之家中国区总部和居然之家两个超亿元项目，世博商贸城签约引进500多个连锁品牌；大汽贸产业引入7大品牌4S店，产值超过30亿元；大健康产业引入国药洁诺医疗公司佛山分公司；大数据产业引入智能用电龙头企业今程光一电力、“互联网+外贸”的贸速通平台；泛金融产业引入佳安保险销售公司和阳光保险佛山支公司。以“载体+协会+平台”为抓手，推动创新创业。建成禅城区首个青年创客人才公寓；成功申报1个国家级科技企业孵化器、1个国家级科技企业孵化器培育单位和1个市级孵化器；成立石湾总商会，引入佛山市互联网协会、佛山市知识产权协会等10个区级以上协会；引入南风古灶工业设计创客中心等四大创客平台，以及26个金融、科技、创业服务专业平台；与佛山市知识产权协会、美国康奈尔大学共建华南创新服务中心；承办全国不锈钢行业大会。全年新增企业5447家，比上年增长21.23%。新增超10亿元企业1家、超百亿元企业1家。

文体事业蓬勃发展。铺开自然村落历史人文普查工作，初步完成全部40个自然村的传统习俗、文化遗产、古建筑等摸查工作。柏林艺术馆被评为国家AAA级旅游景区。推进广东省公共文化服务体系示范区创建工作。石湾文体服务中心被评为“广东省特级文化站”，榴苑社区被评为“佛山市城乡十分钟文化圈示范村居”。

民生事业快速发展。完成石湾公园一期、小雾岗公园，以及华远西公园、玫瑰公园等社区公园的改造提升。整治提升番村涌、屈龙角涌、奇槎南窦涌、深村涌、鄱阳涌等河涌。推进鄱阳村城中村升级改造、湾华村古村落活化。“泛家居电商创意园项目”获广东省宜居环境范例奖。社会综合治理云平台高效运作，全年受理案件6万多件，办结率98.47%。打造“法律援助半小时服务圈”，公共法律服务站全面覆盖36个村（社区）。启动全省首个警企联防试点，派出所、物业公司“联防联勤联动”，实现治安防控“零死角”，辖区有效治安警情比上年下降19.3%。落实“万千英才”战略和“通济才智”工程，全年引入本科以上人才1.1万人，佛山泛家居电商创意园创业孵化基地被市、区评为示范性基地。全年处理监察、仲裁、工伤等案件1200多件，为工人追回工资、经济补偿（赔偿）等5200多万元。建成禅城区首个消防体验馆，全年无火灾人员伤亡。推进国家食品安全城市创建工作，印象城通过省级食品安全示范街验收，石湾被评为佛山市食品安全示范镇街，35个农贸市场、75所学校幼儿园建成农药残留检测点。推广“互联网+智慧菜市场”，惠景农贸市场成为佛山首家新型食品物联网平台，11个“互联网+智慧菜市场”成功营业。佛山首个以“互联网+社区家庭综合服务”为主线的家庭服务中心——湖景家庭综合服务中心正式运营。

【张槎街道】 张槎街道位于佛山市禅城区中西部，总面积28.86平方千米，2016年下辖15个行政村和8个社区，常住人口8万多人，外来人口20多万人。

张槎街道拥有国家级高新区——佛山高新技术产业开发区禅城园。形成以电子信息、数码光学、光机电一体化、精密制造、生物工程、新材料等为主导的产业体系，园内拥有安德里茨、荷兰CSI、丰富汽配、优达佳、腾龙光学等涵盖19个国家和地区的一批具有国际影响力的知名企业，高新技术产业集聚效应明显，是禅城区优化产业结构和技术创新的基地，成为禅城区经济新增长点。

张槎街道以“扩园、建城、优环境、强队伍”为工作主线，着力推动产业升级和城市升值，辖区经济社会发展总体保持平稳向好态势。张槎街道巩固提升传统产业，做强新兴产业，重点打造高端装备制造业、电子信息产业、生产性服务业、大健康产业、时尚针织产业等五大产业，打造现代化的产业社区。2016年，实现地区生产总值467.89亿元，比上年增长8.3%；工业总产值1287.01亿元，增长7.3%。固定资产投资额152.79亿元，比上年增长12.9%；合同外商投资额9591万美元，下降50%；实际外商直接投资2017万美元，下降75%；社会消费品零售总额73.51亿元，增长12.9%；税收总额39.68亿元，增长4.7%，其中国税25.06亿元，地税14.62亿元。全年新登记企业3503户，比上年增长14.9%。地区生产总值、第三产业、规模以上工业增加值、房地产开发投资、第三产业投资额、餐饮业营业额等10项指标增幅居全区之首。

在装备制造业方面，2016年，拥有自主知识产权的夸克兄弟水陆两栖气垫船项目以及德国阿伯伟农业机械、海因克尔设备、加拿大氮化镓材料、北斗卫星民用项目等国内外优质项目落户张槎；全国首个电气安全技术研究院落户张槎；装备制造业总产值521.24亿元，完成年度目标的154%，发展后劲不断增强。在电子信息业方面，“互联网+”小镇建设助推电子信息产业蓬勃发展。6月，张槎成为广东首批“互联网+”培育小镇，为佛山市唯一入选镇（街）。10月，在全省“互联网+小镇”评比中名列组别第一。辖区集聚电商企业超千家，艾蓓怡、佰林格都、凡卡家具等电商企业带动传统产业“触电”，安东尼、东成立亿等近200多家传统针织服装企业主动对接“互联网+”。在大健康产业方面，打造以生命健康服务业、制造业为核心内容的“华南大健康产业园”，推进佛山生命科技园二期、市食品药品检测中心、中科院希格生物、希瑞干细胞、大臻医学检验所、高臣药业等优质项目建设。在现代服务业方面，优化辖区教育配套，佛山市实验学校中学部、新四中相继启用，福佑月子中心、佛山西华里美食文化广场、中影星美国际影城、丽枫酒店开业运营，填补张槎高端生活服务配套的空白。在时尚针织业方面，启动“中国针纺黄金大道”建设，成立张槎针织产业发展促进中心，整合全国纺织行业协会、资本、人才、技术等资源，打好张槎针织区域品牌。

发展主题园区经济和创客经济。重点打造华南创谷，加强智慧新城、欧洲工业园C区、新媒体产业园、佛山创意产业园、佛山生命科技园、同向新力产业园、东成立亿产业园的建设和招商。华南创谷重点孵化电源类、高端装备类、生命健康类、互联网类等具有创新性的中小企业，引进和聚集盛世方舟孵化器、佛山创客中心等44个创新孵化平台、“互联网+”企业、投资服务机构以及商协会。智慧新城集聚以营销、研发设计、企业总部以及新IT、新一代互联网等为主的智慧型产业，以银行、证券、担保等为主的现代金融服务业，中交集团、广东省广播电视网络有限公司、格力电器等193家企业进驻。新媒体产业园重点发展新媒体、医药、电子信息等产业，鹏博士电信传媒、牛牛电子商务等256家企业进驻。华南电源创新科技园重点发展电源类产业，科华、柏克等171家企业进驻。佛山创意产业园集餐饮休闲、服装服饰、广告传媒研发设计、金融保险投资、陶瓷、网络软件、贸易于一体，珀兰床垫、左域厨卫、黛富妮家纺等962家企业进驻。佛山国家火炬创新创业园主要孵化中小型科技企业，拉菲斯陶瓷、意魅聚网络技术、广东融通融资信息服务等253家企业进驻。东成立亿产业园是首个中国电子商务试点基地，集总部经济办公、电子商务、技术研发、产品检测、高端商务配套、生产基地等多功能为一体。圣东尼国际纺织机械公司、美国3D扫描技术公司、中国针纺工业协会T恤衫分会秘书处等行业龙头公司和国内顶级机构进驻。

推进广佛环线城际轨道、地铁2号线、季华北路北延线建设，清峰路（张槎路—轻工路）主体实现通车；同向新力工业园北侧规划路12月完工；聚锦路、朗宝西南延线开展前期准备。推进“三旧”改造工作，新增纳入“三旧”改造范畴项目用地4宗，新增实施改造面积19.73公顷；办理“三旧”批复延期土地1宗，涉及面积21.67公顷；完成新增纳入“三旧”改造标图建库地块3宗，涉及面积2.04公顷；办理通过“三旧”改造完善历史用地手续方案审批土地3宗，涉及需完善土地面积1.89公顷。完成新增实施改造面积21.53公顷，完成改造面积24.93公顷。推进“一村一公园”“一村一街区”建设，15个村建成18个公园，总面积达13.6万平方米，4个社区主题街区建设完工。全年共完成2个村、1个社区创建市级宜居村庄（社区）任务，完成率300%。截至2016年年底，辖区22个村（社区）中累计有14个村（社区）获评市级、省级宜居村庄（社区）。

民生事业不断发展。2016年，张槎街道推进“互联网+”社会综合治理、政务服务、智慧菜市场、阳光村务、城市管理模式。全区首推“食安菜妈”智慧菜市场项目，辖区26个农贸市场中已签约18个，正式运营14个，保障“舌尖上的安全”。大富村在全区率先试点推广村务“一门通”APP，方便村民参与村务财务监督管理。打造社区特色服务品牌，保利香槟及莲塘、海口村级家庭综合服务中心为居民提供超2万人次专业社工服务，社区“妇女儿童之家”建设全面铺开，搭建“爱心学堂”“圆梦计划”“母亲俱乐部”等服务载体，“一居一品牌”活动，建立张槎生命科学馆，完善生命轨迹全接触宣传体系。是年，张槎城镇新增就业5218人，城镇失业人员再就业1540人，就业困难人员再就业300人，城镇登记失业率2.28%，新增转移就业劳动力151人，辖区非农就业比重99%以上。正式出版《历史长河中的张槎》，汇集1949年前张槎历史全貌。编撰完成“汾江人家，寻味张槎”系列丛书第二册《美食文化溯源》。

【祖庙街道】 祖庙街道位于禅城区的东北部，东至桂澜路、南沿季华路，西以佛山大道为界，北抵汾江河北岸，辖区面积20.88平方千米。2016年下辖9个行政村和51个社区，辖区总户数9.30万户，户籍人口28.86万人，常住人口39.19万人。祖庙街道地处佛山市中心城区，交通便利，广佛地铁横贯辖区。旅游景点有佛山祖庙（国家级文物保护单位）、东华里古建筑群（国家级文物保护单位）、梁园、仁寿寺、中山公园、岭南天地、广东省粤剧博物馆、精武馆等。辖区有祖庙商圈、东方广场商圈和季华商圈，商贸文化活动丰富。有正月十六行通济、三月三北帝诞、粤剧华光诞、佛山秋色欢乐节等民俗节庆活动。

2016年，确立“精准创新、厚植优势”的工作思路，围绕“城产人”融合发展主线，加快建设广佛都市圈高水平高品质的现代化核心街区，经济社会继续保持平稳有序发展。全年实现地区生产总值495.89亿元，比上年增长8.1%。其中，第三产业实现增加值362.2亿元，比上年增长8.8%，二、三产业结构比重为27：73。工业总产值450.33亿元，比上年增长5%，其中，规模以上工业增加值为113.27亿元，比上年增长5.3%。全社会固定资产投资134.13亿元，比上年增长11.5%。社会消费品零售总额352.83亿元，比上年增长12.7%。税收总额91.57亿元，比上年增长0.4%。是年，祖庙街道拥有产值超亿元企业77家，国家级高新技术企业33家，各级研发机构29个，有效发明专利拥有量705件。海天集团入围“2016年中国民营企业500强”。

2016年，坚持“创新驱动”“产城人文”“固二优三”发展战略，产业发展动能有效集聚。引进10个重大项目落地，项目总投资额121.3亿元，“丰收街·菁创聚”、乐怡海创·文华荟、车世界汽车产业园、岭南健康产业园、佛塑合盈家园等一批产业园区或载体迅速崛起。“三旧”改造持续推进，出让城北汽配城一期面积7.76公顷、扶西村面积7.30公顷两大地块，两个项目总投资超过65亿元。加快建设白燕创意产业园、同心珠宝城、佛山童服城、国瑞悦世界、东方新天地等一批文商旅融合发展平台。推进载体招商，辖区14个重点招商载体累计完成招商面积54.73万平方米，招商率达75.6%，万科金融中心、绿地中心、华强广场、华南金谷等载体错位发展。增强“两化”融合，水泵厂、佛塑公司获评“2016年广东省互联网与工业融合创新试点企业”（全市7家、全区3家企业入选），佛山童服城认定为“禅城区电子商务载体”。创新体系不断完善，新增20家国家级高新技术企业，累计达33家；安安美容、三求光固、通宝华通成功申请建设省级、市级工程技术中心，各级研发机构达29个。商圈建设不断发力，岭南站建成营业，“色彩祖庙”等大型商业活动精彩纷呈，祖庙总商会正式成立。

加快道路交通建设，提升城市环境和景观。完成海一路征拆工作及南一路、南二路测绘和评估工作。海五西路（佛山大道至佛山水道）道路工程签订征收补偿合同。完成镇荣路（大基涌）、星辰路（镇安西路至南海大道）、镇安东路、朝安南路西侧项目规划路一期规划报建及预算审核。签订地铁3号线的相关征收项目工作协议。实施南浦涌、郊边涌和镇中东涌3项河涌综合整治工作。完成金鱼街景观、花园社区周边景观、塔坡旅游线路起点项目、南沙街景观、化纤厂小区改造、旭日社区二期环境提升项目，推进兆祥路景观提升项目招投标工作。推进企业污染整治，欧司朗等4家企业完成清洁生产审核，174家餐饮企业完成油烟污染控制任务，飞鹏印刷厂等2家企业完成VOC排放治理，27个含喷漆房汽修单位搬迁或整治有序实施，纳入“一村一策”环境整治的20家计划淘汰企业全部搬迁。

民生建设持续发展。2016年，祖庙街道推动社会综合治理云平台建设，搭建“中心+网格化+信息化”的综治信息系统，发挥信息技术在预警研判、打击预防犯罪等领域的作用。提升食品安全水平，有29个市场与食安菜妈公司签约，建立1个食品（食用农产品）快检快筛室，辖区学校食堂和1000平方米以上农贸市场全部建立检测室，完成30个流通领域食品安全示范店和3个市级餐饮服务食品安全示范单位创建工作。设立“爱心饭堂”，深化长者饭堂服务。医务社工服务打造出“医路有你，健康相伴”养老服务品牌，为长者搭建一个含医疗咨询、链接资源等一体化终端服务申请平台。发放重点优抚对象优待金、伤残军人伤残抚恤金、参战涉核人员生活补助、医疗补助金等各类补贴补助1735万多元；发放低保、临界低保、医疗救助、临时救济等约669万元；发放老人高龄津贴2144万多元，为60周岁以上户籍老年人购买意外伤害综合保险，发放金额68万元。多渠道促进社会就业，全年实现城镇新增就业5050人，城镇失业再就业4718人，就业困难人员实现再就业851人，促进创业295人，城镇登记失业率控制在0.7%以内。重视市民积分制服务工作，5月，率先将积分入学受理工作延伸到各村（社区）行政服务中心受理，受理积分申请1152份，有效申请件数1149份，1161人参与申请积分入学，93人成功申请入户禅城。

（蒋中平　张群群）

附：2016年禅城区党政主要领导名单

书　　记：刘东豪
副 书 记：孔海文　区柱明
常　　委：殷　辉（任至9月）
张红兵（7月任职）
植伟生（9月任职）
甘绮霞（任至7月）　徐　航
郑作勋（任至9月）
乐绍才（任至9月）　苏　岩
吴问其　方岳明（9月任职）
梁柱华（9月任职）
杜　梅（9月任职）
区　　长：孔海文
常务副区长：苏　岩
副 区 长：梁炳军（任至11月）
杜　梅（任至10月）　渠　铮
卢志华　刘思朝
陈　奕（11月任职）
吴莉芬（11月任职）
政务委员：高成建（任至11月）
罗　振（任至3月）
吴志伟（任至11月）
孔祥日（任至11月）

现任禅城区党政主要领导名单

书　　记：刘东豪
副 书 记：孔海文　区柱明
常　　委：曹洪彬　张红兵　植伟生
徐　航　吴问其　方岳明
梁柱华　杜　梅
区　　长：孔海文
常务副区长：曹洪彬
副 区 长：渠　铮　刘思朝　陈　奕
吴莉芬

（2017年8月禅城区供稿）

南 海 区

基本情况

【概况】 南海区位于佛山市东北部，东连广州市白云区、荔湾区，西邻三水区、高明区，南接顺德区，北濒广州市花都区，中南部与禅城区接壤。全区总面积1073.82平方千米，2016年辖1个街道、6个镇、66个行政村和201个社区，区政府驻桂城街道。至年末，全区有户籍人口132.91万人，常住人口271.13万人，还有旅居海外的侨胞和港澳台胞40多万人。

【历史文化】 南海历史悠久，文化底蕴深厚，是珠江文明的发祥地之一，也是岭南文化的典型代表。在6000多年前，就孕育出新石器时代的“西樵山文化”。隋开皇十年（590年）设置南海县。近代以来，涌现出清末大儒朱次琦，维新运动领袖、思想家康有为，近代科学家、第一部摄像器研制者邹伯奇，中国民族工业先驱陈淡浦、陈启沅，“中国铁路之父”詹天佑，著名教育家黎照寰，岭南武林一代宗师黄飞鸿等杰出人物。区内旅游资源丰富，有西樵山、南国桃园、西岸、仙湖等四大旅游度假区及千灯湖、康有为故居、黄飞鸿狮艺武术馆、叶问纪念馆、平洲玉器街、梦里水乡、九江双蒸博物馆等特色景点。民俗活动丰富多彩，官窑生菜会、乐安花灯会、赛龙舟、醒狮盛会等传统民俗独具魅力。南海先后被命名为“中国龙舟运动之乡”“中国龙狮运动之乡”“中国曲艺之乡”；广东醒狮（南海）、茶基十番被列入国家级非物质文化遗产，官窑生菜会、乐安花灯会、九江传统龙舟、盐步老龙礼俗、西樵大仙诞被列入广东省非物质文化遗产。

【经济社会发展】 2016年，南海区贯彻落实中央和省、市精神，践行新发展理念，落实区第十三次党代会确定的目标任务，围绕“传承品质、成就品牌”的工作主线，推进全球创客新都市建设，打造党建品牌、城市品牌、产业品牌和人文品牌，全领域建设品牌南海，经济社会各项事业取得新进展，连续第三年位居全国中小城市综合实力百强区第二。全区生产总值2411亿元，比上年增长8.3%。其中，第一产业增加值47.32亿元，比上年增长2.5%；第二产业增加值1401.64亿元，增长7.3%（工业增加值1346.47亿元，增长7.6%）；第三产业增加值962.04亿元，增长10.2%。人均地区生产总值89018元，比上年增长7.4%。规模以上工业总产值5686.3亿元，比上年增长7.7%。农林牧渔业总产值88.73亿元，比上年增长0.7%。固定资产投资1078.29亿元，比上年增长16.8%。社会消费品零售总额967.88亿元，比上年增长10.7%。外贸出口额118.4亿美元，比上年下降3.9%；实际利用外资6.82亿美元，下降21%。地方一般公共预算收入203.34亿元，比上年增长9.6%。城镇常住居民人均可支配收入43649元，比上年增长8.7%；农村常住居民人均可支配收入28241元，增长9.0%。

（沈　娜）

经济建设

【农业】 2016年，南海区农林牧渔业生产总值88.73亿元，比上年增长0.7%。其中农业产值48.84亿元，比上年增长4.1%；牧业产值6.26亿元，增长13%；渔业产值27.76亿元，下降6.5%；林业产值1574万元，增长8%；农林牧渔服务业产值5.71亿元，增长0.9%。村（社区）社（组）两级可支配收入77.51亿元，比上年增长5.64%。

现代农业园区建设加快推进　广东万顷园艺

世界相关基础设施建设完毕，有220多家商户进场经营。南海花卉博览园基础设施基本建成，有100家企业签约进驻。何氏水产现代农业园区被评为2016年度市级四星级现代农业园区。翰林湖农业公园和广东万顷园艺世界获评首批佛山农业公园。

农业区域合作深入开展 12月，粤桂黔高铁经济带农业产业合作联盟成立，粤桂黔农产品流通中心挂牌成立，第二届粤桂黔名优农产品食品展示博览会举办。

农业品牌效应进一步扩大 广东碧泉食品科技有限公司的原味即食豆腐花等4个产品获评广东省名牌产品，2个产品通过省名牌产品复审。至年底，全区有省名牌农产品15个，占全市总数量（除顺德）近四成，涉及蔬菜、畜禽、水产、木业等各个领域。

龙头企业和专业合作社发展壮大 引导和扶持农业龙头企业向现代企业转型升级，至年底，全区有农业龙头企业32家，其中国家级1家、省级6家、市级19家、区级6家。洪盛蔬菜专业合作社、何氏水产养殖专业合作社被认定为2016年佛山市级农民专业合作社示范社。至年底，全区培育发展水产类、种植类、花卉园艺类、畜牧类等农民专业合作社38个。

【工业】 2016年，南海区实现工业总产值6200.59亿元，其中实现规模以上工业产值5686.3亿元，比上年增长7.7%。规模以上工业销售产值5584.07亿元，比上年增长7.9%。规模以上工业产品销售率98.2%。

是年，高技术制造业实现产值614.12亿元，比上年增长13.7%，其中电子及通信设备制造业实现产值528.07亿元，增长13.8%，占高新技术制造业产值的85.99%；规模以上先进制造业实现产值2109.16亿元，增长9.5%。以金属制品业、纺织服装、家用电力器具制造业等为主导的优势传统产业实现产值1446.54亿元，比上年增长2.5%。

高端装备制造业、新材料、新能源等新兴产业发展势头强劲 智能制造、汽车制造两大省级产业集聚区实现产值近1500亿元，一汽－大众、富士离合器等增资扩产项目推进顺利，东方精工成功收购新能源汽车动力系统企业，维尚家具个性化定制项目入选工信部智能制造试点示范项目。精铟海工、中民筑友等标杆项目入驻广东新材料产业基地，广东新能源汽车核心部件产业基地引进泰罗斯汽车动力项目，联合全球著名孵化团队以色列斯特拉公司建设中以新能源创新中心，引入3个新能源、新材料相关的孵化项目。

优势传统产业加快转型升级 全年完成工业技术改造投资185.68亿元，比上年增长42%，技改投资完成额居全市首位。设立南海区政府质量奖，提升“南海制造”知名度，坚美铝材获得中国质量奖提名奖，全年新增中国驰名商标4件、广东省著名商标19件、广东省名牌产品46个。

创新驱动战略继续深化 启动全球创客新都市、全国机器人集成创新中心和全球产品跨界创新中心建设，建设科技创新小镇群，新增2个省级新型研发机构，广顺电器获批首个国家地方联合工程研究中心，广工大数控研究院成为华南地区首家拥有双国家级创新创业平台的研发机构。至年底，全区有科技创新平台12个。举办首届广佛国际创客节、“醒狮杯”国际工业设计大赛等创新创业活动，金融高新区成为全省首批“双创”示范基地。发挥企业创新主体作用，至年底，全区有高新技术企业534家、国家级孵化器6个、国家级众创空间6个，数量继续领跑全市。搭建全方位创新创业服务平台，新引进创新创业团队24个、“千人计划”专家6人，认定评定高层次人才90名，设立广东金融高新区股权交易中心人才板，优化育才引才聚才环境。

【商贸服务业】 2016年，南海区社会消费品零售总额967.88亿元，比上年增长10.7%。其中批发零售业零售总额847.53亿元，比上年增长11.0%；住宿和餐饮业零售总额120.35亿元，增长8.4%。商品销售总额2681.42亿元，比上年增长12.3%，其中批发额1825.68亿元，增长13.0%。

是年，南海区完成《佛山市南海区东部片区商服产业发展规划（2016—2025年）》编制工作，对全区商服产业发展提供指导。宜家家居、中海寰宇城大型商业载体于年内建成开业，推动桂澜路千米商贸长廊加速成型。

电子商务加快发展 建成C时代电子商务产业园、广佛智城电子商务创智园、丹灶物流新城等

电商产业主题园区。至年底，全区有在册电子商务企业1.93万家，其中年交易额10亿元以上的有3家。全年电子商务市场交易额约1490亿元，比上年增长30.2%。其中B2B交易额1165亿元，比上年增长27.3%；网络零售市场交易额246亿元，增长43%；O2O、C2B、B2G交易额79亿元，增长38.6%。

旅游业不断壮大　加快西樵山整改与全面提升，西樵山风景名胜区通过国家AAAAA级旅游景区复评，南海影视城成功创建国家AAAA级旅游景区。深化与港澳、粤桂黔高铁沿线城市区域合作，粤桂黔高铁经济带旅游产业联盟成立。开展"智慧旅游"建设，拓宽旅游整体营销新平台，拓展"一带一路"海外市场。是年，全区实现旅游总收入125.35亿元，比上年增长8.18%；接待游客1292.81万人次，增长5.68%。

【招商引资与对外经济】 2016年，南海区引进投资超千万元项目386个，计划投资总额938亿元，比上年增长28%，其中投资超亿元项目125个。引进村上开明堂汽车后视镜、丸运货运、真红生物制品等日韩企业以及允迪、欧品佳、栢盈等20多家无纺布企业，推动凯洋医疗、佛斯伯机械、三友机器等装备制造项目落户，八戒印刷、谷歌（佛山）体验中心、中国联通总部南方信息产业基地等一批优质服务业项目进驻。

是年，全区新批外商投资企业项目65个，比上年增长16.07%；合同利用外资6.85亿美元，下降18.95%；实际利用外资6.82亿美元，下降21.02%。全年引入新设和增资超1000万美元项目14个，投资额6.27亿美元，合同利用外资4.02亿美元，占全区合同利用外资总额的58.7%。至年底，全区有世界500强企业投资项目38个。同时，区内企业拓展海外市场，全年新增境外投资项目16个，增加中方直接投资额7684.24万美元。至年底，全区有获批准成立的境外投资企业121家，投资总额19.2亿美元。

【财政金融】 2016年，南海区一般公共预算收入203.34亿元，比上年增长9.6%，其中税收收入159.4亿元，增长15.67%。一般公共预算支出212.63亿元，下降5.12%。加大财政对教育、文化、社会保障、就业、医疗卫生等民生事业的投入力度，全年对民生事业投入134.36亿元，占一般公共预算支出的63.19%。

至年底，全区有银行机构30个，其中外资银行5家。另外有小额贷款企业22家。年末金融机构本外币存款余额4724.90亿元，比上年增长8.6%。其中人民币存款余额4458.57亿元，增长7.4%；外币存款余额38.39亿美元，增长25.0%。年末金融机构本外币贷款余额2842.29亿元，比上年增长12.4%。其中人民币贷款余额2716.91亿元，增长9.5%；外币贷款余额18.07亿美元，增长1.5倍。

2016年，广东金融高新技术服务区核心区引进毕马威华振会计师事务所佛山分所、毕马威（佛山）科技有限公司、万宝盛华睿信教育科技广东有限公司、新疆前海联合财产保险佛山中心支公司、佛山市海晟金融租赁有限公司等项目58个，投资额75亿多元。至年底，核心区累计引进项目310个，总投资额597.5亿元，涵盖服务外包、银行、保险、证券、私募创投、金融租赁等多业态，汇聚中高端人才5万人。是年，广东金融高新技术服务区举办金融创新发展大会，发布跨界创新行动计划。金融高新区将全面促进金融跨界合作，探索从"抵押为主"升级为以"信用为本"的"跨界共享"金融发展道路。

【广佛同城化合作】 2016年，南海区继续深化广佛同城化合作。与广州市荔湾区共建合作示范区方面，在滘口—五眼桥综合开发治理试验片区和三山—东沙粤港澳高端服务产业合作区试点"一市规划两地"，开创国内区域一体化新格局。实施"广佛同城，便捷出行"交通品牌建设三年行动计划，开通22条对接广州的定制、常规公交及商务巴士，打造广佛1小时公交快线出行服务圈。与广州荔湾区在全国范围内首创行政审批服务事项在实体窗口"跨城通办"，推出两批共85个事项；与荔湾区的警务协作进入常态化。

【粤桂黔高铁经济带合作试验区（广东园）建设】 2016年3月，《国务院关于深化泛珠三角区域合作的指导意见》中明确提出推进粤桂黔高铁经济带合作试验区建设，试验区建设获国家层面认可。4月，省编办发文同意在佛山高新区管委会加挂粤桂黔高铁经济带合作试验区（广东园）管理委员会牌子；6月，佛山市批复增设高铁经济带工作局。以试验区（广东园）为平台，粤桂黔三省（区）加强科研、人才、金融、产业等双向交流合作。沿线城市驻试验区（广东园）商务联络处、粤桂黔高铁经济带研究院揭牌；经贸往来日趋紧密，南海与广西、贵州、云南铝棒铝锭年交易额近300亿元；举办粤桂黔高铁经济带促进民间投资大会和第二届粤桂黔名优农产品食品展示博览会，成立综合联盟4个、专业联盟3个，推动高铁经济带建设由政府主导转为市场主导。

【粤港澳合作高端服务示范区建设】 2016年，南海区举办第二届粤港服务贸易自由化推介交流会，签署粤港科技中心、毕马威（佛山）等多项协议，引进香港慧科、香港博森、广东绿研等一批项目。至年底，三山新城累计引进项目40多个，投资总额235亿元，累计完成投资130亿元。丰树国际创智园、三山科创中心两个超大型科创产业载体群为核心的科创板块，引入三山粤港澳青年创业社区等一批创新产业孵化平台，南华仪器、星联科技、广特电气等科创龙头民企建设总部和基地，并建成配套1000套人才公寓的瀚天·禾仰广场。

（沈　娜）

城市建设与管理

【城乡规划】 2016年，南海区推进控制性详细规划编制工作。至年底，全区通过审批的控规覆盖面积75.67平方千米，上报审批的控规覆盖面积123.53平方千米，通过专家评审的控规覆盖面积140.32平方千米，其他在编以及计划编制的控规覆盖面积414.19平方千米。完成对全区村庄规划编制基本情况的摸查，全区239个行政村（社区）中，编有村庄规划的126个，有已编、在编控规覆盖（含部分范围覆盖）的村庄197个。编制《粤桂黔高铁经济带合作试验区（广东园）城市总体规划》《南海区海绵城市专项规划》《南海中心城区交通改善策略及重点道路交通改善详细规划》《南海东部及西部各镇街城区静态交通规划》等规划。举办南海文化中心建筑设计及周边地块城市设计国际竞赛、三山森林公园规划设计国际竞赛，提升城市品质。

【城市升级项目建设】 2016年，南海区加快城市升级项目建设步伐，全年计划投入城市升级两年延伸行动计划项目资金162亿元。至年底，实际完成投资135亿元，投资完成率为85%。各项目累计完成投资237亿元，约占总投资额的60%。同时，推进百村升级行动计划，第二批6个古村落、7个城中村（旧社区）以及13个新农村改造提升通过考评验收。

【“三旧”改造】 2016年，南海区借助广东省新一轮深化“三旧”改造综合试点的契机，从“规划引领、收益分配、优化审批、综合配套”四方面深化“三旧”改造的探索与创新。出台《南海区“三旧”改造项目引入合作方开展土地前期整理的操作指引》等扶持政策，鼓励社会资本参与“三旧”改造项目土地前期整理，规范村（社区）集体经济组织引入合作方开展土地前期整理行为。选定18个村级工业园作为试点项目，引导和带动村级工业园的改造提升。3月28日，举办“三旧”改造项目投资推介会，推出项目136个，面积1246.67公顷，拟投资金额1126亿元，重点推介村级工业园改造提升试点项目和集体经营性建设用地入市项目。其中，村级工业园改造提升试点项目12个，面积76.53公顷；集体经营性建设用地入市项目10个，面积38公顷。

自2007年开展“三旧”改造工作以来，截至2016年年底，南海区纳入省“三旧”改造地块标图建库面积约2万公顷，认定区“三旧”改造项目面积1.14万公顷，其中完善历史用地手续的2333.33公顷，完成改造1040公顷，实施改造1746.67公顷，改造规模在全市乃至全省均名列前茅。

【基础设施建设】 2016年，南海区完成交通建设投资总额9亿元。各种运输方式全年完成货物周转量91.55亿吨千米，比上年增长2.05%。其中，陆运货物周转量64.4亿吨千米，比上年增长3.32%；水运货物周转量27.15亿吨千米，下降0.8%。全年完成旅客周转量12.97亿人千米，比上年增长44%。佛山西站、南海新交通试验段等重大项目建设全面提速，地铁2号线、3号线工程推进顺利，广佛出口放射线二期、番海大桥等跨区域路网工程全面启动，海五路西延线、南一路等禅南“断头路”稳步推进，“广佛同城，便捷出行”南海交通品牌建设三年行动计划实施，区域路网和公共交通体系不断完善。

投入电网建设资金13.06亿元，重点建设以金融高新区为核心、覆盖三大合作区的“6A＋6B”类高可靠性供电区域，实施944项配网基建工程，加快陈旧电网升级改造。全年完成供电量222.56亿千瓦时。

推进重点燃气项目和燃气管网、站场建设，新建市政燃气干管61千米。樵丹路燃气工程完成建设并全线通气，实现西部西樵、丹灶、九江3个镇燃气管网联网目标。至年底，全区累计铺设埋地燃气管网约1300千米，在用管道气用户约22万户（其中工商业用户850户），瓶装气用户约10万户。全年天然气销售量3.27亿立方米。

全区有供水企业15家，其中水厂10家。全区日总设计供水规模达152.66万立方米，年供水总量4.76亿立方米。

【城乡绿化】 2016年，南海区启动创建国家森林城市两年攻坚行动，开展新一轮绿化南海大行动，实施绿化品质提升三年行动，提升城乡绿化水平。年内，新建成里水水口、西樵显岗2个镇级森林公园，完成16个“绿城飞花”主题绿化景观项目建设，推动西樵山、展旗峰、三山森林公园建成不同特色主题的森林景区，新增非林地森林面积3333.33公顷。自2013年启动创建国家森林城市以来，截至2016年年底，全区新增造林（绿化）面积1182.85公顷，新增道路绿化18.6千米，完善道路绿化88.6千米，新增水系绿化17.5千米，打造海八西路等10条样板绿化道路，建成城市“森林家园”25个以及西樵山杜鹃园、活水公园2个生态科普示范基地，市域森林覆盖率达17.6%。至年底，建成区绿化覆盖率44.17%，绿地率39.51%，人均公园绿化面积19.14平方米。

【环境保护】 2016年，南海区空气质量优良以上天数285天，优良率为83.3%。$PM_{2.5}$比上年下降2.6%。饮用水源水质达标率保持100%。河涌水质持续改善，化学需氧量、氨氮、总磷等污染物浓度总体呈下降趋势。

是年，南海区实行污染源监管方式改革，建立“重点污染源市和区随机抽查、一般污染源镇和村网格化管理、所有排污行为接受社会监督”的环境社会监管网格化体系。强化日常执法监管，推动落实企业责任。12月，召开“六个轮子一起转、生态经济齐发展”全区环境整治动员大会，动员区级党组织、镇（街道）党组织、村（社区）党组织、经济社党组织、“两新”党组织和广大党员，发动全社会广泛参与，实施环保“三进”行动、“三查九严管”行动和“十年百万图”拍摄对比行动。全年区、镇两级日常检查企业8848家次，发出限期整改通知书284份，立案处罚企业572家，行政处罚金额1386.5万元；移送环境涉刑案件29件，逮捕48人。办理中央第四环境保护督察组交办案件32批254件。加快扭转村级工业园粗放式、低层次发展形态，启动第二批“一村一策”环境整治工作，将2730家企业分类整治，其中纳入清理淘汰的企业970家，纳入保留提升的企业1760家。推进工业和道路扬尘治理，淘汰黄标车、老旧车8188辆，整治黑烟车1010宗。与三水区就跨界区域环境污染联防联治达成合作协议，共同改善跨界区域环境质量。推进广佛跨界河涌流域治污、重点河涌“一河一策”治理以及黑臭水体治理，新建截污管网139千米、污水处理厂1家，启动24家污水处理厂提标改造。优化固废处理运营模式，餐厨垃圾一体化处理系统基本建成，城镇生活垃圾无害化处理率达100%。

【农村综合改革】 2016年，南海区完成村（社区）集体经济组织换届选举工作，为农村稳定发展夯实基础。推进股权确权工作。至年底，全区有162个村（社区）、169个经联社、1662个经济社完成股权确权章程表决工作，完成率为83.6%。同时，在完成股权确权登记颁证工作的基础上，层级推进集体资产股份权能改革，因地制宜地指导各村（社区）有序规范流转股权。推进集体资产管理交易平台、集体经济财务监管平台和集体经济组织成员股权（股份）管理交易平台三大平台建设，完善集体资产交易制度、交易操作规程，强化农村“三资”监管工作，防止资产管理漏洞。全年农村集体资产成交6070宗，标的总金额22.4亿元，成交价比交易底价增长10.17%。

【城市管理】 2016年，南海区将城市精细化管理向城中村和旧社区延伸，城市管理考评实现村（社区）全覆盖，推动市容市貌进一步改观。加强对临时摆卖疏导点的软硬件建设和日常管理，变无照摆卖为有序经营。至年底，建设有临时摆卖疏导点43个，总面积1.96万平方米。将区内无证无照生产经营整治与城市升级、安全监管和环境整治工作相结合，促进生产经营与城市环境的协调发展。全年组织开展整治清理无证无照联合执法行动3000多次，检查厂企、商铺45543家，引导补办证照9683家，取缔无证无照厂企、商铺3619家。新建40个监控点对7个镇（街道）中心城区城市管理黑点进行24小时实时监控，并成立城管战训大队，对区内城市管理黑点、难点进行集中整治。是年，南海区城管部门办理市容环卫、市政公用、城市规划、城市绿化、环境保护、工商行政、室内违建等方面的案件21.74万件，其中现场教育和纠正案件20.88万宗，行政处罚案件7979件，处罚金额155.51万元。区数字城管系统办理案件35.61万件，按期结案率97.56%。

【行政审批服务改革】 2016年，南海区淡化区域界限，推出4批共246个全区通办事项；在全国首创广佛跨城通办，与广州荔湾区共同推出2批共85个跨城通办事项，涵盖工商登记、投资项目核准等热点领域。优化工程报建审批流程，构建“一窗受理、内部流转、联合审批、限时办结”的并联审批机制，大幅减少审批时间。以“信息化+标准化”推动行政审批标准化建设。全面开通网上预约服务，实现微信、热线、网站多渠道办事预约；在区、镇（街道）两级行政服务中心建设网上办事自助服务区；拓展“市民之窗”自助终端服务功能。4月，广东省推进“互联网+政务服务”改革工作电视电话会议，明确在全省复制推广南海区行政许可和公共服务事项标准模板。

（沈　娜）

社会民生事业

【人口和计划生育】 2016年，南海区全面落实“全面两孩”政策，简化登记审批手续，全年为1.4万对户籍夫妇办理二孩生育登记手续。同时，配合“全面两孩”政策，加印《南海区免费孕前优生健康检查综合服务卡》、孕前优生宣传折页等资料，推广孕前优生健康检查综合服务。全年参加免费孕前优生健康检查27901人，比上年增长48.43%。推进全省流动人口卫生和计划生育基本公共服务均等化试点工作，探索扩充流动人口各项奖励优惠政策，逐步实现计划生育基本公共服务均等化和免费基本项目计划生育技术服务全覆盖。贯彻落实各项计生奖扶政策，全年为18202人发放计生奖励3971.41万元，其中城镇独生子女父母奖励6979人、1256.17万元，农村部分计划生育家庭奖励9640人、1998.46万元，计划生育家庭特别扶助308人、328.82万元，户籍人口节育奖1147人、344.1万元，历史遗留城镇独生子女父母（无子女人员）一次性奖励128人、43.86万元。

【教育】 截至2016年年末，南海区有幼儿园341所（不含托儿所，其中民办201所），在园幼儿107929人；小学129所（其中民办14所），在校学生185538人；初中53所（其中民办18所），在校学生69881人；高中18所（其中民办4所），在校学生44962人；职业院校8所（其中民办2所），在校学生18091人。

2016年，南海区发布“1＋5＋N”深化教育综合改革一揽子工作方案，出台《佛山市南海区深化教育综合改革工作方案（2016—2020年）》，完成《南海区教育事业发展“十三五”规划方案》，引领南海教育综合改革向纵深推进。加大教育投入，全年投入义务教育资金3.93亿元。出台《扶持镇（街道）新建、扩建义务教育阶段公办学校专项资金实施方案》，采取扩容、挖潜和新建学校等举措，化解人口相对集中的城镇区域义务教育阶段学位紧缺问题。全年新建学校 2 所，异地重建学校 1 所，扩建学校 7 所，增加学位近 1 万个。推进普惠性幼儿园创建工作，全年落实创建幼儿园 24 个。推进省级《3 ~ 6 岁儿童学习与发展指南》实验区建设，建成区级实验园 50 所，50 个区级学前研究课题获立项，《幼儿园区域活动新视角》作为实验区的成果之一正式出版，面向全国推广南海幼教经验。加强学生素质教育，全区中小学生参加各类竞赛获市级以上奖项 6484 个，其中国际奖 4 个、全国性以上奖项 2139 个。是年，全区参加高考人数 14468 人，上线率为 96.97 %，重点本科上线率 25.09%。石门中学成为"清华大学 2016 年生源中学"。实施职业教育"三大提升工程"（职业教育吸引力提升工程、职业教育内涵提升工程、职业教育服务地方经济发展能力提升工程），成立南海职业院校"政、校、行、企"协同创新联盟，开展校企项目对接，提升职业教育与地方产业发展融合度。是年，南海区获"全国教育改革示范区"称号。

【公共文化】 截至 2016 年年末，南海区有区级文化馆 1 个、镇（街）文化站 7 个、社区（村居）文化室 1360 个；区级公共博物馆 1 个、民办博物馆 4 个；区级公共图书馆 1 间，镇级公共图书馆 11 间，藏书量 216.9 万册；影剧院 2 个，数字影院 40 间，全年入场电影观众 720 万人次。区、镇、村三级文化广场面积 123.19 万平方米，文化活动室面积 61.64 万平方米，每万人公共文化服务设施面积 2273.52 平方米，居全省前列。

2016 年，南海区出炉创建广东省公共文化服务体系示范区标识，打造南海文化标志。全年举办区、镇、村文化活动 7002 场，参与人数达 187 万人次。举办全国青年产业工人文学大奖、广东省"大沥杯"小说奖、广东省"桂城杯"诗歌奖等文化活动，承办第二届中国网络文学论坛，首个广东网络文学基地落户区博物馆。全面铺开广东省综合性文化服务中心建设，至年底，有 153 个村（社区）完成综合性文化服务中心建设。财政资金扶持、奖励文化项目 320 个，发放资金 1688.92 万元。是年，综合性文化服务中心和读书驿站建设两个项目被评为省"公共文化建设现场"优秀案例，读书驿站建设被列入省第二批创建省级公共文化服务体系示范项目，区图书馆被选为广东省总分馆制的第二批建设试点，区文化馆在全国第四次文化馆评估定级中再次被评为国家一级馆，大沥镇被授予"广东省口哨音乐之乡""广东曲艺传承基地"称号，九江镇获评佛山市城乡十分钟文化圈建设示范镇（街），桂城街道翠颐社区、大沥镇沥雄社区、大沥镇嘉怡社区、丹灶镇金宁社区、九江镇下北社区、西樵镇东碧社区等 6 个社区获评佛山市城乡十分钟文化圈建设示范村（社区）。

【医疗卫生】 截至 2016 年年末，南海区有各级各类医疗卫生机构 453 个，其中公立医院 15 家（区属医院 3 家，镇属医院 12 家；"三甲"医院 3 家，"二甲"医院 10 家，"一甲"医院 2 家），社区卫生服务站 140 个，民营医院 4 家，社区诊所、门诊部、医务室 294 个，全区行政村均有社区卫生服务站或镇（街道）医疗保健机构覆盖。全区公立医院床位 8266 张，执业医师 4776 人（含执业助理医师），注册护士 6685 人。每千人口拥有医院床位 3.22 张、执业医师（含执业助理医师）1.76 人、注册护士 2.48 人。全年公立医院门诊、急诊接诊 1796 万人次，平均门诊费用 120.09 元 / 人次；出院 35 万人次，平均出院费用 6225 元 / 人次。

是年，南海区启动"卫生强区"建设，制定《佛山市南海区构建医疗卫生高地行动计划（2016 — 2018 年）》《佛山市南海区医疗卫生强基创优行动计划（2016 — 2018 年）》《佛山市南海区医疗机构设置规划（2016 — 2020 年）》。与广东省人民医院、南方医科大学合作办医，引入省级高端医疗资源。推进"医疗质量精细化"管理，全年区医院管理中心组织专家团队对区内 18 家医院（含 3 家民营医院）展开医疗质量安全检查及各类检查 70 余次。推动医院细节服务，开通微信预约挂号平台，8 家医院开展医务社工项目。继续扩大家庭医生式服务试点，至年底，共有 23 个社区卫生服务站被确定为家庭医生式服务市级示范点建设单位，建立家庭医生服务团队 65 个，累计签订家庭医生式服务协议 7793 户、20525 人。继续实施免费孕前优生健康检查及"两癌"检查，全年开展宫颈癌检查 9350 例、乳腺癌检查 9640 例。

【劳动就业和人才服务】 2016 年，南海区新增就业人数 26092 人，城镇登记失业人员 3052 人，城镇登记失业率 2.29%；失业人员实现再就业人数 10365 人，就业困难人员实现就业人数 1187 人；本区农村劳动力新增转移就业 873 人，新增吸纳本省（农村）劳动力人数 6514 人。

是年，南海区出台《佛山市南海区人民政府关于进一步促进创业带动就业的实施意见》，加大以创业带动就业力度。举办首届创新创业大赛，吸引 240 多个项目、300 多名创业者参赛。加快创业孵化基地建设，新认定区级创业孵化基地 13 个，区级创业孵化基地增至 21 个，已入驻的企业或项目 813 个（其中成功孵化项目 591 个，在孵项目 222 个），创业人数 1588 人，基地内的企业及创业项目累计带动就业人数 5972 人。成立创业导师团队，聘请两批共 49 名创业导师为创业工作提供专业指导。打破创业人员申请创业担保贷款贴息的户籍限制，将个人贷款额度提高至 20 万元，设立合伙经营的“捆绑性”贷款及劳动密集型和科技型小微企业贷款，缓解创业者创业初期融资难题。全年发放创业担保贷款 189 笔，放贷金额逾 3400 万元，比上年增长 27 倍。加大就业创业服务力度。全年区人社系统举办现场招聘会 312 场，进场企业 1.7 万家次，提供就业岗位 20.3 万个，帮助实现就业 6.2 万人，其中失业人员 10295 人。继续依托南海技师学院培训中心开展创业培训，发动 4496 人参加创业培训，发放创业培训补贴 449.6 万元。落实就业创业补贴政策，全年发放就业类补贴 545 万元、创业类补贴（不含创业培训补贴）133 万元。以“南海区人力资源信息管理系统”为主体，运用“就业南海”微信公众号、“南海就业中心”官方微博、手机版“就业在线”等多种信息化手段，向社会免费提供全天候的网络就业服务。

同时，做好高层次人才服务与高技能人才培训工作，为城市与产业转型升级提供智力支撑。推出“高技能人才晋升加速计划”，面向全区制造业企业特别是高端装配制造企业，开展数控技术、机电装配等职业工种技能晋升培训，并对取得技能证书人员进行财政补贴。全年为 4728 人发放个人技能晋升培训补贴 969.36 万元，人数和补贴金额均比上年增长近 2 倍。开展第四批高层次人才认定评定工作，认定、评定区高层次人才 90 名（其中一级 14 名、二级 26 名、三级 50 名）。全年发放区高层次人才政府津贴 134.4 万元，发放区高层次人才培养资助经费 5.5 万元。

【社会保障】 截至 2016 年年末，南海区养老保险实际缴费人数 84.72 万人（其中企业 82.03 万人，机关事业单位 2.69 万人），领取职工基本养老金待遇离退休人员 17.09 万人（其中企业 16.15 万人，机关事业单位 0.94 万人）。城镇职工基本医疗保险实际缴费人数 81.1 万人，享受职工医保待遇 55.08 万人次（含住院、门特及生育补贴待遇）。参加居民住院医保 75.9 万人，享受居民医保待遇 15.71 万人次（含住院、门特和生育补贴待遇）；参加居民门诊医保 161.59 万人，享受居民门诊医保待遇 1138.8 万人次。失业保险实际缴费人数 77.05 万人，按月领取失业保险金待遇 4.34 万人次。工伤保险实际缴费人数为 78.16 万人，全年核发工伤保险待遇 0.45 万人次。生育保险实际缴费人数 78.02 万人。全区 249 个村（社区）全部纳入城乡居民养老保险，参加城乡居民养老保险 6.52 万人。纳入全征土地农村居民基本养老保险补贴参保范围的股份合作社 470 个，纳入参保对象 19 万人。

2016 年，南海区推进全民参保工作，出台《南海区深入推进灵活就业人员参加企业职工基本养老保险工作的实施方案》，对 3.85 万人开展调查登记，引导应参保人群主动参保。5 月 1 日起放开灵活就业人员参保的户籍限制，允许符合条件的灵活就业人员进行一次性缴费。出台《关于完善南海区全征地居民基本养老保险补贴制度衔接办法的通知》，7 月 1 日起允许符合参保条件的全征地居民一次性缴纳职工养老保险费，并以参保补贴等措施，鼓励其按月参加企业职工基本养老保险。全年办理灵活就业一次性补缴 3.14 万人，办理全征地居民一次性补缴 0.86 万人。推进城乡医保城乡一体化改革，出台相关配套文件，顺利完成改革政策衔接工作。调整企业退休人员基本养老金和城乡居民养老保险基础养老金，调整后企业职工人均基本养老金 2121 元/月，城乡居民人均基础养老金 170

元 / 月。推动建筑施工企业依法参加工伤保险。至年底，有 607 个建设项目参加工伤保险，新开工项目实现参保全覆盖。

【社会救济】 2016 年，南海区将城乡居民最低生活保障标准提高至每人每月 630 元，全年发放低保金 4494 万元；农村“五保”（城镇“三无”）人员补助标准调整为每人每月 1619 元，全年发放农村“五保”救助金 1018 万元，512 人受惠。此外，对 1649 户、1943 人实施分类救助，发放分类施保金近 166 万元；发放医疗救助金累计超过 902 万元，惠及 5352 人；为 9873 人购买门诊和住院基本医疗保险 640 万元。发放农村危房改造经费 142 万元，修缮和重建危房 83 间。发放临时物价生活补贴近 409 万元，惠及 9591 人。制定《佛山市南海区“救急难”专项资金使用暂行办法》，对 479 户 859 人实施临时救济救助，发放临时救助金超过 200 万元。加强慈善文化宣传，创新募捐形式，探索将募捐活动与运动、文娱等元素相结合的新举措。南海区慈善会全年募集善款 6163 万元，支出善款 3312 万元；各级慈善机构募集善款 9021 万元，支出善款 5728 万元。

【社会服务】 2016 年，南海区推动各镇（街道）成立镇级社会服务联会。年内，有 5 个镇（街道）成立社会服务联会。区社会服务联会发挥作为社会服务行业联盟性组织的作用，组织开展社会服务从业人员行业培训，对社会服务项目实施专业评估，推动社会服务的规范化、现代化，促进社会服务机构之间以及社会服务机构与政府部门的交流。同时，加强对社会组织和社工人才的培育。举办 2016“益动全城　品质家·南海”社会服务洽谈会活动，政府推出 400 多个服务项目，投入 1.6 亿元。制定《南海社会团体规范运作指南》《南海民办非企业单位规范运作指南》，促进社会组织规范化运作，推动社会组织健康发展。全年新成立社会组织 108 个。至年底，全区有各类社会组织 1701 个，其中依法登记在册的社会组织 1128 个、备案管理的 573 个。年内，区社会创益园建立全省首个社工专业实习枢纽平台，华南农业大学、广东外语外贸大学等 5 所高校首批进驻，搭建起高校与社工机构沟通桥梁，为南海储备社工人才。加强社工培训，全年经培训认定为佛山市社会工作员的有 79 人，并选拔 15 名优秀本土人才参加第三届督导培训。

【精神文明建设】 2016 年，南海区推进社会主义核心价值观培育，在各镇（街道）打造社会主义核心价值观主题公园，其中里水镇水口公园及和顺文体公园、狮山罗村孝德湖公园作为佛山市“文化公园”建设试点重点打造。6—9 月，在九江酒厂、蒙娜丽莎集团股份有限公司、广东新怡内衣集团有限公司等镇（街道）企业举办社会主义核心价值观文艺作品巡演活动 10 余场，通过突出“爱岗、敬业”价值观念，努力培育和弘扬“工匠精神”。继续开展“南海好人”评选活动，评出“南海好人”15 名，另外有 2 人获评“中国好人”，3 人获评“广东好人”，3 人获评“佛山好人”。继续开展南海影响力十大人物评选活动。在学校广泛开展清明祭英烈、六一“学习和争做美德少年”、七一“童心向党”、十一“向国旗敬礼”等活动，加强未成年人道德教育。组织开展“美德少年”推荐命名活动，评选“美德少年”780 名，“十佳美德少年”10 名。

【社会综合治理】 2016 年，南海区围绕“防控违法犯罪、化解矛盾纠纷、排除公共安全隐患”三大工作任务，通过规范镇（街道）综治信访维稳中心与镇智慧指挥中心运作，在原有网格化工作系统上配套建设综治网格化管理应用模块，将三大工作任务的相关工作内容分解为 51 个任务清单嵌入平台，构建以双中心为枢纽、以网格为基本单元、以综治维稳力量为主导、以综治信息系统为支撑，覆盖城乡社区、条块结合、横向到边、纵向到底的“中心 + 网格化 + 信息化”工作体系。狮山镇被确定为“中心 + 网格化 + 信息化”工作省级试点。是年，南海区出台《佛山市南海区重大决策社会稳定风险评估工作意见》，全年排查重大事项 28 宗。排查重点矛盾纠纷 383 宗，化解 379 宗，化解率 98.96%。开展治安专项打击行动，加强对狮山镇、大沥镇等市挂牌社会治安重点地区和突出问题的整治，年内通过考核验收并成功摘牌。推动社会治安防控体系建设，全年新建高清视频 930 个、社会视频 3 万个、高清卡口34套、警灯3054盏、警企联防室1756个、“门禁+视频”651套，建成“警务e超市”387处。巩固提升“平安村居”创建成效，深化“平安细胞”建设，全区有244个村（社区）被命名为2015复评年度“平安村居”，18个村（社区）成为“平安示范村居”创建点。

是年，全区接报刑事警情17294件，比上年下降29.6%，下降幅度居全市首位，其中“两抢”“两车”“两入”警情分别下降58.3%、79%和29.5%。群众安全感达88.07%，比上年提高0.47个百分点。在全市2016年综治工作（平安建设）考评中，南海区位居全市五区第一。

（沈　娜）

各镇（街道）介绍

【桂城街道】 桂城街道地处南海区东部，是南海中心城区，辖区面积84.16平方千米，东西两翼分别与广州市荔湾区、佛山市禅城区相连，南部接壤顺德区和广州市番禺区。2016年下辖36个社区，有户籍人口26.26万人，流动人口40.74万人。桂城街道是全国珠宝玉石首饰特色产业基地、广东机械装备专业镇、广东省村务公开民主管理示范街道、全国规范化家长学校实验区和全国社区教育示范镇。2016年，街道实现工业总产值434.61亿元，其中规模以上工业总产值305.64亿元，农业总产值5.53亿元，社会消费品零售总额315.97亿元，全社会固定资产投资188.53亿元，实际利用外资2.78亿美元。

全球创客新都市建设全面启动　举办以“树立广佛新标杆，建设全球创客新都市”为主题的招商推介会，加快推进粤港澳青年创业社区建设，在三山科创中心建设粤港澳合作（南海）科技展示交流中心，打造粤港澳青年及海外留学归国人员创新创业平台。全年引入人才团队12个，提供扶持资金790万元，与11个“蓝海人才计划”团队签约。年内，桂城街道获“广东省‘互联网+创新创业示范镇’建设单位”称号。

产业升级优化　以金融和科技为两大抓手，推进产业转型升级，加大高新技术企业培育力度。国家高新技术企业在库量119家，比上年增长55%，新增9个省级工程技术研究开发中心，美国密歇根大学“吴贤铭”国际智能制造创新平台完成估值7000万元技术转让合同的签订。引入毕马威华振会计师事务所佛山分所、谷歌（佛山）体验中心等一批知名服务业项目。三山新城引入中国联通总部南方信息产业基地、美伦国际学校、东方星火创新加速器等一批重点项目，产业基础更为扎实。

城市更新加速推进　推进“三旧”改造项目土地整理工作7个，启动“三旧”改造项目13个，完成石硝细基围地块出让。“工改工”项目取得突破，天富科技城完成两座订制式产业载体建设并交付使用，夏北扇面工业区项目有序推进。夏北旧村居改造工作提速，重新调整北区旧村居改造方案。夏西良溪工业区、三山军区农场两大项目完成土地整理约80公顷。

城市环境不断优化　文翰湖公园（一期）正式向公众开放，全年新增绿化面积19.5万平方米。完成15段道路慢行系统改造，改造道路15千米。将“美村美居”计划升级为“美丽家园”计划，开展“一村一路”试点工作。东小片区路内停车智能化收费试点项目取得初步成效，新增公共停车位一批。推进三圣河和五胜涌城市黑臭水体治理，水环境持续好转。全面铺开村级工业园区整治，取缔无证照污染企业93家，刑事拘留6人。以中央环保督查为契机，关停污染企业25家，行政处罚242.5万元。深化餐厨垃圾统一收运试点工作，全年处理城市垃圾超过25万吨。完成45个小区公共空间的绿化工作和42条无名区间路的改造提升，消除城市养护盲点。加大对农村宅基地、城市小区违建的治理力度，全年拆除违建近6万平方米。城管执法力量下沉，按片区组建4个城管中队。

民生事业加快发展　推进新平洲一中、夏东小学、桂江小学、平洲三中等学校建设，新增学位1560个。加强师资队伍建设，探索新教学方式，多名师生在全国各类比赛中获奖，名师工作室达到22个，创建全国规范化家长学校实验区和全国社区教育示范镇（街道）。广东省心血管病医院正式落户桂城，首期二层心血管病房建设加快推进。投入2349万元开展基本公共卫生服务，优化社区

卫生服务站点布局，推进家庭医生签约服务以及孕前优生服务。建成社会保障房1733套。深化“职工·家”工会服务品牌建设，各“职工·家”服务中心实现购买社会服务全覆盖。举办“关爱桂城”授勋典礼、“关爱小镇”“关爱课程进校园”等品牌活动，全年投入1200多万元，开展37个服务项目，151万多人次受惠。

社会管治更加有力 政务服务中心大楼完工并投入使用，加快推进“一门式一网式”服务改革，推行“5＋2”及网上全预约服务，群众办事更加方便。完成集体经济组织换届选举工作，党员干部比例超过30%，夯实集体经济组织的党建引领。制定《桂城街道农村集体资产委托代理交易制度》和《桂城街道社区集体资产管理交易实施办法》，规范农村集体资产交易。优化社区设置，新增4个城市社区，以创建熟人社区为抓手，在灯湖社区、桂雅社区推进小区综合治理工作。开展“断流2016”“案网2016”等专项打击整治行动，社会治安持续好转。启动国家安全社区创建工作，落实安全生产“一岗双责”责任制，加强安全生产管理。加强流管分站建设，提升新市民管理服务水平。

【九江镇】 九江镇位于南海区西南部，辖区面积94.75平方千米，2016年下辖19个社区和7个行政村，有户籍人口10.78万人，流动人口8.89万人。九江镇是中国医卫用非织造产品示范基地、中国龙舟名镇、中国淡水鱼苗之乡、国家卫生镇、广东省传统龙舟特色镇、广东省教育强镇、佛山市应用电子商务提升传统产业试点镇。2016年，九江镇在全国百强镇排名中位列第72名。全年实现工业总产值277.46亿元，其中规模以上工业总产值259.3亿元，农业总产值12.68亿元，社会消费品零售总额44.77亿元，全社会固定资产投资54.32亿元，实际利用外资256万美元。

产业实力不断增强 创新构建招商服务体系，深化企业服务，全年协助企业融资超4000万元。全年落实投资项目40个，涉及投资总额73.44亿元，比上年增长72%。希杰、宝迪等生物科技企业落户，允笛、裕丰、欧品佳等一批医卫用非织造布重点企业陆续进驻。“智能柔性采集液体分析芯片”项目成功孵化，有效对接医卫用非织造布中下游产业。中国医卫用非织造产品示范基地服务中心启用，广州纤维产品检测研究院佛山工作站、广东职业技术学院人才培训基地签约进驻。卓艺商学院签约，开创“政校行企”联动新模式。22家企业通过高新技术企业认定，雅柏家具成为杭州G20峰会主会场会议家具布置的主提供商。

城建品质加快提升 酒镇大道通车，325国道（九江段）、大正路、洛浦路改造稳步实施，沙龙路改造方案基本敲定，区域路网日臻完善。总投资6500万元的上东工业园改造项目启动，打造村级工业园示范标杆。推进新农村建设，烟桥古村入选“中国传统村落”，南金村获颁“广东岭南名村”。推进沙头、敦根、镇南、下北4个村级工业园区综合整治，完成无证渔排清理整治，海寿、大谷小型污水处理装置完工，环境质量持续好转。

民生事业长足进步 九江医院三期改造加快推进，家庭医生式服务不断深入，九江颐养院封顶。顺应“二孩”和新市民积分入学政策，科学规划未来五年基础教育设施。公共自行车系统（一期）基本建成，城市交通网络更加完善。融入粤桂黔高铁经济带建设，创建广东省首个、全国第二个贫困村创业致富带头人培训基地。壮大“乐善·家”服务阵地，投入近400万元购买社会服务，惠及群众3万名。

社会治理扎实有效 社会治理网格化创新融合驻点直联工作与大数据系统，开创基层治理新模式。启动“全国安全社区”及“国家食品安全城市”建设，安全生产、食品药品、消防等专项整治全面铺开。与龙江及江门市的鹤山深入推进警务合作，公安“情指行一体化”建设卓有成效，刑事警情比上年下降24.5%。镇行政综合服务中心落成启用，公安24小时自助服务区正式开放，“5＋2”全预约办事开启便民服务新模式，全年镇、村（社区）两级中心受理件20多万件，办结率达100%。常态化开展“户联系”全覆盖，借力线上互动平台，协调处理或答复群众意见近700条。

【西樵镇】 西樵镇位于南海区西南部，辖区面积176.63平方千米，2016年下辖22个社区和9个行政村，有户籍人口16.01万人，流动人口12.85万人。西樵镇是中国历史文化名镇、中国面料名镇、中国龙狮名镇、国家卫生镇、国家级生态乡镇、全国文明镇、广东省教育强镇、广东省宜居城市、岭南魅力名镇和广东省旅游名镇。2016年，西樵镇在全国百强镇排名中位列第28名。全年实现工业总产值309.48亿元，其中规模以上工业总产值284.19亿元，农业总产值17.81亿元，社会消费品零售总额83.66亿元，全社会固定资产投资101.07亿元，实际利用外资1265万美元。

优势产业优化提升 完成38家企业共50个技术改造项目备案，企业技术改造计划投资金额14亿多元。纺织产业全年引进先进设备2500多套，投入资金10亿元。承办2016全球纺织服装供应链大会。源志诚家纺、金富源窗饰等91家家纺企业抱团参加深圳国际家纺布艺暨家居装饰展览会。投入3200多万元，提速纺织产业基地配套设施建设、"三统一"、污泥无害化处理和人工湿地等项目，提升园区竞争力。西樵镇卫生用品行业协会成立，栢盈无纺布等4家卫生用品上下游企业相继落户，项目总投资7.4亿元。发展特色生态农业，蓝孔雀等珍稀物种养殖落户西樵。

企业服务持续深化 举办扶持企业产业政策发布会暨雄鹰企业表彰大会等多个政策宣讲会，全年企业申请省、市、区各类奖励扶持资金2100多万元。欣源电子挂牌"新三板"，成为镇内第一家上市企业；蒙娜丽莎获证监会受理IPO申报。成立中小企业融资转贷专项扶持基金，帮助企业融资近1亿元，缓解企业融资难题。举办"品质南海，工匠风采"系列技能大赛、"启沅杯"创业挑战赛等多项活动。推动产学研合作，17家企业通过高新技术企业认定,19家企业申请高新技术企业培育入库，新增省、市、区各级工程技术研究中心7个。

西樵山优化提升三年行动计划全面启动 完成观音文化苑景区中轴线项目、智慧景区（一期）及山上5条人行步道建设。听音湖片区的樵山文化中心、飞鸿馆完成主体工程建设，管网铺设工程如期完成，配套停车位1000多个。桑基鱼塘国家湿地公园通过省级评审。开通西樵—广州南站旅游观光专线，实现西樵核心景区与外部交通枢纽的无缝对接。举办2016西樵山岭南文旅投资洽谈会，加快推进听音湖片区文旅RBD项目整体招商，中海地产、希尔顿（欢朋）酒店、恒大地产三大品牌项目落户听音湖片区。

城市环境继续优化 推进第二批4个村级工业园区综合整治以及项目改造，加快儒溪塱、大岗鸡场等地块整理和产业规划。天镇峰文化长廊、樵园公园、官山涌"一河两岸"滨水景观整治提升工程相继完成，龙湾大桥调头车道、金花街西侧道路、河岗大道外延线完工通车，南九复线5座天桥、樵丹路等多条道路绿化提升顺利完成，山北停车场、平沙渡口停车场等5个停车场投入使用。新增公交樵09路支线，建成公共自行车站点15个。

环境治理强力推进 创新在线监控与动态监管联合机制，推进电力、陶瓷、印染、家具、喷水织机等行业环保治理，全年巡查厂企2608家，停产整顿176家，淘汰关停64家。全年投入5100万元，强化水利工程建设，环山沟整治（二期）、山根水利枢纽工程、官山涌河道整治工程、西岸凰岗旧站重建工程、新圩排站引涌改道工程等项目顺利完工。全年投入634万元，对镇内主支干、支毛河涌进行护岸维修和障碍物清理。推进创建国家森林城市工作，完成西樵山、西岸茶山林相改造面积66.67公顷。深化美村计划，建成七星紫岩公园、儒溪江边公园等5个村级环境服务站。爱国村、西岸村、平沙村通过佛山市宜居村庄考评。松塘村、百西村古村活化项目分别通过市、区验收，松塘村获"中国最美村镇传承奖"。

文体事业蓬勃发展 8个智慧图书馆建成开放，三湖书院讲坛、道德讲堂、功夫角等活动持续开展，举办2016南粤古驿道定向大赛（松塘村站）以及西樵山超级马拉松比赛。是年，上金瓯社区创建为佛山市特色文明村（社区），6个试点村（社区）综合性文化服务中心通过区级验收，西樵白眉武术、南海广式旺阁酱油酿造技艺入选南海区非物质文化遗产名录，西樵镇文化站获"广东省特级文化站""广东省基层文化工作先进单位"等称号。超级马拉松赛事获亚洲体育行业大奖（SPIA）年度最佳大型赛事金奖，狮王争霸赛入选中国体育旅游十佳精品赛事，西樵山风景名胜区获评为中国体育旅游精品景区。

民生事业优质发展 西樵第一小学等5所学校通过高效课堂示范学校评估。与广东省中医院等6所医院建立长期技术扶持关系，引进正高级职称人才5名，建成名医工作室3个，妇产科等多个专科被评为市、区特色重点专科。国家健康促进行动广东省示范镇通过省级复审。培育5个本土社工机构、32个社区互助社，投入财政资金125万元，撬动社会资金81万元，促成30个社会服务项目落地。

【丹灶镇】 丹灶镇位于南海区西部，辖区面积143.5平方千米，2016年下辖6个行政村和18个社区，有户籍人口9.91万人，流动人口12.16万人。丹灶镇是中国日用五金之都、中国百强镇、全国文明镇、国家生态镇、国家卫生镇。2016年，丹灶镇在全国百强镇排名中位列第74名。全年实现工业总产值256.14亿元，其中规模以上工业总产值212.61亿元，农业总产值10.96亿元，社会消费品零售总额40.32亿元，全社会固定资产投资64.15亿元，实际利用外资4163万美元。

创新能力持续增强　借助728创域、广顺新能源的孵化力量和骨干企业的带头作用，加快发展高新技术企业，新增高新技术企业22家，比上年增长88%。企业申报中国发明专利32件、实用新型专利314件，分别比上年增长52%和57%。广顺新能源汽车关键零部件孵化器获批“佛山市科技创新平台（孵化器）”。设立“镇长创新奖”，出台企业创新奖励办法，举办创新创业大赛、加拿大创新创业对接论坛等活动。丹灶镇高端人才联谊会正式成立。本土企业家万鹏成为佛山首个“广东省科技领军人才”。3个创新创业项目包揽南海区首届创新创业大赛前三名，3个团队入选南海区“蓝海人才计划”。

载体建设不断加快　力合星空孵化器建成启用，15个科技创新项目顺利入孵，涉及装备制造、新能源、云平台服务等领域。联东U谷一期A区全面完成招商，29家科技企业进驻，一期B区完成90%的招商任务。推进南海日本中小企业园二期建设。南海欧洲中小企业园完成首期9栋厂房建设，总建筑面积47360平方米，完成90%的招商任务。

产业提升稳步推进　汽配产业发展势头良好，与国家燃料电池及氢源技术工程中心合作的泰罗斯汽车动力项目落户，加速新能源汽车产业集聚。中鹏热能获授佛山市“中国制造2025”试点示范企业。阳晨厨具成为“全国机器人集成创新中心”首批应用企业。同向精密等14家企业完成技改投资6.4亿元。宏乾科技、炬申物流挂牌“新三板”。

城市面貌持续优化　有为隧道、丹金大道建设如期推进，分别完成工程量的50%和70%。重点文化项目康园一期完成75%的工程量。实施城市精细化管理三年行动计划，推进“绿城飞花”工程，重要区域、节点景观提升成效初显。全区首个旧城改造项目珍丰广场建成投用，碧桂园、美的等高端房企进驻，城市功能配套不断完善。加快“一岛两湖”规划开发，金沙岛启动“国家级湿地公园”创建，实施金沙南片“万亩水体”改造，环岛绿道等设施不断完善。翰林湖公园入选首批佛山市农业公园，并成为全市唯一代表参评“广东省十大农业公园”。

城市管理全面推进　推进社会治理网格化和村（社区）“一窗通办”行政服务改革，推动基层管治资源整合，实现网格化平台与智慧城管平台的互通共享，提升管理效能。创新出租屋和流动人口管理，运用流管智能信息系统完善出租屋和流动人员管理。通过中央环保督察，水源保护区征拆有序完成，环境质量持续改善，环境空气质量优良率位列全区第一，其中$PM_{2.5}$比上年下降17.8%。

村（社区）建设成果丰硕　推进“美村计划”和村级工业园整治、改造。探索工业园区“整治标准、改造模式、后续管理”新路径，大金智地、食品工业园成为“工改工”的典型，推进东联、云溪社区试点工作，解决环境污染、安全生产、治安、消防等隐患问题。古村活化初见成效，仙岗古村列入市级古村活化项目。深化农村综合改革，在全区率先完成集体经济组织换届选举工作和农村股权确权工作，解决历史遗留问题7272个，为后续发展奠定坚实基础。

民生事业快步发展　丹灶有为小学按照省一级标准启动建设，前期筹建工作基本完成；金沙小学新教学楼主体工程建设完成，联安小学新教学楼动工，丹灶中心幼儿园、金沙幼儿园晋升省一级幼儿园。平安建设初见成效，实现刑事警情和立案率双下降，“飓风2016”专项打击成效全区排名第一。通过全国卫生镇复评，良登村、西城村创建为五星级健康村。西岸社区幸福院挂牌成为南海首批社区幸福院。

【狮山镇】 狮山镇位于南海区中部，辖区面积 330.6 平方千米，2016 年下辖 44 个社区和 28 个行政村，有户籍人口 29.74 万人，流动人口 46.89 万人。狮山镇是佛山国家高新区的核心园区，与佛山高新区管委会形成“园镇融合”的发展格局，也是国家新型城镇化综合试点地区、珠三角国家自主创新示范区的重要组成部分、粤桂黔高铁经济带合作试验区（广东园）的主要载体。2016 年，狮山镇在全国百强镇排名中位列第 4 名。全年实现工业总产值 3414.03 亿元，其中规模以上工业总产值 3232.25 亿元，农业总产值 19.82 亿元，社会消费品零售总额 176.15 亿元，全社会固定资产投资 317.6 亿元，实际利用外资 2.64 亿美元。

珠三角国家自主创新示范区加快建设 印发《佛山国家自主创新示范区发展规划纲要（2016—2020 年）》和《佛山市建设珠三角国家自主创新示范区实施方案（2016—2020 年）》。同时，出台科技创新专项资金、科技企业孵化体系建设扶持等首批 4 个配套政策措施，推动创新创业。推进省智能制造示范基地和珠江西岸装备制造产业创新基地建设，获得省 1.36 亿元的扶持资金。

产业发展迈向中高端 全镇在建超 500 万元技改项目达 98 个，完成技改投资 143 亿元，占全区技改投资额的 80%。在建工业重点增资扩产项目 90 个，投资总额 108 亿元。维尚家具新厂落成，个性化定制项目入选工信部“智能制造试点示范项目”。东方精工成功收购新能源汽车动力系统企业。一汽－大众启动“智慧工厂”建设，主机厂一期产能达到预期 30 万辆，一汽－大众及其配套工业企业产值、税收均比上年增长 15% 以上。新增“新三板”挂牌企业 6 家、省名牌产品 11 个，坚美铝材获国家质量奖提名奖。此外，优化企业服务，出台《佛山高新区（狮山镇）促进企业上市和增资扩产扶持办法》。

招商引资成效显著 强化产业链招商，围绕汽车、装备制造、新材料等主导产业，以商引商。设立上海商务联络处，联合清华深圳研究院设立北美代表处，链接全球资源。全年引进项目 110 个，计划投资总额约 210 亿元，其中工业类项目 75 个，占全区的 37%；工业类项目计划投资额 92 亿元，占全区的 45%。

创新创业氛围浓厚 截至 2016 年年末，全镇有国家级孵化器 4 个、国家级众创空间 4 个，高新技术企业 228 家，占全区的 43%。是年，引入省医学科学院（南海）转化医学中心等创新平台，启动中国（广东）机器人集成创新中心建设，华中数控“两司一院”项目进展顺利，广工大数控装备研究院机器人产品集成应用成效初显。启动全省首个科技创新小镇群建设，重点打造智造、IT、生命健康、星光等 4 个特色小镇。成立高端人才联谊会，新引进创新创业团队 50 多个，广东 3D 打印应用技术创新中心进驻高端团队 7 个，东软华南 IT 创业园入驻青年创业团队 24 个。

金科产融合成效显著 在全省率先探索出“主导产业＋主题园区＋创新平台＋科研院所＋孵化器＋基金（资金）”的“六个一”金科产融合新路径。南海农行高新区支行挂牌，佛山高新区与农行签订 38 亿元授信意向协议，重点为科技型中小企业提供优质金融服务，纳入首期重点扶持的企业 160 家。成立珠江西岸装备制造按揭中心，佛山海晟金融租赁股份有限公司拟授信 100 亿元，帮助中小企业解决“机器换人”的融资难问题。

城市功能进一步完善 明确广佛副中心的战略定位，明晰博爱湖、佛山西站、泛南国桃园、南海大学城四大重点发展区域。推进国家新型城镇化综合试点建设，加快博爱湖建设，孝德湖二期、罗村体育公园建成并对外开放。推进“13 + 3 + 2”等交通路网建设，广佛肇轻轨狮山站、狮山北站正式开通，广茂铁路小塘立交桥通车。新开通专线巴士 3 条，优化调整公交线路 16 条。投入 2200 多万元推进公共自行车二期建设，新建自行车站点 65 个，投放自行车 2000 辆。推进国家森林城市建设和绿化品质提升行动，完成南国桃园“绿城飞花”景观提升工程。统筹推进村级工业园综合整治，重点整治泛南国桃园、佛山西站、佛科院北校区等片区环境，关停污染厂企 700 多间。投入 1 亿多元新建截污管网 31 千米，完成佛山水道罗村堤段岸线整治工程，启动五星涌生态修复工程，促进大气和水环境持续改善。

公共服务优质均衡 推进 14 个学校扩建工程，

小塘中学小学部教学楼等4个项目如期交付使用，新增公办学位4000多个。完成36所中小学省义务标准化学校复评，获“全国社区教育示范镇”称号。实施健康、文体惠民工程，顺利通过国家卫生镇复审，建成自助图书馆14个、省级公共文化服务中心示范点42个。推进就业培训三年行动计划，专业社工覆盖面不断扩大。实现城乡居民养老保险制度全覆盖，发放各类救助资金4000多万元，全征地养老保险补贴参保率100%。推进社会治理网格化，发现问题2万多个，办结率99%。推进“一门式一网式”改革，推出246项“全区通办”事项及85项“跨城通办”事项，实施“5 + 2”服务模式，在全区率先试点建设工程联合审批。

社会环境安定和谐 推进农村股权改革，顺利完成村（社区）集体经济组织换届选举工作，新设立大学城等社区。开展农村面貌改造提升行动，第四批名村示范村顺利通过区验收，新增“五好”新农村3个、市宜居村（社区）6个。投入超亿元构建社会治安立体化防控体系，在全区率先启动村（社区）数字高清视频监控设备改造，建成智能安全小区20个，完成治安挂牌整治任务，“综治信访维稳中心+网格化+信息化”试点探索获省政法委肯定。推进国家食品安全示范城市建设，成功创建一条市级餐饮服务食品安全示范街，建成阳光厨房171个。查处无证无照经营，建立消费维权联络站14个。健全“党政同责、一岗双责、齐抓共管”责任体系，完成258家企业安全生产标准化创建。推行新市民积分制管理服务，探索建立企业劳动争议调解组织，劳资关系更和谐。

【大沥镇】 大沥镇位于南海区东部，辖区面积95.9平方千米，设东区、西区2个社会管理处，2016年下辖42个社区，有户籍人口26.37万人，流动人口29.96万人。大沥镇是中国商贸名镇、中国内衣名镇、中国时尚品牌内衣之都、中国针织行业转型升级示范镇、中国再生金属物流加工基地、广东省有色金属产业集群升级示范区、中国专业市场电商采购示范区、国家卫生镇、中国龙狮运动名镇、中国民间文化艺术之乡（粤曲）、中国摄影之乡。2016年，大沥镇在全国百强镇排名中位列第13名。全年实现工业总产值600.81亿元，其中规模以上工业总产值546.25亿元，农业总产值6.28亿元，社会消费品零售总额220.06亿元，全社会固定资产投资171.22亿元，实际利用外资5833万美元。

产业平台建设加快 联手大京世、中联拉美、美国生活在线、拓克投资、思贝克等机构，共建国际合作发展平台，打造全球采购中心。永旺梦乐城、华亚、佰德、星港城相继竣工，龙汇、华昌、伟业、坚美、百鸿、铝协等6个企业总部顺利封顶，和华商贸广场建设进度加快。沥北湖马工业园启动改造，亚铝旧改项目一期动工建设。完成旧改面积46.67公顷，新增产业载体90.7万平方米。

创新创业热潮掀起 对接智纲智库、德稻集团等社会资源，成立高端人才联谊会，组建产业智囊。中南机械3D打印、广佛宝力慧谷等孵化器、加速器建设加快，广东制造（南海）创新中心落户大沥。时代地产发布未来小镇战略，助推全球创客小镇建设。盐步职校与广工大研究院共建创客基地。广佛智城创新创业大厦被认定为“国家级众创空间”。举办创业沙龙，“新沥量”创业服务中心挂牌成立。

产业动能有效激发 大沥镇被中国针织工业协会授予“中国针织内衣产业转型升级示范镇”称号。国家级纺织检测平台“天纺标”开业运营。广东坚美铝型材厂（集团）有限公司获第二届中国质量奖提名奖，实现南海在国家级政府质量奖项上零的突破。新增高新技术企业19家、市级以上工程技术中心6个、“新四板”挂牌企业10家。

电商产业发展迅速 广东金德铝产业互联网服务平台落户，京东云生活馆、大沥智能家居体验中心建成开放，乐宜嘉家居集成项目进驻。阿里巴巴南海产业带上线运行，进驻企业12000多家，交易额突破12亿元。广东有色金属交易平台年交易额749亿元。

城市建设升级提速 完成城市“多规合一”、中轴控制性详细规划和东区城市规划编制。珠江桥放射线二期、文华路北延线、黄岐二桥、谢边铁路跨线桥等项目取得重大进展，香基路、洞庭路、仁爱路、沿江路白沙段和同庆大道大镇段基本建成，新增通车里程4.2千米。34座综合停车楼落实选址，并纳入城市品质全面提升行动计划。新增道路护栏4千米、地埋式垃圾压缩站4个、公厕16座，智

能化改造路灯3668盏。

环境整治成效显著　村级工业园专项整治取得实效，污染源监控和整治力度加大，关停污染企业319家，全年削减工业废水排放9.8万吨。铺设截污管网52千米，河涌清淤60千米，15条广佛交界河涌整治初见成效。实施城市品质全面提升行动计划，完成49个项目建设，“龙湖印象”文化景观工程逐步成型。5个绿化景观节点完成改造提升，4条主干路段实现绿化养护升级，新增、改造绿地面积25000平方米。

城市管理扎实推进　推行市政公园物业管理，管线归并试点工程启动实施。社会治理网格化覆盖全镇，“驻点联系+网格化”构建基层善治新模式。集体经济组织换届选举基本完成，农村股权确权工作稳步实施。推进社区学院和幸福院建设，购买专业服务配强社会管理力量。城管、治安高清视频投入使用，平安提升行动成效明显，刑事立案数比上年下降38.4%。沥苑社区成为“全国综合减灾示范社区”。深化“一窗通办”改革，网上预约方便群众办事，行政服务中心全年办件73万件。

民生工程普惠于民　石门实验中英文学校投入使用，激表小学、泌冲小学、白沙小学完成改造提升，新增学位2100个。教育质量显著提升，初中学生综合能力大赛连续第三年获得南海区镇（街道）团体第一名。盐步中学获VEX机器人联赛冠军和单项技能挑战赛（纯自动+纯手动）冠军。加大社会服务购买力度，试行家庭医生和医务社工服务。沥兴社区入选“全国社会工作服务示范社区”。沥中二期、太平二期保障房加紧建设。4个关爱就业和创业基地顺利挂牌。广东书法园建成使用，新增24小时自助图书馆3个。沥雄、嘉怡被评为佛山市“十分钟文化圈”示范社区，大沥文化体验之旅获评“佛山市公共文化服务创新项目”。

【里水镇】　里水镇位于南海区东北部，辖区面积148.28平方千米，2016年下辖19个社区和16个行政村，有户籍人口13.83万人，流动人口32.85万人。里水镇是国家卫生镇、全国环境优美乡镇、国际安全社区、中国袜子名镇、中国香水百合名镇、广东省教育强镇、广东省生态示范镇、广东省文明镇。2016年，里水镇在全国百强镇排名中位列第11名。全年实现工业总产值908.06亿元，其中规模以上工业总产值846.07亿元，农业总产值15.65亿元，社会消费品零售总额86.96亿元，全社会固定资产投资155.05亿元，实际利用外资2386万美元。

三大产业齐头并进　梦里水乡百花园、南海花卉博览园开园迎客。智能家电、食品医药、新材料三大支柱产业快速发展，志高空调、一方制药、中研非晶、文灿压铸等行业龙头不断壮大，骆驼（中国）、精铟海工动工兴建，中天制药和宏华无水印刷增资扩产项目落地。出台企业提质增效“政策红包”，扶持企业做大做强。第三产业蓬勃发展，永润广场正式开业，道道通汽配城全面试业。

创新驱动进步明显　新获认定广东省高新技术企业41家、高新技术产品90个、省级工程技术中心8个、市级工程技术中心10个，源田、福田等6家企业被认定“中国制造2025”第二批试点示范创建企业，邦普循环获得省科技进步三等奖，精铟海工获得市科技进步一等奖。13个产品被评为“广东省名牌产品”，“金联宇”被评为“中国驰名商标”。中研非晶、力美照明获批挂牌“新三板”。

招商引资成效显著　做好广东新材料基地创新创智产业园、中企绿色总部、永润广场商业综合体、宇能珠江数码城等大型产业载体建设和招商。全年累计引进投资额超10亿元项目2个，超千万元项目57个，总投资额133.3亿元。寿桃（中国）、中民筑友落户，国药冯了性、香雪制药等项目达成进驻意向。国际创新产业园引入产学研项目21个，宇能国际跨境电商产业园引入企业110家。里水第一城、艺术河畔完成招商。

城市配套不断优化　实施“一轴一城三片区四纵五横”发展战略，展旗楼主体及亮化工程完工，里湖新城（一期）启动建设，里广路（二期）、官和路、新兴路改造提升推进，纵六、纵七路建成通车，广和专线镇巴开通，初步实现内畅外联。国家AAAA级旅游景区创建提速加力，贤鲁岛、里水河“一河三岸”核心区提升工程相继完工。“公园化”战略提质，四大主题公园启动规划设计，新增公园5个，基本实现社区公园全覆盖。新农村建设亮点纷呈，“梦里水乡”新农村连片示范区项目获评首批“省级新农村连片示范建设工程”，河村、里水社区获评“佛山市五好新农村”，赤山村获评第五批“广东省古村落”。城中村、旧居民小区改造成效初显，金吴村通过验收，里水教师楼小区获评市优秀项目。

环境治理改善城市品质 以中央环保督查为契机，强势开展环境治理，解决一批“老大难”环境问题。建成污水管网70千米，鲁岗及南洲村污水处理站投入使用，大石污水处理厂进入调试阶段。投入1200万元分别在南北城区建设抽水泵站和排水方涵。里水河流域治理PPP试点项目落地实施，66平方千米流域范围内的110条河涌提质攻坚战全面打响。启动村级工业园改造三年行动计划，完成对10个试点村（社区)532家企业的排查，整改隐患1980处。

社会治理亮点频出 “善治社区”引导潮流，发展“和善社工”人才队伍。新设金旗峰社区、金峰洲社区，推行物业小区“清单化”综合治理，“党建、治理、服务”进入小区，社区联动管理机制逐步成型。“以租代建”无线数字高清视频监控全面铺开。开展国际安全社区建设，全国首个职业安全健康示范基地落户。启动创建广东省食品安全示范镇，星御广场获评佛山市食品安全示范广场。建成交通安全体验馆和消防体验馆，群众安全意识有效提升。

民生事业全面发展 与南方医科大学签订框架协议，里水新医院交由南方医科大学托管，门诊大楼启动搬迁；健康人群工程开局良好，家庭医生签约对象达3665人。在全区率先实施“教育创新三年行动计划”，新增学位1800多个，里水中学、里水小学综合楼树立佛山改建学校新标杆，绿地小学开创佛山政企合作办校先河。率先在全区建成首个残疾人关爱服务中心，为残疾人提供全面、精准的服务。774套保障性住房完成建设并陆续投入使用。扩大社会保障覆盖面，城镇居民基本医疗保险参保率99.3%，全镇城乡居保参保率99.5%。

（沈　娜）

附：2016年南海区党政主要领导名单

书　　记：梁维东（任至4月）
　　　　　黄志豪（4月任职）
副 书 记：郑灿儒　张辉明（任至9月）
　　　　　李　军（9月任职）
　　　　　刘涛根（挂任）
常　　委：植伟生（任至9月）
　　　　　龚嘉明（任至9月）
　　　　　李志伦（任至9月）
　　　　　梁耀斌（任至9月）
　　　　　罗坚华（任至9月）　潘建刚
　　　　　李　军（任至9职）　李晓佳
　　　　　杨焕新（挂任至9月）
　　　　　黎　妍（9月任职）
　　　　　李伟成（9月任职）
　　　　　郑作勋（9月任职）
　　　　　蔡汉全（9月任职）
　　　　　刘铭恩（9月任职）
　　　　　张敬文（9月任职）
区　　长：郑灿儒
副 区 长：梁耀斌（任至9月）
　　　　　蔡汉全（9月任职）
　　　　　黄　果（任至7月）
　　　　　乔吉飞（9月任职）　冼富兰
　　　　　夏化冰（7月任职）
　　　　　刘铭恩（任至9月）
　　　　　陈绍文　吴赐成
　　　　　郑元泳（9月挂任）
政务委员：朱伟新（任至11月）
　　　　　张衍昌（任至11月）
　　　　　蔡汉全（任至9月）

现任南海区党政主要领导名单

书　　记：黄志豪
副 书 记：顾耀辉　李　军
　　　　　刘涛根（挂任）
常　　委：黎　妍　潘建刚　李伟成
　　　　　郑作勋　蔡汉全　张敬文
　　　　　潘永桐
区　　长：顾耀辉
副 区 长：蔡汉全　乔吉飞　冼富兰
　　　　　夏化冰　陈绍文　吴赐成
　　　　　郑元泳（挂任）

（2017年7月南海区供稿）

顺 德 区

基本情况

【概况】 顺德区位于佛山市东南部，东接广州市，南邻中山市，西南与江门市隔江相望。行政区域面积806.57平方千米，是广佛都市圈、粤港经济圈重要组成部分。建县于明景泰三年（1452年），1992年撤县建市，2003年撤市设区，2016年辖大良、容桂、伦教、勒流4个街道和北滘、陈村、乐从、龙江、杏坛、均安6个镇，共计106个行政村、96个社区。年末户籍人口132.12万人，常住人口254.48万人。人口自然增长率0.92‰。2016年，顺德连续第五年获评中国市辖区百强首位，第八次获评中国全面小康十大示范县市。

【经济社会发展】 2016年，顺德区生产总值2793.22亿元，比上年增长8.4%。其中：第一产业增加值43.77亿元，比上年增长2.6%；第二产业增加值1597.71亿元，增长7.7%（工业增加值1542.81亿元，增长7.8%）；第三产业增加值1151.74亿元，增长9.6%。三次产业结构比重为1.6∶57.2∶41.2。人均地区生产总值109970元，增长7.7%。全年全社会固定资产投资764.85亿元，比上年增长18.9%。社会消费品零售总额975.45亿元，比上年增长11.2%。外贸出口额1355.06亿元，比上年增长5.3%；实际利用外资44096万美元，下降52.6%。地方一般公共预算收入201.90亿元，比上年增长7.7%。城镇常住居民人均可支配收入45948.2元，比上年增长8.7%；农村常住居民人均可支配收入29282.7元，增长9.0%。高中毕业生升学率98.93%，初中毕业生升学率99.72%，小学毕业生升学率100%，学龄儿童入学率100%，适龄儿童入园率100%。参加城镇职工基本养老保险85.78万人，参加城镇职工基本医疗保险83.58万人（未含退休人员），参加城乡合作医疗71.15万人。

（杨　力）

经济建设

【农业】 2016年，顺德区实现农业总产值90.8亿元，比上年增长2.1%。水产业、畜牧业、种植业、林业平稳发展，建设国家现代农业示范区、现代农业园区、农业公园，发展农业组织。

2016年，顺德区水产业养殖面积10626公顷，全年总产量24.84万吨，水产养殖业61.59亿元，比上年增长3.9%。大口黑鲈（加州鲈）、斑鳢（生鱼）、鳗鱼、黄颡鱼、长吻鮠产量分别为11.49万吨、5.85万吨、2.74万吨、0.91万吨、0.74万吨。5月27日，在顺德国家级现代农业示范区核心区所在地杏坛镇和均安镇，同时举行2016年顺德区水生生物增殖放流活动，主题“‘三生’共融，和谐家园”，放流以适合本地江河环境生长的四大家鱼为主，加放广东鲂、中华鳖、中华草龟、鲫鱼及生鱼等，总放流数量约530万尾。是年，顺德全区生猪存栏量11.3万头，比上年增长11.8%，出栏20.6万头，增长12%；家禽存栏176.6万羽，下降2%，出栏560.2万羽，下降1.2%。年末生猪价格略有下降，年底时平均价格17.5元/千克。家禽价格相对稳定，年底时竹丝鸡平均价格13.4元/千克。1月13日，顺德全区各养殖场、屠宰场开展消毒灭原活动。有生猪定点屠宰场6个，分别位于大良、容桂、均安、勒流、北滘、乐从等6个镇（街），月平均屠宰量为8.8万头。菜牛定点屠宰场1个，位于大良街道，月平均屠宰量约为5000头。开展家禽集中屠宰工作。大良街道中心城区（鉴海路以东、新基路以南、环市路以西、南国路以北范围内；105国道以东、龙盘北路以南、碧桂路以西、德胜中路以北范围内）内农贸市场取消活禽交易，该范围涉及华盖市场、东苑市场、府又市场、云路工商市场和金榜市场共5个，家禽必须全部实行“集中屠宰、冷链配送、生鲜上市”。2016年，全区农贸市场销售生鲜鸡303671只，超市销售18874只，餐饮店销售38689只，销售总量361234只。

2016年，顺德区种植业面积12973.2公顷，总产值20.8亿元，比上年增长8.22%。其中，花卉面积3250公顷，产值16.31亿元；蔬菜5650.2公顷，产值3.78亿元。全年鲜切花销售5093万枝、盆花2771.45万盆、绿化苗木2905万株，蔬菜产量9.87万吨。确定勒流街道江义村、龙眼村为顺德区2016年度高标准基本农田建设范围。是年，全区森林覆盖率6.72%，蓄积量26.9万立方米，各项指标均达到规划目标值。生态公益林面积1397.7公顷，全部为省级生态公益林。开展创建森林城市工作，开展“共建森林城市，共享生态文明”植树绿化活动，在大良街道南国东路广珠城际铁路顺德学院轻轨站旁和勒流街道扶闾村组织2次义务植树活动，开展全区古树名木普查工作，通过外业调查、资料收集、档案管理，建立和完善古树名木信息管理系统。

印发实施《顺德区2016—2017年度省级现代农业示范区十大重点项目建设实施方案》，推进国家现代农业示范区建设。莘村花卉城获佛山市现代农业园区四星级称号，至年底，顺德有市五星级农业园区2家，四星级农业园区5家，广东大峰水产集团有限公司的广东大峰鳗鱼生态园成功申报2016年佛山市现代农业园区建设项目。是年，顺德区通过国家级出口种苗花卉质量安全示范区考核验收。陈村花卉世界、广东菊花湾农业公园和乐从蕴乡生态农业公园被评为首批佛山农业公园。顺德区发展农业合作组织，在顺德工商部门登记注册农民专业合作社共60个。

【工业】 顺德区是中国知名制造业基地，“顺德制造”享誉国内外,家用电器、机械装备、纺织服装、精细化工、汽车配件、电子信息、家具制造、包装印刷等八大支柱产业稳定发展，高端装备制造、珠宝首饰、新材料、生物医药等新兴产业成长迅速，顺德区形成特色鲜明、门类齐全、规模较大的现代工业体系。2016年，顺德区规模以上企业工业增加值1509.2亿元，比上年增长7.9%；其中先进制造业增加值为612.4亿元，增长12.4%，先进制造业增加值占工业增加值比重40.5%，工业发展持续向高端方向调整。是年，顺德区有机械装备制造企业3000多家，有装备类国家检测中心、国家和省重点实验室5个，完成装备制造业增加值544.8亿元，增速为11.8%；完成装备制造业投资额126.5亿元，比上年增长30.7%，占全区工业投资（239.4亿元）超50%；举办第二届珠江西岸先进装备制造业投资贸易洽谈会；家具制造业规模以上企业总产值101.3亿元，增长9%，家具制造行业企业5000多家，有4项家具行业联盟标准正式发布，亚洲国际O2O采购中心落户龙江；精细化工业规模以上企业总产值201.6亿元，增长15.6%；出台《低VOC溶剂型木器涂料》联盟标准，填补国内相关标准空白；全国涂料行业发展大会在顺德召开；君子兰涂料集团有限公司、广东美涂士建材股份有限公司、科顺防水科技股份有限公司入选2016中国涂料100强企业。

家用电器制造业是顺德区域经济主导产业，形成全国最大的电冰箱、空调器、微波炉、电饭煲、电风扇、消毒碗柜、热水器、电热水壶、豆浆机、电磁炉、家用燃气灶具和家用燃气热水器等家电产品和燃气具生产基地，有“中国家电之都”“中国燃气具之都”之称，有美的、万家乐、格兰仕、科龙、容声、万和、康宝和DonLim等8个“中国驰名商标”，规模以上家电生产企业及配件类企业3000多家，家电产业群配套率80%以上，处于行业领先水平。2016年，顺德家电行业规模以上总产值2624.8亿元，比上年增长6.6%；举办“中国顺德国际家用电器博览会”“顺德厨卫生活电器及家用电器原材料、零配件采购展览会”；美的首登《财富》世界500强，成为中国家电行业首个跻身世界500强品牌，收购日本东芝白电80.1%股权，收购意大利中央空调企业Clivet 80%股权。

智能制造业推进发展。9月，顺德区出台《顺德区智能制造发展专项资金管理办法》，支持企业实施智能化制造，扶持工业及服务机器人企业、智能制造集成企业、智能制造公共服务平台发展。是年，新增70家规模以上工业企业开展“机器换人”，规模以上企业应用机器人140多家；顺企全年购置工业机器人1500多台套，投入超过6亿元；年产值超亿元智能制造骨干企业13家，广东省机器人骨干企业2家（利迅达、嘉腾）。2016年，美的并购全球四大机器人公司之一德国库卡94.55%股权，持有国内工业机器人领域领先企业安徽埃夫特公司17.8%股权；伊之密宣布拟购买日资控股的上海川口机械有限公司80.09%股权；嘉腾、利迅达与瑞典Kollmorgen、德国ABB公司、意大利柯马（COMAU）公司签订战略合作协议；美的安川成立的合资公司销售额5000多万元。

【商贸流通业】 2016年，顺德区社会消费品零售总额975.45亿元，比上年增长11.2%。批发和零售业零售额875.6亿元，比上年增长11.6%。商贸流通业商品供应充足，消费品价格指数比上年略有增长，专业市场销售额保持平稳，全区重点监测的13个专业市场总销售1219.8亿元，增长4.7%。

2016年，全区限额以上企业零售额408.9亿元，比上年增长9.8%，其中，通过公共网络实现商品零售额30.5亿元，增长97.7%。电子出版物及音像制品类比上年增长1.07倍，家用电器和音像器材类增长88.5%，烟酒类增长87.1%，日用品类增长41.6%，化妆品下降69.3%，服装鞋帽下降55.6%，机电产品下降34.7%，家具类下降30.9%，音响制品类下降31%。购物中心是消费主战场，大中型商场销售保持稳步上升，根据对区内大润发、永旺、沃尔玛、乐购、麦德龙等19家连锁企业的监测，共实现销售35亿元，比上年增长5.6%。连锁企业中，本土龙头零售企业顺客隆年度销售额最大。是年，顺德区物流业增加值为94.8亿元，比上年增长7.4%，占全区生产总值3.4%，占服务业增加值8.2%。物流行业信息化水平提高，欧浦物流、国通物流城第三方物流企业推进发展。是年，新增两个佛山市物流标准化试点。佛山市物流与供应链行业协会成立，佛山市安得物流有限公司、广东精准德邦物流有限公司等8家企业成为会员单位。至年底，顺德区共有5A级物流企业2家，4A级物流企业2家。是年，顺德大宗工业原材料销售延续一般态势。其中，乐从钢材市场销售702.2亿元，比上年增长0.17%；塑料市场销售75.6亿元，增长9.7%；家具市场销售51亿元，增长1.61%。是年，顺德共有13家拍卖企业，拍卖师46人，拍卖企业共举办拍卖会296场，总成交额38870.97万元。2016年，顺德区共有12家典当企业及2个分支机构，共有从业人员54人，共发生典当业务3435笔，典当总额29165.21万元，典当余额15882.81万元。

【电子商务】 2016年，顺德电子商务交易额约1500亿元，比上年增长约30%。全区累计51家次电商企业获评广东省电商企业100强，总数量排全省第二。区各类电子商务特色产业园区累计26个，区电子商务示范企业累计118家，区电子商务诚信示范企业累计42家；市电子商务示范企业累计13家，市电子商务示范园区1个；省电子商务示范企业13家，省电子商务示范基地5个。56家企业获得市电商专项资金扶持，获得扶持企业数量和金额都超过其他四区之和，占全市获得扶持企业数量和金额六成多。

北滘镇电子商务创业中心升格为省、区共建“广东顺德电子商务创业孵化示范基地”；顺德龙江家具电子商务产业园被认定为国家电子商务产业示范基地，广东欧浦钢铁物流股份有限公司被认定为2015—2016年度国家级电子商务示范企业。是年，顺德区电子商务规模增长良好，电商销售额再创新高。“6·18”电商大促销，小熊、九鼎、万家乐、格兰仕、智酷等企业当天销售额超千万元，美的、飞鱼等电商销售总额超亿元，比上年增长超80%～100%，美的在“京东6·18”当天销售3.79亿元，在全淘销售2.38亿元，在京东和天猫均占比第一。据测算，顺德电商“双11”当天全网交易额约55亿元，比上年同期增长35%，其中家电行业约占40亿元，家具行业约占10亿元，其他行业约占5亿元；销售破亿企业包括美的、格兰仕、飞鱼、美易达、小冰火人、万和、大自然、九鼎、SKG等，其中美的全网、全品类销售额27.1亿元，蝉联小家电类目第一，大自然、周大福以2.7亿元及近1亿元分别在家装板材类目和珠宝配饰类目排名第一。

是年，顺德推进国通保税物流中心保税仓储、商品展示、物流和通关质检等业务建设，为跨境电子商务企业提供多种保税业务。国通保税物流中心利用自身优势发展跨境电子商务业务，重点是面向跨境电子商务行业仓储和物流服务。

【工业设计】 2016年，广东工业设计城、顺德创意产业园、乐龙国际家居创意城、伦教珠宝设计园等4个园区建设加快。各工业设计园区有设计创意型企业600多家，直接由各园区企业产出专利2200多项，设计项目拉动工业产值近百亿元。美的集团通过“国家级工业设计中心”复审。广东新宝电器、东方麦田工业设计、六维设计咨询有限公司、广东同天公司被列入省级企业工业设计中心。年内举办第八届“省长杯”工业设计大赛顺德赛区暨2016“D-DAY”创新设计大奖、清华国际艺术设计学术月、“中国设计日”系列活动等工业设计活动。

【广东工业设计城】 截至2016年年底，广东工业设计城进驻企业206家，其中示范企业数量89家，入园设计师2800多人，设计服务外包总产值近6亿元，拉动工业产值近600亿元。广东工业设计城入驻企业知识产权申报3168项，包括208项发明专利（其中1项为欧洲发明专利）。此外，入驻企业创新设计近23000项，产品转化率近80%，为珠三角乃至全国制造业提供创新设计资源。2016年，广东工业设计城设计广场、原美的创意产业园相继投入使用，新增面积约为4万平方米，与国内多所高校建立研究院及人才创新项目，不断吸纳工业设计人才入驻，打造工业设计产业化供应链，为当地自主创新、产业转型升级发挥助推器作用，产生一系列品牌效应，提升广东工业设计城影响力。年内设计城举办清华国际艺术设计学术月、“中国设计活动日”系列活动，爱尚体育周、协同创新工作坊、18场“北滘设计沙龙”、6场“小城故事”以及推动青年创新创业而策划的“创客顺德”电视栏目等影响力大、社会关注度高的工业设计活动。

2016年，广东顺德工业设计研究院共引进国内外研究生544名，共开设特色课程70门，形成6套完整课程体系，与德国奥芬巴赫大学与广州大学共同开展“国际设计校园IDC”项目，招收20名工业设计类硕士；美国、德国、英国高校导师、设计师相继考察落户广东工业设计城，为设计企业提供共享国际平台。是年，研究院共引进高层次人才团队91人，开展企业科技服务98项，申请专利13项，其中有3项专利获授权，并与54所国内外院校签订合作协议，联合培养研究生1200人。广东省第八届“省长杯”工业设计大赛暨2016“D-DAY”创新设计大奖，顺德获1个钻石奖（产业组）、3个金奖，整个大赛总共3个钻石奖（每个组别各1个）、17个金奖。

广东工业设计城是工信部、国家知识产权局、国家工业设计协会示范基地，建立集市场调研、原形设计、外形设计、平面设计、知识产权保护和市场营销设计于一体的工业设计综合体系，产品设计范围涵盖家电、家具、机械装备、电子消费产品、养老产业、空间设计、景观设计，为珠三角乃至全国提供专业工业设计服务。

【第16届中国顺德国际家用电器博览会】 2016年8月18—20日，由中国机电产品进出口商会、顺德区人民政府、科隆展览（北京）有限公司、慧聪网共同主办的第16届中国顺德国际家用电器博览会举行。展会总面积10万平方米，近700家家电企业参展，3.5万名专业买家和观众入场。

【广东（潭洲）国际会展中心建成使用】 2016年8月，广东（潭洲）国际会展中心首期工程分的5个展厅及能源中心建成，9月投入使用。

广东（潭洲）国际会展中心选址北滘镇上僚片区，规划总用地面积约30万平方米，总计容建筑面积约20万平方米。其中首期工程总用地面积16.1万平方米，总建筑面积11.55万平方米，包括五个展厅、会议中心、登陆厅、能源中心等功能。每个展厅净展览面积约9000平方米，可提供500个标准展位。其中1、4、5号展厅荷载为10吨/平方米，2、3号展厅设计荷载为5吨/平方米。会议中心包括1200平方米多功能厅、会议室、新闻发布厅、贵宾接待室等。

【第二届中国（广东）国际“互联网+”博览会】 2016年10月20—23日，第二届中国（广东）国际“互联网+”博览会举办，展览面积4.5万平方米，比首届增长45%；参展企业613家，比首届增长近35%；境外国家和地区企业103家，比首届增长84%；参展企业包括国内互联网三大巨头BAT（百度、阿里巴巴、腾讯），华为、中兴、京东等龙头企业；境外参展企业包括Google、IBM、Facebook、日本发那科等龙头企业，中央电视台等近60家媒体、近300名记者到场采访，入场观众累计31.9万人次，有20个优秀项目现场签约，其中顺德签约项目有6个，包括顺德区政府与猪八戒网合作、顺德区与南方医科大学共建广东省健康医疗大数据产业园合作等，博览会成为国内具有影响力的“互联网+”应用成果展示与交流的博览会。展会期间，组织举办十大类34个专题活动，包括：开幕式及“互联网+”高峰论坛、中国制造业与互联网融合发展高峰论坛、中德合作系列活动、第七届国际仿人机器人奥林匹克大赛、中外高层次人才和项目洽谈会、首届全国智能制造创新创业大赛总决赛、跨境电商高峰论坛、中欧文化嘉年华等。参加互联网高峰论坛演讲嘉宾有：腾讯、阿里巴巴、百度、滴滴、京东等互联网龙头企业代表人。

（杨　力）

城市建设与管理

【城市规划】 2016年，顺德区按照“发展统筹向上、社会管理向下”原则，初步建立东部、北部、西南部三大片区管理机制，奠定片区一体化发展格局。北部片区科学制定发展规划，启动广州大学城卫星城规划建设，与华南理工大学等8所高校签订合作框架协议，聚集高端人才。东部片区启动城市综合开发项目建设，提升区域集聚力和对外影响力。西南片区成立管委会，拓宽发展空间，冲刺国家级高新区。

【基础设施建设】 2016年，佛山地铁1号线（又称广佛线）二期建成运营，广州地铁7号线西延顺德段和佛山地铁3号线开工建设，推进佛山地铁2号线、广佛环线工程建设，佛山地铁9号线、11号线、13号线启动前期研究工作，顺德开始进入轨道交通时代。佛江高速、红旗路快速化改造等工程全线动工，广中江高速一期、乐龙路、东平隧道、新基北路二期等多个节点工程通车，交通路网内畅外通。了哥山港工程建设进入收尾阶段。奎福站配套线路工程等25项110千伏及以上输变电工程顺利开展，6个水利工程项目建设基本完成，光纤入户率75.9%。

【城市环境质量提升】 2016年，顺德区统筹推进城市升级两年延伸计划，完成澄海路东延线景观工程等33个项目。开展村级工业园环境保护、安全生产“双达标”专项整治提升，空气优良率提升至83.6%。推行“一河一策”整治，全面启动桂畔海水系整治工程，饮用水源水质100%达标。全区城乡生活垃圾无害化处理率100%，顺控环投热电项目建设加快。在全市环保考核中排名第一。开展创建国家森林城市工作，推进“绿城飞花”项目11个，新增改造公园绿地10个，新增改造绿化面积131.1万平方米，中心城区人均公园绿地面积19.8平方米。

【中德工业服务区（佛山新城）】 2016年，中德工业服务区围绕创新驱动战略，集聚创新资源，推动智能制造、生命健康、国际会展等新兴产业，与德国汉诺威机器人学院达成合作协议共建“工业4.0”创新中心——佛山机器人学院；培育千亩广东省创新转化生物产业园；2016 ChinaBio全球生物医药领导人年会在顺德举办，广东（顺德）国际生命健康产业示范区建设启动。举办珠江西岸先进装备制造业投资贸易洽谈会和第二届中国（广东）国际“互联网+”博览会两大省级展会，800多家企业、30多万人次参加；广东（潭洲）国际会展中心首期展馆9.8万平方米于2016年8月底交付使用，并以永久展馆身份承办珠江西岸先进装备制造业投资贸易洽谈会和中国（广东）国际“互联网+”博览会。

中德工业服务区（佛山新城）位于佛山市中南部，东倚广州，南邻港澳。佛山新城于2003年开始建设，是珠三角城市协同发展重要节点，也是佛山市委、市政府“强中心”战略核心组成部分。2011年佛山市提出在佛山新城建设中德工业服务区，2012年5月中德工业服务区被广东省委、省政府列为省重点建设六大重大合作平台之一，2012年8月，被写入中德两国签署的《进一步促进双向投资的联合声明》，进入国家级合作层面。2014年4月，中德工业服务区（佛山新城）与上海临港一同成为首批中欧城镇化合作示范区，探路新型城镇化。2015年年底，佛山市委、市政府对中德工业服务区（佛山新城）体制作进一步完善和调整，明确中德工业服务区（佛山新城）是一个功能区职能定位。中德工业服务区进一步强化招商引资、国际会展、对外交流合作等功能，统筹建设管理中德工业服务区、中欧城镇化合作示范区、国通保税物流中心、广东潭洲国际会展中心等重大平台具体事务，辐射带动全市对外产业合作发展。

【中德工业城市联盟成立】 2016年4月，中德工业城市联盟成立，是由中、德两国重要工业城市联合发起和建立的国际合作平台，联盟由秘书处负责日常事务，并下设若干个专业委员会负责中德城市间具体产业及主题的交流项目，秘书处设在佛山中德工业服务区。联盟共有正式成员城市22个。其中中方城市14个，即佛山、江门、株洲、肇庆、揭阳、云浮、焦作、南宁、台州、贵阳、柳州、南昌、马鞍山、深圳宝安；德方城市8个，即亚琛、乌珀塔尔、因戈尔施塔特、博特罗普、三方共赢地区（吕塞尔斯海姆、劳恩海姆、凯尔斯特巴赫）、科隆、纽伦堡、美因茨。中国商务部投资促进事务局、德国联邦外贸与投资署联合出任联盟指导单位；中国电子信息产业发展研究院（赛迪集团）、德国北威州投资促进署联合出任联盟顾问单位。联盟围绕"中国制造2025"与德国"工业4.0"战略对接，坚持"开放创新、平等协商、资源整合、互惠共赢"原则，以服务于中德工业城市间互补发展、创新融合为使命，积极推动中德成员城市间经贸往来、企业兼并购与技术合作，力促两国技术、市场、资本有效对接，实现各联盟城市协同发展。

【北滘镇入选第一批中国特色小镇】 2016年10月11日，住房城乡建设部发布第一批127个中国特色小镇名单（《住房城乡建设部关于公布第一批中国特色小镇名单的通知》），广东省共有6个入围，佛山市顺德区北滘镇以"智造小镇"排名全省第一，成为佛山市首个入选该名单的特色小镇。

（杨　力）

社会民生事业

【医疗卫生】 2016年，顺德区二级、三级公立医院基本药物销售额比例均达省级标准。探索医院+社区卫生服务机构的区域协作模式，促进优质医疗资源下沉。为8544名65岁及以上老年人、35231名3岁以下儿童分别提供免费中医体质辨识服务和中医药儿童调养服务。回收过期药品共约1600个品种。公立医院全面实施财政全预算管理；社区卫生服务获全省基本公共卫生服务考核第一名；推进区第一人民医院搬迁、区第二人民医院项目建设工作。

2016年，顺德区做好优生优育，落实叶酸增补工作，派发叶酸27203人份；为10091对夫妇提供免费孕前优生健康检查服务，孕产妇产前筛查数28006例，新生儿疾病筛查数29069例，听力筛查数28777例。在全省率先推出科学育儿规范化管理，100%的镇（街道）和30%的村（社区）开展科学育儿项目工作。

【文化】 2016年，顺德区文化事业取得新进展，《寻味顺德》全国热播，提升顺德知名度和美誉度。是年，举办世界顺德联谊总会第十届恳亲大会。罗浮宫国际家具博览中心成为首批国家工业旅游创新单位，推进华侨城文化旅游综合项目，欢乐海岸全面开工建设，旅游文化创意产业发展迅速。建成147个村（社区）综合性文化服务中心，开展各类文化活动共7200多场次。新增4个区级非物质文化遗产项目，推进5个古村落活化。举办20场公益周末艺术现场活动，每场上座率均90%，惠及观众超10000人次。完成容桂上佳市、大良新滘、大良顺峰社区、乐从新隆村等4个村（社区）综合性文化服务中心提升工作。普及体育基础设施，全年建成23个社区体育公园和13个足球场。

【教育】 2016年，顺德区与北京师范大学、北京外国语大学、北京科技大学、华南师范大学、南方医科大学等名校探索合作办学办医。推进顺德一中、西山小学等优质学校开展集团化办学。顺德成为全省唯一经教育部确认的“管办评”分离改革试点单位；公益性、普惠性幼儿园占总数77%，居五区之首。提高公益普惠幼儿园生均公用经费至700元/年，完成23所幼儿园上等级评估（含复评），16所幼儿园完成省规范化督导验收工作。郑裕彤中学、华侨中学新增优质学位共280个。基本实现区属普通高中和部分中职学校近1000间课室、近4000间宿舍空调配置全覆盖。

【食品安全】 2016年，顺德区在全省率先开展餐饮食品安全“你点我抽”阳光抽检活动，对食品生产、流通及餐饮服务三个环节抽检累计3087批次。全区实施“明厨亮灶”餐饮服务单位1673个；启动餐饮安全“311示范工程”建设，创建4条区级食品安全示范街和136个区级餐饮服务食品安全示范单位。

【就业和社会保障】 2016年，顺德区扩大就业，登记失业率控制在2.48%较低水平。推进乐业暖万家工程，城镇登记失业率控制在2.48%较低水平。区、镇联动开展“技能人才成长月”活动，选拔认定“顺德区岗位技术能手”，推动骨干企业开展技能人才自主评价。评审认定12家区级创业孵化基地。

是年，顺德区低保标准比上年增长6.8%。企业职工养老金、城乡居民养老金分别比上年增长6.5%和5%。为889名经济困难高龄失能老年人发放补贴；整合社会养老服务资源。将非本区户籍居民纳入临时救助范围，全年为6991名符合条件的困难群众发放临时救助775.4万元，为10284名低收入居民发放临时生活补贴605.9万元。连续九次获省双拥模范城市称号。超额完成省住房保障建设任务。完成对口英德、连南扶贫“双到”任务，推进对口帮扶雷州、徐闻精准扶贫工作。

【便民服务】 2016年，顺德区拓展区行政服务中心智能服务大厅便民服务功能，为市民提供多渠道预约、统一排叫号和满意度评价服务，日均接待群众2200人次、业务预约676人次。新增“顺德百事通”APP居民健康档案查询、医疗预约挂号、政务咨询及行政投诉等17个应用功能，平台注册用户量18726人，注册服务型商家数量1149家，访问总量185246次。

是年，顺德区公交进一步优化，新开通均安至江门荷塘、容桂至中山东凤跨市线路。完成37条线路500辆公交车安装车载WiFi、14条公交线路车辆安装银联闪付卡、验收40个电子公交站牌。更新及新增550台新能源公交车，完成800台出租车更新任务，安装智能一体机。

【社会大局稳定】 2016年，顺德区继续完善立体化治安防控体系，全区安装“猫眼”社会视频18003个，建成“警务e超市”210个，“门禁+视频”41506间，将原有203个警务室细化划分为348个警务室，建成环佛、环顺“护城河”警务执勤点72个，结合大巡查和每周清查机制，提高路面“三见”率和管事率，“两抢”警情从上半年日均4起减少至下半年平均每周不到1起，全年190天零发案，防范和打击跨区流窜犯罪取得显著成效。

是年，顺德开展农村工作，出台“1＋10”农村政策体系，“三资”平台成功交易1.2万宗农村集体资产。落实重大事项社会稳定风险评估，三级综治信访维稳平台运行。完善公共法律服务体系，顺德区司法局获全省司法行政工作集体二等功。推进智慧城市建设，加强城市应急工作。强化安全生产、信息化建设，落实“一岗双责”长效机制。开展平安创建工作，完善“大巡查”警务机制，平安村居100%全覆盖，全年刑事警情同比下降21.9%，社会治安防控体系等10项指标均排名全市第一，提升群众安全感。

（杨　力）

各镇（街道）介绍

【大良街道】 大良街道是顺德区政府所在地，地处顺德中部偏东，连接广州，毗邻港澳，是佛山市规划第二个百万人口中心组团的核心区。辖区面积80.29平方千米，建成区面积36.11平方千米，2016年下辖2个行政村和19个社区，常住人口40.13万人，其中户籍人口22.76万人。2016年，大良街道实现地区生产总值435.7亿元，三次产业比重为0.08：26.97：72.95，规模以上工业产值332.2亿元，全社会固定资产投资99亿元，限额以上批发零售住宿餐饮业销售额422.8亿元，工商税收104.37亿元，其中区级库税收33.3亿元。

经济发展　第一产业主要为塘鱼养殖、蔬菜鲜花种植等；第二产业转型升级步伐加快，至年底，大良有上市或挂牌企业14家（深交所1家，港交所1家，“新三板”11家，天交所1家），省级高新技术产业开发区五沙工业园，国家级高新技术企业84家、国家级企业技术中心1个、省级工程研发中心21个、博士后工作站7个、“中国驰名商标”5个、“广东省名牌产品”10个、“广东省著名商标”21个。其中，广东顺德太昌客车空调有限公司等4家企业分别获准组建市级或区级工程技术研究中心，嘉腾机器人入选广东首批15家机器人骨干企业，震德塑料机械等14家企业28个产品入选顺德区采购目录。第三产业2016年产值为317.79亿元，比上年增长9.43%，占地区生产总值73%，规模以上服务业企业117家，重点行业营业收入分别为：批发和零售贸易业472.31亿元、餐饮业16.37亿元、房地产业136.67亿元。众创金融街于年初在新城区落成。顺德创客中心获评“国家孵化器培育单位和国家级众创空间”，与省电子商务协会达成省级电子商务特色园共建协议，引入阿里巴巴·顺德产业带。顺德创意产业园获批省级电子商务示范基地和互联网+创新创业孵化基地，新增4个区级科技企业孵化器和2个小企业创业基地。电商服务业态丰富。华侨城文化旅游综合项目加快建设，组织包括十二道“凤”味新书发布及“好味到镇”等活动在内的2016大良“云赏凤城”美食节活动。协助举办2016（秋季）顺德美食节活动，客流累计超135万人次，商家总销售额4000万元。

城市建设　完成立田路中修整治、环城路改造等城区多条道路修改工程，推进南国路升级改造、德胜东路改造、良勒路和凤翔路改造等东部新城建设项目。完成锦岩庙、宝华巷历史文化片区保护性详细规划以及德胜河北岸等4个城市更新项目规划编制，华盖山环山架空栈道建成开放，德胜新区中轴线水轴景观连通桥和绿轴人行天桥两项工程基本完工。取缔、拆除一批无证废品回收点、违章建（构）筑物，完成垃圾山、卫生黑点清理以及8个旧垃圾压缩站改造。新建115个公共自行车网点和80个公共自行车遮雨棚，完成近良、德和片区36个公交站点站亭建设。进行路灯、交通设施、下水管道等市政基础设施建设和维护。完成440家企业整治。建设中小型企业污染源在线监控系统，首期安装并投入运营80套数据采集设备及34套PH计。全年查处工业企业环保类信访投诉459宗，关停违规排污工厂240间。

社会民生事业　社会保障落到实处。街道登记失业率为2.36%，新增就业人数约4万人，共发放促进就业相关补贴900多万元。开展异地务工人员工资清欠专项检查和劳动争议预防讲座系列定向培训活动，构建和谐劳动关系。向约5万名长者发放长者津贴，建成升平、文秀、古鉴及五沙共4个老年活动场所。大良慈善会2016年募集善款1182万元，受助人数7984人次，新增17个冠名基金和1个善因营销基金。凤城中学与大门小学合并为全新九年一贯制学校，推行初中大学区制度，建立西山教育集团和本原教育集团。推进“新家庭计划——家庭发展能力建设”试点，举办各类家庭文化和保健讲座、专家义诊等活动近100场次，建成全省首个“0～3”岁婴幼儿玩具图书馆。大良医院与广州市第一人民医院合作建立肾内科病房和门诊，设立血液透析中心和痂微创治疗中心。举办第五届中法文化之春夏至音乐节、爵士音乐节等系列活动，创办“造就2016”凤城艺术互动展，大良街道音乐发展多元合作模式入选第二批创建省级公共文化服务体系示范项目。成立大良体育总会，大良青少年组和成年组在区第十一届运动会分获团体总分一等奖。

【容桂街道】 容桂街道地处顺德区南部，105国道、广珠西线、太澳高速、广珠城际轨道等交通枢纽贯穿而过。辖区面积80平方千米，2016年下辖3个行政村和23个社区，常住人口46.9万人，其中户籍人口20.8万人。先后获得“全国文明单位”“中国品牌名镇”等称号。2016年，容桂街道全年实现规模以上工业总产值1560亿元，比上年增长5.8%；限额以上贸易住宿餐饮业营业额320亿元，增长10%；全社会固定资产投资82亿元，增长15.5%；工商税收60.56亿元，增长2.15%；金融机构人民币储蓄总额494.5亿元。

经济发展　全面启动“暖企行动”，出台11项企业扶持政策，涵盖投融资、创新平台建设、知识产权、高新技术企业培育、外来优秀人才购房、电商产业等领域。与顺高投公司合作共建企业投融资服务平台，成立企业投融资服务中心，联合各大金融服务机构打造“容桂街道金融服务线上平台”，全年各项扶持政策受惠企业341家。格兰仕集团与全球最大工业机器人公司日本发那科达成合作；海信科龙开拓国际市场，进行体育营销，成为欧洲杯首个中国赞助商；万和集团与世界知名企业博世集团合作成立合资公司拓展热水器市场；伊之密进军模具行业；小冰火人挂牌“新三板”。在中山发展多年的好太太电器2016年初迁回容桂。全年新增“广东省著名商标”4件；累计有效注册商标2.1万件，居佛山市各镇（街）之首。南方医科大学科技园和新一代电热技术研发应用中心落户顺德科技创新中心；中国顺德（家电）知识产权快速维权中心正式运营，办理外观专利设计预审授权830多项，其中788件获国家授权，办理快速维权案件52件；广东知识产权创新运用试验区投入运营，进驻知识产权代理服务机构14个。万和集团属下新电气公司获评国家级知识产权优势企业。德美新材料创新科技园被认定为国家级科技企业孵化器，成为顺德首家国家级新材料领域专业孵化器；德美众创邦、Medical-X众创空间获评国家级众创空间。是年，辖区高企净增51家，增幅94%，存量105家；共有省级工程技术研究中心31个，比上年增长35%。“互联网+”产业和商贸服务业蓬勃发展。举办首届顺德互联网大会，打造区域电商产业名片；举办容桂互联网创新创业大赛，促进互联网产业创业创新；认定顺德科技创新中心等7个园区为容桂电子商务示范园区；引入阿里巴巴顺德（家电）产业带、阿里巴巴实力产业群等优质互联网项目落户容桂，拓宽容桂家电销售渠道；深化“容桂工业美食游”项目，推出容桂美食旅游图，借助中央电视台《寻味顺德》纪录片推广容桂美食；推动特色商业综合体建设，引导南宏汽车文化创意产业园、渔人码头等项目按照A级旅游点要求布局。重点产业项目顺利推进。海骏达城各主体楼工程抓紧施工；中宝电缆项目一期工程基本完成，进入设备调试阶段；科顺防水总部大楼投入试产，总部择日可搬迁进驻；恒鼎工业园建设工程完成验收，实现固定资产投资4.36亿元，进驻企业14家；德美新材料创新科技园项目顺利推进。2016年，成立街道企业服务中心、竞争力促进中心，为辖区科技、金融、产业、人才引进、招商引资提供服务。推行街道党政班子成员担任企业专员制度，畅顺政企沟通服务机制，全年收集并回复企业问题200多条。组织容桂党政企业代表团分别赴广州、重庆、成都、香港等地开展商贸、金科产融合、新材料产业发展方面考察，为企业搭建创新发展和对接合作平台。

城市建设　加快城市升级步伐，推进基础设施建设，城市管理不断完善，综合环境不断优化。“三旧”改造成效明显，通过加强政策宣传和项目推介，有序将“三旧”改造项目推向市场，吸引社会民间资本投资，成功拍出3宗地块，包括眉蕉河片区一期项目、德胜河南岸10号地以及文滘路10号地；强化控规修编和项目认定工作，完成7个片区控规修编工作，认定15个项目为“三旧”改造项目；推动“三旧”重点项目实施，其中“容桂时光”活化项目成效显现，渔人码头建成开放、柴油机1959部分建成开放，成为市民休闲好去处。红旗路快速化改造5月全面动工，南顺大桥、105国道细滘跨线桥、马岗大道西延等项目开展前期工作；完成建业西路、外环路东匝道、南岸滨河路等道路建设和改造；顺德区第二人民医院易地新建项目主体工程进入攻坚冲刺阶段；容桂文化楼建设工程装修及安装工程基本完成；容桂外国语学校运动场扩建工程通过验收并投入使用；投资2.5亿元开展眉蕉河水系综合整治，完成龙华大涌、容桂大涌、高黎涌及小黄圃新涌清淤治理；整体投资近3亿元的第二污水处理厂一期工程建成投入使用。完善城市管理，实施数字化管理，发挥数字城管系统平台作用；开展错峰执法，加强全方位巡查，改善市容环境；开展“打非治违”专项行动，打击企业违法建设、违法生产和非法排污等环境违法行为，配合做好中央环境保护督查有关工作；推进环保执法，加强对重点企业监管，对村级工业园环保实施“一村一策”；推进创建国家森林城市。

社会民生事业　教育事业提质均衡发展，健全医疗卫生和计生服务体系，完善社会保障体系，提升公共服务水平，社会各项事业协调发展。加大对教育软硬件设施投入，投入3100多万元，完成容里小学等16所学校基础设施改造；区、街道、社区三级投入1000多万元完成新上佳市幼儿园改扩建工程；深化教育综合改革，试点推行“学区制”，组建1个高新学区、1个教育集团和2个教育联盟；与华东师范大学合作成立育美教育集团，实施“院地共建”，集团化办学；树立容桂美育品牌，着力将容桂打造成“中国美育第一镇”；容桂中学更名为容桂外国语学校，与广东外语外贸大学开展合作办学；与顺德一中签订合作意向，对容桂实验学校实行名校托管；引入容桂总商会参与高黎小学管理，探索实施社会组织参与公办学校管理的治理新模式；举办2016容桂教育精品荟萃系列活动，展示教育改革成果。推进顺德区第二人民医院新院建设，密切医院与南方医科大学合作，开展创“三甲”医院工作；构建以顺德区第二人民医院为龙头，基层医疗机构为阵地，公办、民营医疗资源优势互补的立体医疗卫生体系，实现分级诊疗、资源优化；积极探索“政府主办、医院托管”的社区卫生服务机构管理新模式，委托顺德区第二人民医院对社区卫生服务中心进行管理；强化医疗信息平台建设，实现顺德区第二人民医院与辖区内30家民营诊所互联互通，减少重复就医；开展广东省“健康促进示范镇街”创建活动，通过“全国亿万农民健康促进行动”省级示范镇复审；落实“全面两孩”计生新政，推进流动人口均等化服务，加强疾病预防控制工作。搭建就业平台，促进失业群众再就业，全年登记失业率2.25%，就业环境相对稳定；强化劳动监察及争议仲裁，全年受理争议和仲裁案件936件，涉及金额6700多万元，维护劳资双方合法权益；创新慈善救助形式，新增3个慈善冠名基金，街道慈善会、各村（社区）福利会、容桂总商会等通过多种形式筹集善款，全年共计2863万元；2016年通过慈善会、福利救济等开展助医、助学、助残、助困、助老及发放各类补贴、补助2218万多元。开展公民教育，举办2016年“容桂好人”之星评选等活动；赴上海举办“岭南风——容桂水乡画优秀作品展”；举办容桂半程马拉松赛等系列高规格的精品文体活动，扩大容桂知名度；举行“大国工匠·追求卓越”劳动竞赛，提升员工劳动技能和企业凝聚力；做好夏秋季征兵工作，完成年度新兵征集任务。

【伦教街道】　伦教街道位于顺德区东部，是顺德中心城区的重要组成部分之一，总面积59.2平方千米，2016年下辖8个行政村和2个社区，常住人口约20万人，其中户籍人口8.9万人。辖区内有清代学者梁廷楠故居、清末顺德首富何鸣石宅院鸣石花园、粤剧名伶千里驹故居；有国家级非物质文化遗产香云纱；美食有伦教糕、羊额烧鹅等。伦教交通路网“七纵两横”（纵向有105国道、广珠西线高速、佛山一环、东新高速、广珠城轨、碧桂路、伦桂路，横向有325国道、广州绕城高速），融入广佛都市圈。善耆养老家园、南方智谷B区二期等区属重点项目落户伦教。2016年，伦教实现地区生产总值143.79亿元，农业总产值5.51亿元，规模以上工业产值597亿元，第三产业增加值22.32亿元，全社会固定资产投资56.89亿元，限额以上批发零售餐饮业营业额63.96亿元，社会消费品零售总额35.62亿元，工商税收19.91亿元，金融机构人民币存款余额162.88亿元，居民储蓄余额129.78亿元。

经济发展　经济稳步增长，行业多样发展。引入盾构机生产制造基地项目。香港保发集团国际控股有限公司在伦教现代产业园打造顺德·伦教珠宝首饰产业基地。举办“荟聚经典，耀创芳华”首届顺德国际珠宝首饰展，以及“耀创新辉”第一届中国·顺德珠宝首饰创意设计大赛颁奖典礼。周大福CTFHOKO落户伦教周大福珠宝文化中心。郑敬诒职业技术学校、Harvest Way钻石珠宝有限公司与津巴布韦矿业学院三方合作办学签约仪式暨津巴布韦钻石加工留学生班开班典礼在郑敬诒职业技术学校举行，郑敬诒职业技术学校成为佛山市第一个招收外国留学生的中职学校。推动高端机械装备园区、环保科技园区、特色产业园区三大园区建设，引进新兴产业项目奥玛健身器材项目、伟经智能五金家居用品及集团总部建设项目等。3月13

日，举办顺德东部新城伦教片区重点项目新闻发布会暨签约仪式，公布31个重点项目，涉及总投资282.68亿元，现场签约项目16个。5月，伦教“中国木工机械重镇”在北京通过复审。“伦教数控一代木工机械产品创新应用示范镇”和“伦教木工机械数控技术创新服务平台”于10月通过专家组验收。12月8—11日，举办第17届中国顺德（伦教）木工机械博览会展。8月，广进商业中心电子商务产业园被认定为区电子商务特色产业园项目，年内广进商业中心被认定为佛山市科技创新项目。

城市建设　城市建设方面继续提升滨江公园配套设施，建造社区滨水休闲文化中心，联结香云纱文化遗产保护基地，沿伦教大涌打造一条长约2千米的绿色滨水文化休闲长廊。区善耆养老家园一期封顶并进入设施安装和全面装修阶段。推进南方智谷B区二期、李家沙生态滨水景观工程征收地。与广东省丝绸纺织集团签订土地收储协议。佛山地铁3号线工程启动，其中伦教荔村站进入围闭建设阶段。新基北路通车。省重点工程佛江高速、区重点工程伦桂路征收地工作全面完成。南苑西路拆迁基本完成。年内完成3个水电工程项目、9个市政配套工程以及4个民生工程。是年，伦教空气质量全区排名第三位，内河水质达到Ⅳ类标准。全省率先推进企业污染源在线监控系统（VOC）建设。是年，熹涌涌口农村污水处理站共推进11个站点建设，全区率先实现“一村一站”或“一村多站”。推进荔村工业区等4个村级工业区环境整治工作，实行“一村一策”。3月1日，与顺德汽车客运站合作，在全区率先开启“联网售票+免费接送”运营模式，为群众提供现代化、便捷化客运服务，免费班车服务乘客2000人次。延伸打造特色东西轴线：对长丰大道至旧市良路沿路景观以及外立面进行美化亮化；推进旧市良路涂鸦点、长丰苑入口处、旧市良路金泰德胜厂外墙、鸡洲小学外墙等4个主要节点亮化安装工程。

社会民生事业　社会各项民生事业取得进步。推进678文化街各项工作，有20多个文化项目开业，引入畅和书院、顺德英石赏石协会等文化单位；文化街尾栈道建设于11月完工。12月，与顺德电视台合作举办第四届顺德（伦教）珠宝旅游文化节，首次融入珠宝展销，举办首届顺德国际珠宝首饰展，在顺德清晖园举办含英咀华润清晖——2016中国英石精品邀请展。香云纱保护基地旗舰项目——天意莨园项目主体建筑物“裂面”竣工，于11月举行全球时尚管理EMBA学术研究交流活动，来自美国纽约时装学院、法国巴黎时装学院及香港理工大学时装学院3所顶尖高校组成的2016全球时尚管理EMBA到访国家级非物质文化遗产莨绸保护基地——“天意莨园”，共同探讨生态时尚可持续发展新趋势。完成中英文版《中国香云纱》，于第四届顺德（伦教）珠宝旅游文化节开幕式首发。推行学校片区联盟和联盟学校办学两个方式，形成“名优引领、共同发展”联盟办学格局。培养78位国家级家庭教育指导师，成立家庭教育指导中心。推进教育督导工作，成立伦教督学事务中心，责任区督学成为顺德区示范单位；成立首个顺德区责任区督导创新培训中心。翁祐中学数学教研组被评为“佛山市第二届中小学示范教研组”。新人民医院儿科门诊试业。伦教医院引进专业人才、增设专业科室，与中山医、南方医加强合作。和平医院成为省医疗行业协会创伤骨科首家民营主委单位，与韩国开展新技术合作，获评2016年度“佛山人最信赖医院”。社会工作方面，“1＋2＋8”（即1个统筹枢纽平台社区发展创新中心，2个前线服务阵地常教、三洲天伦万家，并延伸辐射至8个村居服务分站）内生型服务体系开展社会服务，推进仕版、霞石社区营造项目等特色服务品牌。扶持3个社会服务项目：音乐主题公园项目、风情荟萃·特色文化之旅项目、“平安先锋”社区安全支持计划。年内，顺德首个镇（街）级妇女儿童活动中心——伦教街道妇女儿童活动中心正式投入使用。伦教妇联高少娟获“广东省三八红旗手”称号。熹涌村委会妇联获“全国三八红旗集体”称号。

【勒流街道】 勒流地处广佛中心，连接顺德区7个镇（街），位于广佛半小时生活圈和深港澳两小时辐射圈之内，顺德水道（北江）、顺德支流一北一南贯穿而过。辖区总面积90.78平方千米，2016年下辖17个行政村和5个社区，年末常住人口30.39万人，其中户籍人口12.21万人，地区生产总值

253.72亿元，三产比例为2.46∶65.63∶31.91；规模以上工业总产值623.83亿元，固定资产投资额52.24亿元；限额以上贸易住宿餐饮业营业额28.05亿元，税收（含国税调库数）完成25.15亿元，一般公共预算收入72539万元，城乡居民储蓄存款余额160.25亿元，总用电量18.26亿千瓦时（工业用电量13.54亿千瓦时）。

经济发展　推动产业转型升级。智能制造技术应用工程中心及博士服务站相继成立，引领智能制造变革，助力产业转型升级。全国首批家居五金团体标准——《家居用缓冲型暗铰链》《家居用缓冲型抽屉导轨》率先发布，全国家居五金第二批团体标准制定工作启动，推进家居五金行业产业链向高端延伸。新增认定高新技术企业41家，完成顺德区下达工作任务173%。发动企业申报各级科技创新项目获得扶持资金4000多万元，其中新宝股份获得创新扶持资金约800万元，富华集团获得创新扶持资金约460万元。坚持抱团发展+龙头带动，产业集群加速形成。组织企业参加国内大型专业展会，合力发挥区域品牌市场效应。推动龙头企业、品牌企业加速产业集群形成和发展。入选顺德区四大平台型企业的新宝股份，规划建设高端家用电器产业综合提升项目，投资总额约10亿元。交通机械行业龙头企业富华集团，投资约4亿元建设富华海运冷藏集装箱制造项目，进入试产阶段。全产业链+金科产融合推进载体建设。顺德环保产业园，首期引入盈峰环境环保科技孵化产业园项目。小熊电器电商总部及电商运营基地，投资总额近4亿元。顺德光电产业园项目，投资总额3.2亿元，举行项目奠基仪式。组建专家顾问团和“董秘俱乐部”，推动企业股份制改造和上市融资，凯华电器、锦美股份、威林股份挂牌“新三板”，勒流上市企业增至6家。

城市建设　坚持规划引领发展，加快城乡融合发展，产城空间更优。完善战略定位。加强统筹谋划，以“外联内提”为指导思想，规划实施“北接、南拓、东引、西联”发展战略，进一步拓展城市发展空间，优化城市产业布局。“北接”，以菊花湾大桥建设为契机，推进滨水生态区启动区建设，主动对接佛山新城、顺德北部片区，提升区域价值；“南拓”，通过港口路以及即将规划兴建的龙海大桥，主动嵌入顺德高新区发展，拓宽产业发展空间；“东引”，通过龙洲路、南国西路，发挥富安工业区、顺德光电产业园、环保产业园辐射带动作用，吸引更多顺德东部片区资源进入勒流；“西联”，密切与顺德西南片区联系，实现产业互融互补。拓展产城空间。推进重点工程，菊花湾大桥征地工作、伦桂路勒流段拆迁工作全面完成，推动佛江高速勒流段、电力线路征收地等项目。进行南国西路（冲鹤段）以南商住地块、富安工业区（新启片）等合共75.43公顷土地储备及出让工作。推进“三旧”改造工作，宏宇工业园区项目完成二期厂房建设；作为勒流首个现代高端城市综合体，泰明市场（即东菱帝苑项目）基本完成改造。新增“三旧”认定面积41.33公顷。改善人居环境。以江义村、龙眼村、南水村为示范点，开展古村落活化升级和美丽乡村建设工作。实施街道村容村貌改造提升，三年内共启动项目46个，覆盖街道22个村（社区），提升村（社区）公共环境质量和人居条件。承接区任务，推进“绿城飞花”主题绿化景观建设。开展环境综合治理，自11月28日至12月22日，共出动执法人员1902人次，检查企业362家，责令限产（停产）108家、关停企业1家、立案13件、刑拘5人。

社会民生事业　加强民生服务建设和社会管理。公共事业全面繁荣。深化落实教育综合改革，成立社区教育工作指导委员会，推进“三学区一集团”九年一贯制办学机制，即江义学区、新球学区、富安学区和育贤教育集团，建立完善九年一贯制人才培养模式。继续完善医疗服务，成立流动人口计生企业协会，开通卫生和计生办证绿色通道，建成妇产科新门诊大楼。设立村级就业创业工作坊，组建人才俱乐部，启动企业青年梦想营，搭建人才服务平台。开展基础性救助工作，勒流慈善会获评社会组织5A等级。推动养老事业持续发展，龙眼长者综合服务中心建成并投入运营，该中心与勒流长者综合服务中心辐射全街道过半村（社区），服务人次累计超4.2万。社会环境和谐稳定。成立勒流综治信访维稳中心联勤指挥室，构建“中心+网格化+信息化”模式，投入100万元用于社会视频建设补助，新建社会视频441支；鼓励社会自愿建成“猫眼”探头1500个，扩大技防覆盖面，刑事治安警情比上年下降4.6%。扩大数字城管系统覆盖面，处理数字城市管理案件20595件。巩固一村（社区）一法律顾问工作，信访案件比上年下降49.6%。推进省食品安全城市创建工作，加大安全生产日常检查，共出动检查人员5821人次，比上年增长95%，检查企业1963家次，排查出事故隐患2117处，落实整改1775处。推动农村土地确权登记颁证工作，建设农村集体"三资"管理平台，规范集体资产交易，交易资产537项，涉及金额2245.62万元。继续深化农村综合体制试点改革，开展"两学一做"学习教育活动，对街道6000多名党员进行常态化、长效化、全覆盖学习教育。街道领导干部驻点联系群众20532人次，办理群众意见建议2271个。文化建设加速发展。挖掘省非遗文化"龙眼点睛"习俗，综合展示美食、翰墨等特色文化，吸引龙船112艘、市民及游客4万多人。试点实施宣传思想文化进企业，东菱集团成为顺德区两家示范企业之一。推动龙眼村水乡生态旅游上AAA旅游景区，构建"一村一品"特色文化格局。组团参加顺德区第11届运动会，获得顺德区体育事业突出贡献奖。全年开展文体活动420场次，服务群众约20万人次。

【陈村镇】 陈村镇区域面积50.7平方千米，2016年下辖7个行政村和8个社区，常住人口18.7万人，户籍人口8万人。有"世界盆景赏石园艺博览之都""中国花木之乡""中国机械装备工贸名镇""中国花卉之都""中华花卉美食名镇""国家级生态乡镇"等称号。2016年实现地区生产总值比上年增长8.1%；工农业总产值增长8.54%；全社会固定资产投资增长20.09%；地方公共财政预算收入减少8.84%；税收收入增长11.29%；居民储蓄余额增长2.28%。

经济发展　在国务院总理李克强和欧盟主席见证下，签约中欧城镇化示范合作项目，举办荷兰国泰郁金香展。启动50万平方米产业社区，完成投资16亿元，一期项目竣工。"双创城"先进装备孵化器落成使用，7大项目落户顺联机械城，猪八戒网珠江西岸"双创"园项目进驻。适合德国中小制造企业进驻的"莱茵工业园"，有埃华路机器人、遂联自动化等企业落地。"佛山国通外贸产业城"启动建设，建成高端智能机械装备保税展示中心，国通B型保税物流中心成为"海关保税展示交易试点企业"。会展经济走向国际化，举办"2016佛山食品农产品展暨ICEE中国国际跨境电商展"和"顺德农业嘉年华"等重点农业展会。申菱环境项目"地铁环境保障与高校节能关键技术创新及应用"获2016年国家技术发明奖。与医药互联网交易平台项目签订投资协议，成为顺德区首个引进上市企业的镇（街）。奔朗公司登陆"新三板"，上市企业增加至4家。新增高企认定16家、高企入库14家。申报科技改造项目200个，获扶持资金4551.8万元。

城市建设　落实"开放引领，创新驱动"发展战略，以特色小镇建设激发城市升级内生动力，打造宜创、宜业、宜居、宜游优质城市环境。"三旧"改造攻坚战取得突破性进展，推进国通物流城食材世界地块改造、国通物流城保税中心地块改造、南涌上村升级改造等项目。"三旧"改造新入库图斑4块，面积76.83公顷。推动创建国家森林城市工作，推进森林生态体系建设。中心城镇功能日趋完善，铺设截污管网29千米，生活污水处理能力提升至5万吨/日；完成河涌清淤1.6万立方米，全面推行河长制。建成仙涌、潭洲2个农村分散生活污水治理点。完成水浸黑点整治，对17个黑点出具探测报告，疏通下水道2000多米，翻新维护检查井500多个。

社会民生事业　完善就业服务体系，建立多元化求职平台，推出掌上求职模块，举办各类招聘会27场次。推动公益慈善蓬勃发展，全年救助困难家庭6000多人次。养老服务中心建设完成主体框架工程80%，陈村镇长者综合服务中心规划选址工作有序开展。实施村（社区）发展竞争性分配资金政策，70个民生项目获得扶持。强化综治网格管理工作，严治社会治安重点区域，加强公共法律服务体系建设。举办"百花议事听"活动5期，新增社区"警务e超市"15个、建设联网应用门禁+视频62户、"亮警灯"331支、"猫眼"工程1610个。"盗抢"警情、黄赌毒警情分别下降3.1%、100%。巩固国家级安全社区建设成果，严控食品安全，强化市场秩序维护机制。教育资源均衡发展，教学水平持续提升。推动"特色学校"建设，连续三年被评为“顺德区教育先进镇”。社区卫生服务实现全覆盖，机构门诊服务实现信息化，开展送医送药服务，创新性开设8个服务点。实施“全面两孩”生育政策，加强计划生育服务管理。开展爱国卫生运动，狠抓登革热等疾病防控。全年开展各类文体活动900场次，吸引25万人次参加。运用“小米模式”、吸引社会各界参与，9个月建成启用陈村新图书馆。推进古村落活化、《三字经》公园建设，展现花乡历史文化魅力。黎简奖迎来十周年、陈村梦想SHOW第五季走进大学城、“美心总动员”活动等深入人心。

【北滘镇】 北滘镇位于顺德区东北部，全镇总面积92.11平方千米，2016年下辖10个行政村和10个社区，户籍人口13.1万人，常住人口30.5万人。2016年全镇地区生产总值515亿元，农业总产值8.37亿元，规模以上工业产值2178亿元，第三产业国内生产总值146.1亿元，全社会固定资产投资总额93.71亿元，国地税收入96.7亿元，金融机构本外币存款余额708.9亿元，限额以上贸易住宿餐饮业营业额146亿元，社会消费品零售总额25.98亿元，城乡居民存款余额250.6亿元，城镇居民人均可支配收入55093元，农民人均纯收入17428元。

经济发展　位列广东省工业组专业镇创新指数首位，同时成为全省唯一获得“互联网+制造”主题应用型小镇。美的集团完成一系列全球并购，逐步构建多元家电业务结构和机器人产业链战略布局；碧桂园集团以科技小镇、森林城市等项目，投身新型城镇化和全球绿色生态智慧城市建设，实现合同销售金额过3000亿元。家电企业产业链日趋完善，重点依托美的全球创新中心、中国慧聪家电城、广东工业设计城，广东（潭洲）国际会展中心等产业载体，加速家电产业向微笑曲线两端延伸，慧聪家电城进驻700多家线上线下企业，年总交易额超过7亿元。在建或已投入使用的总部大楼14座，特色总部商务区逐步成型。以广东工业设计城、易客工场两大国家级众创空间与镇内重要产业平台形成创客产业链。工业设计积极扩容提质，获得国家级众创空间、省工业设计中心、省创业孵化示范基地等称号，广东（顺德）工业设计研究院投入使用，与国内外高校联合培养研究生。美的全球创新中心引进近400家优秀企业和3500名科技研发人员，淘商城获省、区共建“广东顺德电子商务创业孵化示范基地”称号。是年，全镇电商销售业绩超过270亿元，比上年增长50%。美的在天猫电器城全年销售额突破100亿元，成为首个销售破百亿的品牌。新增4家“新三板”企业和顺德首家登陆香港创业板的上市企业。是年，增加2家国家级众创空间，认定42家高新技术企业，增加17个工程研发中心，专利申请共10028件，比上年增长23.76%，有效专利1417件，增长80.74%。顺德区科技金融服务中心北部片区分中心落户北滘。与区政府共建首批创新创业子基金，包括种子基金、天使联投基金（人才基金）等，集中投资需要扶持的战略性新兴产业。

城市建设　加快推进建设国家级特色小镇。新城区建设加快成型，市民活动中心（慈善大楼）、体育公园等公共服务设施启用，乐创中心、高端人才公寓、和园等项目动工。提升村容村貌，创建“美丽乡村”，推进“一村一公园”项目，村级公园共22个。碧江社区古村落活化项目成为佛山市城市升级两年延伸行动计划项目。广州地铁7号线西延线动工建设，推进环镇路网工程，完成美的大道下穿105国道地道西侧工程。优化公交基础设施，新增莘村公交首末站，改造北滘公园总站。提升公共自行车系统建设，至年底，投入建设39个网点和650辆自行车，覆盖北滘新旧城区及周边三洪奇、广教、林头村（社区）。启动城市管理网格化巡查机制，2016年数字城管考核位居区前列，结案率近100%。全年出动环保执法人员4126人次，检查企业1452家次。拆除违法建筑22170平方米，整改户外广告牌250宗。推进国家级生态文明建设示范镇创建工作，制定生态文明建设规划。完善污水处理系统配套管网工程，9个站场完成投入使用，7个完成报建，推进群力围片区污水工程。开展扬尘污染防治整治工作，淘汰关闭违法违规项目55个，整顿项目131个。重点对4个村级工业区、9条河涌进行综合整治。

社会民生事业　民生和各项公共事业财政支出7.4亿元，比上年增长31.4%。保障性住房建设、养老院、托残机构等民生实事取得实效，余荫院一期院舍改造提升，缓解床位紧缺问题，北滘社区长者综合服务中心春晖园启用，碧江保障房项目竣工。是年，慈善收入2534.73万元，救助、帮扶弱势群众3万多人次，市民活动中心（慈善大楼）交付使用，以公益为主、收益为辅，反哺慈善事业发展。推进华南师范大学附属顺德北滘学校建设，10所中小学（幼儿园）校舍扩建改貌。北滘医院实施设备、环境、服务“三大提升计划”，推进新北滘医院建设。开展社区卫生服务机构管理体制改革，提升社区卫生服务能力。开展各类文化、体育活动2010场次。落实“好学顺德·阅读北滘”民生工程，推广自助图书馆、掌上阅读。举办华语文学传媒盛典、顺德美食节、顺德北滘仲夏音乐节等大型活动。与广东外语外贸大学、北京师范大学珠海分校等高校交流互动，引入星海音乐学院优质艺术资源，通过举办高质量文化盛事提升文化内涵。与佛山市青少宫共同打造镇级青少宫标杆，为市民提供优质艺术服务及培训。成立香港顺德北滘同乡会。镇档案新馆完成场地建设。

【乐从镇】 乐从镇地处珠三角腹地，位于佛山中心城区重要版块，是两大国家级对外合作平台中德工业服务区、中欧城镇化合作示范区的核心区所在地。区域面积78平方千米，2016年下辖19个行政村和5个社区，常住人口超30万人，户籍人口10.8万人。乐从是著名侨乡，拥有侨胞近30万人，分布在全世界60多个国家和地区。2016年实现地区生产总值183.08亿元，税收33.3亿元，贸易业销售893.27亿元；银行存款余额412.3亿元；居民存款余额300.05亿元。广佛环线轻轨、广佛江珠城轨、佛山地铁1号线二期、三期以及佛山地铁3号线、5号线、6号线、8号线在乐从交汇，规划有18个站点。

经济发展　乐从商贸基础深厚，是全球最大家具销售中心、中国家具商贸之都、中国塑料商贸之都、中国钢铁专业市场示范区。是年，乐从传统商贸“跨界”互联网，“中塑之都”、顺联与淘宝·极有家合作等多个创新平台上线，推动传统企业创新升级，政企联动推动形成更具竞争力产业集群。生物医药产业兴起，中国科学院院士陈润生团队等10个生物医药创新科研团队落户，聚集高端人才近300人；与中国工程院院士曾溢滔团队签订战略合作协议，顺德生物医药研究院落户乐从，广东省创新转化生物产业园首期项目动工；“和乐”产业园载体空间打造大健康产业中心，南方医科大学医学大数据中心、中以医疗器械国际创新孵化基地落户，被省经信委认定为首批广东省大数据产业园。物联天下产业园获科技部国家级科技企业孵化器、省科技厅国际化大型孵化器项目资质，二期创智谷项目推进。推进广州大学城卫星城乐从强版块，“一体三园”“双创”平台建设，中欧电商城打造电商孵化器、物联天下孵化园区建成“顺德创客汇”、和乐家居电商园筹建“创客空间”，开展乐从电商青年文化节、青年电商服务与创业对接、泛家居项目路演等活动。

城市环境显著提升　获“佛山市宜居城镇”“广东省休闲农业与乡村旅游示范镇”称号。“美城行动”成绩持续在全区前列。建成乐从交通中心枢纽站、保利东湾北站以及乐从医院首末站充电站场3个大型新能源公共充电站场。投放84辆新能源公交车，新增1条公交线路。完善慢行系统，投放公共自行车租赁点21个，公共自行车480台。完成23个农村分散污水处理站验收工作，日处理能力12000吨。对环保违法实行“零容忍”，重拳出击，从中央环保督查、群众反映热点查找监管薄弱环节，强化夜间执法，不间断巡查，全年检查企业1589家，关停企业62家，立案处罚52件，刑拘4人，形成环保高压整治态势。严格抓好控违工作，坚持拆管并重、拆治并举，镇、村合力完成88个土地卫片图斑整治，全面遏制违建势头。

社会民生事业　累计发放低保救助、助残扶残资金近800万元。提升敬老院硬件，整合资源，以退管服务站为平台基础，统筹政企资金建成辐射型基层片区养老综合服务站4个；老人教育延伸普及，增设沙边分校；发展社区爱心饭堂特色服务。全民慈善氛围持续形成，年内资金救助、实物救助1.4万人次。启动自闭症儿童康复中心筹建工作。完成沙滘中学、大墩中学扩建工程，新增3所幼儿园。承办全国中小学德育与班主任工作高峰论坛、全国年度课改现场会，课改经验辐射全国。中考和高考再创佳绩，乐从中学高考重点线上线人数首次突破百人。全区镇（街）义务教育质量考核综合评比第一名，连续第四年被评为全区教育先进镇。乐从医院成为医学3D打印研究中心省级科研中心顺德基地，完善社区卫生服务网络，新开设2个社区卫生服务站点。多措施强化病媒传染病防控，开展幸福家庭创建系列活动。组织大型义诊咨询活动24场、健康科普知识讲座150多场，服务群众6万余人次。加大医疗卫生单位监管力度，规范医疗服务市场。举办“广府韵·鹭洲情”乡村文化节，吸引10万人次参与；活化沙滘陈家祠，推进历史文化博物馆建设。开展“乐从镇公民素质教育系列活动”。举办各类文体活动200多场。区运会乐从镇代表团成绩显著。乐从龙舟队在国内外各大赛事夺52个第一名；举办村（社区）标准龙舟公开赛。

【龙江镇】 龙江镇位于顺德区西部，是珠江三角洲西部重要交通枢纽之一，佛开高速、珠二环高速、顺番路、乐龙路、325国道、121省道以及规划建设的广佛江珠城际轻轨和肇顺南深城轨经过。辖区面积73.8平方千米，2016年下辖13个行政村和10个社区，常住人口25.6万人，其中户籍人口10.3万人。先后获“中国家具制造重镇”“中国家具材料之都”“中国塑料建材产业之都”“中国家具电子商务之都”“国家卫生镇”“国家电子商务示范基地”等称号。2016年全镇工业总产值697.22亿元，比上年增长9.3%；商品销售总额160.53亿元，增长26.4%；全社会固定资产投资69.07亿元，增长16%；国地税入库收入18.58亿元，增长7.26%；人民币存款余额227.92亿元，增长3.7%。

经济发展 创新企业服务，推动产业不断升级。家具行业整治查处无证照家具企业321家；发布家具产业三年战略，制定4项佛山市家具联盟标准；推动家具与材料博物馆、“龙家居”品牌馆等载体建设。电商企业年交易额比上年增长超30%。联塑集团“领尚环球之家”项目在20个国家60个城市布局。启动新世纪现代农业产业园区建设，引进首个工厂化养鱼项目。启动家居特色小镇建设，引领产城融合发展。成立镇招商引资和企业服务中心，通过龙江发展生态圈战略招商发布会推出118个招商项目。推出“全球招商合伙人”制度，聘任14名央企、上市公司等高层次人才为“合伙人”。推动中欧城镇化合作示范区建设，与德国Acon银行合作，助力本地企业“出海”发展。实施党政领导班子成员直联企业制度，出台“促经济发展18条”“高新技术企业培育”等专项政策，搭建融资、上市、技改、维权等服务平台。成立“龙江企业上市俱乐部”，助推企业走向资本市场之路。12家企业通过高企认定，15家企业申报24个区级以上技术改造项目，亿龙科技获评佛山市技术中心，新增2个“广东省著名商标”。定期公布企业违法信用信息，增强市场经济信用意识。建立网上维权服务平台、第三方调处参考制度，查处专利侵权案件21件。完善“智慧龙江”公共服务平台，免费WiFi设施增至88个区域、315个AP点。

城市持续发展 基础设施逐步完善，交通环境得到改善，乐龙路全面开通，龙洲路、太和庄周边道路、北华路改造基本完成，龙山跨线桥周边环境绿化景观工程完工。优化公交线网，完成公共自行车二期租赁点改造，公共自行车总使用量45万多辆次。完成省重点电网工程佛藤吉南线路基塔征地。城市管理实行定岗管控、错位上班制度，缓解重点路段交通拥堵。启用镇建筑垃圾临时消纳点，实行工业固废品垃圾统一收运处理，逐步解决建筑垃圾长期无序倾倒问题。排查整治违法违规用地154宗，结案率100%；为遏制违建抢建现象，全年对存在违建情况的厂房、住宅实行停电48宗、列入黑名单32宗、拆除违法建设6宗。全年办理住宅规划报建及用地管理审批业务2179宗。村级工业园区完成15个项目改造，获区第一批“三旧”改造“二改二”项目奖补3179万元，占全区奖补资金52%。推进村级工业园区环保和违法违规项目清理整治，共检查企业1576家，其中责令整改1050家、立案处罚181件、清理取缔120家。实施“爱河治水”行动，完成城镇污水处理厂配套管网修复工程，启动龙山大涌及新开涌的干水清淤工程；实行工业有机废水集中回收制度，推进4个农村生活污水处理站建设。完成15台锅炉整治、52家企业VOCs污染治理。

民生事业不断提质 城镇登记失业率控制在2.93%，新增就业2786人，应届高校毕业生年内就业率98%。低保家庭补助提升6%，“三无”人员、“五保”户供养费提升17%，离退休人员养老金提升6.5%。智慧养老、慈善公益、精准扶贫等事业持续进步，建成镇长者综合服务中心（仙塘），

开设6个“智慧养老”服务试点，成立镇首家社会企业“乐家爱心超市”，冠名基金增至48个，为203户困难家庭修葺房屋，接受各类救助申请254宗，发放救助款590万元。设立镇人才集体专户，解决人才入户需求。实施文化惠民工程，创办并出版11期《龙江》报免费派发；“龙江大舞台”举办50场，“龙江大讲堂”举办超100场。群众体育活动繁荣发展，区第11届运动会中，龙江青少年组击剑项目获12枚金牌，占该项目金牌总数一半。加强文物保育，完成市级文物保护单位梅氏大宗祠修缮。文艺发展成果丰富，小麦苗童声合唱团获第七届中国魅力校园合唱节全国二等奖；华东小学少儿粤剧团获省少儿戏曲小梅花大赛最高奖项“金花十佳奖”；龙江老年大学同心合唱团获香港第23届“激情梦想·情牵港澳”国际艺术大赛“金紫荆花奖”“最佳指挥奖”和“最佳伴奏奖”。省级义务教育标准化学校增至17所，幼儿教育趋向集团化发展。龙江医院与广州军区总医院、中山三院等大型医院合作加强专科建设，医疗质量稳步提升。“步行15～30分钟”社区卫生服务圈初见雏形。被确定为“顺德区基层治理创新试点”，成立镇社会创新中心，搭建社会创新枢纽性平台。解决17个村（社区）共18个股份社征地留用地指标59.13公顷，占应解决95%；及时足额发放征地补偿费，兑现历史留用地93.33公顷，兑现率93%。刑事案发率比上年下降22%，飞车抢夺案件下降90%，重点整治区域刑事治安警情下降8%。全镇受理各类矛盾纠纷比上年下降18.3%。加强新市民服务，流动人员和出租屋纳管率分别增长14.67%和19.53%。建设顺德首个安全教育基地、消防安全体验馆，火灾宗数比上年下降33%，火警宗数下降21%，经济损失下降64%。落实安全生产“一岗双责”和领导带队巡查制度，强化重点行业、场所和建设工程安全管理，整改隐患4057条、立案126件，安全生产形势稳定。建成1条食品安全示范街、36个食品安全示范店（单位），128家企业完成“明厨亮灶”改造，59家药店完成GSP认证，餐饮服务单位量化分级管理率98%。社会组织壮大，社会团体增至57个，民办非企业单位增至41个。新建工会20家、企业职工服务站点12个，2名工人获评“佛山大城工匠”；团镇委获“广东省五四红旗团委”；镇妇联开展32个服务群众项目，其中3个项目得到区创投资金扶持。

【杏坛镇】 杏坛镇位于顺德西南部，总面积122平方千米，2016年下辖24个行政村和6个社区。户籍人口13.48万人，流动人口9.57万人。杏坛是珠江三角洲知名水乡，保存较完好的古桥16座；有刘氏大宗祠、黄氏大宗祠、九列故居等省、市级文物保护单位42处；有“中国最美村镇”、中国乡村旅游模范村、国家AAA级景区——逢简水乡，“中国永春之乡”——马东村；舞龙、龙舟说唱、锣鼓柜、柜色表演等是传统民间文化艺术，其中永春拳、龙舟说唱、人龙舞、八音锣鼓列入国家级非物质文化遗产名录。杏坛是“中国民间文化艺术之乡”“全国群众体育先进单位”“国家卫生镇”“广东省生态示范镇”“广东省教育强镇”“广东省体育先进镇”“广东省环保材料专业镇”。2016年，杏坛工业总产值528.30亿元，比上年增长8.26%；地方生产总值207.63亿元，增长9.17%；其中规模以上工业总产值393亿元，增长9.01%；全社会固定资产投资55.32亿元，增长17.24%，经济运行总体良好。

经济产业发展 推进顺德高新区、顺德新港、佛江高速、220千伏奎福输变电工程等省、市、区重点项目征地工作以及杏坛污水处理厂二期等项目。改善智富园等多个产业平台。首个城市综合体宏汇城主体完工，同步实施周边道路改造，产业平台搭建成形。实施“互联网+企业服务”模式，帝通新材、盈通黑金碳材料两家企业登陆“新三板”。各项专利和专利授权大幅上升，康宝股份、甘竹罐头等多个企业项目借科技创新获得省、市、区资金支持。美的时代城等大型商业网点投入使用，周边服务行业和企业形成聚集，杏龙路一带商圈日渐成形。逢简水乡成为旅游新目标，年接待游客超100万人次。农业发展迅速，创建省级农业示范园和区级水产、畜牧示范区，启动“互联网+物流”水产交易市场项目，打造国兰种植场，走特色农业发展道路。

城市建设 推进“一城三片区”，完善规划编制，推进“三旧”改造。采用“联合采集、现场执法”新型运作模式，推进“大城管”建设，在

2016年美城考评中列全区第一名。强化环卫保洁，实施工业区上门收集垃圾服务，新建上地、西北等5个垃圾收集站，完成17个村（社区）生活垃圾收运体系改造，修复提升多条入村道路，优化公交线路，提高城市运转效率。严查环境污染，改善环境质量，部署开展村级工业园环境保护与安全生产“双达标”三年行动，实施“一村一策”整治提升，推进杏坛电镀城升级改造等项目建设，提升废气、污水处理能力。加强生态文明建设，推进国家生态文明示范镇创建，古朗村被评为市“五好”新农村，新联村等4个村（社区）被评为“佛山市宜居村（社区）”，逢简水乡被评为“广东省环境教育基地”，打造顺德生态“绿心”。

社会民生事业　改善民生，提高市民幸福指数。年累计发放残疾人、长者、优抚对象、困难家庭各类津贴补助金3000多万元，受惠群众8万多人次；桑麻村退管服务站成为市级示范点，新增转移就业劳动力1891人，超额完成全年任务。推进新联、马东、龙潭等村（社区）卫生服务站建设，建成“1中心7站10点”社区卫生服务网络。推进胡宝星职校、伍蒋惠芳中学和高新区西山小学建设，开展顺德水乡民俗文化节、龙腾水乡闹元宵等民俗活动。黄家乐等5人成为第五届“顺德好人”，选出黄颖娴等35人为杏坛“好儿女”。群众生活安定和谐。推进农村综合改革，开展集体资产清理核实，试点推进公共集体账目信息化管理，开通农村财务网上支付功能。启动青年参与新农村建设的“杏福”营地项目、青田行动活化村落项目。推进依法行政，强化普法联动，建立一村（社区）一法律顾问和镇律师顾问团制度，开展齐杏社区等5个法治文化村（社区）建设，加强法治文化示范点、村（社区）法治文化建设。

【均安镇】 均安镇地处珠三角腹地，扼顺德西南片区的开放门户，为佛山与中山、江门两市黄金交汇点。镇域总面积79.45平方千米，2016年下辖5个行政村和8个社区，户籍人口9.05万人，异地务工人员7.31万人，旅居港澳台乡亲和海外华侨4万多人。西江东海水道和海洲水道以及凫洲河穿城而过，均安辖区呈半岛状。全镇有2333.33公顷基塘、466.67公顷连片山林以及数十条内河涌，保持着珠三角地区罕有的原生态地貌。均安先后被评为“全国环境优秀乡镇”“国家级生态乡镇”“广东省生态示范镇”“广东省级旅游度假区”“全省休闲农业与乡村旅游示范镇”。2016年，地区生产总值147.61亿元，工农业总产值354.53亿元，规模以上工业产值173.1亿元，限额以上批零住宿餐饮营业额11.33亿元，城乡居民储蓄余额92.66亿元，工商业税收8.48亿元，固定资产投资43.01亿元。

经济发展　发展动力和活力增强。“均安牛仔”被世界绿色设计组织和中国绿色发展协同创新中心授予“绿色设计国际贡献奖”。照明灯饰企业持续增长至500多家，均安照明灯饰协会升格区级协会并与跨境电商“大龙网”开展战略合作。南沙“东海绿岛”建成环岛休闲景观带，建设旅游度假核心区，成为周边市民短途休闲目的地。南沙被命名为“顺德现代农业产业园区”，引入均健、维生等现代农业企业，“均安草鲩”在中国（广州）国际渔业博览会上获“最佳产品奖”“最佳品牌奖”。均安入选第三批“全省休闲农业与乡村旅游示范镇”。成立青年企业家协会。开展“暖企服务”，15家企业被认定为国家高新技术企业。牛仔研究院与小榄检测中心开展检测合作分包业务，提升纺织服装产品检测水平。“广东省名牌产品”增至5个，“广东省著名商标”增至6个。完成“妈姐菜”“姑婆菜”商标注册，推进均安大头菜地理标志申报。均安蒸猪获广东省服务业地方标准立项，均安大头菜种植技术研究获得广东省农业技术标准立项，均安新华养殖基地获得广东省草鱼养殖标准化示范区立项。制定原个大头菜、即食大头菜和大头菜种植3个联盟标准。社会信用体系逐步建立，“质量强镇”工作通过省检验。德顺广场均安荟开业，上海飞雕集团全资子公司——同昭光电进驻畅兴产业基地二期并投产。顺德粮食产业园、顺德机动车驾驶人员考试中心落户畅兴产业基地三期。

城市建设　推进区域开放融合。携手中山小榄、古镇成立两地三镇合作发展联盟，在多个层面扎实开展跨区域交流合作。古神公路二期完成改造提升，打通均安与古镇交通瓶颈。完成新均榄路二期与小榄方面道路对接规划。开通直达荷塘的跨市公交线路，对接江门。广中江高速首期通车，均安迎来第一条真正意义的高速公路。佛江高速均安段、乐安跨线桥和新华工业路跨线桥全线施工，新均榄路一期和均安三桥、南沙新桥及连接线、旧均榄路二期改造提升推进，南沙疏港铁路施工方进场。完成世源热能75蒸吨锅炉超洁净排放改造，星槎尧天污水处理站投用，推进第三批“一河一策”内河涌环境整治提升和生活污水处理厂及管网二期建设，提升大气和水环境质量。完善行业协会环保自律体系，与荷塘启动交叉执法，借力中央环保督察铁腕打击违法排污，全年处理环保案件45件，关停污染企业43家。全区前三季度环保责考中均安排名第一位，空气质量和内河涌水质保持全区前列。推进永安路红绿灯路口绿化景观提升、镇政府和均安中学围墙试点改造，提升改造畅兴休闲公园二期、东部新城滨江公园一期、七滘路口景观、南沙岛河涌景观和横九路边等一批重点绿化美化工程，星槎堤围“粉红花海”景观令人流连忘返。完成菱溪大道升级、星槎食街提升和南沙四埠十七队城中村改造，常态化开展市容环境综合治理，实施年度卫片执法专项行动，强制拆除违法图斑用地16宗，城乡品质稳步提升。

社会民生事业 推进学区制和“管评办”分离改革试点，成立东、西学区管委会，奠定“小学全面发展、初中优质提升”新格局。鹤峰、新华、沙头3所新幼儿园开园，新增优质幼儿学位3000个，关停取缔无证幼托园所26所。建成南沙、南浦、均安3个社区卫生服务站，“一中心十七站点”成形。均安医院通过广东省职业健康体检机构资质评审并成为省级中医优势病种协作单位。落实二孩政策，镇计生服务所职能整体划入社区卫生服务中心，镇科学育儿指导站和4个村（社区）指导点陆续投用，联手媒体和旅行社推介“妈姐菜”，彰显“均安美食”魅力。举办第十届广东省青少年曲艺“明日之星”选拔赛和广东省首届女篮联赛决赛。成立均安龙迷会，建成仓门社区体育公园。南沙婚俗入选第六批区级非遗名录。均安复评为“佛山市文明镇”，南浦被评为“佛山市文明村”。全镇登记失业率控制在2.65%以下。成立6个社会组织，严重精神障碍患者救助救治体系初步建立，社矫帮教有效引导刑释人员重投社会，积分入学录取率65.8%，异地务工人员稳步融入均安。成立综治联勤指挥室强化维稳统筹，受理信访案件比上年下降31.8%。“110”刑事治安警情比上年下降8.3%。行政服务中心实行“五加二”新模式，延长便民服务时间。国、地税联合办税大厅进驻，与市监分局办证大厅构筑起“一站式”便企服务新体系。“五证合一”“两证整合”登记制度改革和电子营业执照全面施行，优化审批流程，降低企业制度性成本。

（杨　力）

附：2016年顺德区党政主要领导名单

书　　记：区邦敏
副 书 记：彭聪恩　陈浩斌（3月任职）
　　　　　刘　怡
常　　委：肖秀明　潘东生　黄少文
　　　　　周驭洪　王　勇（11月任职）
　　　　　李东文　赖雪晖　谢顺辉
　　　　　梁子财
区　　长：彭聪恩
副 区 长：赖雪晖（任至7月）　李剑雄
　　　　　冼阳福　陈　旋　蔡　伟
　　　　　梁子财（任至6月）
　　　　　罗厚光（3月挂任）　黄　涛
政务委员：乔吉飞（任至11月）
　　　　　关世良（任至11月）
　　　　　徐国元（任至11月）
　　　　　谭志亮（任至11月）
　　　　　林胜初（任至8月）

现任顺德区党政主要领导名单

书　　记：区邦敏
副 书 记：彭聪恩　陈浩斌　刘　怡
常　　委：肖秀明　潘东生　王　勇
　　　　　唐磊晶　孙向阳　谢顺辉
　　　　　黄　海　周　旭
区　　长：彭聪恩
副 区 长：王　勇　李剑雄　冼阳福
　　　　　陈　旋　蔡　伟　招霞红

（2017年7月顺德区供稿）

高明区

基本情况

【概况】 高明区位于广东省中部，珠江三角洲西翼，濒临西江，东南和南面与鹤山市交界，西南与新兴县相连，西北与高要市接壤，东北隔西江与三水区、南海区相望。全区总面积960平方千米，2016年年末户籍人口30.60万人，常住人口43.15万人，下辖荷城街道、杨和镇、明城镇、更合镇和西江新城，72个行政村（社区）。区政府所在地为荷城街道。

【历史文化】 高明于明成化十一年（1475年）设县，历史文化悠久，曾有“文风甲端郡”“硕彦辈出”美誉，涌现清代版刻家、中国“第一报人”梁发，革命“三谭”（谭平山、谭植棠、谭天度）等大批历史文化名人。地貌为“六山一水三分田”，拥有唐代龙窑遗址、灵龟塔、古椰贝丘遗址、皂幕山风景区、杪椤自然保护区等生态和人文景观。

【经济社会发展】 2016年，高明区实现地区生产总值757.32亿元，比上年增长7.9%；规模以上工业总产值2880.7亿元，增长7.2%；地方一般公共预算收入32.09亿元，增长4.1%；固定资产投资401.52亿元，增长14.0%；社会消费品零售总额117.65亿元，增长10.9%；外贸出口总值146.9亿元，增长5.4%。城镇常住居民人均可支配收入30015元，比上年增长8.5%；农村常住居民人均可支配收入20399元，增长11.0%。

2016年，高明区实现第一产业增加值19.17亿元，比上年增长3.1%；第二产业增加值592.23亿元，增长7.6%；第三产业增加值145.91亿元，增长9.9%。三次产业比重为2.5∶78.2∶19.3。连续四年跻身全国科学发展百强区，2016年排名上升到第43位，比2015年上升一位。位列中国最具投资潜力中小城市百强区第84位，比2015年上升两位。

【恢复建制35周年】 2016年12月7日，是高明恢复县级建制35周年纪念日。自1981年恢复县级建制以来，35年间高明社会经济实现跨越发展，连续多年跻身全国百强县、全国科学发展百强区。高明地区生产总值在1981年仅为9961万元，至2016年达到757.32亿元，按名义增长率计算年均增长20.9%；人均地区生产总值在1981年仅为478元，至2016年达到175515元，按名义增长率计算年均增长18.4%。为迎接恢复建制35周年，高明区举办系列庆祝活动，包括“初心永不忘·高明有担当”改革开放35周年经济社会发展座谈会、恢复建制35周年成就展、“高明之路”改革开放35周年群众文艺汇演等，共同回顾35年来高明发展所取得的成就，激发高明人民不忘初心，勇于担当的精神品质。

（黄思聪）

经济建设

【农业】 2016年，高明区实现农业总产值40.18亿元，比上年增长2.9%。种植业产值11.45亿元，比上年下降7.3%；林业产值0.96亿元，增长1.3%；畜牧业产值15.85亿元，增长2.5%；渔业产值10.19亿元，增长17.8%；农林服务业产值1.73亿元，增长0.7%。

现代农业加快发展　推进农业产业化，拥有区级以上农业龙头企业25家，年销售收入29.78亿元，其中新增省级农业龙头企业2家，共6家；新增市级农业龙头企业2家，共18家；年销售收入500万元以上22家，超亿元5家。新增农民专业合作社6个，共38个，成员总数1152人，经营生产面积550.2公顷，带动农户9145户，38个农民专业合作社中省级示范社12个，市级示范社4个，区级示范社12个；新增市级“菜篮子”基地5个，共12个。盈香生态园获全国休闲农业示范点、佛山市五星级农业园区称号，举办“油菜花及油菜心节”“合水粉葛美食节”和“第七届绿博会”等农业节会。八达水产成为“水产+物流+基地”龙头，月物流量增加到2100吨，产值约2亿元。生态农业品牌逐步打响，全区农业类省名牌产品11个，有机认证农产品5个，绿色认证农产品1个，无公害认证农产品24个，建成“三品”产地认证基地17个，认证面积0.15公顷。

成功创建“国家农产品质量安全县”　筑牢农产品质量安全监管网，改造升级区、镇两级农产检测实验室，完善镇级检测站，61个村（社区）配备村级农产品质量安全监管员，农产品质量安全监测合格率99.6%。创新“1＋5”（以执法队为核心，五大监管科室紧密配合）农业行政综合执法模式，全年开展专项整治执法行动96次，立案处理24宗。完成53项考核指标，被农业部认定为“国家农产品质量安全县”，是广东省4个入选县区之一，也是珠三角地区唯一入选县区。

“互联网＋农业”兴起　推进全区养殖水产品标识溯源管理，桂花鱼、黄骨鱼、加州鲈鱼等6个水产品种实行凭标识上市和流通，备案并录入水产品标识溯源数据中心的水产养殖户2054人，养殖总面积3533.33公顷；发放可溯源水产标识353份，可溯源6大品种捕捞量2000多吨。3个广东省水产品质量安全示范场（点）的水产品药物残留检测室和监管平台通过考评，实现水产品药物残留快速检测、数据在线和实时监控。农技推广云平台用户300人，农讯通发送农业信息75.2万条，区级以上菜篮子生产基地实行二维码标识溯源。举办“互联网+农业”培训班4期，引导15家企业开展农业电子商务。

【工业】　2016年，高明区实现工业总产值2960.2亿元，比上年增长7.1%，实现规模以上工业产值2880.7亿元，增长7.2%。工业产值超亿元企业196家，超10亿元企业19家，超100亿元企业1家。

产业集聚发展效应明显　高明区制定和落实“1＋1＋6”企业服务配套文件（指一个服务企业指导意见，即《关于深化企业服务构建新型政商关系的若干意见》；一个支持企业创新的政策文件，即《佛山市高明区支持企业创新发展的若干措施》；六方面惠企政策汇总，即支持工业经济发展、支持新业态发展、支持企业科技创新、支持企业融资、支持企业人才引进和培养、营造良好行政服务环境），组建区企业服务快速响应中心，设立“一线一卡一平台”（企业服务专线、企业服务电子卡、投资促进微信公众平台），常态化开展企业暖春行动，扶持企业发展壮大。年底全区工业产值超80亿元行业9个，其中超500亿元2个，分别是金属制品业和装备制造业；超200亿元4个，分别为石化制品业、塑料制品业、纺织服装业、电子电器业。这九大行业总产值2746.65亿元，占全区规模以上工业总产值95.1%。有规模以上企业457家，营业收入超30亿元以上企业4家，分别是海天调味、溢达纺织、中油高富和津西金兰冷轧板公司，其中，海天调味公司成为全区首家产值超100亿元、纳税超10亿元企业。

项目引进落实成效良好　坚持招商引资与增值挖潜并重，全年引入61个总投资142亿元的项目，亿元以上项目52个；34家骨干企业增资扩产，企业技改投入比上年增长85%。纳入省、市重点项目44个（省重点项目21个、市重点项目23个），其中正式项目30个（省正式项目14个、市正式项目16个），省重点完成年度投资任务的107.08%，市重点完成年度投资任务的101.14%，中国中车、德建五金、高达重工机械等陆续建成投试产。

产业转型升级加快　利用技改提升加快转型升级，全年完成技改投资29.19亿元，投资增速88.7%。发展先进装备制造、新材料、新能源等战略性新兴产业，装备制造工业产值718.27亿元，比上年增长7.9%，占规模以上工业增加值比重27.93%。新材料、新能源两大新兴产业产值292.27亿元，占10.14%。全年引入战略性新兴产业33个，投资额70.86亿元，其中先进装备制造业项目17个，投资额49.58亿元。落实中小微企业减负政策，完成“个转企”“小升规”企业分别

17 家、15 家。

实施创新驱动发展战略 2016 年，全社会科研投入 21.2 亿元，全社会科研投入（R&D）占地区生产总值（GDP）比重 2.80 %，比上年增长 11.96%；新增省级工程中心 3 个，累计 28 个；市级工程中心 7 个，累计 57 个。规模以上工业企业研发机构建有率 37.61%，规模以上高新技术企业研发机构建有率 100%，建有率全市第一，高企存量增至 66 家，比上年增长 83%，全年获省、市科技进步奖 4 项。推进国家知识产权强区工程试点区建设，全年申请各类专利 2966 件，比上年增长 45.2%，百万人口发明专利授权量位列全市第一，溢达纺织蝉联佛山十大专利富豪榜榜首，川东磁电荣登佛山十大专利新秀榜榜首。蝉联全国科普示范区，是佛山市两个全国科普示范区之一，建成国家级科普示范社区 2 个、国家级科普教育基地 2 个、省级科普教育基地 3 个、省级科普示范社区 5 个，工作经验在全省推广。深化品牌战略，新增注册商标 682 件，比上年增长 15.38%；新增“中国驰名商标”1 件，总量 11 件；新增“广东省著名商标”2 件，总量 33 件；新增“公共资源商标”34 件，总量 70 件。

【第三产业】 2016 年，高明区实现第三产业增加值 145.91 亿元，比上年增长 9.9%，占地区生产总值 19.3%。第三产业增加值占地区生产总值比重较上年提升 0.7%。

推进全域旅游大发展 入选创建省全域旅游示范区名单，出台全域旅游工作方案、民宿旅游建设扶持资金办法，首次在广州举办“一城山水，高明有请”为主题的全域旅游推介会。全年引进第三产业项目 8 个，合同投资额 52.2 亿元，引进项目数和投资额分别占总数 13.11% 和 36.97%。梳理总投资 480 亿元的 18 个重点三产项目建设，其中 13 个动工建设，5 个开展前期工作。加快旅游重点项目建设，美的·鹭湖森林度假区、皂幕山景区、泰康山度假区等 7 个项目列入省重点，其中美的·鹭湖森林度假区项目入选国家优选旅游项目，高明区获评“最美中国·生态旅游目的地”。举行绿博会、濑粉节、山稔节等系列旅游节庆活动，全年接待游客人数达 601.38 万人次，比上年增长 25%，实现旅游业总收入 26.04 亿元，增长 25.9%。

房地产业稳步发展 落实上级关于供给侧结构性改革和房地产调控政策，引导开发商科学合理推进房地产开发，房地产市场平稳健康发展。全年房地产开发完成投资 34.70 亿元，比上年增长 24.5%；新建商品房销售 15743 套，增长 64.89%；商品房施工面积 471.07 万平方米，增长 10.3%；竣工面积 37.67 万平方米，下降 34.8%；商品房销售面积 136.17 万平方米，增长 60.0%；实现销售额 76.19 亿元，增长 64.4%。

商贸流通态势良好 实现社会消费品零售总额 117.65 亿元，比上年增长 10.9%。其中，城镇消费品零售额 82.36 亿元，占全部消费品零售总额 70.0%，农村消费品零售额 35.29 亿元。协助珠江货运码头公司、香江连锁商场、浩辉食品配送公司成功申报 2015 年佛山市商贸服务业发展专项资金（智慧物流部分），获扶持资金 90 万元；协助万方投资有限公司、海天（高明）调味食品公司、香江连锁商场成功申报佛山市物流标准化试点项目，获扶持资金 300 万元。

【区域经济合作】 2016 年，高明区与三水区构建“高三班”合作机制，共同签订《合作框架协议》，确定按照“1 + 6”模式开展竞争合作：“1”即形成常态化沟通协同工作机制，“6”即产业合作、协同创新、交通对接、旅游联动、环境共治、安全协作等六大领域，并确定首批 10 个重点合作项目。深化“要明鹤兴”区域合作，联手打造“百里西江旅游文化圈”，举行“要明鹤兴”千人自驾游，推动四地旅游业抱团发展。参与第二届珠江西岸先进装备制造业投资贸易洽谈会，组织中车基地、住友富士电梯、建强科技、典洋机械参展，会上签约引进总投资 18.88 亿元的美盈森智慧包装工业 4.0 产业园项目和总投资 10.5 亿元的德方纳米科技有限公司纳米磷酸铁锂增资项目。

【对外经济】 2016 年，高明区新批外资项目 5 个，比上年增长 25%。合同利用外资 3707 万美元，比上年下降 79.69%；实际利用外资 1156 万美元，上升 72.28%。外贸进出口总值基本保持稳定，全年实现外贸进出口总值 169.2 亿元人民币，比上年下降1%。其中，进口总值22.3亿元，比上年下降29.5%；出口总值146.9亿元，增长5.4%。推进“一带一路”建设，全年对“一带一路”沿线国家和地区出口总值55.4亿元，比上年增长12.8%。全年受理APEC商务旅行卡2宗，办理企业邀请“一带一路”国家客商来华14批28人次。万和电气与德国博世集团签订合作协议，设立万博公司建设新能源热水产品生产中心，成为高明区在推进“一带一路”建设中，首个“引进来”的重大产业技术合作项目。支持企业开展跨境并购，凯德讯贸易公司并购香港公司，成为全区第一家“走出去”企业；盈辉作物在南非设立境外合资企业，新意新石业在香港并购设立境外企业佛山新意新石业有限公司。

【财政金融】 2016年，高明区实现财税总收入（含海关代征增值税）94.21亿元，比上年增长14.6%；区级财政收入51.43亿元，增长13.8%，其中：一般公共预算收入32.09亿元，增长4.1%；一般公共预算支出34.68亿元，下降1.8%。年末全区金融机构各项存款余额317.56亿元，比年初增长11.6%，其中：境内住户存款余额193.35亿元，比年初增长5.1%；年末金融机构各项贷款余额251.27亿元，比年初增长11.5%。

金融支撑作用提升　出台促进企业上市系列扶持办法，健全上市服务平台，完善企业上市服务基地建设，开通上市服务绿色通道，降低企业上市成本，帮助一批企业解决上市过程中遇到的问题，推动企业加快上市融资。截至2016年年底，全区有上市（挂牌）企业13家，其中“新三板”上市企业4家，分别是海纳川生物科技股份有限公司、川东磁电股份有限公司、斯派力管业科技股份有限公司、何氏协力机械制造股份有限公司，9家企业在国内各类股交中心挂牌，拥有30家上市后备企业。

【供给侧结构性改革】 2016年，高明区制订实施“1＋5”供给侧结构性改革工作方案，统筹推进“三去一降一补”。去产能方面，关停2家落后产能规上企业，促进优势富余产能开拓“一带一路”新兴市场，出口比上年增长12.8%。去库存方面，减少商品房库存46.71万平方米，去库存周期降至7.55个月。去杠杆方面，处置不良贷款3255.04万元，引导海纳川、斯派力等上市企业定向募集市场资金1.38亿元，发挥区支持企业融资专项资金作用，为101家企业办理转贷资金超18.54亿元。降成本方面，落实各级税费减免政策，将53项涉企行政事业性收费纳入免征范围，累计为企业减负20.2亿元。补短板方面，梳理总投资707亿元的56项重点基础设施和产业项目作为补短板支撑项目集中攻坚，完成投资53.08亿元。

（黄思聪）

城市建设与管理

【西江新城建设】 2016年，高明区总投资272亿元的城市升级三年及两年延伸行动计划收官。总投资22.6亿元的西江新城核心区一期建设基本完成，包括体育中心、文化中心、明湖艺术公园等“一园一廊两中心九干道”建成开放，擦亮“生态文明标杆城市”品牌。全年累计完成工程项目14个，完成投资额4.26亿元。实施城乡规划一体化工程，选取阮南、苏村等试点，推动科学规划延伸至乡村。用足用活银行融资平台，有效保障土地征收、工程建设等各项重点工作推进。加大新城招商引资力度，累计引入16个总投资180亿元的现代服务业项目，并吸引万科等一批知名房企加速布局。

【西江新城两工程获评“广东省市政金奖”】 2016年4月，广东省市政行业协会公布2015年度“广东省市政金奖”工程名单，高明区西江新城占据2席，分别是秀丽路、新江路、明湖北路、明湖南路、滨湖路、苏河路工程和明湖公园景观工程。至此，西江新城获国家级荣誉2个、省级荣誉4个，其中2个国家级荣誉分别为“2015创建生态文明标杆城市”称号和“全国AAA级安全文明标准化工地”奖项；4个省级荣誉分别为2个“广东省市政优良样板工程”和2个“广东省市政金奖”。

【“三旧”改造】 2016年，高明区“三旧”改造纳入省数据库2466.67公顷，其中，完成改造项目79个，面积252.35公顷；在改造项目45个，面积

782.41公顷。加快沿江路以东片区、三洲片区旧城改造工作，沿江路以东区域改造居民住宅征收安置和企业商铺动迁完成率分别达到99%、87%，海滨公园被评选为最受市民欢迎的佛山城市升级项目之一；三洲片区改造住宅商铺和土地征收率分别达到65.7%、67%，并引入社会资本，加快推进项目策划招商工作。加大旧村居改造力度，以4个古村落活化、9个新农村建设、4个旧村居改造为引领的百村升级工作完成。

【交通建设】 2016年，高明区统筹推进交通路网建设，形成“五纵四横”互联互通新格局。区内建成广明高速、江肇高速（高明段）、江罗高速（高明段），高恩高速（高明段）动工建设，肇开高速（高明段）开展前期工作，高速公路总里程90.3千米。连接广佛核心区快速路网规划建设加快，佛山一环西拓南环工程项目进展顺利，工程包括高明大桥至富龙大桥段公路工程和富龙大桥工程。区内骨干路网加快完善，荷杨大道一标段完成初步方案设计，二标段茶山公路和杨西大道立交工程施工；明西路扩建工程完成工可报批及立项；明富线（明城至荷村段）改建工程编制可行性研究报告；海华桥及其引道工程完成工程可行性研究报告评审。轨道交通建设加快起步，全国首条氢能源有轨电车示范线区现代有轨电车示范线EPC招标工作完成，佛山地铁2号线二期开展前期工作，珠三角城际轻轨肇南线高明至南沙段开展预可行性研究。珠三角新干线机场加快布局选址高明。

【生态环境保护】 2016年，高明区实施大气污染防治、村级工业区环境整治提升、河涌综合整治、环境监管网格化管理、“互联网+”环境保护等“五大行动”，加快建设天蓝地绿水净的美好家园。加强大气污染治理，推进高污染燃料锅炉淘汰整治、VOCs整治、重点行业清洁生产审核、机动车污染治理、城市扬尘整治等工作，全区空气质量优良率88%，居全市五区首位。推进水环境整治，实施畜禽养殖污染减排和综合整治，“一河一策”推进三洲大涌等11条河涌综合整治，10条重点河涌达到Ⅴ类水标准，西江（高明段）水质稳定达到地表水Ⅱ类标准，饮用水源水质达标率保持100%。创建国家森林城市，40项创森指标达标38项，达标率95%。完成迹地更新和林分改造面积680公顷，创建30个乡村森林家园，建成泰康山森林公园、明阳塔森林公园等5个“绿城飞花”项目，森林公园数量增至12个。云勇森林公园被认定为首批“中国森林体验基地”。

【城市配套建设】 2016年，高明区实施城市绿化、道路硬底化、环境再造等一批基础配套工程，市容环境得到提升。推进市政道路及附属设施改造维修，完成中车基地临时道路扩宽、高明大道沿线（西荣路至人和桥段）辅道及人行道整治提升等工程。实施旧居民社区改造项目，完成祥和花园西区公共设施维修工程。推进绿色生态建设，完成绿化建设面积42.88万平方米。加强公交基础设施建设，推进20个港湾式公交站亭、100个新能源汽车充电桩规划建设。推进城乡供水一体化建设，对119个自然村实施自来水改造提升工程，解决1.46万名农村居民饮用水安全问题。投资2.7亿元推进电网建设，完成220千伏荷城变电站扩建，完成5批次88项10千伏以下配网基建工程任务，全社会用电量48.72亿千瓦时，比上年增长6.73%。天然气管网覆盖面加大，新建城镇燃气管道28千米。加大信息工程建设力度，光纤覆盖率65%，4G覆盖率98%，累计建成3500个公共WiFi接入点。

【城市综合管理】 2016年，高明区开展“爱我家园美丽高明”城乡环境三年综合提升工作，推进城乡市容市貌提升、农村生活垃圾收运处理、农村公厕改造提升、农村生活垃圾分类工程。完成“大保洁”管养项目，中心城区园林环卫项目完成一体化，按照城市考核标准，落实城区园林保洁主体责任，推进中心城区园林绿化管养，完成高明大道、灵龟公园及中心城区主次干道等地修剪补植、翻种换种，城市环境面貌实现新提升；开展中心城区环卫保洁计划，加强公厕、垃圾收集点的卫生管理，落实夜间道路清洗和大气污染精准防治，中心城区生活垃圾日产日清，城镇生活垃圾无害化处理率保持100%。完善“大城管”管理模式，推进城市管理网格化向基层延伸，建立网格责任制，实行定岗、定人、定责管理，城市精细化管理水平得到提升。

【云勇森林公园被评为“中国森林体验基地”】2016年10月13日，高明区云勇森林公园举行“中国森林体验基地”揭牌仪式，成为全国首批17个“中国森林体验基地”之一，同时也是广东省第一个获得此称号的森林公园。云勇森林公园占地2007.8公顷，森林覆盖率达95.7%。林区保存有野生维管植物134科、动物47种，其中国家一级保护动物3种、国家二级保护动物13种。2016年，公园实施缤纷林海工程建设项目，推进生态景观培育工程建设，完善管护站点、旅游观光路网等基础设施，开展珍贵、彩色树种造林，是高明区发展全域旅游重要载体。

（黄思聪）

社会民生事业

【社会保障】 2016年，高明区参加城镇职工基本养老保险（含机关事业单位）13.92万人，失业保险参保12.92万人，工伤保险参保12.94万人，医疗保险参保13.68万人，生育保险参保12.97万人；参加城乡居民社会养老保险2.1万人，领取养老金3万人；参加居民门诊基本医疗保险17.4万人，参加居民住院基本医疗保险17.4万人，参保率99%。历年累计发放社会保障卡33.12万张，激活29.64万张。完成跨区门诊申报录入，将区人民医院纳入全省异地联网结算网点。实现医疗保险报销处方电子化上传管理，全区有6个定点医疗机构完成电子化上传接口改造，区内住院零星报销处方上传率98%。推进建筑业工伤保险参保，建筑业企业按项目参加工伤保险60家。完善工伤保险联网结算系统覆盖应用，办理工伤保险联网结算544人次，支付待遇577万元。

【劳动就业】 2016年，高明区城镇新增就业6500人，失业人员再就业2500人，城镇登记失业率2.58%；帮扶就业困难人员就业260人，零就业家庭实现动态归零；本地高校应届毕业生1803人实现就业，就业率93%，特困家庭毕业生100%就业。健全职业技能培训体系。制定《高明区紧缺技能人才职业（工种）目录（第一批）》，采取“政府埋单”方式为创业就业人群提供免费培训。强化政校企协合作，推动“订单式”技能培训，全年为3183人提供各类技能晋升培训服务，发放技能晋升培训补贴603.63万元。加强创新创业政策支持，制定《创新创业三年行动计划（2016—2018年）》，创业小额担保贷款最高额度和期限提升一倍，全年支持760人创业，带动就业3473人。加强基层公共就业服务能力建设，建立市、区、镇（街道）、村（社区）四级公共就业服务平台，信息网延伸到村（社区）一级，21个社区、51个村全部达到充分就业村（社区）标准。

【医疗卫生】 2016年，高明区实施卫生强区工程，健全基本公共卫生服务网，全区建有医疗卫生机构134个，公立医院6家，基层公办医疗卫生机构22个。基层医疗卫生机构门诊量占全区医疗卫生机构门诊量66.31%，家庭医生式服务示范点增加至5个，建立家庭医生团队53个。完善疾病预防卫生监督网，高明区人民医院（妇幼院区）获得最高级别的“5A级预防接种门诊”称号，全年无发生登革热、H7N9禽流感等疫情，及时科学处置4例输入性疟疾病例。深化医院管理体制改革，启动区人民医院、区中医院、区慢病站、区计生服务站4个自收自支单位公益二类事业单位改革，区中医院开展公立医院法人治理结构试点，并探索建设“互联网+中医”网络试点医院。

【人口计生】 2016年，高明区健全计划生育服务网，区户籍人口出生率14.24‰，自然增长率8.12‰，政策生育率94%，出生人口性别比106.45。巩固提高婚前医学检查率和检查质量，全区婚检率77.5%，位列全市第一。实施免费孕前优生健康检查服务项目，全年4298人受惠，目标人群覆盖率100%。代表市获省基本公共卫生考核综合得分第一名，在全市五区中唯一获新一轮全国计划生育优质服务先进单位。

【人才事业】 2016年，高明区引进人才1635人，人才总量12.98万人，比上年增长3.3%，人才总量占常住人口30%。其中引进博士7人、硕士67人、本科生915人。按人才种类分，党政人才2725人、企业经营管理人才11425人、专业技术人才21453人、技能人才84581人、农村实用人才8982人、社会工作人才650人，其中高层次人才1091人。出台“1＋4”人才新政，加快产业人才引进培育支撑体系建设，建成“高明人才工作网”和人才大数据库，评定“高明工匠”12名，新增1名国家“万人计划”科技创新领军人才（中科院高明新材料专业中心主任王丹研究员）。抓好畅通人才服务“绿色通道”，建成首批人才安居房40套，为25名高层次人才发放生活津贴29.6万元。职教园区在校学生1.53万人，85%毕业生留在高明本地服务。

【教育事业】 2016年，高明区教育总投入12.86亿元，比2015年增长1.42%；学校占地面积184.41万平方米。全区有各级各类学校（含幼儿园）82所，其中幼儿园37所，小学24所，初中7所，十二年一贯制学校1所，普通高中4所，职业学校、技工学校、民办职业学校、特殊学校各1所，成人文化技术学校4所，广播电视大学1所。幼儿园入园率、小学儿童入学率、初中入学率以及适龄残疾儿童入学率100%，初中生毕业升学率98.75%。实施义务教育就近入学和积分入读政策，非户籍常住人口随迁子女入读公办学校91.63%。通过“全国义务教育发展基本均衡县（区）”复评，实现省级教育强镇全覆盖。教学质量提升，普通高考上线率96.31%，上重点本科分数线220人，上线率11.77%；本科以上上线1122人，上线率60.03%；高职类上线172人，上线率78.9%；艺术类考生上线145人，上线率77.5%。教师、学生分别获省、市级以上奖励222项和268项。推进名师队伍建设，新增市级名班主任工作室1个，省特级教师1名。

【文化体育】 2016年，高明区文化事业总投资950.45万元，建成3个省特级文化站，1个省一级文化站，拥有综合文化室73个，农家书屋108个。开展文化惠民活动，全年举办区、镇两级文化活动500多场，放映公益数字电影636场，各类文化艺术活动总受惠群众约40万人次。开展“元”计划、“星”工程、“学舞堂”等各类文艺公益培训，累计培训12000人次，“元”计划被评为省优秀志愿服务项目、市公共文化服务创新项目。推出《千年龙窑——高明唐代龙窑纪录片》，激发区域文化自信。参加市及市级以上各项体育比赛获奖牌364枚，其中金牌87枚，参加全国各项比赛获7金10银17铜。打造特色传统体育项目，以武术、龙舟文化为主题，举办第四届龙狮武术大巡游、第八届龙舟公开赛、第二届武术锦标赛以及启动佛山功夫角高明站。承接高水平体育赛事，全年区、镇（街）累计举办各类体育赛事活动60余次，包括省青少年围棋锦标赛、省青少年游泳冠军赛、省休闲垂钓大赛、市青少年锦标赛、市登山节等多项高质量赛事活动，直接参赛人数超过2万人，吸引观众超过20万人次。

【社会管理】 2016年，高明区加强基层社会建设，健全“社工＋志愿者”联动机制，完善政府购买社工服务制度。全区登记、备案社会组织增至385家，本地注册专业社工机构增至6个，拥有持证社工220人、社会工作员336人，向社工机构购买服务政府资金超过500万元。推进基层治理网格化，各网格累计排查矛盾纠纷1703件，调处1340件。开展新市民服务进企业进村（社区）进家庭，在溢达公司建立全市第一个新市民便民服务点。开展创建食品安全城市活动，餐饮服务单位食品安全监督覆盖率100%，量化分级率99.05%，建成15个“阳光车间”、300个“明厨亮灶”，16个烧卤熟肉小作坊进驻食品集中加工中心。夯实安全生产基础，全区发生各类事故408起，事故死亡59人，受伤467人，造成直接经济损失705.98万元，亿元地区生产总值死亡率0.078，比上年下降4.9%，连续三年未发生较大以上安全生产事故。

【社会治安】 2016年，高明区打造“珠三角最安全区域”品牌，群众安全感、政法工作满意度、公安工作满意度均位居全市五区第一，全年接报“110”违法犯罪警情5668宗，比上年下降15%，其中“110”刑事警情1625宗，下降23%，“110”治安警情4043宗，下降11.2%。平安高明建设31项指标全部达标，其中重大和特别重大刑事案件发生数等多项重要指标持续实现零目标，“平安创建”打防结合成为省级样本。打造全新模式平安村居，平安村居覆盖率达到100%。巩固深化“平安细胞”工程，全区16项“平安细胞”创建工程累计完成82774个，完成率超过95%。构建完善治安防控体系，推进人防、物防、技防、信息防、制度防建设，警情逮捕系数位列全市第一，连续8年实现命案100%破案，侦办的“3·05”特大假冒注册商标案被评为全国“知识产权保护最佳案例”。

【农村综合改革】 2016年，高明区完善农村集体资产交易平台和农村财务网上监控平台“两个平台”建设，加强农村“三资”监管，全年通过交易平台交易501宗，成交年标的2808.13万元，比底价年标的2176.48万元增值29.02%；农村财务网上监控平台在管账套885套，占全部账套901套的98.22%，在管资金4.8亿元。铺开农村土地承包经营权确权登记颁证工作，采取“确地到户”和“确地到社、量份到户”方式推进土地确权，全年完成226个经济社确权方案表决和公示，完成率41.85%；完成138个经济社外业指界，完成率25.56%。开展农村集体经济组织（村居民小组）公章由所属村（社区）委会代管工作，已收公章701个，占应收公章804个的87.19%。出台《高明区农村财务管理推行“村财通”监管模式实施办法》，在66个村（社区）委会安装POS机，100%覆盖有需要安装POS机的村（社区）委会，通过POS机交易宗数666笔，交易总额182.76万元。

【精神文明建设】 2016年，高明区巩固深化“创文”成果，坚持以测促建、以评促创工作导向，结合古村落活化、文明镇街创建等工作，推动“创文”重心往镇（街）、往村（社区）、往基层下移，发出督办整改通知书93份，整改回复率100%，实现全区文明创建动态管理。强化市民素质教育，开展第11届读书节、高明诵诗节、“微文明”“我们的节日”“我的中国梦”“宣传思想文化进企业”等各类主题活动，推动社会主义核心价值观深入人心。完善好人选树机制，全年评选“高明好人”7人，推选“佛山好人”3人、“广东好人”1人。开展群众性精神文明创建活动，杨和镇获“佛山市文明镇”称号，杨和镇清泰村获“佛山市文明村”称号。

【政务服务改革】 2016年，高明区启动区级统筹机制改革，增强区级对全区性重大发展要素的统筹力度，激发镇（街）创新发展活力动力，加快形成全区“一盘棋”发展新格局。深化“一门式一网式”政务服务模式改革，项目投资建设类审批时限压减78%，企业注册登记时限压缩70%，“e门政务、e窗通办”政务服务模式成为省推广典型经验。建立工程项目会审会商制度，全年为174家企业解决审批问题，创下比正常时限压缩74%的最高纪录。推动“一门式一网式”政务服务平台向村（社区）延伸，梳理村（社区）服务事项清单，编制事项信息办事指南，打通服务群众“最后一公里”。推进网上办事大厅建设，全部事项均实现网上二级及以上深度接入，63.75%事项实现网上三级深度接入。

【深化“一门式”综合行政执法改革】 2016年，高明区在全市范围率先建成畅顺运行的“一门式”综合执法平台的基础上，利用“互联网+”信息化手段，推进“一门式”综合执法平台二期建设，完善包含举报投诉、案件分流、案件办理、移动执法、执法监督、“两法衔接”、绩效考核、数据统计、信息服务等各流程、多功能于一体的应用系统，实现案件统一录入、统一受理、统一分办、统一监督。2016年，通过综合执法平台，全区行政执法机关共受理违法线索3316条，办理各类行政处罚案件2365件；通过平台联合执法，共同查处案件81件，并由公安机关提前介入案件线索84条，刑事拘留犯罪嫌疑人286人；通过“两法衔接”功能，平均立案时间大幅缩短90%，刑事立案率97.01%，破案率76.9%。

（黄思聪）

各镇（街道）介绍

【荷城街道】 荷城街道位于高明东部、西江之滨，被西江、沧江二水环抱，是高明区委、区政府驻地，全区的政治、经济、文化、金融、信息和科技中心。街道面积179.05平方千米，2016年下辖14个社区和14个行政村，户籍人口15.37万人。

2016年，荷城街道实现规模以上工业产值1870.90亿元，比上年增长7.18%；固定资产投资193.97亿元，增长14.01%；工商税收总收入46.66亿元，增长2.23%；本级税收收入4.54亿元，下降0.99%。

经济实力稳步提升 全年街道引进项目23个，投资总额26.75亿元，其中新引入项目9个，增资扩产项目14个，包括引进中油佳汇、康生钢结构项目等超亿元项目。以海天、溢达、中油高富为龙头的传统支柱产业升级加快，14个省、市重点项目如期推进，佛山中车、西蒂贝恩特陶瓷等项目建成并试投产，万方商城建成公用型物流仓及保税仓26000平方米；乐歌物流、旺旺集团、珠江富士电梯项目完成填土，轨道交通、装备制造等新兴产业发展壮大。创新能力持续加强，发明专利申请量和授权量均较2015年增长100%以上。休闲旅游、商贸流通等第三产业持续繁荣，以京柏城、中港广场等为引领的荷城商圈人气日盛。

环境面貌有效改善 投入1.87亿元实施各类基础设施建设，完成兴创路扩建改造，万方商城配套市政道路、兴国路等道路建设项目及工业园区部分供电供水工程。开展黄翁山西侧地质灾害隐患点整治，推进三洲旧区改造，安置房一期二标建筑主体竣工，榕江路和明华路开工建设。加强生态环境保护治理，推进村级工业园整治、黄标车淘汰、锅炉整治、大气污染精准防治。加大市容市貌整治力度，对主干道及农贸市场周边实行精细化管理，城市“八乱”问题改善。提升农村人居环境，完成上湾村、翠鹭湖等新农村建设项目及阮埇古村落活化项目。

民生福祉明显改善 均衡发展教育事业，投入6872万元进行教育硬件设施升级，推进荷城中学新教学楼及高明一中附属初中（新校区）改造。维护劳动者合法权益，企业劳动合同签订率超95%。加强政校企合作，解决应届毕业生就业难和企业招工难问题。提升计划生育优质服务水平，稳妥落实“全面两孩”生育政策。推进荷城敬老院新院和公立医疗机构基础设施建设，投入900万元为居民免费开展12项公共卫生服务。开展卫生村和健康村创建，累计60个自然村创建为省、市级卫生村，通过“全国亿万农民健康促进行动广东省示范区”复审考评。

【杨和镇】 杨和镇位于高明区腹地，总面积246.27平方千米，2016年下辖3个社区和7个行政村，户籍人口3.99万人。

2016年，全镇实现规模以上工业总产值359.53亿元，比上年增长7.39%；固定资产投资79.44亿元，增长14%；工商税收6.64亿元，增长11.01%；本级税收收入1.34亿元，同比4.39%。

项目引进落实成效良好 全年引入项目17个，合同投资总额18.2亿元；万和电气和德国博世签订合作协议，成立广东万博电气有限公司；引入总投资18.88亿元的美盈森集团工业4.0智慧包装项目及投资5亿元的伟昌兴高频钢管项目；10个项目增资扩产，增资总额9亿元。项目建设稳步推进，申报省重点项目4个，市重点项目3个，区重点项目14个，总投资约250亿元；新增投产项目11个，动工项目14个；先进装备制造业实现产值156.14亿元，比上年增长10.4%。

产业转型步伐加快 推进创新驱动发展战略，国家高新技术企业增至17家，专利申请量、拥有量分别比上年增长2.26倍、1.88倍，万和电气云制造项目“云营销”纳入国家“863”计划。企业上市步伐加快，挂牌“新三板”企业增至3家，企业上市后备梯队7家。农业产业化步伐加快，拥有区级以上农业龙头企业9家，“菜篮子”基地10个，农民专业合作社6个，无公害农产品2个。现代服务业快速发展，美的·鹭湖森林度假区首期项目对外开放，皂幕山森林公园升级改造，形成皂幕山、美的·鹭湖两大旅游龙头品牌；加快推进普洛斯物流园等现代物流基地建设。

城乡面貌持续改善 启动《杨和镇清泰片区市政工程专项规划》和《高明区杨和镇大楠片区控制性详细规划》，加快荷杨大道建设，推进下围、下沙新村道、万和二期外围道路、清泰园区工业道路建设。创新城市精细化管理模式，划分14个网格进行常态化管理，提升数字化城管水平，重点对

人和市场、杨梅市场周边违规搭建（构）筑物开展清拆专项行动。加大对绿化、路灯和环卫保洁等外包服务的监督和考评力度，改进市政设施日常养护和完善环卫设施。推进林业生态建设，建成9条乡村“森林家园”，完成2个村级工业园整治和10家铝型材企业清洁能源改造，推进3个自然村农村污水治理，杨梅河水质达到Ⅴ类水。

社会事业全面发展 完善社会保障体系，落实农村医保城乡一体化改革，完成8宗面上农水工程，万和电气保障性住房投入使用。提升医疗服务水平，加快镇卫生院职业体检健康中心建设，做好社区卫生站建设，人和社区居委会创建为佛山市三星级健康社区。文化教育事业加快发展，推进省一级杨和综合文化站和京师时代教科院附属实验学校建设。加强食品药品监管，建设“扩A计划”单位3个、“明厨亮灶”单位6个、示范工程2个，成立农产品质量安全监督检测站。开展安全生产“五大行动计划”，构筑立体化治安防控体系，社会保持稳定和谐。

【明城镇】 明城镇地处高明中部，辖区总面积183.41平方千米，2016年下辖1个社区和11个行政村，户籍人口4.79万人，旅外华侨港澳同胞1万多人，是广东省著名侨乡。明城镇历史传统文化底蕴深厚，是革命“三谭”（谭平山、谭植棠、谭天度）的故乡。

2016年，全镇实现规模以上工业总产值352.19亿元，比上年增长13.34%；固定资产投资58.61亿元，增长14.5%；工商税收收入4.29亿元，增长6.2%；本级税收收入0.83亿元，增长3%。

产业转型提质增效 招商引资成效良好，全年引入项目8个，合同投资总额18.2亿元。新能源、新材料和智能装备制造业快速发展，德方纳米公司三期顺利投产；德健五金增资扩产项目全面落地，新增产值1.5亿元。纳税超500万元企业15家，比上年增长36.4%，华兴玻璃成为镇首家税收超亿元企业。现代农业稳步发展，建成市级农业龙头企业3家、市级四星农业园区2个、市级菜篮子基地5个、市级农业专业合作社示范社3个，启动实施“万亩农田改造”后续工程项目，推进崇步农业园区农田及水利设施升级改造。第三产业加快转型，万隆商业中心开展报建和地质勘探，泰康山举办省第六届垂钓大赛、高明区第三届山稔文化节。新增8家高新技术企业，新申请发明专利191件，比上年增长40%，新增优秀农村科技示范户9户、省名牌产品2件、注册商标65件、著名商标1件。

城乡环境逐步改善 峰龙线建成通车，完成仙峰路二期工程，推进官迳路、高田路建设，完成一批农田水利及山塘、水库除险加固工程。实施节能减排工作，标煤使用量比上年减少近一万吨，淘汰5台高污染燃料锅炉，完成3家企业VOCs治理。采取“5+2”“白+黑”工作模式，组织环保联合检查12次、联合执法5次，对7家违规违法企业进行查处，集中整治3个村级工业区。实施林业“四大工程”，缩减桉树种植面积45.33公顷，推进“绿城飞花”项目，泰康山、明阳塔森林公园种植苗木超过66.67公顷。新增60套分类垃圾桶，城乡清洁无害化处理率98%。

农村治理稳步推进 开展农村土地承包经营权确权登记颁证工作，完成19个经济社确权方案的表决、公示和现场指界工作，确权登记1083户4096人，实测面积320公顷。发挥“两个平台”监管作用，全年通过农村集体资产管理交易平台交易资产30宗，涉及金额224.4万元。建立农村集体经济组织公章、财务章集中管理长效机制，维护公章、财务章合法性和安全性。推广“村财通”，在12个村（社区）委会安装“村财通”POS机。

民生福祉得到提升 全年投入民生事业1.64亿元，占财政支出44%。推进新农保全覆盖和基本医疗保险城乡一体化改革，完成224套保障性住房建设。文教体卫蓬勃发展，举办第二届谭平山文化节，开展东洲开笔礼、谭平山故事进校园、谭平山书画征文比赛等系列活动，举办谭平山诞辰130周年座谈会。创成“全国规范化家长学校实验镇”，3所中小学通过“广东省义务教育标准化学校”复评验收，优质学位100%。通过省卫生镇复审验收，创建4个省卫生村，通过“全国亿万农民健康促进行动”省示范镇验收。

社会大局和谐稳定 推进食品安全城市建设，建成阳光厨房40个，打造各环节食品安全示范单位25个，创建A级市场1个，形成全业态多层次

示范体系。完成国家农产品质量安全县创建任务，建立镇、村两级农产品质量安全立体化监管体系。化解稳控一批重点信访积案，全年没有发生重大群体性事件。安全生产形势总体稳定，全年没有发生建筑安全事故和工矿商贸生产安全死亡事故。

【更合镇】 更合镇位于佛山市高明区西部，地处珠江三角洲城镇群东西两翼交汇中轴位置，是佛山西大门，面积347.02平方千米，2016年下辖3个社区和19个行政村，户籍人口6.45万人。

2016年，全镇实现规模以上工业总产值297.45亿元，比上年增长6.6%；固定资产投资69.5亿元，增长13.6%；完成工商税收总收入约3亿元，本级收入约1.3亿元，与上年基本持平。

产业结构转型加速 全年引进项目10个，投资额60.89亿元，占全区招商引资总额近50%，列入省重点项目2个。骨干企业效益扩大，万和电气、诚德特钢、耀银山铝业和兴沛冲汇通家具等4家税收超1000万元。创新驱动能力增强，新增技改创新项目13个，投资总额7523万元；高新技术企业总量7家，比上年增长75%；累计申请专利总量243项，增长48.1%；院士工作站2个，占全区总数40%。推进农业产业化，拥有各级“菜篮子”基地16家、农民专业合作社示范社10个，认定无公害农产品15个，绿色食品和国家地理标志产品各1个，洞心、广建、旺田和水井等美丽乡村示范点建设启动。

城镇建设加快升级 加快推进交通建设，快速稳妥完成高恩高速全线5.8千米涉及面积50.2公顷征拆任务，推动高恩高速加快建设，受到市通报表扬。完成合水、更楼、新圩三个旧城片区改造控制性详细规划方案公示。对白石公园进行改造翻新，更合镇第二污水处理厂完成主体工程并试运行，完成小洞工业园区排水排污项目等多项工程，基础设施加速完善。落实“再造沧江”、禽畜整治、饮用水源水质治理、环保违规项目整治，环境卫生持续改善。

民生事业改善提升 社会保障水平提高，发放各类补助资金1902万元，居民医保参保人数44863人，基本实现全员参保；为低“五保”家庭改造危房26间并投入使用；将更楼旧医院住院部大楼改建为敬老院。教育环境得到改善，合水小学改造提升二期工程顺利推进，做好推进教育现代化先进区复评。开展爱国卫生运动和创卫行动，建成省卫生镇，落实“全面两孩”政策，出生人口质量提高。开展文化惠民工程，举办民俗文化节、摄影展和曲艺节目展演等形式多样的文体活动，丰富群众精神文化生活。推进平安创建工作，落实安全生产责任制，推进创建国家食品安全城市工作，社会总体稳定和谐。

【西江新城】 西江新城位于佛山市西南部、高明区东部，东起西江，北依广明高速，南接高明原有城区，规划总面积为20平方千米，规划居住人口25万～30万人，是高明区未来的城市核心。

综合配套逐步完善 全年累计完成工程项目14项，完成投资额4.26亿元。年末在建工程项目8项，建设投资0.87亿元。核心区一期项目粗具规模，明湖艺术公园、丽江水廊配套更加完善，人气更加旺盛，体育中心由深圳佳兆业文化集团进行专业市场化运营，文化中心文化馆进驻运营，两大中心构筑新城新的城市公共活动空间。核心区二期建设开展前期工作，包括多条连接一期路网的市政道路、水体景观工程明湖公园二期，以及小学、幼儿园、医养结合等项目。

投资引资成效良好 至年底，新城累计引入高品质现代服务业项目16个，投资额180亿元。年内出让居住兼商业用地2宗，面积13.83公顷，成交金额8.73亿元。房地产市场销售畅旺，万科地产落户新城，辖区内9个高品质楼盘全年销售613424平方米，累计销售套数5332套。用足用活银行融资平台，保障土地征收、工程建设等各项重点工作推进。铺开新村、扶丽、古杨、罗岸及北部片区征收地工作，完成秀丽河堤围东岸景观综合整治工程涉及仁里村、罗西联队的土地征收，以及大德路北延线涉及西黎村火炉岗山坟搬迁。

城市环境焕发新颜 推进综合交通网络建设，明湖北路西段Ⅰ标工程（即苏河路对接荷香北路）建成使用，大德路北延线复工建设，完成45%工程量；荷富路（跃华路至怡乐路）西侧辅道及凤凰桥、丽江桥及有轨电车示范线加快启动建设。城市升级项目翠鹭湾（富湾引排水渠工程）完成，秀丽

河堤围东岸（怡乐桥至沧江中学段）综合整治项目完成55%工程量，西江新城滨水景观建设和秀丽河堤围东岸（怡乐桥至跃华路段）综合整治等项目加快推进。加大城市综合管理力度，将西江新城整体打包分园林绿化、环卫保洁两标，分5年投入8353.88万元开展城市综合管理工作，实施严监督硬考核监管模式。

推进西江新城廉洁试验区建设 建立廉政监督联席会议制度，召开4次联席会议，共研讨议题12个，讨论相关制度15份。成立专家“智囊团队”，聘请来自法律、审计、工程、规划等领域4位专家组成咨询委员会。实施约谈“一把手”“八小时以外”负面清单等“抓早抓小”制度，建立完善各项微观制度14个。完善重大工程廉洁风险同步预防机制，建立第三方全过程审计、落实重大施工项目指模考勤、暂列金管理等6项工程管理制度，其中，第三方全过程审计制度累计核减金额5600多万元，该做法被选入佛山市“反腐锦囊”系列丛书《重大工程廉洁风险同步预防工作指引（试行）》，在全市推广应用。

（黄思聪）

附：2016年高明区党政主要领导名单

书　　记：谭伟平（任至5月）
　　　　　徐东涛（5月任职）
副 书 记：黄棋泰（任至9月）
　　　　　罗　雄（任至9月）
　　　　　梁耀斌（9月任职）
　　　　　严　冰（9月任职）
常　　委：伍志强（9月任职）
　　　　　黄敬军　孙向阳（3月任职）
　　　　　管　雪　冼嘉奋（9月任职）
　　　　　蔡国富（9月任职）
　　　　　胡安泉（9月任职）
　　　　　麦兆雄（9月任职）
　　　　　苏　宇（任至9月）
　　　　　赖剑文（任至9月）
　　　　　赵灿华（任至9月）
　　　　　宗纪昌（任至9月）
　　　　　林艳红（任至9月）
　　　　　温俊勇（任至3月）
区　　长：黄棋泰（任至9月）
　　　　　梁耀斌（11月任职）
副 区 长：麦兆雄（任至10月）
　　　　　叶敏坚（9月任职）
　　　　　黄志明　徐　舟
　　　　　谢志强（11月任职）
　　　　　孙先莉（11月任职）
　　　　　赖剑文（任至9月）
　　　　　苏年福（任至11月）
　　　　　李泰霖（3月挂任）
政务委员：谢志强（任至11月）
　　　　　李杰铿（任至11月）
　　　　　谭应佳（任至11月）
　　　　　江　苏（任至11月）
区政府党组成员：臧继炎（任至11月）

现任高明区党政主要领导名单

书　　记：徐东涛
副 书 记：梁耀斌　严　冰
常　　委：伍志强　黄敬军　管　雪
　　　　　冼嘉奋　蔡国富　胡安泉
　　　　　麦兆雄　徐觅浔
区　　长：梁耀斌
副 区 长：伍志强　叶敏坚　黄志明
　　　　　徐　舟　谢志强　孙先莉
　　　　　万　晨（挂任）

（2017年8月高明区供稿）

三 水 区

基本情况

【概况】明朝嘉靖五年（1526年），建置三水县。1959年3月2日，三水县并入南海县；1960年9月30日，恢复三水县建制；1993年3月29日，三水撤县设市（县级市）；2002年12月，三水撤市设区，2003年1月8日挂牌成立，成为佛山市5个辖区之一。三水区地理坐标为北纬22°58′~23°34′、东经112°46′~113°02′，位于广东省中部、珠江三角洲西北端、佛山市西北部。东邻广州市花都区，东南与佛山市南海区相连，西北与肇庆四会市交界，北接清远市清城区和清新区，西南与肇庆市高要区、佛山市高明区隔西江相望。三水中心城区东距广州市区30千米，东南距佛山市禅城区24千米。2016年，三水区总面积827.69平方千米，辖西南街道、云东海街道、白坭镇、乐平镇、芦苞镇、大塘镇、南山镇7个镇（街道），有22个社区、48个行政村、774个自然村。户籍人口41.24万人。三水区是全国汽车零部件、医疗器械、自动化机械及设备、电子电器、电子电工生产基地，中国首个富裕型长寿之乡、中国饮料之都。2016年，三水区获评第三届国土资源节约集约模范县。三水区乐平镇位居“2016年度中国建制镇综合实力前1000强（全国科学发展千强镇）”第38名。

【经济社会发展】2016年，三水区生产总值1083.21亿元，比上年增长8.4%；人均地区生产总值169331元，增长8%。固定资产投资667.37亿元，比上年增长14.6%。社会消费品零售总额209.48亿元，比上年增长11.1%。外贸出口额18.4亿美元，比上年增长2.9%；实际利用外资8746万美元，下降10.5%。地方一般公共预算收入48.33亿元，比上年增长6.2%。城镇常住居民人均可支配收入3.11万元，比上年增长8.6%；农村常住居民人均可支配收入2.26万元，增长8.5%。

（陆键仪）

经济建设

【农业】2016年，三水区有合作社92个（其中联合社3个），其中省级示范社8个，占全市50%，市级示范社25个，占全市56%。全区有农业龙头企业37家，其中省级龙头企业2家，市级21家。完成40个区级示范性家庭农场认定并授牌。成功申报2016年度国家新型职业农民培育工程示范区。新增“佛山市新型职业农民培训基地”7个，全区市级新型职业农民培训机构增加到17个，占市级培训机构的50%。开展全区动物疫病防治员职业技能鉴定培训，是三水区首次组织开展农业技术人员职业技能鉴定，填补该工种在三水区的空白。“政银保”合作农业贷款稳步发展，全年贷款1009笔，贷款金额2亿元，为农业发展提供金融支持。

2016年，三水区“宝特贝儿”都市现代农业示范区被认定为2016年度佛山市四星级现代农业园区，全区有四星级农业园区9个，五星级农业园区1个。小农街（自然农国）、宝苞农场、“宝特贝儿”（澳农农场）和劲农生态农业公园4个单位入选2016年佛山市首批农业公园，数量居5区之首。

2016年，三水区新增7个市级“菜篮子”基地。建立二维码质量安全追溯系统，开展“菜篮子”基地监测信息化系统建设，引入农业生产HACCP体系，进行直销点亮标经营建设，设立农药安全使用审核官，“三品一标”和商品化包装建设完成市级“菜篮子”基地直销店（点）亮标经营和工程配送车购置补贴工作。

【工业】 2016年，三水区全年完成规模以上工业总产值3182.02亿元，增长7.9%；规模以上工业增加值742.84亿元，增长7.8 %；工业用电量59.1亿千瓦时，增长5.6%。工业经济总体运行平稳，纳入统计的407家制造业龙头企业整体保持两位数以上增长，营业收入834.03亿元，比上年增长6.44%；税收入库55.92亿元，增长0.45%。全区有171家企业备案技改项目222个，其中规模以上企业149家，年主营业务收入超5000万元以上企业124家，分别完成市下达年度任务的102.76%和165.33%。工业企业技改投资137.76亿元，比上年增长37.9%，占工业投资28.43%，技改投资仍然是拉动工业投资的主动力。

2016年，三水区主要工业行业运行状况：食品饮料业完成工业总产值313.12亿元，比上年增长8.7%。行业整体生产经营保持平稳，23家龙头企业销售收入、税收和行业用电量分别下降9.02%、17.02%和4.57%。其中，百威啤酒和健力宝贸易纳税总额分别超7.04亿元和1.4亿元，均再创历史新高。纺织服装业完成工业总产值182.74亿元，比上年增长6.4%。其中，英威达税收入库超1.7亿元，比上年增长4.4%。37家龙头企业整体销售收入比上年增长8.6%，税收增长11.7%。非金属矿物制品业完成工业总产值524.65亿元，比上年增长9.7%。受陶瓷建材业产能过剩、房地产去库存压力增加等因素影响，行业发展有所减缓，47家龙头企业的销售收入比上年增长1.1%，税收上升6.85%，行业用电量下降0.74%。石油及化学工业总产值385.56亿元，比上年增长3.4%。受国际原油价格大幅下跌等因素影响，19家龙头企业整体销售收入下降8.89%，行业用电量上升2.48%，道达尔石化、大鸿制釉等企业销售收入下滑均超过20%。金属制品业完成工业总产值330.81亿元，比上年增长19.8%。32家龙头企业发展平稳。建筑和民用五金制品企业方面，32家龙头企业销售收入整体比上年增长18.5%，税收增长6.99%，行业用电量下降3.7%。通用设备制造业行业整体表现持续向好，22家龙头企业的销售收入和税收分别比上年增长0.98%和3.83%，行业用电量增长9.29%。专用设备制造业行业分化比较明显，医疗器械及食品饮料机械继续保持产销两旺的态势，以恒力泰为代表的陶瓷机械受下游市场需求增加影响，表现较好。22家龙头企业销售收入和税收分别比上年上升17.8%和16.45%。汽车制造业受前两年落户汽配项目投产的带动，行业增长势头一直较为迅猛。26家汽车制造龙头企业各项指标继续保持两位数的增长，全年销售收入比上年增长40.48%，税收增长40.31%，行业用电量增长29.56%。

2016年，三水区装备制造业完成工业总产值981.83亿元，比上年增长13.4%；装备制造业工业增加值235.89亿元，增长12.9%；装备制造业投资额156.10亿元，增长38.6%。全年引进先进装备制造业项目21个，项目协议投资总额63.74亿元，新引进的项目中，投资额超10亿元的3个、超亿元的10个。全区装备制造业投资额占全区同期工业投资额（484.6亿元）的32.2%，54个重点跟进的先进装备制造业项目中，有35个项目进入完工投产阶段，19个加快建设，带动产业规模持续壮大。投资总额3.6亿元的法雷奥发动机冷却部件项目完成投产；北汽福田三水生产基地项目累计投资11.64亿元，首期项目部分生产线投入生产，二期项目进行车身车间等地块的填土工程和排水工程；投资总额6.8亿元的国荣先达汽车零部件项目累计投资额4.7亿元，部分生产线已达产；投资总额4亿元的广东赛因迪科技股份有限公司高端陶瓷机械制造项目进入试产阶段；投资总额3.2亿元的佛山恒力泰机械有限公司二期项目进入实质性建设阶段。

【招商引资】 2016年，三水区引进投资项目64个，协议投资总额278.8亿元，完成全年任务（160亿元）的174%。装备制造业项目、超千万美元外资项目、超10亿元和超亿元内资项目引进数量等4个市级绩效考核子项指标达标。现代服务业引资总额、超10亿元及世界（中国）500强项目个数等12个区级绩效考核子项指标任务全面超额完成。全区2016年新引进项目平均投资额超4亿元，创历史新高。软硬配套环境日渐成熟，对大项目吸附能力和支撑作用明显增强。64个新引进项目中，超亿元和超10亿元项目分别为35个和9个，投资额占比分别为96%和73%。其中，万科集团、中国南山开发集团2个国内外500强项目的进驻，以及国显科技、兴发新材料及智能精密制造项目的落地，加快三水区实体经济产业链条的补链强链延链步伐。

【国内贸易】 2016年，三水区社会消费品零售总额209.48亿元，比上年增长11.1%。批发业销售额50.43亿元，比上年增长10.8%；零售业销售额124.94亿元，增长12.3%；餐饮业营业额29.77亿元，增长7.2%；住宿业4.34亿元，增长8.2%。全区货运量流转量2208万吨，比上年增长12.9%，港口货物吞吐量1621.66万吨，增长9.0%；集装箱1012.35万吨，增长21.3%。推动万达综合体、新动力广场等项目动工投产，支持商家举办2016三水旅游文化节暨汇信华府·三水汽车美食嘉年华、三水广场11年周年庆等各类促消费活动。服务外包离岸执行金额1100.8万美元，比上年增长53.8%。

【对外经济贸易】 2016年，三水区一般贸易进出口19.33亿美元，比上年下降1.17%，占全区进出口总值的74.72%；加工贸易进出口2.97亿美元，下降14.36%，占全区进出口总值的11.48%;其他贸易方式进出口3.57亿美元，增长99.44%，占全区进出口总值的13.8%。开拓新兴市场成效显著，对非洲、拉丁美洲进出口分别比上年增长1.88倍、12.38%。亚洲仍为三水区最大进出口市场，全年进出口14.99亿美元，比上年下降2.08%，占进出口总值的57.94%。出口方面，机电产品出口7.92亿美元，比上年增长19.66%，占全区出口总额的44.3%；高新技术产品出口2.74亿美元，比上年增长10.62%，占全区出口总额的15.32%。主要出口商品中，传统优势产品铝型材、陶瓷建材、液晶电视机等在出口中排名前列。进口方面，受国内采购增多、大宗商品进口价格下降等不利因素影响，主要进口商品均有所下跌。其中，机电产品进口1.34亿美元，比上年下降9.99%；高新技术产品进口0.75亿美元，下降7.53%。“两废”（废金属和废塑料）进口2.6亿美元，比上年下降31.3%，占全区同期进口货值的32.54%。

【旅游业】 2016年，三水区旅游总收入为22.50亿元，比上年增长5.43%，接待人数为513.47万人次，增长9.68%。4月，举办2016三水旅游文化节暨汇信华府·三水汽车美食嘉年华活动，吸引游客8万多人次；8月，“探寻古村落·领略佛山味”古村游在芦苞镇长岐古村启动；9月，举办深圳（三水）旅游推介会，向深圳市30多家文旅企业推介三水旅游项目。三水区有对外营业景区（点）9处，其中AAAA级旅游景区3个；有旅游星级饭店9家，其中五星级酒店3家，四星级酒店1家，三星级酒店5家；有旅行社及营业部39个，其中旅行社8个，营业部31个。南丹山旅游度假区进行二次升级改造，三水荷花世界启动升级改造项目，佛山金太阳酒店、三水花园酒店顺利通过国家星评委的五星级旅游饭店评定性复核。

【财政】 2016年，三水区财政收支预算执行情况良好，全区地方一般公共预算收入483266万元，比上年454864万元增收28402万元，增长6.2%。地方一般公共预算收入加上上级补助收入144075万元、债务转贷收入68万元、动用预算稳定调节基金20000万元，从政府性基金调入一般公共预算收入6297万元，一般公共预算收入653706万元，加上上年项目结转31216万元，收入总计684922万元。2016年，全区一般公共预算支出520344万元，比2015年583883万元减支63539万元，下降10.9%，为年初预算478659万元的108.7%，为财政调整预算数510321万元的102%。一般公共预算支出加上上解支出103623万元、债务还本支出1000万元、安排预算稳定调节基金23079万元，一般公共预算支出合计648046万元。年终项目结转36876万元，其中上级补助项目结转20065万元，部门项目结转16811万元。

【税收】 2016年，三水区国税局组织税收收入（含海关代征）85.2亿元。其中，组织中央级收入58.08亿元；省级收入12.14亿元；市、区级收入14.98亿元，为经济社会发展提供可靠的财力支持。办理减免税优惠13.36亿元，办理出口退税（不含免抵调库）6.9亿元。实现联合办税覆盖全区，纳税人“进一家门、办两家事”，在全市率先探索个体工商户税收联合定期定额征收工作，完善工作机制，联合定额16302户。完成8540户“营改增”试点纳税人信息接收，确认591户税务登记共管户信息，核对税费种信息11051条。培训纳税人9440户次，为纳税人提供上门服务上百次。在办税服务厅设置“营改增”绿色通道12条，“营改增”导税专员16人，实行24小时值守工作制。

2016年，三水区地税局组织税费收入63.1亿元，比上年增长4.9%，其中税收收入34.5亿元，下降2.7%，社保费收入24.5亿元，增长23%。全区减免税收3.7亿元，落实供给侧结构性改革去库存工作，减免房地产交易契税1.6亿元；符合小微企业办理企业所得税减免317家，预缴减免税额224.8万元，受益面100%；为6家高新技术企业预缴减免企业所得税1957.4万元；为43966户次纳税人减免营业税1028.6万元。“税融通”为129家企业发放贷款8.8亿元，“税信通”为A级纳税人提供23个政府部门的绿色通道服务；113项税费业务实现全市通办；运用“互联网+税务”思维，在全市率先实现网签合同数据实时共享，房产交易涉税业务一站式办理，并探索试行网上“预审+预约”，促进存量房业务办理提速六成。

【安全生产】 2016年，三水区安全生产监督管理局开展安全生产“五大行动计划”，全面压减各类事故总量，全区发生各类事故229起，死亡75人，受伤216人，直接经济损失145.96万元。检查生产经营单位2024个次，查处安全隐患13180处，实施经济处罚222次，罚款397.57万元。消除各类安全生产隐患15万余处，上传隐患图片20余万张，完成生产经营单位应急预案“卡片化”改造160家，完成标准化新创建及延期换证企业731家，职业病危害项目申报企业314家，通过职业卫生基础建设的企业450家，建立粉尘涉爆、涉氨等高风险企业电子档案383家，完成职业安全健康分类分级评定企业324家。

（陆键仪）

城市建设与管理

【城市规划】 2016年，三水区发展规划和统计局制定《三水区“三规合一”工作方案》，启动实施《土地利用总体规划调整完善方案》，完善《三水区分区规划（2012—2020）》，制定三大板块功能分区规划，完成城市周边永久基本农田划定工作。开展《三水区单元控规》编制，至年底，编制完成控规15项，在编制的控规31项，总计面积21487.85公顷。完成《三水区基本公共服务设施均等化规划》编制和《三水区历史文化保护规划》《广海大道沿线片区城市设计》的规划编制。规划网上报建系统行政审批收件7984宗，完成规划报建网上批前公示1711宗，网上批后公告1686宗，现场批前公示1357宗、现场批后公告75宗。核发选址意见书1份，建设用地规划许可95份，建设工程规划许可1141份，规划条件核实合格通知573份。率先完成城市地下管线普查工作，投入资金1374万元，普查区域面积828平方千米，普查管线总长5967.96千米。

【城乡提升】 2016年，三水区商品房批准预售面积193.1万平方米，比上年增长17.43%，销售金额178.84亿元，增长1.11倍，全年全区销售面积比上年增长92.57%，均位居全市第一；销售均价为6630.93元/平方米，上升9.42%；商品房总库存数172.88万平方米，化解总库存数79.11万平方米，化解总额比任务总量超额59.11万平方米。办理建筑工程施工许可148宗，总建筑面积326万平方米，总造价56亿元，分别下降20%、16%、3%。完成新开工城市棚户区改造124套，任务完成率100%；符合发放住房租赁补贴家庭158户，任务完成率105%；基本建成公租房500套，任务完成率100%。乐平镇大旗头村和芦苞镇独树岗村通过古村落活化升级验收。文锋东社区居委会、云秀社区居委会、河口社区居委会、月桂社区居委会完成四星级社区的申报工作。云东海伏户村委会、西南木棉村委会、乐平新旗村委会、乐平村委会通过省级绿色村庄评审。

【城市管理】 2016年，三水区获全市城市管理考评年度第一。完成公共自行车扩容，有公共自行车站点64个、锁柱1960个、公共自行车1400辆；对西南街道沙头二公园小区和交大小区进行改造升级，完成铺设混凝土路、敷设排水管道、增设停车位、整理管线入槽、提升园林绿化等；在同福路（广海路—张边路路段）、西南公园东侧的停车场和三水区国税局西侧的公共停车场开展路内停车位智能化试点工作，新增路内停车位228个；开展农村“四边”（村边、路边、河边、田边）垃圾治理，实现农村保洁全覆盖，城乡生活垃圾100%无害化处理。在整治大气污染方面，城管部门出动36746人次，13336车次，立案116件；拆除违法建设面积7059.31平方米，没收违法所得579.66万元，罚款49.93万元；实行户外广告审批“家访式”服务，上门为商家做好政策宣传和答疑解惑，受理户外广告申请118宗，同意审批设置104宗；开展户外广告整治专项行动，排查大型户外广告387处。完成广海大道中、南湖路、黄金大道等8条市容市貌示范路（街）创建。加快案件流转效率，全年数字城管立案派遣案件83903件，处理案件83547件，案件处理率99.58%。打造文化公园为“友善”主题公园，健力宝路、广海大道为区级社会主义核心价值观公益广告示范路。开展“创文”手绘墙创作活动，创作手绘墙4550平方米。

【新农村建设】 2016年，三水区建成社会主义新农村646个，超任务总数的90%，涉及21万名农村居民。有新农村建设提升项目100个，工程总投入2854.39万元，完成9个“五好”新村居创建任务。南山镇省级新农村连片示范建设工程，首期建设投入1.8亿元，危房改造工程、特色农贸市场、安全饮用水3个特色项目完成建设，31个自然村完成农村人居环境综合整治工作。

【交通建设】 2016年，三水区推进路网工程建设，竣工工程项目3个，在建交通工程项目7个。推进虹岭路西延线、兴业路北延线、三达路南延道路、塘西三期、金乐路东延线、贵广（南广）铁路三水南站连接线Ⅱ期、公交站场提升等项目建设。广佛肇城轨（又名广佛肇城际线）开通，总长111千米，广佛段（广州至佛山西站）借道广茂铁路，佛肇段全长84.52千米（佛山西站至肇庆），为新建铁路。广佛肇城轨在三水区段设三水北站、云东海站，由三水区投资配建相应市政广场、公交站场及小汽车停车场，均与广佛肇城轨同期投入使用。三水北站位于三水新城，建设规模约11500平方米，配套公交线路3条、公交车停车站台6个、出租车位7个、社会停车位53个。云东海站位于二广高速公路旁边，建设规模约6100平方米，配套公交线路2条、公交车停车站台4个、出租车位5个、停车位34个。

2016年，三水区8家危货码头企业均通过资质年度核验。委托广东省航运规划设计院有限公司编制《佛山港三水港区新建港口码头规划研究报告》。受理个体省内内河普通货物运输许可1件，水路运输企业许可证到期换证1件，办理船舶营运证30件，注销船舶营运证15件，运力增减登记事项4件，办结52件行政许可事项。

【供电】 2016年，三水区供电量69.5亿千瓦时，比上年增长5.76%，其中工业用电量59.1亿千瓦时，增长5.61%；供电可靠性持续提升，中压线路故障率3.3次/百千米，下降8.33%；推动光伏发电项目并网运行，光伏发电量增至4808万千瓦时，以“电替代”推进节能减排，替代电量490万千瓦时；推进绿色环保城市建设，投入充电桩108条；完成配网建设投资2.1亿元，新增和改造10千伏线路106千米，新增配变容量7670千伏安；投资1.1亿元推进用户接入侧业扩配套项目，其中重点解决万达广场、华盛地产、中富明德等大用户用电需求。

【供水】 2016年，佛山水业三水供水有限公司总供水量14782.4万吨，比上年增长2.29%。售水量13738.79万吨，比上年增长1.51%。供水水质综合合格率98.77%。水质各项指标中，水源水、出厂水、管网水水质良好，出厂水质合格率100%，管网水质合格率98.59%。完成北江以西片区供水设施项目主干管建设，接通原六和水厂、佛山市新泉供水有限公司的市政供水管网，将佛山市新泉供水有限公司转变为应急备用水厂。三水区有122个自然村未铺设村内供水管网，接通北江水厂市政管网自来水，主要分布在北江以西片区，分别位于南山镇六和村委会的楼房、六二、邓边、深坑片区和择善、东和、漫江社区。年内，通水率按通村前供水管网计算达100%，按通村内供水管网计算达98%。

【国土资源】 2016年，三水区获第三届全国国土资源节约集约模范县（区）的称号及33.33公顷用地指标奖励。公开出让土地22宗（14宗工业用地、7宗住宅用地、1宗商服用地），面积93.67公顷，出让成交金额18.91亿元，解决益力多饮料、辛格林电梯、雅居乐地产等项目的用地；划拨土地5宗（1宗民生项目用地、1宗科教用地、3宗经济留用地），面积16.87公顷，主要为云东海学校、佛山市220千伏永丰输变电等民生工程供地。完成市、区、镇三级《耕地保护目标责任书》签订工作和基本农田保护标志牌（71个）安装工作，形成2014年至2016年耕地占补平衡承诺兑现台账。向三水区各镇（街道）拨付2015年基本农田保护补助、补贴资金3126.56万元。新增启动改造项目10个，面积78.73公顷；完成改造项目7个，面积52.22公顷。查处、整改土地和矿产资源违法行为245宗、面积27.72公顷。三水区被广东省国土厅定为广东省国土资源在线巡查系统手机APP升级试点单位。是年，三水区不动产登记类业务涉及111项，办理不动产权证书16721本，登记面积1146.15万平方米；办理不动产登记证明34667本，登记面积1846.82万平方米。

【水务】 2016年，三水区水利建设项目36个，完成投资1.37亿元，整治河涌38.5千米。生活污水管网建设项目34个，完成投资1.1亿元，管网建设31千米。完成大棉涌截污工程（河口段）一期建设。推进旧党校片区水浸改造工程和一环东路片区水浸改造工程。完成北江以西片区村村通自来水工程输水主管道75千米建设，实现芦苞西河、大塘六一、南山六二片区通水。开展农村生活污水分散式治理，委托佛山市环境保护投资有限公司为承接主体。编制完成《佛山市三水区海绵城市建设工作实施方案》《佛山市三水区海绵城市建设专项规划》（征求意见稿）和《佛山市三水区海绵城市建设重点区域实施方案》（征求意见稿），完成4个海绵城市建设项目。完成72条支涌清淤，全区各引水泵站累计引水总量2.6亿立方米，完成2016年堤围险段监测。受理行政审批70宗，征收水利规费4396万元。全年开展执法巡查174次，出动执法人员915人次，执法车236车次，执法船（艇）90艘次，制止和查处水事违法案件23件（查获违法运砂案4件，非法采砂案3件），罚款金额19万元，罚没河砂8705.5立方米。2016年开汛日为3月21日。6月8日，芦苞镇上塘村委会录得最大时雨量106.3毫米，是三水区有完整气象记录以来最大时雨量。6月17日录得最高洪峰水位河口站5.54米、马口站5.46米，北江干流三水段最大流量10235立方米/秒。白坭水利所录得全年最大阵风11级（31.8米/秒）。2016年第4号台风“妮妲”直接过境三水区，全区首次启动防台风一级应急响应。全区汛期未出现因灾人员伤亡事故，受灾经济损失轻微。

【环境保护】 2016年，三水区环保部门监测数据显示，全区环境质量基本保持稳定，空气质量指数（AQI）优良天数295天，达标率81%，比上年下降5%。列入考核的六项空气质量指标中，二氧化硫（SO_2）、可吸入颗粒物（PM_{10}）、臭氧（O_3）、一氧化碳（CO）均达到国家环境空气质量二级标准，细颗粒物（$PM_{2.5}$）和二氧化氮（NO_2）超标。SO_2、PM_{10}、CO分别比上年下降23.8%、5.2%、7.1%，$PM_{2.5}$、NO_2、O_3增幅分别为9.8%、10.5%、14.1%。全区饮用水源地、地下水断面及西江、北江三水段水质达标率100%，15条责考河涌中水质达标有10条，达标率66.7%，主要污染物为总磷、氨氮和化学需氧量。全年出动执法人员29746人次，比上年增长54%；检查企业9537家，增长39%；立案查处222家，下降5%，罚款943万元，增长9%；责令改正、停产、拆除生产设备或搬迁169家，下发限期整改通知书38家，申请法院强制执行案件22件，移送公安机关行政拘留和涉刑案件为3件和8件；3人被追究刑事责任，2人被行政拘留；清理违规建设项目611个，完成环境风险企业备案41家，巡查重点排污单位333个，推进建设项目“三同时”（同规划，同施工，同使用），跟进企业117家，整治村级工业园企业122家，全区没有发生环境污染事故。全年淘汰锅炉31台，32家企业完成清洁生产评估、42家企业通过清洁生产验收；129个餐饮单位安装油烟治理设施；淘汰黄标车和老旧车1343辆（占任务的101.44%，其中黄标车完成淘汰475辆，占任务的117.28%）、电子抓拍黄标车22059辆、路检车辆40309辆（合格率93%）、排气检测65876辆（合格率87.8%）、发放环保标志65461个。水环境整治持续推进，云东海街道南涡涌水污染整治工程完成建设；白坭镇汇金工业园桥学片区污水管网建设工程完成进度75%；南山镇大埗塘涌六和环山沟水污染整治工程完成招投标手续；大塘镇大塘引涌、望岗涌支涌流域连片式污水整治工程完成招投标手续。西南洲边涌及乐平高车埗涌整治工程处于招投标前期准备阶段。

（陆键仪）

社会民生事业

【科技】 2016年，三水区新增63家高新技术企业，新增广东省高新技术产品263个。全年专利申请量4270件，比上年增长83.89 %，其中发明专利申请量为2353件，比上年增长97.23%，专利申请量、发明专利申请量和全区有效发明专利3项指标增幅在佛山5区均居于首位，专利申请质量（发明专利申请占专利申请的比重）位居5区首位。5家企业获得“三水区知识产权示范企业”称号。三水区新增87个工程技术研究中心，比上年增长164%，其中省级工程技术研究中心20个，市级工程技术研究中心39个，区级工程技术研究中心28个，全区各级工程中心250个。广东爱康太阳能科技有限公司获批组建广东省晶硅太阳能电池技术与应用企业重点实验室。广东好帮手电子科技股份有限公司获市级企业研究院认定，广东三水合肥工业大学研究院被认定为广东省新型研发机构。

2016年，三水区举办2016年三水区创新创业大赛，120多个团队申报，37个优质项目获得扶持。开展创新人才创业团队引入工作，1个团队获“2016年度佛山市创新科研团队”。

2016年，三水区99家企业申报省、市、区工程中心。新增20个省级工程中心、39个市级中心、28个区级中心，比上年增长164%，实现全区各级工程中心250个。新增1个省级重点实验室（爱康），1家市级企业研究院（好帮手）。年内，三水区组建工程中心和研发机构备案登记的规上企业数191家，占全区787家规上工业企业的24.27%，主营业务收入5亿元以上的建有研发机构的规上企业有81家，占全区130家主营收入5亿元以上企业的62.31%，位居佛山五区榜首。

【教育】 2016年，三水区学前教育毛入园率103.52%，小学毛入学率104.73%，初中毛入学率124.73%，高中阶段毛入学率103.26%，“三残”儿童少年入学率100%。65所幼儿园中，认定普惠性幼儿园45所，达到70%的目标。义务教育学校比上年增加招生学位600多个。221名教师参与区内交流。区内义务教育阶段新市民子女3万多人，其中在城镇公办中小学就读的占80%以上。2016年高考成绩再刷新高，全区有3903名高考考生，（普高类3202人，高职类701人）其中重点本科上线489人，比上年增加93人，增长23%；上线率15.27%，提高4.24个百分点。

2016年，三水区获得省、市专项资金310万元。完成信息化资源开发的省级专项资金建设项目。三水区理工学校通过省级重点中职学校评估，各中职学校成功申办省、市技能竞赛赛场。全区中职学校学生获市级选拔赛一等奖31项、二等奖59项、三等奖74项；代表佛山市参加省级技能竞赛，获得省级竞赛一等奖3项、二等奖18项、三等奖20项、优秀奖17项的好成绩；三水区理工学校3个项目代表广东省参加全国比赛，获得3项全国二等奖，再次刷新三水历年纪录。

【文化】 2016年，三水区、镇、村三级公共文化设施面积11.88万平方米，南山镇文化中心、51个行政村（社区）综合性文化服务中心、1个自助图书馆建成并投入使用。5个文化站获评省特级文化站，2个文化站获评省一级文化站；西南街道以及洲边村被评为佛山市“城乡十分钟文化圈”建设示范镇（街）和示范村（社区）；北大资源博雅滨江文化社区入选佛山市公共文化服务创新项目。新建2家园区书屋，完成28家农家书屋数字化升级，放映农村公益数字电影432场。开展“魅力三水·文化五送”“三好”系列品牌文化活动，区、镇、村三级文化机构开展文化活动600多场次；成立7支文化志愿服务队镇街分队；开展公益培训辅导120多场次，辅导人数8000多人次。

2016年，三水区委宣传部（区文体旅游局）组织文艺作品参与上级的各项评比、展演和展览，获省、市级以上奖项12个；举办2016年度“小明星”文艺扶持奖，82人次的优秀文艺工作者及部分协会获表彰。三水区建立第六批区级非物质文化遗产名录2个、认定第三批非物质文化遗产项目代表性传承人1人，佛山市碧玉丰珠宝有限公司获评为佛山市文化产业示范基地，马齐龙形拳会等3个传承基地入选佛山市第二批传承基地；李月友、钱贵根获首届佛山市民间艺术大师称号；白坭镇岗头村和芦苞镇长岐村入选第四批中国传统村落；与佛山市文广新局合作打造的《永恒的星光·一代宗师小明星》作为2016广东（佛山）非遗周暨佛山秋色民俗文化活动开幕式专场演出。好帮手电子科技、碧玉丰珠宝等6家企业入选市级文化产业示范基地；5个项目获得44万元市级文化产业扶持资金。全年受理业务155项，其中审批类业务19项，年审类业务136项。完成《三水区第一次全国可移动文物普查验收报告》和《三水区第一次全国可移动文物普查工作报告》编制工作；举办佛山市三水区第一次全国可移动文物普查成果展。乐平镇大旗头村、芦苞镇独树岗村完成古村落活化工作。

【体育】 2016年，三水区举办区级群众体育竞赛29项，参与人数14200多人；各镇（街道）举办群众体育活动71项，参与人数26000多人。利用节假日组织开展新春醒狮、武术表演、元宵文体晚会、端午龙舟竞渡等活动，丰富城乡群众体育健身生活。4月，三水区女子蹦床运动员钟杏平、龙舟运动员李永占获得国家体育总局颁发的“2015年度体育运动荣誉奖章”。5月1日，西南街道金本洲边村委会成立三水区首个龙舟俱乐部，金本洲边龙舟队首次参加全国中华龙舟大赛。6月21日，三水区成为“广东省足球试点城市18个（市县区）”之一。7月，三水区少年足球队员周家业参加全国青少年足球夏令营交流比赛，获得最佳射手奖，并被评为足球“希望之星”。10月，三水区足球运动员李营健成为三水区首个参加中国足球超级职业联赛的运动员。

2016年，三水区足球协会、三水区篮球协会、三水区马拉松协会等组织中老年人足球赛、俱乐部篮球赛、半程马拉松比赛。新增全民健身路径9条；投入资金30多万元改建体育公园3个，面积20000多平方米；通过社会资金投入，新增室内体育场馆3个，室内篮球场7个，小型足球场1个，羽毛球场16个，面积8600多平方米。三水区体育彩票总销量6700万元，其中电脑型销量6400万元，即开型销量300万元，比上年增长46.7%。

【医疗卫生和人口】 2016年，三水区动工建设新疾控大楼，推进乐平镇保安、南联社区卫生服务站建设。完成芦苞镇上塘、西河、四合，云东海街道宝月等4个社区卫生服务站升级改造，启动云东海社区卫生服务中心规划和大塘镇卫生院升级改造规划。三水区被评为省级妇幼健康优质服务示范区。全区100%公办基层医疗机构实施基本药物制度，85.7%民营社区卫生服务机构实施基本药物制度，全区享受门诊基本药物制度154万人次。为全区4311对夫妇提供免费孕前优生健康检查，考核覆盖率100%。创建2个市级和7个区级家庭医生签约式服务示范点。白坭镇、芦苞镇成功创建“全国亿万农民健康促进行动规划”国家级示范区。完成12个国家基本公共卫生服务项目的预期任务，全区累计建档50.99万份，建档率80.13%。实行传染病网络直报，网络直报覆盖率100%。H7N9禽流感、手足口病、流感、登革热等重点传染疾病防控措施全面落实到位，全年未暴发疫情。新增26个省卫生村，创建省卫生村588个，省卫生村覆盖率75.2%。新增3个健康村，总数增至16个健康村（社区），覆盖率30%。完成全区38个村级直排式公厕改造及验收，无害化厕所普及率100%。是年，全区社会资本申请办医18间，批准设置16间。

2016年，三水区常住人口累计出生7282人，政策生育率96.8%，出生率11.35‰，自然增长率7.57‰，全面完成2016年度各项人口指标。组织开展“一元捐”扶助活动，全区募得善款32万余元。推广“幸福家园”计生家庭综合保险，全区累计参保户数19872户，投保额596万多元，合计赔付92人次，累计赔付金额约96万元。成立三水区“计生保险爱心基金”，用于救助失独及计生困难家庭。开展计生特殊家庭免费健康体检活动，惠及区内100位计生特殊家庭父母。全区城镇独生子女父母奖励3280人，奖励金额556.4万元；农村部分家庭计生奖励2354人，奖励金额423.4万元；农村计生节育奖励256人，奖励金额76.8万元；计生家庭特别扶助奖励148人，扶助金额149.4万元。各种奖励扶助金额1206万元，奖励金均及时全额发放，奖扶对象落实率和及时率100%。

【劳动和社会保障】 2016年，三水区城镇新增就业6062人，城镇失业人员再就业2013人，就业困难人员再就业268人，新增农村劳动力转移就业4032人，新增吸纳本省劳动力5038人，零就业家庭动态归零，城镇登记失业率控制在2.35%。全年举办200场招聘会，开发就业岗位3万个。评定三水高新创业中心和佛山大协企业服务有限公司为区级创业孵化基地；举办2016年三水区创业项目展示活动；创业培训805人；落实各项就业创业补贴133万元；发放创业小额担保贷款256笔4800万元，扶持759人创业，带动就业5028人。出台《佛山市三水区关于进一步扶持高校毕业生就业创业办法（试行）》。全年城镇职工社会保险基金累计收入19.99亿元；城乡居民养老保险、居民基本医疗保险、全征土地农村居民基本养老保险参保率分别为97.1%、98.2%、88.48%；社会保障卡制卡48.5万张，激活43.6万张，完成率90.55%；全区参加基本医疗保险的职工及本区户籍居民42.83万人受益；企业退休人员社会化服务管理工作开展，建立挂钩联系制度，落实经费490万余元，组建退管员队伍并开展业务培训，退休人员活动中心挂牌，举办专场文艺汇演。

2016年，三水区开展2016年度企业薪酬调查，举办7场人力资源社会保障法律法规政策现场咨询，审批42家企业实行不定时和综合计算工时工作制。完成全区9个仲裁庭的达标验收，在仲裁院设立法律援助服务站。成功调解案件1254件，涉及劳动者4361人、经济标的7656万元；全区调处审结劳动争议案件1265件，涉及劳动者3122人、经济标的1.55亿元。接待来访群众1996批次3882人次；日常巡查用人单位520个，为1200名劳动者追发工资等待遇2719.66万元；开展非法使用童工等专项执法检查企业1569家次，涉及劳动者67535人；“两网化”管理覆盖区内7个镇（街）并延伸至18个社区，区级劳动保障监察处置中心投入使用；劳资纠纷化解率100%，没有存量个案。

【食品药品】 2016年，三水区推进佛山市创建广东省食品安全示范城市、推进佛山市创建国家食品安全示范城市工作，建立起食品安全“党政同责、一岗双责”体系，完成基层监管能力建设等“十大重点工程”46个分项中45项的建设。将“食品市场安全检测体系”纳入三水区政府2016年“民生十件实事”，设置1个区级快检室、7个镇（街）快检室、1部流动快检车、1个食品小作坊集中加工中心检测室、20个农贸市场及1个超市配送中心快检室、7个集体食堂配送公司检测室，建设食品抽检管理平台、开通微信公众号，在区内建立起一套快速检测、实时上传、高度信息化，区、镇、市场三级快速反应的食品市场安全保障体系。8月至12月，完成快检13.15万批次，合格率98.84%。抓好食品药品日常监管，加大抽检力度，抽检食品1512批次，合格率96.03%；抽检药品、医疗器械、保健食品、化妆品173批次，合格率86.7%。开展食品生产企业风险分级、食品生产环节食品安全审计等工作。对全区29个农贸市场开展农贸市场量化分级管理，建设放心粮油店10个。抓餐桌食品安全，实施餐饮服务单位量化分级管理3568个，量化覆盖率98.7%，其中A级单位80个，保障2016高考、第二届三水佛教文化节等重大活动用餐安全。在全区255家零售药店安装远程视频监控系统，开展药品零售企业GSP认证85家，GSP跟踪检查46家。开展“百日行动”、食品“四小”、集体食堂食品安全、农村食品安全、打击非法制售和使用注射用透明质酸钠行为等专项整治行动，打击食品药品安全领域违法违规行为。办理食品药品一般程序案件277件，简易程序案件120件，移交涉刑案件6件，取缔窝点99个，吊销证件8个。全年全区未发生系统性食品安全事故。

【精神文明建设】 2016年，三水区开展100多场市民素质提升主题实践活动，涉及机关、社区、农村、学校、企业的文明创建，包含“知礼、行善、颂德”三方面的具体内容。围绕“爱岗敬业 梦圆南粤——车间里的价值观”主题教育实践活动，完成2个市级示范点建设；以西南街道桥头社区创建诚信示范社区为切入点，加大诚信建设力度；强化志愿服务进社区，把桥头社区和文锋东社区打造成市级志愿服务示范社区；开展“六仪十二节”“扣好人生第一粒扣子”“学雷锋志愿服务”“我们的节日”等主题活动，将社会主义核心价值观融入节庆礼仪及重大纪念活动，营造良好的社会环境。以“善行三水”为品牌，开展“敬业机关、友爱社区、阳光校园、快乐乡村、诚信企业”系列主题活动；继续开展“感动三水”道德模范推荐命名活动，命名22名道德模范；设立首批4个“三水好人工作坊”，以“友爱互助”“微笑服务”“粤唱文明”“农业合作”为主题开展活动，发挥道德模范的典型示范作用。在媒体开设专题专栏报道1000多篇；创新宣传方式，重点打造“一园两路”（三水文化公园、健力宝路和广海大道）社会主义核心价值观宣传，在全区范围内组织开展“创文”手绘墙创作活动，传播正能量，曝光不文明行为。

【社会治安综合管理】 2016年，三水区推进平安三水建设，编织扎紧“5张网”，构建群防群治立体化防控体系。落实社会治安综合治理领导责任制度和成员单位主体责任，将综治工作成效与干部奖评任免、工作绩效挂钩，实行综治工作“一票否决”；建立由群防群治员、村委干部、治安积极分子等人员组成的5767人“红袖章”巡防队伍，对辖区开展治安大巡防工作。调整西南街道治安巡防部署，将警治巡防力量向围院式小区之外延伸，覆盖整个中心城区，实现定区、定人、定责24小时立体防控。推动“视频扫盲”工程建设，鼓励业主自行安装简易视频监控系统，年内新增3053个摄像头，基本覆盖厂企、娱乐场所、餐饮行业、旅馆、网吧、出租屋等重点场所；建立一级网格74个、二级网格407个、三级网格2663个，按照“一格一员”原则，配备3144名网格员定期巡查走访网格和参与矛盾信息收集。全区建设“警务e超市”64个，完成4500间出租屋门禁视频系统覆盖，完成第四期亮警灯707个。上线运行“佛山市综治信访维稳中心信息管理系统”，开通使用账号322个，初步实现基础数据查询、平安村居认证、机构人员统计、数据报表汇总、电子台账存档、综治考核评价等功能。

【民政事业】 2016年，三水区推进社会福利中心扩建工作，建成后将增加300个养老床位，缓解区养老服务床位紧张现状。适度普惠型儿童福利制度和基层儿童福利服务体系建设“双试点”工作受到广东省民政厅充分肯定，全年投入511万元推进儿童福利建设，建立10个“儿童之家”，8.37万儿童受惠。社会组织培育和规范管理有新突破，持证社工250人，全区累计注册登记的社会组织286个，备案登记的社区社会组织296个，合计582个，平均每万人拥有社会组织9个，完成省、市指标要求。率先在乐平镇大岗村投入7.5万元试点推进“手机村务通”，提升信息服务水平。推动养老信息化服务平台建设与运营试点工作，试行“互联网+居家养老服务”，为建设“虚拟养老院”探索经验。印发并实施《佛山市三水区开展“救急难”试点工作实施方案》。双拥工作基础更加牢固，连续六次被评为广东省“双拥模范城”。

（陆键仪）

各镇（街道）介绍

【西南街道】 西南街道位于西、北、绥三江汇流处，是三水区委、区政府驻地。土地面积149.68平方千米，2016年下辖11个社区、8个行政村、120个自然村，户籍人口17.18万人，常住人口25.99万人，总户数57476户。有中国（三水）国际水都饮料食品基地、河口木棉工业区两个工业园区以及西南武庙、文塔公园、半江桥、清代海关遗址、五显古庙、思贤滘、昆都山、三江汇流、北江凤凰公园、西南公园等旅游景点。2016年，西南街道实现地区生产总值352.27亿元，比上年增长8.5%；工农业总产值826.09亿元，其中工业总产值817.29亿元，增长7.78%；全社会固定资产投资121.04亿元，增长14.3%；税收收入49.27亿元，占全区税收41.15%，全区排名第一，增长

3.2%；公共财政收入8.63亿元，增长30.41%；农村居民人均年纯收入17412元。

经济发展　引入橙宝、希尔顿欢朋酒店等项目10个，合同投资额34.29亿元，其中橙宝填补三水区高端果汁饮料品牌空白，希尔顿欢朋酒店成为三水区首家国际品牌酒店。举办水韵智城投资推介会，集中路演水韵小镇、河口古镇等四大片区20多个项目，总招商额150亿元，与戴德梁行、中交城投等13家房地产业知名企业结为全球战略合作伙伴，与益力多饮料、联东U谷等6个项目签约。推动重点项目投产或动工建设，百威啤酒五期、健力宝新厂投产，锐澳项目地块出让，北外附校一期中学部完工，凤铝铝业增资扩产等项目加速推进。开展“暖企行动”，发动和协助符合“保险贷”条件且有融资意向的6家企业获得保险贷审批资金；组织好帮手等300多家企业参加街道企业暖春行动座谈会、第二届中国（广东）国际“互联网+”博览会等活动。是年，水都基地实现工业总产值315亿元，比上年增长8.2%，创税14.95亿元。基地员工社区开展内部装修，基地公交首末站、健力宝蒸汽管网工程、健力宝厂片区污水管道工程（金港路污水管道工程）、石湾酒厂片区截污工程和益力多项目外围污水管道工程等完工。坚持“政府购买科技中介服务”模式带动企业技改，新增高新技术企业5家，存量达到12家；新增技改备案企业15家，健力宝完成技改备案；专利申请量达到1302件，比上年增长1.16倍，位列三水区7个镇（街）之首。协助青岛啤酒、粤海信等6家企业获得区级技术改造专项资金117.53万元；协助凤铝、新华雄等5个项目入选广东省工业企业技术改造项目，占三水区总量的31%，获得事后奖补资金453.1万元。

城市建设　推进重点规划修编工作，完成224.2公顷城乡建设用地规模调整，深化河口片区控制规划修编及河口西拓控制规划，整合升级河口片区的土地资源。借势三水新城北拓，依托北江新区引导城市西进，完成河口片区16.67公顷土地征收工作。推进垆心鹿洞片区、昆都山片区、水都饮料基地向北扩容、金本水利枢纽工程三标段工程等征地工作。完善北江新区城市配套设施，北江凤凰公园二期建成开放，北江文化活动中心、北江大道南延线、桃花公园等10多个公共配套工程积极推进；新动力广场开展内部装修，汇信华府、鸿安花园等商住项目开售，恒大、碧桂园等全国知名房企进驻北江新区；新区内部污水管网、路网完成预算编制工作，部分项目开始施工。是年，交大小区市政改造提升工程、五顶岗河涌及沿街道路提升工程等3项市政提升工程完工，一环东路和文锋西旧党校片区水浸黑点改造工程办理立项手续。推进市政设施精细化、网格化管理，对多个市容管理黑点进行综合整治。在同福路（广海路—张边路路段）、西南公园东侧停车场、区国税局西侧公共停车场开展智能化技术试点。落实环境保护“党政同责”“一岗双责”，督促10个责任考核工程落实。对626个大气污染源管控对象开展三级管控，清查环保违规建设项目776个。打击环保违法违规行为，办结各类投诉291件，立案查处78件。构建重点区域监督体系，出动3683人次对企业、工地等重点污染源严格执法检查，开展村级工业园整治、洲边涌水污染整治、鸭嘴岗泵站搬迁，金本水利枢纽工程等工作。完成5个自然村的村级森林家园建设，启动创建国家森林城市两年攻坚行动，文锋东社区创建成为省级宜居社区。

民生事业　开展干部“直联”工作，实现干部“直联”走访全覆盖，收集问题900多条，办结率94.6%。开展“民生微实事”立办制，全年入选区、街道项目43个，获得区、街道扶持资金422.25万元，吸纳社会资金128.55万元。推进西南实验小学建设，完成西南四中、中心小学、七小等中小学校园基建和设施的改造提升。推进北江新区社区卫生服务中心工程，开展“创建幸福家庭活动”、落实“全面两孩”政策。是年，水都饮料基地创建成为“市级企业食堂食品安全示范园区”，辖区发生事故起数、死亡人数、受伤人数、直接经济损失均下降超过20%，未发生重特大火灾和安全生产事故。“平安西南”建设得到深化，初信初访案件121件，比上年下降14.33%，办结率95.04%；刑事治安报警数下降超过20%。开展全国媒体采风、西南街道投资推介会等重大宣传活动，注册开通“水韵西南”微信公众号。推进国家公共文化服务体系示范区创建、“美丽西南摄影展”“我们的节日”“三江讲坛”等系列活动。

【云东海街道与三水新城】 云东海街道位于三水中心城区北部、广佛肇经济圈中部，整体纳入三水新城建设范围，有广三高速、广肇高速、二广高速公路与广佛肇城轨、三茂铁路等交通线路经过。辖区面积84.32平方千米，2016年下辖1个社区和10个行政村、91个自然村，户籍人口2.98万人。三水新城规划控制范围128平方千米，其中核心区57平方千米，启动区13.93平方千米。2016年，实现地区生产总值92亿元，比上年增长8.6%；规模以上工业总产值277.81亿元，增长7%；全社会固定资产投资61.57亿元，增长16.4%；实现税收总收入12.61亿元，增长18.93%。

城市建设　2016年，云东海街道与三水新城加强城市基础设施和公共服务配套建设，完善城市治理，基本实现三水新城“五年呈现雏形”工作目标。全年完成基础设施工程投资2亿元，公共服务配套投入5亿元，启动建设项目12个。水轴景观带800米示范段工程基本完工，西南涌北段综合整治三期工程（水利部分）主体工程基本完成，广佛肇城轨实现通车，“三纵五横”等市政道路及配套工程中的桃园路、新丰路（南丰大道—鲁村路）、翠云路（南丰大道—鲁村路）和翠云路（云东海大道—三达北路）建成通车，12项路网及景观桥建设稳步推进，新城启动区一期市政道路及配套工程10KV线路迁改工程完成总体工程量的80%。推进区文化中心、区新汽车客运站主体建筑、云东海学校、国家湿地公园建设。

产业招商　重点培育引进文化创意与旅游、科技服务与智慧产业、业务流程外包和健康服务业项目，主动对接优质服务产业项目，全年储备优质项目25个。11月，三水万达广场建成营业，推进尼克佛山文化生态海岸项目、荷花奇境项目。

企业服务　推动金银河、盛路通信、合和五金等一批企业在知识产权申报、技改转型、品牌建设等方面实现突破。8月，金万达在全国中小企业股份转让系统正式挂牌，成为三水区2016年“新三板”挂牌5家企业之一。金银河在深交所创业板IPO申请获证监会发审委审核通过，成为三水区继盛路通信之后第二家本土上市公司。合和五金、华韩等9家企业成功申报高科技企业，高科技企业存量增至18家，美润、长丰等6家企业成功申报高企培育入库。英威达、美润等19家企业22个项目共投入1.06亿元开展技术改造或增资扩产的备案工作。

规划控制　对接三水区整体规划体系，开展编制规划项目12个。其中《三水中心科技园工业区（邓岗、石湖洲片区）控制性详细规划》完成中期成果调整，《新城启动区南丰大道两侧城市设计》进入专家评审阶段，《新城启动区慢行系统专项规划》通过专家评审，《新城启动区控制性详细规划》完成调整，《新城旅游教育区控制性详细规划》和《新城旅游教育区交通专项规划》进入中期成果征求意见阶段。推进《云东海非禁建区村庄规划》《新城城市导视系统规划布置设计》和《单元控制性详细规划（白云路、鹅影路和宝月片区）》编制工作。建设用地控制性规划覆盖率超过90%。

环境治理　继续推进支涌清淤整治工程三年行动计划，完成支涌整治4条，处于施工状态3条。三达路污水提升泵站建成，高丰公园、大棉涌出水口整治工程、高丰泵站枢纽建设工程、民营工业园污水处理厂、云东海东南片区（百旺城、高丰、保利片区）截污工程和大棉涌新增排污口截污工程按计划推进，累计完成污水管网总长度超40千米。

社会稳定　加强社会矛盾、信访案件的调处化解，通过领导包案成功解决有关历史遗留问题。重视工伤申请认定、劳动争议仲裁及日常劳资纠纷处理工作，深化社会治安“网格化”管理，推进“平安村居”、安全生产及火灾隐患排查整治，辖区社会治安大局稳定。

【白坭镇】 白坭镇是三水的“南大门”，地处粤港澳大湾区辐射的核心腹地，东南面与南海区接壤，西面与高明区、肇庆市高要区隔西江相望，拥有约15千米的西江“黄金水道”。镇内有3000吨级货运码头，邻近三水港外运码头、贵广（南广）高铁三水南站、三水铁路货运站、广州白云国际机场。广明高速、白坭大道、桂丹路、塘九线跨境而过，距广州40千米，离佛山城区24千米。全镇面积66.63平方千米，2016年下辖1个社区和2个行政村、66个自然村，户籍人口2.6万人，常住人口6.6万人。2016年，白坭镇实现地区生产总值145.88亿元，比上年增长8.5%；规模以上工业总产值496.78亿元，增长8.0%；税收入库8.4亿元，其中国税入库5.9亿元、地税入库突破2亿元；全社会固定资产投资109.8亿元，增长13.7%；地方公共财政收入1.7亿元，增长6%。

产业发展　引进奇润智能、优道智能、喜德佳陶瓷机械等9个项目，赛因迪科技等10个项目建成投产。全镇企业累计投入5亿元实施智能化改造、机器人应用以及增资扩产；机械装备、陶瓷建材、五金塑料税收入库分别比上年增长39.3%、14.8%和10.4%，其中机械装备纳税占比首次达到两位数，成为白坭镇第三大支柱产业。年内新增13家高新技术企业，总量增至19家，是上年的3.2倍；新增区级以上研发平台19个，总量增至37个，其中新增3个省级工程中心；发明专利申请量172件，比上年增长132%；业鹏机械、优道智能分别获得三水区创新创业大赛一等奖和优秀奖；金大田智能家居登陆“新三板”，实现培育本土企业上市零的突破。现代农业实现新发展，产地源于白坭的“三水黑皮冬瓜”获颁农业部农产品地理标志登记证书，康喜莱黑皮冬瓜上榜广东省第二届“十大名牌”系列农产品，建成三水区首个蔬菜无土栽培基地。

城镇建设　推进总体规划、产业和城镇发展规划、城市设计等专项规划9个，完善一环西拓、新城市文化轴片区路网的交通规划，提出构建“两轴一心”城市新格局的发展构想。完成汇金工业城汇源路、塘九线灶头段等7条道路建设或改造提升，完成富景工业园金坑路等5.4千米道路照明工程，完成西江公园公交首末站以及14个公交站点的改建，改造提升文化公园及文化活动中心。

生态治理　加强环保执法，关停污染企业4家，综合整治挥发性有机物（VOCs）排放企业7家，全年空气质量优良率达到88.4%。加大水环境治理，推进竹坞片区、桥学片区截污管网建设，实施樵北涌金竹段护岸整治工程，完成西岸涌等5.8千米内河涌清淤；强化撒漏扬尘整治，全年查处超限超载、撒漏案件63件，罚款38万元。

民生事业　投入4000多万元落实2016年“民生十件实事”，投入530多万元实施4批次34件“民生微实事”，创新推出“党建微心愿”项目，打造“民生党建”品牌。居民医保参保率进一步提升，落实11个村700多名村民购买全征地养老保险，全年发放高龄津贴以及各类救助金1000多万元；开展“银龄安康行动”，实施企业退休人员社会化管理服务。教育惠民工程全面铺开，继续实施小学扩班工程，新增公办学位90个，公益普惠性幼儿园覆盖率提升至77.8%，投入23台新国标校车，实施白坭二小塑胶跑道建设等校园基建工程。社会治安和谐稳定，投入430多万元建设社会治安监控系统，增设岗头警务室，消防队完成“五个达标”建设。便民惠民实事扎实开展，食品快筛快检室免费对外开放，社区卫生服务中心开通微信预约挂号，组建三水区首支农民种养专业服务队。构建“一体两翼”基层治理新格局，“新白坭人”融入社区项目推广至周村辖区，基层社会实现共治善治。举办“三水再出发·西江古镇行”15千米徒步活动，城市形象得到提升。

【乐平镇】　乐平镇位于三水区中部，南与南海区接壤，东接广州市花都区。总面积198.5平方千米，2016年下辖3个社区和14个行政村、158个自然村。户籍人口79209人，流动人口79115人。2016年位列中国建制镇综合实力前1000强（全国科学发展千强镇）第38位（2015年为第48位），获得全国农村优秀学习型乡镇、全国法律援助工作先进集体、省先进基层党组织、市文明镇、市计划生育保险工作卓越先锋奖称号，是省教育强镇、省卫生镇和省重点发展中心镇。镇内交通发达，佛山一环、珠二环高速公路、省道盐南线、三水大道、塘西大道、西乐大道穿越其中，距广州新机场、佛山中心城区仅30分钟车程。佛山高新区核心园北园位于辖区内，规划面积100.98平方千米，是全省智能制造示范基地之一。旅游资源丰富，以省级文物保护单位、“中国历史文化名村”大旗头古村和宝苞农场最具代表性。2016年，乐平镇实现地区生产总值276.9亿元，比上年增长8.6%，总量居三水区第二，增幅名列三水区首位。工业总产值949亿元，增长7.38%，总量位居三水区第一。财税入库26.26亿元，增长20.22%，总量排名三水区第二。地方一般公共预算收入10.28亿元，比上年增长20.78%，总量位列三水区第一。固定资产投资159亿元，比上年增长15.4%，总量为三水区第一。

经济发展　通过实施龙头引领、低效出清、智能升级三拳组合壮大机械装备产业集群。以北汽福田、海尔创新产业园等大项目为引领，引进国显科技、宝湾物流、本味文化等优质项目30个，投资总额150.2亿元，比上年增长12.4%；引入“工作母机”项目3个，引进投资额超10亿元智能制造项目4个，产业聚集效应显现。实施“低效出清”行动，盘活农村留用地、闲置厂房面积91.13公顷，引进乐平汽车城、机械装备产业园、宝湾物流、恒洁五金、诺拓金属等项目。推动产能转型升级，优化产业结构，恒力泰开辟“工业机器人”新产品及海外市场路线后增长明显，爱康科技带动行业整体营收、税收较快增长，欧神诺陶瓷、肯富来泵业、兴发铝业3家企业入选2016年全省互联网与工业融合创新试点名单。产业升级带动企业效益提升，纳税超3000万元企业12家，超500万元企业64家，前50名纳税大户创税比上年增长25.85%，占全镇比重68.97%。实施“智能升级”行动，新增38家企业进行78项技改备案，技改项目及企业总量均居三水区首位；引导10家企业“机器换人”，高新技术产品产值占规模以上工业总产值比重增至41%。恒洁卫浴被认定为2016年省知识产权示范企业，普拉迪数控被认定为2016年省知识产权优势企业。全年发明专利申请量763件、授权量110件，分别比上年增长56%、96.43%，新增中国驰名商标3件。

科技创新　出台三水区首个镇级“双创方案”，设立专项扶持资金，创建“双创基地”，制订“揽月行动”方案，落实5个创新创业团队，建成3个博士后科研工作站，引入13家优质初创型科技企业入孵创业中心。成立三水企业上市孵化基地，科立工业、天元汇邦成功挂牌“新三板”，“新三板”企业增至5家，上市后备梯队12家。科技创新屡创佳绩，主要科技项目申报量名列全区第一。广东三水合肥工业大学研究院获批省级新型研发机构，公共创新平台总数7个。新增企业技术中心5个，总数12个。新增工程技术研发中心24个，总数95个。28家企业入选高新技术企业名单，占全区比重35%。是年，三水首个院士工作站——“广东省院士专家企业工作站”在合众（佛山）化工有限公司揭牌。

城乡建设　9月，乐平大道一期工程动工建设，乐平大道改造扩宽工程正式进入施工阶段。完成范湖片区、南边片区、工业园部分片区控规编制。城市升级步伐加快，启动“双百工程”，推动74项工程动工，其中32项完工。乐大线景观提升、冠军广场等项目完工，乐平大道拓宽工程、乐平涌一河两岸景观提升工程动工建设，推进儒家天下文化公园，“一路一河一基地”格局初现。搭建“城市智慧管家”信息平台，提升城市数字化、智能化管理水平。推进31条支涌整治工程，南边、范湖污水厂及配套管网动工建设。开展大气环境专项整治，推进铝型材企业改燃、企业VOCs治理、工业锅炉整治等工作，扬尘污染得到遏制。推进美丽乡村建设，建成12个新农村、5个“森林家园”、5个农村分散式污水处理设施，完成246.67公顷高标准农田改造工程，成功创建为省卫生村、市健康村、首批市级农业公园。年内以年度考核96分的最高分摘掉全市挂牌督办安全生产单位。

民生事业　实施镇级民生微实事全覆盖，出台《乐平镇惠民实事全覆盖管理办法（暂行）》，增加400万元扶持资金用于20万元以下的惠民项目。全年申报民生微实事项目45个，项目总资金711.45万元。其中村（社区）道路建设、路灯工程、农田基础设施、文化健身娱乐等40个项目获得区专项扶持资金325.80万元，覆盖14个村（社区）委会100多个村队，受益9万多人。14个项目纳入镇级惠民实事项目，项目总投资157.78万元。年内乐平中心小学扩建主体工程基本完工，乐平新中学动工建设，成功创建全国农村优秀学习型乡镇。南边站健康小屋投入使用，推进保安、南联片区卫生服务站建设，打造大岗居家养老服务示范基地，实现社工志愿服务进村（社区）全覆盖。建成7个公交首末站，满足市民出行需求。举办“南粤春暖”等30多场大型招聘会，完善创业带动就业扶持政策，城镇登记失业率控制在3%以内。推进文化导向型城市建设，获“佛山市文明镇”称号。开展食品药品安全“百日行动”，建成13间食品企业“阳光车间”。

【芦苞镇】　芦苞镇位于三水区中北部，东接广州市花都区赤坭镇，南接三水乐平镇，西南与肇庆四会市相连，北及西北与三水大塘镇接壤。总面积105平方千米，2016年下辖1个社区和6个行政村、90个自然村；全镇常住人口5.8万人，其中外来人口2.2万人。是佛山科学发展特色镇、广东省旅游特色镇、广东宜居示范镇、国家卫生镇、国家级生态乡镇、国家重点镇。有800多年历史的胥江祖庙、洪圣庙和关帝庙等名胜古迹以及广东省古村落——长岐古村。拥有芦苞温泉度假村、高尔夫球场、独树岗古村、新昌奥特莱斯等旅游景点。2016年，芦苞镇实现地区生产总值85.81亿元，比上年增长8.1%；规模以上工业产值275.23亿元，增长7%；全社会固定资产投资98.69亿元，增长13.7%；税收入库3.27亿元，增长4.38%；合同利用外资2986万美元，实际利用外资近1800万美元。在广东省专业镇创新指数中，芦苞镇位列旅游特色产业创新指数服务业组第四位。

产业提升　引进电商物流、新型材料、通讯设备等项目7个，新增年产值32亿元，先进装备制造业税收比重提升至20%，化工建材等传统制造业则压缩至41%。升达电梯、风行新型材料等9家规模以上企业投入超亿元实施技改创新。华兴玻璃、家家卫浴等企业相继增资扩产。高新技术企业有效存量增至12家。成功培育升达、迪生等工程中心5个。普洛斯、东百睿信等电商物流填补生产性服务业空白。使用“长岐古村”“芦江渔村”等注册商标，开发具有芦苞特色的“长寿手信”。通过“互联网+”等新兴业态加速农业产销对接，拉爷鱼干、健叶蔬菜等利用电商平台畅销广佛地区。一批省、市级农业龙头企业、农民专业合作社、“菜篮子”基地成为农业发展新力军。

文旅特色小镇　完善沿涌片区控制性详细规划，建成区控制性详细规划实现全覆盖编制，开展历史文化街区保育项目规划、泛温泉片区规划。新区以新昌广场为核心，盘活利用周边经济留用地，年内新昌广场10万平方米商业广场开展外立面改造，超200个知名品牌入驻。自来水厂片区改造和谢街农民公寓项目推进。华山景区与沿江片区加速资源整合，胥江古镇蓄势待发。通过村规民约，长岐古村实现自我经营、自我管理。独树岗古村秀清公园、村前广场完工，建成村史馆、乡贤馆、孝善馆等三大展馆。西河片区村村通自来水竣工，肇花高速连接线西河支线建成通车，绿岛方舟、绿萝基地等休闲农业项目落户。启动宝华南路、站东路、福绵西路等交通路网建设。新汽车站综合体加快主体工程施工。四合高标准基本农田建设推进。黄岗涌、欧边涌等主干河涌基本竣工，启动18条内河支涌清淤工作。

城乡建设　创新环保监督机制，建设重点污染源在线监控平台。开展专项执法排查企业超1000次，强制关停违法企业14家。开展畜禽养殖场专项整治，禽畜养殖存量逐年下降。开展土地卫片执法，拆除违章建筑、整治违法用地7000平方米。推进镇村美化行动，投入近500万元启动公园南路、人行道及树池改造等14项市政工程。数字化城管实现村（社区）全覆盖，全年立案近4000件，结案率98.8%。完成低效林改造15.33公顷，豆口寮、北联等6个自然村创建森林家园。联合华兴玻璃等28家企业开展警企联防，基本实现重要路段、重点场所视频监控全覆盖，“110”违法犯罪警情比上年下降19.1%。成立镇专职消防队，全年未发生重特大火灾事故。

民生事业　全年社会民生事项支出占公共财政预算支出比重达70%。索菲雅公租房项目基本建成，迪生42套公租房进入装修阶段。组织1000多人次参加农民专业合作社社员技能“大培训”，发放创业就业免息小额贷款、“政银保”合作贷款4000万元。优化公交系统，开展便民公交进厂企，缓解2万名务工人员出行难题。推广“健康管家”医疗服务，实现社区医疗卫生服务全覆盖。建成镇居家养老服务中心、长岐村居家养老示范点、新溪村农村幸福院等3个项目，组建退管服务中心，为社区长者提供休闲娱乐场所。举办各类文体活动超20场次，举办北帝诞庙会、佛山古村游推广以及文化旅游欢乐年等多项文旅活动，接待游客数万人次。各中小学组织参加省级以上竞赛活动获奖40多人次。创建标准化企业134家，探索安全生产风险管控，全年实现安全生产零事故。推进创建国家食品安全城市工作，群众食品安全满意度达80%以上。独树岗试点探索“四会”联动和社区服务新模式。成立西河新村等7个家乡建设委员会和7个乡贤慈善会。启动全镇自然村落历史人文普查。

【大塘镇】 大塘镇位于三水区北部，分别与广州市花都区和清远市接壤，北江流经境内，省广四线、清龙线以及肇花高速公路贯境而过，是广东省可持续发展实验区。全镇总面积98.23平方千米，2016年下辖1个社区和7个行政村、99个自然村，户籍人口4.18万人，外来人口2.51万人。2016年，大塘镇实现地区生产总值106.83亿元，比上年增长8.5%，跨越百亿元大关；规模以上工业总产值340.58亿元，增长8.1%；全社会固定资产投资92.84亿元，增长13.7%；税收入库5.68亿元，增长7.1%；农民人均纯收入15525元，增长8.2%。

经济发展　2016年，大塘镇新引入彩诗纺织、易商物流等优质项目10个，其中超亿元项目2个，引资总额8.76亿元。服务企业成效明显。华南纺织创新科技园等15个项目动工投产，欣涛新材料成为北部板块首家上市企业，新增纳税超千万企业3家、超百万元企业25家。创新驱动步伐加快。新增高新技术企业3家、区级以上工程中心15个，19家企业实施技术改造，新增清洁生产企业3家。农业经营主体新增区级以上农业龙头企业3家、家庭农场3个、市级以上"菜篮子"基地2个，劲农、澳农被认定为市级首批农业公园。

城乡建设　完成新城区5.5平方千米控制性详细规划、中心城区3.6平方千米城市设计编制，城市东拓方向明晰。实施99个自然村规划编制，农村功能布局优化。交通设施建设步伐加快。涌南路基本完工，锦塘路南延线、天泰路南延线、永平路、庙岗路进入规划设计招标阶段，油金大桥Ⅱ标、永大线道路扩建工程征地拆迁加速推进。城市配套功能日益完善。新汽车客运站投入运营，城市客厅、山顶公园、体育文化艺术中心前期工作启动，万豪大厦、奥利花园、莱福水岸等商住项目有序推进，全镇新增人口约7000人，总人口突破7.5万人。村容村貌持续改善。启动8个新农村创建工程，建成4个省级卫生村、1个市级健康村和5个"森林家园"示范村。

民生事业　全年投入超1千万元推进民生"八件实事""民生微实事"立办制。开发就业岗位1016个，培训转移农村富余劳动力253人，全年发放低保、医疗、慈善救助金260万元。升级改造永平小学、中心小学运动场和教室，购置现代化教学设备。实施基本药物制度，开展社会矛盾纠纷深度治理，成功化解一批信访积案。完成村（社区）公共视频监控安装工程，平安大塘创建水平进一步提升。严格落实安全生产"一岗双责"责任制，完成10家企业标准化创建。

【南山镇】 南山镇位于三水区最北端，与肇庆四会市、清远清新区接壤，总面积124.21平方千米，常住人口2.7万人，户籍人口2.4万人（含归侨侨眷2630人）。2016年下辖4个社区和1个行政村、150个自然村。是"中国绿色名镇""广东省生态乡镇"，有九道谷漂流、南丹山原生态风景、大南山、杜马禅院等旅游景点。2016年，南山镇实现地区生产总值23.76亿元，比上年增长2.5%；工农业总产值62.65亿元，其中工业总产值51.48亿元、农业总产值11.17亿元；税收收入6975.75万元。是年，获"珠三角最美乡村""广东省森林小镇""中国慢生活休闲体验区（镇）"称号。

发展规划　2016年，南山镇重新调整土地利用总体规划，重点解决引进项目用地规模问题，调减六和片基本农田面积，保障重点建设项目与重点发展区域的用地需求。修编南山镇控制性详细规划、全域旅游发展规划以及长寿富硒小镇发展规划，确立以漫水河流域为轴线，南至广四线，北至旧漫江墟，东至观音山，西至东排涌，面积约5平方千米的区域建设长寿富硒小镇，作为建设"养生福地"启动区；确立漫江大道以西，南起工业园C区，北至枕头湾水库，面积约9平方千米的区域发展大健康产业，作为实施"精品康城"试验区。

经济产业　引入中大科创、缤纷花世界和荔海棠食品3个项目，引资总额4.6亿元。其中投资近2亿元的缤纷花世界是近年首个落户六和的"三产"项目，进一步优化南山现代服务业布局。储备览讯科技、广泰面板、益生生物、硅化水等优质项目。出台《南山镇促产业项目动工投产联席会议制度》，年内九龙维记生态牧场、华新恒丰、昊顺铜发、乐华二期投产。杰隆生物科技、森和丰包装、缤纷花世界等项目加快建设。泰安达、欧铂利与佳之朋等新材料以及扬子颜料、盛之杰包装实现增资扩产。水都基地北园的供水工程完成验收，道路、排水、污水管网等工程接近完成，天然气、绿化等工程完成方案设计。农业园区的排渠清疏工程顺利推进，建成择善优质水果销售市场，成立“十里水果长廊”产业联盟，开发微信互动平台，农业种养抱团发展，“互联网+产业联盟+农业+旅游”合作推广发展模式日益完善。

城乡建设　南山大道南段扩建工程进展顺利，全城路网基本成型，幸福商城周边路网基本完善，沿涌西路、漫江大桥及其引线完成路基工程，漫江片行政经济中心的发展格局初步提升。六硫线（一期）完成改造，危房改造各自建点周边路网全面建成，东和及择善的路灯工程全面投入使用，港湾式公交站建成使用。增开多趟镇内公交，方便群众出行。乐华高管公寓、城市花海等商住项目进展顺利。六和公园及党群服务中心正式对外开放。实施森林围城生态工程，新增绿地面积10公顷，建成23.33公顷“绿城飞花”主题景观项目，完成46.67公顷低效林改造和100公顷幼林抚育。完成九道山森林公园与首批森林家园规划方案，被评为佛山首批唯一的广东省森林小镇。漫水河筑坝蓄水工程顺利开工，大塘涌整治工程如期推进。制定石灰窑整治实施工作方案，开展治理道路扬尘，运输车辆超限、超载、撒漏等行为。

民生事业　困扰南山群众饮用水安全问题取得历史性突破，供水主管网建设基本完成，六和部分片区村内管网建设全面铺开，漫江片区实现由主管网全面供水。南山侨苑和幸福、和谐、天桥三个小区的房屋全面落成，陆续乔迁入伙。幸福、和谐两小区的道路、给排水、电力、污水处理以及文化室等配套工程全面建成。天桥小区除巷道与文化室外，其余配套设施投入使用，标志着危房改造主体工程基本完成。六和幼儿园投入使用，六和小学综合楼完成主体工程，六和小学饭堂与图书馆完成主体工程；市中医院南山医院住院部完成扩建，漫江社区综合服务中心运作正常。实施“民生微实事立办制”改革，争取区专项资金扶持项目20个，解决学生候车亭、村道硬底化等一批“微难题”。全年社会救济、救助支出45万元，惠及103人；慈善基金支出30万元，帮扶71人。

（陆健仪）

附：2016年三水区党政主要领导名单

书　　记：苏伟波（任至3月）
　　　　　黄福洪（4月任职）
副 书 记：陈英文（任至11月）
　　　　　胡学骏（11月任职）
　　　　　陈浩明（任至3月）
　　　　　孔耀明（7月任职）
常　　委：钟飞健　苏　宇（9月任职）
　　　　　曾阳春　李学坚　刘达文
　　　　　何小玲（3月任职）
　　　　　廖流波（7月任职）
　　　　　罗卫平（9月任职）
　　　　　李伟成（任至9月）
区　　长：陈英文（任至11月）
　　　　　胡学骏（11月任职）
副 区 长：刘晓平（5月任职）
　　　　　方小兵（9月任职）　胡　英
　　　　　黄昌建（3月任职）
　　　　　姜岳新（9月任职）
　　　　　张卫红（任至3月）
　　　　　黎延坤（任至3月）
　　　　　杨日强（任至5月）
　　　　　何小玲（任至3月）
　　　　　罗卫平（任至9月）
　　　　　卢祖荣（3月任职）
政务委员：杨鉴岐（任至3月）
　　　　　罗卫平（任至3月）
　　　　　黄昌建（任至3月）

现任三水区党政主要领导名单

书　　记：黄福洪
副 书 记：胡学骏　孔耀明
常　　委：苏　宇　林剑伟　李学坚
　　　　　刘达文　何小玲　廖流波
　　　　　罗卫平　黄昌建
区　　长：胡学骏
副 区 长：林剑伟　刘晓平　方小兵
　　　　　胡　英　姜岳新　戴志新
　　　　　江　飞（挂任）

（2017年7月三水区供稿）

第九篇

统计资料

FOSHAN YEARBOOK

2016年佛山市主要经济指标

指标名称	计量单位	实绩	比上年增长（%）
一、年末总户数	万户	119.90	2.7
二、年末户籍总人口	万人	400.18	2.9
其中：男	万人	198.14	2.6
女	万人	202.04	3.2
年平均人口	万人	744.67	0.8
人口出生率	‰	10.21	下降4.28个千分点
人口自然增长率	‰	6.43	下降0.26个千分点
三、国内生产总值	亿元	8630.00	8.3
第一产业	亿元	145.31	2.2
第二产业	亿元	5146.02	7.6
第三产业	亿元	3338.68	9.7
人均国内生产总值	元	115891	7.5
第一产业比重	%	1.68	下降0.02个百分点
第二产业比重	%	59.63	下降0.83个百分点
第三产业比重	%	38.69	提升0.86个百分点
四、农林牧渔业总产值	亿元	293.05	6.3
五、规模以上工业总产值	亿元	21187.32	7.7
其中：轻工业	亿元	9699.67	5.6
重工业	亿元	11487.66	9.2
六、固定资产投资总额	亿元	3512.04	15.7
七、社会消费品零售总额	亿元	3017.76	11.6

（续表）

指标名称	计量单位	实绩	比上年增长（%）
八、地方公共财政预算收入	亿元	604.50	8.4
地方公共财政预算支出	亿元	695.85	–13.0
九、出口总值	亿美元	3105.37	3.6
实际使用外资金额	亿美元	14.72	–38.1
十、金融部门存款余额（本外币）	亿元	13281.61	11.9
其中：境内住户存款余额	亿元	6736.22	8.1
金融部门贷款余额	亿元	8717.81	9.7
十一、货物周转量	亿吨千米	272.47	10.3
旅客周转量	亿人千米	71.30	15.5
港口货物吞吐量	万吨	6610.00	7.5
十二、移动电话年末用户	万户	1196.47	–6.0
本地电话年末用户	万户	235.59	–7.0
移动电话交换机容量	万户	1724.90	–2.2
本地交换设备容量	万门	1538.14	11.3
十三、旅游总收入	亿元	624.73	14.4
接待过夜总人数	万人次	1351.04	7.8
十四、小学学校数	所	408	0.2
小学在校学生	万人	51.25	4.6
普通中学学校数	所	198	–0.5
普通中学在校学生数	万人	31.34	2.4
高等学校在校学生	万人	5.80	–0.8
初中毕业生升学率	%	99.31	0.21 个百分点
高中毕业生升学率	%	95.93	0.5 个百分点
十五、卫生医疗机构	个	1469	–0.4
其中：医院	个	105	2.9

（续表）

指标名称	计量单位	实绩	比上年增长（%）
卫生机构病床数	张	34798	5.0
各类卫生技术人员数	万人	4.76	9.1
十六、城镇非私营单位在岗职工平均工资	元	67187	8.7
常住居民人均可支配收入	元	41941	8.9
其中：城镇	元	43120	8.5
农村	元	24159	9.5
常住居民人均生活消费支出	元	30562	10.3
其中：城镇	元	31303	10.2
农村	元	16736	11.2
十七、每百户常住居民拥有：			
家用汽车	辆	70.8	7.7
摩托车	辆	67.8	1.0
电冰箱（柜）	台	99.9	–0.5
洗衣机	台	95.1	2.1
热水器	台	107.1	0.8
空调	台	230.4	8.4
彩色电视机	台	130.4	–0.2
摄像机	台	8.0	14.5
照相机	台	46.6	–4.1
计算机	台	116.0	2.1
中高档乐器	架	9.8	16.3
固定电话	部	75.9	–3.8
移动电话	部	271.3	3.8
十八、主要农业产品产量			
粮食	万吨	9.83	0.1

（续表）

指标名称	计量单位	实绩	比上年增长（%）
其中：稻谷	万吨	5.03	-2.6
蔬菜	万吨	112.19	-11.5
水果	万吨	4.96	19.0
肉类总产量	万吨	21.87	-1.7
其中：猪肉	万吨	10.88	-3.5
水产品总产量	万吨	63.12	2.5
其中：塘鱼	万吨	62.52	2.6
十九、主要工业产品产量			
酱油	万吨	307.26	15.7
布	万米	69606.20	0.6
机制纸及纸板	万吨	23.38	63.2
塑料制品	万吨	307.84	6.3
铝材	万吨	376.63	2.0
家用电冰箱	万台	992.39	-4.6
电风扇	万台	3946.11	7.1
房间空气调节器	万台	2170.14	-4.3
微波炉	万台	6073.91	3.7
电光源（灯泡）	万只	134519.70	11.8
照相机	万台	46.19	264.1
发电量	亿千瓦小时	144.42	3.3

注：金融机构本外币存、贷款余额的增长速度，为与年初相比的计算数。

（市统计局）

2016年佛山市国民经济发展情况

市（区）	年末户籍人口（万人）	地区生产总值		人均地区生产总值		第一产业增加值		第二产业增加值		工业增加值	
		实绩（亿元）	比上年增长（%）	实绩（元）	比上年增长（%）	实绩（亿元）	比上年增长（%）	实绩（亿元）	比上年增长（%）	实绩（亿元）	比上年增长（%）
佛山市	400.18	8630.00	8.3	115891	7.5	145.31	2.2	5146.02	7.6	4967.25	7.6
禅城区	63.30	1585.26	8.1	140600	6.9	0.62	16.0	732.98	6.8	695.65	6.8
南海区	132.91	2411.00	8.3	89018	7.5	48.13	1.4	1402.24	7.5	1345.97	7.6
顺德区	132.12	2793.23	8.4	109972	7.7	43.34	2.8	1605.77	7.8	1550.15	7.8
高明区	30.60	757.32	7.9	175711	7.6	19.15	1.8	593.30	7.6	579.71	0.0
三水区	41.25	1083.21	8.4	169331	8.0	34.07	4.1	811.73	8.0	795.75	7.8

市（区）	第三产业增加值		规模以上工业总产值		农林牧渔服务业总产值		固定资产投资		外贸进口额	
	实绩（亿元）	比上年增长（%）	实绩（亿元）	比上年增长（%）	实绩（亿元）	比上年增长（%）	实绩（亿元）	比上年增长（%）	实绩（亿元）	比上年增长（%）
佛山市	3338.68	9.7	21187.32	7.7	293.05	6.3	3512.04	15.7	1025.46	-5.8
禅城区	851.66	9.3	2671.73	6.8	1.38	26.4	600.00	12.2	—	—
南海区	960.62	10.0	5700.83	7.7	88.73	4.1	1078.29	16.8	—	—
顺德区	1144.12	9.6	6745.85	7.9	89.23	3.7	764.85	18.9	—	—
高明区	144.87	10.0	2880.71	7.2	40.18	10.1	401.52	14.0	—	—
三水区	237.41	10.5	3188.21	7.9	73.53	9.8	667.37	14.6	—	—

（续表）

市（区）	外贸出口额		实际使用外资金额		地方一般公共预算收入		地方一般公共预算支出	
	实绩（亿元）	比上年增长（%）	实绩（亿美元）	比上年增长（%）	实绩（亿元）	比上年增长（%）	实绩（亿元）	比上年增长（%）
佛山市	3105.37	3.6	14.72	–38.1	604.50	8.42	695.85	–13.0
禅城区	—	—	2.50	–47.8	76.86	—	87.02	—
南海区	—	—	6.82	–21.0	203.34	—	212.63	—
顺德区	—	—	4.41	–52.6	201.90	—	191.83	—
高明区	—	—	0.12	72.3	32.09	—	34.68	—
三水区	—	—	0.87	–10.5	48.33	—	52.03	—

市（区）	社会消费品零售总额		城镇常住居民人均可支配收入		农村常住居民人均可支配收入		境内住户存款余额	
	实绩（亿元）	比上年增长（%）	实绩（元）	比上年增长（%）	实绩（元）	比上年增长（%）	实绩（亿元）	比年初增长（%）
佛山市	3017.76	11.6	43120	8.5	24159	9.5	6736.22	8.1
禅城区	747.29	13.3	41658	8.2	—	—	1489.47	7.8
南海区	967.88	10.7	43649	8.7	28241	9.0	2404.69	8.0
顺德区	975.45	11.2	45948	8.7	29283	9.0	2270.90	8.6
高明区	117.65	10.9	30015	8.5	20188	9.9	193.35	5.1
三水区	209.49	11.1	31052	8.6	22632	8.5	370.39	8.0

（市统计局）

2015—2016年佛山市基本建设情况

项目	单位	2015年	2016年
铁路营业里程	千米	—	—
公路通车里程	千米	4885.00	4916.74
其中：高速公路	千米	120.50	120.50
生产用码头泊位	个	283	278
内河通航里程	千米	1001	1006
本地电话年末用户	万户	253.27	235.59
移动电话年末用户	万户	1272.44	1196.47
（固定）互联网用户	万户	243.85	235.48
电力消费量	万千瓦时	5878380.22	6208167.06
商品房屋实际销售面积	万平方米	1421.50	2221.51
商品房屋实际销售额	亿元	1195.89	2117.23

（市统计局）

2015—2016年佛山市教育事业情况

项目	单位	2015年	2016年
普通高校数	所	3	3
普通高校在校学生数	万人	4.94	5.00
中职和技校学校数	所	48	48
中职和技校在校学生数	万人	9.07	8.85
普通中学学校数	所	199	198
普通中学在校学生数	万人	30.60	31.34
高中阶段毛入学率	%	113.9	114.48
小学学校数	所	407	408
小学在校学生数	万人	49.01	51.25
学前教育入园率	%	100	100
幼儿园数	所	839	877
在园幼儿数	万人	26.87	28.21

（市统计局）

2015—2016年 佛山市医疗文化体育事业情况

项目	单位	2015年	2016年
医院、卫生院	个	116	115
医院、卫生院床位	张	31266	32823
平均每千人口医院、卫生院床位（常住）	张	4.21	4.40
文化馆	个	7	7
公共图书馆	个	6	6
博物馆	个	16	18
体育场馆（标准）	个	210	—
人均体育运动面积	平方米/人	2.18	2.18

（市统计局）

第十篇

文件·法规选编

文件选编

佛山市推进基本医疗保险城乡一体化改革方案

佛府〔2016〕76号

为进一步深化医疗保障体制改革，构建城乡一体化的基本医疗保险体系，推动社会保障城乡并轨，促进城乡、区域、行业和人群间标准水平衔接平衡，根据省人力资源社会保障厅关于推进医疗保险城乡一体化的工作安排，制订本方案。

一、总体要求、基本原则和目标任务

（一）总体要求

以邓小平理论、“三个代表”重要思想、科学发展观为指导，深入贯彻党的十八大，十八届三中、四中、五中全会和习近平总书记系列重要讲话精神，全面落实省委、省政府关于推进社保城乡一体化和基本公共服务均等化的决策部署，按照全覆盖、保基本、多层次、可持续的方针，坚持问题导向和目标导向，牢固树立创新、协调、共享的发展理念，建立城乡一体化医疗保险制度，实现公平享有基本医疗保险权益，缓解“看病难、看病贵”问题，增进民生福祉，推动我市经济社会协调发展、率先全面建成小康社会。

（二）基本原则

创新体制、促进公平。坚持创新发展，率先构建全民统一的基本医疗保险体系，促进社会公平正义，保障人人享有平等的基本医疗保险待遇，使人民群众在共建共享发展中有更多的获得感。

均衡适度、持续发展。坚持普惠和适度，确保筹资和保障水平与经济社会发展水平相适应，既要强调政府和企业责任，也要体现个人义务；既要防止泛福利化，又要防止因病返贫、因病致贫，实现医疗保险制度可持续发展。

互助共济、强化保障。整合基金管理，充分发挥大数法则功能和结余基金支撑作用，增强基金保障能力，提高保障水平。

统筹协调、有序推进。把医疗保险城乡一体化改革纳入全面深化医改全局，协调各方关系，合理规划，强化制度的系统性、整体性、协同性。加强整合前后的衔接，确保工作顺畅接续、平稳过渡。

（三）目标任务

整合职工医疗保险和居民医疗保险，建立城乡一体化医疗保险制度，统一覆盖范围、统一筹资政策、统一保障待遇、统一基金管理、统一经办管理，推动医疗保障更加公平，管理服务更加规范，医疗资源利用更加有效，促进全民医疗保险体系持续健康发展。巩固城乡一体化医疗保险覆盖面，确保参保率稳定在98%以上。从2017年起，降低企业和职工缴费费率，统一职工和居民医疗保险待遇，政策范围内报销比例达到90%左右。

二、整合基本制度政策

按照“统一制度、基金合并”的原则，从2017年开始，整合职工医疗保险和居民医疗保险（含门诊），参保人享受“基础+大病”的医疗保险待遇，建立由基本医疗保险一档、二档构成的基本医疗保险城乡一体化医保制度。基本医疗保险一档包括住院医疗待遇、家庭病床待遇、门诊特定病种待遇、门诊慢性病种待遇、普通门诊待遇、一次性生育医疗补贴和大病保险待遇；二档包括一档待遇和个人账户待遇。居民身份的参保人只参加一档，职工身份的参保人可参加一档或者二档。医疗机构报销比例按类别确定，医疗机构类别由市人力资源社会保障局会同市卫生计生局另行确定。

（一）统一覆盖范围

1. 与用人单位建立劳动关系的职工（含机关事业单位）以用人单位为统一整体，自主选择参加一档或二档。

2. 未就业的本市户籍居民（包括在我市接受全日制教育的异地户籍大中专学生）以居民身份参保；在我市参加了基本医疗保险（指原职工基本医疗保险或居民住院基本医疗保险）累计缴费满1年（含2017年1月1日前已参加基本医疗保险的年限）且处于参保缴费状态的异地务工人员，其已在外地（含港、澳、台）入户且在本市中小学就读或共同生活的学龄前子女，以居民身份参保。居民只参加一档。

3. 本市户籍灵活就业人员可以职工身份在户籍所在区参加一档。

4. 失业人员在领取失业保险金期间，以职工身份参加二档，医疗保险参保费用从失业保险基金中支付。

5. 工伤保险中一级至四级伤残职工本人要求终止劳动关系，按月领取伤残津贴的，由工伤保险基金每月按职工二档缴纳医疗保险费至其法定退休年龄。

（二）统一筹资政策

坚持多渠道筹资，合理确定用人单位、个人缴费和财政补助的责任，完善筹资动态调整机制，建立与经济社会发展水平、各方承受能力相适应的稳定筹资机制。用人单位、职工和居民分别以我市上上年度在岗职工平均工资和上上年度居民可支配收入为基数：一档职工身份的费率为4.5%、居民身份的费率为4%；二档的费率为5.5%。居民身份只参加一档。若国家或省有新的规定，从其规定。在我市参加社会保险的异地务工人员的随迁子女可参加基本医疗保险，在本市就读的，享受财政补助政策；学龄前儿童全部参保费用自行承担。鼓励集体或其他社会经济组织资助居民参保缴费。若医保基金低于6个月支付能力时，可通过提高费率来解决。

1. 基本医疗保险筹资水平。一档：职工身份总费率为4.5%，其中职工个人为0.5%，用人单位为4%；居民个人为1.2%，财政补贴部分用三年时间达到2.8%，分别为2017年1.8%、2018年2.3%，从2019年起为2.8%。

本市户籍特困供养人员、低保对象、丧失劳动能力的残疾人、贫困残疾人、严重精神障碍患者、低收入家庭中60周岁以上的老年人和未成年人以及低收入重病患者等困难居民参保，个人缴费部分由属区财政全额补贴。

二档总费率为5.5%。其中职工个人为1.5%，用人单位为4%。

2. 缴费方式。以自然年度为医疗保险缴费年度。职工以用人单位为单位、居民以个人为单位、异地户籍大中专学生以学校为单位集体参保缴费。职工按月缴费，自缴费达账次月起享受待遇，停止缴费次月起停止待遇；居民实行按年缴费，以家庭户为单位托收，原则上应在每年11月30日前缴纳下一保险年度的保费（中途不退费），并在下一保险年度内享受待遇。允许特定人群（指新生儿、办理医保中止手续的失业人员、新迁入本市户籍人员、新增民政特殊群体人员、刑满释放人员、退役士兵、中途转入本市就读学生）在保险年度内中途参保，按全年缴费标准缴费，从参保次月起享受待遇（新生儿出生90天内参保的从出生之日起享受待遇）。建立完善自动续保机制，推行银行自动划账、网上缴费等，方便参保缴费。

3. 职工缴费年限。非外市转入，曾以职工身份参保的，累计缴费年限满25年（含视同缴费年限），退休后不再缴费，按规定享受基本医疗保险待遇；外市转入的和2013年7月（含7月）后首次参加我市基本医疗保险（含原职工基本医疗保险）的参保人，除上述条件外，还需在本市实际缴费年限累计达10年，退休后不再缴费，按规定享受基本医疗保险待遇。达到法定退休年龄时未达到医疗保险规定年限的，如按月享受养老待遇的，可选择一次性补缴；如未能按月享受养老待遇的，可选择延后缴费至规定年限后享受基本医疗保险待遇。工伤保险一级至四级伤残职工达到法定退休年龄时，其医疗保险缴费年限不足享受退休人员医疗保险待遇规定年限的，需一次性趸缴差额年限的医疗保险费。从办理补缴或趸缴的次月起享受基本医疗保险待遇。计算标准按补缴或趸缴时一档职工总缴费标准核定。2016年12月前（含当月）原职工医疗保险缴费年限可累计计算。

若本市户籍职工不趸缴的，可以居民身份继续缴费参保。

职工跨统筹地区就业，其医疗保险关系转移接续按国家和省的规定执行。基本医疗保险视同缴费年限按我市现行规定执行。

4. 居民实行终身缴费。居民身份参保人按自然年度参保，其参保年限不累计计算。

（三）统一医疗保障待遇

基础待遇包括住院（含家庭病床）、门诊特定病种、门诊慢性病种、普通门诊、一次性生育医疗补贴、个人账户。从2017年1月1日起，不分年龄层，以职工现行待遇标准为基础，统一职工和居民保障水平。

住院（含家庭病床）待遇：住院报销比例分别为一类医疗机构95%，二类医疗机构90%，三类医疗机构85%；起付线分别为一类医疗机构300元/次，二类医疗机构600元/次，三类医疗机构1200元/次。市外转诊的按一定比例降报。职工身份参保人连续按月缴费未满90天的，期间发生医疗费累计最高支付限额为5000元，最高支付限额以上部分不计入大病保险支付范围；连续按月缴费满90天（含）的，最高支付限额为30万元/年。居民身份参保人最高支付限额为30万元/年。中断缴费的补缴，不计入连续缴费时间。扩大住院药品报销范围，取消药品目录内部分药品的限定支付范围。

门特待遇：统一职工和居民的门诊特定病种数量及报销比例，报销比例与住院一致，重特大疾病在三类医院的报销比例为90%；不设起付线；年度限额分为三档，低档限额为4500～5500元，中档限额4万～4.5万元，高档限额为10万元。

门慢待遇：建立门诊慢性病种，选取诊断明确的慢性病回归基层诊疗，门慢病种不设起付线，报销比例分别为一类医疗机构85%，二类医疗机构80%，三类医疗机构75%，年度限额为4500～5500元。

普通门诊待遇：普通门诊作为基本医疗保险的待遇之一，取消“居民门诊基本医疗保险制度”。通过家庭医生式签约服务和强化社区公共卫生服务，引导参保人主动与基层医疗机构签约，逐步实现按人头付费。进一步拉大市、区级医院、镇级医院与社区卫生服务中心的报销比例，引导参保人基层就医，报销比例分别为：一类医疗机构为90%，二类医疗机构为70%，三类医疗机构为40%（市一、中医院除外），将普通门诊药品目录扩大至住院药品目录。

一次性生育医疗补贴：符合国家计划生育政策的不符合领取生育保险待遇女性参保人，享受由基本医疗保险基金一次性支付生育医疗补贴（含产检）：阴式分娩1500元、剖宫产及双胎以上妊娠分娩3000元。

个人账户待遇（仅参加二档的参保人享有此项待遇）：在职参保人个人账户划入金额按2016年12月在职个账划拨金额固化；符合条件的退休参保人划入金额也按2016年12月退休个账的划拨金额固化。2017年1月1日（含1月1日）后在我市首次参加基本医疗保险的参保人，退休后不享受个人账户待遇（办理了个人账户转移到我市的除外）。

符合条件是指实施改革前已享受职保退休待遇的参保人，以及改革前已参加我市职工基本医疗保险、改革后办理退休手续符合享受医疗保险待遇的参保人。

大病保险待遇：大病保险年度最高支付限额提高到30万元。在原有大病保障待遇的基础上，选定部分恶性肿瘤疾病，扩大药品目录范围，将有明确适应症的恶性肿瘤非替代性靶向药（目录由市人力资源社会保障局另行确定）纳入大病支付范围，提高重特大疾病患者的保障水平。一个保险年度内参保人因患特定重大疾病使用相关靶向药品的医疗费用在3万元以上、15万元以内（含15万元）的医疗费用，由大病保险资金支付70%。

（四）统一基金管理

1. 基金管理。改革前的职工医疗保险统筹基金、居民（含门诊）医疗保险基金合并为市医疗保险基金，统筹使用。

2. 统筹层次。以市为统筹单位，统一政策，合理确定缴费及待遇标准；统一基金管理，由市统一组织基金预决算并组织实施，逐步实现基金市级统收统支。

3. 基金调控。合理控制基金当年结余率和累计结余率，使累计结余可支付月数控制在不少于6～9个月的合理区间。若当年基金出现超支，可使用历年结余。健全医疗保险基金运行预警和动态调控机制，防范基金风险，确保基金平稳运行。

（五）统一经办管理

坚持政事分开、管办分离。社会保险征收机

构负责参保登记，其中，职工身份的按规定征收模式按月征收，居民身份的由社保经办机构按自然年度征收。市、区社会保险经办机构统一负责个人权益记录。

三、提升服务管理效能

（一）提升全民参保登记水平

实施全民参保登记计划，建立全民参保登记数据库，完整记录参保人基础信息，对全员参保情况进行实时核查、分析和规范管理，实现各业务环节的一体化和信息化，摸清参保底数，促进精准扩面。加大劳动监察执法和宣传教育力度，确保企业和职工依法参保，引导居民积极参保。

（二）提升医疗服务监管水平

全面开展付费总额控制，科学编制支出预算，制定医疗保险基金支出总体控制目标并细化分解到各医疗卫生机构，确保基金支出稳定可控。推行住院、门诊特定病种等以总量控制为主，按病种付费、按服务单元付费为辅。完善“结余奖励、超支分担”机制，充分发挥医疗保险引导医疗行为规范的作用。

完善社会保险经办机构与医药机构的协议管理，转变行政管理方式，建立健全考核评价机制和动态的准入、退出机制，非公立医疗机构与公立医疗机构实行同等政策。

（三）提升信息化水平

完善医疗保险信息系统，推行医疗保险智能监控。加快社会保障卡应用，推广参保人持卡参保缴费、就医购药、费用结算、自助查询等。

四、加强相关配套改革

（一）协同推进医药卫生体制改革

推动医保、医疗、医药三医联动、协同配合的工作机制，推进医疗保险城乡一体化改革与医药卫生体制改革相互配合、相互衔接、相互促进，形成保障人民群众健康的合力，实现可持续发展。

1. 全面推进公立医院改革。坚持公立医院的公益属性，破除逐利机制，降低运行成本，逐步取消药品加成。建立以公益性为导向的医院考评机制，加强公立医院费用控制监测，建立处方点评制度，规范医务人员诊疗行为。

2. 完善分级诊疗和双向转诊制度。加强基层医疗卫生体系建设，优化医疗卫生资源配置。制定分级诊疗办法，通过家庭医生式签约服务推动分级诊疗，确定各级各类医疗卫生机构功能和诊疗的主要病种，明确出入院和转诊标准，构建基层首诊、双向转诊、急慢分治、上下联运的分级诊疗模式。

3. 实行支付方式改革。强化基金收支预算，全面开展总额控制，试点开展按病种付费为主，按人头付费、按服务单元付费等复合型付费方式，不断提高医疗保险付费方式的科学性，提高基金使用效率和管理效率。

4. 理顺医药服务价格。按照“总量控制、结构调整、有升有降、逐步到位”原则，积极稳妥推进医疗服务价格改革，合理调整医疗服务价格。调整后的医疗服务价格属于医疗保险报销范围的由医疗保险基金支付。完善药品集中采购办法，合理降低药品价格。

5. 严格控制医药费用不合理增长。加强医药服务的监管，重点监控门诊和住院次均费用、医疗总费用、收支结构、大型设备检查阳性率，以及检查检验、自费药品、医用耗材等占医疗收入比例等情况，加强对医药费用增长速度较快的诊疗行为监管，严肃查处不规范医疗行为，确保医疗总费用年度增长不超过10%。

（二）协同推进参保征缴

完善地税、教育、民政、残联等部门整体联动、协同配合的工作机制，营造良好的舆论氛围，增强职工和居民的参保意识，引导用人单位和群众依法参保、足额缴费。

1. 强化基金征收。地税部门对用人单位和职工进行医疗保险费缴费项目的核定和缴费登记，并按照核定的数额征收医疗保险费，及时缴入医疗保险基金财政专户，并协同做好扩面督查、管理等工作。

2. 强化学生及困难群体参保。教育部门负责指导在校学生的参保组织工作，学校和托幼机构应及时为其在校学生统一办理参保登记手续，代收代缴异地户籍在校学生、儿童的个人缴费。民政部门负责做好医疗救助制度与基本医疗保险制度的衔接，及时提供困难人员名单。残疾人联合会负责做好重度残疾人身份的确认。

3. 强化基层组织发动扩面。将医疗保险经办服务下沉到基层，街道、社区、居委会、村委会等基层组织通过电话、网络和上门服务等方式，协助做好居民参保组织实施工作，提高群众参保积极性。

（三）协同推进多层次医疗保障体系建设

加强与医疗救助、疾病应急救助、商业健康保险等衔接，强化制度间的协同配合，实现多元保障。

1. 推动医疗救助与医疗保险无缝衔接。推动医疗救助与医疗保险信息系统对接，实现人员信息、就医信息和医疗费用信息的共享，实行医疗救助与医疗保险待遇“一站式”同步结算，切实解决困难群众享受医疗保障的“最后一公里”问题。

2. 推动商业健康保险发展。鼓励发展与基本医疗保险相衔接的商业健康保险，满足群众多元化健康保障需求。支持商业保险机构通过公开招投标承办大病保险，简化理赔服务流程，为参保人提供更加高效便捷的服务。

五、精心组织实施，确保改革顺利推进

（一）加强组织领导

为加强推进医疗保险城乡一体化改革工作的组织领导，成立以市长为组长，成员单位包括人力资源社会保障、发展改革、财政、地税、卫生计生、民政、经济和信息化、社保等部门的工作领导机制，推进医疗保险城乡一体化工作。

（二）加强财力保障

全市各级财政部门要统一认识，为医疗保险城乡一体化改革提供财力保障，做好预算安排，保证财政补贴资金及时到位。

（三）加强能力保障

根据我市的实际情况，增加市、区两级医疗保险政策制定及经办管理方面的人员，提高人员的专业素质，通过购买第三方服务方式，开展第三方费用监管评审服务，做好医疗保险基金管理工作。

（四）加强宣传引导

充分利用各种媒体，定期开展知识竞赛、主题宣传、户外咨询、广场论坛等医疗保险服务主题活动，加强医疗保险城乡一体化政策解读和宣传引导，营造全社会积极参保的良好舆论氛围。

（五）制定医疗保险城乡一体化实施办法

由市人力资源社会保障局牵头，会同相关部门制定具体实施办法及相关配套文件。

佛山市进一步推进户籍制度改革实施方案

佛府办〔2016〕21号

为深入贯彻落实《国务院关于进一步推进户籍制度改革的实施意见》和《广东省人民政府关于进一步推进户籍制度改革的实施意见》，在我市2004年户籍制度改革工作的基础上，继续促进有能力在我市稳定就业和生活的常住人口有序实现市民化，进一步降低准入条件，稳步推进我市基本公共服务常住人口全覆盖，制订本实施方案。

一、总体要求

（一）工作目标

统筹我市户籍制度改革和相关经济社会领域改革，合理引导农业人口有序向城镇转移，有序推进农业转移人口市民化，逐步实现城乡人口管理一体化，城乡公共服务均等化，城乡经济发展均衡化。到2020年，基本建立与全面建成小康社会相适应，有效支撑社会管理和公共服务，依法保障公民权利，以人为本、科学高效、规范有序的新型户籍制度。

（二）基本原则

坚持积极稳妥、以人为本，尊重居民自主定居意愿，稳步推进农业转移人口落户城镇；坚持分类管理、有序迁移，合理调整城乡之间人口结构；坚持统筹规划、全面布局，着力完善相关配套制度和政策；坚持因地制宜，统筹考虑地区经济社会发展和城市综合承载能力，适时调整优化户籍政策。

二、任务分工

（一）进一步调整户口迁移政策

对我市原有的户口迁移政策作以下调整：

1. 引进人才入户。符合我市人才引进政策，经市（区）人力资源社会保障部门批准引进的各类人才，可以在工作所在地申请入户，工作所在地与实际居住地不一致的，可在实际居住地入户。

2. 购房入户。在我市自有合法产权住宅房屋（含二手房、自建房），已办理房产证（不动产权证），本人及其共同居住生活的配偶、未成年子女、父母可以在房屋所在地申请入户。

3. 稳定居住就业入户。在我市居住满3年

（连续办理居住证 3 年或以上）、合法稳定就业满 3 年（连续缴纳社会保险满 3 年或连续经商满 3 年，可互补叠加），并有合法稳定住所（含租赁）的人员，本人及其共同居住生活的配偶、未成年子女和父母可以在居住地申请入户。

4. 积分入户。进一步推进新市民积分入户政策，并统筹考虑各区经济社会发展和城市综合承载能力，适时调整积分入户的分值及入户指标。

5. 直系亲属投靠入户。被投靠方属我市户口，在我市有合法稳定住所的人员，共同居住生活的配偶、未成年子女和父母可以在房屋所在地申请入户。成年子女照顾父（母）亲，以共同居住生活为条件，允许 1 名成年子女及其配偶和未成年子女投靠入户。

6. 市内迁移户口。以自有合法产权住宅房屋为条件，本人、配偶、子女、父母等可按实际居住地进行户口登记。

7. 进一步加强空挂户管理。市内户籍人员要按照实际居住地登记户口，自有合法产权住宅房屋的应当在房屋登记地登记户口。租赁政府所有权房屋的可以在房屋登记地登记户口，也可以在单位集体户或者租住地居（村）集体户登记户口。因房屋所有权转移后在本市内没有自有合法产权住宅房屋的，可以征得房屋所有人和户主同意，挂靠在亲友的家庭户中；租赁经政府房管部门登记备案的个人合法产权住宅房屋的，经房屋所有人同意，可以在租赁房屋所在地入户；没有亲友家庭户可挂靠的，可迁入工作单位集体户，工作单位没有集体户的，应当迁入原户籍所在地的居（村）集体户。

8. 取消市外户口迁入中的计生审核。由市外迁入户口前进行计生审核改为市外户口迁入后，由公安机关将名单交由计生部门审查登记。

调整后的户口登记、迁移、准入条件见附件，具体的户籍管理实施细则由市公安局制定。

（二）创新人口管理

自我市 2004 年实施户籍制度改革以来，政府各部门已逐步形成了与统一城乡户口登记制度相适应的服务和管理制度。在此基础上，各部门要继续完善相关制度，实现户籍制度改革相关工作紧密结合，整体推进。

1. 健全居住证积分管理制度。以居住证为载体，实施新市民积分入户政策，建立健全与居住年限、参加社会保险年限等条件相挂钩的基本公共服务提供机制。居住证持有人可通过积分等方式，阶梯式享受基本公共教育、基本公共医疗卫生、就业扶持、住房保障、社会福利、社会救助、公共文化、计划生育等方面的服务。居住证持有人应当按照权责对等的原则，切实履行服兵役和参加民兵组织以及地方规定的公民义务。积极拓展居住证的社会应用功能，不断扩大向居住证持有人提供公共服务的范围。

2. 加强人口基础信息平台建设。建立完善覆盖全市实际居住人口、以公民身份号码为唯一标识、以人口基础信息为基准的全市人口基础信息库。依托市级政务信息资源共享平台，整合各有关部门的人口信息资源，建立市级人口综合信息服务管理平台，分类完善劳动就业、教育、收入、社保、房产、信用、卫生计生、税务、婚姻、民族等信息系统，逐步实现跨层级、跨部门、跨地区信息整合和共享。

3. 加强人口信息管理应用。建立健全实际居住人口登记制度，完善人口动态采集更新机制，全面、准确掌握人口规模、人员结构、地区分布等情况，提升人口基础信息采集率、准确率。实时掌握人口变化情况，加强人口数据统计分析，为政府决策提供参考依据。

（三）切实保障农业转移人口及其他常住人口合法权益

1. 完善农村产权制度。依法保障农民的土地承包经营权、宅基地使用权。按照中央和省、市的部署，争取 2016 年底全市基本完成全市农村土地承包经营权确权、登记、颁证的任务；加快开展农村地籍调查，进一步推进农村宅基地使用权确权、登记、颁证工作；加快推进农村集体经济组织产权制度改革，保护集体经济组织成员的集体财产权和收益分配权。坚持依法、自愿、有偿的原则，引导农业转移人口有序流转土地承包经营权。现阶段，不得以退出土地承包经营权、宅基地使用权、集体收益分配权作为农民进城落户的条件。

2. 积极推动城乡教育事业均衡协调发展。进一步加大教育投入，切实保障城市新增居民教育权利。完善义务教育经费保障机制，制定出台鼓励政策吸引高素质教师到农村学校任教，提高教学质量，促进义务教育均衡优质标准化发展，保障适龄儿童少年平等接受义务教育权利。建立非义务教育多元投入机制，加快发展继续教育和职业培训，最大限度地满足城市新增居民多样化的学习需求，加强面向农村的职业教育培训。

3. 建立完善覆盖城乡惠及全民的社会保障体系。建立健全城乡统一的人力资源市场和就业创业管理体系，完善人力资源信息网络系统，为农村劳动力和新落户城镇劳动力提供就业创业服务和就业援助。加强农村劳动者技能培训，提高其转移就业能力。健全城乡各项社会保障制度，建立统一的城乡居民基本养老保险制度，进一步完善城乡居民基本医疗保险制度，做好医保关系转移接续和异地就医即时结算服务工作。完善以低保制度为核心的社会救助体系，实现城乡社会救助统筹发展。

4. 加快统一城乡居民卫生计生服务制度。将全市农业转移人口及其他常住人口纳入社区卫生和计划生育服务体系，提供基本公共医疗卫生服务，加快实施统一的城乡医疗救助制度。建设全面覆盖实际居住人口的计生服务信息网络。

5. 加快住房保障制度改革。深入分析研究本地农业转移人口和其他常住人口住房需求，加强城镇保障性住房建设规划，逐步将稳定就业的异地务工人员纳入城镇住房保障体系。加大保障性住房建设力度，多渠道筹措房源，着力解决新落户的低收入家庭住房困难问题。探索完善城乡居民住房公积金制度，充分发挥住房公积金支持城乡居民住房消费的作用。

6. 加强基本公共服务财力保障。积极探索建立财政转移支付同农业转移人口市民化挂钩机制。完善促进基本公共服务均等化的公共财政体系，逐步理顺事权关系，建立事权和支出责任相适应的制度，市、区按照事权划分相应承担支出责任。

三、工作要求

（一）加强组织领导

成立由市公安局、市发展改革局、市经济和信息化局、市教育局、市民政局、市财政局、市人力资源社会保障局、市国土规划局、市住建管理局、市农业局、市卫生计生局、市流管办等部门组成的市进一步推进户籍制度改革工作协调机制，日常工作由市公安局承担。各区要参照市的做法建立相应的户籍制度改革工作协调机制，统筹领导和协调推进户籍制度改革工作。

（二）抓紧落实政策措施

市公安局要根据本实施方案制定推进本地户籍制度改革实施细则，规范工作流程；协调有关部门加强统筹协调、跟踪评估和督查指导；抓紧制定相关配套政策措施，认真做好新旧政策措施的衔接，把握好过渡期，确保各项改革任务落实到位，真正做到便民、利民。如要对相关户籍政策进行调整的，需由有关部门研究后报市人民政府审批。

（三）加强宣传引导

户籍制度改革政策性强，社会关注程度高，各区、各部门和新闻单位要做好宣传和引导工作。要坚持正确舆论导向，全面准确解读中央和省、市的有关政策，及时总结、大力宣传各地在解决群众实际问题、保障群众合法权益等方面的好经验好做法，合理引导群众预期，积极回应社会关切，让广大群众了解、支持我市户籍制度改革工作，形成共同推进改革的良好社会氛围。

佛山市新市民积分制服务管理办法

佛府办〔2016〕24号

第一章　总　则

第一条　为加强和规范新市民服务管理工作，提高服务管理水平，促进我市经济、社会协调发展，根据《国家新型城镇化规划（2014—2020年）》《国务院关于进一步推进户籍制度改革的意见》《国务院关于深入推进新型城镇化建设的若干意见》和《关于开展农民工积分制入户城镇工作的指导意见》《关于做好进城务工人员随迁子女义务教育工作的意见》等文件精神，结合我市实际，制定本办法。

第二条　本办法所称新市民是指在本市工作或居住的非本市户籍人员。

在本市工作或居住的非本市户籍人员，且在本市已办理居住证满半年（含）以上，在居住证有效期内，经本人申请，纳入我市新市民积分制服务范围。

第三条 佛山市新市民积分制服务管理工作协调小组办公室（以下简称市积分办）负责统筹指导新市民积分制服务管理工作，负责开发和维护佛山市新市民积分制服务管理信息系统（以下简称市积分系统），指导各区开展新市民积分制服务工作。区新市民积分制服务管理工作协调小组办公室（以下简称区积分办）负责具体实施积分制服务管理的日常工作，负责组织实施新市民积分统计、排名、公示及报送，并指导镇（街道）新市民积分制服务管理工作协调小组办公室［以下简称镇（街道）积分办］设立新市民积分制服务管理窗口（以下简称受理窗口）。各镇（街道）积分办具体负责新市民积分制服务管理的申请受理、资料审核、信息录入、材料传递和档案保存等工作，受理新市民积分制服务管理相关投诉。

市财政局负责市级有关部门新市民积分制服务管理的工作经费，各区财政部门按属地管理原则负责本地区关于新市民积分入学、积分入户及积分制管理的各项支出。

市新市民事务办公室与市发展改革局，会同市公安局、市人力资源社会保障局等部门，制定全市年度入户指标数，报市人民政府审批后统一向社会公布。

市教育局负责确定新市民随迁子女年度入读义务教育阶段公办学位的指标数，包括政策性借读生和积分入学的指标数，于每年5月前向社会公布，并报市新市民事务办公室备案。

市政府其他有关职能部门及其在各区、镇（街道）的分支机构、派出机构和其他相关组织机构根据各自职责做好新市民积分制服务管理工作。

第四条 按照统筹兼顾、总量规划、统一管理、分类排名的原则，对需要享受相关公共服务的新市民按其所得积分高低进行分类排名，排名在公布指标数内的新市民可按有关办法享受相关公共服务。

第五条 新市民积分制服务管理按照“个人自愿、分区申请、统一管理、动态调整”的工作模式，全市统一积分项目、项目分值、计分办法、受理窗口和信息系统，各区享有一定的自主加分权。

第六条 受理窗口及相关部门使用市积分系统开展积分申请受理、资料审核、信息录入、核查评分等积分服务管理工作，共享人力资源社会保障、公安、教育、卫生计生等有关部门的数据资源，实行网上申请、查询、审核、评分、排名、公示等“一网式”服务。

第七条 各镇（街道）积分办及相关职能部门应将具备条件的受理窗口和涉及新市民积分制入户、入学等公共服务的审批事项进驻行政服务中心办理，建设综合服务窗口，实行“一门式一网式”服务。

第二章 积分规则和评分

第八条 新市民积分制服务管理计分指标体系由基础指标、加分指标、计划生育奖励分、积分入户减分指标、一票否决指标和各区自定指标6部分组成。

第九条 新市民申请相关公共服务的积分排名，在总积分相同、排名并列的情况下，根据新市民个人素质、参保情况、居住情况3项指标的所得分数依次分别排名，如排名依然并列则按提出申请的时间先后确定积分排名。

入读义务教育阶段公办学位积分排名以学年为单位开展，入户积分排名以季度为单位开展。

第十条 根据有关指标内容的变化，将新市民积分情况在市积分系统中作相应动态调整。参与积分制管理的新市民有关指标发生变化时，在积分申请截止时间前应及时向各镇（街道）受理窗口提供相关证明材料，经核实纳入个人积分档案，调整累计积分。

各区公安机关和卫生计生等部门发现已纳入积分制管理的新市民存在扣减分指标情形的，应及时将有关资料移送区积分办，所在镇（街道）受理窗口在10个工作日内对相关人员的积分进行相应调整。

第十一条 新市民有伪造或提供虚假申请资料等不诚信行为的，一经发现，取消当年积分申请资格；取得入户、入学资格的，取消其相应资格，所得积分清零，且两年内不得申请积分。

第十二条 全市各级相关职能部门要按照《佛山市新市民积分制服务管理计分指标》对参加积分申请的新市民开展核查评分工作，应在10个工作日内登陆市积分系统完成核查评分工作。各部门核查评分内容如下：

公安机关负责居民身份证、户籍证明、家庭关系证明、涉及违法犯罪行为记录的核查评分。

教育部门负责学历证书、新市民随迁子女学籍档案情况的核查评分。

人力资源社会保障部门负责由人力资源社会保障部门核发的国家职业资格证书、专业技术资格证书，社会保险情况证明以及由人力资源社会保障部门组织举办的职业技能竞赛获奖情况的核查评分。

国土规划部门（不动产登记部门）负责房产证的核查评分。

卫生计生部门负责子女出生医学证明、儿童预防接种证、妇幼保健证明、公共场所从业人员健康合格证明、医疗工作从业人员证明、婚检及孕前优生健康检查证明资料、无偿献血证书、捐献造血干细胞等荣誉证书及有关计划生育情况的核查评分。

民政部门负责婚姻状况证明和申请人婚姻状况承诺书的核查评分。

科技部门负责科学技术、发明、实用新型、外观设计等专利权证书的核查评分。

工商（市场监管）部门负责工商营业执照及企业类别的核查评分。

国税部门负责为国税管辖纳税人提供国税纳税凭证的核查评分。

地税部门负责为地税管辖纳税人提供地税纳税凭证的核查评分。

住房公积金管理部门负责住房公积金缴交情况的核查评分。

团委负责审核志愿者参加社会服务活动证明的核查评分。

交通运输部门负责公共交通从业人员证明的核查评分。

环卫部门负责环卫从业人员证明的核查评分。

新市民事务办公室负责居住证、新市民表彰奖励的核查评分。

第十三条 新市民在申请积分制服务管理过程中，对相关职能部门、镇（街道）受理窗口等机构执行相关规定有异议的，可在处理结果送达之日起10个工作日内向区、镇（街道）积分办申请对职能部门核查评分结果进行再次核查。区、镇（街道）积分办应在5个工作日内将材料按照本办法第十二条的职责分工转送相关职能部门进行再次核查，相关职能部门应在10个工作日内完成再次核查工作，并反馈积分办统一回复申请人。申请人对区、镇（街道）积分办处理结果不服的，可在处理结果送达之日起15个工作日内向市积分办申请复核，复核中发现有关部门确有违反相关规定情形的，由市积分办责令其改正。

第十四条 新市民提出积分入户申请，如果无被国家司法机关判决有犯罪记录的，应出具本人签名的无犯罪记录承诺书；如果属于未婚未育或者是已婚未育的婚姻状况，也应当出具本人签名的承诺书。无犯罪记录承诺书由申请地镇（街道）受理窗口通过市积分系统交由所在地公安机关对申请人是否存在犯罪记录的扣减分情况进行核查评分，未婚未育（已婚未育）承诺书交由卫生计生部门和民政部门对申请人的婚姻和生育状况的得分情况进行核查评分，核查评分工作应在10个工作日内完成。

第十五条 新市民户籍迁入我市后，其积分制服务自动终止。新市民随迁子女获得公办学位后，本次积分入学服务终止。

第三章 申办流程及资料

第十六条 各镇（街道）受理窗口负责对申请资料进行初审，并将有效资料及时录入市积分系统。

镇（街道）受理窗口在审核资料过程中对资料真伪不能确定的，应通过市积分系统或将纸质资料提交区或市相关职能部门进行核查。

参与积分制管理的新市民，可通过佛山新市民服务信息网查询积分情况；相关职能部门或机构可通过市积分系统查询和办理相关业务。

第十七条 积分累计达到30分的新市民，其未曾入读公办小学或初中且符合入学条件的适龄子女可在其产权房所在地或居住地申请小学一年级或初中一年级公办学位新生排名。具体操作流程如下：

（一）区人民政府根据各区、镇（街道）教育资源分布情况和外来常住人口规模，每年提供一定数量的公办学位入学指标数，积分达到30分以上（包括30分）的新市民随迁子女可申请入读。区教育部门应统筹做好政策性借读生和普通借读生的招生工作，在每年初拟定当年新市民子女入学指标数，明确各阶段招生报名时间，报区人民政府批准和市教育局备案，并将相关情况报送至区积分办。

（二）新市民可于积分申请截止时间前持居民身份证、居住证、父（母）子（女）关系证明材料及其他相关资料，向其产权房或居住地所在镇（街道）受理窗口为随迁子女提出义务教育阶段公办学位申请。未能提供《佛山市新市民积分制服务管理卫生和计划生育积分承诺表》的新市民，其随迁子女不能享受政策性生育子女加分。

（三）区积分办依据父母积分情况，于每年6月按照全区或分镇（街道）对普通借读生进行排名，第一次排名录取后，在入学指标数仍有节余情况下可调剂分配，将首次排名未取得入读资格的新市民子女按照剩余的指标数在全区范围内进行二次排位；并将排位结果在佛山新市民服务信息网及本市主要媒体进行公示，公示期不少于5个工作日。教育部门根据公布的入学指标数和排名情况，按照就近入学原则安排新市民子女入读。不服从安排者视为放弃入读资格。

（四）市积分办通过佛山新市民服务信息网、佛山新市民微信公众平台或其他途径公布全市随迁子女入学指标数和各区排名名单。

（五）已纳入积分管理的新市民其随迁子女申请入读义务教育阶段公办学校时，按就高原则，只取夫妻一方的积分。

未成年新市民（儿童）父母双亡或其他原因造成父母丧失监护权的，可通过其他合法监护人的名义申请积分入学。

第十八条 积分累计达到30分的新市民，提出申请的上一自然月在我市缴纳了社会保险费且申请期间保持参保状态，在法定工作年龄内可在其产权房所在地、居住地或就业地申请积分入户排名。具体操作流程如下：

（一）区积分办根据市下达的年度入户指标，统筹推进本行政区的新市民入户工作。

（二）已被纳入新市民积分制服务范围，且在法定工作年龄内，需申请将户籍迁入我市的新市民，持居民身份证、居住证及其他相关资料向其产权房所在地、居住地或就业地所在镇（街道）受理窗口提出申请。

（三）区积分办于每季度对全区或镇（街道）按申请人所得积分高低进行排名，并将排位结果在佛山新市民服务信息网及市主要媒体进行公示，公示期不少于5个工作日。经公示无异议或经核实异议不成立的，由区新市民事务办公室向积分排名在区人民政府入户规划名额之内的新市民发出积分入户卡，入户卡领取地点为各镇（街道）受理窗口。新市民积分入户卡的标识内容和格式由市新市民事务办公室统一标准并印发各区。

（四）取得积分入户资格的新市民，自入户卡签发之日起6个月内凭入户卡及其他相关资料到产权房所在地、居住地或就业地的区公安机关户籍管理部门办理入户相关手续。逾期未办理的，视为放弃入户资格。

新市民或其配偶在本市有自有合法产权住宅房屋且已办理房产证的，可以按本办法申请积分入户，也可以按我市户口市外迁入准入条件直接到公安机关申请、办理入户手续。具有大学本科及以上学历或中级及以上专业技术资格且男50周岁、女45周岁以下的，可以按本办法申请积分入户，也可以按我市人才引进政策直接向市、区人才交流中心提出入户申请。

（五）经市（区）人民政府批准设立的单位、工业园区和社区居委会（村委会），有专人负责管理集体户口的，可以申请设立集体户。企业（含民营企业）有自有合法所有权厂房、办公楼、生活区的厂企单位，企业员工数量100人或以上（通过认定的高新科技企业可不受员工人数限制），或每年纳税人民币20万元（包括20万元）以上，且有专人负责管理集体户口的，可以申请设立集体户。公安机关负责集体户口的受理审批。符合积分入户条件的新市民，可入户自有合法产权住宅房屋、集体户、政府提供长期租住的公共租赁房屋、经政府房管部门登记备案的个人合法产权租赁住宅房屋（须经房屋所有人同意），或与亲友搭户。符合入户条件的人员（含入集体户的人员），可申请为其配偶和未成年子女同时办理随迁入户手续。

第十九条 新市民向镇（街道）受理窗口提出积分申请，应填写申请表格，提供居民身份证和《广东省居住证》的原件及复印件，并按《佛山市新市民积分制服务管理计分指标》提供相关证明材料。

（一）文化程度。应提供学历证书原件及复印件，大专以上学历在中国高等教育学生信息网或中国教育考试网无法验证的，须同时提供受教育所在省、市政府教育行政主管部门出具的学历认证材料。外省、外市中职学校和普通高中的毕业证验证材料由受教育所在省、市政府教育行政主管部门出具。

（二）职业资格或专业技术资格。职业资格（含初级技工、中级技工、高级技工、技师、高级技师），应提供经国家或各省人力资源社会保障部门官方网站验证通过的职业资格证书原件及复印件。如在国家或省官方网站无法验证的，需向发证当地人力资源社会保障部门申请网上补录或由其出具相关证明材料。

事业单位工勤技术工岗位级别，应提供《广东省机关事业单位技术工人聘书》原件及复印件。

专业技术资格，应提供专业技术资格证书原件及复印件，并同时提供发证人力资源社会保障部门出具的鉴定证明。凡在外省经评审获得专业技术资格的人员，均需按《关于印发〈广东省人力资源和社会保障厅关于省外来粤人员高级专业技术资格确认的暂行办法〉的通知》要求申请办理省外来粤专业技术资格确认，并提供确认后的专业技术资格证书原件及复印件、发证机关出具的鉴定证明。

企业评定的相当岗位等级技术技能，应提供人力资源社会保障部门出具的备案文件。

（三）社会保险。在本市参加社会保险的，应提供居民身份证和社会保障卡的原件及复印件；在广东省内其他地市参加社会保险的，应提供异地参保证明。

（四）房产情况。应提供房产证原件及复印件，或提供已在不动产登记部门登记备案的购房合同原件及复印件。

（五）居住年限。应提供在本市办理且在有效期内的《广东省居住证》原件及复印件；积分入户申请的居住年限计算时间截至申请当日，积分入学申请的居住年限计算时间截至申请年度的5月30日（含当日）；居住证（暂住证）未按要求续期的断开时间不计算，其余有效居住证（暂住证）时间可连续计算。

（六）婚姻状况。应提供《结婚证》原件及复印件、未婚承诺书等证明文件。

（七）计划生育。应按照《佛山市新市民积分制服务管理计分指标》设定的有关指标提供相关证明材料及《佛山市新市民积分制服务管理卫生和计划生育积分承诺表》。在积分承诺表中能够加具申请人及其配偶户籍地（乡镇街道）卫生计生部门审核意见的，每项额外奖励5分；不能提供的本项不加分，但不影响其他积分。未婚未育、已婚未育的应提供未婚未育（已婚未育）证明或承诺书。

（八）专利创新。应提供科技创新奖励文件材料或专利授权证书原件及复印件。

（九）表彰奖励、竞赛获奖。应提供广东省内个人表彰、获奖证书或荣誉证书原件及复印件，外市颁发的证书须同时提供表彰文件或相关证明材料。

（十）社会贡献。应提供志愿者组织出具的证明原件及复印件，献血证书原件及复印件，捐献造血干细胞荣誉证书的原件及复印件。

（十一）投资纳税。应提供工商营业执照、公司章程原件及复印件和本市税务部门出具的纳税凭证。

（十二）卫生防疫。应提供以下材料的原件及复印件：

1. 子女的《出生医学证明》和《儿童预防接种证》；

2. 有相应资质医院出具的已自愿接受婚前医学检查或孕前优生健康检查证明材料；

3. 我市医疗机构出具的食品生产经营、公共场所服务从业人员健康合格证明及有毒有害工种从业人员职业健康体检资料。

（十三）住房公积金缴交。应提供住房公积金对账簿（含原住房公积金专用存折）及复印件。

（十四）基础教育。根据教育部门学籍档案情况直接计分。

（十五）特定公共服务领域。应提供环卫、公共交通（公共汽车、地铁）、医疗（医院、诊所、社区卫生服务中心）的工作证件原件及复印件、相关行业行政主管部门开具的证明。

新市民可登录市积分系统进行网上自助申请、计分资料录入、查询资料评分、积分排名名单查询等。

第四章 附 则

第二十条 《佛山市新市民积分制服务管理计

分指标》需要调整的，由市积分办会同相关职能部门拟定，报市人民政府批准后向社会公布。

第二十一条 国家和省对新市民服务管理工作另有规定的，从其规定。

第二十二条 本办法由市新市民事务办公室负责解释。

第二十三条 本办法自印发之日起施行，《佛山市人民政府办公室关于印发佛山市新市民积分制服务管理暂行办法的通知》同时废止。

佛山市扶持“中国制造2025”试点示范企业的政策措施

佛府办〔2016〕25号

为加快落实《国务院关于印发〈中国制造2025〉的通知》《广东省人民政府关于贯彻落实〈中国制造2025〉的实施意见》和《佛山市人民政府关于印发中国制造2025佛山行动方案的通知》，着力把佛山建设成为中国制造业一线城市、“中国制造2025”示范城市和广东民营经济第一大市，制定如下政策措施：

一、扶持“中国制造2025”试点示范的企业

（一）企业（指在佛山市行政区域内依法进行工商注册和税务登记并符合相关条件的企业）成功申请成为市级“中国制造2025”试点示范企业（项目）的，给予一次性补助。2016年成功申请的给予补助45万元，2017年成功申请的给予补助35万元，2018—2020年成功申请的给予补助30万元。

（二）企业成功申请成为国家级和省级“中国制造2025”试点示范企业（项目）的，按照企业（项目）所获国家（省）扶持资金总额1∶1的比例给予配套补助。获得国家级“中国制造2025”试点示范企业（项目）的市级配套补助额度最高不超过500万元，获得省级“中国制造2025”试点示范企业（项目）的市级配套补助额度最高不超过300万元。

二、扶持推动“中国制造2025”试点示范的制造业服务商

（一）制造业服务商（指为制造业企业提供咨询、诊断、解决方案及实施指导等服务的企业或机构）与企业签订申请“中国制造2025”试点示范企业（项目）合同，并推动企业成功申请成为国家级、省级和市级“中国制造2025”试点示范企业（项目）的，分别给予补助。企业2016年成功申请的分别给予制造业服务商补助40万元、30万元、20万元，2017年成功申请的分别给予补助35万元、25万元、15万元，2018～2020年成功申请的分别给予补助30万元、20万元、10万元。

（二）同一企业（项目）与多家制造业服务商签订申请“中国制造2025”试点示范企业（项目）合同的，只补助成功申请企业推荐的其中1家制造业服务商。

（三）同一制造业服务商推动企业成功申请国家级、省级和市级“中国制造2025”试点示范企业（项目）达5家及以上的，按每家分别给予8万元、6万元、4万元的标准，给予制造业服务商额外补助。

三、附则

（一）市级扶持资金由市财政按年度预算统筹安排，按照《佛山市人民政府办公室关于印发佛山市经济科技发展专项资金（经济和信息化局部分）管理办法（2012年修订）的通知》规定进行使用管理。

（二）本政策措施自印发之日起实施，有效期至2020年12月31日。各区应参照本政策措施出台相应的区级扶持政策措施。

佛山市重点产业人才引进培育暂行办法

佛府办〔2016〕39号

第一章 总 则

第一条 为深入实施创新驱动发展战略，强化人才引领产业转型升级，全力打造珠江西岸先进装备制造产业龙头城市，制定本办法。

第二条 本办法所称的重点产业人才，是指传统优势产业（家用电力器具制造、食品饮料、金属材料加工与制品、家具制造、陶瓷建材、纺织服装），战略性新兴产业（新一代信息技术、新材料、创新药物和生物医药、节能环保、节能与新能源汽车），先进制造业（智能制造装备、汽车及零配件、新能源装备、节能环保装备、3D打印装备、通用及专业机械装备、石化及精细化工），生产性服务业（信息技术服务、研发设计、技术转移、电子商务、金融服务）领域高、中层次企业人才，依照业绩和能力水平差异，分为A、B、C三个类别。

第三条 重点产业人才通过认定和评定两种方式产生，根据我市产业发展的需要，坚持公平公开、科学客观、市场认可、业内认可的原则进行。

第四条 在佛山市人才工作领导小组的领导下，市人力资源社会保障局负责本办法的统筹实施工作；市经济和信息化、教育、科技、财政、卫生计生等相关部门以及各区人民政府各司其职，确保政策落实。

第二章 认定条件

第五条 新引进到我市重点产业领域工作的人才（柔性引进人才须与我市用人单位签订3年以上服务协议，每年在我市工作时间不少于3个月），符合以下条件之一的，可认定为A类重点产业人才：

（一）中国科学院院士、中国工程院院士、国家有突出贡献的中青年专家、中国工艺美术大师，或相当水平的国外院士和专家。

（二）近5年获得以下奖项之一的人才：

1. 国家自然科学奖一等奖、二等奖完成人前3名；

2. 国家技术发明奖一等奖、二等奖完成人前3名；

3. 国家科学技术进步奖一等奖完成人前5名；

4. 中国专利金奖前2名（须为专利发明人或设计人）；

5. 南粤功勋奖和南粤创新奖；

6. 国外相当水平的发明奖、科技奖获得者。

（三）近5年担任过以下职务的人才：

1. 国家实验室正、副主任，国家重点实验室主任，国家工程实验室主任，国家工程（技术）研究中心主任；

2. 国家“973”计划项目首席科学家；

3. 国家“863”计划领域主题专家组组长、副组长；

4. 国家科技重大专项组技术总师、副总师，项目负责人；

5. 国家科技支撑（攻关）计划项目负责人。

（四）个人年度税前工资薪金300万元以上的人才。

（五）担任上一年度纳税额超1亿元独立法人资格企业负责人或首席技术专家的人才（每家企业不超过1名）。

第六条 新引进到我市重点产业领域工作的人才（柔性引进人才须与我市用人单位签订3年以上服务协议，每年在我市工作时间不少于6个月），且符合以下条件之一的，可认定为B类重点产业人才：

（一）国家“千人计划”入选者、国家“万人计划”入选者、广东省创新创业团队带头人和广东省领军人才、广东省工艺美术大师、佛山市科技创新团队带头人。

（二）近5年，获得以下奖项之一的人才：

1. 省部级科学技术奖一等奖完成人前3名，省部级技术发明奖一等奖完成人前3名，省部级科学技术进步奖特等奖完成人前3名；

2. 广东省科学技术突出贡献奖；

3. 中国外观设计金奖、中国专利优秀奖（须为专利发明人或设计人）；

4. 世界技能大赛金、银、铜牌及优胜奖；

5. 中华技能大奖和全国技术能手。

（三）近5年，担任过以下职务的人才：

1. 国家重点实验室、国家工程实验室、国家工程技术研究中心排名前2名的副主任，国家认定企业技术中心主任；

2. 省、部（重点）实验室（已通过验收）主任。

（四）个人年度税前工资薪金100万元以上的人才。

（五）担任上一年度纳税额超3000万元独立法人资格企业负责人或首席技术专家的人才。一家企业不超过1名。

第七条 新引进到我市重点产业领域工作的人才，且符合以下条件之一的，可认定为C类重点产业人才：

（一）具有博士学位；

（二）具有副高以上专业技术职称；

（三）具有国家高级技师职业资格；

（四）符合《佛山市重点产业紧缺人才目录》要求的全日制硕士研究生、本科生及具有中级专业技术职称的人才。

第八条 新引进取得的研究开发、创意成果达到省内先进水平以上或拥有省内先进水平以上的创新创业项目且发展潜力较大，现行标准难以界定或企业需要的特殊人才，经评审后确定为重点产业人才。

第九条 本办法所称的新引进是指从 2016 年 1 月 1 日起开始计算。全职引进的重点产业人才须办理人才引进手续、与所在企业签订 3 年以上劳动合同并在我市缴纳半年以上社会保险。没有独立法人资格企业的工作人员不纳入本办法扶持范围。

第三章 住房安居

第十条 安家补贴。A 类重点产业人才享受 100 万元的安家补贴，B 类重点产业人才享受 30 万元的安家补贴。安家补贴按 40%、30%、30% 的比例分 3 年发放，所需资金由市级财政承担。

第十一条 租房补贴。C 类重点产业人才按照以下标准享受租房补贴：博士、高级职称专业技术人才每年 12000 元，硕士、中级职称专业技术人才、高级技师每年 9000 元，本科人才每年 6000 元。租房补贴享受期限不超过 3 年，每年度发放 1 次，所需资金由区级财政承担。

第四章 子女入学

第十二条 教育津贴。A、B 类重点产业人才享受子女教育费津贴。其随迁子女就读公办幼儿园和公办普通高中的，享受与入读幼儿园（普通高中）保教费（学杂费）等额的津贴；入读民办幼儿园和学校的，享受不低于 30000 元 / 年的津贴。具体标准由各区人民政府确定。由市教育局牵头组织实施，所需资金由区财政承担。

第十三条 优教服务。A、B 类重点产业人才引进人才随迁子女入学服务实行统筹协调机制。其申请入读我市公办幼儿园和中小学的，市、区教育行政部门结合其个人意愿和工作生活情况予以解决。申请就读我市民办幼儿园、学校的，由市或区人才子女教育服务保障工作联席会议办公室（教育局）负责协调解决。原则上安排在其工作服务区域内幼儿园（学校）解决。其申请跨工作区域就读幼儿园（学校）的，由市人才子女教育服务保障工作联席会议办公室（市教育局）协调安排。

第五章 配偶就业

第十四条 配偶就业推荐。A、B 类重点产业人才配偶身份为公务员的，可由组织部门、人力资源社会保障部门协调推荐到市、区相关机关或参照公务员法管理单位工作；身份为事业单位在编人员的，优先推荐到市、区相关有空编的事业单位工作。

第十五条 配偶待业补贴。A、B 类重点产业人才配偶待业的，每月分别发放 3000 元、2000 元待业补贴，最长不超过 1 年。所需资金由区级财政承担。

第六章 医疗保健

第十六条 优诊服务。各区应指定 1 家三甲医院作为 A、B 类重点产业人才医疗健康服务定点医疗机构，开辟健康服务绿色通道，为其提供就诊、检查、治疗、住院等优诊优先服务。由市卫生计生局组织实施。

第十七条 免费体检。A、B 类重点产业人才每年享受 1 次免费体检。由市卫生计生局组织实施，所需资金由区级财政承担。

第十八条 保健服务。运用互联网 + 健康服务模式，将 A、B 类重点产业人才纳入重点健康管理对象，为其提供疾病预防、养生保健、咨询指导等健康服务。由市卫生计生局组织实施。

第七章 研学资助

第十九条 学术会议资助。A、B 类重点产业人才在我市发起举办与重点产业发展相关的国际性学术会议，最高一次性资助会议举办单位 15 万元；举办与重点产业发展相关的全国性（含港澳台）学术会议，最高一次性资助会议举办单位 10 万元。所需资金由区级财政承担。

第二十条 研修资助。A、B 类重点产业人才赴高等院校、科研机构、大中企业参加与重点产业发展相关的进修或学术访问活动（至少 7 天以上），每人每年可申请 1 次研修资助。其中赴国内（含港澳台）研修的，最高一次性资助 5000 元；赴国外研修的，最高一次性资助 2 万元。所需资金由区级财政承担。

第八章　引才激励

第二十一条　合法注册、具有人力资源社会保障部门颁发的许可证且为非政府财政投入建设的人力资源服务机构以及人才服务专业协会，每引进1名A类重点产业人才资助10万元，每引进1名B类重点产业人才资助5万元。所需资金由市级财政承担。

第九章　服务管理

第二十二条　重点产业人才每季度认定1次，服务期为3年。服务期内每年进行1次资格复核，由市人力资源社会保障局组织实施。

第二十三条　重点产业人才具有下列情形之一的，其资格自动解除，不再享受相关待遇或追回相关待遇：

（一）服务期满的；

（二）离开我市到外地工作的；

（三）提供虚假材料取得认定、评定的；

（四）不按服务协议履约的；

（五）其他不适宜的情形。

第二十四条　重点产业人才的管理服务工作，可以政府购买服务形式委托专业人才服务机构承担。

第十章　认定程序

第二十五条　重点产业人才的认定按以下程序进行：

（一）公告。向社会发布认定公告，宣传政策，公开认定条件和程序。

（二）申请。单位或个人提供相关证明材料，向各区人才工作主管部门提出申请。

（三）审核。各区人才工作主管部门收集材料，组织相关部门进行初审后，报市人力资源社会保障局进行审核。

（四）公示。入选名单统一向社会公示，公示时间为5个工作日。

（五）认定。公示期满无异议的，由市人力资源社会保障局认定并报市人才工作领导小组备案。

第十一章　评定程序

第二十六条　现行标准难以界定或企业急需的特殊人才，采取以下方式进行评定：

（一）申请。企业根据个人业绩和贡献，直接向所在区人才工作主管部门提出申请。

（二）评审。各区人才工作主管部门将材料汇总后报市人力资源社会保障局，由其组织企业及行业协会专家组成的评委会进行评审。

（三）公示。评审结果统一向社会公示，公示时间为5个工作日。

（四）确定。公示期满无异议的，由市人力资源社会保障局确定并报市人才工作领导小组备案。

第十二章　附　则

第二十七条《佛山市重点产业紧缺人才目录》由市人力资源社会保障局牵头制定并适时更新。重点产业中金融服务业人才扶持政策由市金融局牵头制定。

第二十八条　建立市、区两级人才工作专项投入保障机制，保障本办法的实施。

第二十九条　本办法与市、区其他相关人才政策扶持项目性质、内容相近时，按照从高、从优、不重复的原则处理。

第三十条　本办法自印发之日起实施，有效期3年，由市人力资源社会保障局负责解释并制定实施细则。

地方性法规选编

佛山市历史文化街区和历史建筑保护条例

（2015年12月18日佛山市第十四届人民代表大会常务委员会第三十二次会议通过。2016年1月21日广东省第十二届人民代表大会常务委员会第二十三次会议批准。2016年1月22日公布。自2016年3月21日起施行。）

第一章 总 则

第一条 为了加强本市历史文化街区和历史建筑的保护管理，继承和弘扬优秀传统文化，促进城市建设与历史文化协调发展，根据《中华人民共和国城乡规划法》《中华人民共和国文物保护法》《历史文化名城名镇名村保护条例》《广东省城乡规划条例》等法律法规，结合本市实际，制定本条例。

第二条 本条例适用于本市行政区域内历史文化街区和历史建筑的保护管理。

第三条 历史文化街区和历史建筑的保护管理，应当遵循科学规划、严格保护、抢救优先、合理利用的原则，保护历史文化街区和历史建筑的真实性、完整性、可持续性。

第四条 市人民政府负责本市历史文化街区和历史建筑的保护管理，建立本市历史文化街区和历史建筑保护联动工作责任制。

区人民政府负责本行政区域内历史文化街区和历史建筑的保护管理。

镇人民政府、街道办事处履行历史文化街区和历史建筑日常巡查和现场保护等职责。

各级人民政府应将历史文化街区和历史建筑的保护管理纳入国民经济和社会发展规划，提供政策支持和经费保障；并通过购买服务、设立片区保护管理组织等方式，动员各种社会力量参与保护管理。

第五条 城乡规划主管部门负责历史文化街区和历史建筑的普查调查、申报认定、名录管理、保护规划、应急保护等工作，并组织实施本条例。

文物主管部门负责整理保护对象的历史资料信息，挖掘、评价其历史价值，并协助城乡规划主管部门做好历史文化街区和历史建筑的普查调查、申报认定、保护规划等工作。

建设行政主管部门负责历史文化街区范围内的建筑物、构筑物或者其他设施和历史建筑的结构安全、维护修缮等相关建设活动的监督管理等工作。

城市管理部门负责历史文化街区和历史建筑的巡查执法等工作。

公安消防、工商行政等主管部门应当按照各自的职责，共同做好历史文化街区和历史建筑的保护管理工作。

第六条 本条例规定的行政处罚，属于经国务院或者省人民政府批准的相对集中行政处罚权范围的，由市人民政府确定的行政机关实施。

第七条 市、区人民政府设立的历史文化保护专家委员会，由规划、建筑、文化、历史、土地、社会、法律和经济等领域的专业人士组成，负责历史文化街区和历史建筑保护管理中相关内容的审议，为市、区人民政府决策提供咨询意见。

第八条 市、区人民政府应当安排保护资金，专项用于历史文化街区和历史建筑的保护管理。

保护资金的来源包括：

（一）上级财政专项补助的资金；

（二）市、区财政预算安排的资金；

（三）社会各界的捐赠和资助；

（四）国有历史建筑的转让、出租、举办展览或者其他合理利用方式获得的收益；

（五）历史建筑原址保护、迁移等由建设单位列入建设工程预算的资金；

（六）其他依法筹集的资金。

保护资金必须专款专用，并接受财政、审计部门的监督。保护资金使用和管理的具体办法由市、区人民政府另行制定。

第九条 市、区人民政府鼓励符合条件的企事业单位、行业协会、研究机构及其他社会组织开展与历史文化街区和历史建筑保护管理相关的基础研究、专业培训等工作。

鼓励单位和个人通过资助、设立基金会、成立公益性组织、提供技术服务和直接投资等多种方式，依法参与历史文化街区和历史建筑的保护管理。

任何单位和个人都有权对历史文化街区和历史建筑的保护管理提出意见和建议；有权对破坏、损害历史文化街区和历史建筑的行为进行劝阻、举报和控告。

第十条 市人民政府应当建立历史文化保护信息管理和查询系统，加强部门之间的信息互通和资源共享，并向社会公众提供历史文化街区和历史建筑信息查询服务；应当通过信息技术等多种手段，加深社会公众对本市历史文化街区和历史建筑的了解和认知。

教育、文化等部门应当通过设置课程、出版读物、媒体宣传等形式，加强对在校学生的乡土教育，强化社会传承佛山优秀历史文化的意识。

第二章 保护名录

第十一条 市人民政府应当将历史文化街区与历史建筑纳入历史文化保护区和历史建筑保护名录开展保护管理。

保护名录应当载明保护对象的名称、区位、建成时间和历史价值等内容，并附有明确的地理坐标及相应的界址地形图。保护对象的名称原则上不得改变。

市人民政府城乡规划主管部门应当为列入保护名录的保护对象建立档案。保护名录与档案应当纳入历史文化保护信息管理和查询系统。

任何单位和个人都有权依法查询保护名录与档案。

第十二条 历史文化街区的申报、核定的条件和程序，按照国家和省的有关规定执行。

第十三条 符合以下条件之一的建筑物、构筑物，可由市人民政府确定为历史建筑：

（一）建筑样式、结构、材料、施工工艺或者工程技术反映地域建筑历史文化特点、艺术特色或者具有科学研究价值的；

（二）反映佛山历史文化和民俗传统，具有特定时代特征和地域特色的；

（三）作坊、商铺、厂房和仓库等在地方发展里程上具有代表性的；

（四）与重要历史事件、革命运动和著名人物有关，具有纪念意义的；

（五）其他具有历史文化意义的。

对保护价值较高的历史建筑，由市人民政府报请省人民政府核定公布。

所有权人对自有建筑物、构筑物确定为历史建筑存在分歧的，区人民政府城乡规划主管部门应当通过组织听证会等形式，听取所有权人的意见。听证会笔录等材料报送市人民政府城乡规划主管部门，由市人民政府城乡规划主管部门组织历史文化保护专家委员会进行论证后，报请市人民政府确定。

第十四条 市人民政府应当定期组织区人民政府开展历史文化街区和历史建筑普查工作。区人民政府也可自行组织开展历史文化街区和历史建筑普查工作，普查结果及时向市人民政府报告。

任何单位和个人可以向城乡规划主管部门推荐历史文化街区和历史建筑。

第十五条 市、区人民政府依法征收土地及房屋时，应当对拟征收地块的历史文化街区和历史建筑的普查情况进行核实，并完成普查工作；尚未进行普查的，应当组织相关部门按照本条例第十四条的规定开展普查工作。

第十六条 区人民政府可以将在普查中发现并经专家论证认为具有保护价值的建筑物、构筑物确定为预先保护对象。

任何单位和个人发现有保护价值的建筑物、构筑物，可以向城乡规划主管部门或者文物主管部门报告。城乡规划主管部门或者文物主管部门接到报告后，应当在四十八小时内组织初步勘验，并出具勘验报告；经勘验认定有保护价值的，应当通知或告知建筑物、构筑物所在地的区人民政府。区人民政府应立即在预先保护范围内，采取责令停止建设活动等预先保护措施。

区人民政府在接到通知后的七日内组织调查与专家论证，经核实具有保护价值，应确定为预先保护对象的，于两日内向所有权人、使用人或代管人发出预先保护通知，并告知镇人民政府、街道办事处派员到现场开展日常巡查和保护；经核实确定不予保护的，应当自确定之日起两日内通知解除预先保护措施。

预先保护范围为具有保护价值建筑物、构筑物的产权范围及必要的风貌协调区。

第十七条 预先保护对象符合文物、历史文化街区或历史建筑标准的，由文物主管部门或者城乡规划主管部门按照相关规定进行申报。

任何单位和个人不得损坏、拆除预先保护对象。预先保护对象存在损毁危险的，参照本条例第四十一条的规定执行。因预先保护对有关单位或者个人的合法权益造成损害的，区人民政府应当给予补偿。

预先保护期限为区人民政府发出预先保护通知之日起最长不超过十二个月，逾期则预先保护自行失效。

第十八条 区人民政府城乡规划主管部门应当会同同级文物主管部门根据社会公众推荐情况和普查结果，进行历史资料挖掘和保护价值与类别的评估，拟定历史文化保护区和历史建筑建议名录，征求相关部门、所有权人、利害关系人以及社会公众的意见后，报市人民政府城乡规划主管部门审议。

市人民政府城乡规划主管部门组织历史文化保护专家委员会对建议名录等有关资料进行审议，拟定历史文化保护区和历史建筑的保护名录。

历史文化保护区和历史建筑保护名录由市人民政府报省人民政府核定后公布。

第十九条 市人民政府应当在历史文化街区核心保护范围和历史建筑的相应位置，统一设立保护标志。

任何单位和个人不得擅自设置、移动、涂改或者损毁保护标志。

第二十条 纳入保护名录的保护对象应当按照法律法规的要求编制保护规划。保护规划的编制应当自保护对象批准之日起一年内完成。

第三章　保护措施

第一节　历史文化街区保护

第二十一条 市人民政府城乡规划主管部门按照《广东省城乡规划条例》的规定，组织编制历史文化街区保护规划，报送省人民政府城乡规划主管部门审查后，由市人民政府批准公布。

保护规划报送审批前，组织编制机关应当将保护规划草案予以公示，并采取论证会、听证会或者其他方式征求有关部门、历史文化保护专家委员会、社会公众的意见。公示期不少于三十日。

保护规划应当达到详细规划深度，并作为控制性详细规划。保护规划未经批准的，不得进行与保护无关的开发经营活动。

保护规划经依法批准后不得擅自修改。依法确需修改保护规划的，市人民政府城乡规划主管部门应当向市人民政府提出申请，获得批准后，按照保护规划编制和审批的程序执行。

历史文化街区内有全国重点或省级文物保护单位的，其保护规划须征得省人民政府文物主管部门同意；有市、县级文物保护单位的，其保护规划须征得同级人民政府文物主管部门同意。

第二十二条 历史文化街区保护规划应当包括下列内容：

（一）评估历史文化价值、特点和存在问题；

（二）确定保护原则和保护内容；

（三）确定保护范围，包括核心保护范围和建设控制地带界线，制定相应的保护控制措施；

（四）提出保护范围内建（构）筑物和环境要素的分类保护整治要求，对历史建筑进行编号，分别提出保护利用的内容和要求；

（五）提出延续继承和弘扬传统文化、保护非物质文化遗产的内容和规划措施；

（六）提出改善交通等基础设施、公共服务设施、居住环境的规划方案；

（七）提出规划实施保障措施。

第二十三条 在历史文化街区核心保护范围内进行建设活动，应当符合历史文化街区保护规划以及下列规定：

（一）在核心保护范围内，不得进行与保护无关的建设活动，但新建、扩建必要的基础设施和公益性公共服务设施除外；

（二）对现有建筑进行修缮时，应当保持或者恢复其历史风貌；

（三）不得擅自改变历史文化街区的传统格局和历史风貌；

（四）对现有道路进行改建时，应当保持或者恢复传统格局和空间环境，不得新建客运货运枢纽、公交停车场和维修保养场、加油站等设施。

第二十四条 在历史文化街区核心保护范围内，拆除历史建筑以外的建筑物、构筑物或者其他设施的，应当经区人民政府城乡规划主管部门会同同级文物主管部门批准。

第二十五条 在历史文化街区建设控制地带内新建、扩建、改建建筑物、构筑物或者其他设施时，应当符合保护规划，在使用性质、高度、体量、立面、材料、色彩等方面与历史文化街区的风貌相协调，不得破坏历史环境要素和景观特征，不得危及核心保护范围内的建筑安全。

第二十六条 在历史文化街区核心保护范围和建设控制地带内进行新建、扩建、改建等活动的，建设单位或者个人在申请办理规划许可时，应当同时提交历史文化保护的具体方案。城乡规划主管部门在作出规划许可前，应当征求文物主管部门的书面意见，必要时应组织专家论证和征求公众意见。

第二十七条 历史文化街区内的土地用途，非经法定程序不得调整。因保护管理需要，确需调整的，应当经原批准用地的人民政府批准。

第二十八条 历史文化街区保护范围内的道路、供水、排水、供电、环卫、消防等基础设施配置以及建筑间距、绿化、通风采光等相关建设标准应当符合国家和省有关标准、规范。确因保护需要，无法按照标准、规范配置的，由区人民政府制定保障方案，经历史文化保护专家委员会论证后实施。

第二节 历史建筑保护

第二十九条 历史建筑实行分类保护，其外部风貌、特色结构和构件不得改变。

经省人民政府核定公布的历史建筑，其外部风貌、主要平面布局、特色结构和构件不得改变。

市、区人民政府应当根据历史建筑的不同保护要求制定历史建筑分类保护修缮技术规范并颁布实施。

第三十条 市人民政府城乡规划主管部门组织编制历史建筑的保护规划，经征求专家和公众意见后，报市人民政府审批。历史建筑保护规划的编制参照本条例第二十一条规定执行。

历史建筑保护规划应当包括下列内容：

（一）划定核心保护范围和建设控制地带，并附有明确的地理坐标及相应的界址地形图；

（二）保护和利用原则；

（三）具体保护措施；

（四）明确使用功能；

（五）历史建筑的保护类别和活化利用的要求。

第三十一条 历史建筑核心保护范围和建设控制地带的建设活动参照本条例第二十六条规定执行。

历史建筑的构件不得拆卸。对历史建筑进行外部修缮装饰、添加设施的，应当经市、区人民政府城乡规划主管部门会同同级文物主管部门批准，并依照有关法律、法规的规定办理相关手续。

第三十二条 建设工程选址，应当尽可能避开历史建筑；因特殊情况不能避开的，应当尽可能实施原址保护。

对历史建筑实施原址保护的，建设单位应当事先确定保护措施，报市、区人民政府城乡规划主管部门会同同级文物主管部门批准。

因公共利益需要进行建设活动，对历史建筑无法实施原址保护、必须迁移异地保护或者拆除的，应当由市、区人民政府城乡规划主管部门会同同级文物主管部门，报省人民政府城乡规划主管部门会同同级文物主管部门批准。

本条规定的历史建筑原址保护、迁移、拆除所需费用，由建设单位列入建设工程预算。

第三十三条 改变历史建筑的使用性质，应当经市、区人民政府城乡规划主管部门会同同级文物主管部门批准，并依照有关法律、法规的规定办理相关手续。

第四章 修缮利用

第三十四条 历史建筑的保护责任人按照以下规定确定：

（一）国有历史建筑，其代管人为保护责任人；没有代管人的，其使用人为保护责任人。代管人、使用人均不明确的，建设行政主管部门为保护责任人。

（二）非国有历史建筑，其所有权人为保护责任人；所有权不明的，代管人为保护责任人；没有代管人的，其使用人为保护责任人。所有权人、代管人、使用人另有约定的，从其约定。所有权人、代管人、使用人不明确的，区人民政府为保护责任人。

镇人民政府、街道办事处应当根据保护规划，将历史建筑的保护使用要求及权利义务书面告知保护责任人。

拟出让土地涉及历史文化街区和历史建筑的，土地行政主管部门应当根据城乡规划主管部门出具保护规划条件的相关要求，在出让合同中明确受让方的保护义务以及相应的违约责任。

区人民政府为保护责任人的非国有历史建筑，其日常维护按照国有历史建筑进行管理。

第三十五条 市、区人民政府对非国有历史建筑保护责任人应当给予定期补助，用于历史建筑的日常维护。同地段经省人民政府核定公布的非国有历史建筑定期补助标准应当高于其他非国有历史建筑定期补助标准的百分之二十以上。

区人民政府可以与非国有历史建筑保护责任人签订历史建筑保护协议，对保护责任人的保护义务和享受补助等事项作出约定。

第三十六条 区人民政府应当根据历史建筑的保护要求及现状，组织编制本行政区域内历史建筑年度保护修缮计划，指导所有权人按照计划对历史建筑进行保护修缮。

第三十七条 历史建筑由所有权人负责维护和修缮。所有权人、使用权人、管理人另有约定的，从其约定。所有权不明或者由政府代管的，由市、区人民政府负责维护和修缮。

经所有权人同意并签署历史建筑委托维护修缮协议的，区人民政府建设行政主管部门代为维护修缮，所需费用由所有权人承担。

第三十八条 城乡规划主管部门、建设行政主管部门应当提供历史建筑保护、修缮方面的信息和技术指导；历史建筑所有权人和历史文化街区内的非历史建筑的所有权人、使用人或代管人进行维护修缮的，区人民政府应当免费提供维护修缮施工方案编制服务，也可按照保护规划的要求自行依法委托符合资质要求的机构编制维护修缮施工方案，区人民政府应当给予方案编制补助。

第三十九条 非国有历史建筑按照依法编制的维护修缮施工方案等要求进行维护修缮的，市、区人民政府可以给予维护修缮费用百分之十以上百分之四十以下的补贴。维护修缮费用由市、区人民政府委托具有资质的评估机构进行市场价格评估；不能以市场价格计算的，按照维护修缮建筑物、构筑物或者其他设施等的工程总造价确定。

第四十条 非国有历史建筑所有权人按照本条例规定进行维护修缮，承担维护修缮费用仍有困难的，市、区人民政府可以给予维护修缮补助。市、区人民政府应当根据历史建筑类别、保护需要和所有权人的经济状况等情况予以补助。

第四十一条 历史建筑、历史文化街区内的非历史建筑存在损毁危险的，所有权人应当立即采取保护措施，并向区人民政府建设行政主管部门报告。区人民政府建设行政主管部门应当协助所有权人进行抢险保护。

历史建筑、历史文化街区内的非历史建筑依法鉴定为危险房屋的，所有权人应当根据鉴定报告，及时采取加固、修缮等保护措施。区人民政府建设行政主管部门应当协助所有权人进行加固、修缮。

历史建筑有损毁危险的，所有权人不具备维护和修缮能力的，区人民政府应当采取措施进行保护。

第四十二条 因实施建筑保护修缮工程或者迁建需要，确需临时搬迁过渡的，建设单位应当给予相应的搬迁、临时安置补偿。

第四十三条 市人民政府应当通过政策引导、资金扶助、减免国有历史建筑租金等方式，促进历史建筑的合理利用。

市、区人民政府鼓励保护责任人通过功能置换、兼容使用、经营权转让、合作入股等多种形式，利用历史文化街区和历史建筑发展与保护规划相适应的文化创意、休闲旅游、文化体验、文化研究以及开办展览馆和博物馆等特色经营活动，将历史文化街区和历史建筑保护与文化传承相结合。

第四十四条 各级人民政府、街道办事处可以通过收购、产权置换等方式获得历史建筑所有权，村集体可以通过宅基地置换、合作入股等方式获得历史建筑所有权。保护责任人可以通过公开招标等方式选择符合历史建筑保护利用要求的单位和个人，对历史建筑进行保护和合理的开发利用。

第四十五条 非国有历史建筑需要依法征收的，市、区人民政府应当依法给予所有权人不低于房屋征收决定公告之日征收地块内类似房屋市场价格的百分之一百二十的补偿。

第四十六条 对因保护历史建筑而确需调整详细规划的，可以给予利害关系人开发权益奖励。

对在历史建筑保护管理中做出显著成绩的单位和个人，由市、区人民政府给予表扬和奖励。

第四十七条 市人民政府城乡规划主管部门应当定期对各区历史文化街区和历史建筑的保护情况进行检查评估，检查评估情况应当向市人民政府汇报，并由市人民政府向市人民代表大会常务委员会报告。

第五章 法律责任

第四十八条 违反本条例规定，区人民政府和市、区人民政府有关部门有以下情形之一的，由市人民政府依法责令改正；对直接负责的主管人员和其他直接责任人员，依法给予处分：

（一）未组织编制保护规划的；

（二）未按照法定程序组织编制保护规划的；

（三）未在规定期限内将保护规划报送审批的；

（四）擅自修改保护规划的；

（五）未将批准的保护规划予以公布的。

第四十九条 镇人民政府、街道办事处未履行本条例规定的日常巡查、现场保护等职责的，由区人民政府责令改正，对直接负责的主管人员和其他直接责任人员，依法追究行政责任。

第五十条 违反本条例规定，市、区人民政府及其有关部门的工作人员有以下情形之一的，对负有责任的主管人员和其他直接责任人员，依法给予处分；涉嫌犯罪的，依法追究刑事责任：

（一）不依法履行审批职责的；

（二）发现违法行为不依法查处的；

（三）不依法履行监督管理职责的；

（四）其他玩忽职守、滥用职权、徇私舞弊的行为。

第五十一条 违反本条例第十七条的规定，有以下情形之一的，由市、区人民政府城乡规划主管部门责令其停止建设，限期采取改正措施消除对保护规划实施的影响，处以十万元以上二十万元以下罚款；造成严重后果的，处以工程合同价款百分之五以上百分之十以下的罚款：

（一）损坏、拆除预先保护对象的；

（二）在预先保护范围内进行施工的。

第五十二条 违反本条例第三十二条第三款规定，未经许可擅自迁移、拆除历史建筑的，由市、区人民政府城乡规划主管部门责令停止违法行为、限期恢复原状或者采取其他补救措施；有违法所得的，没收违法所得；逾期不恢复原状或者不采取其他补救措施的，城乡规划主管部门可以指定有能力的单位代为恢复原状或者采取其他补救措施，所需费用由违法者承担；造成严重后果的，对单位并处三十万元以上五十万元以下的罚款，对个人并处十五万元以上二十万元以下的罚款；造成损失的，依法承担赔偿责任。

第五十三条 违反本条例第二十三条、第二十四条、第三十一条第二款、第三十三条的规定，未经市、区人民政府城乡规划主管部门会同同级文物主管部门批准，有下列行为之一的，由城乡规划主管部门责令停止违法行为、限期恢复原状或者采取其他补救措施；有违法所得的，没收违法所得；逾期不恢复原状或者不采取其他补救措施的，城乡规划主管部门可以指定有能力的单位代为恢复原状或者采取其他补救措施，所需费用由违法者承担；造成严重后果的，对单位并处五万元以上十万元以下的罚款，对个人并处一万元以上五万元以下的罚款；造成损失的，依法承担赔偿责任：

（一）拆除历史建筑以外的建筑物、构筑物或者其他设施的；

（二）对历史建筑进行外部修缮装饰、添加设施以及改变历史建筑的结构或者使用性质的；

（三）其他影响传统格局、历史风貌或者历史建筑的。

有关单位或者个人经批准进行上述活动，但是在活动过程中对传统格局、历史风貌或者历史建筑构成破坏性影响的，依照本条第一款规定予以处罚。

第六章　附　则

第五十四条　本条例所称开发权益是指土地开发中的相关指标，主要包括绿地率、建筑限高、建筑间距、建筑退让等指标。

修缮是指对原有建筑物、构筑物或者其他设施进行防护加固、现状修整、重点修复等行为。

第五十五条　本条例自2016年3月21日起施行。

佛山市机动车和非道路移动机械排气污染防治条例

（2016年4月29日佛山市第十四届人民代表大会第六次会议通过。2016年5月25日广东省第十二届人民代表大会常务委员会第二十六次会议批准。2016年5月26日公布。自2016年7月1日起施行。）

第一章　总　则

第一条　为了防治机动车和非道路移动机械排气污染，保护和改善大气环境，保障公众健康，促进经济社会可持续发展，根据《中华人民共和国环境保护法》《中华人民共和国大气污染防治法》等法律法规，结合本市实际，制定本条例。

第二条　本条例适用于本市行政区域内机动车和非道路移动机械排气污染防治。

本条例所称非道路移动机械是指工程机械和材料装卸机械。

第三条　市、区人民政府应当将机动车和非道路移动机械排气污染防治纳入环境保护规划，加大财政投入，建立防治协调机制和区域联防联控机制，采取污染防治措施，控制机动车和非道路移动机械排气污染。

环境保护主管部门对本市行政区域内的机动车和非道路移动机械排气污染防治实施统一监督管理，建立环保社会监督机制，并对同级人民政府有关部门的机动车和非道路移动机械排气污染防治监督管理工作进行协调和指导。

公安、住房城乡建设、交通运输、水行政、工商行政管理、质量技术监督等有关部门根据各自职责，对机动车和非道路移动机械排气污染防治实施监督管理。

镇人民政府、街道办事处和基层群众性自治组织应当协助环境保护主管部门做好本区域的机动车和非道路移动机械排气污染防治工作。

第四条　市人民政府应当建立机动车和非道路移动机械排气污染防治数据信息综合管理系统，加强部门间和区域间的信息互通及资源共享，对机动车和非道路移动机械排气污染防治全过程实行监控。

环境保护主管部门和其他负有机动车和非道路移动机械排气污染防治监督管理职责的部门，应当确保日常检查取得的机动车和非道路移动机械排气污染防治数据的实时共享，作为实施监督管理的依据。

第五条　市、区人民政府环境保护主管部门和其他负有机动车和非道路移动机械排气污染防治监督管理职责的部门，应当依法定期向社会公众公开机动车和非道路移动机械排气污染防治信息。

第六条　机动车和非道路移动机械排气污染防治工作的重大措施可能影响公众利益的，应当充分征求公众的意见，并在正式实施三十日以前向社会公告。

第七条　企业事业单位和其他生产经营者应当采取有效措施，防止、减少机动车和非道路移动机械排气污染，对所造成的损害依法承担责任。

机动车和非道路移动机械的所有人、使用人应当增强环境保护意识，自觉履行大气环境保护义务。

第八条　公民、法人和其他组织有权对违反本条例规定的行为进行举报。对提供机动车和非道路移动机械排气违法行为线索并查证属实的，环境保护主管部门可以对举报人予以奖励。

环境保护社会监督员和环境保护志愿者协助环境保护主管部门和其他负有机动车和非道路移动机械排气污染防治监督管理职责的部门，开展对机动车和非道路移动机械排气污染防治活动的监督。

第九条　市、区人民政府应当加强机动车和非道路移动机械排气污染防治的宣传教育工作，鼓励基层群众性自治组织、社会组织、企业事业单位、环境保护志愿者和其他生产经营者等开展机动车和非道路移动机械排气污染防治的宣传普及。

新闻媒体应当开展机动车和非道路移动机械

排气污染防治法律法规和知识的宣传，对违法行为进行舆论监督。

第二章　预防控制

第十条　市人民政府应当优化道路及配套设施的建设和管理，改善道路交通状况；将慢行系统的建设规划纳入城市总体规划，保障人行道和非机动车道的连续、畅通。

第十一条　各级人民政府应当优先发展公共交通，优化公共交通设施，完善公交线路规划，加强轨道交通和公共自行车设施的建设，建立高效、便捷的公共交通体系，提高公共交通出行比例。

第十二条　市、区人民政府应当合理实施以下措施，鼓励单位和个人采取环保、低碳的出行方式：

（一）制定搭乘和使用公共交通工具的优惠政策，倡导公交出行；

（二）引导道路运输从业者和公共交通驾驶人提高驾驶水平，鼓励其他机动车驾驶人改善驾驶习惯；

（三）鼓励燃油机动车驾驶人在不影响道路通行且需停车三分钟以上的情况下熄灭发动机，区人民政府应当在符合条件的路段和场所设置停车熄灭发动机指引标识牌。

第十三条　市、区人民政府应当采取财政、政府采购等方面的政策和措施推广应用节能环保型、清洁能源型机动车和非道路移动机械，鼓励机动车和非道路移动机械排气污染防治先进技术的科学研究和开发应用，鼓励生产、销售、使用节能环保型、清洁能源型机动车和非道路移动机械，促进配套设施建设，限制高油耗、高排放的机动车和非道路移动机械的发展。

国家机关和使用财政资金的其他组织应当优先选购和使用节能环保型、清洁能源型机动车和非道路移动机械。市人民政府应当将节能环保型、清洁能源型机动车和非道路移动机械纳入政府采购名录。

第十四条　在本市行驶的机动车不得超过标准排放大气污染物。市人民政府可以对排放黑烟等可视污染物的机动车采取限制行驶区域等排气污染防治的交通管制措施。

在本市使用的非道路移动机械不得超过标准排放大气污染物，不得排放黑烟等可视污染物。市人民政府可以根据大气环境质量状况划定高排放非道路移动机械禁止使用区，禁止使用高排放非道路移动机械。

第十五条　市人民政府采取本条例第十四条规定的交通管制措施和禁止使用措施的，应当采取听证会、论证会等形式，听取公众、行政相对人和专家学者的意见和建议，并在正式实施三十日以前向社会公告。

第十六条　市、区人民政府应当制定大气污染应急预案，依据重污染天气的预警等级，及时启动应急预案，根据应急需要可以采取限制部分机动车行驶和非道路移动机械使用等临时应急措施。

第十七条　本市行政区域内销售的机动车和非道路移动机械的大气污染物排放标准应当符合本市现行执行的阶段性排放标准。

在本市生产、销售的机动车和非道路移动机械用燃料、发动机油、氮氧化物还原剂、燃料和润滑油添加剂以及其他添加剂应当不低于本市现行执行的有关标准，上述产品的经营者应当在经营场所显著位置标示销售产品的有关标准。

第十八条　机动车的所有人或者使用人应当加强对机动车的维护保养，不得擅自拆除、闲置或者更改在用机动车污染控制装置，保持机动车污染控制装置的正常运行，避免装置失效造成机动车超过标准排放大气污染物。

在用重型柴油车和非道路移动机械未安装污染控制装置或者污染控制装置不符合要求，超过标准排放大气污染物的，应当加装或者更换符合要求的污染控制装置。

第三章　检验维护

第十九条　在用机动车的所有人应当按照国家规定将机动车送机动车排放检验机构进行机动车定期排放检验，经检验合格方可上道路行驶。未经检验合格的，公安机关交通管理部门不得核发安全技术检验合格标志。

环境保护主管部门可以在机动车集中停放地、维修地对在用机动车的大气污染物排放状况进行监督抽测；在不影响正常通行的情况下，可以通过遥感监测等技术手段对在道路上行驶的机动车的大气污染物排放状况进行监督抽测，公安机关交通管理部门予以配合。

在用机动车经定期检验或者抽测不合格的，以及排放黑烟等可视污染物的，机动车所有人或者使用人应当进行维修，再送机动车排放检验机构进行检验。

环境保护主管部门进行的监督抽测不得收取费用，被抽测者应当配合抽测。

第二十条 机动车排放检验机构应当依法对机动车进行排放检验，并与环境保护、公安、交通运输等有关部门实现检验数据实时共享。

第二十一条 本市行政区域内使用的非道路移动机械的所有人或者使用人应当建立定期检测和维护制度，对在用非道路移动机械进行定期维护检修。

第二十二条 机动车和非道路移动机械维修单位应当按照大气污染防治的要求和国家有关技术规范，对在用机动车和非道路移动机械进行维修，使其达到规定的排放标准。

第二十三条 市、区人民政府可以根据机动车和非道路移动机械排气污染防治需要，采取措施鼓励高排放或者老旧的燃油机动车和非道路移动机械提前报废。

在用机动车和非道路移动机械经维修或者采用污染控制技术后，大气污染物排放仍不符合国家排放标准的，机动车应当依法强制报废，非道路移动机械不得在本市行政区域内使用。

第四章 监督检查

第二十四条 环境保护主管部门、公安机关交通管理部门可以依据现场检查监测、电子监控、摄像拍照、自动监测、遥感监测、远红外摄像等方式，进行监督检查。

第二十五条 环境保护主管部门负责对机动车环保检验的监督，会同质量技术监督主管部门对机动车排放检验机构的排放检验情况进行监督检查。

公安机关交通管理部门应当协助环境保护主管部门对机动车排气污染进行监督管理，将有关机动车排放检验结果纳入机动车交通管理的内容。

交通运输主管部门负责对机动车维修企业和道路运输从业者的监督管理，按照有关规定实施道路运输营运车辆准入制度。

第二十六条 环境保护主管部门应当会同有关部门对本市行政区域内建设工程使用非道路移动机械的大气污染物排放状况进行监督检查。

住房城乡建设、交通运输、水行政等有关部门应当及时掌握本市行政区域内建设工程使用非道路移动机械的名称、数量和使用时限等情况，并将有关信息录入机动车和非道路移动机械排气污染防治数据信息综合管理系统；督促建设单位使用符合本市现行执行的阶段性排放标准的机动车和非道路移动机械。

第二十七条 依法行使监督管理职权的部门及其工作人员不得干涉机动车和非道路移动机械所有人或者使用人自主选择排放检验机构和维修单位，不得要求所有人或者使用人到指定的排放检验机构、维修单位进行检验或者维修，不得推销或者指定使用排气污染治理的产品，不得参与或者变相参与排放检验经营和维修经营。

第五章 法律责任

第二十八条 违反本条例第十四条第一款规定，排放黑烟等可视污染物的机动车违反有关排气污染防治交通管制措施的，由公安机关交通管理部门依法予以处罚。

第二十九条 违反本条例第十四条第二款规定，使用超过标准排放大气污染物或者排放黑烟等可视污染物的非道路移动机械，由环境保护主管部门责令停止使用、限期维修，并处五千元的罚款；在禁止使用区域使用高排放非道路移动机械的，由环境保护主管部门责令改正，处五千元的罚款。

第三十条 违反本条例第十六条规定，拒不执行重污染天气限制行驶措施的，由公安机关交通管理部门依法予以处罚；违反限制使用非道路移动机械规定的，由环境保护主管部门处一万元以上五万元以下的罚款；情节严重的，处五万元以上十万元以下的罚款。

第三十一条 违反本条例第十七条第一款规定，销售大气污染物排放标准不符合本市现行执行的阶段性排放标准的机动车和非道路移动机械的，由工商行政管理部门没收违法所得，并处货值金额一倍以上三倍以下的罚款，没收销毁无法达到本市现行执行的阶段性排放标准的机动车和非道路移动机械。

销售的机动车和非道路移动机械大气污染物排放标准不符合本市现行执行的阶段性排放标准的，销售者应当负责修理、更换、退货；给购买者造成损失的，销售者应当赔偿损失。

违反本条例第十七条第二款规定，生产、销售低于本市执行的有关标准的机动车和非道路移动机械用燃料、发动机油、氮氧化物还原剂、燃料和润滑油添加剂以及其他添加剂的，由质量技术监督、工商行政管理部门按照职责责令改正，没收原材料、产品和违法所得，并处货值金额一倍以上三倍以下的罚款。

第三十二条 违反本条例第十八条第一款规定，机动车所有人或者使用人擅自拆除、闲置或者更改在用机动车污染控制装置，造成装置失效使机动车超过标准排放大气污染物的，由环境保护主管部门责令改正，处五百元以上一千元以下的罚款。

违反本条例第十八条第二款规定，在用重型柴油车和非道路移动机械未安装污染控制装置或者污染控制装置不符合要求的，由环境保护主管部门责令改正，处五千元的罚款。

第三十三条 违反本条例第十九条规定，机动车所有人逾期未进行机动车排气污染定期检验的，由公安机关交通管理部门责令限期改正，处警告或者二百元以上五百元以下的罚款；经定期检验污染物排放超过规定排放标准的机动车，未予维修或者维修后经检验不合格仍上道路行驶的，由公安机关交通管理部门暂扣行驶证，待维修并检验合格后立即予以发还。

第三十四条 经车辆停放地抽检不符合注册登记时国家规定的机动车大气污染物排放标准规定的机动车，由环境保护主管部门责令限期维修。未予维修或者维修后经检验不合格仍上道路行驶的，由公安机关交通管理部门暂扣行驶证，待维修并检验合格后立即予以发还。

经上路抽检不符合注册登记时国家规定的机动车大气污染物排放标准规定的机动车，由公安机关交通管理部门暂扣行驶证，由环境保护主管部门责令限期维修。待维修并检验合格后立即发还行驶证。

第三十五条 企业事业单位和其他生产经营者有第二十九条、第三十条、第三十二条规定的违法行为，受到罚款处罚，被责令改正，拒不改正的，依法作出处罚决定的行政机关可以自责令改正之日的次日起，按照原处罚数额按日连续处罚。

第三十六条 环境保护主管部门和其他负有机动车和非道路移动机械排气污染防治监督管理职责的部门及其工作人员滥用职权、玩忽职守、徇私舞弊、弄虚作假的，依法给予处分；构成犯罪的，依法追究刑事责任。

第六章 附 则

第三十七条 因国防需要、安全生产、应急救援等公共利益需要使用的机动车和非道路移动机械，不适用本条例。

第三十八条 本条例自2016年7月1日起施行。

佛山市制定地方性法规条例

（2016年4月29日佛山市第十四届人民代表大会第六次会议通过。2016年5月25日广东省第十二届人民代表大会常务委员会第二十六次会议批准。2016年5月26日公布。自公布之日起施行。）

第一章 总 则

第一条 为了规范本市立法活动，提高立法质量，发挥立法的引领和推动作用，根据《中华人民共和国地方各级人民代表大会和地方各级人民政府组织法》和《中华人民共和国立法法》，结合本市实际，制定本条例。

第二条 本条例适用于本市地方性法规的制定、修改和废止及其相关活动。

第三条 地方立法应当遵循立法法规定的基本原则，符合本市实际需要，具有地方特色。

地方性法规规定应当明确、具体，具有针对性和可执行性。

第四条 市人民代表大会及其常务委员会加强对立法工作的组织协调，发挥在立法工作中的主导作用。

第二章 立法规划、立法计划和法规起草

第五条 市人民代表大会常务委员会通过立法规划、年度立法计划等形式，加强对立法工作的统筹安排。

第六条 常务委员会编制立法规划和年度立

法计划，应当向市人民代表大会代表、本市选出的省人民代表大会代表、工作或居住在本市的全国人民代表大会代表，各区人民代表大会常务委员会，有关单位和公众征集立法建议项目。

一切国家机关、各政党和各社会团体、各企业事业单位、公民都可以提出立法项目建议。提出立法项目建议应当说明理由。

市人民代表大会有关的专门委员会、常务委员会工作机构应当分别对征集的立法建议项目进行初步审查，提出是否列入立法规划和年度立法计划的意见。

第七条　有权提出地方性法规案的机关有立法建议项目的，应当于每年第三季度向常务委员会提出下一年度立法计划建议。

提出年度立法计划项目建议的，应当报送立法建议项目书，并附地方性法规建议稿和必要的参阅资料，明确送审时间。

建议制定或者修改地方性法规项目书内容主要包括：建议制定或者修改地方性法规的名称、立法必要性、需要解决的主要问题和拟采取的对策及其可行性；建议废止地方性法规项目书内容包括建议废止地方性法规的名称和说明。

第八条　立法建议项目列入立法规划和年度立法计划前，应当进行立项论证。

立法建议项目的论证可以邀请相关领域专家学者、实务工作者、人民代表大会代表和有关单位负责人参加。

第九条　常务委员会法制工作机构应当综合研究代表议案、建议、有关方面意见和论证情况，根据经济社会发展和民主法治建设的需要，提出立法规划草案和年度立法计划草案。年度立法计划草案应当明确地方性法规草案拟提请常务委员会会议审议的时间。

立法规划草案和年度立法计划草案应当征求省人民代表大会常务委员会法制工作机构的意见。

第十条　立法规划和年度立法计划，由常务委员会法制工作机构提请主任会议通过并向社会公布。

立法规划和年度立法计划公布后，在十五日内抄送省人民代表大会常务委员会法制工作机构。

第十一条　立法规划和年度立法计划由常务委员会法制工作机构按照常务委员会的要求督促落实，有关的专门委员会、常务委员会其他工作机构和市人民政府法制工作机构在各自职责范围内组织实施。

第十二条　立法规划和年度立法计划需要进行调整的，由常务委员会法制工作机构提出调整意见，提请主任会议通过后向社会公布，并在十五日内抄送省人民代表大会常务委员会法制工作机构。

第十三条　有关部门和单位应当根据年度立法计划的安排，按照起草工作要求，做好有关地方性法规草案的起草工作，按时提出地方性法规草案稿。

有权提出地方性法规案的机关或者人员可以组织起草地方性法规草案。其他有关机关、组织、公民可以提出地方性法规草案的建议稿。

市人民代表大会有关的专门委员会、常务委员会工作机构应当提前参与有关方面的地方性法规草案起草工作；综合性、全局性、基础性的重要地方性法规草案，可以由有关的专门委员会或者常务委员会工作机构组织起草。

专业性较强的地方性法规草案，可以吸收相关领域的专家参与起草工作，或者委托有关专家、教学科研单位、社会组织起草。

第十四条　起草地方性法规草案应当注重调查研究，广泛征询社会各界意见。设定行政许可、行政强制以及涉及社会公众切身利益等内容的，应当依法举行论证会、听证会或者以其他方式公开听取意见。

第三章　市人民代表大会立法权限和程序

第十五条　下列事项由市人民代表大会制定地方性法规：

（一）规定本市城乡建设与管理、环境保护、历史文化保护等方面特别重大事项的；

（二）规定市人民代表大会及其常务委员会立法程序的；

（三）其他必须由市人民代表大会制定地方性法规的。

第十六条　市人民代表大会主席团可以向市人民代表大会提出地方性法规案，由市人民代表大会会议审议。

市人民代表大会常务委员会、市人民政府、

市人民代表大会各专门委员会，可以向市人民代表大会提出地方性法规案，由主席团决定列入会议议程。

一个代表团或者十名以上的代表联名可以向市人民代表大会提出地方性法规案，由主席团决定是否列入会议议程，或者先交有关的专门委员会审议，提出是否列入会议议程的意见，再决定是否列入会议议程。

有关的专门委员会审议时，可以邀请提案人列席会议，发表意见。

第十七条 向市人民代表大会提出的地方性法规案，在市人民代表大会闭会期间，可以先向常务委员会提出，经常务委员会会议依照本条例第四章规定的有关程序审议后，决定提请市人民代表大会审议，由常务委员会向大会全体会议作说明，或者由提案人向大会全体会议作说明。

常务委员会依照前款规定审议地方性法规案，应当通过多种形式征求市人民代表大会代表的意见，并将有关情况予以反馈；专门委员会和常务委员会工作机构进行立法调研，可以邀请有关的市人民代表大会代表参加。

第十八条 向市人民代表大会提出地方性法规案，应当同时提出地方性法规草案文本及其说明、条文注释稿，并提供必要的参阅资料。修改地方性法规的，还应当提交修改前后的对照文本。地方性法规草案的说明应当包括制定或者修改该地方性法规的必要性、可行性、合法性和主要内容，以及起草过程中对重大分歧意见的协调处理情况。

第十九条 常务委员会决定提请市人民代表大会会议审议的地方性法规案，应当在会议举行的一个月前将地方性法规草案文本及其说明发给代表。

第二十条 向市人民代表大会提出的地方性法规案，在列入会议议程前，提案人有权撤回。

第二十一条 列入市人民代表大会会议议程的地方性法规案，大会全体会议听取提案人的说明后，由各代表团进行审议。

各代表团审议地方性法规案时，提案人应当派人到会听取意见，回答询问。

各代表团审议地方性法规案时，根据代表团的要求，有关部门、单位应当派人介绍情况。

第二十二条 列入市人民代表大会会议议程的地方性法规案，由有关的专门委员会进行审议，向主席团提出审议意见，并印发会议。

第二十三条 列入市人民代表大会会议议程的地方性法规案，由法制委员会根据各代表团、有关的专门委员会的审议意见和其他方面的意见，对地方性法规案进行统一审议，向主席团提出审议结果报告和地方性法规草案修改稿，对重要的不同意见应当在审议结果报告中予以说明，经主席团会议审议通过后，印发会议。

第二十四条 列入市人民代表大会会议议程的地方性法规案，必要时，主席团常务主席可以召开各代表团团长会议，就地方性法规案中的重大问题听取各代表团的审议意见，进行讨论，并将讨论的情况和意见向主席团报告。

主席团常务主席也可以就地方性法规案中的重大的专门性问题，召集代表团推选的有关代表进行讨论，并将讨论的情况和意见向主席团报告。

第二十五条 列入市人民代表大会会议议程的地方性法规案，在交付表决前，提案人要求撤回的，应当说明理由，经主席团同意，并向大会报告，对该地方性法规案的审议即行终止。

第二十六条 地方性法规案在审议中有重大问题需要进一步研究的，经主席团提出，由大会全体会议决定，可以授权常务委员会根据代表的意见进一步审议，作出决定，并将决定情况向市人民代表大会下次会议报告；也可以授权常务委员会根据代表的意见进一步审议，提出修改方案，提请市人民代表大会下次会议审议决定。

第二十七条 地方性法规草案修改稿经各代表团审议，由法制委员会根据各代表团审议意见进行修改，提出地方性法规草案表决稿，由主席团提请大会全体会议表决，由全体代表的过半数通过。

第四章　市人民代表大会常务委员会立法权限和程序

第二十八条 下列事项由市人民代表大会常务委员会制定地方性法规：

（一）对城乡建设与管理、环境保护、历史文化保护等方面的事项作出具体规定的；

（二）市人民代表大会授权常务委员会规定的；

（三）法律规定可以由设区的市制定地方性法规的。

在市人民代表大会闭会期间，常务委员会可以对市人民代表大会制定的地方性法规进行部分补充和修改，但不得同该地方性法规的基本原则相抵触。

第二十九条 主任会议可以向常务委员会提出地方性法规案，由常务委员会会议审议。

市人民政府、市人民代表大会各专门委员会可以向常务委员会提出地方性法规案，由主任会议决定列入常务委员会会议议程。主任会议可以先交有关的专门委员会审议或者委托常务委员会工作机构初步审查、提出报告，再决定列入常务委员会会议议程。主任会议认为地方性法规案有重大问题需要进一步研究的，可以建议提案人修改完善后再向常务委员会提出。

常务委员会组成人员五人以上联名，可以向常务委员会提出地方性法规案，由主任会议决定是否列入常务委员会会议议程。主任会议可以先交有关的专门委员会审议或者委托常务委员会工作机构初步审查、提出是否列入会议议程的意见，再决定是否列入常务委员会会议议程。不列入常务委员会会议议程的，由有关的专门委员会或者常务委员会工作机构根据主任会议的决定，向常务委员会会议报告或者向提案人说明。

有关的专门委员会审议或者常务委员会工作机构初步审查时，可以邀请提案人列席会议，发表意见。

第三十条 列入常务委员会会议议程的地方性法规案，除特殊情况外，一般应当在会议举行的七日前将地方性法规草案文本及其说明发给常务委员会组成人员。

常务委员会会议审议地方性法规案时，应当邀请提出地方性法规案或者立法建议的市人民代表大会代表，以及有关的市人民代表大会代表列席会议。

第三十一条 向常务委员会提出地方性法规案，应当同时提出地方性法规草案文本及其说明、条文注释稿，并提供必要的参阅资料。修改地方性法规的，还应当提交修改前后的对照文本。地方性法规草案的说明应当包括制定或者修改该地方性法规的必要性、可行性、合法性和主要内容，以及起草过程中对重大分歧意见的协调处理情况。

地方性法规草案与本市其他地方性法规相关规定不一致的，提案人应当予以说明并提出处理意见，必要时应当同时提出修改本市其他地方性法规相关规定或者废止本市其他地方性法规的议案。

第三十二条 常务委员会收到市人民政府提请审议的地方性法规案后，有关的专门委员会或者常务委员会工作机构应当提出审议意见或者初步审查意见，向主任会议报告，由主任会议决定列入常务委员会会议议程。

有关的专门委员会或者常务委员会工作机构认为提请审议的地方性法规案与本市其他地方性法规相关规定不一致，需要修改本市其他地方性法规相关规定或者废止本市其他地方性法规的，应当提出处理意见。

有关的专门委员会审议或者常务委员会工作机构初步审查地方性法规案时，可以邀请其他专门委员会的成员和常务委员会工作机构的人员列席会议，发表意见。

第三十三条 向常务委员会提出的地方性法规案，在列入会议议程前，提案人有权撤回。

第三十四条 列入常务委员会会议议程的地方性法规案，一般应当经三次常务委员会会议审议后再交付表决。

常务委员会会议第一次审议地方性法规案，在全体会议上听取提案人的说明和有关的专门委员会审议报告或者常务委员会工作机构初步审查报告，由分组会议进行初步审议。由主任会议或者专门委员会提出的地方性法规案，在全体会议上听取提案人的说明，由分组会议进行初步审议。

常务委员会会议第二次审议地方性法规案，在全体会议上听取法制委员会关于地方性法规草案修改情况的报告，由分组会议进一步审议。

常务委员会会议第三次审议地方性法规案，在全体会议上听取法制委员会关于地方性法规草案审议结果的报告，由分组会议对地方性法规草案修改稿进行审议。

常务委员会审议地方性法规案时，根据需要，可以召开联组会议或者全体会议，对地方性法规草案中的主要问题进行讨论。

第三十五条 列入常务委员会会议议程的地方性法规案，各方面意见比较一致的，可以经两次常务委员会会议审议后交付表决；调整事项较为单一或者部分修改的地方性法规案、废止的地方性法规案，各方面意见比较一致的，可以经一次常务委员会会议审议即交付表决。

第三十六条 常务委员会分组会议审议地方性法规案，提案人应当派人听取意见，回答询问。

常务委员会分组会议审议地方性法规案时，根据小组的要求，有关部门、单位应当派人介绍情况。

第三十七条 列入常务委员会会议议程的地方性法规案，由法制委员会根据常务委员会组成人员、有关的专门委员会的审议意见或者常务委员会工作机构的初步审查意见和各方面提出的意见，对地方性法规案进行统一审议，提出修改情况的报告或者审议结果报告和地方性法规草案修改稿，对地方性法规草案主要内容作出的修改和重要的不同意见应当在修改情况报告或者审议结果报告中予以说明。对有关的专门委员会的审议意见或者常务委员会工作机构的初步审查意见没有采纳的，应当向其反馈。

法制委员会审议地方性法规案时，可以邀请有关的专门委员会的成员和常务委员会工作机构的人员列席会议，发表意见。

第三十八条 专门委员会审议地方性法规案时，应当召开全体会议审议，根据需要，可以要求有关机关、组织派有关负责人说明情况。

专门委员会之间对地方性法规草案的重要问题意见不一致时，应当向主任会议报告。

第三十九条 列入常务委员会会议议程的地方性法规案，应当征求下列有关方面的意见：

（一）公众；

（二）地方性法规草案涉及的行政相对人或者利害关系人；

（三）市人民代表大会代表、本市选出的省人民代表大会代表、工作或居住在本市的全国人民代表大会代表，市政协委员；

（四）市人民政府及其相关部门、市政协、市中级人民法院、市人民检察院；

（五）各区人民代表大会常务委员会、各基层立法联系点；

（六）市各民主党派、市工商联、市各有关人民团体、社会组织；

（七）市人民代表大会常务委员会立法专家顾问咨询组成员；

（八）其他需要征求意见的单位或者个人。

第四十条 列入常务委员会会议议程的地方性法规案，常务委员会有关工作机构应当将法规草案及其起草、修改的说明等在互联网等媒体上公布征求意见，重要的地方性法规案还应当在本行政区域发行的报纸上全文公布征求意见，但是经主任会议决定不公布的除外。征求意见的时间一般不少于三十日。

除前款规定的形式外，征求意见可以采取书面发送、召开座谈会、论证会、听证会，实地调研和委托社情民意调查机构调查等多种形式。

征求意见的情况整理后，可以根据需要印发常务委员会会议，作为审议参阅材料。

地方性法规案有关问题专业性较强，需要进行可行性评价的，应当召开论证会，听取有关专家、部门、人民代表大会代表等方面的意见。论证情况应当向常务委员会报告。

地方性法规案有关问题存在重大意见分歧或者涉及利益关系重大调整，需要进行听证的，应当召开听证会，听取有关基层和群体代表、部门、人民团体、专家、人民代表大会代表和社会有关方面的意见。听证情况应当向常务委员会报告。

第四十一条 拟提请常务委员会会议审议通过的地方性法规案，在法制委员会提出审议结果报告前，常务委员会法制工作机构可以对地方性法规草案中主要制度规范的可行性、法规出台时机、法规实施的社会效果和可能出现的问题等进行评估。评估情况由法制委员会在审议结果报告中予以说明。

第四十二条 列入常务委员会会议议程的地方性法规案，在交付表决前，提案人要求撤回的，应当说明理由，经主任会议同意，并向常务委员会报告，对该地方性法规案的审议即行终止。

第四十三条 地方性法规草案修改稿经常务委员会会议审议，由法制委员会根据常务委员会组成人员的审议意见进行修改，提出地方性法规草案表决稿，由主任会议提请常务委员会全体会议表决，由常务委员会全体组成人员的过半数通过。

地方性法规草案表决稿交付常务委员会会议表决前，主任会议根据常务委员会会议审议的情况，可以决定将个别意见分歧较大的重要条款提请常务委员会会议单独表决。

单独表决的条款经常务委员会会议表决后，主任会议根据单独表决的情况，可以决定将地方性法规草案表决稿交付表决，也可以决定暂不付表决，交法制委员会和有关的专门委员会进一步审议。

第四十四条 对多部地方性法规中涉及同类事项的个别条款进行修改，一并提出地方性法规案的，经主任会议决定，可以合并表决，也可以分别表决。

第四十五条 列入常务委员会会议审议的地方性法规案，因各方面对制定该地方性法规的必要性、可行性和合法性等重大问题存在较大意见分歧搁置审议满两年的，或者因暂不付表决经过两年没有再次列入常务委员会会议议程的，由主任会议向常务委员会报告，该地方性法规案终止审议。

第五章 地方性法规报请批准和公布

第四十六条 市人民代表大会及其常务委员会制定的地方性法规，应当于通过后一个月内报请省人民代表大会常务委员会批准。报请批准地方性法规的报告应当附地方性法规文本及说明。修改地方性法规的，还应当提交修改前后的对照文本。

第四十七条 市人民代表大会及其常务委员会制定的地方性法规报经批准后，由常务委员会发布公告予以公布；附修改意见批准的，依照修改意见进行修改后予以公布。地方性法规被修改的，应当公布新的地方性法规文本。

地方性法规公布后，应当及时在常务委员会公报、佛山人大网和在《佛山日报》上刊载。

在常务委员会公报上刊登的地方性法规文本为标准文本。

第四十八条 常务委员会应当在地方性法规公布后的十五日内将常务委员会发布的公告、法规正式文本及说明报送省人民代表大会常务委员会，由省人民代表大会常务委员会报全国人民代表大会常务委员会和国务院备案。

第六章 地方性法规解释

第四十九条 市人民代表大会及其常务委员会制定的地方性法规，有以下情况之一的，由常务委员会解释：

（一）地方性法规的规定需要进一步明确具体含义的；

（二）地方性法规公布施行后出现新的情况，需要明确适用地方性法规依据的。

地方性法规中援引法律、行政法规和本省地方性法规的条文，常务委员会不作解释。

第五十条 市人民政府、市中级人民法院、市人民检察院和市人民代表大会各专门委员会以及各区人民代表大会常务委员会可以向常务委员会提出地方性法规解释要求。

第五十一条 常务委员会法制工作机构应当会同常务委员会其他工作机构，对地方性法规的解释要求进行审查，认为有必要作出解释的，应当研究拟订地方性法规解释草案。地方性法规解释草案由主任会议决定列入常务委员会会议议程。

第五十二条 列入常务委员会会议议程的地方性法规解释草案，由常务委员会法制工作机构在会议上作法规解释草案说明，由会议对法规解释草案进行审议。

地方性法规解释草案经常务委员会会议审议，由法制委员会根据常务委员会组成人员的审议意见进行审议、修改，提出地方性法规解释草案表决稿。

第五十三条 地方性法规解释草案表决稿由主任会议决定提请常务委员会全体会议表决，由常务委员会全体组成人员的过半数通过，由常务委员会发布公告予以公布，并在公布后的十五日内报省人民代表大会常务委员会备案。

第五十四条 常务委员会作出的地方性法规解释同地方性法规具有同等效力。

第七章 其他规定

第五十五条 地方性法规规定明确要求对专门事项作出配套规定的，有关国家机关应当自地方性法规施行之日起一年内作出规定，地方性法规对配套规定制定期限另有规定的，从其规定。有关国家机关未能在期限内作出配套规定的，应当向常务委员会说明情况。

第五十六条 地方性法规实施两年后，或者根据经济社会发展的实际需要，有关的专门委员会、常务委员会工作机构可以组织对地方性法规或者地方性法规中有关规定进行立法后评估。评估情况应当向常务委员会报告。

第五十七条 常务委员会有关工作机构应当根据法律、行政法规及本省地方性法规的制定、修改和废止情况，以及本市立法后评估的情况，地方性法规执法检查的情况等，对本市已经生效施行的地方性法规进行研究，及时提出修改、废止有关地方性法规的建议；需要对本市多部地方性法规进行集中修改、废止的，应一并提出有关建议。

修改、废止有关地方性法规的建议，应当向主任会议报告。经主任会议同意，列入年度立法计划。

第五十八条 常务委员会法制工作机构可以对地方性法规有关具体问题的询问进行研究，予以答复，并报常务委员会备案。

第八章　附　则

第五十九条 本条例自2016年5月26日起施行。

2016年5月11日，佛山市地方立法研究评估与咨询服务基地举行协议签订及揭牌仪式

主题索引

说　明

一、本索引采用主题分析方法，款目按汉语拼音字母（同音字按声调）顺序排列。

二、文中的篇目题、类目题、分目题用黑体字标明，其余用宋体字排印。

三、索引款目后的数字表示内容所在的页码，数字后面的英文字母（a、b）表示栏别（即版面的左、右栏）。

四、本索引部分款目在主标目下设副标目，副标目空两字起排；同一主题的“参见”只标页码。

五、本索引对《特载》《大事记》《文件·法规选编》等篇不作内容主题分析；书中的图表仅对其标题进行索引，并在其款目后分别注明“表”或“图”。

E

F

G

K

N

W

Y

Z

数字首

英文字母首